图说字源

唐汉 著

TANG HAN

红旗出版社

目录

·上 册·

二 大树底下好乘凉……………………………………

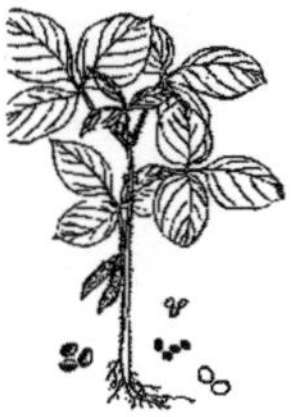

释： 木 林 森 本 末 朱 析 析 束 枚
杀 松 柏 栗 樱 梅 某 李 杏 桃
榴 橡 杨 柳 杉

三 蔬粝亦足饱我饥……………………………………

释： 蔬 菜 葵 丰 封 葑 芹 萱 芥 瓜
瓠 菘 韭 姜 葱 蒜 萝 蔔 苜 蓿
蒿 茶 茶

四 广植桑麻有衣穿……………………………………

释： 麻 苴 穆 葛 棕 榈 索 编 散 专
桑 蚕 蜀 丧 葚 丝 湿 经 棉 青
蓝

五 不可一日无此君……………………………………

释： 竹 笋 节 符 筮 算 笔 简 篇 篆
箭 筵 箕 箸 笨

六 五谷皆熟为有年……………………………………

释： 禾 粟 稷 黍 香 来 麦 菽 豆 稻
谷 米 糠 暴 秀 季 秉 兼 年 秦
齐 周

七 躬耕农田可获利……………………………………

释： 耒 耤 协 农 焚 艺 栽 厘 差 利
廪 啬 臼 舂 田 疆 里 畴 井 录
留 圃 囿

·下 册·

三 说三道四话学校

释: 一 二 三 四 五 六 七 八 九 十
百 千 万 教 学 册 典 书 画 文
化 字 写

四 天干地支何处来

释: 甲 乙 丙 丁 戊 己 庚 辛 壬 癸
子 丑 寅 卯 辰 巳 午 未 申 酉
戌 亥

五 忠孝仁义道礼法

释: 私 公 凡 仁 爱 道 德 孝 忠 义
弟 礼 法 信 需 亲 仇 哲 敏 贤

第一章　汉字与动物

中国人的汉字，最初，大多来自对身边动物形体的描摹。这些“画成其物，随体诘诎”的象形文字，与动物的外形特征是直接对应的；它们个个形神兼备，生动活泼，描绘出了各类动物最典型的特征。例如：牛（ ）、羊（ ）、马（ ）、豕（ ）、象（ ）、犬（ ）、鹿（ ）、虎（ ）、鼠（ ）、虫（ ）、万（ ）、鱼（ ）、贝（ ）、鸟（ ）、燕（ ）……

令人惊叹的是，上古先民们的目光同今日孩子们的目光是一样的，直观而敏锐：张口虎，长鼻象，短腿大肚猪；瘦身犬，鹿角叉，牛羊有耳角不同；长尾鸟，短尾隹，老鼠龇牙长尾巴……面对三千三百年前上古先民的文字造型，人们在折服的同时，感到不可思议！这些出自先民刀笔下的象形文字，无论哪一个都能与画坛大师毕加索的抽象画相媲美。

甲金文中的动物象形字

一、说羊道吉祥

羊是人们熟悉的一种家畜。这种善良温驯的动物,远在人类的新石器时代初期,已经为人类所驯化。据说,羊的驯化家养至少已有六千年的历史。

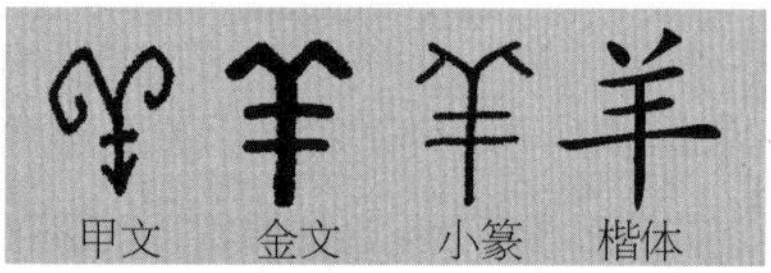

“羊 yáng”的构形,从造字方法上讲,叫做“象形字”。甲骨文字形和金文字形虽然不同,但都像简化了的一只羊头:弯角双耳,特别是突出了弯卷的羊角,使人一看便知不是别的动物。“羊”字描摹的不是羊的整体形象,而是羊的局部特征。这种以典型特征替代事物整体概念的方法,是象形造字法的主要方式之一。据说孔子在见到这些象形文字后,惊叹不已:“牛羊之字,以形举也。”

六千年前陶片上的羊

实际上,呈现在我们面前的甲骨文“羊”字,从创意方法讲,不仅是一种从形体上捕捉局部典型特征,化复杂为简单,而且是一种具有现代思辨的“抽象”方法;无论是作为一种艺术思维,还是作为符号成果,都将给 21 世纪新型的电脑界面文字带来启迪。

“羊”字也是一个部首字。例如,汉字中的“羞、群、美、善、羔、姜、羌、祥、养、庠、烊、氧、漾、佯、详、痒、翔”等字,都以“羊”为其构字符号,或者以其作为声义偏旁。

金文中的羊

羊的性格温顺和善，食草而不与人争食，更不会伤害人类。羊之奉献，肉可食、皮可衣，既可果腹又能保暖；因此，古人从实用、功利出发，把羊视作大吉大利的吉祥征兆。古代物品上常有“吉羊”二字的文饰，这个“羊”也就是后世的“祥”字。

从文字创制的先后顺序讲，“羊”字是“古字”，“祥”字是后造的，称为“今字”，羊、祥原本在表示“吉祥”时可相通换用。后来为了表义明确，便给羊字加上“示”旁，造出“祥”字，专表吉祥之义。这里的“示”，取象于祭祀时的供桌，含有祭献、祈求的意思。合体后的字形，便以会意的方式表示吉祥、和和美美的意思。

《左传》是中国最早的史书之一，其中有一段与羊有关的描述：楚国攻打郑国，郑国被打败了。郑国的国君郑伯，在投降的时候“肉袒牵羊以迎”。“肉袒”是说摘掉王冠，脱去王服，裸露身体，表示愿意接受鞭打惩罚。为什么还要牵羊呢?因为羊象征着吉祥，在亡国临危之际，希望得到楚国方面的宽恕，免遭屠杀。又如前蜀皇帝王衍，贪生怕死，率兵不战而投降后唐，投降时也不忘牵上一只羊，表示自己会像羊一样温顺，希望获得苟延残喘下的“吉祥”。当时，有个叫王承旨的人悲愤至极，赋诗怒斥：“蜀朝昏主出降时，衔璧牵羊倒系旗。二十万人齐拱手，更无一个是男儿!”

汉代铜洗上的“吉羊”文饰

羊肉有一种特殊的美味，热量高，饥饿之时，尤其是冬天，吃起

来浑身暖烘烘的。在中国人的心目中,羊肉和鱼都是刺激味觉和嗅觉的特殊食品。所以,由鱼和羊组成的“鲜”字,真实地反映了古代先民对羊肉这种食物的特殊爱好。这种以两种形象或字体组成的甲、金文字,便叫做会意字。它用两种或两个以上的“字根”,会同表达一种新的意义。

金文的“鲜”字,羊在上,鱼在下,为上下结构;小篆的“鲜”字,则改变为左右结构;楷书承接小篆,也是左右合体的会意字。

河姆渡遗址出土的陶羊

三千三百年前,在黄河流域中部繁荣一时的殷商王朝,他们占卜使用的龟甲上,便常常刻有“用羊十牛二”之类的卜辞。意思是在祭拜祖先神灵时,用十只羊和两只牛作为祭品。在上古先民的心目中,把最好吃、最鲜美的食物贡献在祖宗神灵面前,乃是承认他们对于这些祭品享有最高的主权和优先权。在我们祖先的心目中,羊肉确是一种很“鲜”的食物。

羊肉作为人间食品,最初的吃法有两种:一是煮,二是炙。“炙”就是今日的烧烤羊肉。

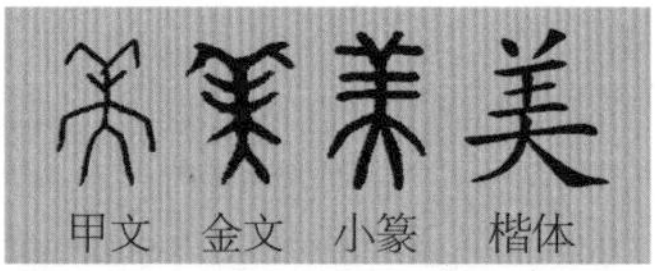

“美 měi”是以“羊、大”二字构成的会意字。“大”,在这里既表示健康强壮的男子汉,也有“羊大为美”的含义。“美”字包含有上古先民意识中的四种感受:第一,视觉上的,即对羊体肥胖强壮的姿态感受;第二,味觉上的,对于羊肉肥厚多油的官能性感受;第三,触觉上的,期待羊毛羊皮作为防寒必需品,从而产生一种舒适温暖的感觉;第四,从经济角度预想羊的交换价值,从而产生一种拥有的喜悦感。当这四种感受混合在一起,无疑,稍微震颤的心灵便有了“美”的感觉。

商代青铜器上的羊头雕像

在北方人的审美意识中，“以大为美”的观念根深蒂固：从房屋、陵墓到工艺品。南方人则讲求精致、细腻和复杂。越往北方走，粗犷、雄伟和硕大，便越来越成为审美意识中的灵魂。《论语·泰伯》一章，表述了孔子“以大为美”的见解：“子曰：大哉，尧之为君也！巍巍乎！唯天为大，唯尧则之。荡荡乎民无能名焉。巍巍乎其有成功也，焕乎其有文章！”这种见解，深深地影响了中华民族的审美意识。

“美”字是由羊、大合体构成的会意字，既可以理解为“羊大为美”，也可以理解为一个人“健壮如羊”。两种释意都可以归结出“美好”这一基本概念。从文字学角度讲，便叫做“美”字的本义。

“美”字从美丽、美好的义项中，可以引申出赞美的意思。春秋战国时，越地有美女西施(西子)，齐国无盐的地方有丑女钟离春，一美一丑，相去甚远。所以《三国演义》中讲：“越之西子，善毁者不能闭其美；齐之无盐，善美者不能掩其丑。”这段话中，前一个“美”字指美貌，后一个“美”字就是指赞美。

小篆中的“**羡 xiàn**”字写作“羨”：下面的“㳄”(由水和欠构成)表示一个张口之人馋涎下滴，像流“水”不断；上面恰恰是一只羊，乃是其“想吃”之物。因此，《说文》将“羡”释为“贪欲也”。

《淮南子·说林》：“临河而羡鱼，不如归去结网。”宋代文豪苏轼在《前赤壁赋》中说：“哀吾生之须臾，羡长江之无穷。”这两段文字中的“羡”字，可释为羡慕、欣羡，乃是“羡”字“欲吃”意的泛化。

“羡”字在现代汉语中，下半部是从两点水的“次”字；而在古汉字中，下半部是从三点水的“㳄”字。“羡”字与“羨”字属于异体字关系，即彼此的读音和释义相同，只是字形稍有区别。因此，“羡、羨”是可以互相替代，读音和释义完全相同的异体字。现今书写，则应按照现代汉语的正字要求写作“羡”。

“**羞 xiū**”，这是一个典型的会意字。甲骨文写作“羞”，描摹的是一只手手持羊腿(肉)的形象。金文和小篆中的“羞”字,将下边的手形(又)插入“羊”字之中。楷书在经过隶书的演变后,为了适应汉字方方正正、上下均匀的特点,写成“羞”。

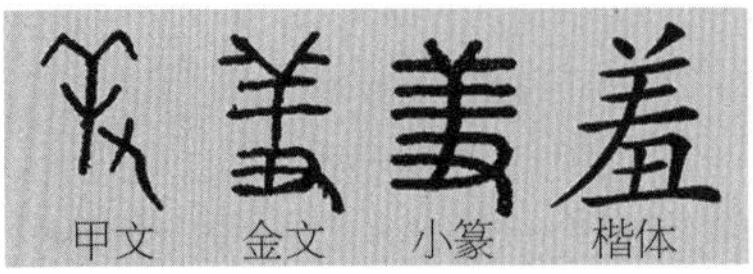

在古籍文献中,“羞”字常见的意义,均与“以手持羊”的构形相联系。如《左传·隐公三年》:“可荐于鬼神,可羞于王公。”羞于王公,就是将美食献给王公大人们。《周礼·天官·膳夫》:“掌王之食饮膳羞,以养王及后世子。”注曰:“羞,有滋味者。”“羞”在这里的意思是有滋有味的食物,即“美食”,但这一词义,已由后起的转注字“䐒”和“馐”来承担。

“羞”字除了表示美味可口的食物,如“珍馐”等词义外,现在更多使用在“羞耻、羞愧”等词语中,表示耻辱、难为情之义。这种意义,源于一个人手持羊腿,独吃“美食”被人撞见时的心理感受吧。

从字形来看,羞字下部原本是一个来自手形的“又”,经隶变后,逐渐演化成一个“丑”字。“丑”,源自婴儿出生后,小拳头紧紧握住,乃是“地支”中的第二字,引申后表示含有贬义的“手爪”。楷书中的羞下为“丑”,乃是文字构形随词义的发展而做出的适应性变异(因音形变)。这就是“羞”字含有“羞耻、羞愧”义的原因。

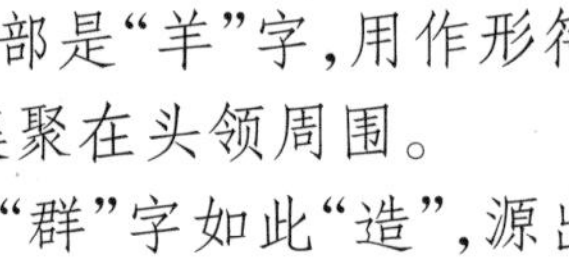

“群 qún”,这是个会意兼形声字。金文和小篆的字形,均为上下结构:上半部是一个“君”字,既有领头君王的意义,也用作声符;下半部是“羊”字,用作形符。两形会意,表示许多羊(或其他动物或人)集聚在头领周围。

“群”字如此“造”,源出羊这种动物性喜群体相聚,每群羊都有自己的首领,即领头羊。整群羊聚集在头羊之侧,并随头羊前行,哪怕是跟着走向屠宰场也罢。所以“群”字用羊和君来表示群体,并告诫人们“跟对人才能出头天”。《国语》中说:“兽三为群,人三为众。”句中的“三”是虚数,表示多。意思是说:兽畜聚合在一起便成为“群”,人聚合在一起便成为“众”。由于“群、众”两字意义相近,后来便组合成了“群众”一词。

新疆岩画

“群”字由群体之义,又引申出集体、种类、会合、众多等意义。如“合群、离群索居、物以群分、群天下之英雄、群策群力”等等。晋代书法家王羲之的《兰亭集序》中有“群贤毕至”的话,意指众多的贤人聚集在一起。

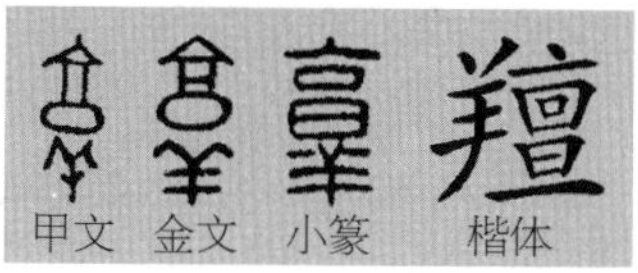

“**羶 shān**”,甲骨文写作“”。这个字形的下部是一个“羊”字,上部是一个表示雄性生殖器的图形。两个字根会意,表示一群羊中领头的大公羊,即“种羊”,俗称“羊公子”。金文和小篆中的“羶”字承接甲骨文,楷书在隶变过程中,将上下结构演变为左右结构的“羶”(右半部字形略有变异)。

青铜器《乙觚》上的公羊

在上古时代的牧羊人看来,“羊公子”十分淫荡,总是在母羊的背上不停地跨上爬下;嘴唇上翻,不停地发出淫欲的叫声,不断地用角触赶想靠近母羊的其他公羊;因此,“羣”字有强迫的意义,也有古人称之为“敦伦”、今人称之为“交配”的意思。又因为“羊公子”身上有一种臭气冲天的腥臊味,所以又有“羊臭”之义,即现代汉语中“羶”字仍保留的基本意思。

汉字规范化后,“羶”字已被“膻”字所取代。因为现代社会中的人们,已闻不到“羊公子”身上的羶味,只能闻到羊肉的膻味了。后造的“膻”字,本来只是“羶”的异体字。

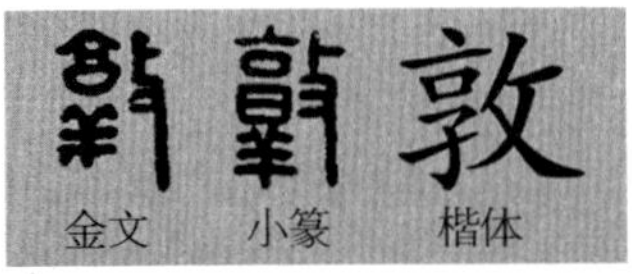

“**敦 dūn**”是甲骨文“𦎧”的分化孳乳字，即为了表示专一词义，从原初的“𦎧”中分化而出的后造字。金文的“敦”，乃是在甲文的“𦎧”旁增“攴”而形成的会意字：“攴”乃手持棍杖之形，含有驱赶、强迫的意思。小篆的“敦”字承接金文；楷书一脉相承，只是省掉了左边下部的“羊”形，写作“敦”。

公羊配种，看起来有点野蛮，常常是不管母羊是否情愿，便强行爬跨上去。因此，“敦”有猛地往下放的意思，这一意义由后起的“蹾”字承担。公羊跳上母羊背，两者体积似乎合一，显得大多了，因此，“敦”有大而厚的意思，由这一意义后来创制了“墩”字。公羊在羊群中总是不断地寻觅可交配的对象，因此，“敦”字又有邪恶、心术不正的意思，此义后来由“憝”字专一承担。

民间工艺品：对抵羊

“敦”由猛然跳上母羊背，引申出敦促之义，如《诗·北门》：“王事敦我。”其中的“敦”，意谓一下甩过来，含有逼迫之义。由“敦伦”一词的诚心给予之义，又引申出了质厚、诚恳之义，如“敦厚、敦请、敦聘”，都包含有实心实意、不求索取、不再改变的意思。但是，“伦敦”一词在古文中却表示为男女之间干那种性事。

成语中有“羊狠狼贪”一词，似乎很令人费解。人们会问：羊怎么会狠呢？羊不是任人宰割的动物吗？《史记·项羽本纪》中，记录了宋义训斥项羽的一段话：“贪如虎、狠如羊。”宋义为什么这么说？因为公羊为争夺交配权，以角相顶，死不相让，而且大公羊都有一种愈牵愈不肯走的犟脾气，所以说羊有狠劲。

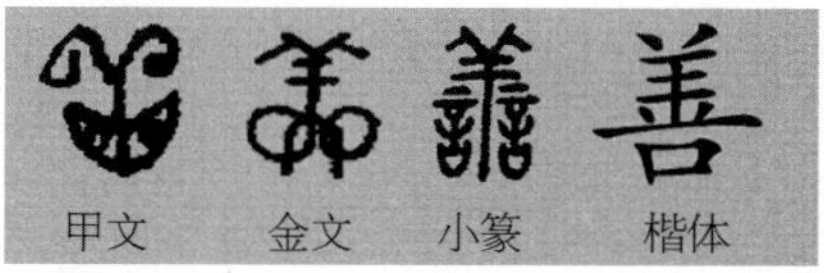

“**善 shàn**”字，甲骨文写作“”，这是在羊头的下边画上一双眼睛，刻意强调由羊眼睛表示出来的温顺。随着汉字的演变，下部的羊眼断裂讹变为“誩”，成为“从羊从誩”的会意字(见图)。楷书在演变的过程中，简省为下边只有一“言”的“善”。在“善”字的构成中：“誩”或“言”都表示羊的叫声，恐怕正是这种“咩咩”的叫声，或者说眼光透露出来的绵软无助、毫不反抗，使羊成为“善”或“善良”的象征。

“善”的本义为善良、慈祥，与“恶”相对。“善”字用作动词，则有“喜好、爱惜、亲善、擅长”等义。

中国人喜欢羊，不仅因为羊是美的象征，更由于羊是“善”的典型代表。羊之所以具有善良的象征意义，中国的儒家学派有种种解释：如“羔取其贽(嘴里的食品或玩物)之不鸣，杀之不号，乳必跪而受之……群而不党”等等。羊的这种善良品性和道德含义，现代人显然是无法效仿的。

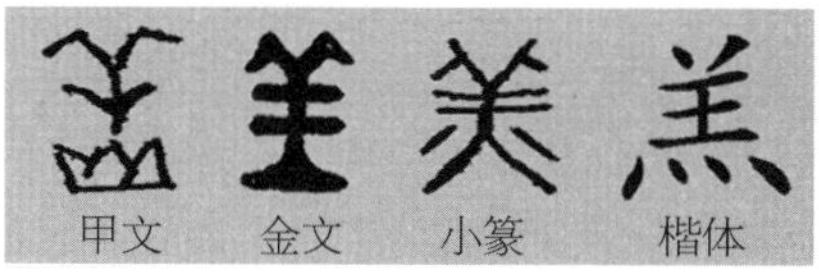

“**羔 gāo**”，即羊羔，小羊也。甲骨文写作“”，小篆写作“”，都是在羊下增添一个“火”字。只是甲骨文的“火”字更有象形意味，到了楷书，下部的火已演变为“四点火”。

古人有炮肉(即烧烤)的习惯。汉代的古文字学大师郑玄说：“炮者，以涂烧之为名也。”就是把动物用泥土裹起来烧烤，类同“叫化鸡”；这种吃法自然要用小动物了。《楚辞·招魂》中所说的“胹鳖炮羔”，正体现了这种吃法。可见，小羊羔在古人的食谱中，不仅吃法独特，而且占有十分重要的位置，因此，古人在羊下增火表示“小羊”。

造字之初，“羔”字也许并不特指小羊，表示的只是将羊放在火上烧烤；但在实际生活中，留下母羊专一繁殖，只宰杀小羊，把十分容易烤熟的“小羊”作为烧烤的专用材料后，“羔”字的词义便渐渐集中在“小羊”身上了。

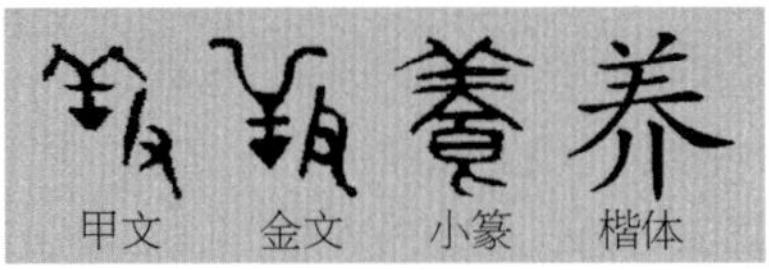

“养 yǎng”是“養”字的简体字。甲骨文和金文中的“养”字，本来是个会意字：像人手执鞭杖赶羊之形，表示放牧羊群。甲骨文和金文中还有一个“牧”字，写作“”。在放养牲畜的意义上，养和牧字完全相同，只是放养的牲畜种类不同，一个是放羊，一个是放牛而已。汉字在它的发展演进过程中，将两个字作了分工：从牛的“”表示放牧，从羊的“”则表示圈养。因而，小篆依据这一词义变为“从羊从食”上下结构的“養”字。“羊”代表读音，“食”则表示喂养，合起来便成为一个形声字，表示以食物饲养牲畜的意思。

由饲养牲畜，引申出了一般意义上的“养”。如现代汉语中的“生养、培养、疗养、教养、修养、涵养”等词，以及用在人类自身上的“养生、养老、养志、赜养天年、休养生息”等词组。

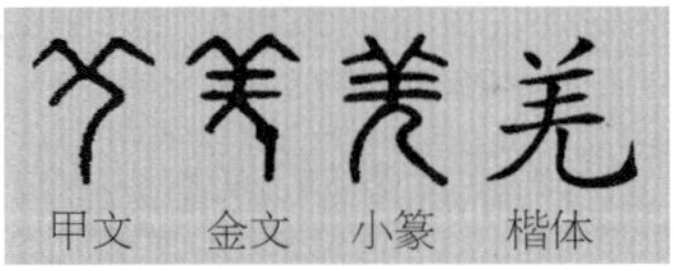

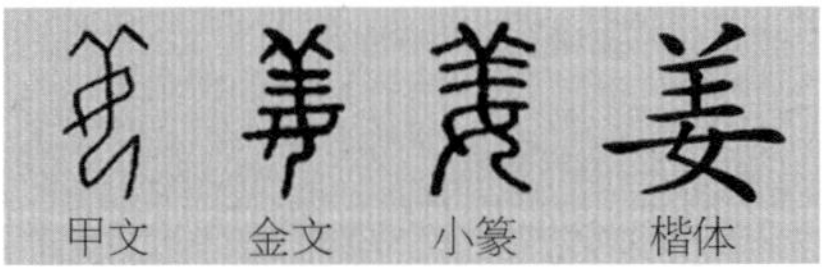

“羌 qiāng、姜 jiāng”是与羊有关的两个特殊字。这两个字都同一个古老而且多灾多难的民族有关。他们世代牧羊，以羊为自己的生活来源和图腾崇拜物，然而，羊却没有给他们带来吉祥。

“羌”，甲骨文写作“”，由“羊”和一个侧立的“人”合成。从字形结构看，十分像“人饰羊首之形，盖羌族人民的标识也”。因此，《说文》训“羌”为“西方牧羊人”，这虽是后起之义，但也暗示“羌”是一个以“羊”为氏族图腾的民族，而且与畜牧的生活方式紧密联系在一起。

羌人，本指古代我国西北部（今山西、陕西、甘肃、内蒙古一带）

一支以游牧为生的部族。后来则泛指北方所有以游牧为生的民族。

出土的商代玉人

在殷商王朝的甲骨文卜辞中，有许多将羌人活埋、砍杀、焚烧、肢解，然后当作祭祀品的记载。其中，最多的一次竟然有一千个羌人被同时杀戮，用作祭祀祖先神灵的供品。

羌人，祖辈不易死守着游牧业，虽然与汉族也有过通婚，生过混血儿，但仍然受到中原汉族的不断征伐和抢掠，于是逐渐迁往更远的西北。汉代时，人们称之为“西羌”，北宋时代则称“突厥”，或说是唐代的“吐蕃”。他们中的一支经过数代迁徙，后来融会于青海和西藏的少数民族之中。据说，生活在云南的纳西族人(至今仍保持着母系社会)，也是羌人的后裔。

甲骨文的“姜”字写作“[illegible]”，与“羌”的构形相仿，只是羊下之人乃是一个“女”人之形。《说文解字》注解为：“姜，从女羊声，男羌为羌，女羌为姜。”“姜”即女羌人也。

“姜”，也是上古时期母系社会遗留下来的一大姓氏。据史书记载，周人的女性始祖便叫做姜嫄，即是一证。由此也可以证明，我们的祖先周人的血脉中有羌人的血液在流淌。

“姜”与生姜的“薑”字，原本没有关系。汉字简化，因发声相同，借用“姜”做“薑”的简体字。这种方法，称之为替代性简化。

汉字中还有许多与羊有关的文字。如“佯、徉、垟、羕、样(樣)、洋(漾)、烊、氧、恙、痒(癢)、庠、详、翔、牂、羼”等字。分辨它们并了解字形后面的故事，原本是十分有趣的。

二、牛是有用之物

牛是一种反刍类动物，是人类最早驯养的六畜之一：力大性善，可用于耕地或载物，是中华民族农耕文明不可或缺的角色之一。现代社会，牛由“耕畜”渐渐退役，又成为“畜牧业”的主力，牛奶、牛肉、牛皮都具有非常高的经济价值。

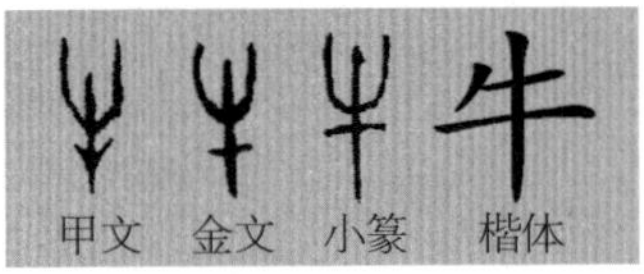

古文字中的“**牛 niú**”字，是一颗牛头的简化图形，上像内环之牛角，下像简化了的牛头，重点突出了牛角、牛耳的特征。如果与古文的“羊”字比较，显然，这是依据两种动物“角”的不同特征描绘而成。汉字中，凡从“牛”之字，都与牛及其动作行为有关。

商代青铜器上的牛头雕像，与“牛”字的物象来源相同。

“牛”之所以发“牛”的字音，源自牛的叫声，即所谓的“拟声语”。中国人形容沉重、浊厚的声音，读做“ou—ou”，而“牛”字的古音就很接近这种发音。

牛，《说文解字》释为：“大牲也”。在中国古典诗歌《诗·王风·君子于役》中，便有“日之夕矣，羊牛下来”的诗句，描写夕阳西下，放牧归来的情景。在道家哲学思想中，清静无为和柔弱似水是其人生原则。所以，老子骑牛缓慢而行便有了内在的象征意义。

金文和小篆的“**牟 móu**”字，下部均为牛头之形，上部的撇或弯圈之形，表示牛在鸣叫。甲骨文的字形则以“牛、口”会意。所以“牟”的构意来自牛欲归家时的叫声。东汉文字学家许慎在《说文解字》一书中说：“牟，牛鸣也。从牛，厶象其声气从口出。”这是说：牛头上方的螺旋形符号，表现了由低到高的牛叫之声。唐宋八大家之一的柳宗元，在其《牛赋》中有“牟然而鸣”的描述。

实际上，“牟”上之“厶”，乃是古文字中的“私”字，其构形源自狩猎时猎人下的绳套。“厶”的本义源自谁布置的绳套，猎获物便归谁所有。“牟”以“牛、厶”会意，表示牵领回家的意思。所以，“牟”字又有谋取之义，如“牟利”一词。“牟”的原本意义，即牛叫，则由后造的“哞”字来表达。

“牟”在用作地名即山东牟平县时读作 mù。

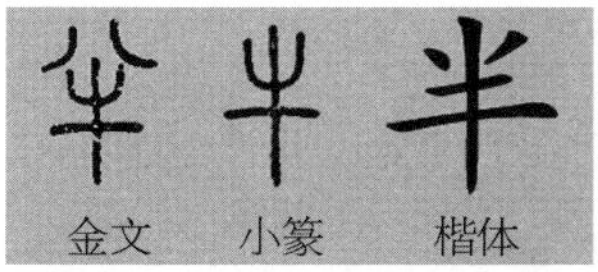

“**半 bàn**”，这是一个会意字。金文下半部是一个“牛”，上部是“八”。由于“八”的构形源自大拇指和食指向两边伸张，因而有剖分之义（表示古代大物分小的八分半制由此而来）。这里，两个字根会意，表示将宰杀之牛一分为二，即分为两块的意思。

“半”，《说文》释为：“半，物中分也，从八从牛。牛为物大，可以分也”。“半”的本义指将牛体从中分割为两块。由于“半”通常表示中分后的半块，如“半路夫妻、半途而废”等。半的分剖义则由后起的转注字“判”来承担。

牛为大物，一半也不小，故引申指一大片。如古文中的“一半冰”，乃指一大块冰。两个一半在一起便是“伴”，将“伴”的人旁换成肉“月”旁，便是“胖”，表示一大片肉的意思。现今，则指膘肥体胖。

“半”，如今即可单用，也用作汉字偏旁，如“叛、柈、泮、畔、绊、拌”等字。凡从“半”取声取义的字，皆与一半、中分、大片等义有关。

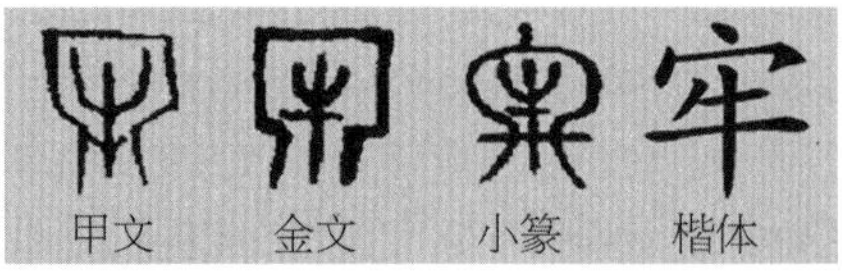

上古时期，牛是一种野生动物，也就是野牛。要将野牛驯化为家养动物，将牛的疯狂野性改造为“老黄牛”、“孺子牛”之类的优良品性，先民们可谓煞费苦心，锲而不舍，经年累月才终有所成。今天，在我们这块土地上，只有驯化后的家牛，已经没有了野牛。

甲骨文和金文中都有“**牢 láo**”字。两种字形都像一头牛被圈养(实质上是关押)在地窖之中。“牢”字的外框便是古代地窖的象形白描：下边较窄处便是通往地牢的坡道。

在对殷商遗址的发掘中，人们发现许多大大小小、或圆形或长方形的地穴，这些地穴浅的有二米或四米，深者达九米。有些地穴的前面有逐渐爬升的坡道，坡道的底部可以用木制的栅栏门堵起来。如果把捕获的野牛几十年甚至几百年、一代接一代地圈养在此类地窖中，再加上一些或饿或喂的奖惩制度，再野再倔的牛脾气也会慢慢消失，代之以忍辱负重的牛性。这便是“牢”的“功绩”。

“牢”的本义为牛窖，也就是驯服、豢养牛的地穴。引申后，又泛指圈养牲畜的圈栏，如成语“亡羊补牢”中的牢。由此，又引申为关押犯人的监牢、牢狱。此外，“牢”字还可以用作形容词，如“牢靠、牢不可破”等等，这里的“牢”都有引申而来的“坚固”义。

青铜器铭纹“牛”

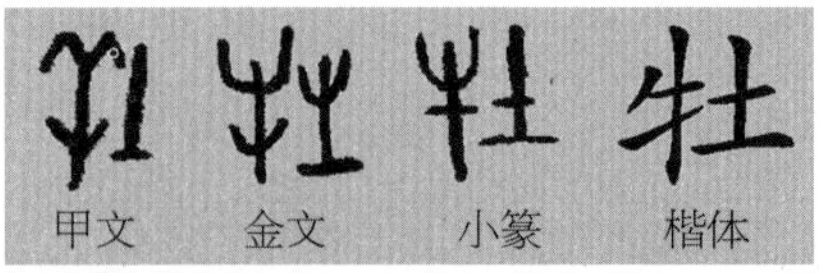

“**牡 mǔ**”字，上古时期用来指称公牛。后来，则成为雄性动物的通称，如“牡羊、牡鹿”等等。

甲骨文中表示不同雄性兽类的合体文字

甲骨文的“牡”字，左旁是“牛”，右旁是雄性生殖器官的图形“⊥”(士)。小篆字形在从金文的演变过程中出现了讹变，“士”字成了“土”字，会意字变成了“形声字”(学术术语叫“因音形变”)，成了“从牛土声”的“牡”。实际上，“牡”字的发声由来同“牟”相似，源自公牛发情时的叫声。“牡”是一个典型的会意字。

从三千三百年前的甲骨文文字中，人们发现，古人在表示不同兽类的公母时，均有专字。就是说：在表示不同动物的象形文字旁，加上雄性的符号“⊥”，便可分别成为雄性羊、豕、马、鹿等动物的专名。但是，这些表示不同雄性动物专名的文字，很早便从文字大家族中消失了。究其原因，一是因为它们都是双音节的合体字，不符合后世汉字一字一音的要求；二是因为汉字类化能力的升华，人们有了更简省的表词方式，如“牡鹿、牡马”等，可代替上古时期的专名专字，减少文字的数量。

有人认为，牡的泛化另有原因：在以狩猎、畜牧为主要生产方式时期，辨别野兽和家畜的公母，至关重要；但在进入农耕社会后，狩猎成为贵族王室的娱乐活动，放牧成为一些百姓赖以生存的劳动。对整个社会，尤其是掌握文字的士大夫阶层来讲，如此细分区别已无必要；因此，与此有关的文字逐步消亡。最具有代表性的公牛，即“牡”字则成为它们雄性性别的泛指。

“**牝 pìn**”字与“牡”字构形同源，但字义相对，通常用来指称雌性的动物。如“牝鸡司晨”这个成语，就是用母鸡鸣叫报晓，来比喻阴阳颠倒，妇人掌权。显然，这是封建专制社会中，男权至上者对女性的一种歧视。

甲骨文中的“牝”字，左边是一个牛的象形，右边是一个表示雌性的符号“乀”(匕)。“匕”是一个指事字:一弯竖表示母牛的尾巴,上部的一短横乃是指示符号,用来指示母牛生殖器所在的位置。“匕”的词义为母的,因而老、妣二字中都有匕。

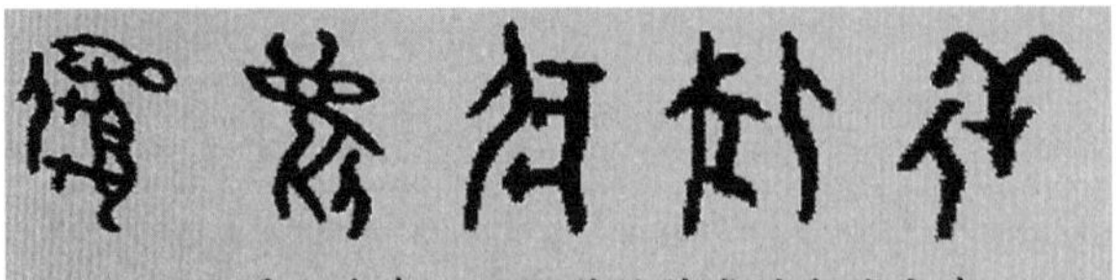

甲骨文中表示不同雌性兽类的合体文字

在文字的一步步演变过程中,“乀”与表示汤勺的“匕”合而为一。大概是因为母牛生殖器的外形同“汤勺”有几分相像吧,也许因为后人失去了知晓“匕”的构形来源吧,人们把表示匕勺的“匕”与之混同。由此,“牝”字的形、义、音来源,成为文字学中的一个千古之谜,众说纷纭,不得其解。

“牝”的本义为母牛。后来,与牡字一样得到抽象升华,成为雌性动物的通称。《说文》将其释为:“牝,畜母也。”“牡”字,《说文》则释为:“牡,畜父也。”

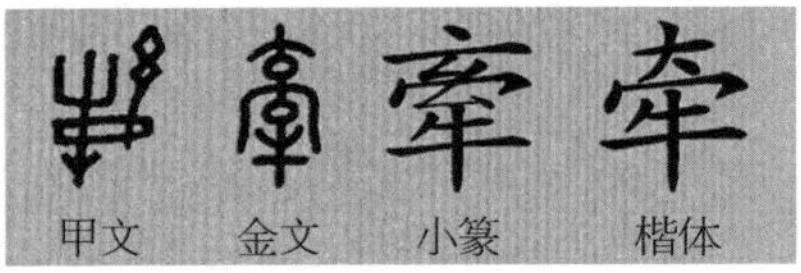

“**牵 qiān**”是“牽”的简体字。甲骨文的“牵”字,乃是在牛头下部画出一个圈,然后在圈上连接一条绳索,十分形象地表示了牵牛之状。小篆的“牵”字,下从牛,上部的“玄”则代表牵牛的绳子,中间的“冂”乃是穿通符号“H”的形变,在此,仍表示用绳牵牛的意思。《说文解字》曰:“牵,引前也。从牛,象引牛之縻也,玄声。”可见,“牵”是一个会意字。只是越往前越具图画味罢了。

人类何时发现牛的致命弱点?何时给牛拴上了鼻环?这些问题让人苦思不得其解。假如牛没有这一弱点,它是否会那么驯服地被套在犁具和车辕之中,中国人的牛耕文明是否会重新谱写?

“牵”的本义为引、挽、拉,又引申为“牵涉、关联、牵制”等,但“牵着牛鼻子走”仍是最活灵活现的词汇。

汉画像上的牵牛图

“**犁 lí**”在小篆中写作“犁”。《说文》释为:“犁,耕也,从牛黎声。”这是一个由三个字根组成的合体字:左半部是古文的“黍”,右边上部是“刀”;下部右边是一个“牛”。由此,三根会意,将牛耕田这一情状表现得淋漓尽致。楷书的繁体,简省掉了耕地的目的:种“黍”,规范后的简体字写作“犁”。

《山海经》中说:“后稷之孙曰叔均,是始作牛耕。”由于没有出土的实物,加上《山海经》又是战国时代的著作,因此,周朝建国之初即有“牛耕”的说法似乎并不可靠。据《史记·仲尼弟子列传》说:孔子有两个学生,一个叫司马耕,字子牛,一个叫冉耕,字伯牛。从孔子两个弟子的名字,可证明春秋时期已出现牛耕。

“犁”是从古代的“耜”演变而来的:在有一定曲度的耜柄上系绳,一人曳绳拉动,这就是犁的开始。“犁”的发明,使人们可能开发大片耕地,由刀耕火种转向深耕细作,乃是中华农耕文明的基础。

“牛”虽然行动不怎么敏捷,然其耐力和持久力则相当惊人。因此,“牛耕”从春秋时出现,到汉代已相当普遍了;从丝绸之路的前哨站即今日的“河西走廊”出土的东汉及三国时代的壁画上,都有描绘在西北地区开垦土地,使用“牛耕”的图样。

甘肃嘉峪关魏晋墓壁画上的牛耕图

历史学家认为,中国人将“牛”和“犁”使用于农耕的习惯,是从西部逐渐扩大到中原的。秦始皇统一天下的强大物质基础,即粮食,应该与牛耕技术和适宜牛耕的黄土地有着非常紧密的联系。

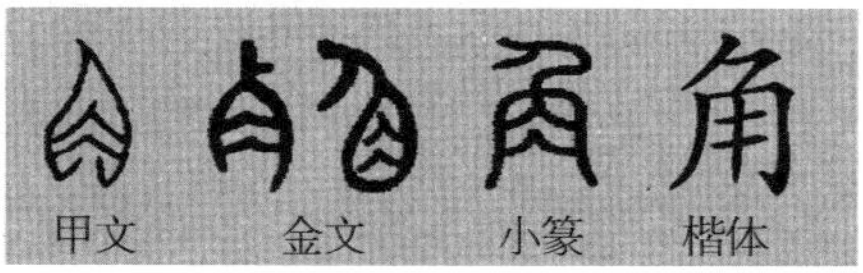

“**角 jiǎo**”,是象形字。甲骨文中的“角”字,正是一只牛角或羊

商代青铜器铭文：是一个牛角，还是两条蛇？

角的形状。金文中的“角”字沿袭甲骨文，只是在上部增加了一个短横，表示在牛角上部穿孔，用绳子串起来。金文中的另一个“角”（）则表示牛角已用来作为号角。小篆的“角”字承接金文，楷书缘此写作“角”，已经成为一个面目全非的象形字了。

现代汉语中，形状如牛角之物均可称“角”，如“菱角、豆角、好望角”等。几何学上由一点引两条直线所构成的形状，也称为“角”。由于牛在相斗之时用角相牴，所以又引申出竞赛中的争胜义，如“角斗、角逐”等。由此，又引申出“角色”的意思，如“主角、名角”等。

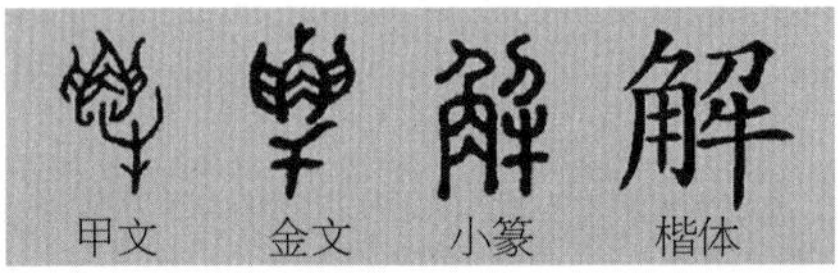

甲骨文中的**“解 jiě”**字，表现出的是一头牛和抓住牛角的双手。“解”字中为何有“角”？这是因为，尽管牛的力气很大，脾气很犟，但牛的脖子是其致命弱点：一个普普通通的男人，只要抓住牛角，用力将牛头扭转，牛便会扑通一下摔倒在地，即便这头牛有千斤之重。“解”，正是对杀牛时这一初始过程的描述。

小篆的“解”字，省掉了双手之形，替换上了一把刀。《说文》因此释为：“解，判也。”意指用刀分割牛或其他动物的肢体。当然，这种释义来自小篆的“解”字，而与甲骨文和金文的“解”字不符。在现代汉语中，“解”有“分割”之义，但也有“消除”的意思，如“解恨、解脱、解职”等。由“分割”之义，又引申出了“分析”之义，如“解释、解答”等。由此，又引申表示明白、晓悟，如“令人不解、理解”等。“解手”一词源自“排解”，乃是古人一种避亵的说法。就是说，“解手”乃古人的文明用语。

长有牛角的炎帝像

所有动物中，要数牛对人类生活的影响最为重要；在先民们以游牧为谋生手段时，牛以易于放养、体格硕大而成为牧民财富的重要标志。进入农耕时代，牛又以它的力大体壮、吃苦耐劳而成为农业生产不可缺少的力量，进而被视为先民生存的一种依靠。中华民族“三皇”之一的炎帝，乃是神话传说中的“神农氏”。所谓“神农”，实为农神，而农神的形象，据《史记》记载，竟然是“人身牛首”。由此可见牛在农耕文化中举足轻重的地位。

牛在先民的眼光中，代表着全部家当和财物，有了牛，便等于有了一切，因此天地间所有的东西有了一个共名，叫做“物”。

杀牛而啖其肉的文字记载，自古以来频频出现：殷商时期的甲骨文中，已有“示牛”、“卯牛”之类的记载。《庄子》一书则有“庖丁解牛”之说。“解”这个字就是“角”、“刀”和“牛”组合而成的会意字，表示将牛角从牛头上割除的意思。

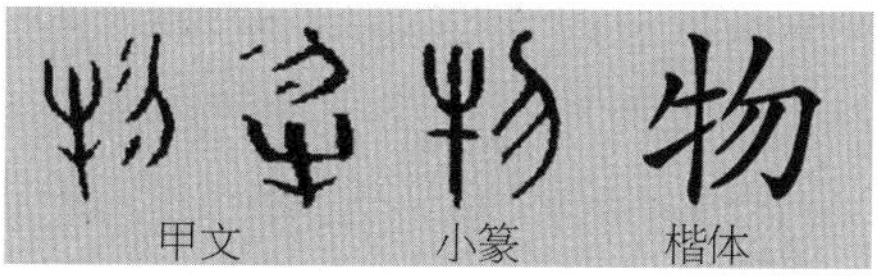

甲骨文中的“**物 wù**”字是个会意字：从牛从勿。“勿”，本义为捅入后再拔出来的刀。两个字根会意，在此表示杀死了的牛。小篆中的“物”字，承接甲文，楷书据此写作“物”。

“物”字的本义为宰杀之牛。“勿”因此有不要义。物，也可理解为将牛牵到祭坛前呆一会，然后再牵了回去。“物”，由杀与不杀的留存，引申为动物的存有。由动物的存类，又引申为事物的种类，泛指客观存在的世间万物。“动物、植物、人物”乃至“物料、物品、物理”等等。物以类聚，所有的东西都可称之以“物”。我们今日的物品意识，同上古先民的意识仍在一个基准点上，只是我们今日所拥有的“物”多了千万倍，称之为“万物”了。

春秋时代，郑国商人弦高在贩牛的途中，遇到正准备偷袭郑国的秦国军队，弦高不忍看到自己的祖国遭到偷袭，急中生智，谎称自己是郑国国君派来“犒劳”秦军的，把准备贩卖的十二头牛送给了秦军。秦军以为自己的偷袭行为已被郑国得知，便下令撤军回国。这个故事，可为“牛为有用之物”作一注脚。

牛标志着财富，牛又是六畜之首，因此，上古先民以牛作为牲畜以及所有禽兽的代表。例如“**牧 mù**”原本只指放养牛，后来则泛指放养各种牲畜。

甲骨文的“牧”字，从牛从攴，像人手持鞭杖正在驱牛。金文、小篆到楷书的“牧”字一脉相承，文字构形的变化，或者说演变的轨迹十分清晰。

辛店出土放牧纹彩陶盆

“牧”的本义为放牛，双音词有“牧童、牧场、畜牧”等等。又引申指放牧的人，如宋代王安石的《谢公墩》：“问樵樵不知，问牧牧不言。”这里，第一个“牧”为放牧，第二个“牧”则指牧人。

由此，又引申为“治理、统治”。如《左传·襄公十四年》：“天生民而立之君，使司牧之。”“使司牧之”便是说，君王让官员管理统治他们(民)。古汉语中的“州牧、牧宰、牧伯”等词，均指管理民众的官员。由此义可知，大概封建社会的表征，便是把百姓当作牲口来驱使、来管理的社会吧。

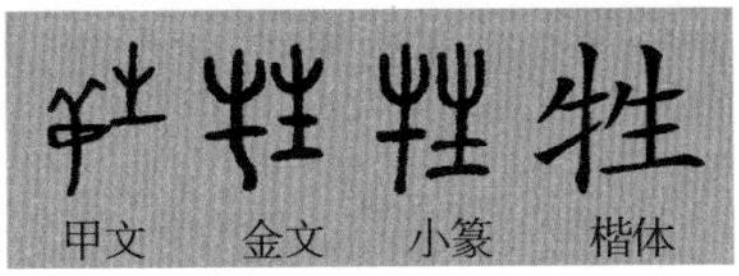

“**牲 shēng**”，这是一个会意字。甲骨文的“牲”字，左边是一个羊头之形，下边是横置的长三角符号，表示母羊的生殖器；右边是一个小草生长之形。两形会意，表示母羊繁殖生育出的小羊。金文和小篆的“牲”字，演变为“从牛从生”的会意字。古文字中，兽畜类的形旁往往可以互换，在表达动物繁殖的意义时，“羊生”和“牛生”意义相同。当然，形象主体调换的原因，也与牛在农耕社会地位日渐上升有关。

“牲”的本义为“繁育”，即人类豢养母畜，让其代代繁殖，种群壮大起来。“牲口、牲畜”等词语中的“牲”，便有自家繁育的意思。上古时代，人们常用自繁自育的活家畜作为祭祀的供品，因而“牲”便有了“祭品”之义，用来泛指祭祀所用的家养动物，包括牛、羊、猪、马、犬、鸡等，都可称之为“牺牲”。

上古先民用“牲”做祭品，乃是基于以下原因：其一，野生动物需要捕猎获得，但捕获而得的动物一般多为死尸；其二，狩猎是一种带有很大偶然性的活动，不是你想祭祀时便有猎获物，因而用自己繁育、养得十分肥壮的家畜祭祀祖先神灵，供应及时，也更能体现祖先神灵的优先享用权，体现敬神的一片虔诚之心。

因为体大肉多，牛在古代乃是祭品之最，但由于牛在农耕中的作用，只有“王”才可使用这种祭品。如《礼记·王制》中说：“诸侯无故不杀牛，大夫无故不杀羊。”按《周礼》的规定，有资格吃牛肉的是天子，诸侯平时只能吃羊肉，每月初一才能吃牛肉。再低一等的大夫，平日只能吃猪肉狗肉，每月初一才能吃羊肉。

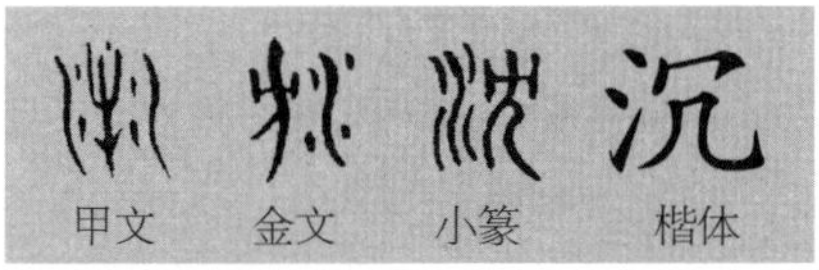

在上古先民的政治生活中，牛扮演过十分重要的角色，然而这对牛来讲，完全是一种悲剧角色。

沉 chén”和“沈”在古代原本是同一个字。“沈”在甲骨文中的字形是用一个牛和一条奔流的河来表示一头牛被淹没于河流之中，籍以表示沉没义。古人用此会意，源自祭祀河神，可谓神来之笔。金文字形与甲文相似，只是牛被调换成了从人从穿通字根“ㅂ”的“方”。小篆字形将“人”下一撇拉长为“冘(yin)”，楷体据此写作“沈”。

甲骨文：沉牛

在甲骨文中，“沉牛”不是指牛的自然溺毙，而是把牛沉入河中，用来祭祀祖先和河川之神，乃是上古先民祭祀的一种方法。所以，沉与没的词义有不同之处。

作为祭品，牛不仅在“沉祭”中扮演悲剧角色，在“埋祭”中也同样扮演悲剧角色。甲骨文中的

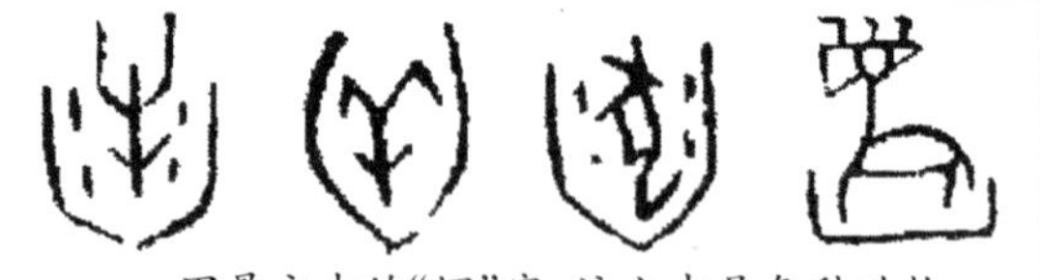
甲骨文中的“埋”字，坑穴中是各种动物

“埋”(霾)字十分形象：一头牛(或其它动物)深陷坑中，旁边的小点代表纷纷下落的泥土，形象地描摹了逐渐埋葬这头听天由命祭牛的境况。牛被活埋入土中，成为人类向土地之神和祖先神灵奉献的祭品。

“沉”原本是“沈”的异体字，现今两字的意义已经分化。现代汉语中，“沈”读为 shěn，用作姓氏或地名，而以“沉”来表示淹没溺毙的意思。如“深沉庄重、沉湎、沉冤昭雪、沉郁顿挫”等等。

甲骨文中，与祭祀有关的文字，还有一个“**告 gào**”字。

“告”字，甲骨文中的第一款作“[illegible]”，从牛从口，表示“祭告”、“告庙”的意思。从告字的构字形象看，十分像一颗被砍下的牛头，盛放在供桌前盘子中的形象：死不瞑目的双眼圆睁着，似乎在诉说着什么。

商代牛头雕像

实际上，甲骨卜辞中的“告”字，上半部分为牛的“告”要少于“口”上为三笔的“[illegible]”字(甲骨文的第二款)。从字形上分析，后一款的“告”字，乃是从牛从口“告”字的简省形（如同虎在会意字中常常简省为“虍”一样)。从词义来源讲，“告”即表示用牛头祭祀告慰祖先神祇，也用来表示人们祭告时拖长音节、放大音量的祷告，所以“告”字的本义为祭祀时主祭人拖长声音如牛叫般地祈祷，也可以理解为牛类拖长声音的吼鸣。后来，由此引申为危急或庄严情况下的“告示、告急”等义，又引申出报告、报

请、请求等义。

从已发现的甲骨卜辞的统计数字来看，牛在殷商时代的祭祀活动中意义非凡，其数量大得让人惊讶：祭祀中一次用掉一千头牛的有一次，用掉五百头牛的有一次，用掉四百头牛的有一次，一次用掉三百头牛的共三次，一次用掉一百头牛的祭祀活动有九次。如此庞大数量的牛从何而来?这仍然是一个谜。答案可能是：除了上古先民大规模饲养牛只外，殷商时代的黄河流域，生活着成千上万头的野牛。其种群数量，应该不亚于早期北美或非洲大陆上的野牛群，就像你在Discovery纪录片中所看到的那样。

不知什么原因，汉字中与牛有关的文字很少。与牛有关的会意字还有"件、吽、犇、特"四字；与牛有关的形声字，也只有"牦、牯、牾、犊、犄、犋、犍、犏、犒、犟"等字。其中的"特"指种公牛，"犊"为小牛，犍为大牛、犏为阉牛，犒为犒赏的死牛，牦为牦牛，牯为老牛，犟为牛的脾气，犋为牛与犁的同在……

三、臭狗屎与香肉

犬，中国人也将其称作狗；狗为哺乳纲，犬科；听觉、嗅觉灵敏，犬齿锐利，前肢五趾，后肢四趾，有钩爪；性机警聪明，易受训练；按用途可分为猎犬、牧羊犬、警犬、玩赏犬、食肉犬等。

犬是人类最早驯化的野生动物，时间大约在一万五千年前。据说，犬是东亚地区的远古人类从灰狼驯化而来。

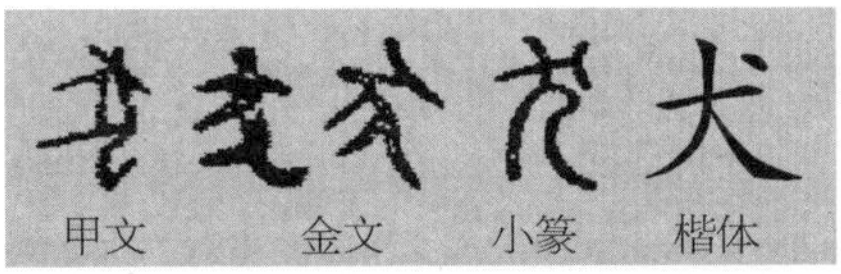

“**犬 quǎn**”，这是一个象形字。两千多年前的孔子在见到“犬”字后，不无夸赞地说：“视犬之字如画狗也。”显然，“犬”字与牛、羊的“典型特征”造字法不同，“犬”字遵循的是“轮廓特征”造字法，即用线描的方式勾勒其身形。这种方法紧紧抓住了狗的外形特征：身体瘦长、长尾卷曲。

最早的图形文字“犬”

观察上述字形，你会发现“犬”字必须横过来看，才能对应它的实际状态。这是为了适应汉字横窄竖长的特点，三千三百年以前的上古先民，把“犬”字勾画成了竖立状。正是由于这一原因，“犬”字在随后的一步步演变中，成为今日楷书的“犬”字。严格来讲，今日的“犬”已成为一种文字符号,但它仍然是一个象形字。

犬,既可单用,也是汉字中的偏旁。“犬”用作部首时,通常写作反犬旁(犭),构成与狗类似的哺乳动物的“类属”偏旁。“犬”字用作构字符号时,即通常所说的“右”旁时,表示犬的行为或状态,如“伏、吠、状、突、器、哭”等字。

“犬”字为什么发音为 quǎn呢?大概是因为狗崽的叫声近似于“喧喧”。就是说,犬的发音来自小狗的“拟声语”。可是,人们为什么把“犬”又称为狗呢?这是因为人们通常把有着弯曲形状的东西称作“鉤”。弯曲东西连接在一起时便叫做“句(gōu)搭”。公狗与母狗交配时,会很长时间“恋”在一起,就像东西“句(gōu)”住了一样。上古先民在观看狗的交配时,会不由自主地呼叫“句住了,句住了!”久而久之,“句”的发音成了狗的俗名。根据发音,人们创造了“狗”这个字:从犬句声,与“犬”字同时使用。

西汉初年,帮助汉高祖刘邦打天下、立下汗马功劳的大将军韩信,因被怀疑图谋造反,被迫服毒自杀。临死之际,他说了一句传世名言:“狡兔死,走狗烹。”意思是说:追捕狡猾的兔子时,善跑的猎狗一定会被重用;然而,一旦捕完了兔子,狗不再有用时,也会被煮来吃的!这虽是韩信(春秋时代的越国大将军文种,最早说出此言)自嘲的感慨,我们却可由此看出,把“犬”叫做“狗”已是相当古老的习俗。

图形文字“犬”

《诗·小雅·巧言》中有“跃跃毚兔,遇犬获之”的描述。由此可知,很早以前,狗已经是人们打猎的帮手,为人们“效犬马之劳”了。

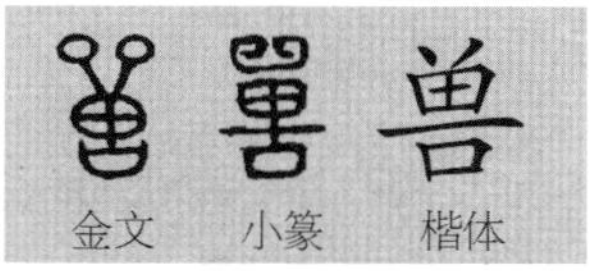

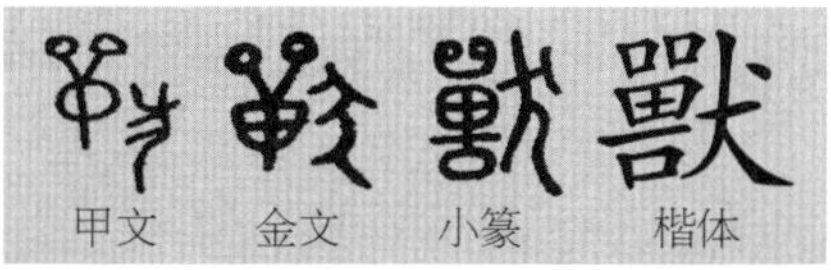

“**兽 shòu**”是“獸”的简体字。甲骨文的“兽”字,右半部是一只犬,左半部是一个“单”(即杈)的形象,上部的小圆圈表示“单”的尖端,下部则表示捕猎时的陷阱。上古先民在打猎时,先是让狗迅速赶到滞留它，直到手持“单”和猎网的猎人赶来，或者人同狗一起把猎物赶到陷阱里。“獸”字，正是古代狩猎活动的真实写照。因此，“兽”的本义，既表示狩猎这种行为，即“狩”；也表示狩猎追逐的对象，即野兽。因而，早期的“兽”字，在语句中既可做名词“兽”，也可做动词“狩”。这种一字二义的现象，在古文字学发展的初级阶段是很多的。随着汉字的孳乳发展，专词专义后，分化出兽、狩二字。

表示狩猎的青铜铭文

现代汉语中，“兽”字的打猎义，则为后起的“狩”字所代替。“兽”字，由狩猎的对象，引申泛指所有野生动物，与人类驯养的家畜相对，即“野兽、禽兽”等。

除了做狩猎的帮手外，狗还能守夜护家，又是人们的玩伴，陪伴人们消磨孤寂落寞的时光。《说文解字》说：“狗，孔子曰：‘狗，叩也，叩气吠以守。’”《玉篇》中也有“狗，家畜，以吠守”的说解。从“狱”的构形释义，也可看出狗的这些功用。

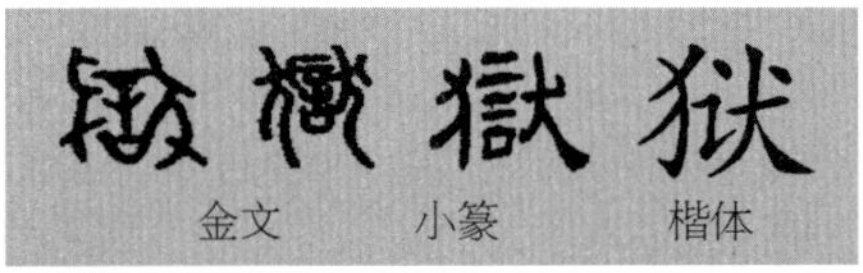

“狱 yù”，金文写作“”，形如两犬相遇而嘶叫。中间如“”之形，乃是一个“言”字，在此表示两狗争斗时的叫声。由狗的撕咬又引申表示争讼、诉讼的意思。如《诗·召南·行露》：“谁谓女无家，何以速我狱？”这里的“速我狱”，即让我吃官司，与人争讼的意思。汉代以后，人们把监牢也称“牢狱”。这是由吃官司必有人败诉坐牢引申而来。

秦代瓦当中的双犬

“狱”字用两犬守护，形象地揭示了牢狱这一概念。不仅监狱要用犬来看守，旧时，无论大户人家，还是寻常百姓，都用狗来看家护院。就连木刻的灶王爷画像上，在灶王爷的神案前，也站着一只金鸡和一只玉犬——据说鸡司晨，狗守夜，鸡犬辅佐灶王爷，保佑全家安康。狗对人类有诸多用途，所以历代统治者对狗十分看重，在《周礼·秋官》中设有“犬人”一职，专门掌管饲犬、用犬之事；汉代有“狗监”，专门负责饲养皇帝的猎犬；唐代有养狗的“狗坊”；元代的“狗站”，乃是提供役使狗的驿站。

尽管狗和人类关系密切，可是中国人对于狗却没有很高的评价。以犬喻人，有卑贱、轻蔑之意。“走狗、狗屁、狗屎、狗官、狗眼看人低、狗掀门帘”等等，都是带有贬义的习惯用语。《三国演义》第七十三回记叙了孙权为儿子求婚，遭到关羽蔑视和拒绝的故事：“云长勃然大怒曰：‘吾虎女安肯嫁犬子乎！’”把对方视作狗，把自己当作虎，这种自高自傲，导致了败走麦城，割下来的“虎头”被辗转送给了曹操，联吴抗曹的立国基础被毁之一旦。最终，导致了蜀汉的衰落和灭亡。因此，有人认为，关云长真正是一摊臭狗屎。

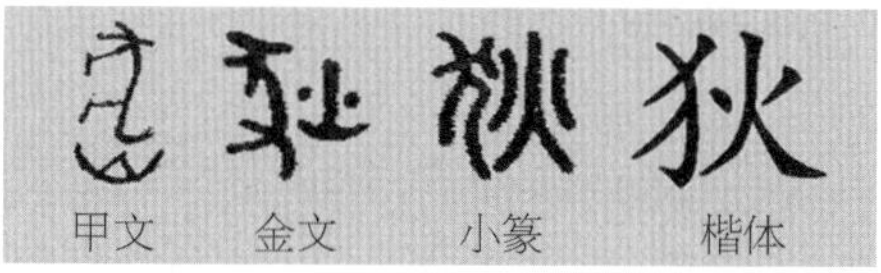

“狄 dí”，甲骨文写作“”，上部是一只“犬”，下部是“火”的线形白描。两形会意，表示以火驱赶野狗，或者，一群狗像野火一般，疯狂地扑就而来，阻止人的前行。这就是“狄”与“敌”发音相同的原因。周代以后，则用“狄”来指称北方的氐族。

秦汉以后，“狄” 成为中原汉人对北方各民族的泛称。到西汉时，许慎在编写《说文解字》一书时，臆断：“狄、赤狄，本犬种。”成群生活的野狗，竟然被说成是少数民族的祖先。

其实，在中国人眼里，把别人视作狗的习惯由来已久。古人把狄族称为“犬狄”，把壮族称作“獞”，把其他少数民族称作“犵狫、狪、獽、猔、狓犹”等等，这些由“犬”作部首的汉字，都是古代社会自高自大的汉族统治者对少数民族的睥睨之称，包含着一种很明显的歧视心理。当然，也有大国沙文主义的自豪在内。

另外，为了某种需要，人们不当一回事地来牺牲的东西也是

“狗”。商朝是中国青铜文化最繁荣的时代，在这一时期的建筑物基础下面，都埋葬有狗，作为开工时祭拜土地之神用的奠基。商代卜辞中有“侑燎于父丁百犬”的记载，就是说：把一百只犬架在柴堆上烧死，用燃烧的焦臭味来祭祀殷人的祖先“父丁”。两千年前的汉朝，为了躲避暴风，也有剥下狗皮吊在房子前面的迷信风俗。

“香肉”其实就是狗肉，现在的街上有专卖香肉或者干脆就叫狗肉的饭馆，有了饲养肉食犬的专业户。据说，古代人杀来吃香肉的狗只限于身有红毛者，黑狗或白狗都可免于口腹之灾，不像今人的不分黑红白黄，统统可杀了食之。

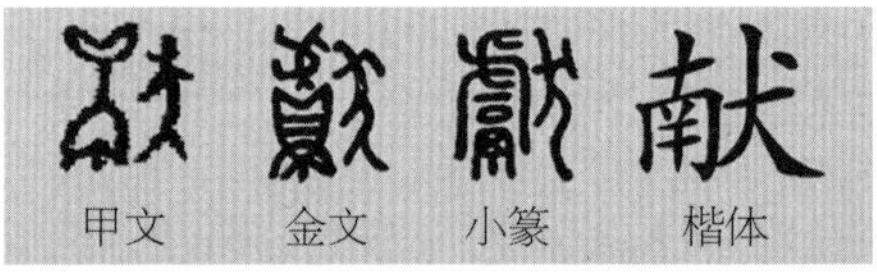

在古人的心目中，狗肉有独特的香味，肉质柔细，热量充沛，但狗又是狩猎、护家的帮手；因此，古人并不轻易杀狗烹之，只有像荆轲、鲁智深那样的鲁莽粗汉，才会大嚼狗肉。古人更多的是把狗肉当作献祭供品。如“**献 xiàn**”字，就表示把最好的狗肉奉献在祖宗神灵面前之意。《说文》曰：“献，宗庙犬名羹献，犬肥者以献之。”

甲骨文中的“獻”字，左边是一个大口的“鬲”，“鬲”是古代三条腿的锅；右边是一个“犬”，在此表示狗肉。金文的“獻”字承接甲文，只是“犬”和如“鬲”的青铜鼎更为形象，在“鬲”的上部还增添了一个“虎”字的简省形，在此表示大口的“鬲”，小篆和楷书缘此写作“獻”，简体字规范为“献”。

“献”字，本指用最贵重的青铜锅来煮“香肉”，向祖宗神灵奉献。引申后，可表示一般意义上的进献，如“献花、献礼、献旗、贡献”等等。又引申为表现给他人看，如“献技、献丑、献殷勤”等等。

与狗肉的“香”味可作对比的是“**臭 chòu**”字。“臭”是一个会意

字，由“犬、自”两个字根组合而成。甲骨文的字形为上下结构，上部的“自”字，表示鼻子，代表嗅觉器官；下部是“犬”字，乃狗的形状。小篆和楷书一脉相承，仅是书写形体上有了些许渐变演进。

由于狗的嗅觉非常灵敏，所以由狗(犬)和鼻子(自)会意而成的“臭”字，表示气味或闻东西(由后起的“嗅”字专一表示)的意思。“臭”字原先指气味，既可用来指香气，又可用来指恶秽的气味。成语“无声无臭”，指没有声音也没有气味。这里的“臭”，仅指气味，读作 xiù。后来，“臭”又读作 chòu，专指恶秽的气味。如“臭汗、臭气熏天”等词中的“臭”字，均指带有强刺激的恶秽气味。

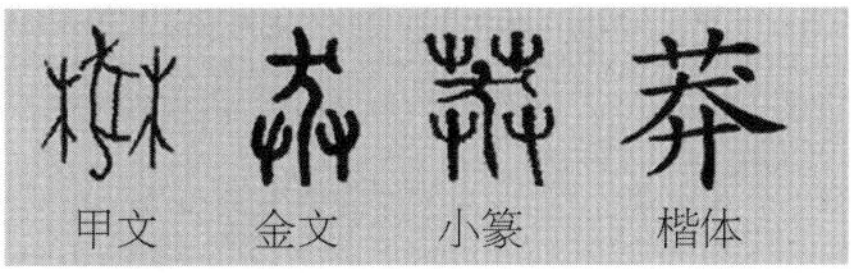

正是由于狗的嗅觉灵敏，古文字中的“**莽 mǎng**”字，也有“犬”字参与其中。甲骨文的“莽”字，恰似一只狗(犬)在树林草丛中搜索的情形。小篆将“林”字割裂，成为上下四个小草的形状，楷书又将上下小草整合，写作“莽”，但都表示猎犬在灌木林或草丛中追逐猎物的意思。

狗的祖先，即野狗，本是一种食腐动物。嗅觉灵敏是其特长，真要它们在树木草丛中捕杀猎物，肯定不会猎获什么，顶多是把动物驱逐出来。因此，“莽”字有直率、冒失之义，表示行为上的不合时宜或不可理喻，如“鲁莽、草莽英雄、莽撞”等。在现代汉语中，“莽”字也用来表示草木茂盛，一望无际，如《易经》中的“伏戎于莽”，以及“莽原、莽苍”等。这一词义大概源于狗入草丛灌木之中而不见，转而指向茂盛的草丛。

“**伏 fú**”，这是一个会意字，由人、犬两个字组合而成。金文字形左上角是“人”字，右下角是“犬”字，表示人像狗一样爬伏在地上；

只要将甲骨文中的图形调整90度，正是这一图像。小篆“伏”字的结构与金文相同，人、犬两字的位置更为规整，成为典型的左右结构字体。

“伏”字，用人似狗一样趴伏地上，表示守候、埋伏的意义，这是“伏”字的本义。如趴卧在地上称为“伏地”。《诗经》中有“辗转伏枕”的句子，意思是说，俯伏在枕头上翻来覆去睡不着觉。“伏”字又引申为“埋伏、藏匿”，还用来表示屈服、降服、低下等意义，如“伏法、伏罪”等。这是因为爬伏与跪下并没有原则上的区分。

狗是上古先民狩猎和战争中的伙伴，“伏” 字形象地描述了这种关系；可是，为什么在众多食肉动物中，只有狗才会仆伏、屈就在人的脚下呢?答案是：狗本是食腐动物，野狗从狮、虎那里得到残骨剩肉，家狗从主人那里得到残汤剩羹而已。

“**犹 yóu**”是“猶”的简体字。在甲骨文中，“犹”字的本义为狗喝醉酒后的可笑丑态。这就是古文字中的“犹”字，不论甲骨文、金文或小篆，在“犬”旁总有一个酒(酉)坛的原因。上古时代的酒，类同今日的米酒或醪糟，甜甜而微酸，酒精度很低，但喝多了一样会醉。狩猎大获后，人们狂饮之余，也会让狗加入会餐之列。这样，在人们的眼前便出现了醉狗之态，“犹”，正是对这一情形的表述。

醉狗会东晃西倒，不知应该到何处去，因此，“犹”的本义为摇晃，如“犹豫不决”一词。醉狗之态的根源，乃是吃酒糟太多，因此，犹在作为副词时有“已”、“太”的意思，也可表示某种状况的持续不变，相当于“仍然”。如毛泽东《卜算子·咏梅》词中：“已是悬崖百丈冰，犹有花枝俏。”这里的“犹”就表示“仍然”之义。

元代碑刻：人与犬

“犮 bá”,《说文》释为:“犬走貌,从犬而丿之,曳其足则剌也。”这是说:东汉文字学家许慎认为,“犮”字源出拉拽狗的一条后腿,让狗三条腿走路的情形。也有人认为,“犮”字来自狗的一种特殊习性,即翘起后腿撒尿。

如图所示,“犮”字是一个指事字:在“犬”的白描图形上,在后腿上增加一撇,强调后腿的翘起,或拉住狗的尾巴。

“犮”的本义之一为狗跷腿撒尿。这一意义,在现代汉语中已不再单独使用,但作为组字构件,仍出现在许多汉字之中。如表示拉出、拽出之义的“拔”,意谓拔东西弯腰伸手,如同狗有三腿之状;表示仆倒、登越之义的“跋”,意谓翻山越岭时,借用双手的轮换攀扯,也形同狗有三腿之状。

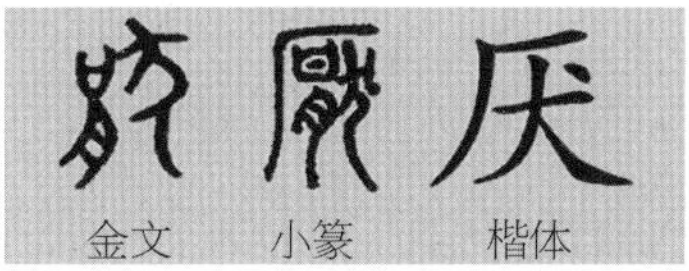

“厌 yàn”是“厭”的简体字。金文的“厌”字是一个会意字,由“犬、口、月(肉)”三形组成。这是用狗嘴里衔着一大块肉,表示已经饱足之意。小篆的“厌”字承接金文,但在口中增添了一点,上边又增添了一个翻转符号“厂”,表示狗将肉块“按”在地上玩耍的意思。楷书缘此写作“厭”,汉字简化时,规范为“厌”。

“厌”有两种基本含义,其一读作 yàn,表示饱足之义。《集韵》释曰:“厌,足也。”如《史记·货殖列传》:“原宪不厌糟糠,匿于穷巷。”还有成语“贪得无厌”。由此又引申出憎恶、嫌弃之义,如“讨厌、厌烦”等。

“厌”的第二种含义为“按、压”,读作 èn,如《续资治通鉴·宋太祖乾德元年》:“今伐文表,如以山厌卵尔。”“厌胜”一词,则指以诅咒、鬼符等迷信方法作祟制服他人。再如《史记·高祖本纪》:“秦始皇帝常曰‘东南有天子气’,于是因东游而厌之。”上列句中的“厌”应读为 èn,此义由增符后的转注字“壓”所承继。简体字写作“压”。

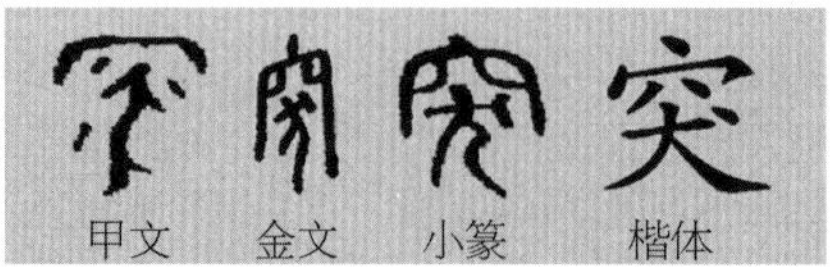

青铜器铭文

“**突tū**”,这是一个会意字。甲骨文的“突”字,上半部是一个洞口之形,下半部是一只犬从洞穴中卒然冲出的图形。如图所示,这幅图画甚至将狗从窝中带出的杂草也描摹出来,可谓形神兼备。“突”上之穴增加一点后,由金文、小篆、楷体一路演进,形体一致,可谓一脉相承。

“突”本义为急速外冲,如“突围、突破、狼奔豕突”等词语;引申为在极短时间内事物出人意料地发生,表示“突然、卒然”之义,如“突如其来”一词;又引申指事物的忽然变异,如“突兀、突出、冲突”等。

“**狂 kuáng**”,《说文》释为:“狂,狾(zhì)犬也。”即疯狗。通常也指狗得了狂犬病。因为人被疯狗咬伤会得狂犬病,所以又引申指人的发疯,精神失常。中医理论认为:“五邪所乱,邪入于阳则疯。”殷商时代的人们已经懂得了这一道理。除了甲骨文的“狂”字外,他们还创造了一个我们不识、也无法找出对应文字的“”字,表示对口吐白沫发狂之犬的捕杀。

甲骨文的“狂”字,右半部是一只“犬”的象形白描;左半旁的上边是表示脚印的“止”,下边是一个“土”字。两形会意,用狗失去本性不停奔跑,描述狗得了狂犬病后疯跑发癫的情形。小篆的“狂”字因音形变已成为形声字,“从犬、㞷声”。从隶书到楷书的一步步演变,不难看出今日的“狂”字如何将土上的“止”简省为一横。楷书的

“狂”字已成为似是而非的形声字：从犬，王声。

现代汉语中，“狂”字由人的精神失常，引申为人的狂妄，泛指人在非理智状态下的任性放荡，不受拘束，如“丧心病狂、狂妄不羁”等词语；又引申指情势猛烈、浩大，如“狂风暴雨”、“狂暴不安”等。

小篆　隶书　楷体

著名作家方刚在《动物哲学》一书中，十分精辟地说：“人类认识最浮浅的动物是人类自己，而认识最深刻透彻的对象是狗。”在中国人的文字中，表示“形状、状态、状况”的文字，大多数用犬作为部首，“**状 zhuàng**”字便是鲜明的例子。《说文》释为：“狀，犬形也，从犬，爿声。”其中的“爿”源自木板，表示狗像木板一样立了起来。

狗为四腿行走的走兽，狗的拟人化站立，是否来自于人的调教而违背了狗的自然属性，不得而知。事实上，许多表示人类形状的字也都取自犬(包括反犬)旁，例如猷头猷脑的“猷”(呆)字，表示发疯暴怒的“猖狂”二字，表示孤独的“独”字，表示嫉恨怀疑的“猜”字，表示亲近之意的“狎”字，表示奸诈之意的“狡猾”二字，表示错乱怪异的“戾”字，形容面目可怕的“狰狞”二字，表示偏激急躁的“狷”字，表示险恶凶暴的“狠”字等等，不一而足。

用“犬”还可以为众多野兽造出名字，如“狐、狼、猫、猞、猴、猩、猿、犴”等等。既然大多数的野兽都用“反犬”做部首偏旁，作为种类的“类 lèi”字(小篆字形如图)自然有一种说法。繁体字的“類”，其字形左下角也是一个“犬”字，用作该字的形符；上边形似“米”的符号，表示动物的脚印；右半部的“页”则表示动物的头部或脸面。“类”，原本是一个由三个字根组成的会意字。现在的简体字则省其一半，演变为上下结构，由米、大(注意是大，而不是犬)两个偏旁组合而成，表示某种相似东西的集合。

小篆中的“类”

“类”字的形义源出于一群类似于“犬”的动物，由头部(页为头)特征和脚印(米为脚印)而划分出的类群，即相似动物的类群划分，也叫做“物以类分”。《说文解字》因此释为：“类，种类相似，唯犬为甚。”

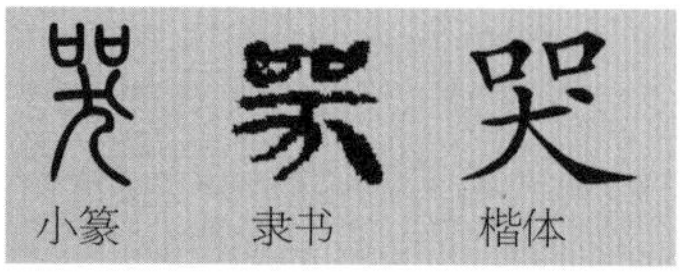

从“犬”的字大都与动物野兽有关。但有两个字，词义却仅与人相通，这就是“哭”字和“笑”字。

“哭 kū”，《说文》解释为：“哭，哀声也，从犬从吅。”实际上，“哭”的本义源自两犬撕咬，败者夹着尾巴逃跑时的惨叫。古人认为，因悲伤或过分激动而大声号啕时，“呜呜”之声与狗撕咬败逃时的叫声相同，所以“哭”字从“犬”从双“口”。也有人认为，悲痛过分而抽搐的脸与狗脸太相像了，所以用犬作为“哭”的偏旁。史载：当孔子得悉自己的弟子颜回被人砍杀时，“哭而恸”，大概哭声很像狗的惨嚎，脸部的抽搐一定像狗一样难看了。

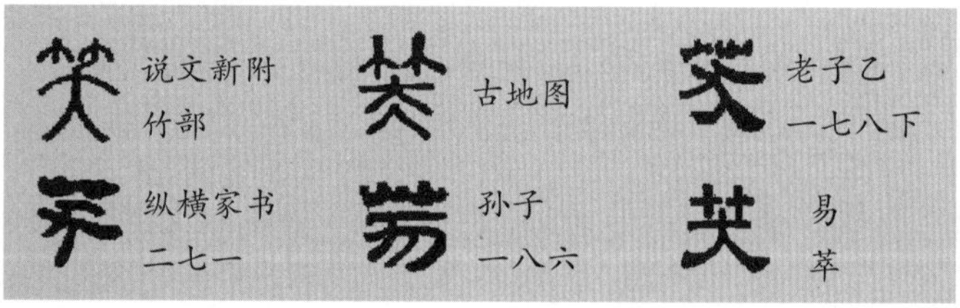

“笑 xiào”，《说文》释为：“喜也，从竹从犬。”后世有人认为这种解释不可理解，便有一个叫李阳冰的古人，将《说文》中的解释大胆改正为：“从竹从夭”，竹下之“犬”改为竹下之“夭”。取意为：“竹得风，其体夭屈如人之笑。”今日的“笑”字，便是改后沿袭而来。然而，至今这种擅自更改的做法仍未获得学者的赞同。

其实，从考古出土的古文字来看，“笑”字在古代确实从竹从犬，如“笑、笑、笑”；也有从大和从太的，如“笑、笑”和“笑”。《古地图》中的“太”，应是犬字之讹，《说文新附》和《易·萃卦》中的字形，应是犬字的省笔。从以上古文字的构形来分析，“笑”在上古文字中,的确是"从竹从犬"。

王安石在《字说》中,用"以竹鞭犬为笑"来解释"笑"字的来源,遭到大文豪苏东坡的揶揄:"以竹鞭马为笃, 不知以竹鞭犬有何可笑?"其实,王安石的释义并没有错。以竹鞭马,马会高高向上蹦起,重重落在地上,这便是"笃"的本义。以竹鞭犬,犬会紧紧夹住尾巴,身体向上弯曲,露出牙齿,并发出表示示威的呼噜噜声。人在大笑时,会咧开嘴巴,像狗一样露出犬齿;人在大笑时会把身体弯曲起来;人在大笑时也会发出嘿嘿嘿的呼噜声。这些都与"竹鞭犬"形似。由此可知,古人对生活的观察何等细微。

有可能的是:古人的笑声中有太多纯真和痛快淋漓,他们还没有成长到在笑中掺杂伪善和压抑。古代的祖先们当时并不知道,除了捧腹弯腰大笑外, 后世的子孙们把微微露齿或者脸部肌肉牵动一下,也叫做笑。

也许,"笑"之从犬是为了与"哭"形成相互对应的汉字吧?

犬部文字十分庞大,《说文解字》一书在犬部罗列文字83个,㹜部罗列文字3个。北京大学出版社出版的《汉字形义分析字典》罗列的犬部常用汉字仍有七十多个(简化后的豕旁也归入犬部)。可见人们对犬的认识程度,要远远胜过犬们对人的理解。

四、家中有一头公猪

说起猪，人们往往嗤之以鼻。的确，在许多人的心目中，猪愚蠢、肮脏、贪婪、大腹便便，除了埋头吃食便无所事事；它们时常到泥坑里打滚，弄一身泥浆作礼服，踱到粪便旁，香喷喷地吞吃人类臭气冲天的排泄物……然而，在上古时代，猪的形象并非如此下三滥，其地位也远非如此低贱。

“猪”，上古时期被人们称作“豕(shǐ)”。豕字的发声来源有两种可能，一是野猪在发怒时的嘶嘶叫声；二是猪发怒后，会像箭矢一般笔直地冲过来。

如图所示，甲骨文的“豕”字是一个象形字：长嘴短脚，肚腹肥圆，尾巴下垂。横过来观赏，正是一头胖猪惟妙惟肖的轮廓描绘。金文里的“豕”字稍有变化，到了小篆，已经与现代楷体的“豕”字非常近似了。段玉裁在《说文解字注》中说：“豕首画象其头，次象其四足，末象其尾。”这是针对小篆的“豕”字来讲的；实际上，与甲骨文相比，小篆的象形意味要浅淡得多。

猪不同于马、牛、羊之类的牲畜，不能做远距离放牧，所以，不为上古游牧部族所饲养。但猪具有杂食、繁殖能力强的特点。对于从事农业定居生活的华夏先民来讲，乃是一种十分适宜的家畜。发达的农业为养猪提供稳定的饲料，猪则为人类提供肉食来源，为田地提供主要的粪肥来源。养猪，在中国的农耕文明中有着非常重要的作用，也是中国农业经济有别于其他民族的鲜明特征。

与“豕”相比，“**猪zhū**”是个后造的形声字，繁体字写作“豬”。《说文解字》一书中已收有“豬”字，可见，最晚在秦代以前，已有了“猪”字。从文字发展源流来看，豕称“猪”与前文的犬称“狗”有相似之处。从造字方法上讲，“猪”是一个音转转注字。

在上古先民看来，豕是六畜(牛、羊、豕、马、犬、鸡)之一。作为人类驯化饲养最早的家畜之一，猪可以补充极不稳定的狩猎型谋食方式，被饲养起来的豕，很自然被当作一种食物积蓄。《礼记·月令·仲秋之月》中有“务畜菜”一语，这里的“畜”(今日的陕西发音仍为chú)同“猪”，是一种“借音不借义”的文字通假现象。畜、猪二字同音，其义也相近。猪是自繁自育一生便是一大片的家畜，又是蓄藏起来的食品，因此，人们很自然地把“豕”叫做 chù 了，就像起了一个“小名”一样。考古发现，各地史前遗址出土的家畜骨骸中以豕骨最多最为普通。例如在邯郸涧沟的新石器遗址，一个大土坑中便发现了二十一头猪的骨骼。“豕”在远古先民的圈栏中是最重要的家畜品种，从饲养价值，也就是从“务畜菜”的意义上讲乃为最高。因此，人们在有了 chù 这个语音后，又用“豕”和“者”造出了“豬”字。

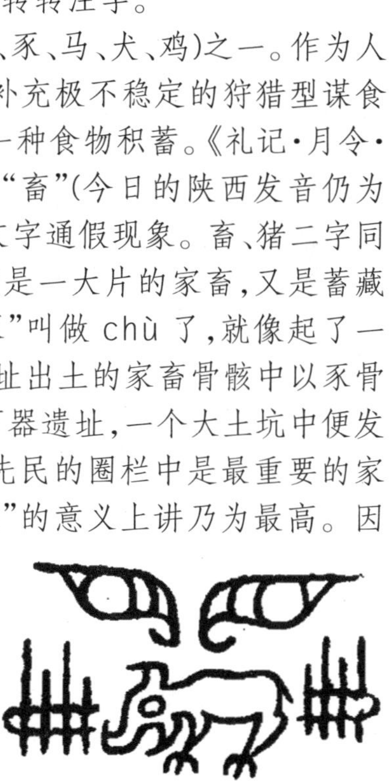
商代青铜器上的铭文

“猪”，《说文》释为：“豬，豕而三毛丛居者，从豕，者声。”其实，“者”的本义为野火从一点向四处漫延，金文写作“者”，表示火贴在地面上蔓延燃烧，因此含有黑色及一大片的意思。通过生活观察，上古先民发现，“豕”有一种一生便是七八头，甚或十来头的特性。而且，中国的猪原先都是清一色的黑色。所以“猪”字从“者”，取其黑色一大片义。

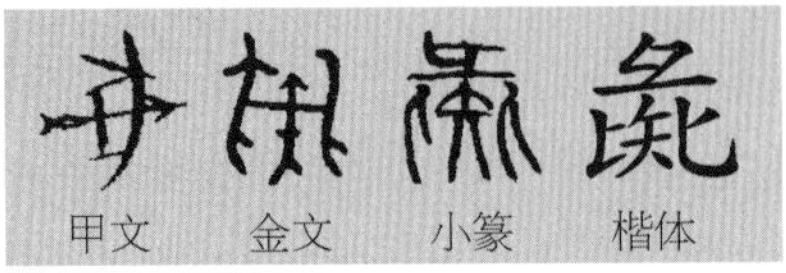

猪还有一个别名，叫做“**彘 zhì**”。如图所示，甲骨文和金文中间部分的“”代表箭矢，表示一只野猪被箭射中的情状。小篆中的“”已经形变为“矢”字，下半部则分离为两个“比”，用来表示两条后腿。整个图形就像一支箭射中一头野猪屁股正中间的样子。

“彘”的本义原指野猪，野猪力大凶猛，一旦发怒，便会忘乎所以地冲过来。因此，成语中有“狼奔彘突”一词。“彘”用“矢”为构字部件，含有野猪像箭矢一般横冲直撞义。“彘”后来转指家养的成年公猪，引申后也可以表示一般的猪。如《商君书》：“老弱之军，使牧牛马羊彘。”这里的“彘”便是指家猪。

六千年前陶器上的野猪图形

现代汉语中，“彘”只用于成语之中，如“行同狗彘”、“狗彘不如”，通常用来比喻无耻的行为像猪狗一样，甚至不如猪狗。

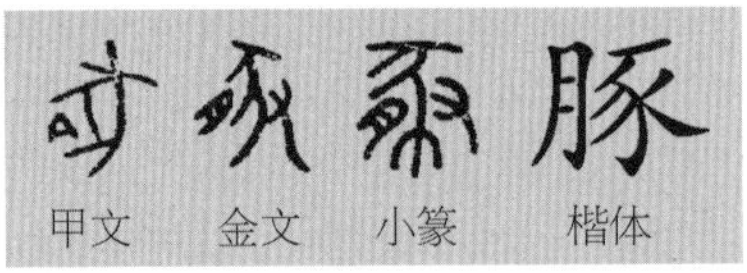

古文字中，除了“豕”、“猪”、“彘”这三个名称，还有一个专门用来指称小猪的字：“**豚 tún**”。甲骨文写作“”，与今日楷体的构形相近，均由肉“月”和“豕”组合而成，只是金文、小篆中的“豚”左边多了一个表示人手(右)的符号。“豚”的本义，指专为肉食宰杀而蓄养的的小猪。古人喜食炮羔炮豚，图其肉质鲜嫩。“豚”字从肉，正是强调其肉质鲜嫩，适宜炮炙。金文和小篆中的那只手(又)则强调了从母猪身边抱取的意思。

青铜铭文中的杀猪图形

幼猪未长大便被烧烤，有其经济上和猪生长特性方面的原因。在上古先民看来，留做繁育的猪，捕捉驯化十分不易，但猪的生育能力却很强，一窝少则四、五只，多则十来只，一年可繁育两次。因此，食用幼猪是最经济、最合算的。上古先民食用“豚”，可从古代墓葬中出土的大量幼猪颌骨得到证明。春秋时代以后，养猪已是育肥宰杀，因而“豚”也指肉猪、肥猪。如《孟子·梁惠王》中有：“鸡豚狗彘之畜，无失其时，七十者可以食肉矣。”这段话是说：只要让鸡、狗、猪这些家畜适时繁殖，不要耽误饲养，七十岁的老人就有肉吃了。这里的“豚”便指肉猪。

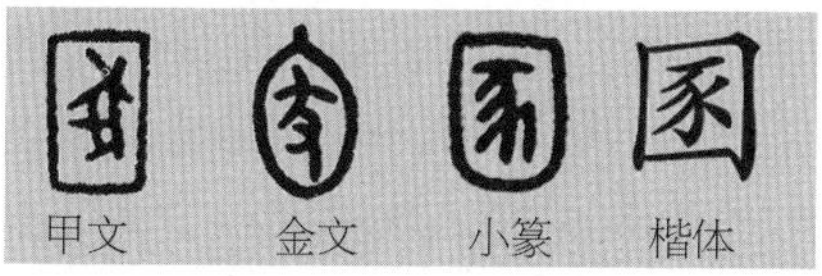

上为厕所，下为猪圈的汉代陶图。

古文字中的“**圂 hùn**”，从口从豕，这是一个会意字，描述将“豕”关养在栏舍中，驯化以豢养繁育的情形。与圈养牛羊的“牢”字相比，驯服野猪仅在“圈”中，可能要容易一些；但这并不是因为猪比牛羊更蠢更笨，而是出自猪的贪吃、贪睡、怕挪窝的天性。人们给猪提供吃和睡的环境，猪的野性便渐渐消失了，代之以对人的完全“依附”。

“圂”的本义指猪圈，由于古代的猪圈和厕所通常是连在一起的，人们让猪吃屎，以图综合利用。所以，“圂”又引申指称厕所。如《南史·范缜传》：“自有关篱墙，落于粪圂之中。”此义引申后，又指污秽粪便。这一词义后来写作“溷”。

“**豢 huàn**”，通常用来表示喂养牲畜。甲骨文的“豢”写作“[甲骨文字形]”，

古代图形文字

古人用“透视造字法”，刻画出母猪肚里的小猪仔，再用两只手表示对小猪仔的抱养，十分传神、十分简洁地刻画出豢养猪仔的开端。小篆的“豢”字在甲骨文字形第二款的基础上，增添了一个“釆”(番的初字，表示野兽的脚迹)字，强调了从野猪窝里抱取野猪仔来饲养的意思。楷书经由隶变后，将上部简化，写作了“豢”。

“豢”，《说文》释为：“豢，以谷圈养豕也。”由此可知，“豢”的本义为养猪。词义扩大后，引申为饲养牲畜。又由饲养牲畜，引申为对人的收买和利用。清初才子孔尚任在《桃花扇》第十三出中，针对明王朝政权的腐朽亡国，唱出了“养文臣帷幄无谋，豢武夫疆场不猛”的感慨。这里的“豢”，即表示对人的圈养使用。

“逐 zhú”，这是个会意字。甲骨文的“逐”字为上下结构，上半部是一只猪的图形，下半部是表示一只人脚的“止”(趾)字。“豕”和“止”两个会意，表示人追猪的情形，引申出追赶野兽之义。如图所示，金文到小篆字形逐步繁化，增添了一个表示道路的“彳”形符号。由隶书到楷体，则开始整齐划一，便成为现今的“逐”字。

“逐”字的本义为追赶，如神话传说中的“夸父逐日”，就是指夸父追赶太阳的故事；成语中有“随波逐流、舍本逐末、逐鹿中原”等。“逐”字还可以用来表示驱赶的意义，如“角逐、逐客令”等。

“逐”与“追”意义相近，都表示追赶之义；但在古汉语中，“逐”只能用在追赶野兽之中，不能用于人的追赶。“追”则完全相反，只能用于人的追赶。

青铜器铭文

“**豙 yì**”,《说文》释为:“豙,豕怒毛竖也,从豕辛。”现代汉语中的“毅”字,乃是“豙”的后起转注字:“豙”是“毅”的初文,增添殳旁的“毅”,承继初文“豙”的本义。

从金文“豙”字的构形分析,这可能是一幅古人捕捉野猪的真实画面:古代猎人用“丫”(即古代的干)型的木杈将野猪按倒在地后,会在木杈和猪脖子之间迅速绑缚上一段横木棍。野猪被套上这种械具,只好乖乖地被赶到人的居住地,成为一种家畜。当然,三千年前的人们,在运输已驯养的家猪(肯定比今日家猪的野性要大的多)时,可能也使用过这种取材简易但效果明显的工具。

“豙”的发音,有可能就来自套上这种械具后,猪的尖声嘶鸣。《说文》释为:“毅,有决也”,即坚毅的意思。猪在被捕捉或放翻在地后的尖声嘶叫,持续时间会惊人地长久;毅字的发声便来自猪受到迫害时的尖声嘶叫。由此看来,世上最具有坚毅品质的动物,非猪莫属了。

笔者认为,“豙”的解形识义还有一说:“豙”字上部的“辛”,源自女性生育。“豙”便是生育一窝小猪崽的母猪。母野猪在遇到其他野兽,如虎、豹、狼之类,或者遇到了比它强大的多的猎人时,会锲而不舍地拼命保护小猪崽。嘴里则发出“毅、毅”的尖叫声,“豙”和“毅”的音、义便由此而来。

作为野猪横冲直撞的对照物,甲骨文的“**敢 gǎn**”字,像人手持猎叉迎面捕捉野猪(豕)之形。金文“敢”字则简省掉两只手,“豕”形也变得简略难辨,但左下方增添了一个表示陷阱的“口”;小篆字形发生讹变,左上部的野猪之形失去象形的韵味,演变为一个“爪”,

汉代画像石

下部表示陷阱的“口”上增添了一个表示坠落的十字。整个字体原本图形完全改变，但以手捉拿的意象仍得到保留。楷书经过隶变后，写作“敢”。

手持网兜或猎叉捕捉野猪必须勇猛向前，不能被野猪的横冲直撞所吓跑。因此《说文解字》称：“敢（𠭖），进取也。”敢的本义指勇于进取。野猪是一种凶猛的野兽，猎捕时须要有很大的胆量和勇气，所以“敢”字又有刚毅勇猛的意思。如“敢作敢当”一词。在反问句中，“敢”常与“岂”连用，表示“哪里敢、怎么敢”。如《诗经·小雅·緜蛮》：“岂敢惮行，畏不能趋。”

“敢”，也常用在表示谦虚、对人有所请求的场合，表示冒昧前行的意思。如电视连续剧《西游记》歌词中的“敢问路在何方？”这种用法仍保存在今日的书面语中。

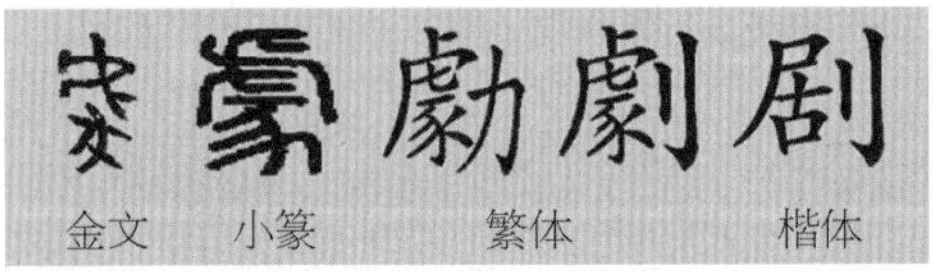

“豦 jù”字的上半部是一个虎字的省形，写作“虍”；下半部是一头猪，写作“豕”。《说文》释为：“豦，斗相持不解也，从豕虍，豕虎之斗不相舍。”这是说：野猪和老虎之间的搏斗，互不相让，猪和虎又都很犟，因而会持续很长时间。因此，剧烈的“劇”（繁体写作“劇”，乃“劇”的异体字）源出于“豦”；观看野猪和老虎之间的搏斗，一定很有戏剧性，因而戏剧（繁体为戲字）的戲，也源出于“豦”。

中国的成语中有“狼奔豕突”，日本则有“猪突猛进”这样的词汇，都是描述猪受惊吓时，像木棍一样，笔直地冲跑出去。中国和日本的这两句成语，常常用来形容呆笨冒失、只会直冲猛撞的动态。

这便是汉字“勮”的生活来源。

从文字演变过程来看,“豦”是“勮”的初字,“劇”则是“勮”的假借字。所以,现代汉语将劇、勮二字统一简化为“剧”,表示用力过分、猛烈之义,如“剧烈、剧变”等;也表示戏嬉之义,如“戏剧、演剧”等。

“㒸suì”,甲骨文作“”,这是在豕的上边增添两斜画(八),表示陷阱之口,描摹的是一幅野猪落入陷阱的图画。金文的上部,仍为表示落下的符号。小篆在“㒸”旁增“阜”,“𨸏”在古文中原本表示台阶,在此示意从高处落下,此时的隊(队)便成为一个三根会意字。

“隊”,《说文》释为:“隊,從阜,墜也”。这是说,“㒸”就是“隊”的初文,“隊”又是“墜”的初文。凡物从空中直线落地,最终必落地上,因此有添加“土”形的“坠”字。段玉裁在《说文解字注》中说:“隊、墜正俗字,古书多作隊,今则墜行而队废矣。”又因为“墜”字笔画繁多,汉字简化时,规范为“墜”。

“坠”的本义为坠落,即从高处落下,如“摇摇欲坠、坠马”等,又引申指吊在物体下面的重物,如“耳坠、扇坠”等。“队”则表示引申后的直线、排行义,如“队伍、排队”等。

豕落陷阱是猎人驱逐追赶的结果,因此,“㒸”有追赶已经成功、完成的意思。由此,㒸又是“遂”的初文。嵇康《与山巨源绝交书》:“仰瞻数君,可谓能遂其志者也。”这里的“遂”可释为“追”。“未遂”,即没有追上,或未能实现的意思。由㒸到隊,由隊到墜。一字分化、演变为两字或多字,这种现象在汉字的发展中非常普遍,乃是文字适应生活变化的结果。

“豖 zhuó”,甲骨文写作“”,这是在豕的图形下部增添一个

商代图形文字

分离的斜点，表示将公猪的生殖器割掉,也就是阉割去势,俗语叫“劁猪”。

“豕”的本义为阉猪,古文后来写作“椓”,乃豕的后起专用字,古文中特指“去阴之刑”,同时又有击刺的意思(用尖木棍剔除小猪的睾丸或卵巢)。所以,“豕”字作为部首字,用在诸如啄木鸟的“啄”,琢刻玉石的“琢”中时,均有叩击之义。

由此字可证,殷商时期的先民们,已在使用这种具有很高实用价值的阉割技术，一方面加速猪的催肥效果，一方面减少猪的野性。家畜的阉割去势术,是我国古代一项重大创造。我国是世界范围内最早采用这项技术的国家,这项技术的扩展,对世界畜牧业有着重要影响。

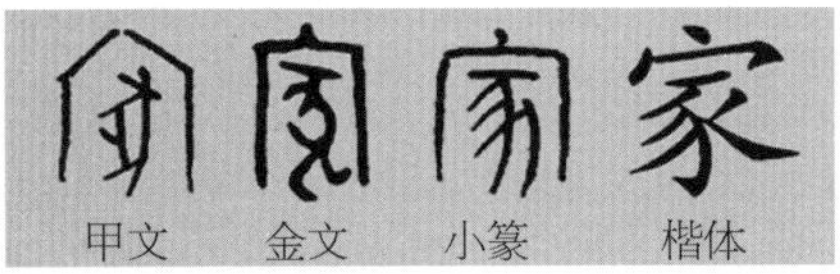

从云南纳西族的走婚制度中，笔者解开了“家中有一头公猪”的谜团。甲骨文和金文“家”下的猪形,为什么要特别画出生殖器呢?

纳西族的婚姻习俗,仍停留在母系社会的族外婚阶段。女孩长大成人后,家族里的妈妈和舅舅们,便会为她盖一栋房子,让她单独居住,以便接受其他氏族男子的夜晚拜访和住宿。黎明时分,这位留宿的男子会急忙爬起来，回到自己的家族中劳动、吃饭和休息。黄昏后,这位男子会重新面临选择:去昨晚那位女子家留宿,或者不去,或者去另一位女子的家里过夜。当然,任何一位女子随时都会拒绝任何一位男子的拜访和过夜要求，哪怕他已经在她的“家”中留宿过很多夜晚。

假如这位有一栋房子的女子怀孕,日后又生下了孩子,那么这个孩子“但认其母不认其父”。与他(或她)相亲相爱并融合为经济一体的,是舅舅、姨妈和姥姥,也许还有姥姥的母亲,也就是整个母系大家庭里的所有成员。假如这是一个男孩，并且长大成人，他也会像其他男子那样，到外族的女子那里夜宿，播种下个人的血缘种子。但他与接待过他的女子没有任何经济往来，哪怕她是他事实上的孩子的母亲。

汉代瓦当上的"家"

有趣的是，上古先民在圈养"豕"的时候，会发现野公猪，也就是"豭"常常在晚上光临他们的猪圈，并且使他们的母猪怀孕，生下一窝小猪崽。这些不请自来的公猪，就像上古时期的男子一样，黎明时悄悄离去。野公猪与男人之间，两者有惊人的相似，让古代先民们创造出"𡧊"这个文字，并给我们留下饶有趣味的信息密码。

这种婚姻习俗，曾经存在过很长一个阶段，殷商晚期，仍普遍流行在商民族的中下层社会。甚至西周时期的姬姜世代通婚，以及孔子的"野合"而生，都与这种婚俗有关。秦始皇统一中国后，为制止这种"淫佚"现象，巡狩会稽时，刻石明令："禁止淫佚，男女洁诚；夫为寄豭，杀之无罪。""夫为寄豭"，便是说，男子像公猪一般去走婚。"杀之无罪"应该很好理解了。

青铜器铭文上的"家"

这就是"家"字中会有一头公猪的原因。

从考古发现来看，远在六千年前的半坡遗址和河姆渡遗址，都有先民豢养猪的遗物证据。有人认为，家以"豕"做构字要件，可以证明家庭(家族)经济与畜养(家畜代表私有财产)之间的联系。但是，从甲骨文的字形看，家里面的"豕"却是一头公猪。查《说文》，许慎说："家从'宀'，'豭'省声。"这里的"豭"发声为 niā，读如牙猪之牙(牙猪便是有獠牙的公猪)，明明白白仍是公猪的意思。难道家的建筑空间是让公猪来享受吗？

五、天马来兮从西极

上古时代,在中国的华北平原和内蒙古地区,生活着一种普尔热瓦斯基氏野马。这种野马个头不高,长着一颗大脑袋,鬃和耳朵耸立着,短腿,有着长长尾毛的尾巴向下垂着。专家们认为,正是这种野马,在新石器时代,被亚洲的土著居民,也就是我们的祖先们驯养成功,成为中国的“六畜之一”。

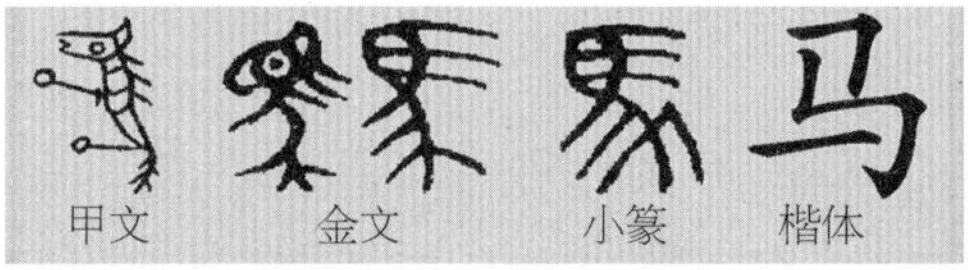

“马 mǎ”,典型的象形字。甲骨文的“马”,就像一匹头、足、身、尾俱全的侧视马形。上古先民堪称天才的画家,他们对马的形体、眼睛和鬃毛的准确描绘,真是入木三分:大而扁长的眼睛,长在头部两侧,加上直立向上的马鬃,一眼望去,便能让你区分“马”和其它动物形象之间的特征差别。

早期金文中的“马”字,仍保留了甲骨文“画成其物”的象形特点,演变到小篆时却已似是而非了。如图所示,小篆的“马”字,下面有五笔,表示马的四腿一尾。上面的三横,则由马颈上的鬃毛演化而来。楷化后的繁体字“馬”,有着九笔画,书写十分不便。因此,汉字简化方案参照行书中的手写体,创造了今日我们正在使用的“马”字。

马在上古时代主要用来拉车，尚未做骑乘用。因此，有马便有车，车马总在一起。安阳殷墟出土了多达数十部的殉葬马车，可证三千多年前商代车马文化的发达。后世典籍中也有驭马的记载。如《荀子·哀公》:“历险致远，马力尽矣。”

安阳妇好墓出土的商代玉马

马是人类饲养的家畜中体形最为硕大者，因而古人于大物前冠以“马”字，来形容外形硕长、相比同类而大的事物，如“马蜂、马勺、马蜩、马蚁”等。又如山东人习惯上把大枣称为马枣，广东人则将大豆呼为“马豆”等等。

秦王朝统一后颁布的小篆，使“马”字失去了象形，却标志着我国文字的一统和基本定型。《史记·万石张叔列传》记载了一个把马字写错的故事。汉武帝时，有个郎中令石建，在写奏书时，把“马”字下面的五笔少写成了四笔，当他发现这一错误以后吓坏了，他怕汉武帝见到要治他死罪。南北朝时的刘勰在《文心雕龙》中也曾提及这件事。他说:“吏民上书，字谬辄劾，是以马字缺画，而石建惧死。虽云性慎，亦时重文(字)也。”从这个历史故事里可以证明，文字在统一定型之后的相当长一段时间内，是不允许人们随意改动的，谁乱写乱造，弄不好要受到官府的惩罚，即使一笔之讹，也有横遭灾祸的可能。

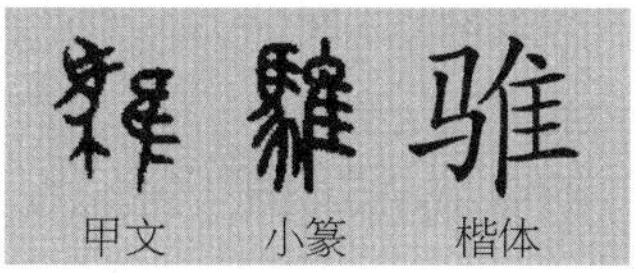

政府对汉字的法令性规定，一改以前“各自为造，约定俗成”的文字规则，保证了文字的规范发展。小篆时期，“马”字已经成了众多合体字的部首构件或声义偏旁。汉字中，凡从马的字大多与马的具体分类、马属动物以

金文中的图形文字“马”

及马的动作、功能有关。

例如：从马的具体分类，也就是马的具体名称来看，灰马为“骊”，黑鬃赤色为“骝”，楚霸王项羽胯下的骏马则叫“**骓 zhuī**”。当项羽在垓下被刘邦的大军包围，穷途末路，发出了“时不利兮骓不逝”的感叹，这“骓”原本指如鸟儿般飞跑的马，后来又指苍白色的骏马。《隋唐演义》中的大英雄秦琼落难他乡，不得不在马市上出卖自己心爱的坐骑——那匹貌不惊人但能日行千里的黄骠马。“黄骠”就是指黄色能健步飞扬的马。

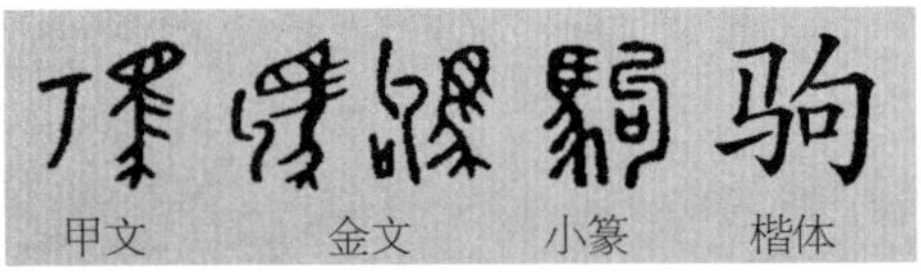

“**驹 jū**”，通常用来指称性发育刚刚成熟的小公马，即俗称的“儿马”。甲骨文的“驹”字，左边是马之象形，右边乃是公马生殖器的图形。金文的“驹”字，从马从句。从文字构形来看，金文“驹”字的右边是一幅非常漂亮的马的白描图象，左边图形的“ㄣ”(句)，既用来表示“驹”字的发音，也用来表示儿马的生殖器常常裸露出来，喜欢爬跨在其他马匹身上，驹的表形释义与“狗”字的声符“句 gōu”十分相似。

由于小公马正处在马的方壮之时，善跑耐劳，无所畏惧，所以“驹”字又引申用来指称少壮的骏马，如“千里驹、宝马良驹”等。成语中的“龙驹凤雏”，常用来比喻优秀的少年。

“**驳 bó**”，这是一个会意字。古文字中的“驳”字构形基本相同，均从“马”从“爻”；从甲骨文最初的造字意图分析，“驳”的原意应为“不可靠近”。因为“爻”在古文字中表示阻挡、阻止之义，其来源为编扎起来的栅栏，如“樊、学”等古汉字中的爻。所以，“驳”的构形源自不让人们靠近的烈马，也指马匹跑到栅栏前的双腿跃起。

“驳”的生活构形在上古先民那里鲜明而经常发生。其中的“爻”也可视作鞭打烈马后，马身上暴起的血痕。《说文解字》的解释为：“驳，马色不纯，从马、爻声。”按《说文解字》的解释，小篆的“爻”字，是一个纯粹的形声字。显而易见，许慎的解释相差太远。“驳”是一个典型的会意字。“驳”的“马色不纯”义要经过多次引申进层：不可靠近的野马——鞭打使之血痕累累——马身上斑驳陆离——马色不纯。许慎的解读实在是知其然，不知其所以然。

现代汉语中，“驳”可以表示物体颜色的不纯，如“斑驳陆离”。由鞭打、跃起又引申出“驳斥、反驳”等义。又用为外来语的译音字，如英语 barge 一词音译为“驳”，通常用来表示“驳船、驳运”等义。

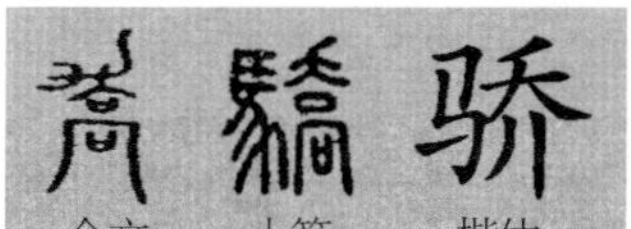
金文　小篆　楷体

骄傲的“**骄 jiāo**”字，繁体字写作“驕”，也是一个与少壮公马有关的字。在出土的西周青铜器“中山王鼎”上面有一则最古老的人生格言：“尔毋大而肆(耗)，毋富而乔(骄)，毋众而嚣。”其中的“骄”借用音同意近的“喬”字：“乔”原本表示男人撒尿向上时的尿道曲线，引申用来表示树干高大、树冠向外曲伸的树木。可能由于公马高高昂伸的脖子和头颅也具备这种挺拔神态，人们在“乔”的旁边增添马形，表示公马的高大健壮、神态飘逸。

现代汉语中，“骄”主要用来形容人的自大、自满，如“骄傲自大、戒骄戒躁”等词语中。“骄”用来表示人的傲慢心态。其次，由健壮公马的不受控制，引申出威猛之义，如“骄阳如火”。

古文　小篆　楷体

“**骚 sāo**”，这是一个从搔假借而出的文字。“骚”的原意有二，一是指马身上有马蝇一类的虫子，导致马的骚动不安。由马的骚动不安，引申为事态的扰乱或不安定，如“骚动、骚乱、骚扰”等。古文和小篆的“蚤”字，右半部的上边是一只“手”(又)或一个“叉”，下边是一个“虫”，正是这一意义的注解。其二，指马因发情而引发的骚动。方言中，人们将发情时的雌性动物，称作“骚马”、“骚驴”。即俗语中的“牛吊线、羊嘴拌、马腿颤”。由此引申又指人的举止轻佻、作风下流，如“骚货、风骚、骚情”等。

战国后期，楚国出了一个伟大的诗人屈原。他写了一部波澜壮阔的长诗《离骚》，诉说其遭遇流放即将离世时的内心骚动。因此，后人把模仿《离骚》而作的辞赋，称作“骚体”，把这些作者称作“骚人”，并用来泛指诗人和辞赋家，如“骚人墨客”等。

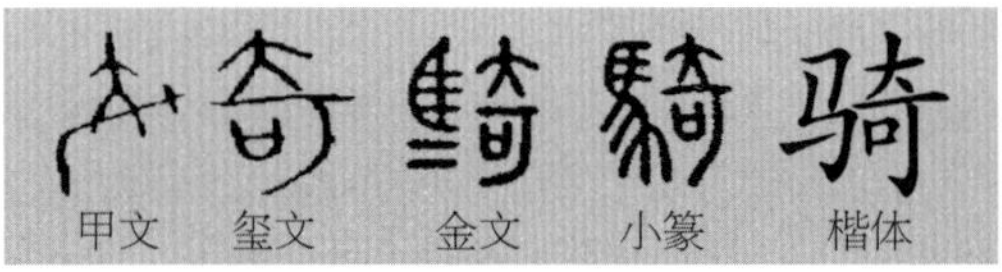

金文的“**骑 qí**”字“从马、奇声”。这里的“奇”从大从可，像一个人双腿叉开跨在马背之上，意为可跨也。“奇”为“骑”的本字，当“骑”用来表示“骑乘”之义后，“奇”字多用来表示单数之义，因为你不可骑两匹牲口，只能是一人一骑。又多用来表示“怪异、奇特”之义，这是因为胡服在当时人们的眼中，乃是一种怪异的服装。

战国铜镜上的骑马刺虎图

据考证，汉民族最早的服装，乃是在身前吊一块遮布(古人称之为市 fú)，后来增加为前后两块(称之为佩)，又变化为整块的围裙。时至春秋，除了少数王族贵戚身穿大袖宽袍外，大多数的百姓和将士都是短裙、裹腿、赤足，里边又不穿今日人们所说的裤衩。显然，穿这种服装既不能坐在高高的椅凳上(当时的时尚以跪跽为雅)，骑在马上既不方便，更不雅观。这便有了赵国人的“胡服骑射”。改战车为骑射，必改老祖宗传下来的服饰。从中国人的保守习惯来看，改战车易，改服装难，若不是战争压力，中国人的民族服装很可能同今日的爱尔兰人或傣族一样。

汉民族使用马的历史，是一部乘车在前、骑马在后的历史。一般说到马就有车,说到车就有马。根据《曲礼正义》“古人不骑马,故经典不见”、“三代至春秋,用兵率以车战”的说法,学者们一般认为上古时代人们不骑马,也无“骑”字。实际上,甲骨文中已有“骑”字,但这里所骑之物显然不是马,而是羊或牛(如图所示)之类的其它动物。

汉民族的骑马历史,当从赵武灵王(公元前 325—300 年)的“胡服骑射”开始。当时正是战国末期(金文的骑字在这一时期产生),位于华北的赵国与北方的匈奴战争不断,赵国的战车和步兵不能抵御北方游牧民族的骑兵。他们精于骑射,打起仗来,纵横驰骋,丘陵河谷都阻挡不了他们。相形之下,战车显得笨拙、迟缓,往往被不遵守战争礼仪(即下战书约定时间,摆阵势然后开打)的匈奴骑兵打得落花流水。于是,赵武灵王下令让兵士把服装改为“胡服”(即穿有裤腿的裤子),弃战车而改为培养精锐的骑兵,方才击退了匈奴的入侵。

自上古以来,与北方游牧民族之间的战争残酷而长久,历经春秋到秦汉。汉武帝时期,同匈奴大战的勇将李陵,不幸在西域全军覆没,连累到司马迁也被处了宫刑。李陵失败的原因,一是因为马匹短缺,汉帝国的军队仍以步兵为主;二是因为骑兵的马匹品种不好。从古代车马坑的马匹遗骨来看,汉帝国的蒙古马种,身高只有 1.2 米左右,而当时西域的乌孙国和大宛国的马,高度已有 1.4 米左右(今日的比赛用马身高 1.6 米左右),臀部和后肢强健、粗壮,而且跑的速度极快。为了改良中国的马种,加强汉朝的骑兵军力,汉武帝把公主嫁到乌孙国,以“和亲”和丝绸、茶叶换回了大批乌孙马(即伊犁马的祖先),并下令飞将军李广率兵五万远征降服了大宛国。从此,大宛国和乌孙国便每年进贡当地的“汗血马”和“天马”至中国。《史记·乐书》中有一首当时的诗歌,记载了这次以“马”为目标的战争。

天马来兮从西极,
经万里兮归有德;
承灵威兮降外国,
涉流沙兮四夷服。

成语中有“马革裹尸”、“马到成功”、“老马识途”、“马首是瞻”、

“鞍前马后”、“为胜者立马”等等，其词义都与马和战争有关。

“驶 shǐ”，甲骨文写作“ ”，在漂亮的马字构形旁边，有一个“史”字，其下是两只手，其上为手中所持的捕猎工具“中”，你可以将它看作一把长柄捕网，也可以视作捕杆上的绳圈。实际上，这正是上古先民捕获野马的真实图景。当然，用绳圈捕获野马后，还得随同野马奔跑一阵，因此“驶”的本义应是追逐套马。在以后的演变过程中，小篆的“驶”字取掉了一只手，楷书又省掉“史”上后加的一横，写作“驶”。

汉墓浮雕中的马与车

由于人们的滥捕滥杀，草原环境的恶化，亚洲野马已在地球上灭绝(有报道说，曾在新疆与蒙古接壤地区见到少量野马的出现)，因而“驶”的追逐义已经消亡，被代之而起的引申义，即驾驭、行驶所取代。如古人在描写黄河时说：“河之下龙门，其流驶如竹箭，驷马追，弗能及。”其中的“驶”，意指行驶速度很快。

“驾 jià”，繁体字写作“駕”。石鼓文的“驾”字“从马从加”，是一个左右结构的合体字。“加”在这里既表声，也表示将辔头套在马头上，拉紧马嚼子使马嘴张口。小篆在演变过程中，将右半部的“加”移在“马”字上部，这便是楷书“驾”的由来。

“驾”的本义为驭马，也就是拉紧马嚼使马遵循人的意愿，或快或慢，或左右拐弯。至今，北方仍将让马前行的呼令叫做“驾”，引申后又表示套马。《说文》因此释曰：“驾，马在轭中。”如《诗·小雅·采薇》:“戎车既驾,四牡业业。”俗语中有“一马驾一鞍,一女嫁一男”之说。其中的“驾”均表示套马而用,只不过前者是套在车轭中,后者是套在马鞍之中。引申开来,“驾”便有了驾驶、驾驭之义,如抗金英雄岳飞《满江红》一词中的“驾长车,踏破贺兰山缺”,现代汉语中的“驾车、驾船、驾飞机”等等。又引申为“控制、凌驾”之义,如《三国志·张昭传》:“驾御英雄,驱使群贤。”皇帝是最有权力之人,因而“驾”在古代也用来指称皇帝,如“救驾、护驾、驾前侍卫”等等。

与马相关的词语还有很多。“**闯 chuǎng**”字从马从门,表示向前猛冲,兼有一往无前和无所畏惧之义。“闯”字为什么从门从马?这是因为马在进出大门时,不管有无门槛,总有提起前蹄向前一跃的习惯动作。古人对此观之靡细,遂造“闯”字。明朝末年的农民起义军领袖李自成,自号“闯王”,大概同他的个性中的无所畏惧有关,也可能与他的四处游击、横冲直闯有关。

“骂”字在古文和小篆中的构形,原本是马上有网,本意为野马被捕网套住后的嘶鸣。后来人们将这个字俗省为“骂”,从双口从马,意思是两匹马在一起撕咬时的情景:一边嘶鸣,一边从鼻子中喷吐怒气,从嘴角中吐出一串白沫,这同集贸市场上小贩与泼妇之间的骂仗何等相似!因此“骂”字的含义,从马之间的撕咬转移到人与人之间的叫骂。

“骗”字“从马、扁声”。古代,骑手们上马必须一手抓缰,一手按住马背,侧身跨腿跃上马,这种上马的动作便叫“骗”。由于人在上马前,总想不让马知人的意图,所以常用抚摸搔痒等动作来欺骗马。马心中早已明白,却假装出一副浑然不知的安然神态;但当人跨腿的一刹那,马立即抽身一跃,让人无法骑上。在这种相互欺蒙的过程中,“骗”字有了它真正的生活内涵。

比较以牛、羊为部首的汉字,以马为部首的字不仅数量多得多,而且也显得更为丰富。其中,与马的动作、功能有关的字更是形形色色。例如:一路奔跑为“驰”;突然冲刺为“骋”;群马奔走为“骤”;高跳下落,一步一顿为“笃”;马惊为“骇”;马跃为“腾”等等。

小篆　　楷体

中国的文字库中,与马相近的有蹄类动物,也以马作其类属偏旁。如毛驴的“驴”、骡子的“骡”、骆驼的“驼”等字。

“驴 lǘ”的繁体字为“驢”。驴为什么“从马、盧声”?有人说,驴外型像马,四肢踏行,亦吃草,所以用马做偏旁;因为驴的灰褐色毛皮颜色如同火炉,驴的性格又粗杂强韧,什么杂草都能吃,所以用原意为火爐的“盧”做它的另一半。

据司马迁的记述,驴不产于中原,原为“匈奴奇畜”,随着秦王朝统一六国的步伐,驴才逐渐引入内地。著名的成语典故“黔驴技穷”,用毛驴进入贵州,面对老虎时的倔强和无奈,折射出毛驴是一种外来品。实际上,从陕西眉县出土的“师盠驹尊”铭文中,可证西周晚期,已经有了“雷骓子”、“雷骆子”,不仅有了“驴”,而且有了驴和马的杂交后代:骡子。

现存的金文铭文中,便有一个从马从各的“駱”字。这里的形体取象于马,但将耳朵和尾巴略作夸张,显然是一个驴的形象;“各云”在甲骨文中有乌黑一团、从远处急速奔来的意思,而这正是驴的特征:浑身乌黑,从西域引进。小篆中另有一个“[illegible]”字,乃是驴的异名。此字“从马从冢”,意谓“蒙着猪皮的马”。

据科学考证,野驴有两个种属,一种产于非洲,一种产于亚洲,现在世界各地被人们饲养役使的家驴,其祖先是非洲野驴,亚洲野驴从未被驯化过。

时至今日,除了“犟驴”这一名词外,自豪于“民以食为天”的中国人最熟悉的话,当是“天上龙肉,地下驴肉”。驴在汉民族中的境遇，远不如在阿凡提那里聪明可爱，亦不如在它的原产地——非洲黑人生活中的待遇高。

小篆　　楷体

“**骡 luó**”字在小篆中写作“蠃”或“驘”，构形与蜾蠃的“蠃”相似。蜾蠃是一种寄生蜂，常捕捉螟蛉存放在窝里，产卵在它们身体内，幼虫孵化后，就拿螟蛉作食物。古人误认为蜾蠃不产子，喂养螟蛉为子。“驘”即取意这种借腹产子的行为。现代汉语中的“骡”字，源自俗体字“骡”，含有马驴累加，连累相及之意。

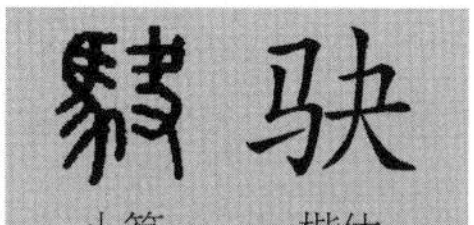
小篆　　楷体

“骡”，乃是人类创造的第一种杂交动物，甚至可以看作是人类基因工程的首创。公驴配母马所生之物，俗语叫做“马骡”，比驴大，抗病力及适应性强，拉力大而能持久。公马配母驴所生，许慎在《说文》中称之为“驶(jué)”，俗称驴骡。相对与母马所生的“骡”，“驶”的个头要小一些，大概由于母系血缘优先之故，因而外形更接近驴子，尤其是那双长长的耳朵，只比驴妈小那么一点点。

不管马骡、驴骡，都先天地具有远缘杂交的优势，粗放耐役使，寿命也比父母都长。由于骡子比马吃的精料少，力气比驴大，又能多工作许多年，所以人类初尝甜头后，便不遗余力地制造这一“杂种”动物。《齐民要术》曰：“常以马覆驴所生骡者，形容壮大，弥复胜马。”但是，公骡和母骡都没有传种接代的能力。

甲文　　小篆　　楷体

甲骨文和小篆的“**驭 yù**”字，从马从又(手)，像人手持马鞭驱马前行之状。只不过甲骨文第一款的“驭”字，手里多了一个鞭棍之形。楷书由小篆一脉相承，写作了“驭”。

“驭”的本义为驾驶马车，驱马前行，所显示的都是马的一种特殊功用——驾车，这正是上古时期以车战为主的战争方式的真实反映。从商、周到春秋战国时期，乃是中华民族从分到合逐渐凝聚的血腥时期，战争十分频繁而且残酷至极，有关战争的事物都受到格外重视。“马”部与“车”部文字数量之多，概念之细微、丰富，恰好印证了这一时期的社会特征：以野蛮为代价的社会进步。

事实上，从殷商到秦王朝，在横跨千年的帝王墓葬中，都有马的殉葬，并与它们生前曾经拉动的车子相依为伴。这种墓葬也叫做“车马坑”。其中最早的是殷墟小屯的商代车马坑，最著名的是骊山脚下秦始皇陵中的车马坑。

以马为部首的文字中，还有许多表示对它们驾驭的文字：“骈，驾二马也”；“骖，驾三马也”；“驷，一乘也”；“騑，骖旁马也”；“驸，副马也”……

战国铜鉴上的战车和马

六、长尾为鸟短尾隹

反映古人猎鸟的青铜器铭文

鸟类属于蓝天，鸟儿就像人类的许多理想,总是盘旋在天空。鸟儿也属于人类，它们与人类相依相存。

史前时期，我们的祖先发明了弓箭、猎网,鸟类遂成为人类果腹的食物、笼子中的玩物。今天,地球上的鸟类已所剩无几。然而,上古时代,鸟的种类和数量之多,远远超出我们的想像。这就是古文字中,以“鸟”为造字构件或偏旁部首的文字,远远超过以其它动物为部首的文字,数量位居第一的原因。

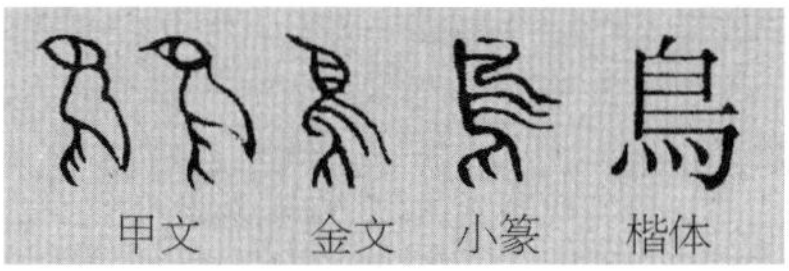

“**鸟 niǎo**”,这是一个典型的象形字。甲骨文和金文中的“鸟”字,头、尾、足、羽俱全,笔意与中国国画中的鸟形十分相似。小篆时期的“鸟”字,笔形趋于匀称,象形的特点开始弱化,但大致还保留了鸟的轮廓特征。楷体字(繁体)字形则基本失去了象形的特点,鸟的脚趾变成了四个小点；到了简体字时，这四个小点又变成了一横,这就与鸟趾相去甚远了。

“鸟”的本义,泛指所有飞禽,也就是今日所说的“鸟类”。唐诗中有“云开孤鸟飞”、“鸟鸣山更幽”等诗句,其中的“鸟”,就泛指飞禽。"鸟瞰"一词,则表示像鸟儿一样,从高处俯视地面景物。

商周青铜器上的"鸟"

"鸟"字是一个部首字。汉字中,凡以"鸟"为偏旁的字,大多都与禽类及其行为有关。例如"鸣"字由"鸟"、"口"两个字合成,表示鸟的鸣叫。再如"岛"字,由"鸟"、"山"两个造字构件组合而成,表示海上或湖中候鸟栖息停留的山。报纸上常常出现的钓鱼台列岛、西沙群岛即是。其他如"鸢、鸩、鸵、茑、鹦鹉、鸳鸯、鹏、鹊"等,这些属鸟的文字,也都以"鸟"为造字构件。

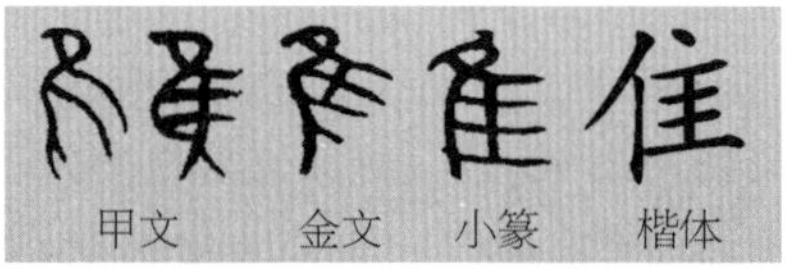

除了"鸟"字之外,汉字中还有一个表示鸟的类属的象形文字,这就是"**隹 zhuī**"。

"隹"也是一个头、身、翅、足俱全的鸟形。早期的甲骨文中,"鸟"与"隹"原本就是同一个字,鸟就是隹,隹就是鸟。随着文字的发展分化,"鸟"与"隹"开始有了不同之处:"鸟"用来指称尾巴长垂的鸟类,"隹"则用来指称短尾巴的小鸟。按《说文解字》中许慎的说法,"鸟"是长尾鸟的总称,"隹"则是短尾鸟的总称。

"隹"在现今的汉字中,已不独立成字,而是作为偏旁存在于诸多汉字之中。汉字中,凡带有"隹"的鸟类文字,都有形态矮胖、集合归拢的意思。所以如此,源自"隹"类小鸟的群聚。例如,一堆高隆的土写作"堆",所谓"堆积",就是逐渐归拢(像小鸟飞落到一起)起来的一团东西。农家舂米的臼,则用"碓"(石和隹)来表示把细小的谷类归集一起;其他如"淮、维"等字,也都有把细小东西(水或丝)集合归拢的意义。鸟类中的"雁、雉、雏、雀"等,全都是喜好"扎堆"、群飞聚居的鸟,因此它们的名称也以"隹"为造字构件。

青铜器上的"隹"

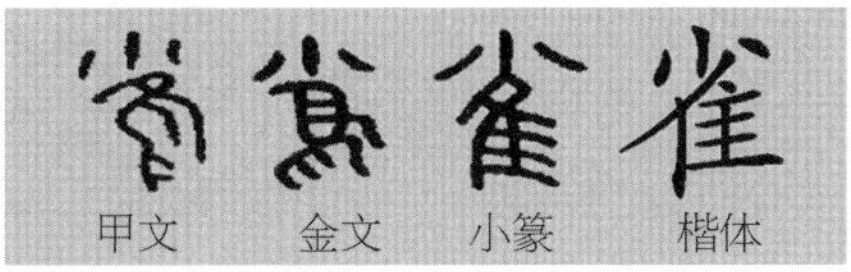

“**雀 què**”字是一个会意字。古文中的“雀”字,从隹从小,鸟(隹)头顶上有三个小点,表示众多(古人以三为多)和小型(古文的小)的意思,经由金文、小篆的演化,楷书写作从小从隹的“雀”。

“雀”,通常用来指称喜欢“扎堆”的麻雀或山雀。由于这类鸟的体形大都矮胖短小,喜欢成群飞来飞去,人们称此类鸟为“小雀儿”。如《诗·召南·行露》中:“谁谓雀无角,何以穿我屋。”后来,也泛称小型的鸟类为“雀”。如楚国诗人宋玉的《高唐赋》:“众雀嗷嗷,雌雄相告。”

汉字在长期的使用和演变过程中,有些法则不免发生混乱。例如“**鸡 jī**”,在古文字中可以写作“雞”,也常写作“鷄”,右边的部分写成“鸟”或“隹”都可以。大概是因为现实中既有长长尾巴的大公鸡,也有矮胖短尾的胖母鸡吧。古人实在难以分辨鸡应该属于长尾鸟还是短尾鸟,因此,在“鸟”和“隹”中都有“鸡”的一席之地。

如图所示,甲骨文和金文的“鸡”,恰似一只头、冠、嘴、眼、身、翅、尾、足俱全的鸡的侧视形状。由甲骨文右边一款的“鸡”字可以看出,它是一个用绳子系住并用手牵着的“鸟”,形同奴隶(奚在古文中表示奴隶)。由此可证,殷商时期的先民们就已经用绳子系住鸡脖或鸡腿的方法来驯养鸡了。这就是小篆的“雞”字变成一个“从隹、奚声”的形声字的原因。

现代中国农村,饲养的鸡大多都放养在房前屋后。数千年来的驯化饲养,鸡已不会飞翔,失去了同它们的近亲“雉”一样的“短飞”能力,无须用绳子系住来放养了。

正如甲骨文和金文图形所展示的,图中的“鸡”,刻画的都是会

“打鸣”的公鸡，却没有母鸡的形象。这是因为在没有钟表的上古社会，一只能报时的公鸡，比一只每年只能产下十几枚蛋的母鸡，实用价值不知要高多少倍。古人养鸡，注重的是鸡的“报时”功能。

古代社会，鸡被人们尊称为“报时神”，甚至享受人类的祭祀。

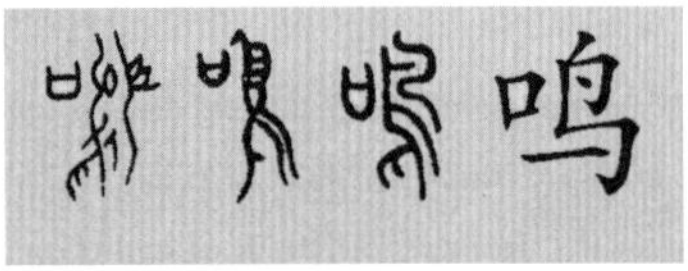

原因在于鸡是“通天神灵”，知道茫茫长夜中的时辰，知道太阳何时升起，这是最聪明的人也无法做到的。在古人看来，养公鸡是为了报时，驱除黑暗中的鬼魅，养母鸡的目的，只是为了公鸡的代代不绝。据说，上古时代人们划分一天的界点，既不是日出天亮，也不是夜半子时，而是以公鸡打鸣为一天的开始。

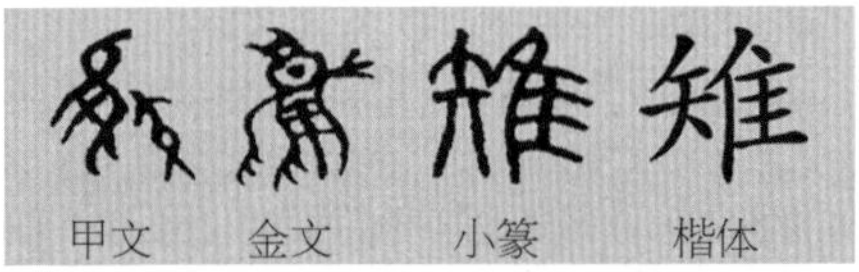

“雉 zhì”，人们也将其称为“野鸡”。如古文中的“兔入狗窦，雉飞梁上”。这里的“雉”就指野鸡。

金文中的“报时神”源自公鸡的形象

“雉”是一个从矢从隹的会意字，“矢”即常言说的“箭”。箭射出后会直线飞行，但不管怎样飞，总要落地，而且一般也飞不了太远。野鸡也同“矢”一样，受惊后会直线飞行，但飞不到几十米就会落下来。由于“雉”是“如矢般飞行的短尾鸟”，野鸡常由弓箭狩猎所获。因此，自古到今，汉字中的“雉”均由矢和隹组合而成，尽管从金文到小篆文字之间的构形差距很大。

古代，“雉”还被借用做计算城墙体积的单位名词，以长三丈高一丈为“一雉”，大概是因为野鸡受惊后总是先高飞而起，再平行飞翔一段，飞翔一次的记录只有三丈远、一丈高吧。如《左传·隐公元年》：“都城过百雉，国之害也。”这是说：春秋之时，诸侯所居住的都城不能超过三百“雉”，由诸侯所封之人的城墙不能超过一百“雉”，如果超过就是国家的祸害了。

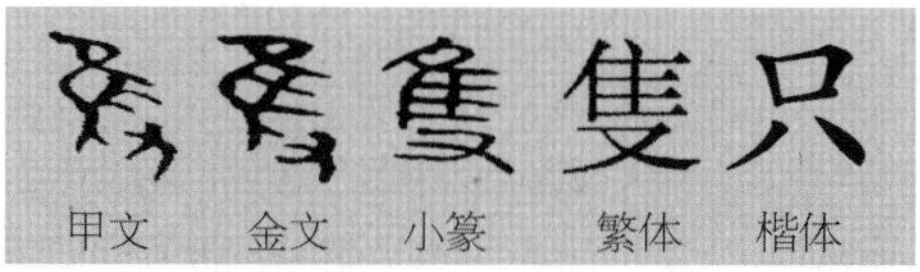

在汉字文化库中，可做单位量词的“鸟类”文字还有“**隻 zhī**”和“雙”。如图所示，“隻”字，在甲骨文、金文、小篆中，均表示用手(⺕)抓住了一只鸟的意思。“隻”的本义，《说文》释为：“鸟一枚也。”即“一只”的意思。后来由此引申为“单”，与“双”的词义相对，如“孤身隻影”中的“隻”字。

在古文中，“隻”、“只” 本为二字，词义大不相同。“只”字源出将两指放入口中打口哨，表示只有一下的意思。而“仅仅、只有”之义，宋代以前多写为“隻、祇”，如杜甫《示侄佐》：“祇想竹林眠。”而“隻”字却作单位量词用，正像《说文》中所说，一只鸟为一枚鸟，一双手为两只手。因为写起来太繁，汉字简化时，便借用了仅有五画的“只”来代替。

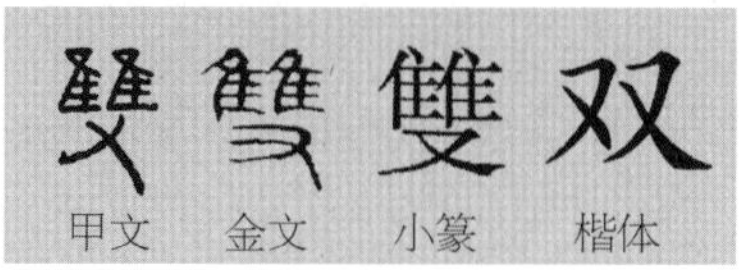

“**双 shuāng**”是“雙”的简体字。如图所示，“双”的本义为用手捉住了“两只”鸟，引申为两个、一对或偶数的“双”，与“单”相对。唐代诗人李白有“两水夹明镜，双桥落彩虹”的诗句，宋人有“只身千里客，孤枕一灯秋”的诗句，诗中的隻(孤)、雙(两)字互为对文，可为一证。

“鸟”部文字之多，证明了一段历史事实的存在。汉字的创造者，乃是商民族，商民族的祖先原是生活在黄河下游渤海湾一带的“鸟夷”族人。他们猎鸟为生，奉鸟为祖，也以鸟为氏族图腾。《诗·商颂·玄鸟》曰："天命玄鸟，降而生商，宅殷土茫茫"。"玄鸟生商"是一个神话传说。这是说：一个叫做简狄(文献中也作"易")的女人，吞下了玄鸟(即燕子)丢下的卵，生出一个儿子，从此繁衍出了商民族。可见商民族与以"燕"为代表的"鸟禽"关系非同一般。

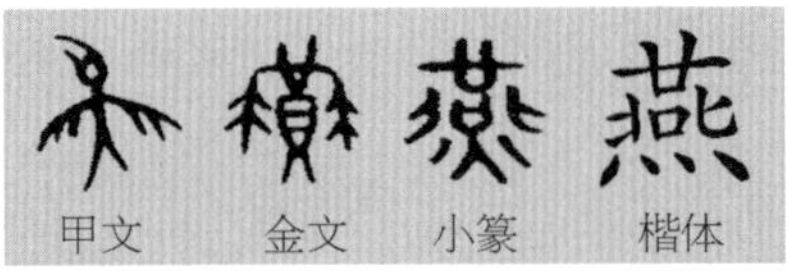

甲骨文中的"**燕 yàn**"字，优美、简洁，寥寥数笔就画出了轻盈新俊的飞燕。殷商民族这种刻画造型能力，令人叹为观止，也寄托了殷人对氏族图腾的珍爱。从金文和小篆的演变过程中，"燕"字逐渐失去象形，多了燕人张飞满脸络腮胡子的面目，也是文字流变使然。

"燕"，乃候鸟的一种，每年春季迁徙北方，喜欢在人们居室的屋檐廊房下衔泥作窝，繁殖后代。在众多鸟类中，这是一种人们喜爱、并给予尊重的鸟。《诗·邶风·燕燕》："燕燕于飞，差池其羽。"优美诗句描述的便是燕子。《诗·小雅·鹿鸣》："我有旨酒，以燕乐嘉宾之心。"这里的"燕"已假借表示宴会的"宴"。古汉语中，宴、燕同音，加上燕子不停地捕捉虫子，喂到小燕子的嘴里，因此人们用"燕乐"一词来表示"宴乐"。

"燕"，还是古代春秋时期的国名，在今河北北部和辽宁西部。古语："燕赵多慷慨悲壮之士。"乃是对这一地区民众性格的概括。

简狄吞吃燕卵繁衍商民族的传说，不足为凭。事实上，上古时期，这一地区河流沼泽遍布，成为各种鸟类生活的天堂，众多的鸟类成了"鸟夷"民族的猎捕对象，成了这个民族的生活支柱。依赖

史前时期，东夷民族的各种彩陶鸟纹。

鸟、关注鸟、崇拜鸟的意识，与“夷”民族、“奄”民族的文化浑然一体，形成了一种鲜明的鸟文化传承。由“燕”肇始、由“凤”结尾的“鸟文化”，应该反映的是中华民族之祖和鸟类相依为伴的关系。

“鳳 fèng”是“凤”的繁体字。“鳳”在甲骨文中写作“ ”。这是一只头上有一簇冠毛，长长尾羽的大鸟，完全是一幅大公鸡(雄性长尾原鸡)的象形图画。如图所示，甲骨文中另有一款增添有“ ”形符号，这里的“ ”乃是甲骨文的“凡”字(构形源出人的屁股，也表示放屁)，表示公鸡是一种围着母鸡打转，用翅掀起一股气流(风)的鸟。金文承接甲文，在尾羽上增添“晴”形图案，使表形转移到孔雀身上。楷书写作“凤”。

《说文》将“凤”字释为：“凤，神鸟也。凤之像也，麐前鹿后，蛇颈鱼尾，龙纹龟背，燕颔鸡喙，五色备齐。出于东方君子之国，翱翔四海之外；过昆仑，饮砥柱，濯羽弱水，暮宿风穴，见则天下大安宁。”可以说，这是把最好的文字、最美妙的想像力糅合在了一起。但这种神“鸟”，只能存在于人们的想像之中。

马王堆汉墓帛画中的龙凤

“凤”从普普通通的公鸡，史前时期黄河以南和长江流域极为常见的一种飞禽，变形为南方的孔雀，由现实中的鸟禽演变为华夏民族心目中的“神鸟”；由图腾衍化为灵物崇拜，发展为一种偶像造型。这充分说明，华夏民族是一个需要精神慰藉和灵异崇拜的民族，他们也用手中之笔雕画出了自己的崇拜对象。

“进（進）jìn”，这是一个会意字。甲骨文的“進”字，上边是一个“隹”，下边是表示足迹的“止”。两根会意，表示麻雀之类的小鸟在地上行进。稍有鸟雀知识的人都知道，麻雀之类的小鸟，不会往前行走，不会后退而行，只会一跳一蹦地往前跳跃。从此字的构形表意，不难看出，古人对鸟类在地面行进的观察是何等仔细。金文的“進”字增加了一个表示道路的符号“彳”，就更能表明前进之义了。楷化后的繁体“進”字，用“隹”和“辶”表明小鸟前进，形音义尚属明了，简体字则相去甚远。

“进”的本义为前行，与“退”相对，如“前进、进军”等。又作“入”，与“出”相对，如现代汉语中的“进退维谷”、“进出自如”等。也用来表示收入或买进，如“进款、进货”等；还可表示呈上之义，如“进言、进献”等。

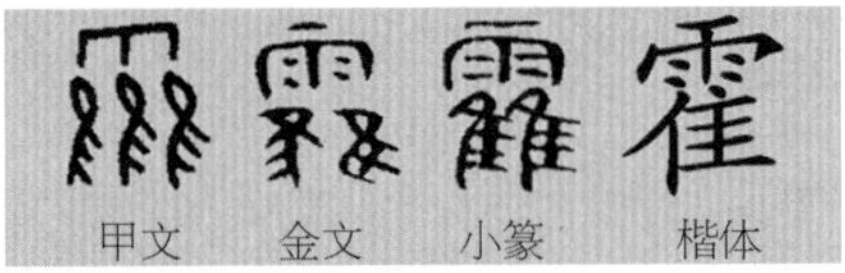

“霍 huò”字的形状，像一群小鸟在雨中飞翔。其实，“霍”字是一个会意字，本义指一群小鸟突然受惊而集体飞行。群鸟起飞时，会发出同倾盆大雨相类似的声响，因此“霍”字用“雨”和“隹”会意，表示群鸟的突然起飞。“霍”字的构形在演变过程中，一脉相承，只是雨下之“隹”由三个减少为一，但表示一群小鸟起飞的词义未变。

“霍”字，既表示小鸟从地面突然飞翔，也表示鸟群的突然飞离，所以“霍”字含有迅疾之义，如“电光霍霍”；也含有涣散之义，如

“挥霍无度”等。“霍”在汉语中,也可用作象声词,如“磨刀霍霍向猪羊”中的“霍霍”之声,即用作象声词。

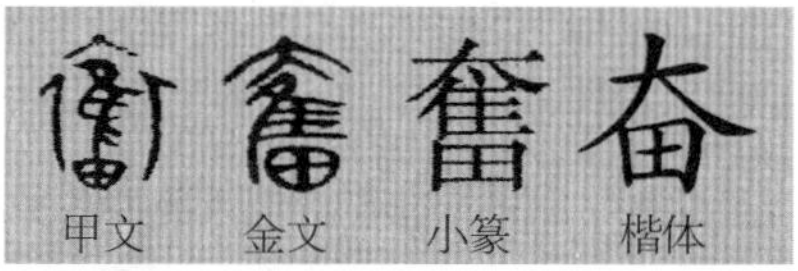

“**奋 fèn**”字也取意鸟的飞翔。如图所示,金文的“奮”字“从隹从衣从田”。三根会意:一只鸟儿从人的衣服中突然挣脱,拼命振翅飞翔在田间上空,表示鸟儿挣脱束缚飞离而去的意思。汉字简化时,省掉了“奮”中间的“隹”,因而有了简体字的“奋”。

仰韶文化的鸟彝

“奋”由鸟儿展翅奋飞,引申为“振作、奋发、鼓动、发扬”等义。《古诗十九首》中有一首《西北有高楼》,其中有这样两句:“愿为双鸿鹄,奋翅起高飞。”其中的“奋翅”,就是指鸿鹄的振翮展翅。汉代文学家贾谊在《过秦论》中评说秦始皇:“及至始皇,奋六世之余烈,振长策而御宇内。”句中的“奋”和“振”字前后照应,既可独解,也可组成“振奋”一词,表示激扬奋发的意思。

古文字中,“**焦 jiāo**”和“**集 jí**”都是一只或三只小鸟在某种物体上的形状。不过“焦”描述的是鸟儿在火上之形,即用火烤鸟,使之焦黄之义;而“集”则像一群小鸟落在了树上,表示聚集、集合之义。

如图所示,“集”的形义相连,实为“鸟集于枝头”的意思。《诗·周南·葛覃》:“黄鸟于飞,集于灌木。”这个“集”字就用其本义。现代汉语中,则有“集合、集聚、集体、集中”等词语。

青铜铭文

小篆的"焦"字,乃是三只"隹"在"火"上之形,表示烤了很多麻雀之类的小鸟。因此,"焦"的本义为烤小鸟,即把小鸟烤黄的意思。如《世说新语·德行》:"好食铛底焦饭。""铛"是平底铁锅;"焦饭"则指烤黄了的饭,这与现在所说的"焦"的词义不尽相同。麻雀之类的小鸟,稍不留神一烤便焦,所以"焦"字又引申为火烤后的焦枯状态,也用来泛指干枯、干燥之义,还用来表示人们心中的烦躁、忧急,如"焦渴、焦心、焦土、焦头烂额"等等。

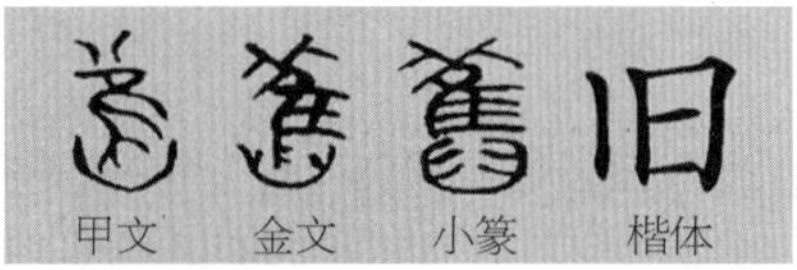

"旧 jiù"是繁体字"舊"的简体。如图所示"舊"字的上部为"萑",原本是一种鸟的名称,即鸮鹰,又称鸱鸮;下部之形则表示巢穴。古代先民认为这种鸟凶残好杀,常常侵占其他鸟的窝巢,猎食它们的幼雏。所以古文中的"舊"字,皆像一只头有毛角的鸟探爪伸入鸟巢之形,这正是一只鸮鹰(鸱鸮)占领、毁坏其他鸟类巢窝的形象。

"旧"的本义原指鸮鹰侵占鸟巢,后来,多用来表示"陈旧"(已毁坏的无用窝巢)之义,与"新"相对,其本义逐渐消失。如《诗·大雅·文王》:"周虽旧邦,其命维新。"其中的"旧"即表示过去。现代汉语中的"故旧、旧书、怀旧"等,其中的"旧",也都表示"过去、以前、长时间"的意思。

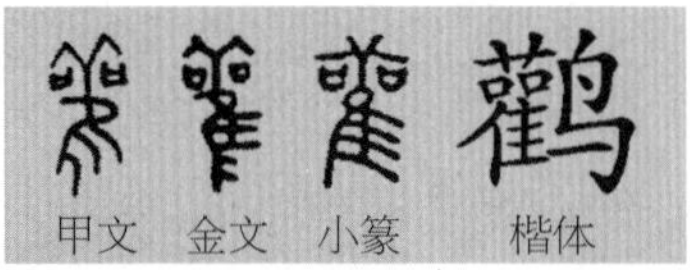

"鹳 guàn",原本是一个象形字。甲骨文的"鹳"字,像一只有毛角圆眼的猫头鹰之形。小篆的"鹳"承接甲文,写作"雚",《诗·豳风东山》中有“雚鸣于垤”的诗句,这里的“雚”便是“鹳”的初文。后来,楷书缀加与“隹”词义相同的“鸟”旁,写作“鹳”,专一表示猫头鹰,而“雚”则成为一个组字偏旁。

因为猫头鹰的眼睛又大又圆,白天休息,夜晚睁大眼睛,所以“觀”(即简体字“观”)字从“雚”;因为猫头鹰食量惊人,能吃又能排泄,凡有猫头鹰窝巢的树下,均有大量堆积的粪便,和吐出的羽毛团块,所以“灌”字也从“雚”;因为猫头鹰的叫声,与人的欢笑声有几分相似,所以“歡”(欢)字也从“雚”。后来,由于“鹳”转指鹳鸟,人们又用“枭”来指称猫头鹰。

“枭 xiāo”字“从木从鸟”,源出一个典故:民间一直认为猫头鹰是恶鸟,抓到猫头鹰的人,常把它倒挂在田间高树上作示众之用,吓唬其他鸟。这么一来,其他的鸟就不敢接近了,于是“鸟在木上”变成了猫头鹰的专名。封建专制社会,也常常把罪犯的头砍掉,高挂在大街的木杆上,称之谓“枭首示众”。

猫头鹰,实实在在是一种益鸟。一只猫头鹰,一个夏季可捕捉吃掉一千多只田鼠或老鼠。这就意味着,一只猫头鹰在一个夏季可为人类保护一吨粮食。人类何以加给猫头鹰许多恶名呢?猫头鹰是夜晚活动的鸟。试想,云重月淡的夜晚,一只相貌古怪的猫头鹰,无声无息地掠过夜行者的头顶,突然发出一声似笑非笑的怪叫,那份阴森恐怖的感觉,便是人们厌恶猫头鹰的直接理由。猫头鹰的习性,本来无可非议,但世俗的谬误和舆论代代相传,人们对枭没有好印象,便将军阀盗贼的首领称为“枭雄”,表示那种惧怕和敬佩相混合的心态。

“**乌 wū**”,即乌鸦。简、繁体以及金文、篆文的“乌”字,都同“鸟”字外形相似,只是在头部少了表示眼睛的一个“点”,像一只有头却没有眼睛的大嘴鸟形。

乌鸦不仅在中国被视作不祥之鸟,西方人同样不喜欢它。这不仅因为乌鸦全身黑色、外表丑陋,以至于黑色的羽毛掩盖了黑色的眼珠,被人们画做没有眼珠的丑鸟,就好像乌鸦本来就没有眼睛一样。乌鸦的叫声喑哑而低沉,突然发作的“哇哇”怪叫,常常令人毛骨悚然。所谓“乌鸦报丧”的传闻,是说听到乌鸦叫,预示着前程不吉利。“乌合之众”、“乌烟瘴气”等词义也不是太好。又因为“乌鸦”是黑色的,所以,黑色的东西也常常用“乌”来指称,如“乌龟、乌衣”等。

人们厌恶乌鸦的直接原因,是人们喜欢将乌鸦和喜鹊放在一起对比,乌鸦便成了那貌美嘴巧者的“陪衬鸟”,愈发惹人厌嫌了。

“**鹊 què**”,是一个从耤假借而出的文字。但在甲骨文中,“鹊”写作“[illegible]”,乃是一只鸟头顶鸟窝的图形,这种象形图案源出喜鹊是一种在树杈顶上用干树枝做窝的鸟。

“鹊”的发声就是模拟它那“却、却、却”叫声的拟声语。喜鹊除了叫声以外,常常是一边叫一边雀跃不已,给人以欢快的样子,“喜鹊”之名便由此而来。

老实说,喜鹊的叫声是十分聒噪刺

耳的，但是因为它是喜庆的象征，所以人们听到它那高八度的声调，还是视为喜事即将临门，暗自欢喜，用来映射自己逢凶化吉的心态。

事实上，鹊是耤的假借字。耤字的构形源自耕地。喜鹊是一种喜欢跟着牛犁后面，啄吃土中虫子的鸟。因而，人们借用耤的形、音、义，以鸟置换本字的耒旁，创设出了“鹊”字。

“**鸭 yā**”字，由“鸟”和“甲”组成。作为形声字，其语音来源，乃是模仿鸭子“嘎嘎”叫声的拟声语。从字形上分析，“甲”的构形源出古代的盾牌。在此，则表示鸭子时常展开双翅扑扇，就像一面盾牌一样。其次，“甲”有坚硬的意思，在这里也表示鸭嘴的形状和坚硬程度。民间有“鸭子煮烂了——嘴硬”的歇后语，这便是对“鸭”字为何从“甲”的注解。《说文》释为：“鸭，鹜(wù)也。”秦汉以前，“鹜”可表示野鸭，从鸟、甲声的“鸭”字，乃是后起的形声字，自然指家鸭了。

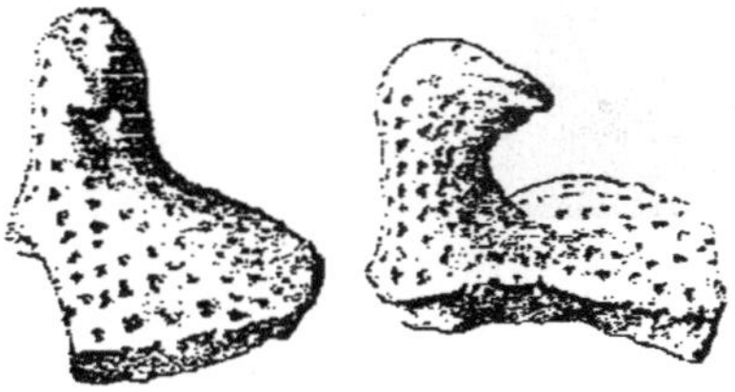
半坡出土的鸟形盖纽

宋代文豪苏轼有“竹外桃花三两枝，春江水暖鸭先知”的名句。名闻遐迩的北京“烤鸭”，就是一道将鸭子放在栗木上烘烤数小时以后做出的名菜。

在中国人的名称划分中，家鸭为“鸭”，大型水禽如天鹅者称之为“鸿”，小个的野鸭则被称为“雁”和“鹜”。

在人们饲养的家禽中，“鹅”和“鸭”都从鸟。作为典型的形声文字，鸭和鹅的发音都从拟声语而来。鹅，发音为 é，像所有以“我”为偏旁的汉字一样(例如蛾、峨、俄、娥等)，都保留了古代的发音，或者说类同今日陕西人的发音。“我”，从戊从晃动字根彡，构形来自众多兵士上下挥动手中的斧钺，并齐呼“我，我，我”，

以吓唬敌人。我因此有我们和壮美的词义。“鹅”字从我，表示“鹅”是禽类中的一种大鸟，是一种举止高雅、非常美丽的大鸟。

“**鸿 hóng**”，这是一个会意字。甲骨文的“鸿”字左边是一个鸟形，右边是一个“工”。“工”的取象来源于针，在此表示“䲨”是一种可排列队形成“行”的候鸟，也表示候鸟在每年的穿梭来回飞行。小篆第一款承接甲文，后一款则增添了一个“水”形。因此，照字面的意义来看，“鸿”可视为群聚在江岸或江中小洲，每年回归穿行于空中的鸟，亦可视作飞行距离同长江一样长的候鸟。

古时，南北之间的交通可谓艰难险阻，信息传递十分不便。人们将书信系在鸿(雁)脚上，使之在迁徙时代为传送，故有鸿雁传书一说。由“鸿”的长距离飞行迁徙，人们创造出“鸿远、鸿图大展、鸿鹄之志”等众多词语。

“**焉 yān**”是“雁”的初文。甲骨文的“焉”字是一个会意字：下为鸟，上为一个圆圈。金文形变为从正从鸟，表示这是一种每年来而复返的候鸟，也表示灰雁头上的圆球状肉赘。大概由于此时野鸭中的一支已经驯化，为区别词义，“焉”字和“雁”的词义开始分化：“焉”字表示野鸭直达目标的行进。“雁”则表示野鸭的迁徙特性：在空中，它们一会儿排成“人”字，一会儿排成“一”字，十分有秩序地直达目的地。

由于“焉”字具有每年来往飞行的意思。所以在很早便被假借为文言中的代词，指代处所、人、事物，或作疑问代词，如“心不在焉、杀鸡焉用牛刀”等等。焉的中心词意仍然是你从何处来，你往何处去？

如图所示，金文和小篆的“雁”字也是一个会意字，其上的“厂”为翻转符号，下边是一个“人”和一只“鸟”(金文中的一竖表示雁阵的直行)。三根会意，表示鸟儿尽管在空中，但能排成一个“人”字，也能像人一样去而复还，因此，初唐诗人王勃的《滕王阁序》中有“雁阵惊塞，声断衡阳之浦”这样感人的诗句。

“鸳 yuān鸯 yāng”也是飞禽中的候鸟。这是一种成双成对、神态亲密、栖息在水边的鸟。人们常常用它们比喻、象征热恋中的男女。

“鸳”是鸳鸯中的雄鸟，由“夗”和“鸟”构成。“夗”在古文字中的构形，源出蛇的弯曲身姿，含有柔软、圆曲的意思。用圆曲线围成的花园，就称为“苑”，把话语很委婉地说出则称“婉转”。鸳鸯中的雄鸟，整体看来是圆圆的，常常把脖子软软地弯曲过来，缠绕在雌鸟的脖子中间。描画这个姿态，就构成了“鸳”字。

“鸯”则由“央”和“鸟”组成。“央”字表示在人的脖子正中系上绳索的意思。鸳鸯中的雌鸟，常常任由脖子被雄鸟缠绕，表示它们之间的亲昵。“鸳鸯”一词，从文字构形上便使人充分感受到它们的相依相恋，以及所代表的爱意。

人们用“鸳鸯戏水”比喻夫妇相亲相爱，用“鸳鸯交颈”来形容闺房之乐；闺房中的枕头和被子则被称为“鸳鸯枕”、“鸳鸯被”。白居易在《长恨歌》中吟道：“鸳鸯瓦冷霜华重”，用反比的手法，形容杨贵妃死后，孤独不堪的唐玄宗李隆基在卧室中无聊寂寞的情形。

“鹤 hè”，也是飞禽类中的一种水鸟，俗称“仙鹤”。描述这种鸟

青铜器上的鹤

体态秀逸，雍容华贵，性情幽娴，经常昂首阔步，显出一种既骄矜又潇洒的神气。刘禹锡《秋词》："晴空一鹤排云上，便引诗情到碧霄。"诗情画意中，鹤的神态跃然纸上。鹤的鸣声也格外洪亮，《诗经》中有："鹤鸣于九皋，声闻于天。"鹤又是一种长寿的鸟，寿命可达五十岁左右。《淮南子》一书更夸张地说："鹤寿千岁"。由于鹤的羽毛洁白，所以又叫做白鹤，而"鹤发"的"鹤"，就是取其白色之意。

在众多神话传说或轶闻中，仙人隐士们常与仙鹤为伴：林和靖植梅养鹤，有"梅妻鹤子"之说。苏东坡的《放鹤亭记》，专写隐士高人的好鹤之癖与超然尘外。《左传》有一则故事说：卫懿公好鹤，鹤有"乘轩"(高级马车)者。其后狄族人侵略卫国，但卫国战士都不肯参战，说既然鹤有官职俸禄，那就让鹤去打仗吧。最后，卫懿公因喜欢养鹤而国破人亡。

"鹤"字，是一个在"隺"上增添鸟旁的本义转注字。作为初文的"隺"，乃是在"隹"的上部增添一个穿通符号"ㄏ"，表示鹤是一个长嘴长脖，常常穿透水面，叨食鱼虾的鸟。后来添加"鸟"旁，只是为了让"隺"解放出来，成为其他文字的声义偏旁。

"鹰 yīng"属猛禽，身上羽毛呈暗褐色，嘴爪钩曲锐利，眼圆，视力敏锐，常捕食鸟、兔、鸡、鼠等小型动物。汉代的《说苑》一书中有"飞鸟成群，鹰鸷不击"的名句。这是说：吃鸟的鹰鸷飞来时，弱小的飞鸟若能成群飞翔，便可免遭祸殃。

金文中的"鹰"字，乃是"鹰"的象形白描。后一款的"鹰"字则是会意字，写作""，表示鹰是一种可以饲喂的鸟；左边上部是一只手臂，下边是一块鲜肉。整个图形，恰似正在饲喂一只大鸟。大概上古时代,人们已开始豢养老鹰,常把它架在肩上或托在鹰架上到田野去狩猎。小篆的“鹰”字写作“雁”,用来表示站立在鹰架或人肩上的意思。后来在小篆第一款的字形上增添“鸟”旁,表示鹰的高飞能力和体型之大,说明鹰是受人豢养的大鸟。

汉画像上的鹰隼图

《玉篇·鸟部》释为:“鹰,鸷鸟也”。“鸷”,乃是鹰的别称,也是对鹰的生活的概括。鸷,“从鸟从执”,“执”的原形为手铐,意为俘获或监管。自古民间就有“熬鹰”(驯鹰)一说,那些被剥夺了自由的鹰,人们以饥饿和困倦煎熬它;让它既得不到食物,也得不到睡眠,消磨其斗志,最后以诱饵迫使鹰就范。这一过程,就称之为熬鹰。当昔日的天之骄子,屈尊在人的肩头,与猎犬为伍,帮助人类去捕获其它动物时,鹰便为人类的家禽了。由此,人们有了“鹰犬为伍”一说,这也是对“鹰击长空”一词的补充。

汉字中,除了用“鸟”、“隹”来构建鸟的名称和行为外,还有许多字来源于鸟的羽毛和翅膀。正是有了一双翅膀,鸟类才得以翱翔蓝天。

“羽 yǔ”字,是一个象形字,像鸟类翅膀左右平摆的样子。只要把右图的“羽”字横过来放平看,就是绝好的象形。因此,“羽”即翅膀,引申后也指翅膀上的长长羽毛。鸟儿栖息时,把两边翅膀收拢,掩覆住身体,这种状态也叫做“羽”。所以,由“羽”字所组合的文字大都与鸟的飞翔或翅膀有关,如“、翎、翔、翻、翼、習、翡、翌”等。

在现代汉语中,“羽”也可作为鸟类的量词,如“一羽鸽子”,还可以代指箭矢。因为古代的箭尾都绑有羽毛,使箭在飞行时直行而不摇摆。成语“负羽从军”,就是指背负弓箭去参军打仗,而不是身插羽毛去作战。

“**习 xí**”是“習”字的简体。“习”在甲骨文中是个会意字。如图所示，上边的“羽”是鸟儿的双翅，下边是一个类似“日”的符号，在这里表示目的地。两个字根会意后，表示小鸟向一个目标飞行，学习飞翔。《说文解字》因而说：“习，教飞也”。小篆的“習”字，为了与表示太阳的“日”，以及表示说话的“曰”相区别，在“日”上边增添了一点。

孩童的时候，常会在地上捉住学飞的小麻雀。由于小麻雀刚刚学飞，飞不久便会掉到地上，需要休息片刻才能继续学习飞翔。像小麻雀这样学飞的过程便叫做“习”。《论语》中有“学而时习之，不亦说乎”的说法，这里的“习”字，用的是习的本义，即“复习、预习、练习”。“习”，由此又引申出习惯的意思，如“习气、习性、习非成是、习以为常、习惯成自然”等等。

“习”还可作为姓氏，如著有《汉晋春秋》的晋代学者习凿齿。

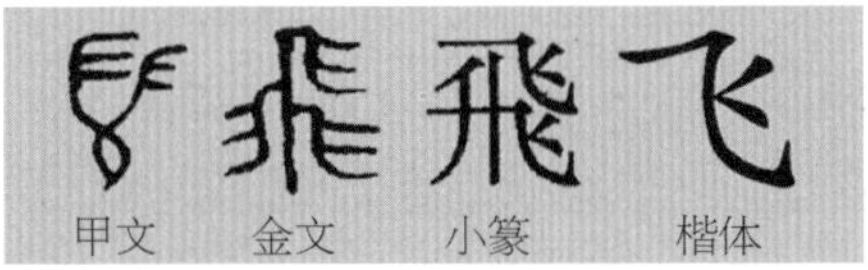

“**飞 fēi**”在楷书繁体中写作“飛”。金文的“飛”字，恰似一只鸟儿在空中飞翔时的正视图。小篆字形源自三只鸟儿向高处飞起的情状：下边是两只鸟儿展翅奋飞之状，中间的一竖表示飞行路线，上部则是鸟儿渐远渐远，省略为一只鸟儿的图形。所以，“飞”的本义为鸟儿高飞于天空。引申后，泛指一般意义上的飞起和飞行。

商周时代的鸟彝

广而言之，凡是物体在空中飘荡，都叫做“飞”，如“飞雪、飞沫、飞机、柳絮飞扬”等等。“飞”字还可以用来形容快速、急促之意，如“飞奔、飞快”等，也可表示意外的、凭空而来的，如“飞来横祸”一词。

“易 yì”，这是一个典型的会意字，甲骨文写作“”。如同多数表示动物的文字一样，“易”表现出的是一种竖刻状态。把甲骨文的“易”调整九十度，我们的眼前便是一只鸟儿奋翅飞起时的形状。但从造字的角度讲，三撇代表的是晃动，所以“易”是一个会意字。金文的“易”字增添了鸟儿的眼睛，仍保留了鸟儿飞翔的象形特征，但小篆的“易”字便面目全非，毫无象形特点了。

殷商民族，是一个把猎捕鸟禽视作生活来源的民族。在他们心目中，对那些南来北去的飞禽候鸟，有一种强烈的渴慕。这些鸟不仅能在地上行走，也能在水中畅游，更能在高空展翅飞翔。正是三种行为状态的自由变换，使上古先民在可望而不可及的仰慕中，创造了“易”这个汉字。因此，“易”的本义为鸟儿的飞离而去，又表示鸟儿从一种运动行为到另一种行为的自由变换。《玉篇·日部》释为：“易，转也，变也。”《易·系辞》中有“上古穴居而野处，后世圣人易之以宫室”的句子。这句话中的“易”，即为变易，含有改弦易辙的意思。

由鸟儿行为状态的自由变换，“易” 字引申出了容易之义，如“易如反掌、轻而易举”等等。当人们把一件东西(如玉、贝)丢给其他人时，好似东西在飞一样，这种行为，古人称之为“赐”，也是“易”的一种引申义。由此，从“易”字中又引申出了交换的意思，如“交易、贸易”等。

《周易》，本为周人的卜筮之书。儒家将《易》列为“六经”之一，因此也叫《周易》、《易经》。在古人眼中，这是一本“著天地阴阳、四时五行、教习变化”的典籍，说的是世间万物的“变易、简易”和“不易”。在江湖术士看来，乃是一册卜卦算命的工具书。

周代的子之弄鸟尊

七、人类的动物伙伴

气象学家依据考古资料证明，四千年前的黄河流域，年均气温为12℃，要比现今气温高出2℃~4℃，温暖而湿润。河南安阳一带的气候，约相当于今日的武汉。

麋鹿(四不像)

这一时期甲骨卜辞有关狩猎的记载中，有犀牛、大象、老虎、熊、四不像、肿面猪、狼、圣水牛、猴子、竹鼠、孔雀、银雉等动物的名称。这些都表明，殷商时期的黄河中下游地区(以安阳为中心的中原地区)，森林覆盖较好，野生动物众多。在这样一个今天无法描述、甚至无法想像的自然生态环境中，我们的祖先与动物朝夕相伴，以狩猎经济作为生活的重要来源；并且留下了丰富的汉字文化遗产，使形形色色的动物习性和身姿特征跃然纸上，让我们一饱眼福。

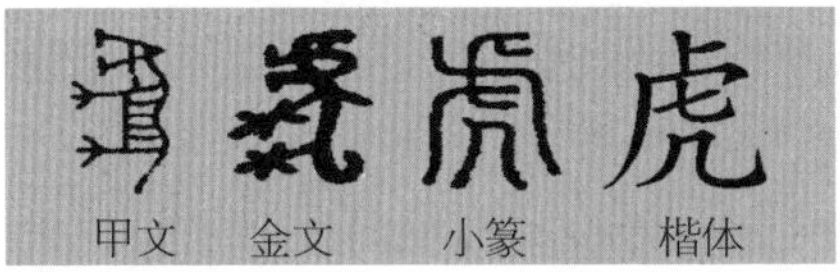

“虎 hǔ”，这是一个象形字。甲骨文的“虎”字，是一只头朝上、口大张、身上有美丽斑纹、尾足俱全的猛虎图像。整个字形恰似一只竖立的老虎侧影。实际上，古人如此刻画，是为了符合汉字横窄竖长的构形特点。金文的“虎”字简省许多，仍留有虎的形象。小篆的“虎”字，趋向匀称美观，但已失去甲骨文和金文象形的特点，反映了文字由图形向符号发展的必由之路。

“虎”,《说文》释为:“山兽之君。”这是把老虎视作“百兽之王”,与“食肉猛兽、林中之霸”的称号相一致。上古时期,东北虎和华南虎都是较常见的动物;所以,许多词语,包括成语都源出于“虎”字,如“虎口余生,虎视眈眈,狐假虎威,不入虎穴、焉得虎子,虎毒不食子”等等。人们又用“虎”字来形容人的勇猛威武,如“虎将、虎臣、兵雄将虎、虎背熊腰”等。在国人的心目中,像武松那样赤手空拳打死老虎的人,大概是最勇猛威武的人了。

青铜器上的虎

虎是一种能够吃人的危险动物,因此也用来比喻残暴凶险,如“虎狼之心、为虎作伥”,以及俗语中的“母老虎、拦路虎”等。另外,形容某人做事草率、得过且过时,常用“马虎”一词,这里的“虎”字与老虎毫无关系,只是根据语言的发音用了“马”和“虎”,其字源应为“麻糊”。乃是古人在长时间剥麻后,引起的一种手眼中毒反应。

“虎”字是个部首字,汉字中,凡由“虎”或简省后的“虍”所组成的字,大都与虎有关。例如“彪”字,由虎和晃动字根(写作彡)组成。“號”字,则由号、虎两字组合而成,表示猛虎的咆哮声。

“虐 nüè”,《说文》释为:“虐,残也。从虍爪人,虎足反爪(抓)人也。”甲骨文中的“虐”,是一个会意字,右边是一个虎形,左边是一个“人”字,表示虎抓人欲噬的形状。金文中的“虐”字,人形已讹变,虎的身尾已经简省,突出了虎头和虎口,象形差了,表义却更明确了。小篆中的“虐”字,在虎口之下,仍有十分清晰的虎爪和一个爬行在地的小人形。楷书从小篆演变而来,成为“从虍从反爪(⺕)”的会意字。

商代虎食人卣

“虐”字源出老虎用大口利齿残害生灵,因

此,“虐”的本义指残暴、侵害,如“虐杀、虐待、虐政”和“暴虐”等。上古时代,夏朝的最后一个统治者“桀”,商代的最后一个统治者“纣”,都是把臣属和人民视作“玩偶”和“鱼肉”的暴君,因此有“助桀为虐”和“助纣为虐”的典故成语。其中的“虐”字,均指残暴。

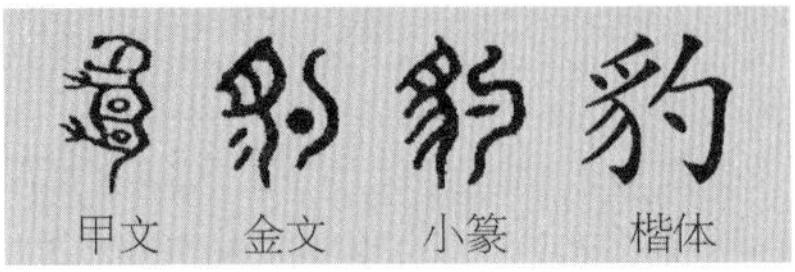

“豹 bào”,俗称豹子。这是一种体形优美、行动矫健、像虎、比虎体形略小的猛兽。豹性凶猛,捕食其他兽类,也伤害人畜。甲骨文中的“豹”字,正是一只金钱豹的象形,头、身、尾均似虎,身上类似金钱的圆斑格外突出,正是“豹”的典型特征。东周玺文写作“”,小篆文字中的“豹”字,乃是一个从炮(抛)假借出的假借字。勺在其中表示如勺子大小的斑纹,也表示豹子的奔跑姿态。

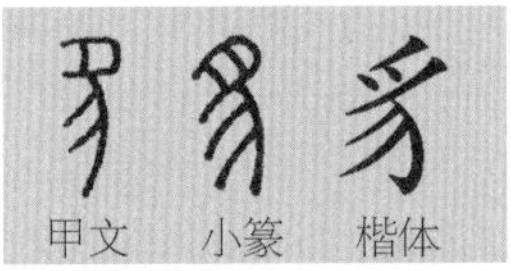

“豸 zhì”,在甲骨文写作“”,《说文》释为:“豸,兽长脊,行豸豸然,欲有所司杀形。”从这个解释看,“豹”,本是长脊兽(猫科食肉类动物)的代表,其凶残的程度,在长脊兽中首屈一指,因此,豹字从“豸”从“勺”,勺在其中可视作豹子身上有大勺一样的圆斑。

“豸”字是个部首字。汉字中,凡由“豸”字所组成的字,大都与四足行走、身躯矫健、毛皮华丽的兽类有关,如“豺、貂、貉、貘”等等。

“狼 láng”,《说文》释为:“狼,似犬锐头。白颊,高前广后,从犬、良声。”甲骨文的“狼”字写作“”,从字形结构分析:狼似犬,因此,

字形右边是“犬”;字形的左边乃是甲骨文的“良”字。“良,原本表示一缕光线从洞孔中穿射而入。“狼”字用“良”做组字构件,乃是因为狼性喜夜晚活动, 这时,狼的目光如同两盏青绿色的灯光,格外夺目。上古先民以“良、犬”会意,创造“狼”字,可谓观察细致,构思巧妙。小篆的“狼”字,从甲骨文一脉相承,仍是一个典型的会意字(古音读若 luō)。

狼性残忍贪婪,故有“狼子野心、狼心狗肺”之说。据说,狼肉味酸,难以下咽;狼皮粗糙,其毛似针,因此不能作裘皮大衣,只有狼粪在古代大派用处。狼粪在燃烧时,其烟直上,风吹不乱。因此,古代边关的烽火台,燃烧狼粪用以报警。“狼烟滚滚”在古代诗文中,通常喻指战乱的发生。

“狐 hú”,也称狐狸,这是一种毛皮亮丽柔和、尾巴粗而长、十分美丽的动物。除了在动物园能见到这种美丽的野兽, 今天的人们,更多地是在时髦女人的脖子上,见到从这种动物身上完整剥下来的皮毛。

汉画像石上的狐与鹊

如图所示,甲骨文的“狐”字,是一只似犬, 尾长嘴尖的多毛之兽,其象形令人叹为观止。小篆的“狐”,乃是一个从“瓠”假借而出的文字。“狐”之从犬,因其本是犬科动物,其形体近似于犬。“狐”以瓠瓜构意,乃是说这种小动物尾巴很长,蓬松而粗大,就像瓜蔓拖着一颗瓜一样。整体字形十分巧妙地展现了狐狸的典型特征——尾巴的形状。

《说文》释曰:“狐,妖兽也。”从古至今,人们一直认为狐狸狡猾多疑，善于迷惑猎人或青壮男子，因此，“狐疑、狐媚、狐群狗党”等词语都具有贬义。

“**能 néng**”是“熊”的初字，就是说，造字之初，“能”所指称的就是“狗熊”。如图所示，甲骨文中的“能”字，正是一幅熊的图像：左部是头，上为耳下为嘴，粗状硕大的身躯和脚爪，臀部有一条小尾巴。金文中的“熊”，巨首大嘴，正是熊的典型特征。小篆的形体，已不大像熊的样子了。楷书的写法由小篆演变而来，熊的两个粗爪，变为“能”字的右半部分，使今人再也无法从字形中找出熊样。

汉代铜鉴上的“熊”

“能”的本义就是“熊”。如《国语》：“梦黄能入寝门。”这是说，梦见一只黄熊进入卧室的门。《说文解字·能部》说：“能兽坚中，故称贤能，而强壮称能杰也。”这是说，“能”这种动物是野兽中的强者，体壮力大会爬树、游泳，而且能直立行走，所以引申为“贤能”。对人类中的身强力壮、本领超卓者，也可以称为“能杰”。“能”本指熊，因熊之多能，故而引申出“才能、能力、能够”等义。

当这些引申义在文句中频频出现后，要表示这种猛兽该怎么办呢？人们在“能”下加火(楷书变为四点火)，以转注方法另造一个“熊”字，来代表它的本义。大概是因为熊一旦发起脾气，便像烈火燃烧起来一样。自此之后，“能”字就再也不代表“熊”了。

“**罢 bà**”是“罷”的简体字。小篆的“罷”字是一个会意字：下部

是一个"能",即熊的初字;上部是一个兜头而下的"网",乃是古人以网捕熊的真实写照。楷书缘此写作"罷",汉字简化后写作"罢"。

如上文所言,"能"是动物中的强者,力大性暴,本领又特多,对付这样的猛兽,只能用网捕猎了,因而"罢"的构形源自以网捕熊。当熊被网罩住后,再大的本领也无法施展。假若熊能言语,此时一定会说:"罢了,罢了,我命休矣。"

"罷",《说文》释为:"从网能。网,罪网也。言有贤能而入网。"显然,这里的解释,乃是施之于人的引申义了。现代汉语中,"罢"有停歇的意思,如"罢工、罢市"等,又有免除的意思,如"罢职、罢免"等。由此,又引申出完毕之义,如宋代文豪王安石的《离升州作二首》之一:"语罢更携手,月明州渚生。"

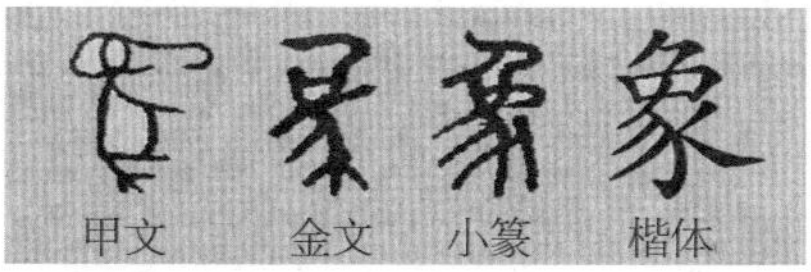

"**象 xiàng**"是一种生活在热带和亚热带丛林中的哺乳动物,身大力强,但性情温和。造字之初,殷商先民尚能见到这种身躯庞大的动物在黄河流域四处活动。随着人类对大自然的索取和开发(也有气候变冷的原因),至汉代时,象群已南迁数千里,退到中国的边疆云南一带。因此《说文》将象释为:"象,南越大兽,长鼻牙。"现今的人们,只能在动物园里或电视的图像中见到它们的身姿,或者通过文字的描述,来想象这种巨大而奇异的动物。

甲骨文中的"象"字,乃是大象的侧视图形,长长的鼻子,宽厚如墙的身躯,勾画出了大象的典型特征。甲骨文中的"象"字可谓笔画简单、形态生动的象形典范。金文和小篆的"象"字,似乎仍有大象形象的遗存,楷书则是从小篆的形体直接演变而来。

金文中的图形文字

也许,正因为大象在古人的视线中渐渐消失,人们用"象"字来表示事物的形状、样子，如“景象、想像、形象”，以及成语中的“气象万千”、“万象更新”等。“象”，也用来表示对事物的摹拟，如“象形、象声”等词，并由此引申为使其相类似的意思，即模拟、仿效之义。这个意思后来写作“像”。

青铜器：象尊

“象”与“像”二字在使用时既有区别又有联系。作形象、景象、象征时只能写作“象”，而不能写作“像”。作画像、塑像，以及用作动词表示相似时写作“像”。

值得一提的是，1964 年公布的《简化字总表》将“像”并入“象”字。1986 年公布的《简化字总表》又重新恢复了“像”字。

“象”字也是一个偏旁字，尽管在它统领下的汉字寥寥无几，只有“橡、像、豫”三字。

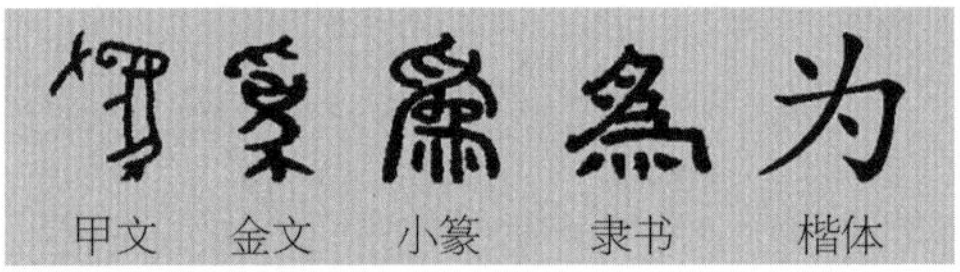

“为 wéi”是“為”的简体字。甲骨文的“为”字，右边是一头大象的完整图形，左边上方是一只手。整个图形，用大象和手会意大象的鼻子像人手一样灵巧自如。事实上，上古先民正是从大象鼻子的灵巧功用，来表示“仿效”这个本义。金文中的“为”字，除长长的象鼻缩短为一小段，让人难以置信外，大象和人手的形状基本可寻。从小篆到隶书，又由隶书到楷体，再由繁体字简化为原本是草书的“为”字，大象的形象和意思就一点也看不出来了。

“为”在汉语中，是一个多义字和常用字。由大象鼻子的灵巧自如，可做一手之用，引申出做、作的一般意义。如“事在人为、为人处

西周时代的象彝。大概因为此时大象已在中原绝迹，这尊象彝已似象非象。

世、何乐而不为”等语词，其中的“为”，即表示“作”。由此又引申出成为、变成的意义，如“高岸为谷，深谷为陵”中的“为”字；又引申出了“因为”、“为了”、“被”等义；又用在句末表示感叹和反问的语气，如“何以家为”等等。但是，无为而治中的“为”，表示的是不要仿效！

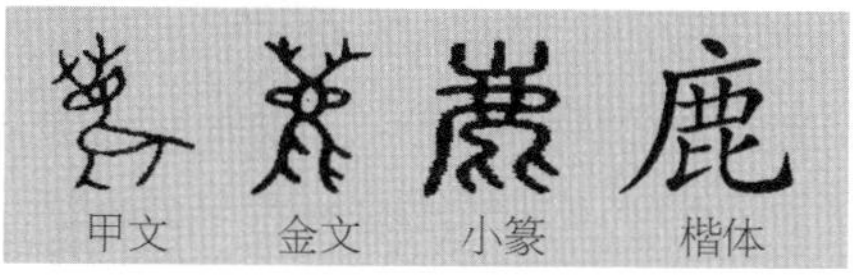

“鹿 lù”与中国早期人类的生活密切相关。考古证明，北京人以及被称之为 m175 的东亚人都曾经依靠猎捕鹿群为生。甲骨文中有许多神态各异的“鹿”字，商周两代的青铜器铭文和图形中，更有许多姿态各异、漂亮的鹿形铭刻。

如图所示，甲骨文中的“鹿”字，突出表现了枝杈状的双角。这种十分美丽的鹿角，正是鹿的典型特征。金文中的“鹿”字，上部是鹿的头部正视图形，下部乃是鹿有着悬趾的两条腿。整体上应该是一幅正视与侧视交叉的图形。小篆在金文的基础上有了更多变化，已不太像鹿的形象了。楷书中，鹿的模样已荡然无存，但文字一步步演变的痕迹犹在。

“鹿”的形象来源于梅花鹿中有着漂亮双角的公鹿，因此“鹿”字常用来泛指鹿科动物。鹿是一种胆小温顺的动物，食草而与世无争。只有每年的交配季节，雄鹿为争夺交配权，才会斗得你死我活。因此，在国人的眼中，鹿又是一种性欲旺盛的动物：鹿茸成了男人强身壮阳的灵药；母鹿的胎盘，被认为对各种妇女病有奇特疗效。人们又用“逐鹿中原”，比喻对国土政权的争夺。

鹿的发音，与“鲁、旅”的古音相同，因而它们都含有跋涉的意义在内。“鹿”字也是个部首字，许多与鹿有关的汉字，如“麃、麝、麞(獐)、麇”等都以鹿为组字构件。

商代甲骨文中的“鹿”

西周青铜器中的“鹿”

“丽lì”是“麗”字的简体。甲骨文中的“丽”字，乃是在鹿的整体形象上，又刻意绘出鹿角的旋转，像从不同的角度来观察鹿角，以此表示“美丽”的意思。与“鹿”字相比，“丽”字强调鹿角的美观，乃是一种突出强调法，与描绘身姿的特征表现法有异曲同工之妙。

金文的“丽”字承接甲骨文，小篆与楷书的演变同“鹿”字相似。因此，“丽”的本义应是漂亮而有所装饰的鹿角。由此引申，泛指一般意义上的美丽。由于鹿角乃为一对，所以“丽”又用来表示“一对”、“耦合”的意思，后世多写作“俪”，如“伉俪”一词。现代汉语中，“丽”字多用来表示漂亮、华丽，如“丽人、佳丽、丽质”等等。丽的发声，源自公鹿鹿角的脱离，因此与“离”同一音系。

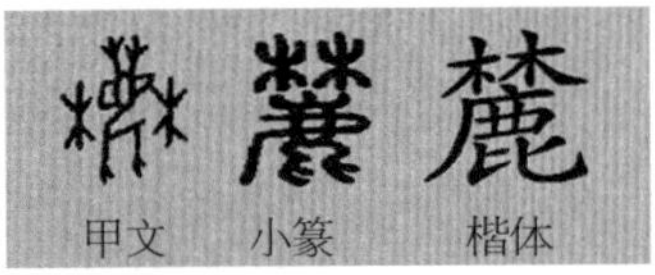

“麓 lù”，这是一个“从林从鹿”的会意字。鹿的生活习性，喜欢待在多草、多灌木丛的环境之中。多草则食物丰富，灌木丛则有利于鹿的隐蔽和逃跑。对鹿而言，最理想的活动场所是在林边。古文的“麓”字，从林从鹿，用鹿在林中隐约可见来会意森林边缘，因此“麓”的本义是指林中有鹿之处，即森林边缘地带。引申后，人们又用来指称山脚下的林边。

“鹿”与“麓”读音相同，所以，鹿又可以代表“麓”的读音。从这个意义上讲，“麓”又是一个习惯念半边字而后形成的形声字。现代汉语中，“麓”字是一个单一表示山脚林边的汉字。

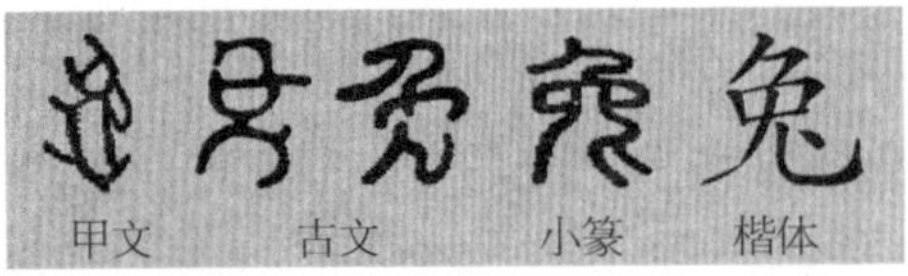

“兔死狗烹”的**“兔 tù”**字，也是一个象形字。甲骨文中的“兔”，

是一个头大耳长，尾巴短小且向上弯曲的小动物。其侧视图形简洁明快，十分像那些善于奔跑的兔子。从古文到小篆的“兔”字，一步一步形变，使后人无法直观兔子的原型，但演变过程清晰可见。

汉字中，“兔”与“免”笔画最为相近，它们之间的差别就在于有无右边的“点”。有“点”的为“兔”，因为这个“点”就表示兔子的小尾巴，乃是造字之初的象形遗传。

兔子是一种和善弱小的小动物，遇见狗、鹰、狐狸和人这些敌手，除了奔跑逃亡别无他法。因此，后世用“兔”作比喻的词，多与软弱和逃跑有关，如“兔死狐悲、兔死狗烹、狡兔三窟、动如脱兔”等等。

商代青铜器上表示兔子打洞的图徽，乃是狡兔三窟“㲜”字的佐证。

“兔”在汉字中，也是一个部首字，凡由“兔”构成的汉字，大都与“兔”的行为有关，如“逸”、“冤”等字。

“冤 yuān”，这是一个会意字。甲骨文的“冤”字乃兔上有网。小篆的“冤”字，外围为“**冖 mì**”，在此表示覆盖；下为“兔”。整个图形，恰似一只善良柔弱的兔子被东西罩住，不能脱身行动的境况。楷书承接小篆，写作“冤”。

“冤”由弱兔被罩这一图境，体现出“屈缩”的本义，即不能舒展、逃脱的意思。如《汉书·息夫躬传》：“冤颈折翼，庸得往兮!”由屈缩不展又引申为屈枉，如“冤枉、冤屈、含冤”等，由冤屈之义又引申出上当，如“花冤钱、跑冤枉路”等。

因音通意近，“冤”又通“怨”，可表示仇恨之意，如“冤仇、冤家、冤孽”等等，但其中的词义，仍有弱者的身影在内。

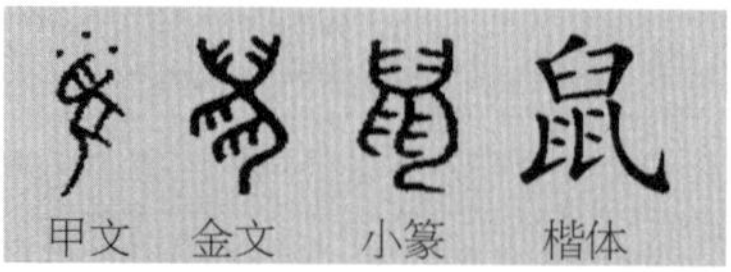

“鼠 shǔ”，俗称老鼠，又叫耗子，是今天常常能见到的小动物之一。这种小动物身小尾长，门齿特别发达，有很强的适应力。

如图所示，甲骨文的“鼠”字是一只老鼠的侧视图形，头上的小点可以看作老鼠吃东西留下的碎屑。显然，这些正是老鼠的特征。金文和小篆的“鼠”字，突出了张口露齿的鼠头，啮齿类动物的特点，在此表现得一览无遗。也许，鼠类最厉害的一招，就是用牙齿咬东西吧。

中国人把鼠列为十二生肖之首，可见人鼠关系非同寻常。中国最早的诗歌总集《诗经》里有：“相鼠有皮，人而无仪？人而无仪，不死何为!”这是说：鼠还有皮，人却不讲面子，人难道不如老鼠？《诗·魏风·硕鼠》中又说：“硕鼠硕鼠，无食我黍。三岁贯女，莫我肯顾!”把统治者比作大老鼠，其贪得无厌、巧取豪夺的嘴脸跃然纸上。现代汉语中，与鼠有关的词语，大都是被贬斥的对象，如“鼠辈、鼠目、鼠窃狗盗”等等。

汉字中，还有一个字与“鼠”有关，那就是“竄”字。老鼠除了一生都在长牙，需要不停地撕咬东西、让人感到可恨和无奈外，另一个特征便是乱钻乱窜。古文字中的“窜”字，不是现在这个形声字，而是会意字“竄”。上面是表示洞穴的“穴”，下面是一个“鼠”。“竄”原本指老鼠乱逃乱钻，后来才泛指其它动物和人的行为，如“抱头鼠窜”、“流窜”等等。

繁体字“竄”笔画太多，简化后的“窜”就好写好记的多了，但又有形象不足的缺憾。

“兕 sì”，古代用来指称犀牛。甲骨文的“兕”字，像头上生有独

兕觥

犀尊

角的犀牛形。殷商时期,中原地区生活着许多双角的苏门答腊犀牛,这种犀牛长有前后两只角,长在前额处的一角较小,长在鼻端上方的一角则格外粗大。“兕”字突出其前角粗大尖利的特点,构形简洁明快。金文和小篆的“兕”字,用上部来表示犀牛的两只角。大概因为犀牛越来越少,后人只能凭想像来造字。楷书中的“兕”字,下部成了表示人形的“儿”字,便有些风马牛不相及了。

也许,正是为了弥补这种“鲁鱼亥豕”的讹变,金文中又创造了一个后起的形声字:“犀”。《说文·牛部》释为:“犀,南徼(jiào)外牛,一角在鼻,一角在顶,似豕。”事实上“犀”字从尾从牛,只有整日爬在水中的水牛才符合其形象特征,然而文字演变的源流,遵循历史学的规则,其中不乏“文化堆积”这种现象。后人只好因错就错,把兕、犀双双归并在“犀牛”的名下。《墨子·公输》中有:“荆有云梦,犀兕麋鹿满之。”犀兕与麋鹿各归一类,可为一证。

金文“犀”

犀牛毛皮粗硬坚实,可制盔甲,因此,“犀甲”有坚固之义。犀角为圆锥形,质地坚硬,因此“犀利”一词,常用来表示事物的坚固锐利。由此,又进一步引申为言词尖锐明快,如“文笔犀利”一词。然而,中国人的伟大发现,乃是发现了尖硬的犀牛角可以壮阳这一奇怪功效。

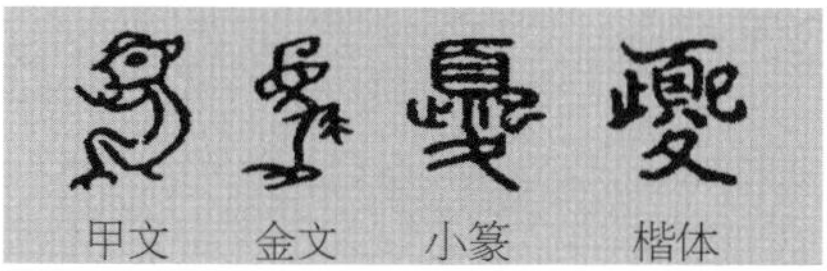

“夒 náo”,《说文》释为:“夒,贪兽也,一曰母猴。”甲骨文的“夒”字,正是一只蹲在地上的猴子的形象:头上有突出的耳朵,屁股下边有一根尾巴,手爪似乎正在捧着食物。若无身体上的差别,则与人十分相像。金文在下方增添了一个人“足”之形,似乎在说明,这种动物能像人一样行走。动物世界中,猴类动物(包括黑猩猩)与人类的血缘最为接近,猴子也比其它动物更像人,因而小篆“夒”字上部讹变为表示人首的“頁”字,成为“从页、巳止、夂”的复杂会意字。

“夒”字在现代汉语中已基本死亡,被同音同义的“猱”所取代。“猱 náo”字,汉字辞典将其释为:“古书上的一种猴。”

小篆　楷体

“**猴 hóu**”,《说文》释为:“猴,夒也。”小篆的“猴”字是一个形声字。反犬旁的“犭”,表示猴子是一种大小似狗的动物;“侯”本指箭到而倒地的射靶,又指君王分封在边远地区的诸侯。这里则用来表示猴子是人类的远亲。其构意也与猴子在树枝间的弹跃、在林中空地上的翻跟头有某种联系。楷书的“猴”字与小篆一脉相承,只是把圆曲的笔画改为直线。

猕猴

“猴”,哺乳动物,形状像人,行为更常常模仿于人,因而成语中有“沐猴而冠”,用来比喻虚有仪表、装模作样。《吕氏春秋·察传》曰:“故狗似玃,玃似马猴,马猴似人,人与狗则远矣。”这是说:狗的长相及形态如同玃,玃同马猴相似,马猴又同人相似,但人与狗之间的貌相则相差太远了。

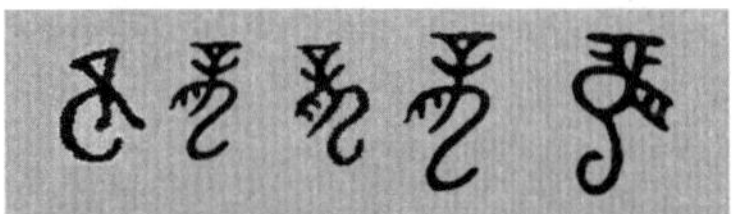
商代文字

“**龙 lóng**”,中国人心目中最为神圣的动物神,也是中华民族的象征。“龙文化”,乃是汉字文化中最为久远、延续时间最长、最具有神秘色彩的文化现象之一。

“龙”,在甲骨文中写作“[甲骨文字形]”。专家学者们从出土文物和文字形

商代司母辛觥盖上的爬行龙纹

象考证，认为“龙”字的原形，或者是曾经生活在今日内蒙古、东北境内草甸上的蟒蛇；或者是至今仍然生存在长江里的扬子鳄。前一种说法有甲骨文字形，以及距今四千年前红山文化出土的玉龙为证，后一种解释则有商代青铜器上爬行龙纹的支持。

典型的甲骨文“”字，上部的“”乃蟒蛇的舌信，中间乃蛇的大口，口内毒牙清晰可辨，弯曲而下的则是蛇身。然而，中国人从心底不愿如此现实，龙属于自然的解释，被视为没有什么意思，龙在很大程度上是中国人想像力中的一部分。

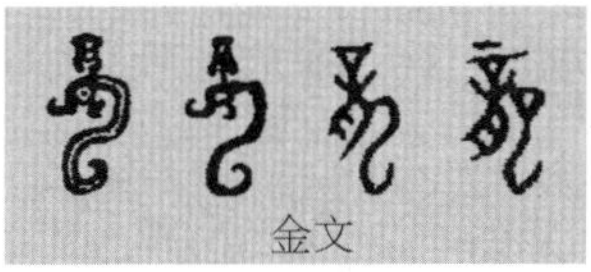
金文

金文中的“龙”，同样表现为两种图形，前一种是青铜器铭文上的图形文字，出现了向艺术化、图案化发展的趋向，这种“龙”字更多得依从美学规律。另一种是白描线条化的“龙”，这种“龙”，口型大张，身体蜷曲，头上的“舌信”演变为“辛”字形。

无可置疑的是，殷商时期的“龙”字，源自对蟒蛇的饲养。透过图腾文化，这一时期的“龙”，表现出的是一种枷锁下的暴怒，更多地体现了龙的现实主义色彩，贪吃而被称之为“饕餮”。其中的意象凝聚了更多部族和酋邦战争的残暴。从另一个角度证明，这一时期，正是靠天吃饭型农业生产方式的快速发展阶段，也是华夏民族由血缘部族方国向地缘制大国的统一式迈进。

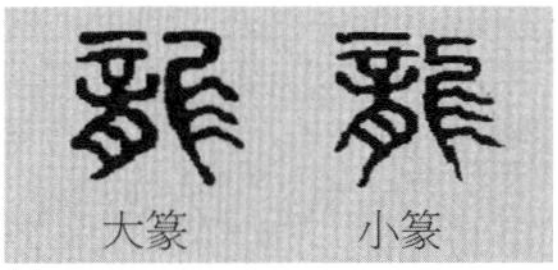

“龙”字从大篆向小篆的发展，体现了雄浑的气势与谐调的美感。这种“龙”字的右半部分躯体变得更长，甚至需要用弯折来表现；左半部的形态也更显怪异，力求字形对称而显出一种稳重感。多了一些贵族气，少了平民性，渐渐演变为秦汉帝国皇权、帝王的象征。

汉魏六朝时期的龙形，四肢细长，伸曲有力，潇洒恣肆、饱含活力。其特征与隶书和草书的出现相

得益彰。如果用傲骨嶙峋、飘逸潇洒来形容草书"龙"字的话,那么隶书中的"龙"字,则具有雍容华贵、矫若流云的风格。

红山遗址出土的玉龙

"龙"型到了唐宋以后,已完全成熟, 出现了从贵族化、宗教化向世俗化、艺术化的发展趋势。这一时期,楷书和行书强调的是俊雅脱俗, 笔意上多了轻灵矫健,潇洒而不恣肆,奇伟而不怪诞,给人以无穷的美感。这一时期器物上龙的造型,制作上力求精美;或飞腾于烟云之中,或遨游于波涛之间,或穿戏于花丛之隙。人们追求的龙,更多的是一种"吉祥瑞兽","龙"的艺术造型也达到了一个前所未有的高度。

明清时期的"龙"形,多了一些雕琢,日渐增多的张牙舞爪与皇权专制的残暴相互映照。简单地讲,这是一种吓唬平民百姓的恶龙。

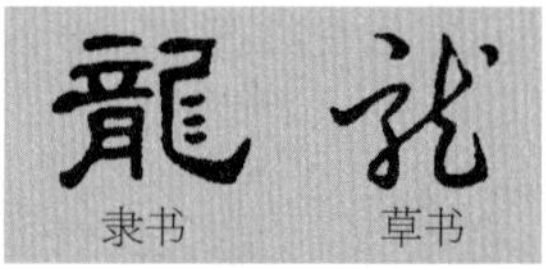

"龙"字,创生在原始先民惧怕又敬佩蟒蛇的潜意识之中, 来源于古代民众的现实生活。当"龙"成为一种偶像时,它是一个有别于自然界动物的复合体:牛耳、鹿脚、虎掌、鹰爪、蛇体、鱼鳞。龙的形象和"龙"字一样,完全是真实物象的摹写。然而,它那突兀不凡、横空出世的气势,诡奇谲怪、玄奥莫测的威力,对炎黄子孙来讲,世世代代都有无穷的吸引力,因为这样的"龙"才是中华民族需要的表征。

"叶公好龙",是一则具有哲学韵味的成语故事。说得是古时有一位名叫叶公的人,非常喜爱龙,衣服上绣上龙,居室四周也画满了龙。结果,天上的真龙很为感动,便下凡来看望叶公。叶公见到真龙后却吓得面如土色,失魂落魄。后来人们用"叶公好龙"来比喻表面上

东晋墓画像砖上的龙

喜欢,实际上并非真正喜欢一种事物的情形,也表现这一类人。

“龙”,在汉字中,可作为姓氏,也是一个部首字。凡从“龙”的汉字,都与蟒蛇或其行为有关。

“庞 páng”,这是个会意字,由广、龙两字组合而成。甲骨文和小篆的字形,均为上下结构:上半部的“广”字,表示三面有墙、一面敞开的大屋或屋廊;下半部的“龙”字,则表示爬行或蜷曲在屋檐下的蟒蛇。

蟒在屋檐下,空间有余而面积不足;蛇在屋檐下,蛇有地而人无插足之处,正是通过这种巧妙对比,“庞”字表现了屋舍的高大和蛇体的庞大这一本义。后来,又引申表示一般意义上的高大。唐代文学家柳宗元在《黔之驴》中记载了“黔驴技穷”的故事:“虎见之,庞然大物也,以为神。”其中的“庞”字,就是形容驴子的高大。“面庞”一词原指脸面如满月之状,后来引申泛指唐人喜爱的大脸盘。

“聋 lóng”是“聾”的简体字。金文的“聋”字是一个会意字。在古人的观念中,“蛇”乃是一种头部没有“耳朵”的爬行动物,是一种没有听觉的长虫,(爬行纲的蛇类没有外耳及鼓膜, 只能通过与脑颅连接的下颌骨感知波的震动,通常情况下,蛇对人的咒骂、呼叫无动于衷)。

因而古人从直观上认为蛇是一种“聋虫”,所以他们用“龙、虫”会意,表达耳聋的意思。小篆的“聋”字繁化后成为上下结构,楷书缘此写作“聾”,汉字简化时,遵循“龙”字的简化法则,写作“聋”。

古文典籍中有:“聋者,无以与乎钟鼓之声”。句中的聋者即聋子,是说钟鼓之鸣对聋子完全没用。“聋”,由听觉的迟钝,后来又引申出了昏聩、糊涂之义，如成语中的“装聋作哑、振聋发聩”等。

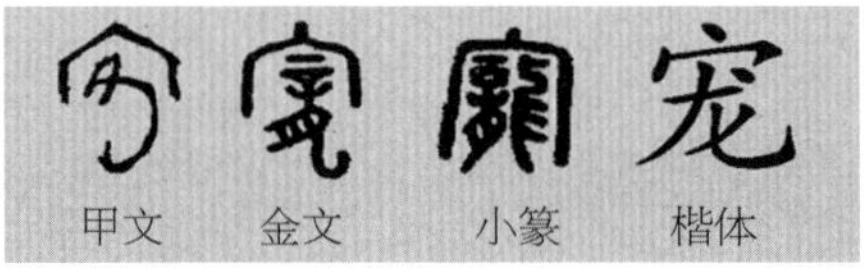

“宠 chǒng”是“寵”的简体字。甲骨文的“宠”字，是一条“蛇”在屋内被豢养的情形。金文和小篆的“宠”字，随着“龙”字的繁化，逐渐变异，但表示把一条“蟒蛇”养在屋内的图形和意义却未变。

龙，不论是蟒蛇，还是草青蛇，养在家中后，都必须小心侍奉。但是，养一条蟒或一条蛇又有什么意义呢？况且，后代的中国人已经没有了商民族的“暴趣”，将捉来的俘虏丢到蟒蛇窝中以作惩戒。因此，“宠”字只能用来表示过分地喜爱，即宠爱。《说文》释为：“宠，尊居也。”即尊崇。又引申出荣耀、光宠之义，如《老子》一书中说：“得之若惊，失之若惊，是谓宠辱若惊。”显然，不论哪个人，得到或失去一条“龙”，都会“宠辱若惊”。

若从宠物的角度讲，今天的人们养狗养猫，或者养小白鼠小蜥蜴，远远比不上先民的荣宠有加。

与“龙”有关的文字还有一些，如“袭”字源自蟒蛇的蜕皮。“垄”字为状如蛇体的土埂。“龚”字为双手托举一条蟒蛇……

八、万物皆谓虫乎

人们对事物的认识，总是从个别到一般，从众多个别事物发展为类化概念，汉字也不例外。“虫”，从地上的蚯蚓演变为长身盘曲三角头形的蛇，又演变为昆虫类(包括类似昆虫的小动物)的通称，进而又演变为包括人在内的所有动物的总称。这种思维概念上的发展，便叫做“形而上”，在中国人的思维逻辑中占有独特地位。

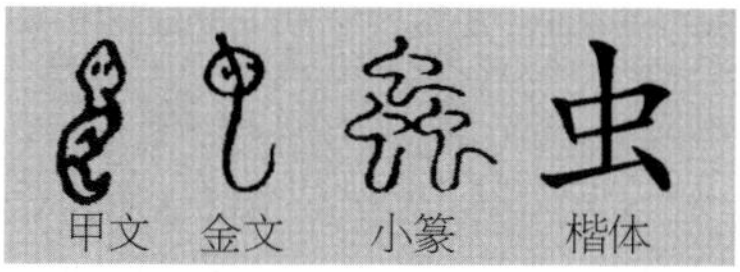

“**虫 chóng**”，在甲骨文和金文中均来自地上的蛇：有着三角菱形的头，长而蜷曲的身躯，乃是一条毒蛇的象形白描。金文中的“虫”甚至画出了蛇的眼睛。小篆的“蟲”是虫的繁体字，它由三个“虫”叠加组成。这种重形字，有如“森、淼、犇”等字，用“三”表示众多，三虫重叠不仅表示虫的概念泛化，也表示这时的虫类已包括万千多样。据生物学家统计，地球上已定名的虫有一百多万种，未定名的还有许多倍。

“虫”不仅种类繁多，而且喜欢成堆丛聚，所以人们把虫写作“蟲”的同时，又称虫为昆虫。《广雅·释诂二》：“昆，盛也。”颜师古注曰：“昆，众也，昆虫言众虫也。”《大戴礼·易本命》则说：“有羽虫三百六十，而凤凰为之长；有毛虫三百六十，而麒麟为之长；有甲虫三百六十，而神龟为之长……倮(裸)之虫三百六十，而圣人为之长。”这里所谓的“虫”，已与动物的概念等同，不仅凤凰成了“羽虫”，人也成了“裸虫”。

在民间通俗用法中，人们称老虎为“大虫”，马称“聋虫”，鹰称“刚虫”，鱼称“隐虫”，蛇称“长虫”，鼠称“老虫”等等，可证虫的概念范围之广。《山海经·南山经》曰：“羽山，其下多水，其上多雨，无草木，多蝮虫。”这里的“虫”则表示蛇，“蝮虫”，也就是今天所说的“蝮蛇”。

虫，原本特指“蛇”，泛化而纳入了蚯蚓类爬虫，又演变为昆虫，进而又成为整个动物的类属概念。可见中国人思维习惯上的形而上学源远流长。

“虫”字是个部首字，汉字中，凡由“虫”所组成的字，大都与“虫”类有关，如“蚁、蚕、蚊、蜂”等字。

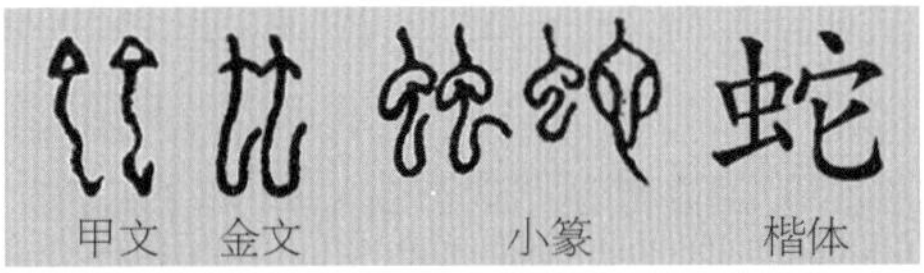

“**蛇 shé**”是同体会意字，正如甲骨文所示，这里展现的是两条蛇。金文的“蛇”将构型源自女性生殖器的“它”与之相混(也叫两形合一)，并在“它”旁增虫，写作“蛇”，专门表示“毒蛇”这一概念。

确切地讲，“它”乃是古文“也”字的分化字。因为男女做爱时，第一人称的“我”和第二人称的“你”乃为相互称呼，而男女的生殖器则成为第三称的“它”。大概因为女性生殖器含有洞穴的意义，又因为蛇的古音读若“shā”。所以，古人改虫为“它”，表示钻洞的蛇类。

女娲伏羲像

远古时期，雨量充沛，河流湖泊远比今日密布。水草灌木丛生，是鸟类的天堂，也是蛇类的天堂。对生活居住在这种环境的上古先民来讲，最可怕的就是被毒蛇咬伤，一命呜呼(现今第三世界每年仍有三万人丧生蛇口)。所以，古人见面往往问：“无蛇乎？”以此问候语来表达相互之间的关爱，类似于后来中国人的问候语：吃了吗？

蛇与上古先民命运相系，自然而然，也与古

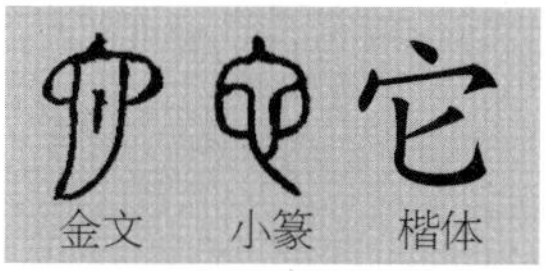

代文化关系密切了。神话传说中以五色石“补天”的女娲，就是人首蛇身。史籍中有关于人类始祖伏羲人首蛇身的记载。《帝王世纪》说：“庖牺氏蛇身人首。”《拾遗记》也说：“蛇身之神，即羲皇也。”在远古先民的朴素观念中，似乎与蛇沾上亲戚或血缘关系，就可以免除蛇的伤害了。作为氏族图腾，似乎会对其他氏族有一种威慑作用吧。

现实生活中，“蛇”，归根结底是一种毒虫，因此，“画蛇添足、杯弓蛇影、蛇蝎之心”等大量成语，都以蛇为灾祸、侵害的特指内容。

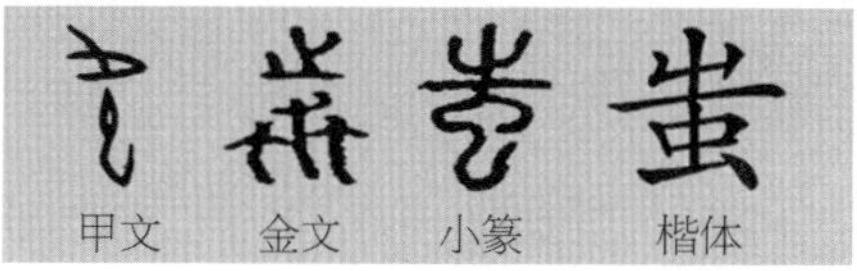

蚩尤的“**蚩 chī**”，从止从虫，上部是脚趾的象形，下部是一条蛇，表示蛇咬伤脚趾或脚踵的情形。蚩尤的“尤”，甲骨文作“”，或反向作“”，用手上一短横来指示手指被蛇蝎等毒物伤害，肿大成异状。有学者认为，作为苗裔战神的蚩尤，可能是古代南方（长江北岸）部落联盟的领袖，黄帝战蚩尤的传说，反映上古时代北方氏族与南方氏族的一场大规模战争。大概因为南方湿热，毒蛇远比中原为多，因此将南方氏族或是其首领称之为“蚩尤”（也有学者认为，这个故事的原型，来自姬姓文王集团联合姜姓武王集团，共同灭掉商朝纣王这一历史事实）。到了周秦汉唐，中原地区的汉民族仍视中国东南半壁少数民族为“蛇种”。《说文》释“闽”为“东南越，蛇种”，释“蛮”为“南蛮，蛇种”。从文字学的角度，反映了大汉沙文主义偏见的源远流长。

神话传说中，黄帝大战蚩尤的故事，与正史记载遥相呼应。蚩尤乃南方苗裔战神，为替炎帝报仇，率兵讨伐黄帝。蚩尤善于兴云布雾，黄帝率兵对敌，陷入了蚩尤布下的百里云雾大阵。幸亏黄帝在落败之际，制造出指南车借以辨别方向，从而反败为胜。蚩尤全军覆没，自己也被砍掉脑袋，身、首分葬两地。

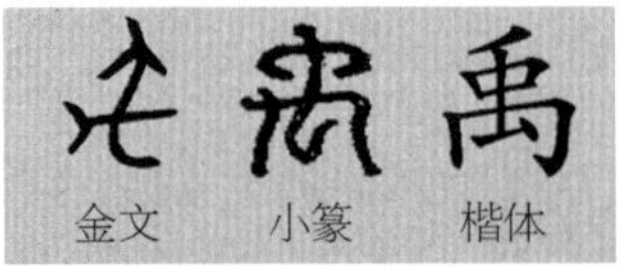

“**禹 yǔ**”的本义早就消失了，引申义则得以保留：能捉蛇的勇士可称为“禹”，所以“禹”又成为“勇士”的美称。在中国历史上，夏朝第一代有才能的君主的名字就叫“禹”，他的本领极高，奉舜之命制服了洪水。

古书中的“禹迹”一词，本来是反映大禹治水时的足迹，后用来借指中国的疆域。源出《左传·襄公四年》：“茫茫禹迹，画为九州。”这是说：大禹治水，足迹遍布中国，并将国土分为九个大州。

“茫茫禹迹，画为九州。”这句话中的“禹”字是个会意字。甲、金文带“箭头”形的那条曲线就是一条毒蛇的形状，横的是手臂长伸的一只手（又），表示用手捉蛇的意思。小篆的“禹”字，蛇形犹在，手及手臂的形状则因小篆的圆曲而向下弯曲。

“**蠖 huò**”，就是尺蠖，乃鳞翅科昆虫的幼虫，俗称“毛毛虫”。“尺”的本义是用手测量东西的长度，拇指与其他四指的长度约为20厘米，这就是古代的一尺。身上如果没带尺，就用手来量物，这种动作叫“量尺”。鳞翅科昆虫的幼虫，移动身体的形状就像量尺的动作，因此这种幼虫被称为“尺蠖”。蚕也是尺蠖类昆虫的一种，行动时一屈一伸。因其栖于桑树之上，故又名“桑尺蠖”或“桑蠖”。

“蠖”由“虫”和“蒦”组成。蒦是一个和猫头鹰有关的字，因而有“圆”的含义。尺蠖扭曲着身体向前行进，就好像抱着东西成圆框状。为了表示这种特殊的行进形态，于是就用“尺”加上“蠖”创造出“尺蠖”这个词。《易·系辞》：“尺蠖之屈，以求信也。”就是说尺蠖一类的虫子,初行必将身体曲屈,而后才能伸舒前进。“蠖屈”一词则表示人在不得志的时候,应该忍辱负重。一般人耳熟能详的韩信“胯下之辱”的故事,张良给圯上老人“拾履”的传说,足以说明尺蠖之屈不足以丧失志气,来日璀璨的远景就在眼前。

“蛹 yǒng”,乃是蚕或其他鳞翅科昆虫,从幼虫变为成虫的一种过渡形态。在此期间,幼虫不食不动,外皮变厚,身体缩短。因而“蛹”字“从虫甬声”,从虫,表示其类属,“甬”,原指从口到肛门的穿通,在由它所组成的“通”、“涌”等字中,均含有贯穿、穿过的意思,而“桶”、“通”又有成为筒形的意义。如果剖开蚕茧,可以发现,不仅蛹有筒的形状,外面被一层硬壳所裹,再外才是圆桶状的茧壳,处处呈现出贯通、中空的形状,所以人们用“虫”和“甬”造出了蛹字。

“蛹”,《说文》释为:“蛹,茧虫也。”清代大学者段玉裁注曰:“当曰茧中蚕也。”《荀子·赋篇》则说:“蛹以为母,蛾以为父。”显然,他们的注解都偏向于蚕蛹。实际上,所有完全变态的昆虫,都要经过“成蛹”这一阶段。

“蛾 é”,是蚕(鳞翅类昆虫)的成虫。小篆的“蛾”字从双虫从我,是一个形声字。这里的“我”,并非第一人称中的我们,表示由其引申出的壮美义,含有“大”和“美”的意思。取意“蛹”一旦蜕变为蝶类有翅昆虫后,便成为一种美丽的大虫子。古文典籍中说:“蚕吐丝则成蛹,于茧中蛹复化而为蛾。”

形容美女弯弯双眉的“蛾眉”,则取

材于蚕蛾圆弧状弯曲的触角。飞蛾的触角很长，且带有轮廓明显的锯齿形，对这种眉毛的青睐，源自古人的审美观。“荡子从军事征战，蛾眉蝉娟守空闺”诗句中的“蛾眉”则代指美女。所谓“蛾眉新月”，则是用弯弯的新月和蛾眉互相指称，来比喻由曲线而形成的美。

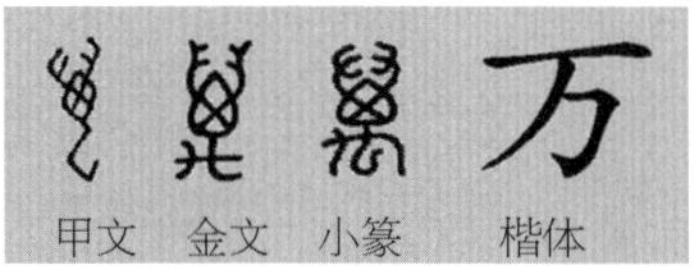

“万 wàn”是“萬”的简体字。甲骨文中的“万”字，像一个巨螯曲尾的蝎子形状，其本义原指蝎子，后来借用为数词，即百千万的万。

“万”，在古代极言其多，如“万物、万象、万言”等等。蝎子是一种喜欢群居的动物，尤其在交尾繁殖时期，更是密密麻麻，成百上千地聚成一堆。至今，在黄河沿岸的黄土缝隙中，常可看到这种情景。正是由于这种量的群聚，加上质(毒性)的作用，“萬”由蝎子的名称演变为表示极多的数词。“万”的本义(即蝎子)，则由后起的转注本义字“虿”来承担。老百姓则以俗字“蝎”来表示这种有毒的虫子。

图形文字中的蝎

小篆中的“蝎”字，由“虫”、“曷”组成。“曷”则由“曰”和“匃”组成。“匃”是形容站在逃亡的人前面，举起手阻止，让其停下来的会意字；“曰”则表示喝斥。“蝎”常常高举起尾端的毒刺，为了阻挡侵犯者，摆出一副姿态，随时准备发出攻击的形状，所以古人把“曷”的意象加上“虫”，来构造这种令人生厌的毒虫。

《篇海类编》曰：“蠍，或作蝎。”现以蝎为正字，从虫、曷声。

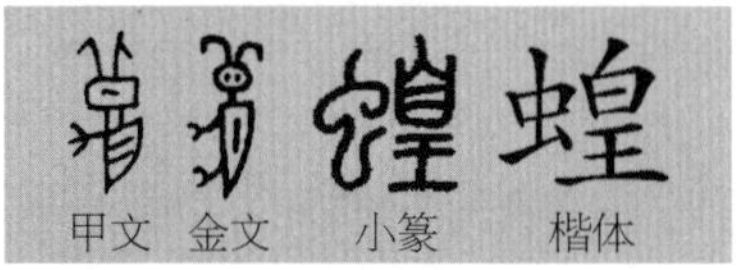

“蝗 huáng”，古代“水火兵蝗”四大灾害之一。蝗虫，形状似蚱

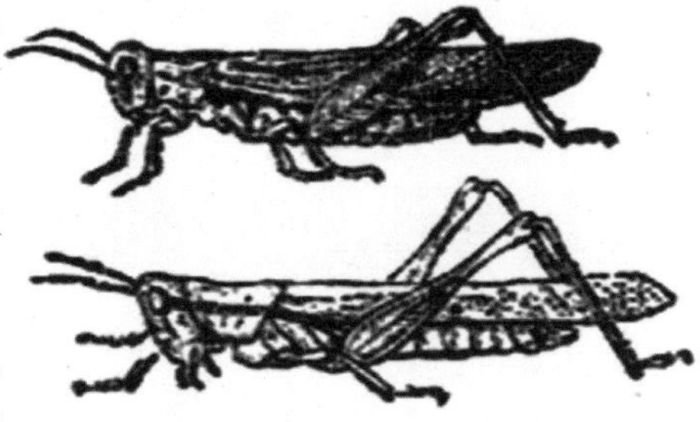
蝗虫

蜢,口大而锐利,常成群结队地飞行,云集田间吃掉庄稼的全部苗叶,所谓“飞蝗所过,秀草不实”。

甲骨文和金文的“蝗”字,本为象形字,有触须、翅翼和肢足,一只蝗虫的各部分都具备了。小篆的“蝗”字成为一个“从虫皇声”的形声字。古文字中,“皇”同“王”都有广大、光芒四射的意思。蝗虫成群移动时,遮天蔽日,常常覆盖广阔的空间,人们慑于蝗虫声势的壮大,乃名之为“蝗”。另外,与蝗虫同一类属、形似蝗虫的蚱蜢,则是从“突然发作,猛烈繁殖”的意义所衍生的名词。蝗虫突然发作,为害庄稼的灾祸,在中国历史上十分严重。甲骨文的卜辞中,已经有求神护佑、消除此害的记载。

《汉书》中有“蝗虫大起,赤地数千里”的记载。《史记·秦始皇本纪》中也有“十月庚寅,蝗虫从东方来蔽天”的记录。“蔽天”与“赤地千里”的描述可见其声势之壮威。现代汉语中,形容一个人的吃相,叫做狼吞虎咽、一扫而光;形容贪官过境,刮地三尺时,则叫做“蝗虫过境”。

“**蚤 zǎo**”,即俗称的“跳蚤”,这是一种跳跃而行,吸食人畜血液的小昆虫。上古时代,人们接触最多的虫子,大概就是跳蚤了,因而“蚤”用一只手和一只“放大”了的虫来表示。小篆的“蚤”由双“虫”和“叉”组成。“叉”表示伸出手指头用指甲搔抓物体,并在指甲缝里留下些许皮屑的意思。被跳蚤咬了之后感到痒,会不自觉地用指甲去抓,于是“叉”和“虫”合成了“蚤”,表示用手搔抓这种痒虫。

“蚤”的本义为跳蚤,在古文中又通“早”,如“蚤世”是说早夭;“蚤出”同于早出;“蚤作”即早起的意思。大概由于跳蚤在黎明来临之际,会及时而疯狂地吮吸人血,迫使人们在将醒未醒的状态下,不得不早早起身的原因吧。在现代汉语中，已不准许这种“蚤、早”相通的假借替代了。

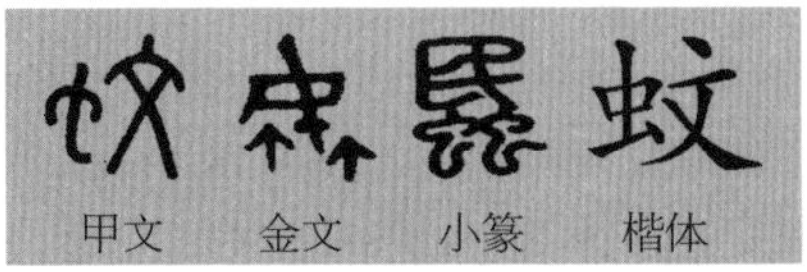

“**蚊 wén**”是双翅类昆虫的一种，夏天繁殖最速，叮咬人体并吸螫人血，能传染疾病，它的幼虫就是栖息于污水中的孑孓。

“蚊”字一看便知，由“虫”和“文”组成。“文”源自母畜发情时生殖器的异变，后来引申指斑纹，纤小的蚊子十分精致，身上的斑纹和细长折曲的腿足，如同刻意描绘的纹线，因而“蚊”字“从虫文声”，是一个形声字。在古文字中，“文”也有“闻”的意思在内。源自母畜发情时散播的诱情激素，公畜与之接触，首先是用鼻子接触母畜的生殖器。因而“蚊”也指逐香逐臭，经常落在异味物体上的虫字。

和人关系密切的昆虫之中，没有比蚊子更小的了，这些小蚊子如果飞临，通常发出似“文”的“嗡嗡”声，真是令人讨厌万分。

战国时期的陶文有“蟁”字，小篆缘此而来。“民”在古代本指眼睛朝下看的人。“蟁”字“从双虫民声”，源自古人认为蚊虫在黑暗中活动，会像飞机一样落在人体之上。《说文》认为“蚊”为“蟁”字的俗体，后“蚊”行而“蟁”废。

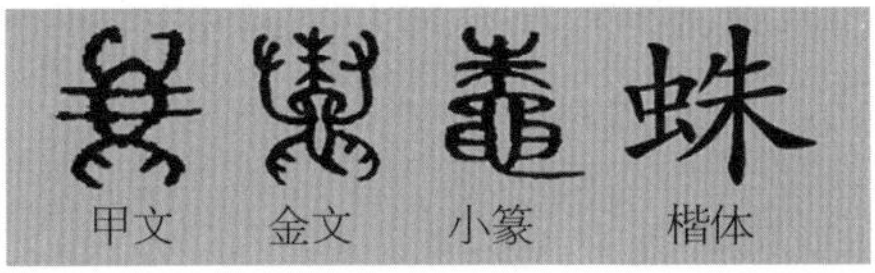

“**蛛 zhū**”，指称蜘蛛。这是一种细腰大腹的节肢动物，它的尾部能分泌出一种黏液，用来结网捕食飞虫。甲骨文的“蛛”字正像长腿大肚能够吐丝的蜘蛛形状。中间的二横，表示蜘蛛盘踞的蛛网。金文的“蛛”字，像一只四肢长大的蜘蛛形，上部中间之形，显示其吐丝结网，四通八达。小篆的“蛛”字，在金文的基础上，产生了形变，蜘蛛的形体取其大腹演化成为“黾”形，口部的蛛网变成了“朱”

字。由此，演变成一个从黾、朱声的形声字(此为因音形变)。现代汉语中的“蛛”是“鼄”字的俗体，也是规范化后的文字。

蜘蛛

在《本草纲目》一书中，李时珍说：“设一面之网，物触而后诛之，知乎诛义者，故曰：‘蜘蛛。’”现实生活中，人们常用“蛛丝马迹”比喻隐约可寻的线索或依稀可辨的迹象。流行歌曲中则有“蜘蛛吐丝画它自己的圆”这句十分形象的哲理语言。

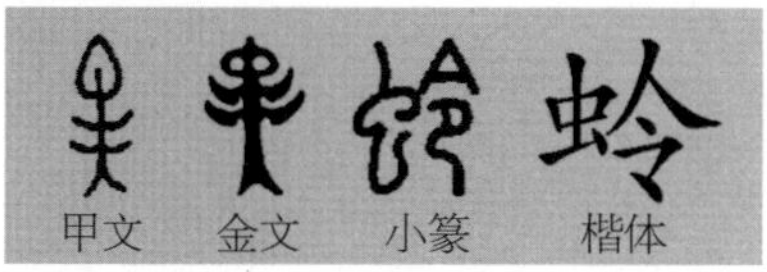

“**蛉 líng**”原本是一个象形字。甲骨文中的“蛉”乃蜻蜓的线描勾摹。整个图形，恰似有着四个翅翼和歧尾的蜻蜓之形。金文的“蛉”字更为象形，构形上也更为美观。小篆的“蛉”字舍弃象形，另起炉灶，创造了一个“从虫令声”的形声字。楷书因此写作“蛉”。

“蛉”，《说文》释为：“蛉，蜻蛉也，从虫、令声。”古代，将有歧尾能远飞的称为“蜻蜓”，无歧尾难及远的则称为“蜻蛉”。另有一种称为“螟蛉”的昆虫，原本与蜻蛉无关。《诗·小雅·小宛》：“螟蛉有子，蜾蠃(guǒ luǒ)负之。”这是说，螟蛉被蜾蠃负去，在其尸体上下卵，让幼虫孵化后便有食物。古人误认为蜾蠃取螟蛉为子，故称养子为“螟蛉、螟蛉子”。

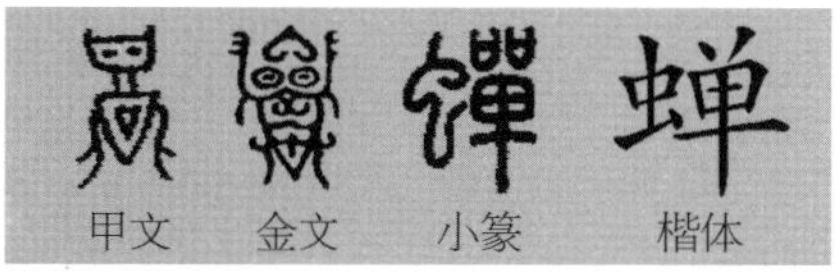

“**蝉 chán**”，俗称“知了”。雄蝉的腹部有发音器，能连续不断发出尖锐的鸣叫。甲骨文的“蝉”字，是一个非常美丽的象形字。金文尚嫌不足，将其美化成一种更漂亮的图形，对称、细致而繁琐，但细细观察，仍有象形的韵味。小篆另起炉灶，创造了一个“从虫、单声”

汉画像石中的儿童捕蝉图

的形声字，表示“知了”在树枝上的独来独往，以及鸣叫声的单调。“蝉”字的发音，则来自这种昆虫的嘶鸣声，乃是一种拟声语。

古人认为，蝉是一种餐风饮露便可以填饱肚子的昆虫。《吴越春秋》中记述：“秋蝉登高树，饮清露，随风挥挠，长吟悲鸣。”实际上，蝉并不饮露，它有细长的口器，以吸食树木汁液为生，具有把树汁中的碳水化合物转变为蛋白质的功能。一只肥实的蝉，其营养价值胜过一万只苍蝇，难怪有“螳螂捕蝉，黄雀在后”的典故。殷代先民，甚至将蝉作为祭祀祖先的供品。汉代则有专门烧烤这种肉虫的炉具，以供贵族们享用。今天农村的孩子们，仍喜欢捕捉蝉，烧吃这种高蛋白食品。

汉代烧烤蝉陶炉

玉雕的蝉，古人称之“琀”，用作死人嘴里的填充物。今天，乃是价值不菲的古玩。

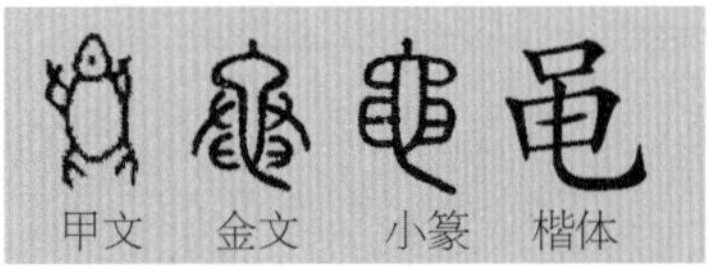

“黾 mǐn”是“黽”的简体字。甲骨文的“黾”，乃是一只蛙的象形。《说文》释为：“黾，蛙黾也。”《尔雅·释鱼》则说：“在水者黾。”事实上，“黾”的构形与青蛙无关。它的构形来自苍蝇。“黾”的本义也是苍蝇。本义由转注后的“蝇”字所承继。

金文和小篆的“黾”字承接甲文，但在一脉相承之中，象形的韵味逐渐丧失，符号化逐渐增强。楷书繁体写作“黽”，因为书写时笔画不顺，汉字简化方案，将其简省为“上口下电”的“黾”。

青铜铭文图形

“黾”的本义为苍蝇。由于这种小虫子十分勤奋，每日苦苦地待在炉灶或人们的食物上，因此，人们用“黾勉”一词表示勤勉努力。如《诗·小雅·十月之交》：“黾勉从事，不敢告劳。”不过，这里的“黾”应读作mǐn。

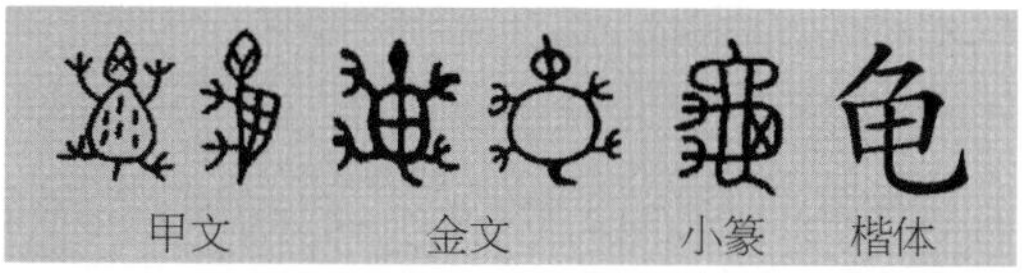

“龟 guī”的古今意义相同，都指乌龟。甲骨文的“龟”字，既有俯视之形，也有侧视图形，象形特征十分明显，一看便知是一只乌龟。金文的“龟”字，则像人们在打扑克时，给输家描绘的“王八”符号。小篆的“龟”字源出乌龟的侧视图形，遵从篆书文字书写的规则，不失象形韵味，漂亮而又巧妙。楷书据此简省整理后，写作“龟”。

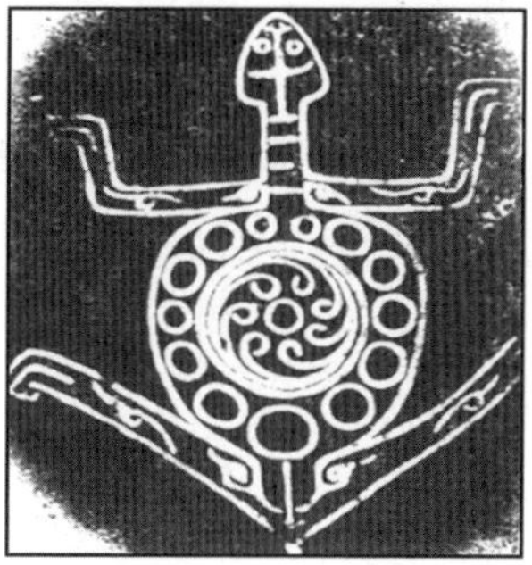

商代青铜盘上的龟

“龟”，《说文》释为：“龟，旧也，外骨内肉者也，从它，龟头与它(蛇)头同。天地之性，广腰无雄，龟鳖之类，以它(蛇)为雄。”这句话中的“旧”同“久”，言指龟是一种长寿动物，也说“龟”的古音读为jiū(久)。“外骨内肉”是说龟的肉体身躯，被龟壳所包围。龟头与蛇头相似，不言而喻；但后边的文字则反映了古人的一种错误认识：龟的雌雄十分难辨，古人误以为所有的龟均为雌性，当其生殖时便须与蛇交尾(蛇为雄性)。古人的误区，也有可能出自龟蛇都是卵生(下蛋)动物吧。古代图形中的“玄武之象”，以蛇盘龟上作交尾状，正是基于这一错误认识。

龟，可以整年不吃不喝，其寿命又出奇的长，俗语说：“千年王八万年龟。”因此，古人认为龟是通灵神物，谓之“灵兽”。殷商民族更以龟甲来占卜吉凶，并在上面刻写甲骨卜辞，这也是今日仍能从挖掘出土的龟甲上见到甲骨文字的原因。

九、渔猎与豢养

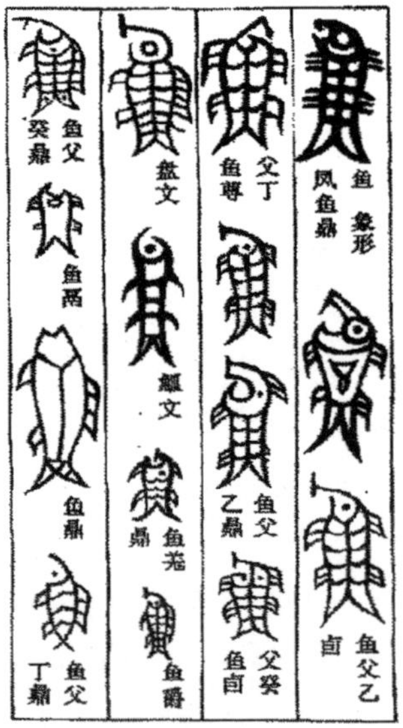

金文中的众多鱼字

旧石器时代的原始人,是以渔猎、采集为生计的狩猎人。进入新石器时代之后,原始的农耕开始出现,但最初并不能向人们提供足够的食物,习惯性的渔猎、采集活动仍然至关重要。时至殷商,仍然是一个渔猎、采集、农耕并举的多重经济时代。是一个渔猎、畜牧并重,采集与农业并存的时期,因而这一时期所创制的汉字,留下了最为丰富的史前生活密码,也留下了上古先民辛勤渔猎、豢养家畜并期盼家畜繁殖兴旺的诸多证据。

说到“鱼”,中国人习惯将其与“余”联系起来。如民间吉祥语“年年有鱼”、“吉庆有鱼”等,其中之“鱼”,实即言“余”。

鱼的这种象征意义,一般认为是因其与“余”谐声而引起的。事实上,远在“诗经”时代,鱼同丰稔、物阜已经发生了联系。《诗·小雅·鱼丽》中说:“鱼丽于罶……物其多矣,维其嘉矣。”《诗·小雅·无羊》中则说:“众维鱼矣,实维丰年。”显然,早在上古时代,鱼就具有象征丰饶的意义。

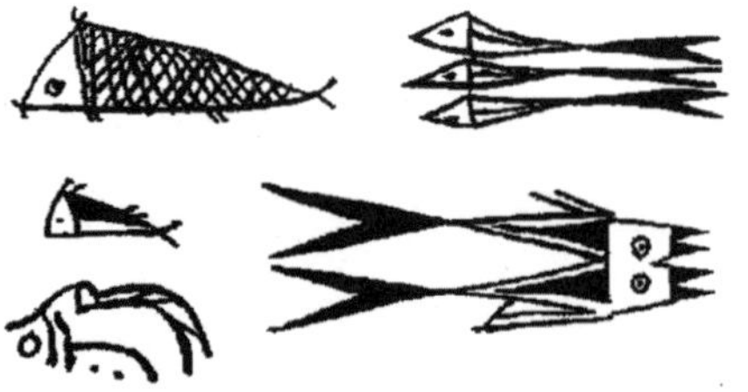
半坡彩陶鱼形纹样

四千年前的上古时期,中原地

区温暖多水,先民们沿河傍水而居,水资源富足,鱼也必定很多。仰韶时期的“半坡遗址”先民,必定常常从浐河中捕捉到溯水而上的黄河鲤鱼。居住在安阳洹河边的殷商先民,也将捕鱼做为重要的采食手段。鱼在先民的食谱中,可谓取之有余,食之有味。与狩猎野兽相比,捕鱼的难度和危险都要小的多,因此,作为谋食的对象,鱼当首屈一指,高居榜首。

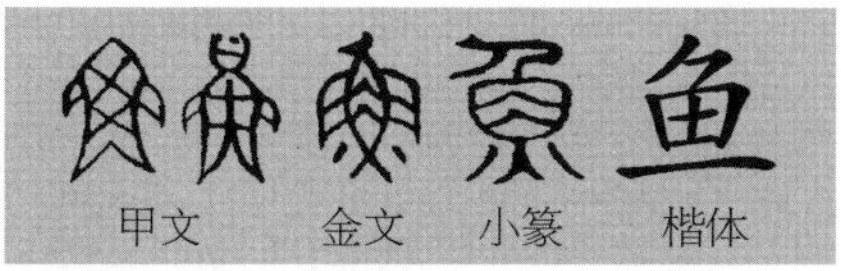

甲骨文中的“**魚 yú**”,就是一条黄河鲤鱼的图画,上头下尾,背部和腹部各有一鳍。金文在鱼下增加了两点,表示水滴;小篆比金文图形简单一些,但仍能看出鱼的形象;楷书则完全变成了抽象的文字符号。繁体字中的“魚”,把鱼尾和水滴变成了四点,简化字则把这四个点变成了一横。

“鱼”字是个部首字,汉字中,凡由“鱼”字所组成的字,大都与鱼有关,如“鲨、鲢、鲛、鲍、鲸”等等。

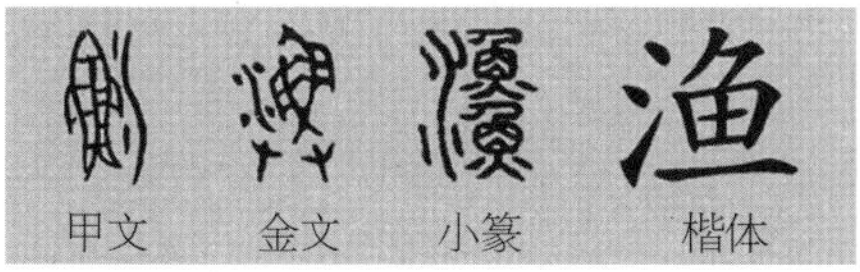

“**渔 yú**”业是最古老的生产部门之一,从六千年前仰韶时期的半坡彩陶盆中,我们看到了对称的人面鱼纹和网纹;在新石器时代的其他遗址,出土有种种捕鱼工具,如带索鱼镖、骨质鱼钩、石质陶质网坠等。这些,充分展示了远古时代捕鱼业的繁盛。古文字中的“渔”字,是上古先民热衷渔猎经济的证据。殷商时期的甲骨文中,渔字构型较多,或作“”,或作“”,或作“”……分别像垂钓之形、张网捕鱼形和以手捉鱼之形。金文的“渔”字,以双手从水中捉鱼,会意捕鱼之意。小篆则演变为从水从双鱼的会意字,以许多鱼的堆积,来代替以手捕鱼之形。音外之意与俗语相合:“河中无鱼市上见”。楷书经由隶变后,省掉了一条鱼,写作“渔”。

"渔"的本义为捕鱼。如《吕氏春秋》:"竭泽而渔,岂不获得,而明年无鱼。"引申后,又指谋取不应得到的东西。如《汉书·景帝纪》中:"渔夺百姓侵牟万民。"现代汉语则有"从中渔利"一词。

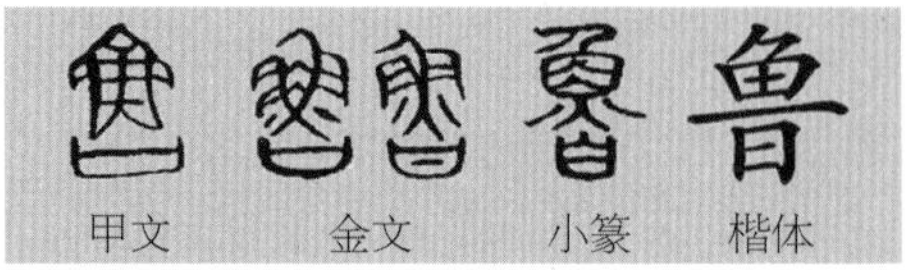

甲骨文和金文的"**鲁 lǔ**"字,从鱼从口,上部的"鱼"形精巧生动;下部的"口"形,传统上将其视作器皿或嘴。实际上,"口"在甲骨文中也常常表示村邑或氏族住地,这里的"口"应释为家,表示鱼儿为产卵而溯流回家。金文后期和小篆的"鲁"字,下部形变为目标符号"ㅂ",表示鲤鱼沿黄河溯流而上,向既定目标前行的意义更为明晰。

"鲁"还特指春秋时的诸侯国名。鲁国,乃是周公平定奄国和商朝残余势力的反叛后,周成王封给周公长子伯禽的诸侯国。后来,鲁国强盛起来,存在并活跃在今日的山东沿海一带,后为楚国所灭。"鲁人"以"鲁"为名,可能就本着黄河鲤鱼每年都溯游而上,到上游支流的泾、渭、浐、沣多条河流排孵,以此象征分封诸侯国与周王朝的相系相连。黄河经曲阜到洛阳、西安,远达数千里,鲤鱼或其他鱼类逆流而上,实在是一种莽撞、笨拙的行为,所以"鲁"字的本义为鲁莽、迟钝。

成语中有"鲁鱼亥豕"之说。这是因为古文字中的鲁和鱼、亥和豕形体相似,特别容易写错认错。后世即以"鲁鱼亥豕"来代指文字传抄过程中的讹误。

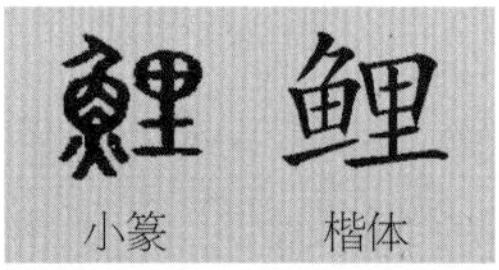

"**鲤 lǐ**"字从鱼里声。其中的"里",原指整齐划一界线明确的田地(也指排满垄沟的田地),在这里表示鱼鳞排列整齐的意思(孔子给其儿子取名鲤,即有其意),这恰是鲤鱼外形的典型特征。

鲤鱼，也是中国历史乃至世界历史上最早的家养鱼。据说，春秋末期越国大夫范蠡，灭掉吴国后不愿落个“走狗烹”的下场，功成身退，携美女西施隐居太湖，著有《范蠡养鱼经》一书，成为人类第一部养鱼专著。书中说：“鲤不相食，易长又贵也。”拜赐于鲤鱼的好养和价值高，从战国到秦汉，鲤鱼养殖业得到很大发展。

然而，唐朝来临，鲤鱼一夜间成了皇亲国戚，平民百姓不得不离鲤而去。因为皇帝姓李，“李”“鲤”谐音，朝廷颁布法令，严禁百姓捕捉鲤鱼，无意中捕到必须立即放生，出卖者课以罚金并打六十大板，宰食者则判死罪。在唐朝兴盛、存在的数百年间，鲤鱼一步步被神化，皇族王公们以鲤为玉佩之形，调兵遣将的兵符也改为鲤形。在民间，鲤鱼被加上美丽、善良、吉祥、勇敢的意义，在中国人最重要的节日——春节，鲤鱼的图形跃上年画和灯笼，象征吉庆有余，真可谓“鲤跃龙门”而成龙也。

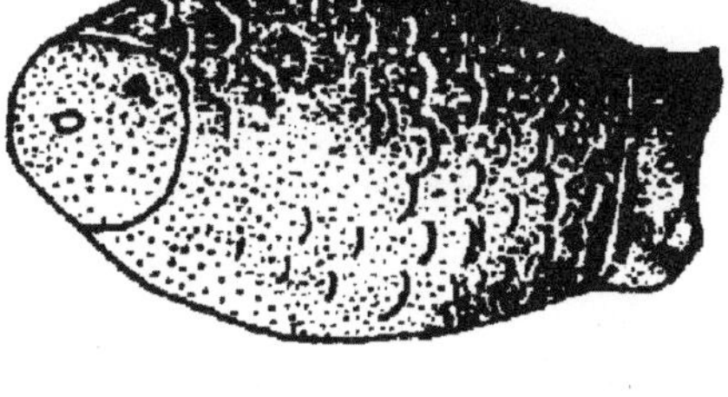

3000年前的商代陶塑鲤

尊鲤养鲤的风气也传到日本，并且发扬光大。每年的儿童节(实际是男孩节)时，家家门前迎风飘扬着各色的鲤鱼旗。市场上，一条观赏锦鲤的售价竟然达数亿日元的天价。这些，都是唐代遗风传播日本的明证。尽管盛唐时期的养鲤业一败涂地，反而促使饲养鱼种的新一轮昌盛，于是有了繁盛到今天的四大淡水鱼——青鱼、草鱼、鲢鱼、鳙鱼。

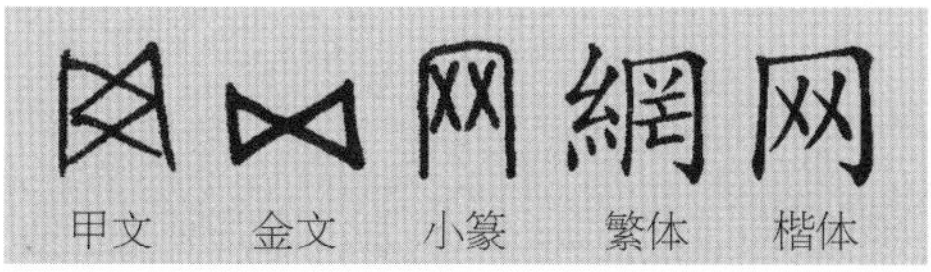

“网 wǎng”，这是一个象形字。《说文》释为：“网，庖牺氏所结绳，以田以渔也，从冂，下像网交文。”这是说：发明网的人是庖牺，即上古时代的伏羲，古人结网用来狩猎和捕渔。

甲骨文的“网”字，左右两边是插在地上的两根木棍，中间挂的是一面网，可见上古先民不仅捕鱼用网，也在陆地上张网捕兽。如《盐铁论·刑德》：“网疏而兽失。”这是说：网的空隙大，兽就逃跑了。小篆的“网”字，就像一面纲举目张的“鱼网”。到了楷书，则变成中间加“亡”用来表声的转注字了，又在左边添加了一个“糸”字旁来表示“网”是用“丝”结成的，真是越变越繁。楷书缘此写作“網”，简化字写作“网”，但这不是新造的字，实际上是借用了古代的小篆形体。

现代汉语中，凡用绳线编结，用于捕鱼捉鸟的网具都称网，如“鱼网、罗网”等。引申后，像网一样的东西也称“网”，如“蜘蛛网、电网”等，人们把像网一样的组织或系统也称网，如“网络、商业网点、通信网”等。与网有关的成语也有许多，如“法网恢恢、网开一面”等。

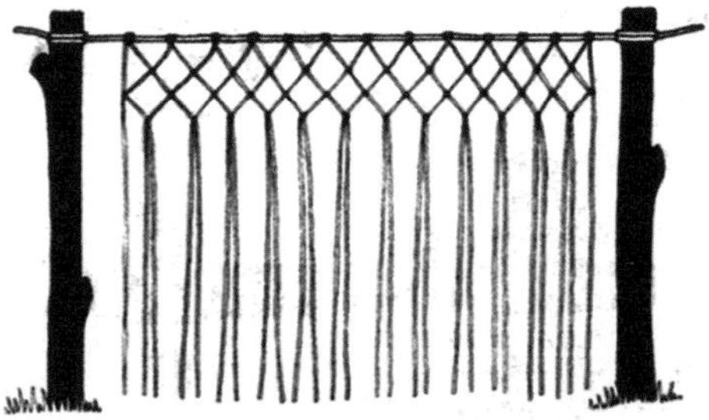
树皮、滕条、兽皮、绳索都可以编结成网

“网”字是个部首字。汉字中，凡由“网”字所组成的字大都与“网”和网的作用有关，如“買(买)、罗、詈、罾”等等。

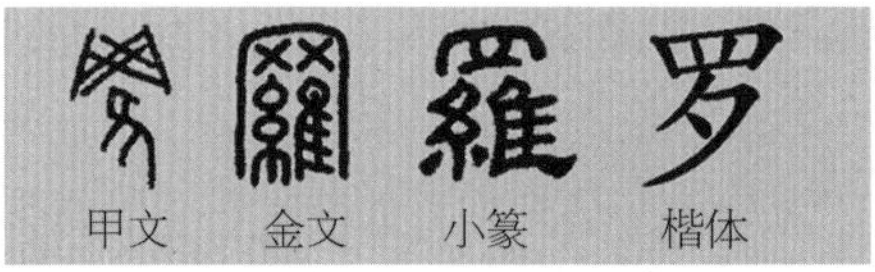

“罗 luó”，甲骨文的上部是个“网”，网下是一只“飞鸟”，表示一只鸟被网扣住，可见这是一个有象形韵味的会意字。小篆的罗字在网下增加了“糸”，这就表示网是用丝织的，鸟儿也进入了“网”下。楷书直接由隶书演变而来，笔画很繁，现今简化为“罗”。

“罗”的本义就是捕鸟的“网”。相比而言，“罗”比“网”要密，编织的丝绳也要细得多。《说文》释为：“罗以丝罟鸟也。”如《韩非子·难三》：“以天下为之罗，则雀不失矣。”“天罗地网”的成语，就是从这里来的。后来，把有着细密微孔的筛子称罗，也是由此引申而来。由此又引申出“搜罗”或“招致”的意思，如韩愈《送温处士赴河阳军序》："罗而致之幕下。"就是说：搜罗来以后，安排在幕府里。后来又因"罗"是丝织的，所以又可以指经纬较疏的丝织品，如张俞《蚕妇》诗："遍身罗绮者，不是养蚕人。"这个"罗绮"就是指有花纹的丝织品。"罗"作动词则表示以罗捕鸟，如《诗·小雅·鸳鸯》："鸳鸯于飞，毕之罗之。"成语中的"门可罗雀"，其中的"罗"均为捕鸟之意。像罗孔一样密布的事物，也可称罗，如"罗列、星罗棋布"等。一些弧形的、环状的样子像罗的事物也常冠以罗字，如"罗纹、罗盘、罗锅"等等。

《尔雅音图》上的撒网图

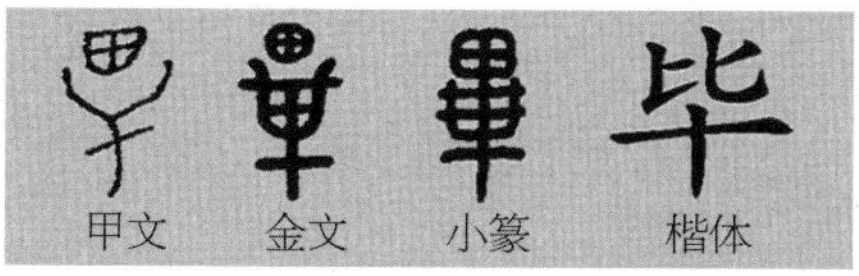

"**畢 bì**"是"毕"的繁体字。甲骨文的"毕"字，就像用树杈枝条编织而成的长柄兜网。如下图所示，古人用此捕捉鸟兔等小型动物。甲骨文、金文"畢"字上部的"田"，则表示田猎，也可视作"畢"上的绳网。小篆和楷书承接金文，简体字写作"毕"。

"畢"，《说文》释为："畢，田网也。"即古时狩猎用的长柄网。《庄子·胠箧》："夫弓弩毕弋机辟之知多，则鸟乱于上矣。"其中的"毕"即指长柄猎网。用"毕"捕猎奔跑的兔或飞鸟，捕着了便获得，没捕着时，鸟、兔便后逃逸而去，因而"毕"又引申表示使之完成的意思，如"毕其功于一役、毕业、礼毕"等。又引申做副词，表示尽、都的意思，如"真相毕露、群贤毕至"等等。

战国铜器铭文上的掩兔捕鸟之毕

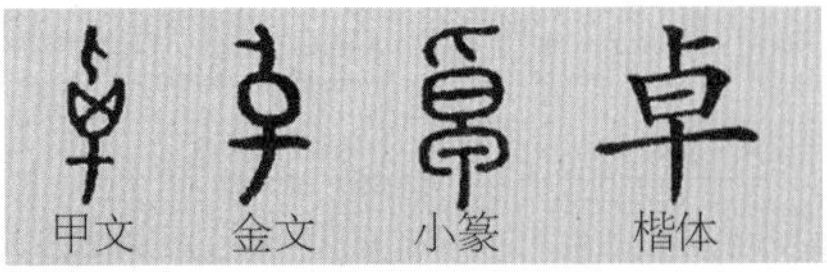

“**卓 zhuó**”，这是一个会意字。甲骨文的“卓”字，下部是“毕”，表示长柄猎网；上部是一个“匕”，原本是一个表示匕勺的象形字，在此表示从中勺舀完成的意思。金文的“卓”字，将下部的毕简省掉网绳，只剩网的轮廓。小篆的“卓”字发生了讹变，下部的“毕”已失去象形的韵味，上部“匕”也已倒置，楷书在简省、整合后写作“卓”。

“卓”本义为捕猎用的兜网(陕西方言仍称这种工具为 chuò)，也指用这种猎具从水中捞取到鱼，从草丛或屋檐上捕捉到鸟禽，因而是一种完成了的举措，一种超出同类的行为。由此，便有了“卓越、卓有成效”之义，如《世说新语·容止》：“卓卓如野鹤之在鸡群。”现代汉语中，表示“卓越高明”一类的词语，尚有“卓尔不群、卓著、卓见”等等。

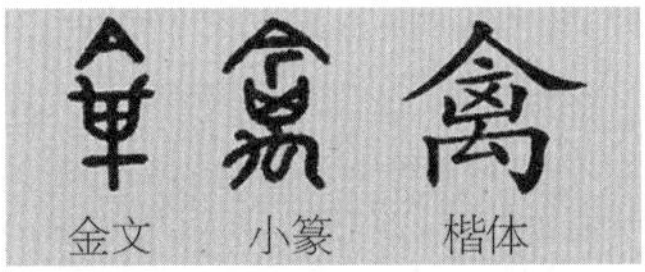

“**禽 qín**”，也是一个会意字。金文的“禽”字为上下结构：下部是毕，乃长柄捕网，上部是源自倒口的“亼”，在此表示将有柄猎网倒扣而下。小篆的“禽”字，上部因音而形变为一个“今”。“表示”不误时机，有实时、现今的意思。在此表示突然使出的意思。

商代青铜铭文

“禽”作动词，本指猎获鸟兽，如《逸周书·燕策》：“武王狩，禽虎二十有二。”这个意义后来孳乳出转注字“擒”。“禽”作名词，则指猎获的鸟兽，如《孟子·滕文公下》：“终日不获一禽。”后来又泛指狩猎的对象，《说文》因此释为：“禽，走兽总名。”如华佗创立的“五禽戏”，就是模仿“虎、鹿、熊、猿、鸟”五种禽兽的动作，用作锻炼身体

汉代石刻中的骑马狩猎图

的方法。“禽”，又特指鸟类，如“飞禽走兽、家禽”等。《尔释》注曰：“二足而羽谓之禽，四足而毛谓之兽。”

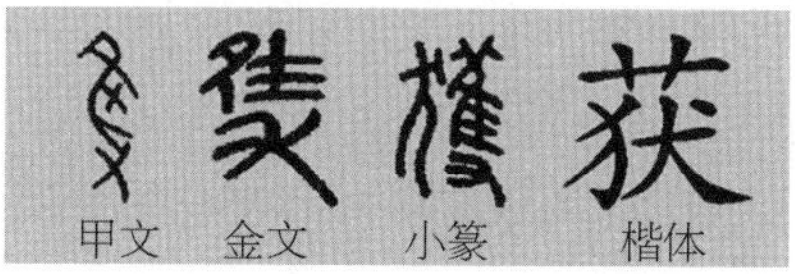

“**获 huò**”，甲骨文的字形像一只手抓住一只鸟，本义是捕获。殷代的甲骨卜辞中就有“王往逐麋隻”的记录，可证“隻”的捕获义。金文的构形与甲文相似，但将上部演变为“雈”，即鹰隼的形状（将隻的一只鸟义分化而出），小篆承接金文，左边又添加了一只犬，表示田捕时由猎狗和驯鹰捉拿鸟兽。右上部的“雈”，则用来表示猎鹰抓住猎物这一场景。整体图像，把古人打猎时的行状描绘得淋漓尽致。楷书缘此写作“獲”，汉字简化时，规范为“获”。

“获”的本义为“捕获”禽兽。如《吕氏春秋·贵当》：“狗良则数得兽矣，田猎之获常过人矣。”由猎获又引申指俘获敌人，如“杀敌获将”；又引申出得到之义，如“不劳而获、如获珍宝”等。

由猎获又引申为收割庄稼，如《荀子·富国》：“土之生五谷也，人善治之，则亩数盆，一岁而再获之。”这个意义经由假借造字法写作了“穫”。这是在偏旁部分以“禾”易“犬”，专一表示农业收获。简化字将“獲、穫”二字合并为一，现今的“获”字，既表示收获庄稼，也表示猎获动物。因为今天我们已无猎可打，也没有了狩猎这种活动。

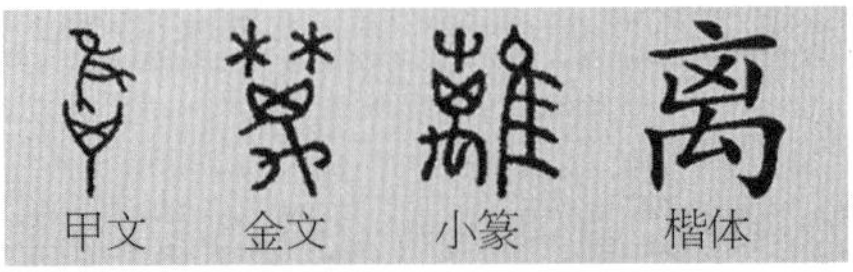

“**离 lí**”，这是一个会意字。甲骨文的“离”字，就像一把长柄猎网将一只鸟网住的状态。金文的“离”字在长柄猎网下增加了一只手，上边则用“⁂”形符号表示鸟儿藏身的草丛。小篆根据甲骨文、金文整合重组，十分明晰地表达使鸟儿离开草丛中的窝巢之意。楷书缘此写作“離”，汉字简化时，取其一半，写作了“离”。

“離”字的构形源自一只鸟落网，永远告别了自己的窝巢或丛林，因而“离”的本义为罹难、遭殃的意义。如《史记·管蔡世家》：“必去曹，无离曹祸。”这是说：必须离开曹地，否则，便遭遇祸患。“离”又有分离、分开之义，如成语中的“悲欢离合、若即若离、离心离德、分崩离析”等。一方离开另一方而不顾就是缺少，如“我离不开你”；双方分开一段长度便是距离，如“离家出走”。这些都是现代汉语中的引申用法。

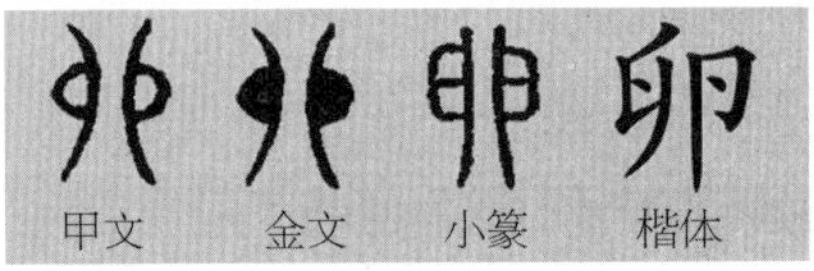

“**卵 luǎn**”是“卯”的孳生字。甲骨文的“卯”字，源自女人产子，原指脐带所连接的胎盘与胎儿。因为“卯”有生产、生育的意思，在此借用表示禽类下蛋，所以卯也是卵。金文的“卵”字为了与“卯”区别，也为了适应青铜铸造时范模字体的特性，成为填实的字体。小篆的“卵”字整合甲骨文、金文字写作“卵”，在左右框内各添加一横。楷书承接小篆，规范后写作“卵”。

“卵”，本义为禽类下蛋，也指“蛋”。《说文》因此释为：“卵，凡物无乳者卵生。”如“鸡卵、卵生动物、以卵击石”等。引申开来，“卵”又泛指雌性动物的生殖细胞，如“排卵、输卵管”等；又引申指圆形如蛋的东西，如“卵石、卵砚”等；也用来比喻一个人受到庇护，如“卵翼”一词。

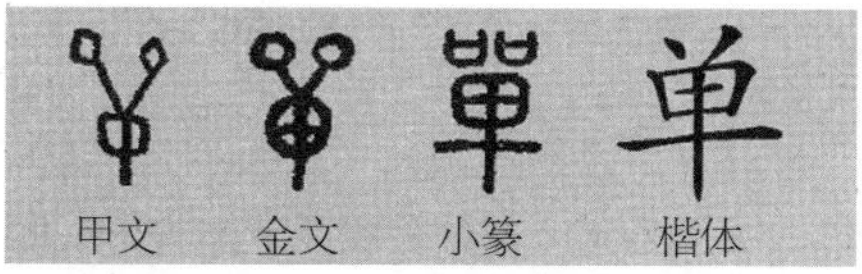

“單 dān”，这是一个会意字。甲骨文和金文的“單”字，源自上古时代的木杈。上部不规则的圆圈表示削尖了的杈端，中部的“口”或“田”可视作旋转(四处挥舞)符号，也表示田猎之义。就是说，这是一种用于打猎或战争格斗的“干杈”。小篆的形体与甲骨文、金文基本相同，只是其下部多了一横，上部表示尖端锐利的圆圈，断裂为双口。楷书形体承接小篆，简化后写作“单”。

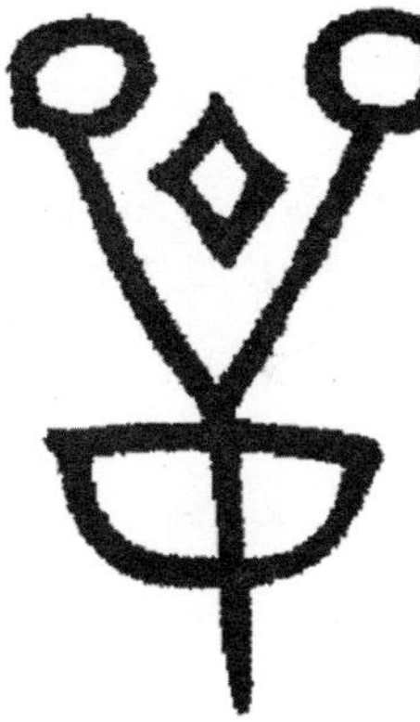

“单”是古代捕兽或格斗的工具，也常常用作战争的武器，因而“单”在上古时期有捕猎、击打的意思。由于“盾”与“戈”配套才能攻守自如，而“单”则可攻可守，所以“单”字有“单独”或“单一”之义。又因为“单”的作用在其尖端的分杈，所以又引申为“端头”。如甲骨卜辞的“东单、西单”便指东边或西边那一块、那一端。从“单独”又引申为“单薄”，如《晋书·光逸传》：“家贫衣单。”

“单”字是一个多音多义字，当读 shàn 的时候，则用于地名和姓氏，如在山东省西南部有个“单县”，这个“单”不能读 dān，必须读作 shàn。“单”做姓氏也是如此。另外，古代匈奴最高首领的称号叫“单于”，这里的“单”字必须读作 chán。

“单”字是个部首字，汉字中，凡由“单”所组成的字大多都与“猎捕、搏斗”有关，如“戰、惮、弹、殚、掸”等字。

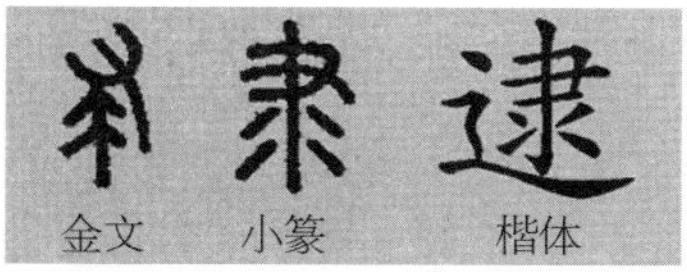

“隶 dǎi”，这是一个会意字。金文下部是直竖的一条大尾巴，上部则是一只右手(又)，意思是用手捉住了一条大尾巴，这就叫“逮

住了”。小篆形体仍表示用手捉住动物的尾巴，只不过手形已插入尾巴之中。因为要逮住就需要追赶，所以楷书又加了一个“辶”表示行动，由此写作“逮”。

“逮”字的构形源自以手捉住野兽尾巴，倒提着一只兽。本义为捉兽，又引申为一般意义上的“捉拿”。如《史记·文帝本纪》：“诏狱逮徙系长安。”这是说：下诏书命令狱吏逮捕后押送长安拘禁起来。要“捉拿”就必须追得上，所以“逮”又引申为“及”或“到达”的意思，《尔雅·释言》因此注曰：“逮，及也。”如《左传·哀公六年》：“逮夜至于齐。”这是说：及夜到达了齐国。现代汉语中的“力所不逮”，即力所不及的意思，此义应读作 dài。

“逮”字更多的是当“捉”讲，如“逮老鼠、逮特务、逮捕”等，此时必须读为 dǎi。

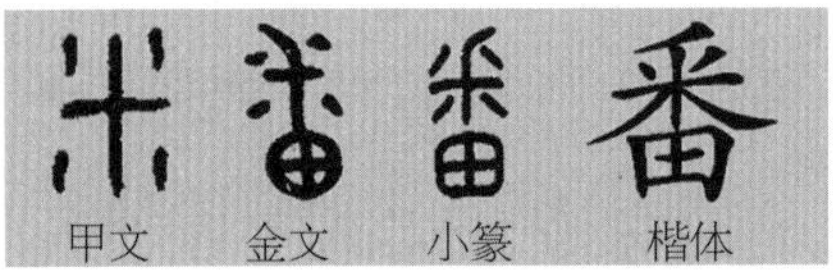

“番 fān”，这是一个会意字。甲骨文的“番”字，源自动物的脚迹；“十”像兽类之掌，“⁝⁝”像禽类之爪。金文的“番”字，上边将直画曲头，下边增添了一个“田”，特意表明田野中的兽迹。小篆和楷书一脉相承，写作“番”。

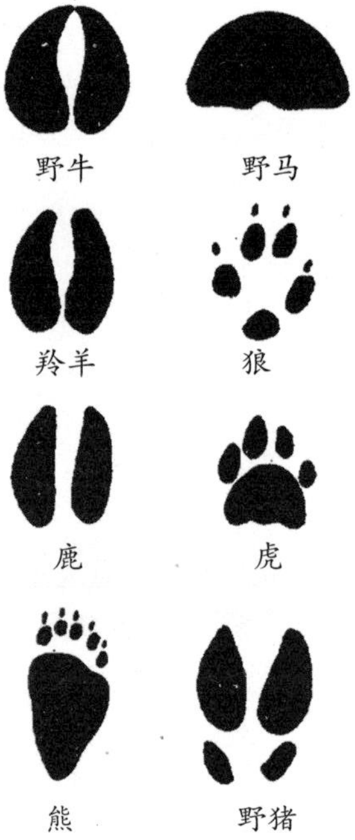

“番”，《说文》释为：“番，兽足谓之番。”“番”的本义为禽兽的足迹。在古代猎人看来，虎、豹、狼四趾，野牛、山羊、鹿两趾，马和象不分趾，而且趾形细分又有差别。上古时期，对狩猎为生的先民来说，熟悉和辨别动物的足印，乃是狩猎的基本技巧，也是猎人能否生存的基本条件。

兽禽的脚印，乃一个一个向前连接延伸，因而“番”有更替、轮换向前的意义。如“轮番”一词。由更替之义又引申出遍、次的意思，成为汉语中的常用量词，如古诗词中的“几番风雨、一番滋味”，以及现代汉语中的“三番五次、轮番坐庄”等。又因其源自禽兽，古人蔑视外国或外族常用侮辱性的称呼，所以又用来指称外国或外族的事物，如“番薯、番茄、番僧”等等。

由于“番”字的引申义很多，在语句中又是常用字，因而人们又新造“蹯”字，专一表示鸟兽的脚趾兽足。作为地名的番禺在广东省，此时“番”读作 pān。

“番”字也是一个部首字，汉字中，以“番”为偏旁的文字，大多都与鸟兽及足迹有关，如“藩、幡、翻、蕃、燔”等字。

“悉 xī”，这是一个会意字。古文中的“悉”字，上部是一个“釆”（不是“采”，读作 biān），本指鸟兽动物的足迹，下部是一个“心”，在此表示心里清楚，已经完全知道这是什么动物的足迹的意思。所以，“悉”的本义为详知、明知。如《三国志·蜀书·诸葛亮传》：“丞相亮其悉朕意。”以及现代汉语中的“知悉、洞悉、获悉、熟悉”等。由此，又引申为详尽、周全之义，如司马迁《报任安书》：“书不能悉意。”即这封书信不全表达全部心意。

“悉”常常用作副词，表示“全、都”（知道）的意思，如“悉心、悉力、悉备”等。《史记·屈原贾生列传》中有：“怀王乃悉发国中兵，以深入击秦。”这里的“悉”，即表示全部。

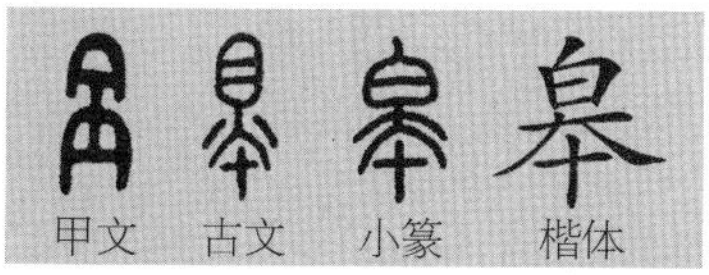

“皋 gāo”，这是一个会意字。原本表示公畜爬跨在母畜背上，正在配种的意思。金文的“皋”字，上部为公畜生殖器的象形，下部为公畜的臀部，中间的一竖表示进入。古文的“皋”字发生讹变，生殖器前端变为一个“目”形，公畜的臀部形象荡然无存，只是表示进入的一竖旁边增添两点。小篆又将母畜生殖器讹变为“白”,楷书据此写作“皋”。

金文中协助公马交配的图形

“皋”的本义为家畜配种或动物的交配。由于公畜爬跨到母畜身上,要比原先高出一大截,因而引申为高处之义,如《诗·小雅·鹤鸣》:“鹤鸣于九皋,声闻于野。”此处的“九皋”,即九天之高的意思。由此,又引申泛指高地,如陶渊明《归去来辞》:“登东皋以舒啸,临清流而赋诗。”又如屈原《离骚》:“步余马下兰皋兮,驰椒丘且焉止息。”东皋、兰皋,均指相对于平地的高地。由皋后造的“嗥”字,仍保留了雄性家畜的意象。

“**产 chǎn**”是“產”简体字。金文的“産”字是一个会意字:上部的“文”乃母畜生殖器的象形白描,中间的“厂”乃是一个翻转符号,下部的“㞢”(生)原本表示小草由地面生出,在此表示母畜产仔时,幼仔头朝下的跌落。三根会意,十分形象地表达了母畜产仔的情形。由小篆到楷书的演变和继承,清晰可辨。楷书简化后,写作“产”。

“产”的本义是母畜产子,意指动物的幼体从母体中分离出来。又引申指禽类的下蛋,如“产卵”;也用来表示人的产子,如《韩非子·六反》:“产男则相贺,产女则杀之。”又引申为物质财富的创造,如“增产、产煤、生产”等,又引申出了“物产、财产”之义,如“土特产、名产、家产、房产、遗产”等。

究其本源,人类的物质生产活动,实实在在肇始于家畜的繁衍产子。

“彦 yàn”,这是一个会意字。金文的“”字,上部为“文”,在此表示母畜生殖器,下部是一个弥漫字根彡字,在此表示母畜生殖器发情时的分泌物,中间的翻转符号“厂”,表示向下流淌。小篆和楷书的“彦”字一脉相承。

“彦”的本义原指母畜生殖器因发情而变色并流淌分泌物,引申为一般意义上的才干、才情。如《诗·郑风·羔裘》:“彼其之子,邦之彦兮。”后来,又引申指有才华的人,言其才智如多产的母畜。如《尔雅》:“美士为彦。”又如《尚书·太甲》:“旁求俊彦。”这是说:广泛地寻求有才之士。

由母畜生殖器的发情,又分化出了色彩艳丽义,不过,此义由后起的“颜”来承担,特指青年男女因羞涩而面部潮红。引申义步步发展,“颜”又指面部、脸容表情的丰富。

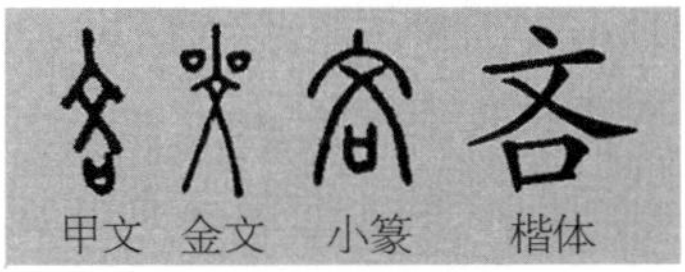

“吝 lìn”,《说文》释为:“吝,恨惜也。从口、文声。”实际上许慎的释形是错误的。甲骨文的“吝”是一个会意字:上部的“文”表示母畜生殖器,下部的“口”表示母畜的肛门。上古先民用两形对比的方式,表示不产子的母畜。金文的“吝”字,去掉了下边的“口”,但在母畜生殖器图形两边增添了两个“口”,表示如同口和肛门一样,仍表示母畜不产子的意思。因为这一构形与甲文中的“吝”字相去甚远,书写不便,小篆又恢复了甲文的写法。楷书承接小篆,写作“吝”。

“吝”字的本义为母畜不发情也不产子,类同歇后语中的“老母牛不产子”。引申泛指吝啬及舍不得(处理掉)。如晋朝隐士陶渊明《五柳先生传》:“既醉而退,曾不吝情去留。”其中的“吝”即表示舍不得。吝啬之义,则有现代汉语中的“吝惜、悭吝”等。

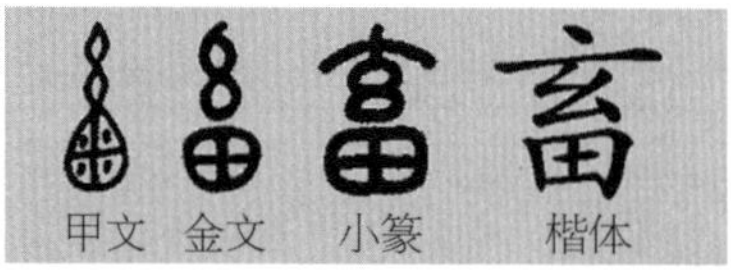

“畜 chù”,原本是一个象形字。甲骨文的“畜”字,恰似母畜生产的胎仔:下部是拳曲一团被胞衣包裹的幼仔,其中的四个小点表示羊水;上部乃是脐带的象形白描。金文的“畜”将脐带分离,下部讹变为一个“田”字。小篆据此成为“从玄从田”的会意字。“玄”,在此表示酱紫色的脐带,“田”则由胎胞演变为一个表示胎胞的符号。

《诗·大雅·生民》中有“庭弥厥月,先生如达”两句。清人马瑞辰引陶元淳的解释说:“凡婴儿在母腹中,皆有皮以裹之,俗所谓胞衣也。生时胞衣先破,儿体手足少舒,故生之难。惟羊子(小羊)之生,胞乃完具,堕地而后,母为破之,故其生易。后稷生时,盖藏于胞中,形体未露,有如羊子之生者,故言如达。”此说可为“畜”字的构形释义做出补证。

“畜”的本义为家畜繁育生子,引申指家养的动物,即家畜、畜牲。如《左传·僖公十九年》:“古者六畜不相为用。”此处的六畜,指马、牛、羊、豕、犬、鸡这六种人类能够家养繁育的家畜。引申后,“畜”也指家畜的豢养,如“畜牧、畜产”等。“畜”用作动词时,则表示繁育、存储之义,读如 xù,此义后来由孳乳而生的“蓄”字专一承担。

第二章　汉字与植物

植物，是地球生物圈中最基础，也是最重要的组成部分。人类的祖先，曾经在密林、草甸中度过了漫长的岁月；上古先民的衣、食、住、行曾经仰赖于植物的奉献；在人类的农耕文明中，植物更是不可或缺的重要角色。即便是历代文人墨客，哪一个不曾以草木为素材，表现自己"城春草木深，感时花溅泪"的悲哀喜乐？

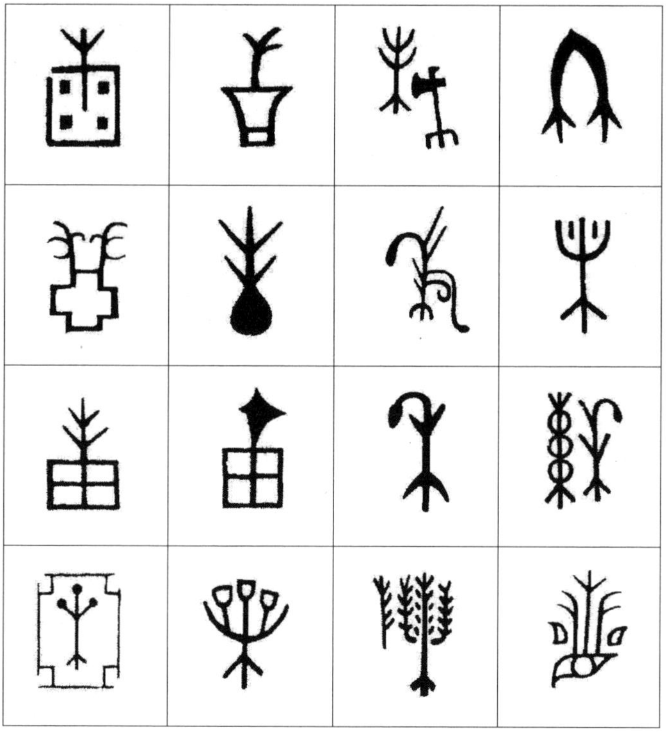

金文中以植物为主体的图形文字

也许正因为如此，我们的祖先创造了大量与植物有关的汉字。以《说文解字》为例，草、木、竹、禾四部共收录1097字，占《说文》收字总数的11.7%。汉字与植物的密切关系，由此可见一斑。

一、一枝一叶总关情

“离离原上草，一岁一枯荣。野火烧不尽，春风吹又生。”白居易的这首诗老幼皆知，道尽了草类植物的荣枯循环，更讴歌了小草顽强的生命力。

草类的繁盛，使地球得以披上绿装，黄风狂沙得以遏制，人类得以生生不息。它们把枝、叶、花、果以及根茎奉献给人类，五谷、蔬菜、桑麻、药草无不从中而出。草虽小虽多虽贱，时常被人们践踏在脚下，甚至被人们视作杂草而尽力铲除，但它们仍以旺盛的生命力，使地球的每个角落都生机盎然。净化空气，保持水土不流失，在日益重视环保的今天，人类应该对“草”多一份爱心，多一份感激。

“草 cǎo”，原本是一个象形字。甲骨文写作“屮”或“艸”，乃是一株小草挺立之形，冲出地面茁壮生长的状态如在眼前。在文字使用的过程中，人们为了使其更好分辨(艹成为常用偏旁字)，书写起来更美观，便运用转注造字法，给其加上“早”，写作“草”(与自到鼻的转注相同)，

芥子园画传中的小草描绘

表示艸木之“草”。《玉篇·艸部》:“草,同艸。”徐铉曰:“今俗以此为艸木之艸。”这样,“草”字便成为一个接替艸旁的本义转注字。

“草”,是草本植物的类名,也是形形色色小草的通称。“艸”则演变为草本植物的偏旁部首。汉字中,凡草本植物及其相关事物,多加有“艹”字头,如“芙蓉、芍药、花蕊、芬芳”等字。

表示草的古文字

古文字中的“屮”读为 chè,乃甲、金文字中的造字构件。《说文》释为“艸木初生也,象丨出形有枝茎也。”由此可知,“屮”“艸”同义,只是繁简不同,读音不同而源自草的单株或丛生状态。

古文中的“卉”读为 huì,《说文》释为:“草之总名也,从艸屮。”这是说:卉乃是由“屮”和“艸”组成的合体会意字,在“花卉、奇花异卉”等词语中仍然指草。从构形上看,“卉”指那些如同兰花一样有着莛秆的草。

古文中还有一个表示所有草的名称:即“茻”。《说文》释为:“众茻也。”可能是世上草的品种太多,“天涯何处无芳草”。因此,古人造了这么多的“草”字,来表达普天之下的芸芸众草。

“草”,古今词义基本相同。引申义则有“粗糙”、“低贱”等多种意思。例如,古代统治者称平民百姓为“草民”,把人民喻为自生自灭的杂草,已隐含阶级低贱的意思在内。现代汉语中,“草稿”有潦草的意思,“草纸”表示纸张的粗糙,“草率”则表示人的行为的轻举妄动……

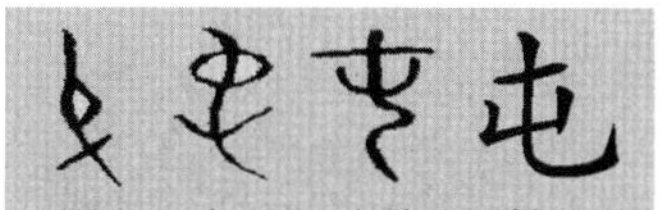

甲骨文的“屯 tún”字,恰似一颗植物种子刚刚发芽生根的样子:中间的圆圈是种子还未完全脱掉的籽壳,上边是生出的顶芽,下边是根须;在根须上特意画了一条指示符号,表示种子拼命往下

扎根的意思。如果你见过豆芽菜的发育生根,便会对“屯”字多一番感性认识。

“屯”是典型的指事字,本义为种子萌生时的扎根,引申为“聚集、驻守”等义,如“屯聚、屯兵、驻屯、屯戍”等。因此,由“屯”衍生的“囤”、“邨”(村)等,都有聚集、驻守的意义。草木初生,苗要往上拱,根要往下扎,艰辛困难,可想而知,所以“屯”(念 zhūn)字又有“艰难”之义。如《易·屯卦》:“六二,屯如邅(zhān)如。”“屯邅”即处境困难的意思。

“屯”在东北是村落的代称。此义大概与早年兵士的驻屯,或闯关东者在荒野中的拓垦有关。“屯”字被更多地用为驻守、屯聚、艰难等义后,草木初生,扎根破土的本义,则由后造的“芚”字来表示。“芚”是一个后造的形声字,现在已经很少有人使用了。

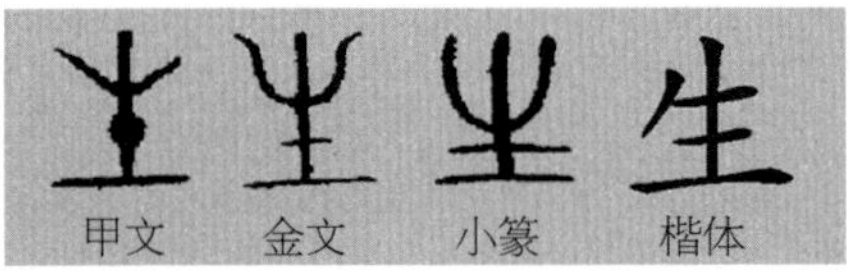

“生 shēng”,在甲骨文中是一个依托象形字(与轮廓造字及特征造字同为象形造字法的一类)。整个字形就像地面上刚长出来的一株幼苗:下面一横代表泥土,上面歧出的笔画代表冲出地面的叶芽,中间的一点可视作种子的壳皮。后来,在金文和小篆中,这一点演变成了一横。与“屯”相比,“生”描绘的是植物在地面上的初始生长。所以,“生”的本义为植物的萌发、生长。

“生”,从植物的生发、生长,可引申指人的生育,如“诞生、生儿育女”等,又泛指一般事物的产生和成长,如“生育、发生、生成、生气”等。凡生长之物都是有生命的,因此,又引申出“活”的意思,与“死”相对,如“生命、生活、生产、有生之年、生机勃勃”等。又引申指未经加工或未达到一定程度,如“生瓜、生枣、夹生饭”等。由不熟的意义又转指生疏、生硬,如“生字、生拉硬拽、生搬硬套”等等。

“芽 yá”,指植物种子萌生时的嫩芽,也指植物花叶含苞待绽时的初生状态。小篆的“芽”字,由“艹”字头和“牙”组合而成,显然是一个形声字。“芽”字为什么用“牙”做它的声符呢？

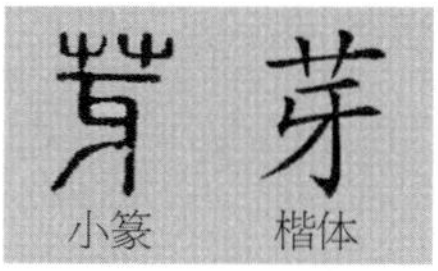

小篆的“芽”字，下半部的“牙”，源自人或动物骷髅上的牙床。动物的牙，比如犬牙，就是这样上下交合，用来撕裂和咬断食物纤维的。人的门牙，则是上下啮合在一起，可以互相密合而把食物切断，所以，门牙称作“齿”，只有人的犬齿可称之为“牙”。

“芽”字的声符，取用的是动物的牙，表示两片柔软的嫩叶、花苞交错，紧紧抱在一起的形状，所以，“芽”也表义。人们常说的“芽孢”，就是初生象牙状的叶芽或花芽。“芽”，通常用来指称植物种子、叶片、花蕾的初生状态。由此，又引申指事物的开端，如“萌芽”。

“**苗 miáo**”，这是个会意字。金文和小篆的字形，均由小草萌生之像和“田”组合而成。“艸”、田会意，表示田地里刚刚开始生长的植物幼苗，如“菜苗、麦苗、秧苗”等。

植物生长的过程中，刚刚生长时称为“苗”，开花便称为“秀”，结果则称为“实”。《论语》：“苗而不秀者，有矣夫!秀而不实者，有矣夫!”这是孔子痛惜他的弟子颜回英年早逝的话。后来便形成了“苗而不秀”的成语，用来比喻人才的过早夭折。

引申开来，“苗”字又泛指初生期的植株或动物，如“苗圃、豆苗、鱼苗、花苗、树苗”等等；又引申指事物初露于外的兆头，如“苗头、矿苗、火苗”等；又用来特指疫苗，如“卡介苗”。此类疫苗注入人体后，可增强

麦苗

人体的免疫力。

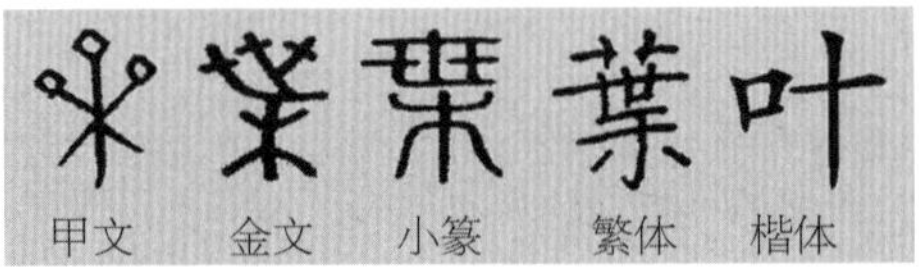

“叶 yè”，繁体字写作“葉”，乃植物进行光合作用的营养器官，附生于植物的茎秆和枝条上，形状为由叶脉构成的薄片状。

甲骨文的“枼”字是一个象形字，上部的三点表示枝条上的叶片之形。金文“枼”字的上部形变为短横，小篆的“枼”字，据此变为“从世从木”的会意字，从“世”则源出草木叶子的替生繁衍，持续不断。楷书增加了“艹”字头，写作“葉”，表明葉子本身具有草本的性质。现在的简化字“叶”，则是借用了一个同音相近的“协”(“叶”原本是“协”的异体字)字。

传统国画中的树叶画法

在汉字文化库中，“蝶”由“虫”加“枼”而组成，意指翅膀如树叶般的薄与轻；“鲽”由“鱼”加“枼”而组成，表示鱼体形状的扁平。人们形容一张纸，因其轻、薄似枼，可一张张分离，故而又叫做“一葉两葉”。到了近代，由于“页”和“葉”同音，“页”就取代了“枼”，专用来表示书面纸张。

另外，“枼”字又可作世代讲，如：清代中枼，十九世纪后半枼等等。不过，现今此字也写作“叶”了。

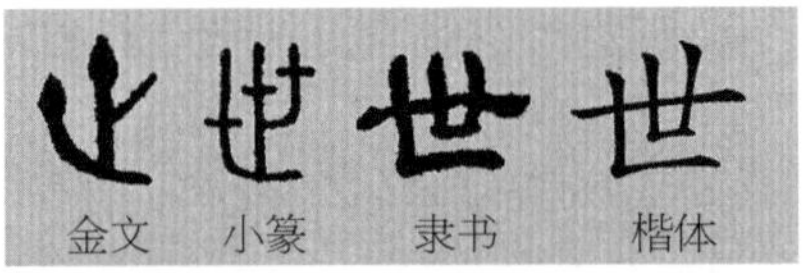

“世 shì”是“枼”(叶)的组字构件，这是一个象形字。金文的“世”字，像三片树叶相连的样子。春天新叶萌发，秋末枯叶飘零，有如人的生死轮回。因而，人们用原本表示树叶的“世”引申表示人世。如《广韵》便释为：“世，代也。”《字汇·一部》注曰：“世，父子相继为一世。”小篆“世”字的枝叶象形发生异变，像三个十字相连，《说文》因此释为:“世,三十年为一世。”隶变之后,楷书写作“世”。

“世”字源出树叶更替,假借为“人生一次”,通俗讲便是一辈子。如“一生一世、生生世世”等。又引申表示“代代相传”,如“世交、世袭”。又引申表示时代,如《易·系辞下》:“易之兴也,其当殷之末世。”这是说:《易经》的兴起,正好是殷商时代的末期。由“当世”之义又引申为世间,如“举世无双、世人、世界”等等。

“世、代”二字可以互通。但在上古时代,“世”指人生一世或父子相继;“代” 指一件事情重复做。唐太宗名李世民,唐时避讳以“代”为“世”,从此,“代”也可表示父子相继,表示人生一世的意思。

“**华 huā**”,植物的有性繁殖器官,古代写作“華”,“华”是“華”的简体。

如图所示,甲骨文的“华”字,像一株树上繁花盛开的样子,因此说,“华”是一个象形字。金文和小篆的“华”字,万变不离其宗,上部均为花叶茂盛之状,下像茎干枝条。古代,称树上开的花为“华”,称地上植物开的花为“荣”。《诗·桃夭》:“桃之夭夭,灼灼其华。”《诗·苕之华》:“苕之华,其叶青青。”这些诗句中的“华”字,都作“树上之花”解。

先有“华”后有“花”。花是什么时候出现的呢?顾炎武在《唐韵正》中说:“考‘花’字自南北朝以上,不见于书。”但在晋代的诗中,已有“一岁再三花”的诗句,说明“花”字出现在晋朝。“花”字出现后,许多成语中仍保留了用“华”字的习惯,如“华而不实”、“春华秋实”等等。“华”与“花”的这种关系,称为古今字关系。

“花”、“华”分家也分工,“华”多表示抽象意义上的华彩、华丽,可借用指称中华民族,如“华夏、华裔”等(此字古代写作崋)。植物开花之意,则写作“花”。

“花”字“从艹化声”,是一个形声字。“化”字在甲骨文中为一正一倒的两个人,表示人的生(正立人)死(倒置的人)变化。“花”有开有落，有盛有败。所以，“花”用“化”为字符，既表示音，也表示义。“昙花一现”，可能是生死周期最短的花了。现代汉语中，树、草之花都可用“花”来表示。

鲜花盛开，呈现出一派美丽光彩的景象，象征着繁荣茂盛。所以，又引申出“花样、花式”等义，再引申为“眼花缭乱”的花，由眼花又引申为糊涂，进而又引申为“花销、花费”等等。“花”字成为一个组词功能很强，引申义非常多的文字。“花里胡哨、花言巧语、花架子、耍花招、五花八门、五花肉……”真的可以组成一个“花花世界”。

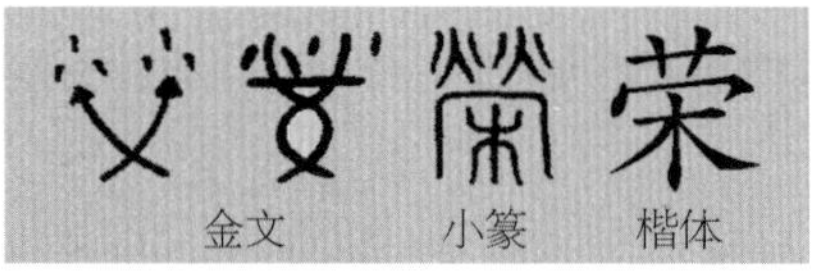

金文的“**荣 róng**”字，像两株交相开放的花草，上部的六个扩散的小点，表示鲜花竞放、光艳照人，下部则是草本植物交叉的枝条(也可视作两支火把)。小篆的“荣”字已由象形字演变为转注字，上半部是“𤇾”字，用作声义旁，表示如火一样光彩四射；下半部增添“木”旁，强调“𤇾”与植物有关。

“荣”原指草本植物所开的花，如草和树的花合称时便叫做“荣华”。草类之花常成片绽放，由“鲜花怒放”引申出“兴盛、光荣”等意义。如“繁荣、荣枯、荣盛、欣欣向荣”等词语中的“荣”字，都表示繁盛、兴旺之义。“荣华富贵、一荣俱荣”等词语中的荣，可释为“兴盛、兴旺”。《荀子》一书中有所谓：“先义而后利者荣，先利而后义者辱。”句中的“荣”，则解释为“荣耀、光荣”。

现代汉语中，“花”字更容易组成双音节词语。因而，华和荣不再用来表示其初始的本义，即树上之花和草类之花了。

“**茎 jīng**”，本义为植物的主干。“茎”是“莖”的简体字，“茎”字

“从艸，巠声”，乃是一个典型的形声字。它的声符“巠”，原本指称从山中穿通而出的河流，引申表示织机上的经线。茎字由“巠”得声得义，表明古人在造字时，已发现植物的“莖”与经纱的相像之处：“茎”由长条的木质纤维构成，有支撑树木、传送营养的功能，在形状上，它们都表现为自下而上。

“茎”为植物的主干。由于生物适应演化的结果，一些植物的“茎”，将原本贮存营养的功能强化，发展为块茎、鳞茎或球茎，这就是萝卜、甜菜、芋头等植物对人类有用的部分。

“榦 gàn”即树干。小篆的“榦”字是一个形声字：从木倝声。含有树木使劲往上长，争夺阳光的意思。也有人认为，“榦”字取象于古代筑墙时，夹板两边竖起，起固定作用的木桩。因这种木桩要求上下粗细一致，无疤节不弯曲，必须用树的主茎来制作，久而久之，后来便以“榦”来称呼树木的主茎了。实际上，“榦”字左边和右上边的倝一个完整的偏旁，表示太阳升起后阳光的射入；左边下部是一个“木”，表示树木。榦便是迎接阳光照射的树木茎杆。后来，因为发音的关系，榦中的木形变成了“干”。

“幹”在简化时，借用了干戈的“干”。树干是树的主要部分，起着支撑树冠的作用。因而，引申表示事物的主体及重要部分，如“躯干、干线”等。现代汉语中的“才干”、“骨干”等词也由此而来。

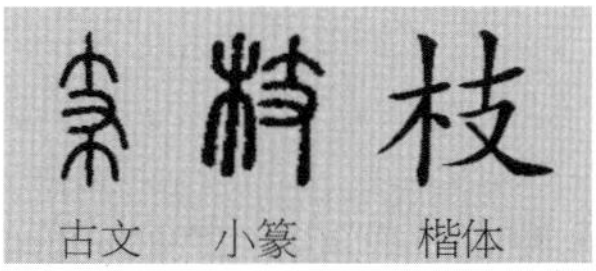

“枝 zhī”字“从木支声”，《说文》释为“木别生条”，即树干上旁生的小枝条。“木”，表示“枝”的类属。“支”字，在古文中形如手中拿了一根小棍，乃是由植物的枝条所做。所以，“枝”是形同小棍，由树干旁生、歧出的枝条。

植物是由根、茎、枝、叶组成的一个整体，枝条与主干比较起来，相对不那么重要，因此，“枝节”一词常用来比喻次要或无关紧要的东西。树的枝、干相结合，才能成其为树。古人运用这一形象，把甲、乙、丙、丁和子、丑、寅、卯等字配合起来，用以记日记月记年，合称干支。相比而言，“枝”对于一颗参天大树来讲，多与少，似乎无关紧要，但也不能人为地“添枝加叶”，更不能“节外生枝”。

“**朵 duǒ**”，小篆字形下半部是“木”，上半部乃是一个弯腰屈膝之人。两形会意，表示一个躲藏在树上的意思。因为人在树上，会压弯大树的枝条(此义转注为躲)，所以“朵”又有下垂的意思，《说文》因此释为：“朵，树木垂朵朵也，从木，象形。”这是说：凡植物的枝叶、花以及果实的下垂貌，均可称朵(朵与多同音，朵的本义转注为躲)。又特指比枝叶更有重量感的花或苞蕾，取其下垂的形状。如唐代诗人杜甫的《江畔独步寻花》一诗：“黄四娘家花满蹊，千朵万朵压枝低。”“朵”字引申，又可用来当作事物的量词，指成团或似花的事物。如天上的云彩与花朵相像，于是便有“朵朵白云”的说法。

唐代，有一个名叫韦陟的学者。他给人写信，在署名“陟”字的时候，书法写得像五朵云，后来人们便以“朵云”或“云朵”表示对他人书信的敬称。人的耳垂，形同花朵下垂，故有“耳朵”一词。

“**苞 bāo**”，指植物花蕾或嫩芽包裹在柔软外皮中的形状。如图所示，古文中的苞字上为草(艹)，表示它的类属。但“包”字又表示什么呢?“包”字原本是子宫内膜包裹着胎儿的象形白描，这里取其形义，强调蓄芽的形状。

汉字中，凡以“包”为声符的字，都有内部包含某种东西的意思。因此，“苞”，指围绕在花蕾或嫩芽周围的小叶片，小心地保护着嫩芽和花蕾，使其能够顺利生长。东北一些地区，将玉米称为“苞米”，就是指玉米籽芯被外边的皮一层层所包裹。在“苞蕾、含苞待放”等词语中，“苞”则指花蕾。

古汉语中，有一个非常特殊的词汇：苞苴(jū)，原指包裹，后来则专指贿赂之意。因为古人行贿恐为人所知，故外面都另以草具裹之，以掩人耳目。当今行贿者，则将钱藏入茶叶桶或饼干桶中，这也是一种与时共进的“苞”。

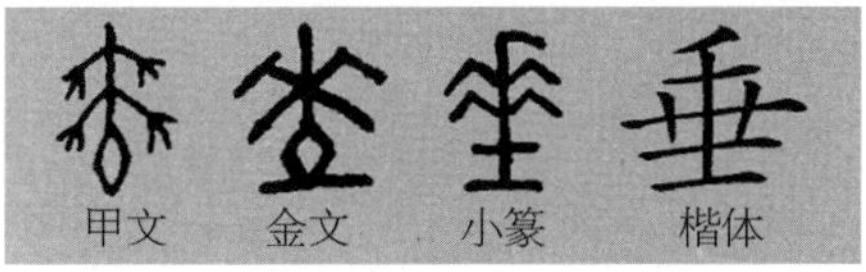

“**垂 chuí**”，这是一个依托象形字。甲骨文中的“垂”字，上部为植物枝叶下垂之貌，下部乃土块之形。此字取象于上古先民移栽植物，连土带根从地里掘起，但仍会很快打蔫下垂的景况。小篆的“垂”字将下边土块之形演变为“土”字，枝叶下垂渐失象形的韵味，楷书缘此写作“垂”。

“垂”的本义为下垂、垂挂。如《易·系辞下》：“尧舜垂衣裳而天下治。”现代汉语中则有“垂柳、垂帘、垂涎”等。由此，又引申为流传之义，如“名垂青史、永垂不朽”等。植株枝叶下垂表示即将枯萎，因而，“垂”又引申出将死的意思，如“垂危、垂暮”等。物品下垂会远离原先的中心或顶端，因而“垂”又有边远的意义，如曹植《白马篇》诗中的：“扬声沙漠垂。”以及“边垂、垂远”等。这个意义后来写作“陲”，专指边境、边疆。

“**果 guǒ**”，整个字形像一株结满果子的树木。甲骨文的“果”，

字下半部从木，上部是果实累累的形状。金文的“果”字,果实减少为一个,但果形更大更为突出。从小篆到楷书的演变过程中，果形一步步讹变为“田”,象形的意义就不明显了。

民间剪纸:果树

“果”字的本义指木本植物的果实,古人有“木实曰果,草实曰蓏”的说法。时至今日,木本、草木,凡植物之实均已用果。果在作为植物的籽实时,是一个类属概念,如“果皮、果肉、果核”,表示果实的不同成分;“果脯、果酱、果酒、果干”等,表示用果实制作的各种食品;“水果”和“干果”,则是根据水分的有无来划分的。

“果”,原指植物所结果实,又引申为一般事物的结局。如佛教有所谓“因果报应”,成语中有“自食其果”一词。这里的“果”,均解释为后果。“果断”,则表示见到果子立即就吃,不迟疑犹豫的意思。树上的果实熟了,有充实、饱满之义,所以,“果腹”一词,可解释为吃饱肚子。《庄子·逍遥游》曰:“适莽苍者三餐而返,腹犹果然。”这是说:到野外溜达一趟,三餐时间过后,回来时肚子还是鼓鼓的。

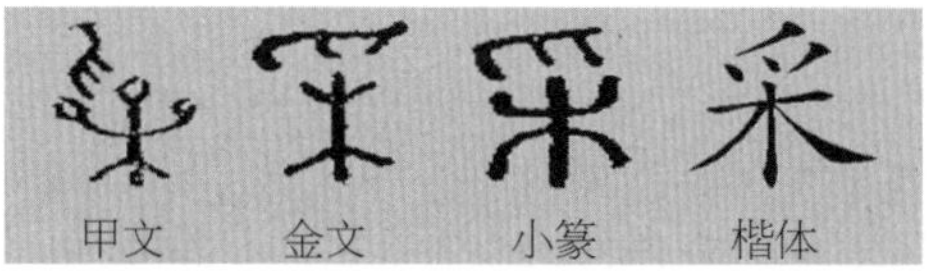

“**采 cǎi**”字是一个会意字。甲骨文“采”字的上部是一只爪,下部是一棵树,树上的小圆圈代表果子。两个字根会意,表示采摘的意思。金文大体上与甲骨文相似,只是果形省掉了。楷书的写法,由小篆直接演变而来。

“采”字从爪从木,本义就是“采摘”,如《诗·召南·关雎》:“参差荇(xìng)菜,左右采之。”俗语中有“花开堪采当须采”一说。由“采摘”之义又可以引申为“搜集”,如:“古有采诗之官。”现今诗人下乡搜集民谣,也称之为“采风”。

由“搜集”之义又可以引申为“采取”,如《史记·秦始皇本纪》:

“采上古帝位号，号曰‘皇帝’。”这是在说秦始皇自封为“始皇帝”的原因。至于“衣被则服五采”中的“采”，那是指“彩色”而言，现代汉语写为“彩”。由“彩色”之义又可以引申为文章的词藻，如“繁采寡情，味之必厌”。这是说：只顾堆砌词藻而缺乏思想感情的诗文，读起来必然使人厌烦。

植物是大自然的一部分，也是人类认识的对象之一。上文诸多表示植物生长过程的汉字，就是古代先民认识自然的成果。有趣的是，人类在认识植物的同时，也在不断加深对自身的认识。如果把表示植物部位同表示人体部位的汉字加以比较，不难发现它们之间的互相映照。如表示植物部位的“茎”字，与表示人体的“胫”和“颈”字声符相同；植物有“根”，人则有“跟”；植物有“枝”则人体有“肢”；植物有树干，人体有躯干；人们把脚趾称为“脚丫”，而丫字本来表示植物的分叉处……

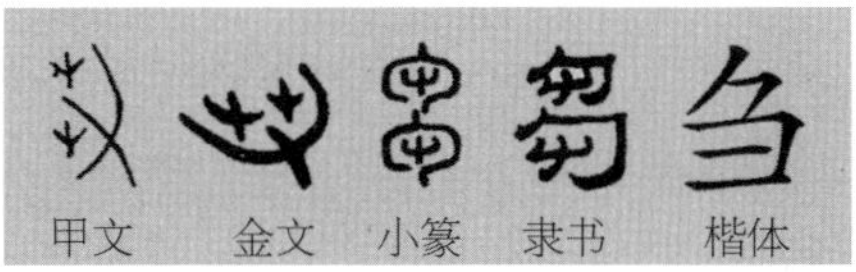

“刍 chú”是“芻”的简体字。甲骨文的“刍”字是一个会意字：左边为一株断裂为两处的小草之形，右边是一只手(又)。两形会意，表示一只手正在拔草。金文的“刍”与甲文相似，只是构图略有变化。小篆的“刍”字发生繁化，手形变化为上下两个勹(也是手形，乃伸手臂的又)，隶书据此写作“芻”，楷书简化后写作“刍”。

“刍”的本义为拔草，《说文》因此释为：“刍，刈草也。”草是用来饲养牲畜的，所以，“刍”做名词也指饲喂牲口的草料。如《庄子·列御冠》：“食以刍叔。”这是说，给牛喂草料和豆子。“刍”在古文中又用为割草人的代称。如《诗·大雅·板》：“先民有言，询于刍荛。”这是说：民间的呼声，应该询问割草和打柴的人。

草为低贱之物，割草人多为平民。因而，“刍”在古文中，常常用来表示自谦之词，如“刍议、刍言”等。

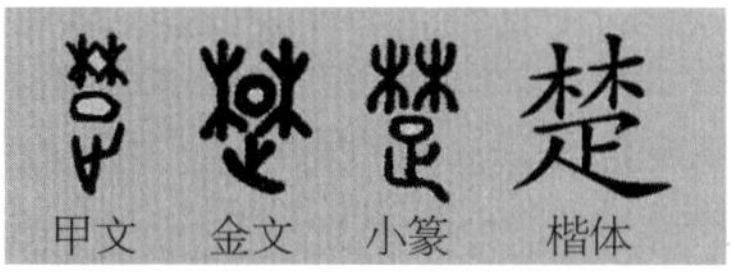

“楚 chǔ”，这是一个会意字。甲骨文的“楚”字，上部是一个“林”字，在此表示灌木丛林；下边则是由“口”(表示城邑目标)和“止”所组合的“正”字(即征的初文)。两个字根会意，表示向灌木丛中行进。从金文到小篆，再到楷书的演变过程中，“林”字犹存，但下边的“正”字演变为“足”后，又演变为“疋”。

穿越灌木丛林，身体必须在枝杈荆棘中随境屈曲。因而，“楚楚动人、衣冠楚楚”等词语表示身体或服装的夭曲飘动。在灌木丛林中穿行，会被荆棘刺伤，因而，“痛楚、酸楚、苦楚”等词语，都包含有凄苦之义。

“楚”，也是周代诸侯国名，战国时的七雄之一。现今，“楚”也是湖北的别称。

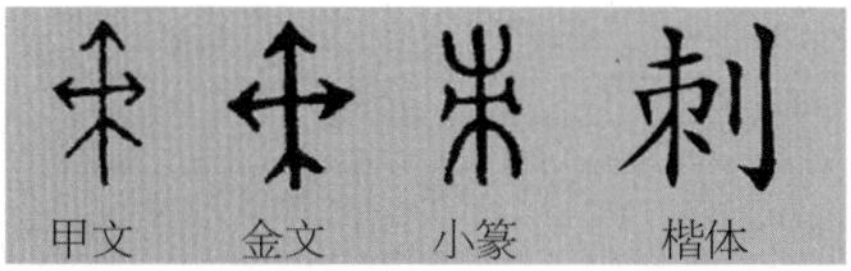

“刺 cì”，原本是一个象形字。甲骨文和金文的“刺”字乃是荆棘或皂角树刺的象形白描。《说文》释为：“朿，木芒也，象形。”小篆的“刺”因笔画圆曲，已失象形韵味。因为要将“朿”升华为汉字的偏旁，所以隶书和楷书的“刺”添加了“刂”(立刀旁)，表示锐利如刀的尖刺，使字义更为明晰，从而创造出一个本义转注字。

“刺”的本义为树木上左右横生的尖刺，引申指尖锐如刺的东西，如“鱼刺、蒺藜刺、芒刺”等。用为动词，则表示用尖利的东西扎戳，如“刺伤、刺绣”等。由扎刺之义又引申出了“杀”义，如“行刺、谋刺”等；又引申指外界事物对人体感官的刺激作用，如“刺鼻、刺耳”等；又指用旁敲侧击的话去指责别人，如“讽刺、讥刺”等。

“刺”在古代，又指名帖，类似现代的名片。上边书写有姓、名、字、官职、籍贯，以为交际之用。这一意义，源自名片要先行递送，进入上司衙门或宅居中，打探一番。

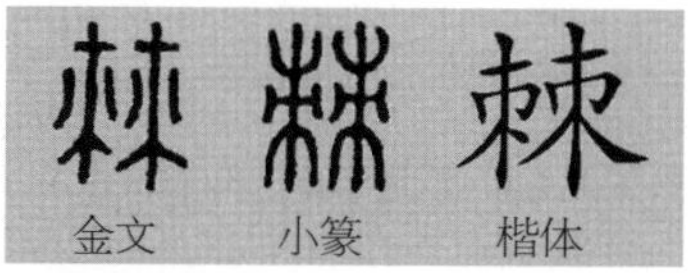

“**棘 jí**”的本义指丛生的有刺灌木，又特指酸枣树：这是一种落叶灌木，有刺，果实小，味甜酸，现今，多用为果汁饮料的原料。

金文和小篆中的“棘”，均由左右并列的两个“朿”构成，十分形象地把握了这种多刺植物的特征。隶书却将其讹变为两个“束 shù”，楷书正本清源，又改为双“朿”之“棘”。

现代汉语中，“棘手”一词，常常用来比喻事情扎手，难以对付。又泛指有尖刺的灌木，如“荆棘”一词。

“棗”，《说文》则释为：“棗，小枣重生者。”这是说：酸枣乃枣树的砧木，枣树由酸枣嫁接而来。因而，“棘”改为上下结构时，就形成了一个繁体的“棗”字。简体字用“⺀”置换下部的“朿”，“⺀”是一个表示重复的构字符号。

枣树

《诗·豳风·七月》有“八月剥枣，十月获稻”的记载。上古社会，枣并非纯为干鲜水果，通常与五谷配合，作为食粮。《战国策·燕策》一书说：燕地“有枣栗之利，民虽不由田作，枣栗之食，足食于民矣。”可见河北北部和京郊一带，在很早以前便广植枣树，并以枣作为食粮。《四民月令》一书，则有制作“枣糒”的方法：用熟米屑和枣泥作成干粮，便是“枣糒”。

二、大树底下好乘凉

植物，可依据形态学简单分为草本和木本两大类，“木”是木本植物的类名。汉字用“木、林、森”来表示木本植物的群落形态，又用“朱、本、末”来表示树木的部位，又用“析、折、杀、束”来表示对树木的砍伐利用……仔细分析形形色色与“木”有关的古文字，不难发现古人与树木之间那种休戚与共的关系。

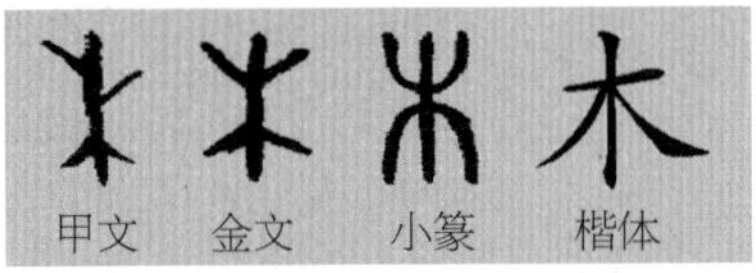

“木 mù”，其字形来源于一棵树的形状：上有枝、下有根，中间是茎干。“木”字是个象形字，“木”的本义就是“树”。如《韩非子·亡征》：“木虽蠹(dù)，无疾风不折。”这是说：树虽然被蠹虫蛀空咬坏了，如果没有疾风，还是不会折断的。又如“十年树木，百年树人”一词中的“木”，也指树木。

在现代汉语中，“木”由“树木”引申出了“木材”义，多用于木料或木制的器物，如“木马、木偶、木已成舟、木雕泥塑”，以及“椅、桌、床、柜”等等。《论语·公冶长》则有孔子训斥其弟子宰予白日里睡大觉的话：“朽木不可雕也。”因为木质敦实、坚硬，又引申表示头脑或肢体不灵便，如“麻木、木呆”等。“木”，是木本植物的通称，也是一个偏旁字。汉字中，凡从“木”的文字，大多都与树木有关，如“本、未、果、梨、桃、杏、柿”等等。以《说文》为例，木部收有文字 421 个，重文 31 个。可见，“木”字是一个多用常见的部首字。

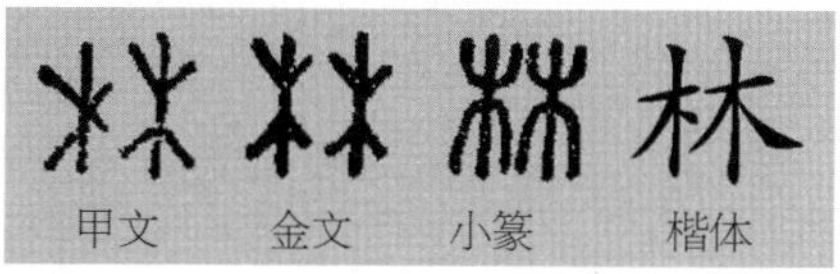

“**林 lín**” 字是个同体会意字。甲骨文的字形就像并立的两棵树。金文、小篆以及楷书的形体同于甲骨文，仍用两棵树并列表示树木的众多。因此“林”字的本义就是“树林”。《说文》释为：“林，平土有丛木曰林。”

树木林立，可以引申出人或事物的会聚、集合，如古格言中的“木秀于林，风必摧之”。现代汉语则有“山林、竹林、碑林”等词语。《汉书·司马迁传》则有：“托于世而列于君子之林矣。”这里已用“林”来表示人的聚会。后来，人们又常用“儒林、艺林”比喻文人艺术家的集聚。

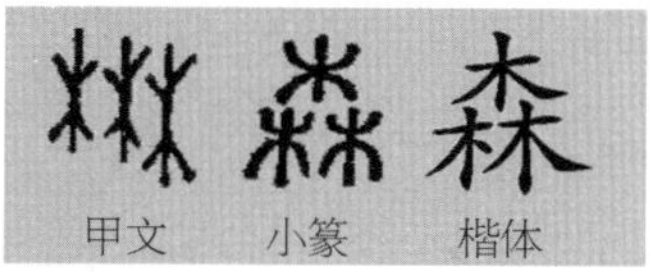

“**森 sēn**”字，这是一个多体会意字。甲骨文是一排三棵树的形象，表示树木丛生，森林茂密。小篆的形体，演变为“林”上有“木”。这并非说树上有树，而是为了美观和符合方块字的要求，作出的结构调整。词义也延伸指大树参天。

“森”比“林”多了一“木”，本义为树木成片地密集丛生。《说文》释为：“森，木多貌。”这里的“木”，就是古代的“树”，所谓“木多貌”，就是树木众多的样子。树木繁密往往有阴森之感，所以又引申出了“阴暗”之义，如“室内阴森”、“戒备森严”、“等级森严”等。

当然，与“木”最接近的文字，应该是“本”和“末”了。

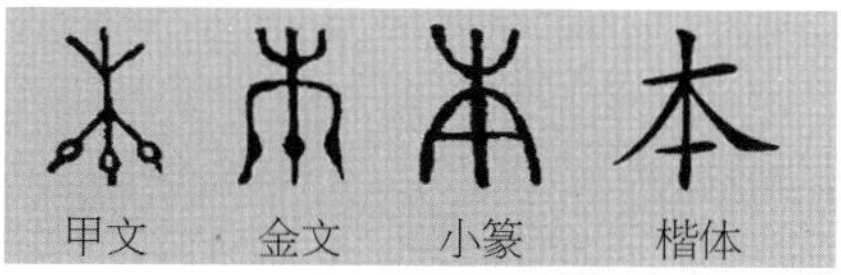

“**本 běn**”，本义指树木的根部，乃是一个典型的指事字。从甲

骨文“本”字的形状来看，这是在木的根部加上圆点，以强调树根的位置所在。所以，“本”原本是一个指事字。从金文到小篆的演化过程中，“本”字下部的三个小点逐渐变为一短横，以字素标注的方式强调树根的所在。

“本”，《说文》释为：“木下曰本。”这是说，树的根部就叫“本”。如“本末倒置、无本之木”中的“本”字，均指树根。由此，引申出“根源、根本”等意义，如《汉书·赵充国传》：“臣闻兵以计为本。”大意是：我听说用兵之事是以计谋为根本。又引申出“原来、本来”之义，如“本金、本意”等。又引申出自己方面的，如“本厂、本国”等。现代汉语中，册子也可称本，如“日记本”。

与“本”相对的文字是“**末 mò**”，即“本末倒置”一词中的“末”字。从“末”字的形状来看，这是在木的上部加一短横，以字素标注的方式指明树梢的所在。如图所示，金文和小篆的“末”字，就像把“本”字倒过来的样子，真是“本末倒置”了。

由树梢之义，“末”字又用来泛指事物的顶端或尾部，引申为最后或最终，如“末尾、末流”；由树梢之义，引申出枝节的、渺小的、浅薄的等义，如“末流、末路、末节”等等。

现代汉语中，人们用“本末倒置”、“舍本逐末”，来表示主次颠倒。这是说，把根本的事物当作枝节，把枝节的事物又当作了根本。

“末”与“未”要分清楚：“末”是上横长下横短，而“未”则正好相反。“妹、昧、寐、味”等字从“未”，而“秣、沫、茉、袜、抹”等字都是从“末”的汉字，两者不能混淆。

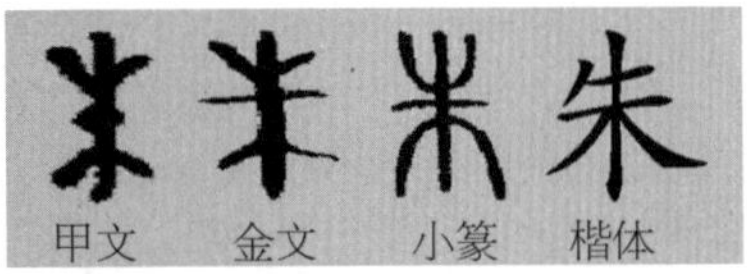

“**朱 zhū**”，这是一个指事字。主体形状为一棵树木，中间的一

点或一短横为指示符号，指明树干中心所在的位置，也表示从这里将树干截断。

“朱”的本义为截断后的树干。《正字通·木部》释为：“朱，干以朱数，别作株。”这是说：朱字加上“木”字旁便是“株”。朱字加上歹便是“殊”，也是“朱”的本义，即砍倒在地的树干。朱的本义已由后起的转注字“株”和“殊”分别承担。“朱”则表示引申而出的红色义。

若将粗壮的树干从中横切，断为两段，里面出现什么颜色？近外皮处当然是白色，中心的木质部分必定是红色的树芯了，这就是“朱”字色彩义的来源。朱、赤、赭三字有别：色彩宛若炽红燃烧的火光，这便是“赤”色，“赤遍中国”的“赤”当有燃烧之义；含有氧化铁的红土颜色则称为“赭”色。在古代先民看来，表示红色的深浅程度可用三个字来代表：赤、朱、赭。由秋天开在院中的鸡冠花颜色，你可以体现出这三种红色的交相渗透。

汉字文化库中，人们用“朱曦”来形容早晨鲜艳的红色阳光；用“朱门酒肉臭”来指称富贵人家的奢华；用“朱唇皓齿”形容美人唇红齿白、清新美丽的面庞。“朱批”，则是指皇帝在奏章上用朱砂红笔写下的批示。

“朱”字是一个部首字，汉字中，凡以“朱”为组字构件者，大多都与树干或砍断后的树桩有关，如“侏、诛、茱、洙”等。

甲文　金文　小篆　楷体

“析 xī”，这是一个会意字。甲骨文的“析”字，左边是一棵树(木)，右边是一把平刃曲柄的“斤”，表示用斧头砍去树枝的意思，引申后也有将木头砍平为木板之义。金文和小篆的“斧”形，随着文字的发展演变为“斤”字。楷书仍是“从木从斤”的会意字。因此，“析”的本义乃是砍伐或修整树木的枝条。

《诗·齐风·南山》：“析薪如之何？匪斧不克。”“薪”就是木材，“匪”通“非”。这句诗的大意是：如何伐木为柴呢？非用斧头不能完成。由伐木又引申指分开、离散，如“分崩离析、条分缕析”等。陶渊明的《移居》诗中有:“奇文共欣赏,疑义相与析。”诗中的“析”即分析、辨析的意思,乃是从“劈分”这个本义引申而来,表示“剖开”的意思。现代汉语中,则有“剖析、解析、析疑”等众多词语。

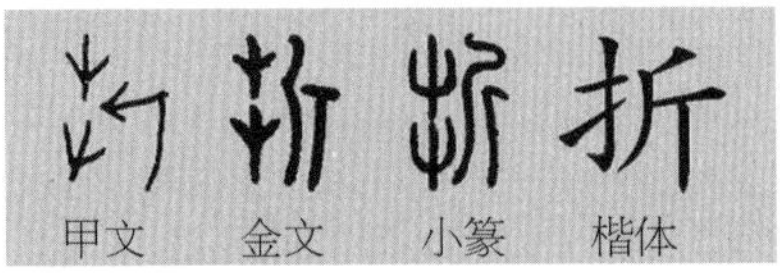

“折 zhé”,这是一个会意字。甲骨文的“折”字,就像一把大斧(斤)把一棵小树或树木枝条砍断的样子,这就是“折”的本义——砍断。金文和小篆的“折”字与甲骨文相似,只是“斧子”的形状逐步向“斤”字演化。楷书在经过隶化演变时发生了讹变,断裂的“木”形讹变成为一个提手旁(扌),写作“折”(也是为了与“析”字相区分)。

“折”的本义为砍断,引申为一般意义上的折断,如“骨折、攀折”等。又引申表示损失,如“挫折、损兵折将”等。把东西弄弯曲也可称之为“折”,如“曲折、百折不挠”等。把东西折叠起来也可称“折”,如“折尺、折扇”等。又引申出“折扣、折换”之义,如“不折不扣、折价”等。

“折”用作状态词时,表示折断后的状态,这时读为 shé,如“腿折了、折本、折耗”等。表示翻转时则读为 zhē,如“折腾、折跟头”等。

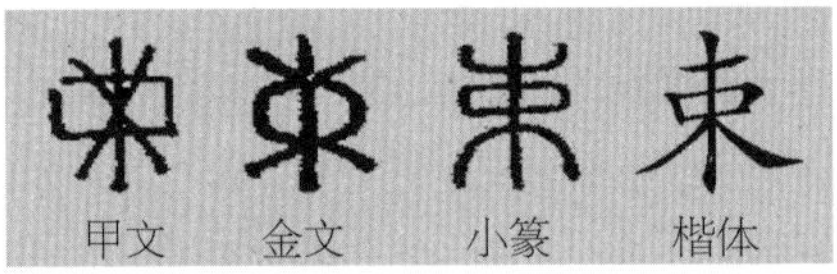

“束 shù”的构形来源有二:甲骨文字形中部的方框,表示用藤索、皮条之类缠绕捆缚;中间的“木”字,可视作木棍,表示捆绑木头的意思。但从金文的字形分析,束的构形源自捆扎棍囊:在一张皮子中间放入一根木棒,卷后将两头扎束起来。小篆和楷书的“束”当由此而来。

“束”字的本义是捆扎(木棍或棍囊),《说文》释为:“束,缚也。”由此,引申为一般意义上的“管束、束缚”,如“束身自爱、束手无策、莫不束手”等。“束”也是单位量词,如“一束丝、三束花、两束箭”等等。

“束”与“朿”字形相近,但字义完全不同。“束”字封口,“朿”字不封口。凡是从“朿”的字往往与带尖的东西有关,如“刺刀”的“刺”、“荆棘”的“棘”、“枣树”的“枣”等。只有“剌(là)、辣、赖、囊、敕”等字才从“束”,取其棍囊包裹一团义。

“**枚 méi**”是会意字,本义指从树上折下一根枝条。从甲骨文的字形分析,“枚”字右半部是一个“木”,表示树木;左边则是手持一节树枝之状。因而,“枚”便是树木上可以用为工具或兵器的枝条。

《说文》释为:“枚,干也,可为杖也。”实际上,“枚”的用途非常多,不仅可做“干戈”兵器的把柄,还可做“耒、斧”等工具的木把。如《诗·周南·汝坟》:“遵彼汝坟,以伐条枚。”其中的“条枚”便指直顺的树枝。“枚”字虚化后可用作量词,与“个”相近,但使用的范围较宽,如“两枚纪念章、两枚铜钱、不胜枚举”等等。

古代夜行军时,为防止兵士说话喧哗,士卒口中要衔一种形如筷子的器具,也叫“枚”。如《史记·高祖本纪》:“夜衔枚击项梁。”

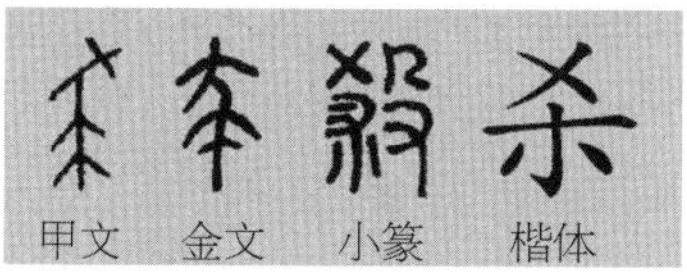

“**杀 shā**”,这是一个指事字。甲骨文的“杀”字,恰似一枚树枝折断后的样子,尽管仍有少许树皮和木楂相连,但枯萎干死仍马上来临。上部的一斜撇作为指示符号则强调了由此折断。“杀”字的发音也来自大树枝折断时的“喀嚓”声。

金文的“杀”字发生一点点变化,但“夭折”的形象却荡然无存了。小篆承接金文,但构形发生讹变:左边上部是一个“×”,表示折断;下边是一个“叉”( )表示用手攀抓;两边的小竖点,则表示向下；为使词义更为明晰，右边又增添了一个“殳”(武器)为转注符号。显然，这时的词义，已由夭折死亡演变为击打而死。隶变以后，楷书写作“殺”。汉字简化时，取其一半为“杀”，与甲骨文的字形十分接近。

“杀”的本义是“弄死”，表示使植物、动物或人失去生命，如“杀一儆百、杀身成仁”等词语中的“杀”均有“弄死”之义。又引申为削弱、减少，如“杀价、杀风景”等。也可引申出搏斗、厮杀之义，如“杀出重围、杀伐、杀一盘棋”等。“杀”字用在动词后面，则表示程度深，如“气杀、愁杀人矣”等。

“杀、弑、戮、诛”都有弄死的意思。“杀”是通称；“弑”多用于下级杀死上级；“戮”多用于上级杀下级；“诛”除表示杀有罪之人外，还指惩罚、谴责，如“口诛笔伐”一词。

金文的“**松 sōng**”由“木”和“公”组成。“公”字的构形源自古人剁切分配铜锭，因而有多次连续分隔的意象。事实上，松树便是一种从主杆向上越分越细，最后成为针叶的树木。

松树的另一特点是树龄长，因而松又成为长寿的象征。民间寿联有：“福如东海长流水，寿比南山不老松。”

松图

松树，在中国古典文化中，占据十分重要的地位。史载，夏朝奉“松”为神木，商人奉“柏”为神木，周人则奉“栗”为神木。《论语》中有“岁寒，然后知松柏之后凋也”的名句。《史记·伯夷列传》中也有：“岁寒然后知松柏之后凋，举世溷浊，清士乃见。”既表达了古代士大夫阶层“时穷节乃见，乱世识忠贞”的品格，又表达了古人对松树品格的赞美。

一般而言，凡是易凋的树，其叶片本身的面积都比较大，也就是所谓的“阔叶”树。相比之下，“针叶”树中的松柏却大相径庭，针状细小的叶子能够适应不同的气候和环境，其树形也呈现一种尖塔状，形状如高高翘起的男根。

柏枝

“**柏 bǎi**”字之所以“从木白声”，乃是因为柏树的树皮和柏子皆为一种亚白色，因此称之为柏树。“木”在这里表示柏树的类属。“白”，原本取象于古人黝黑的双手上显明突出的白色指甲盖，在此表示白色的意思。当然，柏树籽恰如指甲盖般大小，也是“柏”字内含的意象。

在上古先民的实用主义眼界中，松柏有两种特征：一是富含油脂，砍倒便能燃烧；二是松柏的枝叶能够治疗多种病症。因此，繁体字中的“乐”(樂)和“药”(藥)均源自松柏：上古先民用松柏枝叶燃烧篝火，劈啪之声便是音乐和快乐的元素。当上古先民用松柏汁液治疗胃肠疾病，覆盖化脓的伤口时，这便是中医草药的开端。

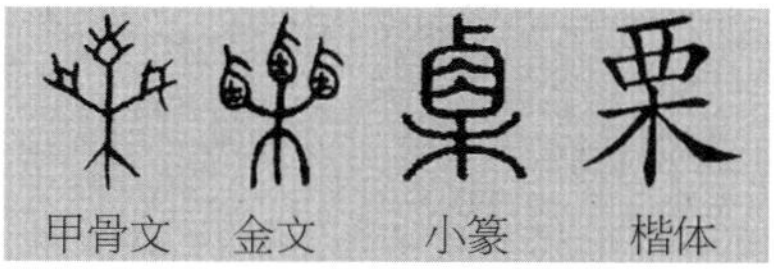

栗子

“**栗 lì** 树”，俗称板栗树。甲骨文字形，像一株树上长出了有刺的果实。栗树的果实呈球状，上面密密地长着刺，正像甲骨文字形所描绘的那样。果实成熟后，在有刺的外壳里面，就是栗色而光滑的果实，这就是我们平常所吃的板栗。周朝之所以将栗树奉为神木，与周人自奉为农耕民族，食用并倾慕板栗的富含淀粉和糖分有关。

古文的“栗”字，将有刺的果型加以演变，小篆据此讹变为“从卣从木”，将三个果形简省为一，楷书今作“栗”。每到秋冬，北方城镇的大街小巷内，会架起一口口铁锅，糖炒板栗的叫卖声和炒栗的香味融会一起，风中飘荡，很能勾起人们为之一尝的欲望。

板栗外壳多刺而尖锐，突然接到一枚尚未剥离的刺果，常使人感到惊骇，故有“栗骇”、“战栗”等词，表示惊惧、害怕的意义。

“**樱 yīng**”是木和婴的合体。婴由双“贝”加“女”所组成，表示什么意思呢?女孩子从幼儿时期开始，就喜欢收集小装饰品，沙滩上的美丽贝壳，用线穿起来挂在颈上，就是一个很好看的装饰品。上古时代，热衷佩戴此类装饰，戴上贝壳装饰品的女子就是“婴”。另一方面，由“婴”组成的字，都含有“围绕”的意思。比如在“冠”上系条绳子，把它绕到耳后，然后在下颔处打个结，就等于用绳子把整张脸围绕起来。因此，“冠冕”上的带子，也称之为“缨”。

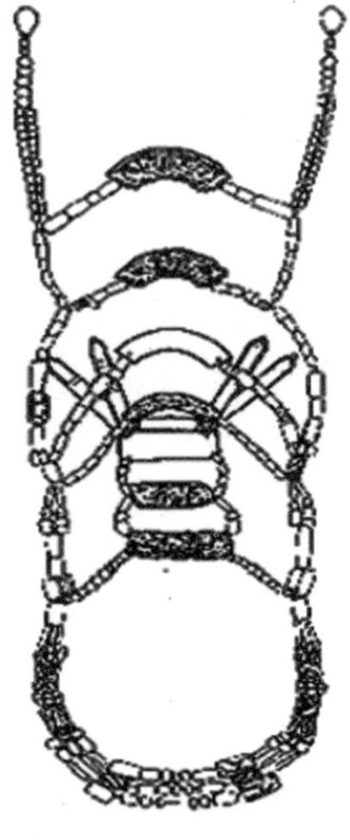
出土的西周颈饰

“樱”之所以由“木”加“婴”组成，因为，它不像牡丹或是山茶花，一朵一朵单独地开放，而是将整棵树围绕起来密密地盛开着，乍看上去，缤纷多彩，几疑身在仙境。当然，樱桃的果实像红色玛瑙的珠子，一小枝上四五个、七八个不等，好像用果柄串起来一样，这也是樱之“正名”的原因之一吧。

樱分两种，一种即樱桃树，春日开花，花五瓣，色淡红，清逸雅致。果实为紫红色的核果，核小味甘，俗称樱桃，这是专为收获果实的樱桃树。王维的《敕赐百官樱桃》诗:“芙蓉阙下会千官,紫禁朱樱出上栏。”朱樱,即红色的樱桃。另一种“樱”则指樱花树,是一种赏花的植物,也是日本的国花。

“**梅 méi**”是形声字,由“木”和“每”组成。“每”是一个象形字,本意为氏族社会中生育儿孙最多的母亲,《诗经》以“原田每每”来形容田间植物的繁荣旺盛。由此不难得知,梅为什么称作“梅”的原因了。

梅

梅结实时,必定是枝条上都挂满了累累的果实。此外,女性怀孕时喜食酸物,常含梅果于口中,已成为中国孕妇长久以来的习惯之一。古人认为,“梅”有助于女性度过孕期的生理反应,能使胎儿平安发育。因而,人们认为“梅”是一种祥瑞的树木。

古往今来,以梅子为诗者甚多,如陈师道的立春诗:“乌啼残雪未成尘,梅子梢头已着春。”范成大的诗句——“卢橘梅子黄,樱桃桑椹紫”,都是脍炙人口的诗句。“望梅止渴”则是历史上十分著名的典故故事。在醋没有诞生之前,古人用“梅”作为调酸杀腥之物。《礼记·内则》记载有:“和用醯,兽用梅。”煮食动物的肉,必须用梅子杀腥调味。《尚书》则曰:“欲作和羹,尔惟盐梅。”梅子捣碎后取其汁,作成梅浆,古人称之为“酢”,今人则称之为酸梅汁。

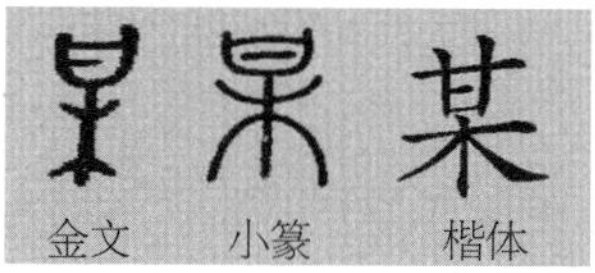

“**某 mǒu**”,《说文》释为:“某,酸果也,从木从甘。”徐灏注笺:

“某，即今酸果‘梅’字。”这是说，因为“某”字假借为“某某”之义，成为一个不定代词，在文句中频繁出现。为区分词义，专字专用，人们再造一个新字“梅”来表示“某”的本义，即梅子。

“某”字是一个会意字，下为“木”，上为“甘”。两形会意，表示“某”是一种可口的果子。在酿制酒的过程中，古人发现果实和黍米可以制酒，也可以制成酸浆，原材料和过程一样，只有打开封盖，才知是醋还是酒。或者因为无法分辨女人喜吃这种果实，是否真的怀孕有喜，故而用“某”指代不能确定者，如“某人、某物”。

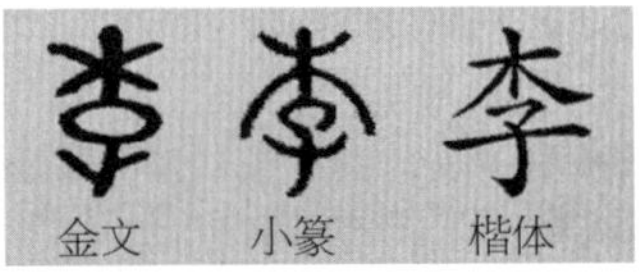

李 lǐ”字由“木和子”组成，为什么要加个“子”呢？古人称李子为“嘉庆子”，认为这是一种特别能滋生繁育的果树。夏末秋初，李树结果成熟，常可在枝头上看到连枝累累的红色果子，人们用此来喻示子孙满堂、生机勃勃之意。李子有非常浓烈的酸味，怀孕的妇女想呕吐时，食颗李子，就会有抑制的功效。所以，人们在“木”下添加“子”，来形容它是一种能育嗣的树木。

李图

也有人认为“李”“理”同音同义。因为李树的果肉中有许多条源自中心、排列整齐的纤维，咬食时能顺着纹理整齐地分开，人们吃了会觉得很脆，故发音为李。外出旅行时，人们常把日用品捆扎在一起，称“行李”，行李的“李”与李树的“李”本无直接关系，而且，行李原本写作“行理”，是用以表示远行时把随身衣物整理好之意。后人以讹相传，或借“桃李不言，下自成蹊”的格言，写作“行李”。

“李下瓜田”也称“瓜田李下”。这是以李树下和瓜田中比喻嫌疑是非之地，语出古乐府诗：“瓜田不纳履，李下不整冠。”“三十六计”中的“李代桃僵”，词义为相互取代，代人受过，则出自乐府《鸡鸣篇》：“桃生露井上，李树生桃傍，虫来啮桃根，李树代桃僵，树本身相代，兄弟还相忘。”

李，也是中国的大姓之一，因唐朝的皇帝姓李，所以又称唐朝为李唐王朝。

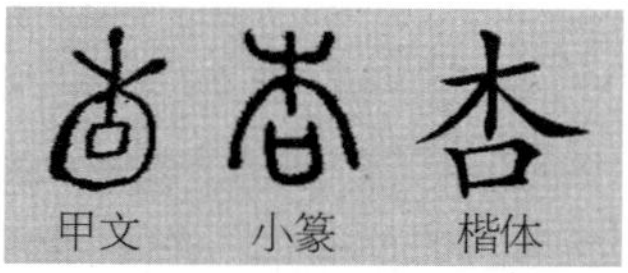

“杏 xìng”，原本是一个象形字。甲骨文的“杏”字，恰似杏核萌发生芽之形。杏是一种生命力很强的果树，埋入杏核，便会发芽生根，不论土质如何贫瘠。山沟里满山遍野的杏树，塔尔干沙漠上的杏树，可为一证。小篆的“杏”字下部发生断裂，逐渐演变为从木从口，楷书缘此而来。

有人认为“杏”字的发音，是由其芳香宜人的香味而来的，这种说法可能有一些的道理。江浙一带，杏与香的发音几乎没有分别，因为杏仁(果实种子)很香：将杏仁内的白色物质取出磨碎即成“杏仁粉”，如果添加水和糖，可制“杏仁奶”，是一种十分爽口的饮料。实际上，“杏”在古音中发声为 hèn，与“亨、横”为语音同源字，源自野杏树总是成片生长，横在人们面前。

关于杏有一段脍炙人口的佳话。三国时的名医吴董奉，居住庐山，他为人治病时从不收钱，但是病重者须植杏五株，病轻者植一株，以为医治费用。数年后，得杏十万株，称董仙杏林。后人遂以“杏林”为颂扬医家之词。此外，人们称学术界为“杏坛”的典故，则是因为孔子曾在杏坛(今山东曲阜)讲学而来。

“桃 táo”为水果名，也是果树名。桃树系落叶亚乔木，高约丈余，春分时开花，花色繁多，红花娇艳妩媚，白花清逸淡雅。春天时，常常为大地绘上重彩浓墨。在描述桃花的诗词中，杜甫的《曲江对酒》一诗，有“桃花细逐杨花落，黄鸟时兼白鸟飞”的佳句。

“桃”由“木”和“兆”所组成。距今约三千四百多年前，殷代的人们常利用龟甲来占卜吉凶，灼烧时龟甲的裂痕往往会呈“卜”形，并爆发出“pù”(卜)的声音，而描写其向左右裂开卜纹的形态就是“兆”字。因而可知，桃之所以写成“桃”，是因过度成熟后的桃子会向左右两边裂开，裂开的桃面上呈现如卜卦一样的裂纹。这也是好桃子能用手掰开的原因。

“桃”素为中国文人所喜爱，以“桃”为主题所作的诗文歌赋，不胜枚举，如晋人陶渊明所作的《桃花源记》，便是其中的佼佼者。文中叙述一捕渔人，溪上捕鱼，忽逢一片桃花林，落英缤纷，煞是美观。桃林深处，渔人觅得一小山口，遂弃舟登岸。入后，发现其间阡陌整齐，无论黄口小儿或白发老者皆怡然自得，衣食丰沛，不知贫寒和忧愁，似乎皆是世外之人。从此，后人以“世外桃源”来形容不可得之人间仙境。

与桃有关的轶事，还有著名的“桃园结义”。叙说刘备、关羽与张飞三人在繁花盛开的桃树下，结义为兄弟，“不求同年同月同日生，但求同年同月同日死”。拜把结义之后，抱团打天下的故事。

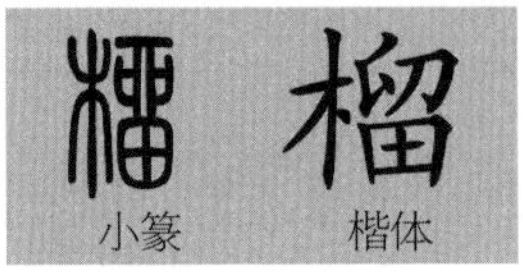

“榴 liú”为落叶灌木，夏初开花，花色艳红刺目，娇艳有余，雅致不足。关于石榴花，西方有一则哀怨的神话：天神宙斯将一个神秘的盒子交给潘多拉保管，嘱其不得擅自打开。然而，潘多拉在好奇心的驱动下，悄悄将盒子启开。不料，盒中所藏的欺骗、邪恶、嫉妒、奸诈、贪婪等不良品性，一涌而出，立即弥漫了原本善良平和的人间。从此，人们不再单纯善良。愤怒不已的天神宙斯，将潘朵拉变为一朵美艳却俗不可耐的石榴花，作为

石榴图

对她的惩罚。

石榴的果实，沉甸甸像石头一般圆而坚硬，所以，在“榴”的前面有了个“石”字。而“榴”又是什么意思呢?石榴的籽实就像在荷叶上来回滚动而不去的晶莹“水珠”，有着像琉璃球一样的小颗粒，晶莹可爱。因此，用“留”做它的声符，兼表“留置”、“滑溜”之意。长着这种果实的树，就称为“石榴”。

公元六世纪时，北魏的杨衔之在《洛阳伽蓝记》中，记叙洛阳名胜白马寺前种植的石榴，其味为天下一品，价格高至：白马寺的一颗石榴，等于牛一头。可见其价格不菲。其实，石榴是自西域传入中国的珍贵水果，时间大约为汉代张骞出使西域前后。中国人依据汉字的特点，给其取名为“石榴”。

西安附近的骊山脚下，遍植枝叶茂密的石榴树，中秋节前后，石榴纷纷上市，成为这一地区的名优特产。其籽晶莹如红色玛瑙，其味酸甜可口，沁人心脾。

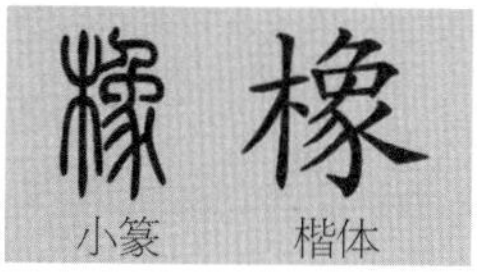

“**橡 xiàng**”属七叶树科，雌雄同株，初夏开白色带红晕的花，果实名栎实或橡斗。大约在种植十四五年后，橡树才会在秋天结出栗子状的果实。这种裂成三叉状的果实尝来有些甜味，其内含有很多淀粉，乃是古代中国人的一种重要食物。橡子的壳，名叫皂斗，是一种可以染布的黑色颜料。

《列子》一书中有一则故事：从前，有个人养了许多猴子，他用橡树的果实来喂它们，早上喂三个，晚上喂四个，而猴子们却非常生气，吵吵闹闹地不肯罢休。于是，他只好改变方式，早上喂四个，晚上喂三个，没想到猴子们个个都兴奋地露出了牙齿，一副兴高采烈的模样。成语典故“朝三暮四”，便出自这一故事。可见，橡子不仅人能吃，猴子也很喜爱。

“橡”是由“木”加上表示发音的“象”组合而成。“象”在动物中，以庞大的身躯而引人注目。橡树的叶子，是由一枚枚小叶组成的掌状“复叶”，有些比人的手掌还大。秋天落叶时，常会打在行人的头上，使人吓一跳。橡树的高度可达二十五公尺，为亚热带中较少见的高大树木，尤其是它的树皮有着“象皮”一样的颜色和粗糙。因此由“木”加上“象”而成为“橡”，以象征其外形高大、叶片巨大和树皮的粗糙，再恰当不过了。然而，“橡”字从木象声的含义，最重要的乃是因为橡树的果仁像禾类作物的种子，富含淀粉。

“**杨 yáng**”的繁体字为“楊”。姓杨的人，自称木易杨，这种说法不够准确。“杨”的声符读“昜(yáng)”，不读 yì。楊是姓，普通而常见，但提手旁的扬也是姓。《中国人名辞典》收扬姓六人，如宋代画家扬无咎；汉代长于词赋曾著《方言》一书的扬雄，都姓提手旁的“扬”。

杨树，是一种落叶乔木，叶互生卵形，春季开花，种子成熟后借助絮毛随风飘散。人们常将杨与柳并称，用来泛指柳树，其实二者是有分别的。杨树的枝条较硬向上扬起，柳树则因枝条柔弱而呈下垂。相同的是，它们的种子都非常微小，须借助种子上的絮毛随风传播。毛泽东诗词《蝶恋花·答李淑一》：“我失骄杨君失柳，杨柳轻飏直上重霄九。”这里的杨柳，明指杨树和柳树的飞花飘絮，暗指烈士杨开慧和柳直荀。

古文字中的“昜”是一个会意字，原本表示阳光向下倾洒照射。“楊”字从木“昜”(yáng)声，可能源自杨树花絮的飞扬，也可能源自中国最高的树种钻天杨能最早感受到阳光的照射。汉字中，凡从“昜”的字均有散射扩展之意，如陽(表示光芒的四射)、煬(表示金属溶化而扩展)、揚(表示上升传播)等字。

“**柳 liǔ**”是“留”的假借字。“留”字从卯从田，构形源自胎儿生下

后,胎盘仍留置在母体子宫内。柳树是一种折枝插入地上便成活的树木。所以,人们借“留”的形、音、义,以木置换本字的田创设出了“柳”字。

《诗·小雅·采薇》:“昔我往矣,杨柳依依。”十分形象地描述出柳树的风姿。李渔《闲情偶记》中说:“柳贵于垂,不垂则无柳。柳条贵长,不长则无袅娜之姿,徒垂无益也。此树为纳蝉之所,诸鸟亦集。长夏不寂寞得时闻鼓吹者,是树皆有功,而高柳为最。”可以说,这是古代文人对柳树形态功能的最好阐述。但这段文字缺少古人分别时,折柳相赠,依依惜别的感人情景。

“**杉 shān**”是由“木”加上“彡”所组成,“彡”的构形,当然是“三”的形变。在中国的“数词”中,“三”和“九”一样,都表示众多的意思。因此,像影子的“影”或彩色的“彩”,其偏旁都是“彡”,含有重叠、并列、多的意思。杉木并非单植生长,而是一片一片地成林。杉树的树冠很小,但树茎却很高大,一株紧挨一株形成一种独特的小生态环境。三五成片,数片成林。于是便有了汉字中的“杉”。“杉槽漆斛”一语出自苏轼的《宿海会寺》诗:“高堂延客夜不扃,杉槽漆斛江湖倾。”这里的“杉槽”指用杉木做的大型浴盆。

杉树,就是以前常常用作电线杆的树木。在中国南方,杉木的树龄多有超过四百年以上者。笔直钻天的树形,实为世间一景。雨量充沛,暖和的气候和酸性的土壤,使“杉”的生长也特别快速,闻名中外的“福州杉”可为代表。

杉树的另一特征,便是许多杉树生长一起,相互之间不攀扯覆盖,每一株都彰显出彬彬有礼。所以,“彬”字似乎与“杉”又有一种关系。

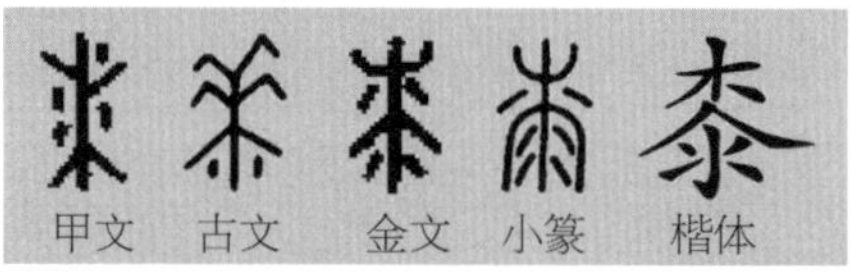

“**桼 qī**”是“漆”的初字。甲骨文的“桼”字，乃是在“木”的中间增添左右四条斜线，表示漆液的流淌而出。《古今注》上说：“桼树以刚斧斫其皮开，以竹管承之，汁滴管中，即成桼也。”“桼”字正是对这一物象的描摹。古文和金文的“桼”字承接甲文，只是树梢上增添了短横，似乎在表明漆树是一种叶片较大的阔叶树种。小篆的“桼”字，则变为木下有四点水滴之形。《说文》因此释为：“桼，木汁可以髹物，象形，桼如水滴而下也。”楷书为归类而添加三点水，写作“漆”，从而成为一个转注字。

漆树

“桼”的本义为漆树，也指漆树的汁液。如《诗·唐风·山有枢》：“山有桼，隰有栗。”这是说：山上有漆树，低湿的地方则有栗树。又如《史记·货殖列传》：“山东多鱼、盐、桼、丝、声色。”这里的“桼”便指漆料。桼，用作动词，则表示用漆涂抹的意思，如《史记·刺客列传》：“豫让又桼身为厉，吞炭为哑。”这是说：豫让在身上涂漆而长了满身的癞疮。现代汉语则有“油漆、漆家具”等词语。

中华民族远在始前时期，就发明了漆器。考古工作者曾在河姆渡文化遗址中，发现一件七千年前的始前漆器木碗。时至商代，漆器已大规模使用在弓箭、器皿，以及棺葬之中。战国时代，漆器文化已相当发达。至汉唐时期，随着漆器技艺的外传，我们的祖先为人类文明做出一大贡献。

“漆”又指河流的名称，意谓长有漆树的河流。大概因为此类河流很多，因而在甲骨文中多至四处。后来人们用“漆”顶替“桼”字，来表示黏液状的漆汁及漆树，“桼”则成为一个构字符号。

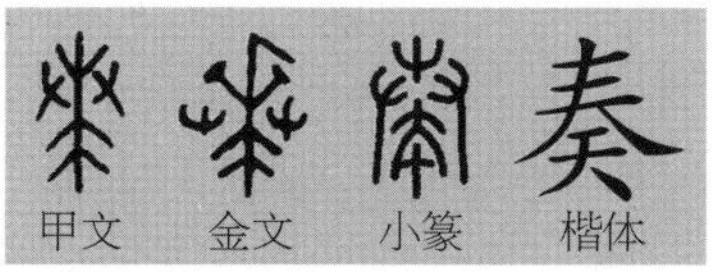

“**奏 zòu**”，这是一个会意字。甲骨文的“奏”字，乃是在一棵高大树木的两边各增添一只手，表示藤蔓植物的攀扶而上(奏和桒为同源分化字)。金文的“奏”字承接甲文，小篆在演化过程中发生断裂性形变，下部成为“夲”(tāo)字，楷书在隶变过程中，再次发生形变后写作“奏”。

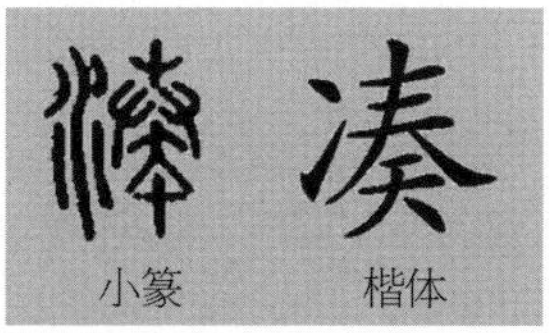

“奏”的本义为聚集、会集。甲骨卜辞中有“奏舞”一词，即聚集一起跳舞的意思。不过，小篆后期，这一意义已由后起的“凑”字承担，由水流的聚少成多，专一表示聚集、会集之意，如“凑集、凑合、凑堆儿”等等。

“奏”则表示由“奏舞、奏乐”而来的引申义，如《楚辞·离骚》：“奏《九歌》而舞《韶》兮。”这里的“奏”表示奏乐。由各种乐器同声会集，又引申出演奏之义。由此进一步引申，在“奏效、奏捷、大奏奇功”等词语中，“奏”意味着发生、取得功效。“启奏、奏议、奏折、奏章”中的“奏”，则表示臣子对帝王陈述意见或说明事情。以上均为“奏”的引申义。

三、疏粝亦足饱我饥

上古先民的植物类食谱，有五谷杂粮，也有被称之为粗食的“蔬”，以及来自野生植物茎叶的“菜”。直到今天，由植物茎、叶、根部分取来食用的，仍称为“蔬菜”。

据统计，《诗经》中记载的蔬菜名称多达二十多种，如“韭、瓠、葑、菲、葵、芹、荼、堇、芑、笋、葍、芥、蕨、薇、荇、茆、蘋、蘩”等，其中“葑、韭、瓜、瓠”为人工栽培，其余都是野生的。如此众多的名称，可见古代采集植物品种的繁盛。

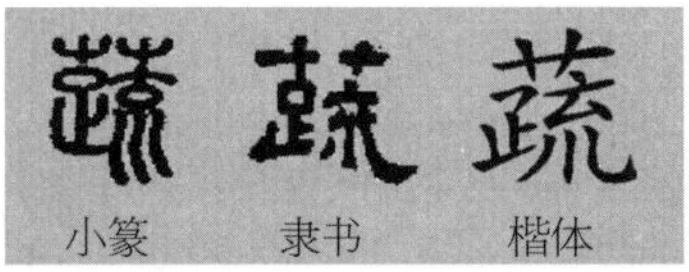

“**蔬** shū”在古代写作“疏”，草字头是后加的。《论语·述而》中有“饭疏食饮水”的记载，孔融注曰：“疏食，菜食。”唐代诗人韩愈在《山石》一诗中说：“铺床拂席置羹饭，疏粝亦足饱我饥。”这里的“疏”也当“蔬”解。“蔬”，古人注曰：“草菜可食者通名为蔬。”

小篆的“蔬”字“从艸疏声”。“疏”字是一个“从㐬从疋”(shū)的会意字，构形源自生育孩子时，孩子脚先伸了出来，因而有枝杈翘伸的意思。

古代，“蔬”指粗米饭，但更多的时候是指搀有野菜叶杆而不精致的饭食。如“蔬菜、蔬食”等，都有茎叶四杈并且粗疏的意思。

在中国人的饮食习惯中，这种“瓜菜代”由来已久。《战国策》中有张仪说韩国人饮食习惯的一段话：“民之所食，大抵豆饭藿羹。”藿羹就是搀有豆叶的粥。《诗·小雅·瓠叶》中有“幡幡瓠叶，采之亨

(烹)之”的诗句,是说采摘葫芦的新叶来煮饭食。《黄帝内经·素问》说:“五谷为养,五菜五充。”这是说:菜可以辅佐谷气,疏通壅滞。民俗中的“腊八饭”,在米粥中掺杂豆、菜、肉,形如大杂烩,就是古代“粥”、“糜”、“羹”中掺杂蔬菜这一习俗的流变。

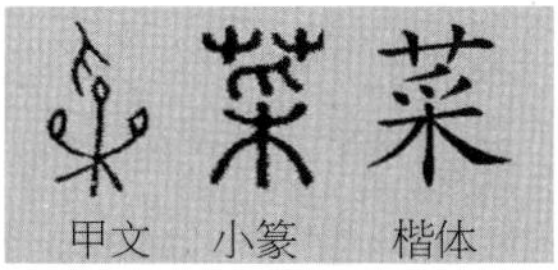

“**菜 cài**”,乃是采的本义转注字之一。《说文》释为“草之可食者,古多以采为菜。”甲骨文的“采”字,是一个由“爪”和“木”(甲文为果的初字)合成的会意字,爪是手,手在树果之上,故有“摘取”、“选取”等义。小篆时期,人们在采上加“艸”,与作为动词的“采”分离,专一表示采摘而来的枝叶果实。由菜字的来源,可知古代蔬菜大多为野生采摘而来。

“菜”,本指能作副食品的植物的茎叶根,即“蔬菜”。《论语·乡党》:“虽疏食菜羹,必祭,必齐如也。”这是说:尽管只有疏食菜羹,也要毕恭毕敬地祭献。“菜”,现今也泛指一切可供下酒下饭的副食品,即烹调过的蔬菜以及肉、禽、蛋等等。

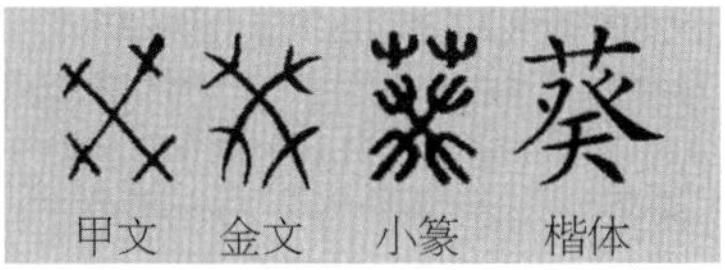

“**葵 kuí**”,是古人十分喜爱的一种蔬菜,今人虽不再食用,但在上古时期,乃是文献典籍中出现次数最多的蔬菜种类之一。葵,又称冬觅菜。古人认为葵是“百菜之主,可备四时之馔”。

葵

葵之初文为“癸”,甲骨文和金文写作“[illegible]”,小篆写作“[illegible]”,在“癸”上增添了艸头。从文字构形分析,“癸”是象形字,原本指拧线时的纺砖,乃是一种利用旋转使丝麻合股的工具。在此,则表示葵科植物的向日旋转。葵花向太阳，葵菜的叶也能向日，所不同的是葵花向日是花盘，葵菜则是叶片。三国诗人曹植在《求通亲表》中用“葵藿之倾叶”来表示自己对亲人的向往之情。杜甫在《咏怀五百字》这首长诗中，也有“葵藿倾太阳，物性固难夺”的诗句，表示自己对大唐王朝的忠心耿耿。诗句中的“葵”，均指作为蔬菜食用的葵菜。向日葵又称西番葵，大约在十七世纪才传入我国。所以，这里的“葵”不是向日葵。

“葵”属锦葵科，两年生或多年生草本，高约一米，叶柄长，叶厚如掌。史前时期，先民就采葵叶作为食物原料。《齐民要术》卷三有“种葵”篇，白居易《烹葵诗》有对葵叶“绿英滑且肥”的描述，长沙马王堆汉墓出土有菜葵的种子。古人六月种葵，九月便可采集，用来作葵沮(腌渍酸菜)和干葵。八九月种的叫冬葵，经年收采。新鲜葵叶，烹烧煮饭入口黏滑，故又有“滑菜”之称，古人称它是“蔬茹之上品”。

唐宋以后，从西域引进大量蔬菜品种，食葵者渐少。明代王世懋《瓜菜疏》中说：“古人食菜无葵，不知何菜当之?”王象晋在《群芳谱》中回答说：“(葵)性太滑利，不益人，熟食令人热闷。三月食生葵，动风气，发宿疾，饮食不消。四月食之，发风疾。病后食之，令人失明。”有了如此诸多缺陷，自然无法与其他蔬菜一竞短长。李时珍在《本草纲目》中说：“今人不复食之。”

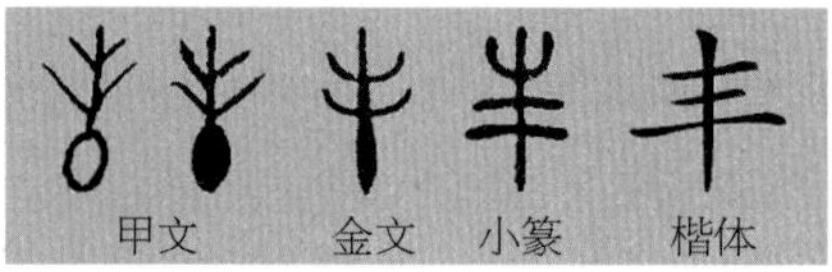

“**丰 fēng**”，的构形来源有二：一是植物品名中的蔓菁，又名芜菁。十字花科，为一年或两年生草本植物。直根肥大形同萝卜，叶可作蔬菜，根可作粮食的替代品。二是准备移栽树苗。下边是树根上的包土。

甲骨文形象地勾画出了蔓菁或移栽树苗的外形特征：叶茂根大。金文承接甲骨文，小篆和楷书一脉相承。

蔓菁，又名“诸葛菜”，古人认为这是一种可以度荒的植物，因此，《救荒本草》将其列入显著位置。蔓菁，吃起来略有甜味，但也渗

蔓菁

透着一种泔水味，吃多了后，还会引起腹胀。所以，今天已很少见到这种植物了。中国人最后一次食用蔓菁，是在上世纪六十年代的自然灾害时期，那时，北方地区的广大民众，曾普遍以此为食，得以度荒活命。

"丰"，的常用义是"丰盛"。《说文》释为："丰，草盛丰丰也。"指草木茂盛之状。实际上，这正是蔓菁根大叶茂的引申义。"丰"又有体态丰满之义，如"风姿、丰采"等。因为"丰"字被其引申义所占用，后人另造"葑"字，专一特指蔓菁。

汉字简化时，借"丰"为"豐"的简体字。"豐"字取意鼓声的繁多，"丰"则指蔓菁的叶茂根大。"丰"与"豐"原是两个不同的字，汉字简化时，将其合并为一。

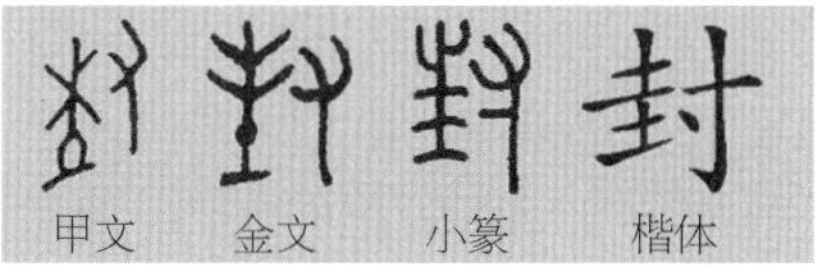

"封 fēng"，这是一个会意字。甲骨文的"封"字，右边为手之象形，左边为一棵树苗栽入土中。金文的"封"字，承接甲文。小篆的"封"字却将右半部的手(又)，讹变为表示手臂之意的"寸"，楷书缘此写作"封"。

可以说：中华民族的原始农业，始于无性繁殖的块根植物的种植。上古社会，商民族在住地城邑四周遍植蔓菁：一是这种植物，易栽易活，叶茂根大，耐耕作粗放，既能作蔬菜，又能做主食。茎叶随时可食；二是植株低矮，在住地四周留下大块的开阔地，有利及时发现敌人。他们将蔓菁栽种在氏族村落的四周，并以蔓菁地为村邑的疆界，这就是"邦"(甲骨文作"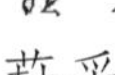")字的由来；《诗·邶风·谷风》中的诗句："采葑采菲，无以下体。"则表达了古代先民采收蔓菁和

出土的汉代蔓菁

萝卜,发现块茎没有长大后的悲哀。

“封”的本义有二:一是种植蔓菁,二是栽树而划定边界。引申为一般意义上的建树,如“封建、分封”一词;又有划定边界的意思,如《周礼》:“制其畿疆而沟封之。”又引申表示疆界,如《左传》中的“又欲肆其西封”。小篆以“寸”为“封”字的组字构件,使之含有阻拦之意,这便是“封闭”一义的出处。

当“封”字也被其引申义所占用后,人们不得不又造“葑”来专指蔓菁。

“芹 qín”有水芹、旱芹两类,水芹生在池塘水田边上;旱芹则生在陆地,有红白两种。芹是今人仍在食用的蔬菜之一。

“芹”是古代先民经常食用的蔬菜,因其有芳香之味,常常作为供祭之用。《吕氏春秋》说:“菜之美者,有云梦之芹。”古文中又有“芹献、芹意”一词,用赠送一把芹菜,比喻礼品微薄不足称道。

“芹”字从“艸斤声”。“斤”原指锛斧一类的工具,这里取意为割取。实际上,现在收割芹菜,大多都是连根拔起,但古人都是使用“斤”或镰刀割其茎,使留下的根系能够再生发芽,重新长成芹菜。

芹菜飘香,象征阳春三月的来临。《诗·鲁颂·泮水》曾歌咏道:“思乐泮水,薄采其芹。”可见,水芹多生长在水边。现在南方水田遍布之处,常可看到杂陈其间的野生芹菜。古代社会,这种蔬菜已是人们餐桌上不可或缺的一道美味。杜甫曾有诗句说:“饭煮青泥坊底芹。”又说:“香芹碧涧羹。”

“萱 xuān”,即俗称的金针菜。萱草所开之花颜色金黄,花蕾晒干后食之可口鲜美,因此在烹调上的使用很广泛,一般作为其他

肉、菜的配料。

萱草

萱草属百合科，多年生草本。嫩叶和花蕾有毒，据说食之会昏然如醉，一切忧烦都可抛至九霄云外，故又名“忘忧草”，亦称“宜男草”。宋人《西江月》一词中有“庭下宜男萱草，墙头结子榴花”的描述。

“萱”字由“艸”字头和“宣”组成，从艸宣声。“宣”在其中不仅表示金针花轮番不断地开，也表示金针花侈大的意思。

古代又称“萱”为“谖草”。“谖”本义为顺着别人的话语添油加醋，因而有顺杆而上和欺诈的意思。这一方面是说：金针花很美，但生吃有毒，另一方面则指金针花抽茎开花时向上高耸的习性。

古代习俗，家庭主妇常在厨房窗下或后院空地种植萱草，这种植物随季节而生，花期很长，主妇须随时采摘，用开水烫煮后晒干保存，以备食用。人们称母亲的居处为“萱堂”，就是取自萱草忙忙碌碌不停地开花和忘却忧虑。如宋代诗人叶梦得的诗句：“白发萱堂上，孩儿更共怀。”

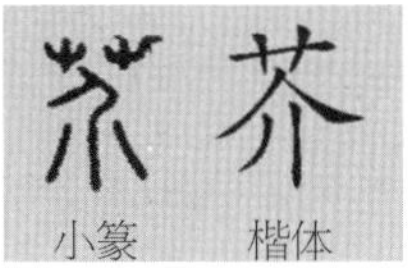

“**芥** gài”为一年生或两年生草本植物，开黄色小花，果实细长，种子黄色有辣味，磨成粉叫芥末，可用做调味品。芥菜变种很多，形态各异，按食用用途分为叶用芥菜(俗称雪里蕻)、茎用芥菜(如榨菜)和根用芥菜(如大头菜)等。

芥

“芥”字“从艸从介”。“介”字是在大的两边各添一点，原指人腿跨站两边。“芥”字由草字头和“介”组成，表示芥菜是一种在茎秆两侧长有互生荚角的植物，荚角内的细小颗粒捣成粉,用水泡过后,便是人们常常食用的芥末酱。

芥菜种子十分微小,又常在田间野外自生自灭,所以古人用“草芥”一词,形容事物的微不足道。《孟子》一书中有:“君之视臣如草芥,则臣视君如寇雠。”就是说:君王把臣民看作野菜芥子般低贱微小,臣民们也会把君王当作不共戴天的仇人。“梗芥”、“芥蒂”,也是人们常用的词汇,比喻人们心中因细小嫌隙引起的不快。

芥菜叶有一种独特的香味,所以南方人在泡菜时,常在泡菜坛内加入少许,当作香料使用。叶用芥菜和根用芥菜,是劳动人民为着特定用途一代一代辛勤培育出来的变种。

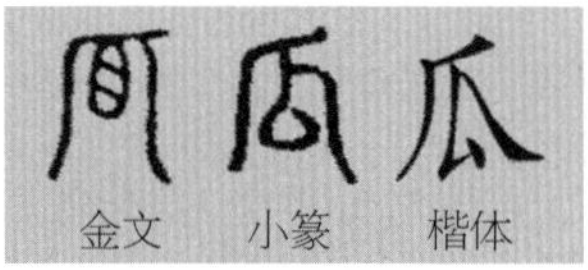

“**瓜 guā**”指的是蔓生植物所结的籽实,有蔬瓜、果瓜之分。果瓜是可以当作水果吃的瓜类,诸如西瓜、甜瓜等;蔬瓜则是指黄瓜、西葫芦、南瓜、冬瓜之类,专做蔬菜食用的瓜。

金文和小篆的“瓜”字,都像藤蔓分叉处结一瓜的形状。由于仅画一瓜,在文字中形状不易辨认,为了表示瓜,就连带地把瓜蔓也画了出来。中国食用瓜种类颇多,不过多是汉以后自西域引种而来。古代文献中提到的瓜,都是指葫芦科的瓠瓜和甜瓜。如《诗·豳风·七月》:“七月食瓜,八月断壶(葫)。”

瓜

现代汉语中,“瓜分”,比喻像剖瓜一样分割国土和钱物;“瓜葛”,则是比喻互相牵连,像瓜蔓和藤葛一样,互相纠缠在一起,无法理清。

“**瓠 hù**”,俗称瓠子。一年生草本植物,茎蔓生,花白色,果实细长如大黄瓜,表皮淡绿色,至今仍是人们常食用的蔬菜品种之一。《诗·小雅·瓠叶》有“幡幡瓠叶,采之亨(烹)之”的诗句,描述了古人采食瓠的嫩叶，烹煮食用的情形。实际上，古人很早便将瓠的嫩瓜烹为汤菜，或者将它放入其他食物中一同烹烧，味道清美，食之可口。

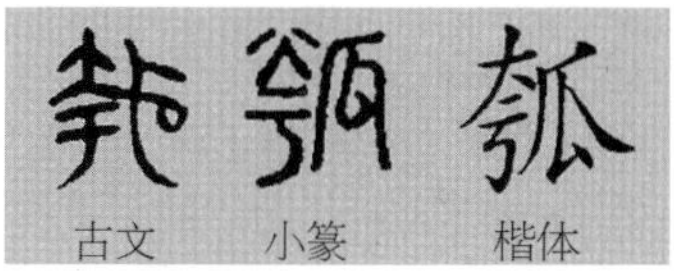

“瓠”由夸和瓜组合而成，原本是一个会意字。其中的“夸”由“大、于”两字组成。“于”在古文中表示呼气，“夸”以长长的呼气来描述瓠瓜的长长弯曲形状。《诗·卫风·硕人》描写巧笑倩兮的东宫之妹“齿如瓠犀”，则是以嫩瓠断面上种子排列的样子，来形容美人莞尔一笑的牙齿。

瓠瓜

与瓠同类，但果实为圆形的瓠称作“匏”(今称葫芦)，匏类中有细腰长如一寸者，称之为亚腰葫芦。古人常用来作为佩物：用赤金打了绦带拴在葫芦腰上，下边垂一个绦结，便成一个小巧的装饰品。孔子在《论语》中说：“吾岂匏瓜也哉?焉能系而不食。”埋怨世风日下，自己只能像细腰葫芦一样，被人们系在腰间，而不被人食用，形象贴切地吐露了“贤不见用”的郁闷。

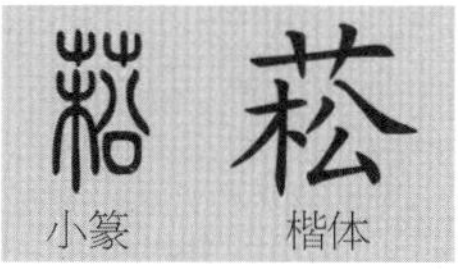

从古至今，人们一直都在食用的蔬菜，白菜最有名。白菜在古代称作“**菘 sōng**”。菘有两种，一种是白菘，叶大根小，根不能食；一种是紫菘，开紫花，根似蔓菁能食，又称芦菔。白菘就是今天的白菜。李时珍说：“菘即今人呼为白菜者。”

白菜所以名“菘”，是因为它的耐寒特性有如松柏，收获期在

"霜降"以后。往往白雪覆盖大地,而"菘"仍在田间生长。古人认为:"菘性凌冬晚凋,两时常见,有松之操,故曰菘。"

"菘"在古代并非贵重之菜。《南齐书》记载:卫将军王俭去拜访武陵王晔,王晔留饭,席间仅有菘菜鲍鱼,王俭认为这是不讲客套,以诚相待,所以吃得很畅快。这本书还记载说:周颙隐居钟山,文惠太子问他:菜食里什么味道最好?周颙答:"春初早韭,秋末晚菘。"粗茶淡饭,自得其乐之情可见一斑。

"**韭** jiǔ 菜"和葱、蒜、姜、胡荽并列,古人称之为"五辛",《说文》说它们是"荤菜"、"臭菜"。这种提法与现今所说的"荤腥"之"荤","香臭"之"臭"不同。原本不是指鱼肉,而是指在嗅觉和味觉上有强烈刺激的蔬菜。后来,人们把不用香辛佐料杀腥的菜蔬,称为素菜,而把需用佐料掩盖腥臊之气的肉、鱼称为"荤"。

"荤菜"中,韭在上古尤其为人所重。这不仅因为韭在初春时节早早见绿,随割随生,乃是因为古人很早便使之园艺化,成为一种精心培埴的蔬菜品种,并且与古人的饮食习惯相配合。当时的主要美味之一是醢,即肉酱,就是将各种肉、鱼细切后调和盐、酒、韭花等,放在坛瓮里曝晒泥封而成。制作如此美味的醢,是离不开韭花之类的辛香调料的。

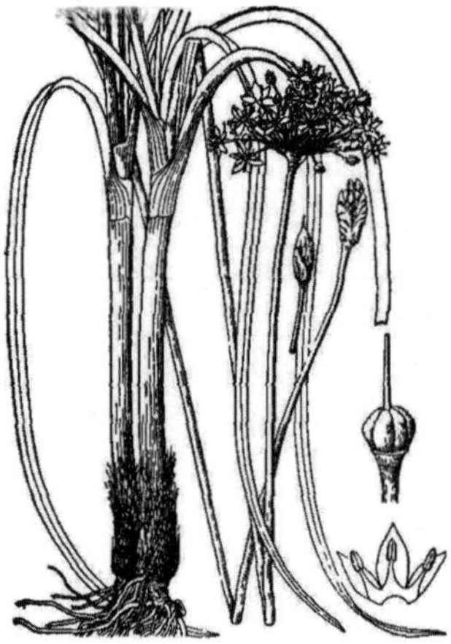
韭菜

"韭"是象形字,像一丛生在地上的韭菜。韭是多年生草本植物,每割一次,又长一茬。所以,《说文解字》说:"一种而九,故谓之韭。"可知"韭"的得名和字形中的笔画均来之于长久。

杜甫有诗句说:"夜雨剪春韭,新炊间黄粱。"看来古人把韭菜视作美妙蔬菜。家种的韭菜叶子宽厚,根为白色;野生的山韭菜叶子较细,根为淡红色,辛辣味比家种韭菜要浓烈一些。

“薑 jiāng”,现已借“姜”为其简体字。小篆写作“薑”,隶书简省为“薑”。

“薑”字“从草彊声”,是一个会意字。“畺”由两个田字组合而成,又在两个田字之间加了三横,表示田块、边界之间的划分。“薑”的生长特征,是在老薑上不断长出新的薑块(即子薑),它的字形反映出构字的依据——“一块一块地邻接”。“疆”是国界、地界中最广大者,但边界仍是一块一块相接,有凹有凸,形如生姜的平面形象。薑和疆都是描述同一形状的文字。

姜图

“姜”也是荤辛之菜,但却没葱蒜那种浊味,在药性上又有逐风湿、除痹痢的功能。所以,姜在“五辛”中有非常特殊的地位。《论语·乡党》在“食礼”中说:晚上忌服辛菜,唯独“不撤姜食”。这是说:食姜可以不拣时间,随时取用。姜的食性主要是和脾养胃,虽然母姜与子姜(母姜栽种后长出的新芽,如列指状,嫩而无筋,初生时姜尖呈紫色,所以又称紫姜)不同,干姜与生姜药性不同,但各种姜都有防病和体的功效,古人名之为“御湿之菜”。

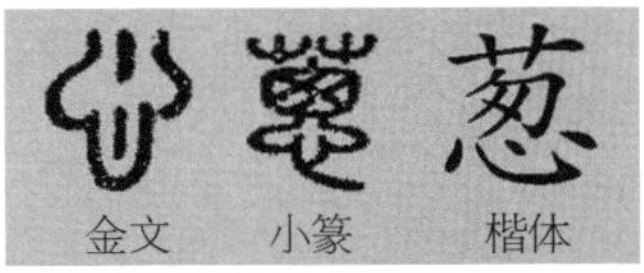

“葱 cōng”,常见的荤菜之一。修行人在祭祀斋戒时不吃葱蒜,这是因为葱蒜有浊气。古人认为它们会刺激性欲,使出家人无法克制而败坏修行。

“葱”,金文是在形如鼻子的“自”字中,增加两竖点,表示葱是一种中空的植物，也表示葱对嗅觉有非常刺激的辛味。小篆写作“悤”，成为一个“从艹悤声”的形声字。“悤”的本义原指孩子出生后，头顶上的“囟门”随着心脏的跳动也一跳一跳地动。在此，则用来表示葱的中空相通。隶变后写作“葱”。

《本草纲目》记载：葱的异体字作“芤”。草中有孔，以此表示葱的中空特征，十分形象地表示了葱的植物形状。

葱为多年生草本植物，常用作佐食或调味杀腥的蔬菜。如晋代潘岳《闲居赋》：“菜则葱韭蒜芋，青荀紫姜。”又引申指像葱叶一样的青绿色，如“葱绿、葱茏、葱翠”等。

“蒜 suàn”的种类很多，中国土生的蒜叫小蒜。北方夏秋之时，地里会长出许多这种野生小蒜。汉代张骞出使西域，从西域大宛国引种带回的蒜，称为大蒜，也就是今天市场上出售的食用蒜。颜师古注曰：“蒜，大小蒜也，皆辛而荤。”

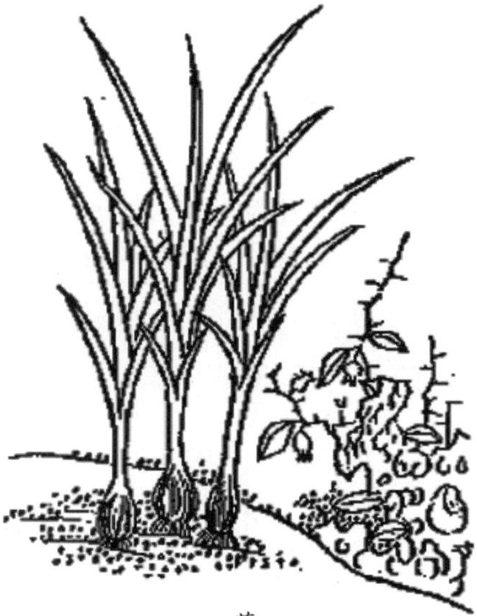
蒜

“蒜”字“从艸祘声”，《说文解字》中释为：“祘，明视以算之……读若筭。”祘是古代计数时摆放的算筹，蒜是多瓣的，形同聚在一起的算筹，所以其字从“祘”。又因为它是草本植物，所以加了“艸”头。也有人认为，中国原生的小蒜(一般都是独头，不分瓣)，白净小巧形同玉石，所以古人称之为卵蒜，写作“弄”，表示这是一种双手弄玉般的植物。后来，引进了西域的分瓣大蒜，人们才又造了“蒜”字，表示大蒜蒜瓣形同算盘珠子的形状。

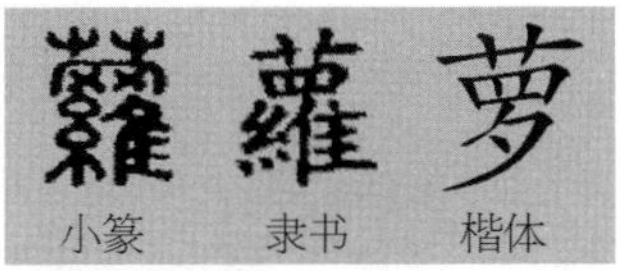

“**萝 luó 卜 bo**”,也是由西域传入中国的蔬菜品种。不过,它传入中原比大蒜要早一些。萝卜属十字花科,原产地为地中海的亚欧沿岸,但是,一般欧洲种的萝卜大都体形瘦小,传到中国后,经古人的培育改良,才成为现今的大个萝卜。

古文典籍中,萝卜有好几种名称,有称“芦菔”的,也有称“莱菔”的,还有称“萝葩”的。实际上,萝卜是一个外来语,可能是拉丁文 raphanussativus的汉语译音。由于汉字系统的表意特点,汉字在接受外来语音的发声时,同时又在汉字的形声造字原则下将它们坚决地汉化,为其造出了新字。

萝卜的常用繁体字是“蘿蔔。”“蘿”是“籮”的假借字(去竹加艸),取意萝卜形同淘米用的圆圆籮筐。也有人认为,萝卜拔掉后,会在地里留下一排排整齐的坑洞,形同罗网的网眼,故“从艸羅声”。

“蔔”和“葍”在字源上,是同一系列的文字,取意为圆形盛酒的陶器,也用来描述萝卜的外形特征。现代汉语用“卜”替代“蔔”字,取其音同而用,已是一种彻底的简化。

“蘿”和“蔔”两字都依据萝卜的形状,将译音进行再造,充分体现了汉字的无穷造字能力。

“**苜 mù 蓿 xu**”,是张骞出使西域带回的植物品种。它随同西域的大宛马、汗血马一起来到中原。最初,苜蓿是作为饲马的牧草大面积种植的。不久,人们发现这种植物烹煮煎炒的味道都不错。而且,初春之际,当其他蔬菜还是幼苗时,它却已绿油油的一片,弥补了春季绿色蔬菜的空缺。把苜蓿搀在米中煮菜粥,或者水焯凉拌，其味都十分可口，因此，深得平民百姓的喜爱。

苜蓿

“苜蓿”一语源自古代大宛语的 buksuk 或 budawa。与萝卜一词，同样，在汉语大家庭接受这个外来语音时，对其做了必要的汉化手术。苜蓿的叶子为互生，长圆形，非常像人的双目，所以，“苜”字“从艸从目”；“蓿”，则是指苜蓿为宿生(即多年生)草本植物，一次种下，便可收割几茬，也能连年收获，故用“蓿”来表示名称的另一半。

古代社会，汉民族通过“丝绸之路”，与西域各民族进行了多方面的交往。汉唐两朝之所以强盛，原因之一便是他们的开放。汉唐两朝之所以人口数量大增，也是因为新的农作物引进后，土地能够养活更多的人口。归根结底，中国封建王朝的衰败没落以及农民起义，与农作物总产量所能养活的人口极限息息相关。

“蒿 hāo”，也称香蒿、青蒿。两年生草本植物。叶为羽状分裂，茎直立，圆锥形。植株高约60~150 厘米，多生于四野、荒地、路旁。在上古社会，“蒿”有两种用途：其一，春采幼苗可食用，亦可晒干以备食用。其二，夏秋时节砍倒，可用为桑蚕爬上结茧。故而，“蒿”又称之为“蘩 fán”。

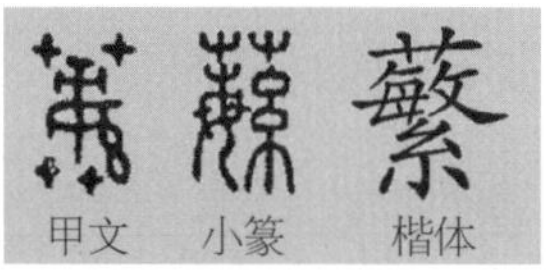

蒿(蘩)

“蒿”字是一个会意字。四边小草之状，表示“蒿”的类属；“高”原本指称男根，在此则表示“蒿”的挺拔，也显示其形状。

《诗·小雅·鹿鸣》中有诗句:“呦呦鹿鸣,食野之蒿。”可见,这是一种鹿所喜食的植物。唐代诗人聂夷中的《闻人说海北事有感》中有:“村落田中眠虎豹,田园雨后长篙莱。”句中的“蒿莱”意谓野草、杂草。由此可知,“蒿”是一种生长快速的野生植物。俗语因而有:“三月茵陈四月蒿,五月砍倒当柴烧。”

“茶 chá”的原产地在中国,据说,饮茶的习俗开始于秦代的蜀地,但“茶”这个字的出现却较迟。茶字出现之前,古人称茶为“荼(tú)”。《说文新附》注曰:“荼,古茶也。”《野客丛话》则说:“世谓之荼,即今之茶。”

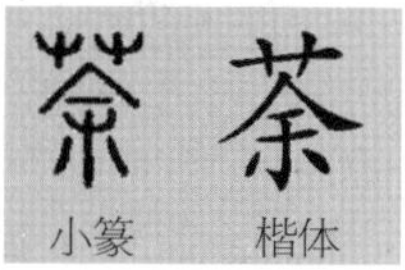

“茶”由艸和余字组成。从字形上分析,“茶”是由“荼”字省掉一横而演变出来的,可能是一个后起的再造字。事实上,“茶”也可能是一个从艹从余的会意字。“余”字在甲骨文中写作“余”,源于上古社会的雨伞,含有膨胀及舒缓的意思。茶叶浸泡于水中后叶片舒展,便有如伞打开之形。因而,“茶”用“余”为其组字构件。古人常于忙碌的工作告一段落后,用一杯清茶缓和紧张的情绪,茶霭氤氲中,一切辛劳都抛到九霄云外了,所谓“一茶在手,快乐似仙。”也有人认为“茶”是一个从艹从入从水的会意字,意味能入水浸泡烹煮的茶。三种造字方法,你愿意相信哪一个?

“茶,茗也,树似栀子,冬生叶,可煮饮。”茶为长绿灌木,人们栽种是为了采其嫩叶,晒干或烹炒后加以泡煮。作为日常饮料,茶叶有一种清香,喝后令人神清气爽。除此之外,茶籽可以榨油,俗称茶膏,宋代诗人陆游的诗中有“银毫地绿茶膏嫩,玉斗丝红墨沈宽”的佳句。

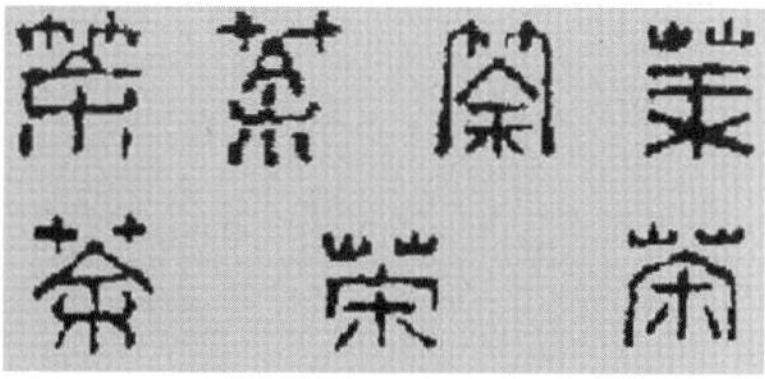
汉字中“茶”字的流变和多样

中国人的饮茶习俗始于战国时代,六朝时渐渐大众化。唐代的陆羽曾作《茶经》一书,详述茶的分类及制茶饮茶的历史流变,此书被奉为茶文化的经典。陆羽在《茶经》中说:“茶之为用,味至寒,为饮最宜。精行俭德之人,若热渴、凝闷、脑疼、目涩、四肢烦、百节不舒,聊四五啜,与醍醐甘露抗衡也。”唐代诗人卢仝则作有《七碗论》,诗云:“一碗喉吻润;两碗破孤闷;三碗搜枯肠,惟有文字五千卷;四碗发轻汗,平生不平事,尽向毛孔散;五碗肌骨清;六碗通仙灵;七碗吃不得也,唯觉两腋习习清风生……”

茶树

“茶”在唐时的中原发音为chá,源自请人端拿时的劝“拿”声。也有人认为“茶”的发音源自喝茶时的咂嘴声。茶在华南地方发音为te或ti,可能源自茶碗的碰撞声。将茶引入西方的商人模仿华南产地发音,所以英文的tea和中文的“茶”发音相同。

茶发“拿”声来自一种行为的伴随音;茶发“咂”声则来自对一种事物的拟音;茶的南方发音也是对一种状况的拟音。由此看来,每个汉字的发声都有其生活来源。尽管南北方言发声不同,但汉字的形体却是一致的。

四、广植桑麻有衣穿

中国是古代世界纺织业最发达的地区之一，也是用丝、葛、麻这些植物原料进行纺织的发源地之一。考古发掘，曾发现多处新石器时代的丝织品、葛制品、苎麻织品遗存。《韩非子·五蠹》中说，古代帝尧时期的先民就已经是“冬日麑裘，夏日葛衣”，并非完全无根据的传说。当桑麻种植以及手工纺织业发展到商周时期，已是相当发达了，因而早期的汉字多有它们的身姿。

“**麻 má**”，古代最重要的纺织原料之一。古代，平民百姓穿这种以麻原料的衣服达两千年之久，直到宋元以后，才逐渐被棉布所替代。麻又是古代的“五谷”之一，麻籽是食粮，也是油料作物。因此，麻的栽培利用，在中国有着非常悠久的历史，在华夏民族的农耕文化中，有着不同于一般的特殊地位。

大麻

麻，金文中写作“麻”，上部为“厂”，这是一个表示翻转的符号。下部为“𣏟pìn”源自麻皮从茎秆上的剥落(与林不同)。两个字根会意后，便表示麻是一种砍倒后可从茎秆上剥离出麻皮的植物。

金文和小篆中的“麻”字，下半部分仍从

“𣏟”(与“林”是完全不同的两个字)。“朩”是一个象形字,两“朩”并立,表示麻类植株的细长挺立和密植。“朩”形两边的竖线,表示麻皮可以剥离。《说文》因此释为:“𣏟,人所治也,在屋下。”小篆“麻”中的“广”源自翻转符号“厂”的讹变,但也可视作廊房,表示人在屋里剥取麻皮。

麻是中国“男耕女织”小农经济的重要组成。麻在中国封建礼俗中,更有特殊的功用。孝服必用麻布制成,戴孝越重,用布越粗。孝子们还得系上粗麻做的腰带,用苦行折磨表示人的“痛不欲生”,所谓“披麻戴孝”之旧习也。

麻是一年生草本植物,有苎麻、苘麻、大麻等众多品种。麻类植株含有毒性,未清洗的麻束在揉搓时,皮肤会中毒而产生一种麻木感。过多食用麻的种子以及麻油后,也会产生一种昏醉的感觉。于是,人们根据这种生活体验,创造了“麻醉、麻痹、麻木不仁、麻糊”等词汇。“麻俐”一词则是形容某人像剥干净的麻秆一样精明干练。“麻烦”一词常用来形容事物象乱麻一样剪不断、离还乱,令人厌烦。人们又称天花后遗症在脸上留下的疤痕为“麻子”,取意它与“麻籽”的形状和颜色相似。

麻,植株分为雌雄两种。雄曰枲,亦称牡麻、花麻。雄麻(枲)为取纤维,收割须及时。《说文》释为:“**𣏟**,分枲(雄麻,音 xǐ)茎皮也。”就是说,雄麻的茎秆表皮纤维很长,将其剥离下来,可以分劈成一束束的麻丝。雌麻为收子,则收获在后。雌麻的种子可以榨油,在古代是十分重要的灯油,即俗称“麻油灯”的油料。麻油也可以炒菜,麻籽又是重要食粮之一。《诗·豳风·七月》:“七月叔苴,采荼薪樗,食我农夫。”这里的“叔”当作抖晃拾取讲。“苴”,则指麻籽,也是雌麻的名称。《礼记·月令》:“孟秋之月,食麻与犬。”乃是以麻籽为食的文献记载。

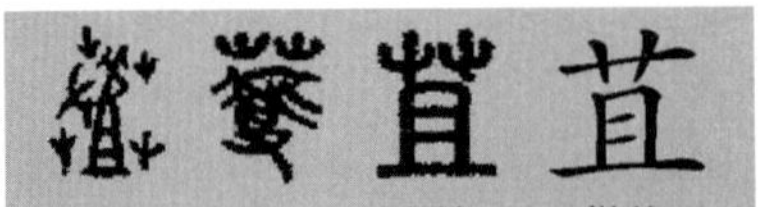

甲文　古文　小篆　楷体

“苴 jū”在甲骨文中是一个会意字:四角小草之形,表示麻乃草本植物，也可视作在草丛中寻找麻籽。中间上部表示麻蓬上的敞口。左边中间是一个手形，表示拾取。这是因为麻籽的成熟期不一，一边成熟一边撒落，需要随时捡拾。小篆的“苴”字，则是从狙假借而出的假借字，借狙字的形、音、义，以艹置换本字的犬旁，表示麻籽从麻蓬中爆裂而后射出。

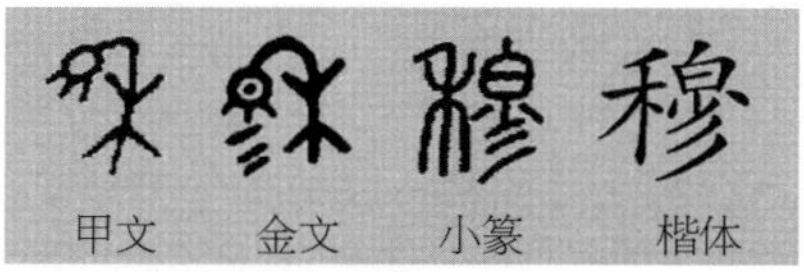

这个“**穆 mù**”字非常形象，构形源自雌麻(苴)的结籽成熟。甲骨文的“穆”字就像一株向左弯曲、麻蓬饱满已经成熟的样子。金文在下部增添三个撇儿，表示麻籽成熟后簌簌下落的样子。由此可见，“穆”字是一个象形字。小篆的字形则发生了形变，表示植株的“禾”不仅移到了左边，而且和麻蓬断开，遂成为一个“从禾从㐱”的会意字。

“穆”的本义为雌麻成熟(有人认为，也可表示禾穗的成熟弯垂)。麻籽在古代既是食粮，也是油料作物。《南齐书》记载：“太祖年二岁，乳人乏乳，后梦人以两瓯麻籽食之，觉而乳大出。”可见食麻粥并用之下奶的习俗，古已有之。麻籽成熟丰收在望，种植者会想起麻籽的滑润宜人，因此，“穆”字有“美好”、“和睦”之义，如《三国志·魏书》：“与夏侯尚不穆。”这是说，与夏侯尚这个人不和睦。再如“穆如清风”一词，则表示像清风一样和畅而美好。

苘麻

“穆穆”连用，表示严肃貌，这乃是从大田里成片雌麻成熟后，让人感到肃然起敬所引发的词义。

“**葛 gé**”，有可能是人类使用最早的一种编织原料。远古时期，

先民们捕猎鸟兽和捕捞鱼虾时，不断地实践，发明了各种各样的网，如捕鸟的“罗网”、捕兔的“罝网”、捕麋鹿的“罞网”、捕鱼的“罛网”等等。编网需要编织原料，“葛”首当其冲，充当了这一角色。

野葛

小篆的“葛”字从艸曷声。“曷”由“口”和“匃”组成，“匃”是形容站在逃亡的人前面，举起手阻止，让其停下来的会意字。为了阻止还须大声呵止，所以又加上了“曰”。由此可证，葛最早用作网罟绳索的编织，是为了阻止鸟、兽、鱼类动物的逃窜。葛，便是一种可以阻止前往的草。

葛属豆科，多年生草本植物，茎细长蔓生，秋日开蝶形花，结实成荚。葛根外紫内白，含有丰富的淀粉，古人常做葛饼食用。葛的藤蔓可达八米长，直接剥下葛的表皮，便可搓捻成绳线。不过，这种绳线十分粗硬，因为葛的表皮含有一种胶质物。后来，先民们发现倒伏在水洼里的葛，经过一个阶段的沤泡，胶质自然脱落，纤维便会变得松散柔韧，稍稍加工便成为一种上好的织纺原料，先民们因此仿而效之。《诗·小雅·葛藟》中有“绵绵葛藤，在河之浒”，就是对沤泡葛藤的描述。

葛的蔓条呈古铜色，古人剥取葛的表皮纤维加以纺织，做成葛衣，是一种比麻布还要粗糙的衣料。由于这种衣服呈现一种茶色，所以褐色的“褐”字从葛假借而出。据说晋代的陶渊明，隐居山野时，穿葛布野服，生活淡泊，常常以葛巾漉酒。近代史上的曾国藩则有“绿窗朱户春昼闭，乌纱白葛道衣凉”的联句。

葛是山野间的藤类植物，必须缠附其他树木才能生长。所以，人们形容事物零乱，纠缠不清时，便用“纠葛”一词。《易经》中的“困”卦，则用“困于葛藟”形容艰困之地。

葛根是一种富含淀粉的可食之物，今湖北钟祥市部分山区仍生长这种植物，加工成葛粉后，乃上等保健食品，出口许多国家，日本富有家庭对此情有独钟。

“**棕 zōng**”,《说文》作“椶”,也是一种可以用作编织原料的植物。我们常见的棕绳、棕床以及沙发中添加的棕片,都来自棕树。棕树又称作棕榈树。在各类植物中,棕榈的形态比较特殊,其汉字命名也非常有特色。

“棕”字,从木宗声。木为类旁,表示与树木有关;宗为声义旁,表声且表义。“宗”字由房屋(宀)加上示(祖宗神灵的牌位)而组成。古代社会,由曾祖父、祖父、父子一脉相承的家系,称为大宗,由庶子或次子等弟兄分家后形成的家系,称为小宗。大宗和小宗的结合,就成了所谓的“宗族”。“宗”字,就表示这种家族制度的传承,含有嫡子相传,一脉相承之意。“棕”字由木和宗组合而成,除了发音仍为 zōng外,还表示“棕”树有着树干笔直,叶片相通并相互承接的意思。古文的“椶”字,则表示树干像鬃毛一般零乱。

由棕丝编织成的绳子,有不怕海水侵蚀的特点,所以,棕绳在船舶上的使用非常普遍。上古先民是否用这种棕绳编织过渔网,今天,只能靠猜测来想像了。

“**榈 lǘ**”字从木闾声。“闾”字是由“门”和“吕”组成的。“吕”是个会意字,构形源自人口的相互传话, 因而含有直接连贯起来的。例如,人的背椎便叫做“脊吕”,意指脊椎的环环相扣。“闾”在古代是一种居民组织,《周礼》曰:“五家为比,五比为闾。”这种居民组织实质上是一种环环相扣,互相担保的梯性结构。当棕榈树的叶子枯萎以后,树干便呈

棕榈树

现一节一节，形同人的脊梁，也类似互相关联的“比间”。因此，由木加上间，就成为了“榈”字。把棕和榈的形象连接起来，就充分显示出了“棕榈”树的独态形态。

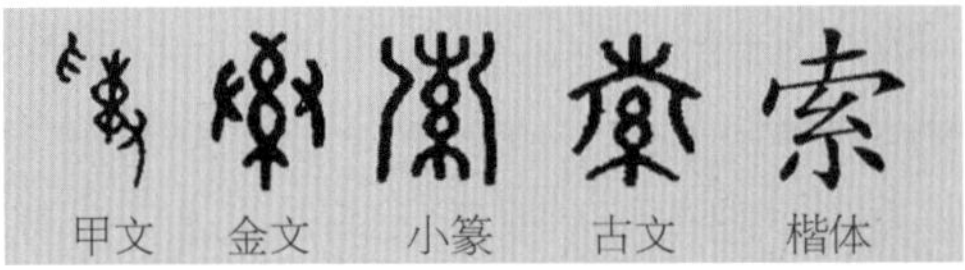

“**索 suǒ**”，这是一个象形字。甲骨文和金文的“索”字，就像一条编好的绳索之形，字形左右各有一只手；又像有人用双手在搓制绳子。古文的“索”字，双手演变成表示涵盖的“宀”形符号，楷书缘此写作“索”。

古代有“大者谓之索，小者谓之绳”之说，因此，“索”的本义指粗壮的大绳子。后来，又泛指各类粗细不等的绳索。《诗·豳风·七月》：“昼尔于茅，宵尔索绹。”这是说：白天割茅草，晚上偏搓绳索。这里的“索”即粗绳，“绹”则是绞制细绳。凡绳索均可从一头伸延续接到另一头，所以，“索”还表示寻找、寻求。如“求索不得”、“按图索骥”等词汇。屈原《离骚》中有“路漫漫其修远兮，吾将上下而求索”的名句，诗中的“索”字即表示探求、寻找的意思。由寻求之义，又引申为“要”或“取”，如“索取、勒索”等。从“绳索”独自一条的形状，又引申出了“孤单”之义，如“离群索居”等。

“**编 biān**”，这是一个会意字。甲骨文的“编”字，左边是一个“册”字，乃是编物如栅的象形；右边是“糸(mì)”，表示编织用的绳索。因此，“编”的本义为编排栅栏，也表示编织而成的网络。小篆的“编”字因音形变，增添了一个“户”，在此用作阻拦、隔阻之义。因此，“编”的本义为编扎用为阻拦的栅栏。引申泛指编连。

纸张发明之前，中国古代多用竹简作为书写材料。把竹简一支支用皮条编联起来，就成为一卷卷的书。据《史记》记载，孔子晚年

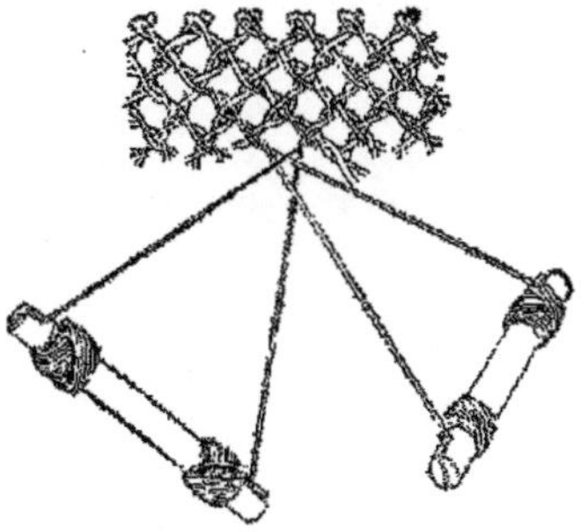

古代的编绦法

研读《易经》一书，翻来覆去不停阅读，结果使编联竹简的皮条磨断了多次，这就是“韦编三绝”成语典故的由来。后世一般的书籍文献也用“编”来表示，如“长编、上编”等；史书中，按年代顺序编写的历史文献，也叫“编年体”。军事上讲的“编队”，出版上的“编辑”，演剧制作上的“编导”等，都有按一定顺序格式制作的意思。

古代编织，分为纬编和经编两种，即运用经线或纬线的空间往返结构，编织出带有花纹的网状或带状织物。

“编钟”，是我国古代特有的一种乐器。这种乐器的特点，就是把钟按大小顺序，依次悬挂在长方形木架之上，由于它是按钟的音高顺序排出的，所以称为“编钟”。

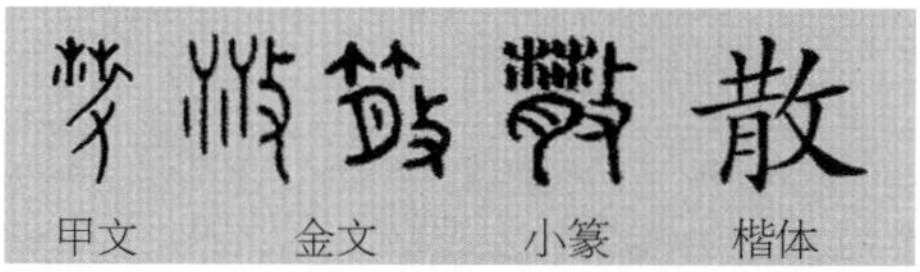

“**散 sàn**”字在甲骨文中写作“㪔”。金文中写作“㪔”，均像手执工具梳理、敲打麻皮之状。《说文》释为：“㪔，分离也。”《正字通》：“㪔，剥麻也，即分离之意。”这里的“𣏟”乃是从麻秆上扯下麻皮的象形描写，再加上“攴”，即表示手持棍杖抽打麻条，使之松散之义。金文中有添加肉“月”的一款，则表示将肉块抽打成肉糜。小篆的“散”字将两款字形合二为一，表示抽象意义上的使之分散、离散。

种植麻的历史大概比蚕丝更古老。考古工作者在浙江出土了四千七百多年前的麻布，其质量与现代粗布相似，说明那个时期的麻织水平已达到一定水准。西周以后丝麻并重，《诗经》中有不少篇章，描绘麻的种、收、绩、到纺制为衣，乃至贸易的过程。那时候，周王朝还在各地设立了“典枲”官，专门负责征收和分发麻织品。

麻作为纺织原料，直到今天仍有很强的生命力，人们将其与化纤原料混纺，织成的麻布质地挺括散热性好，是优良的夏季衣料。

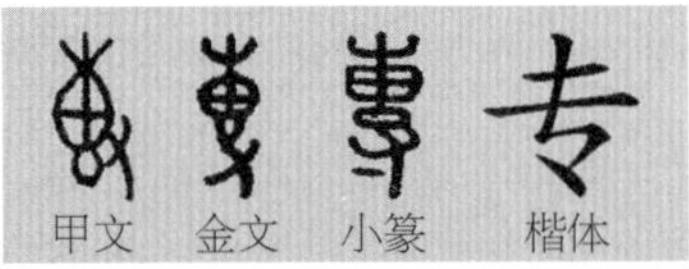

“专 zhuān”是“專”的简体字。甲骨文的“專”字是一个会意字：右下为手(又)的象形，左上部乃上古纺轮的白描图象。两形会意，表示旋转纺轮以拧线的意思。金文和小篆的“專”字承接甲骨文，楷书缘此写作“專”，简体字写作“专”。

殷商时代乃至两汉，民间大都是以手转动纺轮进行纺麻。考古发掘出的纺轮，或石制、或陶制、或木制，甚或有玉制的。形状大体相似，但同中有异：扁圆形、鼓形、算珠形都有。古人在纺轮中心插入捻杆，便可以绩麻了。所谓“绩”，即一手旋动纺轮，一手接续和搓捻麻丝，利用纺轮旋转的力量，把麻丝旋绞成细而坚韧的线。麻线长了，纺轮将要碰地时，便把已经绩好的线缠到纺轮的捻杆上，然后，旋动纺轮开始下一轮的循环。

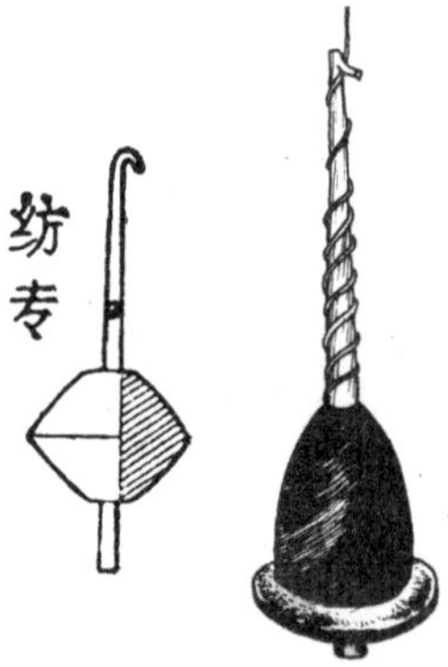

纺轮古称“瓦專”。《诗·小雅·斯干》：“乃生女子，载寝之地，载衣之裼，载弄之瓦。”其中的“瓦”即瓦專。这是说：女孩落生伊始，就已经决定了一生与“专”相伴的命运。

“专”本指绩麻纺线。因为纺线是把麻丝搓捻成一根线，所以，“专”又用来表示专一。如《易·系辞上》：“夫乾，其静也专。”现代汉语中则有“专心、专题、专业、专门”等词组。又由专一引申出独占、单独之义，如“专制、专利、专卖权”等等。

纺车出现以后，人们又在“专”旁加“车”，孳乳出了“转”字。

“桑 sāng”即桑树，是一种阔叶乔木，其叶可以喂蚕；桑树的果

实，即桑葚，是乡间百姓们的一种水果。

战国铜器上的采桑图

甲骨文的“桑”字，下半部是木，上半部为桑树的叶子，就像一棵枝叶繁茂的桑树树形。另一款的“桑”字下边增加了一只手，表示采摘桑叶。小篆的“桑”字变为会意字，从叒从木，树叶与枝干分离，叶形已讹变为三只手(又)的重叠，表示很多人的采摘。《说文》释为：“桑，蚕所食叶木，从叒木。”

桑的本义为桑树，现代汉语中，人们又用“桑梓”代指家乡；用“桑榆暮景”比喻年老的时光；用“沧海桑田”暗寓世事变迁的意义。

桑树的树皮韧劲很大，富含长纤维。人们对桑树的利用，主要是摘叶养蚕，抽取茧丝，作为纺织原料。

桑树的品种极多，古人以荆桑和鲁桑将其分为两大类。实际上，鲁桑为品种名，人们在一代一代的栽培过程中，逐渐培育出了矮化的鲁桑系。荆桑仍指实生的乔木桑树，各地随俗而名。荆桑，根系坚固树干坚实，枝条坚劲早生，其叶有利于蚕的提早发育，宜饲小蚕。低矮的鲁桑枝叶丰腴，叶圆厚而多津，有利于蚕的丝腺成长，宜饲大蚕。从出土的战国铜器上的图案中，可以看到古人采摘桑叶的情景：“树上攀采者，荆桑也，树下采摘者，鲁桑也。”

好桑养好蚕，好蚕吐好丝，有了好丝，才能织出精美的绫罗绸缎。

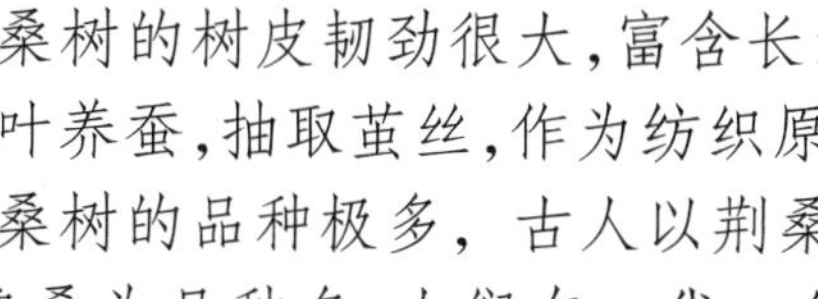

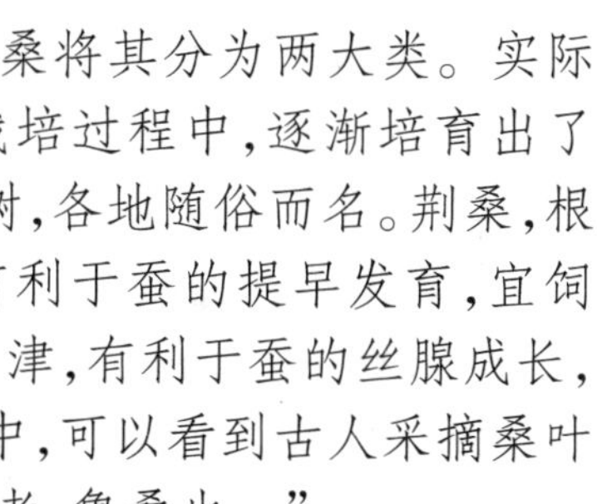
河姆渡出土的蚕纹象牙盅

“蚕 cán”是“蠶”的简体字。甲骨文写作，乃是一条桑蚕的图画描摹。金文以两个蚕形和目标字根日会意，体现蚕食桑向上汇集的特性。小篆在下部增添

了两个“虫”字，从而成为一个转注字。《说文》释曰：“蠶，任(吐)丝虫也，从虫朁声。”

民俗画中的蚕和桑叶

野生的原始蚕，生长在树上，吃桑叶或柞树叶，为繁殖后代，便在树上吐丝成茧、化蛹成蛾。专家考证，夏代之前，原始先民们就有吃蚕蛹的习惯。吃的时候，用口中的唾液润湿茧壳，然后扯破茧壳将蛹取出。在扯茧壳的同时便能拉出一条一条的蚕丝，当人们悟出以茧抽丝的道理，并多次将野蚕丝捆缚物品后，蚕丝由此成为编织和纺织原料，也由此萌生了将野蚕驯化为家蚕的想法。

养殖桑蚕的历史，在中国非常悠久。甲骨文中有“蚕”字，殷代青铜器的纹样中有蚕的图纹，出土的殷商青铜器上附有丝织物的痕迹或绢丝断片。据说，中国在夏朝已开始养蚕，至今已有四千七百年的历史了。我国是世界上最早利用蚕丝的国家，而且在相当长时间内是唯一具备这一技术的国家。

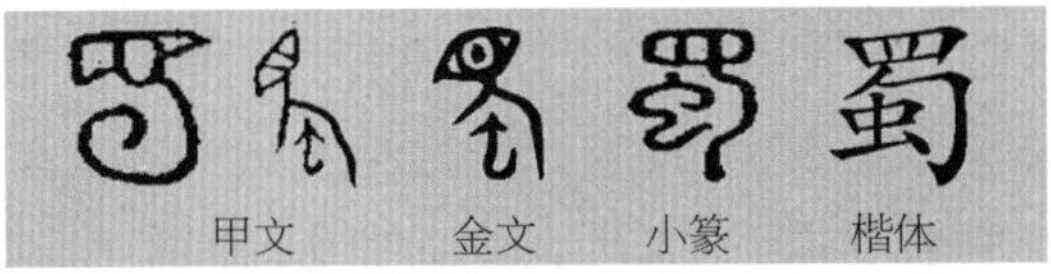

“蜀 shǔ”，这是一个依托象形字，本是野生柞蚕的名称。甲骨文的“蜀”字上部乃柞蚕身上酷似眼睛的斑纹；下部则是毛毛虫蜷曲的身体。金文的“蜀”，则在下边增加了一个“虫”字。小篆的形体，基本上与金文的形体相似。

“蜀”的本义是“柞蚕”，又指身上有眼睛图案的毛毛虫。《说文》释为：“蜀，葵中蚕也。”为什么四川简称“蜀”呢？古代有一个民族，居住在现今四川的西部，他们的首领名叫“蚕丛”，因为柞蚕的象形字是“蜀”字，所以他自称“蜀王”，共传了十二世。公元前316年被秦国所吞灭后，秦在四川设了“蜀郡”。所以，后世一直以“蜀”代称四川。三国时代，刘备在成都称帝，史称“蜀汉”。自此以后，“蜀”字也就成为四川省的别称了。

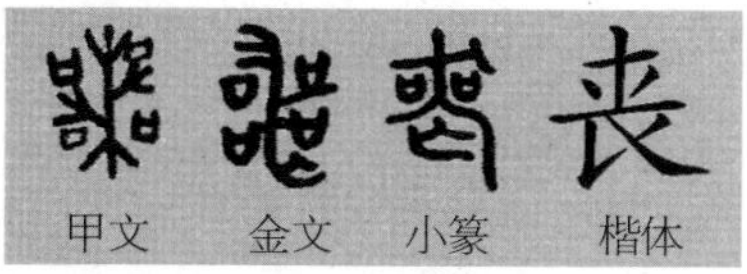

“丧 sàng”，这是一个与桑树同源的会意字，表示树上放养的蚕因桑叶食尽而亡。甲骨文“丧”字中间是一棵桑树的象形，树上的几个“口”，表示蚕食桑叶而形成的豁口，也可以视作鸟雀的口。上古时期，先民们将蚕直接放养在桑树之上，让其自生自灭，只待收取蚕茧，这种粗放经营，乃是中国蚕桑业初期的一种放养形式。然而，一旦放养过多(如图中有太多的口)，便会出现桑叶食尽，蚕儿仍未长成结茧的局面。这时，整树的蚕便会因无叶可食而死亡。

从金文到小篆，再到楷体，“丧”字的形体一步步发生了变化，演变的轨迹清晰可辨，字义却一点未变。《说文》释为：“丧，亡也。”因此，“丧”的本义为蚕因食绝而死亡。由此，又引申指一般意义上的失去、死亡。

《论语·八佾》：“临丧不哀，吾何以观之哉?”这里的“丧”，即表示亲人的死亡。“治丧、丧葬、丧服”等词语中的“丧”，都与死了人有关。“丧心病狂、玩物丧志、丧尽天良”等词语中的“丧”，则表示失去。

“葚 rèn”，即桑葚，桑树的果实，成熟后呈黑紫色或白色，味甜甘口，是古人十分喜爱的一种水果。

“葚”是一个会意字。甲骨文的“葚”字，上部乃是桑树的形状，下部是一个“甘”字，表示桑葚的甘甜可口。小篆的“葚”字从艹甚声，其中的“甚”表示甘甜之物含在口中。《说文》释为：“葚，桑实也。”《诗·卫风·氓》中有：“于嗟鸠兮，无食桑葚。”这是说：鸣叫不停的斑鸠啊,不要吃掉桑树上的桑葚。

据《北史·崔逞传》记载,萧道成率兵攻打中山,很长时间未能攻克,粮食已吃尽了,只好问计于崔逞。崔逞说:《诗经》上写到,飞鸮吃桑葚不仅能充饥,而且鸣叫更响亮。为什么不让兵士们采摘桑葚作军粮呢。可见,以桑葚为食粮古已有之。

桑椹图

古汉语中,“甚”是“葚”的声义偏旁。由桑葚熟透后方甘甜可口,“甚”含在口中大小正合适,令人猜测口中吃得是什么?引申出恰好、合适的意义。作为程度副词,“甚”又表示超过、胜过的意思,如《国语·周语》:“防民之口,甚于防川。”这里的“甚”即作“超过”讲。“甚”还表示什么、为什么的疑问义。“做甚?”至今仍是山西人的口头语。

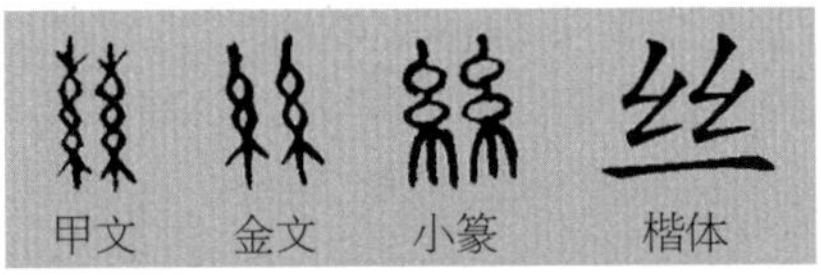

“**丝 sī**”的本义指蚕丝。甲骨文的“丝”字,像两支蚕丝并列成束的样子。金文和小篆的“丝”字与甲骨文一脉相承。楷书缘此写作“絲”,简体字规范为“丝”。

“丝”,《说文》释为:“丝,蚕所吐也。”即蚕丝的意思,也用来表示丝织品。《诗·卫风·氓》中有“抱布贸丝”的诗句。这是说:用麻布交换丝织品。《孔雀东南飞》中:“足下蹑丝履,头上玳瑁光。”其中的“丝履”即丝绸作的鞋子。由蚕丝又引申指像丝一样细长的东西,如“铜丝、粉丝”等,又引申用来表示细微之义,如“丝毫不差、一丝不苟”等。

“丝”在古代又指弦乐器,乃是“琴、瑟、琵、琶”等弦乐器的总称,其意源自这类乐器的弦多为丝制。“丝”,在今日还是表示长度单位的量词:十丝米是一毫米,十毫米是一厘米。

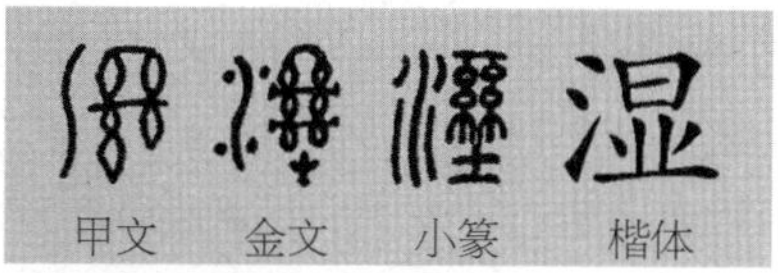

“湿 shī”是“溼”的简体，这是一个会意字。甲骨文的“湿”字，是在成束倒挂的丝麻旁边，增添一个“水”的简省图像。金文的“湿”字，水形表达完整，下边又增添了一个表示“土”地的符号。据《考工记》一书记载，古人练丝时，把生丝浸入热水中沤泡，然后在阳光下暴晒，再在楝木灰和蜃灰水中浸泡，再暴晒，反复进行。这样作，乃是利用楝木灰和蜃灰中碱性物质的侵蚀，以及日光中紫外线的照射来脱掉残存的丝胶，提高丝的柔软度和洁白度，且易于着色。甲、金文中的“湿”字，即源自练丝这一过程，也是对这一技术的现实主义描绘。小篆承接金文，楷书缘此写作“溼”，简体字规范为“湿”。

“湿”的本义为“练丝”，但是此义久已湮失，常用的是其分化义，即由絲束滴水分化出的潮湿、湿润义，与“干”相对。《说文》释为：“湿，幽湿也。”即低下潮湿的意思。如《孟子·公孙丑上》：“是犹恶湿而居下也。”湿，由练丝时的浸水，又引申出沾湿之义。如唐代诗人王昌龄的《采莲曲》：“吴妃越艳楚王妃，争弄莲舟水湿衣。”诗句中的“湿”即用为动词。

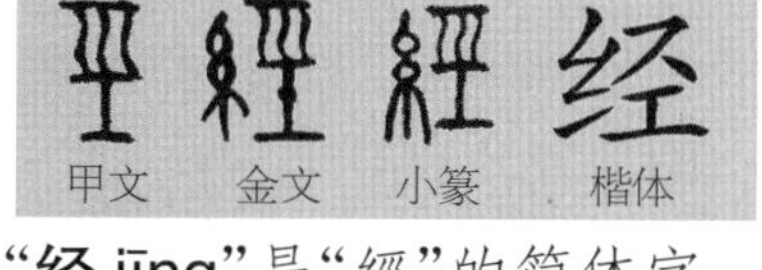

“经 jīng”是“經”的简体字。甲骨文的“巠”本是一个象形字，写作“巠”，乃是上古时代腰带织机的象形白描。这种织机通常由两根平行杆支撑经纱，一根固定在织布者的腰带上，另一根由织布者双脚蹬开以绷紧经纱，中间则是将经纱单双分开，把纬线靠紧的插杆。由于“巠”字成为常用的组字构件，人们又增添“糸”旁，写作“經”。于是，“经”字变成左形右声的形声字。小篆承接金文，楷书缘此写作“经”。

“经”的本义为上古时期的简易织机，《说文》释为：“经，织也。”

因为这种织机主要由经线的绷撑而构成，“经”也表示“纵线”，与“纬线”相对。如“经纬交织”一词。由此，又引申指南北走向的大道。如《周礼·考工记》的“国中九经九纬”，其中的“经”便指南北大道，“纬”则指东西大道。由大道之义又引申指普遍的道理、法则、规则等。如妇女的月信一月一次有常规，故称为月经；中医把人体血气循环的主要通路也称为经，如“经络、经脉”；古代把那些可作行为准则的书也称为经，如“四书五经、十三经”等。又引申出恒常不变之义，如“经常、不经之谈”等等。

腰带织机

“经”字用作动词，表示治理、从事之义，如“整军经武、经商”等；又引申为“经过”，如“路经某地、行经百战”等。

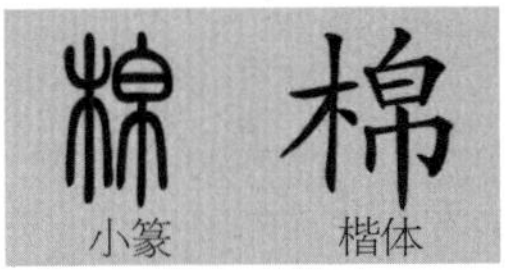

“**棉 mián**”是今日最常见、最重要的天然纺织原料，但它本是热带植物。汉代，经由非洲、印度等地，分两路辗转传入我国海南岛和新疆等地，宋元以后又传到中原，开始了大范围的种植。

唐代以前的史书《梁书·西北诸戎传》上记载：高昌国(在今吐鲁番地区)“草实如茧，茧中丝如细泸，名为白叠子，国人多取之以为布”。《本草拾遗》也说：“似草者名古终，今俗呼棉花，乃草棉也。”这种名为“白叠”、“古终”的棉花，是由西域传入的印度棉。其发音乃梵语 Patta 的音译。

晋代的张勃在《吴录》一书中说：“交趾安定县有木棉树，高大，实如酒杯，中有绵，如蚕之丝也，又可作布。”这里所谓的“木棉树”，指从印度传入我国南方的多年生木本的亚洲棉，俗称“吉贝”，也称“木棉”。例如，

木棉图

李商隐的“木棉花发鹧鸪啼”，王叡的“纸钱灰出木棉花”，其中的“棉”均指这种植物。

草棉图

亚洲棉进入华东、华中后，由于温度降低，生长期缩短，由多年生木本蜕变为一年生草本，虽然低矮却可密植，因而产量提高，棉绒变长，棉籽更好剥离，逐步取代了麻纤维，成为纺织业的主要原料。

棉在纺织原料中为后起之秀，“棉”字产生也比较晚。从字形上看，“棉”字从木帛声，似乎能作一番解释，但在发声上又不符合形声字的规则。实际上，“棉”是“绵”的假借字。“绵”，原指从蚕丝整理而成的絮状物，即丝绵。宋代以后，人们为了将草棉与丝绵区别开来，借用“绵”字的形、音、义，置换偏旁后造出了“棉”字。从“木”，乃是因为它原是木本植物。

“青 qīng”，甲骨文写作“”。金文写作“”，字形的上部为小草，下半部分是一口井的象形。小篆将下部的“井”字讹变为“丹”，楷书又将“丹”讹变为“月”字。变来变去，已失去了“青”字原本在形音义上的统一。

在甲、金文字中，“青”字下半部的“井”表示水井。水源充足的小草，其色泽必然青翠鲜明。因此，“青”的本义为翠蓝或深绿的青草。《释名·释采帛》曰：“青，生也，象物生时色也。”可证明“青”和“生”音义相近，一个表示小草萌发之形，一个表示小草萌生之色。

在汉字发展过程中，一个字也可以由两种生活之源产生。小篆的“青”字也可视作“从丹从生”的会意字。“丹”在此表示铜矿石，引申出青铜之义；“生”则指青铜器上长出的绿锈。因而，“青”的构意也可以视作铜金属上的綠锈。

古代文化中，春属东方，其色为青，主春之神为青帝。所以，古人称春季为青春。杜甫的诗句中有“青春做伴好还乡”的佳句，这里的“青春”即作“春季”讲，后来才引申指青年时期，如“青春年华”一词。

“青”作名词时，指深绿色，如“青黄不接。”古代以竹简记载历史，青竹要烤去水分(似出汗)后才能用作竹简，故称“汗青”或“青史”。爱国诗人文天祥的《过零丁洋》：“人生自古谁无死，留取丹心照汗青。”诗句中的“汗青”，意为书写在竹简上的历史。

“青”在古代，也指蓝色，如“青天”即蓝天。中古以后，“青”又指黑色，如唐代诗人李白《将进酒》诗中的：“君不见高堂明镜悲白发，朝如青丝暮成雪。”这里的“青丝”则当“黑发”讲。古籍中有“以蓝染青，则青于蓝”的说法，这里的“蓝”指一种植物，“青”则指靛蓝色，是说蓝草能做青色颜料。

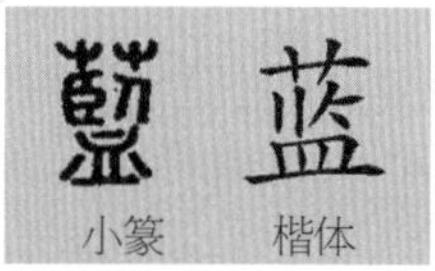

“蓝 lán”在古代，原本是一种植物的名称，俗称靛蓝、蓼蓝。由蓝草榨出的草汁，是一种可做染料的汁液。据说，历史悠久的“扎染”，古时使用的就是这种汁液颜料。

“蓝”字从艸从监。“监”字由“臣”(眼睛向低处看)加上人，再加上表示盛器的“皿”而组成，意指在盛水的器皿中，观看自己的面孔。蓝字用“监”表示声符，与“滥”(表示水溢出)是同一系列的文字，表示蓝草是一种能将织物染成与自己同色的植物。《诗·小雅·采绿》：“终朝采蓝，不盈一襜。”采蓝，即采集蓝草。

金文中的“监”字

蓝草是一年生草本植物，二三月种植，六七月成熟，叶为绿色，碾碎后黄色的汁液会渐渐氧化为蓝绿色。将白色织物放在其中浸染，便成为蓝绿色。如果将蓝草叶子发酵后榨汁，用其澄清的汁液浸泡织物，然后晾晒，在空气中就会还原成青色(也叫靛蓝色)，这就是成语“青出于蓝而胜于蓝”的出处。

汉画像石：纺织

“蓝本”，指绘图、著书所依据的原本。“蓝皮书”则指政府机构公布的文件，因书皮为蓝色，故而称之。由于丝、麻、布、葛等纺织品出现很早，中国的印染技术自然也非常先进。古代先民通过实践，摸索出了一整套用植物印染的经验。例如用紫草染紫，菉草染黄，红花染红，板蓝根染茶蓝，皂斗壳和乌柏树叶染黑，栀子和茜草染黄等等，充分体现了古人“草为我用”的聪明才智。

五、不可一日无竹君

竹不刚不柔，质朴无华；高节虚心，亭亭正直；风来有清籁，日出有清阴；生不避贫壤，伐而复生，四时常茂；与松梅为友，能陶冶人的情操，增长人的审美意趣，因此人们把竹称为“君子”。

竹的用途很广，筇竹高节实中，宜做拐杖；紫竹黑色发光，宜作箫笛；桃枝竹皮滑而黄，可以为席；蔓竹可制索，苦竹可制笔；箭竹丛生，小而疏节，可作箭矢，亦可作箸(竹筷)；刺竹叶稀，叶梗可作扇骨。竹也是建筑材料，宋人王禹偁在《黄冈竹楼记》中，说黄冈人刳竹为瓦，价廉工省。宋代文豪苏东坡对竹曾颇有感情地说：“食者竹笋，庇者竹瓦，戴在竹篾，爨者竹薪，衣者竹皮，书者竹纸，履者竹鞋，真可谓不可一日无此君。”

郑板桥《竹图》

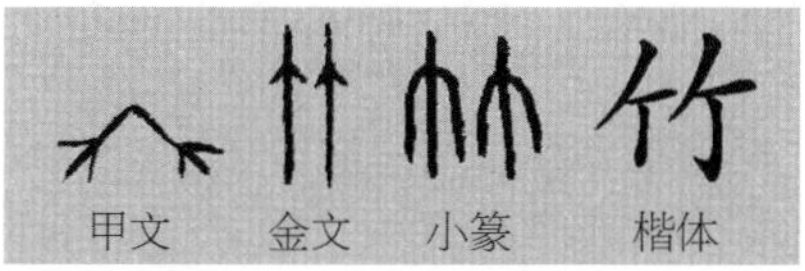

“**竹 zhú**”是一个象形字。甲骨文的“竹”字，源自竹子的分枝之形。竹子的形状用象形文字示意，很难与“艸”分别，但竹有枝，枝上犹有小枝，小枝上有叶。古人造字时同中求异，用相连倒立的“艸”型，使“竹”字与“艸”与“林”明确区分，构思可谓精妙。金文作“⺮”，断开相连处，像两棵竹竿挺立、竹叶下垂的状态，小篆和楷体缘此而来，只是书写时越来越工整而已。

竹，非草非木。木有年轮，竹没有年轮；竹可称林，草只能称丛。竹属禾本科，与稻麦同类，为常绿植物。竹又称篁，修篁是细长的竹子，幽篁指成片茂密的竹林。

竹的品类很多，世界上有竹一千余种，我国有三百多种。晋代戴凯之的《竹谱》记载了六十一种竹子的生态习性，元代李衎的《竹谱详录》记录了三百三十四种竹子。如“毛竹、筇竹、方竹、藤竹、苦竹、斑竹、凤尾竹、青皮竹、小娘竹、佛肚竹、扁竹、三角竹”等等，都有较详细的描述。

中国最古的咏竹诗，要数春秋时代的《数竹歌》：“断竹、继竹，飞土逐宍。”这首歌出自《吴越春秋》，诗的意思是：“锯断竹子，剖开竹子，制成弓弦，用泥土作弹丸追逐野兽。”这首三千年前的诗歌，描写了上古先民的捕猎生活，可谓一篇很有价值的史诗。

“竹”字是个部首字，汉字中凡有“竹”字头的文字，大都与竹有关，如“笛、箫、箭、笔、箕、筍、筷、管”等字。

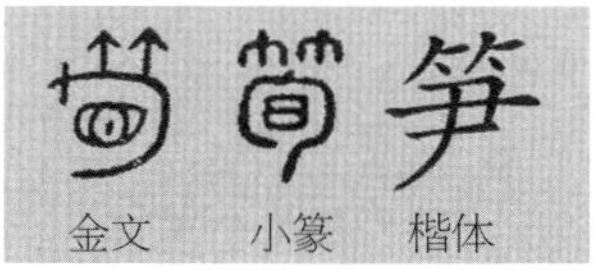

“**笋 sǔn**”是竹子的嫩芽，可以做菜，味鲜美。这个字在古文字

中写作“筍”，汉字规范时，规定“筍”为“笋”的异体。

小篆的“筍”字从竹旬声，显然是一个形声字。“旬”在甲骨文中为回环之形，表示一周匝，而竹笋的形状正是由笋皮一圈一圈地包裹着。“筍”生于竹林之中，从上往下看，其俯视图正如金文中间的套圈。小篆承接金文，下边表示竹笋俯视图象的套圈讹变为“日”。楷书缘此写作“筍”。在现代汉语的规范用字中，弃“荀”不用，用“笋”来表示竹子的嫩芽。

“筍”，《集韵》释为：“筍，竹胎也，或作笋。”北周诗人庾信《春赋》：“新芽竹笋，细核杨梅。”相比于竹子，笋又有“嫩”的意思，“笋鸡”即指嫩鸡。

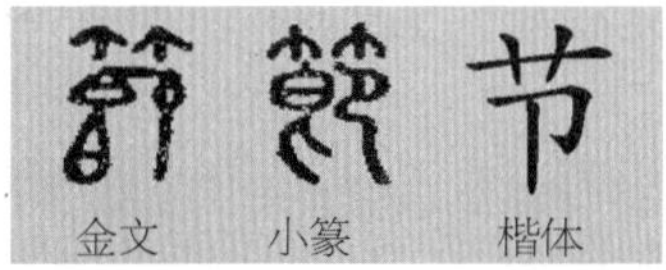

“节 jié”是“節”在简化时借来的顶替字。“节”原指树木分叉时在干枝上留下的疤，汉字在整理简化时，把“节”字和“節”归并为一字，如同“后”“後”二字合而为一。

金文和小篆的“節”字“从竹即声”，上边是一个“竹”字头，表示与竹子有关；下边是一个“即”，表示竹節既可作碗，也能够以竹筒烧蒸饭食，是一种就地取材，可用做食具的植物。“節”的本义是“竹约”，俗称“竹节”。竹节是一段一段的，所以引申出“骨节、关节”等词汇。把时间分为一段一段，就出现了节气的“节”，如“清明节、重阳节、春节”等等。

古人认为“竹节”对竹子有约束作用，由此而产生了对事物的“约束”意义，如“节制、节省、节约”等词。当人的行为也受到约束时，便有了“礼节、气节、节操”等词，所谓“玉可碎不可改其白，竹可焚不可毁其节”，便是对“节”在道德意义上的升华描述。“节”还引申指禾本植物茎上一段段生叶的部分，如“拔节”的节。

旌节图

芥子园画谱中的竹图

上古时代，竹子就被做成打击乐器。这种打击乐器的功用，主要是控制乐曲的节奏。所以“节拍、节奏”和乐曲中的一段，均用“节”来表达。唐代诗人白居易在著名的诗篇《琵琶行》中有“钿头云篦击节碎，血色罗裙翻酒污”的诗句；汉代女诗人蔡琰的《胡笳十八拍》有“十五拍兮节调促，气填胸兮谁识曲”，这些诗句中的“节”都作“节拍”讲。

出使国外的大臣，称作使节。使节手中所持之“节”是古代使者的凭证，是一种代表皇帝和国家的凭信。汉武帝时，苏武出使匈奴，被匈奴扣押后送到北海牧羊。十九年中，苏武卧起操节，节旄尽落，做到了人在节在，最后奉“节”而归，成为历史上的忠诚典范。汉文帝时，云中太守魏尚屡立战功，但在汇报战绩时，多报了六颗敌人首级，因而被汉文帝革职。冯唐向文帝直谏，诉说魏尚的功勋，文帝醒悟，派遣冯唐持“节”往云中恢复魏尚的太守官职。爱国诗人辛弃疾词中的“持节云中，何日遣冯唐”，说的就是这件事。

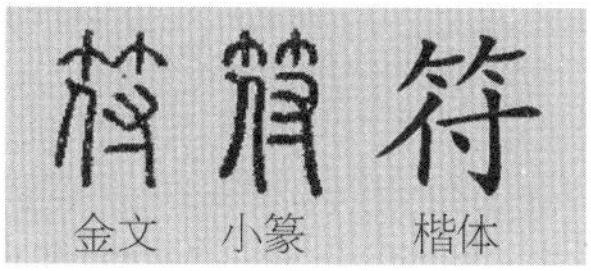

“符 fú”，古代也称为“符信”。《说文》描述为：“符，信也，汉制以竹，长六寸，分而两合，从竹付声。”符是古代出入门关的凭证，也是传达皇帝命令、调动兵马的凭证。最早的“符”乃是虎形，唐代改为鲤鱼形，武则天登基后则改为龟形。战国历史上，信陵君窃符救赵的兵符则是虎形的。

“符”最早为竹制，以后有铜制、玉制多种，但不管用什么材料制成，都是一分为二，有关方面各执一半，两半符合，即可为信。“符合”一词便源出于此。

“符”，从竹付声。如上图所示，“付”为会意字，原本表示把手里的东西交付给他人。不言而喻，“符”则是交付给他人的竹制凭证（剖开的竹节只能自相拼合）。

《史记·吕不韦列传》中有一段故事，叙述华阳夫人巧施“哭”计，为儿子讨要王储之位。“安国君许之，乃与夫人刻玉符，约以为适嗣。”可见，古代的符信也有玉制的。《后汉书·郭丹传》中有：“后从师长安，买符入函谷关。”宋代诗人苏轼有诗句：“谁知南山下，取水亦置符。”看来，不仅仅是在“文革”期间，入关进城要有介绍信，挑水要有水票。这事，古代早已有之。

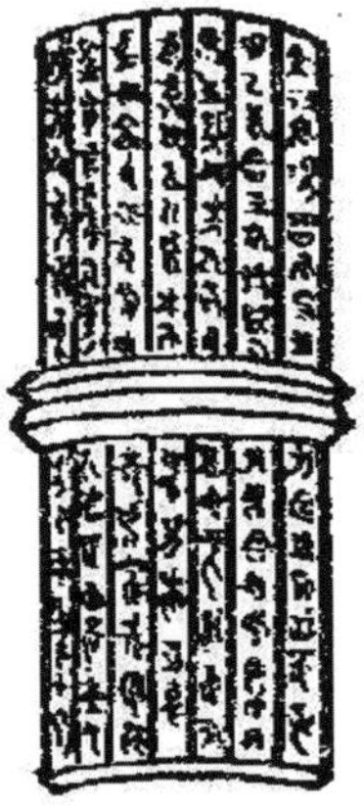

出土的符信

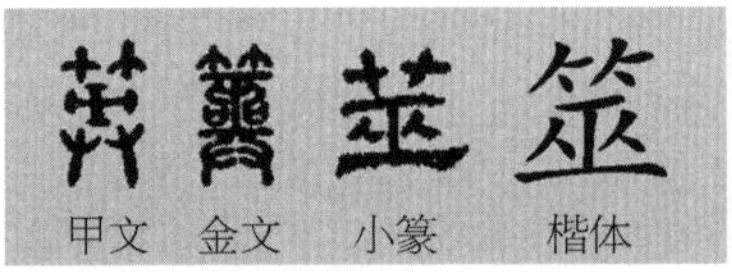

“**筮 shì**”，这是一个会意字。金文的“筮”字，上部为“竹”，下部为双手之形，中间是一个由穿通符号“⊢⊣”交叉而成的“巫”，表示用竹棍（算筹）演算或卜卦。小篆承接金文，只是中间部分演变为“巫”字。《说文》释为：“筮，易卦用蓍也。”即用蓍草卜卦，或以竹棍为爻而占卜算卦。经过隶变后，楷书简省掉下边的两只手，写作“筮”。

上古时代，生产力和科学技术均不发达，因而，敬天畏地的迷信十分盛行：殷商人在龟板和牛肩胛骨上烧灼以占卜吉凶，周人则用蓍草和竹棍演算以卜卦吉凶。《诗·卫风·氓》：“尔卜尔筮，体无咎言。”便是对这一情景的描写。在汉字文化中，“筮”既表示用算筹卜卦，也表示卜卦所用的蓍草（竹棍）。

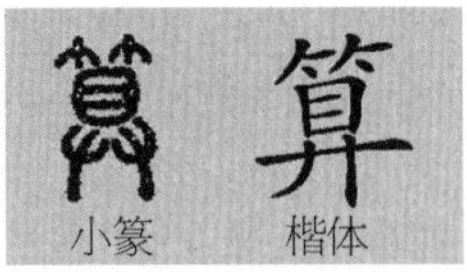

“**算 suàn**”，《说文》释为：“算，数也，从竹从具。”清代学者段玉裁注曰：“从竹者，谓必用筭以计也，从具者，具数也。”实际上，筭是筭的假借字。筭字从竹从弄，本义指用竹棍演算。算借筭的形、音、义，以目置换本字中间的王，表示目视心算。

“算”的本义是计算、核计，如“算账、预算、心算”等。又引申指事前计算利害得失，即谋划的意思，如“打算、失算、盘算”等词语。由此又引申出推测、料想之义，如“我算他明天该到了”。

由计算之义又可引申出认作、当作之义，如“这个算我的”；又引申出承认有效之义，如“说话算数、他说的不算”等；又引申出作罢的意思，如“算了罢”；又可引申出总算之义，如“今天才算把话说清楚了”等等。

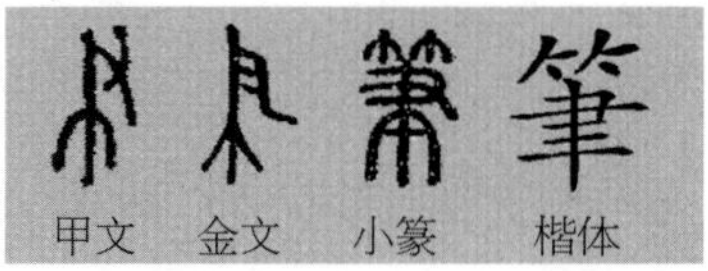

竹子对中国古代文化的最大贡献，反映在书写工具和书写材料的革命性突破上。正是竹子，使文字的传播和传承走向普及化和大众化，这一历史性的阶梯作用，功不可灭。

“**筆 bǐ**”是“笔”的繁体写法。“笔”的竹字头，显明地告知了笔的材质属性。《史记》中说：“蒙恬筑长城，取中山(今河北北部)兔毛造笔。”也许人们会问，自古既有书契，便应有笔，怎么能是秦代的蒙恬才造出了笔呢?《古今注》一书回答说：“蒙恬始造，即秦笔耳，古以枯木为管，鹿毛为柱，羊毛为被，所谓苍豪，非兔豪竹管也。”看来，蒙恬只能是一个改革家了，他的发明专利只是以竹为管，使“聿”字从“竹”，也就是小篆“筆”字的出处吧。

上古时期的“聿”，写作“”，“”原本是象形字，描述一只手握持细长的东西（或刀或木棍），正在刻字或画字的样子。小篆的笔字，在“聿”下增添一横表示笔毛，其上又增添了一个竹字头。《说文》释为：“聿，秦谓之笔，从聿从竹。”因而，繁体的“筆”应是一个本义转注字。

“笔”的本义为书写工具，如杜甫名句：“读书破万卷，下笔如有神。”诗句中的笔，指毛笔。司马迁在叙述孔子生平时说：“至于为《春秋》，笔则笔，削则削，子夏之徒不能赞一辞。”这里的“笔则笔”，应为用笔书写、记载之意。由此，“笔”又引申为“文笔”，表示文章的写作技巧与风格。宋代诗人范成大在描述自己“老将老矣”时说：“笔意不如当日健，鬓边应也雪千茎。”这里的“笔意”应该指文笔。

“简jiǎn”，《说文》释为“牒也，从竹间声。”孔颖达疏：“古者无纸，有事书之于简，谓之简书。”作为“简”字声符的“间”，繁体写作“閒”：门下的“月”代表月光，意谓间隙。把竹片串编在一起，就可以像门扇一样活动并留有缝隙。古人这种造字构思，可谓巧妙至极。在“间”上增加竹字头，则是为了表示它的材料属性。

上古时期，用来书写汉字的材料十分独特。据考证，商周时期所使用的文字载体除了龟甲、兽骨和金石材料外，也曾使用过竹木简。春秋以降，竹简大为流行。用笔墨在编排成册的竹简上书写，既方便，书写速度也大大提高了。利用竹简编排成册，还可记录篇幅较长的文章。此外，竹简取材方便，制作工艺简单。现在出土的战国和秦汉竹简，不仅数量众多，记载的内容也非常丰富，既有日常琐事，也有重要的法律文件和历史文献。

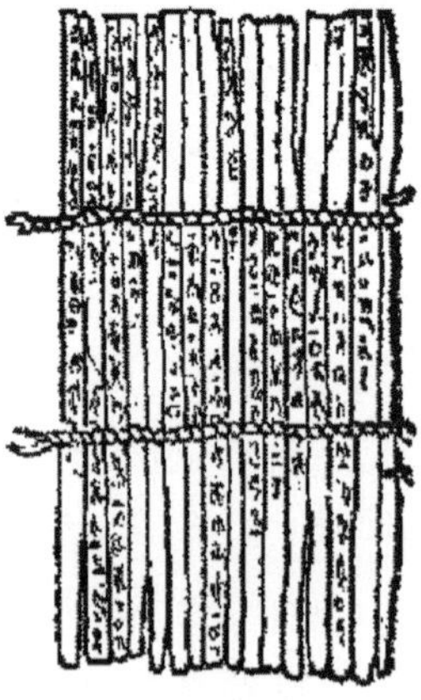
出土的竹简

中国有一本古老的典籍，叫做《竹书纪年》，显然，知其名便知其事，这是写在竹简上的历史书。竹简比甲骨、金石材料方便，但是在书写一部著作时，却显得笨重。据说，秦始皇每天要批阅120斤重的竹简公文。西汉时，东方朔有一次给汉武帝上书，用竹简写的奏折，是由两个壮汉抬进皇宫的。“汗牛充栋”这句成语，形象地道出了竹简的缺陷：竹简太重，运输时拉车的牛都累出了汗；体积太大，以至把整个房间都装满了。由此可知，古人所说的“读书五车”，实际上也并没有多少文字。所以，在大量使用竹简的同时，人们就开始寻找更轻便、更价廉物美的书写材料——纸。

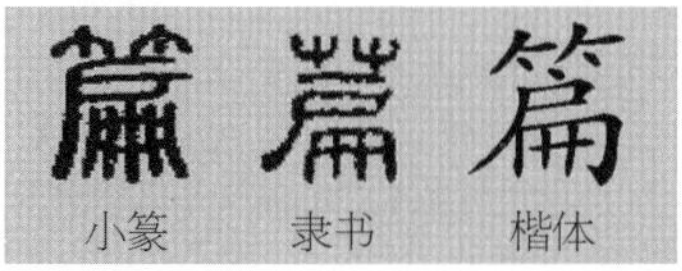

“**篇 piān**”，从竹扁声。如图所示，小篆“篇”字，在竹字头下的“扁”是一个会意字，构形源自编扎起来的门扇。从竹扁声的篇则表示能像门(户)一样转动的简册，即编串成册，已经卷起的竹简。

“篇”在现代汉语中，表示首尾完整的一段或整块文章，如“篇幅、篇目、篇章”等。又引申为量词，用于纸张、书页，如“三篇文章、一篇论文”等。唐宋文章八大家之一的韩愈有“少小涉书史，早能缀文篇”的诗句；杜甫赞扬李白酒后才诗敏捷时则说：“李白斗酒诗百篇，长安市上酒家眠。”司马迁在《太史公自序》中则说：“《说难》、《孤愤》、《诗》三百篇，大抵贤圣发愤之所为也。”这里的“篇”，不是作为诗歌文章，而是作为著作来讲的。

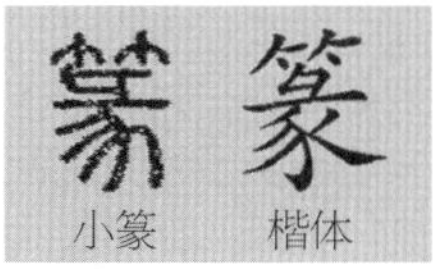

“**篆 zhuàn**”一般指小篆，乃是秦始皇为统一文字所创的标准字体。学者口中的大篆，乃是秦统一后人们对秦汉以前的青铜铭文和古隶书的一种泛称，这种称呼的目的旨在与小篆相对。

鸟篆书

公元前 221 年，秦始皇并吞六国，建立了中国历史上第一个统一的封建王朝。这时，他接受了李斯的建议，实行了“书同文”的政策。自此，汉民族开始了两千多年使用同一种规范文字的历程。文字，从而成为中国文化的脊梁骨，把东南西北，不同方言的人们凝聚在一起，并由此造就了政治、文化以及民族心理的大一统。

许慎在《说文解字·叙》中记述了这项伟大改革的过程:“诸侯力政,不统于王(指周王),恶礼乐之害己,而皆去其典籍,分为七国(齐、楚、燕、韩、赵、魏、秦)。田畴异亩、车途异轨、律令异法、衣冠异制、言语异声、文字异形。秦始皇帝初兼天下,丞相李斯乃奏同之,罢其不与秦合者。斯作《仓颉篇》,中车府令赵高作《爰历篇》,太史令胡毋敬作《博学篇》,皆取史籀大篆或颇省改,所谓小篆者也。”从许慎所述的这段文字,可知“小篆”是在“史籀大篆”的基础上“或颇省改”而来,并由李斯等写出字体样板,颁行全国,强令书写统一,改变“文字异形”的局面。

小篆由大篆(即金文、籀文)简化而来,“小”是简化、省笔的意思。“篆”,则是一个从竹彖声的形声字。“竹”在这里表示它是一种适合写在竹片上的文字;“彖”的本义源自“蚕”的绕圈吐丝。因此,用来喻意篆书笔体上独特的圆润弯曲。正如本书所显示的诸多小篆字体,横、折、撇、捺都须写出一定的弯曲度。宋代的王安石在《安阳好》一诗中说:“咽咽清泉岩溜细,弯弯碧甃篆痕深。”篆痕在这里代指弯曲的纹路。李清照的《买花声》词中有:“记得玉钗斜拨火,宝篆成空。”这里的“宝篆”,指盘曲状的熏香。此也可证,篆书是一种笔画需要弯曲的汉字书体。

“**箭jiàn**”,矢也,搭在弓上发射而出的武器。古代多用竹制,杆长80~100厘米,装上骨制、石制或金属尖头,箭杆末梢附有羽毛,以稳定前行方向。《方言》一书说:“箭,自关(涵谷关)而东谓之矢……关西曰箭。”唐代诗人杜甫《兵车行》:“车辚辚,马萧萧,行人弓箭各在腰。”诗句中的弓箭即弓矢。

金文的“箭”字,上部是一个“竹”字头,下部则是一个由“舟”和脚印(止)构成的古文“前”字。小篆的“箭”字承接金文,为使字意更明确,旁边又增添了一个立“刀”,表示这是一种武器。楷书缘此写作“箭”。

“箭”除表示箭矢之外，也是一种竹子的名称，即箭竹或矢竹。晋代戴凯之的《竹谱》说：“箭竹，高者不过一丈，节间三尺，坚劲中矢，江南诸山皆有之，会稽所生最精好。”宋代的沈括在《梦溪笔谈·谬误》中说：“竹为竹，箭为箭，盖二物也。今採箭以为矢，而通谓矢为箭者，因其箭名之也。”究竟箭以箭竹而名，还是箭竹以箭矢而名，恐怕也是一段鸡与蛋谁为之先的争论吧。

“筵 yán”，《说文》释为：“筵，竹席也，从竹延声。”古代把紧靠地面的一层席子称“筵”，筵上面加铺的称为“席”。“筵”即今日的竹席。古代很长一个时期，古人居家尚无今日的高桌低椅，入室之后，往往是席地跪坐。日本人的习俗，乃是保留了中国古代的这种礼仪。

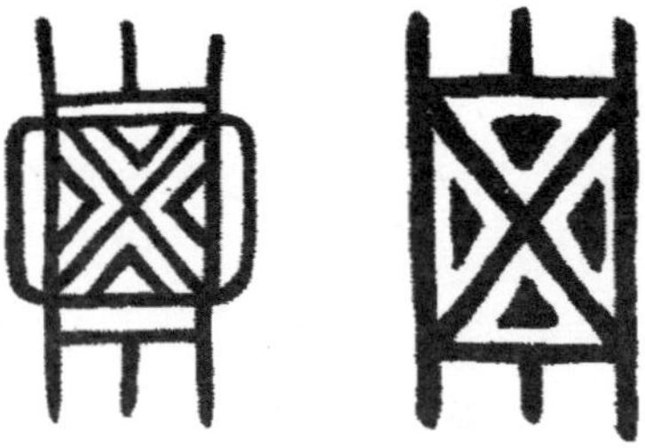
西周青铜铭文中的“筵”，这一时期的竹席已编织出图案。

据说，“筵”这种竹席，因取材方便、编织简单，故长度可达一丈，几乎铺满整个房间，乃是古代上自王公、下自百姓居家的必备物品。《诗·小雅·宾之初筵》：“宾之初筵，左右秩秩。”就是说，宾客登堂入席，要遵循礼节，表现出一种礼仪。由于古人的人际交往都在“筵”上进行，所以，“筵”又引申为筵会、筵席，表示喜庆或会客时的聚餐。

“筵”，由竹和延组成，“延”在这里用作声符，也表示筵是一种可以铺展开的竹席，词义上与“延展”的延相同。唐代刘禹锡《桃源行》一诗中说：“筵羞石髓劝客餐，灯爇松脂留客宿。”表现了古人请客入“筵”，殷勤好客的古朴民风。

“箕 jī”，即今日俗称的簸箕。甲骨文的“箕”字是一个象形字，像一只编制而成的簸箕，内中的交叉表示簸箕的“底”。金文的上部类似甲骨文，下边增添一个由双手合体的“丌(qí)”。从字形上看，正是今日的“其”字。“其”的本义为扬米去糠的器具，即簸箕。在汉语的实际使用中，“其”被假借为表示事物从中而出的代词，频繁使用，人们只得又再造“箕”字，专一表示簸箕之义，这才有了小篆中带有竹字头的“箕”字。这就是说，现今的“箕”乃是一个本义转注字。

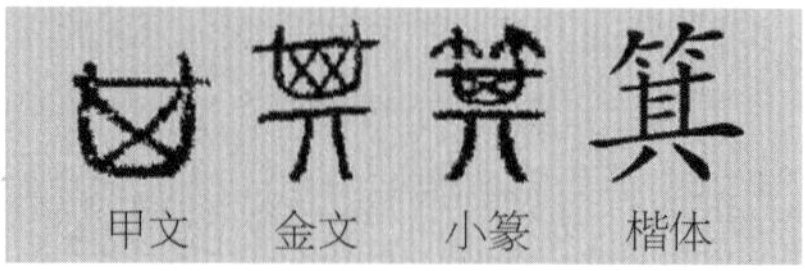

《箕铭》中有：“箕主簸扬，糠秕乃陈。”这是说：簸箕的用处就是簸扬粮食，让糠秕之物分离出去。元代的王祯在《农书》中有诗云“竿头掷谷一箕轻，忽作晴空骤雨声”，把打场扬谷时的情景，描绘的如临其境。

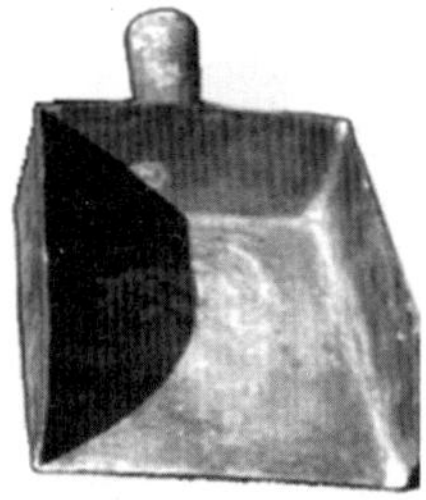
安阳妇好墓出土的铜箕

因为簸箕的形状为两边张开，后部狭小，前部开阔。因而古人把臀部着地，腿向两边前伸的坐姿，称作“箕踞”或“箕座”，并认为这是一种十分不礼貌的行为。在席地而坐的年代里，礼貌的坐姿应是两膝着地，腿部屈在臀下。按照《礼记》中的规矩，应该是“立毋跛，坐毋箕，寝毋伏”，这大概是后人“立如松、坐如钟”的先声吧。

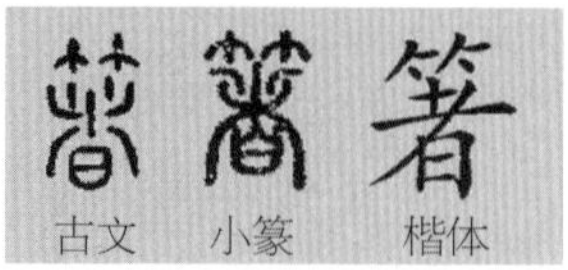

“箸 zhù”，《说文》释为：“饭攲敧也。”《玉篇·竹部》曰：“箸，也，饭具也。”箸，即今日俗称的筷子。据《韩非子》一书记载：殷商末期，商纣王命人为自己削造了一副“象箸”，即象牙筷子。大臣箕子见到后，感到十分恐怖，认为这是商纣王腐化堕落的开端，殷商不久便会亡国。事实上，不久后殷商便被周人所灭。

“箸”为形声字，从竹者声。“者”的构形源自野火贴着地面向前燃烧，因此，含有包围、附着之义。“箸”用竹表示它的材料属性，用“者”表明箸是让食物所附着的一种物件。“箸”伸进热腾腾盛满食物的锅碗中，夹起一块来，不就是这么一种状态吗？

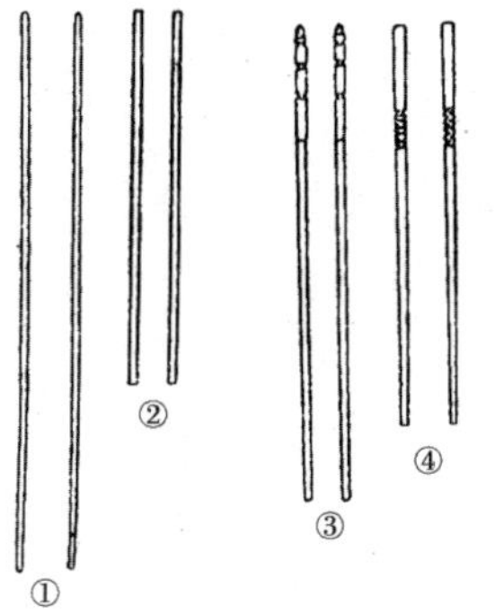

①铜箸(战国) ②竹箸(汉)
③银箸(唐) ④竹箸(元)

“箸”字俗写作“筯”，从竹助声。南方的船家在船上忌讳“箸”音，因为“箸”“筯”与“住”“驻”同音，有不祥之意，所以取其反意叫“快”。以后加上竹字头，便成了“筷”字，“筷”是禁忌风俗的产物。

筷子最初的器形，为两头粗细一样。先秦时期的箸，上下一般粗细，分不出手握的筷头和夹食的筷足。如云南大波那木椁墓出土的铜筷，整体圆柱形。湖北云梦大汶头一号墓和湖南长沙马王堆一号墓，都属于西汉早期墓葬，出土的竹箸，也都是两端粗细一样。到了汉代后期，才出现首粗足细的箸。古代的箸，直径一般在0.4厘米左右，最粗不超过0.6厘米，比今日用筷要细。这是因为古人的箸用来夹羹汤中的菜。

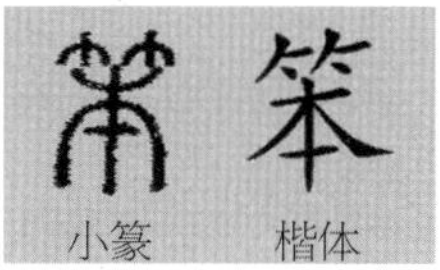

“**笨 bèn**”，从竹本声。“本”原指树木的根部，在此表示竹子的根部，即俗语所称的“竹篰头”。相比于挺拔的竹竿、清俊的竹枝竹叶。竹子的根部体积格外臃肿、笨拙，如筷子般粗细的毛根，状似胡须，常常扭结一团无法理清。正是这种对比，人们从竹根引申出了笨拙之义。

古代学者认为，笨拙之义源自笨车。据史书记载，春秋时期的齐武帝下令造车，让工匠在车的四周钉上半爿的竹竿，做成车厢。在这之前，只有牛拉的车(犊车)才有围栏，马拉的车(辇)只有座而无围栏。齐武帝的改革，使辇车“加笨，如犊车”。从此，人们把这种有着“竹围栏”的马车称为“笨”,表示它比原先的马车“笨重”。后来,人们又将用牛拉载人的车称为“笨车”。清代徐乾学《送万季野南还》一诗中说:“薄笨独驱惊岁暮,冻云寒雪满江关。”这里的“薄笨”就指简陋的牛车。《宋书·颜延之传》中则有“常乘羸牛笨车,逢竣卤簿,即屏往道侧”的描述,这里的笨车已含有粗大、沉重之义。由笨车的粗陋沉重,引申为不灵巧、不聪明的粗笨、愚笨之义。

不论笨拙之义出自竹根,还是源自笨车,正是在民间的使用和传承中,“笨”的文义一步步发展,竹之根不再称“笨”,“笨车”早已消逝,唯有“笨头笨脑”仍在现代汉语中活灵活现。

六、五谷皆熟为有年

中国是古代东亚文明圈的核心，也是世界农耕的主要发源地之一。考古工作者在距今七八千年的诸多原始部落遗址中,发现了粟、黍、稻等谷物的遗存,发现了许多简陋但却十分实用的农业生产工具,以及加工粮食的各种器具。这些历史遗物,昭示了史前时期农耕文明的存在和愈演愈烈。

下文所昭示的古汉字,从甲骨文到金文,无一例外,作为历史的证言,字字珠玑,散发着农耕文化的遗传密码,演示着农业技术的步步推进,反映了华夏民族农业文明的历程。

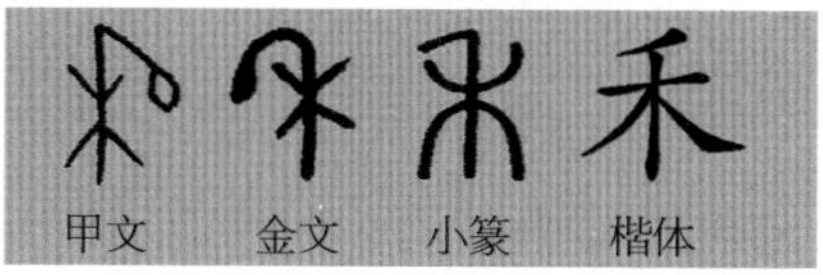

"禾 hé"字的甲骨文和金文字形,都像一株成熟的禾谷:下部为根,中部为叶子,上部为垂向一侧的谷穗。从古文字的造字意图来看,"禾",正是一株完整的谷子形状,其本义就指"谷子"。《说文》因此释为:"禾,嘉谷也,二月始生,八月而熟,得时之中,故谓之禾。"段玉裁则注曰:"嘉禾之连稿者曰禾,实曰粟,粟之人(仁)曰米,米曰粱,今俗云小米是也。"

"禾"乃是史前先民由野生之"莠",即由狗尾草培育成功的农作物。乃中国北方旱作农业区的主要粮食品种,也是殷商时期栽培最广,产量最大的粮食作物之一。

秦汉以前，“禾”是“谷子”，也就是“粟”的专名，如《吕氏春秋》：“今兹美禾，来兹美麦。”这里的“禾”，就是“粟”的专名。后世则多称稻的植株为禾。“禾”也可作为谷类农作物的总称，泛指一切谷物。例如，“锄禾日当午，汗滴禾下土”，这里的禾，既可做粟(小米)的代称，也指抽象的谷类作物；而“雨露滋润禾苗壮”句中的禾，既可指稻的植株，也可泛指谷类作物。

狗尾草图

“禾”发展为类属概念后，泛指一切谷物品种时，还肩负起了造字构件的职责。作为部首，众多与农作物有关的文字都从“禾”，如“稻、灿、稷、黍”以及“秀、秆、秧、稗、稼、秋、种、租”等等。

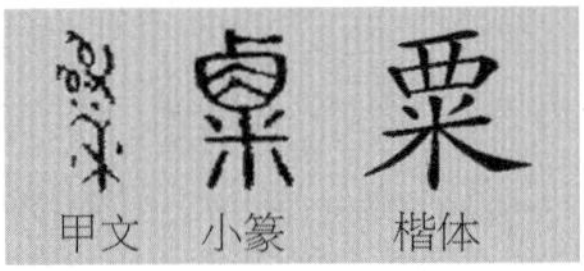

“粟 sù”，北方称之为“谷子”，脱皮后人们把它叫做“小米”。粟的野生祖先是狗尾草，处处可见，毫不起眼。先民们一代又一代地栽培驯化，在距今约七千年前的新石器时代，“粟”终于成为中国北方旱作农耕区的主要农作物，并被尊为“五谷之长”，成为上古先民们赖以生存的主要食品之一(现代学者认为，狗尾草不是粟的祖本，粟是非洲人驯化成功的)。

甲骨文的“粟”字，十分形象地描绘出一棵生长成熟了的谷子：上边是一只手，正在掐收谷穗，中间的小点，表示这是一种颗粒十分细小的粮食。小篆的“粟”已成为形声字，从卤从米，上部的“卤”，表示谷子细小颗粒被包裹在穗中；下面的“米”，则表示粟米的类属特征。楷书缘此写作“粟”(与栗的演变相同)。

粟

“粟”原本指称谷子的种子。在古代典籍中，粟又泛指所有颗粒状，与粟类似的穗状谷物的种子。段玉裁注曰：“嘉谷之实曰粟。”李绅的《悯农》诗说：“春种一粒粟，秋收万颗珠。”这里的“粟”即指谷物的种子。因为“粟”籽很小，所以很小之物也可以用粟作比喻，如“沧海一粟”。

“粟”与“栗”形体非常相似，要想写正确，必须细想一下：粟指小米，所以下部是“米”，栗子长在树上，所以其下部是“木”。

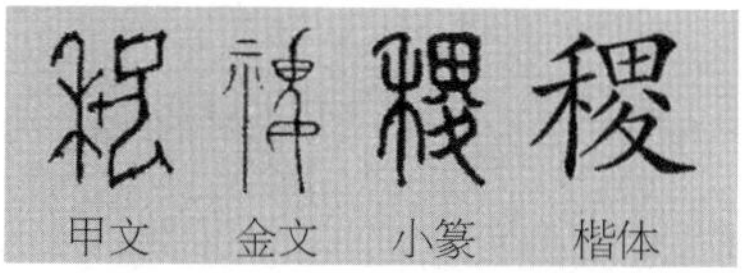

由于“禾”用来泛指谷物类作物，“粟”又用来泛指禾谷成熟后的种子。作为“谷子”的专用名称，一直保留至今的只有“稷”，然而，“稷”字最早的含义却是“栽种”。

“稷 jì”，甲骨文中写作“[illegible]”，字形就像一个人在侍弄禾谷。谷子的种子十分细小，播种出苗后常常一块密，一块疏。因此要将密处秧苗拔除，移栽在没有谷苗的地方。稷便是移栽。金文的和小篆的“稷”字，因为人形的一步步讹变，最终演变成一个形声字。《说文》释为：“稷，五谷之长，从禾畟声”。

“稷”十分耐旱，适应北方的干旱天气而产量比较稳定，脱壳后的小米粥和小米饭又“炊饭疏爽香美”，所以，“稷”被古代先民视作谷神，列为“五谷之长”。古人对“稷”的评价是：“天下得之则安，不得则危。”

稷

中国素以农业大国而自豪，土地和粮食被看作立国之本。古人以“社”为土神，以“稷”为谷神，“社稷”并列合为一词就成为国家的代称。汉代大学者班固解释说：“人非土不立，非谷不食，土地广博，不可遍敬也，五谷之多，不可一一而祭也，故封土立社，示有土地。稷，五谷之长，故立稷而祭之。”实际上，稷作为谷神，源自帝王像模像样地栽种几株谷苗。今天，随着农业的发展进步，“稷”在农作物中所占的比重越来越小，但“社稷”作为国家的代称却长期延存下来。北京中山公园内，明清两代帝王使用过的“社稷坛”仍完好无损。

在历史传说中，周人的始祖“弃”的名字也叫做“后稷”。他被称为“弃”，是因为母亲姜嫄因未婚而孕生下了他，不得不把他丢弃在山野树林，大难不死而被人捡回，所以被称之为“弃”；他被称为“后稷”，是因为从小就“好种树麻菽”，长大后更热衷于农耕。尧帝推举他做了农师，天下的人们都效法他的种植技艺(古有“周受瑞麦”的记载，后稷的功劳可能与移栽的技艺有关，使周人的谷物生产及温饱问题得到了极大改善)。后人将他奉若农业之祖，在周人的故地陕西岐山，修建了“后稷庙”以为祭拜之地。为使农耕文明一脉相承、发扬光大，离“后稷庙”不远的地方，便是今日中国农业科技大学的所在地。

“稷”，既是移栽之称，又是先祖人名，还是国家代称，由此，就可以知道它在农耕文化中的地位非同一般。

“黍 shǔ”，也称黍子，去皮后称之为大黄米。现在，除了陕西、山西的北部，内蒙少数干旱高寒地区外，人们已经很少种植这种粮食作物了。然而，“黍”在秦汉时代的北方人那里的地位却十分显赫。黍米比小米颗粒略大，其色金黄，熟后有一股香味。古代，只有贵族才能常常食用，而平民则以小米为饭——“贱者当食稷耳”。

实际上，甲骨文的“黍”字本指水稻。上部像稻穗分叉斜垂的状态，中部是茎叶，下部是根；右边是一个“水”字。周人灭商后，因为自己不种水稻，便以此字转指与水稻株型相似的大黄米。小篆的“黍”，字形讹变为“从禾雨省声”。

《植物名实图考》中的黍

《说文》释为:“黍,禾属而粒者也,以大暑而种,故谓之黍,从禾雨省声。孔子曰:黍可为酒,禾入水也。”黍的组字构件中有水,乃表示这是一种在水中种植的植物,即水稻。孔子不识历史文化变迁。以“圣人”之口张冠李戴,所以有了后人的种种附会。

整个商周时期,酒之重要似乎与食相等(古人饮酒,将酒糟一齐食用)。古人以水稻造香酒,是因为稻谷蜕皮后,一经蒸煮,颜色白净,有一种沁人心脾的清香之气。用黍造酒,香气比大米作的饭,气味更浓烈醉人。因此,米酒常常作为古人祭拜祖先神灵的供品。“黍”无论做饭还是造酒,都气味喷香。所以,古人在创造“香xiāng”字时,以“黍、甘”为组字构件,写作“[黍甘]”。后来,意符的“黍”简化为禾,才成为现在的“香”字。

“黍”在蒸煮后,有一种胶黏性,北方的农村,常在年节时,用大黄米做年糕或粽子,来招待亲朋。南方则以大米做成年糕。因此,表示胶和的“黏”字,从黍占声,取意黍米饭的黏性。

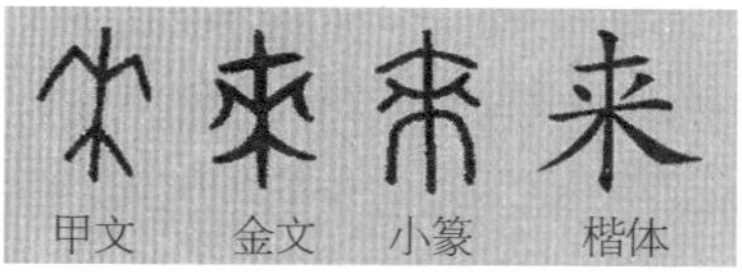

“麦”至今仍是我国北方重要的农作物,类属中包括小麦、大麦、攸麦、青稞麦等。据考古学和农业史专家认定,小麦的原产地不在中国,它的原产地是西亚地区(今日的伊拉克和伊朗一带)。我国境内,发现最早的小麦种子遗存,是在距今三千八百年左右的新疆孔雀河畔的古墓中。专家们认为,大概在夏商时期,麦子逐渐传播到了东方,为黄河流域的古代先民所种植。中国最古老的典籍之一《书经》记载有:“我诒来麰。”这里的“麰”指小麦,“来”则指大麦。意思说:感谢神从远方给我们送来“来麰”这样的农作物。有意思的是,如果把“来麰”两字读

古埃及小麦收割图

快点，就能读出“麦”字的字音。

大麦

“来 lái”字，甲骨文像麦类作物植株之形。细细分析对比，便会发现，“来”乃是大麦的象形白描：麦穗成熟时仍然上扬，芒刺尖翘，不会像小麦低下穗头。

“来”的本义为麦类植物。因为麦类作物秋播冬长、春秀夏实，弥补了谷类作物春种秋收这一段饥荒期。大麦又是第一个收获的作物，故有收成到来之义。此字后来多用为“来往”之“来”，表示由彼至此，由远及近的意思，与“去”相对。“来”的本义，则为后起的“麦”字所代替。

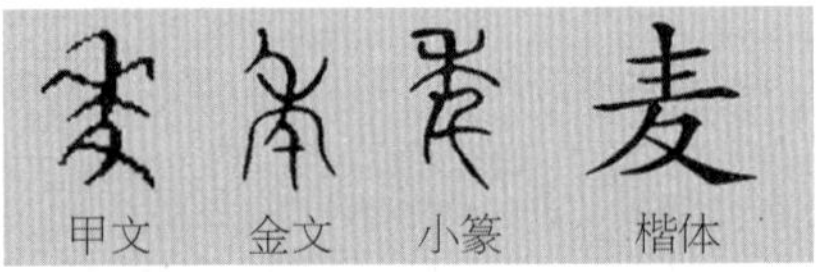

“麦 mài”，既是小麦的专称，也是麦类作物的总称。甲骨文的“麦”字是一个会意字；上为麦的植株图形(来)，下边是一个倒写的脚趾（），表示小麦是紧跟着大麦成熟的农作物。金文和小篆的“麦”字承接甲文，楷书缘此写作“麥”。汉字简化时，简省为“麦”。

有人认为，在“来”之下增一脚印，源自春天小麦起身时，农民总要用脚或碌碡把麦苗压倒，以利分蘖。这种情景近代农村尚习见，但不知三千三百年前，先人是否晓得这种小麦习性。

“麦”在农业文明中有着非常重要的地位。《礼记·月令》中说：“麦者，接绝续乏之谷。”就是说：麦子的收获，正是“青黄不接”之时，麦子起了“接绝续乏”的作用。《本草图经》则封“麦为五谷之贵”。周人能灭殷商，秦能扫平六国，其强大的物质基础(主要是粮食)，应该与麦子有关。

河南洛阳烧沟西汉后期墓中出土的陶仓

依次序为粟、粱、黍、麻、稻

司马迁在《史记》中记载了一则有关“麦子”的故事。殷商被周灭亡后，箕子在经过殷商古都时，看到昔日的豪华宫殿已被夷为田地，感伤至极，便作了一首《麦秀歌》：“麦秀渐渐兮，禾黍油油。彼狡童兮，不与我好兮！”在这首诗歌中，箕子用狡童暗喻殷纣王，说纣王不信任重用他，所以国破人亡，都城沦为麦田。殷人听了这首歌，止不住地都潸然泪下，悲伤不已。

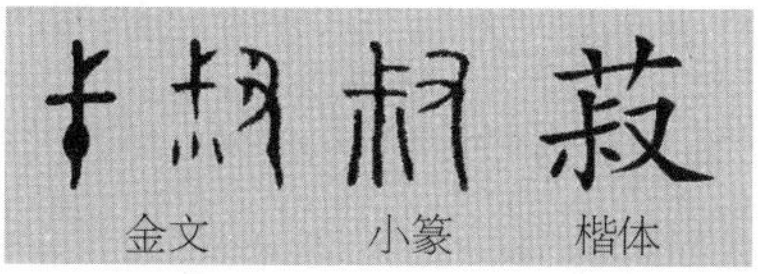

“**菽 shū**”，即古代的豆类作物。金文中的“菽”写作“叔”，从又从尗。“尗”的构形源自手执标枪而作投射前的瞄准摇晃，加“又”则强调手执标枪而晃动。

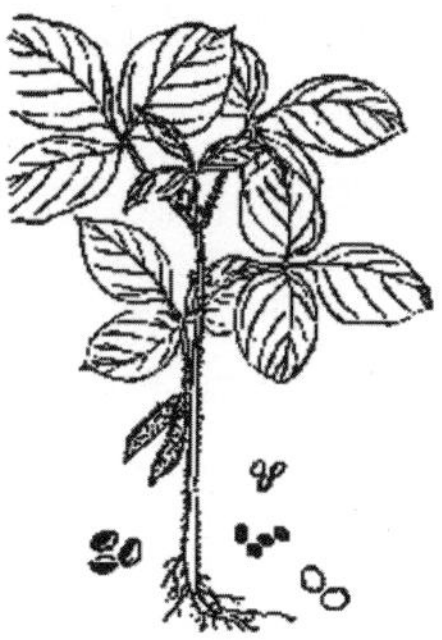

菽（大豆）

“叔”字含有摇晃、指点，即俗语中的“数落”义。所以，引申后又指晃动一株豆杆，使豆子蹦跳而出。后人在“叔”上增“艹”，特指豆类植株。引申后，又指这种植株的种子，即豆子。

“叔”在古代通常指比父亲年龄小的长辈，也指与父亲平辈而年轻的男子。源自标枪后面的系绳（与弟的引申义相同）。作为豆类作物名称的“菽”则源自豆子从豆荚中的脱落。

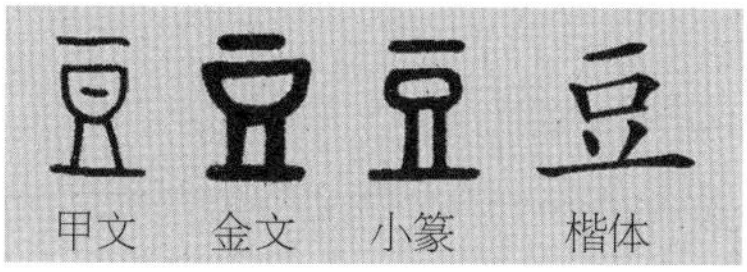

“**豆 dòu**”是“菽”的后起名称。有人认为“豆”的本义原指古代食器，一种高脚盘子的象形白描。古代的先民，常常把煮熟的豆子放在这种高脚盘子中用餐，也用来盛装祭品供奉祖宗神灵。在这一过程中，先民们发现，豆形盘子的造型，中间部分大，上下较细长，与大豆、豌豆之类的外形很类似。实际上，“豆”在古代也指与高脚盘相似的灯台，即俗语所说的“瓦豆”“油灯”。油灯之光微小如豆，又发黄光。因此，汉代以后，便用“豆”来称呼这种有着椭圆体的植物种子。成语中的“目光如豆”便来自油灯灯焰的昏暗。

古代的青铜“豆”

大豆为我国最早栽培，距今已有数千年的历史，现在世界各地种植的大豆都源于中国。考古发现的最早大豆实物，为春秋时晋国所产，出土于山西侯马。两千多年前的《诗经》中有“中原有菽，庶民采之”和“七月亨(烹)葵及菽”的记载。古书中很早也有“且(吃)豆令人重”的记述，意思是吃了豆令人发胖。可见，古人早已从实践中得知大豆含有丰富的蛋白质。

除了可食外，豆类作物根系的根瘤菌，可以固定空气中的氮素，从而滋养地力。古代社会中，豆萁常常用为燃料。因而，曹植的七步诗中说“煮豆燃豆萁，豆在釜中泣，本是同根生，相煎何太急”，用豆荚之皮和豆子的关系比喻兄弟手足之情。

现今，人们以“黄豆、红豆、绿豆、黑豆、芸豆”来称呼不同的豆类，这是按照外形颜色来划分命名的。

“稻 dào”，禾本科一年生草本植物，品种繁多，有粳稻、糯稻等。野生稻在中国南方的田野中普遍而繁盛，考古人员在距今9000~8000年前的新石器遗址中，发现有水稻种子的遗存。由此证明，中国是野生稻的驯化地，是栽培水稻的起源地之一。

“稻”，商代的原名称之为“黍”，因为周人灭商将文字权力据为已有，因而转指又名大黄米的“糜子”。

金文的“稻”字写作“”，这是一个贮存信息较丰富的字

河姆渡出土陶钵上的稻谷图案

形：上从“禾”，下从“爪”(即手)，再下是舂米的“臼”，再下是表示米粒的六个小点。整个字形，把“水稻”的加工特征描绘的淋漓尽致。小篆的“稻”字承接金文，由“禾和舀”会意而成，“舀”则由“爪”(即手)和“臼”上下叠加而构成，表示由上方将手伸进“臼”里，放进或掏取东西。稻的果实叫谷，谷壳坚硬，舂去壳叫米，方能煮食。人们把收获后的稻谷放在“臼”中，用“杵”捶捣(即“舂”)，以使壳和米分离。“舀”，正是对这一过程的形象描述。

稻米白净可口，是粮食中的上品。因此，古代文人在诸多作品中都有对水稻的颂扬。陆游《村居初夏》诗中说：“风暖紧催蚕上簇，雨余闲看稻移秧。”范成大也有“江头一尺稻花雨，窗外三更蕉叶风”的诗句。

商周秦汉之际，中国大陆气温降低了2—4度，水稻只能大面积种植在中国的南方。后来，经过古代劳动人民的育种培养，逐渐在华北的京津地区和东北也有栽培，因生长期长而富含蛋白质，现今已成为北方粮食作物中新的主力军。

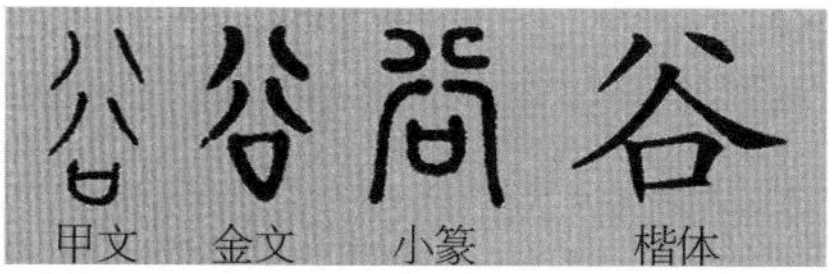

“谷 yù”，这是一个士大夫文人无法辨识的汉字。甲骨文的“谷”字是一个会意字：其下部为“口”，其上部是两个表示分离而出的“八”形符号，这是说：“谷”就是从口里吃进，然后又忍不住又吐了出来。金文、小篆和楷书一脉相承，均写作“谷”。

“谷”，《说文》将其释为：“泉出通川为谷，从水半见于口。”实际上，许慎的释形全错，释义则把假借义当作了本义。“谷”的本义为吃后又吐出，本义由转注后的“欲”字承继，谷则表示引申而出的“两山之间的狭长水道”。

“谷”字的物象来源，古人久已不识，又被“谷”的引申义所蒙蔽。所以，后人又借“穀”来表示谷物的带壳种子。“穀”字上部左半边是一个“壳”字，右半边是一个表示击打的“殳”，下部则是一个“禾”。三形会意，

恰似古人用连枷打场的真实再现。因而可知,“穀”的本义为打谷,其发音当从打谷的“咕、咕”声而来。汉字简化时,以民间仍在流行的“谷”字替代“穀”。

“谷”字是一个部首字,汉字中,凡以“谷”为组字构件者,不与呕吐有关便与山谷有关,前者如“俗、浴、欲、裕”等,后者如“豁、谿”等。

“米 mǐ”字是个象形字。甲骨文的“米”字,用上下六个小点表示米的颗粒状,中间的一横,可以看作是风的吹过,表示米粒与谷壳的分离;小篆的“米”字,将中间两点上下贯通,遂演变成与楷书相似的“米”字。

谷类作物去掉皮壳后的籽实都可称为米,如“小米、大米、粟米、稻米、玉米”等等。一些小如米粒而又像米的食物,也可称为米,如“菰米、虾米、花生米”等。

“米”字是个部首字,汉字中,凡由“米”所组成的字,大都与粮食有关,如“籼、粒、粳、糜、粟”等字。

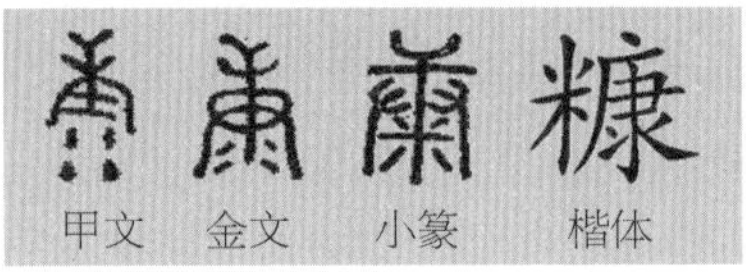

“糠 kāng”字是个形声字,从米康声。古文字中的“康”,从庚从四个小点,构意源自弓钻钻眼时的打通。其中的四个小点表示打通孔眼时的钻屑。

甲骨文的“康”字,便是对弓钻钻眼的描摹。金文的形体、大致与甲骨文相似,小篆字形将“庚”字一分为二,变成了两只上举的手,内中的四个小点则演变成了“米”

字。经过隶书的讹变,楷书保留了一只手,另一只手演变成了“广”字,下边的“米”则讹变成一个“水”字,写作“康”。

“康”的本义指钻通孔眼,因而有外壁坚硬及内里空洞的意思。在‘康’上增添“米”旁,便表示空朽的谷糠。如《穀梁传·襄公二十四年》:“四谷不升谓之康。”就是说:谷物长得干瘪,就称为“糠”。这里的“康”字即表示谷糠,也有空、荒之义。

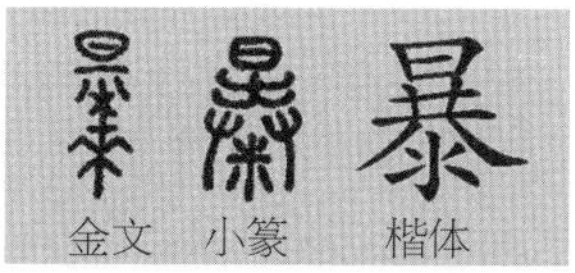

“**暴 bào**”,这是一个会意字。金文的“暴”字,上边是一个日光向下照射之形,即“冥”;下边则突出了麦穗成熟之形,即“來”。整个图景恰似“阳光倾洒,麦熟一晌”的现实主义描绘。小篆的“暴”字,讹变为一双手(劳作)在阳光下晒米之状;楷书在隶变过程中,再次讹变为“暴”,成为一个形似但神韵全失的会意字。

“暴”的本义为晒米,泛指阳光暴射。如《周礼》:“凡染,春暴练。”这是说:凡染色,春天要将白绢暴晒。由日晒又引申出了显露、显示之义,如“暴露”一词。赤日当空,骄阳似火,由此又引申为急骤、猛烈之义,如“暴雨、暴怒、暴躁”等。又可表示凶狠、残酷之义,如“暴虐、暴行、暴徒”等词语。

“**秀 xiù**”,这是一个会意字。上承西周金文余绪的石鼓文写作“秀”,小篆写作“秀”。从构形分析:上边是一个“禾”字,表示谷类作物,下边是一个“乃”字,表示禾、麦、稻等农作物抽穗含浆如奶汁的意思。古汉语中,“乃”是“奶”的本字,乳房叫“乃”,乳房中的液汁也称“乃”。稻、麦等禾谷抽穗扬花后,谷粒开始含浆,十分像奶汁。

“秀”字以“禾、乃”会意,本义为抽穗灌浆。《诗·大雅·生民》:“实发实秀,实坚实好。”这里的“发”是说禾苗分蘖发莞,一根长出数苗;“秀”,指禾苗抽穗灌浆;“坚”指穗粒的老熟坚硬;“好”指籽粒之多,写出了麦稻发育成熟的一步步过程。

上古诗歌《麦秀》:“麦秀渐渐兮,禾黍油油。”其中的“麦秀”即麦苗已抽穗灌浆。禾稻抽穗后比未抽穗者要高出许多,禾穗比叶片要高而耸立。因此,引申出“秀”有优秀、特异之义。又由禾稻抽穗扬花的亭亭玉立形状,引申出清丽美好之义,如“秀丽、清秀”等。“秀才”,一词本指才能出众、优秀特异之人,明清之际,用来指称进入县学的生员,也泛指古代的读书人。

“秀”的本义指秀穗,即抽穗灌浆,禾穗垂弯已不再使用,但其引申义在现代汉语却多有使用。

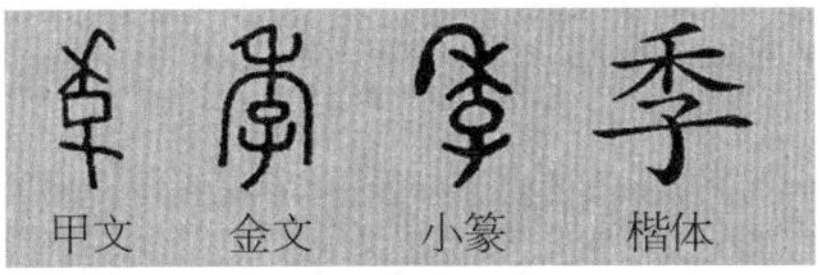

“季 jì”,这是一个会意字。古文字中的“季”字,上部均为“禾”,下部则是一个“子”,两根会意,表示“幼禾”之义,即年少的庄稼。楷书缘此写作“季”。

“季”,《说文》释为:“季,少称也。”这是由幼禾之义引申表示“年少之人”。如古人以“伯、仲、叔、季”表示兄弟排行,“季”为同辈中最小者。又引申指季节或朝代的末了。如蔡琰《悲愤诗》:“汉季失权柄,董卓乱天常。”汉季即汉朝末尾那一段。古人把一年分为春夏秋冬四时,每时三个月,最后一个月叫季月,即季春、季夏、季秋、季冬。因为,四时中各有一个季月,所以四时又叫四季。

“季”,还可表示一段时间,如“淡季、雨季”等。此义由四季各具有一段时间引申而来。

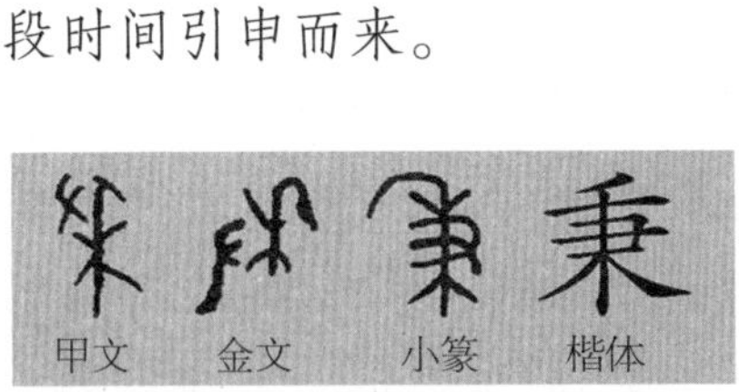

“秉 bǐng”,这是一个与“禾”有关的字,由“又”、“禾”组合而成。甲骨文和金文的字形都像手里拿着一枝“禾”的样子。

“又、禾”会意，表示用手拿着一束禾，这就是“秉”的本义。引申泛指手的执拿。汉代的《古诗十九首》中有：“昼短苦夜长，何不秉烛游。”诗中的“秉烛”，即拿着蜡烛在夜晚游玩的意思。“秉”，由持拿又引申为持掌、主持、掌握等义。如“秉公办事、秉承旨意”等。《诗经》中有：“秉国之钧，四方是维。”这是说：“执掌国家政权，维护四方安定。”显然，这是古代统治者、今日的领导人需要肩负的责任和义务。

青铜铭文

“**兼 jiān**”，也是一个会意字，由又和两个禾组合而成。兼的本义为一手拿着两束禾，引申表示并持、合并，即把两个或两个以上的东西归拢在一起的意思。

从字形上看，“秉”字是手执一束谷穗，而“兼”字则是手拿两束谷穗(禾)。两个字的字形结构一样，只是谷穗(禾)的数目增多了。《说文通训定声》曰：“手持一禾为秉，手持两禾为兼。”因此，“兼”又有“兼而有之”的意思，表示同时涉及几个方面，如“兼职、兼听、兼收并蓄”等。有时也用来专指翻倍，如“兼并、日夜兼程”等等。

“**年 nián**”，这也是一个与“禾”关系密切的字。在甲骨文和金文中，“年”字写作“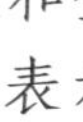”，从禾从人，像一个人背负禾谷的形状，表示谷物的成熟收获。金文在下部的“人”形中增添一横写作“千”，发生了因音形变的现象。小篆一脉相承，经由隶变后，楷书写作“年”。

古代，谷物一年只有一次收成，所以谷物收获的好坏多少，相当于现在所说的年成。《穀梁传·桓公三年》说：“五谷皆熟为有年。”这里的“有年”，就是指这一年有了好的收获。北京天坛公园仍保存有古代的“祈年殿”，乃是封建帝王祭天，祈求“五谷丰登年成好”的地方。

从春种秋收，一年一收的轮回交替中，“年”字又引申出“岁”的意思。一年就是一岁，代表春、夏、秋、冬四季十二个月三百六十五天。由年岁之义，“年”字又引申指人的寿命，如“年龄、年轻”等。曹操曾写有“烈士暮年，壮心不已”的诗句，流传千古，成为上了年纪的人的自勉之词。

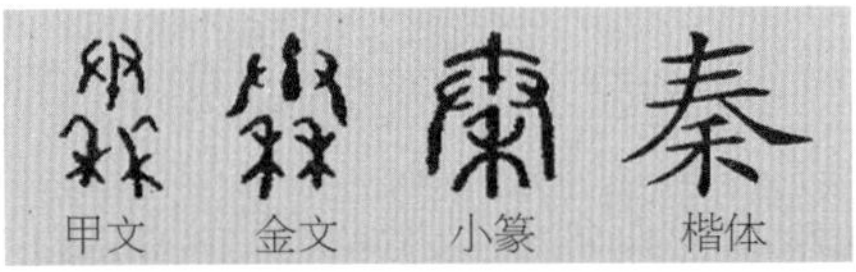

“秦 qín”，这是一个会意字。甲骨文的“秦”字，上部的中间是一株“谷穗”，左右是两只手，下部用两株禾谷象征成熟了的庄稼，整个字形表示两手掐取谷穗。因此，“秦”字的本义就是粮食丰收喜登场。显然，这是一个由五个象形、两组图案构成的会意字。金文和小篆的形体基本上与甲骨文相同，只是下部减少了一个“禾”字；楷书的“秦”字，上部演变成了“春”(𡗗)字头，“谷穗”和双“手”的形状都不见了，但书写却方便多了。

“秦”与“禽”发声相同，都含有收获、得到的意思。“秦”与“勤”发音相近，蕴涵有勤劳之意。

“秦”是春秋时代的诸侯国，坐落于陕西中部和甘肃的东部，拥有八百里秦川和陇东的大片肥沃土地(后来又占据了成都平原)，自古就是有名的大粮仓。“秦”被用作地名和国名，大概与它是古代旱作农业最发达的地区有关。战国末年，秦始皇统一中国，建立起中国历史上第一个中央集权的封建王朝，即秦王朝。此后，“大秦”一词，成为西域各国对中国的代称。

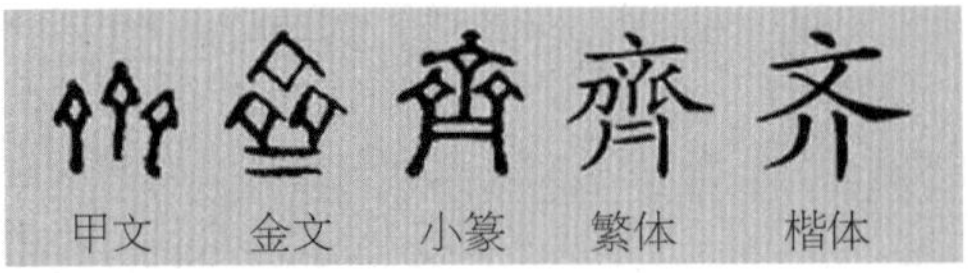

“齐 qí”是“齊”的简体字。从甲骨文的形状看，很像吐穗的禾麦

齐整排列的形状。《说文》因此释为:“禾麦吐穗上平也。”金文和小篆的“齐”字,三棵禾谷的中间一株移了上去,其根部多出两条横线,表示古文的“上”,旨在强调谷物抽穗而向上。当然,这种构型比甲骨文要更为匀称美观。楷书中繁体的“齊”字变化复杂,一点也看不出禾谷出穗的样子。也许正因为它太复杂,失去象形和会意的内涵。所以,被简化为今日的“齐”字。

古埃及小麦收割图

“齐”字的本义为禾谷秀穗后的齐整,又用来泛指一般事物的整齐。如《三国志·吴书》:“曹公望权军,叹其齐肃。”这是说,曹操远望孙权的军队,为其整齐肃穆而叹服。“齐”由“整齐”义又可引申为相等、同等、一致,如“齐头并进、并驾齐驱、齐心合力”等。又引申为完备之义,如“齐全、齐备”等。

“齐”也是战国时代的诸侯国名,在今河北东部和山东淄博一带。大概由于这一带正是华北大平原的中部,土地平整,一望无际,成片的禾谷出穗后格外整齐,因而得名于“齐”。

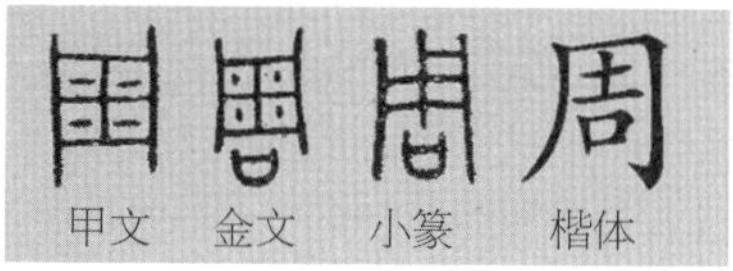

“周 zhōu”,这是个象形字,甲骨文的“周”像界划分明的农田,内中的小点表示密集的庄稼。“周”是古代氏族方国的名称,他们曾定居在豫西的济源沁阳一带,因为受到殷商的打击而举族迁徙于陕西岐山下的周原,与那里的原住民合并,史称“姬周”。周武王伐纣灭商后,建都镐京,这就是历史上的周朝。

汉画像上的牛耕禾穗图

周人是一个重视农耕并以农业立国

《农政全书》中的圃田图

的民族，所到之处必尽力种植庄稼。因此,甲骨文的“周”字以田地禾稼为其特征。金文的“周”字,在下方增添了一个“口”,表示都邑。国都四周都被密密麻麻的庄稼包围,可见周人以农为本的立国大纲。

“周”的本义为被四周农田包围的国都,由此,引申出普遍、周到之义,如“周身、周遍、周游”等。

事实上，在金文中另有一个“从用从口”的周(读作 diao,吊)。构形源自男人裆前的吊布。引申后也表示包裹、围绕的意思。后来,“从田从口”的周与“从用从口”的周两形合一。小篆则以从用从口之周为正体,也就是现今楷书“周”字的正宗。

“周”字还用来表示环绕的意义,如“周围、周旋、圆周、周边国家、周而复始”等等。《管子》一书说:“善周者,明不能见也,善明者,周不能蔽也。”句中的两个“周”字,都可解释为周旋。《论语》一书说:“君子周而不比,小人比而不周。”意思是说:君子与人相交,亲密守信而不结党营私,而小人则恰恰相反。句中的两个“周”,都可释为亲近,即因亲近而形成帮派或同志。

七、躬耕农田可获利

农作物由野生采集发展为人工培育，尤其是谷类作物的人工种植，乃是人类历史演进的一个重大里程碑。古代文明，如中国、埃及、巴比伦、印度以及古玛雅等，无一例外，都建立在农作物人工栽培的基础之上。

农业文明的内涵，不仅包括谷物品种的繁育，也仰赖于农业工具的革命，以及随之而来的种植方式的变革。中华民族的祖先，毫无疑问应该是世界农耕文明的先驱者之一。

“耒 lěi”是中国农业文明的一种特有农具。这种用作掘地松土的工具，形状似锸，下端分叉作齿形，分叉处绑有横木，为脚踏用力处。当金属被用来制作农具后，这种“耒”便演变为右图中的形状。

汉画像中的耒

如图所示，金文的“耒”字左上部是一个“又”(手)，右边是耒的象形图画。整体字形，像一只手持着一把“耒”的样子；小篆“耒”字的下部讹变为木，手形插入耒把之中。楷书的“耒”字继承了这种变化后的字形，却又把上部的“又”(手)断裂而讹变为三撇。这就成为现代汉语中的“耒”字。

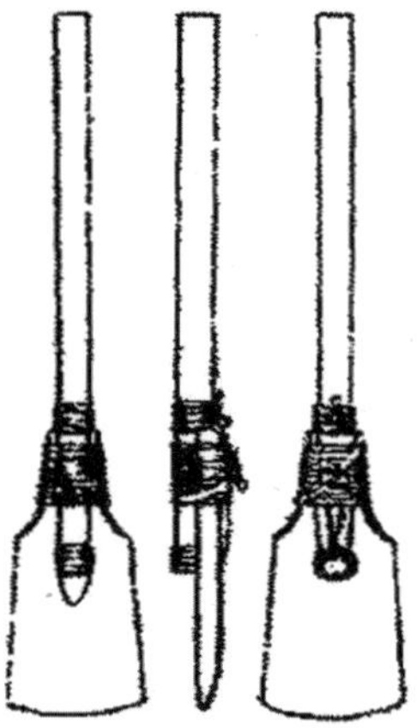
王城岗出土的石铲

古代文献中,“耒”与“耜”(下部无分杈的铲形掘地工具)往往并称。“耒耜”乃是古代北方旱作农业区的代表性工具。迄今发现最早的双齿耒的遗存,出土于五千年前的河南庙底沟遗址。人们在郑州王城岗遗址也出土了大批量的石铲(耜)。“耒耜”之所以能作为古代农具的代表,无疑在于它们的耕作效果。北方的土壤特别是黄土地区,结构均匀,细小,疏松易碎,很利于石铲木耒之类的掘土农具翻地。特别是当两人各执一耒或一耜时,并排协同用力耦耕,其耕作效果和生产效率与人拉犁不相上下。

直到现代,在中国北方的陕北和关中地区,当耕牛缺乏,或者在小块土地上深翻时,“耒耜”仍是主要的耕作工具,只是此时的耒耜已用金属所制,当地称作“铁铣”。

以“耒”或“耜”掘地发土,要用脚上之力踩踏,然后用臂部和腰上的力量将土块翻转,这就是人们常说的“躬耕”。《淮南子·主术训》:“一人跖耒而耕。”《盐铁论》:“不知蹠耒躬耕之勤也。”可以证明,汉代中国仍然使用这种农具。

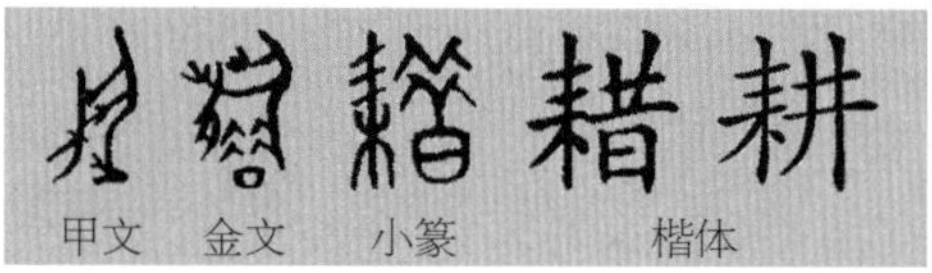

“**耤 jiè**”是一个会意字。甲骨文的“耤”字,像一个人手持农具“耒”在用力翻土之形,人形下刻意画出了一只脚,表示凭借足力把耒踏入土中。金文又在下边增添了一串象形符号,表示一排接一排被翻耕过的田地,其中的“口”或“日”为目标符号,表示从这一头到另一头。文字演变到小篆时,这串象形符号讹变为“昔”字(相似性讹变),成为一个“从耒从昔”的会意字。

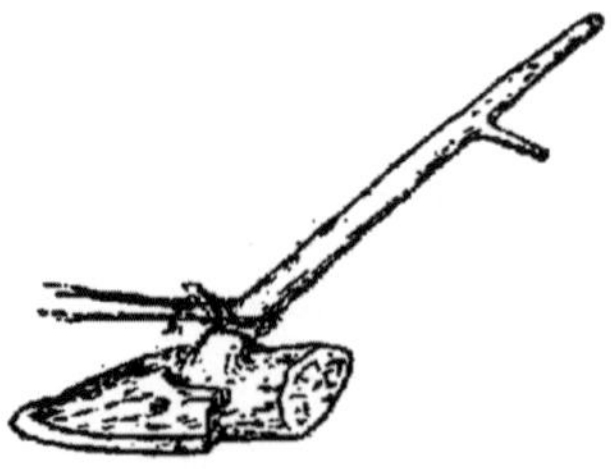
古代木犁复原图

“耤”的本义为用足踏耒以翻地，因此有耕田之义。古文献中，常用“耤田”一词，表示天子亲耕之田。用足踏耒需要借助腿脚之力，因此，“耤”又有凭借之义，后世多写作“藉”。

另外，典籍、书籍的“籍”也用“耤”作声符，因而也有“凭借”的意思。“耕”是一个晚造的假借字，把古文“刑”(㓝)字的刀换成“耒”，便创设出“耕”。这便成了耕田的“耕”字。不过，此字已是很晚以后的产物了。

“农 nóng”，是“農”的简体字。甲骨文的“农”字，上部是草木之形，表示田地中的禾谷，下部是一个“辰”，即双手执石镰的象形线描。金文的“农”字在草木之形中增加了一个“田”字，以表示农田收割之事。金文另一款和小篆的“农”字，将草木之形讹变为两只手，中间乃是源自浇水瓦罐的“西”。隶变后的楷书，上部合并为“曲”，写作“農”。多个字形中已将耕田、浇水、收割全部囊括在内，只是每款字形中只有一种农作。

“辰”在古代，原指缚在手指上的“爪镰”，即用“蜃壳”所磨制的镰刀。蜃属蛤蚌类，有大而坚硬的扁壳，上古时代的先民用它磨制收割禾谷或除草的工具，即蚌镰，俗称爪镰。《淮南子》一书记载：“古者剡(音 yǎn，削尖)耜而耕，摩(磨)蜃而耨(音 nòu，除草)。”考古发掘曾出土过许多蚌制农具。这些蚌器分为两类，有刃边的作为中耕除草用，有锯齿的则用作掐穗收割。

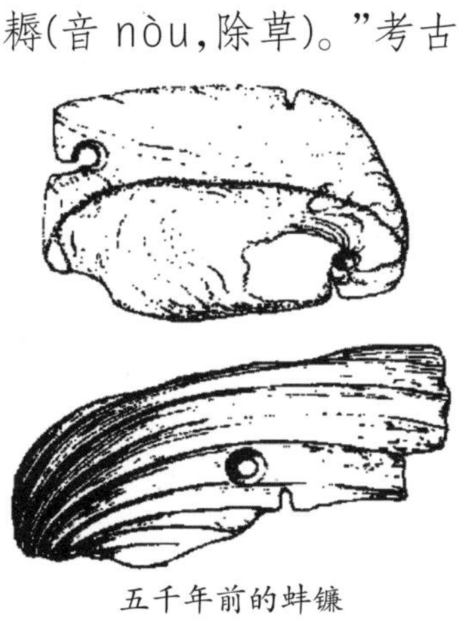
五千年前的蚌镰

“农”字的本义为收割。因为收割为种植业的最后一环，所以引申出泛指的农耕、农作、农业之义。如《汉书·食货志》：“解土殖谷曰农。”又与桑蚕养殖合称“农桑”，指代农家耕织之事。又转指从事农业的人，如古诗：“四海有闲田，农夫犹饿死”中的“农夫”一词。

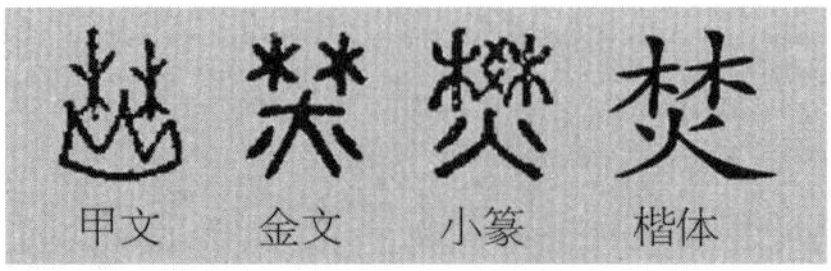

“焚 fén”字是个会意字，由“林”和“火”两字组合而成。甲骨文字形上半部是树林，下部是“火”字。两形会意，表示放火烧荒。小篆的字形在上部的林中增加了一个“爻”字，表示灌木杂草的“阻拦”。楷书则将这多余之物简省掉，写作“焚”。

上古社会，先民们采用“刀耕火种”。后来，又采用了“轮耕制”，就是让耕种过的土地抛荒一两年后再种。所以，种植之前都要焚烧树林草木，既清除障碍，又得到肥田的草木灰。小篆字形中的“爻”字，用“阻拦”之义表示焚烧已成障碍的灌木丛和杂草。因此，可知“焚”的本义就是“烧荒”，后来，才引申出一般意义上的焚烧。

唐诗中有“出门便作焚舟计，生不成名死不归”的豪言壮语，其中的“焚舟”，就是指烧掉乘坐的船只。这是“破釜沉舟”的另一种说法。《韩非子》：“焚林而田，偷取多兽，后必无兽。”这里的田(同畋)就是打猎，其大意是说：焚烧森林，驱赶野兽，暂且可以猎取很多野兽，可是以后就一定没有野兽可捕捉了。显而易见，古人深知“竭泽而渔”焚林猎兽的害处。

“者 zhě”，这是一个会意字。金文的“者”字，上部木上有点，表示火的燃烧；下部是一个“口”，在此表示目标或目的地。两形会意，表示野火贴地蔓延向既定目标烧进。金文另一款的“者”字，上部略有形变。下部的口形演化为“曰”，与“晋、鲁”等字下部相同。小篆的“者”字将后一款金文中的左右斜划分别连写，中间的直划同下部的“口”连写在一起。经由隶变，遂有楷书的“者”。“者”字的形体演变规迹，清晰可辨。

“者”，取像野火蔓延，本义为附着，即“著”的初文。在自然界，一物附着于他物的现象普遍存在，如日月星辰附著于天，山水草木附著于地。上古先民通过生活实践，发现附著力最强的东西莫过于野火。因此，用野火贴地燃烧表示“附著”这一概念。

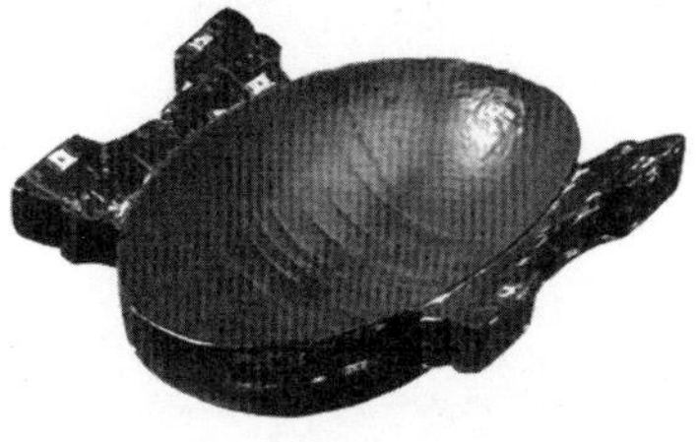
出土的战国漆耳环

“者”，《说文》释为：“者，别事词也。”这是说：者乃代词。古文中，“者”的主要用法是放在动词、形容词、词组或句子后面，称代需要重述的人、事物、时间、处所、原因等等，不能单用。如《孟子·梁惠王上》：“使天下仕者皆欲立于王之朝。”这里的“者”前是仕。如《商君书·画策》：“不胜而王，不败而亡者，自古及今。”这里的“者”前是逃亡之事。又如《老子》七十七章：“高者抑之，下者举之。”这里的“者”指代物。

“者”，还可以放在数词后，表示概括，如“二者必居其一”。虚化为助词，用在词、词组、分句后，表示停顿，如“三光者，日月星”；用在句末，表示祈使或决断，如“路上小心在意者”。

“者”字是一个部首字，汉字中，凡从“者”得声的字都与“附著”有联系，如“猪、署、奢、箸、著”等。

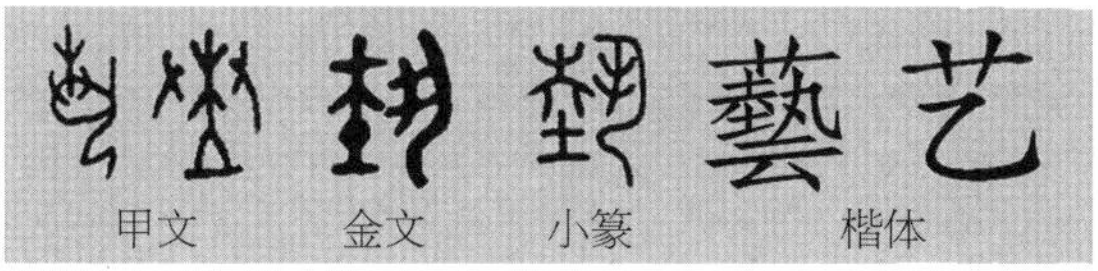

“艺 yì”是“藝”的简化字。甲骨文的“藝”字，像一个人跪在地上双手栽种苗木的样子；另一款则像双手植“木”于土上之形。金文的“艺”字综合两款：左边是木在土上之形，右边则是一个人双手正在操作的形态。小篆基本保持了金文的字形，只是苗木之形讹变为“坴”(音陆)。《说文》释为：埶，种也，从丮坴。这里的古文字“丮”(jí)表示持握。楷书把“丮”与“丸”相混，写作“埶”，后又加“艸”字头，作蓺，又加“云”字底，变作“藝”，简化后成为现今的“艺”字。

由上文可知，“艺”的原本意义乃是栽种或种植(与稷字音同意近)。《诗·齐风·南山》：“艺麻如之何?”《孟子·滕文公上》：“树艺五谷。”这里的“艺”都作种植讲。古人认为栽种或移植苗木，都需要一定的技能。因此，又引申出技艺之义，如“园艺、手工艺”等。随着技艺范围的扩大，又引申为艺术的“艺”。如古代贵族教育子弟的“六艺”：礼（礼节）、乐（音乐）、射（射箭）、御（驾车）、书（写字）、数（算术）等。

青铜铭文：艺

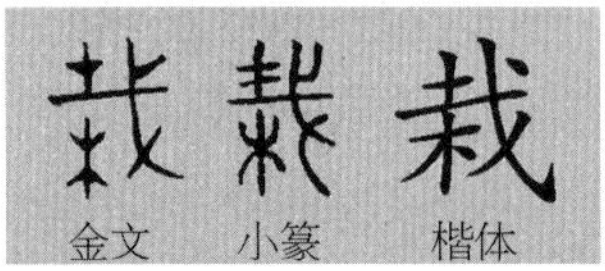

“栽 zāi”，这是一个形声字。金文的“栽”字“从木𢦏声”：“𢦏”原本指兵器戈矛勾啄到人的身上；“木”则指可以移植的树。栽便是树木的移植。“𢦏”在表声的同时，也将“栽”字的内涵表现的淋漓尽致。小篆承接金文，按照文字演化的通则，将上部的“才”变为“十”。楷书经隶化后演变为“栽”（与哉的演化相同）。

“栽”的本义为移植栽种。《广韵》因而释为：“栽，种也。”如《礼记·中庸》：“故栽者培之。”现代汉语中则有“栽树、栽花、栽培、栽植”等词语。因为“栽”含有从一个地方拔出，再插入另一个地方的意思，所以，引申后也指一般意义上的插埋，如“栽绒、栽电线杆”等。引申后，又表示硬给安上的意思，如“栽赃、栽上罪名”等。

口语中又用以指称摔倒，如“栽跟头、栽跤”等。

“厘 lí”是“釐”的简体字。甲骨文的“厘”字是一个会意字：左边为无头的禾谷，右边为手持棍杖之形。两形会意，表示手持棍杖击打脱粒的意思。在金文的“厘”字中，下边增添了一个表示反转的符号“厂”，其下又增加一个表示田地的“里”。整体字形，将人们在田地里收割脱粒表现的更为明晰。小篆在演变过程中，将“禾”讹变为

“末”。楷书写作“釐”,简化后规范为“厘”。

“厘”字源出庄稼的击打脱粒。庄稼收割脱粒后在下一年开始重新播种种植。因此“厘”又有厘正、改革之义,如《北史·韩麒麟传》:“依地理旧名,一皆厘革,小者并合,大者分置。”又引申为治理、整理之义,如“厘定”一词。

收割脱粒表示谷粒从穗上落下,由此,又引申出细微之义,如“毫厘不爽、失之毫厘、谬之千里”等。其中的毫厘均泛指微细差别。“厘”又是市制长度单位,乃一尺的千分之一;作重量单位,是一两的千分之一;作地积单位,是一亩的百分之一。

现今,厘米是公制长度单位,乃一米的百分之一。“厘”又是利率的单位名称;几厘,即年利率是本金的百分之几。

“**差 chā**”,这是一个会意字。金文的“差”字,源自古人用手揉搓麦穗,使麦粒脱壳这一现象。如图所示,“差”字的上部乃是一个“來”的简省形,下部是一个“左”,表示做工之手。小篆的“差”字,使简省后的“來”失掉象形,楷书缘此写作“差”。

“差”,《广雅》释为:“差,磨也。”本义是用手揉搓麦穗。这一场景,在麦熟后尚未收割的田头地尾,仍能看到。“差”也是一个多音多义字,但均由双手揉搓麦粒使仁与皮壳脱离引申而出:“差”有区别义,如“差别、差异”。差有失当义,如“差错、差讹”。差有余数义,如“差数、差价”。差作副词时,表示程度的比较,相当于稍微地,如“差强人意”一词。

“差”作动词时,读若 chāi,有派遣的意思,如“差遣、差使”。又引申为受派遣做的事,如“出差、兼差”等。

将几株麦穗放在手中揉搓,麦穗有长短,用力有大小。因而,“差”又有长短、高低不平之义。此时的“差”读若 cī,如连绵词“参差”。

由两数相减的余数,即差数,又引申出不好、不够标准的意思,如“差得远、成绩差”等。此时的“差”读若 chà。

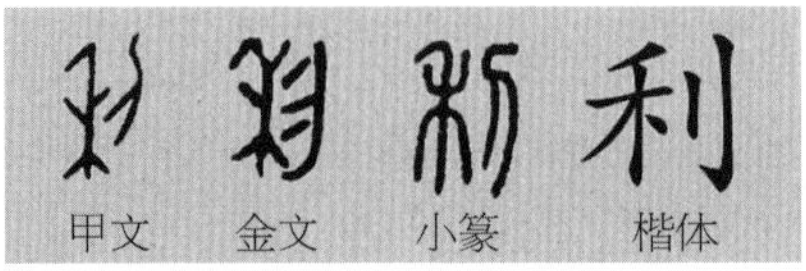

“**利 lì**”，这是一个会意字。甲骨文写作“𥝢”：左边的“禾”表示庄稼，右边是一个表示收割工具的“刀”字，其上一点表示谷物籽粒。整个字形，乃是上古先民以“刀”收割庄稼的生动图画。金文的“利”字在“刀”的中间又增添了一个点，成为从禾从勿的会意字(勿为刀的划过)。小篆的“利”字取掉了金文中似八非八的两点。楷书相承，遂演变为今日的“利”字了。

“利”的本义原指用“刀”收割时的快捷、灵便。如《周礼·考工记》：“短毂则利，长毂则安。”这是说：车轴短便灵便，车轴长则稳妥。不论“石镰、蚌镰”，掐割成熟的谷穗都不如“刀”那样快捷、应手，因而，“利”又有锐利、锋利的意思。《说文》释为：“利，銛(xiān)也。”“銛”就是锋利的意思。

古人说：“春种一粒粟，秋收万颗粮。”由镰刀的收割，又引申出“利益”，表示多出的意思，如成语中的“见利忘义”、“利令智昏”等。唐代诗人白居易《琵琶行》诗中有：“商人重利轻别离，前月浮梁卖茶去”的诗句。这里的“利”作利润讲。

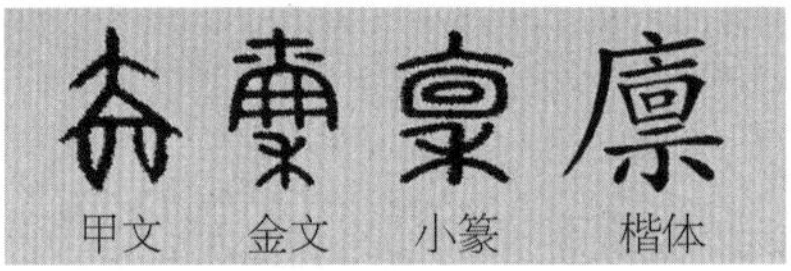

“**廪 lǐn**”字原本是一个象形字。甲骨文的“廪”字，下部像两块大石头，上面棚有木棍或木板，再上部是一个“大”形，用来表示禾谷堆在野外的形状。

古代社会，“廪”是农作物收获时，在野外储藏谷麦禾穗的一种方式。不久前的“一大二公”时期，北方的生产队在庄稼收割时，因无法全部拉运回来碾打，也会在地头或场边上把收获的庄稼用“廪”的形式堆藏起来。甲骨文的“廪”字，描绘得正是这种露天的谷堆之形。

金文的“廪”字，上部从甲骨文演变而来，恰似谷堆的象形，还加有一个顶盖，下部则增添了一个“禾”，表示储存之物。小篆缘此演变为“禀”。楷书又添加一个“广”字，表示与房屋有关。《诗·周颂·丰年》在描述收获的场景时，诗曰：“亦有高廪，万亿及秭。”这里的“廪”用作本义，即露天藏禾之所。现代汉语中，“廪”字多与“仓”字合称“仓廪”，泛指盛装粮食的仓库。

农村储放粮食的仓廪

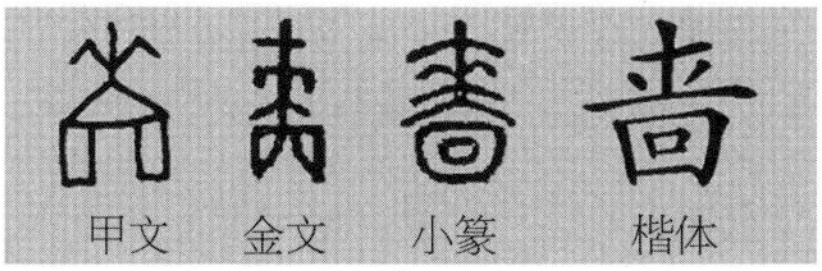

“啬 sè”字原是个会意字。甲骨文字形的上部是一棵麦穗(“来”的简省)，下部是一个粮草屯的象形白描，即“㐭”。至今在山区中，每逢麦收，农民仍将麦子连根拔起，麦穗向外堆积成屯，作为暂时的储存方式，这便是“啬”字的取象来源。金文的“啬”字有些讹变，上部与下边合并，但大体上还像庄稼的样子；其下则讹变为古文的“丙”字。小篆上部的“来”形很清楚，可是下部的“丙”又讹变成“回”字。楷书的写法，把本来为“来”的部分变成了一横两点。

“啬”的本义为储藏粮食，又引申为节省钱粮，如《韩非子·解老》：“少费之为啬。”也就是少浪费叫“啬”。“啬”字本为褒义词，但是后来又往相反的方向引申，变成了“吝啬”，如《战国策·韩策》：“仲(人名)啬于财。”这是说：公仲这个人特别吝啬钱财。《汉书·成帝纪》中有“服田力啬”的话。“服田”，就是“耕田”；“啬”则代“穑”，表示收割庄稼。“服田力啬”就是“耕田和割藏庄稼”的意思。“啬”也是“穑”的本字。

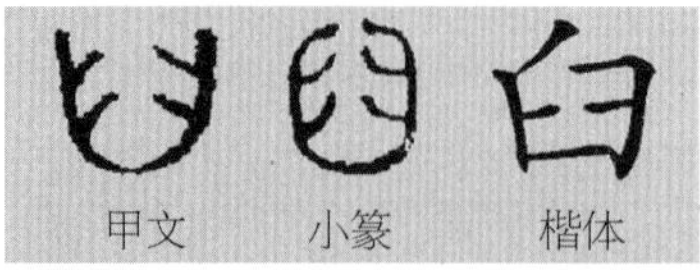

“臼 jiù”是古代的舂米器具，一般都用石头凿成，中间凹下部分用来盛放带壳的谷物。古文字中的“臼”字，就像一个舂米用的石臼形。小篆的“臼”字形同古文，内中的四个点像有齿之状，表示石臼内部的粗糙。显然，粗糙的石臼会增大摩擦力，使脱壳工效更高。

“臼”的本义就指舂米用的石臼。引申为形状似臼之物，如“臼科、窠臼”等。

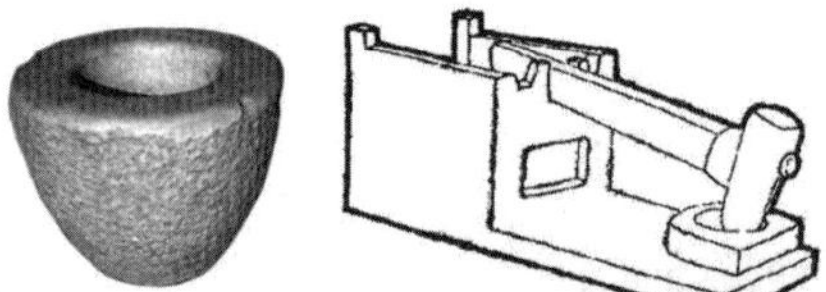
商代的石臼和汉代的碓

“臼”也是一个部首字。汉字中，凡从“臼”之字，大都与臼或坑陷有关，如“舀、舂、陷、桕”等。

收获后的谷类农产品都须脱壳，加工成可食用的粮食。古代社会，没有碾米脱壳的机械，如何把带壳的谷物变成粮食呢?《易·系辞》曰:“断木为杵，掘地为臼。”湖北大冶文化遗址，曾发现保存状况较好的地臼遗迹及木杵。从出土实物考察，中国古代社会所用脱壳之物，多为石臼。

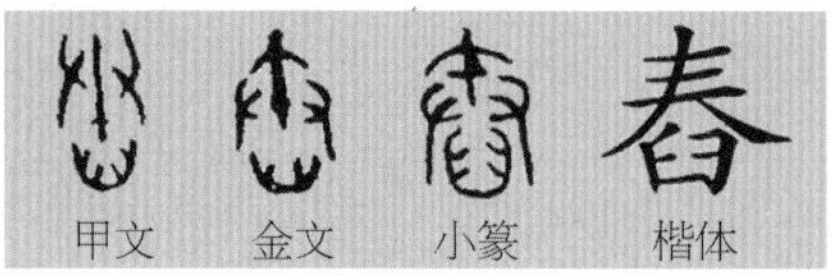

“舂 chōng”，这是一个会意字。甲骨文的“舂”字，下部是一个“臼”，上边是两只手，中间是一个棒槌状的“杵”。金文和小篆的字形同甲骨文相似，都像古人双手握杵捣搓臼中谷物的样子。因此，“舂”表示把谷物放在石臼里捣去皮壳。《说文》释为“舂，捣粟也”，即舂米。《诗·大雅·生民》中有“或舂或揄(音 yǎo，舀取)，或簸或蹂(通揉，表示揉搓)”的描述。乃是古人收

用杵舂米的妇女

获谷物后，进行脱壳加工的完整画面。

同“舂”并用的粮食加工工具还有“碓”。这是把双手举杵使之下捣的方式改为用脚踏。因为用脚踏，又是通过杠杆来举碓，工效会大大提高。

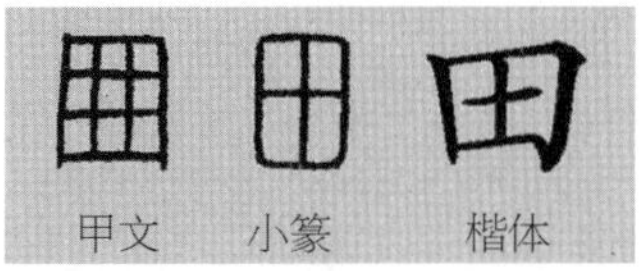

“**田 tián**”，这是个象形字。甲骨文和小篆的字形，都像阡陌交错的土地形状，只是中间横竖的笔画有多有少：方框内纵横交错，就像大地被垄埂分割成的一块块的农田。周代曾推行“井田制”，将田地划作井字形，八家为一井，各占据边上的一块私田，中间则为“公田”。与甲骨文中的“田”字十分相似。现在从高空鸟瞰农田，其形状也与“田”字的古文字字形相近。

出土的汉代墓葬陶田

实际上，“田”字的本义来自狩猎时的包围和分片驱赶，即围猎之义(此义后来写作畋)。后来，土地用来从事农耕种植，“田”字才被赋予耕种田土的意思，如“农田、稻田、试验田、水田”等等。田地可以生长植物，所以“田”字也用来比喻有所滋生的事物或可供开采的资源地带，如“心田、煤田、油田”。耕种土地属于农事，这样“田”字又有了农事的意义。如传说中的农神被称为“田祖”，农家之子被称为“田家子”，农忙季节被称为“田月桑时”等等。

“田”字是个部首字，凡是以“田”为组字构件的汉字，大都与土地、农事有关。

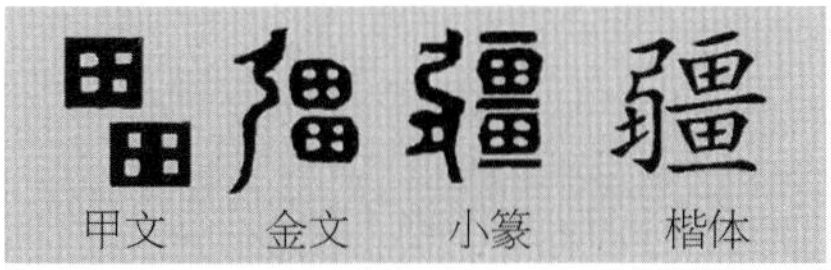

“**疆 jiāng**”，这是个会意字。甲骨文的字形由两个田字组合而

成，用以表示田地之间或围猎时的边界。金文又在左边增加了一个“弓”字。弓是古代打猎或军事上所用的器具，也常常被用来丈量地亩，称之为弓尺。一弓相当于古制的五尺，三百六十弓为一里，二百四十平方的弓便成为中国的一亩。由于疆域的大小要用“弓”来衡量计算，小篆字形又有所不同：它在上下两个田字之间加上了三横，用来表示疆域、边界之间的界划；又在“弓”内增添了一个“土”，明确表示以弓丈量田地之义。

“疆”，《说文》释为“界也”，指田地或国土的边界，如“疆域、疆土”等。边界是疆土的尽头，因而，又引申用来表示极限，如“万寿无疆”等。

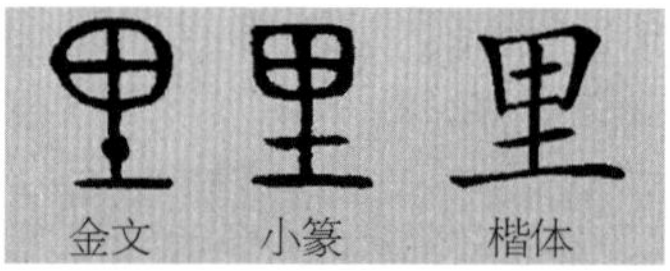

“**里** lǐ”，这是个会意字。金文作“”。由“田”和“土”两个字组合而成，表示把土地翻耕，让下边的土壤翻到上边，也表示有土壤的田块。《诗·小雅·信南山》：“我疆我里。”朱熹注曰：“里者，定其沟涂也。”就是说，“里”的本义是犁耕田地形成的垄沟。“疆”指划分田界，在此表示自家的田地。也就是说，我在自家田地里犁耕，“定其沟涂”以便分片种植或灌溉。因此，“里”的本义为田界内部里边。

“里”字又用来指面积单位，《韩诗外传》：广三百步，为“一里”（西周以 480 步为一里）。这是用表示“田界沟涂”的长度来表示行走的距离。“里”为长度单位，便由此而来。

《周礼》记载：“五家为邻，五邻为里。”意思是说，居住在一个地方的二十五户人家称为“里”。现在的“里弄”以及一些弄堂的名称，如“太平里、崇德里”等等，这些词中的“里”字，都有整体划分为一种居民组织的意思。人的居处是一个与外界环境相区别的止息之地。对人们来说，居处意味着内部的个人空间，在这个小天地里，可以随心所欲地安排布置。所以，居处内部也可以称“里”（同古文裹），很明显，这是“里”的本义的引申，现在汉语与“外”相对。

“畴 chóu”字是个会意字。如图所示，甲骨文中的初文写作“S”，曲线表示弯来绕去，上下各一的倒“口”，则表示铜液在模型中的流淌。金文以田、寿二字会意，表示田地中弯来绕去的田埂。表示以沟坎、田垄来划分的田地。楷书隶变以后，写作“疇”。这个字共有十九画之多，书写十分麻烦，因此，简化为今日的“畴”。

“畴”字的本义指随地势而形成的田埂地界。如《孟子》：“易其田畴，薄其税敛。”“田畴”即田界。又如晋代诗人左思《登楼赋》：“均田画畴，蕃庐错列。”“画畴”就是划分田界。由田界之义，又引申为“农作物种植的分区”，如“瓜畴、芋畴”等。从“分区”又引申为“种类”，如“范畴”等。又引申指“已经耕作的田地”，如《荀子·富国》：“其田畴秽。”这是说：已经耕种过的田地又被荒芜了。古文中，“畴”字又通“俦”，如在《荀子·劝学》中有这样几句话：“草木畴生，禽兽群焉，物各从其类也。”这里的“畴生”就是“俦生”，表示同类物种生活在一起的意思。

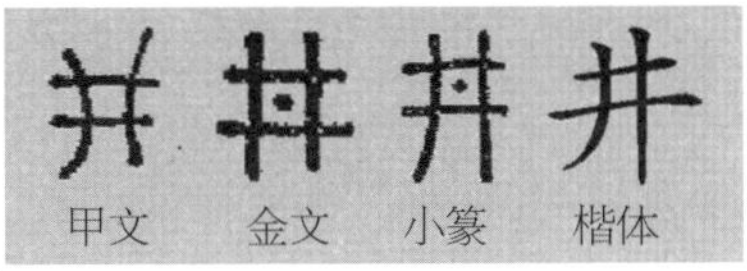

甲骨文的“井 jǐng”字，就像一个由木条构筑而成的方口水井。金文在“井”的中心加了一个点儿，表示这里有水。所以，“井”字在金文中变为指事字。小篆的形体与金文相同，楷书则省掉其中的“点”，又与甲骨文相类似，成为一个象形字了。

商代水井遗址

“井”的本义就是水井。因为古代的井是方方正正的形状,所以,现在还说"秩序井然,井井有条"。

"井"字是个部首字,汉字中,凡由"井"字所组成的字,大都与"井"有关,如"丹、阱"等字。

中国古代文献,如《吕氏春秋》、《淮南子》记载说:尧舜的臣子伯益,最早发明了水井。考古证明,无论在黄河流域的龙山文化,还是长江流域的良渚文化,均发现有水井的遗迹。可见,史书的记载,是有一定根据的。凿井技术的发明,使人们减少了对江河的依赖,使得人们可以到肥沃的冲积平原、富饶的山间盆地、平坦易居的台地去生活居住。辟地为田,凿井为源,使农田基地得到扩充发展。

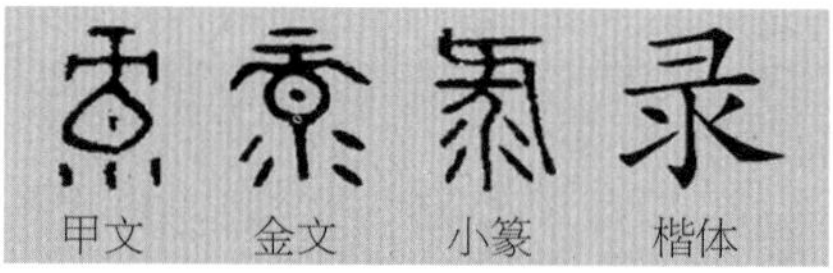

"**录 lù**",这是个会意字。甲骨文的"录"字,像井上汲水的辘轳之形:下面三点表示水滴,中间是汲水罐,上面像支架的形状乃是最原始的辘轳,其中的"ㅂ"乃是一个表示穿通的符号。金文的"录"字,在文字演化过程中,突出了下面的水滴,但汲水罐和辘轳的形状却荡然无存。

地表水源充足的地区,农田灌溉可用地表水,否则就须凿井,开发利用地下水。浅井可从井中直接提水,但从水面较深的井中大量提水则须使用机具。金文中的"录"字,其实物图像就是西周时代已发明了的辘轳(型制比图中的辘轳要简单)。据考证:最迟在春秋时,已发明了桔槔,这些机具的发明、使用,使农田的"井灌"成为现实。因而,"录"的本义便是辘轳。"录录"一词, 意同碌碌,表示平庸无所作为,源自辘轳的转动。

辘轳井

桔槔井

"录"和"彔"原本是两个字。小篆的"彔" 字原本出自像蚕一样的毛毛虫，受到挤压后流出的绿水。汉字在进化过程中，将“录、彔”混同为一。“绿”字的本义为铜锈，本应从彔。《说文·金部》释为：“錄，金色也，从金彔声。”现今，以录作彔的简体字，把原本由铜锈引申由“録”所表达的“抄録记载”归并在“录”之下。如“录用、登录”等词汇，现今都写作“录”，而不写作“録”了。

“圃 pǔ”，这是个会意字。金文字形的外边是一个表示围墙的方框，内里是一个源自网具撒出去的“甫”。小篆将内里的“甫”改为从父从用的“甫”(此甫的本义为趴伏在女人身上的男人)，但金文“圃”字的词义未变。“圃”就是以“播种”为归属标志，精耕细作的菜园子。

《农政全书》中的圃田图

“圃”为种植花药果蔬的园地，如“苗圃、采圃、花圃”等词汇中的“圃”，都指种植精细植物的园地。在一般情况下，又特指种植蔬菜的园子。《论语·子路》记载：孔子的学生樊迟向孔子“请示为圃”。孔子回答：“吾不如老圃。”“为圃”就是指管理菜园，从事菜园劳作的技巧；“老圃”则指种菜的人，即老菜农。孔子认为自己是一个“四体不勤，五谷不分”的读书人，这些事应该去问老农。唐代诗人孟浩然《南山下与老圃种瓜》诗：“先人留素业，老圃作邻家。”这里的“老圃”指种瓜的老菜农。

“**囿 yòu**”，从口从有。这个字的外部是一个大框，表示园林的围墙，里面的“有”字本义为用手持肉。“囿”字的本义就是古代帝王达官贵人畜养禽兽的园林。如“鹿囿”，就是指畜养鹿的园林。因为这个字读作 yòu，又被当作内声(有)外形(囗)的形声字“囿”了，更贴近“内中有肉”的含义。

《说文》释为：“囿，苑有垣也。”因此可知，“囿”就是畜养禽兽、培植奇花异草，外边有围墙的封闭园林。汉代以后，“囿”也称“苑”，例如供汉武帝打猎玩赏的“上林苑”。“囿”四周都圈有围墙，所以又引申用来表示局限、拘泥之义，如“拘囿”、“囿于成见”等。

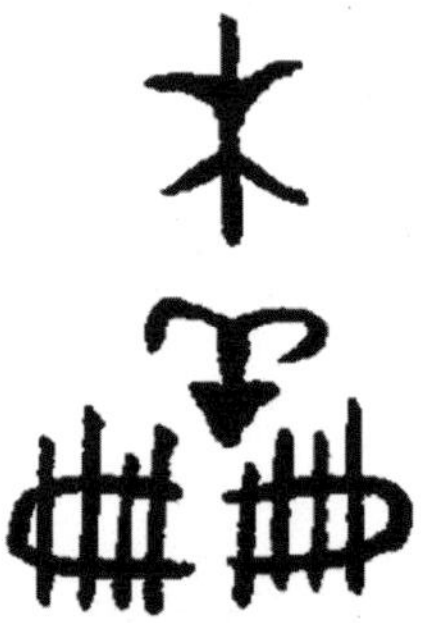
青铜器铭文

第三章　汉字与天地

个人的童年与人类的“童年”，有着发生学上的相似关系。上古的先民，与我们在孩童时有许多相似之处：坐在土堆上，躺在草丛里，遥望风云翻滚、斗转星移。每当此时，童趣和不可遏止的求知欲，使我们渴望了解日月星云、雾雨雷电、水土沙石、春夏秋冬的生成之秘。然而，每当儿提时代的我们，试图身临其境探知这些自然之谜时，大人们却一脸严肃，告诫我们什么是凶险魔怪……

这一章，从破解汉字密码入手，向读者讲述上古先民脑袋中的天象、气象知识，了解他们目光中的地形、地貌和地理知识。看一看，他们如何把心灵中的天地浓缩成抽象的方块汉字……

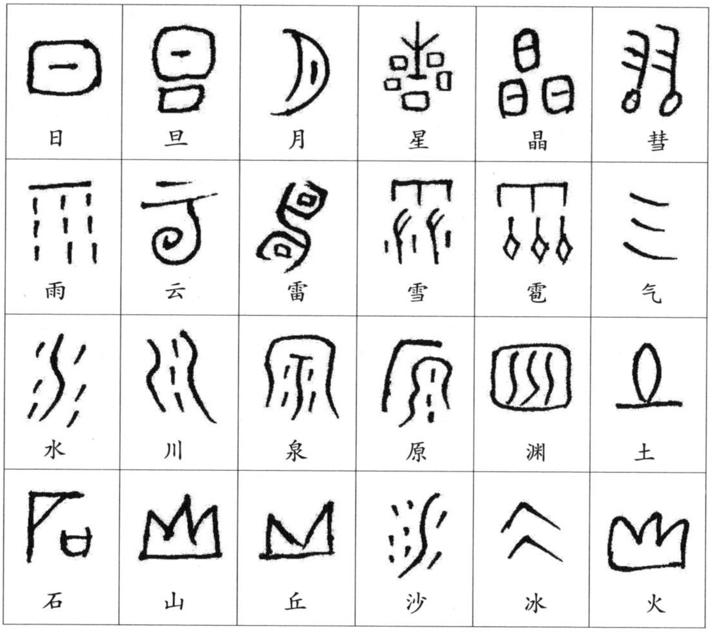

甲骨文中表现天地的象形字

一、日月同辉的天空

在自然科学的各个门类中，天文学是发展最早的一门带头学科。上古先民观察天象，用以测定方向、确定时辰、辨识季节、狩猎及农牧生产，使这门学科或技术得以蓬勃发展。

明末清初的大学者顾炎武在研究上古文化时，十分惊叹地说："三代(夏商周)以上，人人皆知天文。'七月流火'，农夫之辞也；'三星在户'，妇人之语也；'月离于毕'，戍卒之作也；'龙尾伏辰'，儿童之谣也。"这实在是很有见地的总结。《尚书》是我国最古老的一部政书，在开篇的《尧典》中，明确记载："乃命羲和，钦若昊天，历象日月星辰，敬授民时。"这里，已把"观象授时"作为君王施政的头等大事。

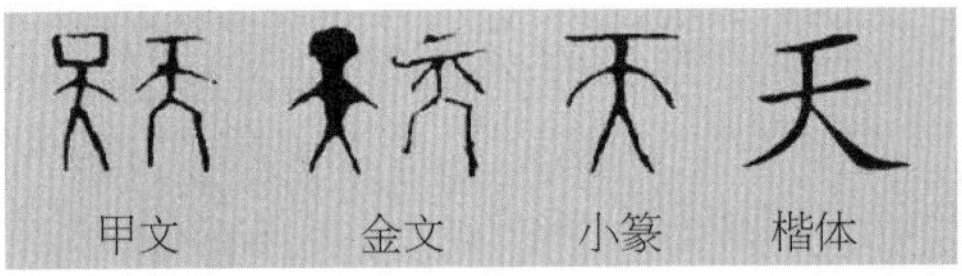

"天 tiān"，《说文》释为："天，颠也，至高无上，从一、大。"甲骨文中有两个"天"字，一个写作""，像正面站立的人形，上面则是一个方框，表示蓝天一方，这是一个会意字；另一款写作""，下部是一个"大"字，上部是一个古文的"上(二)"字，表示"人顶之上的天空"，仍是一个会意字。金文继承了甲骨文的两种写法，一个写作""，一个写作""。小篆将传承的两种字形合二为一，演变成"从一从大"的会意字。把两种不同意义、不同形体的古文字相互兼并，也是汉字演变的一种现象。

按照许慎在《说文》中的注释，"天"字的本义有两重，其一是"颠也"，"颠"乃人首。这是说："天"字的本义之一，应当是人头或头

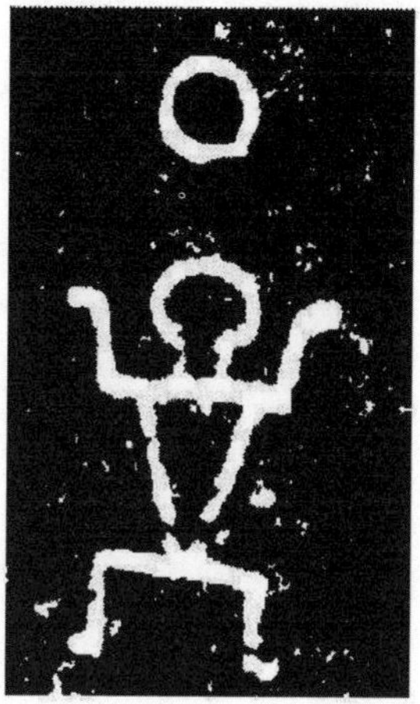
商代青铜铭文:人和太阳

顶。《山海经》中有一段神话传说:“刑天与帝争神,帝断其首,葬之常羊之山。乃以乳为目,以脐为口,操干戚以舞。”“刑天”就是砍掉脑袋的意思。

其二是“天空”,即人们头顶之上的天空。现代汉语中,仍在使用的便是表示天空的“天”,而表示“头顶”的“天”已不再使用。“天”的古音读作 qiàn,与“乾、前”等字同一音系。

天,高高在上,日月星辰在其中运行,风雨雷电在其中变幻。古人不知这些自然之谜的谜底,认为天是有意志的神,是万物的主宰,是至高无上的权威,因而把天称作天神、天帝、老天爷。统治人间的君王,为表明君权神授,愚弄百姓,往往自称“天子”,凌驾于万民之上。

“天下”一词,可以涵盖自然界。所以,凡自然生成之物均可称为天,如“天文、天气、天险、天然、天性”等。又有表示天气的“雨天、晴天”,表示季节的“春天、秋天”等等。现代汉语中,把一昼夜(二十四小时)之内的时间区段也称为一天,如“今天、明天”。

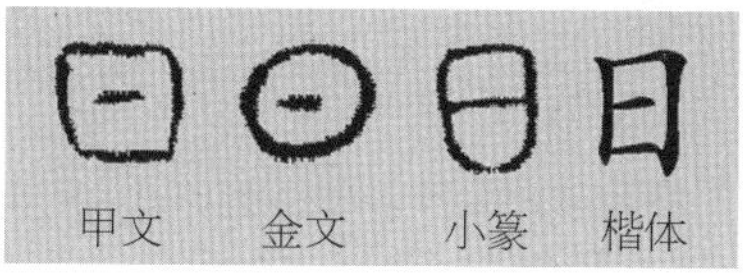

“日 rì”,这是一个典型的象形字,中间一点表示太阳的发光。《说文》在解释“六书”中的“象形”造字法时,曾用“日”作为象形字的典型范例。甲骨文、金文、小篆的字形,描绘的都是“太阳”的形状。因此“日”字的本义就是太阳,如“红日、旭日、日光浴”等。

有一则字谜说:“画时圆,写时方;冬日短,夏日长。”谜底是“日”。日的字形,在甲骨文中是方的,在金文和小篆中是圆的,在隶书和楷书中又改圆为方,恰恰像这则谜语所述。为什么会由方到圆、由圆到方,变来变去呢?这是因为文字毕竟不是图画,从圆从方主要取决于书写工具。甲骨文以“锲刀”所刻故为方,金文是用类似木棍的硬笔刻在“泥范”上，然后往里边浇铸青铜，所以必须为圆形；小篆继承金文的圆曲，但由于毛笔的使用，很快便为隶书所替代，字形也再次改圆为方了。

太阳当空，意味着白天来临，所以“日”字又引申为白昼，与黑夜相对，如“夜以继日”一词中的承接。太阳落下，意味着白天的结束，这样，“日”字又用来表示计量时间的单位。《诗经》中有“一日不见，如三秋兮”的诗句，这里的“日”，即释为表示时间的“一天”。在古汉语中，“日”往往置于句首主语之前，做“往日”、“从前”来解，如“日君以骊姬为夫人”，即往日(晋国)国君以骊姬为夫人的意思。

从古至今，太阳是光明和温暖的象征。然而，中国的神话传说中有后羿射九日的故事。《尚书·汤誓》中更有“时日曷丧，予及汝偕亡”的咒语。翻译过来，就是说：太阳啊，你什么时候才能逃走，我可以和你一同逃掉吗？这是夏朝先民看到太阳在天上东出西落，却跑不出天的牢笼，联想自己也逃离不开夏桀的专制统治而发出的感慨。

“日”字是个部首字。汉字中，凡由“日”字所组成的字，大多都与太阳有关，如“旦、昔、春、晕、朝、杲”等字。

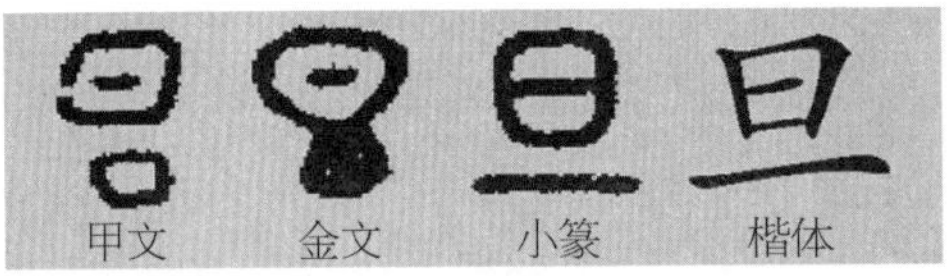

“**旦 dàn**”与“日”的形和义都最为接近。“旦”表示太阳从东方升起，它的本义是日出。

“旦”，《说文》释为：“明也，从日见一上。一，地上。”显然，《说文》把小篆的“旦”字看作一个会意字。一些文字学家，分析了甲骨文和金文的“旦”字后，认为“旦字当系从日丁声”，是一个形声字：上面的部分是日，下面的方框或圆点，应该是表示钉子的“丁”字，代表这个字的读音。实际上，甲骨文和早期金文中

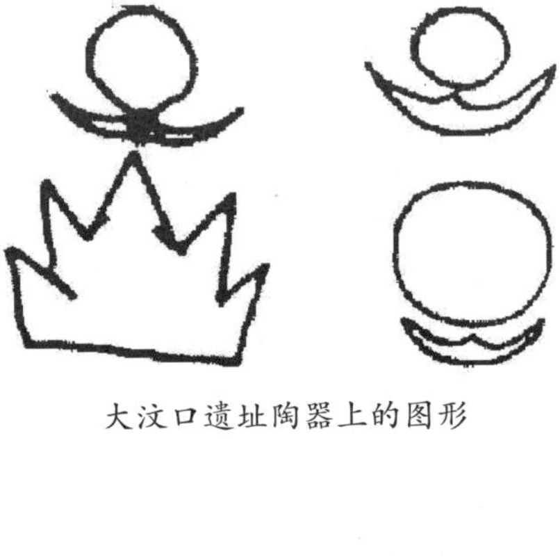
大汶口遗址陶器上的图形

根本没有一个形声字,这些学者是在杜撰。

从出土的大汶口陶器上,人们发现了类似于"旦"的图形,其年代早于甲骨文许多。陶文的"旦"以山或霞云烘托一轮红日,以象征主义的艺术手法,表达了"旦"的创作。这一景观,恰恰是中原地带的远古先民们常常看到的日出景观。由此可证,甲文和金文的"旦"都是依托型的象形字:日为太阳,一表地平线。甲骨文字形下边的"口"和金文下的圆点,表示云霞、或太阳的粘连倒影。

"旦夕"、"枕戈待旦"、"坐以待旦"和《木兰诗》中的"旦辞爷娘去,暮宿黄河边",其中的"旦",都指天明或早晨,用得是"旦"字的本义。"元旦"则特指农历的大年初一,意为每年的第一个日出。"寿旦"用来特指生日,表示某某周岁的第一个日出之日。

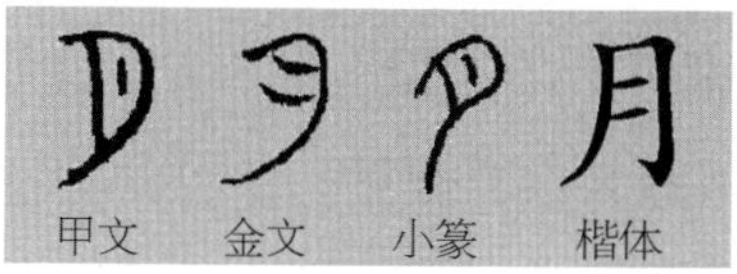

夕阳西下,夜幕降临。此时,抬头望去,只有皓月当空。然而,天上的月亮,时圆时缺,圆的时候少,缺的日子则多。如果用圆形来造月亮,与"日"的字形又会相似。于是,甲骨文的"**月 yuè**"字,缺而不圆,分明是一弯新月的形象。月亮有圆缺的变化,太阳则不会缺,这种典型特征,非常形象地反映在"日"、"月"的字形上。古人还特意在弯月中添加了一个小点,来表示月亮上的暗影,也许是用来标示月亮的发光。

月亮的盈缺变化,周而复始,十分显著,因此,古人赋予月亮以生命的意义,用来比喻死亡和再生的永恒过程:神话传说中的嫦娥,在偷食了长生不老药之后,只能孤居月亮之中。遗憾的是,今天的孩子们,已经无法见到三十年前那种大而圆、缺而亮的月亮了。当你告诉他们,月亮上的暗影象征着嫦娥、玉兔、桂花树……孩子会认为你在胡说八道。城市的上空已很少见到月亮,即便偶尔露脸,也是

青铜器图形文字
中的房屋和弯月

昏蒙暗淡，少见光泽，那里还会有什么玉兔、桂树。汽车尾气和工厂烟尘改变了孩子们的视觉形象，使他们难以想像古人的浪漫神采。

月亮的圆缺周期大约经由29天半，古人观月以为时间概念。自然而然，“月”成了计时的单位，于是一年就有了十二个月。月季因逐月开花，所以称之为“月季花”；经血因按月而来，所以叫做“月经”；岁月则是年岁和月并称，表示生活历程中时间的流逝。

“**夕 xī**”的本义指夜晚。但在上古时期，又特指天黑后睡觉前的一段时间，即月亮升起之时。日落西山后，月亮时隐时现，开始爬上夜空，劳作了一天的人们尚无睡意，有的仍在抓紧时间，把白天没忙完的活再干一阵，有的在思考日间的得失，也有人在筹划明日的行动。月光下的活动同日光下的一样清晰，这是一段仍在忙碌的时间，必须特意表现。于是，上古先民们造出了“夕”字。这就是有“月”还有“夕”的原因，也是“夕”字在甲骨文和金文中与“月”字形义相同的原因。到了小篆文字时期，两字字形有了区别，即“夕”字比“月”字中间少了一短横。

“夕”与“旦”意义相反，一个是太阳升起，一个是月亮升起。由傍晚之义，“夕”字的时段又扩展到日暮时分，如“夕阳西下、夕照”等。“夕”字由傍晚之义还可引申为整个夜晚，引申为岁月之末等意义，如“除夕、今夕、岁之夕”等。

“**明 míng**”。甲骨文的“明”字为左右结构：右边是月，像一弯残月之形，左边是一个窗户的象形图案(囧，音炯)。两形会意，表示月光从窗户照进后的明亮。完全是李白《静夜思》中的诗情画意：“床前明月光，疑是地上霜……”

图形文字中的囧纹

小篆的“明”字“从囧从月”。楷书的“明”字反而倒退回去,又成了“从日从月”的会意字:甲骨文和金文中也有一款“从日从月”的“明”字,日月同体,会意光明之义。初晨,太阳从东方升起,但一弯残月仍在天际弥留,这种日、月同现天空的情形,每年都有许多次,只是由于大气污染和建筑拥挤,人们难有一睹“日月同辉”的眼福了。“明”字不论如何组成,基本义都是光明、光亮。

唐代诗人王维的《山居秋暝》一诗有:“明月松间照,清泉石上流。”诗人张九龄的《望月怀远》有“海上生明月,天涯共此时”的佳句。句中的“明”字都解释为明亮。“明”,由月光的明亮,又引申到人的眼睛的明亮,如“明察秋毫”,表示目光敏锐。《史记》中记载的“左丘失明”,是指左丘失去了视力。“明”字由光明、眼睛亮还可以引申为“严明、贤明、通晓”等意义。如古代格言中的“明君不能畜无用之臣,慈父不能爱无用之子”,“明修栈道,暗渡陈仓”,“人贵有自知之明”,“知人者智,自知者明”,等等。还可引申出萌生、强盛、尊敬等多种意义。有人说:“明”,是一个有哲学意味的汉字,拥有太多可表达的内容,只是人们缺乏深究明白的毅力,多了一些“明日复明日,明日何其多”的托词与无奈。

“明”还是朝代名。公元 1368 年,朱元璋推翻元朝统治,建都南京,定国号为明。不久,明成祖朱棣杀侄子夺权,迁都北京,奠定了大明王朝的统治。公元 1644 年,闯王李自成攻陷北京,明朝被推翻,共历十六帝统治 277 年。

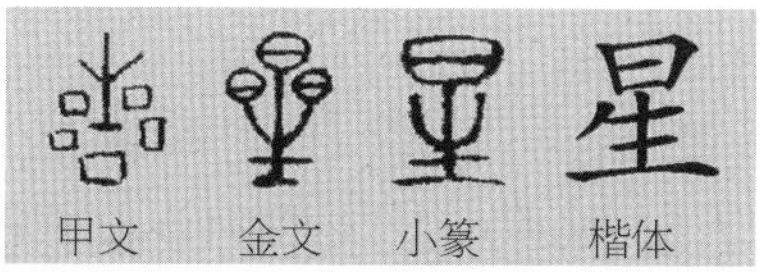

“星 xīng”,通常指夜晚天空中有光亮的小星体。甲骨文的“星”字为会意字:古人用五个圆圈(因刀刻不便而改为方形)来表示夜空

中繁多的星星,用“生”表示它的生死之变。在上古先民看来，天上的星星时多时少,有亮有暗,还有流星划过天空,它们一定像植物那样,是能够生长繁育的。所以,“星”字用“五颗星”和“生”来会意。金文的“星”字,已变为生上有三个“日”了,这里的“日”表示细小闪亮的星体,“三”则表示很多。小篆的“星”与金文相似,《说文》释为:“曐,从晶生声,一曰象形。”许慎错把“星”字的造字方法归结为象形,是因为他从来没有见过甲骨文。但是,许慎认为“星”是“曐”的简省则是正确的。

汉画像石上的星空图

在早期的文学作品《诗经》中有“慧彼小星,三五在东”的描述;曹操的《短歌行》中,有“月明星稀,乌鹊南飞”的描写。这里的“星”,都用的是其本义。因为星星在夜空是细小的,所以,“星”又指细碎闪亮的东西,如“红星、汗星、零星、一星半点”等。因为流星划过天空,会发出非常耀眼的光亮,彗星预示灾祸,北斗星能够指路……所以,又引申为有特殊作用或才能的人,如“救星、灾星、歌星、寿星”等。由星领头的成语也有许多,如“星移斗转、星罗棋布、星火燎原”等等。

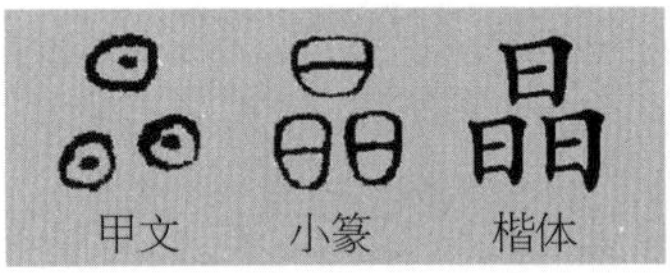

“**晶 jīng**”,《说文》释为“晶,精光也,从三日。”段玉裁则加注曰:“凡物之盛皆三其文。”这是说,由于星星很多,所以用三个“日”来表示(如同森、淼等字)。实际上,“晶”是夜空中星星的象形,这里的“日”不是太阳,而是夜幕中一闪一闪发着光亮的星星,“日”中的一点,用来表示它们的发光。晶是一个象形字。

“晶”的基本义,指夜空中的群星闪亮,引申为光亮的意思,如现代汉语中的“亮晶晶、晶莹”,以及欧阳詹《秋月赋》中的“皎皎摇摇,晶晶盈盈”。这时的“晶”,都表示明亮的样子。几缕薄云,或者根本没有云彩的夜空,才能看到很多的星星。所以,“晶”又引申出“明净、明朗”之义。如唐代诗人宋之问的《明河篇》:“八月凉风天气晶，万里无云河汉明。”其中的“晶”即为明净或明朗的意思。

“**斗 dǒu**”字，甲骨文写作“[illegible]”。《说文》释为:“斗，十升也，象形，有柄。”这是古代量器“斗”的说解，金文和小篆的“斗”字与甲骨文字形一脉相承。星空中的北斗七星，其形如“斗勺之状”，因此，“斗”在古代也引申指北斗七星。

东汉武氏祠画像中的北斗星

殷周时期，北斗七星距天极较今日为近；中原地区一年四季的初昏和黎明均能见到。由于北斗七星的斗柄可以指示夜间的时刻和方向，而整个北斗七星围绕北天极作周年旋转，则可以指示季节的变化。因此，人们用“北斗”斗柄的方向测定方位和季节。《鹖冠子·环流》:“斗柄东指，天下皆春；斗柄南指，天下皆夏；斗柄西指，天下皆秋；斗柄北指，天下皆冬。”这些都是古人利用北斗旋转的方位确定季节的记录。至今，农村中有经验者，夜间行路仍以北斗星的方位辨识方向。民间口头文学中，至今，仍有许多青蛙、鳝鱼夜间“朝北斗”的故事。

中国古代很早就有关于彗星的记载。《左传·文公十四年》:“秋

七月，有星孛入于北斗。”这是迄今世界上最早有关哈雷彗星的记录。其实，远在甲骨文时代，就有关于彗星的文字遗存。

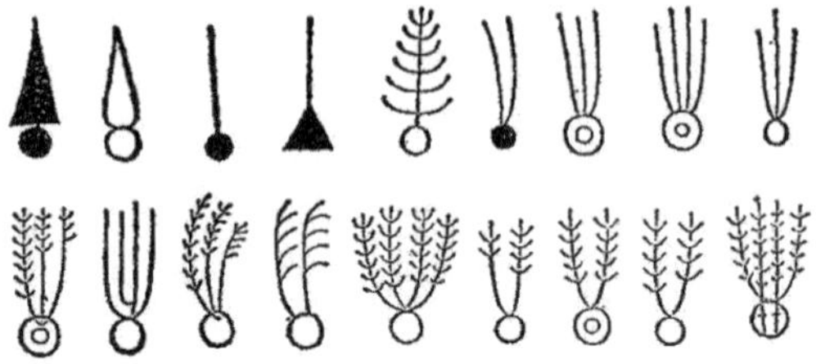
长沙马王堆出土的彗星图

甲骨文的“**彗 huì**”字，上部是一个“羽”形，下部的两个圆圈代表彗星的核。整个字形，乃是彗星在夜空中的象形。小篆的“彗”字，讹羽为“𧴪”(如同前文“星”下之“生”，双生并列)，下边又添加了一个“又”(手)字。《说文》释为：“彗，扫竹也，从手持𧴪。”可见，这个“彗”与扫帚同义。

“彗星”俗称扫帚星，因其接近太阳时周围有云雾状光辉，并拖有长长的光尾，形如扫帚，故亦称之为“彗”。“彗星”一词最早见于两千多年前成书的《尔雅》。长沙马王堆汉墓出土有十分详尽的彗星图。

彗的本义既指扫帚，也特指彗星。《楚辞·九歌·少司命》：“孔盖兮翠旌(同旌，旗也)，登九天兮抚彗星。”其中的“彗星”，即扫帚星。古人认为彗星是灾星、妖星，预兆着非常之天变。因此，当彗星来临时，皇帝必须检讨自己的过失，祭告天地祖先，老百姓则感到惶恐不安，生怕祸事临头。

“**参 shēn**”，这是一个会意字。金文的“参”字，上部是相连的三颗星，下部是一个“㐱”。两根会意，表示星星的抖晃及出没变化。古人夜晚观星，晴朗的夜空中，星星不仅在抖动，众多星宿都会在夜幕上缓慢地移动。“参”中之“㐱”以人腿的抖晃，表示夜幕上星星的抖动，凝聚了古人对星星移动奥秘的探知。隶书的“参”将上部的“日”讹变为“亼”，表示繁星各自组合为星宿，光芒下射。隶变后，上部写作“厽 lěi”，现今，楷书简化为“参”。

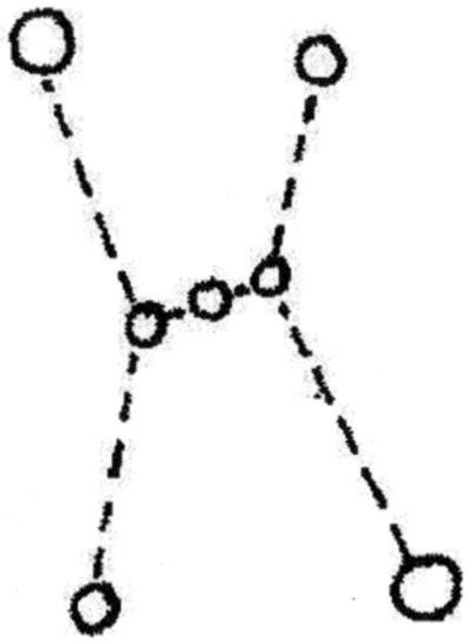
参宿

“参”是一个多音多义字。“参”为星宿名，指参宿。如《诗·召南·小星》：“惟参与昴(mǎo)。”这时的“参”读如 shēn，与“昴”同为二十八宿之一。杜甫《赠卫八处士》中有诗句：“人生不相见，动如参与商。”参宿与商宿在黄道上相隔 180°，永远不会同时出现在天空中，因此，古人常用此比喻相互离别后的难逢。参宿中有三颗亮星排成一字，因而，又引申为配合成三的事物，读 sān，后来写作“叁”。如“叁天两地”；古代诸侯用四匹马拉的车叫“乘舆”，大夫用三匹马拉的车叫“参舆”。“参”又指古代马车上乘座的第三人，即“参乘”，读音为 cān。由此，又引申出参与之义，如“参加、参战”等；又引申出进见之义，如“参见、参谒”；又引申出对君王或主人的辅佐，或用有关材料进行帮助，如“参照、参酌、参见”等。

“参”也是人参、党参等植物的统称，通常指人参。

“参”有星光抖动之义，因而又构成连绵词“参差”(读如 cēn)，原本指揉搓麦穗，现多作长短不齐讲。

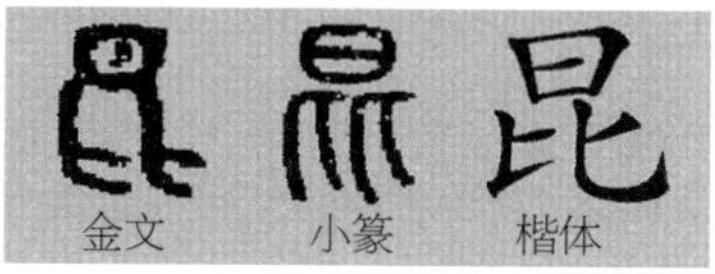

“昆 kūn”，这是一个会意字。如图所示，金文昆的“日”下乃是鸟的两足。“昆”字的形义，源自上古时代鸟载太阳飞行这种观念的图形化。小篆在演变过程中，将日下之足规整为“比”，楷书缘此写作“昆”。

商代青铜器上的日和飞鸟

太阳浑然一体，像个大火球，何以在天上移动呢？为了解释太阳运行的秘密，上古先民认为：有一只大鸟载着太阳每天飞行。《淮南子·精神》曰：“日中有踆鸟。”以及商代青铜器上的鸟载日行图像，可以为证。“昆”字，乃是古人对太阳运行之谜的直观认识。

东汉画像砖·日中有踆鸟

“昆”的本义为太阳的飞临。明日太阳来临，自会有一番光明景象。因此，《广雅》释“昆”为“盛也”，如西汉文章大家扬雄《甘泉赋》：“樵蒸昆上，配藜四施。”这里的“昆”即做“盛明”讲。“昆弟、昆仲”等词中的“昆”，表示长兄，则是由“盛大”之义引申而来。由盛明又引申出众多之义。如《礼记·礼远》：“水旱昆虫之灾。”这里的“昆”则释为“盛多”，大概源出成团的小虫，如滚动的球体一样。云南昆明素有四季如春之称，其中的“昆”也应当释为盛多。

汉字中，凡从“昆”之字，皆有盛明、众多、滚动之义，如“焜”(火光明亮)、“琨”(一种明亮的玉)、“崑”(盛大的山，即昆仑山)、“鲲”(古代传说中的大鱼)等等。

“朝 zhāo”，在甲骨文中是一个会意字。字形左边的上、下都是“木”，中间是“日”，表示早晨的太阳刚刚升起，恰到树木一半的高度；右边是如钩的残“月”，表示残月仍未隐退。旭日东升而月亮仍旧悬挂在天空，这一日月并存的自然现象，古人在朔日之后的清晨常常看到。所以，“朝”的本义为早晨，与“夕”相对。如“朝发夕至、朝令夕改、朝夕相伴”等词语，都用这“一对”反义词，组成联合词组。

金文的“朝”字，已不再有从“月”之像，“残月”已变为“河川”；一轮红日在小河边的树林里冉冉升起。这种意象，比甲骨文时代晚了一些，大约是在春秋时期。比起日月并存，这种景象恒定的多，晴朗时会天天如此。小篆的“朝”字中，河“川”又变为小“舟”，自然景色中出现了人造的物品，显示出了人的生机。现代汉语中的“朝”字从月，这是“舟”在书写上的形变，与“前、俞”等汉字中的“月”相同，乃是“舟”的变体。无意之中，又与甲骨文中的残月之象相契合了。

“朝”字表示早晨，所以多用来形容清晨间的物状，如“朝阳、朝日、朝晖、朝霞”。早晨太阳初升，充满着生机，所以有“朝气蓬勃”一词。

“朝”是个多音多义字，又念作 cháo，表示“朝见、朝拜、朝廷、朝代、朝圣、朝野”等等。古代，大臣们每天早晨必须到皇宫朝见君王，称之为“上朝”，就像太阳每天清晨必须从东方升起一样。

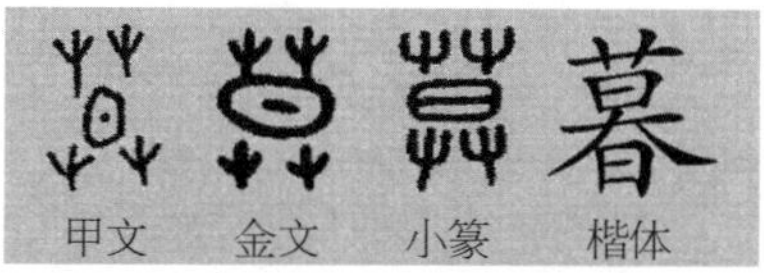

“**暮 mù**”的初始字是“莫”。甲骨文和金文的“莫”是个会意字，从“日”在“茻”中，表示太阳西沉在荒野草丛之中。古文字的形体，渗透出一种夕阳西下，一天又告结束的悲凉。

“莫”，古文中多用来表示日落时分。这是白昼即将结束，夜晚将要来临的一个时段，即傍晚、黄昏。因为“莫”字被借用作否定性无定代词，表示没有谁、没有什么事物(源自太阳不见了)。为了与“莫”区别，后人在“莫”字下边增添了一个“日”，另造“暮”字，“暮”是“莫”的转注字，“莫”是暮的初文。

唐代诗人杜甫《石壕吏》：“暮投石壕村，有吏夜捉人。”诗中的“暮”，即为傍晚。在现代汉语中，由日暮又引申出终末之义，如“岁暮、冬暮、暮年”，又如《离骚》中：“惟草木之零落兮，恐美人之迟暮。”

“莫”则由“日落”，太阳不见之义，引申为“无”和“没有”之义，如“普天之下，莫非王土”。“莫”又用作副词，表示“不”、“不要”，如“高深莫测、莫愁”等。字意的分化，越走越远，这是“暮”和“莫”分家的主要原因。

“莫须有”是中国历史文化中的一个特

著名的沧源岩画，将人与太阳的关系表现的既抽象又富有诗意。

殊词汇，乃表示“或许有”的意思。奸臣秦桧诬陷精忠报国的岳飞以谋反罪，大将韩世忠为其抱不平，追问罪证何在?秦桧答以“莫须有”。韩世忠愤怒地说:“莫须有三字何以昭天下?”后世由此称以不实之词诬陷他人为“莫须有”。

“昏 hūn”的本义为黄昏。《说文》释文:“昏，日冥也，从日，氐省，氐者，下也。”从甲骨文字形分析，“丫”上面的斜曲线是古文“水”的省形;下面的一竖表示从上至下，用水面至水底为造字形象，表示太阳运行到底部这一概念。小篆的“昏”由氏和日组成，“氏”是“丫”的繁写，表示太阳已落到地平线底下。此时余光未尽，天色尚未全黑，所以，“昏”的基本义指黄昏。如《诗·陈风·东门之杨》:“昏以为期，明星煌煌。”用的就是“昏”的本义。

唐代诗人杜甫在《茅屋为秋风所破歌》中有“俄顷风定云墨色，秋天漠漠向昏黑”的佳句。马致远的《天净沙·秋思》中有“枯藤老树昏鸦，小桥流水人家”的名句，这里的“昏”都用的是其引申义，可解释为“昏暗”或“昏聩”。

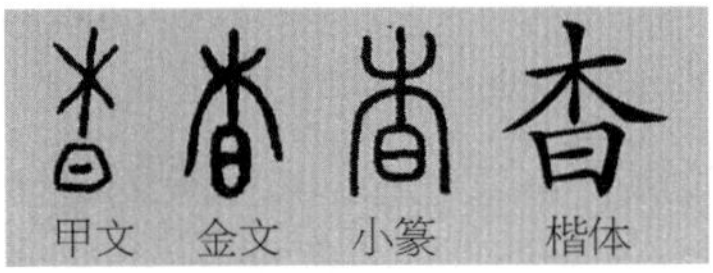

“杳 yǎo”，这是一个会意字。甲骨文的“杳”字，以太阳落到树木的根部，表示天色已经昏黑，树木之象正在夜色中逐渐消失。古文、小篆和楷书的“杳”字，与甲骨文一脉相承。

“杳”字的本义是沉落、消失、看不见踪影。如成语中的“杳无音信、杳如黄鹤”等，都有渐渐消失、不见踪影之义。由此，引申为看不到尽头，如汉代女诗人蔡文姬的《胡笳十八拍》:“朝见长城兮路杳漫。”又引申表示“幽暗”之义，如《楚辞·涉江》:“深林杳以冥冥兮，乃猨狖之所居。”

“杳”与“暮”词义相近，构形相似。清代的段玉裁注曰：“暮为日且冥，杳则全冥矣。”这是说：杳比暮的时间要晚一些，乃天色走向完全昏暗那段时间，词义的重点乃是树木之影的逐渐消失。

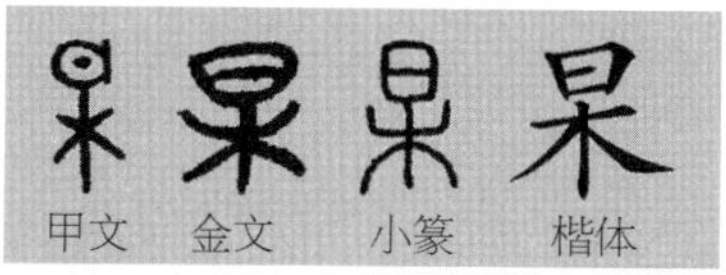

“杲 gǎo”与“杳”字的造字构意相同，词义相反。十分清楚，甲骨文的“杲”字，以太阳升到树顶的上方，表示天空完全明亮的时候。古文、小篆和楷书的“杲”字，与之一脉相承。

“杲”，《说文》释为：“杲，明也。”指太阳升空，天空完全明亮。如《诗·卫风·伯兮》：“其雨其雨，杲杲出日。”曹植的《植橘赋》中，也有“禀太阳之烈气，喜杲日之休光”的排比句。太阳高高升空，霞光逐渐消退，此时的光线渐为白色，因而，“杲”又有“白色”的意思。如南朝诗人谢庄的《和元日雪花应诏》：“积曙境寓明，联萼千里杲。”句中的“杲”，即做“白色”讲。

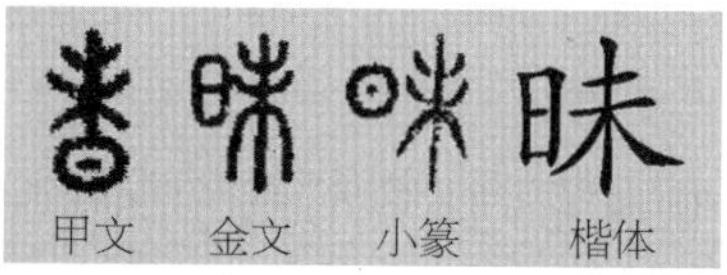

“昧 mèi”，人们自然而然想到的是“蒙昧”、“愚昧”、“昧良心”等等。其实“昧”的本义为“日出之前”，也就是“黎明前的黑暗”那一段时间。“昧”为会意字：上部的“未”，原意为未知未然，也表示尚未到来，与“已”相对。日在未下，强调了“还没有到来”的意思。甲骨文和金文的区别只是“日”和“未”两个组字构件在位置上的变换。所以，“昧”的本义在这里指日将出尚未出那一段时间。

“昧”的本义恰如其组字构件，表示“日未出”，引申为日未出前的黑暗。用到人的行为中，则为“蒙昧、愚昧”之义；进一步引申为隐藏、违背之义，如“拾金不昧，昧良心”等等。

太阳未出，为什么要算作白天中的一段？这源自上古先民以鸡叫为一日的始端。公鸡已鸣，日尚未出这段时间便称之为“昧”。

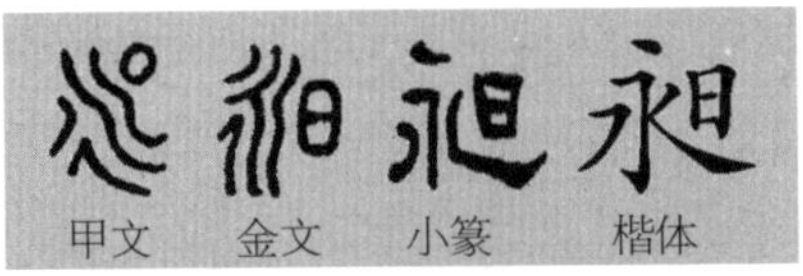

“昶 chǎng”,《玉篇·日部》释为:“昶,明久也。”即夏季白昼时间长,人们总感到太阳在天上不愿移动,盼望太阳快点落山,让晚风早点来临时的感觉。金文的“昶”字,是一个十分形象的会意字:右上方的圆圈表示太阳,左边乃是一个“永”字,意谓像河水一样绵绵无终。小篆的“昶”字承接金文,只是“日”中增添一点,楷书在隶变后,写作“昶”。整个文字的演变过程清晰、明了。

“昶”,《说文·日部》释曰:“昶,日长也。”如明代沈鲸《双珠记》:“流离彼此如迷瘴,谁料阳乌仍昶。”其中的“阳乌”,即太阳,“昶”则表示白昼之长。因音近意通,“昶”字又通“畅”,古人常混用不分。如三国诗人嵇康《琴赋》中的“雅昶唐尧”,这里的“昶”,即“畅”字的假借。

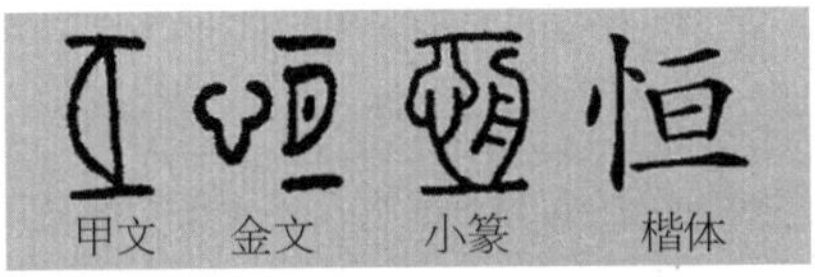

“恒 héng”,甲骨文作“亙gèn”,无心旁。“亘”字的上下两横为两极字根,也表示天和地,中间是一弯弦月。两个字根会意,表示月在天地之中的恒常。如《诗经》:“如月之恒,如日之升。”其中的“恒”,即弯月向满月、满月向弯月亘古不变的变化。

尽管有阴晴圆缺,月升月落,但总在天地之常。因而古人有“但愿人长久,千里共婵娟”之说。金文“恒”字中的弯月,更为象形,旁边又增添一个“心”旁,转指人的恒心。如《孟子·梁惠王上》:“人无恒产便无恒心,无恒产而有恒心者,唯士为能。”这里的“恒”乃

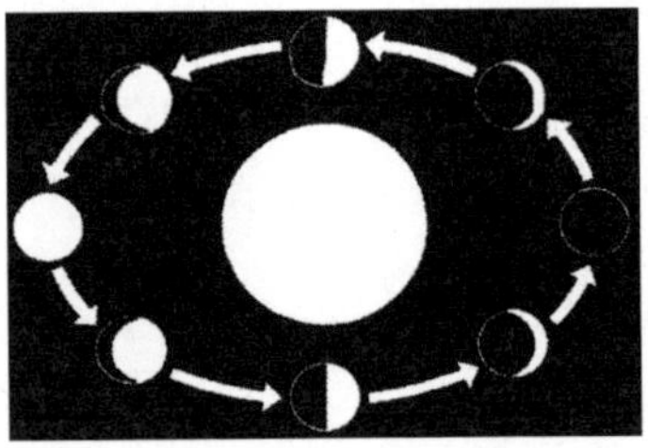

地月运行图:古人按四分法把每月的月相分为四个七天,即“初吉、既生霸、既望、既死霸”;另把无月的一两天称之为朔。

是长久、永久的意思。“恒”引申为副词,则表示行为、习惯的经常和一贯。如《孟子·离娄下》:“爱人者,人恒爱之;敬人者,人恒敬之。”

小篆将心旁之“月”讹变为“舟”之后,楷书又将“舟”讹变为“日”,心之象形也变为竖心旁,写作“恒”。“恒”属于汉字中字形变化较为繁杂的一类。

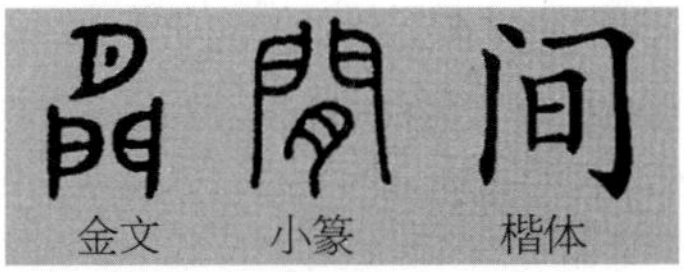

“间 jiàn”乃“閒”的简体字,这是一个会意字。金文的“间”字上“门”下“月”,表示月光从两扇门的缝隙中透射进来,本义为缝隙。小篆的“间”字将门上月形移入了门内。楷书在简化时把读 jiān和 jiàn的“閒”写作“间”,同时把读 xiǎn 的“間”简化为“闲”。

“间”,《说文》释为:“隙也。”《史记·管晏列传》:“晏子为齐相,出,其御之妻从间隙而窥其夫。”这是说:晏子当上齐国相臣后,坐车在外行走,驾车人的妻子从门缝中偷偷窥看。缝隙在两侧之间。因而,由此引申出中间之义,读如 jiān,如“田间、晚间、人世间”等。又引申为隔开,如“间隔、间断”等。又引申为挑拨,使人产生隔阂,如“离间”。“间”作量词,常用在屋舍之中,如杜甫《茅屋为秋风所破歌》:“安得广厦千万间?”

《普通话异读词审音表》规定,除“间不容发”中的“间”读 jiān 外。下列词语中的“间”读 jiàn,如“中间、间道、间谋、间断、间或、间接、间距、间隙、间阻、间续、间作、挑拨离间”等。

二、行云播雨乘雷电

雨水在古代，乃是农耕文明的先决条件，天不下雨意味着绝收挨饿，背井离乡，甚至是“赤地千里人相食”。靠天吃饭是中国人最切实的生存经验，史书中，成千上万百姓聚集山巅、高原之上，手拿树枝求雨的记录比比皆是。他们跪拜磕头，杀牲跳舞，甚至把最年轻最漂亮的女人献祭，讨好掌握行云播雨大权的苍天，或者是巨龙。古史有这样的记载：夏汤时大旱七年，卜辞上说要用人祀天，汤王下令：“乃使人积薪，剪发及爪自洁，居柴上，将自焚以祭天，火将燃即降大雨。”

不仅仅是雨雪降水，上古先民对“雷、雹、虹、霾、晕、雾”等天气现象，都有十分精细的观察和记录。可以说，中国古代的气象学水平堪居世界的最前列。

“**雨 yǔ**”是上古文献中出现最频繁的文字之一。“雨”字在甲骨文中被写为“[illegible]”。观察这些象形字，不但可以看到下雨，感受到雨的大小，雨的节奏，甚至能听到落雨时的淅淅沥沥声。“雨”上的一横是天，或者是天上的云，从天而降的“雨点”有根有源。金文中的“雨”字，雨点被包裹起来，两边的雨点与“一”相连而成为“巾”。小篆中的“雨”字，天和云被分别描写出来，这样又多出了一横。字形工整，但雨的野趣却没有了。

国画:满湖白雨斜拖柳

"雨"的本义指雨水,《说文》释为:"雨,水从云下也。"据说,在现存的10万片甲骨中,其中占雨的卜辞少说有几千条,可见占雨曾经是商王的重要职责之一。卜辞中,殷人对雨不仅有了大小之分,也有了分类描述:微雨曰"幺雨"、"小雨",零星之雨曰"霝",雨量充沛者曰"大雨,多雨",雨势猛骤者曰"烈雨"、"疾雨",绵绵不绝者曰"从雨、霖雨",雨来调顺者曰"从雨",雨来及时者曰"及雨",雨量充沛能保证农作之需者曰"足雨"。

"雨"作动词指降雨。如《淮南子·本经训》:"昔者苍颉作书,而天雨粟,鬼夜哭。"这是说:当苍颉造字时,天上像下雨一样的下粮食,晚上还有鬼哭。"雨"作动词的时候,不能读yǔ,而只能读yù。

"雨"字是个部首字。汉字中,凡由"雨"所组成的字,大都与云、雨等天文现象有关,如"霜、霞、露、雳"等字。

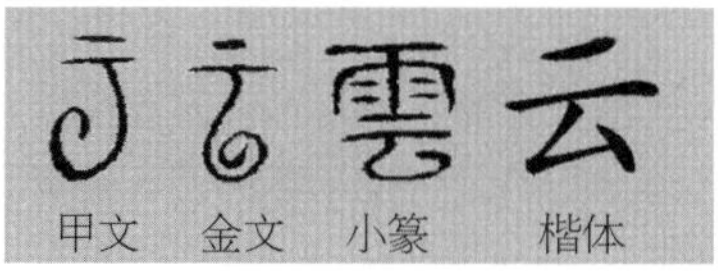

"云 yún"是"雲"的借用简体字。甲骨文和金文中的"云"字,乃是一个依托象形字:其上两横为古文"上"(二)字,下部蜷曲之形,像天上的云气回旋翻腾,恰似一团上升气流中滚动的浮云。"云"由空气中的水汽凝结而成,积久则变生为雨,重新回到地上。远在3300年前的殷商时代,从殷人卜辞中求雨于"河"、"岳"、"土(社)"的情况来看,殷人已模糊认识到云之生、雨之降,是由大地山川水气上升所致这一科学道理。战国以后,人们对气、云、雨之间的关系已完全明了。所以,小篆的云字增加了"雨"头,表明它与雨有关,也表明了东西周时期,农耕文化及功利主义在人们心头的凝聚。汉字简化改革时,简省为人云亦云的"云","云"字又恢复了最初的简单字形。

“云来雨降,运来财到。”
云的图案象征着财富和幸福。

乘飞机旅行或游览黄山、峨眉山时,会看到连绵起伏、一望无际的云海。所以“云”又引申用来指称盛多。如秦朝末年,陈胜、吴广大起义,《史记》中记载:“斩木为兵揭竿为旗,天下云集而响应。”这里的“云集”表示众多起义农民汇集在一起的盛况。“云”在高空悬浮,所以又用来表示高的意义,如“云霄、云台”等。一个人志存高远,可以喻为“壮志凌云”。志向在蓝天白云之上,当然又高又远了。

“云雨”一词,在汉字文化库中比较特殊,它既不指云,也不指雨,而是男女合欢的代称。这个词来源于神话传说:据说楚王游历巫山,走累后躺下休息,他梦见与一位神女交合,两情缱绻。离别时,他问神女是谁,能否再次相会,神女回答说:“旦为行云,暮为行雨。”说完后便消失了。这个美丽天真的传说留下了春秋时代男女野合的证据,也留下了“巫山云雨”这一词汇。

在古代史籍中,凡是写成“雲”字,都是指天空中的云彩;凡写成“云”者,一般都是当“曰”(说)讲,如“子曰诗云”、“人云亦云”等。

“风 fēng”,空气流动的一种现象。如果不算破坏性极大的龙卷风、台风之类的风。那么,“风”便是一种体现在其他物体上的现象,如风中的柳枝、落叶以及门窗、衣巾等。上古时代的先民们,恰恰正是这样理解“风”,感知“风”的。

“风”在甲骨文中,由“凡”和“一只大鸟”组合而成。这是说:风在远古先民的观念中,源自公鸡搧动一边翅膀围绕母鸡打转,使地上的碎物灰尘飞扬起来的气流。但这并不意味着,殷商时代的先民对风的知识的浅薄。商代甲骨卜辞中,已有专业化了的“四方风名卜辞”,如“东方风名曰劦,西方风名曰韦,北方风名曰氐,南方风名曰髟”的分类记述。对风的分类也十分细致,如小风、大风、揶(骤)风、飓(狂)风等等。

金文和小篆中的“风”字,上部都是“凡”(由H演变而来),但金文的“凡”中是一个“日”字,而小篆“凡”中则是一个“虫”字。《说文》以“风动虫生”对小篆的风字做出解释,似乎只能用飞虫成群如风而过,才能做出比较牵强的理解。远不如金文中的表意:日照水气受热而上升。

古代格言中有“树欲静乎风不定,子欲养乎亲不待”的名句,还有“闻其声而知其风,察其风而知其志”的经验之说。前者用的是“风”的本义,后者则指“风俗、风气”。“风”在古代还特指《诗经》中诗歌类型的一种,即“国风”中收集的各地民俗歌谣。现今,人们常说的“采风”,即指收集歌谣之举。“风”在古代还特指“兽类雌雄的相诱”,如“风马牛不相及”一词,其中的“风”乃是动物发情时,由自身发出随风扩散的诱性激素而已。

“风”在用作动词时,其意为“感化”,如《诗经》所言:“上以风化下,下以风刺上。”前者指上行下效时的“风化”,后者则是指民谣顺口溜之类的“讽谏”。

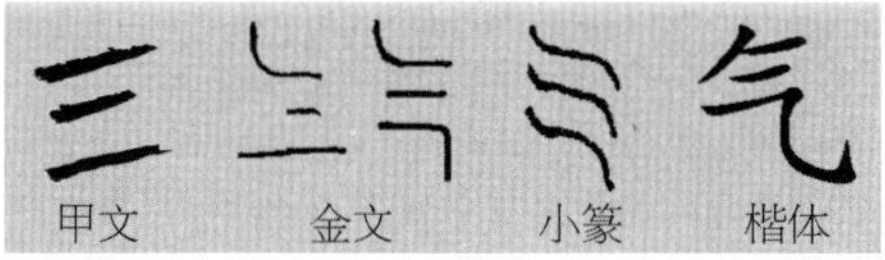

甲骨文中有“气”字,形状如一、二、三的“三”,但实际它是一个“**气 qì**”字。由前重后轻的三横表示一股气流的穿过。三千多年前的殷商先民对“气”已有认识,因为看不见,摸不着,不如云气有形可像,也不如风有物可依。所以,只好用三横来表示迎面吹来的气味,如炊烟、雾气等等。

“气”字造出来了,但书写时与表示数目字的“三”常常混淆。到了春秋战国,“气”的字形先由上横改为曲笔作“⺀”,又将下横弯曲作“⺀”。到了小篆时便成了三横均曲的“⺀”形,楷书缘此写作“气”。

"气",《说文》释为:"气、象形。"清代学者段玉裁画蛇添足注曰:"象云起之貌。"气烟的构形源自烟气、雾气飘来,本义为空气、气流,也作气体讲,如"煤气、毒气、水蒸气"等。古人认为,"气"既是构成宇宙万物的基本要素,又是构成人的精神的基本因素。因而又引申为人的精神状态和作风,如"勇气、朝气、官气、娇骄二气",引申出了中医学的"气虚、痰气、元气"等概念。由于呼吸时一出一进皆有气,生气时显得更为猛烈一些。由此,又引申为生气的气,如"气愤、气恼"等词。

"氣"原本指炊煮粮食而产生的气体。后来"氣"借为气体之气,现今又以气为氣的简体。"乞"则是"气"的假借减笔字,表示抽掉空气或没有空气时的憋闷和乞求。

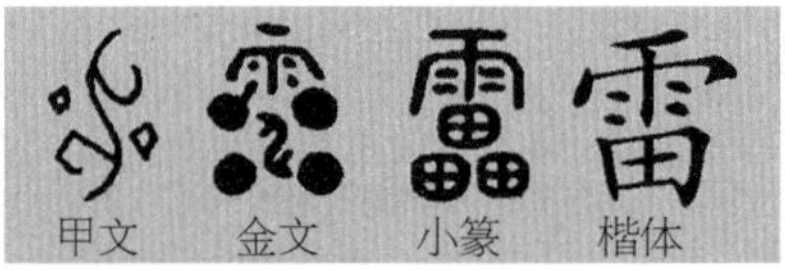

"雷 léi"在甲骨文、金文和小篆中形体各异,可以说,不同时期的古文字,对"雷"的特征描绘各有千秋。甲骨文的"雷"字,中间弯曲的弧线代表电闪,闪电周围的圆形,表示闪电过后,发出的巨大暴烈声响。可见,殷商时代的先民是把闪电和雷声联系在一起的。古人在电闪之后,发现屋舍人畜遭受雷击,已经明白二者是一种因果关系。

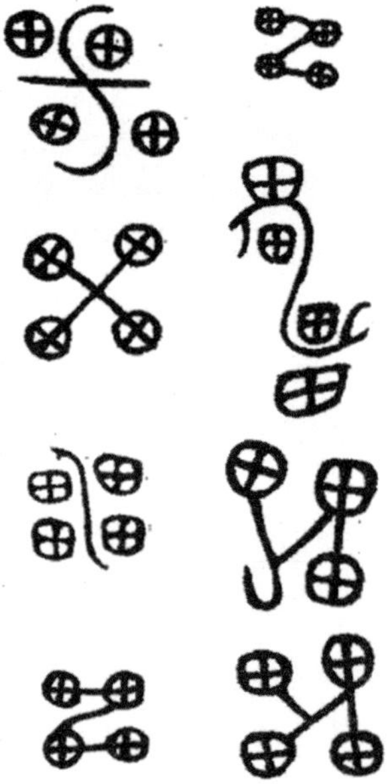
金文中的"雷"字

金文后期的"雷"字,增加了雨字头,表示雷电多发生在雨天。这种意识的明晰化,根源于他们高度发展了的农耕文明,也是文字分类表述的结果。小篆的"雷"字仍保留了金文的构形,但取消了闪电之形。雷的字面意义,成了"雨中雷声"。楷书则省掉了小篆字形中的两个"田"字,笔画减少了许多。

"于无声处听惊雷"、"雷霆大怒"、"雷厉风行"之类的词语在汉语中可谓不少,而且都与雷的特征，如“响声、迅疾、突然”等有关。

“电 diàn”，甲骨文的“电”字上为“雨”字头，下边是一把“刀”的象形，源自雷电可以击杀人和牲畜。金文中的“电”字，上为“雨”形，下边是一个来自“雷”字中的符号“[illegible]”，乃是闪电的象形白描，与今日高压变电器上悬挂的危险符号基本相同。两个字根会意，表示雨中电光闪耀的意思。小篆的“电”字承接金文(与地支中的申合并为一)。楷书简化时省掉雨字头，写作“电”。

“电”的本义指闪电，《说文》释为：“电，阴阳激耀也。”可见，古人已对闪电的成因十分清楚。闪电之形，十分迅速，往往是一闪而过，因此，“电”字有迅疾之义，如“电光石火”。“电”本是物质存在的一种能量状态，现在的“电”字，则多用来指电力、电讯或电器，如“电灯、电话、电脑、邮电”等等。

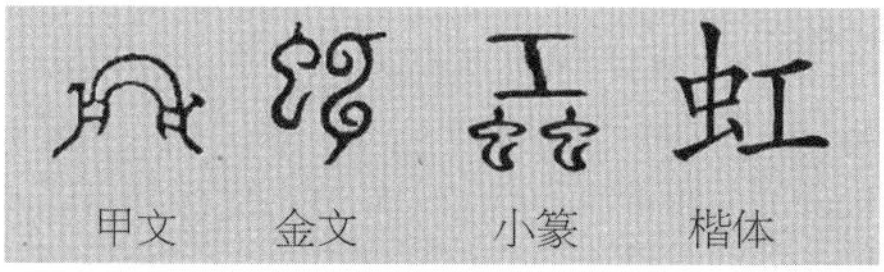

“虹 hóng”，指雨后空中水气受太阳照射而形成的七色弧形光圈，即彩虹。“虹”，横贯天际，其形态恰似一条大蛇，《山海经》说：“䖆䖆(即虹的异体)在其北，各有两首。”《释名·释天》则说：“每於日在西而见(现)於东，啜饮东方之水气也。”古人把“虹”视作一条能啜饮水气的大虫，因此，甲骨文中的“虹”，状如有两颗脑袋的长虫。小篆中的虹“从双虫工声”。“工”在这里表示上下贯通或贯穿之义，意指七彩之虹在天际的横贯。因为“虹”的形状似桥，桥也可以用“虹”代称，“横断春流架断虹”中的“虹”字，就是指桥。上海的虹桥机场也可作为一证。

据说，唐代开元年间，诗人李白去拜见当朝宰相李林甫，自称“渔上钓鳌客李白”。宰相问道：“先生临沧海钓巨鳌，以何物为钓丝？”李白答称：“以风浪逸其情，乾坤纵其志，以虹倪为丝，明月为钩。”宰相又问道：“以何物为饵？”李白说：“以天下无义气丈夫为饵。”宰相听后，不禁毛骨悚然。这是个颇耐人寻味的典故，可证中国人的想像力之丰富。

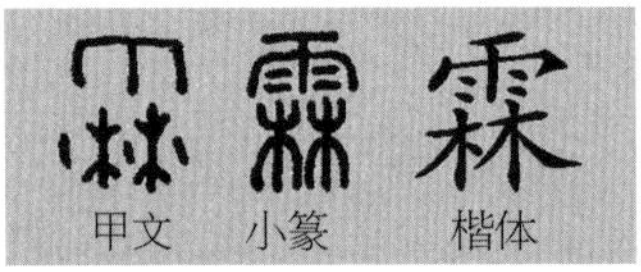

“**霖 lín**”的本义是“连绵雨”。《说文》释为：“霖，雨三日以往为霖。”《尔雅·释天》：“久雨谓之淫，淫谓之霖。”可见，霖便是久下不止的雨。

甲骨文的“霖”字是一个会意字：上为“雨”，下为“林”。表示树木的“林”字两边又有表示雨水的小点，以雨水顺着树干往下流淌这一自然景观，表示久雨不止。小篆和楷书的“霖”字，承接甲骨文，可视作一脉相承。

雨之长久并无好坏之分，只看是否需要。如三国诗人曹植《赠丁仪》诗中：“朝云不归山，霖雨成顺泽。”久雨为泽，已成人类灾害。又如《尚书》：“若岁大旱，用汝作霖雨。”大旱之时，久雨当为“甘霖”。

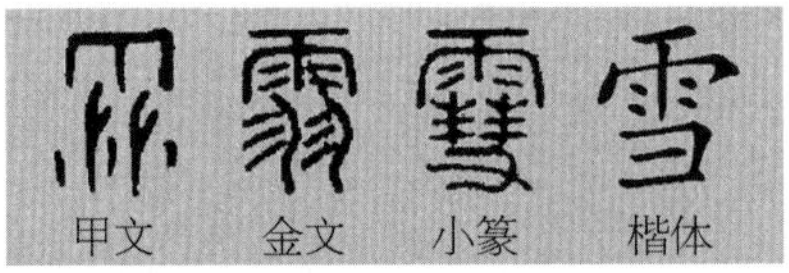

商代的气候，比现时温暖得多，从安阳殷墟发掘出来的动物骨骼中，有竹鼠、水牛等亚热带动物。特别是亚洲象，作为典型的亚热带动物，现今只生活在云南西双版纳一带。殷墟考古中有大象的化石骨骼，甲骨卜辞中有商王打猎获象的记载。可见，商代的安阳属于亚热带气候，是极少下雪的。因此，甲骨文里“雪”字少有出现。

甲骨文中有一个“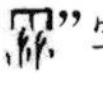”字，从雨从羽，有人认为这是一个“**雪 xuě**”

字。这个字上部是一个“雨”的省形，下部是一个“羽”字，旁边的小点像是自上而下落下的碎屑，恰好正是雪片的式样。小篆的“雪”字，其下演变成一个“彗”字，“彗”在古文字中通常表示扫帚，大概是说：雪是一种可扫之雨吧。

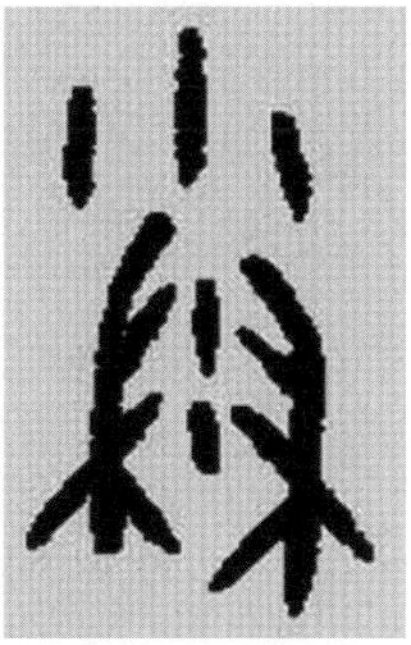

甲骨文另一款的雪

“雪从彗，盖雨雪之可扫者也。”许慎在《说文解字》中将其释为：“雪，冰雨，说物者也。”段玉裁对许说做了注释：“雪，绥也，水下遇寒气而凝，绥绥然下也，故许(慎)谓之冰雨，说今之悦之，物无不喜雪者。”这真是一段非常美的描述。雪，本身就是风花雪月中的一景，何况“瑞雪兆丰年呢”。

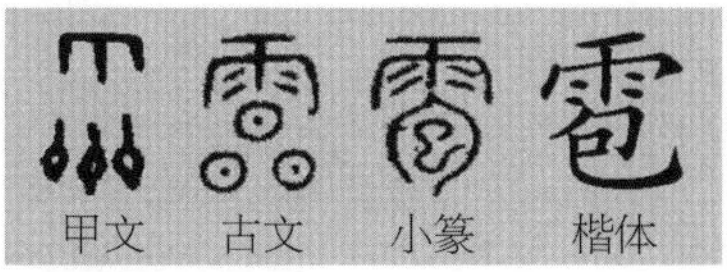

“霝ling”，是一个歧义很多的文字，争论的交点，在于是否把甲骨文中右列图形视作雹的初字。

甲骨文中的“霝”

部分文字学家将上述文字释为“霝”，认为从雨从“㗊”，“㗊”像大雨点，表示大雨之意，乃现代汉语“零”的前身。但是，甲骨文中有“兹霝佳降祸”的卜辞。显然，只有冰雹才能给人类降下直接灾祸，据此，“霝”就是霝字。“霝”字所从之“㗊”恰似冰雹之形；冰雹总是伴随着雨，所以从雨。《说文》中还记载有一个“雹”字，许慎认为它是“古文雹如此”。就是说，这是一个籀文的“雹”字。段玉裁在这个字下面注曰：“象其磊磊之形。”

小篆的“雹”字，改变了甲骨文和古文会意字的构形。重起炉灶，从雨包声，完全是一个新的形声字。《说文》释为：“雨冰也，从雨包声。”“包”在这里既表示发声，也揭示了冰雹的形状和特征，像胞衣包裹的胎儿一样。冰雹有包裹在其内的“核”，今日的科学业已证明这一点。

对“雹”的生成，西汉时的刘向有非常精辟的解释：“盛阳，雨水温暖而汤热，阴气胁之不相入则转而为雹。故沸汤之在闭器，而湛入甘泉则为冰，此其验也。”显然，这位热爱科学的皇家子弟是认真做过一番试验的。

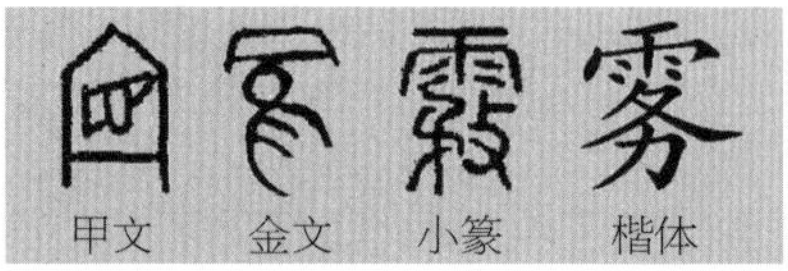

“**雾 wù**”在甲骨文中是个会意字。这个字的取象是一只被兜鍪(即头盔)遮盖住的眼睛，表示大雾弥漫，什么也看不见时的状态。从安阳小屯的考古发掘中，出土了大量殷商时代的青铜头盔，这些殷代头盔前可齐眉以护额，上可保顶以护颅，左右和后部向下伸展，用以护耳护颈，顶部有竖立的铜管，可以插入羽毛饰物。如果把这种头盔反过来戴，其情景便如同进入大雾之中，什么也看不见了。甲骨文中的“”字，即是头盔反戴的形状，其中的“”是头盔的外形轮廓，内中是一只眼睛。用头盔遮眼表示大雾，构思十分巧妙，这也是“雾”与“鍪”属同一系统文字的原因。

商代铜胄(兜鍪)

甲骨文中还有一款“雾”字，写作“”：上边是一个兜鍪的简省形，下边是一个表示鸟的“隹”字。“雾”为什么要以“隹”来组合呢？这是因为鸟类都是“夜盲眼”，用头盔和鸟来会意“雾”，表示大雾弥漫中的瞎摸瞎撞，这种构思也十分巧妙。

“雾”在小篆中，演变为形声字，《说文》释为：“雾，地气发，天不应曰雾，从雨敄声。”云为空中之雾，雾为地面之云，为云为雾，由人们从自己所在的位置来区分。正如身处黄山巅峰的游客，他是在云中，还是在雾中？许慎认为“天不应曰雾”，也就是说，欲升而未升上天空的水汽凝团便是雾。云和雾的关系不言自明，所以“从雨敄声”。“敄”在这里，以十分形象的形式表示戈矛捅出。如果你见过雾团的移动而来，便能理解古人的造字意趣。

在所有的自然现象中，只有雾能够模糊、遮挡住人的视线，让人们失去判断，这就是常说的云遮雾挡。云在天上，清晰可辨，雾在地上，却让人迷糊，只缘身在其中也。

“**晕 yùn**”的本义指日晕、月晕。这是日、月光线通过卷层云时，受到冰晶的折射或反射而形成的一种景像。在天空中常表现为环绕日、月的彩色光环，也有少数表现为穿过日、月的白色光带。

甲骨文的“晕”字，中间是一个“日”字，周围的短横表示光环四面旋转。小篆的“晕”字，只保留了“日”字，下部则加了个兵车环绕一圈的“军”字。“军”在古代原指军队行进时，以兵军环绕驻扎为军营。两根会意，表示“云气四面旋卷，如兵车围守”之义。楷书直接由小篆而来，简化字只是把繁体“車”改为“车”罢了。

“晕”的本义指天上的日晕，引申指月晕，如《韩非子·备内》：“日月晕围于外。”这是说：日月的周围有一个模糊的大圆圈。古人认为出现这种天文现象，天气往往要发生变化：“日晕而雨，月晕而风。”因为“晕”会使日、月图像模糊不清，由此，又引申出人的“眼花、昏眩”，如姚合《闲居》中有“昭晕放书多”的话。我们现在所说的“头晕、晕车、晕船”等，都是从昏眩义引申而来的。

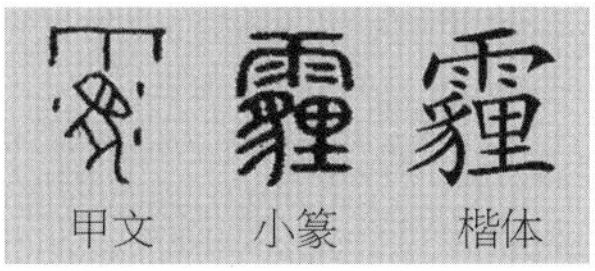

“**霾 mái**”。《说文》释为：“霾、风雨土也。”这是中国北方特有的一种现象：风雨中夹杂大量尘土，随雨而下，也就是我们今天所讲的“沙尘暴”。

甲骨文的“霾”字，上边是一个“雨”字的简省形，下边是一个兽形，旁边有几个小点，表示脏兮兮带有尘土的雨点下到动物身上，使动物身上尘斑点点。小篆的“霾”字演变为形声字，从雨貍声。“貍”是“埋”的初字，原本表示把祭供的动物埋入土坑中，因而也有土点下落的意思。

“霾”的本义为大风扬尘，随雨而下的天气现象。《诗·邶风·终风》：“终风且霾。”乃是说：呼啸而来的大风夹杂着尘土雨。

“霾”是中国的一种特有气象现象。远在数亿年前，西伯利亚吹来的黄土，形成了今日中国北方的黄土高原。甲骨卜辞记载了三千多年前，安阳地区的沙尘暴。地近几年的新闻媒介中，沙尘暴频频出现在头版头条。是环境的恶化？还是历史周期性的回归？真让人搞不懂。不过，你已见不到尘土落到动物身上这一场景，只能见到尘土落到汽车上了。

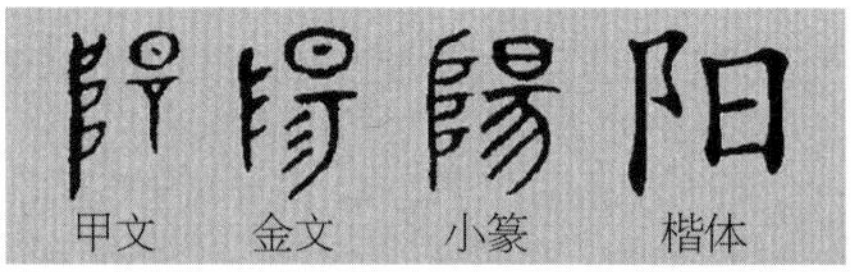

著名的沧源岩画，将人与太阳的关系表现的既抽象又富有诗意。

“阳 yáng”，这是一个会意字，甲骨文写作“[illegible]”，左边的“阜”原本为古代梯子（或台阶）的象形白描，在此表示有台阶的山坡；右边上部是“日”，表示太阳，下部是表示向下和阳光照射的符号“[illegible]”。整个字形，会意日光照射在山坡上的状态。所以，阳的本义为阳光照射。由此引申，又表示山丘南面向阳之处，也指山丘凸出表面的地方。小篆的“阳”字一脉相承，楷书缘此写作“陽”，简化后则写作了“阳”，其字义未变。

《诗·小雅·湛露》：“湛湛露斯，匪阳不晞。”《孟子·滕文公上》：“秋阳以暴之，江汉以濯之。”其中的“阳”，都表示日光。阳光映照大地，使万物和人类温热暖和起来。因此，“阳”又有温暖之义，如“阳春三月”等。

“阴 yīn”,春秋时期的金文“阴”字,写作“陰、陰”等:左边的“阝”是阜的简写,仍然表示向下的台阶;右边上部是“今”字,原本指含物在口或呻吟;下边是云的简写,由此可知,“陰”在这里表示能够向下喷射雨点的云。两形会意,又表示没有日光照射之处。小篆的“阴”字分离为两款:一款写作“陰”,《说文》释为:“阴,暗也,水之南山之北也,从阜侌声。”另一款写作“霒”(见图),《说文》释为:“云覆日也,从雲今声。”楷书在简化时,把二款合并为一,写作“阴”。显而易见,阴阳的“陰”指阳光照射不到的遮蔽之处,阴天的“黔”则指天空上浓蔽的阴云。

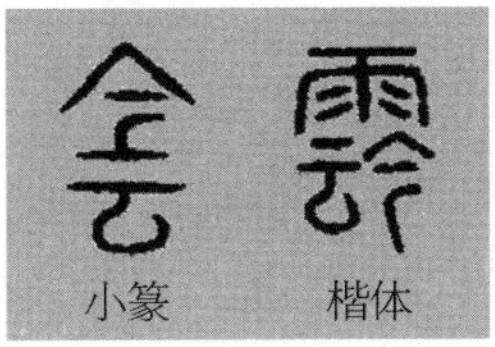

“阴阳”,这一对概念,在中国文化中有非常深远的含义。作为地理概念,它对山和水做了中国式的划分。就是说:山的南边、水的北边为阳面,而山的北面,水的南面则为阴面,这一观念深深影响到地名称谓之中。

山之阳即山的南面,凡在山的南面的城镇可称阳,如山东“峰阳”,位于峰山之南;“嵩阳”在嵩山之南,“贵阳”在贵山之南。水之阳则指江河的北面,因为河流北面的堤岸正是朝阳的一面,如陕西“泾阳”,位于泾河之北;湖北“汉阳”,位于汉水之北;河南“洛阳”,位于洛水之北等等。水之阳也包括大海在内,如广东的“潮阳”,山东的“海阳”,都因在海水的北面而得名。山南水北为阳,是地名称谓的一般规律,但事物总有特殊的一面,如“阳朔”是因阳朔山而得名,陕西“紫阳”是因紫阳堡而得名。

中国是一个父权制社会,因此,用“阴”作地名的,要远远少于“阳”字,但也有一些。如“汉阴、江阴、淮阴、湘阴”,这些是因水而得名。“华阴”是因华山得名,“蒙阴”则因沂蒙山而得名,如此等等。

在中国人看来,不仅山水有阴阳,天地间人事万物,无不处于阴阳共存,互相转化,彼此对立统一的状态,“一阴一阳谓之道”,有阴必有阳,有阳必有阴。“阴阳”这一范畴,在中国古代哲学思想中萌芽最早,影响也最深,辩证色彩最浓,使用最广,甚至发展成为一种二元诡辩论。

在古人看来,天为阳,地便为阴;男人为阳,女人便为阴;南为阳,北便为阴。阳祀是祭天于南郊及宗庙,阴祀是祭地于北郊及社稷坛。甚至将男人的生殖器称为阳物,妇人的生殖器官则称为女阴。人的背部为阳、腹部为阴;亢奋时是阳、低沉时便是阴……甚至阳中有阴、阴中有阳;阳便是阴、阴便是阳……

事实上,二元论(或称之为阴阳论、矛盾论)并不是一种科学的思维逻辑:其一,二元论是一种人类粗浅逻辑,在人类史前及早期社会普遍流行;其二,二元论必然导致诡辩或悖论。有兴趣的读者可以看一看西方哲学家罗素的书。

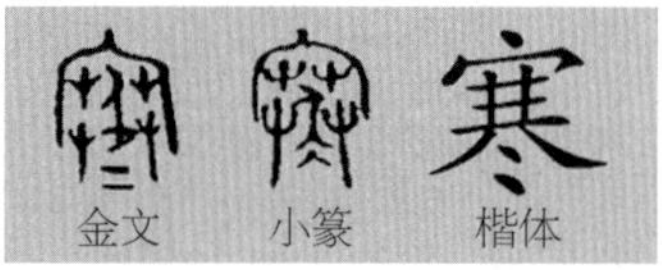

“**寒 hán**”,是一个非常有绘画效果的会意字。金文的“寒”由宀、茻、人、仌四个符号组合而成。其中的“宀”指房屋,“茻”指取暖躺卧用的干草,“仌”是古文的冰字,“人”则躺卧在草丛之中。整个字形用外边冰天雪地,人在屋内草垫上取暖,表示寒冷的意思。小篆的字形则体现了笔形匀整的特点,造字构件一个不缺。楷书隶变后写作“寒”,仍是一个部件不少,但却没有象形表意的特点了。

“寒”的本义指寒冷,如“寒风、寒流、天寒地冻”等,这里所用都是“寒”字的本义。寒冷能使人颤抖,因此有战栗恐惧之义,如“胆寒、寒惧”等。此外,“寒”字还有贫困之义,如汉语中的“贫寒、寒酸、寒门”等;“寒暄”一词,原指冬季和夏季,用一寒一暄代指一年。后来,引申为两人相见时互道天气冷暖的应酬之词。

“**暑 shǔ**”，从日者声。古人认为：暑与热是一回事。“暑之义，主谓湿；热之义，主谓燥。”可见，暑和热的区别，在于湿或燥，南方多暑，北方则应该是燥。《易·系辞》说：“日月运行，一寒一暑。”《淮南子·人间训》说：“冬日则寒冻，夏日则暑伤。”如此看来，“暑”指夏季太阳当头，湿热逼人的意思。

“暑”字由“日”和“者”组合而成。“者”在这里既作声符，也兼表义。“者”字的本意原为野火附着地面蔓延燃烧，含有包围之意在内。所以，暑的本义中也含有“湿热粘附”的意思。

“暑”，在中医学中被认为是致病的“六淫”之一。医家说“暑”是阳邪，常常在夏季使人致病。其原因是：“阳热大盛，寒不能制，故为病曰暑。”显然，“暑”便是通常人们所说的中暑也。

三、时光一去不复还

人类要进行生产活动，要进行人际交往，就需要认识时间，掌握相对精确的时间概念。对节气、岁月的测定和划分，及其划分的精确程度，乃是测定一个民族文明发展的尺度。

《易·系辞》曰："悬象著明，莫大乎日月。"这是说：给人们带来光明和物体影象的，没有能够超过太阳和月亮的。事实上，远古先民最初的计时方法和时间概念，正是通过对日、月运行作出观察和测量而得以形成的。

太阳一天出来一次，从这一现象中，人们掌握了"一天"这个时间概念，一日即一天。由于太阳总是白天才出来，这又使人们形成了"昼"这一概念，并通过对太阳在天空的位置观察，测量细分时间单位。

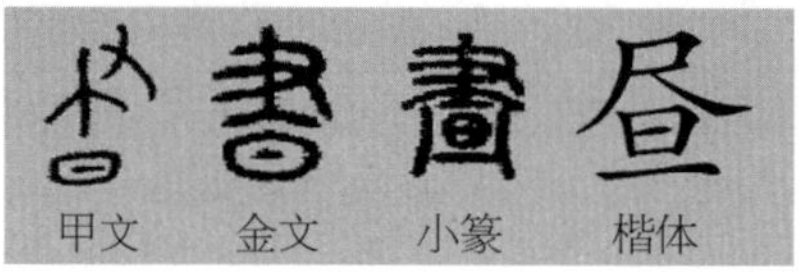

"昼 zhòu"字是一个会意字：上边是一只手(又)；下边是一个"日"；中间是一个直立的木杆。古人用木杆两边的影子，反衬太阳在天空一日间的运行。金文写作"書"，仍然表示一只手拿着木杆在测量日影。因此，"昼"的本义为立木为表，测量日影以定时辰。小篆的"昼"字承接金文，构形基本相同，只是在日的四边又添加了一个"方框"，表示"昼"为日出至日落这一特定时间单位的限定，也可能是日晷的简省图形。楷书写作"晝"，因字体笔画繁多，简化后写作

“昼”。“昼”，源自对日影的测量，表示白日与夜晚的划分，也表示太阳在天空运行的白昼时段。《说文》因此释为：“昼，日之出入，与夜为界。”这是说：“昼”是一个表示时间单位的专用字，即白天，跟夜晚相对。

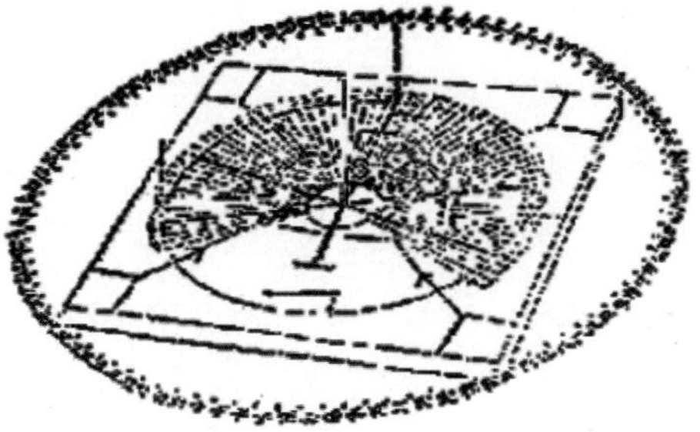
汉代日晷

“昃 zè”，也是一个表示时间概念的汉字。甲骨文的“昃”，由一个表示太阳的日，一个侧倒的人(大)影，来会意“日在人旁，人影侧斜”这一概念。金文字形简洁明了，用日在人侧表示下午三四时的意思。小篆将“大”讹变为“人”，上边又增添了一个翻转符号“厂”，来表示日光和人影的侧斜。《说文》释为：“厢，曰在西方时，侧也，从日仄声。”楷体仍保留了小篆会意兼形声的特点，只是把“日”从下边移到“仄”上，这就是今日人们所认知的“昃”字了。

“昃”的本义为下午。古代文献在描述战乱时，有“日未昃，道无行人”的记载。应该说，乃是“昃”字本义的一个见证。

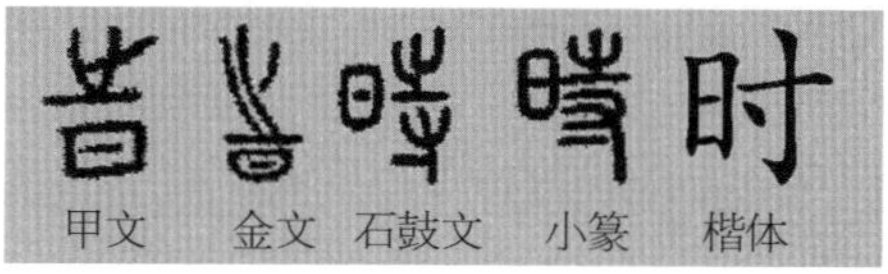

“时 shí”，这是一个会意字。甲骨文和金文的构形相同，写作“**旹**”，从日从之。“日”表太阳，“之”字表示人们由一处往另一处前行时的足趾，也就是出发点。所以，以太阳和人足会意的“时”字，昭示太阳在天空上的运行。小篆和石鼓文的“时”字已演变为左右结构，并在“之”的下边增添了一个表示手臂的“寸”字，表示手拿圭表测量日影，来测定时间，也表人所掌控所利用的时间。

“时”字所显示出来的生活场景，并非凭空想像，恰恰是古代劳动人民对太阳测量的实际反映。据文献记载，殷商时代的先民，已经以太阳在天空上的方位来定时刻，如“旦”、“朝”、“昏”、“暮”，或者以测量日影变化来定时辰，如“晨、昃、中”等。其后又将一昼夜划分为十个间段：“鸡鸣、昧爽、旦、大昕、日中、日昃、夕、昏、宵、夜中。”显然，造字之初的上古先民，已经将太阳的运行同时间的划分视为一体。西周初年，已用特制的圭表来观测日影时间了。

现代汉语中，“时”常用来特指计时单位和一段时间，如“时辰、小时、农时、四时”等。因为时间有流失不返的特性，所以又引申为“时机”，如《吕氏春秋·首时》中的“天不再与，时不久留”，以及陆游诗中的“杀身有地初非惜，报国无时未免愁”等；并由此进一步引申为“时势、时尚”，如清末女革命家秋瑾《黄海舟中》一诗中的“浊酒不销忧国泪，救时应仗出群才”，诗句中的“时”，便应作“时势”来解。

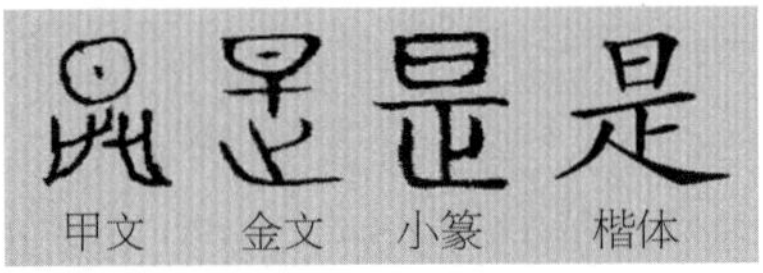

“**是shì**”，这是一个会意字。甲骨文的“是”字，上部是一个“日”，表示太阳，下边是一个“止”，表示一个人的脚印。两形会意后，表示太阳当头照，人影消失，只有脚印存在。金文的“是”字，日下增添表示直出的十，下部减少了一个止。小篆的“是”字，承接金文，演变为“从日从正”的会意字。

“是”字取象，乃是夏至这一天中午的太阳。此时，太阳运行到北回归线，太阳与大地成垂直状态，阳光直射大地和人的头顶。对人来说，一点影子也没有了；对太阳来说则是日当正午，阳光直射。可见“是”的本义为“此时、此地”阳光直射。阳光直射，一切都暴露在阳光下，因此，“是”又有“正是”和“正对”的意义，如成语中仍保留的“实事求是”、“莫衷一是”等。也有学者认为：是字上部的“日”，应该是目标字根，与太阳无关。“是”的本义为直对目标行走时的正确即“是这个方向，是这条道”。

古汉语中，“是”常常作指示代词，表示这、这个、这样等。如《论语》:“子与是日哭,则不歌。”其中的“是”即为“这”。“是”也可以作应答词,表示“到”或“可以”的意思。汉代以后,“是”用作系词,表示判断,如“他是学生、这是苹果”等。

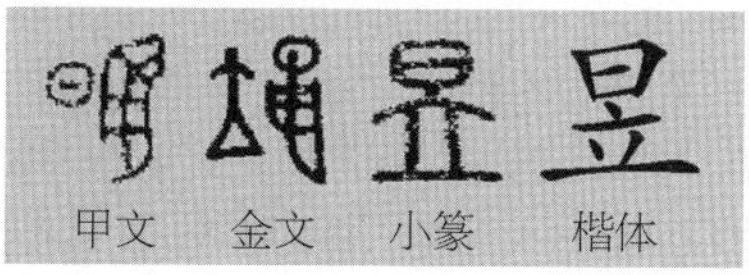

“**昱 yù**”,《说文》释为:“昱,明日也,从日立声。”实际上,甲骨文的“昱”是一个会意字:左边是一个“日”字,表示太阳;右边是一个鸟儿翅膀的象形。两形会意,表示太阳第二天还会飞来,以此昭示明日之义。金文中的“昱”,将表示太阳的“日”移到了翅膀之上,旁边另构形了一个人形(大),并用大下的一横表示人影,其喻意仍是太阳在第二天的再次升起来。小篆的“昱”字去掉了鸟儿翅膀,把“日”放在“立”上,言外之意是太阳的再次立起。

古文献中,“昱”也写作“翌 yì”。段玉裁对此注曰:“凡经传子史,翌日字皆昱日。”这是说:“翌”与“昱”同为“lì”声,故相假借。实际上,它们之间并不是假借关系,而是一事两字,“昱” 偏重太阳的飞临,“翌”则侧重鸟儿的再次到来。二者都可表示“太阳的再次升(飞)起。”由于“昱”和“翌”音同义近,“昱”的功能不久便被“翌”所替代,“昱”只好去做偏旁构件了。

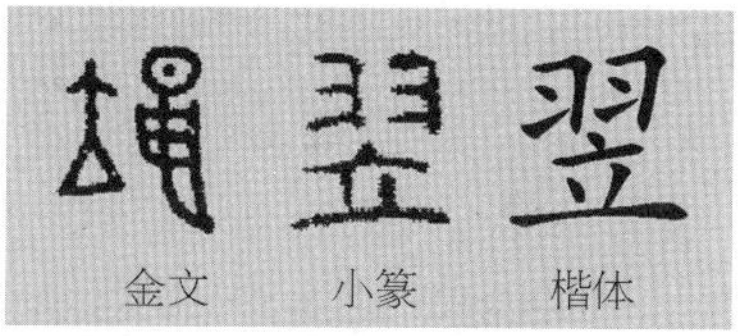

“昱”的本义为太阳的再次升起,有光明、照耀之义。因此,“煜”作为昱的再造字,表示了它的引申义。著名的诗人、后唐亡国皇帝李后主,其名即为“煜”。他的《虞美人》一词中有“小楼昨夜又东风,故国不堪回首月明中”。不知为什么,在李煜的诗词中,表现的多是昨日之状,残月之景,没有一点“假如明日来临”的意味。

现代汉语中,“翌日”或“昱日”已少见使用。人们已用“明日、明天”替换了原有概念。

“**昨 zuó**”是一个后造字，甲骨文和金文皆不见。小篆中的“昨”是个形声字，从日乍声。“乍”，原本指衣服大襟做好后，最后缝上袖子，含有“突然”和一下子便起来了的意思。这里，两形会意，表示突然便失去了的时光。实际上，人们对昨日并不在意，想起来时，总感到昨日好像从眼前突然而过。

“昨”的本义为隔日，即今天的前一天。唐代诗人朱庆余有诗句：“洞房昨夜停红烛，待晓堂前拜舅姑。”这里的“昨”，便指昨天。在汉语的使用中，“昨”更多的是泛指往日、过去。“实迷途其未远，觉今是而昨非”，这是陶渊明在《归去来兮辞》中的名句。这里的“昨”，即泛指往日、以前。

从“昨”字的后起和常常泛指，可以窥视一部分中国人十分现实的特性；“昨日之日不可留”，既然不可留，那就让它去吧。昨日也好，前日也好，反正都是从前，对已往时间的模糊与对已往事件的模糊常常又搅在一起。

“**昔 xī**”，这是一个会意字。在上古先民看来，逝去的时间便叫做“昔”。甲骨文的“昔”写作“”或“”，从日从水。日上或日下的“”均表示流水的形状（可视作横写的川）。两形会意，表示“日子”已经像水一样流逝而去，即已经“流走”了的“白日”。

“昔”同“昨”的意义相似，都有往日、从前的意思，如“昔日、往昔”等词。也表示昨日，与“今”相对。只不过“昨”多用为近指，“昔”则多用为泛指。

毛泽东在《七律·人民解放军占领南京》一诗中，有“虎踞龙盘今胜昔，天翻地覆慨而慷”的名句。这里的“昔”，可确指昨日，也可泛指过去。《诗·小雅·采薇》中的“昔我往矣，杨柳依依”，以及陆游《午饭》一诗中的“民穷丰岁或无食，此事昔闻今见之”，诗句中的“昔”均作从前讲。

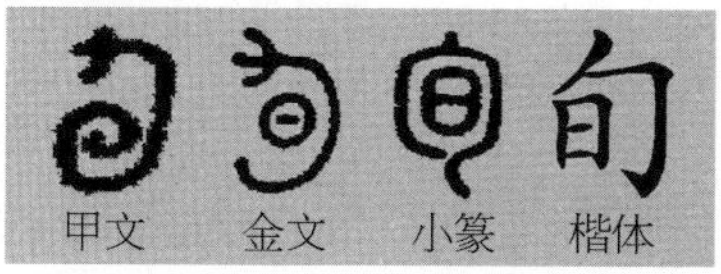

“旬 xún”，甲骨文写作“”。乃是在古文“又”上加“”，表示回复循环之义，即将手指从一到十循环一遍。也就是按照“甲、乙、丙、丁、戊、己、庚、辛、壬、癸”计数一圈，称之为一旬。后来，人们觉得字里还缺点什么，于是，金文在甲骨文的基础上又添加了“日”，变为“从日从又”的会意字，小篆将横写拉长的“”(手型)规范为“”，遂成“旬”字。可见，作为时间单位的“旬”，乃以“十指”和“天干”记日法为基础。

由太阳的升落循环和十个手指的计数，古人得出了“旬”的概念。由月亮的圆缺变化，古人得出了“月”的概念，而一个月中大约有三旬，今天仍称每月的前十天为“上旬”，紧接的十天为“中旬、下旬”。“旬、月”二者都是基于对天象的观察而得出的时日计数。

在汉字文化中，确切的记日概念，首推“旬”字。中国最早的古籍《书·尧典》中有“三百有六旬有六日，以闰月定四时成岁”，这里的“六旬”即六十天的意思。远古先民以“旬”为时间单位，同他们最初以十干(甲、乙、丙、丁、戊、己、庚、辛、壬、癸)记日有关，也是对太阳运动进行观察，用双手十指计数的结果，“旬”的字形演变也说明了这一点。

“夜 yè”，指天黑到天亮的一段时间，与“昼”相对。如《诗·卫风·氓》：“夙兴夜寐，靡有朝矣。”现代汉语中的“夜以继日、夜深人静”以及“夜校、夜光表、小夜曲”等，其中的“夜”都指夜晚。

图形文字

“夜”,是一个非常有趣的会意字。金文的字形从亦从夕,由表示站立形状的人即“大”字以及左边表示人的胳肢窝腋毛的一撇,再加上表示月亮的“夕”字组合而成。夜便是在黑暗中月亮从这头到另一头的时间。这幅由人的胳肢窝的黑色腋毛和月构成的抽象艺术作品,昭示了上古先民的人本主义思想,离开了人的夜又有什么意义?正是这种人本主义世界观的传承,给人们留下了“举杯邀明月,对影成三人”的浪漫主义佳作。

如上图所示,由金文的“ ”字演变到楷书的“夜”,字形上有了许多改变,但基本构件似乎一点也没有少。

月亮在一个月中的盈亏变化,又以农历初一和十五最为显著。初一沉月不见,乃亏缺之极;十五则月盈而满,为圆之最。这一现象的周而复始,又使先民产生了“朔”和“望”这一对时间概念。

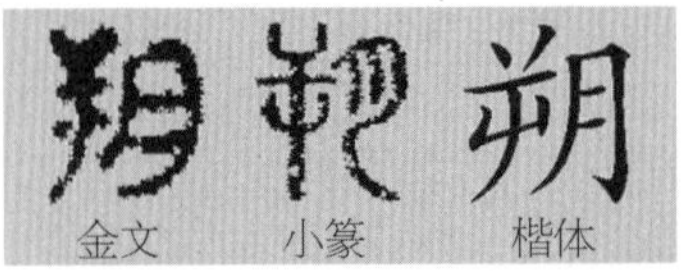

“**朔 shuò**”指农历每月初一。这时,月球运行到太阳和地球之间,跟太阳同时出没。又因为月亮隐藏在太阳的光线之中,地球上看不到白天的月亮,这种月相便叫“朔”,天文学家称之为“合朔”。

“朔”字从月从屰(逆),《说文》释为:“从月屰声。”其实,“屰”不仅为声符,而且兼有表意作用。从字形上看,甲骨文的“⅄”像倒人之形,即“逆”的初文,有倒行逆施的意思。在小篆中,“⅄”的中间被加了一横,演变为今日的“屰”。可见,朔的造字意义当为倒行逆施,月亮跑到本不该它去的白昼,因而成了逆行。“朔”的造字构思,巧妙至极,把“朔”这一时间概念的基本特征

学者们认为,这片甲骨卜辞记载了日食。

完全表现出来了。

在天文现象中，一般只有“朔”日这一天，才会出现日月食现象。

亏极而生，新月总有第一次升起之时，因此，“朔”又有初生之义。由初生之义又引申为复苏、再生，这也是古人物极必反辩证思想的体现。《虞书》：“‘平在朔易。’正义：‘朔，尽也，万物尽于北，苏而复生也。’”因此，“朔”还是北方的代称，朔方，即北方，这是因为“日月合朔(日食)于北，故北方谓之朔方”。杜甫在《咏怀古迹五首》之三中有“一去紫台连朔漠，独留青冢向黄昏”的诗句，凭吊和婚出塞的王昭君，这里的“朔”即为北方的意思。

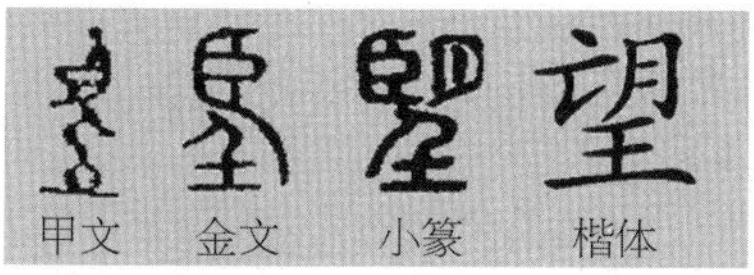

“望 wàng”原本写作“朢”，楷书简化时，将“望、朢”合并为“望”。“朢”，原本指农历每月的十五。枚乘《七发》：“将以八月之朢，与诸侯远方交游兄弟，并往观涛乎广陵之曲江。”其中的“八月之朢”，即为八月十五。“朢日”(简化后为“望日”)通常指农历的每月十五日，《释名·释天》：“望，月满之名也，月大十六日，小十五日，日在东，月在西，遥相望也。”

“朢”字，甲骨文作“”，像人立土上瞭望之状。金文将表示眼睛的“目”变形。小篆的“朢”字，增加瞭望的对象：月亮。显然，当一轮又大又圆的月亮，悬挂在夜空时，人们会不由自主地去“举头望明月”。

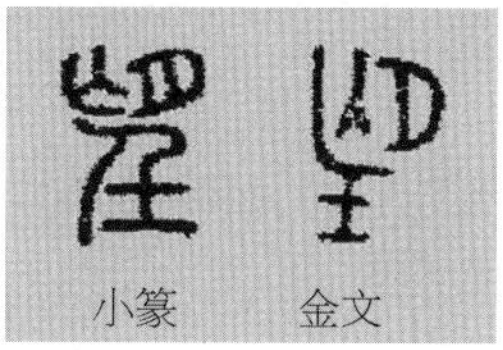

小篆中另有一款“望”。这是把“朢”中之“臣”置换为“亡”后，再造的形声字。《说文》释为：“望，出亡在外，望其还，从亡，朢省声。”“望”在这里已不仅仅指望月了，词意转移到对亲人回归的盼望，这是对“月满可望”这一本义的延伸。

合并为一的“望”既可表示极目远望之义，如“登高远望、一望无际”等；又可表示看望、问候；又引申为希望、盼望之义；又引申出名望、声誉之义。

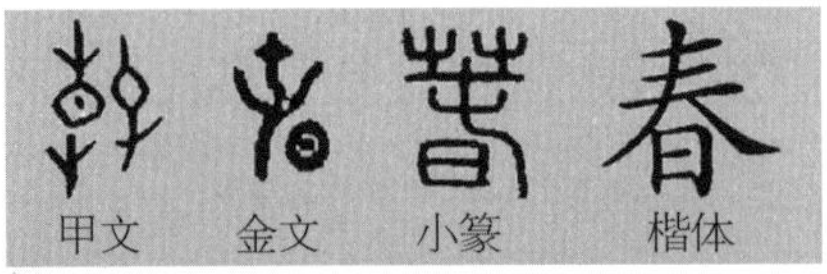

“**春 chūn**”，原本是个会意字。甲骨文字形左边的上下部分是两个向上字根，中间是“日”，表示太阳的升起；字形的右边是“屯”，表示种子的扎根发芽。显然，“春”字的本义为阳光升起草木初生的时候。《公羊传·隐公元年》：“春者何，岁之始也。”这是说：先民为何以“春”为一年之首呢？答案是：草木初萌，乃是生死轮回的一次重新开始，是一次新生命的开端。

金文和小篆的“春”与甲骨文比较，字形趋向匀整，上部是草字头，中间是“屯”字，下部是目标字根“日”。后来，经过隶书的变化，“春”字才演变成现今的字体，“草”字和“屯”字都已经看不出来了。但是，“春”指一年的开始，这一本义却一直未变。如春天的景色称为“春色”、“春光”，春季农事繁忙称为“春忙”，在大年三十，用红纸书写吉祥词句的对联称为“春联”等等。古代文学家有许多描写草木生长的名句，如“春到江南花自开”、“春到人间草先知”、“春到人间万物鲜”等，这些诗句，形象地表现了春天万物萌生这一物候现象。

上述这些时间概念，均源自对日月的观察。然而，日月并不是先民把握时间的唯一依据和参照物。有规律的自然物候，周期性的生产活动，乃是远古先民认识时间，把握更长期时间概念的依据。

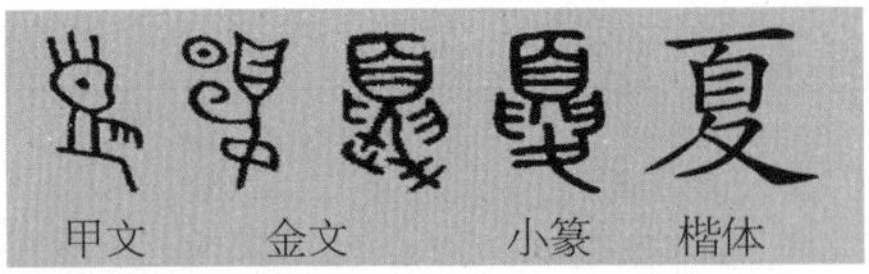

春天之后便为夏天。甲骨文的“**夏 xià**”写作“”，乃是一个四肢大张的“页”(人首)形。金文和小篆一脉相承，构形上基本相似。朱

骏声认为:“像人当暑燕居,手足表露之形。”盛夏季节,这种四肢裸露,并且四肢大张的形象随处可见,似乎人们已热的连手脚都没地方可放。“夏”字取此义造字,可见“夏”的本义就是暑天。

夏的金文图形

《集韵》一书载有“夏”字的古文,写作“昰”,乃是甲骨文“是”字的承接。由前文可知,“是”字含有太阳当头阳光直射义,因此,“是”可引申出“夏至”之义。

在《说文通训定声》中,朱骏声引崔思《三礼义守》说:“夏,大也,至此之时,物已长大,故以为名。”这里所说的“物”,显然指草木之属。可见,先民对夏天的认识,也包含有草木长大华茂成阴的自然景观,因而“夏”字有“大”的意思。《诗·秦风·权舆》:“于我乎夏屋渠,今也每食无余。”这里所谓“夏屋”,即高大之屋。取意只有高大之屋,夏季居住才有凉爽之感。这个意义后来写作“厦”。

“夏”的古音读作 hà,与上下的“下”同音。当西周民族沿着黄河向东扩张之时,黄河下游分封的王国所在地便称之为“夏”。也许由于越往东南气候越热。所以“夏”朝之夏与夏天之夏同源同形。汉族自称“华夏”,乃源于西周夏代的姬姜封国,犹汉以后,中国人称汉人。夏天的夏,与表示华夏的“夏”字字形同一,本非造字的初意。“夏”引申义中有大的意思,华夏释为“大中华”,乃是后人的附加。

“夏”用作季节名,是春夏秋冬四季中的第二季。

“**秋 qiū**”字在甲骨文中是一只蟋蟀(或者是蛔蛔)的造型,其发音大概也从蟋蟀的鸣叫拟声而来。如图所示,这只造形酷似的蟋蟀,有发音镜组成的前翅,形象分明的两个长须,强壮有力的后腿,真令人惊叹古人的工笔绘画天才。由此,也不得不让我们进一步推理:殷商民族是一个喜好斗蟋蟀的民族。

《诗·豳风·七月》中有“九月在户,十月蟋蟀入我床下”的描写。中国北方,阳历八月蟋蟀成虫出现,九月盛行,十月鸣声短促高尖,随着秋尽蟋蟀也就死亡了。可以说蟋蟀完全是一种秋天的鸣虫,所以古人又在禾下增一“火”字,表示秋天禾谷枯黄。由于此字笔画太过繁杂,小篆只用了古文原字的一半,简省为“烁”,释为“禾谷熟也”。楷体在隶化过程中,将左右颠倒,成为现代汉语中的“秋”。

不错,“秋”季是成熟收获的季节,作物呈金黄色,恰如火灼,这便是“秋”字以“火”、“禾”为造字构件的原因。《野客丛谈》曰:“物熟谓之秋,取秋敛之义。”尽管,秋字的起点是相互撕咬,胜者得意鸣叫,败者溃逃不已的蟋蟀。但是,归根结底,与“秋”这一时节概念发生牢固联系的乃是农作物成熟收获时的景观。

西周以前,一年只分“春”和“秋”两个季节,《诗·鲁颂·闷宫》:“春秋匪懈,享祀不忒。”这里的“春秋”即为一年。鲁国的编年史叫《春秋》,也是因为上古一年只分“春”、“秋”二季。

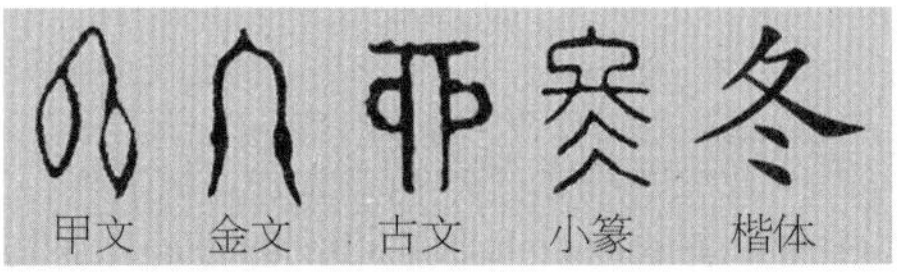

“冬 dōng”,甲骨文写作“”,今人释形多有争议,但甲骨文“”为“冬”的初字却是毫无疑义的。

笔者认为:甲、金文中的“冬”字,源自女性生育的终结。“”,乃是脐带连接的胎儿和胎盘之形(也是卵的初文)。胎儿、胎盘由产门全部产出后,便是生育、生产的终结。在古人看来,当婴儿从温暖的母体中产出后,第一感觉便是寒冷。因而“冬”也有终了的意思。当上古先民借婴儿产出后的寒冷之意表示天气时,冬便有了冬天的意思。

上古先民在万物萧条的景象中,获得“冬”的季节概念一定很早,因为这一时期伴随的是寒冷和饥饿,这种感受实在深刻尖锐。然而,用明确的文字来表达这一季节,则是稍后的事情了。《三体石经》中的古字写作“□”。在“□”这种表示胎儿和胎盘相联结的图形里增加“日”字，则表明“冬”已演化为一种独立、纯粹的时间概念。小篆去日但在下面增添了一个古文的“冰”(仌)，楷书缘此写作“冬”。当“冬”被加上“系”字旁时，这就表达了一年的终结或结束。

“年”、“岁”作为一种时间概念，在今人看来，不过就是地球绕太阳转了一周，即 365 天多一点罢了。在上古先民的眼中，年岁首先意味着一种特别重要的人事活动，正像孩子们的回答一样：过年就是穿新衣和放炮竹。《尔雅》记载说：“夏曰岁，商曰祀，周曰年。”显然，在夏、商、周三代的不同时期，人们对“一年”的概念赋予了不同的内涵。

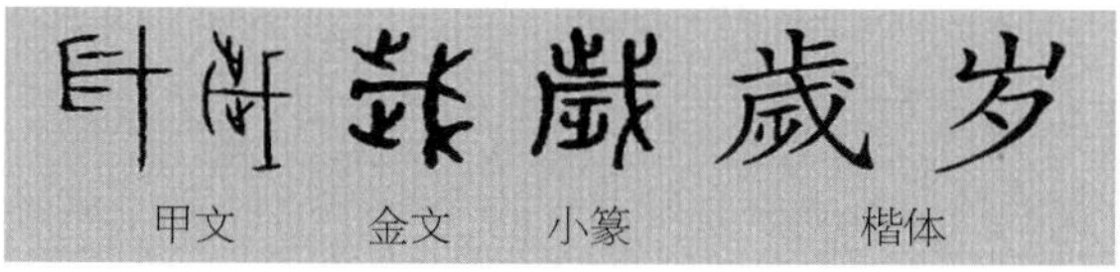

“**岁 suì**”在甲骨文中写作“□”或“□”，既像斧或镰刀上有血之形，又像一边行进一边挥斧之形。“斧钺”和上古时代的石刀本为一种杀伐的武器，所以上古的文献中，“岁”多用来表示“割牲以祭”，即杀牛以祭祀祖宗和神灵。甲骨文第一款“岁”形上的两个小点，乃是杀牲以祭的血迹。专指“一岁举行一次”的那种大规模的隆重祭祀。甲骨文第二款的“岁”字增添了两个脚趾(止)之形，表示边行进边收割地里的庄稼。由收获完毕引申，“岁”又被当作表示“年岁”这一时间单位的名称。甲骨文的楷书繁体缘此写作“歲”。简化后规范为“岁”。

汉画像中的弋射收割图

“岁”成为年岁之名，大概也与先民祭祀的对象有关。在中国人的星宿档案中，“岁星”，又名“太岁星”，即木星。因木星每十二年在天空中绕行一周，古人于黄道附近设十二个标点，就是十二辰，作为纪年的标准。木星运行一辰就是一年，所以叫“岁星”。夏代古人是否祭祀岁星，已不可知，但“太岁头上动土”之语遗留至今，可见岁星在古人心目中乃是威灵的象征物。

“**年 nián**”，乃是热衷于农耕文化的周人的时间概念。“年”字甲骨文写作“”，像一个人肩扛禾谷之形。金文将下部的人形变为千，乃是一种因音形变。年，《说文》释为：“年，谷熟也。”这是说：“年”的本义为庄稼成熟，意谓丰收。《诗·小雅·甫田》曰：“食我农人，自古有年。”这里的“有年”为五谷皆熟后的丰收。

古代农业耕作技术简单，生活在北方的先民们，可谓辛苦至极，他们耕耘劳作日复一日，然而农作物总是一年只有一熟。对以“食”为“天”的农耕先民来说，农作物的收获与否的意义非常重大。古人认为“四时具而后为年”，又认为“五谷皆熟为有年”。由于收获一次所需的时间周期恰好一年，“年”“岁” 的概念便由此而派生分离出来。作为耕种收获周期的年岁与作为纯粹时间概念的年，在先民的思维里起初是一致的，见诸文字，则必然为同一个汉字。

随着时光的流逝，“年”逐渐不再表示收获，而成为专一的时间单位了。这也就是今天中国人过“年”的真正内涵：庆祝一年劳作辛苦的结束，感谢祖宗在天之灵的庇佑，今年的收获真不错，顺带给自己放几天假！

四、茫茫九派流中国

“水”在中国,被赋予很强的哲学理念。伟大的古典名著《道德经》的核心概念便是水。楼观台老子讲经处“上善若水”的刻石,赋予水最完美的生存特性:水无形,所以能“君子不器”;水不择细流污流,所以能浩瀚成海;水可为冰、为气,既能变化而又不离其本性;水之恒可以滴水穿石;水至柔,所以抽刀难断;水能聚势,所以有“高峡出平湖”,有一泻千里的浩浩荡荡……总之,中国人的最佳活法便是向水学习。

西方学者认为:中华政治文明的核心就是一个“水”字,他们把封建专制大一统的政权体制归结为“治水”——成千上万人在统一指挥和惩罚制度的调度下,共同努力,开河护堤、泄洪导水。没有统一的指挥,付出的辛劳便会一事无成,由此,与水的搏斗成为封建专制的权力来源。然而,中国人认为问题的本质并不在此。他们身在其中,自古而然,无法做出东西方历史中的这种对比。

“**水 shuǐ**”在甲骨文中有着非常优美的字形。它像一条流动的河流,绕曲弯转。看见水字,就如同看到河水泛着浪花流动的形状。

甲骨文的“水”字,外用虚线内用实线,用湍急的河水来表示流水及河流。小篆的“水”字写作“**水**”,《说文》释为:“象众水并流,中有微阳之气。”实际上，小篆同甲骨文相同，“水”字的造型，虚化了两侧的河岸和边缘缓慢的水流，突出中间的急流。可见“水”字强调的是河中之物，而不是什么“微阳之气”。古文典籍中，“水”通常也用来指称河流，如淮河称之为“淮水”。

汉画像中的大禹

中国古代有“大禹治水”的传说，这里的“水”表示水灾、洪水，也可表示河流。考古证明，早期的人类文化遗址，无一例外，都处在江河两岸一两公里的范围以内。远古先民“逐水草而居”的原因，一是为了取用水方便；二是所有的动物都需要到河边饮水，水边显然是狩猎的最佳场所；三是水边植物茂盛繁多，这对先民的采集十分有利。然而，择河而居，却极易遭遇水患。中华先民们的主要居住地，黄河流域又是世界水灾最为频发的地区。“大禹治水”这一历史传说，既是上古先民与水患搏斗的写照，也是中华民族在屡屡遭受水灾后的一种愿望。可以说：中华民族的历史，正是一部与水搏斗的历史。

《荀子》一书说：“水则载舟，水则覆舟。”“水”用来比喻老百姓，“舟”则用来比喻君主及其相关的政权。两者之间的因果关系，乃是封建王朝更替乃至社会前进的直接动力。

“川 chuān”字，是一个与“水”字形义上联系最紧密的字。甲骨文的“川”写作“”，川和水乃魂、灰对转音，可谓字出一体，语出一源，但“川”字的造型却与“水”相反，虚化流中，突出了两侧，像两岸夹水之状。可见，“川”的本义指水道、河流。

中国西部的四川省，从字面上可理解为四条大河之地，即长江和它的三条支流：岷江、沱江、嘉陵江的流经之地（一说为岷、泸、

汉画像石上的川桥行人图

雒、巴)。李白的“江带峨嵋雪,川横三峡流”,乃是描写峨嵋积雪和三峡急流的诗句,其中的“川”即指夹峙长江的水道。

中古以后,当“河”专指黄河,“江”专指长江时,一般泛指河流都是用“川”。现代汉语中有“高山大川,百川归海”等词语,其中的“川”都指河流。由于大部分的河流都在两岸夹峙之下,河流又保持着一定的水平面,所以“川”字又用来表示河流冲积而成的平原,山间和高原间的平坦地带,如“八百里秦川、平川旷野、一马平川”等。由于“川”中的水流日夜不停,“川”还引申为来往不断的意思,如“川流不息”。

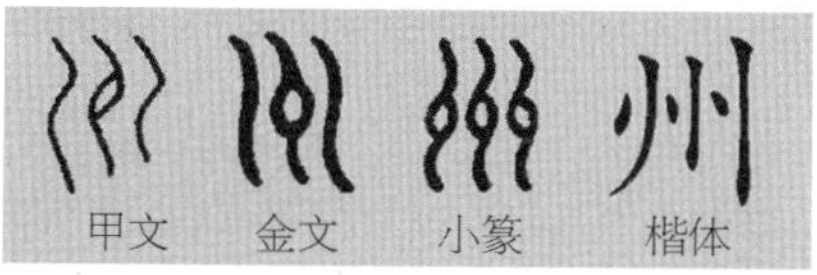

“州 zhōu”,这是一个依托象形字。甲骨文的“州”字是在“川”上加上了小圆点,用来表示泥沙沉积而成的小块陆地。因此,“州”字的本义指水中陆地。《说文》释为:“州,水中可居者曰州,水周绕其旁。”其说与甲骨文“州”字的构形完全相符。如《诗·周南·关雎》:“关关雎鸠,在河之洲,窈窕淑女,君子好逑。”诗中的“洲”字,就是指水中的小块陆地。不难看出,这里的“洲”字,在原来“州”字的左边又加上了水字偏旁。“州”和“洲”的本义都是水中陆地,如此画蛇添足又是什么原因呢?

远古时期,先民们择水而居,攀高山,穿密林,似乎都可以实施并有望成功,唯独对于大江湖泊河流而言,在未掌握造舟驾船技术之前,只能望“水”兴叹。所有陆路的尽头,都有江河横断,使古人不得行也。由此,古人的意识中形成了一种观念:再大的陆地也只是水中之“州”。所以古籍中有“古者内有九州,外有四海”之说,《尚书·禹贡》又定九州之名为“冀、兖、青、徐、扬、荆、豫、梁、雍”。这样“州”则成为行政区划“州县”的专用名词。

为了区别行政区划与水中陆地的两种表义,后人在州旁增水,用“洲”表示水中陆地,如“亚洲、美洲、欧洲、北美洲、南美洲、大洋洲、南极洲”。因为这七大洲分别由大陆和附近的岛屿组成,周围都是大海,所以用“洲”来表示。“州”则用来表示行政区划,如“西藏自治州、扬州”等。应该注意的是,湖南的“株洲”,内蒙的“满洲里”用的是“洲”,而不是“州”。

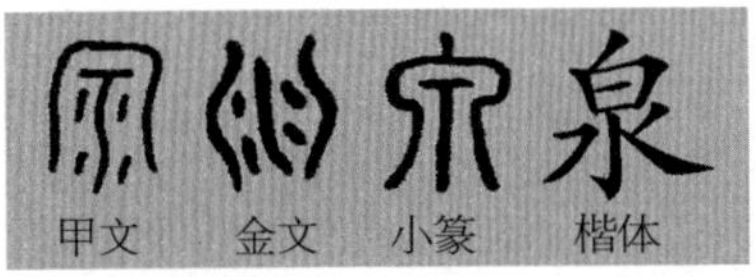

“泉 quán”,甲骨文字形像水从地穴中涌流而出的形状。金文字形趋向图形化,乃泉水从山石间涓涓流出的样子。小篆和楷体使之符号化后,便没有象形的韵味了。“泉”字的本义为喷流而出的水源,如“温泉、泪如泉涌、喷泉”等。

大概因为所有泉水均从地下冒出吧,“泉”的词义可表地下水。《左传》中有一段著名的历史故事:郑伯克段。由于母亲姜氏屡屡包庇纵容弟弟(段)的不轨之举,后来,弟弟造反被灭,郑庄公非常生气地对母亲说:“不及黄泉无相见也。”意思是说,除非在九泉之下,今生今世就不要再见面了。这句话中的“泉”即指地下之水,在庄公的话语中表示葬身之地。后来,郑庄公很后悔,但又怕违背誓言,只好破土动工,在靠近地下水(泉)的地方修建了地宫,母子两人才得以相见。

由于泉水涌流不断,有如货币的不断流通,所以,“泉”又引申指钱币,如“泉布、泉币”等。宋人洪迈写有一部《泉志》的书,就是对历代货币资料拓片的汇集整理。

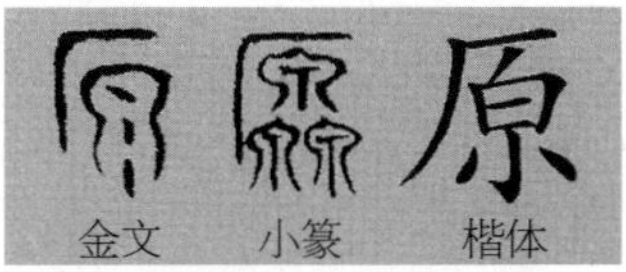

“**原yuán**”的本义指水源，即水流起始。由源泉之义又引申指一般事物的初始，如“原始、原本、原地、原料”等。引申后又有平原义。因引申义众多，为了字义的分化专指，后人在“原”旁加水来表示水源之“源”。而“原”则用来表示“原始、原因、原来”等引申出的词义。

先民们对源泉的利用可以说“史不绝书”，他们“通九道，陂九泽”，进行较大规模的治水活动。当周人的祖先公刘从邰迁到豳(bin)时，便首先进行了“逝彼百原，观其流泉”的水利勘察工作。现代汉语中，仍保留了“饮水思源、溯本求源”等词语。

泉水涌流而出，便有了源泉之义。“原”为“源”的本字，金文的原字从“厂”从“泉”，“厂”是汉字中的抽象符号，通常表示翻转九十度的意思。两形会意，表示泉水流出已成溪流的意思。小篆的“原”字下面成了三泉，表示众多泉水汇聚成河流之源，乃是一幅非常贴近大自然的风景画。

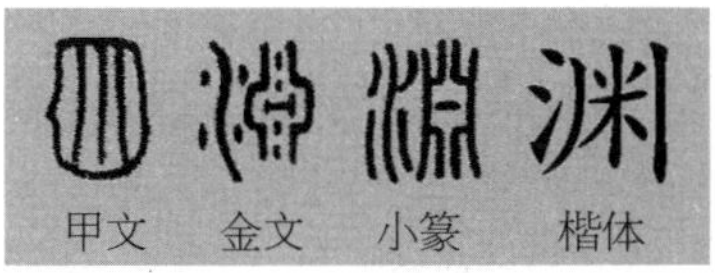

“**渊 yuān**”，原本是一个象形字。甲骨文字形像一个四面围住的深潭，方框中间是表示水流的线条。金文的字形比甲骨文更加形象，简直是一潭秋水。小篆的“渊”，字继承了金文的左右结构，右半边像深潭之水，左边保留了水字偏旁，成为今日楷书的初形。楷书由小篆演变而来，“渊”是繁体“淵”的简体字。

青铜铭文：渊

“渊”的本义为深水之潭，如《诗经》中：“战战兢兢，如临深渊，如履薄冰。”渊深不可测，所以站在边上才有恐惧之感。由于渊中之水往往深不可测，所以引申为“深”，如学问的精深，被称为“渊博”，历史久远则被称为“渊源”等，这里的“渊”，都有深远，精深的意思。

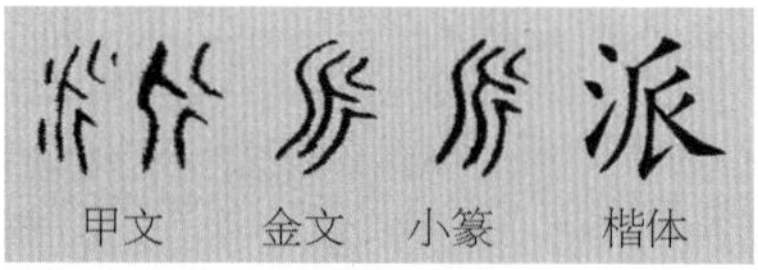

“**派 pài**”，也是一个表示河流的字。甲骨文写作“[illegible]”，从彳从人从简省的水，它的本义指人在水中以狗趴式的姿态击水前行。引申指汇合而成的河流，也作水道讲(𠂢字加水转注出派)。毛泽东青年时期的诗词中有“茫茫九派流中国，沉沉一线穿南北”的佳句，这里的“九派”即指中国大地上流入大海中的九(表示诸多)条大江大河。

“派”由江河汇聚而成的河流，引申为事物的流别，如“学派、党派、宗派”等。今日有人把“派”注册为商标名称，也有“自成一派”的意思。“派”字还可用作动词，有差遣、委派的意思，如“派出”，表示从事物主流中分化出来；“派遣”则表示把某人从团体中委派出去，从事某项工作。

“**永 yǒng**”字与“𠂢”同源，甲、金文的形体同“𠂢”的写法一模一样(文字学称之为同源分化和一形二义)。到了小篆，字形仍然一致，只是字形方向相反，楷化后便成为“永”字。这就是说：“永”与“𠂢”是同源同形字，一个重在表物，一个重在表事，因而分化为两词。

“永”字的本义指游泳，引申指“水流长远”。如《诗·周南·汉广》：“江之永矣。”这是说：长江之水长流不断。由“长”又可引申为“永远”。如《诗·卫风·木瓜》：“匪报也，永以为好。”“匪”通“非”也，这是说，不是不报答，而是永远友好。但是，《尚书·舜

青铜铭文：永

典》中“诗言志,歌永言”,里面的“永”字,不是“永远”之义,而是指“歌唱”,这个“永”字后世写作“咏”,词义源出尽可能地拖长音调。

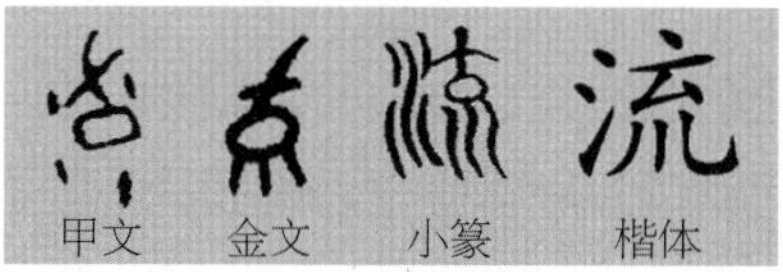

“流 liú”,是一个会意字。小篆的“流”字,左边为“水”,右边是一个“㐬”。“㐬”原本来自胎儿随同羊水一起出生,在此用来表示水的流动淌出(古文从川从表示倒子的𠫓)。金文则只有“流”字的右半部分,省掉了“水”,仍表示女性生孩子时羊水的流出,下边的三撇则是为了增强流动感。

“流”的本义为羊水流出,引申指即水向下游流走。如李白的诗句:“孤帆远影碧空尽,唯见长江天际流。”由此,又引申为移动、运行,如《诗经》中的“七月流火”,便指大火星(天蝎座 α 星)在天空的移动。现代汉语中的“流行”、“流毒”、“流弊”、“流芳”等词,以及其他像水可移的物体,如“电流、暖流、气流”等,均由此引申而来。“流”还可引申为流派、品级之义,如“下流”和“四人帮之流”的流。

“活 huó”,在小篆中写作“㶏”,隶书变形而成今日之“活”。《说文》释为:“㶏,水流声,从水𠯑声。”显然,“活”表示的是河水流动发出的声响。作为拟声词,活在这里的发音为 guō(与火为同一音系)。如《诗·卫风·硕人》便有“河水洋洋,北流活活”的起兴描写,这里的“活”即读作 guō。“𠯑”是活的初文,活则是𠯑的本义转注字,其中的“氏”,会意水清到底,“口”则表示流水发出的声响。显然,只有清澈到底,欢腾奔跃的小河,才会发出“活活”的声响。

“活”在发音为 huó时,由水的流动发声,引申为活动、活泼之义。如苏轼诗中的“活水还须活火烹,自临钓石取深清”,以及杜牧诗中的“烟湿树姿娇,雨余山态活”。由此,进一步引申为存活之义,与“死”相对；再引申为生计、工作之义，如现代汉语中的“干活去”；“活”用作副词时，表示程度，相当于“非常”、“简直”，如“活像、活受罪、活该”等等。

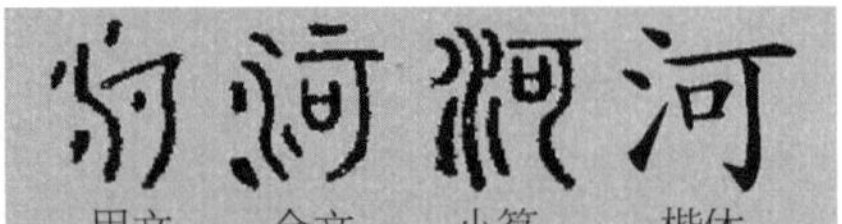
甲文　金文　小篆　楷体

“河 hé”在甲骨文时期，乃是殷商民族的母亲河——洹河(即安阳河)的专称，其造字构象也取之洹河的河道。甲骨卜辞中的“王泛舟河”，以及史书上的“盘庚渡河迁殷”，其中的“河”便指洹河。后来商国被灭，周朝的版图进一步扩大，“河”又转指黄河。如《诗·周南·河广》：“谁谓河广，一苇杭之。”这是说：谁讲黄河宽广啊，一束芦苇就可航行过去。再如古代所谓的“河东、河内”等词语中的“河”都指黄河。

流经安阳的“洹河”

“河”在甲骨文中是一个会意字，左边为水之象形，右边的“丁”乃是安阳洹河河道的直观描写。金文和小篆的“河”字由于增添了一个口，而成为因音形变的形声字，《说文》释为“从水可声”。实际上，在这里用作声符的“可”，只是甲骨文的增符表意。

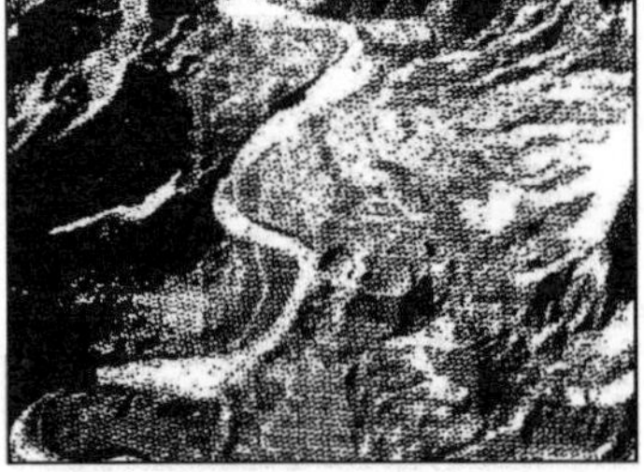
流经陕晋山区的九曲黄河

黄河是一条慷慨的河流，华北平原实际上是由黄河泥沙沉淀而形成的。就是在这片黄河泥沙冲积而成的肥沃土壤上，诞生了华夏文明。至今，全国大约有四分之一的人口生活居住在黄河流域。黄河也是一条危险的河流，人们甚至将它称作“黄患”。据统计，从公元前 602 年到今天，在过去的二千五百年间，平均两三年就发生一次严重洪水。它忽而从天津附近入海,忽而又从山东半岛南端八百公里处入海,像这样的改道就发生了二十六次。只是在近几十年当中,人们在两千公里长的黄河沿岸修起了防洪用的“万里长堤”,在黄河中上游修了十几座大型水库,它的肆虐才得到控制(当然,与黄河中上游降雨量的减少,也有一定关系)。

“河”在古代典籍中也指天上的银河。被称之为鬼才的唐代诗人李贺在《画角东城》一诗中有:“河转曙萧萧,鸦飞睥睨高。”这里的“河”即指银河。现代汉语中,“河”更多的是用作河流水道的通称,如“河流、内河、运河、护城河”等。杜甫《春望》一诗中有“国破山河在,城春草木深”的千古佳句,这里的“河”则为泛指。

汉字中的河、湖、江、海都从水,在现代汉语中,它们表示自然界中水的天然聚集状态。

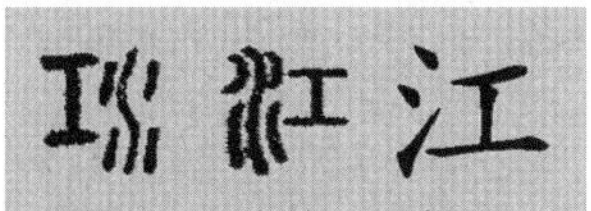
金文　小篆　楷体

“**江 jiāng**”,是长江的专用名称。《说文》释为:“江,水。出蜀湔氐徼外崏山,入海。从水工声。”这是说:长江从四川而出,流经五省二市,奔腾不息汇入大海。

从金文和小篆的字形分析,“江”作为比黄河晚出的文字,是一个会意字,许慎认为“江”是形声字的观点是错误的。“工”在甲骨文中乃是“针”的象形,表示上下的贯通,因此有穿透、贯穿的意思。所谓的“江”,便是从峡谷中穿流而出的水。长江是中国水流量最大的河流,也是亚洲最长的河流,长江从三峡的悬崖峭壁中奔腾而出,显示了自然造化的巨大威力,乃是大自然鬼斧神工的杰作。“江河”两字连用,即长江、黄河的并称。如《荀子·劝学》:“假舟楫者,而绝江河。”这里的江河就指长江、黄河,但也泛指其他河流。汉代以后,江河支流也冠以江河为名。

长江称之为“穿通之水”,名实相符也。

甲文　金文　小篆　楷体

“海 hǎi”,《说文》释为:“海,天池也,以纳百川者,从水每声。”这与今日所谓“承受大陆江河流水,地球上最大的水域”的定义,基本一致:海是天池(最大的水域),接纳百川(承受大陆江河流水)。

然而,“海”字并不是一个形声字,它是一个由“水”和“每”构成的典型会意字。“每”在上古时期,用来指称氏族社会中年龄最长,生育儿孙最多的女性。用“每”作“海”的组字构件,与海“纳百川”为“天池”的意义不无关系。

在古人心目中,海是大地的尽头,而大地是方的,环绕大地四边必有“四海”。所以,海被引申为“大地尽头”。海在被视为大地边缘之外的水域时,接近于海的地方也被称之为海。如《荀子·王制》中说:“北海则有走马吠犬焉,然而中国得而畜使之。”这里的北海乃是指北边蛮荒绝远之地。汉高祖刘邦的《大风歌》中有:“大风起兮云飞扬,威加海内兮归故乡,安得猛士兮守四方。”此处的“海内”,指四海围绕的中央国土。由此义引申,“海”字又有国境的意义,如“海关、海外、海口”等。

现代汉语中,“海”还用来指称大型湖泊,如“洱海、里海”等;也指苑囿内的水池,如“北海、中南海”等;还指较大的器皿,如“大海碗”等;人或事物积聚众多且广时也称海,如“云海、学海、花海、麦海”等等。

甲文　金文　小篆　楷体

“湖 hú” 与海在古文字中的意义相反,如果说海是水绕地的话,那么,湖便是土围水。“湖”的本义是指被陆地包围着的大片积水,《说文》对此释为:“湖,大陂也,从水胡声。”《广雅·释地》说:“湖,池也。”孔颖达疏为:“大泽蓄水,南方名之曰湖。”

“湖”，是一个在金文时期才出现的文字，原本写作“沽”。从金文“湖”字的字形分析，这是一个会意字。右半部分用“水”来表示水的存在，用“古”来表示以往或过去。由此可知，“湖”的本义为以前就有的“大泽蓄水”。小篆的“湖”字演变为形声字，从水胡声：水为类旁，表示与水有关；胡为声义旁，表声且表义。“胡”字从古从肉月，本义为肉中发出的气味（特指胡人的狐臭）。所谓的“湖”，便是发出水腥味的一潭积水。古人如此造字，是非已预示着今日的湖水气味越来越重？

“**冰 bīng**”，原本是一个象形字。甲骨文的“冰”字，由形似“入”字形的符号重叠而来。实际上，这正是山涧流水在岩石上冻结后棱起的冰块形状。隆冬季节，在北京山间的小瀑布，通常可见到这种棱起的冰。金文的形体与甲骨文相似，可是到了小篆，却在原形左边又增添了一个“水”字，表示“冰”是由水凝结而成，由此，演变为一个本义转注字。楷书则将“仌”形简省为“冫”，遂成为现代汉语中的“冰”字。

“冰”的本义就是指水受冷凝结而成的固体。如《荀子·劝学》：“冰，水为之，而寒于水。”《说文》释为：“冻也，像水凝之形。”也就是说：冰还有“冻”和“凝”的意思。如《新唐书·韦思谦传》：“涕泗冰须。”这个“冰须”并不是冰做的胡须，而是说鼻涕冻结在胡须上。

古文中的“冫”是个部首字。汉字中，凡由“冫”组成的字，大都有寒冷、凝冰之意，如“寒、冬、冷、冻、凌、冽、凉、凛”等等。只有个别的字例外，如“次”的左旁便是一个“二”，“枣、些”二字下边是表示重复的字根。

五、粪土当年万户侯

中国土地辽阔，山川壮丽，数不尽的奇峰险谷、大河莽原，曾引得无数文人骚客为之吟诗作赋，也曾引得诸多专家学者为它究根溯源。传说大禹治水时，就对山河地貌进行了考察，将大地分为九州，调查了各州的土地产物。战国时期成书的《山海经》记载了各地区的主要山脉、河流、矿产。汉代成书的《尔雅》一书，已包括了《释地》、《释丘》、《释山》、《释书》等地理、地质专篇。这些著述，反映了华夏民族一以贯之探究地学知识的传统。

实际上，远在殷商时期，我们的华夏祖先，已把自己的地学知识融铸进了每一个有关的汉字之中……

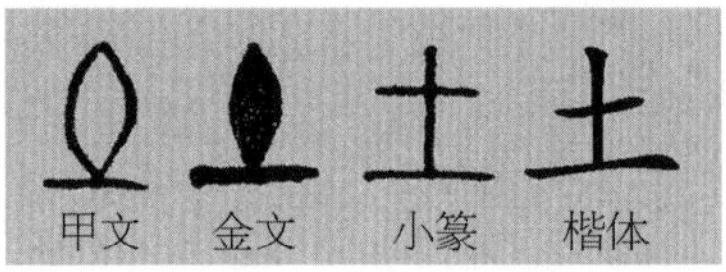

“土 tǔ”，在甲骨文中写作“”，这是描绘一块土圪垃或一堆封土的形状：下部的一横表示地面，上部像枣核形的轮廓，表示突起来的土堆，或者说叫做土坷垃。金文基本上与甲骨文的形体相同，只是将虚框变为实心罢了。小篆则将枣核形变为十字形。这种变化在文字学上叫做“有理形变”，楷书缘此写作“土”。

甲骨文是用刀刻在龟甲骨板上的文字，因此，“土”字笔形有瘦硬的特点。金文是在青铜器的泥范上画刻，所以，笔形呈现出实心肥圆的特征。到了小篆时代，毛笔和竹简的使用，使“土”字上部的土块之形，由圆点向左右延长为线形，因而有了小篆和楷书的“土”字。

“土”的本义为土壤、泥土，如“土地、土葬、土崩瓦解”等。一方水土养一方人，人土之间的关系密切相连，因此，又引申出了乡里、本地之义，如“故土、乡土”。唐代诗人刘威《旅怀》一诗中的“老将何面还吾土，梦有惊魂在异乡”，《论语》中的“君子怀德，小人怀土”，都表示乡土的意思。“土”字又由乡土引申为领土，如“本土、国土、疆土、寸土必争”等。由乡土又引申出民间之义，如“土纸、土专家、土洋并举”等。民间的东西往往显得粗俗，不合潮流，所以，“土”字又用来指称俗气，如“土包子、土里土气、土头土脑”等。“土”是一个词义很广的汉字。

“土”在“金、木、水、火、土”五行学说中，表示第五位的中央土，在中医学上则指脾脏。

土地为人类的衣食之母，土地也是国家概念中(人口、政权、土地)的三要素之一。因此，古代的皇帝或分封的各路诸侯王，在拥有或占领一块土地后，都要举行“封土”仪式。他们派人收集管辖下的五方(东西南北中)之土，堆筑成坛，在上面昭告上天和祖先，宣布这一块土地为自己所拥有。古代称此种仪式为“封建之仪”。中国人常说的“封建时代”，就是指这种帝王和贵族拥有土地，并实施划区统治的时代。

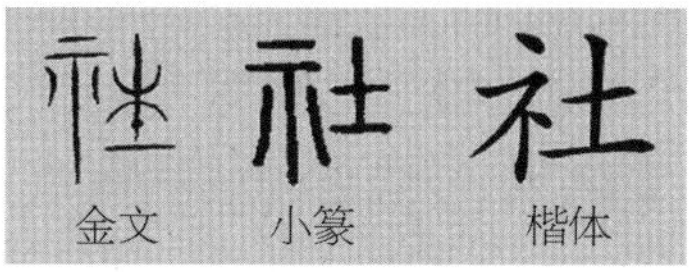

“**社 shè**”字从示从土。“社”的意思便是对这一堆封土进行祭拜，把封之成堆的土当作神灵来奉祀就称为“社祭”。古代典籍《公羊传》中的“诸侯祭土”，就是讲这种“向土祭拜”的礼仪程式。何休注曰：“土谓社也。”这是说：“社”，乃是土地被神化后产生的名称。

“社稷”一词则将“土神”和“谷神”并列，在封建社会时期，乃是国家的象征。古代帝王，无一例外地都要祭祀“土地”。“社日”就是古代祭祀“社神”，祈祷丰收的日子。“社日”又有春社、秋社之分；祭祀春社在立春前后，秋社在秋分前后。坐落在北京北二环外的地坛公园，原本就是明清两代皇帝祭祀社神的地方。

“社”，在古代还指基层行政单位，周代二十五家为一社。后来，引申指从事某种共同工作或生活的集体组织，也叫“社团”。

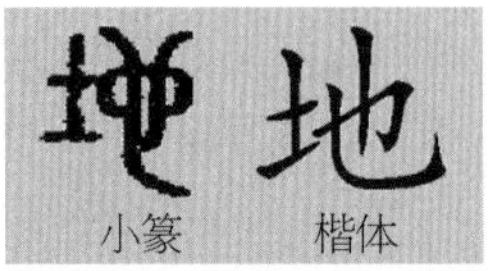

“地 dì”，《说文》释为：“地，元气初分，轻、清、阳为天，重、浊、阴为地。万物所陈列也。从土，也声。”在许慎看来，天地的形成，乃是混沌状态的离析，轻清者成为了天，重浊者则沉淀为地。这种认识与宇宙星云的实际形成过程已十分接近。在许慎看来，地还是万物陈列的地方。不言而喻，土生万物，地球上所有的物体都在土地之上了。

“地”，从土从也。“也”在古文字中乃是女性生殖器的象形，原为古代生殖崇拜观念的表现。这里两形会意，表示“地”是能够繁衍滋生万物的“土”。许慎将“也”解读为“女阴”，十分正确，但不知他为何将“地”释为形声字。

“地”与“天”相对，表示大地、地面。大地一望无际，就像古代青铜器“匜”中的流水一样长而不断。“地”还与“水”相对，表示陆地。白居易《长恨歌》：“天长地久有时尽，此恨绵绵无绝期。”李白《静夜思》：“床前明月光，疑是地上霜。”这里的“地”用的都是其本义。

“地”，还引申为田土、疆土，如“地租、盐碱地、拓地开边”等；引申为位置，如“地位、地盘”等；“地”，用在状语后或补语前时，可做助词，如“科学地论证”这句话中的“地”，即为助词。

“土”在上古时期既表示泥土，也表示土地。秦汉以后，“土”的意义一分为二：“土”，专指泥土，“地”则指田地和大地。

“块 kuài”是“塊”的简体，这是一个会意字。甲骨文的“块”字，

其外是筐形，内里是一个"土"字，表示把"土"装在筐内，成为了一块(堆)土。小篆则变成一个形声字：从土鬼声。"鬼"字源自人死后的头骨，也即骷髅头。腐烂干枯后的头骨也是一大块，加上中国人自古便有"人死归土、入土为安"的说法。所以，"塊"字以"鬼"为其声符。汉字简化时，规定"块"为简体。

"块"的本义就是"土块"。如贾思勰《齐民要术·大豆》一篇中说"土和无块"，意指种大豆时，要把土耙耱均匀，不要有土块。"一块"土，往往是孤立、单独而长久不变的。所以，"块"字又引申出"孤独"之义，如《汉书·杨王孙传》中有"块然独处"的话。由单独、孤立之意，又引申为量词，如"一块肉、两块砖"等。

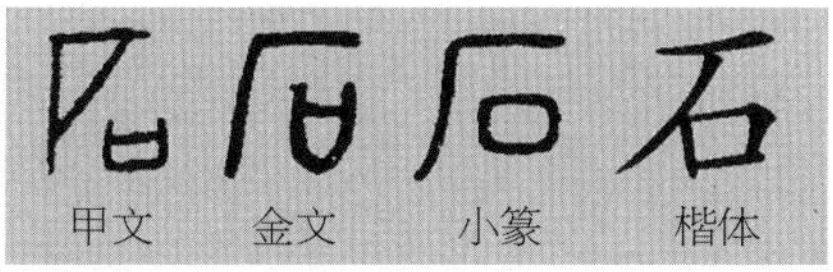

"**石 shí**"，这是一个会意字。甲骨文的"石"字，左上角为石磬或爪镰的象形白描；右下角的"ㅂ"表示从石磬上掉下了一块。古人正是用如此巧妙的构思，表示了石磬的材质，即石块。金文和小篆的字形将石磬之形简省为"厂"，"厂"乃翻转符号，下为石块之形，其意为可以翻转搬动的石头。

"石"的本义即石块，泛指各类的石头和石料。由于石性坚硬，所以表示坚硬类的物体及其属性时也用石做偏旁，如"硬、研、斫"等等。现代汉语中诸多成语，如"以卵击石、水落石出、石破天惊、石沉大海、他山之石可以攻玉"等，皆与石的沉重、坚硬等属性有关。

"石"，作为偏旁部首，即源自"石"的泛指：凡石之属皆从石，如"矿、岩、砣、矾、碑"等。

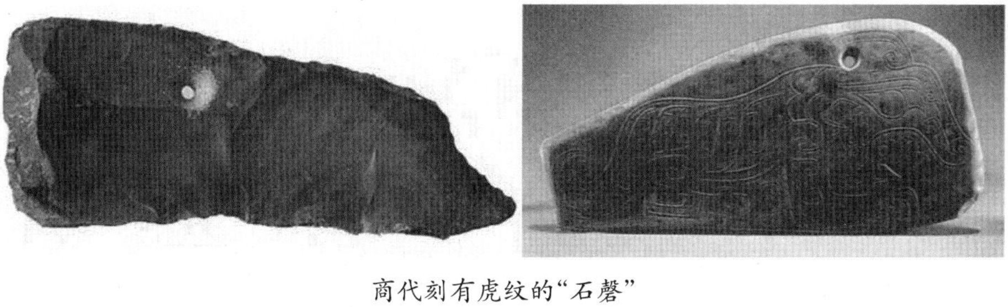

商代刻有虎纹的"石磬"

石器时代,作为专业名词,为人类考古学分期中最早的一个时代。人类从类人猿进化而来,到青铜器时代,大约有二三百万年。这一时期的人类文化学特征,表现为用石头制造工具。毛泽东用“人猿相揖别,只几个石头磨过”的诗句,形象地描绘了人与动物的分界岭,高屋建瓴地叙述了人类历史的匆匆而过。

东汉光武帝、明帝、顺帝、安帝时期,都曾“以民入山凿石,发泄藏气,敕有司检察所当禁绝”,明令禁止百姓“攻山采石”。这种对山川神灵崇拜的古老观念,以及阳阴五行学说,限制了中国石材建筑的进一步发展,但也起到了对自然的保护作用。

“石”有两个读音:一是石头的石(shí),其二是一担的“石”(dàn)。作为后者,“石”既是容量单位,又是重量单位。从容量来说,古代十斗为一石,从重量单位来说,120 斤则为一石。古代,“石”还用来表示官员的工资级别(俸禄)。古代官员的俸禄究竟是多少呢?《汉书·百官公卿表》颜师古注曰:“汉制三公号称‘万石’,其俸月各三百五十斛谷,二千石者百二十斛,千石者九十斛……一百石者十六斛。”斛(hú),乃古量器,本为十斗,后改为五斗。

“匹 pǐ”,这是一个会意字。金文的“匹”字,左上乃石磬之形,右下为石磬断裂为两半时的碴口。两形会意后,表示只有一块石头断裂后的两半,才能纹丝相合地匹配。小篆的“匹”字为了字形匀整而发生讹变,遂失去“匹”字的形象含义,也使诸多古文字学家在释形解义时大跌眼镜。

“匹”的本义为匹配,如《左传·僖公二十三年》中的“秦晋匹也,何以卑我”;又特指雌雄相配为偶,如曹植《赠王粲》一诗:“中有孤鸳鸯,哀鸣求匹俦(chóu)。”“匹”作为动词时,则表示相配、配合之义,如《春秋繁露·楚庄王》:“偶之合之,仇之匹之。”“匹”又是“甚、所”二字的构字符号。

古时的马车为单辕,需双马共驭才能起行。因此,单马被称之为匹马，如成语中的“匹马单枪”。引申后，“匹”便为骡马牲口的量词，如“两匹马、一匹骆驼”等。

古文中，另有一个“匹”的假借字，即“疋”。乃是纺织品的长度单位，即四丈为一疋，摞(dié)作一捆。如《孔雀东南飞》中：“三日断五疋，大人故嫌迟。”其中的“五疋”即二十丈布、五捆。因音同义近，“匹、疋”常常混用。

“**岸 àn**”，这是一个会意字。古玺文“岸”字的上部是一个“山”的填实图形，下边是一个“干”字，中间为翻转符号“厂”。三个字根会意，表示将“树干”放倒，形如独木桥搭在对面山边高地上。小篆和楷书的“岸”字由此一脉相承。

“岸”的本义为山沟、水边可以搭建独木桥的高地。后来，又专指水边的高地。《说文》因而释为：“岸，水厓(涯)而高者。”即水边高地。如《诗·卫风·氓》：“淇则有岸。”后来，引申又指水中船舶可以停靠的高地。“岸”是高地，用之于人类便引申出了高傲之义，如“伟岸、道貌岸然”等。

“**岩 yán**”，原本是“巖”的异体字。汉字简化时，借“岩”为“巖”的简体字。如图所示，甲骨文的“岩”字是一个会意字，这是在“山”形之上，另加三块大石头，表示巨石突起而形成的山峰。小篆的“岩”字另起炉灶，乃是一个“从山巖(严)声”的形声字(也含有威严之义)，楷书缘此写作“巖”，汉字简化时规范为“岩”。

“岩”，本指巨石挺立的陡峭山峰，如广东肇庆的七星岩。又引申泛指山峰，如李白《永王东巡歌》中的“千岩烽火连沧海”。“岩”在古代并不指岩石，现代汉语中，才引申表示岩石义，如“花岗岩、石灰岩”。但“岩”的岩石之义通常用于科技方面，非科技方面不能相通。如鹅卵石不能叫做鹅卵岩，雨花石不叫雨花岩。

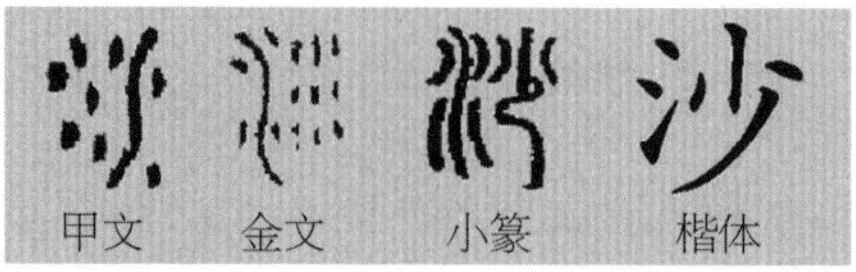

“沙 shā”是石的细小微粒。“沙”字在甲骨文和金文中都是会意字。如图所示，水边的四个或六个小点，即表示河边细小沙粒的形状。所以，“沙”字的本义指水边的细小石粒。《说文》释为：“沙，水散石也，从水从少，水少沙见。”这是说：石头散碎便是沙，水落潮退后，沙石、沙滩便出现了。

北周诗人庾信《春赋》中有：“树下留杯客，沙头渡水人。”郭沫若《北戴河一夕即景》中有：“满地苕秧沙岸绿，一天霞彩海波红。”这里的“沙”指沙滩和沙田。

“沙”为细小石粒。因此，由“沙”字引申可表示颗粒细碎、松散之物，如“铁沙、沙金”等。“沙漠”一词，则指地面为沙砾覆盖，干旱缺少的荒漠之地。汉代与匈奴及其他少数民族之间的战争多发生在漠北。这一地区，少草木多沙砾。因而，由沙漠一词引申出了沙场。《饮马长城窟》一诗中说：“君不见长城之北青海边，平沙直上黄云天，沙场白骨堆何年。”“沙场”在这里已转指称战场。

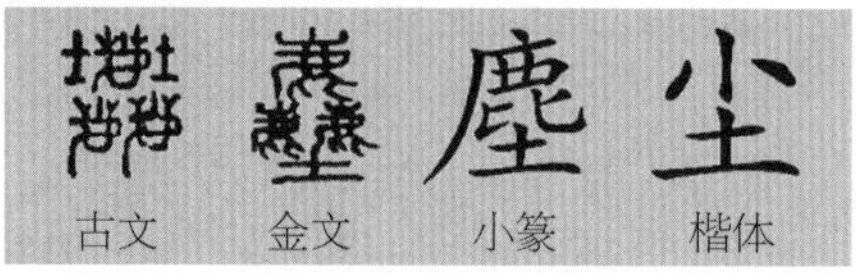

“尘 chén”(麤土)，这是个会意字。古文的“尘”由三只鹿、两个土字组合而成。小篆字形上部的“麤”(cū)字，由三个鹿字组成，表示很多鹿在奔跑，下半部则是一个“土”字，以“麤、土”会意鹿群狂奔时尘土飞扬的状态。所以，“尘”的本义为尘土。到了小篆后期，三只鹿便简化为一只鹿，成为今日繁体的“塵”字了。

现今的“尘”，本是当时的俗体字，乃民间流行的一种写法。由于简洁易写，现已成为通行的规范简体字。在汉字发展演变的过程中，原来的俗字变为正字的现象并不少见，许多原来的正字，因为笔画繁多，难识难写则被废弃不用。但问题的关键在于找到如“小土为尘”这样人人都乐意接受的简体。

“尘”的本义指尘土、灰尘，如“尘埃、粉尘、一尘不染、甚嚣尘上”等。佛教和道教对“尘”字的释义则有特定的内容：佛教认为人间为尘，所以用“尘”指“尘世、世俗社会”；道教则认为人生一世为“一尘”，所谓“儒谓之世，释谓之劫，道谓之尘”。不管从空间，还是时间上来框定，佛道的本义都是为了让人们看破红尘、消极避世。

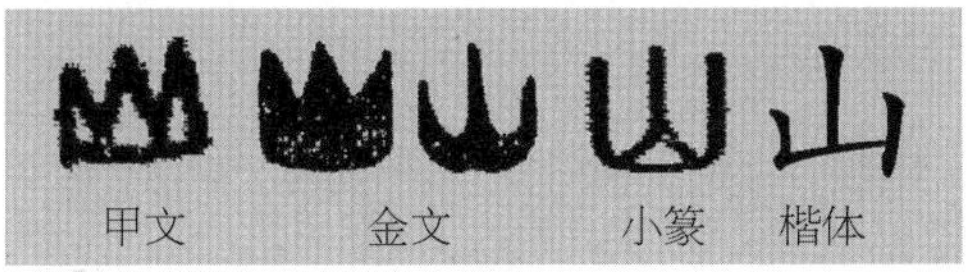

“山 shān” 字的取象就是那些绵延数千里，存在亿万年的山脉。甲骨文的“山”字，应取象于太行山脉，正像一座多个高耸山峰并立的形状。金文的“山”字则给人一种雄浑厚重的感觉。“山”字到了小篆时期，形状已不如甲骨文和金文那样形象，缺少了“拔地而起”、“山舞银蛇”的雄壮。

“山”的本义指山峦，山的字形正像隆起的三座山峰。“高山、山河、泰山、山腰”等词中的“山”字，都用的是“山”字的本义。然而，“山群”一词，在古代则为老虎的代称。“山斗”一词，在古代指泰山和北斗星，这是古人用来比喻自己所尊崇仰慕之人的敬称，如《聊斋志异》中便有“久仰山斗”的话。另外，物质世界中像山的东西也常用山来表示，如山墙(房屋两侧的墙壁)、山根(相术中指人的鼻根)等。

米芾山水画中的“山”，与古文字的“山”异曲同工。

汉字中，凡由山组成的字，大都与山岭及其形态有关，如“崇、峻、峦、巍、嵩”等。

李白《庐山谣寄卢侍御虚舟》一诗中有：“五岳寻仙不辞

远，一生好入名山游。”诗中提到的五岳均属名山，即“东岳”泰山，“南岳”衡山，“西岳”华山，“北岳”恒山，“中岳”嵩山。“岳”即指那些“山大而高”的名山，也是古代帝王“奠高山大川，以供上帝山川百神之祀”的地方，还是皇帝们向上天夸耀自己丰功伟绩的地方。从秦皇、汉武到乾隆皇帝，他们都作过这种耀武扬威的“封禅”之举。

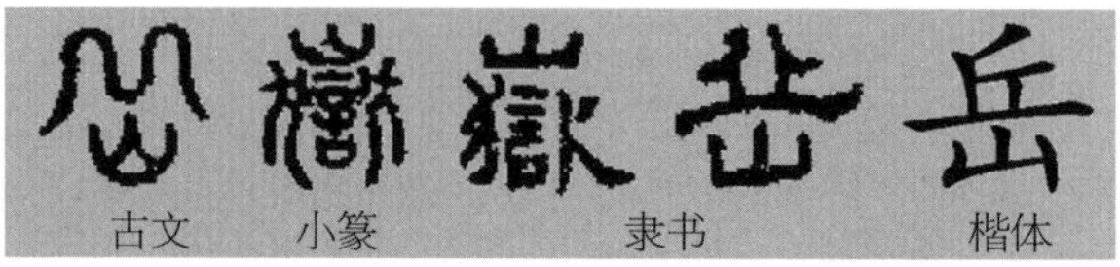

“**岳 yuè**”在小篆中写作“嶽”，从山狱声。“狱”在这里既作声符，还表示群山环绕如牢狱，高耸入云而不得出的意思。“岳”原是古文中的异体字，在山字上有高高隆起的曲线，正像山峦中高峰的形状。隶书的异体字便源于此，楷书的简体“岳”字也由此而来。

“山高而大为之岳”，所以，“岳”的本义为高大的山峰。“五岳”，既是中国著名的风景名胜之地，也是它们所在山脉中最美丽的高峰。

“岳”字也用来表示对妻子父母的称谓，如“岳父、岳母、岳丈家”。人们用“岳”来称谓妻子的父母，表示了一种从敬仰到依赖的复杂观念。封建时代，贫寒男子出人头地的第一步便是高攀，俗语谓之：“攀龙附凤，高升一步。”这就是秀才、状元们与权势结亲，陈世美停妻再娶的根本原因。

“有石曰山，无石曰丘”，这是古人对山、丘所下的区别定义。

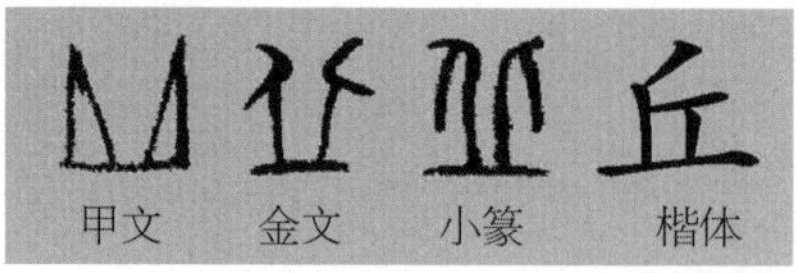

“**丘 qiū**”在甲骨文中是个象形字，其造型与“山”字非常接近，区别只在于“山”有三个峰，而“丘”，则只有两个峰。“丘”字中间的区隔平地，则显示了它们本是小山包的特征。由金文到楷体的演变，规迹清晰可辨，但形似仍在，神韵渐失。

“丘”，本义指高高隆起的土山，也可指小而低矮的山峰，如

“山丘、丘陵”。由土山之义，又引申为高出平地的土堆，如“坟丘、丘墟”等。

秦始皇封土为陵，留下了“秦始皇陵”这一高大的土丘。女皇武则天干脆利用自然界现成的大土丘，凿丘为乾陵。然而，不管堆土有多大多高，“坟丘”总是墓地，结果总是“粪土当年万户侯”、“荒冢一堆有时了”。

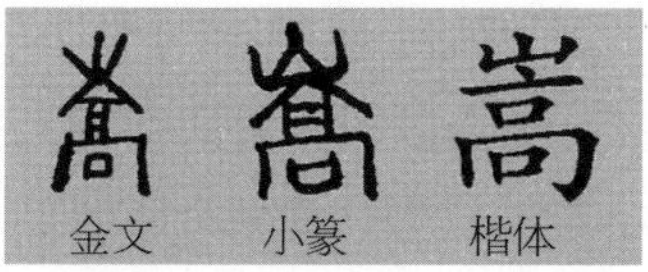

“嵩 sōng”字是个会意字。金文的“嵩”字，下部是一个“高”，表示男性生殖器，上部的三撇原本表示精液的高耸。小篆在演变过程中，将上部讹变为山，由此，两者组合后表示“高山谓之嵩”。

“嵩”字的本义为高耸，引申为“山高”，如汉代诗人蔡邕《太尉乔玄碑阴》：“如渊之浚，如岳之嵩。”句中的“嵩”即指山高。后来，“嵩”则特指“中岳嵩山”，即河南省登封县北的嵩山。如晋代张载《剑阁铭》：“高逾嵩华。”便是说，高度已超过了嵩山和华山。唐代诗人宋之问《下山歌》：“下嵩山兮多所思，携佳人兮步迟迟。”其中的“嵩”，也指中岳嵩山。

甲骨文中的各款嵩或京字，上有表示精液喷射的小点。

古书中常见“嵩呼”一词，这是指古代封建社会臣下祝颂皇帝，高呼万岁的意思。当“万岁”与精液（屄）挂上了钩，便有些匪夷所思了。

“虚 xū”，这是一个会意字。金文的“虚”字，上边是一个已经有些变形的虎头，下边则是一个“丘”字。小篆缘此而来，虎头之形明晰了许多。楷书把“丘”讹变为“业”，写作“虚”。

“虚”,以虎头和丘会意,表示貌似高大,实际由土构成的大土山。《说文》释为:“虚,大丘也。”《诗·鄘风·定之方中》:“升彼虚矣,以望楚矣。”这是说:登上那个大土山,以便能看到楚国之地。由土山之义,又引申特指有人住过,后来荒废的高地,如“殷虚”一词便指商人住过的荒废高地,此义后来写作“墟”。由“貌似大山,实乃土包”之义,又引申出了“空虚、虚假、胆怯、徒然、虚弱”等诸多意义,如成语中的“乘虚而入、虚无缥缈、虚位以待、做贼心虚、虚度年华、虚怀若谷、心疲神虚”等等。

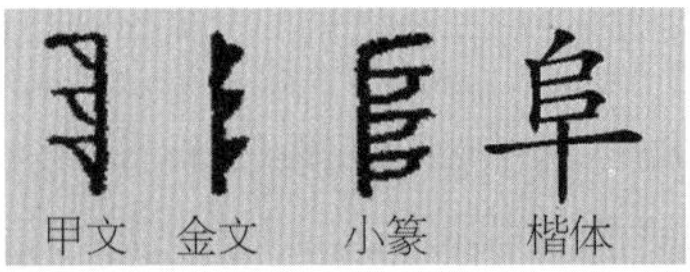

“阜 fù”,这是一个象形字。甲骨文的“阜”字,形状既像一层一层的台阶,又像一步一步登阶而上的山丘。其实,“阜”字取象于古代的梯子:在一根直木上砍出相连的豁口,或者楔入木橛以便出入地穴。金文和小篆的写法与甲骨文相似,楷书字形发生讹变,既看不出梯子的模样,也看不出山阜的样子了。

西汉墓出土的木梯

“阜”的本义为梯子,因而是“降、陟”等字的组成构件。又引申指有台阶能踏步而上的山坡。段玉裁在《说文解字注》中释为:“阜,象土山高大而上平,可层累而上,首象其高,下象其三成也。”《荀子·赋篇》:“生于山阜。”张衡的《西京赋》:“百谷殷阜。”这里的“阜”,都是土山的意思。由于一般的土山大都植被繁茂,因此,“阜”又有“繁茂、盛多”的意思,如“物阜民丰”一词中的阜,即指繁多。

“阜”字也是一个部首字。凡以“阜”为偏旁时,均写作“阝”(左耳旁),含有“梯阶”之义,如“陆、降、陟、阶、隘、险”等。

“**坡 pō**”,一般用来指地势倾斜的地方。明代诗人施武《相见坡》一诗云:“上坡面在山,下坡山在面,相见令人愁,何如不相见。”其中的“坡”,就指山的倾斜之处。“山坡、坡道、一面坡”等词语,都用的是“坡”的本义。

“坡”,《说文》释为:“坡,阪也。从土,皮声。”王安石在《字说》一书中续说到“波为水之皮”,曾遭到苏东坡的奚落。如果说:“坡”为土之皮,苏东坡肯定还不会同意。事实上,坡是从土从皮的会意字,土表土所构成,皮表石头山的外皮。若是光秃秃的石头坡,便不能称之为坡了;若是留不住土的地方,坡度则一定太陡峭。若坡为土所构成,“皮”在这里便有它的含义在内了。

“**坑 kēng**”,乃地面上洼陷的地方,古代也指沟壑。《玉篇·土部》释为:“坑,堑也,丘虚也,壑也。”《庄子》云:“在谷满谷,在坑满坑。”这里的“谷”指山的豁口,“坑”则指地面上较大面积的自然下陷处,用的是“坑”的本义。“矿坑、粪坑、炮弹坑”等词语中的坑,则用的是坑的引申义,乃人力所为。

秦始皇统一中国后,干了一件“焚书坑儒”的大事,这里的“坑”乃指掘坑活埋。由此义的进一步引申,陷害他人则谓之“坑人”。

“坑”在《说文》中没有收录。汉墓出土的竹简中写作“坑”。晋太公吕望表中的隶书写作“坑”。作为形声字的“坑”,从土亢声。“亢”的构形源人(大)的两脚被捆绑起来,因而有不得出的意思,作为声符,同时兼表“亢奋”的意思。显然,谁人落入坑内都会愤怒不已。

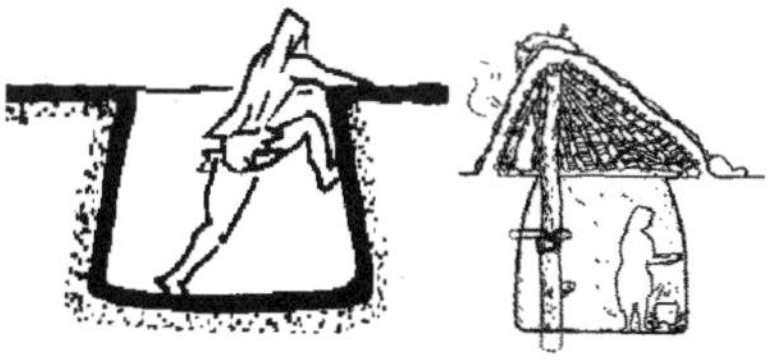

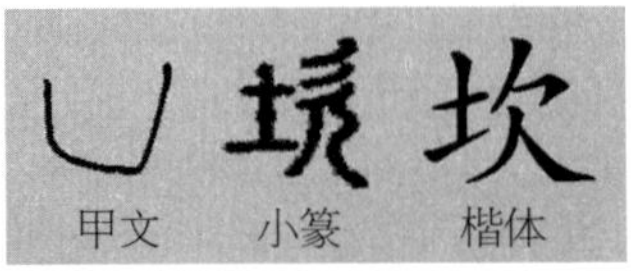

“**坎 kǎn**”，通常用来表示地面低陷处。不过，与“坑”不同的是，“坎”在一般意义上指人工挖出的坑，如洞穴、陷阱之类。《说文》释为：“坎，陷也。从土，欠声。”《汉书》中的“凿地为坎”，《新唐书》中的“汴人夜坎诸野”，都是指人力所掘的坑。因为是人力所掘，所出之土必堆积一旁。所以“坎”也指田间地头的“楞坎”，引申为现代词语中的“门坎”等。

“坎”在《诗经》中曾被用作象声词：“坎坎伐檀兮，置之河之干兮。”坎坎，乃用斧子伐木的拟声语。这是说，把伐下来的檀木放在河水的中央。

甲骨文的“坎”字是一个象形字。小篆的“坎”字重起炉灶，显然是一个形声字。作为“坎”字的声符，“欠”的本意为人的张口打哈欠，这里用人的张口，喻意坎乃人工挖掘的地穴、陷阱之类。

“**凶 xiōng**”，古文以及小篆和楷书字形相同，外部均像地面裂陷或人力挖掘的陷坑，中间的交叉符号表示不可掉入，否则危险。当然，这里的“×”也可视作他人在陷坑上面覆盖的树枝浮土。掉进他人布置好的陷阱，或者跌落自然生成的陷坑之中，都是可怕而又可悲的事情。所以，“凶”的本义为陷阱，引申为灾祸或不吉利的意思。《说文》释为：“凶，恶也，象地穿陷其中也，凡凶之属皆从凶。”

成语中的“凶多吉少”，古文典籍中的“凶年”、“凶岁”、“凶兆”等，用的都是“凶”的本义。“凶”由灾难、不吉利之义，又引申出了凶残、凶暴之义，此字写作“兇”。如成语中的“凶相毕露、凶神恶煞”等，都是指人的凶恶面目。由此又引申为程度的厉害，如“来势凶猛、穷凶极恶”等。

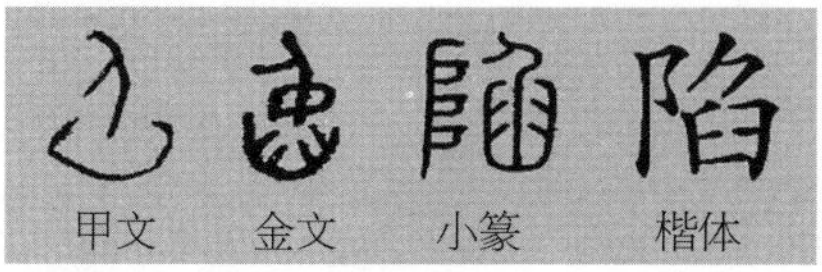

“**陷 xiàn**”，原本是一个会意字。甲骨文写作“”，以人落土坑之中表示陷阱之义。小篆字形左边是“阜”，本义为梯子，在此表示陷阱很深；右边是“臽”字，乃是甲文的承袭，仍表示一个人坠入穴坑之中。所以“陷”字的本义为掉入他人挖掘的陷阱。

新疆岩画：在动物的附近，特意画出陷阱，表示一种愿望。

上古先民掘地为坑，布置陷阱，捕猎比较大型的野兽；交战双方布置陷阱，作为俘获敌人的工事。人坠于坑中，野兽陷入阱中，都意味着灾害，意味着中了别人的坑陷。所以，“陷”字又引申指陷害，如“诬陷、构陷”等。陷字还可引申指失落，如“攻陷、沦陷”等。

“**丞 chéng**”，甲骨文字形像一个人()陷入坑中，上面有一双手进行救助，正在把“”从坑中拉上来的样子。金文的字形，省去了表示陷坑的外框，因为甲骨文在先，所以很明白是救助的意思。小篆的“丞”字，人形()弯来绕去而难以辨识，但人之左右的双手，以及下边的“凵”，仍明晰可辨。楷书隶变后写作“丞”。

“丞”的本义为拯救。用双手拯救陷入坑中的人，有帮助的意义。因此，“丞”字引申出了辅佐之义。丞相作为古代皇帝身边的总理大臣，是协助皇帝处理国家大事的高级官员。

“丞”是个多音字，在表示辅佐时，念作 chéng，在表示拯救的

时候,念作 zhěng。为专一表示拯救之义,汉字中又新增加了“拯”字,在“丞”的左边加上提手旁,表示“丞”字的救助本义。这是古文以一字为一词,词义分化后不得不创造派生字的一种滋乳现象。

由以上丞、出、臽、凶等字的构字和演化来看,它们都有一个表示坎陷的“凵”为构字符号。“凵”是汉字的基本构字符号之一。通常称之为字根。所谓“字根”,乃是构成汉字的最小、最基本的表意符号。字根是一类有着物象场景支撑的构字符号。有此字根可以独立成字,如“山、水、文、止、戈”等,也有一些字根未能独立成字,如“凵”。

六、火若有情火亦灭

火的利用,使人类进入了熟食阶段,这是任何动物至今也无法自觉进入的文明殿堂。熟食,加速了人的体质尤其是大脑的进化;用火取暖防寒,扩大了人类生存活动的自然范围,提高了人类生活的质量。如果没有火,爱斯基摩人怎能在北极圈生活?火还是远古先民围猎、造田的最有效手段:如果说烟火驱兽是狩猎的高级阶段,刀耕火种则是农耕文化的初始。火还是制陶、冶炼青铜这一人类进入文明阶段的基础……

火,是人类驯化的第一种自然力;从"燧(suì)石取火"到"火药"的发明,到今日的氢核聚变,火是人类掌握的最伟大的自然力。然而,从古至今,人类所遭受的自然灾难,也莫过于由"火"所生成的祸患,正如民间俗语所云:"水火无情。"

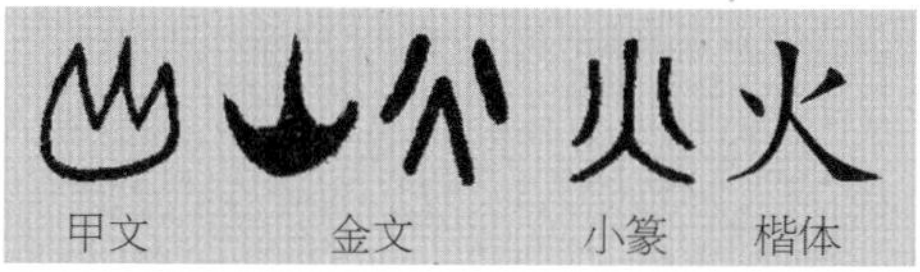

"**火 huǒ**",这是一个十分典型的象形字。甲骨文的"火"字,酷似燃烧的火焰,乃是一幅十分精巧的线条描摹。经由金文的演化,小篆字形仅仅保留了火焰的抽象笔意。如果没有甲骨文在先,就很难把今日的"火"字,看作是一个象形字。

怕火,是所有高级动物,包括猿猴、猩猩以及其他灵长类动物的共同本能。人类学家认为:人类学会用火的过程意义非凡,这是一个克服自身心理障碍,或者说改造"遗传印记"的艰难过程。当类人猿主动把手伸向火时，这一行为便决定了人类与其他灵长类动物的分道扬镳。

火焰纹

据说，陶器未发明前，火除了用来烧烤猎物外，也可以用来熬汤煮肉。远古先民捕获野兽后，会在地上挖一个坑，铺进剥下的兽皮，放入骨头、肉和水，然后用火烧红圆圆的石头，一块一块地丢进“地锅”之中，便会得到有汤有味，并且具有极高营养价值的美食。

火字是一个部首字，汉字中，凡用“火”构建的汉字，大都与火及火的使用有关。例如，在表示烹饪的文字中，“炙、燔、炮、烘、炒、蒸、煎、熬”等，都以火作为形符。

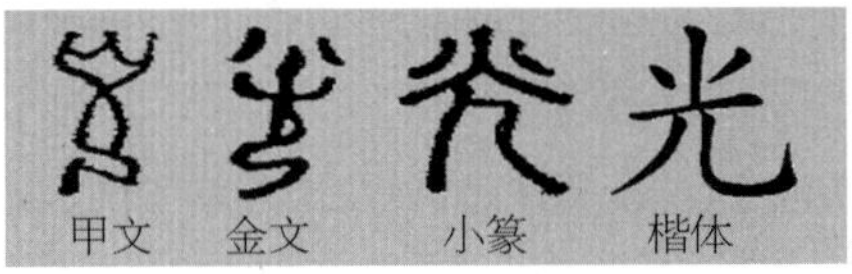

“**光 guāng**”，这是一个会意字。甲骨文的“光”字：下部是面朝右跪着的一个人()形；上半部是一个“火”。整体字形由“火”与“人”组成，就像人高举火把用以照明。金文把人头上的“火”略微简化，上边又增添两点，表示光芒；小篆的“光”字承接金文，下部的人形演变为“儿”。楷书缘此写作“光”。

高灯低亮。高举火把，自会光照一片，“光”字的本义就是光明、光亮。如《孟子·尽心上》：“日月有明，春光必照焉。”光，引申后用来泛指人格的光明，如“光明磊落、光明正大”等词中的“光”，均用来形容人格高尚，襟怀坦白。由光明之义还可引申为光彩、荣誉，如《荀子·不苟》中的“言己之光美”，意谓张扬自己的光彩；又可引申为发扬光大之意，如诸葛亮《出师表》中的“以光先帝之遗德”，这是说：以发扬光大先帝刘备留下来的恩德。

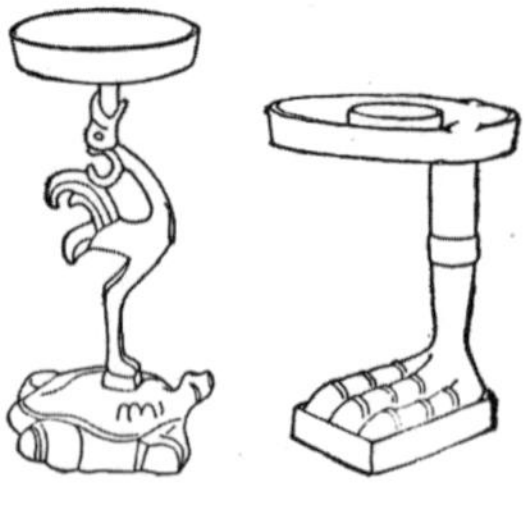

“光棍”一词，今天指称那些尚未娶妻的男人，但在古代多指地痞、流氓而言。这一词义来自火烧后的净光。或者，来自一根棍子磨光后的发亮。

“庶 shù”，这是一个会意字。甲骨文的“庶”字，上部为“石”磬的象形，下部是火的象形。两形会意，表示能够燃烧的石头，即煤炭。金文的“庶”字，上部增添一个翻转符号“厂”，表示“石”(即煤炭)在下，火在上。小篆的“庶”字承接金文，只是改“厂”为“广”，已含有广大、繁多之义了。

三千多年前，商人在部族领袖带领下，沿太行山脉南下，迁徙到邢台，安阳一带。他们很快便发现，太行山山麓到处都有一种可以燃烧的黑色石头(安阳的白煤、鹤壁至今仍在产煤)。只是这种被称之为“庶”的黑色石头，燃烧起来有黑烟，不如一直都在使用的“木炭”洁净，也不如“木炭”生火容易，甚至没有木炭的火力旺盛(煤炭燃烧需要更多的氧气)。因此，由这个表示“煤炭”的会意字，引申出了许多含义，以至于后人竟然不识其本义了。

“煤炭”是一种自然界的矿物，对上古先民的使用量来讲，是用之不尽的。因此，“庶”字有“众多”之义。《庄子·渔父》:“寒暑不时，以伤庶物。”这里的“庶物”即指众物，也可理解为普通之物。劳作之后，期盼生火煮食，烧“石”煮饭，会盼望快点煮熟，因此，“庶”又有期望的意义，古汉语多用于动词前，如《诗·桧风·素冠》:“庶见素冠兮。”由期望之义又引申为“差不多”，如“庶几”一词就表示差不多的意思。上古社会，诸侯大夫多用木炭，“庶”是平民百姓的燃料，又有众多之义，因而，“庶民”一词表示在田地上耕作的民众；秦汉以后又指宗法制度中家族的诸多旁支，以及由妾(小老婆)所生的儿子，如“庶子、庶出”等等。言外之意是说:煤乃木炭的旁支。

“炭 tàn”,《说文》释为:“炭,烧木余也。”“炭,烧木末灰也。”即木柴在不饱和燃烧后生成的木炭。金文的“炭”字是一个会意字:上部的“广”乃是烧炭窑的外形,内里是一个“少”,表示“木余”;其下边则是一个“灭”,乃表示烧炭火的熄灭,也有木烬之义。小篆的“炭”字,另起炉灶,上部是一个形似“火”形的“山”,在此表示石头;下边是一个火,中间是一个翻转符号“厂”,表示“石”在底,“火”在上。实际上,这是把“庶”(即煤炭)和“炭”两字混淆后,产生的一个新字。楷书在隶变过程中又发生讹变,成为一个“从山从灰”的“炭”字。

“炭”,本指木炭,如白居易《卖炭翁》:“卖炭翁,伐薪烧炭南山中。”其中的“炭”即木炭。在汉语言的实际使用中,后来,“炭”也转指煤炭,《正字通·火部》因而释为:“炭,石炭,今西北所烧之煤,即石炭。”如唐代诗人贯休《寄怀楚和尚》诗:“铁盂汤雪早,石炭煮茶迟。”这里的“石炭”,即煤炭。至今,北方一些地区的方言把煤叫“炭”,如“阳泉炭”即阳泉煤。一般情况下,又以“煤”指称煤末,以“炭”指称煤块。

“燔 fán”字是一个会意兼形声字。《说文》释为:“燔,爇(ruò)也,爇,烧也。”由此可知,“燔”的本义为焚烧。古文的“燔”字:左边是一个“火”字,用作形符,右边是一个“番”字,用作声符。“番”在古文中,表示肉食性动物的足印(远古先民狩猎时,熟悉和辨别动物足印,乃是一种基本技巧)。所以,“燔”,特指狩猎时为驱赶野兽而放火焚烧。

也许因为焚林驱兽的狩猎方式,随着农耕文明的进步,日渐绝迹,"燔"在后来也指一般意义上的焚烧。《韩非子·和氏》:"燔诗书而明法令,塞私门之请,而遂公家之劳。"其中的"燔"即表示焚烧书籍之义。应该说,秦始皇"焚书坑儒"的举动,实际上早已由韩非子完成了理论鼓吹。

"然 rán"字是个会意字。金文和小篆的"然"字由"肉、火、犬"三个字符组成,会意"烧火烤肉,犬循味而来"这一场景,表示开始生火烹食。如此构字的原因,是为了与"尞"(烧柴祭天),"焚"(烧荒垦地)、"者"等字相区别,表示点燃了一堆"烧烤"之火。肉在烧烤过程中,会有油滴落入火里,发出"嘶、嘶"之声(然的古音读 si),香气四溢,更会引得狗儿循味而来。因此,"然"的本义为已经生火烤肉。上古先民用火、肉、犬组合"然"字,可谓构思巧妙。楷书的"然"字一脉相承,只是把"火"移在了"肉、犬"之下。

汉画像

中国古代有一则"然荻读书"的故事。说的是:南北朝时有个叫刘绮的孤儿,因家境贫苦,没钱买灯烛,每天晚上只好点燃一节节荻草(芦苇),用烧荻草的火光坚持读书。这里的"然",泛指燃烧,用的是"然"字的引申义。

古汉语中,"然"字由"已经、已然"之义引申,多被借用为虚词,表示顺承或转折关系,如"然而"等;也可用为助词,作形容词或副词的词尾,表示状态,如"忽然、突然、既然"等。由于"然"在虚词中频频出现,为区别词义,人们又创造出一个转注字"燃",来表示燃烧。

"然"字本身就有一个"火"的符号(下部的四小点),再在左边加上"火"字旁,不免有些叠床架屋。实际上,在汉字发展演变的过程中,这种现象比较突出,实例也很多,乃是"转注"字的重要特色。

"**磷 lín**",原本写作"粦",本义是"磷火",即俗称的"鬼火"。《广韵》说:"鬼火也,兵死乃牛马血为之。"实际上,所谓的"鬼火",乃是人和动物尸体腐烂时,分解出一种叫磷化氢的化学物质,这种物质自燃时,会发出白色带蓝绿色的火焰。因为磷火在夜间荒野中飘忽不定,似能行走。所以,金文字形在"炎"下增添了一双脚,来表示"鬼火"的特征。小篆的"粦"字承接金文。当"粦"成为汉字中的一个组字构件后,楷书为区别词义,在"粦"旁增"火"或增"石",写作"燐、磷"。现代汉语规定:"磷"为正体,"燐"为异体字。

"磷",乃是一种非金属元素的名称,符号为P,常见的有黄磷和红磷两种。"磷"也是植物营养的重要成分之一,施加"磷肥",已是农作物增产的必要手段。"磷",也是今日环境污染的罪魁祸首之一,使用无磷洗衣粉,禁用有机磷化学农药,乃是当前消除水质污染的重要任务。

"粦"字是一个部首字,汉字中,凡以"粦"为组字构件者,都有飘动、错落之义,如"粼、嶙、辚、璘、麟"等。

"**照 zhào**",《说文》释为:"照,明也,从火,昭声。"实际上,金文的"照"字,左边上部为火,下部为攴,乃手持火把之形;右边则是一个"召"字,原指召请他人。两形会意,把请客上门,手持火把为其引路这一场景,表现得十分妥帖。小篆的"照"字发生讹变,用"火上有日"来表示左半部的火把发光。楷书在隶变过程中,将左下部的

“火”，演变为四点火，并且移在了下部，写作“照”。

“照”的本义为以火把照明，后来扩展为日光照射，如《易·恒卦》：“日月得天而能久照。”这是说：日月挂在天上，所以能普照大地。现代汉语则有“阳光普照、照耀、照射”等词语。又引申为照影之义，表示由镜子或其他物体的画面反射，如“照镜子、照相”等。又引申出明察、知晓之义，如“对照、比照、心照不宣”等。又引申出看顾、照管之义，如“照应、照顾”等。又引申出朝向之义，如“照着胸口一拳”以及“照面、照直走”等。

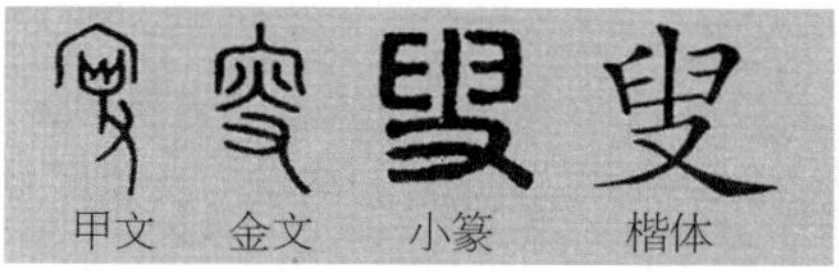

“**叟 sǒu**”，这是一个会意字。甲骨文的“叟”字：上边为屋舍之形，下边则是一个手（又）持火把的线描图象。整个字形，表示手持火把在室内搜索之状。小篆的“叟”字改火把之形为“火”，手与火也有了间隔。楷书在隶变过程中发生讹变，成为一个面目全非的“叟”。

“叟”的本义为寻求。因为战国时期东方齐、鲁、卫等国的方言将老人称作“叟”(源自老年后眼光昏花，须照明以观物)。所以，后人在“叟”旁另增提手(扌)旁，转注后专一表达搜检之义，如“搜寻、搜集、搜罗”等。词义加重后，又指搜捕。如《庄子·秋水》：“于是惠子恐，搜于国中三日三夜。”其中的“搜”，颜师古注曰：“搜，谓索奸人也。”

“叟”，《说文》释为：“叟，老也。”这一释义是错误的。因为老人义是引申义，叟的本义是搜寻。

“**炙 zhì**”，这是一个会意字。古文字中的“炙”，上面是“肉”，下面是“火”，一望而知，这是在烤肉。差异仅在于楷书上部的肉“月”笔画有些生硬。

“炙”,《说文》释为:“炙,炮肉也,从肉在火上。”因此,“炙”的本义为烧烤肉块。《诗·小雅·瓠叶》:“有兔斯首,燔之炙之。”这里的“斯”指“撕”,是说撕掉兔子的脑袋。由烧烤肉块,又引申为一般意义上的烧和烤。如成语中的“炙手可热”,意思是烤过火的手一挨近就觉得热,比喻气焰极盛,权势很大;“脍炙人口”则用人人爱吃烧烤的肉块,比喻诗书文章受人欢迎。

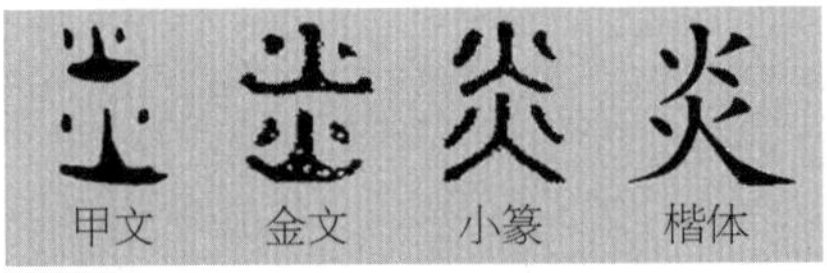

“炎 yán”,这是一个会意字。如图所示,甲、金、篆、楷中的“炎”字,字形都是上下两把火。两火叠加,从火焰“高冲”的角度,表示大火燃烧时的火光冲天。

“炎”字的本义是“大火”,后又引申为“燃烧”。如《书·胤征》:“火炎昆冈,玉石俱焚。”“昆冈”是古代传说中的产玉之山。这是说:大火烧了昆冈,玉石全部被焚。“炎”由“火盛”之义又引申为“灼热”,如《水浒传》中的“赤日炎炎似火烧”,这里的“炎炎”表示太阳的灼热。“炎症”的炎,则产生于近代。这是因为受细菌病毒感染后,身体会呈现出发烧症状,如同火烤一般。因此,用发炎来指称感染后的发烧。

“炎黄子孙”一词,则来自历史传说中的炎帝和黄帝,他们都是中华民族的始祖,今日的华人则是他们的子孙后代。

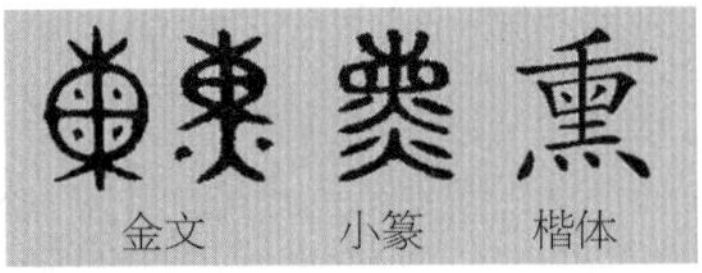

“熏 xūn”,这是一个会意字。金文中的“熏”字,外部轮廓像古代的“棍囊”,里边四个小点表示烟气。上古时期,人们在搬远碎小物品时，先是在地上铺一块兽皮，中间放一根木棍，然后把放进东西的兽皮围绕木棍卷起来，两端用皮条或绳索绑扎住，便成为一种很实用的袋子，可以很方便地扛在肩上。《埤仓》注曰：“无底曰橐，有底曰囊。”这种袋子便是无底的“橐”。但是，“熏”字又与这种被称作“橐”的袋子有什么关系？

其实，这正是“橐”的又一实用功能。上古先民狩猎，为了驱赶洞中的野兽，常常会用烟熏的方法(现代猎人也懂这种方法)。这时，皮口袋(橐)便是最好的扇烟灌风工具。金文中的“熏”字，正是生活中这一真实场景的反映。至于金文中另一款的“熏”字，只是在下边又增添了一个火字，内中减少了四个小点，但表示的生活含义基本一致。小篆的“熏”字发生讹变，下边成为了一个“炎”字，上半部的象形特点丧失殆尽，遂使后人只能用“烟囱排烟”来解释字形的含义了。

“熏”的本义就是烟熏。如“熏鱼、熏蚊子”等。《诗·豳风·七月》：“穹窒熏鼠。”这是说：堵塞洞口熏死老鼠。由烟熏之义又引申为气、味的侵袭、沾染，也泛指一般意义上的熏染，如“花熏人醉、利欲熏心、臭气熏天”等等。

“**烟** yān”是“煙”的正字简体。《说文》释为：“煙，火气也，从火垔声，烟或从因。”金文的“烟”字，外部是一个宝盖头(宀)，在此表示房屋；内里左边是一个源自瓦罐的“西”，乃是黑烟一团的象形描写，下边的火形，表示火起烟生；右边则是一个“示”，表示祭祀神灵。

上古时期，先民们常常燎火祭天，把各种祭供的物品如猪羊、人牲等放在火中燃烧，让充满各种气味的烟气上升，直达神灵的居所，以乞福避祸。“煙”字的构形，即来源与此种生活情景。如周代金文《墙盘》中的“义(仪)其煙祀”，就是对这一场景的描述。

小篆中有两个“烟”字，都是形声字，表示同一意义。一个从火因声，一个从火垔声。这是由于古代因、垔同声的缘故。从形象上讲，“垔”承接金文，乃火上一团；“因”从“垔”上部一半变异而来(也含有凭借的意思)，体现了汉字由繁入简的变化特征。

“烟”，乃是物品燃烧时所产生的气体，“炊烟、煤烟、烟囱”都用的是其本义。大自然中像烟一样缥缈朦胧的气体，也称之为烟。如唐代诗人崔颢《黄鹤楼》：“日暮乡关何处是，烟波江上使人愁。”这是用“烟气”比喻笼罩着雾气的江面。

烟草和鸦片分别于明清两代传入中国，因吸食时产生烟气，故被称为“烟”。《中华大字典》载：“菸，草名……产自吕宋，明时传入中国……吸之无益而有害，字俗借‘烟’。”

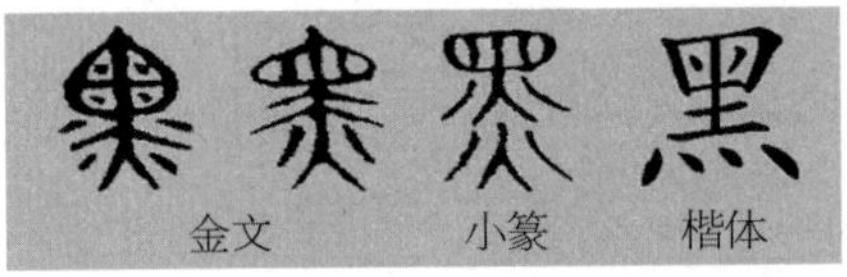

“黑 hēi”，这是一个会意字。金文“黑”字的上部，来自浓烟一团的象形白描，当中的黑点表示烟尘；下部是一个“炎”字，表示烧火时，浓烟一团的升腾。小篆的形体与金文相似，楷书则把上半部的“火”讹变为“土”字，下部变为四点火。这种变化，是为了结构美观，书写便利。

“黑”的本义为浓烟，引申为“黑”色，与“白”相对。《说文》因此释为：“黑，火所熏之色也。”唐代诗人白居易在描写《卖炭翁》的诗句中有“满面尘灰烟火色，两鬓苍苍十指黑”的描写。可以说，这是对“黑”的引申义的最好注解。

现代汉语中，黑色常与红色相对，出现了一些比喻义，用以表示反动、恶毒、地下等等，如“黑心、黑手党、黑暗统治、黑市”等等。杜甫《茅屋为秋风所破歌》：“俄顷风定云墨色，秋天漠漠向昏黑。”这里的“昏黑”指天色昏暗无光，乃是黑色的引申义。

“**灰 huī**”，这是一个会意字。金文的“灰”字，下为“火”，上为“又”。两形会意，表示用手从火堆中取出来的灰烬。小篆在演变过程中，省却了手(又)中的小点。《说文》因此释为：“灰，死火余烬也。”“又，手也，火既灭可以执持。”即火熄灭后可以拿起的余烬。楷书发生讹变，将“手”(又)形省略，写作“灰”，意谓“灭”后的一撇，即余烬也。

“灰”的本义为燃烧木柴树枝后的炭状灰烬。随着燃料的不同，又指物体燃烧后剩下的粉状物，如“炉灰、骨灰、炭灰”等。死灰不能发热、发光，因而，常用来比喻丧失信心或意志消沉，如《庄子·知北游》：“形若槁骸，心若死灰。”成语中则有“心灰意懒、灰心丧气”等等。灰与尘同为粉状物，因而，“灰、尘”常并举，泛指尘埃、污垢。又引申指如“灰”的颜色，即介于白黑之间的灰色。

物体在火中燃烧，便会毁坏或者化为灰烬。“玩火”，从古至今，都被视作一种危险行为，因为它会酿成一场灾祸。

甲骨文的“**灾 zāi**”写作“”，这是一个会意字，以火起室中表示灾难的降临。大火燃起，危及生命和财产，灭火便成了刻不容缓之事。因此，“火速、十万火急、火烧眉毛”等，都用来形容事情已到了非常紧迫的程度。倘若，火势不可控制，如旧金山、东京地震时的大火，抗战时期的长沙大火，甚或情人节洛阳歌舞厅的大火。那么，留给人们的只能是水火无情，灰飞烟灭之类的惨痛教训了。时至今日，火灾仍是城市的最大敌人，每年全世界为之损失近千亿美元，死亡人数在六位数以上。

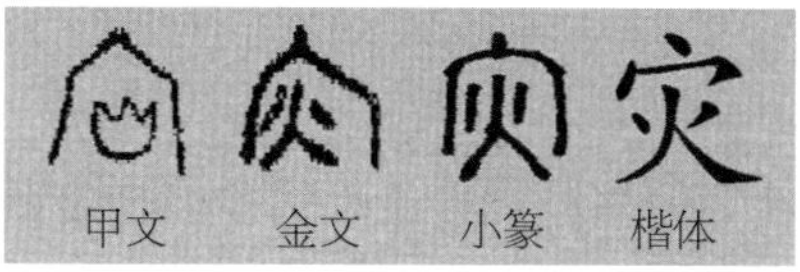

《正字通·火部》曰：“灾，害火也。凡五行沴气害物者皆曰灾，又

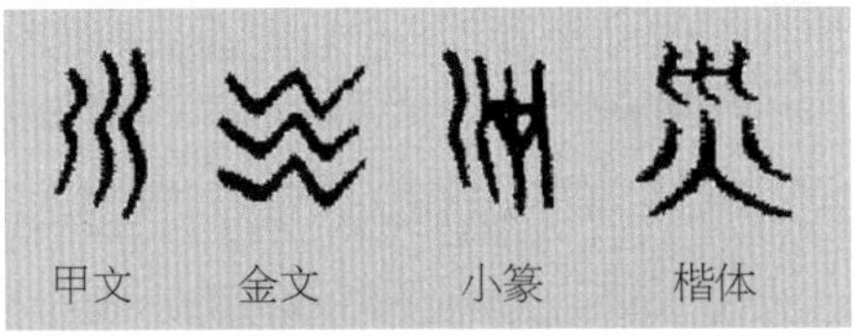

祸也。”这是说，灾，原指由火引发的祸害，除此之外，由金木水火土（五行）和风（沴气）所造成的祸害，也称作“灾”。“灾”在这里已泛指人们遭受的自然祸害和苦难，这个概念扩展后的外延，从古至今没有太大的改变。

“灾”，在甲骨文中的另一种写法为“巛”。如图所示，这个字表现的是洪水横流之形。《说文》释为：“巛，害也，从一雝川。”联想到古代社会中的洪水灾难，大禹治水的历史传说，这些字形，表现了上下奔腾带锯齿形的汹涌洪水。无疑，“巛”字所指的“水害”，包括小到个人沉没于河流沼泽，大至洪水泛滥时，整个氏族遭受的灭顶之灾。

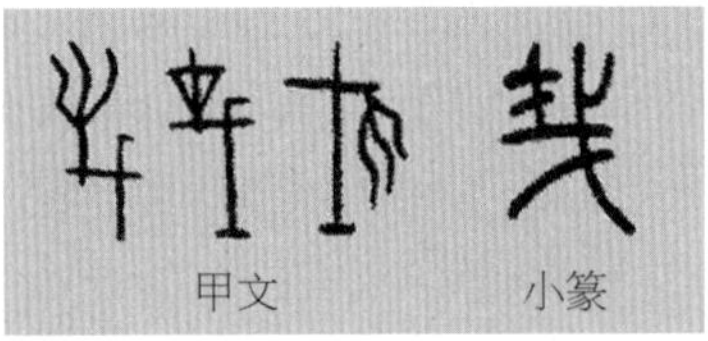

汉字简化以前，繁体字的灾写作“災”，这是对上古文化中两种灾难的合并。缺一不可的造字意图，是对可能降临到我们头上，最可怕的自然灾害的现实主义描写。

甲骨文中的第三个“灾”字，来源于人为，确切讲，它应该称作祸殃。这个字在甲骨文中写作“𢦏”。从甲骨文字形的构件组合看：一把代表人类相互厮杀武器的“戈”，上面或是鲜血流淌的形状（[illegible]），或是用表示女性月经来临的“屮”来会意，显示了血光之灾的战争残酷。这是人与人、氏族与氏族、国家与国家之间，敌对双方用武器造成的人为灾难。小篆将此字演进为“𢦏”。

因为“𢦏、災、灾”三字音同义近（不论自然所为，还是人为，总之都是灾难），因而，现代汉语中已很少使用前者。“𢦏”是汉字中的常用偏部，如“载、戴、栽”等字，均以“𢦏”为声义符号。从口𢦏声的“哉”则表示斧钺砍下后形成的伤口，也表示受到伤害后的叫喊。

七、南北东西说左右

方位是抽象概念，在人类意识中归属高层次的思维阶段。这就是一些仍停留在原始社会形态的民族，许多六七岁，甚至更大年龄的孩子，仍无法辨别左右的原因；也是许多人，在陌生地方难辨南北的原因。中华民族的祖先，在上古时期已创造了前后左右，东西南北，乾坤阴阳诸多概念，并且与他们的衣、食、住、行，以及军事、政治等现实生活密切相联系，其思维之精细，常常令今日的历史学家和心理学家们叹为观止。

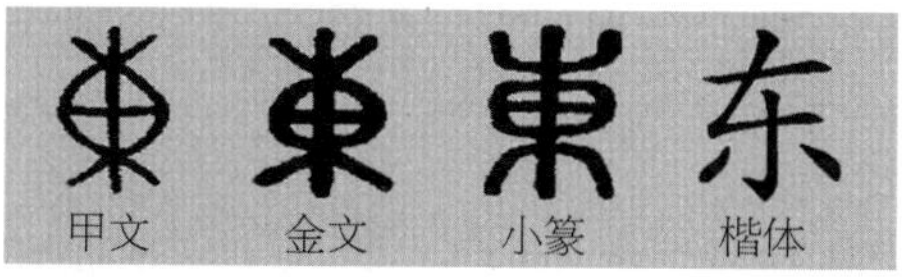

“东 dōng”，这是一个指事字。甲骨文和金文中的“东”字，原本特指一种古人常用的袋子。上古时期，人们在搬运东西时，先是在地上铺一块兽皮，中间放一根木棍，东西放到兽皮上后，把兽皮围绕木棍卷起来，两端用皮条或藤条绑扎住，便成为有相当容量的袋子，可以很方便地扛在肩上，宿营在外时，这块兽皮便是实用的床垫。甲骨文中的“朿”和“东”便源自这种袋子的象形白描。在朿的中间增添表示内中盛物的一横，便创设出指事字“東”。《埤仓》注曰：“无底曰橐，有底曰囊。”“东”就是称作“橐”的无底袋。

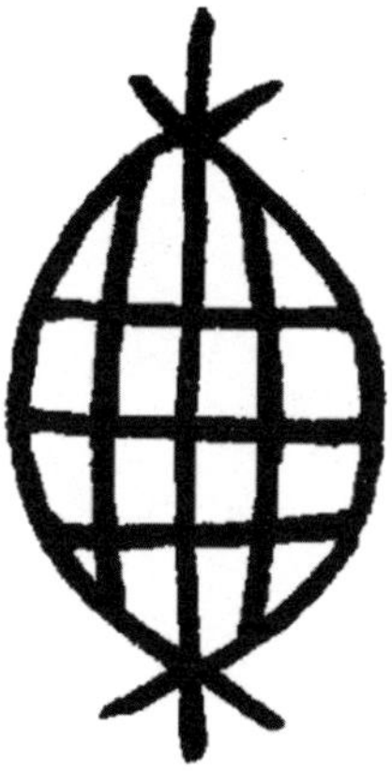
青铜铭文：东

古人在太阳升起时便须起床，将铺在身下的兽皮卷成“東”，扛在肩上，出门远行，采集狩猎。因此，“東”被用来借指太阳升起的方向。这就是说：“東”是一个指事造字，假借表义的文字。“东方欲晓，莫道君行早。”只要在如此的诗情画意中，添加一个“橐”，便是“东”字的最好注脚。“东”作为“东方”讲，是一种词义假借，即假借原本指称“棍囊”的“东”为东方之东。如《诗·齐风·东方未明》：“东方未明，颠倒衣裳。”“东道主”一词，本指东方道上的主人。如《左传·僖公三十年》：“若舍郑以为东道主，行李之往来，共其乏困，君亦无所害。”后来，称主人为“东道”便源于此。由此，又引申称主人为“东家”，请客为“做东”。

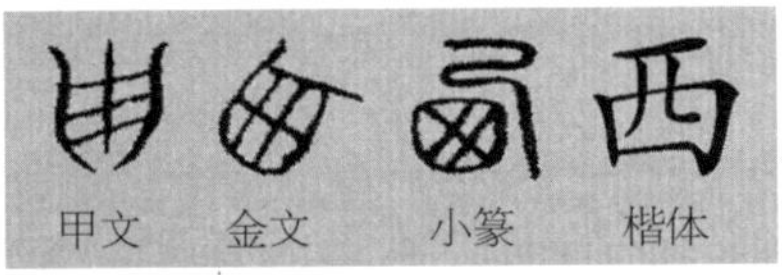

“**西 xī**”，《说文》释为：“西，鸟在巢上，象形，日在西而鸟栖，故因以为东西之西。”其实，许慎的这种释形解义并不正确。

红山文化彩陶罐

一些文字学家在对甲骨文形体对比后认为：甲骨文中的“西”字，应为汲水陶缶的象形，就是打水用的陶罐。日落西山，在外采集、狩猎、农耕的人们回到居处，汲水做饭成为一天中最后的大事。因此，源自陶缶形象的“西”被假借为日落之方。泛指物品的“东西”一词，即来自由实物取象的袋子和陶罐，这种称谓一直延续至今。

汲水的朝鲜族妇女

“西”是一个象形造字，假借表词的汉字，其本义为西方。因为古代私塾老师或师爷所居多为西屋，因此，即以“西席、西宾”称呼宾师。“西”又用以指西洋。元明时，把今南海以西沿海各地统称为西洋，明代的郑和曾七次航海到达西洋。明末清初以后，“西洋”一词又指大西洋两岸各国。

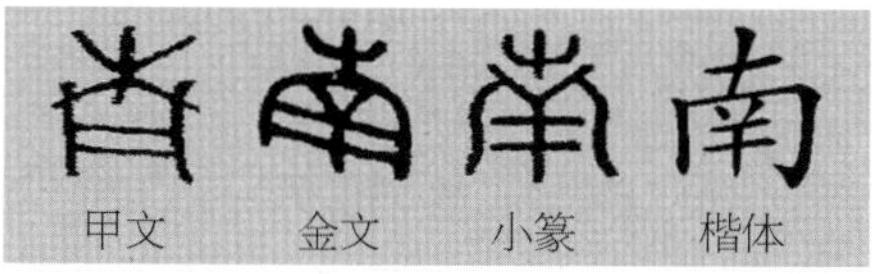

“**南 nán**”的原型为一种金属制的乐器，即包括青铜编钟在内的铃、铎、钲等。上古时期，这类乐器曾流行于盛产青铜的长江铜腰带地区的部落，后传入中原，成为当时殷商民族的乐器之一。“南”和鼓、磬均为敲击型乐器，磬是实心的，鼓以皮革包裹，唯有“南”是空心的，并用金属制作，可以任意敲之而不破败。《诗·小雅·鼓钟》：“以雅以南”，毛传注曰：“南夷之乐曰南。”乃是说“南蛮”的这种乐器便称做“南”。

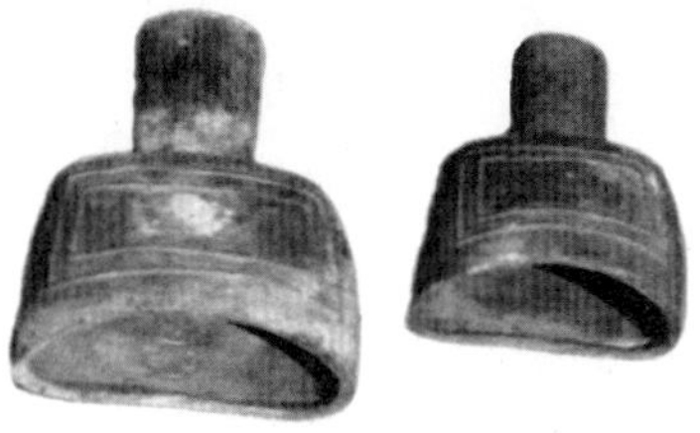
殷墟妇好墓出土的“南”

从甲骨文到金文、小篆，以及楷书的“南”字，在构形上一脉相承，演化的脉络清晰可辨。

“南”的本义为一种敲击乐器。古代，南、暖音同，太阳在南方而暖，所以借“南”为南方方位之名。也有人说，“南”这种乐器最早由南方传入中原，此类青铜乐器在南方各氏族中最为繁盛。所以，南方可称之为“南”。

“南”也是一个象形造字，假借表义的汉字。《诗·邶风·凯风》：“凯风自南，吹彼棘心。”这是说，温暖的南风从南边而来，吹过你像酸枣刺一样的心。可见，“南”在上古时期，已用来指称南方。

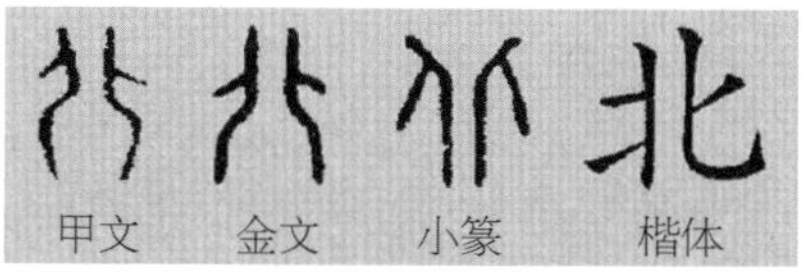

“**北 běi**”与“南”相对，是四个主要方向之一。甲骨文的字形乃是两个人背对背站立之形，但也可以看和是一个人和他的影子。中午时分，不论面向那里站，影子的头部都会面向北。尤其是在北方的冬季，人影一般会很长，映在地上，非常显著。因此，古人用地上人影正对的方向为“北”。由此观之，使今日的我们对古人观察之细，造字构思之妙，不得不叹为观止。

古人建造房屋，多面向南方，而房屋阴影的一面，正是北面方向。这种坐北朝南的房子，在中国称为“正房”、“上房”。古代两军交战，战败一方会背朝追兵落荒而逃，其方向恰是自己的背部，即原本应是影子所处的位置，故称为“败北”。如《韩非子·五蠹》：“鲁人从军战，三战三北。”这里的“北”，即用作“败北”。

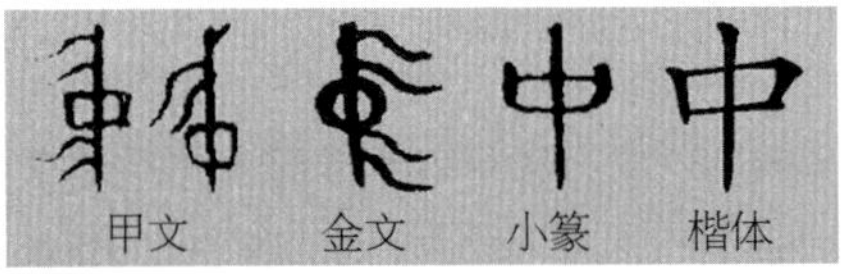

“中 zhōng”，在甲骨文和金文中，都代表一种古代的旌旗，这种由多条飘带组成的旌旗称做“斿(yóu)”或“㫃(yǎn)”。上古时期，一般用不同颜色的兽皮皮条制成。

当旌旗高高飘扬在氏族部落的住地中央时，既是氏族的标志，也是氏族成员出外归家的方向。“中”字中间的方框，表示氏族居民聚结在它的周围。也表示日照旌旗，飘带的影子在地上投射，并随太阳移动而画出的圆周。“中”由旗帜造形表示中央、内里之义，增加方框，正是为了突出这个意义。下部与上边相同的“飘带”，乃是它的影子。上古社会，先民们除树立旗帜作为标帜外，另一种用途便是用“中”测量日影、定时辰。因此，“中”的本义是中央，也含有“日当午则旗影正”的意思，即“日中”。小篆省去“㫃之形，殊失造字之旨”，似手在表示一根棍从另一物的孔洞中穿过，其词义也固定在“中央、中心”上。

随着社会的发展，旌旗的使用越来越频繁，尤其是春秋时期，在大规模的战车拼杀中，这种多“斿”(yóu)的旗帜，形式上越来越多，有十二斿、九斿、六斿不等，大多为横向漂浮在战车上方。十二条“斿”的旌旗，乃

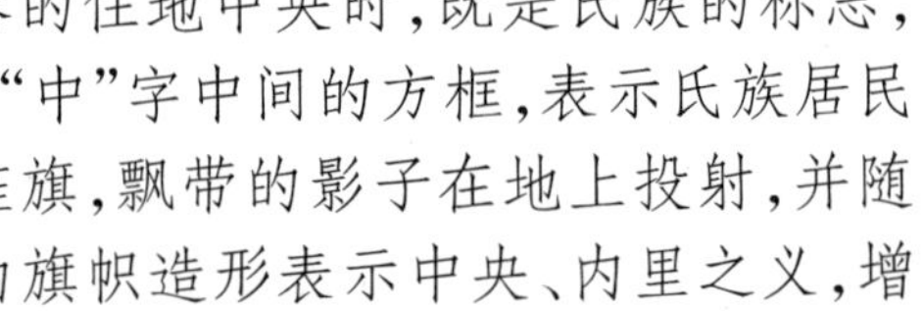
淮阴高庄墓出土的铜器纹样

是军队主帅或“王”的标志，用来表示整个军队的指挥中心。

“中”，原本指住地居中的旌旗，引申表示事物的中心。“中”，在成为方位名词后，又引申出内里、中间之义。后来，人们把为人处世中的“中正平和，中立不昃”也冠之以“中”，如“中行、中庸”等。

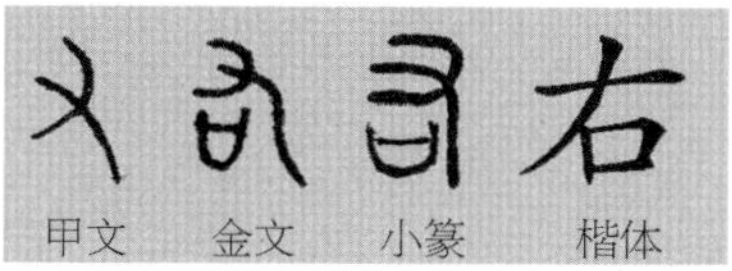

古人造字，往往是“远取诸物，近取诸身”。就是说，从自身的位置或用身体部位来就近取意，“左、右”两字，就是从人手的位置来取意的。

“**右 yòu**”，在甲骨文中写作“又”，完全是一只右手的正面形状。金文中的字形则演变成了一个会意字：右下增添了一个“口”，表示这是一只用来吃饭的手。楷书的“右”字，出于书写便利的原因，把整个字型做了一个镜像反转，这就是今日的“右”字了。

“右”的本义指右手，《说文》释为：“右，手口相助也。”由于右手的首要功能是吃饭时把食物送到口中去，所以，“右”字又有帮助的意义。《左传·襄公十年》：“天子所右，寡君亦右之。”句中的“右”，即为帮助的意思。后来，“右”的这一意义，由后起字“佑”来专一表示。

“右”，也是一个表示方位的名词，与“左”相对。如《孙子兵法》：“备左则右寡，备右则左寡。”对大多数人而言，右手总比左手灵巧。因而古人又以“右”为巧、为高，如成语中的“无出其右”，即没有人能胜过的意思。

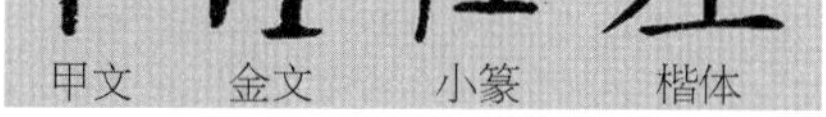

“**左 zuǒ**”，在甲骨文中写作“𠂇”，恰似一只左手朝上的形状，与甲骨文中的“右”字图形形成镜像反转。金文和小篆的“左”字，在下面增添了一个“工”字，这里的“工”可视作夯筑工具，也可视作针的“穿通”，但都表示劳作之义。两形会意，表示这是一只用来作“工”

的左手。甚至可表示这是一只握持树棍擦屁股的手。

“左”的本义为左手。左右两字连用时，表示辅助的意思，如“左右圣上”，就是辅助皇帝的意思。“佐”是“左”字的后起字，它的产生与上文的“佑”相同。就是说：“左”字原有的辅佐、帮助之义由“佐”来承担。

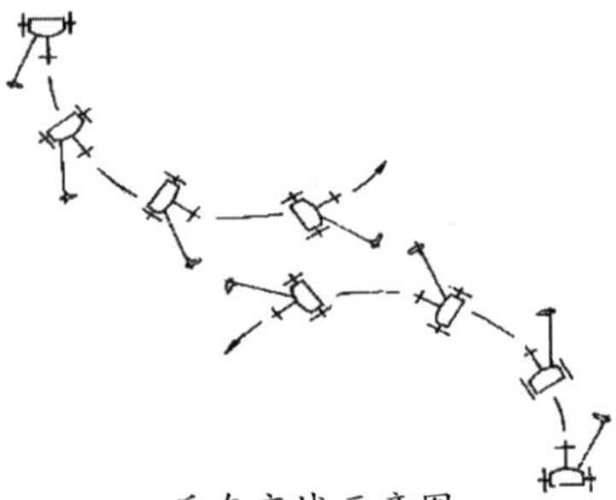
兵车交战示意图

在中国传统的地理观念中，常把西向称为“右”，把东向称为“左”，如江西又称江右，山西称山右；山东又称山左，江东称江左。这样的方位概念，源自皇宫的坐北朝南，君主南面而坐来确定的。

“左右”两字带有浓厚的尊卑、上下含义。“右”，原本有胜出、能干之义。但在“兵车”文化中，却成为一个贬义词。古代，一乘兵车通常由三人组成：驾驭者在前方正中而座，射手持弓矢为“车左”，持长戈者则立在车的右边，也叫“车右”。敌我双方战车厮杀时，相向而驶，首先是射手在行进中连续放箭，到了近车搏击的时候，两车同时左旋，让车右持长戈者进行攻击，古人谓之“左旋右抽”。这便是所谓的“一个回合”。

两车相向而驶，左转便是攻击，若是右转，既不符合战车攻击的规则，而且也有了逃跑之嫌。“左为攻击，右为逃命”，是如此深入人心，时至近代社会，左为革命，右为反动；左为盲动，右为机会主义，已被发挥到无以复加的地步。

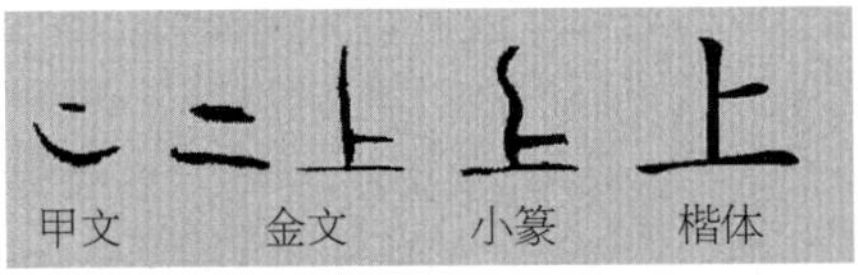

“**上 shàng**”，这是一个象形字。甲骨文、金文的上字，在表示一块木板、一块片石或一张席子的一长横，加上一条短横，用来表示一物在另一物体之上的意思。后期金文和小篆将其繁化，增加了一长竖，以便与“二”相区别。

“上”的本义指相对的高处、上面，“上”与“下”意义相反。又引申泛指等级或品级为上等的事物，如“上级、上流社会、上品、上好”等。古代社会也表示尊长，又特指皇帝，如“犯上、上谕”等等。词义扩展后，可引申为次序或时间在前的事物，如“上册、上半年”等；也用来表示事物的表面，或某一事物的范围之内，如“脸上、墙上、书上、思想上”等。

“上”用作动词时，有由低处向高处攀升的意思，如“上楼、上山”；另外，还有由此处向彼处前进的意思，如“上街”；也可表示把东西增添在表面，如“上鞋油、上光”等。总之，“上”是一个词义灵活，表义丰富的多用字，常用字。

“下 xià”，也是一个抽象类的象形字，词义与“上”相反。甲骨文的“下”，是在一长横或弧线下边加一短横，用来一物在另一物之下的意思，引申泛指下面。后期金文为了与“二”相区别，特意增添了一长竖。楷书一脉相承，写作“下”。

“下”的本义与“上”相反，乃是低处、下面的意思。“下”也可由低处、下面引申指等级和品质为下等的事物，如“下级、下层、下流”等；引申为次序和时间在后的意思，如“下午、下一次”等。“下”也可用作动词，有由高处向低处下降，由里面向外面遣散的意思，如“下乡、下岗、下放、下班”等。

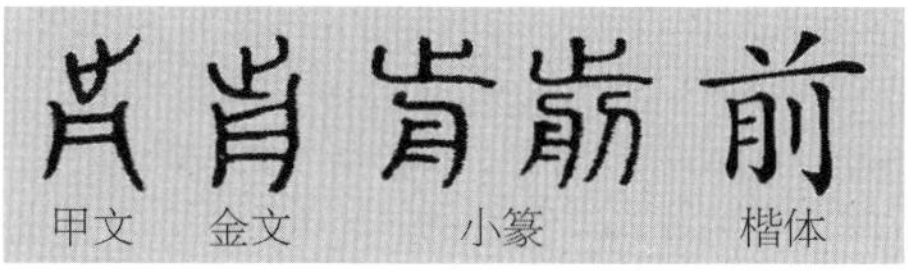

“前 qián”，这是一个会意字。甲骨文和金文的字形，由“止、舟”两形组合而成，表示人坐在小舟或木筏上，不用两腿走路，也不用奋力划水，通过水的流向自然向前。《说文》释为：“不行而进谓之前。”因此，“前”的本义为“不行而进”，即向前行进的意思。

小篆有两款“前”字：一款承接金文；另一款字形右下部增添了

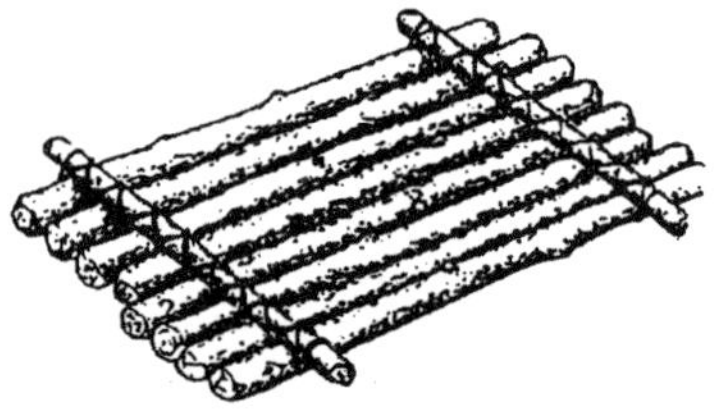

一个“刀”字，用作形符，乃是一个“从歬从刀”的会意字。这个“前”已于金文中的“前”意义不同，整个字形和字义都表示伸延前进把物体剪断，乃是一个表示剪刀的专用汉字。后来，人们用表示剪断向前行进的“前”字来代替表示前进的“歬”字，同时，在“前”字下面加上“刀”字，成为“剪”(内有两个刀)，用来表示剪刀、剪断的意义。楷书字形的“前”就是小篆后一款字形的楷化。

时间和空间不可分割。甲骨文和金文的“前”字，在表示“行进”的意思时，同时也表示时间的前后，如“用享孝于前文人”。这里的“前”即“从前、以前”的意思，原本是行进时“前面”之义的扩展。由“前面”之义，又引申为“前后”的“前”，如“前车之鉴、勇往直前”等。

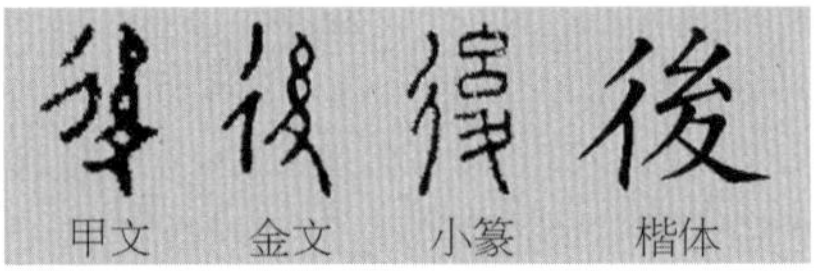

“後 hòu”，简体字写作“后”。注意，简体字的“后”与繁体字的“後”不是一对一的关系。在繁体字中，“后”原本是“王后”的后，并不含有“先後”之义。楷书简化时，借“后”为“後”的简体字。王后的“后”与前後的“後”，原本是风马牛不相及的两个字。

“後”，这是一个会意字，《说文》释为：“後，迟也。”从字形分析来看，甲、金文字中的“**8**”(幺)，原本是脐带的象形描摹，在“幺”下连接一个脚迹向下的“夂”，乃是为了表示女生女、生生不断，仰仗脐带(血缘)代代承续的意思；“彳”在这里表示通道。三形会意，特指血缘世系的延续、连接。所以，“後”的本义为世系后续，如“无後为大、後代”等，都用的是其本义。

“後”，由“後代”之义引申，又表示时间和次序的靠近末尾，与“前”相对，如“後排、後天、後果”等。又引申为背面的事物，如“後门、村前屋後”等。

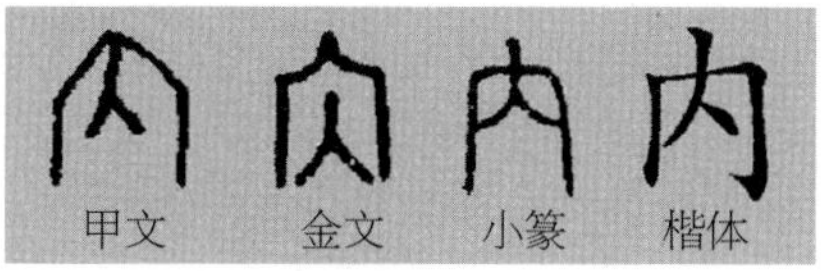

“**内 nèi**”，这是一个象形字。甲骨文写作“内”，像日光自屋顶孔隙、窗户射入屋内之形。金文字形则演变为“从冂从入”：在表示屋舍的“冂”形符号中增添一个“入”。两种生活场景归一，都可表示内里。“内”的本义为“自外入内”，《说文》释为：“内，入也。”“内”作名词时，表示一定范围的里面、内部之义，与“外”词义相对。如汉语中的“内衣、内地、国内”，以及《论语·颜渊》中的“四海之内皆兄弟也”，等等。

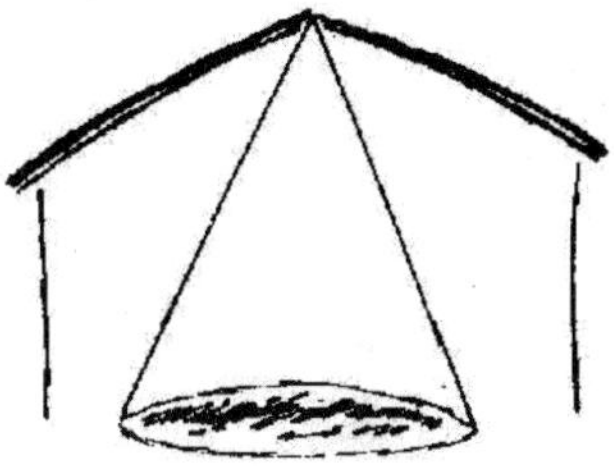

“内”在古代，又特指内室，如《汉书·晁错传》：“家有一堂二内。”由内室又转指皇宫，如“大内、内臣”等。古代社会，妻妾居内室，操持家务，不轻易外出，故称“内人”。由此引申，又指妻子的亲属，如“内侄、内弟”等。

“内”作动词时，表示进入或使其入内，此时读 nà，如秦代李斯《谏逐客书》：“向使四君却客而不内。”这个意义后来写作“纳”。

“**外 wài**”，这是一个会意字。如果说“内”的取象源自日光入室，那么，“外”的取象，便源自薄云遮月。金文的“外”，左边是一个“月”，表示月亮；右边的“卜”原本专自占卜：在龟甲这边用烧红的炭条灼烫，在另一外爆裂出兆纹。外的本义为薄云掩月时，我处无月光，月光宣泄在他处的意思。小篆在演变过程中，将“月”变形为“夕”，楷书缘此写作“外”。

“外”字构思精巧，令人叹为观之。

“外”的本义为使处于外，如《易·否卦》：“内小人而外君子。”引申开来，泛指外面、外部，与“内”相对，如“外地、外表、外国”等，也表示关系疏远，如“外人、见外”等；表示非正式、非正规之义，如“外号、外史、外传”等等。

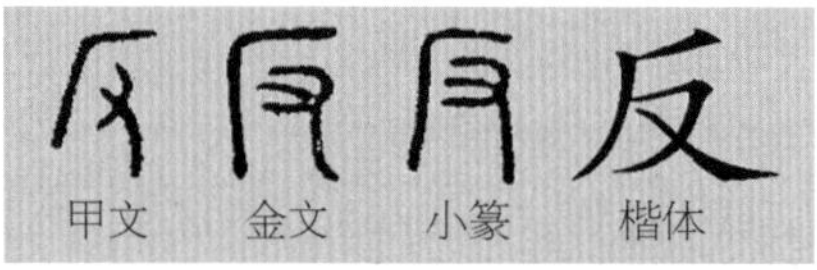

“反 fǎn”，这是一个会意字。甲骨文的“反”字，左上部是一个翻转符号“厂”，右下部则是表示右“手”的“𠂇”。两形会意，表示把手背在身后的意思。金文和小篆的“反”字一脉相承，只是楷书在隶变过程中，为了美观，其上一横变为一斜撇，遂有差之毫厘，失之千里之误。

“手”本在身前，背在身后，便是一种相反的行为。因而，“反”又有掉转的意义，与“正”相对，如反面、反作用。又引申出反覆之义，如“易如反掌、反败为胜”等。由“反覆”之义又引申出“回归”的意思，如《公羊传·哀公十四年》：“拨乱世反诸正。”现今，这个意义由后起的“返”字承担，如“一去不复返”。

“手”背在身后，表示拒绝、反对。如《庄子·寓言》：“与己同则应，不与己同则反。”又引申为背逆、反抗，如《吕氏春秋·古乐》：“(周)成王立，殷民反。”

“饭”在古代乃是出外劳作或定时吃的食物，因而，由“食”和手背在后的“反”字构成，表示现在暂时不吃的食物。

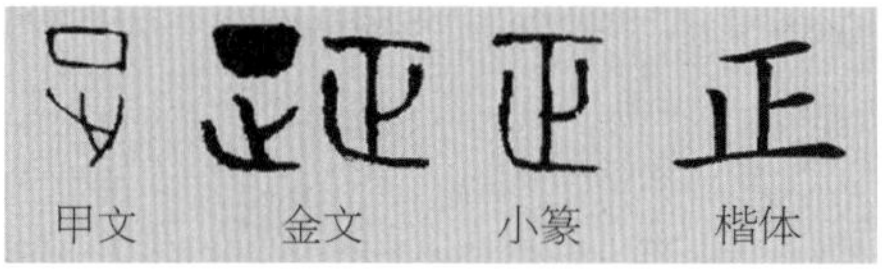

“正 zhèng”，这是一个会意字。甲骨文的正字，上半部的方框代表四周有围墙的村落或城邑，下边是一个“止”字，表示举步向城邑进发的意思。金文的“正”字，上面的方框或填实为方块，或简化为一横，渐失形象之味。小篆和楷书缘此写作“正”。

“正”的本义为直达目标或直线前进，引申为抽象意义上的中

正、正直之义，与“偏、斜、弯”相对；又指事物的正面或主要方面，与“反”、“副”相对；还指事物正在进行或处在某一点上，如“正好、正中间”等。

军队出发，攻击某个城邑，会直接前往目标，因而有直线前进之义，而且，所有发起攻击的一方均有“正当”的说辞。由此，“正”又有征行、征伐的含义。后人另造“征”字，表示征伐之义，“正”与“征”在此意义上乃是古今字关系，“正”是“征”的本字，“征”是“正”的后起转注字。

“乾 qián”，这是一个会意字。小篆的“乾”字，左边上、下各有一个“屮”，乃是两个向上字根，中间是一个日，表示太阳。整体字形表示太阳升起的意思，与“朝”字的左半边意义相同；右边上部是一个“入”，下部为“乙”，乃是气流上升之形。整体字形由倝和乙会意，表示阳光照射下，湿气蒸发，升向天空。

“乾”，《说文》释为：“乾，上出也。”清代学者段玉裁注曰：“自有文字以后，乃用为卦名。”这是说：“乾”便是许慎称之为“上出”的“天”，而且专用于《易经》之中。如《易·说卦》：“乾，天也，故称乎父；坤，地也，故称乎母。”“乾象”一词，意谓天象，“乾道”一词，意谓天道。在陕西关中方言中，“天”读作 qiān，与“乾”读音完全相同。由此可证，“乾”乃是“天”在语音上的后出分化字。

“乾” 字的造字意图源自一种十分传统的观念。在古人看来，“乾”（天）由可以上升的清气构成：“元气初分，轻、清、阳为天，重、浊、阴为地。”实际上，在平民意识中，“乾”不过是一种湿气蒸发后的干燥。《集韵》释为：“乾，燥也。”此时读为 gān。汉字简化时借干戈之干，规定干燥之“乾”的简体字为“干”。湿气蒸发，物品自会干燥，由此，引申出枯竭之义，如成语中的“外强中干”；又引申出空、徒然、无实际内容等意义,如“干笑、干号、干着急”等。

乾、干的简化,遭到许多文字学学者的批评。

“**坤 kūn**”,也是《易经》卦象之一,在《易经》中代表女性和大地。小篆的“坤”字,是一个“从土从申”的会意字:“土”在这里表示土地;“申”的本义原为女人生女孩,女孩长大后再生女孩,代代延续,乃是母系大家族时期的一个特有概念,在此则表示繁衍不息。因此,由“土、申”构意的“坤”本义为植物繁茂,年年丰收的大地。

从构形释义上讲,坤与地完全相同。“坤”,《说文》因此释为:“坤,地也,《易》之卦也。”“坤”原本就是《易经》中的一个卦名,本义为生生不息的大地。但在封建社会,人们又将其纳入封建文化意识之中,如《易·坤卦》便有“坤,地道也,妻道也,臣道也”之类的说教。古文中的“坤极”一词,便指皇帝的正宫娘娘,即皇后。

古代又以八卦定方位,认为西南方为“坤”。如苏东坡《寄题梅宣义园亭》中:“我本放浪人,家寄西南坤。”

第四章　汉字与人体

人是自然界唯一有耳垂和喉结的动物；人是能够直立行走的动物；人是会制造工具并使用工具的动物；人是能够用语言、文字交流思想的动物；人是有知觉、情感和意志力的动物；人是有欲望并尽力实现自我欲望的动物；人是用劳动或活动来证明自我存在的动物……不同时期、不同流派的哲学家们，给人下了形形色色的定义并以此来解构自己的哲学体系。然而，“认识你自己”这一哲学最高命题，作为未知之谜，至今仍然萦绕在人们的思维之中。

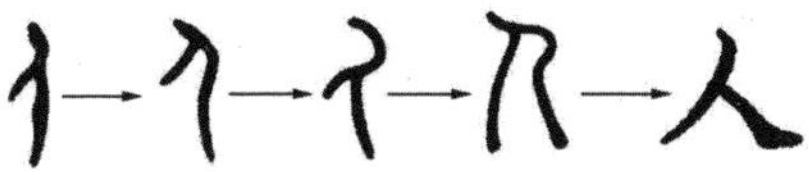

“人”字的演变轨迹

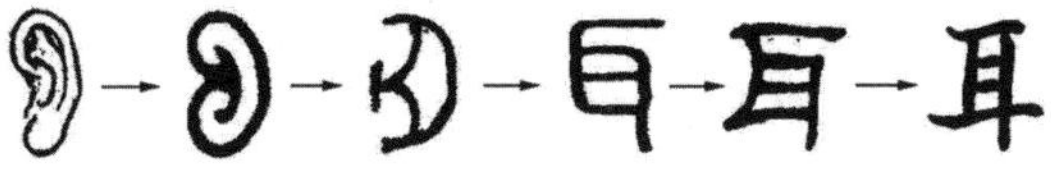

“耳”字的演变轨迹

“首”字的演变轨迹

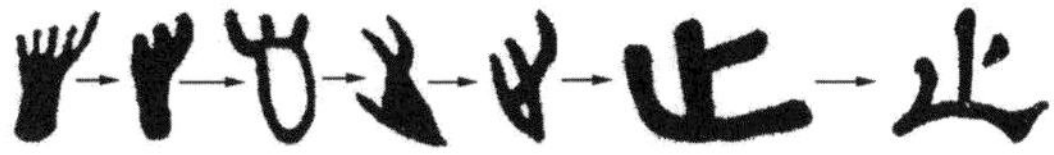

“止”由图画向象形的演变

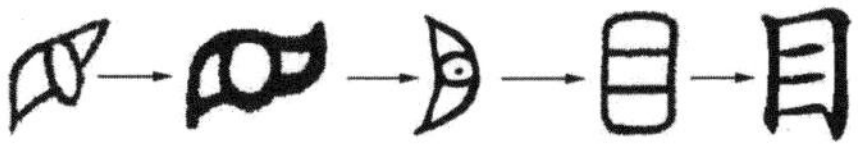

“目”字的演变轨迹

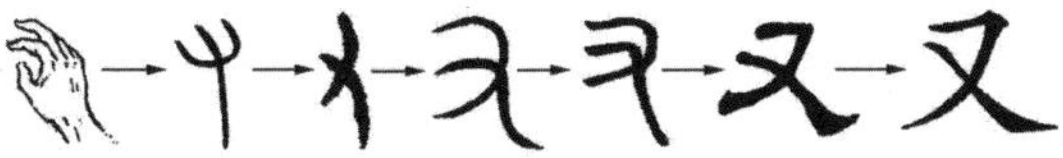

“又”字的演变轨迹

上古时期的中国先民，是如何认识人类自己的呢？人，真的是“天大地大人亦大”吗？我们不妨沿着“近取诸身”这一造字原则，探寻汉字留下的诸多遗传信息。

一、天地之性人最贵

孔夫子到泰山游览，偶然见到营启期。这位山野老农，衣衫褴褛，腰间系一条破旧布带，一边唱歌一边奏琴。孔子问道："先生，为什么这样高兴啊？"营启期回答说："有很多事情值得我高兴。第一件是老天爷虽然造就了世界万物，但只有人是最高贵的，而我恰好生为一个人，怎能不高兴呢……"

长沙战国楚墓出土帛画上的人

人之为人，因而感到高兴。摒弃"自负"这一心理，理性地讲，也只有人，才能认识到自己是万物之灵，认识到自己在自然界中至高无上的地位，这恰恰是中国人最初的人本主义理念：万物因人而生。然而，"老天爷"在造就万物时，却没有为人类制造任何文字。文字是人造的，上古先民又是如何创造"人"字呢？

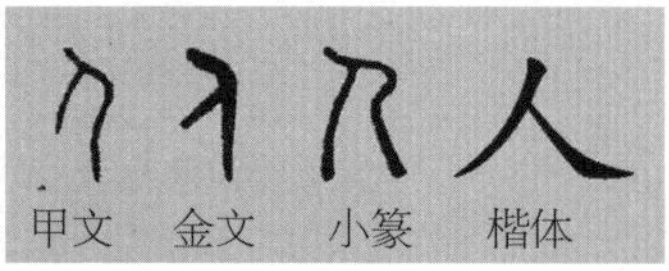

"人 rén"，这是一个典型的象形字。如图所示，"人"字的取象，乃是一个侧身站立的人形，甲骨文、金文、小篆以及楷体，都保持了这种简洁、明快的线条组合。《说文》称此说："像臂胫之形。"刻意突出人体的四肢，用分工明确的胳膊和腿，表示人的本质；又用侧立

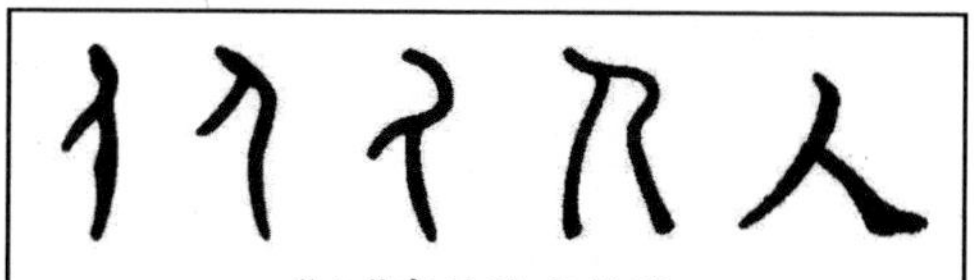
“人”字的演变轨迹

之形，寓意人的行色匆匆，四处奔波。这恰是人与动物相区别的典型特征。

一个“人”字，笔画简单，只有一撇一捺，但却反映出古人对事物观察的细致和准确，显示出古人对自我认识的能力：人与其它动物在形体方面的主要区别是四肢，人与动物的活动差别是直立行走，人之为人在于双手的解放和使用工具。

有人认为，“人”字取象于侧身，证明了人与人之间不喜欢面对面相处，人们最难做到的是直面人生。“人”字取象侧立，说明人总是匆匆忙忙，急于行走奔波，人类永远无法停下自己的步履。

人，是人类的总称，包括所有死去但曾经在地球上存在过的人类祖先，包括今天世界上仍在吃喝拉撒睡的六十多亿人。古人认为，“人乃天地之性最贵者”，这一观念，源自人类观察事物时，总是无法离开人的视角和思维（从哲学角度讲，在人的视野和思维触角之外者，便是虚无和零，所以无中可以生有）。虽然，“人”的构形简单到由一撇一捺而组成。

汉字中，凡以“人”字组成的字，大都与人的行为状态有关，如“从、众、伐、休、伏、保、仄”等等。

“允 yǔn”，《说文》释为：“允，信也。”这是说，允的本义为诚信。甲骨文的“允”字，乃是一个人被绳套牵行的侧视形象。金文的“允”字承接甲文，小篆则变得圆润复杂，并且按照汉字演变规则，将文字构件下部的“人”形写作“儿”，把上部的绳套之形演变为“厶”（与牟、夋相同）。楷书写作“允”，构形上简洁、明快多了。

“允”的构形源自脖子上套上绳套，本义为允许他人牵着自己，引申为允诺。如《书·尧典》：“命汝作纳言，夙夜出纳朕命，惟允。”“惟允”在这里即表示“以此为允诺”。《文心雕龙》中的“务在允当”，则表示公平得当，即公允的意思，这已是“允”字的引申义了。

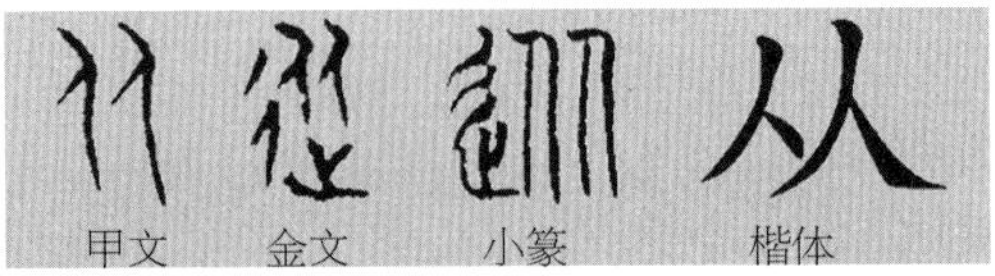

“从 cóng”，会意字。甲骨文的“从”字，是一前一后两个人形，像一个人在前面走，另一个人随后跟从的样子。所以，“从”字的本义为跟从、随从。甲文第二款和金文在增添表示行走的“止”和表示道路的“彳”后，写作“從”，表示二人相随走在道路上。小篆的“从”字，造字构件仍同金文，只是结构上有了一些调整。“从”的楷书繁体写作“從”，简化后写作“从”，乃是一种由简到繁，再到简的回归。

“从”字的本义为跟随、随从，如《论语》中的“子路从而后”，是说子路亦步亦趋紧随孔子之后。又引申为听从之义，如成语中的“言听计从、力不从心”等。

“从”字在亲属称谓中，表示堂房亲戚，如“从兄弟、从伯叔”等。“从”，用作介词时，表示起首或经过之义，如“从小到大、水从窗下经过”等；用作副词时，则表示从来、向来的意思，如“从未见过”。“从”字的动词用法，现今只作为词素保留在一些双音节词里，如“服从、遵从、顺从”等。

汉画像石上的图样

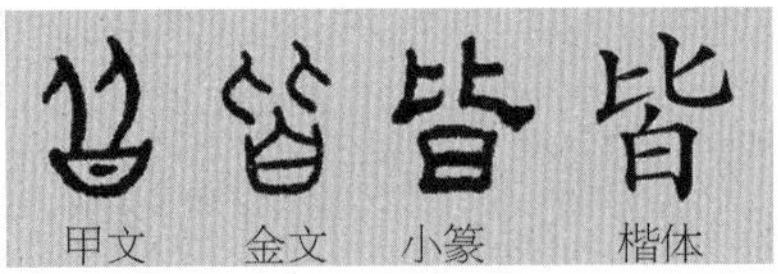

“皆 jiē”，这是一个会意字。金文的“皆”字，上边是两个人，下边是一个形同“曰”的目标符号，意谓两个人往同一目标行进。从小篆到楷体的演变过程中，上边的两个人形渐渐形变为两个“匕”，与“从”字形成区别，专一表示同时回家。下边的“曰”也讹变为“白”，成为一个与原本形象风马牛不相及的符号字。

“皆”的本义为两人回到家中，即携手同行之义。《说文》释为：“皆，俱词也。”这是说：“皆”是一个表示范围的副词，相当于“都”。如成语中的“皆大欢喜、人人皆知”等。

在古文中，“皆”可用在名词或名词性谓语之前，表示“都”的意思。如《论语·颜渊》中的“四海之内，皆兄弟也”，以及“放之四海而皆准”等词句中。“皆”由此又引申出“同”义，如《韩非子》：“吾欲与子皆行。”这一意义后来写作“偕 xié”。

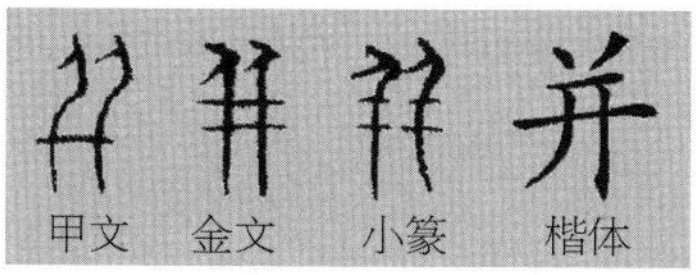

“并 bìng”，《说文》释为：“并，相从也，从二人声。”实际上，甲骨文的“并”字，乃是一个指事字，中间一横为指示符号，标示并强调两个人被捆缚在一起，即合二为一的意思。金文和小篆的“并”字与甲文一脉相承，楷书照猫画虎而写作“并”。

“并”的本义为并靠，即合在一起的意思，如“合并、并吞”等。如《史记·秦本纪》：“周室微，诸侯力政，争相并。”句中的“并”乃兼并的意思。又引申为挨着、并排，如“并肩而行、并驾齐驱”等。“并”在用作副词时，表示同时存在，一起进行的意思，如“相提并论、并发症”等。又可用作连词，表示更进一层，如“并且”。

“并”的异体字写作“竝”。《说文》释为：“人并也，从二立。”甲骨文字形由两个“立”组合而成，像两个人并排靠拢在一起的形状，“竝”字的楷书形体写作“並”。显然，“并”和“並”的造字意图相近，但仍有差别：一个是兼并，一个是并列，都有“一起、一齐、一同”之意。现代汉语将它们归并为一字，写作“并”。

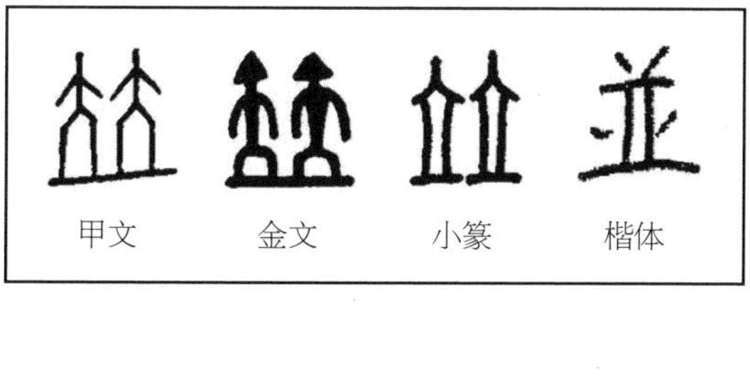

“**非 fēi**”，这是一个会意字。甲骨文的“非”字是两个背对背的男人侧影，人形中部刻意强调的双手，说明他们之间的各行其事、背道而驰。金文的“非”字与甲文构形相同，但侧视人形已无法辨析。小篆的“非”字，照猫画虎，更是面目全非，楷书缘此写作“非”。

“非”的本义为各行其事，含有“悖离”、“违背”。《说文》因此释为：“非，违也。”词义引申后，泛指事物的不合于法度，如《论语·颜渊》：“非礼勿视，非礼勿听，非礼勿言，非礼勿动。”其中的“非”即用作“违背”。违背正确法则就是错误，因而，“非”又泛指一般意义上的错误、不对，与“是”相对。如陶渊明的《归去来辞》：“实迷途其未远，觉今是而昨非。”现代汉语中则有“大是大非、明辨是非、分清是非”等词语。

青铜铭文：非

在汉语虚词中，“非”作否定副词，可用于判断句，如《论语·宪问》：“管仲非仁者与?”又虚化为否定性前缀，如“非卖品、非金属、非对抗性矛盾”等。在“非……不可”双重否定语句中，则表示“必须”之义，如“非下一番功夫不可”。

有学者认为：“非”的构形源自于手捉小鸟或蝉类昆虫使之翅膀折腾而飞不走，“非” 因此有不可、不能义。非的本义由转注后的“匪”字所承继。

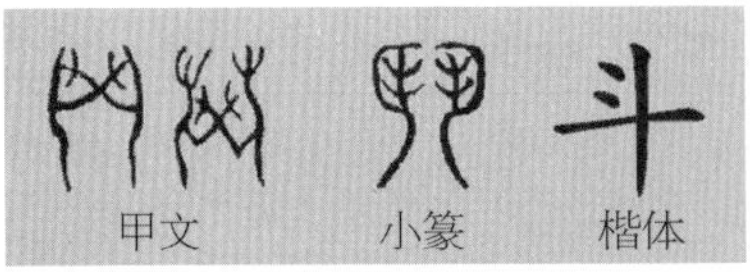

“**斗dòu**”是“鬥”的简体字。甲骨文的“斗”字，像两个人在打架，你抓我的头发，我抓你手臂，两人扭成一团的样子。金文和小篆字形已离两人打斗的形象较远，如果没有甲骨文的参照，就很难理解“鬥”字的形和义。楷书缘此写作“鬥”，汉字简化时，借升斗之“斗”为“鬥”的简体字。

“斗”，《说文》释为：“鬥，两士相对，兵仗在后象鬥之形。”因此，“斗”的本义为对打、搏斗。《荀子·荣辱》一篇中说：“凡斗者，必自以为是，而以人为非也。”可以说，这是对“斗”的最好注释。“斗”，由争斗之义又引申为战斗，如“且引且战，连斗八月”，这里的“斗”已是两军对垒的战斗了。“斗争”一词，原本指搏斗争夺，自二十世纪五十年代斗地主，斗右派之后，“斗争”一词已演化为群起揭发、批判，时而加以拳脚之义。

周代铜雕像

“斗”字的楷书繁体写作“鬬”，与繁体的“門”字形体接近，极易混淆，读写时应细加辨析，如“聞、閏”等字均以門为其类符。

“众 zhòng”，这是一个会意字。甲骨文字形为上下结构：上半部是一个“⊖”形符号，表示目标或目的地；下半部是三个“人”字的组合。两根会意，表示很多人往同一目标行进。

“众”的字形在历史演变中发生了很大变化。金文字形把甲骨文的“⊖”（目标）讹变成了人的眼睛，小篆字形上半部更进一步写成横“目”。楷书繁体字的字形，上半部由横目进一步变成了“血”形，下半部的三个“人”字也难以从字形中辨认了。简化后，楷书写作“众”，“三人为众”，便简洁、明了许多。

“眾”字的本义指许多人往同一目的地行进，不论三人盯着一个目标，还是三人歃血为盟，都有众人之义。如“大众、群众、听众、观众”等词中的“众”，都是表示许多人。成语中有“众怒难犯、众口难调、众叛亲离”等语词，其中的“众”字，也表示许多人。“众”，又引申泛指事物的许多。成语中有“众矢之的”、“众矢”就是许多箭。宋代诗人辛弃疾《青玉案·元夕》一词中有“众里寻他千百度，蓦然回首，那人却在、灯火阑珊处”的佳句，此处的“众里”指人堆里，也指众多地方。

“聚 jù”，这是一个形声字。小篆字形为上下结构，上半部是“取”字，用作声义旁；下半部是三个“人”字，用作类符。两形合体，含有许多人共同去割取敌人的耳朵的意思(古时打仗，以割取敌人的耳朵为杀敌多少的凭据)。因此，“聚”字的本义为许多人共同去作一件事。如许多人汇集在一起开会称为“聚会”；许多人汇集在一起共同进餐称为“聚餐”；一个人读书做事时，专心致志，把精神集中起来，称为“聚精会神”，均用的是“聚”字的本义。由会集的意义又可引申指积聚、收集，如“聚敛、聚沙成塔”等。成语中有“聚蚊成雷”，意思是说积小可以成大。飞蚊的声音虽然很小，但一大群蚊子积聚在一起就会发出雷鸣般的声音。

“聚”字下半部的三个“人”字，有众多之义，而会集、积聚的词义都含有众多的意思。所以“聚”也用来表示聚众。如众人争论不休，莫衷一是时称为“聚讼”。

汉字形体的演变，在不断发生变化。如“眾、聚”的小篆字体，下半部都是三个“人”，但在楷书字体中，这三个“人”字就无从识别了。因此，认识一个字的造字结构以及原本的意义，往往要追溯它的古文字字体。

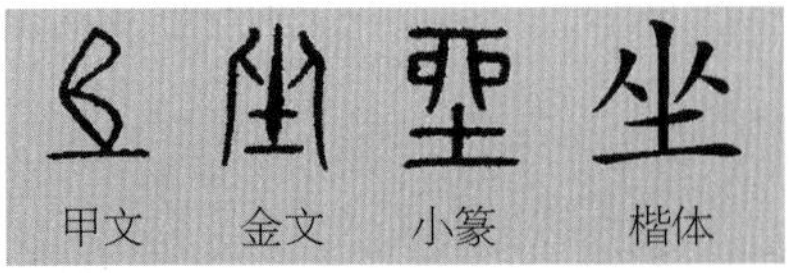

“坐 zuò”，原本指跪跽。甲骨文的“坐”，乃是人在席上跪跽之

形(𠂤为表示臂部的字根)。金文将席子改为"土"又增一人为"坐"形。小篆字形缘此而发生讹变:上部是"𠂤"字的繁化,下半部是"土"字。用"𠂤、土"两字会意,表示止留、止息的意义。楷书在演变过程中,又回到金文字形,写作"坐"。

"坐"字原本指人在席上的跪跽之形。后来,演变为人们在荒郊野外时,坐在土块或台阶上休息的情景(居室内这种坐姿则为不敬不雅)。以后,才扩展为在室内凭几而坐。文字形体上的变来变去,源自生活习俗的改变。"坐"字,真实地反映了华夏民族居处方式的演化。

椅凳的出现,标志着一种新的起居方式。凭借椅凳而坐成为最普通的休息和交谈姿势。中古以后,两腿前伸的坐姿,不再有不敬不雅的意思。现代汉语中的乘坐,如"坐轮船、坐飞机"皆由此而来。"坐"有止留、停息的意义。所以,引申为守定不动,如成语"坐吃山空、坐以达旦、坐以待毙"中的"坐"字。人们坐下来休息,客观上表示占据了某个方位和朝向。所以,"坐"字又引申为位置所在,如"坐标"的坐应释为位置;"坐北朝南"中的坐,则表示位置所在。

"**卧 wò**",这是一个会意字。金文的"卧"字,左边是一个"臣"(甲骨文原本写作""),即竖立向上的一只眼睛,在此表示眼睛向上看;"卧"字的左边,则是一个俯卧的"人"形。两形会意,表示趴卧下来的意思。小篆的"卧"字承接金文,楷书在隶变及简化后,将俯卧的"人"形规范为"卜",写作"卧"。

"卧"的本义为趴下,引申为睡倒、躺下。如成语中的"卧薪尝胆、仰卧起坐"等。又泛指事物的倒下、趴下。如《隋书·礼仪志》:"将帅先教士目,使习见旌旗指麾之踪,发起之意,旗卧则跪。""旗卧"即让旌旗倒下之意。再如《孟子·公孙丑下》:"坐而言,不应,隐几而卧。"此处的"卧"当指趴在几案上的意思。"卧"由躺倒又引申指睡觉之处,如"卧室、卧铺"等。

汉字中的“卧、寝、寐、眠、睡”意义相近,但在具体使用中略有差别:“卧”指身体趴下眼朝上而睡,但不一定睡着,词义重点在姿势;“寝”指睡觉,词义重点在睡觉的屋室;“寐”指一般的睡,词义重点在睡着了;“眠”的本义为闭目合眼,后引申为睡;“睡”是坐着垂首闭眼打瞌睡。

“仰 yǎng”字原本写作“卬”,二者是古今字关系。甲骨文中的“仰”,一边是一个傲立的人,另一边是一个跪在其旁仰首臣服之人。金文的“仰”字,左半部讹变为一个“匕”,原意为女性,含有跪仰在母亲面前的意思。小篆为给文字归类,依据“卬”字与人有关,画蛇添足,在右边又增添了一个“人”字,楷书缘此写作“仰”。这样,“仰”字便成为一个本义转注字(昂也是仰的本义转注字)。

“仰”,《说文》释为:“仰,望欲有所庶及也。”即抬头仰望的意思。《易·系辞上》:“仰以观于天文,俯以察于地理。”其中的“仰”即仰望。再如“仰卧、仰面朝上”等词语中的“仰”,也用为其本义。由仰视又引申出敬慕之义,如“久仰、敬仰”。仰望他人,必有所求。因而,又引申出了“依赖”之义,如“仰赖、仰给”等。

“仰祈、仰即遵照”之类的词语,乃是文言文中的公文套语,行文时书于上方表示恭敬,下行文则表示期盼。

“企 qǐ”,这是个会意字。甲骨文的“企”字由人、止两字组合而成,上部为“人”字,下部(在人的腿足处)为“止”字,表示一个人踮起脚跟，四处张望侦伺。小篆的“企”字，人足分离，成为半包容形结构，楷书缘此写作“企”。

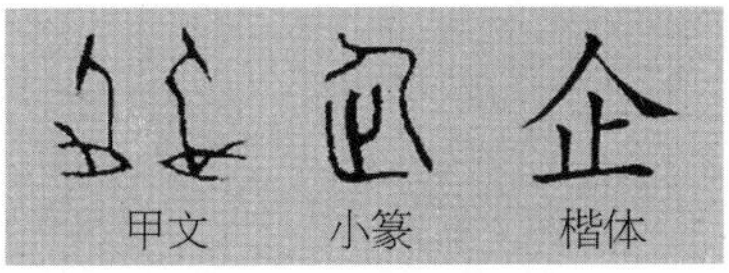

成语中有“企足而待、延颈企踵”等，其中的“企”就是抬起脚跟而远望的意思，用的是“企”字的本义。“企”，由踮起脚跟张望又可引申出盼望之义，如“企待、企盼”。与此义有关的双音词还有“企慕”、“企图”。前者用来表示仰慕，后者用作贬义词，表示图谋、打算的意思。

“企业”一词，大概源于企盼事业有成。现今流行的“企划”一词，则来自港台用语，原是企业策划一词的缩略语。

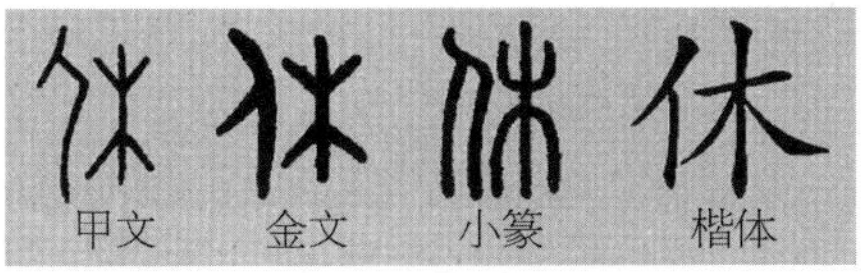

“休 xiū”，这是一个会意字。古文中的“休”字，右为树木之象形，左为行走之人的象形。两形会意，表示人像树木一样矗立在那里，本义为停止。

在传统的文字学中，“休” 的本义一直被释为休息——一个人在树下歇息。实际上，这是将引申义错当作了本义。从字形上分析，先民所造字形，并没有将“人”靠在“木”上，也没有让人躺卧在树下。从造字方法讲，人靠在树下休息，便应该是一个“象形字”，不符合会意字两个字根结合，产生新意的法则。何况这里的“人”是一个侧立行走的人。

“休”的本义为“止”，如《诗·周南·汉广》：“南有乔木，不可休息。”这里的“休”即停止，止息合称才有停下来休息的意思。再如曹丕《论典》中的：“下笔不能自休。”又如《国语·周语》：“晋国有忧，未尝不戚；有庆，未尝不怡……为晋休戚，不背本也。”句中的“休戚”即停止哀伤的意思。“休”用作副词时，表示禁止或劝阻，如“休想、休要胡说、闲话休提”。旧时丈夫把妻子赶回娘家，断绝夫妻关系，则称之为“休妻”，其中的“休”也是“止”的意思。

由“休止”之义引申，方有了歇息的意思，如“休养、休假、退休”等。

甲文 金文 小篆 楷体

“任 rèn”，这是一个会意字。甲骨文的“任”字，左边是一个侧立行走的人形，右边是一个“壬”(I)。“壬”的构形源自“针”，在此则用作“穿通”之义。“人、壬”会意，指称能够穿通丛林或冲出重围的勇武人物。金文和小篆的“任”字，随同“壬”字的演变，先加点后变横，楷书写作“任”。

“任”的本义为承当送信重任之人，引申为担当、承受。如《楚辞·九章》：“骤谏君而不听兮，重任石之何益!”此处的“任”即用为担当、承受。又如《论语·泰伯》：“仁以为己任。”此处的“任”即用为责任、重担。由此又引申为能力、才干。如《庄子·秋水》：“仁人之所忧，任士之所劳，尽此也。”“任士”即担当重任之人。

当氏族团体面临困境，便需要选派勇武能干之辈承担重任。因而，“任”又有使用之义，如“委任、任用、任命、任人唯贤”等等。被委任之人，临危领命，可随机应变以达目的，因而，“任”又有听凭、放纵之义，如“放任、任性、任意、任情”等。

金文 小篆 楷体

“俗 sú”，这是一个会意字。金文的“俗”字“从人从谷”。“谷”原指吃下后又吐了出来（本义转注为欲）。小篆和楷书一脉相承，用“人谷”构形，表示一个地方的饮食习惯。引申后，又有大众、普通、平凡等义。如《汉书·刑法志》：“孙卿之言既然，又因俗说而论之。”“俗说”即大众的普通说法。由平凡、普通又引申出凡俗、庸俗之义。

如王安石《兼并》诗中的："俗儒不知变。"

佛教以出家为高尚，视未出家为俗，即俗语常言的"凡夫俗子"。这一词义仍源自民俗，即普通民众的习惯，如《礼记·曲礼上》："入国而问俗，入门而问讳。"

"咎 jiù"，这是一个会意字。金文的"咎"字，上部为一个"人"的爬卧之姿，中间乃是两个倒着的脚迹，示意人的四肢爬行，下部则是一个"口"，在此表示氏族住地。两形会意，表示从外边爬回氏族住地或家中的意思。小篆的"咎"字将爬行之人移在右边，表示爬行的脚迹也简省为一，遂成为"从各从人"的会意字。楷书在隶变过程中，将表示倒行脚迹的"夂"下一撇拉长，人形讹变为"卜"，写作了"咎"。

人本直立行走的动物，爬行意味着脚腿受伤，不得不爬而行之，因而，"咎"有凶灾之义。如《左传·昭公元年》："诸侯必叛，君必有咎。"此处之"咎"，当为"凶咎"之义。

人本直立而行，爬行意味着犯有重大过错后的知罪讨饶，即俗语所说的"卑颜屈膝"。因而，"咎"有罪过之义，如"咎有应得、咎由自取"中的"咎"。由罪过之义又引申为责备、惩处，如《论语·八佾》中的"既往不咎"。

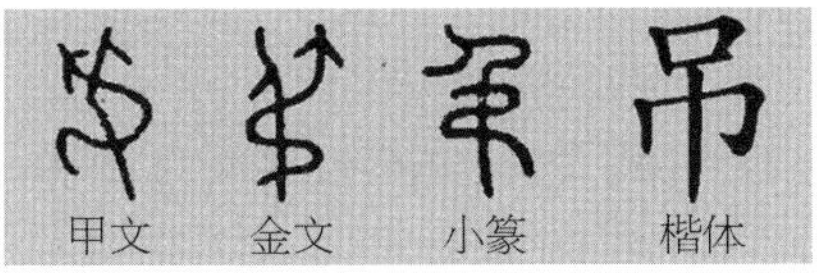

"吊 diào"，这是一个会意字。甲骨文的"吊"字，乃是一个人被绳子捆吊起来的白描图象。金文的"吊"字承接甲文，小篆为使字体美观，将"人"形上部圆曲变形，楷书缘此简省后写作"弔"。汉字简化时，为了书写方便，将原本为异体俗字的"吊"规定为正体。

在古人看来，仅仅将人捆起后，他还是会跑掉的。因而，古人的捆是将"缚"(与它物绑在一起)"挂"(悬挂在它物上)融为一体的。

青铜铭文

"吊"的本义为捆缚、吊挂,如《诗·桧风·匪风》:"顾瞻周道,中心吊兮。"这是说:回头瞻望驰道,心中如同捆挂后的悬空一样。"吊"在古文中的常用义是吊丧、慰问。如《庄子·至乐》:"庄子妻死,惠子吊之。"《玉篇·人部》注曰:"吊生曰唁,吊死曰吊。"这项意义沿用至今,如"吊丧、吊唁、凭吊"等词语。从民俗学上讲,吊丧,源自华夏民族披麻戴孝这一习俗:为表示悲情、哀悼,把自己用麻束缠绕起来,形同于捆绑。

由捆挂又引申出了悬挂之义,如"吊桥、吊桶"等。又引申出提取、收回之义,如"吊销驾证、吊卷查档"等。旧时一千个铜钱也叫一吊钱,所以,"吊"也为旧时货币单位。

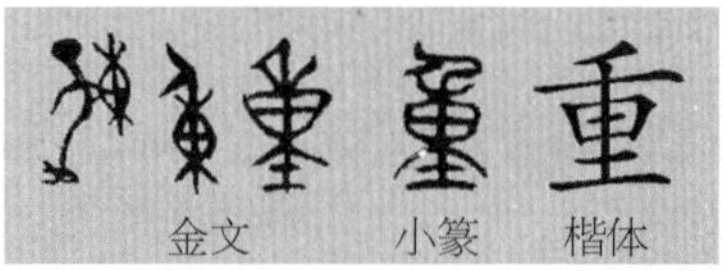

"**重 zhòng**",这是一个会意字。金文中早期的"重"字,从人从东。像一个人背上扛着一个大橐囊(参见前文的东字),非常吃力地在行走,以此表示所背东西很沉重。稍后期的金文"重"字,"人"与"东"两形合并为一体,已看不出背物之意。又一款的"重"字,下边加"土",则是为了表示立于土上,两腿迈不开。小篆的"重"字从人从东从土,乃是对金文字形的美化。楷书在隶变过程中,为书写方便,省掉了"東"字下部的一横。

《孟子·梁惠王上》说:"权,然后知轻重。"这是说,只有经过权衡计量,才能知道物体的轻重。由此可证,"重"的本义为重量之"重",与"轻"相对。《说文》释为:"重,厚也。"意指厚重、分量大。又引申为"沉重、严重、庄重"等义。

"重"在用作动词时,表示加重、增加之义;用作副词时表示"再、重新"(即又背了一次,越背感觉越重)。"重"还可读作 chóng,表示重叠、重复的意思,如"山重水复疑无路,柳暗花明又一村"。这里的“重”即释为重叠。由此引申,用作量词时表示“层”。

“**偶 ǒu**”,《说文》释为:“偶,桐人也。”即用木或泥土制作的人俑。金文的“偶”字,右上部是一个“□”,表示如“鬼”的人形,中间的“□”形符号,意指“穿通”,与“偶”字的右下部的“内”一起表示偶像内里的中空。左边则是一个“人”字。三形会意,将偶像的特征及功用表现的淋漓尽致。小篆的“偶”字简省掉“内”,如“鬼”的人形也讹变为“禺”。楷书缘此写作“偶”。

“偶”的本义为木或土制的人形雕塑,如“木偶、陶偶”。古人把此类偶物用作随葬品,乃是活人陪葬的一种替代物。《淮南子·缪称训》曰:“鲁人偶人葬而孔子叹。”这是说:孔子看见鲁人用偶人陪葬后,发出悲叹之声。在孔子看来,尽管用不具生命的偶人陪葬,但也是残存兽性的表现,乃是对人性的践踏。时隔两千多年,今日的中国大地上,仍有成千上万孝子贤孙,在死人的葬仪上使用纸扎的童男童女。当孔子知道他的后人仍冥顽不化时,又会发出什么样的“叹”声呢?

长沙战国楚墓出土彩绘木俑

古文中,用作偶数、配偶讲时,本来用的是“耦”字(耦指二人并耕)。后来,人们以“偶”代“耦”,用偶人中的男女配对,引申表示成双成对,与“奇 jī”相对,如“偶蹄目、无独有偶、对偶”等。

由“偶人”的陪葬,引申后又指偶然为之,表示不是经常所为。如“偶一为之”。又引申指非必然之事,成为哲学中的范畴之一——偶然。

“**疑 yí**”的本义指迷惑、无法确定。甲骨文的“疑”字，像一个人持杖出行，左右旁顾之行，表示出行迷路，疑惑不知所往的意思。甲骨文的另一款则增添了一个表示道路的“”，使出行之义更为明晰。金文承接甲文，但在下部增“止”表示“行走”，加“牛”表示寻找遗失之牛，使“疑”字的构意更为有趣，也反映了农耕在两周金文时期的重要地位。小篆在演变过程中，将人头回顾之形讹写为“匕”，人形的“大”讹为“矢”，右边的“牛”形讹变为“子”，逐步演变成为今日楷书的“疑”。

“疑”，《说文》释为：“疑，惑也。”即迷惑不解，不知所往的意思。“疑”由行路时的迷惑，寻找走失牛只的判断不明，引申为对一般事物的怀疑、迷惑，如“疑案、疑兵、疑神疑鬼、半信半疑”等等。古文典籍中有“卜以决疑”一说，乃是指古人面对事物疑惑不解时，往往用卜卦的方式作出判断。

“疑”是一个心理概念，实在不好表示。如果让你创造这样一个字，你会怎样表现呢？

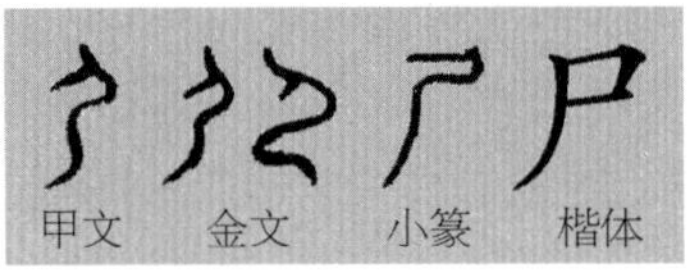

“**尸 shī**”，在甲骨文中写作“”，像现在人们坐在椅凳上的姿势。这是三千多年前，殷商时代祭悼死人时，将尸体摆放后的姿势。当氏族成员死去，尤其是那些具有一定社会地位的人死去后，人们会将他或她扶坐在高台之上，使其高坐耸立，用食品、舞蹈祭享一番，仪式结束后，再将其火化或者掩埋。如果祭祀死去已久的先祖，这时，会让死者的晚辈化妆后充任尸主，模拟盘腿，端坐受祭。古人把这一番仪式称之为：“尸，主也，孝子之祭，不见亲之形象，心无所系，立尸而注意焉。”所以说，“尸”的本义就是受祭的尸主。后来，人

商周时期的石雕

们改用牌位、画像来表示尸主，这一习俗沿用至今。

当然，“尸”字的构形可来自倦曲在地的尸体。所以，尸的本义为尸体。后来，人们在“尸”下增“死”为“屍”。尸、屍分化成为两字，现今人们又将“屍”简化为“尸”。

“尸”的构形也来自古人的“蹲”，即俗语所说的跽蹴。大概因为古时女人生孩子多用此种姿势，所以与生育有关的“居、孱、薛”等字，均与“尸”有关。

“尸”在表示蹲下的同时，也成为诸多汉字的偏旁部首，如“尾、屎、尼”等。汉字中，凡从“尸”之字均与人的躯体有关。

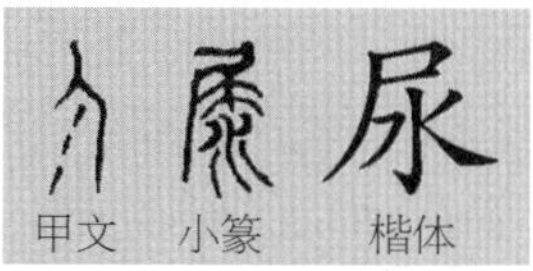

“尿 niào”，象形字。甲骨文的尿字，像一个侧立的人形，身前的三点表示激射的尿线，表示一个男人站着撒尿的意思。依据甲文、小篆将人形演变为“弓”，加上表示人尿的三点，使其并列后又转注加水，楷书缘此写作“弱”和“溺”。

先民们从野蛮时代走出后，后世儒家觉得此字造形不雅，因而在小篆中另用尾、水会意，来表示撒尿这一动作。实际上，这一图形更贴近母畜撒尿的情景，例如，驾车的马或母猪撒尿。如图所示，小篆的“尿”字与甲骨文完全不同，但文字的本义却完全一样，都是“放水”。楷书的“尿”字将“尾”省形为“尸”，“尸”指蹲踞的人体，“水”则指尿液，与甲骨文、小篆的字形有异曲同工。

“尿”作为动词时，表示撒尿；作为名词时，表示所撒之尿。尿，在今人看仅仅是一种排泄，但在上古先民看来，把尿字归于男人，还是放在家畜身上，甚或用于女人撒尿，确实费了一番周折，多了一番左顾右盼。

“**屎 shǐ**”，也是一个象形字。甲骨文的“屎”字，像一个人蹲着大便的形状，人形臀部下的几个小点代表从肛门拉出来的排泄物。因此，“屎”的本义指粪便。同“尿”的演变一样，楷书的“屎”由“尸、米”组合而成。这是说，屎是吃了米后拉出之物，决不是一人拉出的米。

“屎、尿”二字，本是后人所造的俗字。现今，已登堂入室，成为汉字大家庭中常见的一员。

“**泰 tài**”，这是一个会意字。古文的“泰”字，是在表示人形的“大”字下，添加两短横，表示撒尿。小篆的“泰”字，便象形了许多：将“大”下的两点改为“水”字，旁边各增添一只手，表示尿憋之时，双手解开衣裙的意思。楷书经隶变之后，写作“泰”，已将双手之形插入“大”中。

“泰”的本义为通畅，源自尿憋急后撒出的感觉。如《管子·事语》：“惟盖不修，衣服不众，则女事不泰。”女事不泰，即家中女人的针补工作不通达。《易经》用“泰”作为一种吉卦的卦名，与“否”相对，卦形为乾下坤上，表示天地相交，时运亨通的意思。成语中的“国泰民安”，即国运畅通之义。

情急撒尿，心中泰然，但行为上有尽情释放之嫌。由此引申出“泰”的骄纵之义。如《左传·襄公三十年》：“大人之忠俭者，从而与之，泰侈者，因而毙之。”泰侈，即过甚骄侈的意思。由过甚又引申出最、极之义，如“泰山”，取意最高、极大。“泰山”即大山、高山的意思。也有帝王遇到社会难题，不得不在此封禅转一圈，心中便会泰然起来的意思。

“**尾 wěi**”，甲骨文是面朝左的一个人，屁股后面拖了一条大尾巴。古人造字，常常取象于身边所习见。但是，除了极其偶然的返祖现象，人是不会长尾巴的。人屁股后面那条毛茸茸的东西，不是人体的一部分，而是古代的一种服饰，可能是将兽尾吊在臀后。小篆的“尾”字，上部为“尸”，乃是“人”或狗的蹲踞之形，其下为“毛”，仍表示尾巴。楷书的写法秉承小篆，写作“尾”。

尾巴是动物身体的一部分，不论在何种动物后边画尾，都会引起混乱。在本不长尾的人后绘出尾形，正是为了强调尾巴之义。“尾”字，原本是个会意字，《说文》对“尾”字注解说：“古人或饰系尾，西南夷亦然。”许慎为汉朝人，他称之为“古人”，自然是古得可以，可知尾饰确为一种远古之饰。

“尾”字的本义为尾巴，古音读作 yì，与“一、乙”等字音同义近，通常用来指称鸟、兽、虫、鱼身体末端突出的部分，如“牛尾、鱼尾”等等。从“尾巴”之义又可引申为事物的末端、末尾，如《后汉书·岑彭传》：“嚣(人名)出兵尾击诸营。”所谓“尾击”，就是从后面打击的意思。又引申为量词，如鱼一条也叫“一尾”。

《尚书·尧典》中有“鸟兽孳尾”一语。这可不是“鸟兽生出一条大尾巴”，这个“孳”是“繁殖”的意思，“尾”就是“交尾”，乃是交配的意思。所以，这句话的意思是“鸟兽为繁殖而交配”，源出鸟兽动物交配时的行为特征。

马交配图

二、天大地大人亦大

传统思维从天人合一的模式出发，导向了自我反思。从哲学意义上讲，这是一种主体内向思维。在古人看来，主体自身是宇宙的中心，是万物的度量，认识了自身，也就穷尽了天地万物的道理。这种思维模式，深深地影响到汉字的构形表意。

上古先民取象“人”形而造出了“大”字，由“大”又造出了“天”字。中古时代的思想家把人与天、地并称为“三才”，认为“天大地大人亦大”，只有人可以“参天地，赞化育……”

早期的人本主义观念，以其朴直为支点，大力张扬人的主观能动性，促使华夏民族创造出无与伦比的物质文明。然而，正是在人本主义旗帜的持续飘扬下，人欲横流，百无禁忌，“天人合一”畸变成了“天王合一”。扬弃来自溯源，只有刨根问底，才能认清“大”字何来，从“大”的一系列汉字为何如此？

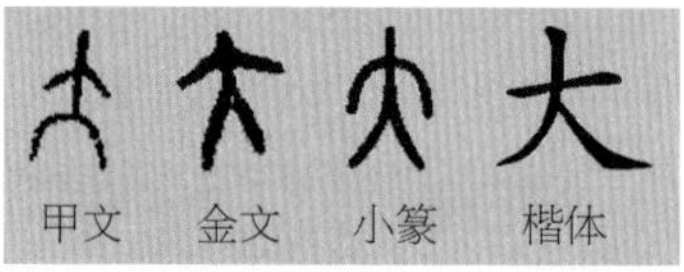

“大 dà”，这是一个象形字。甲骨文和金文的字形，均像一个男人正面站立、伸臂叉腿的形状：两臂伸展，双腿叉立，显得人是那么高大，所占空间亦大。如此造形，来自成年男子与女人、小孩的比对，源自上古先民对人体魁梧、伟岸的审美感知，乃是古人“天大地大人亦大”观念的反映。

“大”的本义为人大，引申为一般事物的比对，便产生了大小的

“大”。“大”,用在体积、面积、数量、力量、强度、程度等方面，表示超过一般或超过所比较的对象，与“小”字相对,如“房子大、声音大、年纪大”等等。引申又可表示程度深,如“大红大紫、大吃一惊、天已大亮”等等。“大”字还可以用作敬语,如“大作、大札、大名”等。

青铜铭文:大

陕西关中地区至今仍将父亲称为“大”(读作dá),称叔父为“大大”,称干爸为“干大”。但从语源学的角度讲,“大” 的古音来自母系走婚时期，两合氏族中的青壮男子到另一个氏族驻地与之联欢。“大”便是脚步发出的声响。

“大”又读 dài,现用在“大夫、大黄、大王”等名词之中,但其意义仍为大小之大。

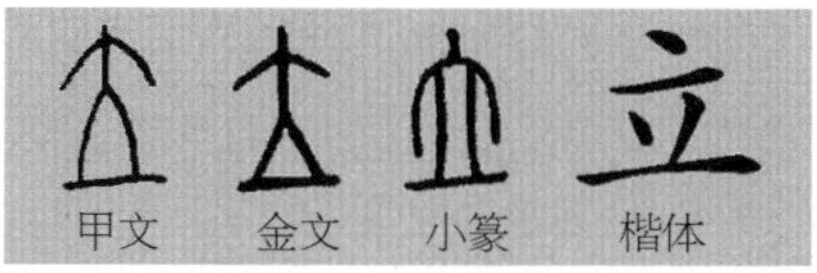

“立 lì”,这是一个依托象形字。甲骨文、金文、小篆到楷书的流变过程,一脉相承,非常清晰地展示了汉字字形的步步演变,万变不离其宗的原则。

“立”字的字形,由一个站立的“大”和人下一横组成。下边的一横表示地面,整个字形就像一个人张开双腿,屹立不动站立在大地之上。因此,“立”的本义为站立。成语中的“顶天立地”,佛教典籍中的“立地成佛”,其中的“立”字,都表示人的站立。人站立在那里,有竖立的意思。所以,“立”字引申出建树、竖起之义,如成语“立竿见影”的“立”字,意思是把竹竿竖立在阳光下,立即就会出现竹竿的影子。“建功立业、三十而立”,则是指人生追求有所建树,有所成就的意思。

青铜铭文:立

“立”又是“位”的初字,“位”是“立”的衍生字,表示站立不动的人,即位居其所的意思。

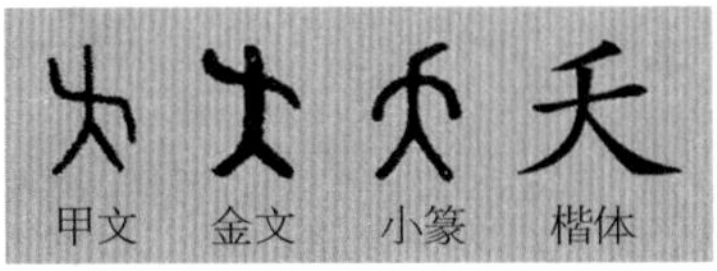

“夭 yāo”,这是一个象形字。甲骨文和金文的字形,均像一个人两臂摇曳、快速行走的样子。小篆字形发生变化:双臂屈折之形变为人头倾侧之形。楷书缘此写作“夭”。

“夭”字源出人在急速行走时的双臂摆动,乃是人体的动态平衡。在汉语使用中,“夭”字多表示摇摆、倾侧之义,即晃动的意思。如《诗·周南·桃夭》:“桃之夭夭,灼灼其华。”这是说:桃树枝条在春风中摇摆,桃花开的如火一般繁盛。又如《书·禹贡》:“厥草惟夭,厥木惟乔。”这是说:草叶向两边倾斜而长,大树的树冠向两边弯曲。“夭”由倾侧之义,又引申表示屈曲而不得舒展。如“夭折”一词,常用来比喻人的短命早死,背离了人的正常成长过程。

现代汉语中,“夭斜”常用来表示事物的歪斜,“夭矫”则表示树木枝条由屈到伸的姿态,也用来形容人的纵姿之貌,表现人体的曲线美感。

“走 zǒu”,这是一个会意字。金文写作“”,乃是“夭”字的孳乳后起字。“夭”字本有双臂摇摆的意思,多用来表示行走时的“晃动”。所以,金文在“夭”下增加一个“止”(表示脚趾的移动),来表示大步跑动时手臂挥动的情形。

“走”的本义为跑动或大步急行。如“走马观花、走狗”,这里的“走”都是跑的意思:“走狗”为善跑的狗;“走马观花”乃是跑马看花,比喻匆匆而过的意思。人在奔跑时有移动的意义,所以“走”字又引申指移动,如“走棋、走笔、撤走”等。

需要注意的是,“走”在古代指跑,“行”在古代才指慢步行走。

只有在现代汉语中,“走”的词义延伸后才可表示行走,与“行”同义,如“走道、走开、走路”等。

“走”字是一个部首字。汉字中,从“走”的字都与人的行动有关,如“超、起、赴、趋”等。

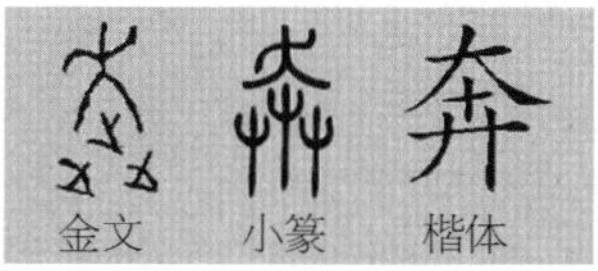

“奔 bēn”,金文写作“”,这是用“夭”和三个“止”(趾)组成的会意字,表示快速奔跑的意思。小篆下部的“止”发生讹变,变成了三棵草形,好像一个人在草地上奔跑。楷书缘此讹变为三个“十”字,写作九笔的“奔”,汉字简化时规范为八笔的“奔”。

“奔”字比“走”字多了两个“止”(趾),显然,这是通过“止”的数量来区别速度。“奔”比“走”要更急更快,“走”在古代是小跑,“奔”则是急速快跑。如《诗·小雅·小弁》:“鹿斯之奔奔,维足伎伎(qí)。”这便是描述鹿快速奔跑时,四蹄的飞速替换。《史记·司马相如列传》中记载卓文君爱慕司马相如,晚上跑出家门与司马相如一同远走高飞时说:“文君夜亡奔相如。”这里的“奔”解释为投奔,用的是奔的引申义,即投向、直往的意思。北京话说接近某个年龄时也用“奔”,如“奔 40 岁了”,此时的“奔”用为动词,读作 bèn。

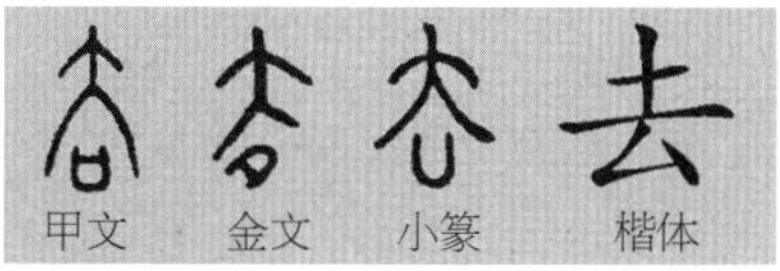

“去 qù”,这是一个会意字。甲骨文、金文和小篆的字形基本相同。《说文》释为:“去,人相违也。”人相违即人离开的意思。

甲骨文的字形由“大”和“口”组合而成。“大”为人的正面之形,

“口”表示陷阱或土坑，与金文和小篆字体中的“u”相通，可表地表上的坎陷。楷书下部讹变为“厶”，即绳套之形(与牟、允等相同)，但远离危险之意未变。因此，“去”字取象于人在跨越陷坑，表示违离、走开之义，如“去留、去世、去职”，以及成语中的“何去何从、扬长而去”等等。由离开之义又引申表示距离，如“去冬今春”，表示刚过去的一年；“地之相去千余里”则表示相距有一千里。由离开又引申为除掉之义，如“去皮、去壳”等。

值得注意的是，“去”，在古文中指离开，不能用作前往，“去”的反义词是“留”；“往”是前往目的地，“往”的反义词是“来”；“往”不带宾语，“去”常带宾语。“去”作前往是后起义，也是现代汉语中的常用义，如“去上海，我来你去”等等。

“**因 yīn**”，这是一个象形字。甲骨文、金文和小篆的“因”字，字形外部都是一个大口框，像陷阱或围墙一类的东西，里边则是一个“大”字，表示一个成年男子掉落在陷阱里面或被关押起来。人落陷阱或被关押，一定是有原因，或因自己不小心，或因他人的惩罚。所以，“因”字的本义为“为什么”，即原因。“因”字由此引申出了原因、缘故之义，如“起因、成因、内因、外因”等等。佛学里有因果报应的教义，并且把进行推理证明佛教之义的学问称为“因明”。这里的“因明”一词，乃是梵文 hetuvidya 的音译。

“因”由原因之义虚化为连词后，表示“因为”，与“所以”组成一对因果词组。

史书记载：“秦并天下，建皇帝之号，立百官之职，汉因循而不举。”这是说：秦统一天下之后，建立皇帝的名号，创立了百官职位，汉代则沿袭了这些制度而没有进行变革。这里的“因循”，一般释为沿袭，乃由凭借、依据之义引申而来。成语中有“陈陈相因”一词，其中的“因”也解释为沿袭。“因”字由沿袭之义又引申指顺随，如“因势利导”一词，就是指顺应事物发展的趋势而予以引导。

“**逆 nì**”,这是一个会意字。甲骨文字形上部是一个倒置的“大”字,像一个头朝下,脚朝上的人形;倒人形下的“止”字,则表示正向行动。另一款的“逆”字,旁边增加一个“彳”,表示行走的道路。小篆字形与甲、金文字基本相同,只是在倒人的腰部增加了一横,楷书隶变后写作“逆”。

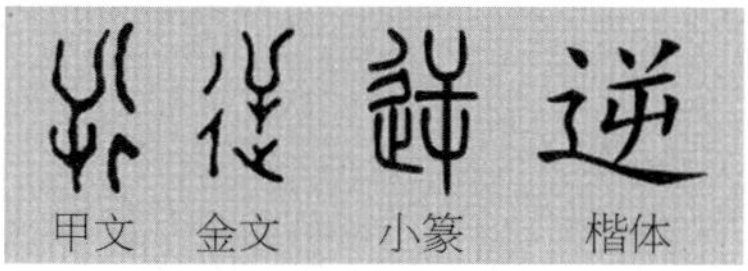

“逆”,取象于双足倒行,即向背部后退而行,本义为倒向逆行,因此,引申为事物的反向、不遵常规,如“逆向、逆序、逆风、逆耳”等等。不按规程行事,倒行逆施则有不顺之义,又引申表示不驯、抵触的意思,如“叛逆、忤逆”等。“逆取顺守”一词,表示以武力方式夺取天下后应该改弦易辙,用修文施教来治理天下。

有人逆行,必与前行者有相逢之处,所以,“逆”又含有相迎的意思,如“逆流而上”一词中的“逆”,即“迎”着水流的方向前行。古文中有“吕甥逆君于秦”的记述,是说吕甥迎接国君于秦国边界,这里的“逆”即作“迎”讲。

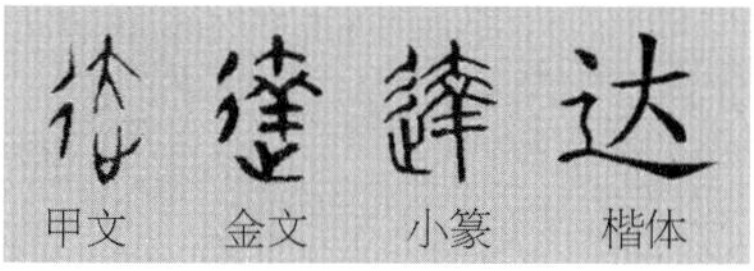

“**达 dá**”是“達”的简体。甲骨文的“达”字,象一个人(大)沿着大路(彳)前行,下部的“止”(脚迹)形,便表示行走之意。金文的“达”字因繁化而产生讹变:右上部的为表示直出的十,下部是一个羊。整体字形的构意为一群羊在路上行走。小篆以讹传讹,楷书缘此写作“達”,现今简化为“达”。

“达”字的本义为显达,即彰显。引申指在大路上阔步行走,表示通达、畅通的意思。如《尔雅》:“一达谓之道……四达谓之衢。”由此,又引申为到达、抵达,如“四通八达、欲速不达”等。

由道路畅通又引申出了通晓、明白之义。《汉书·高帝纪》曰:

“高祖不修文字，而性明达。”这是说：刘邦没有多少学问，但对事理却通晓、明白。又由道路畅通引申为仕宦之途的顺利，表示得到显贵地位，如“显达、达官贵人”等。又表示得志后的显贵，如诸葛亮《出师表》中所说：“苟全性命于乱世，不求闻达于诸侯。”其中的“达”，即“显贵”之义。

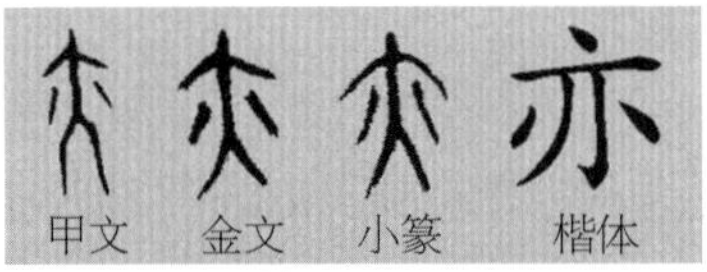

“**亦 yì**”，这是一个依托象形字。甲骨文中的“亦”字，像一个正面站立的男人；两边的两个点，表示男性胳肢窝的腋毛，一边一个，由此昭示两边皆有的意思。这是因为“亦”的概念比较抽象，难以表述，上古先民借助男人的腋毛来表示“两边皆有”这一抽象概念，构思极为精巧。

“亦”的本义为两边皆有，相当于汉语中的“也”。《庄子》一文中有：“(孔)夫子步亦步，夫子趋亦趋，夫子驰亦驰；夫子奔逸绝尘，而(颜)回瞠若乎后矣。”这段文字，把孔老夫子从“步”到“趋”到“驰”一连串行走奔跑的姿态，描写的淋漓尽致，难怪颜回要瞠目结舌。现代汉语中的“亦步亦趋”，即由此而来。另外，“人云亦云”、“反之亦然”词语的“亦”，均用作虚词，表示“也”的意思。

青铜铭文：亦

“亦”由腋下两边皆有腋毛，引申出黑的意象。因此，夜晚的夜是一个从亦从月的会意字，意味从这头黑走到另一头的黑暗。

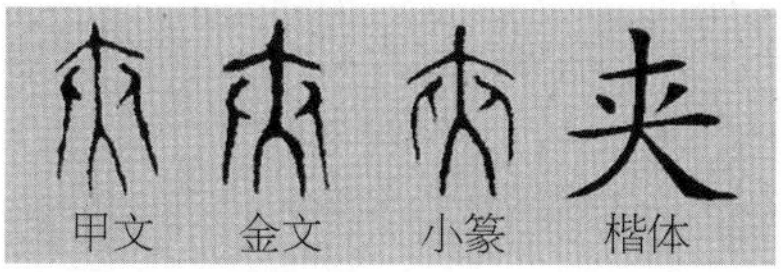

“**夹 jiā**”,这是一个会意字。甲骨文的“夹”字,字形像两个较小的人在左右搀扶着一个较大的人,表示夹持、夹辅之义。也有人认为:这是一个大人用胳膊夹住两个孩子的样子。上古时期,部落之间时有战争爆发,各种猛兽也会突然出现,此时,大人用胳膊夹起孩子逃命,乃是一种本能反应。“夹”字用一个“大”(大人)和两个“人”(小人)会意,乃是这种情景的现实主义反映。隶变后楷书写作“夾”,汉字简化方案规范为“夹”。

“夹”,一般用作动词,表示夹在胳膊之下。由“夹”的动作又引申为事物的夹杂、掺杂,如“夹雨夹雪”以及“夹注、夹带”等。又由左右相夹引申为两旁夹持,如“夹击、夹道欢迎”等。又由两旁之义引申为左右辅佐或相持之义,如“夹辅、夹持”等。唐代诗人李贺《送沈亚之歌》:“白藤交穿织书笈,短策齐裁如梵夹。”这里的“梵夹”,是古代一种用来夹佛书的夹子。

“夹”还可以指两者之间的空隙,如“夹缝”,又可指里外两层,如“夹衣、夹被”。俗语中,人的腋下也称“夹(gā)肢窝”。

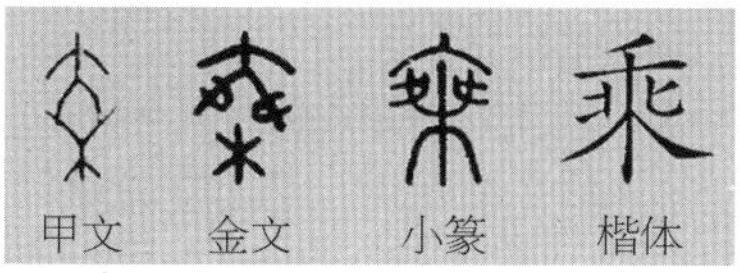

“**乘 chéng**”,这是一个会意字。甲骨文的“乘”字,上部是一个“大”,在此表示人;下部则是一个“木”,在此表示树木。两形会意,表示一个人高高地爬登在一棵大树上。金文在如“大”的人形下部,又增加了两只脚。小篆则因“大”形断裂使形象丧失。楷书经由隶变过程时,再次发生讹变,缘此写作“乘”。

“乘”的本义为爬高、登上,如《列子·黄帝》:“俱乘高台。”由登上又引申为乘坐交通工具或牲畜,如“乘车、乘船、乘马”等。由此又引申出凭借、驾驭之义,如《孟子·公孙丑上》:“虽有智慧,不如乘势。”又如“乘风破浪、乘兴而归”等。这个意思在现代口语中多说“趁 chèn”。

古代,人们将四匹马拉的一辆车称为“一乘”,读作 shèng。如:“千乘之国,万乘之君。”因为一乘车由两个“两”(两匹马拉的车)构成,二加二等于四,二乘二也等以四。所以,“乘”被命名为后一种计算方法的名称,即“乘法”。

“乘”也是古代佛教教义的名称,如“大乘、小乘”。

“**夸 kuā**”这是一个会意字。金文的“夸”字,上部是一个“大”,下部是一个“亏”(于)。两形会意,表示一个人夸张式地长出一口气。即大口出长气并发出声响(其语音源自哇、哈之声)。小篆的“夸”字,将下部表示大口出气的“于”字简省。楷书经由隶变后,写作“夸”。

“夸”,源自人们故意作态的大口出气。因而,“夸”有夸张、炫耀的意思。如《史记·刘敬叔孙通列传》:“两国相击, 此宜夸矜见所长。”句中的“夸矜”,便表示炫耀、夸张之义。“夸”又有自大、过度之义,如《荀子·仲民》:“贵而不为夸,信而不处谦。”这里的“夸”即表示自大傲慢。

“夸”,施自他人,则有赞赏、表扬之义,如唐代诗人皮日休《惜义乌》:“吾闻凤之贵,仁义亦足夸。”诗句中的“夸”,词义已相当现代汉语中的“夸奖、夸赞”。

“**吴 wú**”,这是一个会意字。甲骨文的“吴”字,乃是一个倾斜着脑袋的人,正在大口说话的形状,金文将“口”移在一旁,脑袋倾侧,使边走边唱或呼叫的意思更为明确。小篆承接金文,楷书缘此写作“吳”,汉字简化后,规范为“吴”。

"吴"的构形源自边走边叫，因而含有歌舞娱乐之意。乃是"娱"字的初文。

面对他人倾斜脑袋，有不屑一顾的意思，大口说话则表示反驳。因而，《说文》释为："吴，大言也。"如《诗·周颂·丝衣》："不吴不敖。"便是不大声说话，也不喧哗的意思。大概因为江浙一带的人们，说话时手舞足蹈，语音为中原人所不理解。因而，身处中原的人在表示吴侬软语的同时，又用"吴"指称南方人，即吴人。又转指地名、国名。如"吴国"原本指周代的诸侯国，以后，又专指三国时代的吴国(在今长江中下游和东南沿海一带)。

"吴"，也是中国人的姓氏之一。

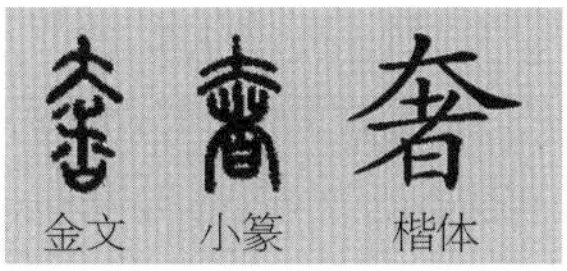

"奢 shē"，这是一个会意字。金文的"奢"字"从大从者"。"者"在古文中的构形源自野火贴地燃烧。"大、者"会意，即森林大火蔓延而起，越燃越烈的意思。含有一个人点燃树林用来烤火之意。因而，"奢"的本义为奢侈，由焚烧一切引申出挥霍无度的意思。如《论语·八佾》："礼，与其奢也，宁俭。"这是说：敬神的礼品、礼仪，与其奢侈，不如俭朴。现代汉语中，则有"奢华、穷奢极欲"等词语。由奢侈又引申出过分、过度之义，如唐代诗人卢仝《走笔谢孟谏议寄新茶》："摘鲜焙芬旋封裹，至精至好且不奢。"

马王堆出土的漆盘，乃古代的奢侈品。

小篆和楷体的"奢"字一脉相承，演变的轨迹十分清晰。

"奢"在现代汉语中，常用作动词的修饰成分，表示过度之义，如"奢望、奢求、奢愿"等。

三、翻手为云覆手雨

直立行走，标志着人从动物世界中的分化。然而，这一行为的实质意义，在于手的独立使用和日益灵巧。正是在工具的制造和使用中，人类开始了“征服”大自然的历程，延至今日，创造出了一个庞大的“人造世界”，一个自然界原本没有的物质世界，从而使人与自然的对立，达到了极限。

“双手”和“手臂”是人体最灵巧的部分，它的灵巧来自大脑复杂而巧妙的命令。从另一个角度讲，手脑之间的作用和反作用，脑与手之间的协同，是人类智商得到长足发展的基本保证。

以“手”为组字构件的汉字，可能是与人体有关的文字中最多的一类。

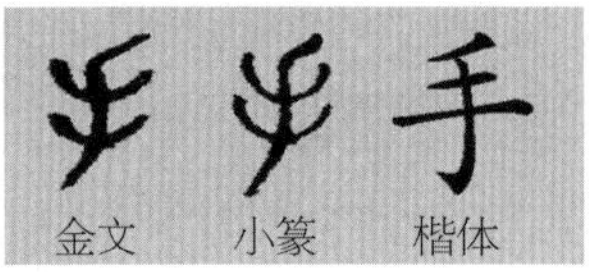

“手 shǒu”，这是一个象形字。金文和小篆的“手”字，正是对手的形状的描摹：上面的分支代表五个手指，下面是手掌、手腕，这一线描图形恰似一只完整的指掌。遵循象形字的基本法则，“手”的取象和本义是一致的；图形如手，本义也是手。

在人类诸多行为中，手与脚既有分工，又互相协同，二者的关系最为密切。因此“手”与“足”(脚)多联用，如“手忙脚乱、手足无措、手舞足蹈”等诸多词语中，手和足往往同时展现。现代汉语中，形同手掌大小及薄厚之物，也常用手作为修饰限定，如“手册、手折”；使

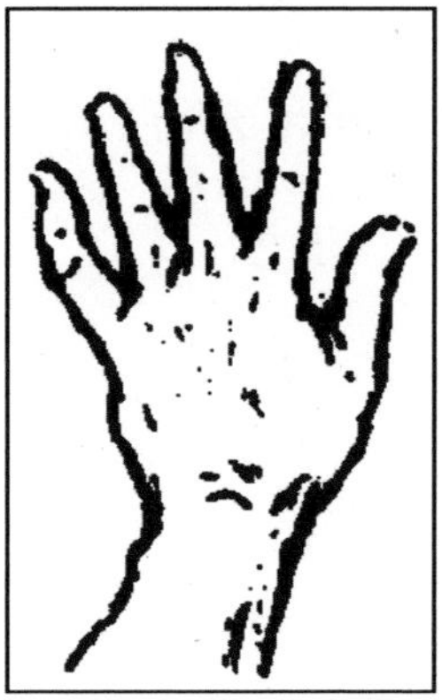

用原理与手相同之物也可用手比拟，如“扳手、把手”等等。

“手”，本为名词，但手可以实施诸多行为。因而，“手” 可用作动词或修饰动词的副词，如“人手一册、手书、手植”等；人以手做事，所以又引申指擅长某种技能或做某种事的人，如 “能手、主攻手、水手、凶手”等；“手”在用作量词时，则往往与人的技能或本领有关，如“露一手、有两手”等等。

汉字中，凡从“手”或提手旁的字，大多都与手或手的动作有关，如“打、拍、扶、拿”等等。

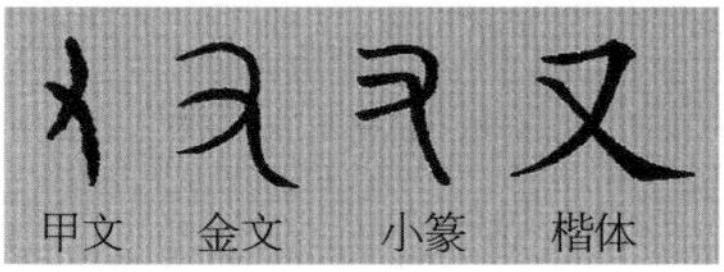

“**又 yòu**”的本义为手。甲骨文写作“”，恰是一只伸拿之手的形状。甲骨文中至今未寻找到独立使用的“手”字，这样一个常用字无法找到，只能说明一个事实：上古先民用“又”来表示“右手”，用“又”的镜像表示左手，而没有抽象意义上的“手”。

在甲骨文中，凡从“手”的会意字，其构件多用“又”来表达。由于“又”同时表示使用频率最高的“右手”，所以，“又”是“右”的初文(“又”下增“口”即为右)。

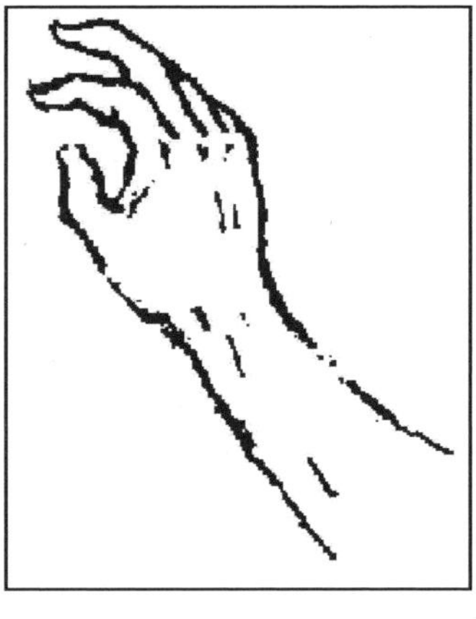

“又”在汉语中多用为虚词：可以表示几种情况同时存在，如“又快又好”一词；亦可表示意思上的更进一步，如“雪上又加霜”一语；亦可表示行为动作的重复、继续或转折，有“可是”的意思，如“他又不想干了”。“又”的本义，即“手”的意义，则作为构字部件，保留在与“手”及其动作有关的汉字之中，如下文中将要介绍的诸多汉字。

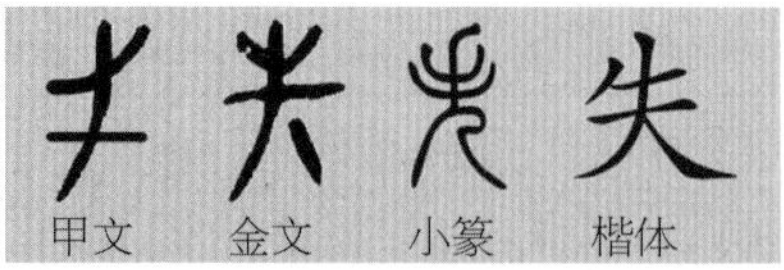

“**失 shī**”，原本是一个指事字。甲骨文的“失”字，是在“又”上增添一横表示从手腕处断失，表示因伤残断腕后的失掉一只手。金文的“失”字，下部讹变为“人”，像一个人高举一只手，中间作为指示符号的一横，仍表示断失。小篆承接金文，形体相似，楷书隶变后写作“失”。

“失”的本义为断失一只手。无论对古人还是今人而言，失掉一只手的意义都非同一般，此字的出现，证明上古时代断失一只手的现象已较为普遍。“失”的词义扩大后，引申为一般意义的遗失、丢掉。如《易·比卦》：“王用三驱，失前禽。”以及成语中的“塞翁失马”等。由遗失之义又引申出迷失、消失之义，如“失群、失宠、失路”等。由果溯因后，遗失之义又可引申为没有控制住，如“失手、失态、失火、失眠”等等。

“失”用为动词时，则表示错误、过错，如“失误、过失、智者千虑，必有一失”等。唐宋八大家之一的柳宗元在《封建论》中说：“失在于政，不在于制。”这是说：过失在于施政纲领和方法，不在于郡县制度。

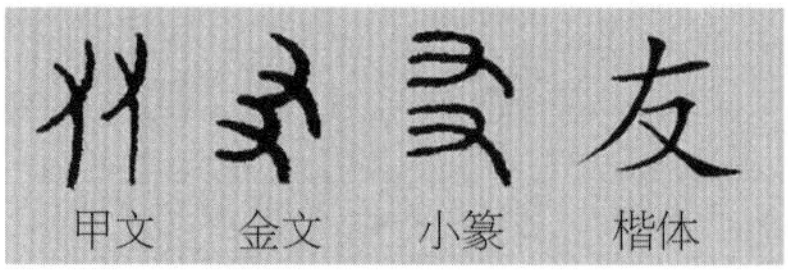

“**友 yǒu**”这是一个会意字。甲骨文字形由两个“又”字并列组成，表示两只同时伸出来的右手。两手相交已形同今日的握手，由此可证，握手之礼在上古时代已有。小篆的字形有了一点变化，左右排列的双手，变成了上下排列，但以双手相握，表示友好的意义并没有变。楷书为了书写方便，将上边的“手”形做了镜像调整，下边的“手”演变为“又”，因而，写作“友”。

“友”字的本义是朋友，如“战友、好友、朋友”等，引申为友善、友好合作之义，如“友悌、友善、友邦、友邻”等等。

“友”字的意义，相当于今日我们所说的朋友。在古代社会中，朋和友的含义有细微差别：“同门为朋”。即跟从同一个老师学习的人，相互间称为“朋”；“志同为友”。就是说：只有那些志同道合为同一目标奋斗者，相互之间才能称为“友”。

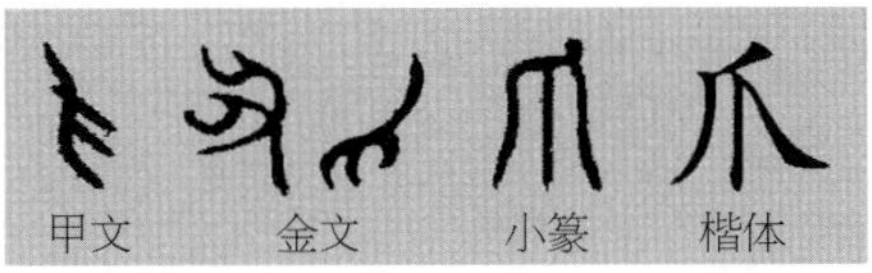

“**爪 zhuǎ**”，这是一个象形字，本义为用手抓取，“爪”也就是“抓”的本字。甲骨文的“爪”字，像一只手心向下伸出的手，特别突出了手指部分。金文的“爪”字更在指端添上了弯曲之形，表示手指的合拢。另一款的“爪”，则手指向下，好像抓取东西一样。小篆承接金文中的第二款，楷书缘此写作“爪”。“爪”的古音读作 zào，与“找”同一音系。

“爪”在用为动词时表示“抓 zhuǎ”，但此义已由后起的“抓”字承担。“爪”字用作名词时，则表示带有贬义的“手”，这是因其五指聚拢向内，只为自己抓取的缘故，如“手爪、爪子”一词。这种带有贬损之义的词义扩大后，“爪”，又引申表示动物的脚趾。如“鹰爪、猫爪、张牙舞爪”等。“爪牙”一词本指动物用来攻击、防卫的爪子和牙齿，后来，则多用来比喻坏人的亲信和党羽。

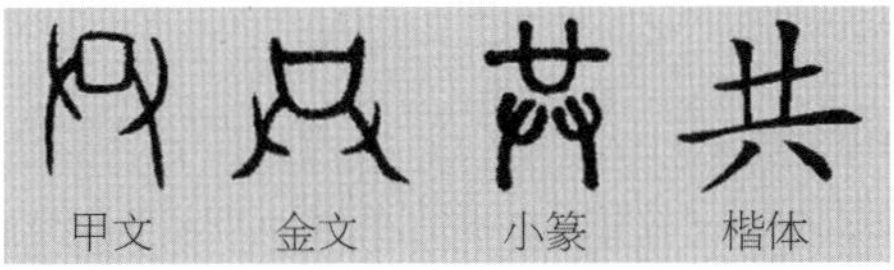

“**共 gòng**”，这是一个会意字。甲骨文的字形，是一同伸出的左右两只手，表示双手俱在。另一款的字形在两只手前增添了一个“**ㅂ**”，表示双手手掌平伸做出的掬捧，又表示手中之物，任其取走的意思。小篆将表示双手掬捧的“口”形讹变，楷书缘此写作“共”。

“共”的本义为供给、供奉，即双手捧出将己物奉献给他人，任其取走之义。在文字形义演变的过程中，“共”的这一意义由后起的

“供”字承担。“共”的另一义即两手一起伸出,则成为它的常用义,即表示共同具有或一起做。所以,“共”有共同、共有的意义。现在汉语中的“同甘共苦、和平共处、共事”等,均为共有、一起的意思。由“共有”又引申为总共、合计之义,如“统共、共计、一共”等词中的“共”字,都解释为“总共”。

双手共同捧着东西,有并列关系,所以,“共”字还可用作连词,相当于“和、与”的意思。如初唐诗人王勃的《滕王阁序》:“落霞与孤鹜齐飞,秋水共长天一色。”这里的“秋水”与“长天”用“共”字连接起来,表示并列关系。

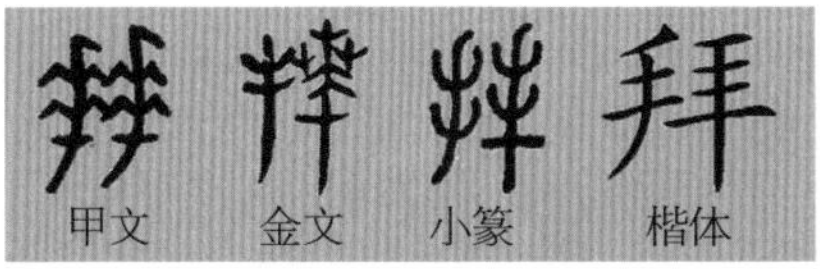

“拜 bài”,这是一个合体会意字。古文中的“拜”字,左右各为一只“手”形,在每只“手”下都有多出的一横,在此表示双手的并拢为一,即双手合十而拜。小篆的“拜”字,省掉了左“手”下的一横,表示左手向右手的靠拢合并,楷书缘此写作“拜”(全文从手从桒)。

“拜”,双手合并,呈现胸前,表示不藏有兵器,也含有束手待擒,可随时由对方执拿之义。所以,这是一种甘拜下风,表示敬意的礼节。《周礼》记载,拜有九种,如稽首、顿首、空拜、膜拜等。然而,在封建等级社会中,“拜”的常用义乃是跪拜,即双腿跪下,头垂低到扶地的手背之上。如《论语·子罕》:“拜下,礼也。”这是说:臣见君,先在堂下跪拜,这就是礼。

古代授官时必须拜谢上司、天地、神灵,有一套繁杂固定的礼节。因而,通过一定的礼节授予某种名誉或官职时,则称为“拜相、拜将”。后来,把通过仪式结成一定的关系也叫“拜”,如“拜师、结拜、拜把子”。不过,此时的“拜”绝不是双手合并,而是屁股朝上,头朝下碰至手背或地面的跪拜。

汉画像石

“发 fā”是“發”的简体字。甲骨文的“发”字，上边左右各有一只脚，表示奔跑；下边则是一个手执标枪之形。两形会意，表示一边跑动，一边把标枪投射出去。金文的“发”字在右边增添了一个“弓”，用弓箭来强调发射之义。小篆在演进过程中，将两个脚趾移在字形上端，遂有了楷书的“發”。汉字简化时，依据古代草书的写法，将其简化为“发”。

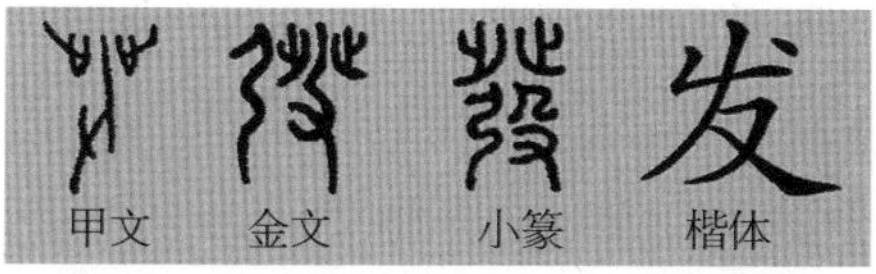

值得注意的是，简体字的“发”，同时承担原本表示头发的“髮”字(此义读作 fà)的简体。因此，简体的“发”字有截然不同的两种来源和词义。

“发”的本义为投掷、发射。《说文》释为：“发，射发也。”如《孟子·公孙丑上》：“射者正已而后发。”现代汉语中则有“百发百中、弹不虚发”等词语。由发射之义又引申为送出、交付，如“发工资、发信”等；又引申表示事物的产生或发生，如“发电、发热、发情”等；又引申表示得到财物而兴旺，如“发财、发家”等；又指称事物因环境而引起的变化，如“发面、发海参”等；引申表示人或事物因变化而呈现出的异常，如“发臭、发绿、发怒、发脾气”等等。现代汉语中，又有引申而来的“开发、发掘”等。

“承 chéng”，这是一个会意字。甲骨文和金文的“承”字，均像双手托着一个跪着的人(或男或女)的形状。小篆字形在其下又增添了一只“手”，明显地说明“承”的本义为承受、捧着，即接受所托付的人或事的意思。楷书经由隶变写作“承”，字形犹在，但象形的韵味已失。

“承”，《说文》释为：“承，奉也，受也。”即含有捧着和承受两义。如“承载、承盘、承饮”等词语，其中的“承”即“捧着”之义；“承担、承前启后、承袭、承办、承揽”等词语中的“承”，则表示接受。

“承”由接受又引申出蒙受之义，用作敬语，如“承蒙照顾、承你的情”之类词语，成为一种礼节上的客套话。

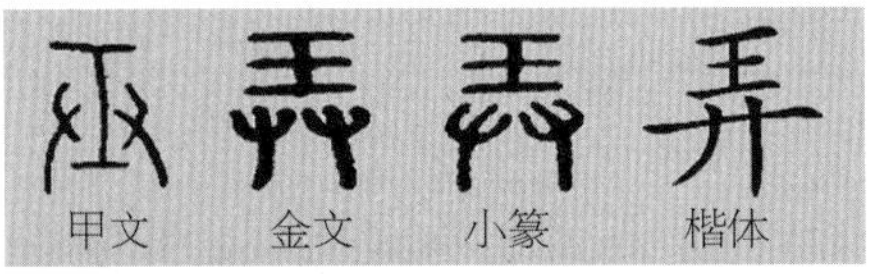

“弄 nòng”，甲骨文字形是左右两只手，中间是一个类似“工”字的符号，这个似“工”的符号本义为“针”（工与壬为同源分化字），在此表示串联东西，有穿过之义。因此，甲骨文的字形表示双手在“串联”或穿通某种东西。金文和小篆上半部形变为“壬”字，乃是甲骨文的一脉相承。

“弄”用作动词时，有做事、工作之义，如陕西人所说的“弄（nào）啥哩”、“弄饭”等。李白《送王屋山人魏万还王屋》一诗中的“十三弄文史”，其中的“弄”也释为“作”。双手摆弄并将其串联起来，有用手把玩欣赏之义，因而，“弄”在“弄玉、弄花、弄月”等词中表示把玩欣赏。由把玩又引申为不严肃、随意对待的玩弄之义，如“弄权、弄巧成拙、弄虚作假”等。

“弄”是一个多音多义词，在“弄堂、里弄”中读作 lòng，表示胡同、巷子，乃是其“穿通”义的引申。

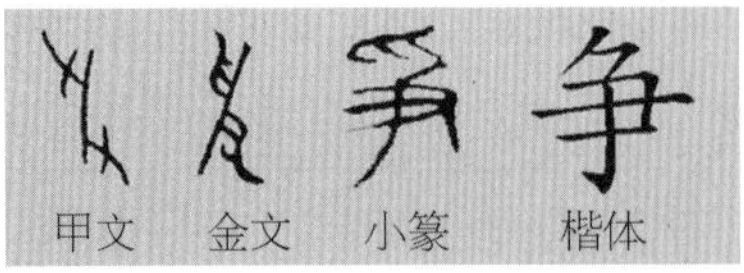

“争 zhēng”是“爭”的简化字。甲骨文和金文的“争”字，像上下两只手在同时抢夺一件物品(树棍或棍棒)的形状。小篆字形将两只手改为一只手与一只爪的上下结构，中间一竖仍表示争夺的物件。

楷书缘此写作"爭",汉字简化时,规范为"争"。

战国铜鉴上的刻纹

"争"的本义为抢夺,现代汉语中的"争抢、寸土必争、争权夺利"中的"争"字,都释为抢夺。争夺必然会进行较量,因而,"争"字引申出争斗、竞争之义,如"明争暗斗、龙争虎斗、竞争、争分夺秒"等;"争"字还可引申为争辩,如"争吵、争嘴、争长论短"中的"争"字,都表示口舌争论的意思。

"争"在古汉语中还表示"怎么",如白居易《题峡中石》:"诚知老去风情少,见此争无一句诗。"这里"争"即当"怎么"讲。

"争"字是一个部首字。汉字中,凡由"争"为声义偏旁者,大多都有争夺之义,如"诤、挣、峥、狰、铮"等等。

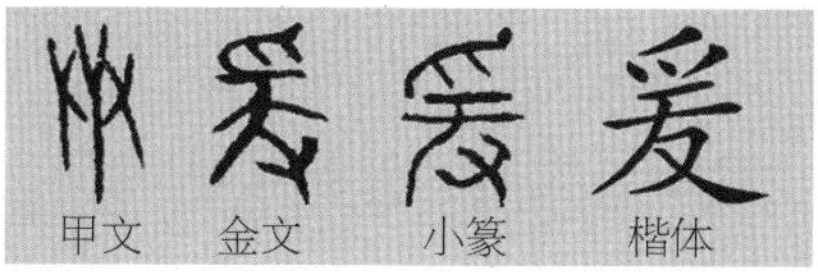

"**爰 yuán**"是"援"的初字。甲骨文的"爰"字,左右各有一只手,中间是一个"干"字,整个字形表示两手攀援物体向上。上古先民采摘果子,爬树乃生活中的常事,"爰"字便据此而来。金文承接甲文,中间的"干"字,使树杈之义更为明晰,但"又、爪"上下分离,却使词义模糊起来(可视作树上之人伸手将树下之人拉上去)。经由小篆到楷书的演化,"干"下一竖以斜撇呈现,楷书写作"爰"。

"爰"的本义为攀援,也表示拉扯而上。如《诗·大雅·皇矣》:"以尔钩爰,与尔临冲,以伐崇墉。"这是说:用你的钩踞攀援,用你的战车冲锋,去攻打崇国的城墙。后来,在汉字的实际运用中,"爰"字多用为文言虚词。人们又造了一个"援"字来表达"爰"字的本义,"爰"和"援"便成了古今字关系。

"爰"在古文中常常用作助词、连词,可用于句首或句中。如"爰书其事以告"中的"爰"便用为连词,表示"于是"的意思。又如《诗·

邶风·凯风》:"爰有寒泉?在浚(地名)之下。"这里的"爰"便用作句首助词。

"付 fù",这是一个会意字。金文的"付"字,从"人"从"又",像一个人将手中东西递交给另一个人的样子。小篆字体形变为从"人"从"寸"。这里"手"下多出的一横,原意是用来表示一件"东西",而不是指示手腕所在。

"付",《说文》释为:"付,予也。"本义为交付、给予,如"付账、付诸东流、支付"等;又引申为托付,如《后汉书·袁绍传》:"孤以首领相付矣。"这是说:我把头和脖颈都托付给你了。这里的"付"表示交托,说明此事非同不般,关系到身家性命。

"及 jí",这是一个会意字。甲骨文的字形,像一个人在前面奔跑,另外一个人从后面追上用手把他抓住的形状。"及"字的楷书字形,来自小篆字形的连笔,这是把小篆字体中"人"与"手"(又)的笔画连起来书写。书写简便了,但整个字的象形韵味已荡然无存。

"及"的本义为追上、赶上。《说文》释为:"及,逮也。"如"及早、及时、波及、力所能及"等词中的"及",即为其本义。追上前面的人,含有至、到之义,所以"及"字又引申为达到。古代科举考试有"状元及第"的说法,这里的"及"字就指达到标准,考入名次之内。李白的著名诗句:"桃花潭水深千尺,不及汪伦送我情。"诗中的"不及",解释为比(追)不上。"及"还可用作连词,相当于"和"、"与"的作用,如"城门失火,殃及池鱼"

汉代画像石:荆轲刺秦

中的“及”,就用作连词。

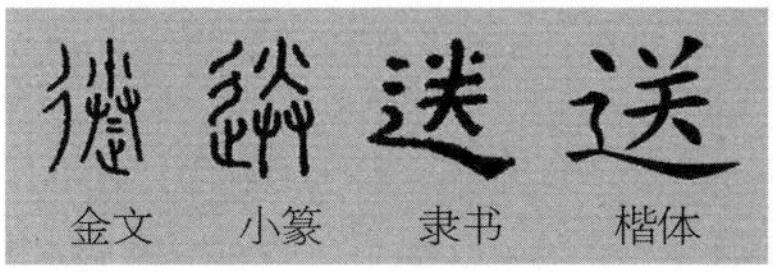

“送 sòng”,这是一个会意字。金文的“送”字,右半部上边是一个“灷”(《玉篇》释为“火种”),乃双手捧举火把之意,下边是一个脚迹和表示前往的两短横;左半部则是一个表示道路的“彳”。整个字形会意沿路前行,将火种送人(也表示举火把送行)。小篆的“送”字构形已简洁明快,双手奉火而行的意思,一眼便可看出。从隶书到楷书的演变过程中,双手奉火之形发生讹变,因此有了楷书的“送”。

古代社会,人们十分珍惜火种,以之送人表达了一种感情。而且,送“火”对自己而言,并不失掉什么。如果用手持火把照亮道路,给人送行,也能解析此字。古人以此构思,巧妙造字,实在是一种现实主义的画卷。“送”的本义为送火,引申为一般意义上的相送、给予,如现代汉语中的“奉送、送给、赠送”等词语。“送”亦可表示一般意义上的陪行、相送。如《诗·邶风·燕燕》:“之子于归,远送于野。”现代汉语中则有“送客、送行”等词语。由送行又可引申出输送之义,表示把东西从甲地运往乙地,如“送信、送礼”等。

“扶 fú”,原本是一个象形字。甲骨文的“扶”字,像一个体魄强健之人,伸出手拉助他人的样子。金文的“扶”字,将“手”形独出,摆放在字体的右边,使搀扶之意更为明晰,但搀扶的主客体有所改变;左边如“大”的人形,则演变成一个“夫”字,在此表意也表声,从而成为一个形声字。小篆承接金文,只是将左右又做了颠倒,楷书缘此写作“扶”。

“扶”的本义是搀扶、扶持,即用手支持使人或物不倒。如“扶老携幼、扶犁”等。《荀子》一书中则有“蓬生麻中,不扶而直”的格言,用来比喻环境的熏染。由搀扶又引申出了帮助之义,如“救死扶伤、扶贫帮困”等词语。一方搀扶一方,对另一方讲便是依靠,由此又引申出了拄、持之义,表示用手按着或把持住,如“扶墙、扶栏杆、扶手”等。

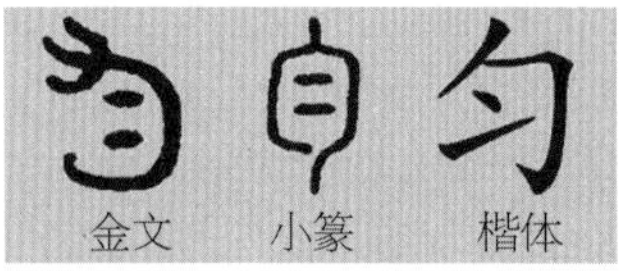

“匀 yún”,这是一个会意字。金文的“匀”字,外部是一个“手”的白描图象,下部刻意弯曲拉长,形似包裹,乃表示这是“手臂”伸出之形。里边由两点所构成的“二”,则表示把东西均分为两半。小篆在演化过程中发生讹变,外部的“手掌”之形,形变为手臂包裹之形,楷书缘此写作“匀”。

“匀”的本义为分成相等的两块。《集韵》释为:“匀,均也。”“匀”的这一意义由后起的“均”字承担,“匀”的常用义为“分出”,即将物品均分为两半后,拿出一半给别人。如唐代诗人杜荀鹤的《题花木障》:“不假东风次第吹,笔匀春色一枝枝。”“笔匀”即用笔均匀地分(画)出。现代汉语中则有“匀出一匹马、饭匀着吃”等。由“匀出”又引申出了匀称之义,即将脂粉等化妆品使均匀了,如卢仝的《小妇吟》:“小妇欲入门,隈门匀红妆。”

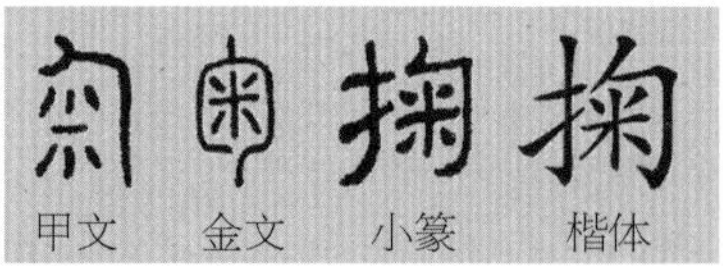

“掬 jū”,原本写作“匊”。金文中的“匊”字是一个会意字。外部乃“手掌”之形,内部为“米”,表示将米握在手掌之中。《说文》释为:“在手曰匊。”一匊米即一把米的意思。如《诗·小雅·采绿》:“终朝采绿,不盈一匊。”不盈一匊即没有采满一把的意思。

小篆的“匊”字承接金文,但字形同“匀”字一样,发生形变,表示手掌的"ㄱ"形变为表示手臂包裹之形的"口"。楷书在隶变过程中,增加提手旁,转注后的掬字使词义归类更为明晰。

"掬",《广韵》释为:"物在手。"即以手掌捧起之义。如《礼记》:"受珠玉者以掬。"现代汉语中则有由本义引申而来的"憨态可掬、笑容可掬"等词语,这是用手掌的蜷曲,比喻面部因笑而收拢为一团。

"**肱** gōng",原本写作"厷",乃是一个依托象形字。如图所示,甲骨文"肱"字的形象,是在表示臂肘的"又"字下面加了一个小圆弧,显示臂肘上拱起的肌肉,表示人的臂膀。小篆承接甲文,只是圆圈之形变异并离开臂肘。在由小篆到隶书的演化过程,为了给文字归类而添加了肉"月"旁,示意臂肘乃是肉体的一部分。

"肱",《说文》释为:"肱,臂上也。"即由肘到肩下的部分。如《论语·述而》中的"曲肱而枕之",便是说,把臂肘弯曲当作枕头。古文中的"股肱"一词,则指大腿和上臂,比喻得力之处。由臂肘之义又引申泛指胳膊,如《左传·成公二年》:"蛇出于其下,以肱击之。"这里的"肱"已表示胳膊。

"**肩** jiān",指的是人的颈下与臂相连的部分,即肩膀。金文的"肩"字是一个会意字,左上为"户",乃是单扇门的象形,在此示意"肩"可像单扇门一样旋转;右下的肉"月",则表示"肩"为肉体。小篆的“肩”字承接金文，楷书一脉相承，写作“肩”。

“肩”的本义为肩膀，即脖子旁边胳膊上边的部位。如《孟子·滕文公下》：“胁肩谄笑，病于夏畦。”这是说：竦起两肩，做出假笑，要比夏天在菜园里干活还要累。现代汉语中则有“摩肩接踵、肩挑手拿”等词语。

古人挑担多用肩膀，由此引申出了担负之义，如“身肩重任、肩负”等词语。

“寸 cùn”，这是一个典型的指事字。古文中的“寸”字，是在“又”下添加“一”短横；“又”是手形，“一”为指示符号，指示手掌以下约一寸的地方，即中医诊脉的部位，又称“寸口”，乃是手腕上经脉穴位的名称。

上古社会，人与人之间的近身搏斗十分频繁，按压寸口这一穴位，是制服他人之手或白手夺刃的基本功，在个体生命存在意义上十分重要。因而，古人对手臂这一部位了然于胸。

“寸”的另一意义，便是做测量长度的标准。古人把从手腕到臂弯之间的距离当作一尺(这是随身的最好量尺)，由手掌边缘到“寸口”之间的距离，恰为一尺的八分之一。由此，古人将“寸”用作长度单位的名称，即八寸为一尺(秦汉以后改为一尺等于十寸)。由于“寸”的距离很短，所以，“寸”又用来形容极其短小的事物，如“寸土、寸步、寸阴、寸心”等。

“尺 chǐ”，这是一个指事字。金文的“尺”字本应写作“”，这里简省掉手掌之形，用一竖表示手掌的边缘，即手腕处。

用长弯竖表示整个手臂，中间的一点乃是指示符号，表示手臂的弯曲处,即曲肘部。整个字形,表示从手掌边缘到曲肘部的长度。《说文》因此释为:“尺,十寸也,人手却十分,动脉为寸口,十寸为尺。”大意是说:从手腕到曲肘为一尺。小篆的“尺”字发生讹变,将手臂之形讹变为“尸”,楷书缘此写作“尺”。

上古社会,没有专门的长度工具,人们便以身体的一部分作为测量长度的标准,人体之“尺”随身方便,只是不太精确。先民以两臂平伸,右手指尖到左手指尖为一寻,一寻等于八尺,一尺等于八寸。后来,人们由此发展出专门测量长度的器具,名称却因袭而来,仍称作“尺”。如古诗《孔雀东南飞》:“左手持刀尺,右手执绫罗。”这里的“尺”已是测量长度所用的器具了。

现代汉语中,除中医切脉部位仍沿用“尺中、尺骨”之类名词外,许多形状和功用如“尺”的东西,也可以用“尺”修饰命名,如“丁字尺、镇尺、戒尺”等。

“尺”,又读作 chě,表示传统的音乐记谱法,即“工尺谱”的符号之一,表示音阶上的一级。

“局 jú”,这是一个会意字。古文中的“局”字,乃是“尺”下有“口”:“尺”,原本表示手臂上的曲肘,在此则代指手臂;“口”则表示手臂环曲后形成的小范围空间。由小篆到隶书的演化过程中,上部的“尺”字渐失曲肘的形象,形似而神韵全失,楷书缘此写作“局”。

“局”,《说文》释为:“从口在尺下,复局之。”《玉篇》释为:“局,曲也。”即手臂弯曲而形成的小范围空间。也有人认为,局是一个形声字,从尸句声。本义为蹲踞后手臂的范围。如《诗·小雅·正月》:“谓天盖高,不敢不局。”由此引申为限定,表示将整体划分为部分,如“局部、小局服从大局、局势”等;又引

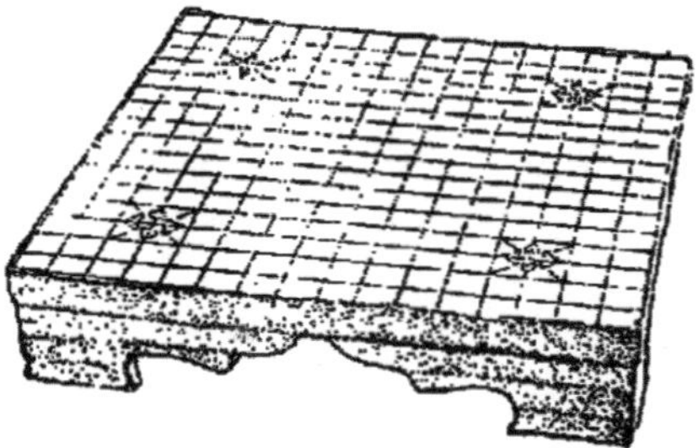

西汉墓土铁足石棋盘

申指分部办事的官署机关，如“文化局、公安局”等；又特指引人陷入圈套，如“设局、骗局”等。又引申为局限之义，如“局促、局缩”等词语中的“局”，都表示畏缩而不敢放纵，不能舒展之义。

“局”作棋盘讲，乃由限定、划分之义引申而来。“局面”一词，原本指棋局布子的形势，比喻实地及势力之所在。又由棋局引申出“结局”一词，表示棋局胜负的结果。

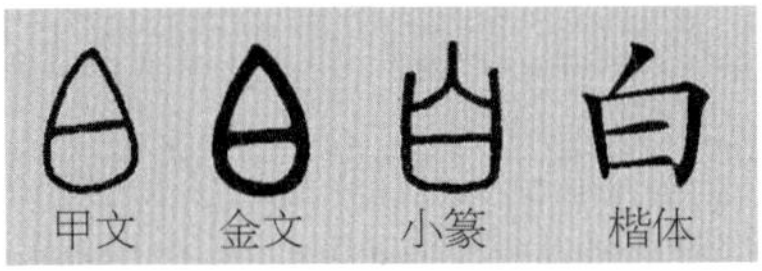

“**白 bái**”，这是一个象形字。甲骨文的“白”字，乃是大拇指指甲盖的象形白描。中间的一横则来自指甲上的月牙。金文承接甲文，小篆为使字形匀称、美观，在方块化过程中增添饰笔，楷书据此隶变后写作“白”。

“白”，源自上古先民对手指的细致观察：黝黑的双手，塞满泥垢的指甲缝下，白色的大拇指指甲盖格外醒目。唐代诗人白居易的《卖炭翁》中有“满面尘灰烟火色，两鬓苍苍十指黑”的描写。十指黑黝反衬出指甲的白皙。先民据此造字，用为白色之“白”。如《荀子·荣辱》：“目辩白黑善恶。”由白色之义又引申为明亮，如“白天、白昼”等。白日之下，纤毫必露。因而又引申出清楚、明白之义，如“真相大白、不明不白”等。由此又引申出徒然、空的意思，如“白跑一趟、白费力气”等。

在华夏民族习俗中，丧服用白色。所以白色又指丧事，如“红白喜事”一词。现代汉语中，“白”与“红”构成了一对反义词。“红”指革命，于是“白”象征着反动，如“白军、白区、白色恐怖”等。

“白”为大拇指指甲盖，由此又引申为“五指之长”的意思，即翘起大拇指。古文中借用表示首领、老大之义，如甲骨卜辞中的“多白征盂方”。“多白”即很多氏族首领的意思。此义后来由孳乳而生的“伯”字承担。

四、足下生风追往昔

殷商民族是一个四处炫耀武装的殖民民族。在北至燕山脚下，南到长江北岸，东起海滨，西抵陕甘，纵横数千里的土地上，都曾留下他们武装炫耀、开疆拓土的足迹。《诗·商颂·玄鸟》赞曰：“邦畿千里，维民所止，肇域彼四海。四海来假，来假祁祁。”

千里之行始于足下，路是用脚走出来的。在甲骨文和金文中，留下许多与双足之“行”有关的文字，不仅饶有趣味，更是上古先民生活的真实写照。

“足 zú”，这是一个依托象形字。甲骨文的“足”字，像一个脚趾、脚掌、小腿部分俱全的人脚之形。金文字形略有变化，除仍保留脚掌、脚趾的形状外，小腿部分则以一个圆圈代替，表示腿肚子。小篆一脉相承，楷书写作“足”。

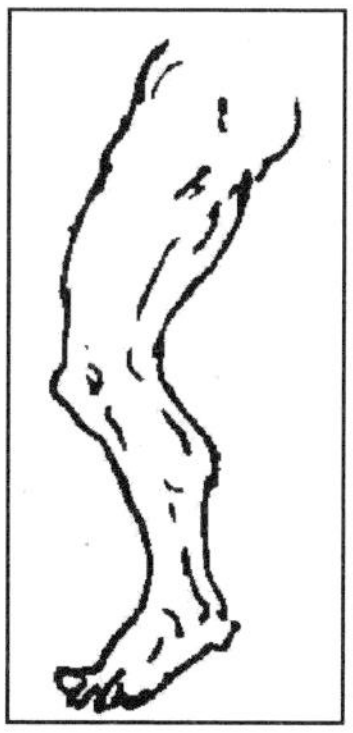

“足”的本义为腿，如成语中的“画蛇添足”，其中的“足”即为腿。现代汉语中，则有“插足、立足、手足、足球”等词语。词义扩大后，“足”泛指器物的腿足。如“鼎足而立”一词，这里的“足”便表示器物的支撑部分。由于双脚踏地方有稳妥、结实之义，所以，“足”又引申为充足的意思，如“富足、满足”等；由充足之义又引申出了够得上、值得之义，如“足够、足智多谋、微不足道”等等。

汉字中，凡从“足”之字，都与腿脚及其动作有关，如“跟、踵、蹈、践、促、捉、浞”等等。

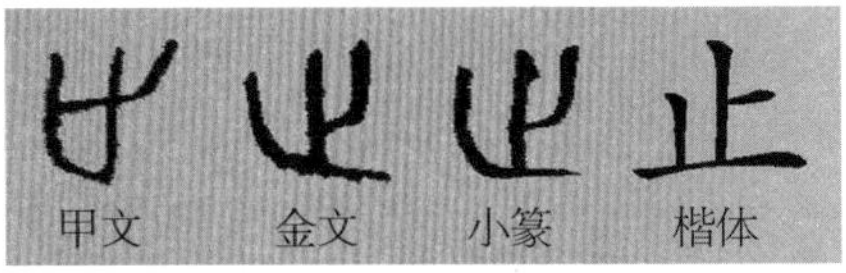

“止 zhǐ”，这是一个常用字，现代汉语中有“停止、禁止、止步、止境”等词语。在这些词语里，“止”都表示“停下、止步”的意思。其实，这并不是“止”的原意。“止”的本义是“脚”或“足”。这一意义由孳乳后起的“趾”字来承担，“止”是“趾”的初字。

“止”，甲骨文写作“ㅂ”，像人的足迹。正如前文提到的“又(ㄋ)”一样，它也是只画出三个脚趾来代表脚。从下图“止”的演化源流中，可清楚地看到，“止”字从图画文字如何演变为象形文字的。

由于人的行为止于足，行为停止的重要标志之一是脚不动。所以，“止”字有“停止、截止、栖息”等义。如“学无止境、血流不止”等。又引申为使之停止、拦阻之义，如“制止、止血”等。

甲骨文中的“止”由图画向象形的演变

汉字中，凡由“止”字所组成的字，大都与脚及其行为有关，如“步、此、陟、涉”等等。

从文字发展的源流来看，应该是先有“止”、“足”，然后才有“脚”。“足”字是在“止”的基础上构成的，“脚”字产生很晚，可以肯定这与“止”、“足”的本义引申、扩大有关。由于“止、足”有了新的含义，所以人们就又创造了一个新字，造出了“脚”这个形声字。有意思的是，按照产生的先后顺序来比较一下“止”、“足”、“脚”三个字，便发现产生越早的字，本义保留的就越少。

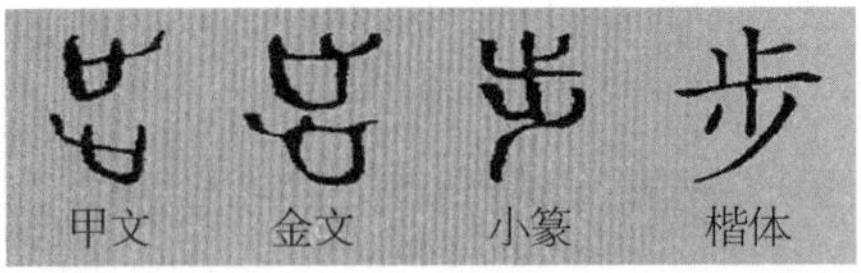

“步 bù”，这是一个象形字。甲骨文和金文的“步”字，像两只脚

趾一前一后的形状，表示两只脚交替前行。所以，“步”的本义为步行，如“步兵、徒步、步话机、步人后尘”等。“步步为营”这个成语，说的是军队在向前进发时，每前进一段距离便建立一个营垒，就像人一步一个脚印，用以形容稳扎稳打、谨慎小心之意。

青铜器上的图形文字：步

在文字演化过程中，小篆的“步”字脱离象形，逐步向符号化发展，楷书经由隶变后写作“步”。

“步”在古代还是一种长度单位。古人以举足一次为一跬(kuǐ)，举足两次为一步，如《荀子·劝学》中的“不积跬步，无以致千里”。据说，秦代以三百步为一里，以成人步履计算，一步约为 1.6 米左右，一里大约有 500 米。

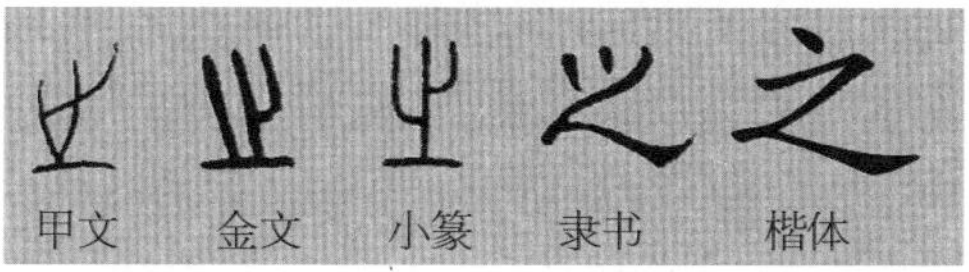

“**之 zhī**”，这是一个会意字。甲骨文的“之”字，上面是一个表示“脚趾”的“止”形白描，下面的一横画，则表示出发的地方。两形会意，表示脚踏这里或从这里出发，离此前往的意思。金文和小篆的“止”字一脉相承，只是字形在演化过程中，渐失象形的韵味，楷书经由隶变后写作“之”。

“之”的本义为这里、此处。如“求之不得、取之不竭”等词语中的“之”。但此义在文句中，后来多虚化为虚词，如古文中的“均之二策、之子于归”，其中的“之”即表示“这、这个”的意思。

“之”也可用为虚指代词，音义虚化用来调整音节，如“手之舞之、足之蹈之”中的后一个“之”，便是没有实义的虚指代词。“之”借用为助词后，可在定语和中心词之间组成偏正词组，表示修饰关系，如“光荣之家、千里之外、无价之宝”等；表示领属关系的则有“赤子之心、钟鼓之声、

以子之矛、攻子之盾”等；表示同一关系的“魁父之丘、桑竹之属、道家之流”等等。“之”字用为助词时，在主谓结构之间，取消句子的独立性，使其变成偏正结构，如“中国之大、人之将死、大道之行”等。

“之”由离开此处可引申出“前往”之义，如《战国策·齐策三》：“臣诸为君之楚。”句中的“之”即表示前往之义。

“**匝 zā**”，这是一个会意字。甲骨文的“帀”字，上为一横表示出发地；下为倒止之形，乃是“A”的简省。两形会意，表示从那边走来的意思。从金文到小篆，再从小篆到楷书，“帀”的笔画构形一脉相承，但象形韵味的丧失，反而使此字十分难识。

“帀”，《说文》释为：“帀，周也，从反之而帀也。”帀是之的倒转。许慎将字形解释清楚了，但字义却解错了。“帀”的本义为从哪儿来，即关中方言的“ā、dā”，读音也从二字的合音转声而来(甲文中有复辅音，即一字读两音)。无论是从哪儿来，一定走过了一段路程，由此，引申为一周遭、一圈路的意思。为了使这一引申义在形体上更为形象，又加“匚”旁，以示一圈路，“匚”未封口，实为绕了半圈，即一段路程的意思。本应将“帀”字写在“匚”内，书写时两横合为一横，写作“匝”。“帀”是“匝”的本源字。“匝”作为声符，又是“咂、砸”等字的组字构件。

“**此 cǐ**”，这是一个会意字。甲骨文、金文、小篆的“此”字，右边均为一个人的侧身之形，左边是一只脚(止)。“止”，在这里表示脚。隶书在演变过程中，将右边的反向人形变为“匕”，因此写作“此”。

“此”的本义为人所站立的地方，即“这里、此处”，如“到此结束、由此前往”等。引申为近指代词，可以指人、指物、指事、指时，如

《诗·王风·黍离》:"悠悠苍天,此何人哉。"《孟子·公孙丑下》:"彼一时,此一时也。"《史记·酷史列传》:"非此母不能生此子。"现代词语中则有"由此及彼、此起彼伏"等,与"彼"构成反义词。又引申为这样、这般,如现代汉语中的"此等人物"一词。

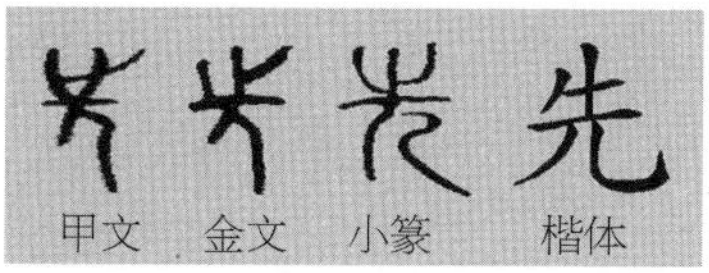

"**先 xiān**",这是一个会意字。甲骨文的先字,是"人"上有一个"止"字,表示有一只脚(先行之人)走在"人"的前头。金文与小篆一脉相承,但在演变过程中,尤其是由小篆到楷书的演变,已完全脱离了象形的韵味,成为一个符号化的文字了。

"先"字的本义为"前",与"后"相对,如"先行一步、先导、先锋"等。"先"字由次序上的先行先走,又引申为时间的在前,即"早"的意思,如"先进、先例、事先"等。

"先"字,由次序上的先行,又引申为辈分上的先后,如尊称死去的人为"先父、先烈、先哲、先贤"等。"先生"一词,本指年长早生之人,又特指老师,现在则用作对成年男士的尊称。

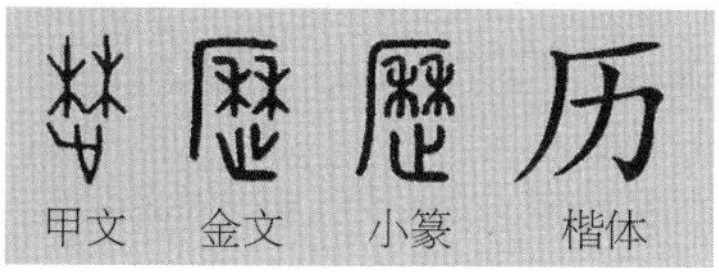

"**历 lì**"是"歷"的简体字。甲骨文的"历"字,上部是双木构成的"林"字,下部是一个脚趾之形。两形会意,表示穿越树林而行。金文的"历"字变两"木"为两"禾",上部加翻转符号"厂",表示穿越禾田时,禾谷被踩倒后形成的路径,以此表示穿越、通过之义。小篆和楷书的"历"字构形相承续,楷书写作"歷"。因笔画繁多,汉字简化时,规范为"历"。

应该注意的是,简化后的"历"字身兼二任,也是表示时间流逝的"曆"字的简体。

"历"的本义为穿越、通过,《说文》释为:"历,过也。"如李白《日出入行》诗:“历天又复入西海,六龙所舍要在哉?”“历天”即通过天穹的意思。现代汉语中则有“历程、履历、历时、来历”等词语。“历”作修饰词时,表示经过,如“历次、历代、历届”等;“历”作形容词时,则表示一个一个或一行一行,也含有清晰可见的意思,如唐代诗人崔颢《黄鹤楼》:“晴川历历汉阳树。”

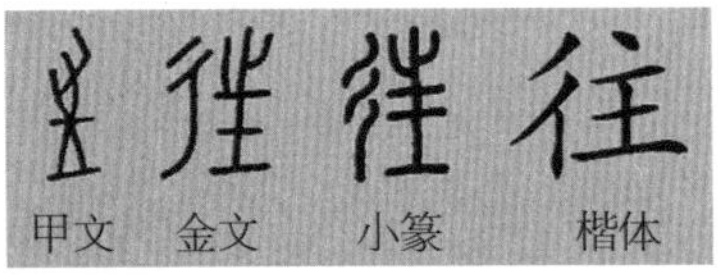

“往 wǎng”,这是一个会意字。甲骨文的“往”字原本没有“彳”旁:上部是一个“止”,表示行走,下部的“王”,则表示王率领臣民行动。金文的“往”字添加了“彳”作为道路符号,成为一个“从彳从㞷(wǎng)声”的本义转注字。

小篆承接金文,楷书在隶变过程中,将右上部的“止”简省为一点,写作“往”。“往”的本义是由王率领的集体前去,即举族迁徙到某处去。引申后也表示个人的前去,与“来、返”相对,如“来而不往、往而不返”等。在上古先民看来,死去的王也能在人间来来去去。因此,引申出时间上的过去,和“未来”相对,如“往日、既往不咎”等。从“去往”之义又引申为抽象意义上的心理向往,“往”便有了“朝、向”之义,如“往前奔、人往高处走”等等,此时,“往”的读音为 wáng。

汉画像石

“往往”一词既可表示处处,又可表示常常、每每。如《史记·陈涉世家》:“旦日,卒中往往语,皆指目陈胜。”此句中的“往往”意为“处处”。又如《汉书·高帝本纪》:“上居南宫,从复道出,诸将往往耦语。”此句中的“往往”便可释为“常常”或“每每”。

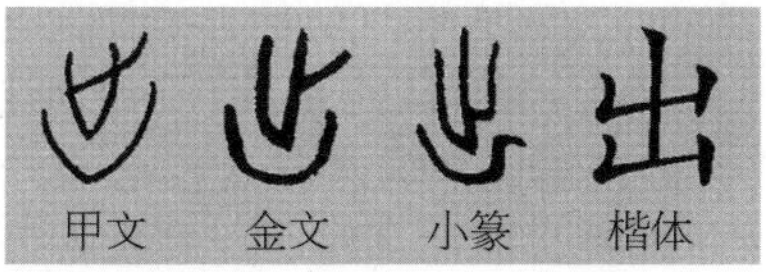

“**出 chū**”，这是一个会意字。甲骨文、金文的“出”字，皆“从止从凵(kǎn)”，表示人从坎陷或低洼处走出来。由小篆到楷书的演化过程中，“出”字的象形韵味逐渐消失，但字形的匀称性和书法便利性大大提高，楷书缘此写作“出”。

“出”的本义为从里面走到外面，从坑底下走向高处。《集韵》释为：“出，自内而外也。”与“进、入”相对。如《诗·郑风·出其东门》：“出其东门，有女如云。”现代汉语则有“出厂、出国、出门、出家”等词语。由走到外面又引申为来到某处，如“出席、出场、出庭”等。

“出”，由走出之义可引申为发出、发泄，如“出汗、出气”等；又引申为产出、生产，如“出煤、出人才、出问题”等；又引申出显露之义，如“出面、出名、出丑”等；又引申为拿出之义，如“出题、出钱、出主意”等。又引申为超出之义，如“出轨、出格”等；又引申为支出之义，如“出纳、入不敷出”等。

“出”字与“往”连用时，表示向外，如“往出走”。用在动词后面，表示显露或完成，如“看出问题、跑出门、露出真相、拿出笔”等等。

“**各 gè**”字是一个会意字。甲骨文的上部是一个脚趾朝下的“夂”，表示从远方走来；下部的“口”表示村邑住地。两形会意，表示从外面走回来的意思。金文和小篆的“各”字，与甲文一脉相承，楷书写作“各”。

“各”字的本义为走来、来到，如甲骨卜辞中的“各云自北”。但这一意义在汉语的使用中已经消失，现在多用其引申义，表示两个

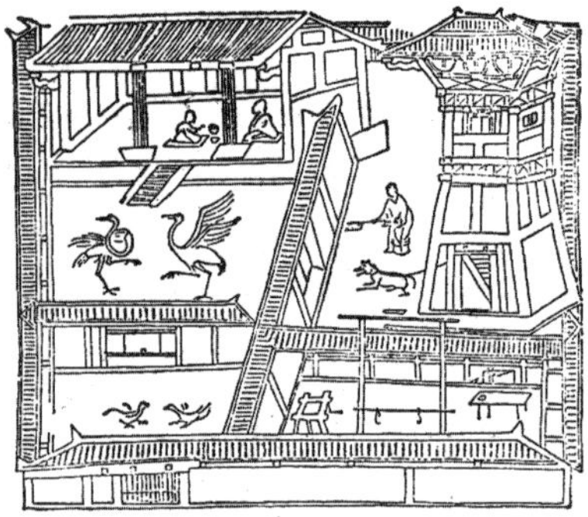

或两个以上的人或事物中的一个，即每个或各个之义，如“各处、各种、各地”等，源自一群人或两个人走回家时总有先后之分。又引申表示多个施事者共同具有某种属性，如《易·系辞上》：“交易而退，各得其所。”这是说：交易完了而后回去，每个人都如其所愿。

现代汉语中，“各”有两种用法，一是承继古文用法，作兼有指代作用的副词，如“人各有志、各奔前程”等；二是作指示代词，用在名词前面起限制作用，如“各大酒店、全国各地、各种办法”等。

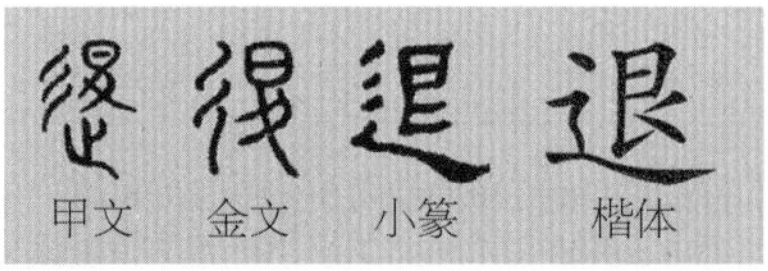

“**退 tuì**”，这是一个会意字。古文的“退”字，右上部用“⊖”表示目标，用倒止形的“夊”表示离开；下部则是一个表示脚迹的“止”，左上部是表示道路的“彳”。整个字形以会意的方式，表示一个人的“倒行离开”。因为字体中已有一个“倒止”，小篆简省掉了多余的“正止”。隶书在演变过程中发生讹变：表示目标的“⊖”与表示倒行的“夊”混淆一起，楷书缘此写作“退”。

“退”的本义为倒行离开，如《礼记·檀弓下》：“古之君子，进人以礼，退人以礼。”其中的“退”，即表示倒行离开的意思。由倒行退出又引申为向后移动，如“后退、退兵之计、退却”等；由后退又引申为离开，如“退场、退职、退位”等；引申为衰减、下降，如“褪色、退潮、退烧”等；又引申出退还、撤销之义，如“退钱、退货、退婚、退赔、退票”等等。

“**延 yán**”，这是一个在延上增添一撇的会意字。甲骨文的“延”

字，左边是表示道路的“彳”，右边是表示前行的“止”。两形会意，表示徒步行走的意思。金文承接甲文，构形相同。小篆字体在“延”字中的“止”上增加了一撇，成为一个“正”字，表示还得继续往前行走，也表示路程的长远。

“延”的本义为伸展、延长，如“延颈举踵、延年益寿”等。屈原的《离骚》中有“结幽兰而延伫”的诗句，“延伫”即长久等待的意思。由此又引申为推迟、迟缓之义，如“延期、延误”等。

无论目的地或远或近，总要前行，所以“延”又有引导、引进的意思，如《尚书·顾命》：“延入翼室。”“延入”即引入的意思。由此引申为招揽、聘请之义，如“延聘、延揽”等词语。

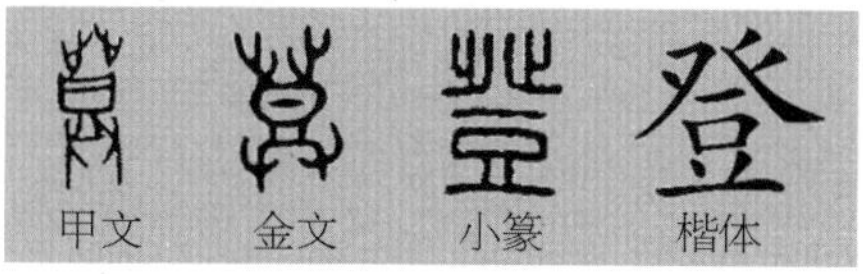

“**登 dēng**”，这是一个十分有趣的会意字。甲骨文的“登”字，上边是两足之形，在此表示前行；下边是一个双手捧豆，即捧着盛满酒水之类食物的古代器皿的象形白描。金文承接甲文，小篆在演化过程中省掉了下边的双手之形，楷书缘此写作“登”。

金文中另一款“登”

双手捧着盛满汤水的食器前行，除小心翼翼外，重要的是必须高抬腿，一步一步地稳妥前行。因此，“登”在甲骨卜辞中，常用来表示进献祭品时的庄重。因为“登”为高抬腿而行，所以，“登”又有升上之义，如《荀子·劝学》：“吾尝跂而望矣，不如登高之博见也。”句中的“登高”即高抬腿后，由下而上地登山。又引申表示姓名刊载（登上）册、榜之上，如《周礼·秋官·司民》：“掌登万民之数，自生齿以上，皆书于版。”句中的“登”即登录、刊载之义。现代汉语中则有“登记、刊登”等双音节词语。“五谷丰登”一词，则表示田地里庄稼收割后，登上了晒打场上。

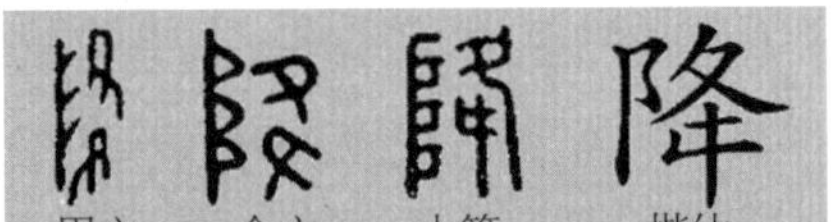
甲文　金文　小篆　楷体

“**降 jiàng**”,这是一个会意字。甲骨文的“降”字,左边是一个梯子的白描图象:上古时代的梯子,是在一根树干上砍出豁口,人们便用此攀上爬下;右边倒写的双足则表示沿梯子下降。金文的“降”字承接金文,因社会发展,梯子的形制有所进步,所以,梯子的简易图形演变为“阜”,词义也扩展为台阶。经由小篆到隶书的一步步演化,楷书写作“降”。

“降” 的本义为下降、落下, 即人或事物由高到低的移动,与“升”相对。如《荀子·议兵》:“若时雨之降,莫不悦喜。”这是说:假如这一时节雨能落下,没有不高兴者。再如《史记·报任安书》:“天降大任与斯人矣,必先劳其筋骨……”其中的“降”也表示落下的意思。现代汉语中则有“降落、降价、降低、降格”等词语。

因为古代投降者须跪地以礼。这时,原本高昂的头颅便须“降”下来,叩头以拜。由此引申出投降之义,读作 xiáng,如“降服、归降、降龙伏虎”等词语。

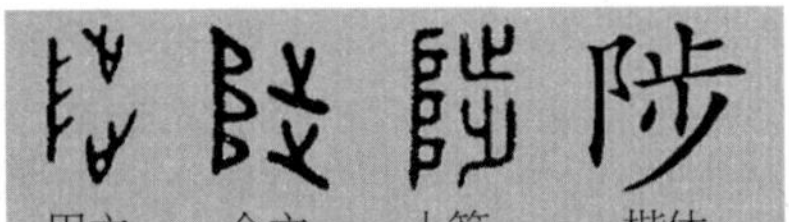
甲文　金文　小篆　楷体

“**陟 zhì**”,这也是一个会意字。甲骨文的“陟”字与“降”字取意相同,只是在构形上为两足向上移动之形,表示上升、登高之义。“陟”与“降”是一对反义词。

“陟”,《说文》释为:“陟,登也。”中国最早的诗歌总集《诗·周南·卷耳》中有:“陟彼崔嵬,我马虺隤(tuí)。”这里的“虺隤”指马病,“陟”则表示登上之义。古文中,“陟”也可表示提升、提拔。如诸葛亮《出师表》:“陟罚臧否,不宜异同。”这是说:提拔处罚,译价人之优劣,不应使用不同的标准。

“韦 wéi”是“韋”的简体字，这是一个会意字。在殷商时期的图形文字中，“韦”字非常形象地表示了包围的意思：四周用“脚趾”表示人之所在，中间用“口”表示村落或镇邑，颇有一点“水泄不通”的意思。甲骨文的“韦”字减省了左右的脚印，保留了上下的“止”（脚趾）字。小篆的“韦”字比金文更加工整、但上下的“止”已无象形意味了。楷书隶变后写作“韋”，因笔画繁多，书写不流畅，因而简化为“韦”。

青铜铭文“韦”

“韦”是“围”的初字，也是“卫”（衛）的初字。一分为三后，“韦”的常用义是“皮筒子”，即去毛加工制成的野兽皮革。上古时期，先民们在捕获到野兽后，要将皮毛筒子剥离下来，阴干后揉制为皮革。在他们的观念中，皮毛是围在野兽胴体上的，正如人们穿上皮毛制品，形同被“围”起来一样。因此，由“韦”字的韦离、剥去之义，进一步引申出了“去毛熟治则曰韦”，将皮革制成的熟皮条称作“韦”。这就是孔子读易经时，“韦编三绝”成语中“韦”字的来源。

五、耳聪目明乃圣贤

“眼观六路，耳听八方”，自古被誉为聪明敏锐的才能。传说中的仓颉，“仰视奎星圜曲之势，俯察鱼文鸟羽，山川指掌而创文字”。甚至仓颉的神像，也被塑造成四只眼睛：两只眼观看现实，另两只眼睛则透视过去，成为一个知古识今的圣贤。事实上，甲骨文中的“圣、贤”二字，一个取象于耳，一个则取象于目……

近年在四川成都三星堆出土的青铜器中，发现多个非常奇特的人物造型，凸出的双眼(约凸出 20 厘米)和伸张的巨耳，恐怕就是古人对“千里眼、顺风耳”的超凡想像，对人自身器官功能寄予的“厚望”吧。实际上，文字的创设并没有如此浪漫。

“耳 ěr”，这是一个典型的象形字。甲骨文的字形正像一只耳朵的形状，由下图可以一窥“耳”字由图形文字向象形文字演化的过程。金文到小篆字形，“耳”的演变轨迹清晰可辨，字体也趋于匀称。但是，有得必有失，这种简洁在一定程度上也失去甲骨文象形的特点。

耳是听觉器官，在人体的五官之中，耳与眼是接受外界信息最

耳的演变过程

多,最为重要的两大器官。因此,由“耳目”两字组成了许多词语,如“耳濡目染、耳闻目见、耳聪目明”等。“耳”的引申义有两点,一是依据其形状方面引申而来的“木耳、银耳”等,一是依据其在头部位置引申而出的“耳房、耳门”等。

由于人们常常用“我知道了、我听到了”作为谈话的收尾或结束。因而,“耳”在文言文中被假借为虚词,表示限止,相当于“罢了”,因为一个人长两只耳朵,所以耳发二音,与“而、尔、二、日”等字同一音系。如“前言戏之耳”一语,即前边说得不过是游戏之言罢了。

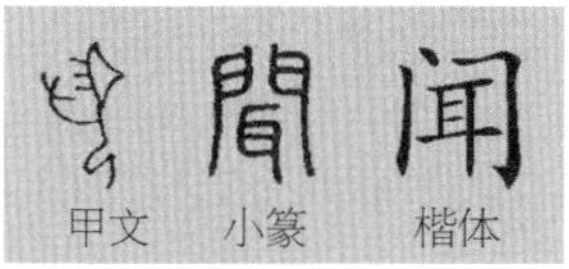

“**闻 wén**”这是一个会意字,甲骨文字形像一个跪坐的人,单手护耳,正在倾耳以听的样子,人形的上部特意突出了耳朵的形状,并加上表示声音的三道小横线。因此,“闻”的本义为“倾听”。小篆另起炉灶,重新造字,遂成为一个“从耳从门”的会意字:似乎是一只耳正贴在门缝中间倾听。楷书缘此写作“聞”。遵循简化规则,简体字写作“闻”。

《孟子》一书中有“君子远庖厨”之说,因为君子们必定心软,“闻其声,不忍食其肉”。这里的“闻”以及“耳闻、风闻、喜闻乐见、闻过则喜”中的“闻”字,都解释为听见;“新闻、奇闻”中的“闻”则表示听到的事情、消息。“闻”又指用鼻子嗅气味。《孔子家语》:“与善人居,如入芝兰之室,久而不闻香,即与之化矣。”这里的闻当作“嗅”来讲。

现代汉语中,“闻”和“听”在使用中有

细微差别,“听”为一种行为动作,“闻”是听的结果,有听到、听见的意思,如“听而不闻”一语,明确显示了二者的区别。

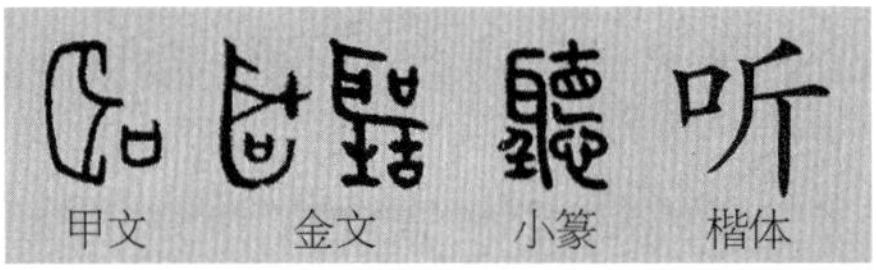

“**听 tīng**”是“聽”的简体字。甲骨文的“听”字,是一个“左耳右口”的会意字。金文中的第一款承接甲文,只是将“口”放在“耳”形之中,第二款的“听”便复杂了许多:上边为“耳口”之形,下边则增加了一个古文的“生”和一个“古”字,表示倾听过去或已经发生过的事。小篆的“听”字,则演变成一个“从耳从悳从王”的会意字。“王”(tǐng)在这里表示站在高处(倾听),“悳”则表示心中直言。楷书缘此写作“聽”,简化后写作“听”。

“听”,《说文》释为:“听,聆也。”即聆听别人诉说,如《论语·公冶长》中的“听其言而观其行”。现代汉语中则有“听广播、听不见”等词语。聆听别人诉说后,听者会接受诉说者的见解或意见,因而常常用作听从的前缀词,如“言听计从、听话、垂帘听政”等。由听从又引申出“任凭、随其自然”的意思,如“听便、听其自流”等。

“听”也用来指称装食品、香烟的铁筒子,如“听装饼干、两听香烟”等。这里的“听”来自英语 tin的音译。

“**圣 shèng**”为“聖”字的简体字。甲骨文字形犹如一个人竖起耳朵,在认真听取别人的教诲(耳下有一“口”),也可以理解为把听到的用口再清楚说出来,含有听清楚、说明白的意思。金文承接甲文,只是“耳”下的人形稍有变异。小篆字形演变为“从耳从口从王声”的会意字:“王”本为人站土堆之上,在此表示高处听声的意思。楷书缘此写作“聖”,现今则简化为“圣”。

“圣”,《说文》释为:“圣,通也。”即通达事理,无所不通。既然

“于事无不通谓之圣”，那么，精通某种学问或技艺并有极高成就者，也就冠以“圣”字了，如“诗圣”杜甫、“书圣”王羲之等。同时，具有最高品德和智慧的人，也被称作“圣”，如“文圣”孔夫子、“武圣”关羽。封建时期，帝王也称之为“圣上”，所说的话被称作“圣旨”。由此又泛指最高级的事物，如“圣洁、圣地、神圣”等。

“**耿 gěng**”，这是一个会意字。金文的“耿”字，左边是一个“耳朵”的白描图形，右边是一个“火”。两形会意，表示大火燃烧时所发出的声音(耿的发音也来自拟声语)。小篆承接金文，楷书缘此写作“耿”。

“耿”的本义为燃烧时能够发出声响的大火。如《书·立政》：“以觐文王之耿光。”这里用大火燃烧时的声响和光明，来比拟周文王的个人品格。《诗·邶风·柏舟》曰：“耿耿不寐，如有隐忧。”这里的“耿耿”一词，用火烧之声和燃火之光，比喻心中的不安，成语中则有“耿耿于怀”。由“大火”的明亮又引申表示品质的高洁，如屈原《离骚》：“彼尧舜之耿介兮，既遵道而得路。”现代汉语中，则有“耿直、忠心耿耿”等词语。

“**聋 lóng**”是“聾”的简体字。金文的“聋”字是一个会意字。在古人的观念中，“蛇”是一种头部没有“耳朵”的爬行动物，是一种没有听觉的长虫。实际上，爬行纲的蛇类没有外耳及鼓膜，只能通过与脑颅连接的下颌方骨感知声波的震动，只是蛇对人的咒骂、呼叫无动于衷罢了。古人从直观上认为蛇是一种“聋虫”，因此用“龙、虫”会意。小篆的“聋”字繁化后成为上下结构，楷书缘此写作“聾”，汉字简化时，遵循“龙”字的简化法则，写作“聋”。

古文典籍中有：“聋者，无以与乎钟鼓之声。”句中的聋者即聋子。由此，又引申为昏聩、糊涂之义，如成语中的“装聋作哑、振聋发聩”等。

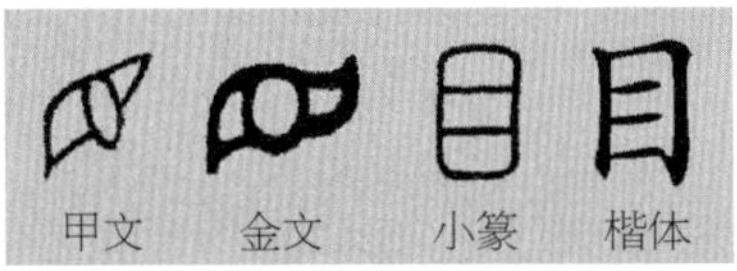

仰韶文化陶面孔

“**目 mù**”字，小篆写作“”。《说文》释为：“目，人眼也。象形。”其实，小篆比起甲骨文来说可真算不上是象形。甲骨文的“目”写作“”，画的就是人的一只眼睛。从甲骨文到小篆的变化，是一个由图形文字向符号文字变化的过程。金文将“目”写作“”，当这个无睛之目竖立起来后，便形成了小篆的“”。

“目”的本义指眼睛，如“目不暇接、有目共睹、历历在目”等。眼睛具有视觉功能，所以“目”的另一个引申义是指“看”，如“目为奇迹”、“一目了然”。在“纲举目张”这个成语中，“纲”指渔网上的缆绳，“目”指网眼，因为网绳之间形成很多的“眼儿”，与“目”形似。由此，“目”又引申出一个意义：表示大项中的小项，如“项目、细目、目录、书目、目次”等。

“**眉 méi**”，这是一个象形字。甲骨文字形像眼睛上方长有眉毛之状。金文将眉毛和眼睛分离，在眉毛下方又增加表示眉骨的斜曲线。小篆字形趋向规整，将眉毛横置，眉骨拉长。楷书经由隶变后写作“眉”,在演化的过程中,逐步失去了象形的韵味。

“眉”的本义指眼睛上的眉毛,如“眉梢、画眉、眉飞色舞、眉来眼去”等,其中的“眉”字,都指眉毛。女性化妆时,眉毛的修饰十分重要。唐代诗人朱庆余的诗句:“洞房昨夜停红烛,待晓堂前拜舅姑,妆罢低声问夫婿,画眉深浅入时无。”描写新娘化妆后问新郎:画好妆的眉毛深浅如何,是否时髦?由于眉毛在脸部上端,所以又引申指事物的上端,如在书的上端边侧写上批语,便称为“眉批”。

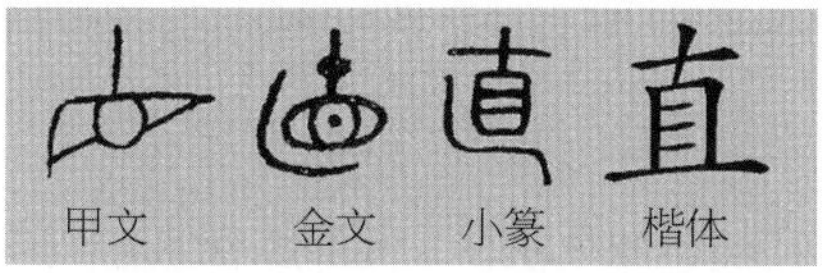

“**直 zhí**”,这是一个会意字。甲骨文的字形是在眼睛上加一直竖(古文的十字),表示眼睛直直地往前看。金文字形在甲骨文基础上有所发挥:一是增加“ ㄴ”形符号表示隔断,即用一只眼睛聚焦;二是在直竖上增加一个黑点,表示瞄准时的中点基准,十分形象地把木工取直或弓弩射击时的典型特征表示了出来。小篆和楷书依据金文而来,演化的轨迹十分清晰。

“直”字,取象目光直视,表示直线或不弯曲的事物,如目光正视前方称作“直视”,通过圆心的直线便称为“直径”。由直线之义又引申为品格的正直,如“耿直、刚直”。“直”字还用来表示坦率的意义,中国古代把如实记载历史事实称为“直笔”,这里的“直”字,指坦率、真实,与曲笔相对。“直言无讳、心直口快、性情直爽”等词语中的“直”,均解释为坦率。

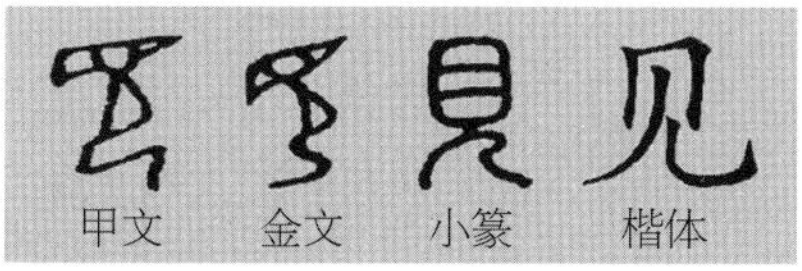

“**见 jiàn**”,是一个会意字。甲骨文、金文和小篆的字形,均为人上有目,只是“目”和“人”的写法有所不同而已。《说文》释为:“见,视也。”因此,“见”的本义是看到、发现。如“所见所闻,喜闻乐见”,以及《论语》中的“见贤思齐焉,见不贤而自省也”。这里的“见”,均

汉阳陵出土陶俑

解释为见到、看见。由此，又引申出了会晤、会面之义，如“接见”一词；又引申为主见、看法，如“成见、固执己见”等。

“见”字用在动词前表示“被”，如《庄子》一书中：“吾长见笑于大方之家。”又用在动词前面，表示对自己怎么样，如“见告”是告我，“见教”是教我。

古汉语中，“见” 在表示事物出现时读作xiǎn，如“图穷匕首见”一词；又如《敕勒歌》：“天苍苍野茫茫，风吹草低见牛羊。”诗句中的“见”也作“出现”解。

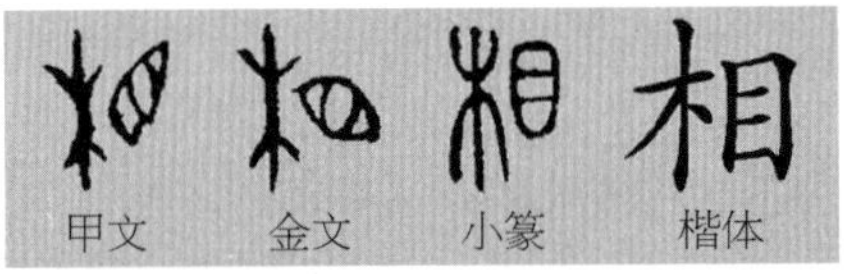

“相 xiāng”，字由“木”和“目”组成，也是一个会意字。上古先民入林伐树取材，根据需要，用眼睛细细察看分辨树木的质地，长短、粗细、曲直和树节的疏密。故“相”字从目、木会意，十分巧妙地构意了观察之义，即用目光细细审视事物的外表及形态。

“相”的本义为审视、打量，表示对人或事物的外观形貌的观察。如《诗·鄘风·相鼠》：“相鼠有皮，人而无仪。”在“相亲、相人术、相机行事”等词语中的“相”，均用为观察、审视。但是，“凶相、狼狈相、走相”等词语中的“相”，则表示事物的相貌或神态。这一引申义来自主客体的置换。

此外，“相”有辅佐之义，用作官名，特指宰相。“相”的词义虚化后，表示动作交互或单向加于对方，这时读作 xiān。如“相安无事、相辅相成”，均表示行为交互于对方；在“父子相继、相安无事”等词语中，则表示由一方传递于另一方；在“好言相劝、实不相瞒”等词语中，则表示一方对另一方的动作。

“**监** jiān”是“監”的简化字。甲骨文字形像一个人跪在水盆(器皿)旁边,伸头张眼往下看的样子,表示利用盆中之水照看自己模样的意思。上古时代没有玻璃镜,在没有发明铜镜之前,人们若想看看自己长得什么模样,就只有用这种办法了。所以,“监”字的本义为临水自照。金文的“监”字将人形和“目”分离,放置在器皿之上,小篆和楷书写作“監”。

“监”的本义为临水自照,恰如孔子的名言:“鉴于止水。”由观看自己,“监”字引申出了观察别的人或事物,因此,“监”又有“监视、监督、监察”的意义。由监视之义又引申为监管、看护,即监狱之义,如“关监、探监、监牢”等。由监视义又引申为古代官府名和官名,如隋之“少府监”,唐之“将作监”,明清之“钦天监”等等。太监本为官名,古时因多由宦官充任,日久天长,宦官也被称作太监了。

“**鉴** jiàn”是“鑑”的简体字,词义指古代的铜镜。如图所示,小篆的“鉴”字是在“监”的左边增添一个“金”旁,表示鉴的材料属性,即铜镜的材质。隶变过程中,左右结构的“鑑”又简省为下为金的“鑒”字,从而成为一个假借字。楷书简化为“鉴”。

汉画像:持鉴人物

“鉴”的本义为铜镜,如《诗·邶风·柏舟》:“我心匪鉴,不可以茹。”这是说:我的心不是镜子,不是任何东西都可以容纳的。由此又引申为鉴戒，表示可供人参考或引起警惕的事情。如《诗·大雅·荡》："殷鉴不远，在夏后之世。"这是把夏桀、商纣的灭亡作为鉴戒，即引以为前车之鉴的意思。"鉴"为镜子，因而也可以表示"照视"。如"鉴别、鉴定、光可鉴人"等词语，其中的"鉴"均用为照视之义。

旧式书信中常用"鉴"作为套话，用在称呼之后，表示请人拜读，如"惠鉴、台鉴、钧鉴、大鉴"等等。

中国的铜镜，远在商代已经出现。西周时期已成为贵族的日常用品。到了战国时代，铜镜的使用迅速普及，及至汉代寻常百姓也在使用铜镜了。这时，镜上的花纹风格纷呈，争妍竞秀，成为一种独特的文化潮流，即铜镜文化。如"秦镜照胆"这一典故，以及辛延年《羽林郎》一诗中的"贻我青铜镜，结我红罗裾"等诗句，与铜镜的花纹式样相得益长。

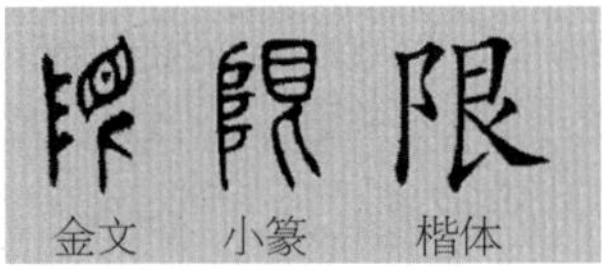

"限 xiàn"这是一个会意字。金文的"限"字，左边乃是"台阶"之形，这里用来表示山丘；右边是一个巨大的眼睛和人形(古文的艮 yìng)，表示一个人张目远视，却被土丘台阶阻挡住视线，无法远望的意思。小篆承接金文，只是眼睛之形变为了"目"，但仍然表示视线被阻隔的意思。楷书缘此写作"限"。

"限"的本义为阻挡、阻隔。《战国策》中说："南有巫山，黔中之限。"这里的"限"，即表示阻隔。"期限、权限、界限、限期完成"等词语中的"限"，都表示引申而出的限制之义。

古汉语中，"限"字还可以当门槛讲，因为门槛本身就是限制和界限。如《后汉书》中的"夜使锯断城门限"，这里的"门限"即为门槛。

值得注意的是，从艮 yìng 的"限、银、眼"等字与从艮 gēng 的"跟、根、痕"等字右边相同，但形、音、义截然不同。

“**看 kàn**”，这是一个会意字。小篆的“看”字，上边是一只“手”，下边是一个“目”，表示用手遮额远望。这是人们在强光照射下，为了看得更远更清楚而采用的一种姿势。

“看”的本义为远望，如《乐府·十五从军征》：“遥看是君家，松柏冢累累。”由远望之义引申，又泛指一般意义上的瞅、瞧，如“看书、看报”；由一般地看，又引申为细看、观察，如“看脉、看风水”。又引申为访问、拜访之义，即前去相看，如“看望、看朋友”。又引申为估量，即在观察的基础上做出初步判断，如唐代诗人高适《送田少府贬苍梧》：“丈夫穷达未可知，看君不合长贫贱。”此义沿袭至今，表示想当然、认为的意思，如“我看是这么回事”。“看”字还可以表示看待、对待的意义，如“刮目相看、另眼相看”等。

“看”在用作“守护”义时，读作 kān，如“看管、看护、看门”等。

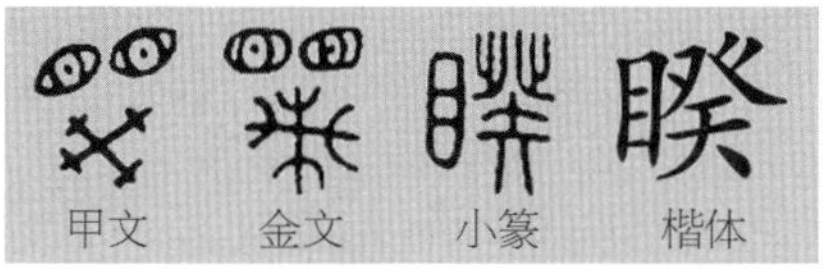

“**睽 kuí**”，这是一个会意字。金文的“睽”字，上为两目的象形描写，下为“癸”字。“癸”在这里既作声符，也表示目光的转动。因为“癸”的构形源自上古时代捻线用的纺砖，在这里表示转动。小篆的“睽”字发生变异，双眼成为一目，并且移置左边，成了“睽”字的偏旁。“癸”也由图形变成了较复杂的文字符号。楷收缘此写作“睽”。

彝族妇女捻线图

“睽”，本义为眼珠转来转去，引申指目光的游移、躲闪。这是人在心虚,惧怕的时候所表示出来的特征,如《易·睽卦》:"睽,小事吉。"由目光的游移引申出违背、乖离之义,如《庄子·天运》:"三皇之知,上悖日月之明,下睽山川之精,中堕四时之施。"由目光的转动,又可表示目光盯住事物上下打量,如"众目睽睽"一词,即众多眼睛交叉打量的意思。

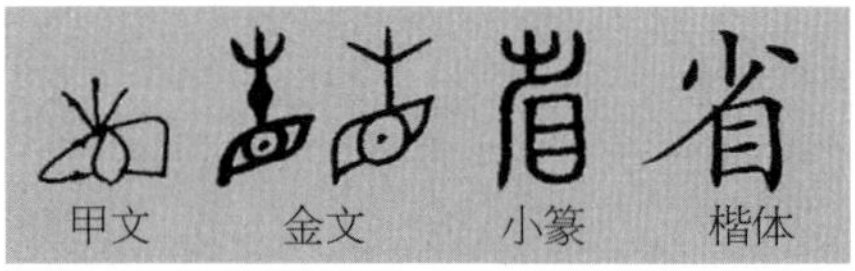

"**省 xǐng**",这是一个会意字。甲骨文的"省"字,乃是在眼睛上增三画,像用眼睛左右观测之形。金文承接甲文,构形相似,小篆承接金文的第二款(从目从直出字根十),下边的"眼"之形演变为目,直竖上的一点拉长弯曲,楷书缘此写作"省"。

"省"的本义为细细审视,左右打量,也有前去察视的意思。《尔雅》释为:"省,察也。"如《史记·秦始皇本纪》:"皇帝春游,览省远方。"由视察、察看又引申为检查。如《论语·学而》:"吾曰三省吾身。"由审视又引申为探望、问候,如"省亲"。由审视又引申为觉悟、明白,如"省悟、猛省、不省人事"等。

古文中的"省"

值得注意的是,古文中另有一个写作"𡮞"的字,读如 shěng,《说文》释为:"古文省,从少囧。"此字下部为窗户之形,本义为通过窗户的光亮减少了,该字在小篆时与省合并为一。因而,"省"又有减少之义,如"减省、省两个人"等。又引申为节约,如"节省、俭省"等。

"省"在古代又指王宫中的禁地,《篇海类编》解释说:"省,禁署也,汉以禁中为省,言入此中皆当察视不可妄也。"由此,成为官署的名称,如"中书省、尚书省"。元代起又表示行政区划。因中央最高行政机关叫"中书省",地方上配套设有"行中书省",后简称"行省",又简称"省"。这一名称,沿用至此,遂成为地方行政区划的名称。

“**视 shì**”，原本是一个会意字。甲骨文的“视”字，上边的一横表示物品、目标；“目”在下，表示从三个不同角度审视这一事物。古文中的“视”字演变为左右结构，仍保留目光往一点集中的构形；小篆字体形似但字义却丧失殆尽，讹变为一个“从见示声”的形声字，楷书缘此写作“视”。

“视”，《说文》释为：“视，瞻也。”本义为审视、细看。如《诗·小雅·正月》：“视天梦梦。”这是说，细看天空仍昏暗不明。现代汉语中表现观察、审视的词语则有“监视、视察、视觉、视而不见”等。由审视之义又引申为看待，如“歧视、一视同仁、等闲视之”等。

“视、看、见”三字都表示“瞧”的动作，但“视、看”二字不涉及结果，“见”表示结果，如成语中的“视而不见”。“视”现今很少单用，“看、见”二字能单用。

“**临 lín**”是“臨”的简体字。金文的“临”字，乃是一个人睁大着眼睛，俯看地上的三件小物品。小篆承接金文，将地上的三件小物品演变为三个口，为美观匀称，又做了分别放置；楷书再次调整后写作“臨”，现今简体字写作“临”。

“临”字取象走上前去，细细观察地上的细小物品。因而，在实际使用中，“临”有俯视、降临两重基本含义。如《荀子·劝学》：“不临深溪、不知地之厚也。”句中的“临”应释为俯视，成语中则有“居高临下、临渊羡鱼”等。再如《史记·淮阴侯列传》：“大王乃肯临臣。”其中的“临”意为驾临，这一词义后来多用为敬辞，如“光临、莅临、双喜临门”等等。

由驾临、到来又引申为接近，如“临别、临产、临时、临床、临刑、临终”等。由俯视之义又引申出面对，如“临摹、临危不惧、面临、临街”等。

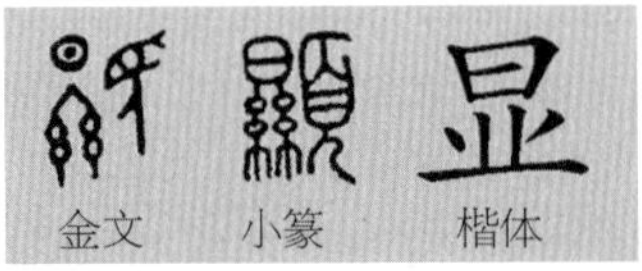

“显 xiǎn”是“顯”的简体，这是一个会意字。金文的“显”字，右边是刻意突出大眼睛的人形，左边上为“日”，表示太阳，下边是“丝”的象形。整个字形，示意一个人在阳光下瞧丝。丝极细，但在阳光下能够看得十分清楚。因而，“显”的本义为使之彰显、显现，引申为明显。小篆的“显”字承接金文。但右边的有目的人形讹变为“页”(表示人的脑袋)。楷书缘此写作“顯”，因笔画繁多，简化时取行书的一半改为“显”。

“显”的本义为显现，如“显而易见”一词。用作动词，意为表现、显露了出来，如“大显身手、显影、显现”等，由显露又引申出显贵、显赫之义，表示名声、权势播扬于外，如“显达、显要、显耀”等。

“盲 máng”，这是一个形声字。小篆字形上半部是“亡”字，用作声符；下半部是“目”字，用作形符。其中声符“亡”字有丢失之义，这里兼有表义的功能，表示眼珠因伤残疾病而失去，即眼瞎了。楷书承接小篆，写作“盲”。

“盲”的本义为眼瞎，《说文》释为：“盲，目无眸子也。”如“盲人摸象”一语中的“盲人”。“盲目”原来指瞎子，现在多用来表示没有识见。现代汉语中，“盲” 字由眼睛的失明又引申指知识文化的缺失，如“文盲、法盲、计算机盲”等等。“色盲”一词，则指眼睛不能辨识色彩，乃是一种遗传性疾病。

“盲”与“肓 huāng”形体相近，书写时要注意辨识：“盲”字下部是“目”，“肓”字下部是“月”(古肉字)。

六、口舌巧言为哪般

物象与功用是上古先民造字的两个主要依据，比如“口舌”二字，《说文》释为：“口，人所以言食也。”“舌，在口所以言也，别味也。”一方面，作为独体象形字，它们有源自生活的真实物象；另一方面，又以其功用的显示，成为诸多汉字的组字构件。例如“名、召、问、吹”等等，这些从口之字都与饮食言语有关……

“口 kǒu”的形状，正像人或动物的嘴巴。《说文》释为：“口，人所以言食也。”意思是说：口是人和动物用来发声和吃食的器官。因此，以“口”为偏旁的字多与吃喝和言语有关，如“可、听、吟、号、咆”以及“吃、味、吐、吮”等等。又如，有幸品尝美味佳肴称为“口福”，可以反复咀嚼的糖称为“口香糖”等。“口”字也可以用作言语的代名词(表示口头所讲)，如“口舌、口供、口角、口才、口若悬河、口是心非”等等。

口形中空，嘴像一条打开的口子，因此，凡形状中空如口的事物都可用“口”来比喻，如“门口、渡口、洞口、关口、瓶口、伤口、疮口”等等。“口”中之牙锋利如刀，因而，又可指称武器或工具的锋刃，如“刀口、锯口”；俗语说“张口之物难养”，因为口动便涉及到吃、喝、拉、撒。由此，口又用来指称系统、行业，如“农林口，对口赛”等；又由人之口引申用作量词，如“五口人、一口锅、两口猪”等等。

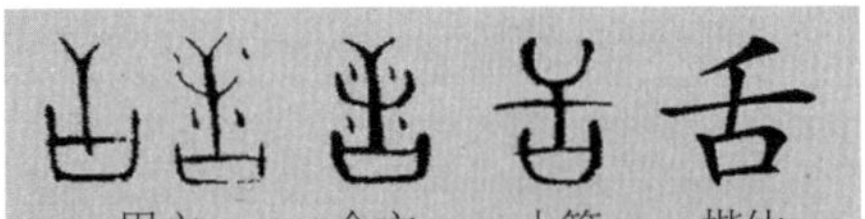
甲文　金文　小篆　楷体

“舌 shé”的本义就是舌头。甲骨文的“舌”字，下面的“口”乃嘴巴的象形，从口中伸出来之物，就是舌头，旁边的小点则表示说话时四处喷溅的唾液。从形状长度上看，甲金文中的“舌”字，颇有些类似蛇类的舌头，但它确实描绘的是人的舌头，尽管有些夸张。

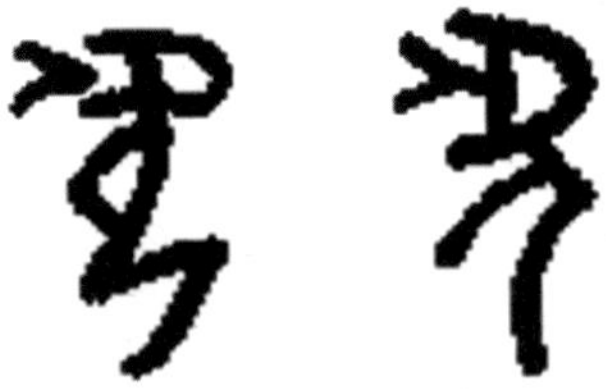
甲文另一款“舌”

《说文》释为：“舌，在口所以言也，别味也。”人的舌头有两大功能：发声说话以及辨别味道。因此，汉字中从“舌”的文字，多与说话和食味有关，如“舐、舔、甜”等。说话时舌头必须灵巧转动，所以，由舌头的转动又引申为言辞，如“白费口舌、唇枪舌剑”等；由舌头又引申为像舌头一样的东西，如“帽舌、火舌”等。

金文　小篆　楷体

“害 hài”，这是一个典型的指事字。《说文》释为：“害，伤也。从宀、从口、丰声。”实际上，金文“害”字下部是一个口，上部是舌头的象形，中间的一横，以字素标示的方式，表示将舌头割掉的意思。小篆的“害”字，承接金文，却将舌头的轮廓讹变为“宀”。楷书以讹传讹，写作“害”。

“害”，其发音源自无舌之人的“嘿嘿”之声，《字汇》释为：“害，祸也。”即“损害、伤害”的意思。如《诗·鲁颂·闷宫》：“上帝是依，无灾无害。”又如《论语·卫灵公》：“志士仁人，无求生以害仁，有杀身以成仁。”其中的“害”，即表示“损害、伤害”的意思。引申又指有害的事物，与“益”相对，如“害虫、

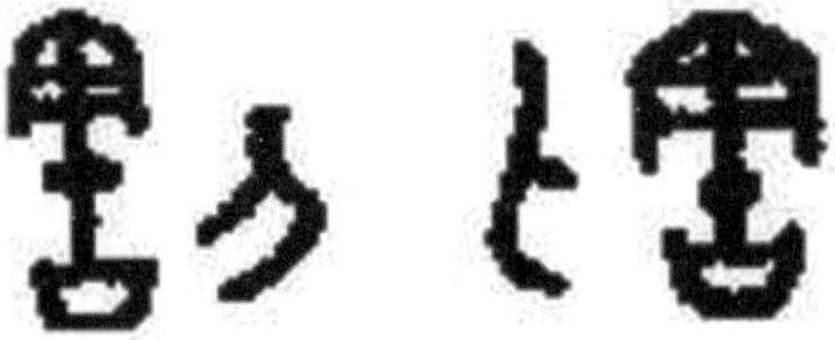
金文中的“割”字

害鸟、害人精"等;由此,又引申为"杀害"。如《三国志·魏书·武帝纪》:"(曹嵩)为陶谦所害。"又引申指发生疾病,如"害病"一词。又引申指产生不适的感觉或不安的情绪,如"害怕、害羞"等。

"害"的动词义,即割舌,在增添"刀"形后,写作"割"。

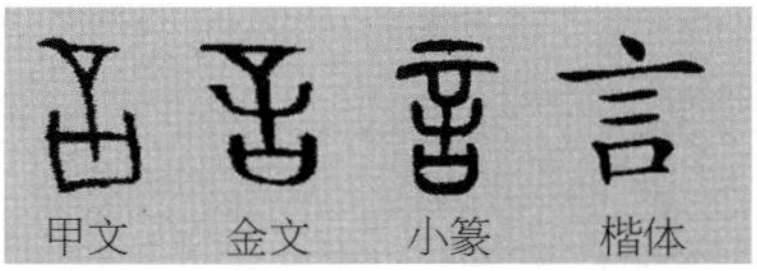

"**言 yán**",这是一个依托象形字。甲骨文和金文的"言"字,下面部分是口的形状,上面是在口腔中进出活动的舌头,表示人张口摇舌正在说话的意思。后来又在口舌之间增添一横,表示舌头的摇动,金文的字形即由此来;小篆画蛇添足,上边又增加一短横,表示语音,楷书缘此写作"言"。

"言"的本义为说话,如"直言不讳、知无不言"等。由说话引申为说话的内容是非常自然的,如"言论、言语、言简意赅"等等。现代汉语中的"一言"即可指一个字,也可指一句话,如《论语·卫灵公》:"子贡问曰:'有一言而可以终身行之者乎?'子曰:'其恕乎。'"句中的"一言"指一个字,即恕字。"一言以蔽之、一言为定"中的"言",则释为一句话。

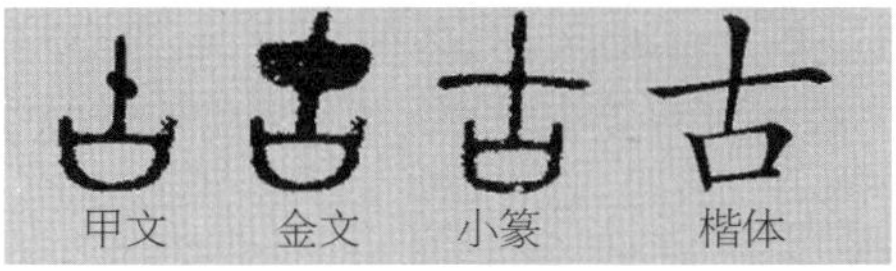

"**古 gǔ**",这是一个会意字。甲骨文的"古"字,下边是一个"口",口上为一竖(古文的十字,用为直出字根)。整体字形,以会意的方式,表示已经发生过的往事经由口中说出。金文的"古"字承接甲文;小篆承接金文,楷书缘此写作"古"。

"古"字的本义为说出已经发生过的往事。由此引申出了往昔或过去之义,与"今"相对。如《楚辞·天问》:"遂古之初,谁传道之?上下未形,何由考之。"其中的"古"即表示"过去",遂古即远古。在汉语成语中则有"博古通今,食古不化,借古讽今"等。"古"又引申指死去之人，人死去称为“作古”，即已经作古之人的省略。古代的人和事往往朴拙无华，因此，又引申出了古朴之义，如“人心不古、古道侠肠、古香古色”等。

“古”字有时也含有贬义，表示陈旧、不合时俗，如“古板、刁钻古怪、老古董”等等。

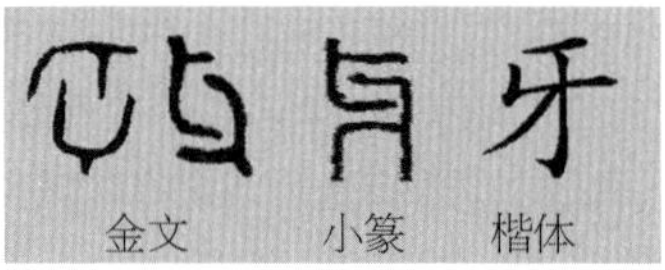

“牙 yá”，即牙齿。金文的“牙”字，像上下交错而突出的犬齿之形。人的犬齿位于门齿和臼齿之间，呈尖头圆锥形，俗称“虎牙”。当然，这一构形与骷髅头上的牙床更为相似。为适应汉字竖长横窄的特点，第二款的金文将其竖置，小篆缘此写作“牙”，相比于金文，字形匀称工整，但象形的韵味已不明确。

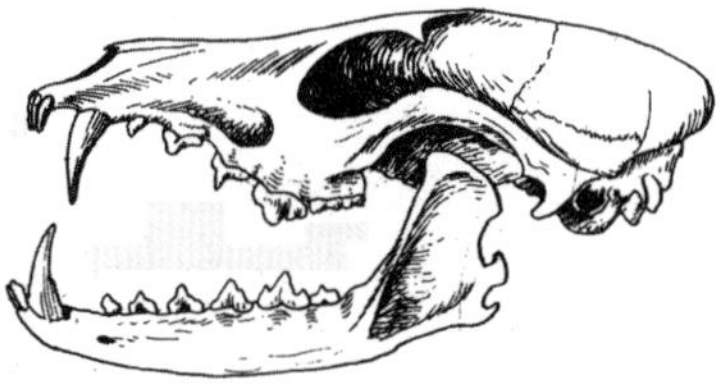

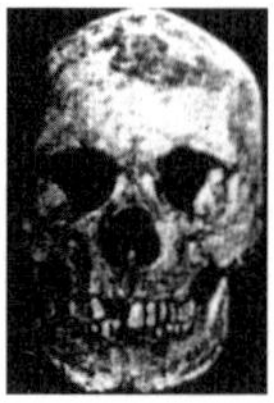

古汉语中，“牙”多指象牙或由其制作之物，如“牙尺、牙板、牙管”等。用作人齿时多有贬义，如“爪牙、牙口”等。旧时又称为买卖双方撮合从中牟利的人为“牙子、牙侩”，即现今的经纪人或中介。草木萌生发芽的“芽”，是在牙上加“艸”，表示草木之芽形同犬齿之状。

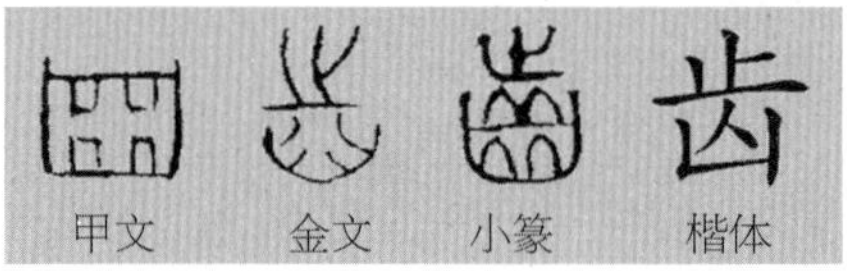

“齿 chǐ”，就是人的牙齿。甲骨文的“齿”字是一个象形字，像人口内上、下两排牙齿的形状。金文和小篆的“齿”字增加一个“止”字符号，表示读音，也表示上下牙齿的相互啮合。于是，“齿”字由原来的象形字变成了音转转注字。楷书写作“齒”，简化后规范为“齿”。

“齿”的本义为牙齿，由牙齿之义又引申为言辞，如“伶牙俐齿、

齿舌犀利”，通用来比喻人的言辞刻薄，得理不饶人。因为牛马牲畜幼时，每岁生一齿，故以齿计算牛马岁数。又引申指人的年龄。“齿发”一词，乃是用牙齿与头发的变化代指人的年龄，因为二者都会随着年龄的增长而发生变异。

“嚣 xiāo”是“囂”的简化字。金文和小篆的“嚣”字，均由“页”和四个“口”组成，“页”乃是人头的象形(参见后文“页”字条)，“口”自然是四张嘴了。楷书一脉相承，写作“嚣”。

一个人四面都是“口”，表示说话的人很多，声音嘈杂。因而，“嚣”的本义为“吵闹、喧哗”。如成语“甚嚣尘上”，即比喻人声喧闹如同尘土四处飞场。如果一个人像长了四张口一样，吵闹不休，气焰必定十分猖狂。因此，比喻人的跋扈、放肆时，常用“嚣张”一词。

“唇 chún”的本义是嘴唇，小篆写作“脣”。古文字中“唇、脣”通用，现代汉语则统一写作“唇”。

从小篆字形分析：“口”在“辰”下说明了部位，“月”(古肉字)在下则说明了“唇”的肉体性质。实际上，唇是蜃的假借字。蜃的本义指河蚌。蚌的两片壳能自由开合，其中的肉体组织也能随蚌壳而开合。人们发现蜃的两片壳肉与人的嘴唇相似，又有舌头可从中吐出，便借用“蜃”来喻指人的嘴唇，创造了“唇”字。“唇亡齿寒、唇膏、唇枪舌剑”中的“唇”均作嘴唇讲。

“唇”在古文字中，与“振”、“震”等字同源，这是由于人的嘴唇总是在不断开合变换之中，形同振动。如《论衡》：“扬唇吻之音，聒贤圣之耳。”这里的唇便有嘴唇“振动”的含义。当一个人面临震惊之时，最鲜明的特征，便是嘴唇的颤抖。因此，《说文》释为：“唇，惊也。”

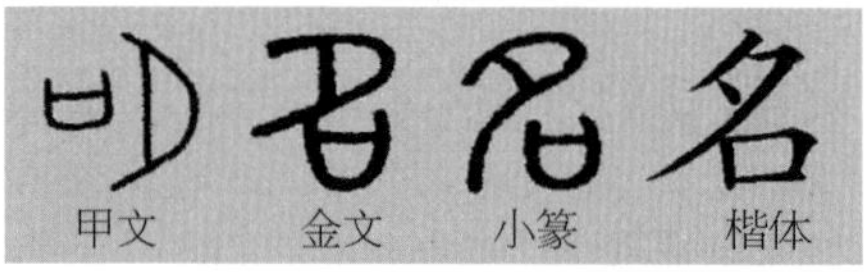

“名 míng”，这是一个会意字。甲骨文字形的左边是一张“口”，右边是表示夜晚的“夕”字。夜晚之时，人们相遇，朦胧之中无法看清对方的模样，也无从分辨对方是谁，需要相互报上自己的名字，这就是“名”的来源。所以，“名”的本义为自报姓名。《说文》因而释为：“名，自命也。从口从夕，夕者冥也，冥不相见，故以口自名。”

古代社会，婴儿出生三个月由父亲命“名”，男子二十岁举行成人冠礼时取“字”。女子则在十五岁许嫁或举行成笄礼时取“字”。名和字在古代不仅取时分开，在用的时候也是分开的。如曾国藩，姓曾名国藩，字涤生，当他自我介绍时会说：我姓曾名国藩，当别人叫他时，只能叫涤生，而不能叫国藩。这在古代乃是一种礼仪。而且，名和字之间也格外讲究，须有一种内在的关系，如王安石字介甫，苏轼字子瞻，蒋介石字中正，潘岳字安仁，诸葛亮字孔明等等。他们的名和字之间都有一种内在的文义联系。

今日中国，近十三亿人口，皆有姓有名而无字，重名重姓率之高令人咋舌，例如仅北京叫王玉珍、王涛之名者，均在万人以上。解决这一困境的唯一方法，便是重新启用中华民族从实践中获得的姓、名、字三体称谓。此为另说。

“名”原指人的姓名，由名字的传播又引申出了名声、名望，如“名医、名山”等。一人一名，由名字的使用又引申为量词，如“三名学生、第二名”等等。

“欠 qiàn”，这是一个象形字。甲骨文的“欠”字像人打呵欠的样子。金文、小篆和楷书“欠”字的演化，重现了汉字由图形文字向方块化、符号化的演进过程，其渐变过程还算清晰。

“欠”，《说文》释为“欠，张口气悟也”，指张口打呵欠，这是“欠”的本义。白居易《江上对酒》诗中有“眠多爱欠伸”，这是说：打呵欠时往往张臂伸腰，可为“欠”字一证。由此，“欠”字又引申为身体一部分稍稍向上移动，如“欠身、欠着脚”等。

人打呵欠则表示精力不足，由此引申出欠缺、短少之义，如“欠妥、欠佳、欠钱”等。俗语中有“万事俱备，只欠东风”一说，其中的“欠”，也为欠缺之义。

“欠”字取象于人的张口，因而“吹、炊、饮、欢、歌”等字都以“欠”为造字构件。

“吹 chuī”，这是一个会意字。甲骨文的“吹”字，左边是一个跪跽之人张开大嘴的形状；右边则是表示一团空气的“口”。两形会意，表示向外吹气之状。金文承接甲文，只是左右对调了一下。小篆依据“欠”字的演变，写作“□”。楷书缘此写作“吹”。

“吹”的本义为撮口用力出气，《说文》释为：“吹，嘘也。”如“吹毛求疵、吹灯拔蜡、吹笛、吹号、吹火”等词语，均用为“吹”的本义。由吹气之义又引申为夸口、说大话，如“吹嘘、吹牛、吹捧”等。这些词语可能是依据佛经中“吹大法螺，击大法鼓”一语蜕变而出。“法螺”声音大而中空，后人据此讽刺说大话为“吹法螺”。

“吹”为出气，因而又引申指“风及气流”的流动、冲击，如“风吹雨打、吹风机”等。现今口语又用“吹”来表示交情破裂或事情不成功，如“对象吹了、这件事算吹了”等。此意似乎源自俗语中的“吹灯拔蜡”。

“**涎 xián**”字的本义指口水、唾液。甲骨文和金文的“涎”乃是象形字，均像一个人张着大口，从中流出许多口水的样子。小篆“涎”字由金文蜕变而来，口下的四个小点变成了“水”字，成为一个“从水从欠”的会意字。楷书“涎”字“从水延声”，变成了形声字，乃是重起炉灶，后起的俗字字形。

“垂涎三尺” 常用来比喻对他人食物或物品的欲求。“涎皮厚脸”一词，则用来比喻厚着脸皮跟人纠缠，惹人厌烦的意思。二者都是“涎”字本义的使用。

“**问 wèn**”是“問”的简体字。甲骨文的“问”字，构形为门内有口。乃是有人拍门时，在门内询问来人是谁的会意字。小篆和楷书的“問”字，与之一脉相承。楷书简化后，写作“问”。

“问”，《说文》释为：“问，诉也。”即询问的意思。引申为一般意义上的问询，与“答”相对。如《左传·隐公元年》：“敢问何谓也？”再如成语中的“问长问短、问寒问暖、问鼎中原”等。由询问之义又引申为问候，如“问好、

古代铜镜画

问安”等。由此又引申出干预、管治的意思，如“不闻不问、概不过问”等。

现代汉语中，“诉、问、诘”三字都表示问。但“诉”多用于审问，“诘”多用于追问。只有“问”的使用范围最广，可指一般的询问，也可指审问。

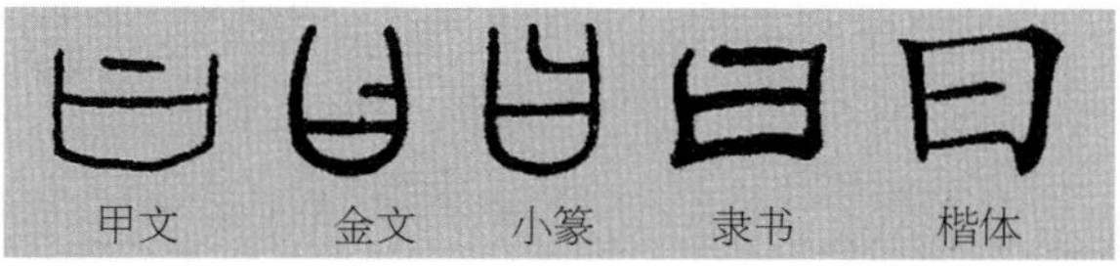

“**曰 yuē**”，这是一个指事字。甲骨文的“曰”字，下部是一个“口”，表示嘴巴，其上为一短横，指示言语所在，也表示由此发出。金文和小篆的“曰”字，构形与甲文相似。隶书在方块化时，渐封其上部，楷书将其完全封上后，写作了“曰”。

“曰”的本义为“说”，《广雅》释为：“曰，言也。”如古文中常用的“诗云子曰”。“子曰”便是“夫子说”的意思。再如《孟子·梁惠王下》：“国人皆曰可杀。”“皆曰”即都说的意思。由“说”又引申出了“叫做”或“说出来”之义，如在介绍司马迁时用：“复姓司马，名曰迁”。王安石在《游褒禅山记》用：“以故其后名曰褒禅。”“名曰”即名称“叫做”什么的意思。

古文中，“曰”常用于句首或句中，作助词，不表示任何意思。如《诗·秦风·渭阳》：“我送舅氏，曰至渭阳。”

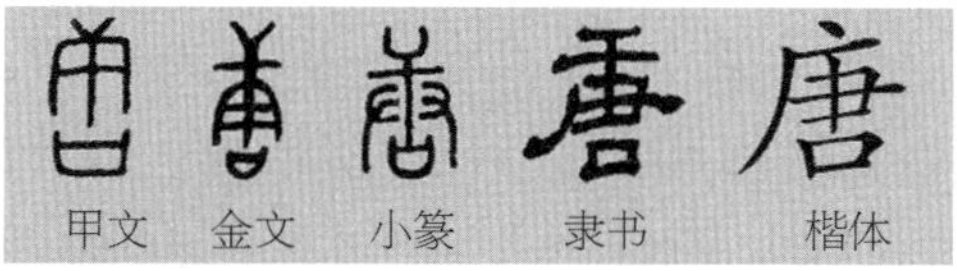

“**唐 táng**”，这是一个会意字。甲骨文的“唐”字，上部是一个“庚”，来自上古时代的弓钻钻眼，下部是一个“口”。两形会意，表示用弓钻将其钻通的意思。金文承接甲文，构形基本相似，上部的构形稍微繁化；小篆发生讹变，上部的“庚”分裂为两只手，隶书将左边的一只手简省为一撇后，楷书写作“唐”。

“唐”，《说文》释为：“唐，大言也。”指言语夸诞不实。如《庄子·

天下》:“以谬悠之说，荒唐之言，无端崖之辞。”由虚夸大言又引申为空、徒然，如王安石《再用前韵案蔡天启》中:“昔功恐唐捐。”“唐捐”即白费、徒然的意思。

甲、金文“唐”字上部，中间是一个“丫”，原本表示从中所出，因而，古代又将“庙中路谓之唐”，即朝堂或宗庙门内的大路。如《诗·陈风·防有鹊巢》:“中唐有甓。”“甓”音 pì，意为砖。即中间的大路用砖铺就。

“唐”，也是朝代名，即李渊及其子李世民所建的唐王朝(618~907 年)。唐王朝兴盛时，声播海外，外国或称中国为“唐”，中国人为“唐人”。“唐”，又用作姓氏，相传为唐尧氏之后。

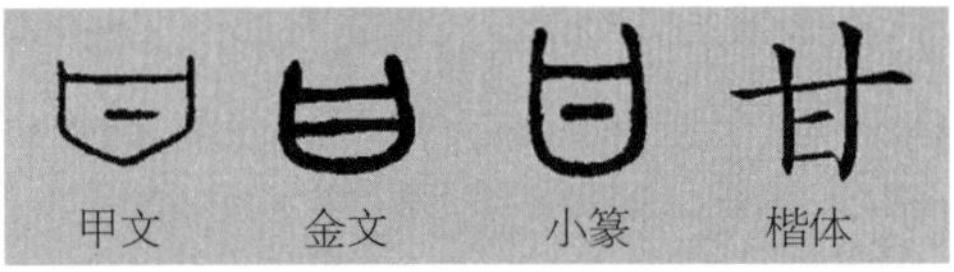

“**甘 gān**”字是一个依托象形字。甲骨文的“甘”字是在“口”中添加一短横，表示口中所含食物，也表示嘴里对食物有可口的感觉。在由小篆到楷书的演化过程中，为了与“曰”字划清界限，不相混淆，上边的一横从两边出了头，楷书缘此写作“甘”。

“甘”的本义为“含”，甘美之物是人所喜爱含在嘴的东西，因而引申为甘甜。如《荀子·荣辱》:“口辨酸咸甘苦。”其中的“甘”即表示甘甜的味觉。由甘甜之义又引申为味美，如《韩诗外传》:“鼻欲嗅芳香，口欲嗜甘旨。”这里的“甘旨”即美味也。由此又引申为甜蜜、动听的语言。如《左传·僖公十年》:“币重而言甘，诱我也。”这里的“币”指玉帛、财物等礼物，“言甘”则指诱惑人的甜言蜜语。由美味、美言又引申为使人自愿、乐意，如“心甘情愿、甘心、甘愿、甘洒热血”等等。

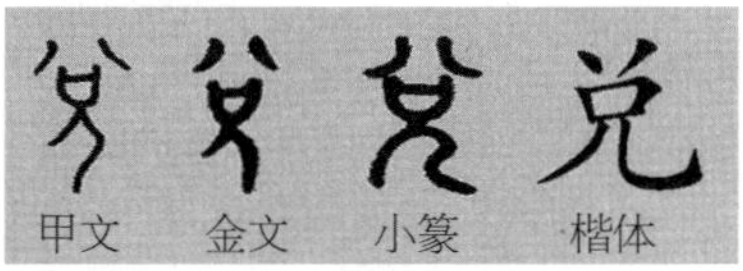

“**兑 duì**”,这是一个会意字。甲骨文的“兑”字,下半部是一个“兄”,原本指已会说话的大孩子,这里借为“人之说”。上半部则是一个表示发出声音的“八”形符号,在此表示言而无忌,想说便说。既然声音出来了,那就是说话,可见“兑”就是“说”的初文。

金文到小篆,小篆到楷书,整体字形完全相似,因而可视作一脉相承。

“兑”的本义为说,如《易·兑卦》:“兑,说也。”但此义由后起的“说”字承担,两者之间形成转注字关系。凡事解说明白了,言者听者心里都畅快。由此引申,“兑”又有喜悦之义,后世,另造“悦”字,专表此义。言辞尖刻,会像刀子一样剜心,因而,引申“兑”又有尖锐义,如《荀子》:“兑则若莫邪(剑名)之利锋。”后世,另造“锐”字,专表此义。《论语》中的第一段为“学而时习之,不亦说乎。有朋自远方来,不亦乐乎”。这里的“说”便是说话。全文的意思是:“学过的东西再复习一遍,不就可以给他人解说了吗。有朋友从远方而来,说给他听,不也是一件很快乐的事情吗?”这里的说与悦风马牛不相及,乃是一犬吠影、百犬吠声的结果。

“兑”字在唐宋以后产生交换义,一直沿用至今,如“兑款、汇兑、兑换、兑现”等等。此义乃由人们之间言语互相交谈引申而出。

“**侃 kǎn**”,这是一个会意字。金文的“侃”字,左边为侧立之人形,右边上部为“口”,下部为变形的“川”;“川”的本义指河流,在此表示声音连续不断。因而,“侃”的本义是畅所欲言,像流水般滔滔不绝。小篆的“侃”字承接金文、楷书又承接小篆,一脉相承后,楷书写作“侃”。

“侃”的本义为畅言,如“侃侃而谈”一词。畅所欲言之人,必定自认为有理在身,因而引申“侃”有刚直义,如《三国志·魏书·杨阜传》:“阜常侃然以天下为己任。”其中的“侃然”便表示刚直的意思。

“侃”,现今北京方言仍表示畅言。如“瞎侃”一词,便表示不着边际地东拉西扯。“调侃”一词,则表示用言语戏弄、嘲笑他人。

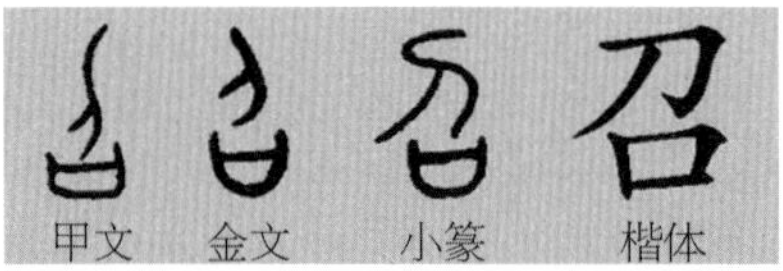

“召 zhào”,这是一个会意字。甲骨文的“召”字,上部形同人形的图形来自古代的匕勺,下部为“口”,表示叉起肉块请他人享用的意思。金文的“召”字,将上部的“匕”形演变为“刀”。小篆和楷书一脉相承,缘此写作“召”。

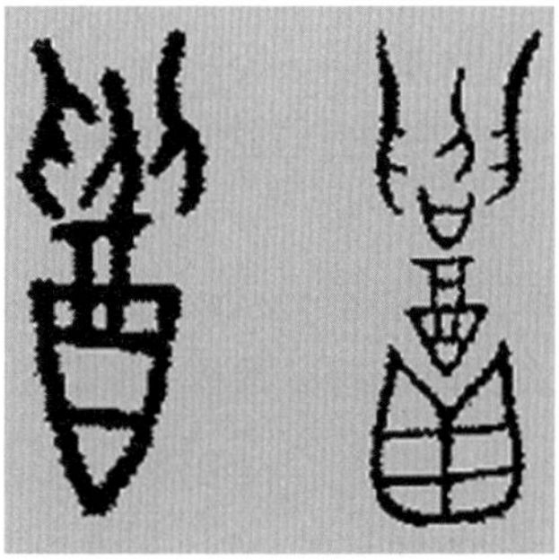

甲文　　金文

上古时代,人们从鼎中取肉,用的是一种似刀似勺的工具,这种工具称之为“匕”。“匕”在古代即是匕勺,也是匕首,用来在鼎中切肉舀汤。甲骨文中的另一个“召”字。上为两手持“匕”之形,下为“酉”,“酉”为酒尊之形。整个字形,表示挹取酒浆款待客人的意思。小篆之后,此字与“召”合而为一。

用“匕”将肉叉起,或勺起美酒,有请别人食用之义,《说文》因此释为:“召,呼也。”即呼唤、召请的意思。如《淮南子·修务训》:“楚人有熟猴而召其邻。”其中的“召”即召请的意思。现代汉语中则有“号召、召见、召集”等词语。由召唤之义又引申为召致、导致之义,如《荀子·劝学》:“故言有召祸也,行有召辱也。”此义后来写作“招”。

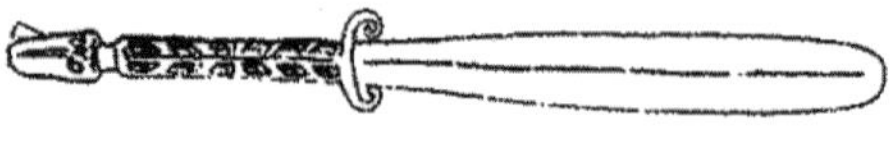

商代铜匕

西周中期的铜匕

“**固 gù**”,这是一个会意字。甲骨文的“固”字,上部是一个盾牌的象形,写作“中”或“申”,下部是表示一个嘴巴的“口”。所谓“固”便是对嘴巴的遮护,即什么话也不说。金文的“固”改为从口从古。词义仍为坚决不说出。因此引申又有牢固义。

比较“古、故、固”三字;古为说出,故为强迫说出,固则为死活不说。“固”,《说文》释为:“固,四塞也。”言指四面以城郭沟池树栅围绕使之牢靠、坚固之地。引申后,泛指事物的牢固、稳固,如《荀子·议兵》:“高城深池不足以为固。”以及成语中的“固若金汤”、“根深蒂固”等。《周官·司马》云:“凡国都之竟有沟树之固,郊亦如之。”郑玄注:“固,国所依阻者也,国曰固,野曰险。”

“固”,虚化为副词后,表示坚决、肯定,如成语中的“固执己见”。用在谓语前,则表示事物的本然情形,如司马迁《报任安书》:“人固有一死,或重于泰山,或轻于鸿毛。”“固然”一词乃近代出现的连词,一般用来表示让步、转折关系,也可放在复句的主语后面,与后一句的“但是、可是”相配合,表示强烈转折。如“固然不错,但仍有缺陷”。

七、搔首踟蹰瞧脸面

脸面是人体中最为显著的部位，也是识别“谁是谁”个体差别的所在。“元、首、页、头”均可表示人的脑袋，但细微的差别，来自创意精妙、意趣绵长的生活积淀。例如“首”字，便源自胎儿头颅的最先产出，“自”则因为鼻子是人面部最为突出之物。在细细咀嚼、辨识这些汉字时，今日的我们，不得不为上古先民的智慧称妙叫绝。

“元 yuán”的本义为人的脑袋。甲骨文的字形，是在人上添加两横，乃是古文字中的“上”字，用“人、上”两个符号会意，表示人的脑袋所在之处。如“殒身丧元”中的丧“元”，就是指丢掉脑袋。小篆的“元”字，下部演变为“儿”字(人在字形下部时写作“儿”)，在此仍表示人的躯体。

“元”指人头，人头为圆状，故语音相同。人头是人体之首，如“元帅、元首、元凶、元老”之中的“元”，均为“首”之义。从上自下，人头是人体的开始，所以“元”又引申为开始，如“元旦、元年、元勋”等。

“元”字也用来表示天地万物的本原，古人认为“元气”是产生和组成万物的原始物质，“元气、元元本本”一词中的“元”，均表示本源的意思。现代汉语中用作一元钱两元钱的“元”，乃是“圆”的借代，与“元”的意义无关。

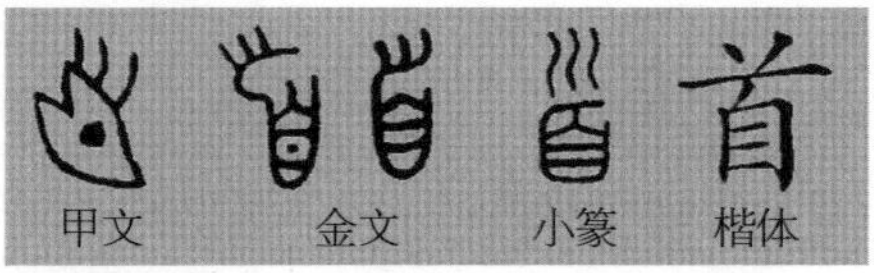

“首 shǒu”,这是一个象形字。甲骨文字形像长着头发的人头,尽管十分丑陋,也不太像人的脑袋,但它确实是初生胎儿头部的侧视图形。金文改为正面形象,用一只眼睛和高高扬起的头发来表示人首;后期的金文,又把象形的眼睛改为“目”,这就是小篆字形的来源。楷书的“首”字,则是对小篆字形的简省。

“首”字的本义是人头,如《诗·邶风·静女》:“爱而不见,搔首踟蹰”中的“首”。现代汉语中,则将抬起头称作“昂首”,低下头称为“俯首”,向后转头称作“回首”,自己出来坦白罪行叫“自首”。

“首”长在人体的最上端,胎儿出生时,又最先从产道而出。所以,“首”又有首要、开始之义。如文章开始称为“篇首”;一年之始称为“岁首”;国家的政治中心称作“首都”;群体中领头者称为“首领”、“首长”等等。

甲文中“首”字的演化过程

“首”还可以用来指示方位,如“东首”,即指东部方向;“外首”则指外部方位;作量词,可用于诗和歌,如“一首歌”。

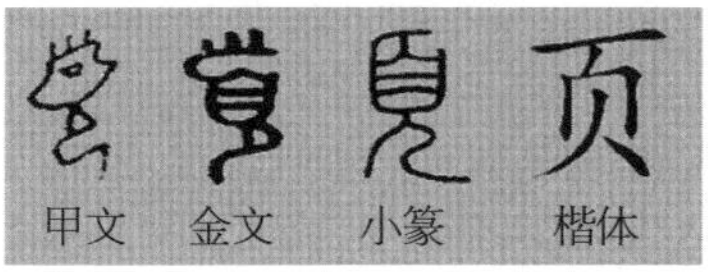

“页 yè”是“頁”的简体字。甲骨文的“页”字,从頁从人,是一个突出了头部的踞坐人形。金文和小篆的演变同古文的“首”字相近。“页”以强调人的脸面与人体的关系,来表示人的头脸。“页”字是一个典型的会意字。

“页”的本义为脸面,即长在人体最上端,侧视或正视均为平面的“头脸”,但现在这个意义已基本不用。“页”在汉字发展过程中,通常用作偏旁构件,原本由它所表示的“头脸”的意义,则反映在诸

殷墟出土的铜脸壳

多“页”部字中，如“顶”表示头的上部；“顷”，表示头部不正而偏斜；“须”，表示下巴上的毛；“顿”，表示用头叩地；“颈”，表示头下脖子的前部；“项”，表示头下部脖子的后部；“领”是头下脖子的两边；“颔”表示人面部上的两腮。

“页”字用来表示书册中的一张或一面，乃是一张脸面义的深化。书页的意义，原本写作“葉”(叶)，谓片片如树叶。因“页”也有一张脸面的意思，所以借而用之。

“元、首、页”三字均可表示“头”。但其字取象与含义仍有细微差别。例如：“元”为人上指事字，有开始、自上而下的意思，可构成“元帅、元气、元旦”等词语；“首”源自胎儿脑袋最先产出，可构成“首尾、篇首、首都、首要”等词语；“页”则有脸面的含义在内，所以成为“头、顷、项”等字的组字构件。

“頭 tóu”是“头”的繁体字。《说文》释为：“頭，首也，从页豆声。”“頭”乃是保留了“页”这个字根，在其旁另加“豆”后创造的新字。在人体形象中，肩以上头颈相承，其形如豆，在像什么就叫什么的比拟造词里，这一部分人体也称做“豆”，在书写形式上，乃是在“页”旁加豆，写作“頭”。

头中“豆”旁的来源

“头”在现代汉语中，除用作“人首”外，又引申为物体的顶端，如“山头”；表示事情的起点或终点，如“话头儿”；在表示顺序中用为先，如“头版头条”。“头”用在名词、动词、形容词之后构成名词，如“木

头、骨头、甜头”等。用作量词时，则表示牛羊家畜以及大蒜的数量，如“一头牛、两头蒜”等。

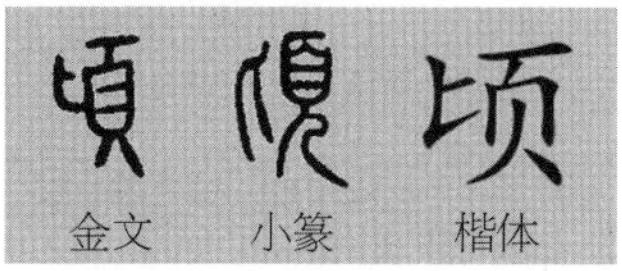

“**顷 qǐng**”，这是一个会意字。金文的“顷”字，右边是一个“页”，表示人首；左边是一个“匕”，乃是古代的“匕勺”。因为“匕勺”的勺头歪在勺把的一侧，匕勺总要向鼎器中侧顷。因而，两形会意，表示“头不正也”。小篆承接金文，楷书一脉相承，写作“頃”。汉字简化时，规范为“顷”。

“顷”的本义为头颅的侧斜。如《汉书·王褒传》：“不单顷耳而听已聪。”“顷耳”即歪头侧耳的意思。此义后来写作“倾”，专一表示“倾斜”之义。由于顷头侧耳，是一种十分方便、快捷的动作。因而，引申表示时间短，如“顷刻之间、少顷”等词语中的“顷”字，与“久”相对。《史记·魏其武安侯列传》中有：“蚡事魏其，无所不可；何爱数顷田?”“数顷田”原指头颅侧斜几下，便可尽收眼底的田地，由此引申出地积单位，即一百亩为“一顷”。

“**硕 shuò**”，这是一个会意字。金文的“硕”字，右边是一个“页”，在此表示人首；左边上部为“厂”，乃是一个翻转符号，其下为头颅的简省白描，表示头颅很大，以至于抬不起来的意思。小篆的“硕”字，发生讹变，将右边的字体讹变为“石”。楷书缘此写作“硕”。

“硕”的本义为头大而不能自己抬起来。这一情况的发生，原因有二：一是初生婴儿头大脖子软，无法支撑头颅的重量；二是幼儿患有脑积水之类病症后，头颅胀大而无法抬起来。在汉字的实际使用中，“硕”字的常用义乃是泛指一般意义上的“大”，如《诗·魏风·硕鼠》：“硕鼠硕鼠，无食我黍。”“硕鼠”即大老鼠的意思。又如《易经》中:“硕果不食。”“硕果”即大果也。由“头”之大又引申指学识渊博之人。如汉代扬雄《剧秦美新》:“是以耆儒硕老,抱其书而远循。”这一词义沿用至今,遂有“硕士”一词。

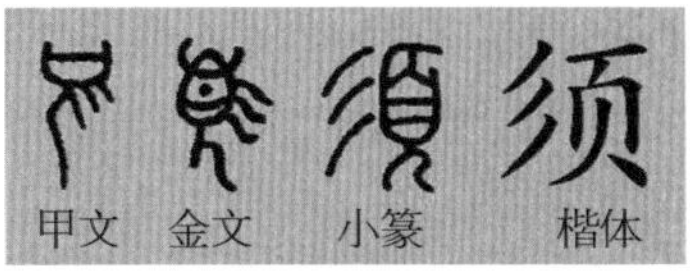

“须 xū”是“鬚”的本字。甲骨文的“须”字,是在一个刻意突出的大嘴下面,描绘出几根胡须的样子。金文“须”字的左边演变为“页”,脸形外侧仍有刻意强调的三根胡须。小篆承接金文,但字形演化为左右结构:左边是三根胡须,右边则是一个表示人头的“页”字。楷书在隶变过程中,加“髟”写作“鬚”,汉字简化时又回归为最初的“须”。

“须”,《说文》释为:“须,面毛也。”即男子下巴和两腮上所长的胡须,如《荀子》一文中的“须眉交白”。引申又指状如胡须之物,如“触须、根须”等。后来,“须”字多用于表示“必须、必得”之义,胡须义的“须”另加形旁“髟”(biāo,长发),写作“鬚”。

凡男子必长胡须。因而,引申出“须”的必得义,如“必须、务须”等词语。汉代思想家王充在《论衡·问孔》中有:“使孔子知颜渊愈子贡,则不须问子贡。”这是说:假使孔子知道弟子颜渊超过了子贡,则不必去问子贡了。

“而 ér”,这是一个象形字。甲骨文的“而”字,像人的下巴上长出胡须之状。金文和小篆的“而”字,保留了字形上的相似,但象形的韵味和含义荡然无存。楷书承接小篆,照猫画虎写作“而”。

青铜铭文

“而”,《说文》释为:“而,颊毛也,像毛之形。”实际上,“而”为“颊毛”之形,但词义并不是“颊毛”。这是上古先民用青年人长出胡须来表示人生的转折，表示由少年步入青年人之列。因而，古文中，没有用“而”指称颊毛的例句，而是多用作连词，连接动词、形容词以及词组和分句，表示词义的转折或补充。如“由童年而少年、由青年而壮年”，这里连接名词性成分，表示从一个阶段过渡到另一个阶段；在“少而精、严肃而认真中”，连接前后词组，表示互相补充；在“江水滚滚而来、为振兴中华而奋斗”例句中，把表示目的、原因、方式的成分连接到动词上面；在“有其名而无其实、苹果大而不甜”中，连接前后词组，表示转折的意思。

“**耐 nài**”，这是一个会意字。秦简文的“耐”字，左边是一个“而”，在此表示脸上的颊毛；右边是一个“寸”，像手中持物之形。两形会意，表示将颊须拔掉或剃掉的意思。小篆和楷书的“耐”，与之一脉相承。

“耐”，本指古代的一种较轻的形罚，即把犯有过失的官吏的胡须拔掉，以示羞辱和惩戒。如《汉书》：“令郎中有罪，耐以上清之。”这是说：郎中之类的官员犯罪，受到“耐”刑以上的都要从官员队伍中清除出去。由于“耐”刑并不伤及皮肉，凡人都能够经受得住。由此，“耐”字引申出“受得住、禁得起”的意思，如唐代诗人杜甫《兵车行》：“况复秦兵耐苦战，被驱不异犬与鸡。”这个意义沿用至今，如“耐用、耐火材料、耐久、吃苦耐劳”等词语。

“**面 miàn**”，这是一个会意字。甲骨文的“面”字，是在侧视的脸面轮廓中画上一只眼睛，用以表示人的“面目”。小篆的“面”字，是在未封闭的框内（仍表示人面，但已是人脸的正面）有一个“自”（鼻

人面镂空铜钺

子)字。如此造字,源于鼻子是人的面部最为突出之物。《说文》释为:“面,颜前也。”因此可知,“面”的本义为脸面。楷书经由隶变后,写作“面”。

唐代诗人白居易《采地黄》一诗:“携来朱门家,卖与白面郎。”以及“人面桃花相映红”中的“面”字,皆为人的脸面。“满面笑容、面谈”等词语的“面”,也作脸面讲。

“面”由脸面之义又引申为事物的外表,如“地面、水面”;引申为方面之义,如“片面、面面俱到”等;“面”还可用作扁平事物的量词,如“一面旗帜、两面镜子”等。“挂面、药面儿、面粉”中的“面”繁体写作“麵”,与“面”是形义不同的两个字,汉字简化时,将它们合二为一。

“面”在古文中不同于脸。“脸”是后起字,本谓两颊,常指妇女目下颊上搽胭脂的地方。后来,“脸”在使用中逐渐代替了“面”,才泛指整个面部。

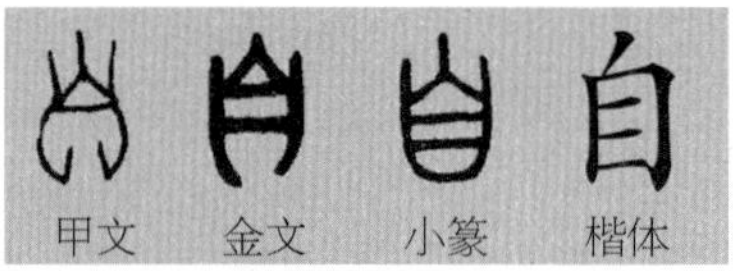

“**自 zì**”,原本是表示鼻子的象形字。甲骨文字形上部像鼻梁,下部是左右两个鼻孔。金文字形趋向匀称,强调了鼻子“山根”部位上的两条皱纹,但不如甲骨文形象。小篆字体从金文发展而来,楷书缘此写作“自”。

“自”的本义为鼻子。由于人们在谈话中强调自己时,常常用大拇指指着自己的鼻子。因此,“自”又用来表示自己的意义,成为第一人称代词,如“自白、自己”等。由于鼻子具有将大气吸入体内,而将体内废气呼出的功能。所以“自”引申为“从”、“由”、“自然地”等义,用为副词和介词。如“自生自灭”,解释为自然地生长与灭亡,而“自从、自古”的“自”,则用作介词,意同“从”、“由”。

当“自”更多地运用于引申义后，人们新造了一个“鼻”字来表示“自”的本义。“鼻”的上部是“自”字，用作义符，表示鼻子，下部是“畀”字，乃是古代的响箭，即“鸣镝”，表示“通上”的意义，也表示读音。

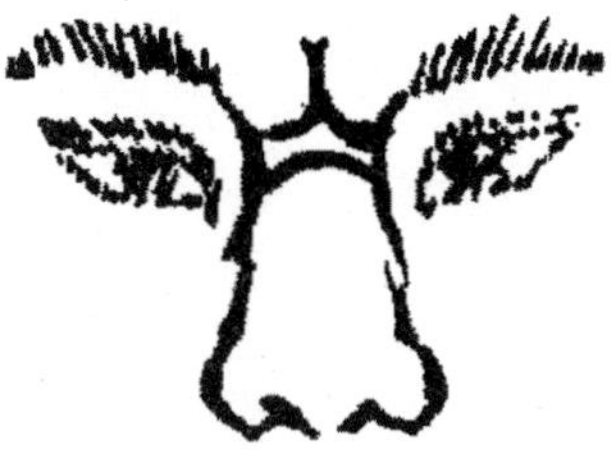

“自”的构形来源

“自、鼻”之间的关系称作古今字，“自”为古字，主要用来表示引申义；“鼻”为今字，用来表示“自”的原本意义，即作为呼吸和嗅觉器官的意义，如“鼻音、鼻涕、鼻青脸肿”等词语中的“鼻”字。从造字方法讲，“鼻”乃是“自”的转注本义字。

鼻子居于面部的突出地位，因此在人的面貌美观上有重要作用。《列女传》中介绍的梁高行即为一例：梁高行为梁某之妻，花容月貌，聪慧敏捷，但却青春花季丧夫，为照顾孩子，她执意不改嫁。梁王差人上门提亲，梁高行就对着镜子将自己的鼻子割下。她对来人说：我所以不自杀，是不忍心让我的孩子成为孤儿，我自己割下鼻子，你总该放过我吧。梁王知道后对她肃然起敬，故而赐名“梁高行”。在这个故事当中，梁高行为什么没割掉耳朵，或切断手指呢，因为鼻子在容貌上的地位，比别的器官都重要。

“微 wēi”，乃是“敚”的本义转注字。甲骨文的“敚”字，左边是一个突出了长发的人形，右边则是表示手持兵器的“攴”字。两形会意，表示一个手持武器的人头戴草编埋伏在路边。由金文到小篆字形，“敚”字的形体大体相似。楷书增添了“彳”旁，写作“微”，以转注的方式承继初文的本义。清代学者段玉裁注曰：“微行而敚废矣。”

“微”，《广雅》释曰：“微，小也。”如《易·系辞下》：“君子知微知彰，知柔知刚。”句中的“微”指细小不易察觉的事物。现代汉语中，则有“细微、防微杜渐、微言大义”等词语。由“微”的细、轻义又引申出低下、卑贱之义，如“低微”一词，又引申指衰落，如“衰微”一词。

“微”用作副词，表示程度上的“稍微”。如《齐民要术·种瓜》—

节中："两行微相近。"即稍微靠近的意思。"微"字在隶变时增加了"彳"旁，因而，也增添了"微行"，即隐匿而行的意思，如"微服私访"一词。

"**顺 shùn**"，这是一个会意字。金文的"顺"字，右边是一个突出眼睛的人形，左边是三条弯竖（川为晃动字根）。两形会意，表示目光顺从他人的指点将脑袋上下晃动。小篆的"顺"字，将右边大眼睛的人形，讹变为表示人首的"页"，词义也由眼睛的顺从转动，变为脑袋的顺从转动，即点头称"是"时的点头之状。楷书缘此写作"順"。汉字简化时，规范为"顺"。

"顺"的本义为顺从、顺应，如《庄子·天运》："文王顺纣而不敢逆。"这是说：周文王顺从殷纣王，而不敢有丝毫乖逆的表示。又引申为沿着同一方向的意思，如"顺风、顺水"等。由"顺应、顺从"又引申为循理、顺序之义，如《论语·子路》："名不正，则言不顺。言不顺，则事不成。"由沿着同一方向又引申出趁便之义，如"顺便、顺手关灯"等等。

汉画像石

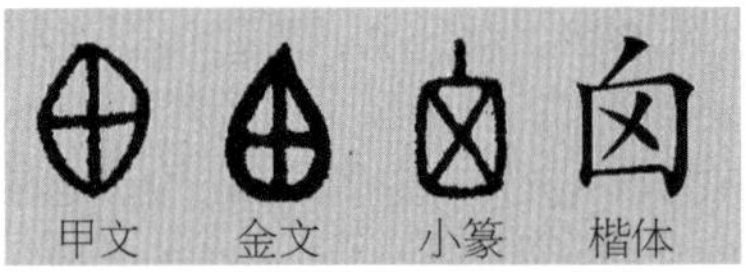

"**囟 xìn**"的本义为"囟门"，即婴儿初生后，头顶骨未合缝的地方。婴儿的囟门，随着心脏的跳动，也会一下一下地跳动。正是对此观察，使古人产生了"心为思之官"，即心为感知器官的观念。

甲骨文的"囟"字是一个象形字，乃是从上往下瞧时，婴儿囟门处骨缝的白描图象。金文和小篆的"囟"字，承接甲文，楷书缘此写作“囟”。形体犹在，象形的韵味却已失去。

“囟”，《说文》释为：“囟，头会脑盖也。”清代学者王筠在《说文句读》中注曰：“头之会，脑之盖也。会者，合也。”由此可知，“囟”字的形义古今无太大的变化。

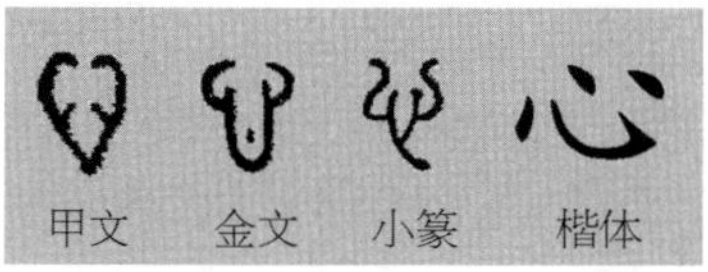

“心 xīn”，这是一个象形字。甲骨文很像一个“心”的形状。金文略有变化，但也像一颗心。小篆则变得不太像心的外形，更多地像“心”的切开剖面图像。楷书缘此写作“心”。

“心”的本义就是“心脏”器官，如“心跳、冠心病、狼心狗肺”中的“心”字。又可以引申为“心思”或“心意”，如《诗经·小雅·巧言》：“他人有心，予忖度之。”古人认为心脏是在人体的中间，所以又引申出中心、中央之义，如李白《送麴十少府》一诗中：“流水折江心。”“江心”就是江流中央。

古人把“心”视作一种感觉器官，如《孟子》中讲：“心之官则思。”所以，“心”被用来表示感知、感情、意念等意义，如“心机、心态、独具匠心、心领神会”等。“心眼”一词，一般是指心底、内心，如《老残游记》第十四回：“昨日我看见老哥，我从心眼里喜欢出来。”这个词我们现在还在用，如说“某某人心眼好”。可是，古代的“心眼”一词，往往是指“见识”或“眼力”，如“心眼高妙”就是指很有见识。

“心”字是个部首字，放在左边时写作“忄”。凡由“心”字所组成的字大都与“心思、心态”有关，如“想、愁、慕、念、惕”等。

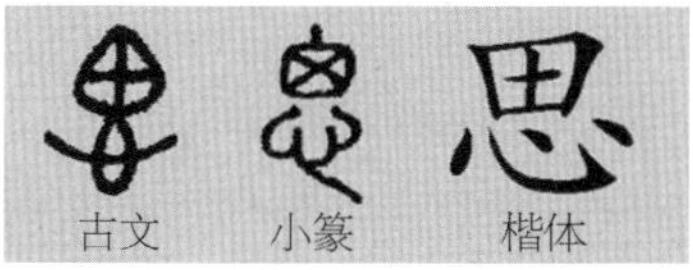

“思 sī”，这是一个会意字。古文中的“思”字，上部是一个“囟”，表示婴儿的囟门，下边是一个“心”的象形。在古人看来，婴儿的心跳,与囟门的跳动完全合拍。因而,大脑和心脏相通相连,都是思维的器官。心是感知的器官,大脑则是思考的器官,二者结合便是“思”。当然,古人不会蠢到相信“心”是思考的器官。只有今人会蠢到相信古人会这么蠢。

“思”的本义是思索,即动脑筋的意思。如《论语·为政》:“学而不思则罔,思而不学则殆。”这是说:读书而不思考则会糊涂,思考但不学习则会陷入迷惘。思考、思索之义沿用至今,现代汉语中则有“思前想后、深思熟虑”等词语。由思考之义又引申出想念,如《诗·郑风·褰裳》:“子不我思,岂无他人。”现代汉语中则有“思念、思慕、相思”等词语。由思考之义又引申出思路、构思之义,如“文思”一词。

“思”用作名词时,则表示心情,如“思绪、愁思”等词语。

八、针灸医药治疾病

中华医学的起源，古籍文献中多有记载，如《史记·三皇本纪》："神农……始尝百草，始有医药。"然而，此类记载只能视为传说，难以稽考。现今能据以研究的可靠材料，只能是殷商时代的甲骨卜辞。

事实上，殷商时代的先民，对疾病也有较细致的观察和分类，对疾病已有多种治疗方法，包括针刺、艾灸、按摩和药物治疗等，在当时的历史条件下，已是十分先进的医学。正是这些治疗方式开创了中华医学的道路。从本章节的叙述中可知，大批反映疾病和治疗的文字，记录了古人想尽一切方法试图战胜疾病的种种尝试。

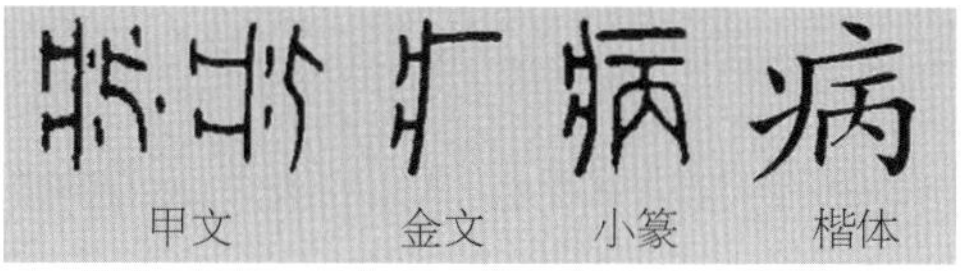

"病 bìng"，这是一个会意字。甲骨文的"病"字，左边是一个"爿"，即床的象形白描；右边则为一人躺着发汗之状。为适应汉字竖长横窄的特点，甲骨文字形为竖刻，这一图景只要调整 90 度，便会形象分明。金文的"病"字将右方的"人"形简省为一，构成组字构件"疒"字右上的一横。小篆字体则增加了一个"丙"，遂成为"从疒丙声"的本义转注字。古人认为"丙"为火，"丙"在此处表示人的发烧。

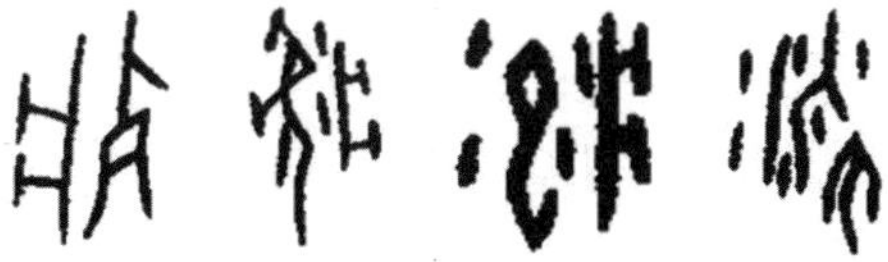
甲骨文中表示不同病症的文字

"病"，《说文》释为："病，疾

加也。”即重症为病，轻症为疾。实际上，在上古时代，“病”表示人的卧床不起，浑身出汗，乃是内科之病；“疾”则表示人体的刀剑外伤，是外科之病。三千多年前的甲骨卜辞中，记载“病”的卜辞屡见：如“妇好有病、雀骨凡有病”等。“病”字常用来表示患有某种“内病”。后来，“疾病”二字互相通用，都表示疾病之义。

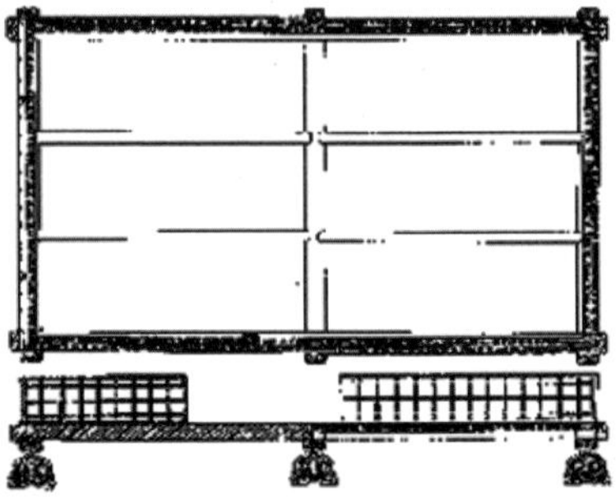
东周大床

“病”又指重病，“疾”指小病。如《论语·子罕》：“子疾病，子路使门人为臣。”这是说：孔子病加重后，子路让门人充当治丧的人。现代汉语中，“病”则泛指疾病，如“生病、病入膏肓、心脏病”等词语。

除表示人体的不适、不健康外，“病”由疾病之义又引申指事物的弊端、错误，如“弊病、语病”等等。

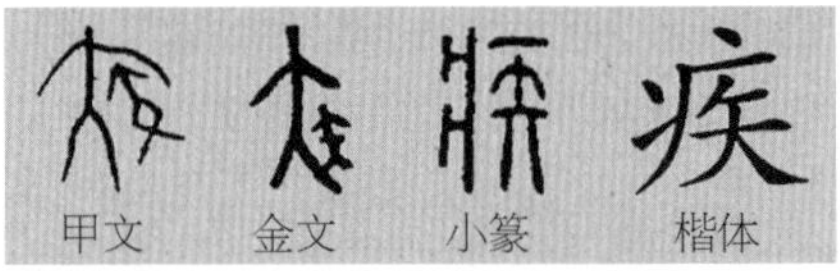

“疾 jí”，这是一个会意字。甲骨文和金文字形，均像一个人腋下中箭之形。小篆的“疾”字将表示人形的“大”讹变为“爿”和其上的一横，成为“从疒矢声”的形声字。这也是文字走向偏旁归类的结果。楷书承接小篆，写作“疾”。

上古时期，弓箭是一种用作血族仇杀的远射兵器，从隐蔽处发射，能使人在未察觉危险的情况下，便已中“箭”。但限于技术条件，上古时代的弓箭，多数情况下，无法使人中箭后立即一命呜呼。所以“疾”字的本义指中箭受伤。尽管《说文》释为：“疾，病也。”实质上，“疾”字与“病”字在意义上有所区别，“疾”指外伤，“病”指体质内部的病变。在后来的古文典籍中，两个字出现了混用，不再加以区

分。如“患疾、积劳成疾、关心疾苦”等词语中的“疾”字，也可以释为疾病，已不分外伤内病。

“疾”，由“疾病”之义，又引申指疼痛、痛苦、痛恨的意义。如成语中的“疾恶如仇”、“痛心疾首”等，其中的“疾”字，原指受伤后的疼痛，这里用来形容极其痛恨的样子。弓箭速度很快，往往来得突然、无影无迹。因而“疾”字又引申指急速，如古文典籍中的“疾驶、疾步、疾风劲草”等。

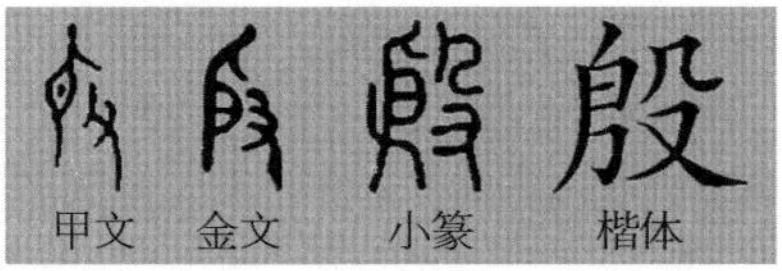

“殷 yīn”，这是一个会意字。甲骨文的“殷”字，左边是一个腹部突出的人形，右边则为手执针形锐器之形。两形会意，表示手执针砭刺人腹部，用来治疗疾病的意思。金文的“殷”字承接甲文，小篆又承接金文，在文字的一步步演变中，楷书写作“殷”。

“殷”的本义为针刺、放血。据史书记载，最古老的针刺疗法，是用“砭石”，一种锋利尖锐的石片来切割脓疮或浅刺身体的某些部位，达到疗伤治病的效果。后来，这种古老的治疗手段一分为三：其一，用骨针、竹针或金属针实行针刺疗法；其二是用石片、角骨片，实行刮痧、放血治疗；其三为用于切割痈脓淤血的外科手术疗法。这种由中华民族创立并发扬光大的民族医学，乃是中华民族对世界医药文化的一大贡献。

“殷”为针刺、放血，放出之血多为赤黑色。因而“殷”有黑红色之义，如《左传·成公二年》：“左轮朱殷。”即左边的车轮被血染成黑红色。以针石刺破脓疮，会发出声响。因而，“殷”又是一个拟声字，读 yǐn。如《诗·召南·殷其雷》：“殷其雷，在南山之阳。”“殷其雷”即雷声殷殷而起的意思。由脓血的流出，又引申出红色义，如“殷红”一词。

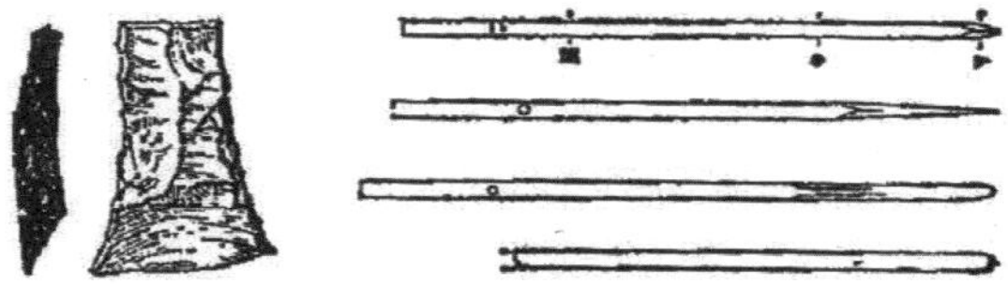
出土的古代砭石和医针

“殷”，也是周人灭商后，周人给商王朝起的蔑视性绰号。意思是说:商王朝的统治者酗酒贪色,整个王国就像一个腹部脓肿的病人,周人乃是手执针砭的外科大夫,给他们做了一次“政治手术”。因而,周人在同仇敌忾下称“商”为“殷商”。周人灭商后,掠获了商王国数百年制造、积存下来的大量财富。因而,“殷”由脓肿的凸起、肿胀,引申出了盛大和多的意义。如《诗·郑风·溱洧》:“士与女,殷其盈矣。”现代汉语中,“殷”,用于财物,指富足,如“殷实人家、百物殷阜”等;用于感情,则指深厚,如“殷切、殷忧”。又引申为热情、周到之义,如“殷勤”一词。

青铜铭文:殷

“箴 zhēn”,这是一个会意字。小篆的“箴”字“从竹从咸”。“竹”表示材质,“咸”原本为人在两军交战时的呼喊,在此表示言语。经由隶变后,楷书一脉相承写作“箴”。

“箴”的本义刻写有文字的竹片,又指竹针刺入后的叫喊声,引申指上古先民用竹针刺入穴位以求治病的方法,也指针灸所用之物,如《山海经·东山经》:“又南四百里,曰高氏之山,其上多玉,其下多箴石。”郭璞注:“可以为砭针治肿者。”由此可知,“箴”乃上古砭石的发展,乃是竹制的刺针,专一用来针灸。

后来,又由箴砭治病之义引申出规劝、告诫的意思,如《汉书·路温舒传》:“开天下之口,广箴谏之路。”现代汉语则有“箴言、箴规”。又指用以劝诫的文体,即“赋、颂、铭、赞、文、诔、箴”中的一种。例如汉代的扬雄便有《五箴》一文。

汉代画像:扁鹊针刺图

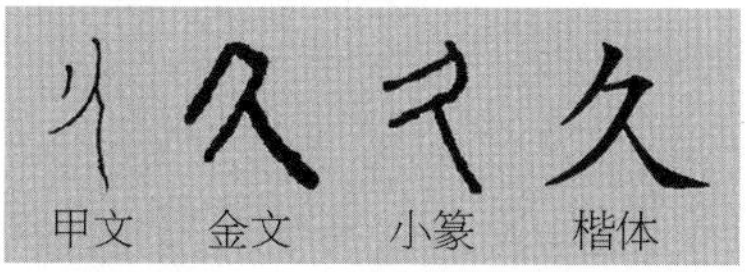

“**久 jiǔ**”，这是一个依托象形字。甲骨文的“久”字，乃是烙铁(也称之为铜格)的侧视之形；右上的一短竖表示将烧红的烙铁，炮烙在人、畜和器物上，以便留下永久标记。金文的“久”字在演化过程，因字形间架结构的变化，失去了甲文的象形韵味。小篆和楷书一脉相承，写作“久”。

铜格烙物，烙印经久难去，近年出土的文物上常有烙记。可见，只要物存，烙印就不会消失。因而，“久”的本义为长久，与“暂”相对。如《诗·邶风·旄丘》：“何其久也?必有以也。”这是说：为何能够长久，必定有所凭借的。又引申表示时间的区段，如“这次来住多久”，其中的“多久”即多长时间的意思。

《史记》一书中，在描述殷纣王荒淫无道时，证据之一便是“施之以炮烙(格)”之刑。无论“炮格”还是“炮烙”，实际上乃是烙铁烧红烫人之义，正是“久”的使用。这一刑法，源自人们给牲畜烙烫记号，以便辨认。久作刑罚，源自火烧的疼痛感最重。

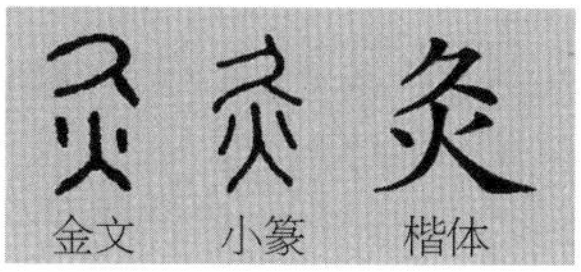

“**灸 jiǔ**”，这是一个转注字。金文的“灸”字上为“久”，下为“火”。承继“久”字的本义，表示用火灼烧的意思。小篆与楷书一脉相承。《说文》因此释为：“灸，灼也。”

“灸”是“久”的后起孳乳字，当“久”字多用来表示烙痕，即“长久”之义后，“灸”则承担了“久”的炮烙义。如《后汉书》：“敢灸灼奴婢，论如律……”此处的“灸灼”，即用烙铁在奴婢身上烫上烙印的意思。

“灸”的现代常用义为艾灸，即用艾绒熏灼人体的穴位，以达到治疗疾病的目的，乃是中医的一种治疗方法。如中医古籍《素问·血气形志》："形乐志苦，病生于脉，治之以灸刺。"此处的"灸"，即艾灸，"刺"则指针刺。合称便为今日之"针灸"。

灸灼疗法，起源甚早，《素问·异法方宜论》中有说："北方之域……藏寒生满病，其治宜灸灼。"最初的灸法，当是用烧热的石块热敷。经过长期实践，上古先民发现用野生的艾蒿进行灸治有许多长处，而保存了几年的陈艾比鲜艾疗效更好。于是艾灸就成为灸法的主要手段。《诗·王风·采葛》中有"彼采艾兮"。可见周人已广泛采艾，或用于熏除蚊虫，或用于艾灸。战国时代的孟子在《孟子·离娄上》："今以欲生者，犹七年之病，求三年之艾也。"此时以陈艾为灸灼治病之法，已相当普遍了。

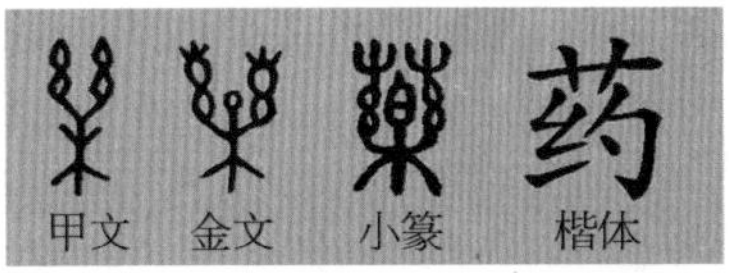

"药 yào"是"藥"的简体字。甲骨文的"药"字与"乐"字同源同构，即它们的形体都源自松树：下为"木"，表示树木；"白"表柏树籽，"丝"为粘连的松脂。当松柏用于篝火、祭祀时，它便是乐舞的物质材料，当松针、松脂、柏树籽用于治病时，它便是中华草药的起源。据《本草纲目》介绍，松叶"味苦、性温、无毒"。主治风湿疮、治恶疾、去风痛脚痹。服食松叶或煮汁作粥食，可治身骨关节疼痛、饱食伤身。松脂主治痈疽恶疮、头疮溃疡、白秃及疥疮虫病。煎成膏，有止痛排脓的作用，贴各种脓血疮瘘烂；塞牙孔，治虫齿，治白带过多……松黄则主润心肺、益气、除风止血，也可以酿酒……

金文的"药"字，承接甲骨文，只是字形中增添了一个"白"字，意谓"柏树"的籽、叶也是药草之一。小篆为将文字归类，将松脂上的松针之形演变为"艹"字头。楷书缘此写作"藥"，汉字简化时，借用俗体字规范为"药"。

"药"，《说文》释为："药，治病草，从草

松

乐声。”“治疾之草总名”，实际上，“乐”的本义已包含有“药”。《史记·三皇本纪》记载有：神农氏尝百草，一日而遇七十毒，始有医药。松树、柏树与上古先民的生活、文化密切相关，自在“百草”之内。松树号称“百药之长”，可治疗刀伤脓疮、腹痛肚泻，风痛脚痹，虫齿白带……这些均是上古先民最易染患的疾病。“药”字以松、柏为造字内涵，可谓生活的实证。

《尚书·说命》中有“若药弗瞑眩，厥疾弗瘳”的记载。相传为皇甫谧所著的《甲乙经》的序中也有“伊尹(商代大臣)……为汤液”的记载。《诗·大雅·板》中有“不可救药”的诗句。可见中华草药的起源当于“樂”之相连。

现代医学证明，作为药用的松树各部位，不仅含有大量的叶绿素及维生素A、C等，还含有蛋白质、糖分、松节油及挥发成分，以及铁、磷、钙等等，这些成分具有消除疲劳、增强耐力、激活细胞的功能，至今仍是世界诸多民族的草药品种之一。

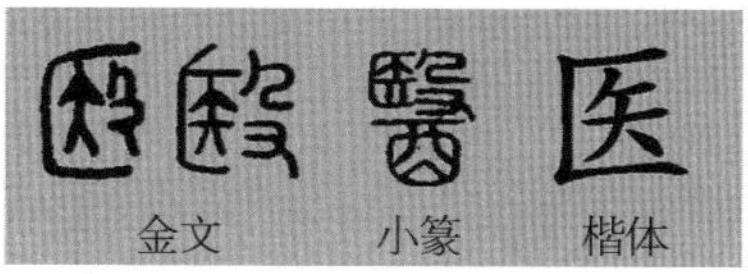

医 yī，是“醫”的简体字。金文的“医”字，外围是一个“匸”，在此表示筐箧。内里的左边是一个箭矢之形，右边则是一个“攴”。三形会意，以可以治病的砭石和竹针表示针刺医病。

小篆的“医”字，下部增添了一个“酉”，在此表示“酒”，增“酉”是因为酒能用来治病。如《汉书·食货志》：“酒，百药之长。”《史记·扁鹊仓公列传》：“疾之居腠理也，汤熨之所及也……其在肠胃，酒醪之所及也。”这是说：病在脏腑，酒能使药物发挥效用。楷书缘此写作“醫”，因笔画繁多，简化时，取其偏旁写作“医”。

“医”，《说文》释为：“医，治病工也。”即医生。《广韵》一书释为：“医，医疗也。”即医治。这是从名词和动词角度，做出的不同解释。现代汉语中，“头痛医头、剜肉医疮、医疗”等词语中的“医”，均用作动词，表示医治。“良医、就医”等词语中的“医”，则用作名词，表示医生。在“中医、医书”等词语，“医”作“医学、医术”讲，乃是医疗的引申义。

“疛 fǔ”，这是一个会意字。甲骨文的“疛”字，恰似一幅人体胸腹疼痛，卧病在床施以按摩的图画。金文的“疛”字，在胸腹中增添几个小点，刻意强调胸腹中存气或长有异物时的病态。小篆摆脱文字的图画味，演变为“从疒付声”的形声字。楷书缘此写作“疛”。

“疛”，乃是以按摩之术治疗腹疾之意，这是殷商民族已用按摩法治病的可靠记载。从医学发展史来看，按摩疗法可能是人类最早的医治方法之一。在《黄帝内经》中不仅对按摩的原理有较深的认识，对按摩所治疾病也有系统的记载。如《素问·举痛论篇》：“按之则气血散，故按之痛止。”“按之则热气至，热气至则痛止。”《史记·扁鹊仓公列传》说：“上古之时，医有俞跗，治病不以汤液醴酒，(而用)镵石，挢行，案杬，毒熨。”《索隐》注曰：“挢者，谓用按摩之法……杬音玩，亦谓按摩而玩弄身体使调也。”这位上古时代的俞跗，就是现在已知的最早的按摩医生。

“疛”与“抚”、“拊”音义相通。“抚”的本义是轻轻地按着抚摩；“拊”，《说文》则释为：“拊，循(xún，抚摩)也。”可见，“疛”也是“抚、拊”等字的音义来源。

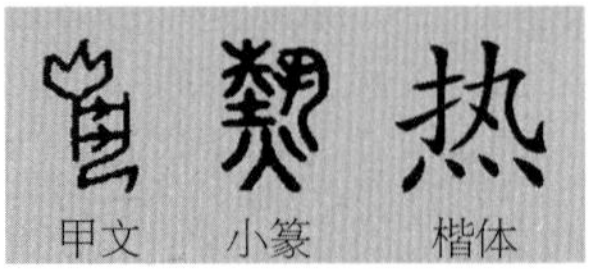

“热 rè”是“熱”的简体字。甲骨文的“热”字，像一人手执燃烧的火炬。小篆的“热”字，从火埶声，演变成一个会意字。楷书缘此写作“熱”，汉字简化时规范为“热”。

“热”的本义为手持火把、火炬，如《诗·大雅·桑柔》：“谁能执热，逝不以濯?”这里的“执热”即手执火把。手执火炬会感受到火的炙烤，因此，“热”又有炙烤发热的意义，《说文》将此释为：“热，温也。”在殷商人的甲骨卜辞中,有“杞侯热,弗其祸风有病”的记载,“杞侯热”即杞侯发烧,体温很高的意思。“祸风有病”,则表示伤风加重已成疾病。这一记载可能是人类关于伤风感冒的最早记载。

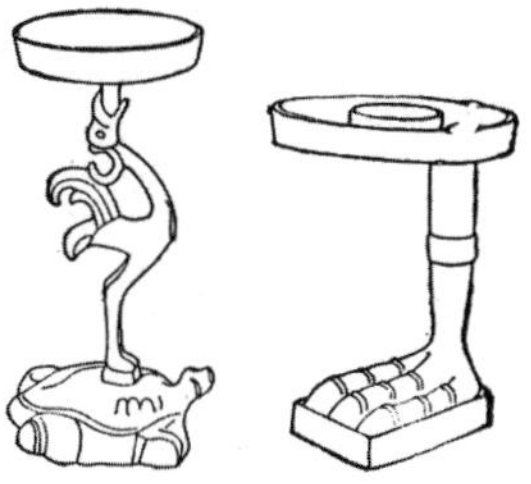
汉代铜灯

现代汉语中,“热”与“冷”相对,“热”表示温度高。又引申为动词,表示使之加热,如“把菜、饭热一下。”由温度高又引申为情意深,如“亲热、热情、热心”等。又特指受人注意、欢迎的物品,如“热门货”。

“热”,也是物理学名词,表示物质运动放出的能量,如“热能、比热、热辐射”等等。

“**骨** gǔ”,原本是一个象形字。甲骨文的“骨”字有两款,其一像骨架相互支撑之形,其二像已经整治的牛肩胛骨。在甲骨卜辞中即有“王其病骨”以及“王骨异其病”“王骨其雨病”的众多记载。“病骨” 即骨痛之症, 可能是风湿骨痛, 也可能是跌伤所致;“骨异”,当是骨有异常之隆起或疼痛感。“骨其雨病”,则是说阴天下雨骨会疼痛。

古文的“骨”字将甲文简省,下边又增添了一个“肉”字,表示骨乃肉所系连、包裹之物。小篆以后的演变,已无大的变化,可谓一脉相承。楷书旧体写作“骨”,新字体作“骨”,左向后更便于书写。

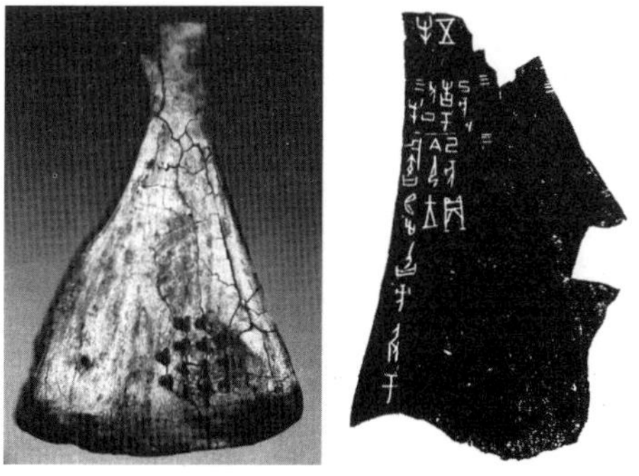
商代甲骨

“骨”的本义指人或动物的骨骼,如成语中的“骨肉相连、脱胎换骨、毛骨悚然”等。又特指人死后的骸骨,如杜甫《自京赴奉先县咏怀五百字》中“朱门酒肉臭,路有冻死骨。”“骨”的作用是支撑躯体，由此引申，用于比喻人内在的气概和品格，如“风骨、傲骨、主心骨”等。

“骨朵”，本指古代一种棍棒类的兵器，因其状如人腿上的棒骨而得名，现转指未放的花蕾。

“**齲 qǔ**”，这是一个会意字。甲骨文的“齲”字，像牙齿中有虫，其上有虫蚀牙齿留下的碎屑。小篆的“齲”字演变为“从牙禹声”的形声字。《说文》释为：“𤘅，齿蠹也，从牙禹声。齲，𤘅或从齿。”就是说：“𤘅”与“齲”乃是同字异构。楷书经由隶变后，写作“齲”。

“齲”，《篇海》释为：“齲，齿朽也，虫齧之齿缺朽也。”至今民间仍称齲齿为“虫牙”。可见，视齲齿为虫牙的观念，从殷商时代以至于今，并没有改变。中华民族关于齲齿的记载，距今已有三千三百多年，比古希腊、埃及、印度有关齲齿的记载要早七百至一千年。不仅如此，在甲骨卜辞中，还有拔病牙以止痛的记载。

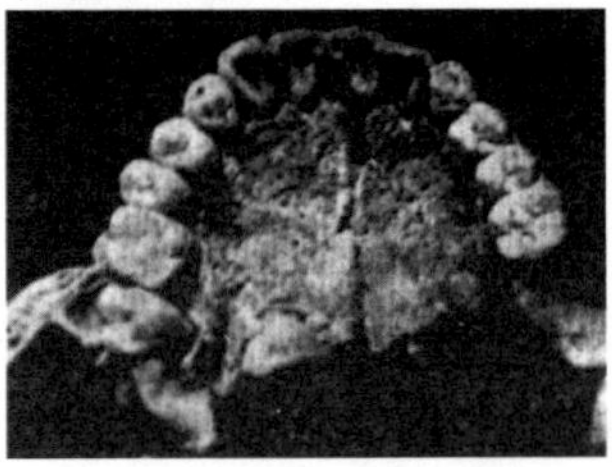

“齲齿”，源自口腔不洁而致病，症状是牙齿釉质被破坏，形成空洞，伴有牙疼、齿龈肿胀。《史记·扁鹊仓公列传》中有：“齐中大夫病齲齿。”

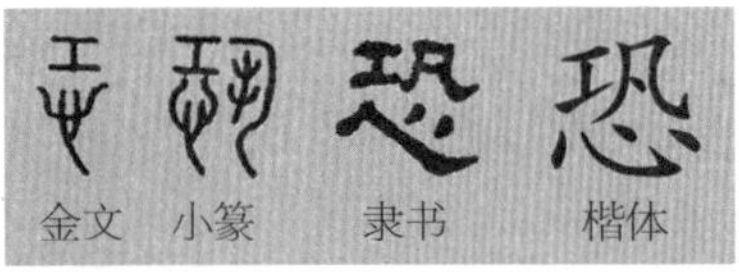

“**恐 kǒng**”，这是一个会意字。金文的“恐”字下从心，上边则是一个“工”，其形源出于“针”。两形会意，表示以针刺入后的恐惧。小篆的“恐”字，右边增添了一个“𠃨”形，表示手执某种东西。因此，隶书将其演变为“上巩下心”，更明确了针刺时内心恐惧的含义。楷书缘此写作“恐”。

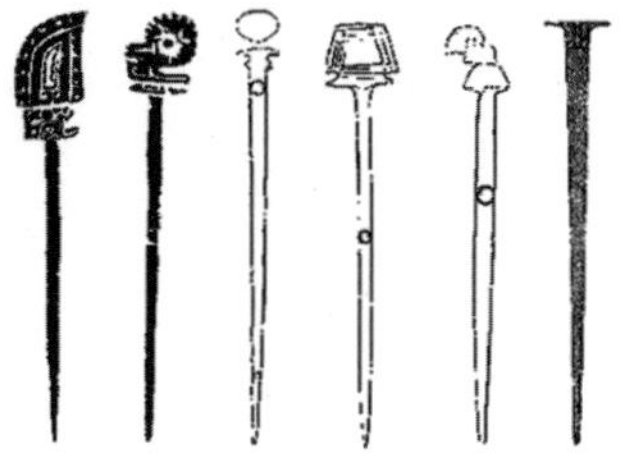

殷墟妇好墓出土的骨笄

“恐”,《说文》释为:“恐,惧也。”本义为恐吓或惧怕,只是分施者和受者而言。如《荀子·天论》:“星坠木鸣,国人皆恐。”“国人皆恐”即国人都惧怕的意思。“恐吓”一词,则源自手持利针,吓唬他人。由惧怕又引申出恐怕、担心之义,如《论语》:“学如不及,犹恐失之。”贾谊《新书·春秋》:“吾闻见两头蛇者死,吾恐他人又见,吾已埋之矣。”句中的“恐”可释为恐怕、担心。

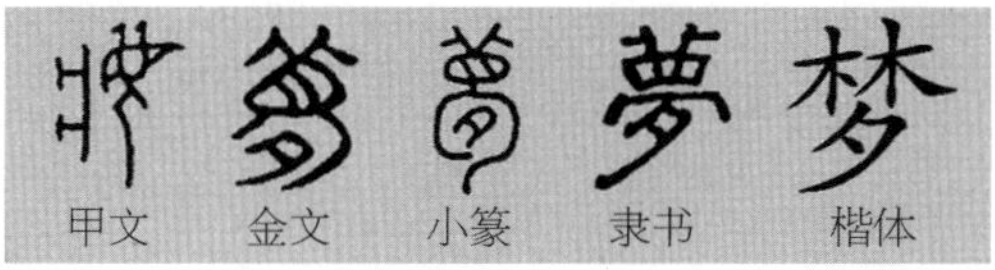

“梦 mèng”是“夢”的简体字,这是一个会意字。甲骨文的“梦”字,也是一个竖写的文字,调整 90 度后,恰像一个人躺在床上做梦的图景:睁大的眼睛似乎表明他“看到”了梦境中的事物。古文的“梦”字,省掉“床”的象形,但却在“人”下增添了一个“夕”,表示夜晚。小篆承接金文,楷书隶变后,将目上之眉讹变,简化后写作“梦”。

金文中的梦

“梦”,也是“㝱”的初字,像人卧床而睡后目有所见。《说文》释为:“㝱,寐而有觉也。从宀从疒,夢声。”寐而有觉,即做梦。甲骨卜辞中有“鬼㝱”之词,即今所谓“做噩梦”,其症象为睡眠不熟,梦忧多惊,中医谓血虚之症。如《尚书·说命上》:“高宗梦得说。”即殷高宗武丁在梦中遇见大臣傅说。又如唐代诗人白居易的《读禅经》:“言下忘言一时了,梦中说梦两重虚。”由睡梦又引申为虚幻、空想,如苏轼《赠清凉寺和长老》:“老去山林徒梦想,雨余钟鼓更清新。”这一词义沿用至今,遂有“梦想、梦幻、迷梦、梦境”等等。

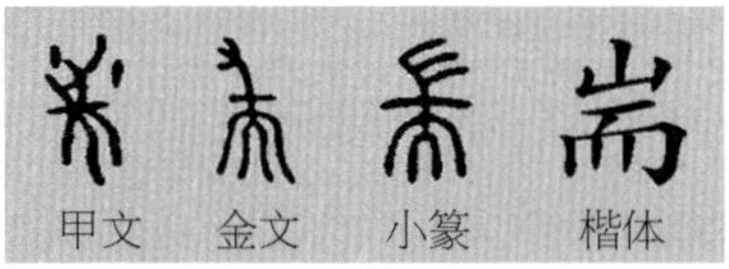

"**耑 zhuān**",这是一个会意字。甲骨文的"耑"字,上部是一个脚趾之形,旁边有两个小点;下部则是一个表示流血的"𠘨"形符号。两形会意,表示血涌不止流到脚上的意思,乃是上古先民受到创伤后的现实主义图像。金文的"耑"字将上部改变为表示手的"ㄟ"(又);下部的血淌之形则讹变为"而"。取象于头部受伤,以手压按但血仍流到胡须的意思。经由小篆的演变,楷书写作"耑"。由此可见,象形韵味的丧失,与文字的演进同步。

"耑"的本义为血流不止,但此义古已湮失。"耑"作为声义符号,将其意义保留在"湍"(水流急也),"端"(物之顶头也)等字之中。汉字中,凡以"耑"为组字构件者,均含有流淌、端头之义。

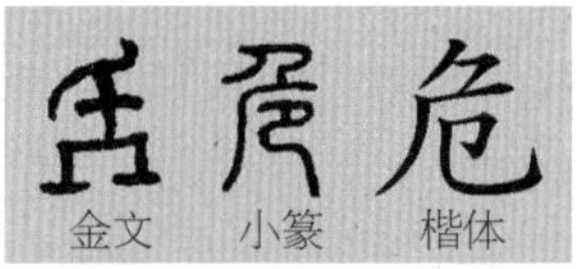

"**危 wēi**",这是一个会意字,从人从厄。古文的"危"字,上部是一个"氐"(ㄔ),表示从上到下的意思,下部则是一个形如高台的"ㄇ"。两形会意,表示从高处跳下或摔下来的意思。小篆的"危"字另起炉灶,上为"人",下部是一个源自车轭的厄。两形会意,表示被人卡住脖子的意思。楷书经由隶变后写作"危"。

"危"的本义为危险、不安全。如《庄子·则阳》:"安危相易,祸福相生。"成语中则有"危如累卵、转危为安"等等。由危险之义又引申出危害、损害的意思,如"危及生命"一词。

"危"字源出他人骑在自己身上,因而又含有"高"的意思。如《庄子·盗跖》:"使子路去其危冠,解其长剑。""危冠"即很高的帽子。古文中又有"危坐"一词。古人跽坐时,平时腰部可微弯,将重心移放在脚跟和臀部上,但在表示恭敬时,必须腰板挺直,上体的高度便相应增加,故称"危坐"。"百尺危楼"一词中的"危",则表示高而危险的意思。

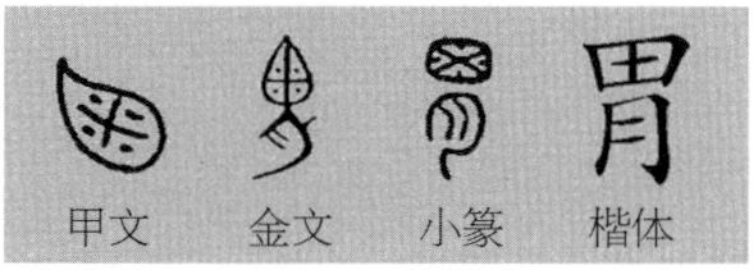

“**胃 wèi**”,原本是一个象形字。甲骨文的“胃”字,乃是胃囊的象形白描,内中的小点则表示胃中之食,金文的“胃”字承接甲文,但在下部增添了一个“肉月”之形,表示“胃”的肉体属性。小篆的“胃”字与金文相似,只是上下结构分离的更开一些。楷书缘此写作“胃”。

“胃”,乃人和动物的消化器官之一,起着分泌胃液,消化食物的功能。《说文》释为:“胃,谷府也,从肉、图象形。”许慎将“胃”称之为“谷府”。《灵枢经》将其描述为:“胃者,五脏六腑之海也,水谷皆入于胃,五脏六腑皆禀气于胃。”

“胃口”一词,既可表示食欲,也可比喻对事物或活动的兴趣。

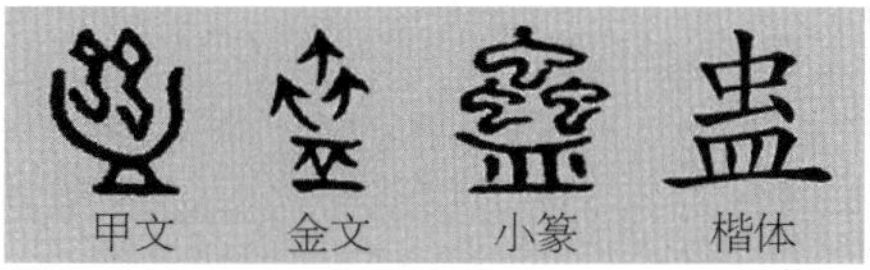

世上虫子之多,数不胜数,除了极个别如蚕、蜂对人有益外,大部分不能吃,也不能用,反而会危害人、侵害人的身体。在早期的甲骨文中,虫子通常体现在人类受到虫类侵害的文字之中。

“**蛊 gǔ**”字从虫从皿,人们常在金庸的武侠小说中见到此字。蛊, 是传说中苗疆地区人工培育的一种毒虫, 可以放入饮食中毒人,使人神志惑乱,不能自主。

甲骨文和小篆的“蛊”字,均像器皿中有虫子之形。皿为食器,其中有虫,人食之而入腹,就成为“蛊”。《说文》释为:“蛊,腹中虫也”。在古人的观念中,“蛊病”包括各种寄生虫病。祸患南方的血吸虫病,民间至今仍称此之为“胀蛊病”。

从“蛊”字的构形释义可知,中国的上古先民们,在殷商时期已认识到“虫从口入”的道理,对寄生虫类进入人体而致病,有了明确的病理概念。《周礼》:“庶氏掌除毒蛊。”看来,周代已有“除虫”,即去除人体寄生虫的专治医官。

腹中之虫,最常见的是蛲虫和蛔虫。蛔虫,是一种寄生在人体肠道中的寄生虫。许多人幼小的时候,大都在学校或家中服过驱虫药,也有人曾从粪便中排出过这种蜷曲成一团的寄生虫。甲骨文的“蛔”字,表示蛔虫从口中出来。中国人的腹中,两千多年前就有蛔虫存在,从长沙马王堆汉墓中出土的利仓夫人的腹中,专家们找到了蛔虫曾经肆虐的证据,可见蛔虫的历史是很悠久的。值得欣慰的是,随着改革开放,卫生状况大大改观,蛔虫在人体的寄生状况已经快要绝迹了。

古文中,“**蛔 huí**”的本字为“蛕 huí”,《说文》注曰:“蛕,腹中长虫也,从虫有声。”在后起的形声字“蛕”中,“有”既表示声符,也表示有无的“有”。这里,把在不知不觉中出现在肚子里的虫,称为“蛕”,也是有一定道理的。楷书的“蛔 huí”,由虫和回组成。“回”,表示蛔虫从大便排出后盘曲一团的状态。

“**用 yòng**”,这是一个会意字。古文字的“用”字“从凡从卜”,其构形均相似,字义也基本相同。《说文》释为:“用,可施行也。”即“使用”之用。然而,“用”字的取象或者说生活来源却是一个千古之谜,学者们众说纷纭,至今未得其解。

甲骨文的“用”字为穿插结构:外部的“凡”字作“H”,乃是肛门的后视图像;中间的一竖表示草棍、树枝之类的东西,其上一点乃大便后用树枝、草棍擦屁股留下的粪便。金文和小篆的构形一脉相承,楷书写作“用”。

上古先民用什么擦屁股?树叶乎?土块乎?多年前,笔者曾到海南五指山中一少数民族村寨访问,如厕于小学校的校厕。蹲下后,赫然入目几个大字:“不许用竹片树棍擦屁股!”问之于教师,方解心中疑惑:竹片、树棍丢入粪池,夹杂于粪便之中,老乡掏粪留之池底,日积月累遂成校长心头之患。

文字草创时期,上古先民取象于生活,创造了这个“用”字。擦屁股的“筹厕”,乃是最有“用”之物。其后,又从中引申出较为抽象的意义:一是表示物之“有用”,如“功用、作用、用品”等;二是用作动词,表示“施行、使用”之义,如“大材小用、运用不妥”等。后世,人们又由钱物的使用,引申出“费用”之义,如“用项、零用”等。

古汉语中,“用” 字亦可虚化为介词, 相当于现代汉语中的“以”,如“用此、用特函达”等。

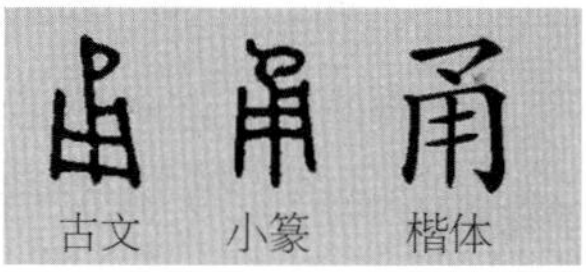

“甬 yǒng”,这是一个会意字。金文的“甬”字,乃是在甲文的“用”上增添了一个“口”,表示从“口”中吃进去的东西,可以从肛门拉出来,即畅通之义也。小篆承接金文,楷书缘此写作“甬”。

古人以口和肛门的通畅造字,构思巧妙,也反映了“文字从生活中来”这一朴素的道理。因而,吃后拉不出来便是“痛”了。

“甬”的本义为“通畅”,如《中山王礨鼎》中的:“未甬智。”即心智未通的意思。“甬道”一词,则指两旁有墙夹峙的驰道或过道。

由于汉字的演化,“甬”字很少单用,多以组字构字的身姿出现在诸多汉字中。如“俑”:中空的泥偶人;“蛹”:茧壳中的蚕蛹;“筩”:竹筒也;“涌”:水或云气冒出;“勇”:上古先民食用粗糙食物后,必须将拉屎的劲使出来;“踊”:双脚起跳而奋起;“桶”:中空盛物的器具;“通”,畅达的道路;“痛”,不通则痛也……

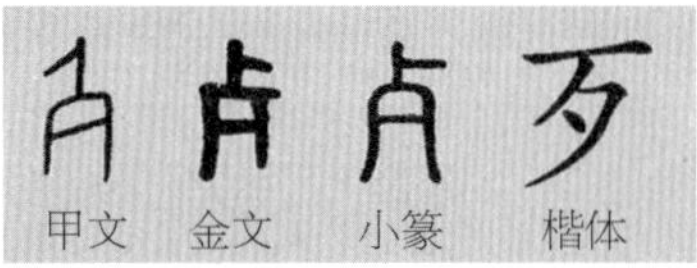

“歹 dǎi”，这是一个较为抽象的指事字。甲骨文写作“歺”，上面的一横一竖表示人躺下后脸朝上，即正面躺倒的意思；下半部分表示人的双腿，中间的一横强调双腿的不能动，似乎连在一起。死人的最大特征便是不能“动”了。所以，“歹”的本义为人死了。作为文字符号，“歹”也是众多古文的造字构件，如甲骨文中有今人尚未识读的一个字，即“[illegible]”，词义为病死在床上；甲骨文中的“死”写作“[illegible]”，乃是在“歹”旁增添一个哀悼之人。“歹”为躺到床上不能行动之义，即重症在身或人死而不能再动。“死”意味着灾祸，因而“歹”有祸殃之义，由祸殃引申为坏、恶之义。与“好”相对，如“为非作歹、歹徒、歹毒、歹意”等。

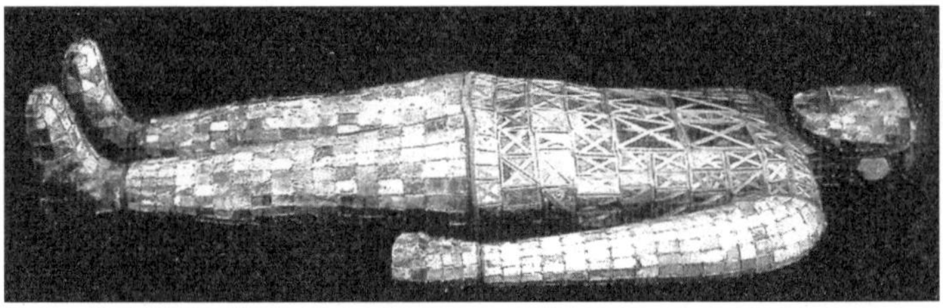

西汉时的中山靖王刘胜被玉片包裹着的尸体，“歹”便是此类物象的再现。

汉字中凡从“歹”之字，大都与躺倒不能动或死亡有关，如“殊、殇、殛、殂、殃、残、死”等等。

第五章　汉字与两性

能吃能喝，这是每一个个体生命存在的基础；性交，或者说符合自然法则的男女两性交媾，乃是人类种族延续的保障。聪明如孔子者，一针见血，将人生归结为："食、色，性也。"

象形文字的产生，标志着文明时代的来临；然而，恰恰是这一时期，华夏民族中的两性关系发生了一场大变革——来自其他部族被俘获的女性，成为战争中源源不断的战利品。从帝王到首领，男性战士对这些女性俘虏的占有，开始瓦解"母系氏族制"的社会结构，代之而起的"王权父系制"，则从根本上改变了史前时代的两性交往方式……

从一定意义上讲，象形文字中储存的两性文化信息，比从近代仍处在未开化阶段的民族资料旁证，更为真实、可靠，也更为有趣。本章将从汉字文化学的角度，揭示上古时代的两性之谜。

新疆岩画上的男女媾和及子孙繁衍图

一、性角色扮演

高等哺乳类动物中,包括狼、狮子、猴子、黑猩猩、大猩猩等等,其种群都以雄性为首领,行使实际上的领导权。人类从动物进化而来,沿袭了高等级动物的群团生活方式,是否也保留了雄性作为群团领导者这一等级制度。对传统理论上的“母系(女权)社会”这一概念,人们感到很困惑。难道远古时期的人类,真的有女性作为族群领导者的漫长时期吗?如果有,它迄至何时?又是如何从雄性领导种群演化而来?如果没有,又该如何限定“母权制”这一传统概念呢?

男女有别,差别产生分类,分类必然导致对抗。三千多年前的殷商民族,在象形文字中,留下了丰富的两性文化痕迹——这不仅因为两性的对立是一种客观现实,更是出于对人的再生产方式的关注,对两性性角色扮演和性交往方式的关注。

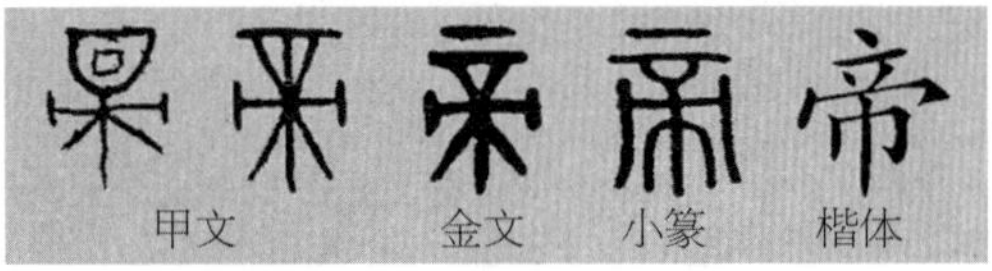

“帝 dì”,这是一个会意字。甲骨文的“帝”字,上部是一个“▽”或“回”形符号,乃女性阴部以及子宫的象形线描,在此表示女性产门;下部的“木”,以向上字根表示由此追溯向上;中间的一横两短竖(⊢⊣),乃是一个“穿通”符号,表示血缘由此一脉相承。整个字形,以会意的方式表示同一族群的女性祖先。

金文“帝”字中间的一竖有所减短,使女性符号“▽”更为明晰;

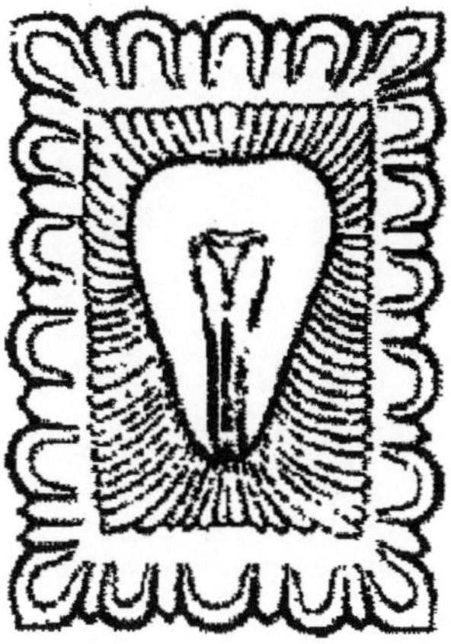

史前社会，各民族崇拜的共同圣物是女性外阴和子宫。

其上增加的一短横，与三角形上的一横构成一个古文“上”(二)字，表示最初、最早之义。小篆在演变过程中，发生一点错误：将金文“帝”字的下部讹变为一个“巾”，其实，“帝”字与“巾”在形义上并无联系，变异只是为了书写上的匀称美化。楷书从小篆而来，写作“帝”。

“帝”的本义为族群血缘上可以追溯的女性始祖。在只知其母，不知其父的群婚和对偶婚阶段，人们仅仅知道自己是从母亲肚子里生出来的，母亲是每一个人生命的根，生命之源的形象便是“产门”。甲、金文的“帝”字正是对这一生命繁衍方式的概括。中国的文献古籍中，保存了“帝”字作为始祖或祖先这一定义，如《礼记·郊特牲》：“牲孕弗食也，祭帝弗用也。”孔颖达注疏曰：“因其生育之功谓之帝，帝为德称也。”黄帝是传说中的中华民族的始祖。《史记·天官书》曰：“黄帝，主德，女主象也。”这是说：黄帝主生育，故为女主之象。中国人是黄色人种，用“黄帝”一词指称中华民族的始祖，深刻地说明了“帝”字的生殖意义。《史记·殷本纪》则说：简狄“见玄鸟堕其卵，简狄取吞之，因孕生契”。这个吃了燕子蛋而生下契的简狄，便是商民族的女性共祖，是殷商人的“帝”。

五千年前红山文化中的女神头像，她是红山人的“帝”，华夏民族的“女祖”之一。

在殷商先民的心目中，女祖“帝”有生育繁衍之功，因而，主掌生育繁衍的权力。作为后代，殷人对天帝(在天之帝)、上帝多有祭祀，这就是“敬天畏帝”的由来。在不断的祭祀中，“帝”的威权逐渐扩大，甚至比其他神祇威灵更广，更受尊崇。在他们恪意塑造“帝”神，使祖先神的威灵不断扩大，与自然神合而为一时，也为人的再生产及自我生命之根，找到了一个带有神秘色彩的历史起点。

“帝”，本为女性始祖，随着历史的演进而成为抽象的神祇。后来，当王权逐渐膨胀，便被引申用来尊称部族或王国死去的首领。殷商一代，从成汤到武丁均称为“王”，到了祖庚、祖甲时期，即武丁儿子那一代，开始把“帝”字冠在武丁的前面，称之为“帝丁”。随后，经过几代的复古反对，到了帝乙、帝辛时期，又开始了称先王为“帝”这一改制。由此，“帝”由女性共祖蜕变为男性君王的称号。周人灭商之后，他们称自己的君主为“王”而不称“帝”。自认功高盖天地的秦王嬴政在统一中国后，重新启用了“帝”字这一称谓，自封为秦始皇帝。

“帝”字是一个部首字，凡从“帝”得声的汉字，都有源头或生殖之意，如“啻、蒂、缔、谛”等。

“祖 zǔ”，这是一个象形字。甲骨文的“祖”字，原本写作“且”，乃是男性生殖器挺立时的象形描绘。郭沫若十分精辟地说：“祖，本为男根的象形。”金文的“祖”字，在甲骨文字形的左边添加了一个“示”，以祭祀之意表示对男根的祭拜，对男性祖先生殖功绩的缅怀。小篆和楷书的“祖”字一脉相承，基本没有太多变化。

半坡遗址出土的陶祖

古代砖刻上的男根

上古社会，生殖是一件神圣、崇高、庄严的大事。一个氏族部落人口的多少及增减，关系到这一氏族部落与相邻部落之间在殊死对抗中能否获胜。人口过少，便无法捍卫氏族的存在，意味着男性被杀死女性被抢掠。在上古先民的观念中，男性生殖器，不仅仅是性愉悦的器官，带来令人心灵震颤的欢悦，更是人口繁衍的器具。因此，在殷商先民的意识中，男性生殖器不仅被描绘得十分感性，而且被当作神圣的东西（播撒种子的器官），受到普遍的尊崇、膜拜。

这只铜铲是古代滇国用于盛种子的器具，把手以男根为形，预示着种有所获，五谷丰登。

“且”的本义为男根。随着先民对两性生殖奥秘的认识，更由于“王”权的上升，“祖”字从“且”字中孳乳而生，用来专一表示氏族部落的男性祖先——先王。随后，进入“王权父系制”后，又上升为华夏民族的先祖。《说文》因此释为：“祖，始庙也。”这是说，“祖”是祭祀始祖的宗庙。

在现代汉语中，“祖”不仅用来泛指祖先，如“高祖、远祖、祖籍、祖辈”等等。也用来特指父亲的上辈，如“祖父、外祖父、祖母”等；又引申为事业或派别的首创人，如“鼻祖、祖师”等。由于“祖”代表着人之始，因此，又泛指事物的初始，如《庄子·山木》中所说：“浮游乎万物之祖。”这里的“祖”已引申指事物之源。

“帝”与“祖”两字，都源于人类的生殖崇拜，更是上古社会两性交往方式的真实写照。它们内含的遗传密码，真实地记录了华夏民族祖先神高于一切神祇的哲学观念。

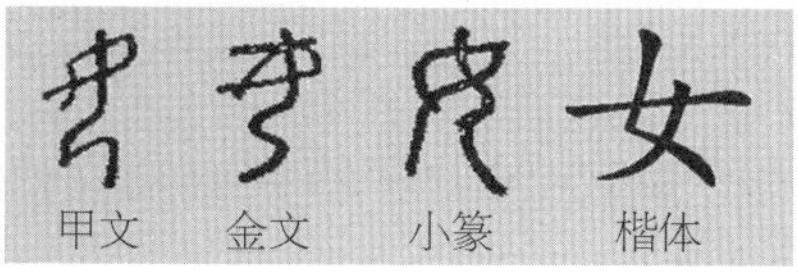

“**女 nǚ**”，这是一个惟妙惟肖的象形字。甲骨文的“女”字，像面朝左跪跽着的一个人：两腿屈膝，上身直立，上部对女性胸脯的刻意描绘，把女性的三围特征表现的淋漓尽致。

古人为什么要为“女”字设计这样一个字形呢？实际上，这种姿态源于古代的衣着和居家方式。华夏民族最早的穿着，乃是在身前吊一块遮布，后来增加为前后两块，又变化为整块的围裙。时至殷商时代，大多数的民众，日常仍是赤足、裹腿、短裙，里边又不穿今日人们所说的裤衩。显然，穿着这样的服装，在空无一物只有一张草席的居室中，只有跪跽之姿才能将私处藏匿，跪跽乃最方便的小憩方式。“女”字取象跪跽之姿，来源于上古生活的真实生活。

乌兰察布原始岩画中的男女人形

金文的“女”字，基本上与甲骨文形体相同，只是在“女”的头上多了一条横线，实为头簪、发笄之类的装饰品，乃是女孩“年已及笄”的真实写照。小篆承接金文，但象形的韵味逐步丧失。隶化时因书写方便的要求而进一步发生形变，楷书写作“女”。

西汉跽坐妇女俑

“女”字的本义为“女性”，即成年女人。如贾谊《论积贮疏》：“一女不织，或受之寒。”这是说，一个妇女不织布，就有一个男人要忍受寒冻。现代汉语中，“女”与“男”相对，如女性的品德称为“女德”，女性仆人称为“女仆”，家庭主妇称为“女主人”，体态优雅的少女称为“淑女”等等。“女”字又引申用来特指女儿，如《木兰诗》中“不闻爷娘唤女声”的“女”字，即指女儿。由此引申，女儿的丈夫，则被称为“女婿”。

在刘禹锡的《石头城》一诗中，有这样的名句：“淮水东边旧时月，夜深还过女墙来。”李贺的《石城晓》诗：“月落大堤上，女垣栖乌起。”诗句中的“女墙”和“女垣”，都指古代城墙上的矮墙，源自矮墙的豁口形同女阴，不能认为古代还有男墙女墙之分。

“女”字是个部首字，凡由“女”字组成的字，大多都与女性行为以及社会地位有关。如“奴、奸、娄、嫉、妨、妄、嫌”等字，均包含有对女性的鄙视；“好、妙、娴、娇、威、娥”等字，则来自对女性的赞赏。

“卩 jié”，甲骨文写作“卩”，这是一个在古代与“女”字相对，本义为男人的象形字。也是古文字中，通常用来表现与男性有关汉字

的组字构件,如"令( )、印( )、见( )、鬼( )"等古文字中的" "。

商代妇好墓出土的雕塑

"卩"同"女"字一样,表现的都是"屈膝长跪"之形,不过,"卩"所表示的是跪跽着的男人。上古时代,古人衣着只穿裙子(裳),因此,席地而坐时不可蹲着,也不可两腿叉开,以免下体外露。规范的坐姿是两膝着地,臀部压在脚跟上,与跪姿相当但上身挺直,形同日本人今日的坐姿。这种"踞坐"流行的时间很久,至唐代尚且如此。在古人看来,踞坐乃是人们相向谈话的端庄姿势,以此为雅、为敬。《论语》中记载有:孔子用手杖敲打原壤的膝盖,因为原壤没有采用踞坐,而是把腿伸长席地而坐,孔子认为坐姿不雅乃是对自己的不尊重,所以用手杖敲打他的膝盖。

跪跽时,突出了人腿的膝关节,因此,"卩"引申指人体的关节,又指物体各段之间的相连部位;古代调动兵马的"符节"最早用一节竹子所做,分为两半作为凭证,形同双膝可分可合。因而,这种"符"也称作"卩"(节)。由于屈膝长跪有约束自己尊重他人的意思,所以"卩"又有节制和俯就的意思,这一引申义,由孳乳而出的"節"(节)字专一承担。

文字出现以后,华夏社会逐步进入男权至上阶段。因此,"卩"的本义,即表示"男子"的意义升华为"组字构件",用来表示一般意义上的人体。现代汉语中,"卩"已不再独立成字,而是作为汉字的偏旁构件,出现在诸如"印、仰、即、却、卿"等诸多汉字之中。

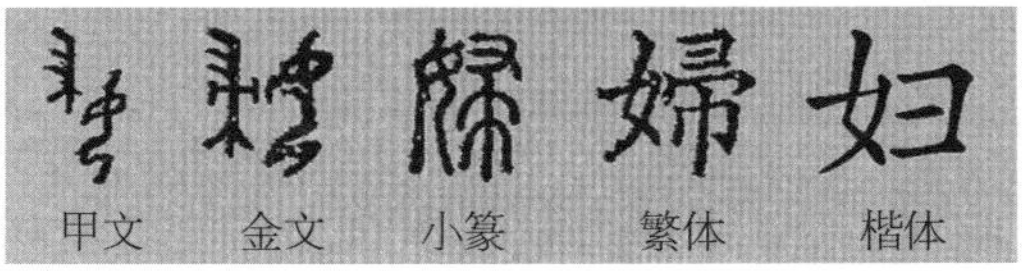

"妇 fù"是"婦"字的简体字。甲骨文的"妇"字,左上方是一把用

黍穗扎制的笤帚，右边是一个跪跽着的女人。两形会意，表示手拿笤帚扫地的人就是“妇”。小篆的“妇”字，为了偏旁规整，把“女”字移到了“帚”的左边，笤帚的形象已脱离象形。楷书繁体字承接小篆，简化后写作“妇”。

“妇”字是一个会意字，构形上强调了女性以清扫家室为职的特点。准确说，在殷商时代，只有女人才有真正意义上的家：由母系家族名义划归个人居住和使用的房屋，亲生并归个人拥有的小孩。这些构成了“家”的真正内涵，却与男人无涉无关。男人小时在母亲膝下，成年后便住在专为男子所建的集体宿舍“公宫”之中。男子无家，需到女子那里当“宾”客睡觉。女人有“家”则须清扫居室、操持家务。“妇”正是对这一生活现实的描述。所以，“妇”的本义指有了个人居室，可以容留男子留宿的女子。父权制确立之后，则指已婚的女子，如王昌龄《闺怨》中的“闺中少妇不知愁”。又引申出“妻”的意思，如古乐府《陌上桑》：“使君自有妇，罗敷自有夫。”这里的“自有妇”，就是说：本来就有了妻子。“妇”字还可以当儿媳讲，如《尔雅·释亲》：“子之妻为妇。”这的“妇”即作“儿媳”讲。

随着词义的扩大，“妇”也常作妇女的通称，但在古代，“妇”专指已婚女子，“女”指一般意义上的女性，二者不能混用。只是在近代，“妇女”合称才成为女性的通称。

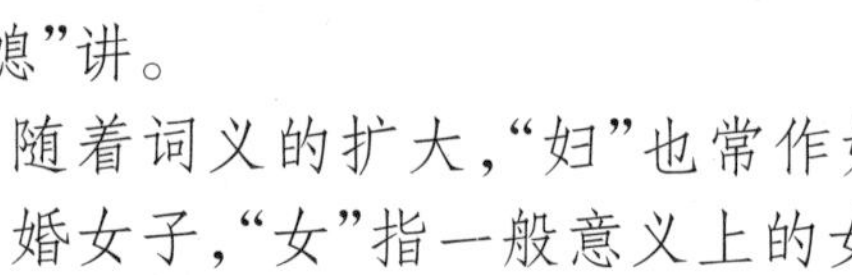

“**男 nán**”字也是一个会意字。甲骨文的“男”字左边是“田”，意谓“农耕”之事；右边的“力”，是一个与“加”（）、“幼”（）中的“”相同的符号，原本指称古代破木为板的楔子，也借用为男性生殖器，在此表示耕田的工具，也表示男子。金文的“男”字，将“”放在“田”

下。小篆的形体基本上与金文相似，只是“力”字完全移到了“田”下。楷书的“男”字秉承小篆，“从田从力”简洁明快。

“男”字的本义为侯甸男卫中的“男服”。殷商早期，农耕尚处于刀耕火种时期，将土烧荒，用尖头木棍在地上戳一个洞，将种子丢进后平土掩盖，播种便完毕，这种劳动主要由男性承担。因此，甲骨文卜辞中的“男”字，多用来指称商王国领域中专一从事农耕部落的首领，即“男服”之首领。史书记载，周朝的第五等爵位，即“公、侯、伯、子、男”中的“男”爵，常常赐授给农事有功之臣。这种制度便源出殷商时代的“男服”，即从事农耕并向王进贡农产品的部落首领或诸侯国的王侯。

周人灭商后，这个地处西北一隅的农业民族，把华夏民族的历史带入了真正的农耕时代。这时，由于狩猎活动的减少，农业产出成为食物来源的主体，更由于体力上的强壮，男子成为农耕生产的主要承担者。与此相反，女子由于生理条件和社会地位的限制，只得退为农耕领域的次要生产者，以操持家务、桑麻纺织为主要职责。农耕与男子的这种关系，使“男”字增添了新的含义：农耕乃男子之事，故成为男子之称。《说文》释为：“男，丈夫也，从田从力，言男用力于田也。”

新疆出土的男女木刻像

“男”字的性别意义，替代了氏族首领意义后，又从指称在田中劳动的男子，引申扩大为一般意义上的成年男性。如《礼记·内则》：“三十而有室，始理男事。”这是说，三十岁成家立业，开始作男人该做的事。其中的“男”即泛指“男人”。引申后又用作“儿男”之男，用来指称儿子。如《史记·文帝本纪》：“太仓公无男，有女五人。”这里的“男”便特指“儿子”。

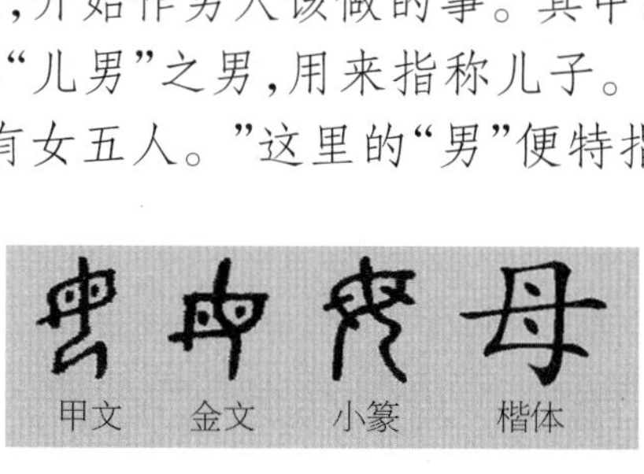

“**母 mǔ**”字的字形与“女”相近。只是甲骨文和金文中的“母”

字，字形上都比“女”字多了两点，用以强调或表示女性的乳房。这是因为母亲在哺乳婴儿时，乳房会因乳汁而膨大。突出乳房，正是生身母亲的特征。如图所示，表示乳房的两点，位置正好在女性胸部，左右各一，但楷书中“母”字的两点在演变过程中，逐渐讹变为上下各一。所以，已难以辨认其中的象形意味了。

图形文字：男、女

“母”字的本义为母亲，“家母、乳母、后母、老母”等，则表示与自己有着亲密关系的女性长辈。俗语中有“母以子贵”一说。意思是，母亲因为儿子有所成就、有某种权势而得到尊崇。这里的“母”字，便指母亲。

上古时期，在母系大家族中，“母”不仅单指生身母亲，母亲的姐妹、姨姊妹都可称之为“母”。这一称谓，可由今日云南纳西族的称谓得到佐证。不过今日泛指女性长辈双音节词需加上前辍，如“舅母、姨母、伯母、师母”等。现代汉语中，“母”字还可引申泛指雌性动物，如“母猴、母马、母老虎”等。子女由母亲所生，所以，“母”字又引申指能孳生繁衍的事物，如做馒头用的“酵母”，能组合成拼音文字的“字母”，同一语系中成为各种方言共同根源的“母语”等等。

母亲是伟大的，母亲给予儿女的是无限、无私的母爱。因此，俗语中又有“儿不嫌母丑”之说。我们把祖国比作母亲，是因为祖国是出生养育之地。我们把曾经就读过的学校称作“母校”，是因为母校用知识的乳汁培养了我们。对“母”字的最好颂扬来自唐代人孟郊的《游子吟》：

慈母手中线，游子身上衣。
临行密密缝，意恐迟迟归。
谁言寸草心，报得三春晖。

“父 fù”，这是一个依托象形字。甲骨文的“父”字，左边是一只

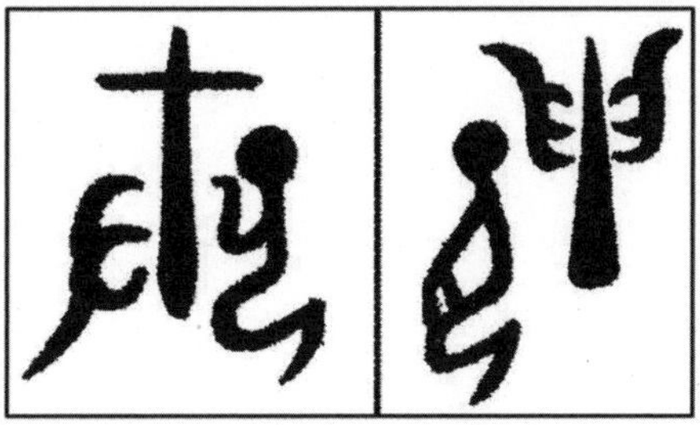
金文图形中对男性生殖器的崇拜

手，右边的一条竖线乃是男性生殖器的简省图形，可视作“且”(且)字的填实。手持生殖器，这是用成年男子的生殖功用强调父亲的内涵。如此造字构形，在不知生殖器避讳的上古先民来看，乃是一种非常自然的表述。金文与甲骨文类似，只是手持的男根更为粗壮一些。小篆的“父”字，为适应篆书的圆曲，右手之形尚能看出，但“男根”之形已逐渐弱化。楷书经由隶变后写作“父”，字形匀称，却无法辨认出手和“男根”之形了。

新疆裕民生殖器崇拜岩画

“父”字的本义原指母亲的“男性性伙伴”。在史前群婚和对偶婚时期，一个氏族中的所有壮年男子，常是与之发生性关系氏族所有孩子的整体父亲，孩子们对这些男子的称呼，无所差别，一律称为“父”。进入专一婚时代后，则用来指称“父母”之“父”，王国维曰：“女子之字曰某母，犹男子之字曰某父。”即孩子在血缘意义上的生身父亲，这也是“父”字今日仍拥有的实质内容。

“父母”之“父”，还可引申为对父辈长者的尊称，如《诗·小雅·伐木》：“以速诸父。”朱熹注曰：“诸父，朋友之同姓而尊者也。”又引申指年长的男子，如“田父、渔父”等等。不过，这里的“父”字必须读为 fǔ。唐代文学家柳宗元《钴鉧潭西小丘记》中有这样一句话：“农夫渔父过而陋之。”这是说：种田的男子，捕鱼的老人路过这里而看不起他。

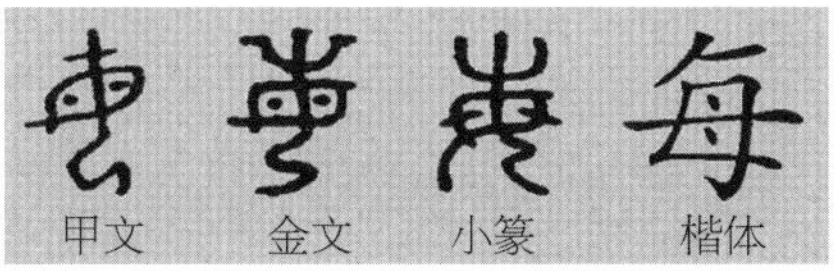

“**每 měi**”字是一个依托象形字。甲骨文写作“”，这是在“母”

上增加一横，表示发上穿插笄形饰物的女性。上古社会，女子不剪发，头发会随着年龄的增加而不断生长。年龄越大的女性，头发会越长，尤其是老年女性，满头白发盘整在头顶通常成为其突出特征。“每”字，来自对这一典型特征的捕捉。金文和小篆的“每”字，与“母”字的演变相同，因此，有了楷书的“每”字。

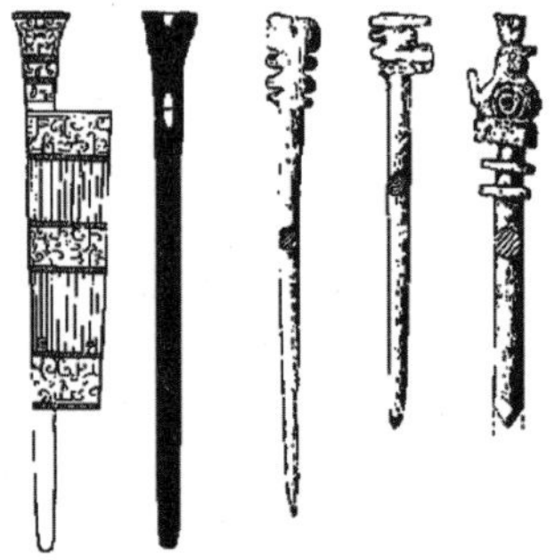

出土的商周各式发笄

许慎在《说文》中释“每”为：“艸盛上出也。从屮、母声。”实际上，“每”字是由头发的“盛”，表示年龄的“长”，又喻指“儿孙”的盛多，与草类植物的茂盛毫无关系。“每”字的造字本义，是用来指称氏族社会内，因子孙众多而受人尊敬的女性长辈。

宋本《新定三礼图》中的女性

随着时光流逝，每个女性都会成为儿孙满堂的长辈。因而，“每”字又用来表示“整体中的任何一个”。如《论语·八佾》中的“子入太庙，每事问”，以及熟语中的“每逢佳节倍思亲”，这里的“每”，都表示若干中的一个或一次。由此，“每”字又引申用来表示经常，叠字组成“每每”。如唐代诗人白居易的《琵琶行》：“曲罢曾教善才伏，妆成每被秋娘妒。”这是说：琵琶女化妆后的美貌，常常为其他歌舞伎嫉妒。

“每”字也是个部首字，凡由“每”所组成的汉字，都有繁盛、盛大之义，如“梅、霉、酶、海、繁”等字。

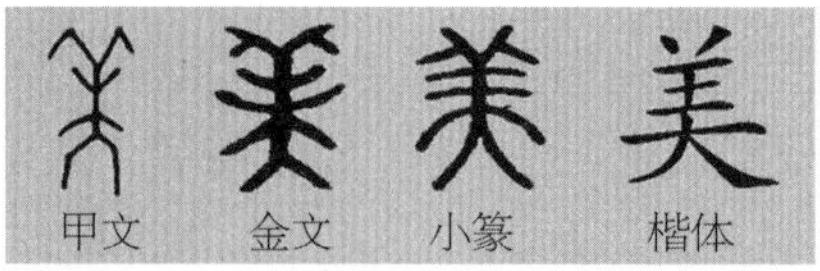

“美 měi”与“每”发音相同。甲骨文的“美”字，下面是一个大字，表示四脚大张因而有顶天立地感的成年男子，上面是一个“羊”

周代玉人像

字，可以视作氏族社会男性头上所装饰的羊角，也可看作是一个表意符号：上古社会，先民以羊角装饰为美，寄托对野羊灵活矫健的崇敬，对其肥大壮美的膜拜。如此构形，用来喻指氏族社会中身躯强壮的男子(美，也有“羊大为美”的含义，参见前文)。

把“美、每”两字相比较：前者来源于对男子体魄的赞赏，后者则出自对女子生殖能力的讴歌，表现氏族社会时期，对男女两性不同的审美观念。后世，“美”又用来泛指一般事物的完整和漂亮，如《诗·卫风·硕人》：“美目盼兮。”这是说：黑白分明的眼睛十分美丽。《国语·楚语上》：“夫美者，上下、内外、小大、遐迩皆无害焉，故曰美。”这里的“美”，指事物各个方面的完美无缺，已近乎完美了。由事物的美好，“美”字又引申出使人满意、舒适的感觉。如宋代诗人陆游《细雨》诗中的“美睡常嫌莺唤起”。

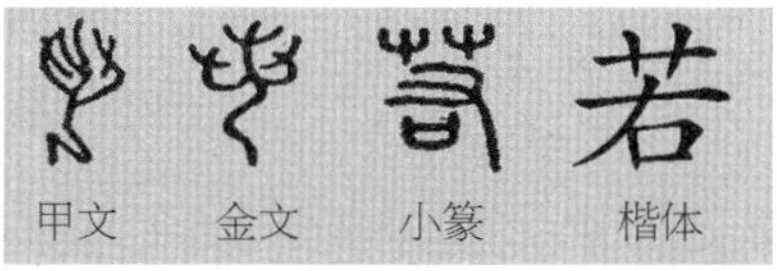

甲骨文的“**若** ruò”是一个象形字，像一个跪跽着的女人在披散头发。金文的“若”字承袭了甲骨文，但若无甲骨文在先，其中的“人”形就很难明辨。小篆的“若”字，讹变为“从艸从右”的会意字，楷书缘此而来，写作“若”。

青铜铭文

古语中有“女为悦己者容，士为知己者死”的格言。这是说：女人的装扮是为了喜欢自己的人。但是，女人在什么时候，才会为喜爱自己的人所装扮呢？显然，是在已答应与男子约会时，才会如此刻意装扮。换一个角度讲，女性在什么时候拔掉头上满插的发笄呢？显然，只有在睡觉做爱之时。所以，“若”字的来源，出自女性允诺后的拔除发笄，披散头发，其本义为“允诺”或“应诺”(其发音也源自哼哼诺诺)。马王堆汉墓帛书《经法·名理》:“若者,言之符也,已者言之绝也,不若不信,则知大惑矣,已若必信,则处于度之内也。”其中的“若”即作“允诺”讲。允诺答应别人,即是一种顺从,因此,“若”又可以表示顺从。如《左传·宣公三年》:“故民入川泽山林,不逢不若。”这里的“若”即作“顺从”讲。

“若”在汉语中,更多的是用作虚词。一是用作连词,表示“如果”之意,如唐代诗人李贺的《金铜仙人辞汉歌》:“天若有情天亦老,携盘独出月荒凉。”这里的“若”即用作连词,表示“如果、或”的意思。“若”用作助动词时,表示如同、好像。成语中的“呆若木鸡、洞若观火、固若金汤、口若悬河、旁若无人、门庭若市、虚怀若谷”等等,这里的“若”,都作“好像、如同”讲。唐代诗人王勃《杜少甫之任蜀州》中的“海内存知己,天涯若比邻”,乃是使用“若”字的典范语句。“若”在古代汉语中,还可以用作代词,相当于“你、你的”。用作副词,相当于“才、乃”。

由于“若”在汉语虚词中大派用场,因此,为区分词义,人们又创制“诺”字来表示“若”的本义“允诺”。“若”与“诺”是古今字关系,就是说,当“若”被借用虚词后,人们又加“言”作“诺”,用来表示“若”的本义。

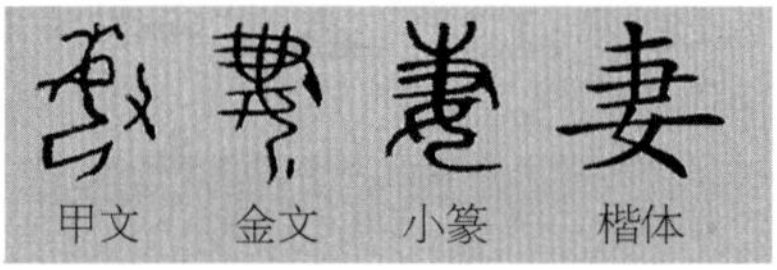

“妻 qī”,《说文》释为:“妻,妇与夫齐者也,从女从屮从又。”实际上,甲骨文的“妻”字写作“”,并非“从女从中从又”,而是在“女”字的一侧增加一只手(又),表示两性交合后,女性整理凌乱的头发。喻指男女两性通过性交往后,社会角色和身份的改变。金文和小篆的“妻”字,将表示手的“又”字,插入了女子发型之中,楷书缘此写作“妻”,词义也演变为男人明媒正娶的配偶。

“妻”,源出女性在两性交合后,与男性关系的实质性改变。后来,随着婚姻形态的改变,即“王权父系制”的彻底实现,“妻”的词义发生了更替;性关系意味着女子的为人之“妻”,意味着女子终生伴随那个与之发生过性关系的男子。此时,“妻”用来指称婚嫁女性,与“夫”相对。如《诗·豳风·伐柯》:“取妻如之何,匪媒不得。”这是说,如何能娶到妻子,没有媒人是不成的。

“妻”在古代,不仅用作名词,是男性配偶的称呼,也用作动词,表示以女嫁人为妻。在这种用法中,“妻”字读作 qì。如《论语·公冶长》:“以其子妻之。”这里的“子”指女儿,“妻”用作动词,表示嫁人。

四川出土的汉画像砖:野合图

《史记》中,有一个“杀妻取将”的故事:吴起是与孙武齐名的军事家,出生于卫国,后来在鲁国当了官。有一次,齐国出兵攻打鲁国,鲁国的国君准备让吴起领兵抗击,不过又很犹豫,因为吴起的妻子是齐国人。吴起知道后,便立刻回家将自己的妻子杀死,表明自己没有贰心,全心全意忠诚于鲁国。鲁国人这才让他担当起统帅将领。这个故事发生在战国,正是女性必须出嫁到男方家“为人之妻”的时代。恩格斯在《家庭·私有制和国家的起源》中指出:“个体婚制在历史上绝不是作为男女之间的和好而出现的,更不是作为这种和好的最高形式而出现的。恰好相反,它是作为女性被男性奴役,作为整个史前时代所未有的两性冲突的宣告而出现的。”这一论断,正可说明“妻”字的历史形成。

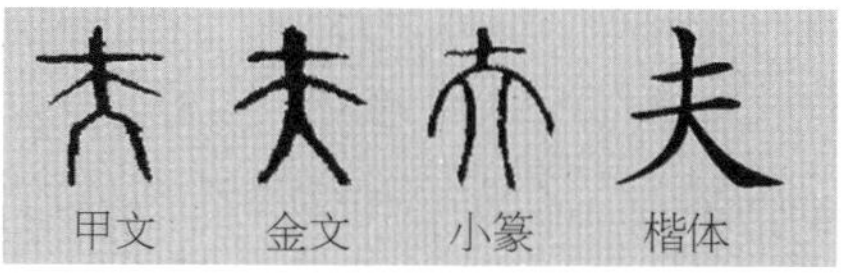

“**夫 fū**”字由“一”和“大”组合而成。“大”在这里表示成年男子,“一”表示用来束发的簪子。按照古代礼俗,男子到了二十岁,就要束发加笄,表明他已经是成年人了。甲骨文和金文的“夫”字,均为一个束发插笄的人形。因此,“夫”的本义为成年男子。

男子成年既可婚配娶妻。所以,“夫”,又引申指丈夫,即女子的配偶,与“妻”相对,如“丈夫、夫君”等。如《孟子·梁惠王下》:“内无怨女,外无旷夫。”其中的“夫”即指丈夫。男子成家之后,不仅要养家糊口,更要承担社会劳役,所以,“夫”又指服劳役或从事某种劳作的人,如“民夫、役夫”以及“渔夫、农夫”等等。

“夫”在古代汉语中,常用作指示代词、发语词和助词。如《论语》中的“夫人不言,言必有中”,这里的“夫”字是指示代词;《左传》中的“夫战,勇气也”,这个“夫”字是发语词;而《论语》:“逝者如斯夫,不舍昼夜”中的“夫”字,则用作表示感叹的助词。

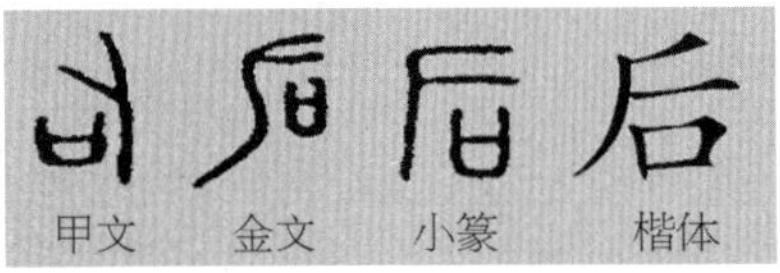

“**后 hòu**”,这是一个会意字。甲骨文的“后”字,左下方是一个“口”字;右上方是一只撮成圆筒形的手,表示把手圈在嘴上呼喊,使声音传送得更远的意思。《说文》释为:“后,继体君也,像人之形,施令以告四方,发号者,君后也。”许慎的解释,除了释形有误外,释义还是正确的:“施令以告四方……发号者,君后也。”

后母戊鼎及铭文

上古社会,“施令以告四方”,最平常而每天都要进行的便是开饭时的呼喊了(后与吼同音)。在氏族或家族的“大锅饭”时期,充当“施令”,“发号”开饭这一角色的人,非家族、氏族中的女性权威莫属。因此,“后”字的本义为有权威的女性长辈。在甲骨卜辞中,“后”常常用来指称氏族中的女性首领。后世,人们又用“后”字指称帝王的正妻,或者说女性嫔妃的首领,如“帝后、皇后、后妃”等。

青铜铭文中的“司”或“后”

由于不仅“开饭”时要“施令以告四方”,狩猎和战争等活动也须“施令”。因此,“后”又被后人借用来指称男性首领。如历史传说中,大禹的儿子“启”建立了夏王朝，称为“夏后氏”；又如，上古夷族有一位首领，名叫“后羿”，传说当时天上有十个太阳，酷热无比，百姓无法生活，后羿便用弓箭射落了其中九个太阳，终于使天下安定。这个神箭手后羿与夏后氏都是男性首领，但都沿用了“后”字作为称号，表示他们是“向四方发号施令”之人。历史进入到男权至上社会，男性君主称帝称王，又把这个称呼还给女人，“王后、皇后”等遂用来指称君主的正妻。

汉字简化时，将“後代”的“後”也归并入“后”中，因此，“后”也是“後”的简体字。

值得注意的是：“后”与“司”在解形释义上的相辅相成。对“司”字的理解，正是对“后”的补充。

甲骨文中，“**司 sī**”与“后”本为一字，“口、手”的正反与字义无别，“司”也是“后”，“后”也是“司”，这种现象反映了古文字构件左右部位不定的特点。就是说，甲骨文和早期金文中的“司”、“后”为同一生活来源的同一构形。如商代“后母戊鼎”也可称“司母戊鼎”，金文中的“司马”也常写作“后马”。到了金文的后期和小篆时代，“司”与“后”不仅在字形上有了构形定位，字义也有了分化：右向者尊为“王后”的“后”，左向者屈作“有司”的“司”（发音来自嘶声禁止）。

“司”，《广雅·释诂》训为：“司，主也。”因此，“司”的本义是掌管、主持。《史记·太史公自序》：“命南正重以司天。”这是说，命令任职南正这一官职的重（人名），主持天象观测。古代，“司农、司工、司徒”用来指称主管某一部门的官吏，与“司令、司法”中的“司”相同，都有掌管、主持之义。由此引申，

商代青铜器上的“司母辛”标识

“司”也指分工办事的官署或部门，如“礼宾司、计划司”等等。

在出土的青铜器中，最大的是商代的“司母戊鼎”，重 875 公斤，这件巨型文物，实在是世界青铜文化的奇迹。另外，仅次于司母戊鼎的“司母辛”大方鼎，重 117.5 公斤，也是古代青铜文化的辉煌标志。这些稀世珍品，上面都铸有“司母”(或后母)的标识。其中的“司”，即为“掌管”、“主持”之义。

“司”又可读作 sì，指窥察、监视。如《周礼·地官·媒氏》中有：“司男女之无家者而会之。”这是说，媒人有监视、窥察没有家室男女私下苟合的职责。“司”的这一意义，在现代汉语中由后起的“伺”字承担。

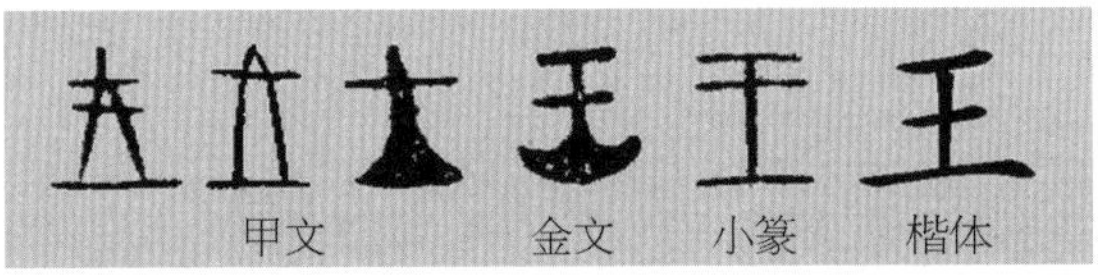

“**王 wáng**”，是男性首领的专称。甲骨文的“王”字，有两款不同的构形。其中之一，乃是在表示男根的“△”形添加一横，写作“”。表示具有优先性交权利的氏族首领。

甲骨文后期的“王”字，有构形为“”者，则来源于斧钺之形，如同刃部向下的大板斧。金文的“王”字源出甲骨文的这款形体，不过下端的斧刃更像实物。小篆“王”字的形体由这一款金文演变而来，也就是楷书“王”的写法。

“王”字由优先性交的权利，变化为斧钺之形，真实地反映了男性首领特权和职能的转变。氏族社会时期，“王”的职能主要是维持内部的等级制度，率领氏族成员捕兽采集。到了氏族社会的末期和酋邦时代，率领部族成员与相邻部族交战，抢劫生活用品，占领生活领地，成为“王”的主要职能之一。因此，反映不同时期首领职能的“王”字，有了不同生活形态的不同构形：前者以优先性交为等级标志，后者则以斧钺刑杀象征“王”的权威。

青铜器铭文

“王”,《说文》释为:“三画而连其中谓之王,三者天、地、人也,而参通之者王也。孔子曰‘一贯三为王’。”这种释义,来自封建集权社会中的“王权至上”,标志着“天人合一”到“天王合一”的蜕变。

随着时代的发展,“王”由氏族社会部落早期首领的称号,演变为部落联盟以及酋邦王国最高统治者的称号。到了秦汉以后,帝王改称“皇帝”,“王”则降格成为封爵的最高一级,如“诸侯王、藩王、郡王、亲王”等。“王”在使用意义上的变化,反映了古代社会集权制度演变的历史进程。

“王”,本为名词,当它用作动词时,那就是“称王”或统治天下的意思。如《商君书·更法》:“三代不同礼而王。”这是说:夏商周三代用不同的制度而统治天下。这时,当动词用的“王”必须读去声 wàng。

古书中常有“王孙”一词,一般是对古代皇亲贵族子弟的通称。可是,若把王延寿《王孙赋》中的“王孙”理解为贵族子弟那就错了。因为古代楚国方言把蟋蟀也称为“王孙”。

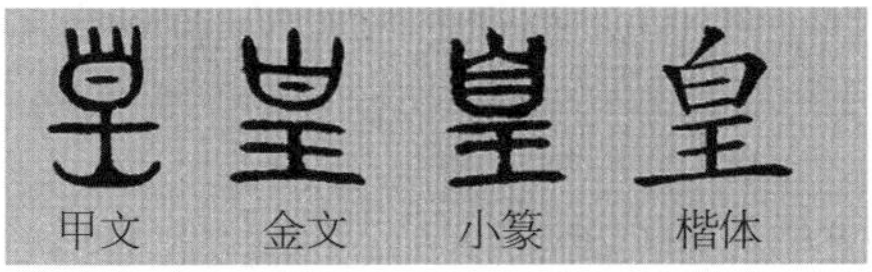

“**皇 huáng**”,这是个指事字。早期金文的“皇”字,上部表示光芒四射,下部是一个古代的灯台之形,其中一横标示手的执拿。“皇”的构形源自灯台,本义为灯光四射。此义由后起的转注字“煌”来承担。因此,“皇”字的本义为辉煌。

《诗·小雅·皇皇者华》:“皇皇者华,于彼原隰。”这是说:辉煌绚丽的鲜花,开在平原和隰地。由灯焰照射时的辉煌,又引申出了“盛大、伟大”的意思。如《诗·大雅·皇矣》:“皇矣上帝,临下有赫。”这里的“皇上帝”以及青铜铭文中的“皇考、皇祖、皇君”等,都是表示“伟大”的形容词,将他们(祖先)比作辉煌的太阳,含有一种敬意。随着君主权力的扩大,到了战国时代,“皇”字又常用来比喻帝王。

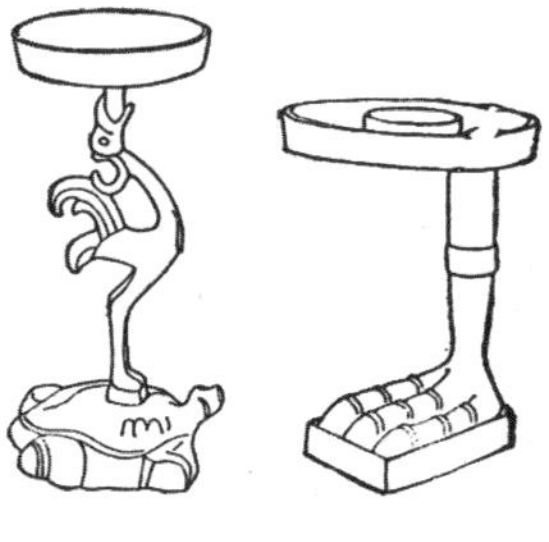

这时，“皇”字下部的灯座之形演变为“王”字，以便使字形切合君王的身份。秦王嬴政灭掉东方六国，统一中国后，自称“秦始皇帝”。这时，小篆将上部构件改为“自”字，下部的“王”字不变，写作“皇”。“自”的本义为鼻子，引申出“始”义，与“始皇帝”相契合。楷书的“皇”字承接金文，但“自”字减少一横讹变为“白”。

“皇”与“黄”音同义近，就是说，“皇”有灯焰发射黄光的含义在内。“皇”字也是一个部首字，以“皇”为声符构成的汉字都读 huáng，如“遑、隍、煌、凰、徨、蝗”等。

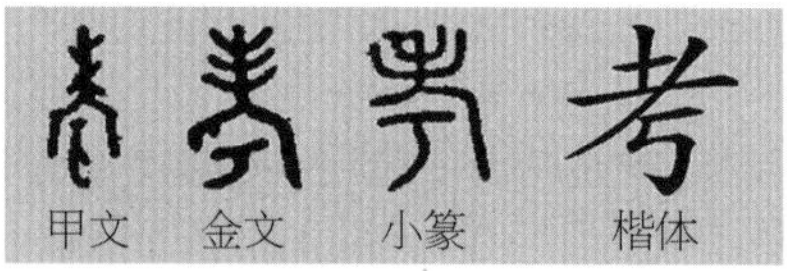

“考 kǎo”，这是一个会意字。甲骨文的“考”字，像一位年老男人之形：一个有着稀疏长发的人，拄着一根拐杖；整个字形，会意老年男性之义。金文的“考”字，将下边的拐杖之形讹变为“丂”形（号的初文）。小篆由此而来，经由隶变后楷书写作“考”。

“考”的本义为“年老男人”，如《诗·大雅·棫朴》：“周王寿考，遐不作人。”这是说：周王年岁大了，没有时间造就人才，“寿考”一词，即释作“年岁很大了”。在古人的心目人，视死如视生，人死犹存，年岁仍可添加。因此，由男人的年纪大，又引申指去世的父亲。“如丧考妣”中的“考”，便是对已死去但仍活在心中的父亲的尊称。《礼记·曲礼》因此释为：“生曰父，死曰考。”

年老之人，手拄拐杖，唯一的本事，便是用拐杖敲击年轻人和东西，因而，“考”又表示敲击（此义转注出拷）。如《庄子·天地》：“故金石有声，不考不鸣。”由敲击之义又引申为“考察”，表示查核之义。如司马迁《报任安书》：“网罗天下放失旧闻，略考其行迹。”这里的“考”用作考察。由此又引申为推求研究。如《汉书·东方朔传》：“考其文理。”其中的“考”，不能视作考试，而是推求研究之义。“考古”一词，便是这一词义的延续。

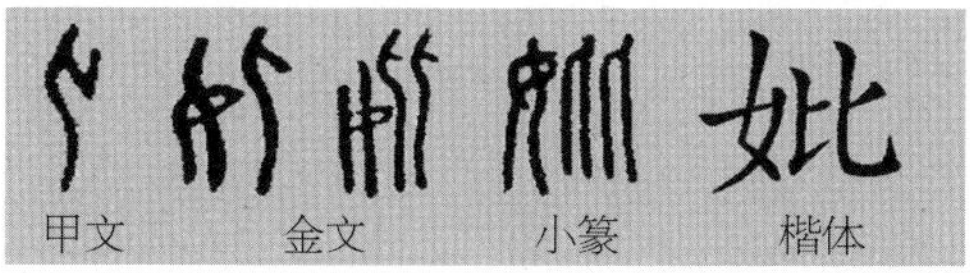

“**妣 bǐ**”，古代社会用作称呼母亲，《尔雅·释亲》曰：“父为考，母为妣。”《仓颉篇》中有“考妣延年”之说，这里的“妣”都表示母亲。但在《尚书》中，“妣”则表示已故的母亲：“二十有八载，帝乃殂落，百姓如丧考妣。”这是说：舜在位二十八年后死去，老百姓好像死了父母一样地伤心。

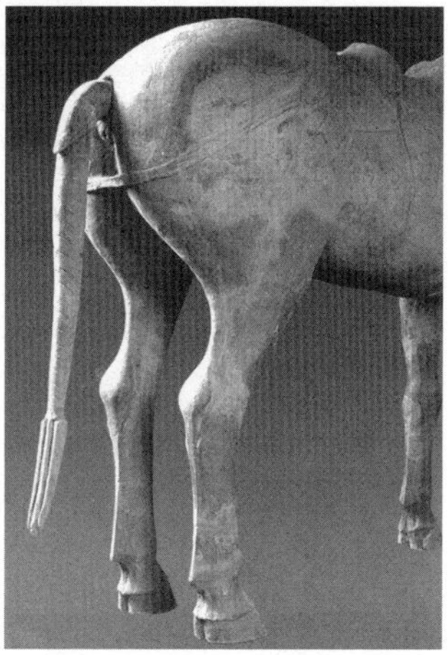

甲骨文的“妣”写作“”，乃是一个源自雌性动物生殖器符号的指事字，其中的一弯竖表示雌性动物的尾巴，中间的一弯横指示雌性动物生殖器所在的位置。女性生殖器符号借自雌性动物，并引申指称女性，说明殷商时期，无论文化和心理上，对生殖器还未像今天这样感到羞耻和阴暗。金文的“妣”字增添了一个“女”字，使形义更加明晰，后边的一款，将“”缀加为双数，一是与表示母畜的“匕”相区别；二是强调年老女性与他人的和睦相处，也表示回到另一个世界的意思。遂成为小篆和楷书“妣”字的直接描摹对象。

“妣”在现代汉语的使用已极为稀少，只有在亲朋好友母亲的丧葬仪式上，还能偶尔见到此字，用来表示已故的母亲。

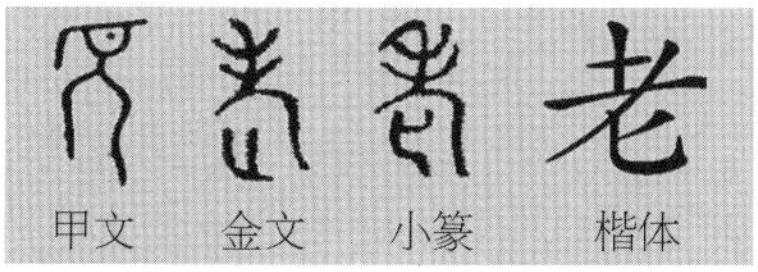

“**老 lǎo**”的本义指“老女人”，即年岁很大的妇人。甲骨文的“老”字，像一个弯腰驼背，长发茂密的老人手拄拐杖的样子，与“考”字中长发稀疏之形恰成鲜明对比，此乃老年男女之间的一种

形象差别:男人越老,头发愈少;女人越老,头发愈多。金文的“老”字,上部发型已与“考”相似,但下部增添了一个表示女性的“匕”,用来强化词义,表示老女人。小篆的“老”字承接金文,楷书缘此写作“老”。

“匕”在古文中原本为母畜生殖器符号,小篆承袭金文的形象增加,使老女人的词义更为明晰。许慎在《说文》中将“老考”视作“转注”的典范,实际上,他不仅没有说清什么叫“转注”,所举字例更不符合上古先民的造字法则:古代先民对许多事物视而不见,但对细节(头发的稀疏与茂密)决不马虎,绝对不会将无男女差别的“老”字列入象形文字中。有一则古老的谜语:什么东西早上四条腿,中午两条腿,晚上三条腿?答案是“人”。因为人在幼儿时是用四肢爬行,到了晚年则要拄上拐杖,增加了一条腿。甲骨文“老”中的一撇,原本为增加了一条腿的意思。

“老”的本义为“老女人”,本义经由转注后写作“姥”。后世,才由此引申出抽象意义的“老人”之义,如《老子》中“鸡犬之声相闻,老死不相往来”一语,以及成语中的“老马识途、老生常谈、老当益壮”等。这里的“老”都用得是“老”的引申义。“年老”之人历世时间长,处世技巧“老练成熟”,故有“老谋深算”之说。“老”字还可作为许多词的前缀,如“老师、老虎”等等,这里的“老”,仍与时间有一种隐隐约约的关系。

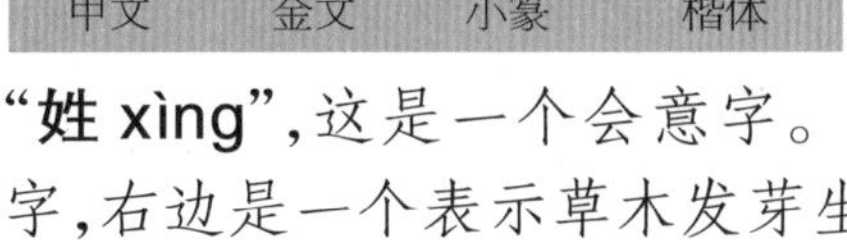

“姓 xìng”,这是一个会意字。甲骨文的“姓”字,左边是一个“女”字,右边是一个表示草木发芽生长的“”。两形会意,表示母系氏族社会由同一女性始祖所繁衍的后代。作为同一女性祖先的子孙,他们来自一个共同的女人所生。

金文的“姓”字,右边的字符中间增加了一短横,左边的“女”字旁演变为“人”字,表明此时的社会已进入男性权力时代,已经完成了对母系氏族制度的颠覆。小篆的“姓”字又回复到“从女从生”,似乎在说,男人已不在乎这个字究竟是什么偏旁了。实际上,这一时期,早已是男性姓氏的天下,如“张、王、李、刘”等大姓,“司马、诸葛、欧阳”等复姓,均是儿女从父系得姓。

上古社会,个人以及氏族的“姓”,都源出女性血统。这一点,可以从早期姓氏的文字构形可取得证据。如“姜”姓,神农居姜水以为姓,从女羊声;“姬”姓,黄帝居姬水以为姓,从女𦣞声;“嬴”姓,帝少皞之姓也,从女嬴省声;“姚”姓,虞舜居姚虚,因以为姓,从女兆声……

上古时代,平民和奴隶都没有姓,只有代表氏族集团的贵族首领才有姓(实质上是对早期“姓氏”权利的垄断)。因此,“百姓”一词即指“百官”。后来,平民也有了个人的姓氏,“百姓”一词也用来表示一般的平民。

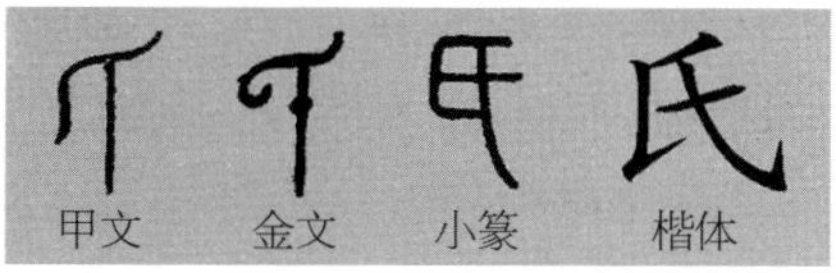

“氏 shì”,这是一个会意字。甲骨文的“氏”字,上部是“水”的最简单形体(省掉“[illegible]”的四点);下部的一长竖乃古文的“十”字,以直出字根表示从水面到水底之义。金文的“氏”字承接甲文。小篆将十字规范化,形成一个构形匀称,却失去造字初意的“氏”,楷书缘此写作“氏”。

水是透明液体,一般情况下,均能清澈见底。从水面到水底,恰是“氏”字的本义“底”。这就是“氏”和“氐”同构同源,发音相近,“氐”下部加“一”以别之的原因,也是“氏”被借用表示姓氏的原因。

“氏”的本义为从水面到水底,引申用为“宗族的称号”,即由同一男系血源繁衍而出的子孙后代。父系社会之后,则有姓也有氏,但二者既有联系,又有区别:“姓”是族号,“氏”是姓的分支,乃是从同一家族繁衍而出,次一级分支的称号。姓是不变的,氏则可以改变,可以自立。最早的氏,或以所受封邑名为氏,如“解氏(解狐)”;或以所居地名为氏,如“西门氏(西门豹)”;或以祖先的谥号或字为氏,如“孔氏(孔丘)”;或以官职为氏,如“卜氏(卜偃)”;或以职业为氏,如“段氏”等等。战国以后,姓与氏逐渐合一,至汉统称为“姓”。

上古社会,“姓”是女性祖先的上溯,“氏”是男系儿孙的承接。这是因为,女人生女人,可以明确得知母亲、祖母、祖祖母的血缘接续。而男人只能向下追索,只能得知谁是自己的儿子、孙子。这就是“姓”与“氏”之间的本质差别。

现代汉语中,“氏”已可表达“姓”的内涵,如“李氏兄弟”,也可表示对名人的称呼,如“神农氏”。

二、女人的权利

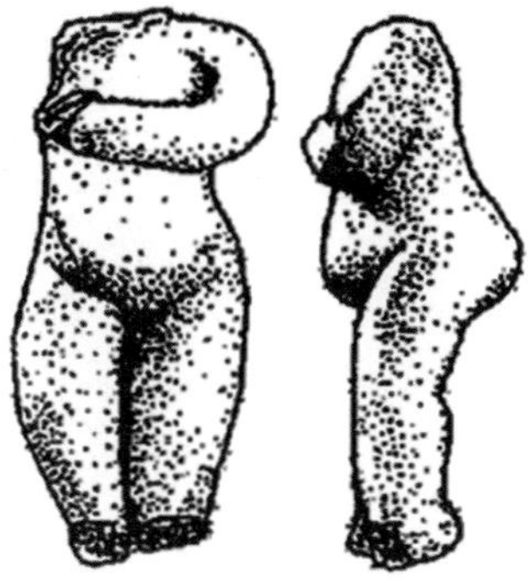
红山文化出土孕妇塑像

人类是两性异体的动物。作为两性生殖的种群，男人与女人在生理构造、体质上,以及社会各个发展阶段的角色扮演、性心理定位上,都有着巨大的差别,正是这种由差别而导致的矛盾，构筑了人类两性文化的对抗及调和。

女人在体质、生理以及繁衍后代功能和职责上的差异,乃是一种先天的不平等。然而,男权至上的社会,却将其扭曲、扩大,融入社会结构和意识形态之中。如果说这是一种历史过程,是人类历史演进不得不付出的代价,那么,殷商时期的人们,是如何看待女性的职责和权利,又如何在象形文字中留存他们的观念呢?

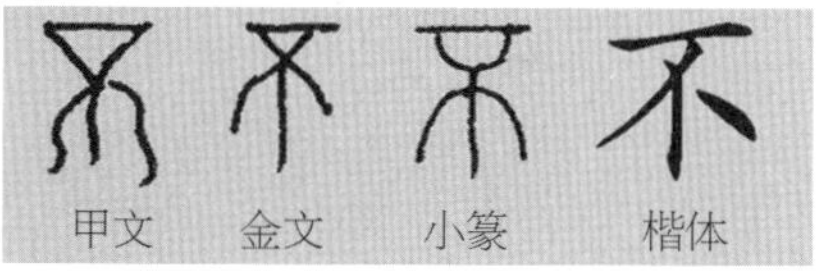

“不 bù”字的构形和含义,乃是女性权利的第一伸张。“不”字的生活来源,始自女性生理上的周期性变化。

甲骨文的“不”字,上部是一个倒三角形“▽”,恰似女性阴阜的造型。在此,用来表示女性生殖器。实际上,世界上诸多民族的两性符号都出自阴阜部位的阴毛形状。例如,印度教中,等边三角形是性的标志:顶尖向上代表男性,即男阴部,也就是湿婆神;顶尖向下代表女性,即女阴部,为湿婆神配偶沙克蒂的象征;再如,犹太民族的大卫六角星,其中的"▽"表示女性的性器,"△"则表示男性性器。由此可证,"不"字上部的"▽"形符号,乃是女阴的象形描述。下部如流淌状的三条竖线,则代表着女性每月一次的经血。所以,"不"字的本义源自女性经血来临,表示在这一短暂时期的性交拒绝。

金文"不"

原始社会末期,上古先民已经认识到经期性交的不卫生,更出于对鲜血禁忌的文化、心理定位,经期性交被视为绝对禁止。"不"表示女性的拒绝,表示"女性可以说'不'"这一权利的伸张。后来,"不"字借用为一般意义上的否定词,于是本义逐渐消失,以至于连"不"字构形的生活来源也一同湮灭。

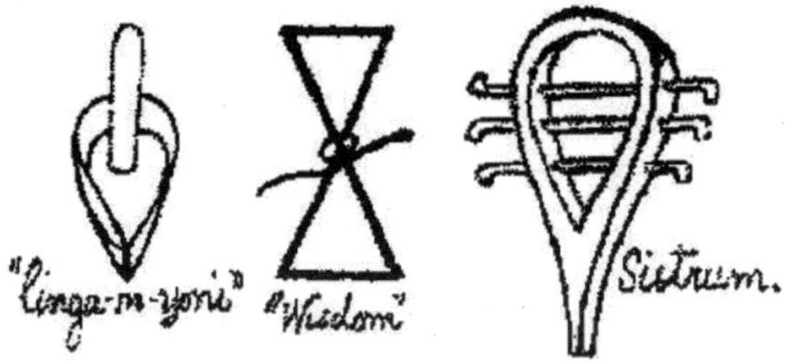

印度圣所中女性生殖器崇拜的图形

现代汉语中,"不"字多用作否定词。如《荀子·劝学》中"故不积跬步,无以至千里",以及"不刊之论、不可救药、不一而足"等成语中的"不"字,都表示否定之义。当"不"字用在动词前面时,则是对某种意愿的否定,如"我不干、我不去"等等。

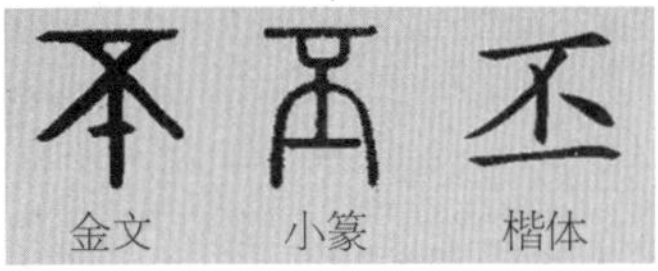

"丕 pī"是"不"字的孳乳字。这是在"不"下增添一横表示女性经血的停止。显然,女性经血不再如期到来,除了生病以外,只有怀孕才会出现这种现象。"丕"字的造字意图,恰恰正是为了表示女性怀孕,表示女性受孕后的性行为禁忌。中华民族的先民,从实践中很早便得知,女性怀孕初期,强烈的性活动会导致流产。为保障胎儿的顺利发育,女性一旦怀孕,便须停止性交活动。

女性怀孕停经,肚子便会一天天大起来,因此,"丕"又有"盛

内蒙卓资山岩画

大”之义。如《逸周书·小开》:“汝慕闻不命。”这里的“不”读为“丕”,表示的就是“盛大”之义。曹操的次子,即魏文帝曹丕,之所以取名“丕”,字子桓,即与“丕”的这一含义有关。在古代文献中,“不”与“丕”不仅同音,而且可以通用。如《诗·周颂·清庙》:“不显不承,无射于人期。”王引之《经义述闻》曰:“不显不承,即丕显丕承。”

循着文字发展的脉络,“不”字孳乳出了“丕”,“丕”又孳乳出了“**胚 pēi**”字。用文字学的术语讲,“不”是“丕”的初字,“丕”又是“胚”的初字。如图所示,小篆的“胚”字由“肉月”旁和“不”组成。因“不、丕”可互相通用,楷书写作“胚”,乃是一个会意兼形声字。

“胚”,《说文》释为:“肧(胚),怀孕一月也,从肉,不(丕)声。”《说文》又称怀孕一月为“胚”,三月为“胎”。“胚”强调女性经血的停止,表示受孕后尚未成形的人体胚胎;“胎”则以孕妇肚子的凸起,表示胎儿的顺利发育。《集韵》一书十分恰当地注解为:“胚,胚胎,未成物之始。”

现代汉语中,“胚”字引申后,又用作一般意义上事物的起始、发端,如花草的“胚芽、胚根”等等。

“**坯 pī**”,在古文字中也从“丕”得声,《说文》释“坯”为“瓦未烧”。这是说:“坯”乃是砖瓦未烧制前的土坯。土坯为陶器之胎,一旦雨淋、碰撞,便会毁坏还原为泥土之物。因此,“胚”与“坯”同源。确切讲,“坯”是“胚”字偏旁置换后的假借字。

由“不”字孳乳,与女性生理有关的汉字,还有“衃”(pēi),意为血液凝固；“抔”(pén)，意为以手捧血；“杯”(盃)，意为盛装液体之物等等。

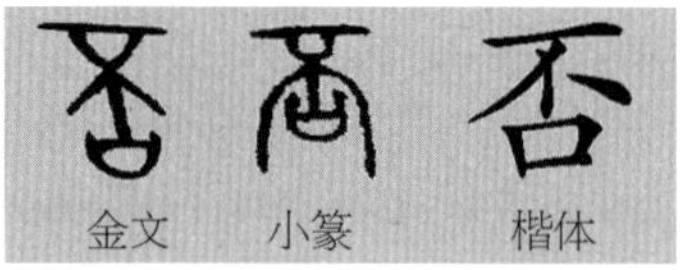

“否 fǒu”，这也是一个与女性经血有关的汉字。金文的“否”字，上为“不”，下为“口”。两形会意，表示经血倒流，从口鼻中流出。在妇科病中，这乃是一种常见病，起因是女性生理或心理上的病变。古代社会，生活及医疗条件低下，女性患此种病症者，大概要比现今多得多。因此，才有了“否”字的构形释义。

经血从口鼻倒流，是一种倒行逆施。所以，《易经》用“否”作为一种凶卦的卦名，读为 pǐ。卦形为坤下乾上，表示天地不交，闭塞不通。与“否”卦相对的“泰”卦，卦形为乾下坤上，则表示天地相交，上下相通。在“否极泰来”一词中，“否”表示坏、恶之义，“否”到了尽头，“泰”就来了。

“否”，由经血倒流引申出“不是、不应该”的意思。现代汉语中，由“否”组成的双音词有“否定、否认、否决”等。“否”字在用作为应答语时，相当于“不”。用“否”构成的疑问句，如“曾记否、是否、能否、可否”等，都是由肯定否定相叠加构成的疑问格式，表示“是不是、能不能、可不可”等意思。

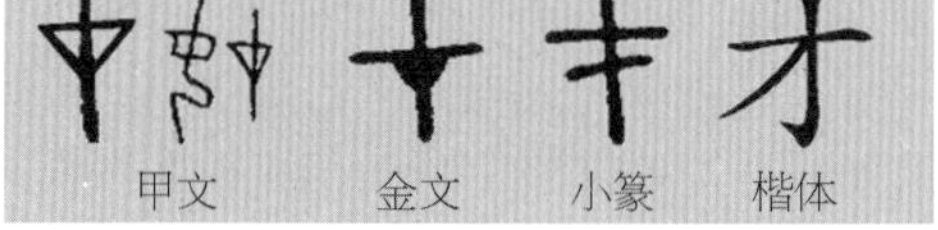

“才 cái”，这是一个依托象形字，甲骨文的“才”字，是在女性生殖器符号“▽”上，添加一长竖，表示女性经期使用的卫生带，也可视作上古时期，女性在日常中使用的兜裆布。金文的“才”字与甲骨文相似，只是将女性生殖器符号“▽”的中间填实，这是为适应金文须刻在青铜器模型上作出的变化。小篆的“才”字已与现代楷书相似。

“才”的构形来自女性经期的月经带，这种东西实用而不可缺少。“才”的本义为“在”，通常用来表示有用之物。如有用的称为“才”，无用的就称为“不才”。女性使用“才”，喻示着性发育的成熟。因此，又引申为人的本质能力，如“才气、天才”。“才”也是“材”字的初始字；木材或材料都有像兜裆布一样竖长的形状，且为有用之物。因而，古人在“才”旁增“木”，表示木材的“材”。

“才”也是“纔”的简体字。“纔”源出兔子分娩后迅速将胞衣吃掉，在表示时间短暂或范围小时用法同“才”。汉字简化时，将其归并于“才”中。

“才”在甲骨文时期便有“**在 zài**”的意思。女性月经期间，卫生带不在，其狼狈状可想而知。所以，“才”也是“在”的初文。如甲骨卜辞中的“王才亳”，即王在亳这个地方。

金文时期，人们在“才”的旁边增添男性生殖器符号“士”，用来表示“才能”与“存在”两种意义的区分。显然，“才”旁增“士”，指称的已是男性的兜裆布。由此可知，不论从实用的角度，还是羞耻心理上看，男性使用“才”这玩意，大概要落后女性相当长一个时期。

汉画像：男人的犊鼻裈

小篆的“在”字将“士”讹变为“土”，隶化后，成为现代汉语中楷书的“在”，通常表示行为所涉及的处所、时间、范围以及对象等等。《说文》释为：“在，存也，从土(士)才声。”

在古汉语的使用中，“在位”，表示居官任职；“在野”，则表示闲散为民。成语中有“在陈之厄”，这是说，孔子带领学生周游列国，结果在陈国遭到了断粮的困厄。这里的“在”，就表示困厄的“场所、范围”。现代汉语中的“现在”一词，则表示时间的范围。

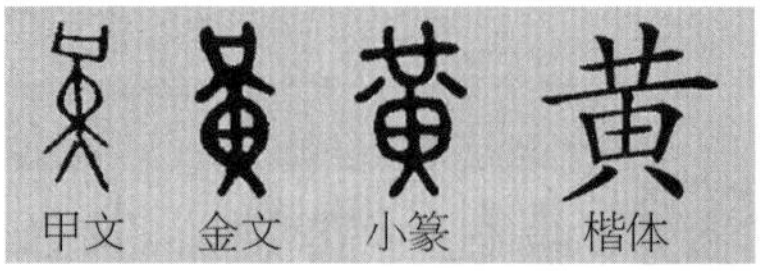

“**黄 huáng**”，这是一个会意字。甲骨文的“黄”字与“寅”字同源：寅字是在一个如“ ”表示脐带出降的图形中间，标识了一个圆圈，或圆圈中增添一横，以此强调胎儿的顺利生产。

甲骨文和金文的“黄”字发生繁化：在“寅”形上部增添了一个女性生殖器符号“▽”，以此强调生育之义。这样繁化，在古人看来，形象更为明晰，但在后人看来，反而不知所云。因而，小篆承接金文，却将原本表示女性生殖器的“▽”讹变为“廿”。楷书在隶变后写作“黄”，遂使形象全失。

“黄”的构形源自生育孩子，本义为婴儿的黄疸肤色。《说文解字》却将其释为：“黄，地之色也，从田芡声。芡，古文光。”显然，许慎对字形的剖析来自小篆，很有些缘木求鱼的味道。依据甲骨文的字形，郭沫若认为“黄”乃“大”形之人胸口佩有一块玉，“黄”乃“璜”的初字。唐兰谓非佩玉，乃可染色之皮革或丝麻制成的服饰。这些大师绝对没有想到“黄”的构形源自生下的孩子，黄色之义来自人与动物皮毛的对比！

上古先民，以人的出生对比于各种各样动物的生育，发现只有人生下是无毛光体是黄色的，这就是华夏民族的皮肤本色——黄。何况胎儿生下后，需要十多天才能蜕掉身上的黄疸。“黄”由此引申出了黄色之义。如《易·坤卦》：“天玄而地黄。”《诗·小雅·裳裳者华》：“裳裳者华，或黄或白。”上面句中的“黄”均为黄色之义。又因为黄河之水多黄土泥沙，呈现黄色，因之称为黄河；又因为植物叶片发黄便会脱落，黄河泛滥过后一切皆空，“黄”字引申后又可表示事情落空，如“买卖黄了”。又由“黄”的落空之义来象征色情，如“扫黄、黄色书籍”等。

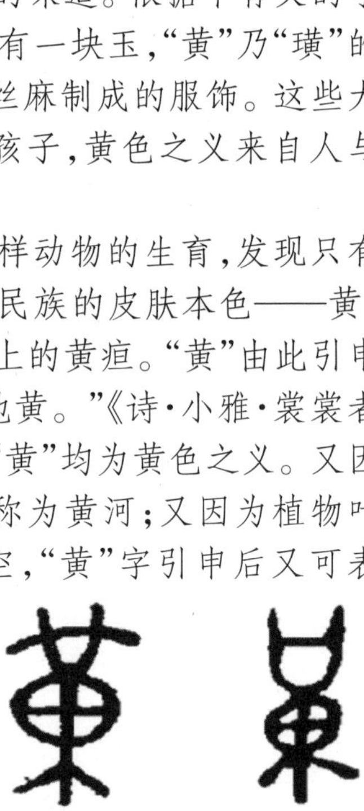
金文中另两款“黄”

“黄”有生育、繁殖之义。因此，黄又是堇(jǐn)的初字，由此孳乳出了“谨、勤、瑾、馑、觐、堇”等字。“黄”又是“暵”(hàn)的初字，所以有“歎、難、漢”等字以其为构字符号。如果不识“黄”的构形来源，这些字便永远无法识读。

“黄”、“寅”二字均源自女性生育。“寅”字强调的是脐带的导引，因此有演进之义；“黄”字则强调的是子孙的降临、繁盛，因此，“黄”又有广大之义，并由此义孳乳出“廣”字。

黄帝乃华夏民族的女性始祖，是她生育、繁衍出无数的黄皮肤儿女，因此有“炎黄子孙”一说。据甲骨卜辞分析，中华民族传说中的“人文始祖”黄帝，其原型可能就是甲骨卜辞中能够蚩王的“黄尹”或“帝黄爽”。传说中的仓颉，可能便是“帝黄爽”的史官。甲骨文的产生、创制，大概就出自仓颉之手，或这一时期。

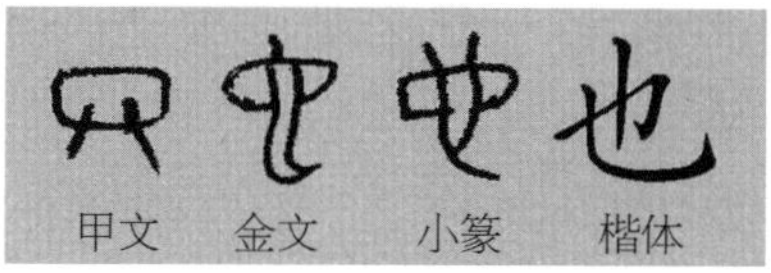

“**也 yě**”，《说文》释为：“也，女阴也，象形。ㄝ，秦刻石‘也’字。”这是说：“也”字是对女性生殖器的象形表达，秦代的小篆已写作“ㄝ”形。

对“也”字的释形解义，自古便歧义纷存，反对者甚多。因此，清代学者段玉裁在《说文解字注》中说：“此篆女阴是本义，假借为语词，本无可疑者，而浅人妄疑之，许(慎)在当时必有所受之，不容以少见多怪之心测之也。”

在甲骨文中，“育”字也写作“𠫓”。婴儿出生一般情况下是头先出来，因此，倒置后的省文写作“只”，这就是甲骨文的“也”字。只要将上边的方框视作三角，便是对女性生殖器的象形描述。金文写作“乜”，小篆写作“屮”，其嬗变轨迹十分清楚。

“也”的本义久已消失，现今，多用作汉语虚词，也是诸

多汉字的组字构件。如:“地”乃可以生殖之土,因此,“地”字“从土从也”;“池”,乃水中繁生万物之处,因此“从水从也”。

“也”字假借为虚词,主要用作表示判断的语气助词,如:“非不能也,是不为也。”蒙古族民间至今在表达惊喜感情时,还常常用女阴的称谓“乌特格”作为感叹词。这一用法,与“也”字用作语气助词有相同之处。“也”字又用作副词,表示同样或施行同样的行为。如北周诗人庾信的《镜赋》:“不能片时藏匣里,暂出园中也自随。”这一用法引用至今,如现代汉语中的“我也不去”、“能写也能画”等等。

“施shī”是“攱”的异体字。小篆的“攱”字左边是一个“也”,表示女性生殖器,右边是一个手持木棍之形,原本表示敲击、捅塞等义。这里,两形会意,表示性行为的强迫实施。

“攱”《说文解字》释为:“攱,敷也,从攴也声,读与施同”。实际上,“攱”的敷布义乃是引申义,捅塞才是“攱”的本义。其语音仍保留在陕西关中方言之中:“shī”乃是性交的意思。“攱”的异体字“施”,更是一个“从方从入从也的会意字,其构形含有将精液排泄里边的意思。《说文解字》认为“施”字从“㫃(yǎn)也声,旗貌。”基本是一个不着边际的图解。“攱”与“施”是同源同义的异体字,而不是像有些学者所认为的假借。

“施”,引申后可表示广义上的实施、实行,如《论语·为政》:“施于有政,是亦为政。”由精液的排泄又引申出附着、给予,如《庄子·大宗师》:“利泽施乎万世。”同时可表示给予,如现代汉语中的“施恩、施礼”等等。

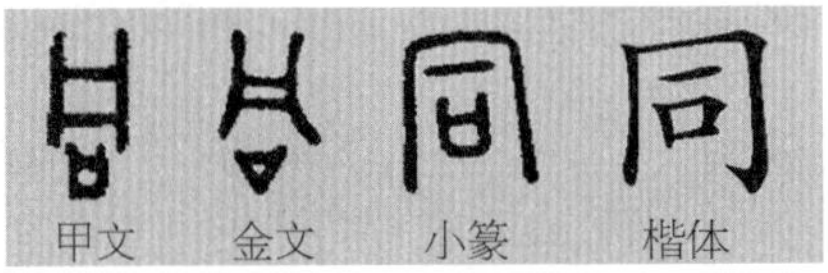

“同 tóng”,这是一个会意字。其造字构思之巧妙、大胆,让人匪

夷所思，叹为观止。甲骨文和金文的“同”字，下部均为“▽”符号，表示女性的生殖器，上部是一个“ㅂ”形符号（即“凡”字），原指人的肛门。两形会意，表示肛门和女阴都有相同的形状，也表示入厕时屁滚尿流的同时涌出。因此，“同”有相同之义，如《易·乾卦》：“同声相应，同气相求”，以及词语中的“同类、大同小异”等，均表示“一样”或“跟……一样”。“同”还有会同之义，如《诗·豳风·七月》中“嗟我农夫，我稼既同，上八执宫功”，以及现代词语中的“同吃、同住、同劳动”等，均表示“共同、一起”之义。

青铜器铭文

小篆和楷书的“同”字，承接甲、金文。构形上的变化，乃是为了适应汉字书写方块化的要求。

“同”，在汉语虚词中用作介词，引出动作的对象，以及所比较的事物，如“同大夫说清楚”、“同上月差不多”。又作连词，表示“和”的意思，如“我同你一起”。“胡同”一词，乃是蒙古语的音译，表示小巷、弄堂。

当“同”作为组字构字，用在繁体的“興”中时，为何加上四只手便有“興之勃发”义，这便需要你的想象了。

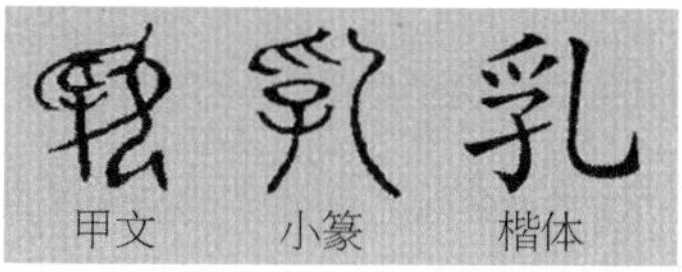

“乳 rǔ”，这是一个会意字。甲骨文的“乳”字，像一位母亲胸前乳头突出，双臂抱子让孩子吮吸奶水的情景。因此，“乳”的本义为哺乳，即以乳汁喂养婴儿。小篆的“乳”字，字形结构上作了调整：双臂变为一只手，母亲的形状简化为表示乳房的“乚”，但哺乳的本义一点未变。楷书的“乳”由小篆隶化而来。

“乳”字由哺乳之义，引申出乳汁和乳房两种意义，如“母乳、炼乳”均指乳汁，“袒胸露乳”

则指乳房。又引申为像乳汁、乳房一类的事物，如“乳胶、石钟乳”等；又由哺乳的对象引申为初生、幼小的东西，如“乳鸽、乳鸡”等。

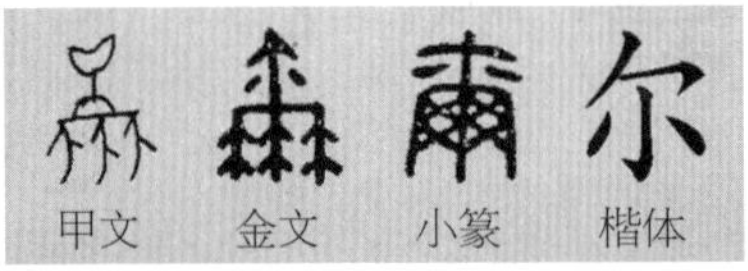

“**尔 ěr**”是“爾”的简体字。甲骨文和金文的“尔”字，下面是三个“人”字或三个“大”形，乃是成人的侧面或正面象形。甲骨文上面用一横画系连，表示这些人是一个家族或家庭整体；最上面则是女性乳房“匠”的横置。整体构形表示下面这些“人”都吃同一乳房奶汁长大。金文的“尔”字省掉了乳房符号，但却增加了简省的“大”及表示女性乳房的两点。小篆则将下面的人形完全讹变为网状，丝毫没有人形了。由于“爾”字的笔画繁琐，因此，楷书将其简化后写作“尔”。

敦煌唐代捧乳图

“尔”的本义为吃同一母乳长大的孩子们，引申为“母系家族”或“母系大家庭”中的成员。上古社会，由于母系家族是最基本的社会群体单位。因此，在上辈对下辈子女的指称中，“尔”被假借为第二人称代词，相当于现代汉语中的“你们”。如《礼记·檀弓》：“丧尔亲，使民未有闻焉，尔罪二也。”这里的“尔”，即用作第二人称的“你们”。

金文中的尔、户会意字，表示母系家庭。

“尔”字用作代词时，如在“不过尔尔”中，则表示“如此、这样”的意思。“尔”在古文中，还可用作形容词和副词的后缀，如《论语·先进》中：“子路率尔而对。”

上古社会，“尔” 也是晚辈对母亲或祖母的称呼，读作 nǎi。由于“尔”被假借为第二人称代词，久借不还。因此，这一称呼，则由后起的“嬭”字来承担。至今，陕西关中以及南方“官话”中，仍呼母亲为 “嬭”(nǎi)。现代人将祖母呼为奶奶,当是古代口语的沿袭。

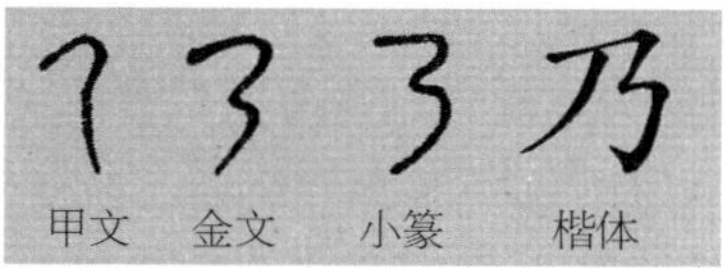

“**乃 nǎi**”,这是一个象形字。古文字中的“乃”,均为女性乳房的侧面形象,只不过楷书在隶变过程中,为使两边均衡符合方块字的匀整,遂在左边增添了一斜竖,写作了“乃”。

“乃”的本义为女性乳房。古文中,“乃”的本义由后起的“奶”字承担,而“乃”字同“尔”一样,多用作第二人称代词。如《汉书·项羽传》中的“必欲烹乃翁,幸分我一杯羹”,以及“乃父、乃兄”等等。

由第二人称代词引申,“乃”还可以用为副词,用于判断句的主谓语之间,用以加强判断。如《左传·宣公四年》:“是乃狼也。”《史记·高祖本纪》:“吕公女乃吕后也。”“乃”字用于叙述句中,则相当于“就”,如“惟努力乃能功成”;或相当于“于是”,如《史记·汲郑列传》:“一死一生,乃知交情;一贫一富,乃知交态;一贵一贱,交情乃见。”语句中的“乃”均为“于是”的意思。

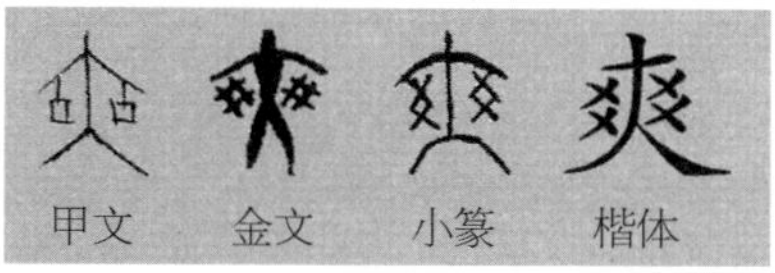

“**爽 shuǎng**”,这是一个会意字。郭沫若认为,甲骨文的“爽”字,“实像人形而特大其二乳,其所垂者乃是乳房也”。这是用强调双乳的人形,表示处在哺乳期的女性。金文的“爽”字,因青铜刻铸的特点将乳房变形,从大从双爻。楷书缘此写作“爽”。

“爽”字,构形源有二:一是不可用手挠的胳肢窝;其二,源自女性哺乳时期的两乳鼓胀。如果孩子已经夭折(古代社会,乃司空见惯的现象),无法吮吸,膨胀的乳房会让母亲感到憋胀而不适。因而,《尔雅·释言》释为:“爽,差,忒也。”即郁闷阻滞的意思。如《诗·卫风·氓》:“女也不爽。”其中的“爽”即乳房憋胀不爽快的意思。在现代汉语中,“爽约”一词中的“爽”可释为“不失”;“毫厘不爽”中的

“爽”字，用作违背、差错的意思。

没有孩子吮吸，时间一久，奶水会喷射而出（或指手挠胳肢窝使之发笑），因此，“爽”又有率直的意思，如“豪爽、直爽、爽快”等。由此，又引申出“清爽、舒服”之义，如“凉爽、秋高气爽、神清目爽”等。

由喷射而出的乳汁颜色，又可表示乳白色，如《书·牧誓》：“甲子昧爽，王朝至于商郊牧野，乃誓。”其中的“昧爽”即天幕上出现乳白色，黎明来临之时。“霜”，乃附着在地面或物体上，由水气凝结成的白色结晶体，与乳汁相似。因此，“霜”的发声即来自表示乳汁的“爽”。孔颖达疏：“爽或作霜。”《淮南子·原道训》：“童子不孤，妇人不孀。”这是说，孩子不失去父母，母亲不失去孩子。其中的“不孀”与前文的“不爽”音义相同。

金文　小篆　楷体

“严 yán”是“嚴”的简体，这是一个会意字。金文的“严”字，下部是一个“帚”和“又”，表示手拿笤帚；上部则为三个口，下边与一条曲线相连。其中的“口”可视作对孩子的呵责，曲线则为翻转符号“厂”，表示施加于孩子身上。从“严”字的整体构形分析，这乃是母亲用笤帚对亲生孩子的训导教育。金文的另一个构形或从两个口，更突出了边打边说的训导之义。

由于金文的“严”字，包含了“帚、又”，三个“口”和一个区分符号而过于复杂。因此，小篆的字形发生了讹变，其中的“帚”字被分割而字义全失。楷书遂成为“从双口从厂从敢”的会意字。楷书简化后写作“严”。

“严”的本义为父母亲的威严，如“皇考严在上”。又转指父母，如《易·家人卦》：“家人有严君焉，父母之谓也。”又由威严引申表示程度的深、远、大、高，如“严重、严密、严峻、严寒”等等。又引申为紧密，如“严密、谨严”等等。

“**威 wēi**”,《说文》释为:“威,姑也。从女戌声。”金文的“威”字,是在女上增一斧钺形的兵器,像用兵器吓唬女人之形。许慎认为,这里的“女”字原本指母亲,“女、戌”会意,表示母亲对儿女的训斥教导以及惩罚。当社会发展到父权制后,“威”中之女则指称“姑”,即婆母,就是丈夫的母亲。这是古人为婆母画的漫画,表示婆母对儿媳的威势。如汉乐府中的《孔雀东南飞》这首长诗,描写了焦仲卿的妻子不为婆母所容,在婆婆(姑)的威逼下,难以割舍夫妻之情,依依惜别被迫回到娘家,两人先后忧郁而死的悲剧。许慎生活在东汉时期,因此,《说文》的释义来自这一时期的现实生活。

商代玉雕女人

有学者认为:“威”字取象于手无寸铁的女人,面对一把肆意杀戮的斧钺时,感到严重的威慑。因此,“威”的本义为“震慑”。

《韩非子·诡使》曰:“威者,所以行令也。”因此可知,“威”可表示威力、威势之义,指使人敬畏的气魄或态度。又引申为凭借力量、威势时的行为,如《史记·高祖本纪》中“威加海内兮归故乡”,以及“威胁、威逼”等。《史记·刺客列传》中说:“秦地遍天下,威胁韩、魏、赵氏。”这里的“威”字已用作动词,表示使用和凭借威力。

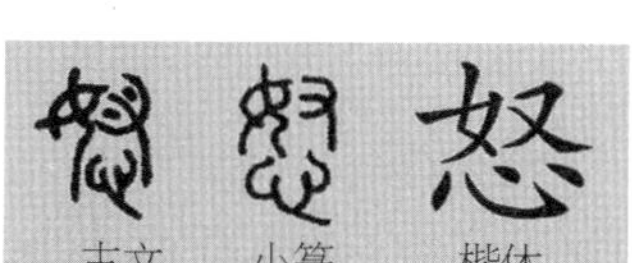

“**怒 nù**”,原本是一个会意字。古文的“怒”字,左上部为“女”;右上部在表示手的“ヨ”上增添两点,乃是古文的“搔”字;下边则是

一个“心”的象形。三形会意:表示用手骚扰女人,使其心头怒生。小篆的“怒”字,失掉手形中的两点,成为“从心奴声”的形声字,也失去了“怒”字十分有趣的实质性内容。大概此时期的贵族们认为,凡奴仆心中必有怒气,因而将“怒”字讹变。楷书秉承小篆,写作“怒”。

“怒”,《说文》释为:“怒,恚(huì)也。”指生气、发怒。如古诗《孔雀东南飞》:“阿母得闻之,搥床便大怒。”其中的“怒”,即心中有气、气满为怒的意思。现代汉语中则有“愤怒、怒容满面、怒气冲天”等词语。“怒”在古文中又有勉力、奋发的意思。如《庄子·人间世》:“汝不知夫螳螂乎?怒其臂以当车辙,不知其不胜任也。”其中的“怒”即用作勉力。又如苏轼《方山子传》:“方山子怒马独出,一发得之。”其中的“怒马”即“马之奋发”的意思。现代汉语则有“努力”一词的延袭。

“**毋 wú**”,甲骨文的字形与母亲的“母”字完全相同,就是说,“母、毋”原本是一个字。后来,“母”字用来表示母亲,“毋”在字形上略加变化用来表示禁止奸母,两者才有了区分。金文的“毋”字下部有所简省,在中间加上一横加以区分,小篆的“毋”字,也是在“母”字中间增加了一横,仍然表示禁止与母亲发生性关系。楷书缘此写作“毋”。

何休注《公羊传·桓公六年》:“律文:立子奸母,见乃得杀之也。”可见古人对奸母深恶痛绝。与母亲通奸,即便在野兽中也没有这种行为,难道人类就有这种行为吗?实际上,这种情况的发生,是对一夫多妻制下社会伦理的补充。这里的“母”并非生身母亲,而是指与母亲同辈的姨母们,也指有权有势者的众多妻妾,或指帝王的妃嫔们。据《史记》记载,秦始皇的母亲与嫪毐通奸,当秦始皇成年掌握了大权后,便砍掉了嫪毐的脑袋。世人将嫪毐视作淫坯,“毐”字从士从毋,士为男性生殖器,因此,“毐”有奸母之义。这里的“毋”字,所指者即身为王后的国母。

《说文》释“毋”为:“毋,止之也,从女,有奸之者。”因此可知,

“毋”由“不可奸母”，引申表示一般意义上的禁止、不要。《论语》中有这样一段话：“子绝四：毋意、毋必、毋固、毋我。”这是说：孔子对四件事是禁绝的，即不主观、不死板、不固执、不自作。这里的四个“毋”字，都可解释为禁止、不要。成语“毋庸置疑”一词中的“毋”字，也解释为不要。

“娄 lóu”，繁体字写作“婁”。金文第一款的“娄”字像双手接生女婴之形，以双手和表示女性肚子上妊娠纹的“”以及女字(其中增加四点，表示出生时的血水)，会意女人复生女人之义。《说文》释为：“娄，空也，从母中女，空之意也。”这是说，女人生下一个接一个的女孩，肚子上妊娠纹已遍布，却未能生育男孩，所以是一场“空”。“娄”字的造型和含义，反映了春秋战国时期，中国人已有了重男轻女的思想。

一个接一个生下孩子，母亲的年龄在增加，身体会逐渐衰老。因此，“娄”字有了“中空”之义，表示身体的空虚，如西瓜“娄”了，身体太“娄”了等。汉字中，以“娄”为声符的字都有“屡次、连续、重复、空洞”之义，如“屡、楼、瘘、篓、搂、耧、蝼”等等。

在今日的文字学家中，有人认为：金文“娄”字中的“”乃是瓦罐(西)的象形，表示男人搂抱女人腰身而做爱，“娄”乃是搂的初文。性爱过频，自然有身体虚空之意。

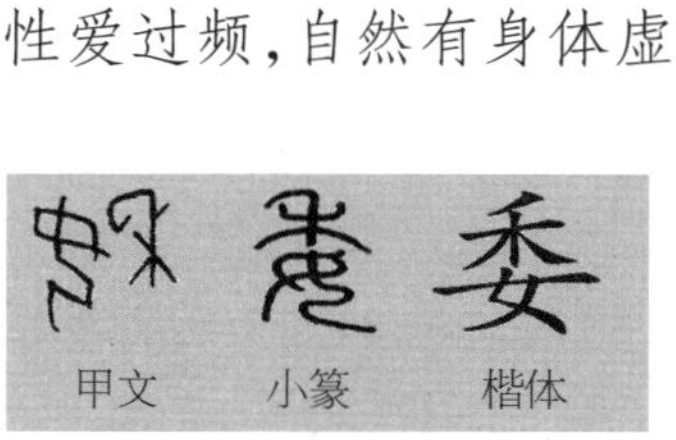

“委 wěi”，这是一个会意字。甲骨文字形由“女、禾”两个象形字组合而成：左边是“女”字，右边是“禾”字。小篆字形同甲骨文一样，但字形构件的位置有所不同：“禾”字在上，“女”字在下，与现今楷书的结构相同。

禾谷成熟时，它的谷穗会从茎杆上弯曲低垂下来，因此，“委”有弯曲之义。相比于男子，女子的体格和力气都要弱得多，古人以“禾”旁增“女”，用来比附女人委随、曲从的意义，如“委从、委顺”等词中的“委”字。“委”字还用来表示隶属、托付。如“委托、委派、委任状、委以重任”等，其中的“委”字，乃从“听从”之义引申而来。“委”字又用来表示抛弃、丢落的意思。如唐代诗人白居易在著名的《长恨歌》中写有这样两句诗——“花钿委地无人收，翠翘金雀玉搔头”，描写了杨贵妃被勒死后，首饰散落在地的情景。诗中的“委”字，用为“掉落”。由丢弃之义，还可引申出推卸的意思，如“委过、委罪”，即表示推卸错误或罪行。

“委”字是个多音多义词，除了念 wěi 音之外，还可以念作 wēi。如委蛇(wēi yí)一词，通常用来形容山峦中路径、河道的曲折蜿蜒。

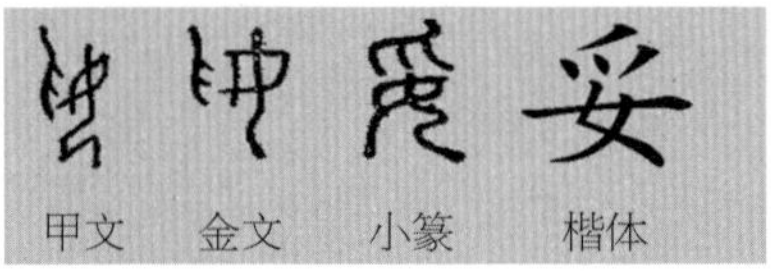

“妥 tuǒ”，这是一个会意字。甲骨文的“妥”字，左边是一只手(爪)，右边是一个跪跽的女人形。金文的形体也基本上同于甲骨文；小篆的“妥”字则把手爪之形放在女子的头上。这不仅是为了结构合理，而且也更显示文字的表意——用手安抚或压制一位女性，使其“安定”下来。

“妥”字构形源于“安抚女子使其安定”。因此，“妥”字常用来表示安稳、安定。如“稳妥、妥帖”等词。“妥”有压制之义，如杜甫《故司徒李光弼》诗中有：“拥兵镇河汴，千里初妥帖。”这里的“妥帖”即表示“武力安定”的意思。又引申指适当、合适，如人们常说的“不妥”，也就是“不合适”的意思。“妥善、妥为安排、欠妥”等词中的“妥”字，都解释为适当、合适。

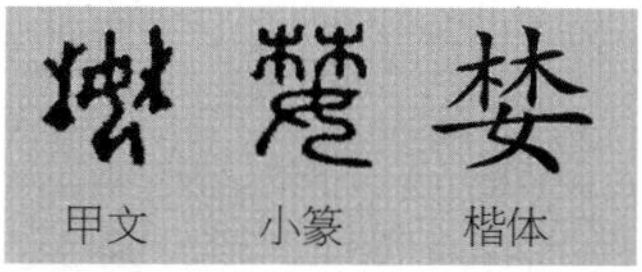

“**婪 lán**”,《说文》释为:“婪,贪也,从女林声。”实际上,甲骨文的“婪”是一个会意字。“林”中加“女”,意指女子在野外林地与男子的苟合。

上古社会,男女之间的性交往,乃是氏族成员的集体活动。一方氏族的男子到与之有“普那路亚”(即对偶婚配)关系的氏族住地,与那里的女子联欢。通过祭祀、饮宴、乐舞一连串活动之后,方能匹配交往。而且,两性交往的地点也常常是在女性专有的居室之中(同今日纳西族的母系性关系)。女子在林中与男子野合,已超越当时的性交往规则,在女子则是一种过分,一种贪淫的行为(在男子则为“野”)。

野女野合图(汉代画像砖,四川成都出土)。

因此,上古先民用“林、女”会意,表示贪婪之义。后来,“婪”由性之贪婪,又引申出对财物的贪求,也不再单指女性,男性也包括在内。如《离骚》:“众皆竞进以贪婪兮。”这里,贪婪者已包括男人女人都在内的“众”人了,“婪”的对象也扩到权势和财物。

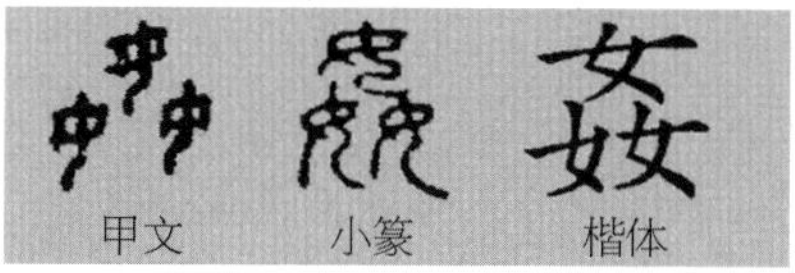

“**姦 jiān**”与“奸”本为两字,汉字简化方案将其合并为一字,“姦”被“奸”字所包括,“奸”成为了“姦”的简体字。

甲骨文的“姦”字,是一个由三个“女”组合而成的复合字。三女一堆,文字中没有做事的任何符号,显然,她们之间只有相互交谈了。在古人看,凡事须拿出来公开讲说,女子私下凑在一起,唧唧喳喳，不是争讼，便是弄私，有悖于古代社会“公开”的原则，因此是一种弄私行为。《说文》将其释为：“姦，私也。”

“姦”的本义为弄私(在父权制社会中)，如《汉书·食货志》：“姦钱日多。”这是说：私下偷偷铸造的钱币一天天多起来。后来，又引申指女子私下与男子发生性关系，即通奸。如《左传·庄公二年》：“夫人姜氏会齐侯于禚(zhuó 地名)，书，姦也。”又引申指伪善、狡诈，如诸葛亮《出师表》：“攘除姦凶，兴复汉室，还于旧都。”这里的“姦凶”，指口中讲仁义道德，私下却男盗女娼的狡诈之徒。

古汉语中，“奸”与“姦”词义相通，如“奸淫”可写作“姦淫”，但在表示“奸臣”之义时，不能写作“姦臣”。这是因为“奸”中之“干”，表示“弄权”之义，“姦”则表示“弄私”。

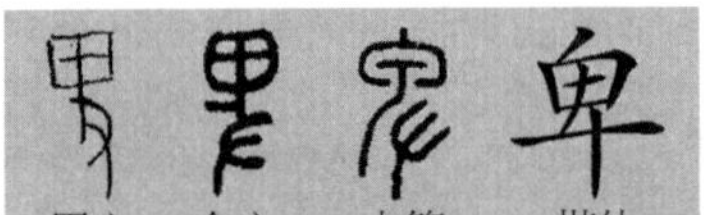
甲文　金文　小篆　楷体

“**卑 bēi**”，这是一个会意字。甲骨文和金文的“卑”字均为上下结构，下边是一个“F”，乃左手之象形；上边是一个“甲”，乃是盾牌或摇扇的象形。两形会意，表示男性战士在战场上只会躲避、缺少进攻的勇气。也表示女性手持扇子，替别人服务谄媚(即婢的初字)。小篆将金文上部的“甲”讹变为“由”，因此，有了楷书的“卑”字。

在掌握了造字权利的男人看来，男性战士缺少进攻勇气，女性替人摇扇谄媚，都是一种卑鄙、低贱的行为。《说文》释为：“卑，贱也。”如“卑劣、卑躬屈膝、卑鄙无耻”等词语的“卑”，都有卑贱、卑鄙的意思。《史记·五宗世家》：“彭祖为人巧佞卑谄，足恭而心刻深。”其中的“卑”也表示低劣下贱的意思。后来，“卑”字又引申指人们言行的谦卑恭敬，如成语“卑礼厚币”，这是说:用谦恭的礼节和丰厚的酬金来招贤纳才。成语中还有“卑以自牧”一词,意思是说:保持谦卑的态度来经营自己。

“卑”字是个部首字,汉字中,凡以“卑”作声义符号的汉字,大多都有“低贱”或“不正”的含义,如“睥、俾、裨、婢、碑、椑、脾”等。

“婚 hūn”,这是个形声字。小篆字形左边是个“女”字,右边是“昏”字,两个字组合起来,则表示男女嫁娶。婚字中的“昏”,源自古代嫁娶时间多在黄昏时分举行。《白虎通·嫁娶》:“婚姻者,何谓也?昏时行礼,故曰婚。”这种把结婚仪式和酒席安排在傍晚的风俗,至今在南方和少数民族之中仍有保留。也有人认为:婚中之昏的本义为太阳落下来,在此表示父权制下女人长大后的归宿处。

“婚”字的本义为男女双方正式结为夫妻。如表示结婚礼仪的“婚礼”,表示结婚年龄的“婚龄”,表示男女双方结为夫妇约定的“婚约”等等。古代婚姻讲究门第,就是说:男女双方的家庭要门当户对,称之为“婚阀”,又有同姓不婚的习俗,如《国语·晋语四》:“同姓不婚,育不殖也。”这是说:同姓为婚,生育将不繁盛。俗话有“男大当婚,女大当嫁”一说,这里的“婚”,也释为婚姻,但特指男子娶妻。

“姻 yīn”,这是个形声字。小篆字形左边是“女”字,右边是一个“因”字。“因”字原本表示人落陷阱之中,本义为原因、因为。引申后又有凭借的意思。父权制确立后,中国的婚姻风俗,一般都是女子出嫁到男方家,新郎的家,因而成为新娘所“因”之处,即女人一生都会困在其中的地方。“因”既可以解释为凭靠,也可以直观释为新娘从娘家移出前往夫家睡觉之处。所以“姻”字由“女、因”组合而成,其中“因”又表示读音。“姻”字同“婚”字一样,都是形声字。

“姻”,《说文》释为:“姻,婿家也。”由此,又引申表示“姻亲”关系。如《尔雅·释亲》说:“婿之父曰姻,妇之父为婚。”这是说:亲家之间,女方的父亲叫“婚”,男方的父亲叫“姻”现代汉语中,“婚”、“姻”通常不加区别,都表示男女嫁娶。如“姻缘”,指结婚的缘分;“联姻”,原意为双方结为男女亲家,现也用来比喻机构之间联合或结为友好关系。

三、男人的世界

伏羲女娲交尾图

在甲骨文的构形中，人们的生殖器官和生育行为，常常成为刻意描摹的对象。这种文字现象，显示出人类早期的一种精神追求——从生殖器崇拜到生育崇拜，乃是上古先民对生活的“半壁江山”——人类自身再生产活动的真实记述。

男人，作为早期文字的创制者或书写者，如何将个人的性行为感受及生殖功能，沉淀、凝固于文字之中呢?又是如何表现王权父系制度下的“大男子主义”呢?下面，不妨对上古先民的男性心理活动进行一番考察。

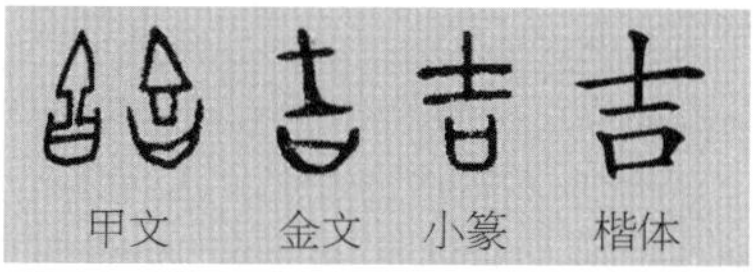

“吉 jí”，这是一个象形字。郭沫若在《甲骨文研究》一书中，认为“士”字乃是男性生殖器的象形描绘。显而易见，“吉”字是一个“从士从口”的会意字。实际上，“吉”字下部那个类似于口的“ㅂ”，乃是男性睾丸的象形。甲骨文的后一款，只不过将其断裂、分开描述而已。因此，“吉”字的构形出自男性生殖器的勃起。金文以后的“吉”字，将士口分而定型，遂有楷书的“吉”字。

在千万年的动物进化历程中，为了使雌雄异体的动物，包括人在内，乐于性交以达到种群繁衍的目的，大自然巧妙地为它们设置

表示"爱"的金文

了"快感"这一诱果，遂使它们乐此不疲。因此，《说文》将"吉"字释为"善也"，意思是指喜乐、顺遂。这是说："吉"字的构形释义，从男性作为文字创造者的角度来看，首先在于它的"性交"过程中的快感，其次才是繁衍、生育功能。进入父系社会后，重男轻女的观念日渐浓厚。孩子生下后，人们关注的是性别，而辨别新生儿性别的唯一根据就是视察生殖器。生下的孩子有𣬉（jī）便说"吉"。由此，"吉"有了吉祥义。

随着社会文明的演进，当生育成为个人的"私行"，也就是说，人口的基数已扩大到一定规模，其多寡不再关系到族群的生死存亡时，"吉"字的本义便逐渐消亡，演变为一般意义上的"吉利"。只有"吉"字的发音，仍在俗语（如𣬉、鸡巴）中得到保留。现代汉语中，"吉"字与"凶"相对，可以表示"吉日、吉期、逢凶化吉"等。现又为音译用字，如"吉普、吉他、吉隆坡"等。

"吉"字是一个偏旁部首字。汉字中，凡从"吉"的字，大都有坚挺、顺利之义，如"结、佶、诘、劼、颉"等字。

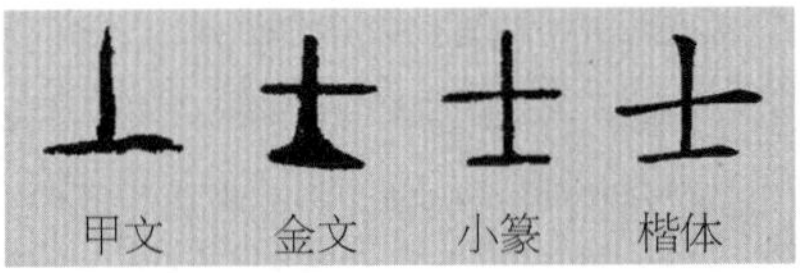

"**士 shì**"，古代特指男子。《诗·郑风·女曰鸡鸣》中有"女曰鸡鸣，士曰昧旦"的诗句。这是说：女人说鸡已打鸣了，男人说天才蒙蒙亮。其中的"士"即为男子，男女之间的融融之乐，自在其中。

图形文字

甲文的"士"字写作"士"，源自甲骨文表示雄性动物的"牡"（⊥）字，乃是雄性动物生殖器的象形，假借用来表示男性的性特征，在此，则表示"男士"。也可以视作"吉"字上部的另出。唐代的孔颖达疏曰："士，男子之大号。"因为古代健壮男儿多须充当军卒，所以，"士"由男子又转指士卒。现代语中的“士气”一词，以及军衔中最低一级的“上士、中士、下士”，均为这一意义的延续。

《穀梁传·成公元年》：“古者有四民，有士民、有商民、有农民、有工民。”在士、农、工、商四个阶层中，“士”为学文习武之人，乃是介于卿大夫与庶民之间的一个阶层。“士”，作为男子甲骨文以士表示各种公畜的美称，特指具有某种技术、学识或品德修养之人，如“医士、博士、勇士、烈士”和“仁人志士”等等。

甲骨文以士表示各种公畜

“仕”，乃是“士”字的孳乳后起字，“从人从士”是一个形声字。这是在“士”旁加“人”，用来表示官吏。因此，“仕途”即官宦之途。《论语·子张》中有：“仕而优则学，学而优则仕。”这里的第一个“仕”乃指“士”，后一个“仕”则指官宦之途。

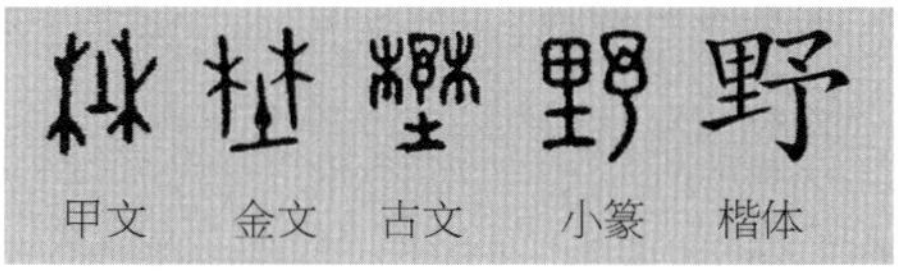

“野 yě”。甲骨文的“野”字，是在林中置放一个“士”，从而形成的会意字。“士”表示成年男子的生殖器，“林”则为野外树林。可见，“野”字的本义应为“野合”，即男子于荒林中的性交苟合。

殷商时期，男女之间的性行为交往，乃是一种集体活动，必须通过祭祀、饮食联欢进行。夜幕降临，一个氏族的成年男子，会集体到与之有着“普那路亚”(氏族之间相对固定的性伙伴)关系的氏族住地去，与那里的女性一同祭祀神祇、祖先；然后，享用已祭祀过祖先神灵的酒肉供品，其中，伴随着载歌载舞的联欢场景；最后，男女之间的性交活动会成为此次联欢的压轴戏。

“野”，表述的是单个男子在荒林中的私自苟合，为当时的先民所不齿。所以，“野”有“鄙劣”的意思。如，孔子很不喜欢他的学生子路的性格和作风，说：“野哉由(子路字由)也!”这里的“野”，即表示人的粗鲁、鄙野。史书记载，孔子是父母“野合”后而生。这里的“野合”，应理解为荒郊树林中的性交合?还是指无婚约关系的苟且行为则不可考。

汉画像

古文的“野”字，将“士”字讹变为“土”。为使字义明晰，又增添了一个“予”。“予”字上部是“▽”形，下部是一个“个”，表达的也是性之交往。小篆的“野”字，则用“里、予”会意，将苟合之地由荒林更改为田土之中。大概与农耕文明推进后，村庄四周红高粱之类的庄稼，已占据了荒林之地，遂不得不在自家的庄稼地里苟合了。

“野”，在表示郊外之义时，应是本义的引申。如同“牧”字本义为放牧牛羊，引申为郊外一样。《尔雅》释曰：“邑外谓之郊，郊外谓之牧，牧外谓之野。”显然，此义均源自以城邑为中心，“放牧”和“野合”之地的地理位置。《乐府诗集》中有一首著名的《敕勒歌》：“天苍苍，野茫茫，风吹草低见牛羊。”这里的“野”，则指旷野。

由于荒野在郊外，与人们居住的城市在范围上有了界限，所以“视野、分野”用来表示范围和界限；“野菜、野炊、野兽”则用来表示荒野中自然生长的植物和动物。古时，百姓多居住在山野之中，与居住在城邑中的君王官吏不同，所以，“野”字又用来表示民间，如“野无遗贤”。后来，人们用“在野”表示不居官位，与“在朝”相对，如“在野党”、“下野”、“朝野上下”等。山野之人朴实直率，缺少礼仪，因而，“野蛮、粗野、撒野、野性”等一大堆词汇都表示缺乏礼教的行为方式。

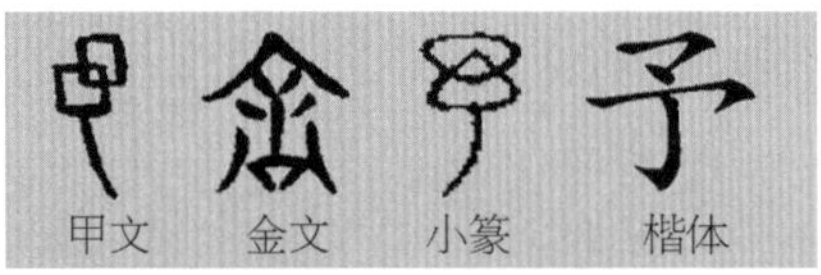

“予 yú”，在汉语中有两重意义：一是表示“我”，读作 yú。《书·盘庚上》：“予告汝于难。”《诗·卫风·河广》：“谁谓宋远?跂(读 qí，踮起脚)予望之。”这里的“予”均用作“我”，表示第一人称。“予”字的第二种意义，乃是“给”。如《诗·小雅·采菽》：“君子来朝，何锡(赐)予之?”在“给予”的意义上,现代汉语与之一脉相承,如“授予奖状,免予处分”等。此时均读作 yǔ。

青铜器上的图形文字

甲骨文和小篆的“予”字,与古文“野”字中的“予”构形相同,上部为女性生殖器符号“▽”,下部是一个“ᕝ”形符号,表示男性生殖器。金文的“予”字,繁化后强调了抽送进出,表义更为明确。

男女性交以射精为终结,因此“予”有给予之义。男人以性交往实现个人在种族意义上的存在,体现男性的雄风犹存,证明自己在氏族群体中的等级,因此,“予”有“我”之义,引申为第一人称代词。这一点,与原本表示鼻子的“自”虚化为第一人称代词十分相似。

“予”字也是一个部首字,汉字中,凡从“予”之字都有交往或赐给的意义,如机杼的“杼”,舒缓的“舒”等,但在“豫、预”等字中的“予”则表示雄性生殖器。

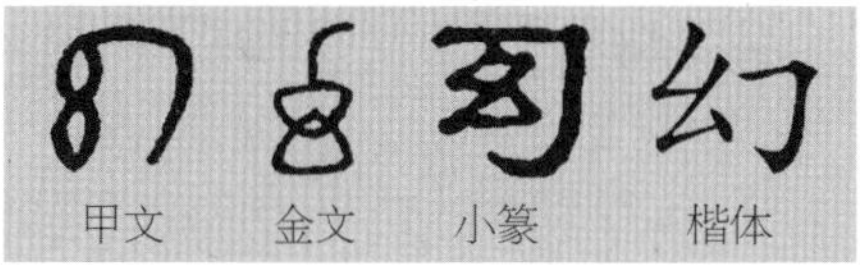

“幻 huàn”是“予”字的镜像反转。“予”表示男女欢爱时的“给予”,“幻”则是想像中的给予,即今日医学上所讲的男子“手淫”或“梦遗”。如图所示,楷书的“幻”字由小篆断裂讹变而来:下部的正反两个三角成为左边的“幺”,上部的弯曲线则成为右边的“𠃌”。这种变异乃是为了适应汉字方块对称的特点。

宜宾岩穴墓中的“秘戏图”

“幻”,《说文》释为:“幻,相诈惑也。”段玉裁注曰:“倒予字也,使彼予我,是为幻化。”意指不真实的事物所引起的惑乱。显然,这已是“梦遗”之义的引申了。如《六韬·文韬》:“不祥之言,幻惑良民。”其中的“幻”即“假象”的意思。由此,又引申指虚无、不存在的事物，如苏轼《登州海蜃》：“心知所见皆幻影，敢以耳目烦神工。”又幻影引申为变化，如现代汉语中的“变幻无穷、幻化不定”等。

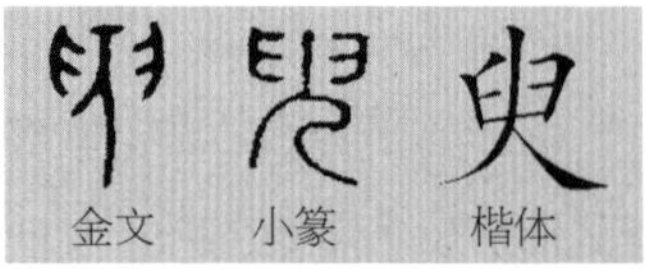

“**臾 yú**”，《说文》释为：“臾，束缚捽拙(zuó，yè 揪扯)为臾曳。”金文的“臾”字，两边乃是两只手，中间是一个生殖器突出的侧面人形(古文的“亥”)。两形会意，表示男子的自慰，即双手将生殖器勃起后的手淫。小篆的“臾”字将生殖器突出的人形，讹变为单纯的人形，隶化后成为楷书“臾”字所本。

因为以双手自慰，所以有揪扯之意；又因为此种状态以射精为目的，在时间上只有片刻，所以，在叠韵连绵词“须臾”中，表示时间的短暂，如《荀子·劝学》：“吾尝终日而思矣，不如须臾之所学也。”

仰韶文化彩陶图案中的男性

“臾”在汉字构字中常用作声符，通常含有让其充实壮大之义。如表示谄媚、奉承之义的“谀”；表示丰满、肥沃之义的“腴”；表示植物茱萸的“萸”，以及表示露天谷仓的“庾”等等。

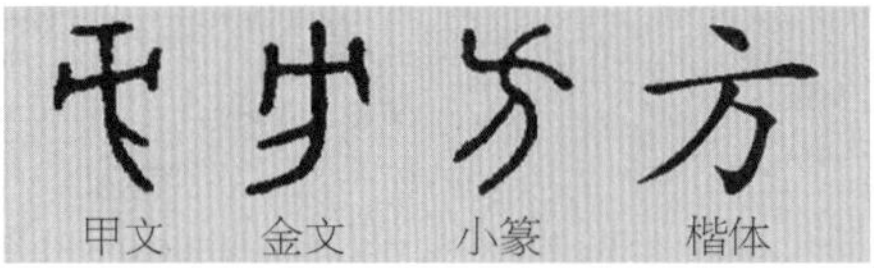

“**方 fāng**”，这是一个会意字。甲骨文和金文的“方”字构形相同，中间是一个生殖器突出的男子侧面形象，中部横置了一个表示“穿通”的“⊢⊣”形符号。两形会意，表示男子以生殖器面对的朝向，即“方向”之义。由小篆到楷书，“方”字中间的“男人”之形，逐渐变异，失去了象形的意味，遂使后人对“方”字的构形释义，风马牛不相及也。

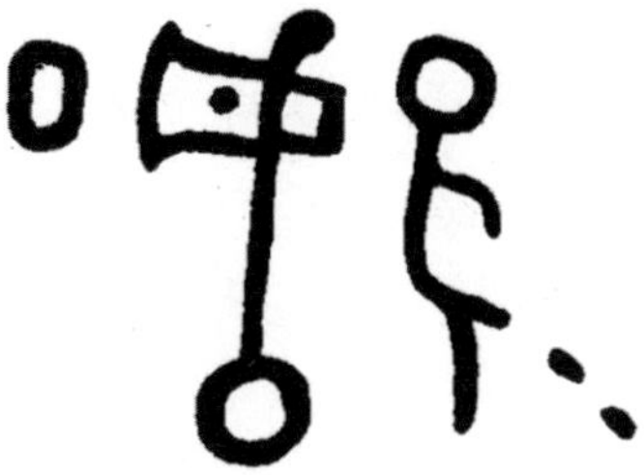

金文中的图形文字

用生殖器朝向对方，从上古社会到今天，乃是表示不容侵犯或侮辱对方的体态语言。这一动作，与雄性动物用撒尿界定地域，用炫耀生殖器表示不容侵犯有着生物学上的联系，因而有同仇敌忾的意思。至今，人们仍用伸出的中指表示这一体态语言。

商代甲骨卜辞所记载的古国，一般称之为“×方”，如“土方、井方、周方”等。之所以称之为“方”，也是基于以上原因。中国古代，曾流行一种“射天地四方”礼仪：男子用弓箭象征性地射向天地四方，表示“男子上事天，下事地，旁御四方之难”，正是“方”的延续和发展。

“方”的本义为朝向，引申为方向，如“东南西北方”和“四面八方”。又由方向引申出途径、方法。如《荀子·大略》：“博学而无方。”由方向的直对，又引申为正直。如《老子》：“是以圣人方而不割。”这是说，圣人的品格端直而不伤害人。又由端直之线引申出“方形”，与“圆”相对。如《孟子·离娄上》：“不以规矩不能成方圆。”又由此引申为表示面积的“方圆”。又特指“单方、药方”。

“方”在汉语虚词中用作副词，可表示“正在”的意思。如《汉书·高帝传》：“沛公、项羽方攻陈留。”其中的“方”即为“正在”。再如成语中的“方兴未艾，来日方长”等等。

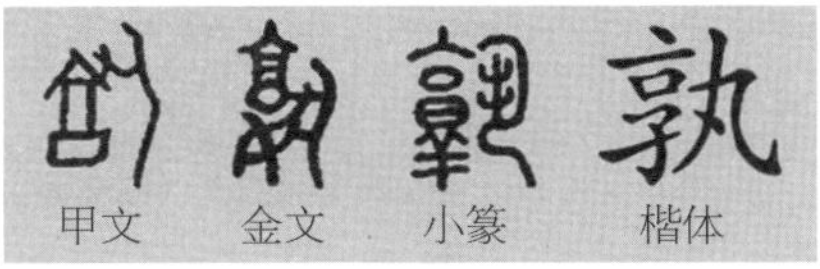

“孰 shú”，这是一个会意字。甲骨文的“孰”字左边是男性生殖器(吉)的象形线描；右边是一个伸手的人形。两形会意，表示男子实施性行为。金文的“孰”字，承接甲文，男性生殖器的图形更为性感，下边又增添了一个“女”字，用来表示男性施加性行为的对象。小篆字形发生讹变，左边下部的“女”字换为“羊”，从而使左半部成为一个“𦎧chún”字，以此表达强迫之意。经由隶变后，楷书又减省掉左下部的“羊”，右边的伸手人形也减省为“丸”，写作“孰”。

青铜器上的图形文字

“孰”字源自男子强行施加性行为，本义为谁干的？干的是谁？由此，引申为疑问代词：谁。如《论语·先进》：“季康子问：弟子孰为好学？”又用来表示疑问代词“什么”。如《论语·八佾》：“八佾舞于庭，是可忍也，孰不可忍也？”意谓这个可以忍受，什么是不可以忍受呢？“孰”用作疑问代词，意思是“哪个、哪些”，表示选择。如《庄子·秋火》：“万物一齐，孰短孰长。”

“孰”字是一个部首字。由男子的第一次性行为，引申出了（做过）成熟之义，因而“熟、塾”均以“孰”为造字的主体构件，分别表示食物做熟，以及进行教学的私塾。

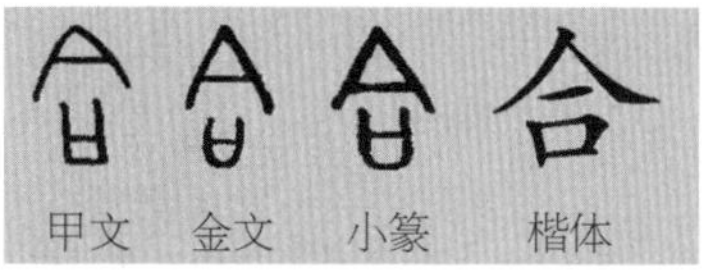

“**合 hé**”，这是一个会意字。如图所示，甲骨文、金文、小篆中的“合”字，构形均相同：上部为“A”，这是男性生殖器“仐”的省形；下部为“ㅂ”，乃是女性生殖器“▽”形的异体。两形会意，表示男女两性的“匹配”，如“交合、合欢、苟合”等词语中“合”的表意。《诗·大雅·大明》：“文王初载，天作之合。”这里的“合”即作“匹配”讲；再如《汉书·朱建列传》：“行不苟合，义不取容。”此处的“苟合”则表示乱伦交配。

也有人认为：“合”字上部是倒口，下边是正口，构形源自男女之间用嘴接吻。

“合”字，除表示两性之间的匹配之外，又引申为一般事物的“符合、聚合、会合”，表示物体之间的“闭合”。在古汉语中，“合”

上为男下为女的图形文字

常常用作虚词，作为助动词时，则表示理应如此或势必如此。如白居易《与元九书》中："文章合为时而著，歌诗合为事而作。"也可以用作量词，表示"回合"，你来我往一次则为一"合"。用在数量词前，则表示"总合、合计"的意思。

"合"也是古代的容量单位：十勺为一合，十合为一升，一合为一升的十分之一。此时"合"读作 gě。

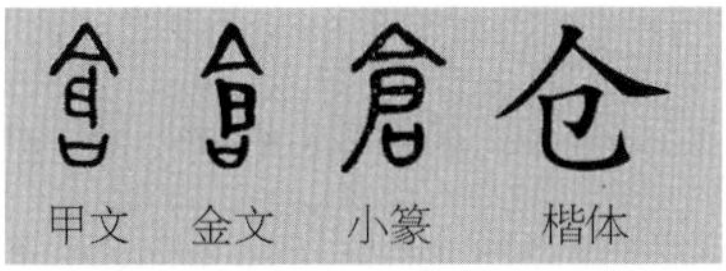

"**仓** cāng"是"倉"的简体字。甲骨文的"仓"字，上部为"A"，表示男性生殖器，下部为"ᗜ"，表示女性生殖器。合而为一，乃甲骨文的"合"字；中间的"ᗡ"则表示男性睾丸(调转 90 度)。金文的"仓"字承接甲文第一款，小篆在演变过程中发生讹变，左边的一竖拉长，楷书缘此写作"倉"。汉字简化方案根据草书形体将其简化为"仓"。

"仓"的本义为储存精液的睾丸，不过此义久已湮灭，常用义则是引申而来的"粮仓"之义。如《诗·小雅·楚茨》："我仓既盈。"又引申泛指储藏物品的地方，如"仓库、货仓"等等。后世，又特指船舱，如宋代诗人扬万里的《初二日苦热》："船仓周围各五尺。"此意后来写作"舱"，乃是在仓旁加"舟"孳乳的后起字。

古代明器仓

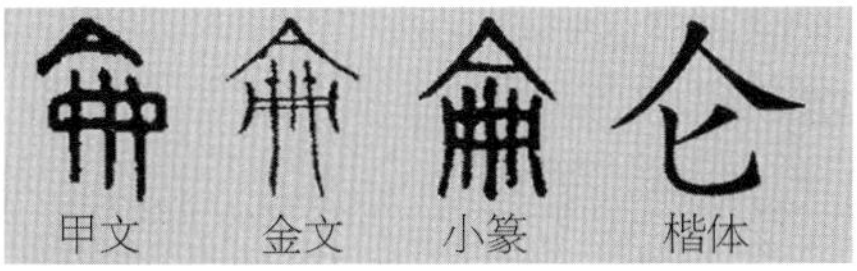

"**仑** lún"，乃是"侖"字的繁体。甲骨文的"仑"字，上部也是一个表示男性生殖器的"A"形符合；下部则是一个"册"字，乃上古社会栅栏的象形描写，用来表示禁止、阻隔之义。显然，"仑"字的造字意图,表示的是对某些男性性行为的阻止。金文和小篆的“仑”字与甲骨文构形相同,乃是一脉相承的沿袭。

也有人认为:“侖”字上部的倒口表示物的扣置。侖的构形源自地窖或地牢上边的栅栏门。

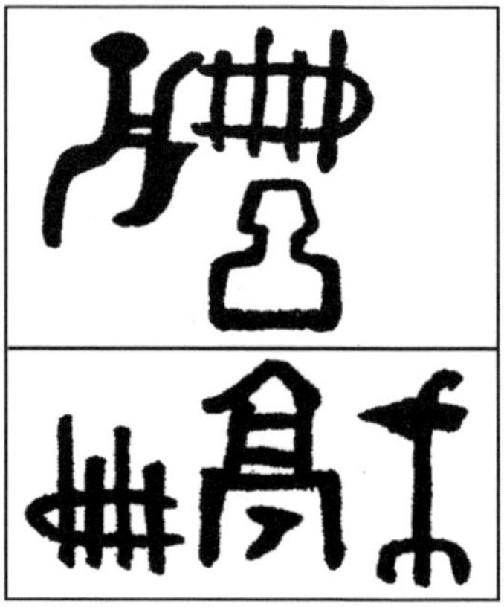

青铜器上的这些图形文字所要表达的是:不可性交,违者杀头!

“仑”字,《正字通·人部》释其为:“仑,叙也。”这是说,“仑”与“叙”相同,都有次序和条理之义。实际上,“仑”与“叙”的本义并不相同。“仑”的本义,表示对男性某些性行为的禁止:在某些场合、时间,针对某些女性,男性必须有所禁忌,即古代社会男女之间的“伦常”、“伦理”。其目的是维护人类等级社会中男女两性关系的秩序。从这一点引申而出,“仑”与“叙”才有相同之处:表现人类社会中性行为所遵循的次序、条理。为了使这一定义更为明晰,后人在“仑”的左边增“人”字偏旁,写作人伦道德的“伦”,用来承袭“仑”的本义。这就是说,“伦”是“仑”的后起字,“仑”是“伦”的转注本本义字。

“仑”由性交活动的秩序、规则,引申为整个社会的等级次序,封建社会称之为“五伦”。如《孟子·滕文公上》:“教以人伦:父子有亲,君臣有义,夫妇有别,长幼有序,朋友有信。”又引申为事物之间的次序、条理,如成语中的“语无伦次”,又由等级次序引申为排列分类,如成语中的“无与伦比,不伦不类”等。

“仑”也是一个偏旁字,汉字中,以“仑”为声旁的字都含有“次序”的意思,如“轮、论、沦、抡、纶”等。

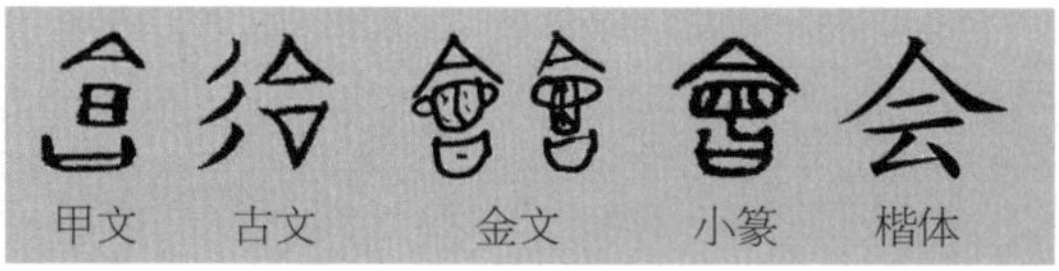

“会 huì”是“會”字的简化字。甲骨文的“会”字与“合”构形相似。显然,“会”与“合”乃出自同一生活原形,所要表达的意思也十分相近:某一氏族的成年男子,集体到一个与之有“普那路亚”关系

与会有关的图形文字

的氏族住地去，与那里的女性联欢。明确的目的——性之交往，使“会”字以男女两性的“A”和“A”为造字构件。有所不同的是，“合” 字中间增添了一个“日”形（与晋、鲁下部相同，不是日而是一个目标符号），用来特指男女会合的场所，即目标所在。“合”用作男女之间个人的交配，“会”则表示男性与女性之间的集体聚会。这就是古文的“会”字，用三撇（彡）表示众多的原因。

金文的“会”字，使字形变得复杂起来，增添的道路和下边的脚印，表示前往。小篆的“会”字丢掉了增添的“彳”形，变得简洁起来。不过，中间又增添了一个“罒”形，这个有点像“席子”的符号乃是目标符号“日”的繁化。楷书的“會”字缘此而来，简化后写作“会”。

“会”字的本义即上古社会男女集体相会，引申为一般意义上的聚会。如贾谊《过秦论》：“诸侯恐惧，会盟而谋弱秦。”其中的“会”即表示聚合、集会。由此，又引申为人们集合或聚居的地方，如“夜总会、教会、都会”等。男女相会，其目的心知肚明。因此，又引申为双方的理解、领悟，如“心领神会、误会”等。又引申为助动词，表示有某种能力，善做某事或表示某种可能性。如“他会来吗”在古汉语中，与“当”连用，则表示应当，如杜甫《望岳》诗：“会当凌绝顶，一览众山小。”

“会”，由其聚合义又引申指总计，即对各种款项数字的总和。这里的“会”读作 kuài。如“会计”一词，即指管理和计算财物的工作和人。

“享 xiǎng”，这是一个与“吉”字构形和物像十分接近的文字。甲骨文的“享”字，是一个象形字：上部的“亼”，三角朝上，乃是男性生殖器勃起后的坚挺形状。下部的“口”乃是男性生殖器阴囊的象

青铜器铭文

形。金文字形承接甲骨文，只是上部里边又添了两道横线，使男性生殖器的象形更为逼真。小篆的“享”字在构形上发生讹变，将上半部分割为两截，下部又增添了一竖，强调动作的进行，遂成为楷书“享”字的构形来源。

“享”的本义为男子性交抽送中的“快感”。因此，有受用、享有之义，如“享福、享乐、坐享其成”等词语中的“享”字。

在上古先民的心目中，把自己享用的最好东西，供奉在祖宗神灵面前，乃是承认他们对于这些祭品享有最高的主权和优先权。在甲骨卜辞中，不乏把女人当作人牲祭品，烧杀埋沉，祭献给祖先神灵的记载。所以“享”在古代，又用来特指祖先神灵享用祭品(包括女性人牲)，如《书·盘庚上》：“兹享大献于先王。”《左传·僖公五年》：“吾享祀丰洁，神必据我。”由祭享神灵又引申出了“宴享”之义，表示用食物和女奴招待客人，借假用为“飨”字。

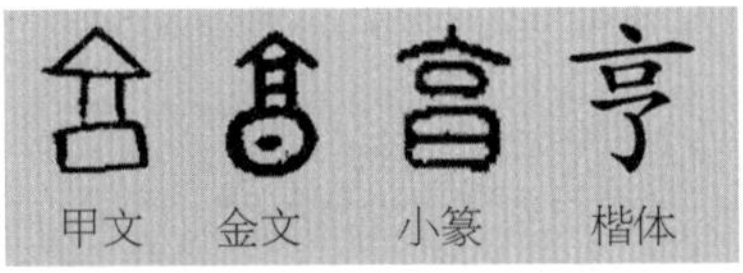

“**亨hēng**”与“享”在甲骨文和金文中原为一个字，小篆时期分为两字。如图所示，小篆的“亨”字写作“亯”，楷书缘此写作“亨”。“亨”的本义同“享”，原本也为“享用”，古人认为神灵祖宗享用祭品后，可以保佑进献者。因此，“亨”字分化后，取声于性行为过程中发声的“哼”，用来表示通达顺利。如《易·坤卦》中的“品物咸亨”，即为顺通之义。也许因为用鼎鬲烹煮食物时，会出现沸腾冒泡，其发声及状态与性交有几分相似，所以“亨”还可以用来表示食物烧煮后的享用。如《诗·豳风·七月》中的“七月亨葵及菽”，后来此义因分化写作“烹”。

“享”与“亨”在甲、金文字中原是一字，后分化为二体。因此，在初始的祭享、享用义上可相互通用，随着词义分化，“亨”侧重于表示亨通，不再有享受义。现代汉语中，两字的形、音、义完全分离，不可混淆。

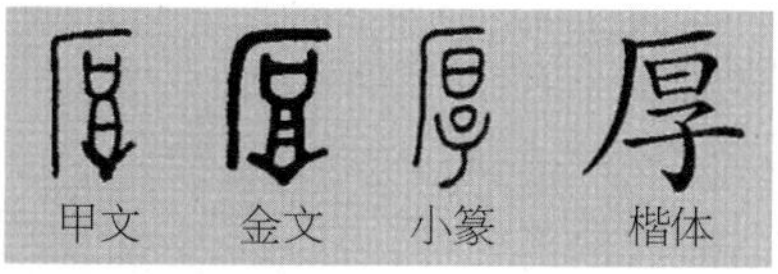

“**厚 hòu**”，这是一个会意字。甲骨文和金文的“厚”字，左上部均为“[illegible]”，乃是一个表示旋转九十度的符号，同甲骨文中的“[illegible]”(侯)“[illegible]”(反)等字用意相同；右下部则是表示公畜生殖器的“[illegible]”(乃是享的翻转)，来源同甲骨文的“享、亨”(郭)。“厚”字的构意源自公畜生殖器伸长而垂下，发声也源自公畜的“吼”声。小篆和楷书的“厚”字缘此而来，可视作一脉相承。

“厚”的构形源自公畜生殖器的垂下，本义为“深”，如《诗·小雅·正月》：“谓天盖高，不敢不局(跼)；谓地盖厚，不敢不蹐。”其中的“厚”即“深”的意思。引申为“厚重”。如《孙膑兵法·篡卒》：“德行者，兵之厚积也。”这里的“厚”即表示“厚重”之义。由“深”义引申，又可表示物体上下两面距离大，与“薄”相对。如《荀子·劝学》：“不临深溪，不知地之厚也。”这里的“厚”即用作“厚度”。又引申指味道的浓、重，又用来形容人的品格上的憨厚，如《史记·高祖本纪》：“周勃重厚少文，然安刘氏者必勃也。”又可以用作动词，表示重视、看重，如成语中的“厚古薄今，厚此薄彼。”

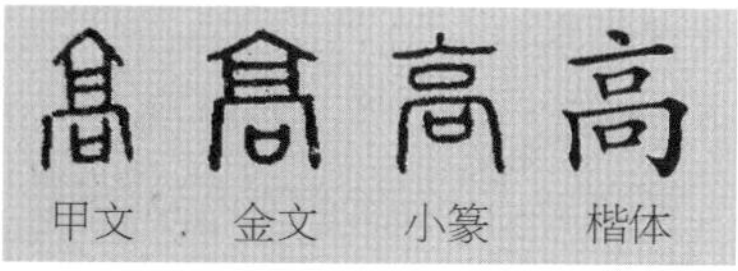

“**高 gāo**”，这是一个会意字。甲骨文的“高”字与“享”、“吉”、“士”等字构形相似，出自同一生活来源，都是对男性生殖器的直观描摹。

如图所示，甲骨文中四款类形的“高”字，基本构形乃是“[illegible]”。字形中的“[illegible]”，表示男性

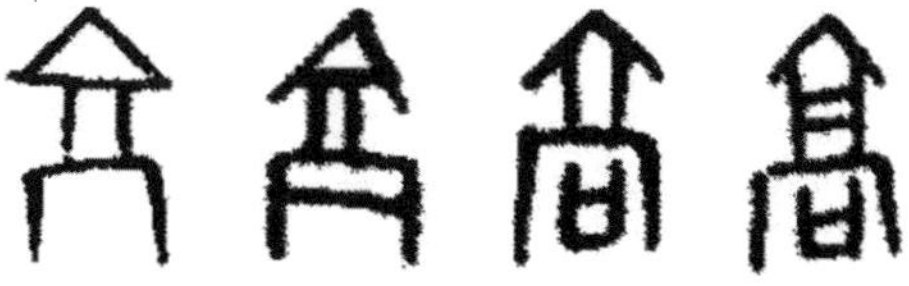
甲骨文中四种类型的“高”字

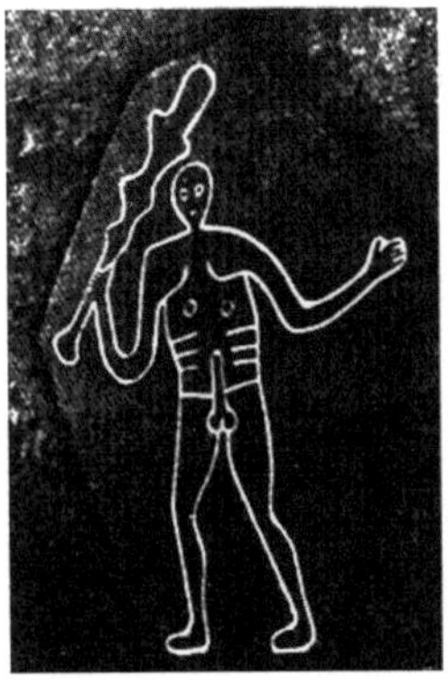

著名的国外岩画:大草人

性具的勃起挺立,下部的"冂"乃是男性站立时的两条腿(下边的"口"表示女性生殖器)。《说文》释为:"高,崇也。"这是说:"高"有"崇立"之义。因此可知,"高"的本义为男性相遇异性后生殖器勃起的挺立。又引申为一般事物的"高超、高大",如《战国策·赵策》:"吾闻鲁先生,齐国之高士也。"又引申为"高低"的高,与"下"、"低"相对,如《荀子·劝学》:"不登高山,不知天之高也。"其中的"高"均为高低之"高"。

"高",这是一个在儒学兴起,人们讳言"性"的时代,便失去了本义的会意字。时至今日,人们仍将"高"的生活原形释为楼台层叠的高屋,却忘记了造字之初,华夏先民原本是一个把生殖视作功绩的人本主义民族,是一个把"食、色"视作人之本能、本性,常常加以夸耀的民族。

"膏 gāo",这是一个会意字。从甲骨文的字形看,"膏"乃是在"高"字之中,增添一个"肉"字。小篆在继承甲骨文的基础上,按照"肉月"相通的汉字规则,将"肉"字演变为肉"月"形,又将"月"移在下方。楷书的"膏"字由小篆演化而来。

《说文》释"高"为:"膏,肥也,从肉高声。"这是说,"膏"的本义指油脂、脂肪,是一个形声字。实际上,"膏"是一个形声字。从造字法则上讲,"膏"是一个会意字,肉(油脂)、高(勃起的男性生殖器)会意,表示的是男性的精液。源自男性精液具有滑腻如膏的特征,这也是古人称凝结的油脂为"脂",液态油脂为"膏"的原因。如"民脂民膏,焚膏继晷"中的"膏"都表示液态的油脂。在汉语的实际运用中,"膏"又引申用来表示事物的"精美、肥沃"。如《史记·货殖列传》中的"膏壤沃野千里"。

肥腻的油脂是一种黏稠状,因此,人们又将煎炼成膏状的物质称为膏,如"梨糖膏、狗皮膏药"等。用作动词时,读 gào。人们把往车轮或机器上涂抹油膏,使之润滑称为"膏油"。

"病入膏肓"一词,指病已深达睾丸和精液之中,无法医治。古代儒生不识其义,又假眉三道地故作正经,将"肓"释为心尖隔膜,以讹相传,直到今日。

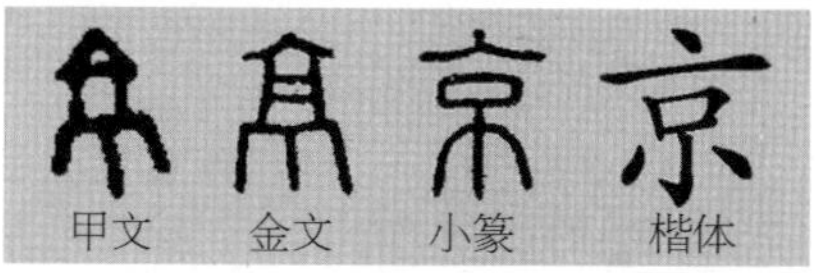

"京 jīng",与"高、膏"等字同源,来自上古社会华夏民族的生殖崇拜文化,乃是男性对自我性感受的描摹。

这组甲骨文中,下为"京"字,上边繁简形异,但都表示团状精液及射精时的一促一顿。

甲骨文的"京"字,上部是男性生殖器符号"介",下部为"冂",表示男性的两条腿,中间一竖表示男性精液从下腹腹腔中的喷出。右图的三款甲骨文字形,将男性射精描摹的非常感性、直观。甲骨文的"京"字可视作这三款的简省形。

北京东三环路边这幢如"京"的高楼,被北京人戏称为"鸡巴楼"。

"京"的本义为男子射精时精液的高抛、高纵。然而,这一本义很早便不再使用。古代汉语中,常用的是其引申义,即一般意义上的高崇。如《左传·庄公十二年》:"八世之后,莫之与京。"这里的"京"即作"高大"讲。又如《管子·轻重丁》:"有新成囷(qūn)京者二家。"这是说:新建筑的圆柱形谷仓,高而挺的有两座。其中的"京",便是对这种谷仓形状的形象描述,用作"高大"的意思。后人把国都称为"京",即取其建筑物高崇、挺拔、昂然的意思。今日北京城中,放眼望去,一个接一个如"京"的高大建筑，使人们不得不惊叹中国象形文字的生命力。

以“京”为词素的双音词，有“京城、京华、京兆、京邑、京畿”等许多，有些已经消亡了。

文字学家依据“高、亨、京、仓”的字形，想像出来的古建筑形制，就像孙猴子变成的庙宇一样，总有“尾巴”难以处置。

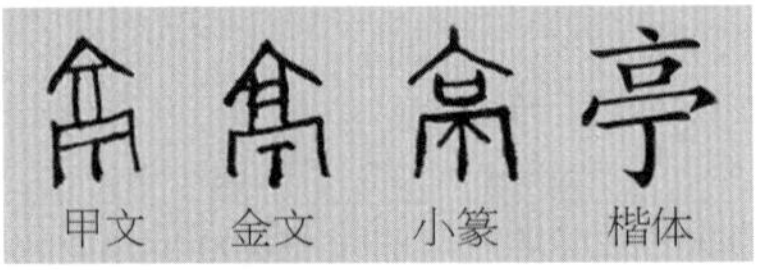

“亭 tíng”，这是一个指事字，甲骨文和金文的“亭”字是在古文“京”(㐭)中添加一短横，以此强调性交过程的中断，没有完成射精这一目的。整体字形的构意简洁明快，但需要对“高、京”等文字有所认识。小篆在演变过程中成为一个从“高”(省去中间的口)从“丁”的形声字。楷书缘此写作“亭”。

汉画像石上的亭子

“亭”的本义为性交中止，但此义已由后起的转注字“停”来承担。《释名》一书因此释为：“亭，停也。”“亭”则保留了性交中断后，生殖器仍昂然挺立之义，也就是成语“亭亭玉立”的原本意义。

由“亭”的“坚挺直立”义引申，“亭”字引申后，用来指称古代设在路旁空旷无人处供人食宿的小型建筑物，即那些大多有顶无墙的亭子。当然，这种亭子的另一用途，便是派驻下级兵吏，以监视、保护地方民众。由此，又特指秦汉时期行政区划的基层单位。如《汉书·百官公卿表》中的“大率十里一亭，亭有长”。

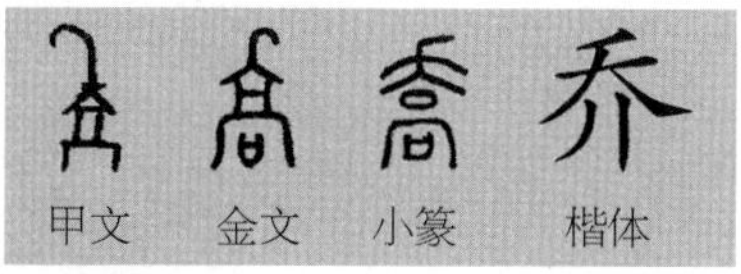

“乔 qiáo”，这是一个会意字。甲骨文和金文的“乔”字，乃是在“高”字的上端，增加一个“弯钩”，示意男性撒尿时的“尿道曲线”。对男子而言，不论撒尿或射精，其喷射力的强度都显示身体的健壮与否。小篆的“乔”字在演变过程中发生断裂性讹变，成为“从夭从高省”的会意字。楷书缘此写作“喬”，汉字简化后写作“乔”。

“乔”，《说文》释为：“高而曲也。”古人取象“尿道曲线”来造字，本义指主干挺直，上部可向四处扩展的事物，引申后，才泛指事物在一般意义上的“高而曲”。如《诗·周南·汉广》：“南有乔木，不可休思。”《诗·小雅·伐木》：“出自幽谷，迁于乔木。”其中的“乔木”均指树干高大，上部树枝向外弯曲扩展的大树。后来，人们用“乔迁”一词，表示迁居或升官。

在陕西地方方言中，把直的东西弄弯曲了，也叫做“弄乔”。由此义又引申出“做假、弄丑了”的意思，如元曲《连环计》第三折：“父子每都要帽光光，做出这乔模样。”现代汉语则有“乔装打扮”一词，“乔装”即化妆扎势的意思。

“乔”字是一个偏旁字。汉字中，凡以“乔”为组字构件者，大都有高曲、迁徙之义，如“桥、侨、荞、峤、骄”等。

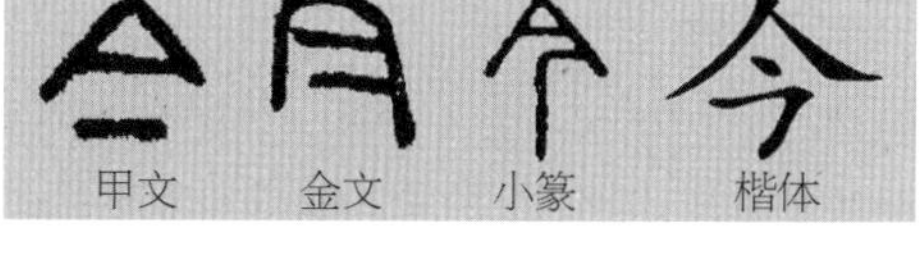

“今 jīn”，这是一个指事字。甲骨文的“今”字，乃是在表示男性生殖器图形的“A”形符号下边，增加一短横，用以表示男性的射精。金文承接甲文，构形相似。小篆将下边的一短横弯折，楷书缘此写作“今”，其演变规迹清晰可辨。

“今”，《说文》释为：“今，是时也。”即此时此刻的意思。实际上，这乃是“今”的引申义。男子射精源自一种本能的冲动，由脊椎神经系统控制，而不是大脑，是一种非意识所能控制的即时行为。故而古人在“精不自禁”，“当放自放”的感受中引申出“今”的“是时”，即此时此刻之义。

“今”的本义早已湮灭。古汉语中，常用的是其引申义，即表示即时的“现在”，与“往时”相对。如甲骨卜辞中的“今岁商受年”，即现在这一年商地获得丰收。“今日亡来艰”，即这一日没有报来坏消息。现代汉语中，则有“今天、今年、从今以后”等词语，均为“现在”义的延续。

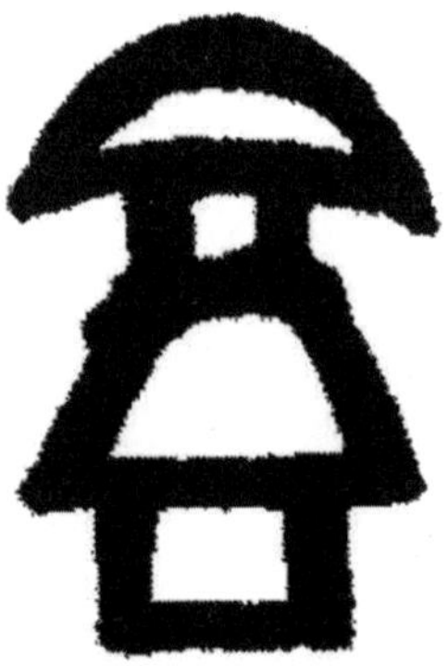

青铜器上的图形文字

“今”字是一个偏旁字，汉字中，凡以“今”为组字构件者，大都与“射精”或“是时”有关，如“金、含、吟、衾”等字。

“念 niàn”，这是一个会意兼形声字。金文的“念”字，上部是一个“今”字，在此表示男性的性行为，下部是一个“心”的象形白描。两形会意：表示男子对性爱欢娱的渴望。小篆的“念”字承接金文，楷书又接续小篆，其构形乃一脉相承。

“念”，《说文》释为：“念，常思也，从心今声。”意思是长久思念。实际上，这是由“念”的本义“向往”引申而来。如成语中的“念念不忘、怀念、惦念”等。又由渴望、向往之义，引申出“想法、念头”之义，如《战国策·赵策四》：“将其踵为之泣，念悲其远也。”以及成语中的“私心杂念、万念俱灰”等等，其中的“念”均用作“想法、念头”。由“想法、念头”的诉说，又引申出“读”的意思，如“念书、念信”等。

“念珠”一词，则指佛教徒念经时计算诵经次数的串珠，又称“数珠”，常用来克制欲念。

四、育儿繁子的秘密

根据唯物主义的观点，历史中的决定性因素，归根结底是直接生活的生产和再生产。但是，生产本身又有两种。一方面是生活资料，即食物、衣服、住房以及为此所必需的工具的生产；另一方面是人类自身的生产，即种的蕃衍。

男女媾合与生命繁殖(新疆岩画)

在上古汉字的构形中，人类的两性繁育也是“近取诸身”造字的一大内容。如“脐带”便是被刻意描摹的对象，由此构成诸多饶有趣味的汉字。这种生殖文化现象，十分确凿地透示出华夏民族对“种的蕃衍”的重视。

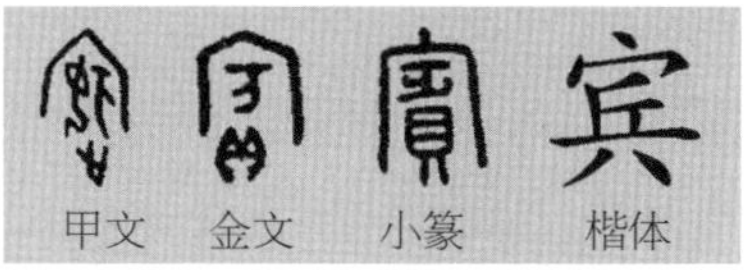

“**宾 bīn**”是“賓”的简化字。甲骨文的“宾”字，上部是“∧”形，表示居室，下部是一个“”，表示脚印；居室之内有两个人：“”表示女人，“”(古文“亥”)则表示男人。整个字形用十分明晰的形象，会意男女之间的幽会。

殷商时期，仍是“王权母系制”占主导的邦联制社会。此时，只有成年女性拥有个人的专用居室，即古文的“安”和“家”，成年男子则在母亲家中食宿。因而，“宾”的本义应为女性的男性伙伴。从男子角度来看，“宾”，表示到女性伙伴那里做客(这种情形与纳西族的"阿肖"走婚十分形似)。

男女裸身相对的商代青铜鼎

金文的"宾"字,省却了女人和脚印,居室之下为成年男性和一个"贝"。"贝"在古代社会乃是一种货币。这种字形上的变异,显示两性之间的交往,已经需要钱财作为媒介;屋室中只有表示成年男性的"丂",则说明此时男子有了自己的居室,已进入"王权父系制"社会。小篆的"宾"字承接金文,隶化后成为楷书的"賓","宾"则是楷书简体字。

"宾",《说文》释为:"宾,所敬也。"《玉篇》释为:"宾,客也。"由此可知,"宾"在秦汉时期已指称一般意义上的客人,不再专指女人的男性伙伴了。《诗·小雅·鹿鸣》:"我有嘉宾,鼓瑟吹笙。"其中的"宾",即为一般意义上的宾客,与"主人"之义相对,此乃"宾"字本义的引申。

在古汉语中,由两性关系的主宾义引申,"宾"还可以表示服从、归顺。如《国语·楚语》:"其不宾也久矣。"不宾即不服从,这个意义后来写作"嫔"。又可以表示排斥、抛弃,如《庄子·徐无鬼》:"先生居山林……以宾寡人。"这个意义现今写作"摈",读作 bìn。"嫔"和"摈"都是"宾"字的后起孳乳字。

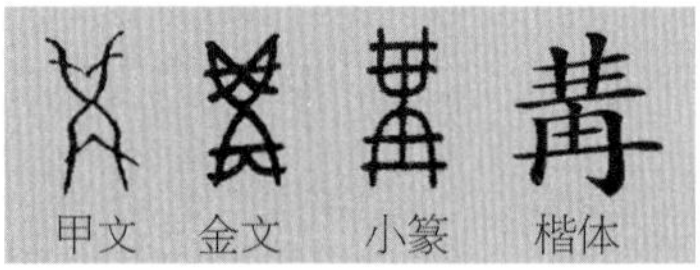

"**冓 gòu**",这是一个由象形字演变为会意字的典型。如图所示,"冓"在甲骨文中似乎取象于两鱼相交对吻。以往学者认为,这是用雌雄鱼之间的相遇、相交来表示男女两性之间的性交,即"交媾"。这一构形的产生,源自上古先民认为,雌雄鱼相互接吻即可繁殖。

金文的"冓"字承接甲文,小篆一脉相承,楷书缘此写作"冓"。

半坡陶器上的图案：有学者认为，
鱼是上古先民生殖崇拜的对象。

"冓"字的构形，许慎在《说文》中释为："冓，交积材也，象对交之形。"这里，隐晦地表明，"冓"字取象于男女四条腿相对交叉的性交姿态。其实，这是两汉后期今古经学争斗时，许慎在儒家道德压力下不得已的婉转说法。

"冓"字以男女四腿交叉构形，用上下各一的"入"(∧)字表示交媾，可谓古文字造字的惊世之笔。如《易·屯卦》："匪寇婚冓。"这里的"冓"即指"交媾"，也就是男女两性的性交。这一意义，后来增女作"媾"，来特指人类的性交、交合。如现代汉语中的"交媾、婚媾、媾和"等。"冓"，则成为汉字中的组字构件，在"遘、覯、溝、篝、構"等汉字中起表义表声的作用。

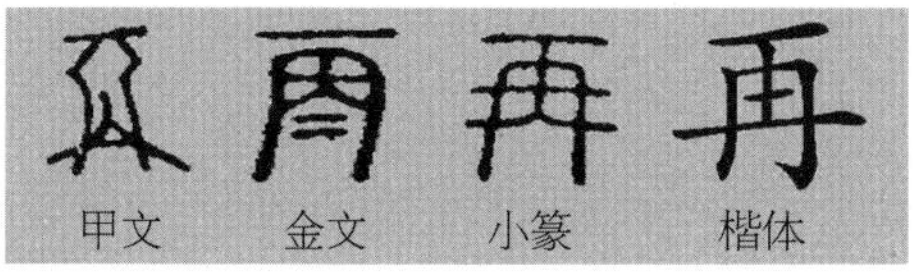

"再 zài"，甲骨文写作"[illegible]"，从冓从上边一横。金文和小篆的"再"字，构形与之一脉相承，演变的轨迹清晰可辨。与"冓"相比，可知"再"和"冓"同出一源，均与男女两性的性交有关。《说文》释为："再，一举而二也，从冓省。"

青铜器上的图形文字

对"再"字的释义，存在着两大流派。秉承儒家学说，口不言脏字者认为：凡婚媾之事，必然始则前往，终则携女而归，同样的路程，必须一往一返走两次。同时，凡婚姻之礼，必然牵动男女两家忙碌。因而，"再"是"一举而二"的典型。口无禁忌，实话直说者则认为，造字之初，也就是"再"字出现之时，当在3300年之前。此时，尚无男婚女嫁的习俗。"再"字的本义只是生殖器的再次勃起，又表示"连续性交两次"，引申后，泛指事物的两次发生或重复出现，如“一而再，再而三”中的“再”。

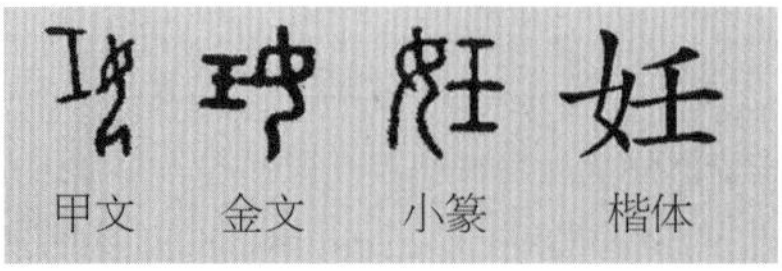

“**妊 rèn**”，这是一个会意字。《说文》释为：“妊，孕也，从女从壬，壬亦声。”如图所示：甲骨文的“妊”字，右边是一个“女”，左边是一个形似“工”的“壬”字。“壬”在上古时期乃是“针”的专名，在此表示穿透、通过的意思，表示女子从处女走向少妇，有了初次的性接触。金文的“妊”字，在左边的“工”形中添加了一点，小篆则将这一点横拉变长，遂成为今日楷书的摹本。

女子与男性相交，便会受胎怀孕。因此，“妊”字又表示女性的怀孕，即“妊娠”，如《诗经》中的“大任(妊)有身”。这也是“妊”字在现代汉语中，仍在延续使用之义。

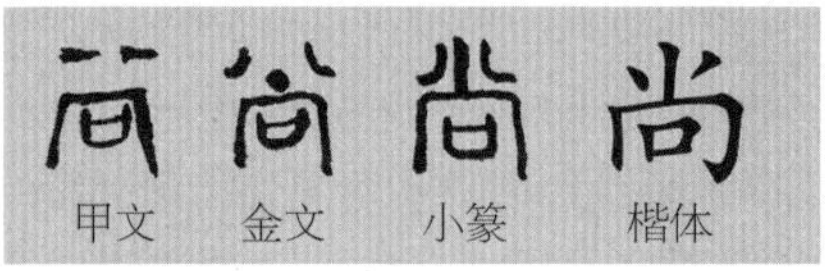

“**尚 shàng**”，这是一个象形字。甲骨文的“尚”字乃是一个女人躺在地上的线形白描：上边两点为乳房，下边外框为分开的双腿(与高、京等字构形相同)，中间的“▽”乃女性生殖器。金文的“尚”字在上部肚子的位置上增添了一点表示肚脐眼。小篆将此拉长后，楷书写作了“尚”。

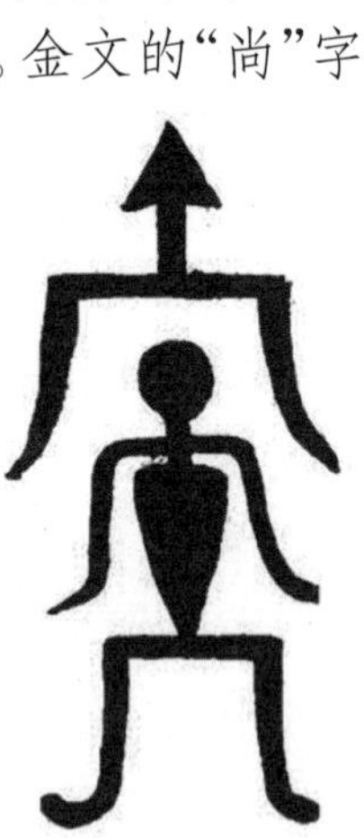
青铜铭文

“尚”的构形源自女性的性召唤，因此，与“上”为同一音系。“尚”的本义久已湮失，只在古代帝王之女的婚配中得到一些保留。如《史记·李斯列传》：“诸男皆尚秦公主，女悉嫁秦诸公子。”。其中的“尚”便指与秦国公主的婚配。“尚”的另一词义，经由转注后写作“躺”。

“尚”的词义扩展后，又有可以“上去”之义，如《孟子·万章下》：“以友天下之善士为足，又尚论古

战国楚币，俗称蚁鼻钱。上边的文字是尚(赏)字。

之人。”其中的“尚”表示追溯过去，含有“上古”之义。又如古代表示官职的“尚书”，即博通古文典籍的意思。由此引申后，又有“尊崇、注重”之义，如《论语·宪问》中的“尚德哉若人”，即“崇尚道德如同这个人”的意思。

“尚”作动词，表示某种状态的继续或存留，如《史记·廉颇蔺相如列传》：“赵王使使视廉颇尚可用饭否。”这是说，赵王派人前往，探视廉颇还能像以前那样吃饭吗?这一词义，在现代汉语中得到延续，如“为时尚早，一息尚存”等等。

“尚”也是一个偏旁字，在“常、裳、赏、尝”等汉字中均与人体的下半身有关，在“堂、當、党、掌”等字中则与“上”有关。

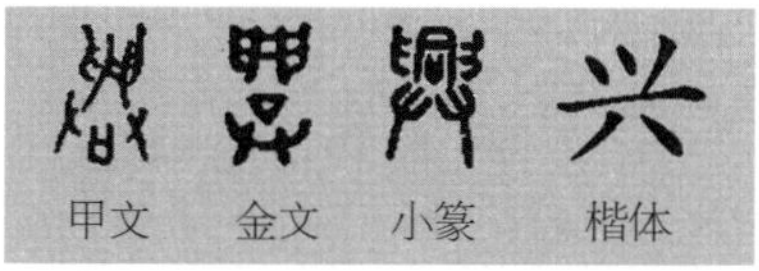

“興 xīng”是“兴”的繁体字。甲骨文的“兴”字为上下左右四只手，当然是两人四手了；中间是一个“同”字。“同”为女性趴下时臀部呈现的双“口”。因而，两形会意，表示性行为高潮时的后位性交或“肛交”(肛交是否属正常性活动的一部分，专家的看法仍有分歧，据资料反映，大约百分之十的西方某国夫妻有较为经常的肛交行为)。由金文、小篆到楷体的字迹演变清晰可辨，可谓一脉相承。

“兴”的物象源自肛交，其词义则为高涨奋发时的兴致、情趣。如《诗·卫风·氓》中的“夙兴夜寐，靡有朝矣”，以及现代汉语中的“乘兴而来、兴奋、兴之所至、兴高采烈”等词语。“兴”引申后，用于抽象意义，则指兴起，如《书·微子》：“小民方兴，相为敌雠(仇)。”又引申为创立、兴办，如《盐铁论·本议》中的“故兴盐铁”，即创办盐铁官营的意思。由兴

新疆呼图壁岩画：以人体前后的阴茎表示“兴”致勃发。

起又引申为兴盛、兴旺。如《三国志·蜀书》:“亲贤臣,远小人,此先汉所以兴隆也。”由兴盛又引申为流行,如“兴衰、助兴、新兴、时兴”等词语。

“兴”用于使动句中,则表示使起来、使之发动。如《孟子·梁惠王上》:“王请度之,抑王兴甲兵,危士臣,构怨于诸侯,然后快于心与?”其中的“兴甲兵”,即使甲兵发动起来的意思。

甲文　小篆　楷体

“依 yī”,甲骨文字形像婴儿被包裹在母亲的衣服之中。实际上,外框的“衣”字表示肚子,乃由“衣”形假借而来,内里的“人”字,则表示母腹中的胎儿。小篆的“依”字将里边的小人移到了外面,成了立人旁,但构字要件完全相同。

母体是胎儿生存的凭借,所以,“依仗、依靠、依赖、依托、依偎、相依为命”等词语都有凭借的意思。“杨柳依依”、“依依不舍”中的“依依”,都有相互紧挨的意思,前者形容枝条依偎在一起,后者则表示留恋惜别的样子。由“依”的本义,即凭借,又可引申出“照”或“按照”的意思,如“依次、依法、依样画葫芦”等,又引申出顺从、允许之义,如现代汉语中的“这件事就依他好了”。唐代诗人王之涣《登鹳雀楼》:“白日依山尽,黄河入海流。”诗句中的“依”字可释为依傍,类同“依山傍水”的“依”字。

在现代汉语中,“依”与“倚”词义相近,不可混同。“依”是挨着,“倚”是靠着,因此,“倚门而望”不可写为“依门而望”,“依山傍水”不能写作“倚山傍水”。“依”由挨着可引申为亲附,如“小鸟依人”一词;“倚”由靠着引申出了偏斜,成语中则有“不偏不倚”。

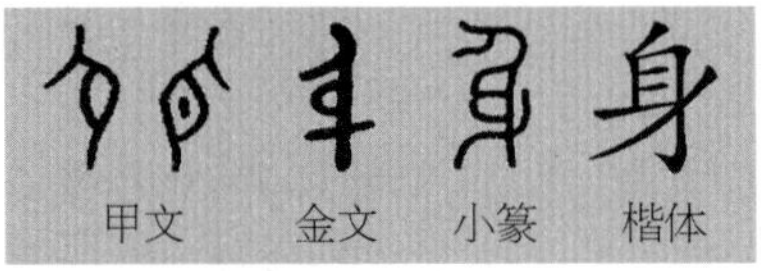
甲文　金文　小篆　楷体

“身 shēn”,原本是一个象形字,甲骨文写作“”。这是在人字

的腹部增一弧线,突出女人有了身孕之形;第二款的“身”字,中间增添一点,更像一个妇女怀有身孕的样子。《诗·大雅·大明》:“大任有身,生此文王。”毛传释为:“身,重也。”郑玄笺:“重谓怀孕也。”如此绕弯的解释,只是在证明“身”的本义为怀孕在身。

金文的“身”字,在甲骨文的构形下部增加一短横,用来表示人体由此可弯折蹲踞。小篆字型在金文的基础上更加美观、清晰,但因此时字形分化为身、孕二形,发生了字义转移:“身”的本义被引申义所替换,身体之义替代了怀孕之义,开始专指人的躯体,如“身强力壮、身段、全身运动、狮身人面像”等词中的“身”字,都是表示人或动物的躯体。小篆只好又另造“孕”字为妊娠专用字。

躯体是人的肉体主干。因此,由“身”的躯体之义引申出自我之义,如“身先士卒、身体力行、以身作则”,其中的“身”均释为“自己、亲自”。由自我之义又引申为人的一生,如“献身、身后遗物”等;又引申指人的地位、品德,如“出身卑微、有失身份、身败名裂”等。躯体是人的主干部分,所以,“身”又引申指一般物体的主干部分,为“车身、船身”等。现代汉语中,“身”还可用为量词,如“一身西服、一身正气”等。

“身”为部首字。凡从“身”的字,大多都与人的身体或躯干有关,如“躬、躲、躺、躯”等。

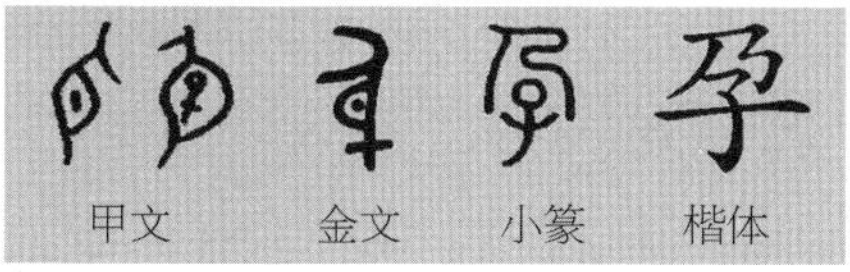

孕 yùn“孕”与“身”的初始字同源同构。当“身”用来指称人的躯体后,“孕”字保留了“身”的初始义,即“身孕、怀胎”的意思。甲骨文中刻画较为细腻者,是“身”的另一款字形,金文则将其中的“子”形简省为一点,下边又增添一横,表示怀孕期间的性交禁忌。小篆的“孕”字,则由躬身的“人”(乃)和“子”

日本浮世绘

构成。整个字形,强调了胎儿正在母腹之中。

“孕”的本义为怀胎、怀孕。如“孕妇”一词,即指怀有胎儿的妇女。《说文》释为:“孕,褢(huái)子也。”《庄子·天运》曰:“孕妇十月生子。”由于众多事物的发生同怀胎生育相似,所以,“孕育”一词用来比喻老事物中有新事物的萌生、发育。如雨在云中的“孕育”,新文化在旧文化体系中的“孕育”等等。胎儿在母腹中,自有包含的意义,所以,“孕”字又用来特指包含,如“包孕”一词。

“**包 bāo**”,这是一个象形字。甲骨文和金文的字形,均像一个即将出生的胎儿被包裹在胎衣之中。小篆字形将“囗”演变为人形的“勹”,内里的“子”则演变为“巳”,成为一个“从勹从巳”的会意字,但仍然表示胞衣包裹胎儿之义。

包是“胞”字的初文。这是在“包”字的左边又加上“肉”(现代汉语中作肉“月”偏旁),成为“包”字的转注字,专一用来表示“包”字的本义,即胞衣中已成形的胎儿,并由此构成“同胞、双胞胎”等词。“包”字则用来表示引申后的一般意义,如包裹和包扎伤口一词中的“包”。

青铜器上的图形文字

胎儿在胞衣中有被包含的意思,所以,“包”字又引申指“包含、包揽”等义,如现代汉语中的“包罗万象、包括、包办、承包到户”等等,这些引申词义均由“包”来承担。

“**毓 yù**”为“育”字的异体字。甲骨文、金文的“毓”字,都是一位妇女正在生育的状况:蹲踞的女人下部是一个头朝下的“子”形,像

婴儿刚刚从母体中分娩出来的样子；倒“子”下方的小“点”，则代表分娩时流出的羊水。小篆承接金文，字形结构匀称，图形味逐渐丧失，成为“从每从㐬”的会意字。

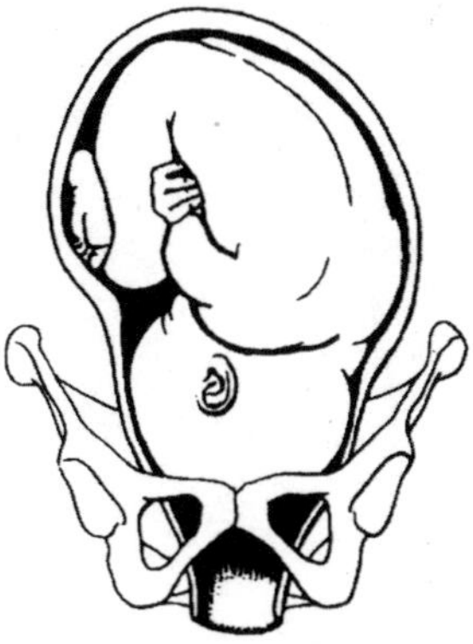

“毓”的本义为生育，也表示产子顺利。因而，以“倒子”(㐬)为组字构件的“疏、梳、流”等字，也都有“朝下而出”的意思。如成语“钟灵毓秀”中的“毓”，便指美好环境孕育出优秀人物。

“毓”与“育”互为异构体。《说文》认为：“毓”是“育”的或体，“育，养子使作善也。毓，育或从每。”这就是说：毓、育二字形体有别，但造字的取意和文字的本义却基本相同。现今，“育”为正体，“毓”只用在人名、地名之中。因此，在“生育、繁育”等现代汉语词语中，都用“育”而不用“毓”。

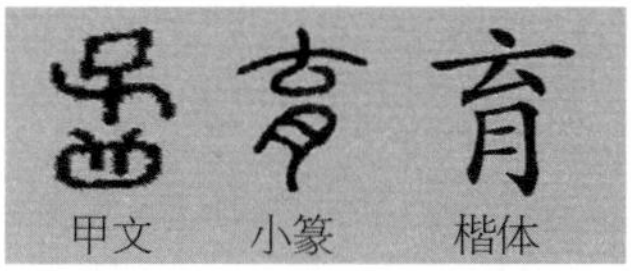

甲骨文中有一个“**育 yù**”的或体，写作“”，其构形像女阴出子之形。如果转向180度，上下倒置转过来看，则与“毓”字在字形上有异曲同工之妙。小篆的“育”字也是一个会意字，上为倒子，表示正在出降的胎儿；下为肉月，用来表示胎盘。

“育”的本义为生子。《易·渐卦》中有：“夫征不复，妇孕不育。”这是说：男人出征打仗没有回来，女人怀孕后却因难产而没有生下来。这里的“育”，用的就是“育”的本义。“育”还可以引申为养活，如“育婴、抚育、育苗”等；由此，又引申出教育之义，如“德育、智育、体育”等。

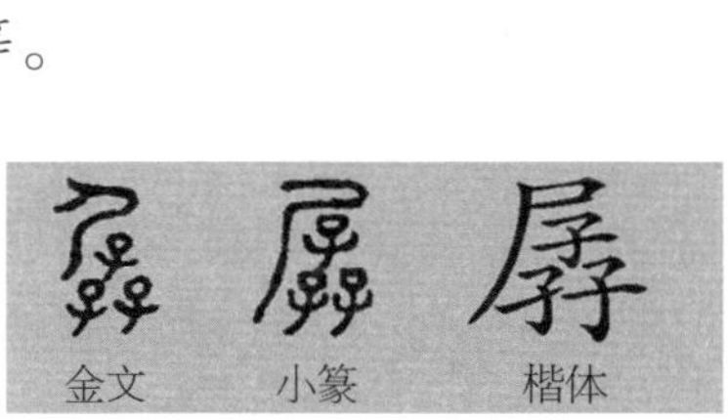

“**孱 chán**”，这是一个会意字。金文的“孱”字，乃是在一个屈膝

古代生育之姿

的大人身下，绘有三个孩子，十分生动地描述了一胎生下三“子”的情形。小篆和楷书承接金文，下边的三个孩子构形未变，只是屈膝弯身的“人”形，逐渐演变成为“尸”字，楷书缘此写作“孱”。

“孱”字的构形源自一次生下三胞胎。由于生育多胞胎常常难产，所以，“孱”字被释为缓慢、呻吟；生育多胎后的母亲身体比较衰弱，每个孩子都很弱小，所以，“孱”字又用来表示虚弱。《玉篇》释为：“孱，软弱也。”如《史记·张耳陈馀列传》：“吾王，孱王也。”又引申泛指一般意义上的衰弱，如“孱夫、孱羸、孱 càn头”等词语中的“孱”，都有怯懦、软弱的意思。在古汉语中，此类词语常用来指称软弱无能之人。由懦弱之义又引申为谨小慎微，如古汉语中的“孱守”一词，又引申为低劣、浅陋，如“自顾孱钝”一词。

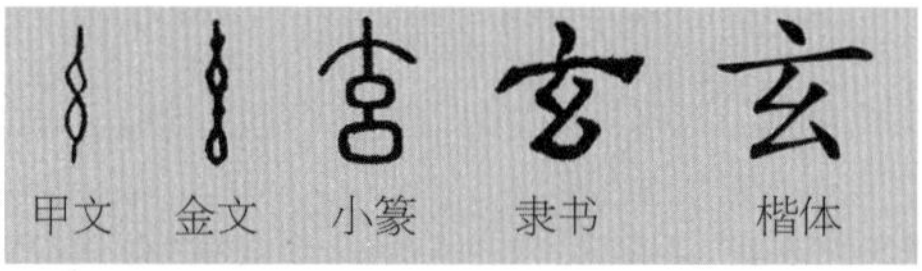

“**玄 xuán**”，这是一个象形字。甲骨文的“玄”字，乃是“脐带”的象形白描。金文和小篆承接甲文，只是为了方块化，字形宽度逐步拉宽，经由隶变后，楷书写作“玄”。

“玄”为“脐带”，在“母系”社会时期，先民们认为，人是靠“脐带”一辈一辈地联结、传承起来的。追溯遥远的过去，可达人类的女祖。因此，《说文》释为：“玄，幽远也。”《庄子·天地》：“故曰玄古之君，天下无为也。”此处的“玄古”即指时间上溯的幽远。幽远则难知难测，由此又引申出深奥、神妙之义，如“玄妙、玄理、玄机、玄虚”等等。

婴儿生下时，脐带为酱紫色，干后便会成为黑色。因而，“玄”又指黑色。如汉代刘桢《公燕》诗：“遗思在玄夜。”“玄夜”即黑夜。现代汉语中则有“玄青、玄色”之说。“玄”有空虚、幽远,摸不着边际的意思,因此,民间方言又指“危险”,如“好玄,差点砸着人”。

“玄”与“糸 mì”在古文字中构形相似,但取象来源差之甚远:“玄”取象于脐带,“糸”取象于丝绳。古人不识二者之别。因此,许多汉字在演变过程中发生“鲁鱼豕亥”之误。

“率 shuài”,这是一个会意字。《六书正讹》释为:“率、大索也,象形,上下两端象绞索之具,中象索,旁象麻枲之馀。”实际上,甲骨文的“率”,与绳索没有一点关系。“率”字中间的“玄”乃是“脐带”的象形,旁边的六个或四个小点,表示婴儿出生时的血水。这一形象,所要表示的是“脐带”导引胎盘的产出(这一过程大概需要 15~40 分钟)。金文承接甲文,两边的血水讹变为“彳亍”,即通道之形,使字义更为明晰。小篆上下各增添一个“十”形符号(与隼字下部的“十”构意相同),更强调了导引产出之义。楷书缘此写作“率”。

青铜铭文上的女阴和脐带

现代汉语中,“率”的本义已经消失,由脐带导引胎盘产出所引发的引申义则得到发挥。如“率领、统率”都有“带领”之义;“直率、坦率”则有直截了当而出的意思;“草率、轻率” 则有不慎重的意思。“率”做副词时,则表示“大概、大体上如此”的意思。如《文心雕龙》中说:“何晏之徒,率多浮浅。”这里的“率”,即表示“大概”的意思。

“率”还可读作 lǜ,表示标准、规格和比值。如“圆周率、税率、效率、生产率”等等,大概源自不论何人的脐带,都有一定的长度、粗细和功用吧。

“胤 yìn”字中的“幺”(8),也是脐带的象形,下边的“肉”在此表示胎盘,旁边的两弯竖,则表示“产出”之义。“胤”与“寅”同音同义,却构形不同,差别源自胎盘的产出与否。就是说:“寅”表示胎盘尚未产出时的焦虑和期望,词义的重点在导引;“胤”则表示胎盘顺利产出,标志着生育的完成。

女性生产时,胎儿产出后仍需要一段时间,胎盘胞衣才能产出。只有胎盘的产出,才标志着“人的生产”这一过程的完成,因此,“胤”用胎盘的产出表示生育的完成。然而,在文字的发展过程中,“胤”的本义久已湮灭。《说文》释为:“胤,子孙相承续也。”《玉篇》释为:“胤,嗣也。”即后代的意思。实际上,二者释义均为“胤”的引申义,源自女性顺利生产,子孙后代相承续。如《左传·隐公十一年》:“夫许,大(tài)岳之胤也。”其中的“大岳”,指神农氏的后代,“胤”的意思即为后代。

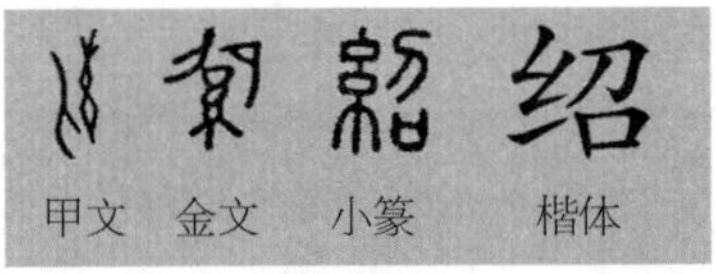

“绍 shào”,这是一个会意字。甲骨文的“绍”字,右边是一个已经绑扎好了的“脐带”,左边是一把刀的象形。两形会意,表示以刀割断“脐带”,使婴儿与胎盘脱离。金文的“绍”字,在右上角又增添了一个表示胎盘的“ㄱ”形符号,使“绍”字的构意更为明晰。小篆对字形加以整理,将胎盘讹变为“口”,放在刀下,“脐带”之形则讹变为“糸”(mì)。楷书缘此写作“紹”,汉字简化后,规范为“绍”。

青铜铭文

割断脐带,婴儿成为独立的生命体,成为种族生命延续中的一环。因而,“绍”有接续、继承之义。如《书·盘庚》:“绍复先王之大业。”其中的“绍”,即用作继承。

割断脐带,婴儿便可以抱起给母亲及亲属观看,因而,“绍”又有“引荐、绍介”之义。

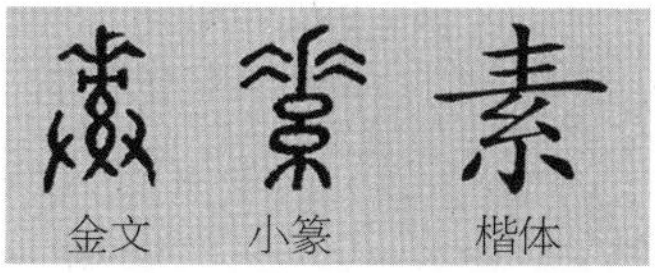

“素 sù”,这是一个会意字。金文的“素”字,中间是一个脐带和胎盘相连的白描图形,其中的“”在此表示截断;下部左右各有一只手,表示双手共同操作,截断脐带。小篆的“素”字,取消了两只手,中间的脐带讹变为一个“糸”字,其上部胎盘上的截断符号讹变为“”(垂)字,遂使原本要表示的形象荡然无存。楷书缘此写作“素”。

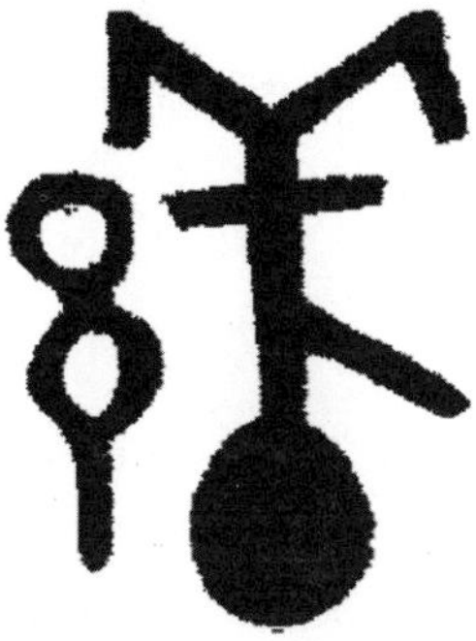

古代医药条件差,胎盘不下的难产时有发生。此时,只好先将脐带捆扎、剪断,以保胎儿的平安。上古先民代代相传,都是这样做。因此,“素”的本义为“向素、平素”。如《史记·陈涉史家》:“吴广素爱人,士卒多为用者。”其中的“素”即“平素、向素”的意思。由“平素”之义又引申出“本来如此”的意思。如“素质”一词,据说,古代的接生婆在剪断脐带前,须将脐带内的存血挤入胎儿身体中,使胎儿苍白的脸色转红。因此“素”又有原本白色的意思。

也有人认为,素字的构形源自从蚕茧上抽出蚕丝。因而,“素丝”则指没有染色的蚕丝,又指“本色的丝绸”。由本色的单纯之义,又引申指称不艳丽的色彩,如“素雅、素淡”等词。把“向素”之义用到饮食上,则有“素食”一词,原本指日常所吃之食,后又引申出清素之义,与“荤食”相对。如《墨子·辞过》:“古之民未知为饮食时,素食而分处。”

现代汉语中,“素”又用来指称带物质的基本元素,以及事物的基本成分。如“元素、要素、因素”等,据说,这种用法借自日语。

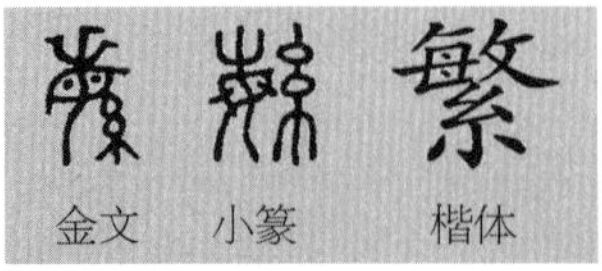

“繁 fán”，这是一个会意字。金文的“繁”字，左半部是一个“每”字，在此表示氏族中生育孩子最多的女性，右下部是一个表示脐带的“8”形，其下有三条下垂的短线，表示后代已繁衍很多的意思。小篆承接金文，却将右边讹变为一个“糸”字。楷书在隶变的过程中，出现了“緐、繁”两款字体，段玉裁注曰：“俗改其字作繁，俗形行而本形废。”现今，汉字规范化后，规定“繁”为正体，“緐”为异体。

“繁”的本义为“生育了很多孩子”。引申为“繁殖”，如《管子·八观》：“薦草多衍，则六畜易繁也。”现代汉语中则有“繁衍、自繁自产”等词语。又引申为一般意义上的繁多。如《韩非子·心度》：“刑胜而民静，赏繁而奸生。”由繁多又引申出复杂之义，如“纷繁、繁杂”等等。

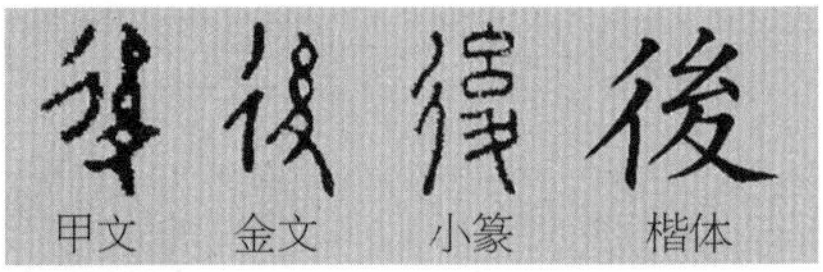

“後 hòu”，简体字写为“后”。实际上，简体字的“后”与繁体字的“後”不是一对一的关系。在繁体字中，“后”原本是“王后”的后，并不含有“先後”之义。楷书简化时，借“后”为“後”的简体字。就是说，王后的“后”与前後的“後”，原本是风马牛不相及的两个字。

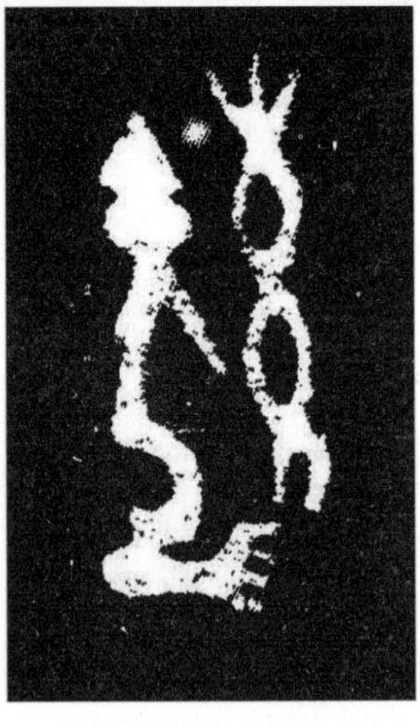
青铜铭文：後

“後”字是一个会意字。《说文解字》释为：“後，迟也。”从字形分析来看，甲、金文字中的“8”(幺)，原本是脐带的象形描摹。在“幺”下连接一个表示脚迹向下的“夊”，乃是为了表示女生女、生生不断，脐带(血缘)一脉相承的意思;"彳"原本表示道路。这里,三形会意,特指血缘世系的延续、连接、传递。所以,"後"的本义为血缘续接,如"无後为大、後代"等词语中的"後,都用的是其本义。

"後"与"厚、侯、后"语音同源。在词义上,它们都有向下或向外延续的意思。

"後",由"后代"之义引申,又表示时间和次序的靠近末尾,与"前"相对,如"后续、后排、后天、后果"等。"後,由此又引申指背面的事物,如"后门、村前屋后"等。

"组 zǔ",这是一个会意字。金文的"组"字,左为表示絲绳的"糸";右为"且",乃以男性生殖器表示进出。两形会意,表示絲麻绳线的交错编织。

"组"的本义为编织,引申指"配合、交错"。如《诗·郑风·大叔于田》:"执辔如组,两骖如舞。"其中的"组"即将辔绳相交错的意思。现代汉语中则有"组诗、组画、组合"等词。由此,又引申表示结合配对组成的单位,如"班组、小组、互助组"等。又引申为组合单位的量词,如"班组、两组电池"等等。

"组织"一词,原指丝麻经纬相交,织成布帛。现今,又指细胞体内的基本结构;又用来指称系统、单位等。

"幼 yòu"这是一个会意字。甲骨文的"幼"字,上部为"ノ"(力),构形源自裂木为板的石楔,在此表示男性生殖器;下部的"**8**"乃是"睾丸"的象形白描。金文的"幼"字发生讹变,成为一个象形字:上下两个圆圈表示男婴的阴囊,中间伸出的则是男孩的"小鸡鸡"。小篆回到甲骨文构形,成为"从幺从力"的会意字。楷书缘此写作“幼”。

“幼”的本义是男婴的小鸡鸡，此义久已湮灭。汉语中常用的是其引申义，即由男婴小鸡鸡引申而来的“稚嫩、幼小”。《说文》因此释为：“幼，少也。”如“幼儿、幼虫、幼苗、幼稚”等。后世，又引申指不分性别的小孩，如《礼记》：“人生十年曰幼。”即十岁以前都为幼儿的意思。《孟子·梁惠王上》一书中，有一段非常有名的格言：“老吾老，以及人之老；幼吾幼，以及人之幼。”这是说：把自己的老人当作老人孝敬的话，应该推而广之孝敬所有老人。如果把自己的孩子当作幼儿爱护的话，也应爱护其他孩子。

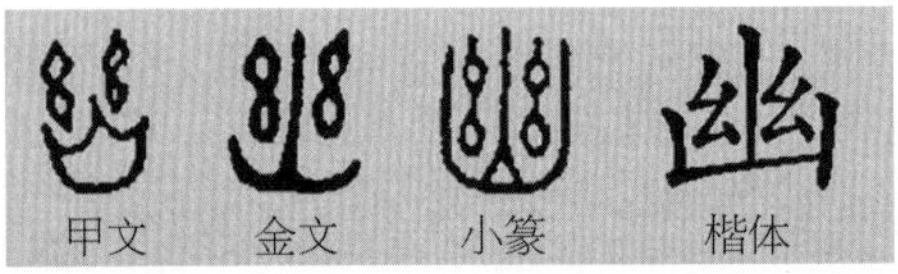

“**幽 yōu**”字是一个十分有趣的汉字。李孝定认为，“幽”字的物象本源来自燃火观丝，丝缕细微，有火才能看得见。《说文解字》则释为：“幽，隐也，从山中𢆶，𢆶亦声。”许慎的意思是，“幽”字乃微小之物在山中，本义为隐微看不见。实际上，甲骨文和金文的“幽”字，上部构件均为截断后的脐带之形，下部为“火”的象形。其生活图景源自胎儿生下后，先民用火对割断的脐带烧燎，给以消毒杀菌处理。以往的学者们不解此字，一是不识脐带之形，二是小篆在演变过程中，因“火、山”形近而发生了讹变。于是，才有了楷书的“幽”字，也有了许慎在《说文解字》中错误的解形释义。

“幽”的主体符号是脐带，脐带为酱红色，用火烧燎断处，会立即变成黄黑色。脐带为肉体组织，烧成焦黄以后，仍有光泽。所以，“幽”字表示带有光亮色泽的焦黄色。甲骨卜辞中的“幽牛”，即毛色有光泽的黄黑色牛。《诗·小雅·隰桑》：“隰桑有阿，其叶有幽。”这是说，发黄的桑叶上亦有光泽。

“幽”以脐带为形，故有血缘代代传递之义，由此，引申出“幽”字的深远、肃穆义。如《诗·小雅·伐木》：“出自幽谷，迁于乔木。”“幽谷”即深远、僻静、寂寥之山谷。血缘的上溯，无法一一道明，因此，又引申出“幽”的隐蔽不显义，《玉篇》释为：“幽，不明也。”如古人称

“隐士”为“幽士”，称阴间地府为“幽冥”等等。引申开来，现代汉语中则有“幽闭、幽夜、幽昧”等词语。

对“幽”字的解码，可知远在三千多年前，我们的祖先已知用火烧燎的方式，对婴儿脐带进行消毒、杀菌处理，尽管这种方法十分原始，但却十分有效。

“保 bǎo”，这是一个会意字。幼儿不能行走，如何护理，实非容易，常见的办法是把婴儿抱在胸前或背在后面。甲骨文和金文的“保”字，均像一个人背负婴儿的形状，右下的一点，则表示大人放在背后加以保护的一只手。小篆字体为了书写上的对称平衡，又在“子”字的左下增加一点，原来的象形意味就荡然无存了。

“保”字的本义为上古时代的官职，如周公便是武王的太保，召公是成王的太保，周公的儿子明又是康王的太保（孔子已搞不清制订周礼的是武王时的周公，还是康王时的周公）。他们都肩负辅佐和保卫君王的重任。引申后又泛指“保护、守卫”，如古文典籍中的“保民而王”，意为保护安定好百姓就能统治天下。“保家卫国”中的“保”，则解释为守卫。“保”字由此又引申为保持之义，如“保肥、保水、保温瓶”等。又引申为护理、抚养之义，如“保姆、保健、保重”等。

五、人生历程千般苦

从受精的一刹那,生命开始孕育。从脐带割断的那一刻,个体生命才算走上人生的历程。然而,只有当一个男孩或女孩的第二性征成熟,接受成人洗礼时,他们在人的意义上才算独立和完整。只有此时,维持个体生命的存在,以及保证种族生命延续的双重责任,才使他们理解了作为"人"字那一撇一捺的艰辛。可是,生与死、人与鬼之间的距离,却是如此的短促。

生儿育女,养老送终,自上古时代便被"天经地义"地视作个人一肩挑的重任。然而,社会发展的历程证明:政府及社会组织对儿童教育,对老人赡养的包揽程度,乃是社会进步的尺度之一……

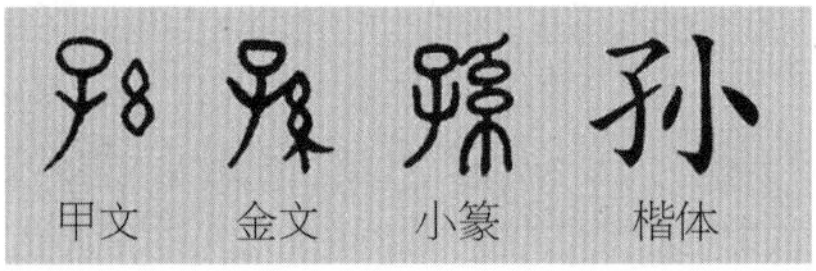

"孙 sūn",这是一个会意字。甲骨文的"孙"字,左边是一个"子",乃是一个幼儿被包裹起来双手舞动的形状;右边则是一个"脐带"的象形。两形会意,用来表示母氏家族中女儿的孩子。当金文的"孙"字出现时,华夏民族已进入"王权父系制"时代。"孙"已指儿子的儿子。因此在"脐带下边增添歧出的短竖,使子孙后代之义更为明晰。小篆承接金

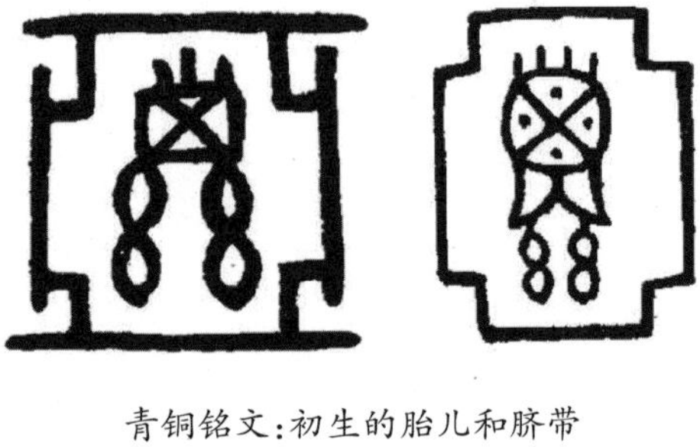

青铜铭文:初生的胎儿和脐带

文，演变为“从子从系”的会意字，楷书写作“孫”。汉字简化时，把繁体字形中的“系”改为“小”，写作“孙”，大概是因儿子的儿子是小辈吧。

“孙”，在母系社会中本指女儿的后代。父系血缘社会中，则特指儿子的儿子。《说文》释为：“孙，子之子曰孙。”如孙子、孙女、外孙等词中的“孙”字，都指第三代子女。又用来泛指孙子以后的后代，如“子子孙孙、曾孙、玄孙”等。

“孙”字也为姓氏之一。如古代有一位名叫“孙山”的人，与一位同乡人的儿子同去赴考。孙山虽然考中，但排在最后一位。同乡人问起录取情况，孙山回答说：“解名尽处是孙山，贤郎更在孙山外。”后来，人们便用“名落孙山”来比喻考试落榜。

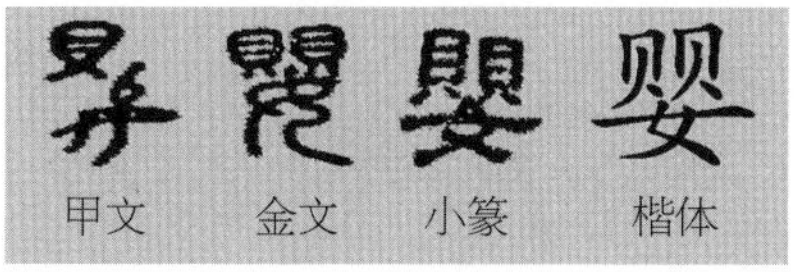

“婴 yīng”，原本指初生的小孩。《释名·释长幼》说：“人始生曰婴儿。”《仓颉篇》则说：“男曰儿，女曰婴。”金文中的“婴”字“从女从贝”，小篆的“婴”字则“从女从双贝”。这里的“贝”均表示脖子上的颈饰。上古先民常常用一种名叫“子玉贝”的贝壳和玉石，串联一起，当作项链。由于女人和小孩子喜欢在脖子上戴这些东西，所以，“婴”的本义为女孩。由女孩之义，又引申指不分男女性别的婴儿。如唐代诗人白居易《吾雏》：“老幼不相待，父衰汝孩婴。”《列子》一书中有：“其在婴孩，气专志一，和之至也。”这里的“婴”均指引申义上的婴儿。

虢国墓地出土的颈饰

项链是环绕在脖子上的饰物。除了用在“处女婴宝珠”之类句子中，表示珠贝的绕颈外。《说文》又释为：“婴，绕也。”引申指一般意义上的缠绕。如诗人陆机《赴洛道中作》：“借问子何之，世网婴我身。”这里的“婴”即表示世俗杂事的缠绕。后来，又用后造的“缨”字表达此义。

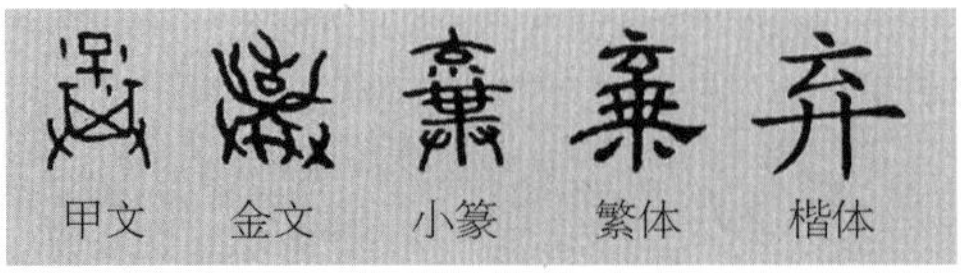

“**棄** qì”是“弃”的简体字。甲骨文字形上部是“子”，乃婴儿之形，中部是盛放丢弃物的畚箕，下部是双手持箕之形。整个字形像手持畚箕，将盛放在箕中的婴儿丢弃掉。上古时期，生活艰辛，医药卫生水平低下，婴儿的死亡率达到 70%以上，“弃”字乃是这一现实的客观反映。

金文的“弃”字承接甲文，上部的“子”形倒置，畚箕之形变为瓮棺葬而繁化；小篆承接金文，楷书缘此写作“棄”，简化后写作“弃”。

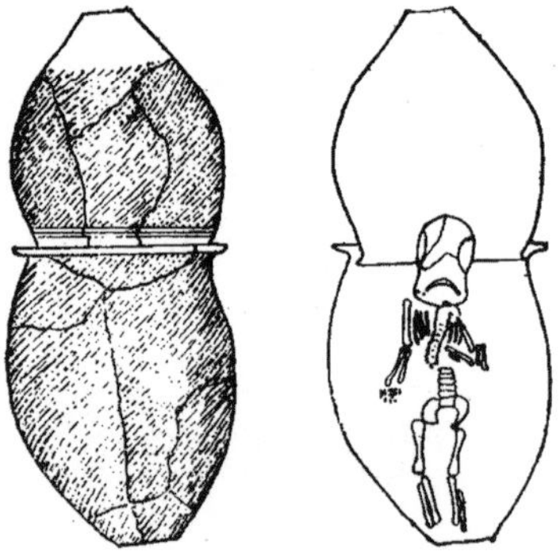

半坡遗址瓮棺葬

“弃”用持箕弃子来表示“抛弃”，由此，引申出一般意义上的“丢弃”。如古代被处极刑的囚犯，在闹市区执行死刑后，往往抛尸街头以示众，称之为“弃市”；人死后离开人世，则称之为“弃世”。抛弃的东西往往被遗忘，所以“弃”字又用来表示“遗忘”。宋代文学家苏东坡说过这样的话：“以目前之利而弃百世之功。”意思是说，由于眼前的利益而遗忘了百世的功业。“弃”还可表示“背弃”之义。如《左传·宣公二年》：“弃君之命，不信。”这里的“弃”即表示背弃，乃是抛弃之义的引申，成语中遂有“背信弃义”之说。

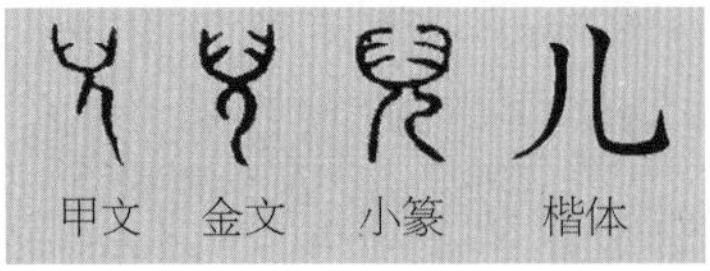

“**儿** ér”，用来指称比“子”略大一点的孩子。甲骨文和金文的“儿”字，均像一个幼儿的形状：身小头大，头顶上的囟门尚未闭合。刚出生的婴儿，头部正中有一条骨缝，这就是婴儿的“囟门”。幼儿的囟门会随着心脏的节拍，一下一下地跳动，十几个月后才能闭合长好，此乃幼儿十分显著的特征。上古先民以此为造字依据，抓住了幼儿的典型特征。观察之细，造字之妙，令人叹为观止。

小篆的“儿”字有些繁化，把幼儿的头发增多了一些，但基本形状和含义未变。楷书缘此写作“儿”，汉字简化后，写作“儿”。

“儿”，《说文》释为：“儿，儒子也……像小儿头囟未合。”所以，“儿”的本义指幼儿。古时，男称儿，女称婴，但笼统而言皆称儿，如“儿子、儿女情长、好儿郎”等，这里的“儿”均指男孩子。杜甫《戏为六绝句》中的“儿曹身与名俱灭”，其“儿”则泛指男儿们。“儿”也可用作晚辈们的自称，如《木兰诗》：“愿借明驼千里足，送儿还故乡。”诗句中的儿字，就是花木兰的自称。

从唐代开始，“儿”虚化为名词的后缀，含有小的意思。如唐代诗人杜甫《水槛遣兴》：“细雨鱼儿出，微风燕子斜。”现代北京话中，后缀的“儿”已和它前面的音节结合在一起，成为儿化现象(乃是一种更为省力的发音方式)，发音时在韵母后面加上卷舌音尾，如“院儿、花儿、冰棍儿”等。

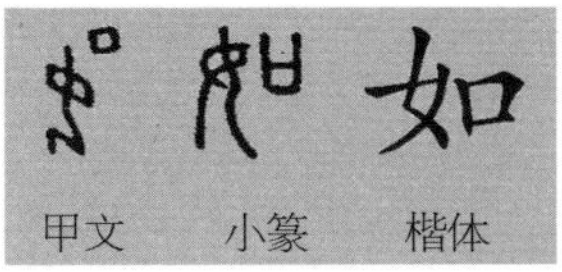

“**如 rú**”，这是一个会意字。甲骨文的“如”字，下边是一个“女”，上边右侧是一个口。“如”和后文“兄”构形相似，都表示已经会说话的孩子，不过，“兄”表示会说话了的男孩，“如”则表示会说话的女孩。

能言会道的小女孩，自有其乖巧，惹人怜爱。女孩的牙牙学语，乃是重复大人的语言。因此，《说文》释为：“如，从随也，从女从口。”从随即“随从”也，意为顺从、依照。

如《公羊传·桓公元年》：“继弑君不言即位，此其言即位，何如其意也。”“如其意”即“顺其意”的意思。由“依照”之义又引申为“好像、如同”。如唐代诗人白居易《琵琶行》：“大弦嘈嘈如急雨，小弦切切如私语。”

“如”在虚词中可作连词，表示“如果”。如《诗·秦风·黄鸟》：“如可赎兮，人自其身。”在古代汉语中，“如”还常用作形容词、副词的后缀，如《孟子·滕文公下》中的“孔子三月无君，则皇皇如也”，以及成语“突如其来”中的“如”，都为后缀用字。

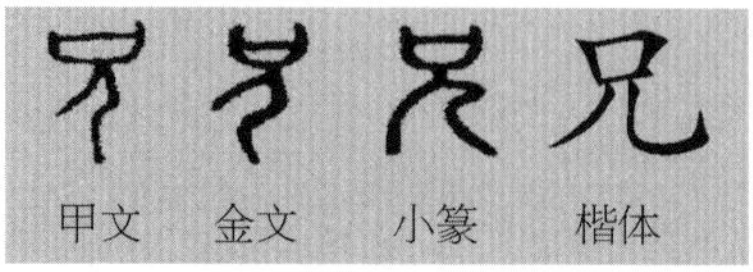

“兄 xiōng”，这是一个会意字。甲骨文字形上半部是“口”，下半部是“人”。小篆字形下半部演变为“儿”，从儿从口。口儿会意，在这里表示已经学会说话的男孩。

孩子长到三五岁，有了说话的能力时，常常是说起话来无穷无尽，叨叨不休。因此，“兄”的本义为已经会说话的男孩子。显然，会说话的孩子要比“子”和“婴”大一些，所以，“兄”又指兄长。《说文》释为：“兄，长也。”古代最早的词典《尔雅》更明白地释为：“男子先生为兄，后生为弟。”这里说的兄和弟，与今人所说的兄、弟含义是一样的。

《诗·小雅·斯干》中有：“兄及弟矣，式相好矣，无相犹矣。”这是说，兄弟相好，不应打对方的坏主意。《三字经》中有：“兄则友，弟则恭。”这是说：哥哥把弟弟当朋友看待，弟弟就会对哥哥表示出恭敬和顺从。

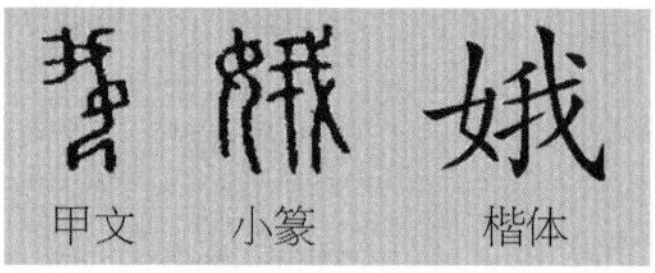

“娥 é”，这是一个会意兼形声字。甲骨文的“娥”，下边是一个“女”字，上边是一个斧钺之形，释作“我”。“我”的构形源自两军对阵时上下挥舞手中的斧钺，包含有“壮美”的意义。“娥”字用兵器和女会意，表示姑娘经历性成熟期后，突然间长大，其神态举止优美典雅，受到众人目光的青睐。小篆的“娥”字，演变为“从女我声”的形声字。楷书写作“娥”。

“娥”的本义为猛然拔高的“大姑娘”。由大姑娘的端庄，又引申出美女之义。如“齐僮梁甫吟，秦娥张女弹”，这里的“秦娥”即秦地的美女。又由大姑娘的姿态引申为“美丽”。《广雅·释诂》因此释为：“娥，美也。”如《古诗十九首·青青河畔草》：“娥娥红粉妆。”其中的“娥娥”表示非常美丽。古诗词中的“娥眉”一词，原指美女细长而弯的眉毛如同蚕蛾之蛹，也用来比喻美女。如李白的《王昭君》诗：“燕支长寒雪作花，娥眉憔悴没胡沙。”这里的“燕支”即“胭脂”，“娥眉”则指美女。

战国韩墓出土的玉人

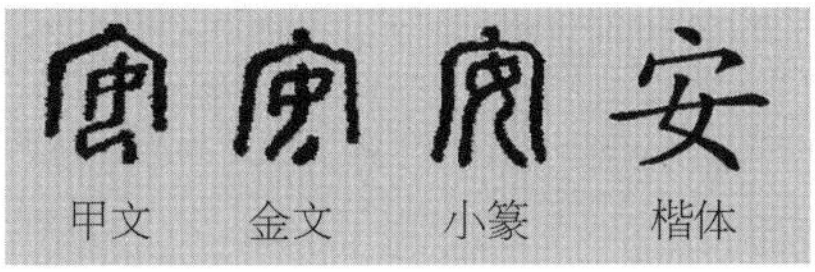

“**安 ān**”，这是一个会意字。甲骨文的“安”字，上面是一座房子的形状，下面在房中跪坐着一位面朝左的女子。金文的“安”字，其构形也是室中有一女。小篆和楷书的形体同于甲金文字，只是楷书的房屋形状，已演变为“宀”头。

为什么“女居室中为安”呢？从“母系”社会的角度看，发育成熟后的女性如果没有自己的居所，便只能与男性在野外苟合；没有居所，生下孩子便只好乱跑乱窜，使整个氏族骚动忙乱。因此，当每个成熟女性有了自己的居室，整个氏族才能安宁、安居。

《尔雅》释“安”为：“定也”。可知“安”字的本义为安定、平静。《诗·小雅·常棣》：“丧乱既平，既安且宁。”杜甫《茅屋为秋风所破歌》：“风雨不动安如山。”其中的“安”，都用作安的本义。由安定又引申出安稳、稳固之义，如《荀子·王霸》："国安则无忧民。"就是说：国家安稳了，也就没有了缺食少穿、忧虑不安的百姓。又由安稳引申出了安放、安置之义，如陆游《东阳道中》一诗中的"先安笔砚对溪山"。

"安"在文言文中还用作疑问代词，表示什么、哪里。乃是男性问女子"你的居屋在那里"这一常用语的引申，如"皮之不存，毛将安附"，以及"燕雀安知鸿鹄之志哉"。这是说：燕雀之类的小鸟哪里能知道大雁的宏图大志呢？

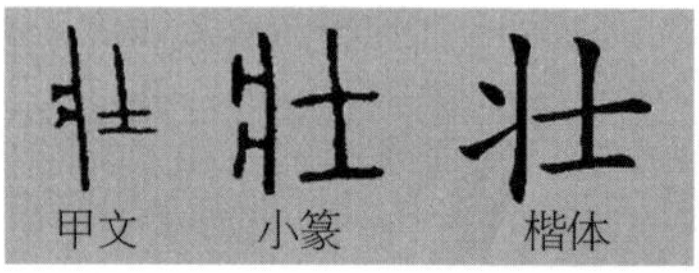

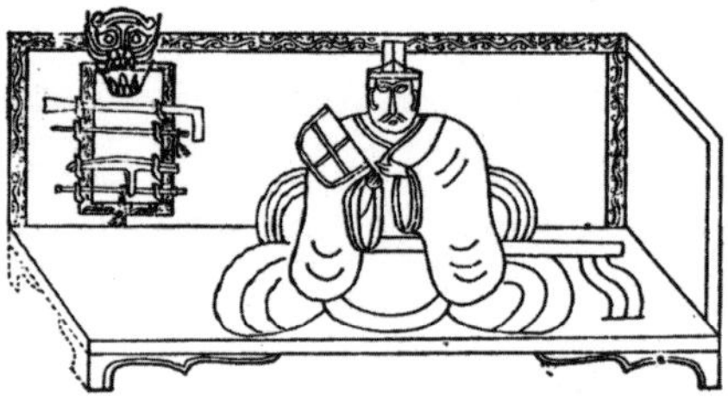

"**壮 zhuàng**"，《说文》释为："壮，大也，从士、爿声。"如图所示，金文的"壮"字，右边是一个"士"字，乃是男性生殖器的象形符号；左边是一个"爿"，乃是床的象形描绘，只是要将其放倒来看。这是为了适应汉字上下长左右窄的特点，不得不做出的一种"竖写"。

实际上，"壮"并不是一个形声字，而是一个会意字。"床"与"士"所会意的，本是男性性发育上的成熟。来源于男性独自在床，生殖器不自觉地勃起，心中涌起阵阵骚动的生活图景，也可视作生殖器像木棍一样翘起。青铜器《中山王方壶》上"今舍(余)方壮"的铭文，恰是描述男子这种在性发育上的成熟、涌动。《易·系辞下》说："男子构精，万物化生。"这本是人生历程中的必然阶段，也是人类族群繁衍不断的基础。

现代汉语中，"壮"字有"雄壮"之义，如"壮观、壮志、壮举"等；又有壮大、加强之义，如"以壮声势、以壮行色、壮胆"等，又有强壮之意，如"健壮、壮年、雄壮"等。《管子·小问》："苗，其始少也，眴眴乎何其孺子也；至其壮也，庄庄乎何其士也。"这里的"壮"即表示"孺子"长大成"士"。

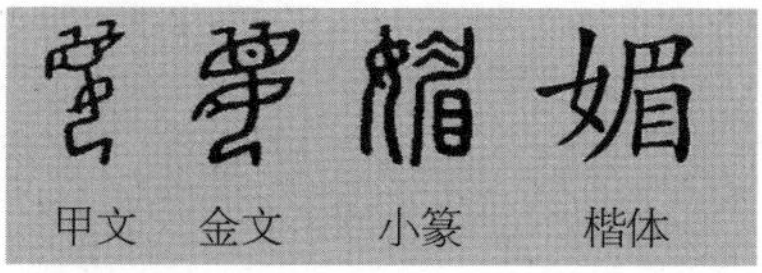

“**媚 mèi**”,这是一个会意字。甲骨文和金文的“媚”字,下边是一个“女”字,上边是一个刻意突出眉毛的眼睛。小篆的“媚”字,演变为“从女眉声”的形声字,右半边的“眉”字,把眼睛和眉毛都竖了起来,遂失象形的韵味,楷书缘此写作“媚”。

金文中的媚

“媚”,《说文》释为:“媚,说也,从女眉声。”段玉裁注曰:“说,今悦字也。”眉目传情,一双会说话的眼睛正是女性最惹人怜爱,让人心跳之处。因此可知,“媚”的本义为爱怜、喜爱。如《诗·秦风·驷驖》:“公之媚子,从公于狩。”其中的“媚”,即为喜爱。由喜爱之义又引申为美好,如“明媚、妩媚”等。又由眉目传情引申为取悦讨好他人,如“献媚、谄媚、媚眼”等等。这也是“媚”字在今日的常用义之一。

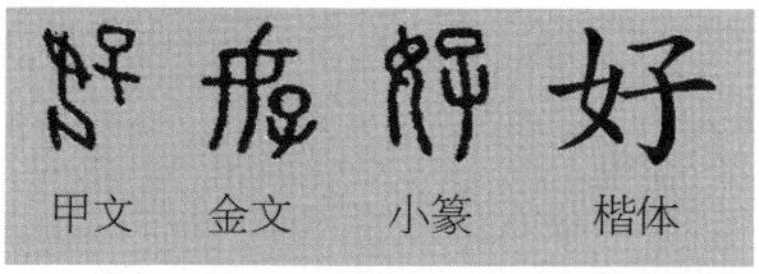

“**好 hǎo**”,这是一个会意字。甲骨文和金文字形都由“女、子”两个象形符号组成。“女”在这里表示女性,“子”则表示孩子。在上古先民看来,能够生育孩子使氏族人口兴旺,使母系血缘代代相传的女性,乃是“优秀、美好”之女。如甲骨卜辞中的人名“妇好”即含有多育的意思,又特指生育了优秀儿女的母亲。王权父系制确立以后,“好”的词义发生转移,转指美色。《方言·卷二》中有:“自关西,秦晋之间,凡美色谓之好。”

金文中的“好”字

汉乐府《陌上桑》:“秦氏有好女,自名为罗敷。”其中的“好”即解释为“美”。好人好事,好事多磨中的“好”,则是“美”义的引申,其中包含着“善”的意思，与坏、歹相对，如“不识好歹，不知好坏”等。

“好”还可作喜爱讲，这时读作 hào。如“好逸恶劳、好高骛远、好胜、嗜好、好大喜欢、好色之徒、好为人师”等等，这里的“好”都解释为“喜好”。

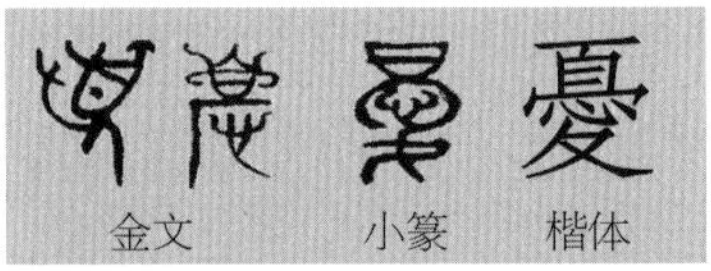

“忧 yōu”是“憂”的简体字。金文的第一款“忧”字，像人以手掩面的情形，表示愁闷形于颜面的意思。第二款“忧”字，上半部是一个“自”(鼻形)，表示脸面；中间是表示旋转九十度的符号“厂”；下边是一个“心”字，表示忧在心中，却从脸上显露之意。

小篆字形演变为“憂”，“从心从页从夂从ㅂ”，将心中的苦楚从脸上流落出来这一场景表现的淋漓尽致。仍然表示心中郁闷脸有愁容之意。楷书借用俗体，改为从忄尤声的形声字。

“忧”的本义指忧愁、烦闷，又指令人担忧之事，如“忧患、忧虑、忧闷”等等。俗语说：人无远虑便有近忧。从古至今，普通百姓“忧”的是衣行吃住穿，“忧”的是生老嫁娶，“忧”的是育儿养老，“忧”的是生死病痛，“忧”的是儿女不成才不成器……。唯有范仲淹那样的官员，才有“先天下之忧而忧，后天下之乐而乐”的情怀。这里已经蕴涵有“穷者独善其身，达者兼济天下”的道理。只有孔夫子这样无衣食之忧的先哲，才说“德之不修，学之不讲，闻义不能徙，不善不能改，是吾忧也”。

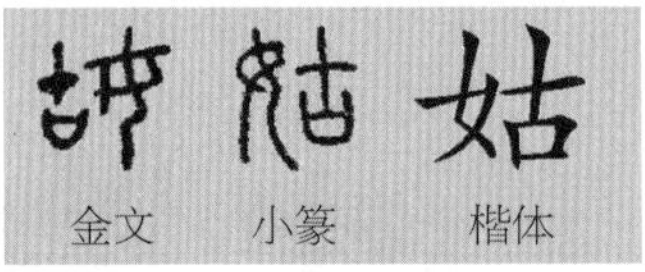

“姑 gū”，《说文》释为：“姑，夫母也，从女、古声。”这是说，“姑”，乃是丈夫的母亲。然而，“姑”为什么是丈夫的母亲呢？

金文的“姑”字，右边是一个“女”，左边是一个古文的“古”字。“古”这里用其以往、过去意，表示长久以来守护着家的女人，也表示已活了很大年龄的女人。“姑”的本义为婆母,即很早以前(远在女子与男子相识之前)就已存在的女人,即婆婆。

中古以后,“姑”,又引申为对年长妇女的尊称,如“姑姑”以及“大姑、老姑”等。又引申称未婚女子为“小姑”,特指丈夫的妹妹。如《古诗为焦仲卿妻作》:“新妇初来时,小姑为我长。”其中的“小姑”,即指丈夫的妹妹。又引申指称父亲的妹妹为“姑母”,又转称出家女性为“尼姑”。近代又称未婚女子为“姑娘”。如此之多的用法,几乎遍及所有身份的女性,乃是因为“姑”也是一种尊称。

“姑”又用作副词,意思是“姑且、暂且”,如“姑妄言之,姑妄听之”。因为小姑、姑娘总有一天会出嫁,婆母总有一天会死去,因而有暂且之义。“姑息”一词,则表示无原则的宽容。在古人看来,婆母待儿媳一定要严要狠。一旦抓住儿媳的错处,不去严惩而是偃旗息鼓,这便是“姑息”。

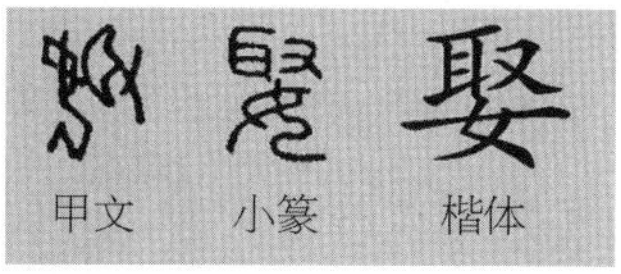

“娶 qǔ”,这是一个非常古老,在甲骨文时期便有的会意字。

甲骨文的“娶”字,是在女人的右上方再添加一个手抓耳朵的形状。手抓耳朵,即甲骨文的“取”字。上古社会,部族之间战争频繁。双方开战结束,统计杀敌数字,以割取敌人的左耳为凭。因此,“取”有杀敌和斩获的意思。如《周礼·夏官》:“得禽兽取左耳,当以计功。”这里,“女、取”会意,表示殷商时代的部族战士从战争中俘获的女性战利品,即抢了一个老婆。

小篆的“娶”字,随文字演化规律,成为“从女取声”的形声字,其意义也发生变化。《说文》释为:“娶,取妇也。”这里的“娶”,已表示“婚娶、娶妻”之义。如《诗·齐风·南》:“取妻如之何,必告父母。”其中的取妻,即“娶妻”,表示把女子从娘家接过来成亲。在《孟子》一书中,有“舜不告而娶”的记载。这是说,上古时代的舜帝,尽管是部落首领,娶妻时却没有告知自己的父母。

显然,“娶”字的内涵随时代而变。殷商时期,用来表示抢掠俘获女性。两周以后,逐步演变为嫁娶之义。

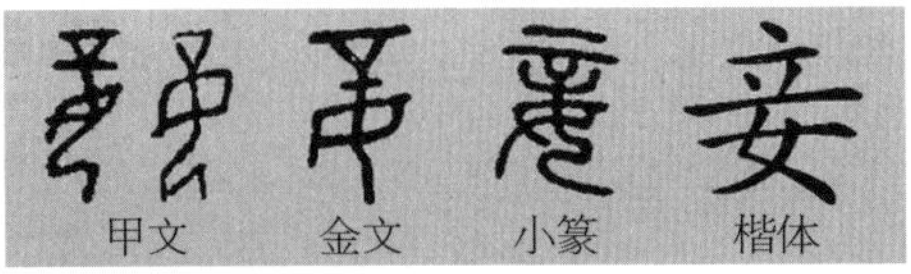

“**妾 qiè**”,这是一个会意字。甲骨文和金文的“妾”字,下部都是一个跪跽的女人形,在女子头上则是一个“䇂”形的符号,即“辛”字。“辛”在汉字中乃是一个常用字,通常用来表示凿子及凿子的功用。上古社会,部族之间经常开战,除领土之争外,大多都是为了抢掠。捕获对方氏族中的女性,常常是战争的目的之一。女上加“辛”,表示这是一个为用着牺牲祭品而俘获抢掠来的女子。

甲骨文中另有一款“妾”字,这是在“女人”图形上增添一个表示女性生殖器的倒三角形“▽”(也可视作“辛”的简省形)。上古社会,每个氏族都会将捕获来的女子,纳入自己的氏族,增加本氏族可育女性的基数,以使本氏族人口扩充。例如殷商民族有一位叫示癸的先王,他的生身母亲妣甲,便是一位“妾”。这也是上古社会“母以子贵”的鲜明实例。随着文明的发展,女性的社会地位逐步降低。不仅俘获来的女子身份变得低贱,古人又把男子在正妻之外所娶的女子,或者是花钱买来的女人,因罪而罚没入官的女人,统统称为妾。《说文》:“妾,有罪女子给事之得接于君者。”所以,“妾”不仅用来指称加入本氏族的外族女性,后来指称女奴,也指小老婆。

青铜器铭文

“妾”还用作古代妇女自称时的谦词,唐代诗人李白《长干行》中有:“妾发初覆额,折花门前剧;郎骑竹马来,绕床弄青梅。”诗中那位折花的“妾”,就是妇女自称的谦词。

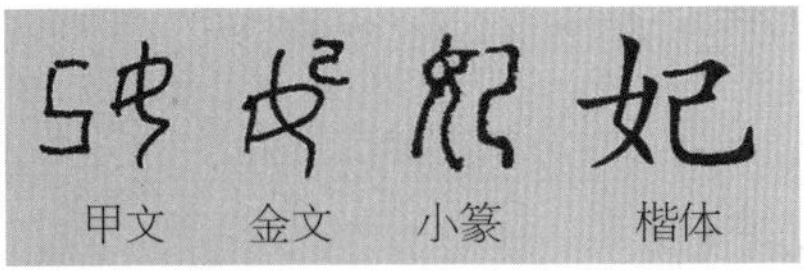

“**妃 fēi**”,《说文》释为:“妃,匹也。”清代的段玉裁注曰:“人之

配偶亦曰匹，妃本上下通称，后人以为贵称耳。”这是说：“妃”乃是已经有了男性配偶的女子。古代社会原为成熟女性的通称，后来才专指皇帝的妃嫔，以及太子、王侯的妻子。实际上，许慎和段玉裁的解释已是“妃”的后起引申义。

甲骨文的“妃”字，右边是一个“女”形，左边是一个表示绳索的“己”。特指与男性有了交往，已经有了固定性伙伴的女性。金文的“妃”承袭甲骨文，楷书缘此而来。

“妃”在上古社会，本指已有固定性伙伴的女性（纳西族称之为阿肖）。进入父权制专一婚后，才指男性的配偶，也就是为了生儿育女而讨来的大小老婆。而后，又演变为王侯大人们妻子的尊称，同时指天子的妾。如杜牧《过华清宫》诗：“一骑红尘妃子笑，无人知是荔枝来。”这里的“妃”即指唐明皇的妃嫔杨玉环。

“**嬖 bì**”，这是一个会意字。甲骨文和金文的“嬖”字，左边均是一个妾，表示战争中俘获的女性；“嬖”的右边是一个跪跽着的男性，表示俘获这一战利品的“战士”。被抢掠来的女性俘虏，能够与男性战士平起平坐，获得垂青，可谓是一种“荣幸”。《春秋传》曰：“贱而获幸曰嬖。”这便是“嬖”字的本义。然而，这种建立在色相上的“荣幸”并不牢靠，商代的甲骨文卜辞中，便有把“嬖”当作人牲沉于河中，祭祀河神的记载。

小篆中的“嬖”，演变为“从女辟声”的形声字。其中的“女”表示身份来源，“辟”则表示社会下层的百姓。《说文》释为：“嬖，便嬖，爱也。”因此可知，“嬖”在此时已演变为宠爱、荣宠之义。如《史记·周本纪》：“幽王嬖爱褒姒。”其中的“嬖”即作荣宠讲。

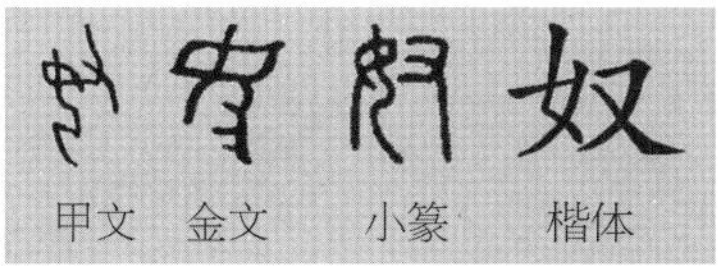

“**奴 nú**”，这是一个会意字。甲、金文和小篆的“奴”字，一边是

“女”,一边是“又”。“又”本为一只手,在这里表示擒拿俘获。整个字形会意那些被俘虏、抢掠的女子。在奴隶制时代,无论战争中的女性俘虏,或是有罪者家中的女性,沦为奴隶干活便是她们的命运。因此,“奴”字又用“手”和“女”来表示她们的用途。

“奴”字的本义是擒拿俘获,不过此义已由后起字承担。“奴”通常用来表示奴仆、奴婢。古代奴隶制时期,不驯服的男性俘虏和罪犯,常常被砍了脑袋,女性因驯服柔弱或生殖器的价值而沦为奴隶者居多。所以,“奴”以“女”旁造字。但是,随着阶级的分化,一部分人奴役另一部分人现象的普遍,奴又泛指做工的奴隶。如陆游《岁暮感怀》诗:“富豪役千奴,贫老无寸帛。”《史记·季布栾布列传》:“布为人所略(掠)卖,为奴于燕。”季布是男性,也遭到被人抢掠卖掉为奴的命运。

中国最近的一次“奴”化,来自无良文人和艺术家极力美化的康乾时期:康乾雍三朝将敢说一点真话的文化人,一批批杀戮,他们的妻子、女儿被“尽发宁古塔给披甲人为奴”。

汉语中,“奴仆、奴婢、农奴、奴仆”等词中的“奴”字,都可解释为没有人身自由的奴隶。奴隶身份低下,所以,“奴”字又引申为低等级男女的谦称,如“奴家”一词,就是古代妇女对自己的谦称,即使像宋代杨太妃这样地位显赫的女性,当她垂帘听政与众大臣说话时,也用“奴家”作为自称。

“奴”字又用作对他人的贱称、鄙视,如“奴才、奴辈、守财奴”等。成语中有“奴颜婢膝,奴颜媚骨。”这里的“奴”,用来比喻对人卑躬屈膝时的丑态。

“婢 bì”,这是一个会意字。甲骨文的“婢”字,左边是一个“妾”,表示其中女子的身份来源;右边字形下部为一只手,上部是一个甲,乃是古文的“卑”(可视作手执盾牌或扇子),在此表示低贱、或劳作的意思。小篆的“婢”字“从女卑声”,演变成一个形声字。

“婢”字的本义为从事家务的女奴。其身份来源及地位同“奴”一样。因此,同义词组成了“奴婢”一词,“奴”指男奴隶,“婢”特指女奴、女仆。《汉书·刑法志》:“妾愿没入官婢,以赎父刑罪。”这是说:罪人的眷属没入官府为婢,可以减赎父亲的罪责。唐代诗人白居易《续古》一诗中有“豪家多婢仆,门内颇骄奢”,乃是当时社会两极分化的写照。成语中有“婢作夫人”一说,这是指婢女学做夫人,虽然穿戴化妆后貌似夫人,但终究气质不相似。

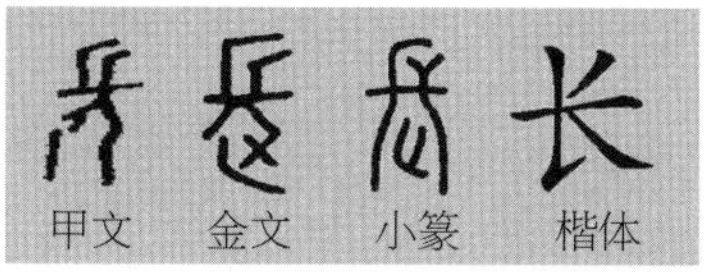

“**长 zhǎng**”,这是一个依托象形字,意思为年长老人。甲骨文的“长”字,是一个侧立的人形,上边是长长的头发,下边刻意画出以手扶持的拐杖。这些都是老年人的典型特征。所以,“长”的本义为长发柱杖的老者。金文和小篆的字形一脉相承,只是下边的拐杖渐渐离谱,越来越不像。楷书缘此写作“長”,简化为“长”。

“长”的本义为年纪较大。如《礼记·祭义》:“立敬自长始,教民顺也。”此处的“长”即指年长之人。又引申指年长之首领,如《广雅·释诂上》:“长,君也。”现代汉语中则有“首长、校长”等词语。“长”也指长辈,如“师长、学长”等。

汉画像石:尊老图

古人认为身体、头发为父母所给予,一般情况下,一生不剪发。故年长之人头发必很长。由此引申为长短之长(读作 cháng),表示两点之间距离大,也可用来修饰诸如长剑、长城、波长等事物。又由长短的比较引申出人的优劣及技艺之擅长,如“持长、任人之长”等。

由头发的不断生长,引申出使之长长。如“生长、成长”等词语,此时也读作 zhǎng。由此又引申为增进、增加,如现代汉语中的“长见语、长力气、长知识”等等。

“长”是一个造词活跃的汉字。“老、考、寿、孝、髟”均以“长”为构字符号。

“替 tì”，金文写作“竝”，像两人站立，一上一下，一高一低之形，表示替换，接替之意。小篆的“替”字上部仍是两个“立”，位置倒是不分高低了，但下半部的“曰”（与晋、鲁下的曰相同，表示目标）字，却有比对的含义：比较那个人更早到达目标。人到老年后，自然要跑得慢一些。这时，生存竞争的社会法则，便会迫使老年人离位，让更年轻的人升上去。当然，“立”也有位置的意思。因此，《说文》将“替”释为：“替，废也。”“替”字在隶楷演变过程中，成为现今的“替”：两夫在上，曰字在下。

“替”字的本义为衰老后的更替，又指一般意义上的替换。古语“以古为镜，可以知兴替，以人为镜，可以正衣冠。”这里的“替”，即为其本义，释作替代。《木兰辞》中有“愿为市鞍马，从此替爷征”的诗句，这里的“替”也作代替讲。“替”在词义虚化后，可作介词，如“替他人告状去”一语中的“替”。

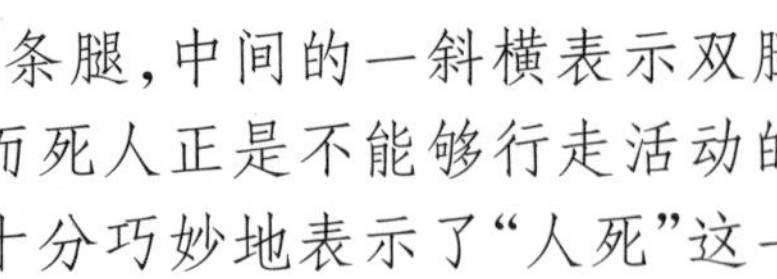

“死 sǐ”，这是一个会意字。甲骨文的“死”字，右边是一个“歹”字，其中上边的一横一竖，表示人脸朝上直挺挺躺下的状态；下面是两条腿，中间的一斜横表示双腿被捆缚。双腿被捆，人便无法行动，而死人正是不能够行走活动的人。造字之初，殷商先民以此特征，十分巧妙地表示了“人死”这一概念。甲骨文“死”字左边的人，低首哀悼，悲凉之状跃然纸上，反衬出“死”字的构形表义。金文和小篆的字形“从歹从人”，字形上简洁明快了，但象形的韵味已不足，楷书形变为“从歹从匕”（即反人），写作“死”。

“死”是生命的终结。《释名》曰：“人始气绝曰死。”《论语》中更有“鸟之将死，其鸣也哀；人之将死，其言也善”的格言。这里的“死”，已不单指人类，也用在鸟兽身上。由“死”时人的挣扎或苟延残喘，又引申出了拼命之义，如“死战”一词，也表达事物达到极点，如“死要面子、甜死了”等等。死掉的东西不能活动，因此又引申为呆板、固定，如“死板、死心眼、死水一潭”等。

人死是一件大事，孔子就说过：“死生亦大矣！”其实生亦不易。史载：楚文王灭息国，掳了息国夫人为妾，接连生下了两个孩子。但息夫人因为国亡夫死的痛苦难以平息，直到死也不与楚文王说一句话。后人有诗云：“千古艰难唯一死，伤心岂独息夫人。”历史上，也有人视死如归，“宁以玉碎，不为瓦全”。唐代安史之乱坚守睢阳孤城的张巡，城破时对一起守城的南霁云说：“国儿死耳，不可为不义屈。”文天祥诗中的名句：“人生自古谁无死，留取丹心照汗青。”述发生死大义，光照日月，永垂青史。

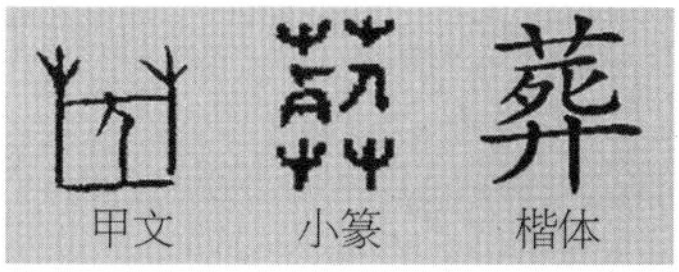

“**葬 zàng**”，这是一个会意字。甲骨文中的“葬”字，是在一个大“口”中放置一个“人”字，上面两边乃是野草之形。小篆的“葬”上下为草，中间是一个“死”字，楷书缘此写作“葬”字。

“葬”，“从茻(众草)从死”，似乎有用草掩埋死尸之义。实际上并非如此简单。《易·系辞》：“古之葬者，厚衣之以薪，藏之中野，不封不树。”这是说，上古葬法，是让死人穿上很多衣服，埋于既不太近，亦不太远的野外，不封土成丘，也不树碑为标志。由此可知，“葬”中之草，乃是荒野之意。

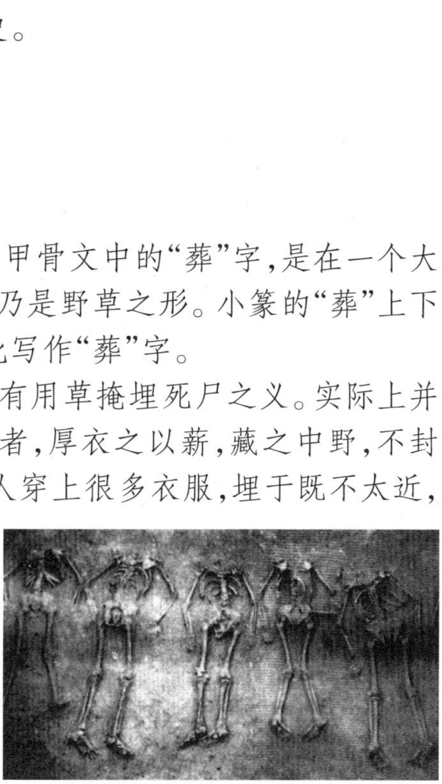
殷墟无头殉葬墓

“葬”的本义为埋藏尸体，“天葬、火葬、土葬、水葬”乃是对尸体的不同处理方式，源自不同民族在不同物质条件下的不同观念。屈原在《楚辞·渔父》中则对自己的葬法，作出另一种选择：“宁赴湘流，葬于江鱼之腹中。”

“尼 ní”，这是一个会意字。甲骨文写作“”，似乎像一个人背着另一个人的形状。小篆字形从“尸”从“匕”，这里的“匕”乃是人字的反文，通常表示死人（如死、化等字中的匕）；“尸”亦是人的意思。所以，“尼”的构形源自死在野外而且佝偻倦曲着身体的人。

人死后倒在地上，好像粘连、滞留在一起，所以，“尼”在汉字中作声符时，多含有停留、粘连之义，如“泥”（滞陷不通）、“柅”（车下止轮物）、“怩”（脸上心惭之形）、昵（亲昵贴近），等等。

“尼”也是梵语音译词“比丘尼”的省称，即尼姑，指佛教中出家修行的女子。在现代汉语中，“尼”字多用作音译字，如“尼罗河、尼加拉瓜”等。

第六章　汉字与战争

龙山时代晚期,在中原地区的黄河流域,猛然间兴盛起了一个王国,这便是殷商王朝。这个由十个氏族联合起来的邦联制王国,在创造文字的同时,也将东亚地区带进了青铜和马车时代。

这一时期,用于杀人的兵器从狩猎工具中脱胎而出,青铜文明步入了它的辉煌时代;这一时期,不仅马车成为杀人的工具,残酷的战争使专门的军事组织出现,从事作战的兵士和军事首领登上了社会等级的首席……

战争散发着血腥,战争驱使着暴力,但它又是文明的催生婆。灭族被掳的恐惧,迫使氏族部落相互结盟,酋邦国家逐步完型;社会财富,精神的和物质的财富在武力下强行聚合;神权和王权的结合,促使汉字在浴血之中诞生了。可以说,汉字中有关战争的每个字,都是一幅幅浸透着生存竞争的画卷,都是对上古社会人与人之间争斗的现实主义描绘。

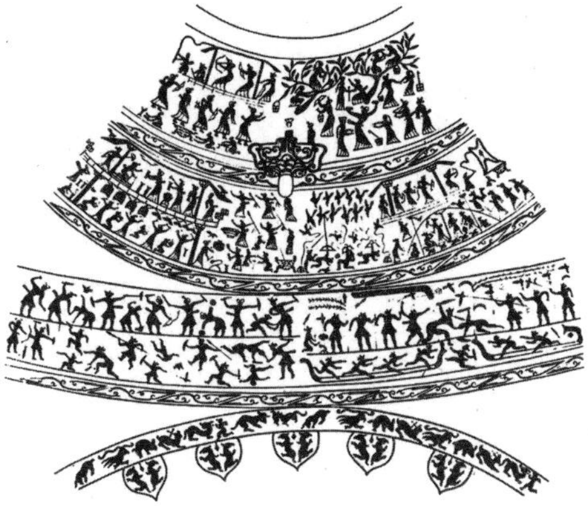

一、弧矢之利威天下

“弓箭对于蒙昧时代，正如铁剑对于野蛮时代和火器对于文明时代一样，乃是决定性的武器。”有了弓箭，猎杀禽鸟的效率会大大提高；仰仗弓箭，可避免与猛兽近距离接触，减少狩猎中的危险和伤亡。

弓箭，无疑是一种战争的利器，用它可以从隐藏处将敌人悄无声息地杀死。弓箭，与近距离搏杀的短兵器“干戈”不同，它能够在远距离将敌人杀伤；然而，弓箭如果被敌人所利用，先发制人则会造成自己的厄运……

上古先民对弓箭的爱戴和畏惧，非笔墨能够描述。由诸多汉字汇聚而成的弓矢文化，正是上古先民生存境况及战争的真实写照。

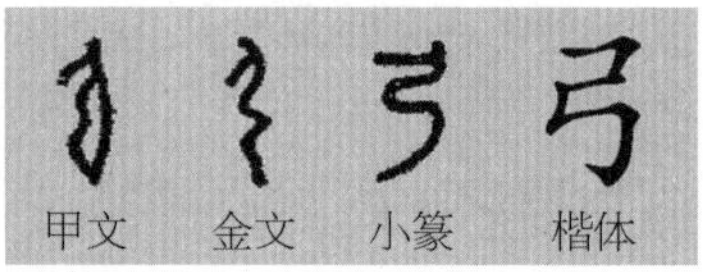

“**弓 gōng**”在殷商民族那里，是一种主要的远射兵器，也是上古先民敢于狩猎野牛、大象、猛虎，殷商民族能够击溃传说中的“夏”王朝，称霸中原的物质条件之一。

“弓”，这是一个象形字。从甲骨文看，左边是弓背，右边是弓弦，真像古代武士使用的强弓。甲骨文另一款和金文的形体，只有弓背而省掉了弓弦。实际上，这是弓在不用时，即解脱弓弦后的形状，其构形源自一种先进的“复合反曲弓”。小篆大体与金文相似，还有弓的模样，楷书就很难看出弓形了。

原始的弓应是“弦木为弧”的单体弓。至商代，已发展为用两层材料黏合的合体弓。这种弓，不用时反曲背向，用时才拉弦弯曲过来，因此也称之为反曲弓。《考工记·弓人》说，制弓要用“干、角、筋、胶、丝、漆”等“六材”复合制作，可见当时的制弓技术已相当进步。在整个古代和中世纪，世界制弓技术均未曾超越中国这种技艺水平。

内蒙阴山岩画：史前时期的男子持弓图。

弓箭的发明是人类技术上的一大进步，说明华夏民族已经懂得了利用机械储存能量的原理：当人用力拉弦迫使弓体变形时，就把能量储存进去了。松手释放，弓体迅速恢复原状，同时把储存的能量猛烈地释放出来，从而把扣在弦上的箭，有力地弹射出去。

“挽弓当挽强，擒敌先擒王。”正是对商代先民持“弧矢之利，以威天下”的真实写照。华夏大地上的弓箭，很可能出自殷商民族的祖先，辽东地区和渤海湾一带捕猎飞禽时的实践。

“弓”的形状是弯曲的。因此，弯曲之物可用“弓”来修饰：如“草根露湿弓鞋绣”诗句中的“弓鞋”一词，即指古代缠足妇女所穿的鞋。“弓”用作动词，则表示弯曲或使之弯曲，如“舞袖弓腰浑忘却，蛾眉空带九秋霜”，其中的“弓腰”，指古代舞女的弯腰状。

“弓”字是个部首字。凡是由“弓”为部首所组成的字，大都与弓矢有关，如“张、弛、疆、弱、强、弼”等。“弓”字也是一个拟声字。弓的发音来自弓弦突然释放而发出的“嘭”声。

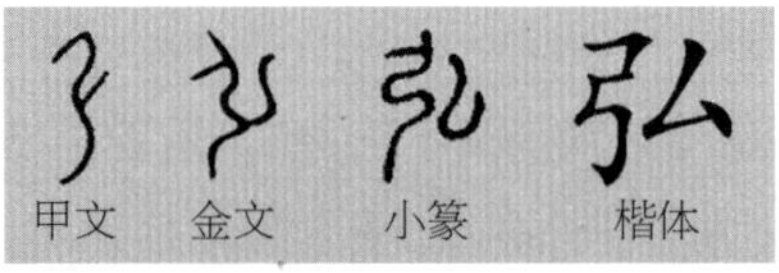

“弘 hóng”的构形,来自“反曲弓”在拉弦张弓时的形状:弓弦在一刹那间将箭弹射出去,而弓弦也像绳套一样忽然收紧。甲骨文和金文的“弘”字,乃是在弓的中部加上一短横,用来强调弓背的弹射作用。小篆的“弘”字演变为“从弓从厶”的会意字。“厶”在此表示弓弦拉开时的圆曲状态(弘与引为同源分化字)。

在甲金文字中,“弘”是一个指事字。用来指事的这一短横正巧在弓背隆起的地方,乃弓体最有力、弯曲度最大的地方。因此,“弘”的本义为“张弓”,即所谓的“人臂之曲为肱,弓臂之曲为弘”。又因为“复合弓”在张弦后比单体弓有更远的射程,挂上弦后高度也更高一些(张弓之“张”便为此义)。所以,“弘”由弹射时的强力,引申用来表示“强烈、高大”之义。如宏大的心愿称为“弘愿”;博大的气度称为“弘量”;远大的抱负称为“弘图”。“弘”字用作动词,则表示发挥、光大的意思,如《论语·卫灵公》:“人能弘道,非道弘人。”这是说,人能弘扬扩大“道”,不是“道”能弘扬人的声威。

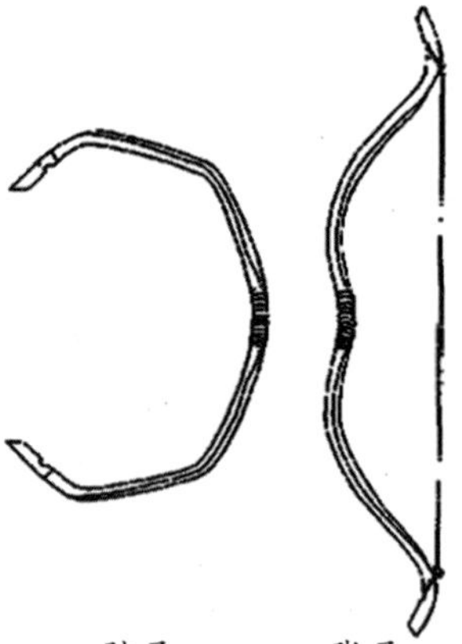

驰弓　　张弓

“弘”字是一个拟声字,其发音来自弓弦弹射时的声响。

“弹 dàn”字。甲骨文是在一张弓的象形线描图上,于弦上添加一个小圆圈,乃弹丸的形象。小篆的“弹”字另起炉灶,乃是一个笔画繁多,左形(弓)右声(单)的形声字。楷书的写法,基本上同于小篆。

上古典籍《吴越春秋》一书认为:“弓生于弹。”即射箭之弓源于射弹之弓，从远古时期射杀禽鸟的弹弓发展而来。

“弹”的本义就是射“弹”之“弓”，如《战国策·赵策四》：“左挟弓，右摄丸。”这是说：左手夹着弹弓，右手拿着弹丸。“弹”字本为名词，当它作动词用的时候，就应读为 tán，表示“弹射”的意思。如《左传·宣公二年》：“晋灵公不君，厚敛以雕墙，从台上弹人，而观其避丸也。”这是说：晋灵公这个昏君，不仅敛聚财富建造楼台，还在楼台上用弹弓弹射行人，观看人们东奔西跑地躲避弹丸，以此取乐。古代文献中的“弹射”一词，大都是表明用弹丸射击之义，如陆龟蒙《练渎》诗：“弹射尽高鸟，杯觥醉潜鱼。”

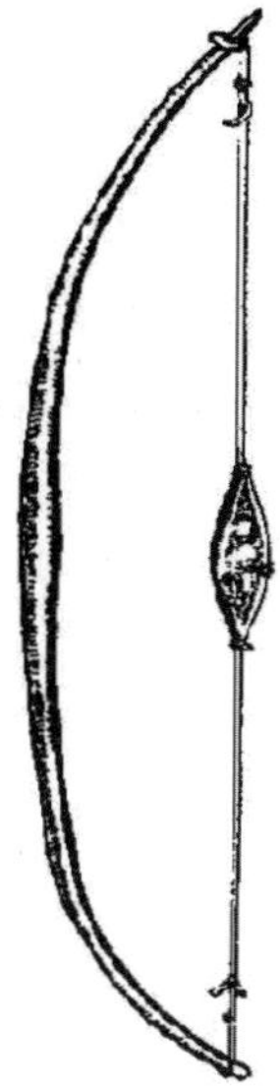

傣族的竹弹弓

“弹”，由猛力拉射弹弓，又引申为用手指敲击、弹拨乐器。如《史记》中记叙冯谖为门客不受重视，“弹其剑而歌曰：‘长铗归来乎，食无鱼！’”其中的“弹”即“拨弄、敲击”的意思。由此，又引申出“抨击、弹劾”之意，表示对政府官员道德缺陷或职责失误的清算。

现代汉语中，有“枪弹、炮弹、导弹、两弹一箭”等词语。乃古代弹(dàn)丸之义的延续。

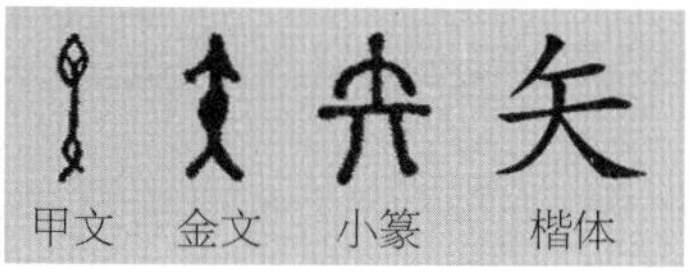

“**矢 shǐ**”即日常所说的“箭”。弓和所射之箭则并称为“弓矢”。甲骨文和金文的“矢”字，上端是锋利的箭头，中间是箭杆，下端是镶有雕翎的箭尾。“矢”字就是“箭”的象形字。小篆将“矢”字下部的箭羽讹变为两叉，又将箭头穿透而过，已完全看不出箭的模样。楷书缘此而来，遂失象形之义。

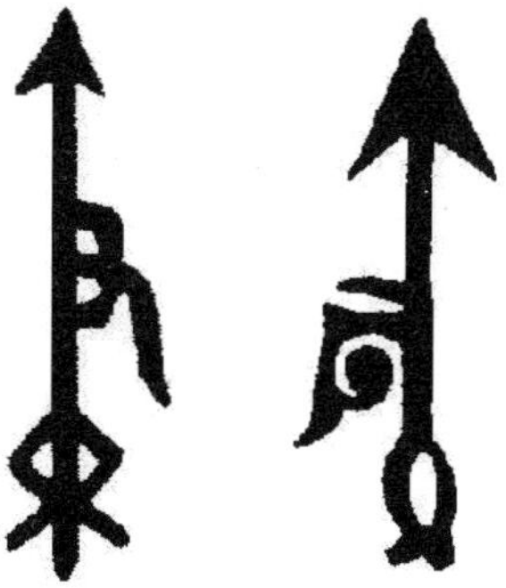

金文中的手持矢形

“矢”由“镞、杆、羽、栝”四部分组成：“箭镞”在箭的前端，呈三角形有刃，起杀伤作用。商代已盛行铜镞,但也大量使用骨、角、石镞;“箭杆”是箭的主干,多用箭竹制作;“箭羽”在箭的尾部,起稳定飞行状态的作用。箭羽以雕翎为上,鹰羽次之,鸱枭羽又次之,装雁鹅羽的箭遇风易斜窜,质量最次;“箭栝”在箭杆的底部,用于扣弦,商代多是在箭杆底部刻一槽口。

“矢”字在古代是个多义词,它除了当“箭”讲以外,还有“发誓”的意思,如《诗·卫风·考槃》:“永矢弗谖(xuān宣)。”这就是发誓永远不遗忘的意思。这一意义,大概与古代结盟时,折箭以示互不攻击有关。《左传》中又有“杀而埋之马矢之中”一语。所谓“马矢”就是“马屎”,因为“矢”与“屎”同音。古人认为在文章中用上一个“屎”字不太雅观,因此便借“矢”代“屎”。这种用字法,在文字学上称为“避俗性的同音假借”。

“矢”字也是个部首字。在汉字中凡由“矢”所组成的字,大都与“箭”有关,如“彘”、“函”、“雉”、“矰 zēng”等字。“矢”字也是一个拟声字,发声源自箭矢飞行时“嗖”的一声而过。

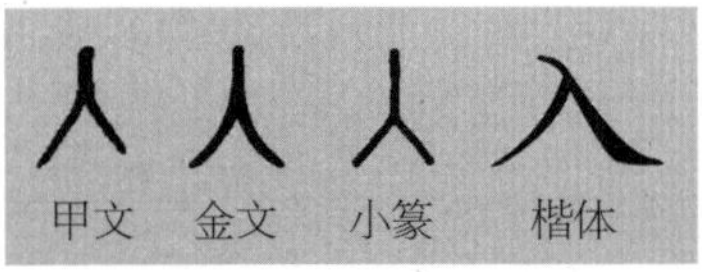

“入 rù”,这是一个象形字。甲骨文和金文的“入”字就像一个箭头,金文、小篆和楷书据此一脉相承。

“入”,源自尖头锐利之物的刺入,构形源自箭矢射入肉体,但也可视作枣刺、竹尖等物品的端头刺入。因而,“入”字的本义为进入。《说文》释为:“入,内也。”与“出”相反。《孟子·滕文公上》有:大禹治水“三过其门而不入”的故事。其中的“入”即释为进入。《礼记·曲礼上》:“入境而问禁,入国而问俗,入门而问讳。”这一意义在古文中均用“入”,而不能用“进”。

现代汉语中有沿袭而来的“入场、入冬、入会、由浅入深”等词语。

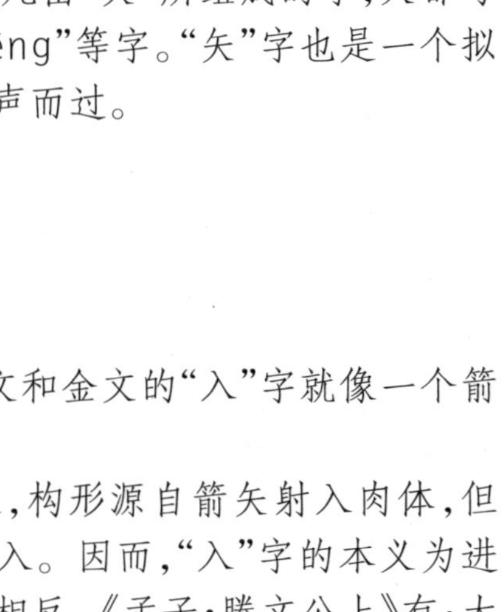
上古时代的骨制箭头

由进入之义又引申为收入，如“量入为出”一词。又引申为“合乎”之义，如唐代诗人朱庆余的《近试上张水部》：“妆罢低声问夫婿，画眉深浅入时无。”“入时”意谓合乎时宜，是否符合流行的式样。这一用法，在现代汉语中有“入情入理”等词。

“弦 xián”，这是个形声字，指绷在弓背两端之间，用来弹射箭矢的绳状物。小篆字形左边是“弓”字，右边是“玄”字。“玄”的构形源自脐带，脐带为肉体组织，有一定的伸缩性。弓弦多用牛筋、丝绳绞制而成，所以“弦”字由弓和玄组成，表示弓弦。经过隶书的变化之后，楷书写作“弦”。

成语中有“箭在弦上，不得不发”一词。其中的“弦”即指弓弦，用来喻指身不由己、不得不为的情况。由于乐器的弦与弓箭的弦很相似，所以，“弦”字由弓弦引申指琴瑟之弦，如“弦乐、弦外之音”等。弓挂上弦后的形状呈半圆形，所以“弦”字也用来表示半圆的月亮，如“弦月、弦望”。夏历初七、初八或二十二、二十三日以后，月亮呈半圆如弦状，故分别用“上弦、下弦”来指称。

“弦”，又为数学名词。指连接圆弧两端的直线，或直角三角形的斜边。

“弥 mí”是“彌”的简体，这是一个会意字。金文的“弥”字，左边是一个“弓”形，右边则是一个表示同是一家人的“爾”：小篆的“弥”字承接金文，只是右半部分的下边增添了一个“玉”，整个字形也讹变为形声字。楷书缘此写作“彌”（“玺”字亦作“弥”）。汉字简化为“弥”。

“弥”的本义指弓柲，《广雅》释为：“弥、久也。”这是说，“弓”上加装弓柲，可以保持弓的弹射力，延长弓的使用寿命。弓为竹木所制，但弓柲却为青铜所铸。弓可朽损，但弓柲却可一代一代地使用。因而，又引申为一般意义上的“久长”。如《史记·游侠列传》：“旷日弥久，心昏然，恐不能须臾。”“弥久”即长久的意思。“弥留”一词，原指久病不愈，后来也指即将死亡前的一段时间。“弥”又引申为“遍及、充满”之义，如“弥天大谎、弥漫”等。

“弓形器”(也称“铜弓柲”)，据考证它是弓的附件，其作用是缚在弓背的中央部位以增弓背的弹射力，兼有保护弓的作用。

“弥”作动词时，表示把不满的部分补足，使其不再有缺陷，如“弥补、弥缝”等。这一意义应是“弥”的本义，源自在弓上增加弓柲。“弥”作副词，则表示程度加深，类似于“深远”的意思，如《论语·子罕》：“仰之弥高，钻之弥坚。”

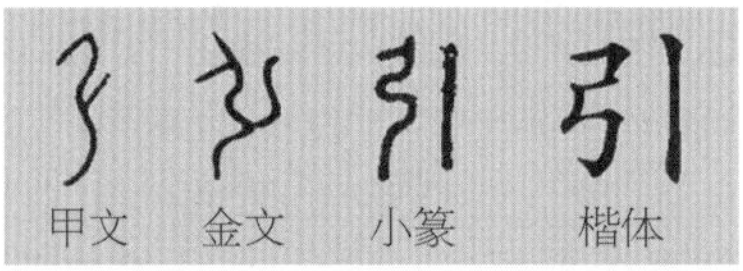

“引 yǐn”，乃是“弘”的同源分化字。甲骨文字形左边为“弓”的象形白描，弓弦部的斜线指示弓体由此反曲过来。小篆的“引”字将作为指示符号的斜撇演变为一长竖，意谓“弦”已挂在了“弓”上，使松弛反背的复合弓进入发射使用状态。

“引”，《说文》释为：“引，开弓也。”即将弦扯拉于弓的两端，俗语称之为“张弓”，成语“引而不发”的“引”字，就是指张弓。

“引”字由开弓之义，又分别引申为“引导、引起、引用”等意义。如“日引月长、引领而望”等词中的“引”字，均为指延长、伸长之义；“引狼入室”的“引”字则指引导、带领；“抛砖引玉、引人注目”等词中的“引”字指引起、招致；“引经据典、旁征博引”等词中的

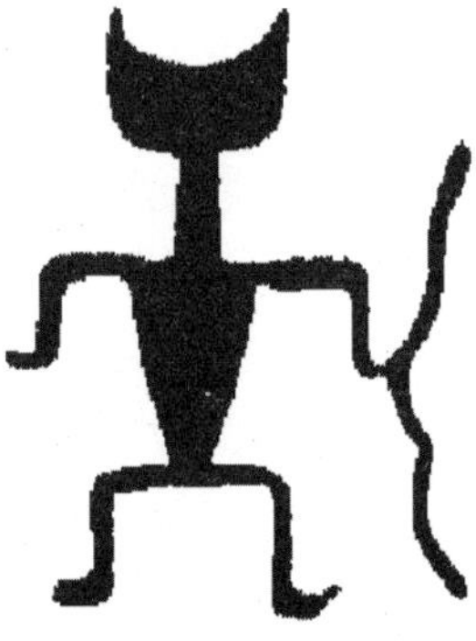

金文中的人与弓

“引”字可释为引用、援引。

“**射 shè**”，这是一个会意字。甲骨文的“射”字，像弯弓贯矢，箭在弦上发射之状。金文的“射”字，在箭尾又增加一个“又”(手)，表示手持弓矢以射。小篆“从身从寸”：“身”乃“”之讹变，“寸”(手臂)乃金文“又”(手)下增点。楷书从小篆而来，写作“射”。

“射”字的本义指开弓射箭，如中国古代神话传说中的“后羿射日”；《孟子·告子上》：“一心以为有鸿鹄将至，思援弓缴而射之。”其中的“射”都指“射箭”。

战国铜器上的习射图

“射”，又用来泛指各类武器的发射，如“射程、射击、扫射”等。由“箭”的射出，又引申指物体的“喷射、发射”如光线的“照射”、以言语害人的“含沙射影”、人工喷泉的“喷射”、医药上的“注射”、光电物质的“辐射、反射”等等。

“射”在古代被视为“六艺”(礼、乐、射、御、书、数)之一，乃是对人的立身之道的一种训练。《礼记·射仪》：“射者，仁之道也，射求正诸己。”在古人看人，射箭技能的训练与“仁”是相关联的，不贤之人是不可言射的。大概因为这种武器本身是从暗中发射的，一旦为卑鄙小人所掌握，则会“利刃在身，杀心自起”。对正人君子而言，则有被小人“暗杀”之患。

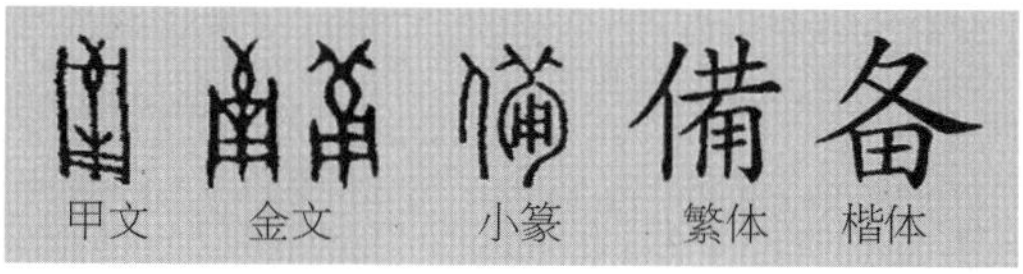

“**备 bèi**”是“備”的简体字。“备”是一个依托象形字，从甲骨文

和金文的构形中不难看出它的形状和用途:“备”是一个插箭的架子,中间插着一支箭镞朝下的箭,箭羽露在外边。因此可知,“备”乃是上古时代日常存储箭矢的一种用具。小篆的“备”字则发生形变,一是增加了“人”字偏旁;二是将金文的“备”讹变为“𤰈”。繁体楷书的“備”由此而来,汉字简化方案将其改为“备”。

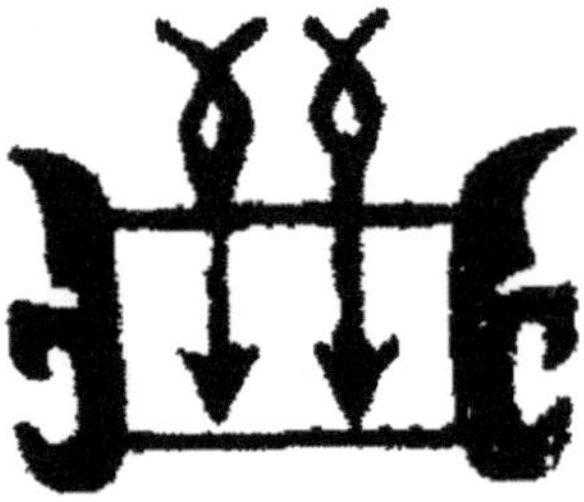
金文中的图形文字

“备”的本义为盛放有箭矢的专用木架,《周礼·夏官·司弓矢》中记载:“中秋献矢箙(箙为备的异体字)。”即在中秋之时祭拜盛放箭矢的“备”,准备冬天狩猎或攻伐开战。“备”是一种军事装备,有备则无患。由此,引申为一般意义上的“具备”,如《荀子·劝学》:“积善成德,而神明自得,圣心备焉。”又引申为使之具备,即“预备、准备”,如“攻其无备、备战备荒”等。又引申为完备、完全之义,如“求全责备”一词。

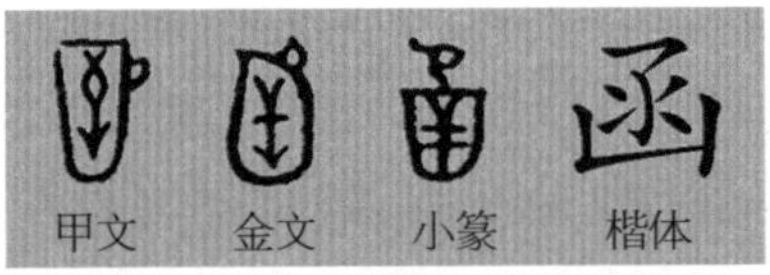

“函 hán”,这是个依托象形字。甲骨文字形和金文的字形,都像“箭”藏在“凵”中之状,“凵”为长方形,有提耳,是一种用来盛放箭矢的专用器物,后世称之为“箭壶”。小篆的“函”字发生形变,“函”的提耳改在上方,楷书根据这一形变写成了“函”字。

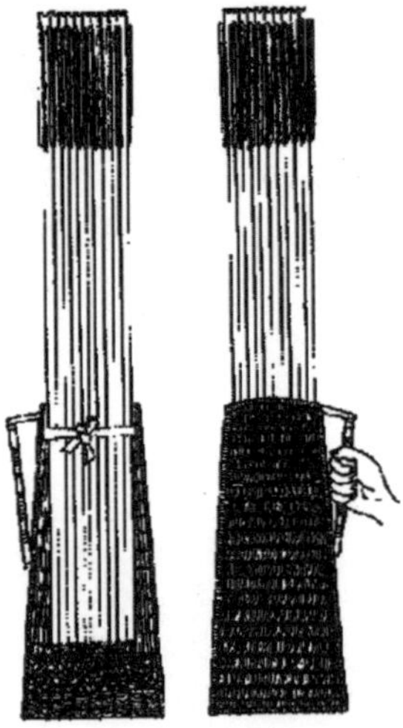
古代箭函复原图

古代箭函,多用竹木葛藤编制而成,后来则多用兽皮缝制。内里通常放 10 支箭,行军时佩挂在兵士的腰部,可随时取出,扣在弦上发射,乃是古代兵士的装备之一。

箭盛放在器物中间有容纳、包含的意义,所以“函”字由“盛放弓箭的器物”引申指“函套、信封”等意义。书籍、信件的封套都可以称作“函”，多卷书装在一个书套中称为一函；书信装进信封中邮递则称为“函件”。由“函件封套”之义，又引申为“书信”之义，如以通信方式进行辅导教育称为“函授”，以及公函、来函等。

秦代有“函谷关”，因为此地地形狭险，如函器之形，故名。

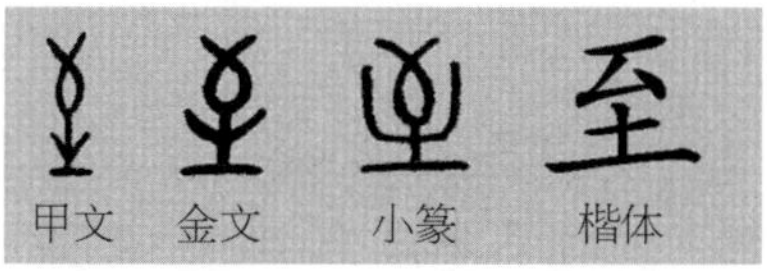

“**至 zhì**”，这是个依托象形字。甲骨文的“至”字，上部是倒写的“矢”字，像一枝箭头朝下的“矢”；下面的一横表示地面，整个字形就像一枝射出的箭落到了地上，用来表示“到达”之义。小篆字形则趋于匀整，但还基本保留了古文字象形的特点。

“至”，《玉篇》释为：“至，到也。”如“至今、至此、自始至终、朝发夕至”等词中的“至”字。成语中有“至死不变”、“至死不悟”，其中的两个“至”字，前者表示到死也不改变，后者意为到死尚不醒悟。弓箭落地，也就表示到达终点，所以，“至”字又引申指终点，表示“最、极”之义。如“至理名言”、“至高无上”、“至亲好友”等，其中的“至”字都解释为极、最。古代尊称孔子为“至圣先师”，这里的“至”用来形容道德最为高尚。

二十四节气中有“夏至”和“冬至”两个节气。“夏至”这一天，北半球白天最长，夜晚最短，而“冬至”这一天则正好相反。夏至和冬至的两个“至”字，均表示太阳运行到南北回归线时，昼夜长短达到了极点。

“至”在汉语中，还可用作连词，表示一事到另一事达到的程度、范围和结果，如“至于、竟至于、以至于”等等。

“**到 dào**”，这是一个会意字。甲骨文的“到”字，左边是一个

"至"字,右边是一个跪跽着的侧视人形。金文的"到"字将人的跪跽形改为直立人形;小篆由此照猫画虎,讹变为"刀",把一个表示"人到达"的会意字,讹变成形声字(文字学称之为"因音形变")。楷书由此又变为"立刀",写作"到"。

"到"字右半部的一步步形变,十分典型。这充分说明,作为象形文字的汉字,乃是一门历史学科,其中的变异或者说将错就错,也是一种并不少见的现象。

"到"与"至"都表示"到达",因此,二字可以互训,《说文》释为:"到,至也。""至,到也。"在古代汉语中,"至"表示事物的到达,"到"专一表示人的到达。如《论语·宪问》:"管仲相桓公,霸诸侯,一匡天下,民到于今受其赐。"这里的"民到",表示"人至"。但在现代汉语中,"到"也可表示事物的到达,如"火车、汽车到站了"。

"到"还可引申表示"往"、"去"的意思,后面常带处所宾语,如"到群众中去"。"到",作为虚词,又用作补语,表示动作有结果,达到了目的。如《老残游记》:"他的好处人学得到,白妞的好处人学不到。"

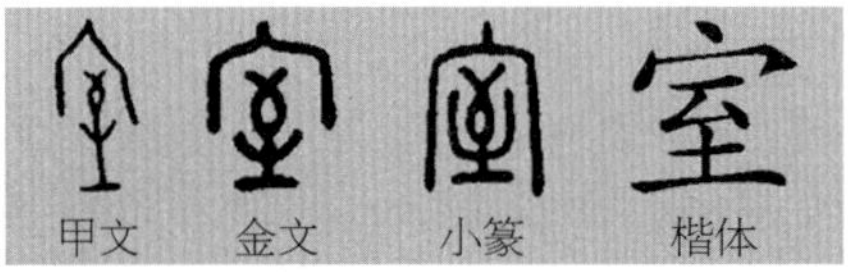

"室 shì",这是一个会意字。《释名·释宫室》训为:"室,实也,从物实满其中也。"即盛放物品的居室、房间。

甲骨文的"室"字为上下结构,上部是一个表示居室的"∧",下部是一个"至"字。这是用"箭"落室中,表示"去往的处所"。甲骨文的用例多为"大室",即祭祀祖先神王的宗庙之室,也用作集合、聚会商讨部族大事的场所。金文、小篆的"室"字,其含义随时代发展而扩展,但在文字构形上却一脉相承。

"室"以"宀"和"至"会意,表示共同去往的屋室,又引申指"人们止息居住"的地方,也用来专指建筑群中后部中央的房间,以区别于建筑群前部的"堂",如《论语》中的"升堂矣,未入于室也"。后来,"室"又指称男子居住的屋舍,即"女曰家、男曰室"。又用来泛指一般的房间或建筑物。如《后汉书·仲长统传》中的“豪人之室,连栋数百。”其中的“室”,即用作此义。因房间一般是家庭的居所,因而,“室”字又引申指“人家”。如《诗·周南·桃夭》:“之子于归,宜其室家。”诗中的“室”字意为家庭。

现代汉语中,“室”有两重含义,一是表示房间,如“寝室、教室”等;二是指称机关中的部门,如“图书室、办公室、实验室”等等。

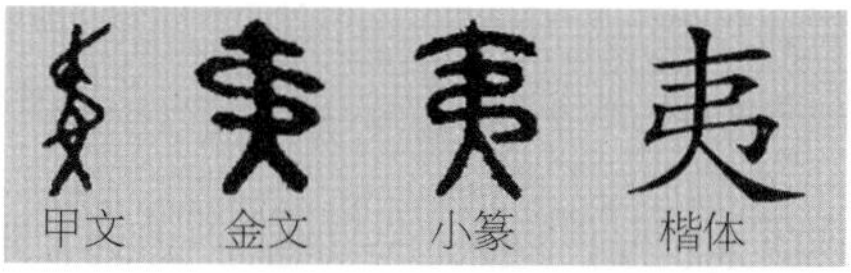

“**夷 yí**”,这是一个会意字。甲骨文的“夷”字是在“矢”上增一缴形(隶作己),即在箭的尾端系上细绳,其作用在于射杀飞鸟。《周礼·夏官·司矢》中把“矢”分为八类,其中之一就是被称作矰矢的“夷”。郑玄注:“结缴于矢谓之矰。”夷就是这种“矰矢”。小篆的“夷”字,最上面的一横,原为箭头的拉长,楷书承接金文,写作“夷”,已失去箭镞的形象。

用尾部系绳的“夷”射猎飞鸟,可以很快将射中的鸟雀找到。即便没有射中,“夷”因系有绳,也很方便在湖泊、草丛中找回。这种弓箭,为居住在渤海湾及黄河下游的先民所发明,候鸟聚集及沼泽遍布是这一工具产生的需求动力。历史典籍通常称东部的这一民族为“夷人”、“东夷”。《说文·大部》:“夷,东方之人也。”后来,“夷”又用来泛指少数民族。如《孟子·梁惠王上》:“莅中国而抚四夷也。”

“夷”用作射猎飞禽,因此有“射杀”之义。如《左传·隐公六年》:“芟夷蕴崇之。”这里的“芟夷”意为“平定”。其中的“夷”字,杜预注曰:“夷,杀也。”

战国青铜器铭纹:以夷射鸟

“夷”为有绳之“矢”。与其他箭矢一起时,可以用自带之绳捆绑缠绕为一束,矫直匡正箭杆,因而有“弄平矫直”之义。如“夷为平地”一词中的“夷”,便用为“动词”,表示“弄平”之义。《国语·晋语》中的“夷灶堙井”,则表示铲平锅灶填塞水井。由夷平之义,又引申为名词的“平坦”,与“险”相对,如王安石《游褒禅山记》:“夫夷以近,则游者众,险以远,则至者少。”其中的“夷”即为平坦的意思。

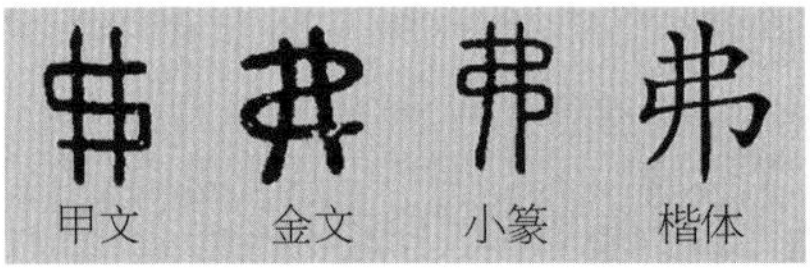

“**弗 fú**”,这是一个会意字。甲骨文的“弗”字,像用绳索捆缚的两枝箭。金文的“弗”字,与甲骨文后一款的“𢎗”字相同,“||”像箭杆或箝直箭杆的竹条夹具,“己” 乃缠绕之绳。小篆和楷书从金文而来,大致上没有什么变化。

“弗”字源出捆缚,捆缚是为了矫正。因而,《说文》释为:“弗,矫也。”但在汉语中,“弗”的本义已经消亡,仍在使用的是“弗”的引申义,即将箭矢捆缚而不使用,相当于“不”的否定词。如《左传·宣公十年》:“衣食所安,弗敢专也,必以分人。”《墨子·非命》:“天亦纵弃之而弗葆。”其中的“弗”字均为否定词。这一意义的使用,大概出于箭矢捆缚后,便不再用于征战杀戮,乃是一种“非战”的明确表示。

“弗”字也是一个部首字,在组字构件中多用为声符,如“费、绋、拂、怫”等字,其中的“弗”在表义时,大都有捆缚、否定之义。

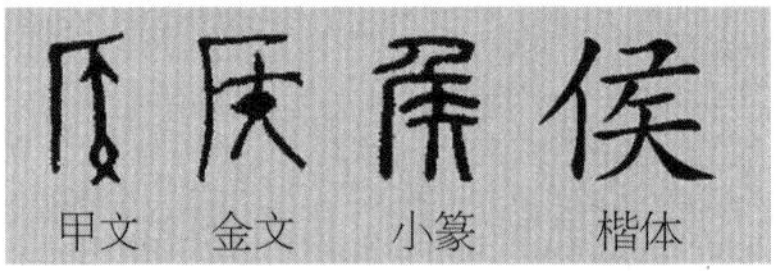

“**矦 hóu**”的本义为射箭之靶,即“有的放矢”中的“的”。甲骨文的“侯”字,下部是一个箭矢,左上部乃是一个翻转符号“**Γ**”,也可视作古代的箭靶。整个图像需要调转 90 度,横过来便可一目了然(如下图):当箭矢射中靶子,靶子会自动翻转,应声而倒。小篆的“矦”字在金文的构形上,又增添了一个“人”,楷书缘此而隶化后写作“侯”。

“侯”,《说文》释为:“侯,春飨所射侯也。”即春天郊游野炊时的箭靶。《诗·齐风·猗嗟》:“终日射侯,不出正兮。”这是说:一天到晚射靶,都没有脱出箭靶的中心。“侯”为箭靶,射中后会应声而倒,因此,引申用来指称封国的王侯。意为君主命令到达,王侯们便会奉令而行,如同箭靶一样,应声而倒。这就是小篆“侯”字上要增添一个“人”的原因。当然,权力如同箭矢,一定的力度与到达的范围成为正比。由此,“侯”为封建制度五等爵位(公、侯、伯、子、男)中的第二等。词义引申,又泛指达官贵人,如《史记·陈涉世家》:“王侯将相宁有种乎?”

殷商时代没有分封的诸侯,只有许多征服或未被征服的方国。周武王灭商后因疆土扩大,为防止和镇压商朝残余势力的叛乱,派出与驻屯性质相似的部族军队,实行“封地为侯”。如史载:周公封同母弟康叔做卫侯,统治旧商国遗民;周成王把东方的奄国封给周公长子伯禽做鲁侯,都曲阜;又封吕尚做齐侯,都营丘;召儿的儿子封燕,成王的弟弟叔虞封唐,等等。侯国是周王朝统辖、治理某一地区的羁縻机构。诸侯国必须拥护王室,服从周天子的号令,本质上是周王朝的附庸。

“侯”是一个部首字,在现代汉语中可用作声旁,如“候、猴、喉、瘊、篌、糇”等。

“晋 jìn”,这是一会意字。甲骨文的“晋”字为上下结构,上部是两个倒立的箭,下部是一个形同“日”字的靶心,意思是目标(曰是古文中的常用字根,意谓目标、目的)。整体字形,表示弓箭一支接一支射中了靶心。小篆的“晋”字,形变为从“双至”从目标字根“日”的会意字。

射箭者连续射中靶心,因而有递进、跟进之义,如“晋见、晋级、晋谒”等等。汉代班固的《幽通赋》中有:“盍孟晋以迨(dài)群兮。”这是说:为什么不勉力跟进赶上大家呢?其中的“晋”用为本义。

“晋”也是周代的诸侯国名,在今山西、河北西南、河南北部一带,为春秋时代的五霸之一。历史上把赵、魏、韩三家分晋,视为春秋时代结束,战国时代开始的标志。“晋”也是朝代名:其一,指司马炎所建立的晋朝(公元 265—420 年);其二,指石敬瑭所建立的后晋王朝(公元 936—947 年)。因春秋时“晋”在山西建国,因而,晋也是山西省的简称。

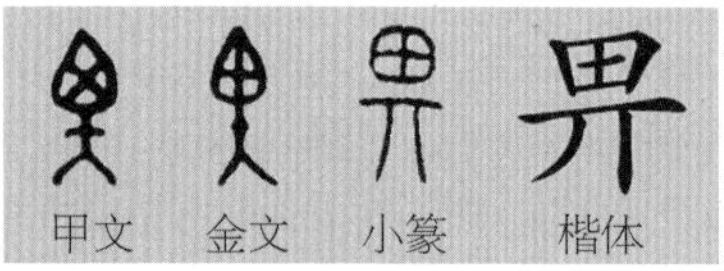

“畀 bì”,《说文》释为:“畀,相付与之约在阁上也。从丌、声。”实际上,甲骨文的“畀”字,是一枝响箭,即通常所说的“鸣镝”。古代社会,军队的指挥发出带响声的“畀”,以作目标指示,弓箭手们便跟随响声一齐把箭射向目标。金文与小篆的“畀”字,从甲骨文演变而来,楷书写作“畀”,已完全失去了象形的韵味。

“畀”是一个象形字,本义为指示目标的鸣镝。引申为一般意义上的“传递、给予”。如《左传·僖公二十八年》:“分曹卫之田以畀宋人。”唐代韩愈的《故江西观察使韦公墓志铭》:“贫不能者,畀之财,载食与浆亲往劝之。”其中的“畀”字,均释为“给予”。

“畀”有“相通”之义,因此,“鼻”字用“畀”作转注偏旁。“痹”也以“畀”为造字构件,表示不通畅,中医指由风、寒、湿等引起的肢体麻木不仁,即“痹则不通也”。

“弩 nǔ”是一种由弓发展而来的远射兵器,由弓、弩臂、弩机三个部分构成:“弓”横装在弩臂前端,“弩臂”用以承弓撑弦并让射者托持,“弩机”安装于弩臂后部,用以扣弦、发射。古人称弩为“横弓

着臂,施机设枢”。这是说,弩是一种装有控制装置,能够延时发射的弓。

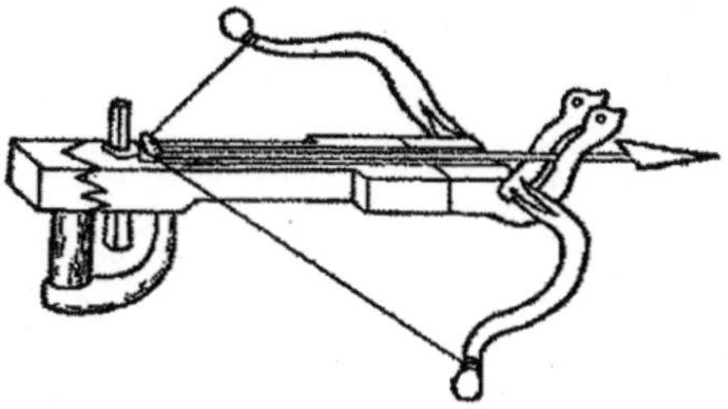

“弩”字是一个形声字,金文的“弩”字,上部为一个“奴”字,下部是一个“弓”字。“奴”表示被抓住俘获的女人,“弓”则表示“弓矢”。表示这是一种非常灵巧,像奴仆一样驯服的兵器;也可能是说,这是一种女奴也可操持使用的兵器。实际上,只要用腰腿部的力量把弩箭装好,女人也可以使用发射。

中国的弩早在上古社会已经发明使用,但是,“弩”在战争上受到重视,并大规模投入使用,则是春秋晚期的事了。弩可以足踏张弦,所以比弓射得更远;弩,可以静心瞄准,命中率比较高,因而成为战国以后步兵手中的利器。史书中常用“千弩俱发,应弦而倒”,“强弩雷发,所中必倒”等句子来描述战争场面,可证其强大的攻击力。战国后期,还出现了“车张”之弩。这种以绞车张弦的大弩,以“大木为弓,羽矛为矢,引机发之,远射千余步”,能把长矛发射到500米以外,可谓冷兵器时代的大炮了。

足踏张弩图

二、干戈戚扬血飞溅

兵器由原始工具脱胎而生；然而，中国的文化典籍之一《世本·作篇》却说：蚩尤发明了“五兵”。蚩尤是古史传说中一位神通广大的部族联盟首领，曾经活跃于长江沿岸的“铜腰带”地区（蚩尤的原形来自商纣王）。“五兵”则是古代对冷兵器的泛称。因此，汉代画像石中，号称“战神”的蚩尤被雕刻成一个神兽状怪物，头顶、手中、身旁佩持着斧、干、剑、刀、弓箭等兵器。古代的青铜兵器，真的与蚩尤有关吗？

汉画像石上的蚩尤

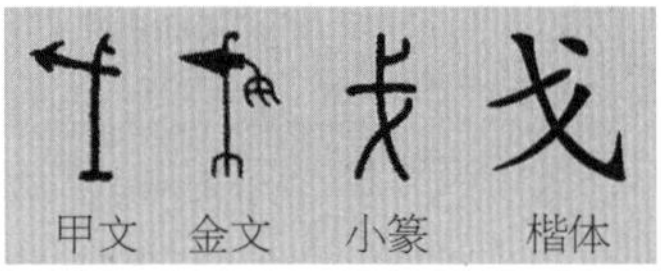

“**戈 gē**”，原本是一个象形字。甲骨文的“戈”字，正是戈的白描图象：戈杆上有尖头的一长横乃是“戈头”，上端短画为“柲帽”，下端为“鐏”，可以插立地上。金文的“戈”字，比甲骨文更为美观逼真，甚至特意在戈头后面补画上了缨穗。小篆的“戈”字在下部增添一横，强调人手的持能，因而成为一个指事字。整体字形线条明晰，但象形的韵味却失去了许多，楷书缘此写

战国青铜器刻纹

作"戈"。

战国铜鉴上的水陆攻战图

"戈",这是一种以勾啄方式杀人的兵器,也是中国最具有民族特色的战争兵器。在新石器时代晚期遗址中,考古学家曾出土过一批石戈,从形制上分析,它们可能源出于史前时期的"斤"。形同石斧的"斤",在上古社会乃是一种用于啄击野兽的工具,必要时,也用来勾啄敌人。在不断杀伐的启示下,我们的祖先创造出了"戈"这一独特兵器。

整个商周时期,"戈"为最重要的格斗兵器,多数用青铜浇铸后再磨制打削而成。戈有长柲和短柲两种,短柲戈长约1米,适合步兵格斗,长柲戈约为2~3米,适合车战勾击。"戈"历经商周两代,一直是战争中的主要实战兵器。直到公元前三世纪,以"矛"为代表的钢铁兵器的盛行,才使"戈"逐渐退出了战争舞台。

"戈"为一种兵器的专名,如《荀子·议兵》:"古之兵,戈、矛、弓、箭罢了。"由于戈是华夏民族最具代表性的实战兵器,词义扩大后,也用来泛指所有兵器。如成语中的"枕戈待旦、干戈相向、偃武息戈"等,其中的"戈"均泛指战争利器,也用来比喻战争、战乱。

"戈"字是一个部首字,在汉字中,凡由"戈"字组成的字,大都与武器或格斗有关,如"戟、戒、戎、咸、武"等字。

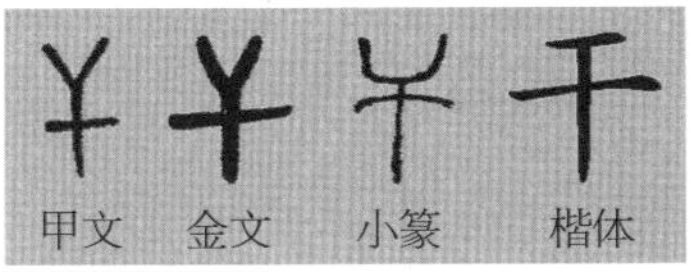

"干 gàn",这是一个指事字。甲骨文的"干"字,乃是在表示树杈的"丫"字上,加一横画用作指示符号,表示人手持拿之处,也表示这是一种狩猎或格斗的武器。

有杈的树干乃是最早的原始武器,把两叉的上端削尖,可用于捕兽打猎,也可用于格斗刺杀。当"干"用于人与人之间的厮杀搏斗时,上部的杈尖可用于戳刺,分开的两叉可以阻挡攻击,尤其是阻拦“戈”的勾啄：当戈迎头砍下时，只要把“干”顺手扬起，便能化解戈的砍啄，这便是中华民族盾牌的最早原型。干与戈的配套，形成了上古时代华夏民族独特的单兵兵器组合，成语中的“大动干戈”就由此而来。

金文中手持干戈的武士

当一群身材矮小的战士，身背弓箭，一手拿戈一手持干，出现在中原大地时，这里便上演了一出出残酷的战争悲剧：草丛之中，大树后边，不时有一支支利箭飞出。其后便是戈砍干挡，你来我往，血溅肉飞，比猴子还灵活的部族战士，在腾挪跳跃中拼杀，不断有人横着躺下。于是，活人开始割取死人的耳朵……

“干”，《说文》释为：“干，犯也。”指干犯、冒犯，这是就“干”的进攻意义而言。这一意义的双音词有“干扰、干系、相干”等。从防护意义而言，“干”在古代常表示“盾”。《方言》卷九：“盾，自关而东或谓之干。”这是说：自陕豫交界的函谷关往东，人们称盾为干。如《左传·成公十年》：“则公侯能为民干城。”这里的干城，意为盾牌和城墙，喻指捍卫之义。

“干”，由其干犯之义，又引申指“冲”，如唐代杜甫的《兵车行》：“哭声直上干云霄。”又引申出牵连之义，如“相干、干涉”等。

“干”也是幹(树干)、乾(干湿)两字的借用简体。

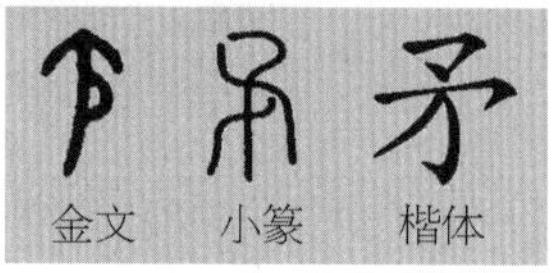

“矛 máo”，一种长柄兵器，格杀搏斗中可用于直刺和扎挑。商代早期，多用石、骨制作，随着冶炼青铜硬度的提高，铜矛于商代晚期逐渐流行，成为仅次于“戈”的格斗兵器，秦汉以后，当铁器普遍使用后，“矛”逐渐取代了“戈”的地位，成为古代战争使用时间最长的冷兵器之一。

金文的“矛”字，乃是“矛”的象形，矛头呈柳叶状，筒部有用以系缨或绑绳加固的半圆形环。小篆的“矛”字秉承金文，却失去了

商周时代的铜矛

象形的韵味，楷书的字形来源于对小篆形体的直线整理。

“矛”有尖锋和两刃，矛柄多为攒竹而成，即以直木为芯，外圈附着竹条，用丝绳缠紧再刷上漆，长度多在 32 米至 38 米之间，最长的则在 4 米以上，应是战车所用。《诗·秦风·无衣》：“王于兴师，修我戈矛。”可知春秋时期的战争征伐中，已是戈矛并用。

《韩非子》一书，记载了一则有关矛与盾的故事：楚国有一位卖兵器者，举盾叫卖：“我的盾坚硬无比，任何矛都不能刺入。”转身，又拿起矛来叫卖：“我的矛坚利无比，任何盾都能刺穿。”旁边有人说：“以子之矛，攻子之盾，何如？”卖兵器者思考半天，不知该如何回答。后来，人们就以“矛盾”，指相互抵触的事物，并因之而成为中国哲学中的一对范畴。又用来指称两元论(或称阴阳论)必然导致悖论。

执盾步兵俑

“**盾 dùn**”，原本是一个象形字。甲骨文的“盾”字，乃是上古盾牌的象形白描。金文中的第一款“盾”字乃是甲骨文的延续。第二款的“盾”字则重起炉灶，造出了一个上下结构的会意字：上边是一个“手”形(与司、后上部相同)，下边是一个古文的“直”。两形会意，表示手持盾牌时身体藏在盾牌之后，只让目光向前窥视。小篆字形给予规整化后写作“盾”。《说文释疑》曰：“目象盾之用，兼形与意而成文也。”

三千多年来，如同进攻性兵器中的“矛”一样，“盾”被视作防护器具中最具代表性的标本。最为原始的盾牌，从“干”脱胎而出，大多用藤木之类材料制作，上边蒙上一层兽皮便成之为盾。有些涂漆后再画上狰狞的虎兽图案。青铜时代的皮盾，已镶嵌有青铜铸造的泡钉或兽面盾饰。两周时期，“盾”与“矛”成为单兵作战的配套兵器，逐渐替代干戈，成为大量装备的兵器。但“盾”与“干”之间在形制上的承继性，要比“戈”与“矛”之间的沿袭多一些。因而，青铜器铭文中有一手持戈，一手执盾的图像，也有戈盾画在一起的图像，在商周时期的墓葬中，也常有戈盾同埋的现象。

青铜器上的矢盾和戈盾

“**斧 fǔ**”，这是一个会意字。甲骨文的“斧”字，右边是一个“斤”，乃是古代曲柄斧的象形；左边是一只手持生殖器的“父”字。两形会意，表示成年男子手持斤斧，用于格杀之义。金文的“斧”字线条有些零乱，右边的“父”字不细瞧，已难辨识，只是左边的“斤”形没变，但却和“丫”的下部连在一起。小篆的“斧”字从金文而来，构形上已呈美观。楷书从小篆隶化而来，构形上与小篆一脉相承，成为一个“从斤从父”的会意字。

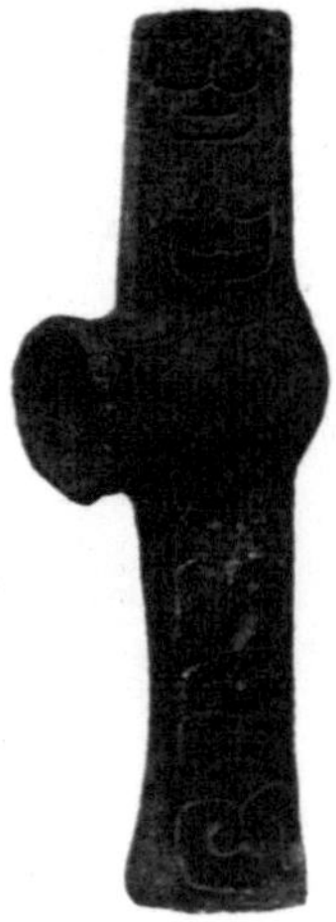
商代铜斧

“斧”原本是一种劈砍工具，用于成年男子手中则成为兵器，杀人以伐。商代的铜斧在形制上往往与铜钺相似，文献中又常把“斧钺”并提，便在于它们有杀伐的共性。斧钺在形体上差别十分细微。铜斧的主要特点是：斧体较长较窄，刃平或略呈弧形；钺的形制则是刃部宽而呈弧形。

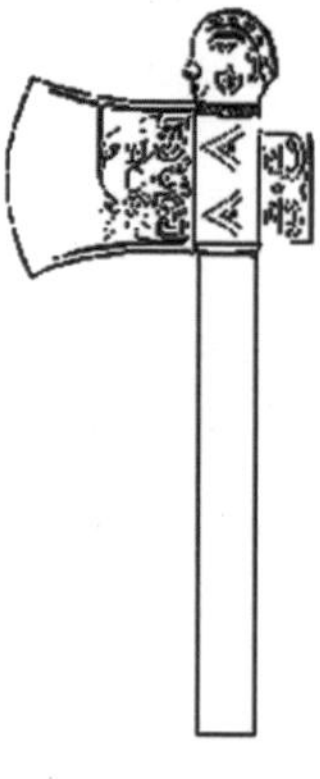

“斧”，《说文》释为：“斧，所以斫(zhuō)也。”《荀子·劝学》：“林木茂而斧斤至焉。”这是说，林木繁盛便须用斧子砍削。《国语·晋语》：“以斧钺从于张孟。”这是说：提着斧钺跟从张盂加入战争。《汉书·项籍传》：“孰与身伏斧质，妻子为戮乎?”这里的斧子已用作杀人的刑具。由此可见，尽管都是砍，用的都是斧子，却可用于不同的目的。

“斧正”，有砍削矫直之意，现多用作请人修改文章时的谦词。

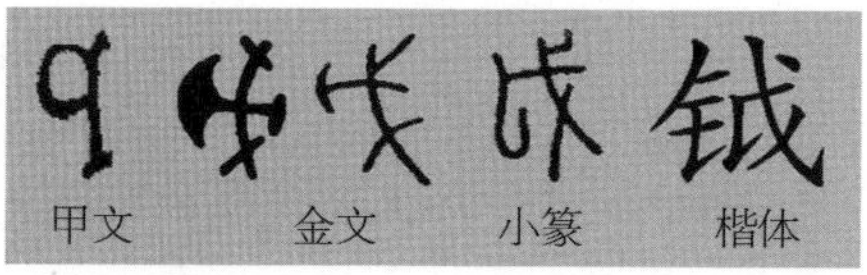

“钺 yuè”，古代一种由斧头脱胎而出的兵器。这种劈砍兵器，形状十分美观，刃呈弧形，身薄而宽；刃部常铸有十分精美的图案，刃后常有十分匀称的曲线。由于“钺”是象征杀伐之权的仪仗兵器，通常由王和首领所持，因而在古代兵器中占有十分独特的地位。

甲骨文的“钺”字写作“ɋ”，线条简练，正是“钺”的象形描绘；金文的“钺”字已失去白描的图形韵味，成为比较抽象的文字，在下部增添一横，强调手持之处后而成为一个指事字；小篆的“钺”字则与象形图画相去甚远。为了区别分类，“使“戊”成为汉字偏旁，楷书在“戉”旁增添一个“金”旁，转注后写作“钺”，遂成为形声转注字。

金文中执钺杀人图

整个商周时期，“钺”都是一种具有多种功能的兵器。首先，它是一种征伐用的武器，如《史记·殷本纪》记载商的开国君主汤：“自把钺以伐昆吾，遂代桀。”其二，它是一种刑具。《国语·鲁语》：“大刑用甲兵，其次用斧钺。”青铜铭文中就有用钺杀人的图形。其三，它是一种权力的象征，常被用于典礼和出行时的仪仗用具。金文中的“王”字有钺的形象，说明当时的使用者，不仅具有相当高的社会等级，而且以此作为权力的象征。

商代的人面铜钺，形象狰狞，给人一种威慑感。

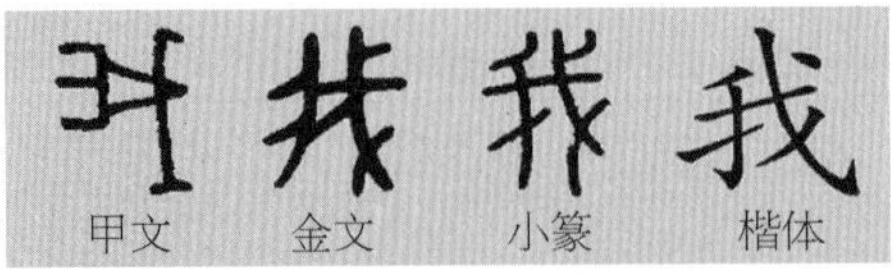

“我 wǒ”，一种刃部呈锯齿状的古代兵器。由于这种兵器铸造工艺复杂，实战功能并非很强，仅仅只是形状奇特，常常用作出征时的徽识和权力标志，也用于统帅者的仪仗。因而，被借用为第一人称的复数代词，即我们。

甲骨文的“我”字，正是“我”的象形描绘，其波状刀刃十分典型。“木柲”与“刃部”可明晰分辨。金文的“我”字已失去象形，到了小篆已丝毫没有兵器的意味。不知这种形变与“我”这种兵器的消亡是否有联系。笔者认为，“我” 的构形可能源于自持斧钺时的上下抖动。上古社会，两军对阵时，手持斧钺的首领会一边上下抖动斧钺，一边领头呼出“我、我、我”的示威发声。因此，“我”有复数第一人称的意义。“我”字是一个从戊从晃动字根“彡”的会意字。

金文中的手持“我”图形

“我”，《说文》释为：“我，施身自谓也。”《广韵》则直接释为：“我，己称。”当然，这是作为兵器的“我”被假借后的引申义了。《孟子·尽心上》：“万物皆备于我矣。”成语有“我行我素”。这里的用法都表示第一人称。《左传·庄公十年》：“十年春，齐师伐我。”这里的“我”则表示自己所在的一方，乃是第一人称的复数，即“我们”。这一意义，一直沿用至今。

“我” 是一个部首字。现代汉语中，凡以“我”(é)为声符构件的汉字，大都有“壮美”的意思，如“娥、峨、蛾、鹅”等字。

出土的西周“我”头

“戚 qī”,《说文》释为:“戚,戉也。”这是说,戚乃古代斧钺一类的兵器。晋代诗人陶潜《读山海经》一诗中有:“刑天舞干戚,猛志故常在。”这是说,尽管刑天(古史传说中的神)被砍掉了脑袋,但仍然一手持干,一手挥戚,其猛志犹存啊!

从字形上分析,戚字是一个从戈尗的会意字。“戈”表勾啄兵器中的戈,“尗”表标枪的投出。戚的本义为晃动手中的戈,然后将其甩投出去。《礼记·乐记》记载上古时代的武舞,其中的舞人左手持“盾”,右手拿“戈”,边跳边舞。《司马法》一书记载上古征伐时的礼仪:“夏执玄戉,殷执白戚,周左杖黄戉,右秉白髦。”这里的“白戚”指白色木把的戈。

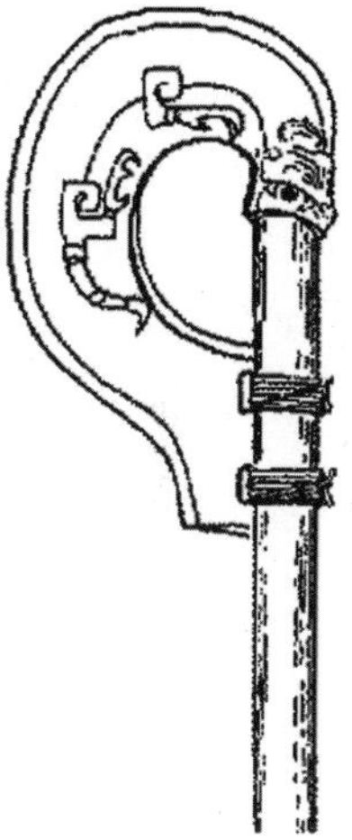
铜戚

《礼记·祭统》说:“朱干玉戚,以舞大战。”《三经通义》也说:“持朱干玉戚而舞,所以增威武也。”这是说:玉制的戚与涂有朱红的盾牌,用于祭祀或重大典礼时的舞蹈,以增强威武悲壮的气氛。现代汉语中,“戚”作程度副词乃是它的引申义,如“哀戚、悲戚、休戚相关”等。“戚”作系连讲,也是它的假借义,如“亲戚”一词。

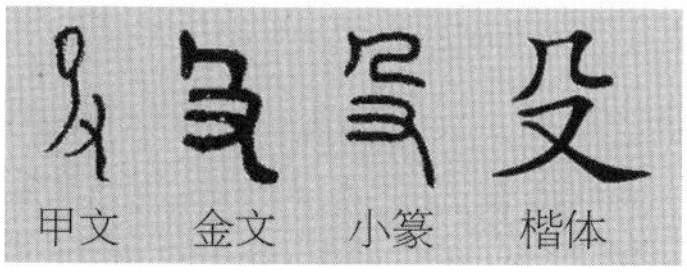

“殳 shū”,这是一个会意字。甲骨文的“殳”字,左上部是一个类似大头棒的兵器,右下部是一只手,好像正在使用这种兵器。金文和小篆的“殳”字缘此而来,一步步形变,从而成为楷书的“殳”字。

“殳”,也是先秦时期的一种特殊兵器,从史前时期榆木疙瘩式的大头棒演化而来。《释名·释兵》说:“殳,矛殳。殊也。长丈二尺而无刃,有所撞挃於车上,使殊离也。”这是说,殳同矛一样,乃长柄兵器,但是没有锋刃,主要用于撞击兵车,使兵车裂断分离。看来,这种兵器的作用相当于今日的反坦克武器了。《说文》对“殳”的解释为:“殳以杸殊人也,礼殳以积竹,八觚,长丈二尺建於兵车,旅贲以先驱。”《诗·卫风·伯兮》:“伯也执殳,为王前驱。”由此看来,“殳”除了在战场上撞击兵车外,另一作用便是用为仪仗护卫,驱赶闲杂人等。此义由转注后的“杸”字承继。

战国铜殳

“殳”字是一个部首字,凡以“殳”为构件的汉字,均有驱使、敲打之义,如“役、段、投、毅、杸”等等。

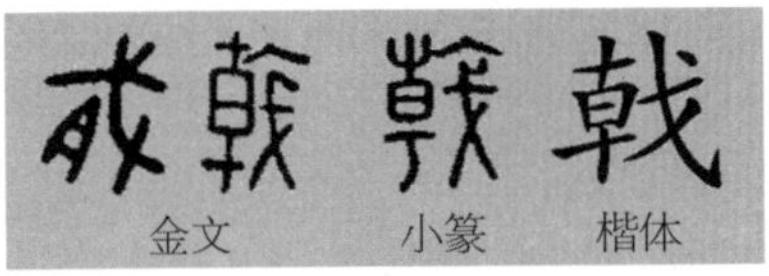

“戟 jǐ”,这是一种把戈和矛组合在一起的兵器。源自在戈的木柲顶部装上戈,或者在矛的下边装上戈,合两种兵器功能为一体的“戟”。既可直刺,亦可勾啄。

金文中有两款“戟”字。一个是在戈的左下方,增添一个矛头的图形,表示戈矛的合一。一个则是在戈上增加一个“∧”(入)形,表示戈上有矛,左边则用“朝”字的省形,用“日出树木之上”的含义表示戈矛一体。当然,这样造字,也包含着古代兵士对“戟”的喜爱——矛用于直刺和扎挑,戈用于勾和啄,戟则把戈矛合为一体,远刺近啄,威力大增,作战性能自然优于戈和矛,但根本的含义则来自戟的高出一截。小篆的“戟”字,秉承金文的第二款,从倝从戈。楷书缘此写作“戟”,但丢掉戈上表示刺入的“∧”。

战国初期的三戈一矛戟

《说文·戈部》释为:“戟,有枝兵也。”意谓矛柄上有枝生之戈者即为戟。“戟”在古代战争中多用于车战。《诗·秦风·无衣》中有:“王于兴师,修我矛戟。”又因为“戟”的形体像一只公鸡打鸣时,昂着头的样子,所以汉代也称“戟”为“鸡鸣”。考古发掘出土有一戈一矛的戟,还出土有双戈一矛、三戈一矛型的戟。

战国漆画中的持戟男女

“**弋 yì**”,这是一种用于投掷的镖枪,源自上古时期,先民在鱼叉的后边系上绳索,以便刺中游鱼后,可及时将鱼捡回。后来用于战争,则不再系绳。这种用于投掷的镖枪,在柄杆的尾部有一个起稳定作用的翼形器,类似于箭矢的尾羽。

“弋”,是一个指事字。甲骨文中的“戈”字,是在一个下端尖锐,上端分叉的木橛上添加一横,表示手握之处。金文和小篆的“弋”字与甲文相同,楷书隶化后写作“弋”。《说文》释为:“弋,橛也。像折木斜锐者形。”从古文字学典籍中,可知“弋”为不系绳的镖枪类武器。

“弋”本为渔猎工具,用作动词则表示投射。如《诗·郑风·女曰鸡鸣》中:“弋凫与雁。”《淮南子·原道》中:“强弩弋高鸟,走犬逐狡兔。”其中的“弋”,都表示投掷、发射。由此引申又用来泛指猎取、获得,如《史记·楚世家》:“三王以弋道德,五霸以弋战国。”其中的“弋”字释作“获取”。“弋”投射出去后,可捡回再投掷,因而有“一次又一次”的含意。这一意义后来写作“代”。

“弋”字证明,中国古代很早便有此类投掷性武器。但与古希腊、古罗马的兵器相比,华夏民族没有将此类武器大加发展。相反,西方的战争兵器也没有中国特有的“干戈”,即勾啄类武器。大概因为勾啄性兵器更适合中国人的体格:短小精悍,跳跃灵活,用于近身搏杀时,血肉横飞,比西方兵器有更多的残酷和壮烈。

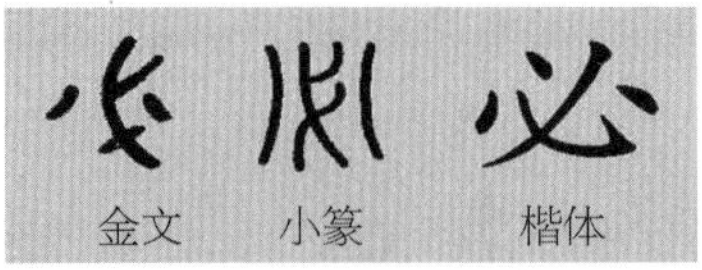

“**必 bì**”。这是一个会意字。金文的“必”字乃是在“弋”的两边各增添一点(用古文的八表示随目标而移动),表示“弋”的投射而出。小篆的“必”字将两边的小点拉长,隶化后便成为楷书的“必”字。

“必”的本义为“弋”的瞄准后投掷。由“弋”本质上乃是一头削尖了的标枪,只是一根木棍,因而引申后又指兵器的把柄。据史书上的记载工艺,“必”的制作十分复杂,中间为柔软度非常好的白蜡木杆,外边由 5 至 7 片细长的竹条包裹,然后用丝麻缠绕,再刷上大漆。如此制作后,使用起来柔软度和强度都非常高。为了词义更加明晰,后世又增加了“木”旁,写作“柲”,专一指称兵器的把柄。

标枪必须瞄准后再投出,戈矛必须装柄后方可使用,手持“必”则意味着拿起武器,手持武器,便意味着开战。因此,“必”字引申后,用来表示一定、必需的意思。如《商君书·更法》:“治世不一道,便国不必法古。”这是说,治理国家没有世代皆用的法则,要使国家兴旺不需要效法古代。再如《史记·游侠列传》:“其言必信,其行必果。”成语中的“事必躬亲”,“人若犯我,我必犯人”等等,其中的“必”都释作必须。

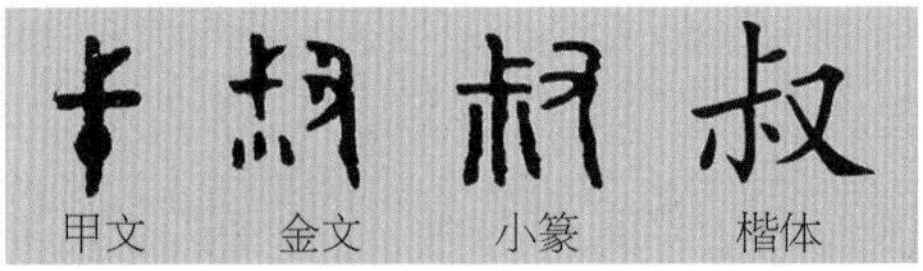

“**叔 shū**”,这是一个会意字。金文第一款的“叔”字,乃是在“弋”字的下端,增添一个黑点,表示标枪投掷前的瞄准晃动。金文第二款的“叔”字,将标枪下端的黑点移在下部,并且以三点之形,表示瞄准时的晃动;在“弋”的右部,又增添了一个手形,使手执标枪,瞄准投掷之义更为明晰。小篆和楷书一脉相承。

“叔”的构形,源自狩猎时手执标枪以投掷。本义为瞄准时的晃动，含有一伸一缩之义。《说文解字》释为："叔，拾也。"即抖晃标枪。显然，这已是标枪瞄准伸缩时的引申义了。如《诗·豳风·七月》："九月叔苴。"其中的"叔苴"即摇晃、晃动麻株，使麻籽溅落地上。引申后，才表示在地上将麻籽一下一下地捡拾起来。陕西关中方言中至今仍有"叔(数)落"一词，其中的以手指指点、晃动义当是古义的留存。

由标枪尾端有系绳，以及以手指数落义引申，"叔"又用来表示与父亲同辈而年纪较小的男子，如《诗·鲁颂·閟宫》中的"王曰叔父"，乃是周成王称周公为叔父。又如《战国策·秦策二》："妻不以我为夫，嫂不以我为叔"。其中的"叔"则指小叔子。引申后又指兄弟中排行为三者，即"伯仲叔季"中的"叔"。

汉画像石

"叔"有摇晃、捡取之义。因而，引申后又指称豆类作物。因为古代豆类作物上的豆荚成熟不一，需要边熟边摘。豆荚成熟后，稍微晃动，豆粒便会爆裂、撒落于地。后来，为了区分词义，给"叔"添加上草字头，写作"菽"，特指豆类作物。

郭沫若先生认为"叔"字"实乃从又持戈以掘芋也"。古人是否以"戈"来掘地挖芋头，实在不可想像。但郭沫若先生的释形影响巨大，乃成为重新解读"叔"字的一大障碍。

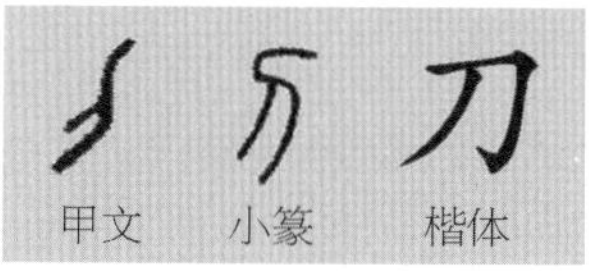

"刀 dāo"，《说文》释为："刀，兵也，象形。"甲骨文的"刀"字正是古代刀器的图形：下边的长弯竖和歧出的斜竖，乃是刀的刃部和刀背，上边则是刀把。小篆的"刀"字承接甲文，但已失象形文字的图画味。今日楷书的"刀"字，则与刀的象形相去甚远，完全符号化了。

青铜器上的持刀图形

“刀”是一种用于劈砍的单面侧刃兵器。在距今五千年前的马家窑遗址，已有史前时期青铜刀的出土。商代铜刀的形体一般较小，多作为切肉工具和护身武器使用，只有极少数刀身较大者，可能用于砍杀格斗。后来，由于用途的不同，在形制上也出现了分化：有的凹刃，有的凸刃；有的柄作环状，有的柄作兽头；有的刀背有扉，有的形体狭长。有扉刀和长条刀一般较大，乃是用于战场砍杀的兵器。

“刀”，起源于工具，因而包括用于“切、割、削、砍”且有锋刃的所有刀具。《庄子·养生主》：“良庖岁更刀，割也。”这里的刀，指的是杀牛的屠刀。“驰马运刀，所向披靡。”这里的刀，则为战场厮杀所用的马刀。“刀”，又指古代一种刀形的钱币，如《荀子·富国》：“厚刀布之敛，以夺农之财。”这里的“刀布”指钱币。“刀”还可用作量词，一百张纸叫一刀纸。

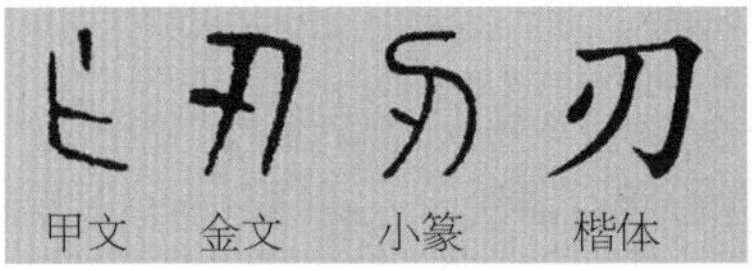

“刃 rèn”，这是一个指事字。甲骨文的“刃”字，左下部为一把刀的象形白描，上部的一点作为指示符号，以指明刀口所在的位置。因此，“刃”的本义指刀口，即刀的锋面。金文和小篆的“刃”字，“刀”的画法和刃部的指示略有差异，构字的主旨和意义均没变化；楷书缘此而写作“刃”。

“刃”的本义为刀口。《说文》释为：“象刀有刃之形。”“刃，刀坚也。”“刀坚”即刀的坚利之处，乃是对刀口的另一种解说。《尚书》：“锻乃戈矛，砺乃锋刃。”这里的“锋刃”即指刀口。词义延伸后，“刃”也可代指刀剑等有锋刃的兵器。如《孟子·梁惠王上》：“杀人以梃与刃，有以异乎？”这是说：用棍杖或用刀剑杀人，有什么区别吗？“刃”字引申为动词，则指用刀剑刺杀，如“手刃奸贼”一词。

“**勿 wù**”。甲骨文的“勿”字是一个依托象形字。右半部为一把刀之象形,左上的两点,表示刀刺入或划过后流出的血滴。金文在刀刃部又增加了一个点,使血滴之意更为明晰。小篆的“勿”字,形体发生讹变,已无神形兼似的韵味;楷书缘此写作“勿”。

利刃划过必有伤口,用刀捅入会使他人受到伤害。刀是随身佩带的工具,使用应有限度。因此,远在殷商时代起,“勿”已被借用为否定词,表示禁止或劝阻。如甲骨文卜辞中的“王勿正(征)土方”,这里的“土方”,乃指相邻的一个方国,“勿正”即不要征伐的意思。《论语·卫灵公》:“己所不欲,勿施于人。”这是说:自己所不愿做的,不要强加于他人。“勿”也可表示一般意义上的否定,相当于“不”,如《史记·相国世家》:“萧何为法,顜若划一;曹参代之,守而勿失。”这是说:曹参为相后,秉承萧何制订的法规,不做改动。

“勿”作组字构件时,仍含有“不”的意义。如物品的“物”字,原意为不杀之牛,由不杀而存在,引申出了“物品”之义。

“**亡 wáng**”,这是一个指事字。甲骨文的“亡”字,乃是在“刀”形之上增加一短竖,表示青铜刀头的折断、失去。金文的“亡”与甲文相似,但作了镜像调整,另一款金文的“亡”字,则发生形义上的讹变,从人从“L”(L为区隔符号,在这里表示隐匿),以会意的方式表示人的逃亡。由此可见,西周时期,相比于工具,奴隶使用价值的上升,损坏刀具已比不上奴隶的逃亡了,尽管它们都有丢失的意义。也可说明此时奴隶不愿忍受奴役而逃亡的普遍性。小篆缘此而来,《说文》释为:“亡,逃也。从人从L。”楷书在隶变过程中,字形发生讹变,写作“亡”。

源于社会形态的变革,“亡”字的构形经历了一个“重起炉灶”的过程,因而产生了许多至今无法破译的文字之谜。如“亡人”一词,引申用来指称奴隶逃亡,有人却将其释为“盲人”。

“亡”字的本义有二:一是丢失,二是逃亡,均有“失去”之义,如《战国策·楚策》:“亡羊而补牢,未为迟也。”“亡羊”既可理解为“羊逃了”,也可理解为羊“丢失”了。由此又引申为“死去”,如“死亡、伤亡”等;又引申为“灭掉”,如“灭亡、亡国”等等。

“**剑 jiàn**”,古代兵器之一。金文的“剑”字,乃是一个“从金佥声”的会意字。“剑”字缺失甲骨文,可知这种兵器的出现和使用比干、戈、斧、钺要晚一些。按照金文字形分析,右边上部是一个倒“口”,下边是两个并立的“兄”,因此可表示一个训斥两个争讼的人;左边的“金”表明剑的材料属性。小篆的“剑”字,承继金文。“从刀”表示这种兵器与刀的形制相似。“佥”则表示剑是一种两边有刃的兵器。

战国铜镜上的持剑武士

“剑”是中国古代一种常见的防身用冷兵器。直身、尖锋,有边有刃,后接短柄,常配有剑鞘,一般单手握持,主要用于击刺,古人称之为“直兵”。在中国,最早用剑的是南方地区的民族,这与此地灌木丛林密集有关(戈在这里使用会受限制)。商民族使用的是一种曲柄式短剑,此类剑的剑身短小,一般只用于随身佩带。东周以后,青铜剑的发展步入成熟,在其鼎盛时期,乃是贵族和士人的必备之物。此时的剑身普遍

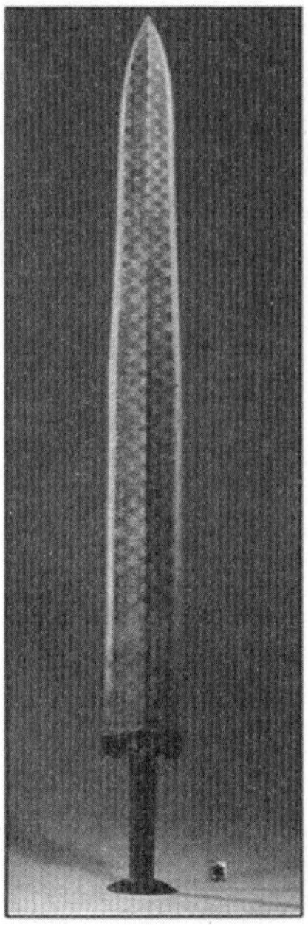

“越王勾践”铜剑

加长，达到五六十厘米，著名的"越王勾践"铜剑就出现在此时。考古发现和传世的吴越铜剑，不仅带有吴王或越王的铭文，在制作上也格外精湛，历经两千年的土埋水淹仍完好如新。

"胄 zhòu"乃头盔，古代打仗时戴的一种金属帽子，用来保护头颈部。甲骨文和金文的"胄"字上部均为头盔的象形线描，下部是一只露在外面的眼睛。上古时期，先民创造出"胄"这种防护用具，乃出自对"戈"类勾啄性杀伤武器的防护需要。殷商时期的"胄"已用青铜铸造，在河南安阳的一个商墓中，曾一次出土141顶青铜胄。这些"胄"的左右两旁和后部向下伸展，用以保护面颊和颈部。在胄顶正中，有一个向上竖立的圆管，用来插入羽毛或缨饰。其中不少铜胄正面都铸有兽面纹饰，显得颇为威武。这些青铜头盔的出现给予"胄"最好的说明。

商代的青铜胄

金文第二款有些变异：眼睛移在上部，下部的头盔有些似是而非，更像一顶普通帽子。小篆承接金文，有两种不同的构形：其一，从月(肉)由声，表示古代帝王贵族的后代，即"贵胄"的胄。如诸葛亮《草庐对》："将军既帝室之胄。"这是说：刘备乃是帝王的后代；其二，上边变为"由"字，下面为"冃"(mào冒)，表示甲胄乃是一种帽子。如《左传》一书中的"左右免胄而下"，其中的"胄"字即头盔。隶化后，二字下部均写作月(肉)，楷书合二为一成为"胄"字，同时表达两种词义。

"胄"在古代也称为"兜鍪"，兜鍪的合音正是"胄"的发音。清代的段玉裁注曰："古谓之胄，汉谓之兜鍪，今谓之盔。"但从语源学分析，甲、金文时期应称作兜鍪(目)，秦汉以后即称作胄。这是汉字由一字两音向一字一音转变的证据之一。

三、止戈为武说征伐

从黄帝大战蚩尤的“涿鹿之战”始，四千多年来，中国境内发生的各类战争约有三千多次。从反抗侵略的正义之战到非正义的军阀混战，从揭竿而起的农民起义到讨伐叛逆，频仍的战争，不仅仅是各种武装集团的力量对抗，是战争武器的花样翻新，更是人们智慧的较量。

古往今来，刀光剑影的历史舞台上，呈现出一幕又一幕颇具艺术性的战争剧，迫使人们不得不对残酷的战争进行观察和反思：古人的战略战术、战争观念以及兵法谋略，在汉字文化中都有淋漓尽致的反映。

“兵 bīng”，这是一个会意字。甲骨文的“兵”字，上部是一把弯柄的大斧头（斤）；下部在斧的两侧有两只手，用来会意双手举“斤”予以砍下。金文的斧头转向右边，并增加了翻转符号“୮”，强调了斧斤的砍下。小篆的“兵”字，双手依然，但斧头已与翻转符号合为一体。在楷书的“兵”字中，“斤”字仍在，但双手却很难观看清楚了。过去有人说“丘八为兵”，这话是不对的，因为“兵”字的上部是“斤”，“斤”是

汉代执斧兵俑

上古斧子的象形。

战争并非个人间的拼杀,它是团队间的较量,投入一定数量的兵员是取胜的起码条件。"兵"字的本义是武装起来的人,因而可用来表示兵器和军队,如曹操《置屯田令》:"夫定国之术,在于强兵足食。"这里的"强兵"即指强大的军队。汉代贾谊《过秦论》:"收天下之兵,聚之咸阳。"这里的"兵"即为"兵器"。由兵器和军队又可顺理成章,引申为"战争",如《孙子兵法》中:"兵者,国之大事。"意思是说:战争,乃是国家的大事。至于"兵"当"兵卒"讲,则用的是本义。如《三国志·吴书·吴主传》:"将军贺达等将兵万人。"军事歌曲《我是一个兵》,这里的"兵"都作兵士讲。

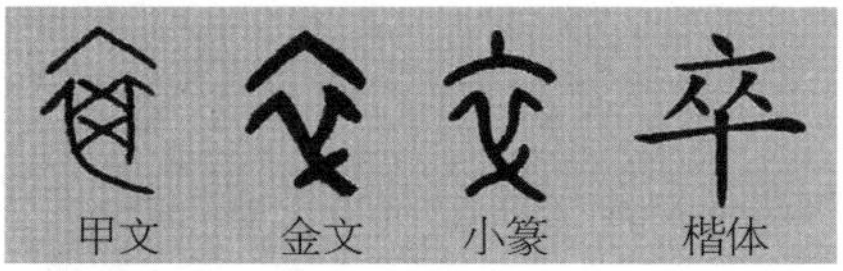

"卒 zú",这是一个会意字。甲骨文的"卒"字,外部是一个"衣"字,在此表示人体的肚子。内里的交叉文饰"㐅",乃是肚子上的花纹。对男人来讲,肚子上的花纹,若非用颜色刻意涂画,便是狩猎或战争中格斗搏杀后的伤口。金文的"卒"字,乃是在衣襟上添加一斜竖,用指示符号表示肚子上受到了创伤。小篆承接金文,楷书在隶变过程中发生讹变,写作"卒"。

"卒"的本义为肚子上的创伤。古代社会,外科医疗手段极其简陋,肚子被戈矛戳伤便意味着死亡,因而,"卒"又用来表示"死"的意思,如"生卒年代"。这一意义后来写作"猝",通常用来表示突然死去。双方搏杀,一方肚子被戳了个洞,这便意味着格斗结束,因而,"卒"又用来表示完毕,如"卒业"一词。

上古时代,交战的兵士常常会在脸上和肚子上涂抹颜色,作为部族战士的徽识,后来又用护甲来保护前胸和肚子。因而"卒"也用来指称兵士,又特指步兵。如《左传·隐公元年》:"缮甲兵,具卒乘。""具卒乘"即准备步兵和兵车。兵卒的意义,还在

汉画像石

于可作为阻挡敌人进攻的工具,因而“卒”与“阻”同一音系。后来,由“兵士”之义又引申指服役的隶役,如《史记·河渠书》:“悉发卒数万人穿漕渠,三岁而通。”其中的“卒”即指役夫、差役等。

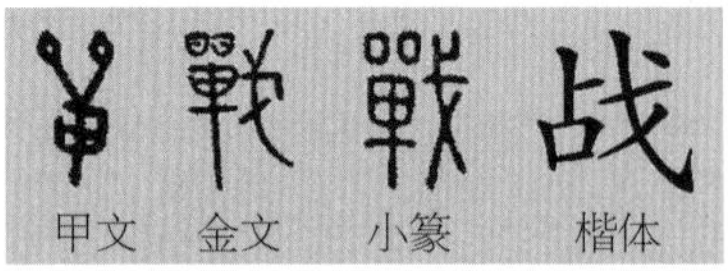

“战 zhàn”是“戰”的简体字。从繁体字的角度来看,戰又是“單”的孳乳后起字,这就是说:“单”乃是“戰”的初字。

甲骨文的“单”字,是一个会意字。在权形兵器(即干)上添加表示挥舞的示意性符号,便成为“单”字的构形。上古时代,先民打猎,“干”是一种取材方便,而且十分实用的狩猎工具。用于战争时,“干”能攻能防,可达到一物两用。金文加“戈”,使戈、单合一而为“戰”,从能攻能守这个角度理解,“單”就是“戰”的初文。戰是单的本义转注字之一。

青铜铭文中的“单”

“战”,《说文》释为:“战,斗也。”因此,“战”的本义为战斗、战争。如《商君书·画策》:“以战去战,虽战可也。”这是说,以战争手段去消弭战争,即便发动战争,也是可以的。“战”又引申泛指人与人,人与事物之间的争斗,如“诸葛亮舌战群儒、战天斗地”等,其中的“战”,既可用于口舌之争,又可表示人与大自然的搏斗。“战”,由其厮杀时的血腥,又引申用来表示恐惧、发抖,如“寒战、心惊胆战”等。

“何 hé”,原本是一个象形字。甲骨文和金文的“何”字,都像一个人肩膀上扛戈而行,口中呼喊的样子。小篆的“何”字在戈的头部下面增口,强调兵士的呼喊,形变为“从人可声”的形声字(也可视作重起炉灶)。其中,“人”字分离而出,大张之口和戈形合为一

"可",楷书缘此写作"何"。

金文中的"何"

"何"字的本义为负戈而行,其发声与兵士列队行进中的呼喊有关。由此引申出负荷、承荷之义。在汉语的发展及使用过程中,这一意义由后起的"荷"字来表示,而"何"则多用为汉语中的虚词。

看见一队荷枪实弹的士兵在行走,人们的第一个念头便是:他们往何处去?去干什么?当然,古代的士兵是"荷"着戈了。"何",由此引申为疑问代词。如汉语中常用的"今欲何往、今欲何为",又作副词表示为什么、怎么、多么。如《论衡》:"何子居之高,视之下,仪貌之壮,语言之野也?"这是说:为什么像你这样地位高的人,反而目光短浅;仪貌堂堂,语言却粗鄙野蛮呢?再如唐代李白的《古风五十九首其三》:"秦王扫六合,虎视何雄哉!"这里的"何"用于感叹句中,表示程度副词"多么"的意思。

现代汉语中,除了用作姓氏之外,"何人、何者、何物、何年何月"等词中的"何",都用作疑问代语;"何敢、何似、何其"等词中的"何",都用作副词,表示疑问或程度。

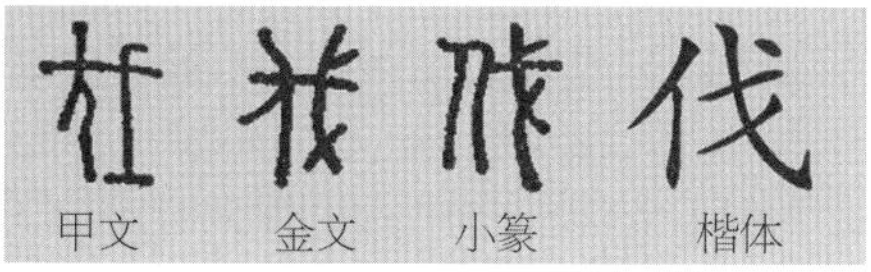

甲骨文的"**伐 fá**"字,右边是一把长戈,左边是面朝左站着的一个人,戈的长刃正砍在人的脖子上。金文基本上与甲骨文的形体相同;小篆也是左"人"右"戈"的结构,只不过戈和人已经分离,成为左右结构。楷书的形体,直接由小篆演变而来。

"伐"是个会意字,其本义是"杀伐"、"砍杀",由此引申为"攻打、讨伐"。如《尚书·武成》:"武王伐殷。"这里的"伐"即为讨伐。古代有"九伐"之说,即九种须加征伐之事。《周礼·夏官·大司马》详述如下:“以九伐之法正邦国,冯驹犯寡则眚之,贼贤害民则伐之,暴内陵外则坛之,野荒民散则削之,负固不服则侵之,贼杀其亲则正之,放弑其君则残之,犯令陵政则杜之,外内乱鸟兽行则灭之。”

因“征伐”就可能取胜,取胜则有“功”,所以“伐”字可以当“功劳”讲。如《左传·庄公二十八年》:“且旌君伐。”“旌”是“表彰”之义。这就是说:将要表彰您的战功。从“功劳”又引申为“夸耀”,如《庄子·山木》:“自伐者无功。”这是说:自夸自己的人不会有什么成功。

“红娘”、“月老” 都是媒人的代称, 也有人把媒人称为 “伐柯人”。实际上,这一典故源自《诗·豳风·伐柯》:“伐柯如何?匪斧不克。娶妻如何?匪媒不得。”这是说:要砍倒柯树怎么办呢?没有斧子则不成。要娶妻怎么办呢?没有媒人则不得。后世,“伐柯人”就成了媒人的代称。

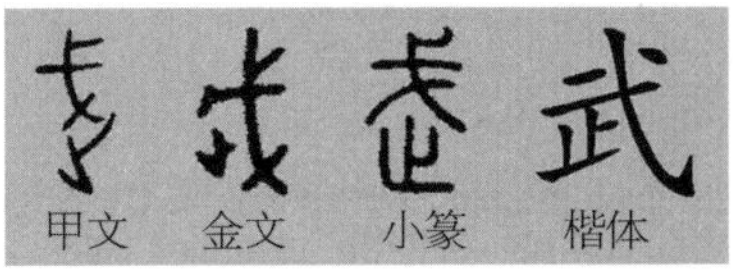

“武 wǔ”,这是一个会意字。甲骨文的“武”字为上下结构:上边是一个“戈”(武器),下边是一个“止”(脚印)。戈止会意,表示仗戈讨伐、武装示威的意思。讨伐者必有行动,“止”则表示行动;威慑者须示以武器,“戈”即武器。金文的“武”字移“止”于“戈”下,已有楷书之雏形。小篆回复到甲骨文的上下结构,但戈止会意的基本构形未变,遂有楷书的“武”字。

“武”在汉语中的本义为威武、勇猛,如《诗·郑风·羔裘》:“羔裘豹饰,孔武有力。”屈原《国殇》:“诚既勇兮又以武。”其中的“武”均可释为勇武、英勇。战争中,只有武装到牙齿的人,才有威武可言,因此,“武”可引申表示与军事、战争有关的武力,如“英雄无用武之地”、“武装”、“武器” 等。“武断”一词,本来表示用“武力”判断曲直,含有“胜者王侯

汉画像上的胡汉交战

败者贼”的意思，后来多用来表示自以为是，主观妄断。

许慎在《说文》中释“武”时，曾引用了一段话：“楚庄王曰：‘夫武，定功戢兵。故止戈为武。’”“止戈为武”这一释义，从“止”的本义为趾，表示行走义来看，显然有错，但它反映了古代关于战争、武力的一种抽象道德观念。在古人看来，“善战、善胜、善于对待战争、善于制止战争”都叫武。从另一个角度来看，今日的荷戈行走，兵临城下，以威慑恫吓对方，可能取得不战而胜的结局。从《老子》“兵者，不祥之器，非君子之器，不得已而用之”的角度来看，核武器才是真正的“武”。

“**戎 róng**”，这是一个会意字：甲骨文的“戎”字从戈从简省的“甲”，乃是在“戈”的柄上添上了一个“盾”的图形。戈盾合一，既表示兵器，也表示军队的意思。金文作“戎”，左下部的“十”仍是“甲”字的省形。小篆成为“从戈从甲”的会意字。楷书与金文相似，从戈从十(十像古代盾牌的木骨架)，写作“戎”。

《说文》释“戎”为“兵也”，即兵器。《礼记·月令》：“天子乃教于田猎，以习五戎。”句中的“五戎”指“弓、殳、矛、戈、戟”五种攻击性兵器。不论“戈盾”在手，还是“五戎”具备，都意味着战争的开端，古人称之为“利刃在身，杀心自起。”因此“戎”由兵器之义，引申指军旅、征伐。如《木兰诗》：“万里赴戎机，关山度若飞。”杜甫《登岳阳楼》：“戎马关山北，凭轩涕泗流。”其中的“戎机、戎马”均指军旅。《新唐书·魏元忠传》：“是知大将临戎，以智为本。”这里的“临戎”即面对战争的意思。

“戎”，也是古人对西部少数民族的称呼，大概因为这些民族以游猎、游牧为生活方式，又英勇喜战，故称之为“戎族”。

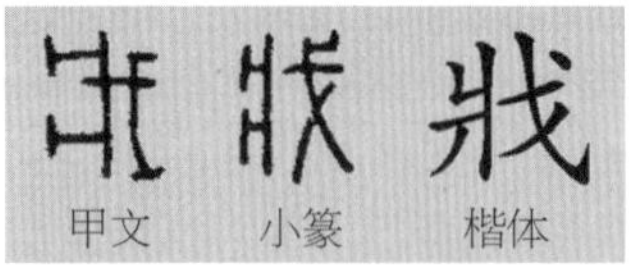

“**戕 qiāng**”,这是一个会意字。甲骨文的“戕”字为左右结构:右边的戈”表示武器,左边的“爿”字,横置来看,便是“床”的象形。用戈刺破卧床之具,意味着将睡在床上的人杀害。“爿”也可视作“牆”的省形,用“戈”刺破围墙,仍有侵略之义。因此,《玉篇·戈部》释为:“戕,杀也。”指杀害、残害。小篆和楷书的“戕”字与甲骨文构形相同,《说文》将其释为:“从戈爿声”的形声字。

“戕”的本义为乘人不备将其杀死,在古代多用在臣弑君之中。从古代的道德伦理来看,这乃是以下犯上违背伦理准则的行为,故有偷袭之义。如《春秋·宣公十八年》:“邾人戕鄫子于鄫。”后来,这一词义又用在自相残杀中,如曹操的《蒿里行》一诗:“势利使人争,嗣还自相戕。”其中的“戕”可释为非道德性的杀害。现代汉语中则有沿袭而来的双音词“自戕”。

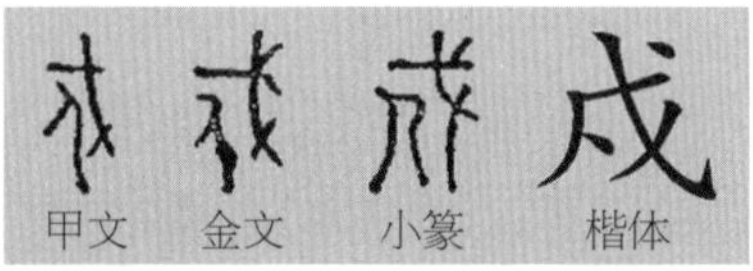

“**戍 shù**”,这是一个会意字。甲骨文的左下部是个“人”,面部朝左而侧立;右上方则是一个“戈”的图形。“人”在“戈”下,则有“守卫”的意思。金文的形体,与甲骨文极为相似。小篆的写法从金文演变而来,乃一脉相承。楷书秉承小篆的“从戈从人”,在“戈”的左下方,乃是一个稍有变形的“人”字。

“戍”字的本义是“守卫”,如苏辙的《民政策下》:“戍边之谋,始于秦汉。”这里的“戍边”就是屯驻军人以保卫边疆的意思。其实这个“保卫”之义,今天仍在沿用,如称保卫城市安全的部队和军事机关为“卫戍部队”、“卫戍区”等。

金文中的戍

“戍”、“戎”、“戌”字形相近,极易混淆。“戍”

字读 shù，戈下有人。“戌”字读 xū，是地支的第十一位，“戌时”指十九点至二十一点。“戌”字出自斧钺之形，乃是“戉”字的变异。

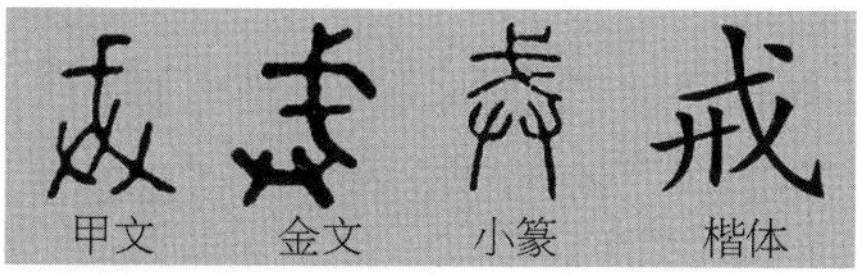

“戒 jiè”，这是一个会意字。甲骨文字形的中间是一把长“戈”，下部的左右两侧是紧握长戈的两只手。整体字形，表示戒备敌寇来犯之义。金文的结构基本上与甲骨文相似，只是双手均在戈的左下侧。小篆的形体由金文直接演变而来，双手移到了戈下。楷书的形体发生了讹变，“戈”形犹在，但双手合并变为“廾”，已丝毫也看不出手形的模样了。

“戒”字的本义是“警戒”或“戒备”，如《易·萃卦》中的：“戒不虞。”“不虞”就是“不料”、“料想不到”；“戒不虞”，就是警戒突然来犯之敌的意思。由“戒备”又可以引申出“警告”或“告诫”之义，如《荀子·成相》：“观往事，以自戒。”意思是：审查过去已做之事，借以告诫自己。“戒”字的这个意义，后来写作“诫”。“诫”是“戒”字的孳乳后起字。

双手执戈为“戒”，所以“戒”字也有“禁制”之义，表示“钳制”的意思，如“戒律、戒条”等。又引申为“戒除”，如“戒烟、戒酒”等。

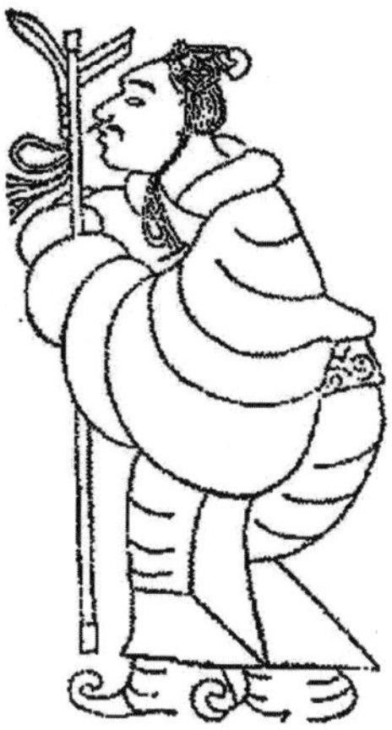
汉画像石

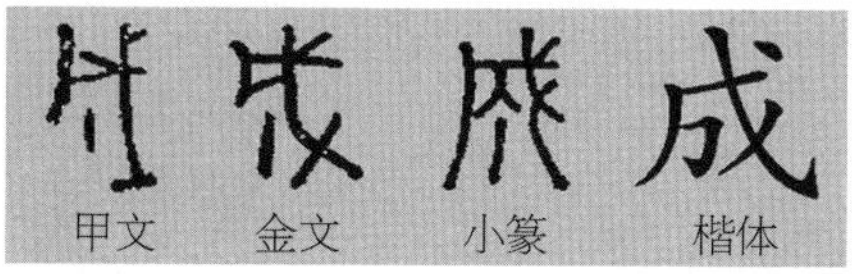

“成 chéng”字本为会意字。甲骨文右上部乃是一把长柄板斧，左下角的一短竖(古文的十字)表示长柄板斧砍了下去。在金文的“成”字中，右边的弯柄大斧更为形象，下部的“十”字延伸的更长一些。小篆变化较大，上边的斧形演变为“戊”，下边的长竖演变为一

个“丁”字(表示斧子砍下然后抬起),原来的会意字变成了形声字,成了外形(戊)内声(丁)的形声字。楷书在书写时,又将内里的“丁”字写成了“横弯钩”,遂有现今的“成”字。

古代,斧钺乃砍头杀人的刑具,斧钺砍下,意味行刑完毕。因此,“成”字的本义为“完成”,如李斯《谏逐客书》:“秦成帝业。”即秦国完成了统治大业的意思。从“完成”之义又引申为“成功”,如《三国志·蜀书·诸葛亮传》:“成败之机,在于今日。”这个“成”字是与“败”字相对的。从“成功”之义又能引申出“成为”的意思,如《礼记·学记》:“玉不琢,不成器。”也就是说:玉石不经过雕琢是不能成为器物的。

“成人”一词古今都用,现在大都指“长大成人”而言。但《论语·宪问》一章中的“子路问成人”,“成人”则指完美无缺的人。意思是:子路问孔子怎样才算一个完美无缺的人。

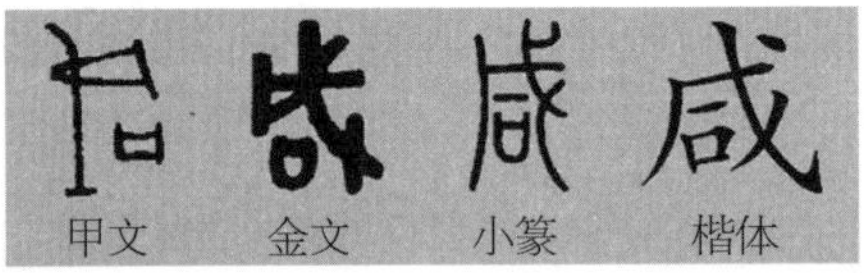

“咸 xián”字从戌从口,“戌”为战斧之形,表示武器,“口”,可表示斧钺砍下后形成的伤口。凡斧钺砍及人身,常会造成创伤。因此,“咸”有普遍、一定的意义。也有学者认为,“口”乃发声器官,表示古代征战时,将士齐声大叫冲杀,即今俗用的“喊”字。实际上,把斧钺用力砍下时,无论在战场上,还是在刑场上,人们都会不由自主地发出喊声,借以发力,用以壮胆。小篆的“咸”字,在演变过程中成为“从戌从口”的会意字;楷书缘此写作“咸”。

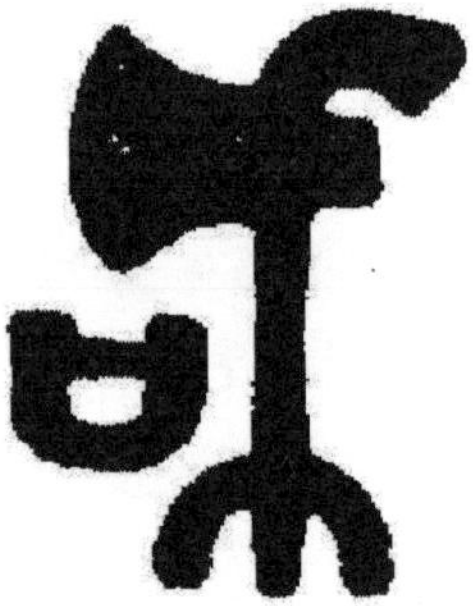
青铜器铭文“咸”

“咸”的本义是斧钺砍下时的高声呼喊,由战争撕杀时,全体兵士的齐声呼喊,引申出“全”和“都”之义。《说文·口部》释为:“咸,皆也,悉也。”如《诗·鲁颂·閟宫》:“敦商之旅,克咸厥功。”这里的“咸”即释为“共同”、“全部”。古文中有“咸受其益、少长咸集”等例句，其中的“咸”字也释作“全、皆”。“咸阳”为秦国后期国都，在今陕西西安附近，地处九嵕(zōng)山之南，渭水之北。因为古人以山南为阳，水北为阳，故称“咸阳”，意思为“全都向阳”。

“咸淡”的咸，本作“鹹”，从鹵咸声。“咸”兼表意，构意源自喝一口盐卤后的张嘴吐气。汉字简化时借用“咸”字为“鹹”的简体字。

“咸”字也是一个偏旁字。汉字中，凡以“咸”为声义旁的文字，大都与呼喊或创伤之义有关，如“感、缄、减、鍼、箴”等字。

“**旄 máo**”字是古代的常用字。金文的“旄”字，上部是一个旗帜的象形，下部是一个古文的“毛”字。上古时期，布帛织造不易，旗杆上多用五颜六色的兽皮条或兽尾作旗的飘帜。“旄”，就是以五颜六色皮条及蓬松兽尾做成的旗帜，古人用以指挥行军和作战，也是军队的徽识。小篆和楷书的“旄”字，右下部仍是“毛”字，不过稍有形变而已。

青铜器上的图样

“旄”字的本义就是上古的战旗。如岑参《轮台歌》：“上将拥旄西出征，平明吹笛大军行。”这是说：大将军用旄指挥向西出征，天亮军笛吹响，部队出发。战旗为军队的指挥标帜，持旗者常常在军队的前面。所以，古代“旄头”一词又指持旗先行的骑兵。在现代的旧体诗词中，“旄头”一词仍在沿用，例如毛泽东《清平乐·六盘山》一词，原稿中有“旄头漫卷西风”一句，后来“旄头”一词改为“红旗”。

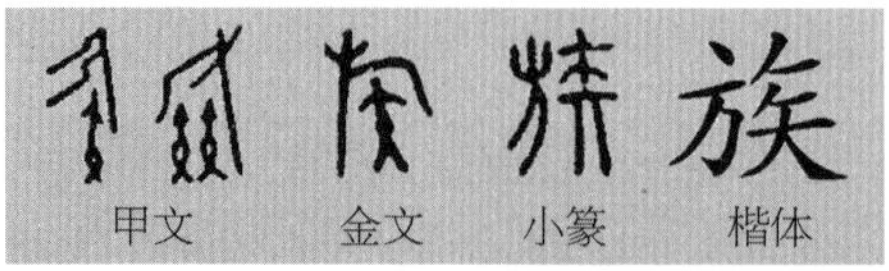

“**族 zú**”,这是个会意字。甲骨文的“族”字,左上方是一个“㫃yǎn”字,为长杆上飘动的旗帜。上古时代的旗帜多用五颜六色的动物毛皮割制成皮条制作,因而更像随风飘扬的垂饰,这就是甲骨文“族”字上部的象形来源。“族”字的右下方是一个“矢”字,像一枝头朝上的箭矢。后一个“族”字的构形,与前者相同,只是下边的箭矢为两枝,体现了古文字简繁体并行,意义完全相同的特点。小篆和楷体的“族”字皆由金文演变而来,尽管字形出入很大,但组字构件和意义一点没变。

旗帜是号令聚众的标识,箭矢有发射到来之义。兵器聚集在旗帜之下,乃是由人携带而来。因此,“族”字的本义为集合起来的军队,表示众人迅速前往旗帜下聚集、集合。

甲骨卜辞中,有“多子族”四处征伐的记载。“多子族”,即由众多部族男子组成的武装团体,也是华夏历史上有史记载的第一支常备军队,一个专一实施征伐作战的武装集团。甲骨卜辞中,还有“王族”这一词汇,“王族”应当是与商王有着血缘关系的部族战士。古代,同一氏族或同一宗族的人们,不但有血缘关系,同时也是一个战斗单位或武装集团。所以,“族”字由军队之义又引申为氏族和宗族的称谓。如记载宗族或家族谱系的文献资料,称为“族谱”。古代一人犯罪,往往要株连九族。“九族”就是以个人为中心,上推及父亲、祖父、曾祖父、高祖父;下推及儿子、孙子、曾孙、玄孙,合起来共涉及到一个家族中的九代人,因而称为“九族”。古代,也有包括异姓亲属而言的九族,即父族四代,母族三代,妻族二代,合为九族。

现代汉语中,“族”可表示“人群的分类”,如“上班族、追星族、丁克一族”等等。

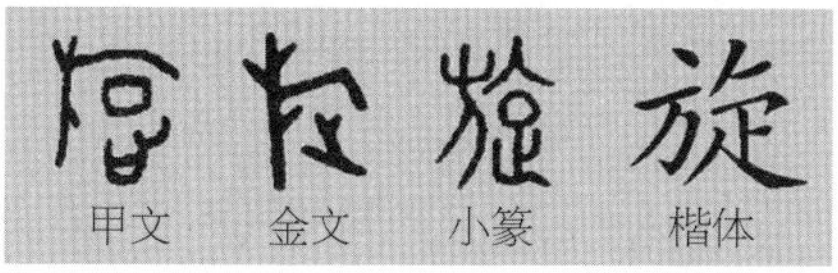

“**旋 xuán**”,这是一个会意字。甲骨文的上部是一面向右飘动的旗帜,即㫃(yǎn);下部是一个“正”:以足趾之形“止”表示行进;“**口**”则表示城邑。整体字形会意举旗凯旋而归,回到自己的城邑。金文的“旋”字省略了表示城邑的“口”,小篆则把“止和口”变成了“足”,楷书又把“足”字变成了“疋”,写作“旋”。在上古文字中,足、止、疋三字,字形相近意义相同,都指人的脚,因此,常常互换。

汉墓画砖上的军队征伐凯旋图

旗帜,用来号令指挥,旗下的人则随着旗帜行进移动,因此,旋的本义为“凯旋”。如李商隐《行次西郊作》:“未知何日旋。”即不知何日归的意思。再如法国巴黎著名的“凯旋门”,乃是拿破仑于1808年建造。“凯旋”,即指军队胜利后的返回。

“旋”由征伐归旋之义,又引申为周旋、转动,如“旋转、旋涡、盘旋、回旋”等等。又如《荀子·天论》:“列星随旋,日月重递照。”由回旋、旋踵之义又引申为顷刻之间、不久,如“旋即归来”一词。

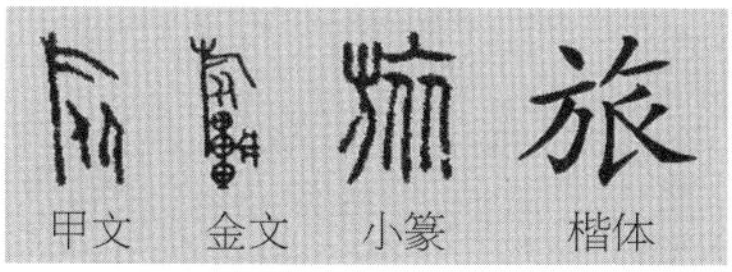

“**旅 lǚ**”,这是一个会意字。甲骨文的“旅”字上半部也是一个“㫃yǎn”字,乃是上古旗帜的象形图像;右下部是两个人,表示兵士跟随军旗行进的意思。金文则是在战车上插上一面大旗,兵士聚集在大旗的周围。小篆类似甲骨文,在大旗下有两个人(士兵),楷书的“旅”字发生形变,下部的两个人演变成上下结构的“𠂢”。

“旅”的本义为一定数量兵士的武装出行，也可视作军队的开拔，即军旅、军队的意思。由军队的出征之行，又引申为古代军队的编制，即军师旅团中的“旅”。《说文》曰：“旅，军之五百人为旅。”如《左传·哀公元年》：“有众一旅。”即有军队一旅。由军队的出征之行，又引申为在外旅行，但“旅”在古代通常表示许多人的结伴而行，如《礼记·曾子问》：“三年之丧，练不群立，不旅行。”由旅行又引申出旅居之义。如“羁旅之臣”即表示寄居在外的臣子。由寄居之义又引申为旅客，如“商旅”一词，表示出外经商的人；“行旅”则表示出行的人；“旅馆”则是行旅之人歇息之处。

“**师 shī**”，这是一个会意字。金文的“师”字左边源自人的屁股，只要调转九十度，横过来看，恰似人的臀尻。右边是一个“帀”(读作zā)，乃是倒置的“之”字，表示从“哪边”走来之义。在古人看来，从远处来到此处，屁股坐了下来，便意味着驻扎或就地休息的意思。小篆由金文而来，楷书承接其后写作“𠂤”。汉字简化方案公布后，统一写作“师”。

“师”的本义为移师到来而驻扎。由军队的驻扎占据，引申用来泛指军队，如《左传·庄公十年》：“齐师伐我。”《老子》：“师之所处，荆棘生焉；大军过后，必有凶

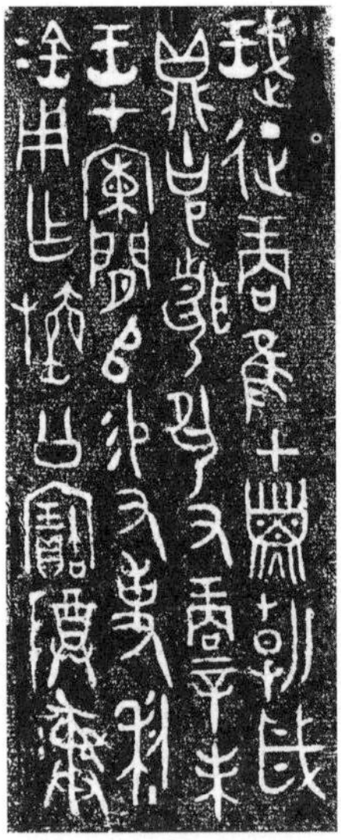

武王征商，唯(隹)甲子朝，歲鼎，克，聞夙有商。辛未，王在柬閒師(𠂤)，賜右吏利金，用作旜公寶隮彝。

记载武王伐商铭文的青铜器“利簋”。出土于西安附近的临潼。

年。”这里的“师”均作“军队”讲。由军队又引申出军队的编制。商周时代，以“师”为最高一级的军事编制单位，《说文》：“师，二千五百人为师。”现代汉语中，“师”仍为军队的编制单位。又由军队的首领、指挥训练军队的教官，引申出了老师之义，如《论语》中的“三人行，必有我师焉”。又由老师引申出掌握专门知识或技术的人，如“医师、工程师”等。

“师”还可用来表示对僧、尼、道士的尊称，如“宗师、大师”等，乃是由“老师”一词引申而来。

“军 jūn”，这是一个会意字。金文的“军”字中间是一个“车”字，字形外部是“勹”字，像手臂包围之形。两形会意，表示用兵车包围环绕的意思。小篆的写法，大致与金文的形体相同。

在春秋战国时期的战争中，兵车不仅是作战的主要武器。驻扎时，用兵车将驻地围起来，便形成一道屏障，成为军队的营寨。所以，“军”字的本义为“营垒、驻扎”。如《史记·项羽本纪》：“沛公军霸上，未待与项羽相见。”这里的“军”字，即作“驻扎”讲。“军门”一词，古文中经常见到，如《左传·哀公十年》：“吴子三日哭于军门之外。”这是说：吴子在军营门外哭了三天。

古文中不同写法的“军”

拥有并出动兵车，一定是大规模的战争行动了。事实上，兵车常是军队的指挥车，所以，“军”又用来指军队的编制单位。《管子·小臣》因而释为：“万人为一军。”《说文》一书则认为古代一万二千五百人为一军。由军队的驻扎之义，又引申出“军队、军事”等意义，

如“军粮、军费、军械、军法”等词中的“军”字，都与军事有关。《史记·孙子吴起列传》说：“将在军，君命有所不受。”这是说，将军在外统兵作战，君王的命令可以不予接受。句中的“军”指“军队”。

“**追 zhuī**”，这是一个会意字。甲骨文的“追”字为上下结构：从𠂤(duì)从止，“𠂤”为臀尻的象形，下边是一个脚趾的象形，表示跟在屁股后面追赶。金文的“追”字在左边又增加了一个表示道路的符号“彳”；小篆将屁股下的足趾和表示道路的“彳”合为一体，从而成为“从辵从𠂤”的会意字，楷书简体写作“追”。

“追”的本义为追逐、追赶。如《左传·庄公十八年》：“公追戎于济西。”这里的“追”即追击。现代汉语中则有“追兵、追捕、追踪”等双音词。由追击之义引申出了“追求、追究”等义。又引申为有回溯之义的“追怀、追悼”，有追加之义的“追认、追赠”等词语。又可表示补救之义，如《论语·微子》：“往者不可谏，来者犹可追。”这里的“追”字，即释为补救。“追肥”的“追”，便从补救之义而来。

在殷商时期的甲骨文中，“追”与“逐”有严格区分，即追人用“追”，追兽用“逐”。后来，二者界限逐渐模糊，后世多混淆使用，如《说文》就释为：“追，逐也。”

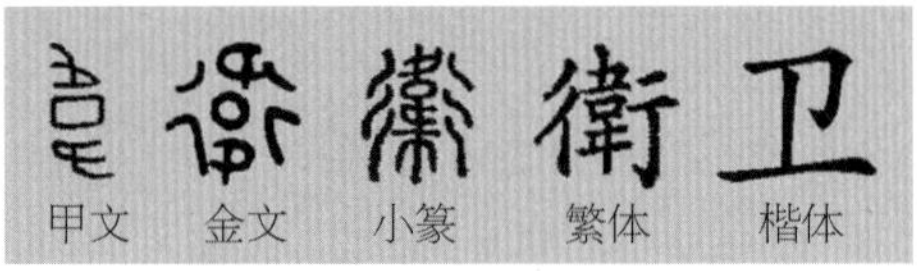

“**卫 wèi**”的繁体字写作“衛”，原本是一个会意字。甲骨文的“韋”字，上部是脚趾朝左的一只脚，下部是脚趾朝右的一只脚，中间的“口”表示城邑或氏族部落。整个字形以人足围绕城邑之形，表示对城邑、村镇的包围和护卫(韦也是围的初字)。金文的“卫”字从甲骨文分化而出，在两边增加了一个“行”(行)形，用来表示道路的四通八达。显然，这个“卫”字已不仅仅表示护卫城邑，还加上了护卫交通要道之义，也可视作对交通要冲上军营的护卫。从造字法则上讲，后一个“卫”字，已是一个外形内声的形声字。小篆的“卫”字从金文而来，楷书繁体由小篆演变而来，写作“衛”。

青铜铭文中的“卫”

“卫”字的本义就是“护卫、保护”，如《公羊传·主公四年》中的：“以卫王官。”又由保卫之义引申出“卫士、卫兵”之义。现代汉语中的“卫戍”一词便表示驻军警备的意思。“卫”在商代，还是外服等级“侯甸、男卫、邦伯”之一，即分封在外地，承担护卫任务的爵侯。“卫”在明代，乃是军队的一种编制，大致以 5600 人为“一卫”，是一种专以驻扎某地实施守卫的军队。称说时往往冠以所置地名，如天津卫，后来多相沿而为地名。

“卫生”一词在古代原指“养生”而言，所谓“卫生之经”即对“养生之道”的卫护。由此引申为合乎卫生的情况，如“环境卫生”；引申为维护或增进健康的处所，如“卫生院”。

“戔 cán”是“戋”的繁体。“戔”也是“残”的本字。甲骨文的“戋”字为上下两个“戈”形，用两戈兵刃相接表示搏杀格斗之义。金文从甲骨文而来，经过小篆及其隶化，演变为“从二戈”的“戔”字。

“戋”的本义为争斗时的“伤害”，《广韵》释为：“如戔，伤也，二戈叠加有贼伤之象，通作残。”如“黩武无厌，斯为戋矣”。这一意义由后起的“残”（“歹”以双腿被缚之义，表示人的不能动，乃是死的初字）字来承担。战争是势不两立集团相互斗争的最高形式，其目的便是“你死我活”。激烈而残暴的攻杀，乃是战争的本质特征。

青铜铭文

两人格斗，戈刃相向，必然会血溅肉飞。因此，“戋”字由此引申为小的意思。如《聊斋·小官人》：“戋戋微物，不如即赐小人。”这里的“戋戋”连用，表示小、少之义。

“戋”字后来用作组字的偏旁。如：“钱”字从金戋声，表示碎小的铜币；“贱”字从贝戋声，表示踩破的货贝；“笺”，从竹戋声，意谓写字用的小竹片。

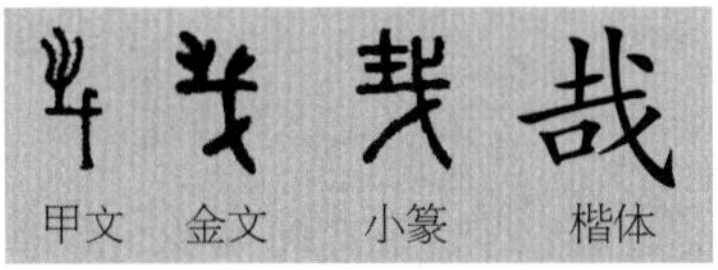

“**哉 zāi**”，乃是“𢦏”的本义转注字。甲骨文和金文的“𢦏”字，下边均是一把“戈”的象形线描，戈头上部有一个流血的形状(与“不”字构形相同)，表示在格杀搏斗中遭受创伤。小篆的“𢦏”字演变为“从戈才声”的形声字。“才”在这里仍表示流血的伤口，但更强调了在此之意。楷书在演变过程中，将“戈”上之“才”讹变为“十”形，在其下又增添一个“口”来表示受到戈击后的呼叫。

“𢦏”，《说文》释为：“𢦏，伤也。”段玉裁注曰：“谓受刃也。”因此，“哉”的本义为刀剑之创伤、伤口，引申为兵灾、战祸之义，如甲骨卜辞中的“亡哉”即“无灾”的意思。“哉”也是一个拟音词，其发声来自被戈斧砍伤后，痛苦、惊讶中的惊呼。

在甲骨文卜辞中，“哉”也用作动词，表示将兵灾降临在其他方国，如“哉羌方”、“哉基方”，即将兵灾降临到“羌方、基方”等方国的意思。由于汉语中原本用作火灾的“災”字，词义扩大，泛指一般意义上的灾祸，也包括了兵灾、水灾。因而“哉”字的兵灾之义，不再单出。后起的“哉”字，在汉语虚词中通常用作语气词，表示强烈的感叹，如“呜呼哀哉”、“怪哉”等。又表示强烈的反问，如“此为何哉、岂害我哉”。

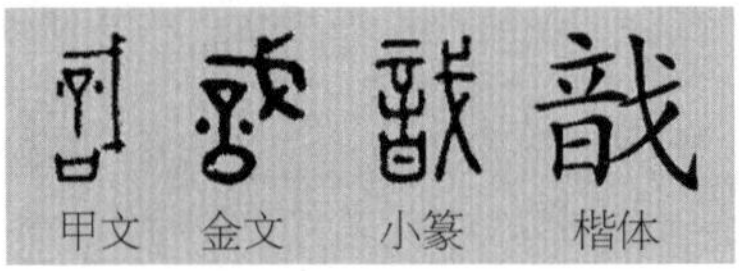

“**戠 zhī**”，这是一个会意字。甲骨文和金文的“戠”字构形相同，

右上部是一把“戈”的图像，下部是表示呼叫的“音”。小篆的“戠”字规整为“从音从戈”的会意字。

金文中的“图徽”

“戠”的本义为戈的勾啄击中，引申指此类兵器造成的伤口，由此，又引申指受伤后而形成的伤疤。甲骨卜辞中有“日戠”、“日又戠”的记载，“戠”在这里用来指称太阳的黑子，即太阳日斑。如此使用，大概因为太阳日斑与人体伤疤有形似之处。

稍大的伤痕会成为身体上的永久性标志，因而，“戠”又有标识、记号的意义。所以，识(識)、职(職)、帜(幟)、织(織)、炽(熾)等汉字，均以“戠”为声符，乃是“戠”字的衍生字。

四、杀人盈野俘为奴

战争的残酷性古今皆然。上古时期,冷兵器之间的短兵相接,加上从血族仇杀脱胎而出的部族、方国之战，使战争变得格外惨暴。屈原《国殇》所描绘的“若云之敌、若雨之矢”以及“严杀尽兮弃原野”的惨烈景象,使人在阅读时,不免产生一种深深的恐怖之感。

战死沙场实可悲哀,生擒被俘也并不幸运。从祖先们所创造的象形文字中,不仅仅看到了刀光剑影、腥风血雨,更能看到被俘后的刺目、断足、缢杀、火焚。被俘,意味着任人摆布,其惨烈并不亚于被宰割的猪羊……

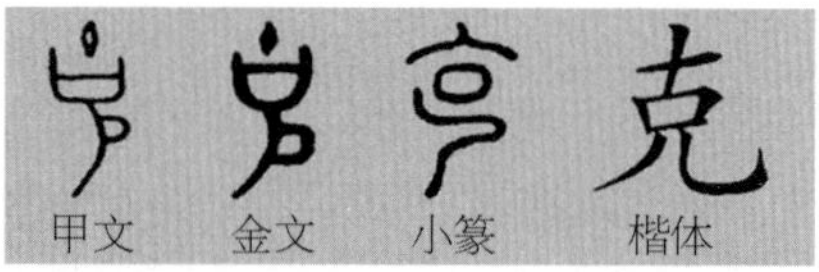

“克 kè”,这是一个会意字。甲骨文的“克”字,下部是一个突出头部和肚子的兽体(外边小圈为剥下的皮筒子),上部则是一个表示击穿头颅的石块之形。金文的“克”字与甲文相似,石块的棱角更为明晰。小篆的“克”字,在演进过程中发生断裂性讹变，楷书缘此写作“克”。

“克”的本义为击破野兽的头颅，用在人的身上，则表示用戈斧、木棒等物击穿人的脑袋。由此，引申表示一般意义上的“攻

汉画像石:击杀牛

克”。如《何尊》铭文:“唯武王既克大邑商。”《荀子·疆国》:“西伐蔡,克蔡,获蔡侯。”其中的“克”均指“攻克”。现代汉语中,则有“克服、克难”等双音词。攻克堡垒,意味着杀敌取胜,因而,“克”字又引申出“攻伐”和“杀戮”义,例如《利殷》:“武王征商,唯甲子朝,岁鼎,克,听夙有商。”其中的“克”便用作攻击。又如《公羊传·隐公元年》:“夏,五月,郑伯克段于鄢,克之者何?杀之也。”又引申表示去除、克制之义,如“克己复礼为仁”、“克己奉公”等词语中的“克”字。

“克”字虚化用为助动词,则表示“能够、胜任”之义,如成语中的“克勤克俭、恪尽职守”等等。

“**取 qǔ**”,这是一会意字。如图所示,甲骨文、金文和小篆的“取”字,均从耳从又(手),像一只手攥着一只耳朵,构形十分简洁。《说文》释为:“取,捕取也,从又从耳。”

“取”字,源自先民猎获野兽后,无法将其抬回住地时,便割取野兽的耳朵,一方面拿回氏族住地,表明自己确实猎有所获;另一方面,当其他人见到死兽时,看见耳朵不在,便知此兽有主,不会再动了。这种习俗的演变,便是在战场上割取敌人的左耳以计功。割取的耳朵越多,证明杀伐的数字越多,功劳也越大。《周礼·夏官》:“得禽兽取左耳,当以计功。”《左传·僖公二十二年》:“且今之勍者,绵吾敌也,虽及胡耇,获则取之,何有于二毛。”意思是说:即使是敌方头发胡子已白(二毛)的年迈老兵,也要将其杀死,割下他的耳朵。

战国铜器刻纹

征服敌国城邑,也可以称“取”,如《左传》一书中的“夏取郜。”记述了春秋时,郜国发生动乱,鲁国出兵援助,借机占领并吞并了郜国一事。这里为什么用

"取"呢?《左传》一书解释说:"凡克邑不用师徒曰取。"意思是说:攻取城镇,不用兴师动众,很容易得到的便为"取"。成语中的"探囊取物",便有容易的意思。

"取"在古代还有"尊者得卑者物曰取",即"君取臣谓之取,君予臣谓之赐"。《诗经·伐檀》:"不稼不穑,胡取禾三百廛兮?"这里的"取"便是征收老百姓之物。显然,无论古今中外,不义之取乃是一种强取豪夺的行为。"取"还可表示选取之义,如《孟子·告子》:"两者不可得兼,舍鱼而取熊掌者也。"

在汉语虚词中,"取"可用作助语,如文天祥《西江月》词:"留取丹心照汗青。"辛弃疾词句:"听取蛙声一片。"其中的"取"均用为助词。

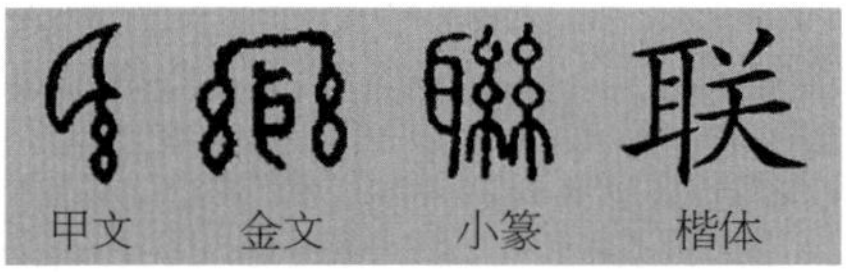

"联 lián",这是一个会意字。甲骨文的"联"字,从耳从糸,表示将耳朵系联为一串。战国印文作"",两边是两个"糸",合为"丝",表示系连的意思;中间则是一个耳朵的形状。两形会意,表示将一串耳朵系连在一起,乃是"取耳计功"这一战争场面的现实主义描写。当一场战争需要将许多战死者的耳朵用绳子贯串起来,以方便提走,并且为此而特意创造出一个汉字时,可见古代战争之残酷。

小篆的"聯"字"从耳从絲",这是将中间的耳朵取出后,放在文字的左边,成为表义偏旁。楷书繁体写作"聯",简化后写作"联"。

"联",《说文》释为:"联,连也。"因此,"联"字的本义为联结、系连。如《楚辞·七谏·沉江》中"联蕙芷以为佩兮",以及现代汉语中的"联盟、联合",都表示相互结合、系联之义。古代,把诗文中对偶的两句,合成一个完整的意思时,也称为一联。如律诗中的八句分为四联:首联、颔联、颈联、尾联。联句用在厅堂门柱上则称之为"楹联、对联"。

"联"、"连"二字同音,意思也相近。因此,"连接、连贯"又可写作"联接、联贯"。但在词义的细微差别上,"连"侧重于相接相续,

“联”偏重于结合为一个整体。“联合、联军、联邦、联盟、联防、联运”中的“联”,都不能写作“连”。

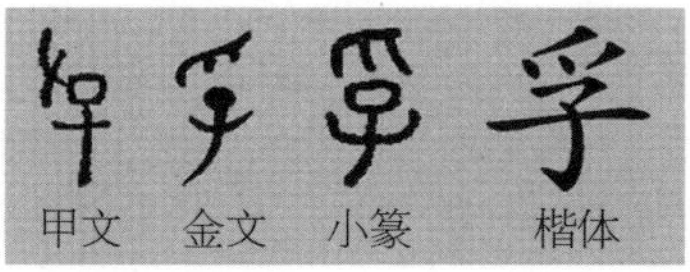

“孚 fú”,这是一个会意字。甲骨文的“孚”字,左上方是一只手,其下是一个“子”,表明手抓“俘虏”之义。不过,这里所俘获的对象乃是“儿童”,即“子”。金文和小篆的“孚”字,大致上与甲骨文形体相似,仍然表示手下捉住了一个孩子。楷书的“孚”字,上部仍是一个“爪”字,只是写作偏旁,失去了象形的韵味。

“孚”就是“俘”字的初文。上古社会,战胜者往往把对方氏族的成年男子全部杀死,只俘虏妇女跟孩子。后来,因为成人也成为被捕获的对象。所以,在其左边又增加了单人旁(亻),这就是俘虏的“俘”。

“孚”的本义为“俘获”。俘虏要想活命,必须听从命令,信守胜利者制定的规则,否则会随时被杀。因此,由俘虏生存的“天条”,引申出“诚信”之义。如《诗·大雅·下武》:“永言配命,成王之孚。”这里的“孚”即作“诚信”讲。“孚”的使动用法,则表示使人“信服”,如《左传·庄公十年》:“小信未孚,神弗福也。”这是说:小的信用都没有使人信服,神是不会保佑赐福的。“孚”字的“信服”之义,今天仍在使用,如“深孚众望”等。

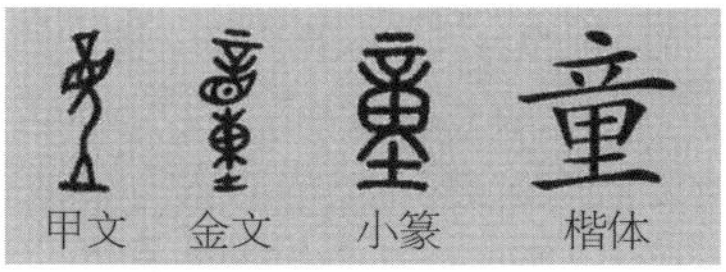

“童 tóng”,这是一个会意字。甲骨文的“童”字,乃是一个人,立在土堆上企足远望的图形,其上的三角符号表示生育,十分形象地刻画出被俘儿童对家乡的渴望。金文的“童”字形体复杂,上部是“辛”,中间是一只眼睛,表示奴隶的身份,下部是一个东、土合文的“重”字,乃是“种子”的意思,在这里表示“儿童”之意。所以,“童”乃是俘获而来眼睛流露恐惧的小奴隶。小篆的“童”字,省略了中间表示眼睛的“目”,楷书又将“重”字简省成“里”字,遂有现代汉语中的“童”字。

“童”字的本义就是小奴隶,如《易·旅卦》中的“如丧童仆”。后世文章中的“书童、琴童”等,也都指少年奴仆。为区分词义,这个意义后来写作“僮”,“童”字则引申用来泛指包括成年人在内的奴仆,如《史记·货殖列传》:“富至童千人。”大意是:富豪人家豢养的奴仆达到千人之多。这里用“童”指称奴仆,是因为奴仆就像主人的儿子一样,主人对其有生杀罪罚之权。《说文》因此释为:“童,男有罪曰奴,奴曰童,女曰妾。”

“童”在现代汉语中,已引申用来表示少年儿童,如“牧童、童工、童叟无欺”中的“童”,均指儿童。因为古代儿童头顶不留头发,故“童”可假借用来表示“秃”的意义。如《荀子·王制》:“斩伐养长,不失其时,故山林不童而百姓有余材也。”这是说:只要不在春天砍伐过分,山林不被砍秃,老百姓就会有使用的木材。其中的“不童”即表示“不秃”之义。

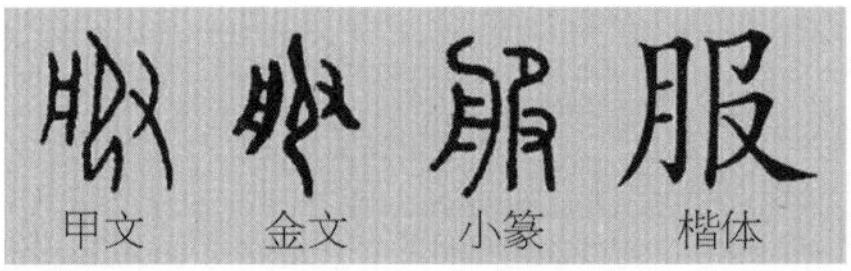

“服 fú”,这是一个会意字。甲骨文的“服”字,像一只大手抓住了一个人,强迫使他上船(H为木筏的象形白描)的样子。金文与甲文相似,左边的舟形则更为形象。小篆的“服”字,字形右边部分发生一点变化,跪跽的人形演变为“尸”;楷书在隶变过程中,将舟讹变为“月”,人形和手合体为“𠬝”,缘此写作了“服”。

在死亡和暴力威逼下,强迫一个人登船,离开自己的部族和家乡。正是在这样的生活场景中,“服”字凸显出造字的本义,即“屈服”。如《荀子·王制》:“甲兵不劳而天下服。”其中的“服”即用作“屈服”。由“屈服”之义又引申为服从，如现代汉语中的"服役、服务"等；由"服从"之义又引申出妥帖、顺从，如"衣服、制服"等；后来，中医用此专指吃药，如《礼记·曲礼下》："医不三世，不服其药。"这是说：医道不是家世三代所传，不吃其配治的药。由"吃药"又引申为中药的量词，一剂为"一服 fù"。

要使一个人"服从"自己的意志，必须用死亡和暴力相威逼。因此，"服从"又有"降服"的意思。如《韩非子·二柄》："夫虎所以能服狗者，爪牙也。"这是说，老虎之所以能够制服狗，乃是因自己有坚利的爪子和牙齿。

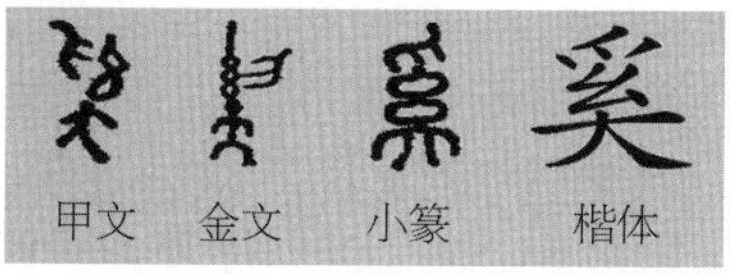

"奚 xī"字是会意字。甲骨文的"奚"字，左上方是一只手（爪），手的右侧是一条绳索的图形，在手和绳索之下是一个人（大）形。三个组字构件，会意捉住了一个成年俘虏而后用绳索捆起来。金文的形体基本上同于甲骨文，只是"手"移到了右上方。小篆的"奚"字将组字符号排列为上、中、下构形，符号化后，字形更为清晰，成为楷书"奚"字的模本。

"奚"与"系"音同义近，都有捆缚的意义。

"奚"字的本义为捕捉来的奴隶，如《周礼·天官·冢宰》："奚三百人。"即奴隶三百人的意思。在《周礼·秋官·禁暴氏》中，则有"凡奚隶聚而出入者，则司牧之，戮其犯禁者"。这是说：凡男女奴隶聚众出入，都要严加管理，杀掉那些违犯禁令的人。

"奚"字在古文典籍中，使用最多的还是其假借义，即用作疑问代词，表示"何"、"胡"的意思。如《吕氏春秋》："蝗螟，农夫得而杀之奚故？为其害稼也。"另外，"奚"在用作状语时，则表示"怎么、为什么"的意思，如《庄子·逍遥游》："彼且奚适也？"这是说：他怎么能够走去呢？

甲文 金文 小篆 楷体

“**曼 màn**”，这是一个会意字。甲骨文的字形，乃是在眼睛（目）的上下各有一只手（又），在眼睛上加了一个方框，表示两手蒙目之形。金文写作“”及“”两款：第一个金文字形增加了蒙住眼睛的布带，第二个金文字形则由“∩、辛、目、一、又”五个造字构件组合而成。“辛”表示俘虏，即被蒙目者的身份，“∩”和中间的“一”横线表示牵引蒙目者前行的眼罩和带子。小篆依据金文，讹变为“从冒从又”的会意字，楷书写作“曼”。

“曼”，《说文》释为：“曼，引也。”《玉篇·又部》释为：“曼，长也。”由此可知，“曼”源出蒙目牵行。蒙住眼睛自然要被人用绳子或木棍牵引而行，由此，引申出“引”和“长”之义。《楚辞·哀郢》中的“曼余目以流观兮”中的“曼”，即用作此义。由于蒙住眼睛行动必定迟缓，因此，又引申出迟缓之义。俗语中“轻歌曼舞”中的“曼”，即释为迟缓。

“曼”用作造字构件的声符时，在“漫、馒（古为有馅包子）、墁、漫、幔”等字中有“蒙盖”之义，在“蔓、鳗”等字中有“长”的意思，而在“嫚、慢”等字中则有“怠慢”的意思。

甲文 金文 小篆 楷体

“**囚 qiú**”字十分形象。从甲骨文“囚”字的构形看，这是把人关押在地穴之中的图像白描。金文和小篆的“囚”字与甲骨文一致，从口从人，楷书也缘此而来。

上古社会，人们从捕猎野兽的陷阱，以及饲养牛羊的地穴中得到启发，把俘虏也关在地穴之中，这样既安全又省事。在殷商遗址，即安阳的小屯，考古发现了许多此类地穴，深度可达 5 至 7 米。除了储藏东西外，它的另一重要用途便是关押俘虏。由此可证，“囚”字的本义为“囚禁”。

《尚书·蔡仲之命》:“囚蔡叔于郭邻。”这是说:把蔡叔拘禁在郭地附近的地穴之中。由“囚禁”之义也可表示囚禁的对象,即人俘。如《诗·鲁颂·泮水》中有“在泮献囚”的话,即在泮水这个地方献上俘虏。现代汉语中的“囚”字,表示关押在监狱里的罪犯,如“死囚、阶下囚”等。无独有偶的是,宋靖康元年(1126年),金兵攻陷汴京,俘虏了宋徽宗、宋钦宗二位中国皇帝,将其押回北地后,便囚禁在这种地穴之中,让他们坐井观天,享受折磨。

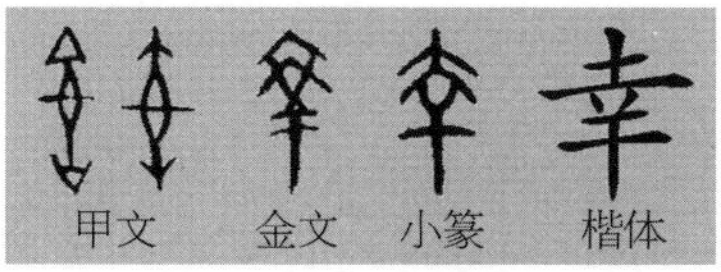

“幸 xìng”本指镣铐,乃是上古社会锁执俘虏或奴隶的一种刑具。如图所示,甲骨文的“幸”字,正像一副中空而两端有辖的手铐形状。

史前时期,这种刑具的简易制法,便是砍下一截树杈,把手腕塞入树杈之中,在双手之间夹入一段木棍,把树杈梢头捆扎起来,便成为实用、简便的手铐了。稍后,人们又把两段木棍中间挖出半圆,套在手腕上,作为常备刑具。甲骨文的“幸”字,正是对这一刑具的象形描绘。金文的“幸”字已失去镣铐的象形意味。小篆从金文演化而来,楷书承接小篆,写作“幸”。

“幸”的本义是手铐。用它来拘锁奴隶人犯,可以说是不幸的象征。但在上古社会,人俘的生命比猪羊还贱,没有被杀头而侥幸存活一命,实实在在是一种幸运之事,是值得庆幸的。因而,“幸”又有侥倖的意义。当然,这是殷人对外族俘虏的一种主观看法了。《说文》因此释为:“幸,吉而免凶也。”由逢凶化吉之义,又引申出荣幸、幸福的意思。古代社会,帝王亲临现场也称为“幸”,如“巡幸、宠幸”等。又用作使

商代戴“幸”的陶俑,乃是俘虏的真实反映。

动词，表示高兴、欣喜的意思，如“幸灾乐祸”等。在现代汉语中，“幸”字用作副词时，则表示“幸而、幸亏”之义。

“执 zhí”是“執”的简化字。甲骨文的“执”字，像一个人双手被手铐锁住的形状。金文的“执”字，将伸手“人”形与“幸”字分开，遂失象形的意味。小篆则将伸直两手的人形讹变为“丮”字，楷书繁体写作“執”，简化作“执”。

“执”，《说文》释曰：“执，捕罪人。”因此，执的本义为捉拿、拘捕人犯。《左传·僖公五年》：“遂袭虞，灭之，执虞公。”这是说：突袭攻打虞国。灭国后拘捕了虞国的君主。“执”由拘捕之义，又引申泛指一般意义上的握持，如“执笔、执矛”，围棋中的“执黑而先”等等。由握持之义又引申指持有或掌握某种事物或主张，如“执政、执教、执法”等等。由掌握不放又引申出坚持之义，如“固执、执著、执迷不悟”等。由握持之义还可引申出以此证明的凭据，如“回执、收执、执照”等。

“执”与“持”都可表示掌握之义。“执”的本义为拘捕，其意义重在坚固，所以“执有、固执、执掌”等义用“执”；“持”着重在握住后保持不变，故“持久、持续、相持、坚持”等义都用“持”。

“刖 yuè”字，这是一个会意字。甲骨文的“刖”字，左边是一块“肉”的形状，右边则是一个“刀”形。两形会意，表示用刀削肉之意。小篆和楷书秉承甲文，字体构形基本相同。

“刖”字的本义为“削肉”。如古文典籍《魏略》中的“刖趾适屦(jù，麻鞋也)”，就是削掉脚趾头，以适应麻鞋的大小。后来，这一典故演变为成语“削足适履”。“刖”，由“削割”之义又引申为截断，如

《易林·艮之需》:“根刖残树,花叶落去。”其中的“根刖”就是把根截断的意思。

“刖”也是古代的一种酷刑,即把脚砍掉,古代亦称“剕(fèi)刑”。如《韩非子·和氏》:“王以和为诳,而刖其左足。”“和”就是“和氏”(人名),“诳”就是欺骗。这是说:和氏献上一块璞玉,王认为和氏在欺骗他,就砍掉了和氏的左脚。古代社会,常将施以刖刑后的奴隶,用作看门之人。

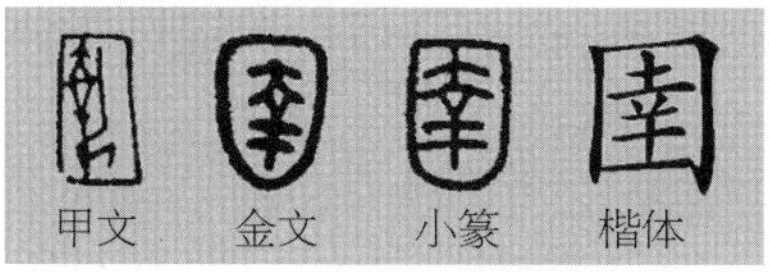

“圉 yǔ”,这是一个会意字。甲骨文的“圉”字,乃是在“口”形之中有一个“幸”或者“执”字,恰似戴有刑具的俘虏在地穴中被拘禁的图像。金文的“圉”字“从口从幸”,乃是甲骨文中第一款的承续。小篆和楷书的“圉”字,与金文一脉相承。

“圉”,《说文》释为:“圉,囹圄,所以拘罪人。”由此可知,“圉”的本义为牢狱。甲骨卜辞中的“执于圉”,即拘押在地牢之中。又引申为一般意义上的拘禁,如《左传·襄公二十六年》:“圉人归,以告夫人。”“圉人”即“被拘禁的人。”这是说:被拘禁的人逃跑归来,将情况告知夫人。引申后,又指养马的地方。如《左传·襄公十四年》:“将圉马于成。”

“圉”在表示牢狱之义时与“圄”通用。“囹圄”也可以写作“囹圉”。

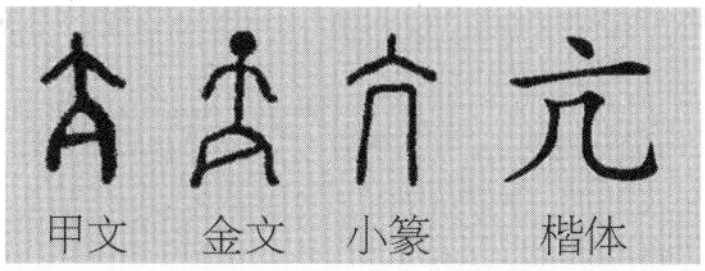

“亢 kàng”,这是一个依托象形字。甲骨文的“亢”字,乃是在人形(大)的两腿之间,加上一条连线,表示双腿被系上脚镣的意思。金文的“亢”字,更为象形,似乎就是一幅图画。小篆的“亢”字则发生了讹变,人形被割裂开来,成为“从人从几”的会意字。楷书由此而来，写作“亢”。

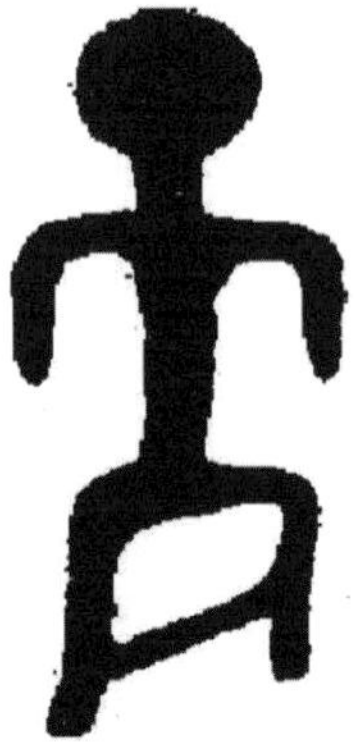

青铜铭文：亢

“亢”字的本义为铐上脚镣(梏)。古代社会，这种脚梏乃由两块大木头挖洞而成。这种木梏在解放前的彝族奴隶那里一直使用。由人腿着梏后的勉力支撑，引申出对抗之义。如《左传·宣公十三年》：“我则为政，而亢大国之时，将以谁任?”这个意义后来写作“抗”。

双腿被系上脚镣，便不能行走，只能强忍支撑，因此，“亢旱”一词，则表示旱灾的长久，旱情的严重；“亢奋”一词，则表示兴奋的持久、强烈。《史记·刘敬叔孙通列传》：“夫与人斗，不搤其亢，拊其背，未能全其胜也。”这是说：与人相搏斗时，不扼住双腿，而仅仅捺住脊背，是不能获取全胜的。人腿着梏，只能挺立而站，因此“亢”有高挺之义，成语中“不卑不亢”的“亢”，即表示高傲之义。

出土的汉代铁足钛

“亢”字也是一个偏旁字，汉字中，凡从“亢”之字，大都有匹敌、对抗之义，如“伉、抗、炕(坑)、航”等。

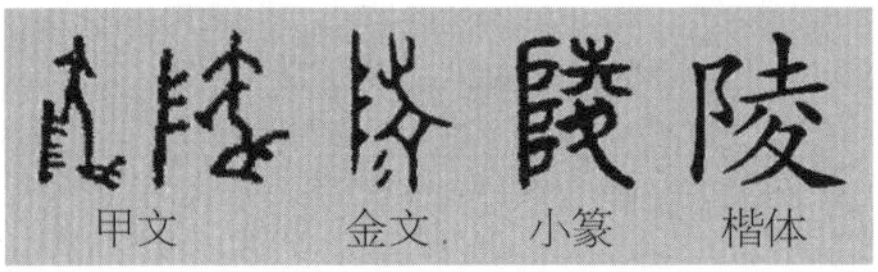

“陵 líng”，甲骨文写作“”。这是在人(大)的一条腿下画有脚(止)，另一条腿截掉而不得不用木腿支撑。两腿不同形成强烈的反差；第二款的“陵”字，将表示木腿的“阜”移到外面。金文的“陵”字，将下边的“止”字变形，已失去象形的意味，小篆则将木腿的图形讹变为“阜”，遂使“陵”的词义发生重大变化。

“陵”的本义为锯掉一只脚，这是上古社会对逃跑奴隶的一种惩罚。由锯脚又引申出残害之义，如古代刑法中的“陵迟”一词，即一刀一刀将人体的肌肉慢慢割掉而杀死。“陵”为锯掉人脚，人脚锯掉则变成不能行走的废人,所谓"陵替"一词,即为"废替"之义。"陵"为残害他人,故有欺凌之义,因而《仓颉篇》释为:"陵,侵也。"《广雅》释为:"陵,侮也。"侵犯侮辱,就是骑在别人头上作福作威。如杜甫诗中:"苟能制侵陵,岂在多杀伤?"人被锯掉一只脚,行走时,必然一高一低,起伏上下。因此,又假借表示山峦的起伏,由山峦之义又引申为大的坟丘,如唐代诗人李白《忆秦娥》词:"西风残照,汉家陵阙。"现代汉语中的双音词则有"陵园、陵寝、陵墓"。这也是小篆"陵"字以"阜"为偏旁的自然引申。

"陵"与"凌"音同形近,因而在表示升上、侵逼等意义时,古文中多互换通用。"陵"字是一个假借字族,所有以"夌"为旁的文字,都由陵字假借而出。

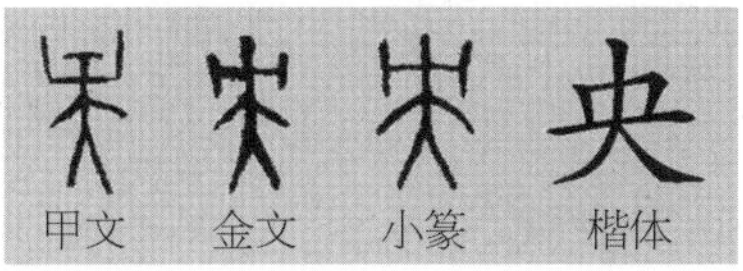

"**央 yāng**",这是一个依托象形字。甲骨文的"央",乃是在成年男子(大)的头部增加一条两边向上的曲线,像人缢死之形。金文和小篆的"央"字与甲骨文相似,楷书则将向上的弯竖改为向下,写作"央"。从"央"字的一步步演变,可以看出文字的"渐变",会带来什么结果。

"央"的本义为人的缢死。凡缢死者,不论自杀、他杀,均非好死,必是凶祸临身。所以央有"灾祸"之义。"央"是"殃"的初文。就是说,央的灾祸之义由后起的"殃"字来承担。

凡缢死,须缢在人的颈部咽喉处,咽喉乃是人体之中间、中心,所以,"央"又引申为中央之义。如《诗·秦风·蒹葭》:"溯游从之,宛在水中央。"汉代的"未央宫",取意为未来的中央。面临死亡之时,必想逃离一死,这乃是人之常情,由此,又引申出恳求之义,如"央求、央告"等。唐代诗人曹唐《小游仙》:"无央公子停鸾辔,笑泥娇妃索玉鞭。"这里的"央"字,即用作"央告"之义。

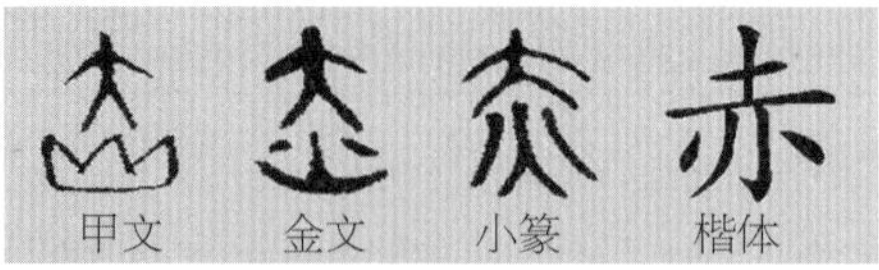

“赤 chì”，这是一个会意字。甲骨文的“赤”字，从大在火上，像把人置于火上焚烧的情景。上古时期，有焚人牲而求雨的习俗，“赤”字正是这种习俗的形象反映。小篆的“赤”字经过隶变，成为现今楷书“赤”字的模本：上半部的人形（大），逐步演变成了一个“土”字。

“赤”，原是一种祭祀的名称，指的是以火焚人感天求雨。火焰燃烧而起，会首先烧掉人的服饰。因此，“赤”有空和裸露的意思，如“赤地千里、赤贫、赤手空拳”，以及“赤足、赤膊上阵、赤条条”等等。焚人时因油脂入火而使火焰发出红黄色，因此，又引申表达比朱红色稍浅的红色。后来，又泛指所有的红色。如宋代诗人陆游《记老农语》：“霜清枫叶照溪赤。”诗句中的“赤”即为红色的意思。红色是鲜血的颜色，也是心脏的颜色，因而现今多用来象征革命，表示用鲜血换取自由，如“赤卫队、赤胆忠心”等等。

“辠 zuì”是“罪”的异体字，这是一个会意字。金文的“辠”字，上部是一个“自”，表示鼻子；下部从“辛”，表示木工用的凿子。两形会意，表示用凿刀剁切掉人的鼻子。《说文》释为：“辠，犯法也，从辛从自，言辠人蹙鼻苦辛之忧，秦以辠似皇字，改为罪。”这是说：辠，是一个“从自从辛”的会意字。因为“辠”字与“皇”相似，所以，秦始皇下令将“辠”改写为“罪”字。

如图所示，小篆的“罪”字有两个，一个由金文的“辠”字而来，后一个便是秦始皇下令所造的新“罪”字。后造的“罪”字“从网非声”，表示法网恢恢捕捉之下的非法之人。

“罪”的本义为罪犯，辠的本义为古代的割鼻之刑，引申为犯法

秦始皇像

的行为，即犯罪。由此二字意义相通。如《荀子·王制》：“无功不赏，无罪不罚。”因为犯罪之后，必受惩处，割掉鼻子会十分痛苦，因而，“罪”又引申为苦痛，如“受罪”。

古代帝王遇有天灾人祸，为缓和人民的反抗，往往颁布“罪己诏”，表示自责。这里的“罪”意谓“谴责”。

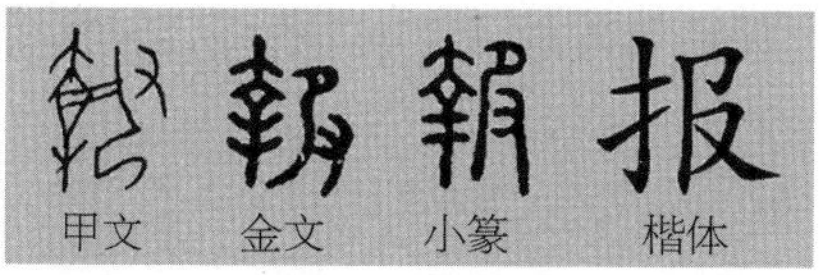

“**报 bào**”是“報”的简体字。甲骨文的“报”字，乃是一个会意字：左边是一个双手被枷，屈膝下跪的罪人，右边在人的头部是一只手，好似按着人头使之服罪的样子。《说文》释为：“报，当罪人也。”“当”就是判决。当罪人便是判决犯罪者。金文中的“报”字承接甲骨文，演变为左右结构：左边成为一个“幸”字，右边屈膝下跪的人形，演变为一个“尸”字，手形则挪在“尸”下。小篆缘此演变为“从幸从㞋”的会意字。

“报”的本义为审判、判罪。如《韩非子·五蠹》：“楚之有直躬，其父窃羊而谒之吏，令尹曰：‘杀之！’以为直于君而曲于父，报而罪之。”这是说：楚地有一个品性耿直的人叫躬，其父盗窃别人的羊只，躬大义灭亲，报告给地方官。然而，地方官却判决将躬处于死刑。因为躬虽然忠于国君，但却不孝于父。这里的“报”，即做“判决”讲。因为审判要与罪行相当，所以“报”又引申出“报复”之义，表示以眼还眼、以血还血。因审判需要辩白诉说，因而又引申出报告、告诉之义；由报复之义又引申出了报答、回报之义，如报恩、报效等等。如《荀子·宥坐》中：“为善者天报之以福，为不善者天报之以祸。”

汉唐时代，地方长官在京师长安设有府邸一类的办事处。邸中传抄诏令、奏章以及京师官场动态给地方，叫作“邸报”。由此，又引申出“报”的名词意义，即报纸。后来又由此引申出表示传达信息的各种文件，如情报、电报、通报、喜报等。

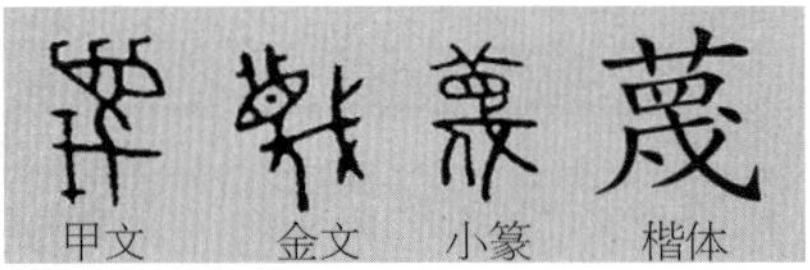

“蔑 miè”，这是一个会意字。甲骨文的“蔑”字，上边是一个横眉瞪眼的人（苋），下边是一把正在刺入人形的“戈”。金文的“蔑”字承接金文，“戈”的形状及刺入部位更为明晰。小篆承接金文，组字构件全在，只是人形与眼睛、眉毛分离，楷书缘此写作“蔑”。

对横眉怒视的人施以杀伐，心理上必须对其轻视。反过来讲，对杀戮威吓不屈服也是一种轻视。民不畏死，何以死而惧之。因而，“蔑”的本义为轻蔑。如《韩非子·外储说左上》：“吾闻宋君无道，蔑侮长老。”其中的“蔑”即用作“蔑视”。又如《诗·大雅·桑柔》：“国步蔑资，天不我将。”其中的“蔑”即用作无视。由此引申，“蔑”又有渺小的意思，如汉代扬雄《法言·学行》：“视日月而知众星之蔑也。”

古代社会，人们认为用污血粪秽之物涂洒在人身上，使其形秽自惭，能够破除其法力，因此而蔑视之。这就出现了在“蔑”旁增血的“衊”字，表达恶名加人、诽谤诋毁之义，即诬蔑。简化字方案规定，“蔑”也是“衊”的简体字。

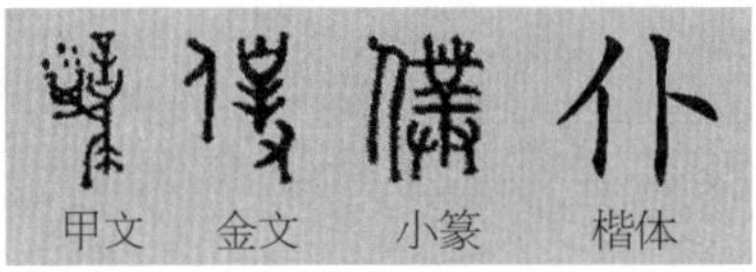

“仆 pú”是“僕”的简体字。甲骨文的“仆”字，从象形角度讲可谓惟妙惟肖：面朝左站着一个人，人头的上部有俘虏的标记“辛”，双手捧着“畚箕”之类的用具，向左下方弯曲的一笔表示腿，身后是一条尾巴。整个字形，表示奴仆忙碌贱役之事，或者说这就是上古奴隶的形象。

金文“仆”字中的“人”移到左边，右下角是手，手上拿的“箕”已变为“凿”形。在此表示，仆人已从家务劳动演变为生产奴隶。小篆形体讹变得实在复杂，左边的人形还在，右边的下部是左右两手，

双手捧着一根凿子。楷书的形体，由小篆直接演变而来，写作“僕”，汉字简化时，写作“仆”。

“仆”的本义是从事贱役的“奴隶”或“工匠”，即“仆人”。如《诗·小雅·正月》：“人之无辜，并其臣仆。”这是说：使无罪的人都成为了奴仆。因为“仆”为下贱之人，所以古人往往谦称自己为“仆”。如司马迁在《报任安书》一文中说：“仆非敢如是也。”因为仆人往往服驾车之役，所以驾车的奴隶也可以称为“仆”。如《论语·子路》：“子适卫，冉有仆。”意思是：孔子到卫国去，孔子的学生冉有替他赶车。

古文中，另有一个“仆”字，《说文》释为：“仆，顿也。”指以头触地，引申为向前跌倒的意思。如《史记·项羽本纪》：“卫士仆地。”也就是说卫士倒在地上。现在还说“前仆后继”，不过这里的“仆”字可以读为 pū(扑)，也可以读为 fù，但决不能读为 pú。奴仆之“仆”，原本写作“僕，汉字简化时，借用了仆地之“仆”。因此，简体字的“仆”，实际承担两个字的词义。

五、官民刑法话贼寇

领土、人口、政权为“国家”的三要素。但严格来讲，“领土”乃是武力控制或占领下的土地，“人口” 乃是武装力量统治下的民众，“政权”则是能够运用武力的机构。武力，或者说专一行使征伐的常备武装，乃是国家之本。

当殷商民族，这个热衷于兵器制造、喜爱南征北伐、并把战争演变为暴力艺术的民族，把殖民统治付诸实践之时，“国”字才在血腥洗礼中诞生。从现有的实物佐证以及甲骨文记载来看，只有“商”才称得上真正意义上的“国家”。当然，汉字以其基因密码，更为形象、更为真实地告诉我们，商周究竟是一个什么样的国家。

“**奄 yān**”，这是一个会意字。金文的“奄”字，上部是一个“申”，乃是女生女代代延续之义，下部是一个大形的人。两形会意，表示以男性为标志的种族繁衍。小篆将上下结构对调，隶化后成为楷书的“奄”。

“奄”是古代东方的国名，可能是殷商民族的发源地，故地在山东一带。所以，至今在奄国故地的山东人称我为“俺”，即来自古奄人的自称。历史记载，“奄国”乃是周灭商以后，东夷民族又一次举兵反周的一支强大的力量。周成王时期，周公在杀死反叛的胞弟管叔和蔡叔后，再次起兵伐奄，杀死了奄君薄姑，俘虏了奄人中所有强壮的男子，将他们统统施以宫刑，去其睾丸不令生育，用作奴隶，故叫阉人。

汉画像中的周公与成王

“奄人”在历史上被彻底绝种。因此有突然急遽的意思，如古文语词中的“奄忽、奄然”等。又常常用来形容气息微弱的样子，如李密《陈情表》中：“日薄西山，气息奄奄。”

“奄”字在汉语中，多作为偏旁。除了“俺”字外，“掩、淹、腌”等字从“奄”，均有使之“死”或变异的意思。

“臣 chén”这是一个象形字。甲骨文和金文的“臣”字，像一只竖立着的眼睛：人在仰头时，从侧面看，眼睛位置恰是竖着的，仰头竖目，正是跪跽着人，听从训斥和命令之形，即臣服。因此，《说文》释为：“臣，牵也，事君也，象屈服之形。”小篆的“臣”字，在演化过程中失去了象形的韵味。楷书由此而来，写作“臣”。

“臣”的本义为战俘、奴隶中的小头目。这个字十分形象地表明，战俘要想活命，必须表现出恭顺和驯服。即便只有一只眼睛，也须时刻跪拜在地，让眼睛像狗一样，时时刻刻关注主人的表情和指示。因而《韩非子·五蠹》中有：“虽臣虏之劳，不苦于此矣。”这里的“臣虏”一词即俘虏而来的“奴隶”。因为战俘多为男性，因此，“臣”又引申指男性奴隶。

古代社会是一个严格的封建等级社会，官吏侍奉君主，好比奴隶事奉主人。因而，“臣”字又引申指君主专制时代做官的人，如“君臣、权臣、属臣”等等。又由臣们面对君主时的自称，引申为一般意义上的谦称。如诸葛亮《出师表》：“臣本布衣。”这里的“臣”，乃诸葛亮给刘备上书时的谦称。但在《史记》"愿伯具言臣之不敢信(背)德也"一语中,"臣"则表示对一般人而言的谦卑自称。

"**宦 huàn**",这是一个会意字。《说文》释为:"宦,仕也,从宀从臣。"即入仕为官的"宦",表示进入他人屋室愿意侍奉他人的臣民。

金文的"宦"乃是"臣"字的孳乳字。这是在"臣"字的上面增加了一个"宀","从宀从臣"会意,指称奴隶主家中的家务奴隶头目。"宦"字的构字与"宰"相类似,都是奴仆的意思。如《国语·越语》就记载了越王勾践和大臣范蠡"入宦于吴",为吴王夫差洗马,甚至尝粪之事。后来,"宦"又引申表示官吏的通称。如《汉书·疏广传》:"宦成名立。"用作动词则表示求官或做官。如白居易的《短歌行》:"三十登宦途,五十披朝服。"

人们把太监称作"宦官",是因为他们在宫内侍奉皇帝及其妃嫔,操诸种种杂役,属于奴仆一类。实际上,东汉以前,宦者并不都是阉人。史载自汉光武帝"中兴之初,宦者悉用阉人,不复杂调它士"。

"宦官"是中国几千年封建政治体制的一个怪胎,他们常常弄权扰政,但其本身的地位却是卑微的奴仆。从汉末的十常侍到明朝的刘瑾、魏忠贤,从唐朝的高力士到清末的李莲英……演出了一幕幕家奴得宠,祸国殃民的丑剧。

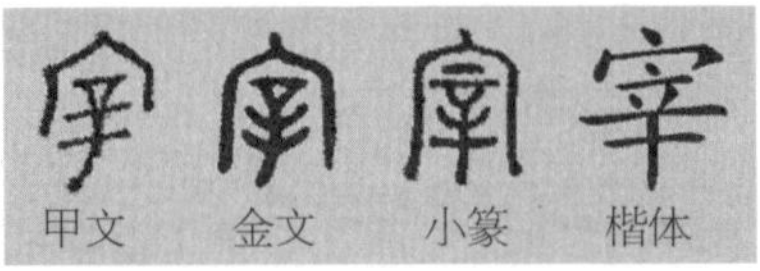

"**宰 zǎi**",这是一个会意字。甲骨文的"宰"字,乃是在"宀"(屋)

下有一个“辛”字。“辛”字构形源自凿子,这里用来指称在室内劳作的奴仆。金文的“宰”字,没有什么变化。小篆的“宰”字,笔画比甲、金文多了几笔,乃是辛字演化过程中的繁化现象。楷书由小篆演变而来,写作“宰”。

“宰”的本义指“屋内劳作的奴隶”。《说文》释为:“宰,辠(罪)人在屋下执事者。”显然,屋下执事的奴隶,地位要比室外劳作奴隶高一点点,大概此类称“宰”的奴隶多为手工艺匠人,或者是在奴隶主身边服役。这种奴隶有一定的权力,可以按照奴隶主的旨意管理、指挥其他地位更低的奴隶。所以,引申出“宰”的主管义,例如,甲骨卜辞中的奴隶小头目也称“宰”。中古以后,又引申出帮助国君管理朝政的“宰辅”或“宰相”一词。

古汉语中,有“宰官”一词,你可别认为这是指“宰相”,其实古代的地方官都可以称为“宰官”。如苏轼《纵笔》一诗:“父老争看五角巾,应缘曾观宰官身。”到了后世,县令亦可以称“宰官”。只是不知,“宰官”与“夺命的县令”是否有关系。

古代免不了要杀猪宰羊,而杀猪宰羊必由主管奴仆操持,所以,厨夫也可以称为“宰夫”。由此,又引申出了“宰”的“屠杀”义,如“屠宰”一词。

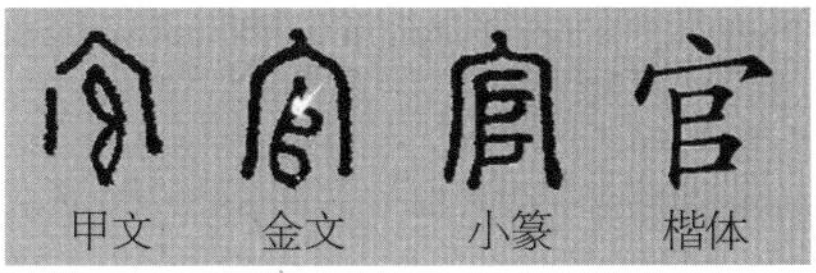

“官 guān”,这是一个会意字。甲骨文的上部是“宀”,乃是上古的房屋之形,其内是一个“𠂤”,调转九十度,恰似人的臀尻。两形会意,表示屁股落地后的止歇之处。金文“官”字的形体,与甲文相似。在小篆形体中,屋内的“屁股”,已经变得不像了。楷书在隶化后,写作“官”。

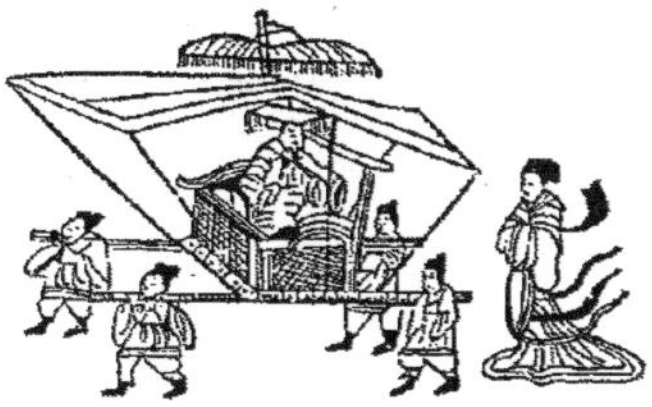

上古时期,先民们打猎征伐,出行在外,全靠两条腿行走,常数日、数十日不能归返,“官”字用房屋和屁股表示他们途中的止歇之处。最早的“官”,只是人走

室空的棚屋，后来，则成为有人驻守的营地。这些在“都城”之外，被称作“官”的派驻机构，除了负责接待之外，还有监管地方民众的职责。所以，“官”由其本义“途中止歇休息之处”，引申为派驻机构，又顺理成章，引申为日后的“官府”。如柳宗元《童区寄传》：“愿以闻于官。”就是说：希望把这件事报告给官府。后来从“官府”的本义，又引申为“官位”及“官职”之义。如《荀子·正论》：“量能而授官。”这是说，根据一个人才能的大小而授予官职。由此，又引申为一般意义上的“官吏”之义，如王充《论衡》中：“百官共职于下。”

“官”字除了用作名词外，在古文中也有“使动”用法，即“使……做官”之义。如曹操在《论吏士能行令》中说：“故明君不官无能之臣。”大意是：圣明的国君，是不会使那些无才能之臣做官的。

两汉以前，“官”与“吏”的概念是不同的：“官”，一般指称行政机关或职务；“吏”则专指“官吏”而言。“官”的本身并没有官员的意思。汉朝以后，“官”就不再仅指官府而言了，而多指一般的官员，“吏”则指低级的官员。当然，“官”字的行政职务的意义还在沿用。

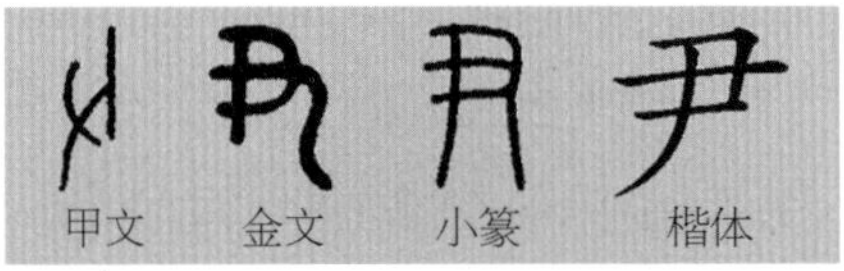

“**尹 yǐn**”，这是一个会意字。甲骨文的“尹”字，像手持刻刀之形，表示刻写卜辞。尹的发音也来自刻刀在骨片上刻划而发出的声音。金文的“尹”字与甲骨文相似，到了小篆时，手中的刻刀已向下延伸；楷书将手腕缩短于手形之中，写作“尹”。

“尹”，《说文》释为：“尹，治也。”可见，“尹”字的本义为治理甲骨，在上面刻写文字。引申后，又指书写命令的官员。在甲骨文的卜辞中，已有“尹”和“多尹”之类语词。它们在使用中常表示两种意义：一是职官的名称，二是表示刻写甲骨的人。“尹”字用作动词时则表示管理。如《左传·定公四年》：“故周公相王室，以尹天下。”这里的“尹”即表示管理的意思。《尚书》中的“庶尹”和甲骨卜辞中的“多尹”，意思则为“百官”。汉代以后的“京兆尹、府尹、州尹、县尹”等，都指地方行政长官。

“**君 jūn**”是“尹”的孳乳字。甲骨文、金文、小篆和楷书的“君”字，均为“尹”下增“口”，表示给刻写卜辞者发号施令的人。

“尹、君”二字源同义近。“尹”与“君”之不同，在于“君”字多了一张“口”。这就是说，“君”不仅手握权杖赋有治理之义，更有一张“口”可以发号施令。《说文》释为：“从尹发号，故从口。”古书《仪礼·丧服》释为：“君，至尊也。”可见，君的本义，由发号施令者已升格为帝王。

人与人之间的等级，脱胎于动物群团生活中的等级制度，来源于个体之间体能和智能上先天的不均衡。但是，由财富和武力所体现的压迫、榨取，则是人类社会不平等的现实内容。天有十日，人有十等，似乎成了人间社会的通则。封建社会，君王成了人间万事万物的主宰者，君王之下，便是庶尹百官，再其下才是民、臣、宰、仆。然而，正如“尹、君”文字的构形一样，以文化权力而彰显出的武力才是本质性的东西。

“**吏 lì**”，这是一个会意字。甲骨文的“吏”字，下部是一只手，写作“又”；上部则是一个干或旗帜的象形，其中的“口”在这里表示干或旗帜的回旋摇动。金文的“吏”字，将上部的旗帜省略为干杈之干，下部的又(手)则没有变化。小篆承接金文，楷书在隶变过程形变为“吏”。

青铜器铭文

上古时期，先民们狩猎、征伐时，大多为集体而行，“吏”正是这一小队人马的领头者，持旗即为其身份的标志。因此，“吏”的本义为率领一小队人马的首领。《说文》释为:“吏,治人者也。”

小篆与楷体中“吏、事”的对比

历史上,“吏”一直都是官吏的通称。春秋以前,高级和低级的官都可称“吏”,《左传·成公二年》:“王使委于三吏。”这里的“三吏”即“三公”,指司徒、司马、司空,均为地位很高的官员。战国以后,“吏”则指低级官员和吏卒之类,如《孔雀东南飞》中的焦仲卿作庐江府小吏,地位并不高。杜甫《石壕吏》一诗中,有:“暮投石壕村,有吏夜捉人。”这里的“吏”,都指衙署中从事具体工作的下级人员。

“吏”的本义为小头目,职责是驱使他人做事。因而,由此引申出做事之义;“吏”,本质上是给王做事,又有将属下众人劳作的过程和结果记录和汇报的职责,因而,引申出干事、记事之义,遂有从吏字中分化而出的“事”字。这就是说,从小篆开始,这个字分化为两字,即“吏(吏)、事(事)”。吏、事二字与“史”字相比,多出了上边的一横;“史”字从尹从口,本义为史官,与“吏、事”二字构形不同。

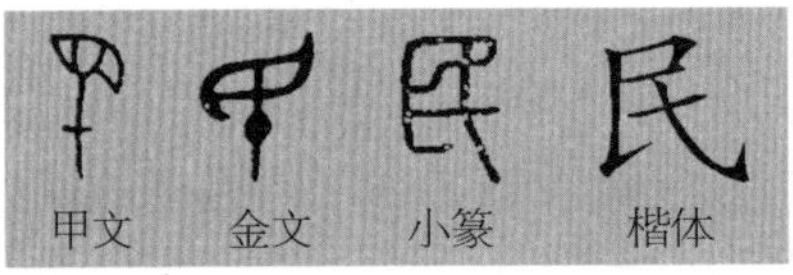

“民 mín”,这是一个象形字。甲骨文和金文的上部,均是一只眼睛,其下是一个古文的十字,表示眼睛向下看。小篆形体大变,已看不出眼睛和“十”字的形象了:这是将金文眼睛左边的线条延伸,将古文十字中的一点拉长,变成一横。楷书的写法,由小篆直接演变而来,写作“民”。

“民”的本义乃臣服的下民,即面对王和有权者时,只能低头让眼睛往下看的异族被统治者。又引申指君王和官吏之外被统治的所有人。如《穀梁传·成公元年》:“古者有四民:有士民,有商民,有农民,有工民。”此种之“民”已指贵族之外的所有人了。古代社会,人与民是有明显区别的:“人”是指统治者而言,“民”是指被统治者而言。可是到了后世,人与民就没有什么区别了。现今,依照汉语由单音词向双音词发展的规律,将“人”与“民”联结在一起,变成双音词“人民”了。

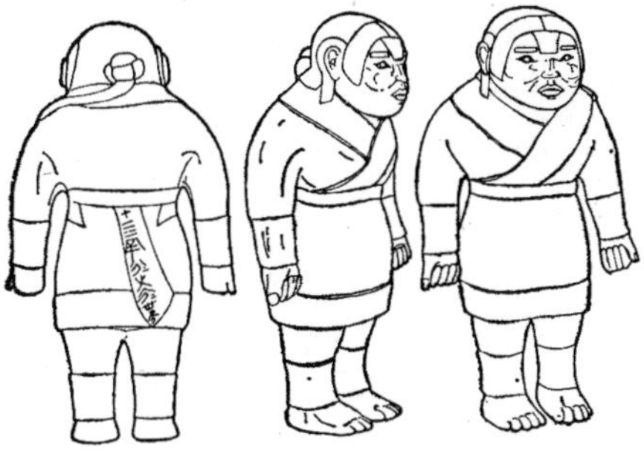

洛阳出土的西周雕像

“民”在古代社会中处于最下层的地位,“民”被认为是蒙昧无知、道德观念低下的群氓。《论语》中有“民可使由之,不可使知之”的信条;《商君书》中更有“民不可与虑始,而可与乐成”的说教。这种轻视“民”的意识,还表现在“民”的修饰语上,如“民”只能接受“愚、贱、顽、刁、奸”等这些贬义词的修饰,而不能修饰成“贤民、哲民、圣民、能民、伟民”等词语,但“人”字却可以接受这些褒义词的修饰。

“民”字是个部首字。凡由“民”字所组成的字,大多都与奴隶或下等民众有关,如“氓、蝱”等字。不过,在汉字中从“民”的字是很少的。

“臧 zāng”,原本是一个会意字。甲骨文的“臧”字,形同一把利戈击在一个竖立的眼睛之中。这里的竖目即“臣”字,表示已经屈服于主人的奴隶,“戈”则表示武力。两形会意,表示奴隶主对奴隶的武力拥有。金文的“臧”字承接甲骨文,只是臣和戈的形象太过夸张,似像非像。小篆从金文而来,又增加了一个“爿”字部首用来表音,同时也表示“藏护”之义。楷书写作“臧”,成为“从爿戕(qiáng)声”的转注字。

奴隶为奴隶主的私有财产。获取这种财产,必须凭借武力;保持并拥有这种财产不被别人抢夺而去,也须凭借武力。所以,“臧”的本义为武力护卫下的奴隶。从奴隶主的眼光看来,运用武力(戈),不仅对自己,对奴隶都是一种“卫护”。由此,引申出“臧”的“善”、“好”之义。如诸葛亮《出师表》:“宫中府中,俱为一体,陟罚臧否,不宜异同。”这里的“臧否”意谓褒贬,即评论善恶好坏的意思。

“臧”字也是一个偏旁字，汉字中，凡是以“臧”为声义旁的文字，大多都与“藏有”有关，如“储藏”中的“藏”、“脏腑”中的“脏”、“赃物”中的“赃”等等。

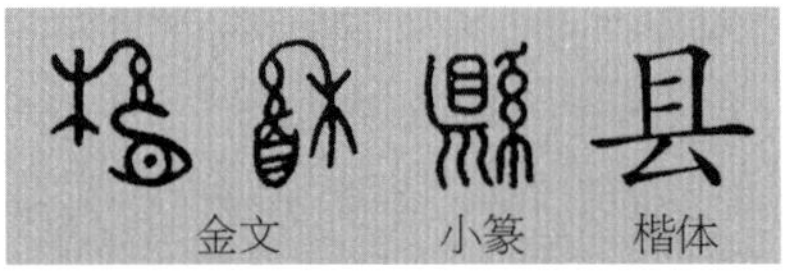

“县 xiàn”，这是个会意字。金文的“县”字左边是一个“木”字；右半部的上方是一个“系”，像下垂的绳索之形，下方则是突出一只眼睛的首级(県)。整个字形，由这三个符号会意，表示将砍下的人头悬挂示众。小篆的“县”字，省略掉了“木”字，由“系、県”两个字组合而成。楷书繁体写作“縣”，简化后写作“县”。

“县”字原本的意义为枭首示众，字音念作 xuán。后来，“县”字假借为行政区划中区县的“县”，字音则念作 xián。

在人口相对稠密的交通要道悬挂人头，才有示众威慑的作用。悬挂人头之地，自然成为权力的中心，这便是“县”为地方官府的由来。也有人认为：在政权机构中，“县”为最低一级官府，离中央政权最远，仍有一条无形之线牵制着，同悬物相类似，故而称“县”。

四一二政变后，在电线杆上悬挂的头颅。

《史记》一书中，记载有这样一段历史故事：公元前 202 年，楚霸王项羽在乌江自刎而死，刘邦的部下将项羽的首级割了下来。项羽死后，楚地皆降，唯有鲁地强攻不下。刘邦派人将项羽的首级出示给鲁地父老，鲁人立即归降。可见，割取敌人首级不仅能计功讨赏，还可以炫耀、示众，威慑敌人和民众，达到不战而胜、不刑而治的目的。

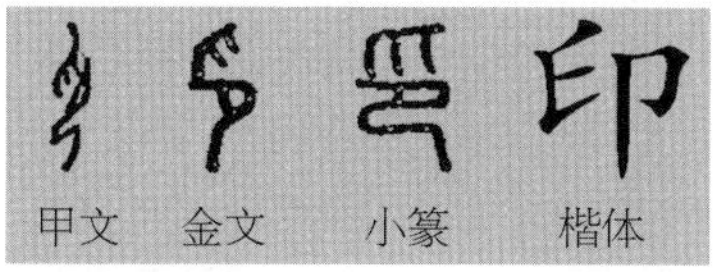

“**印 yìn**”字是个会意字。甲骨文的左上方是一只大手,右边是面朝左跪跽着的一个人,形同要用手压服一个人。金文更为明显,上面的大手把下面的人按得弯腰曲背,好像在鞠九十度的躬。所以,“印”字即“抑”字的本字,“抑”制的抑则是“印”的转注本义字。小篆的上部仍为手形(爪),下部的人形演变为“卩”。楷书将手(爪)变到左边,“人”(卩)变到右边,写作“印”。

“印”字的本义就是“按压”。由按压之义引申,人们把被按的“图章”也叫做“印”。秦以前的“印”都称为“玺”,可是秦始皇却规定,只有皇帝的“印”才能称“玺”(xǐ),而官私民间所用的图章均称“印”。此后,汉代出现了“印章”这一名称,由“印章”之义又引申为印刷。如《梦溪笔谈》:“若印数十百本,则极为神速。”引申后又表示按压后的痕迹,如“脚印、烙印、印迹”等。由图章与印迹的痕迹相合,又引申出符合之义,如“心心相印”一词。

古书中,常见“印堂”一词。旧时相面的人,称被相面者的额部与双眉之间的部位为“印堂”。

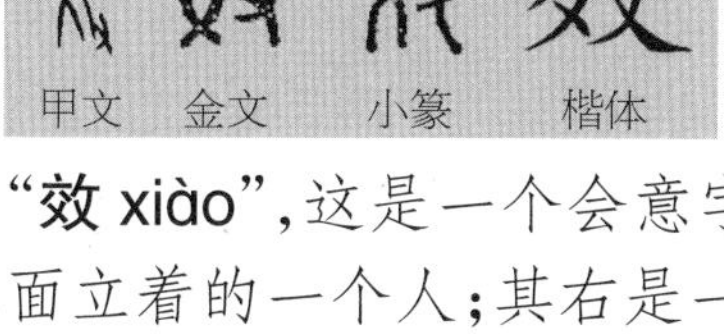

“**效 xiào**”,这是一个会意字。甲骨文的“效”字,左边像两腿相交正面立着的一个人;其右是一只手,拿着一个类似棍、鞭之物。两形会意,表示用武力迫使不愿意行走之人行动起来。金文与甲骨文相似,但形体上更为美观一些。小篆由甲、金文字的形体直接演变而来,楷书将两腿相交的人形,演变为“交”字,写作“效”(有人认为,“交”字源出动物发情后的交媾,“效”乃强迫使之交配,引申出仿效之义)。

用棍棒、皮鞭促使他人就范,听从命令而行动,乃是“效”字所包含的基本涵义。因此,“效”字的本义为鞭策,引申为“模仿”或“仿效”。《左传·文公元年》中有这样一句话:“效尤祸也。”“尤”就是“过失”。这是说:模仿过失一定会带来祸患。再如《易·系辞上》:“天地变化,圣人效之。”其中的“效”即用作“仿效”。这个意义后来写作“俲”,简化时又回归为“效”。

由“效法”之义又可以引申为“效果”,即“效法”的结果如何。如《商君书·徕民》:“此富强两成之效也。”原意是:这样才能获得双倍富强的良好效果。现代汉语中,仍在使用的双音词,则有“功效、有效、能效、效验、效果、见效”等等。至于“效力”或“效劳”,则是献出“劳”或“力”的意思。如《史记·苏秦列传》:“使臣效愚计。”这里的“效”字乃“献出”的意思。这个意义古代写作“効”。

古文中,“效”、“俲”、“効” 三字的含义是不同的:“效法” 写作“俲”;“效果”写作“效”;“效力”则写作“効”。后来,在废除异体字的时候,把“俲”、“効”二字废掉了,只保留了一个“效”字。

“政 zhèng”,这是一个会意字。《说文》释为:“政,正也,从攴从正,正亦声。”金文的“政”字,右边是一个手持棍棒之形;左边下部是一个脚印,表示行走,上部有一短横,表示行走的目标。显而易见,“政”字的构义,源自用棍棒驱使他人向既定目标前行。小篆的“政”字与金文相似,形体更为美观匀整一些。

“政”的本义为用武力强迫他人前往某地,或强迫他人做某种事。当然,持有暴力者一定会认为所往目的或所做某事是正确的。《论语·子路》中有一段话:“季康子问政于孔子,孔子曰:‘政者,正也。’”这是说:“政”的本义乃“纠之使正”,即用棍棒之类的武力使其行为端正。由此,又引申指政权机关实施的政策、法令,也指治国所采取的措施及事务。如《论语·学而》:“夫子至于是邦也,必闻其政,求之与,抑与之与。”这里的“政”即政治、政事。但在《礼记·乐记》“礼乐刑政,其极一也”中,“政”则表示法令。由此,又引申用来表示政权，或政权机构中的部门，如“政府、政务、财政、民政、邮政”等等。

由“政事”一义，又可用来泛指一般性的事务，如“家政、校政”等。

“**令 lìng**”，这是一个会意字。甲骨文上部的三角形，许慎认为乃上古时代的青铜乐器的外形轮廓，即铃、铙、钲、铎中的一种；下面是面朝左而跪跽着的一个男人。两形会意，表示发布命令。古代典籍记载说：“古者，将有新令必奋木铎以警众，使明德也，木铎，木舌也，文事奋木铎，武事奋金铎。”金文基本上承接甲骨文的形体，小篆形体下面的“人”形有些变异，楷书的形体，则根本看不出“铃”下的“人”形了。

其实，“令”字从另一角度解释更合理：令上为倒“口”，表示一个人向下发布命令。在他的眼前有一个跪跽着的人时，这种图景才是“令”字的生活来源，也更符合三角尖顶表示“倒口”的符号学意义。

“令”字的本义乃“命令”，如《诗·齐风·东方未明》：“倒之颠之，自公令之。”大意是：已经累得东颠西倒了，从贵族老爷那里又发出了命令。《史记·司马穰苴列传》：“将在军，君令有所不受。”则是说：大将在外统兵，君王的命令可以不遵照执行。从“命令”之义又能引申出“使”的意思，如《史记·孙子吴起列传》：“臣能令君胜。”就是“我能使你胜”的意思。“令人不安”，即表示使人不安。至于“县令”之“令”，那是个假借字的问题，即借“命令”之“令”为

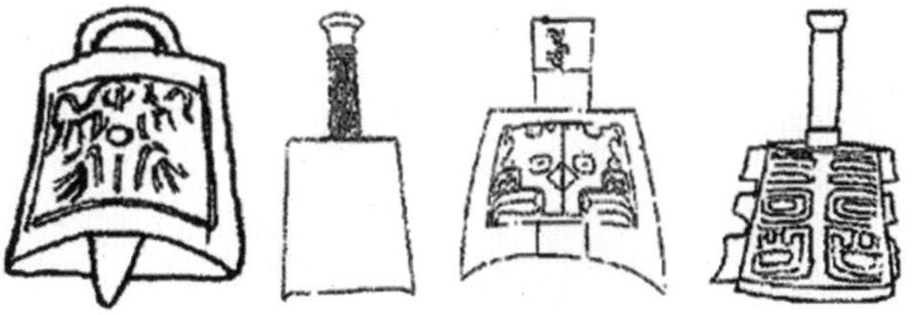
商周青铜器中的铃、铙、钲、铎

“县令”之“令”。“令”还可以引申表示时节，如“时令、节令”等。

另外，旧时表示尊敬则常在称呼之前贯以“令”字，如“令尊”是称对方的父亲，“令堂”是称对方母亲的敬词，“令郎”或“令嗣”是称对方儿子的敬词，“令爱”(或作“令媛”)则用来称谓对方的女儿。

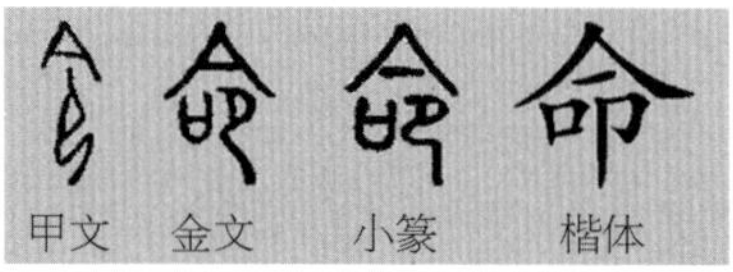

“令”与“**命 mìng**”同源同字。甲骨文的“命”字，上部是一个倒“口”之形；下部是一个跪跽的人。可见这个“命”字，与“令”完全相同。金文的左下角增加了一个“口”字，这就表示不仅使跪跽之人臣服，而且要用“口”发布命令。小篆的形体，由金文直接演变而来，楷书写作“命”。

“命”字的本义为已经“发布而出的命令”，即上级对下级发布的指示。如《荀子·臣道》：“从命而利君谓之顺，从命而不利君谓之谄。”这是说：听从命令而有利于国君，这就叫做忠顺，听从命令而不利于国君，就叫做谄媚奉承。上古统治者要求属下把“命令”视同“生命”，所以“命”字又可以引申为“生命”或“性命”，如《论语·雍也》中记载颜渊“不幸短命死矣”。

古人认为，社会的治乱兴衰和个人的祸福穷达都是天意的安排，因此，又有了“天命”、“命运”一词，如《论语·颜渊》中的“死生有命，富贵在天”。

“命”和“令”的词义都有“使”的意思，但也有细微差别。“命”字专指上级对下级下达命令，“令”则表示一般意义上的“使”的意思。作动词，“令”有时可不带宾语。如《论语·子路》：“其身正，不令而行；其身不正，虽令不从。”

“**刑 xíng**”，这是一个会意字。金文的“刑”字为左右结构：右边

是一个刀形,但在刀形的下端,又有两个"×"形符号。实际上,这里所表示的,乃是用荆条编制的刑鞭;左边的"井"字符号,则表示抽在人体背部上的血痕。小篆的"刑"字,依据后一个金文,将荆条拧制的刑鞭讹变为刀,成为"从刀从井"的会意字(含有"因音形变"的规则在内)。楷书由此而来,讹变为"刑"字。

"刑",本义为对人犯、奴隶们施以肉体惩罚。《说文》释为:"刑,罚罪也。"其抽象意义,则引申表示"刑法"。如《左传·昭公六年》:"郑人铸刑书。"刑书即法律条文。《周礼·秋官·司刑》曰:"掌五刑之法。"这里的"五刑",即古代的五种刑法:"墨、劓、宫、刖、大辟"。施刑则会血溅肉飞、人体肢解,由此,又引申指对人犯使用旨在摧残肉体的手段,如"酷刑、严刑拷打"等词语中的"刑"字。

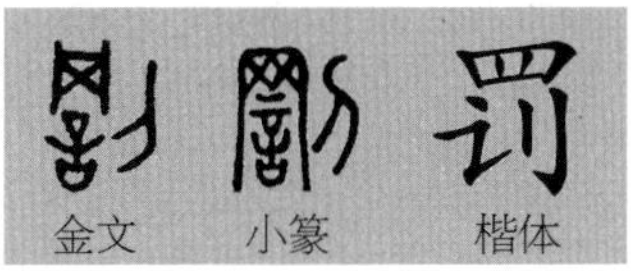

"罚 fá",这是一个由三个字符组成的会意字。金文的"罚"字,右边为一"刀"形,表示用刑;左边上部是一个"网"形,表示捕捉,也可以视作法网;下部则是一个"言"字,在此表示判决。三形会意,把惩处人犯的场景表现的淋漓尽致——一边述说罪状,一边施加刑罚。小篆承接金文,只是"网"形更为形象,楷书则将"网"置之"言、刀"之上,又使"刀"形变为"立刀",缘此写作"罚"。

"罚"的本义为惩处,即惩治过错的意思。清代徐灏《说文解字注笺》曰:"罚,从网从言从刀。网者罪之省也;言者爰书定罪之意;刀者自大辟以至劓(yǐ)剕(fèi)髡黥之属,皆刑其肢体也。"《三国志·蜀书·诸葛亮传》:"犯法怠慢者虽亲必罚。"其中的"罚"即惩处之义。这一意义沿用至今,现代汉语中则有"惩罚、罚款、罚没、体罚"等词语。

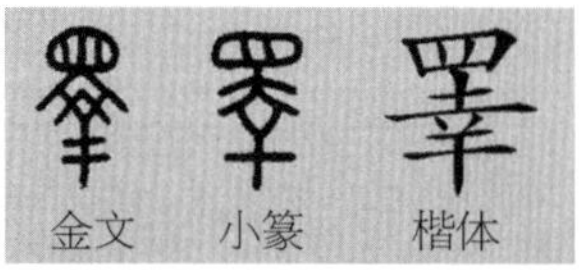

“睪yì”,《说文》释为:“睪,伺视也,从横目从幸,今更将目捕罪人也。”这是说:睪的本义乃搜寻犯罪者。因此金文上部为横着的眼睛,下边是一个表示手铐的“幸”,表示官吏以“目”搜寻、以“幸”(手铐)捉拿罪犯。小篆的“睪”字与金文构形相似,隶化后,楷书写作“睪”。

青铜器上的金文“睪”

“睪”的本义为捕取罪人。凡捕取罪犯,必在众人中加以选择,因而,引申出“睪”的选择义,“睪”就是“择(擇)”的本字,“擇”是“睪”的后起孳乳字。

“睪”在现代汉语中,是一个偏旁字,凡以“睪”为声义旁的字,大都与搜寻、闭锁有关,如“释、译、驿、绎、泽”等字。

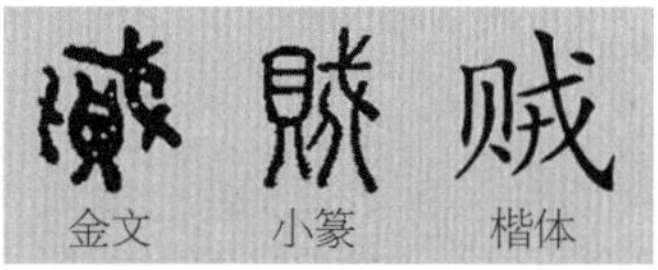

“贼zéi”,这是个会意字。金文的“贼”字由“戈、鼎、人”三个字根组合而成:右上部是“戈”字;字形中间是“鼎”字,在鼎的左边是一个反写的“人”字,会意一个人用戈击碎铜鼎、盗取铜块。小篆字体将鼎讹变为“贝”,将人置于“戈”下,遂有楷书的“贼”。

“贼”字的本义为击毁后盗取铜块。因此,“贼”字可表示毁坏。如《孟子》:“贼仁者谓之贼,贼义者谓之残。”“贼”字又有伤害、杀害的意思。《墨子·非儒》:“是贼天下之人者也。”意思是:这是伤害天下人的作法。宋代学者苏轼有一句格言:“贼民之事非一,而好兵者必亡。”“贼民之事”就是残害、杀害百姓的事情。“奸贼、卖国贼、独夫民贼、乱臣贼子、擒贼先擒王”等词句中的“贼”字，均指窃权祸国之人。成语“贼出关门”一词中的“贼”字，则指窍贼，常用来比喻事发后才知道防范。

“贼”字还用来形容邪恶不正派的外貌、心态及品性，如“贼头贼脑、贼眉鼠眼、贼心不死”等。

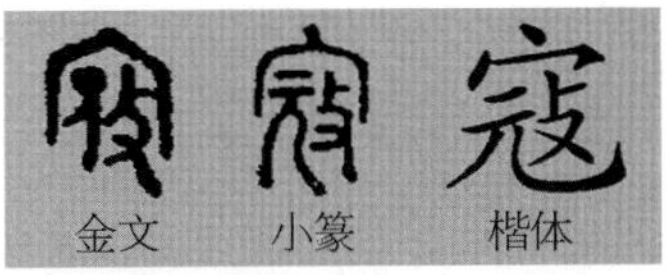

“寇 kòu”，这是一个会意字，甲骨文的“寇”字，上部是一个“宀”，表示房屋；屋内右部有一只持有棍棒的手，似乎正在殴打左边的一个人的脑袋。这种在屋内行凶、劫掠的行为便称之为“寇”。小篆的“寇”字将屋内靠左的人，演变成一个“元”字。“元”在古文字中，乃突出头部的人形，用棍棒击打头部，含有残杀的意思。楷书从小篆而来，一脉相承，形体相似。

“寇”的本义为屋内施暴，即“盗匪”的意思。盗匪乃入侵者，因此，“寇”又包含有侵犯的意思，如杜甫的《复愁》诗，其中有“万国尚防寇”，这里的“寇”就指入侵者。明代将入侵的日本浪人称为“倭寇”；抗日战争时，中国人民将日本侵略者称之为“日寇”，都表示侵略者的意思。

“冠”和“寇”形体相近，常被人混淆错识。其实，“冠”字上部的“秃宝盖”乃表示帽子，其中的“寸”就是“手”，以手戴帽即为“冠”。“冠”与“寇”在形音义上均有所不同。

第七章 汉字与民生

汉字是文化的载体，从创造之初，它就点点滴滴开始了对民生、民俗的记录。汉字是生活的结晶，诸多的象形文字，将中国人的“生活”固化在表形和构意之中，像三棱镜、万花筒一样，折射出“衣、食、住、行”的方方面面，真实地反映了我们的祖先在享用物质财富时的种种心态。

悠悠数千年，汉字是世俗生活的沉淀池，汉字是贮存民俗文化的信息宝库。这一章里的每一个汉字，包括它的构形依据，形、音、义的发展脉络，以及分化孳乳的轨迹，都是华夏民族真实生活的“镜像”折射。

春秋时代的铜鉴及铜鉴刻绘

一、酒肉尝尽食为天

“民以食为天。”人类与饮食俱在,饮食是人类的创造,同时又是造就了人类的第一生活要义。

《礼记·礼运》曰:古者“未有火化,食草木之食、鸟兽之肉,饮其血,茹其毛。……后圣有作,然后修火以利”。华夏民族的饮食文化,当从炙烤肉食开始,但饮食的真正历程,则与烹饪器皿的发展相辅相成。考古资料显示,早在新石器早期,我们的祖先已创造了陶制的烹饪器皿:三条腿形状如乳房一般的“鬲”。陶器的出现,改变了以往“饥则求食,多则弃余”的习惯,更重要的是促进了烹饪方法的改进,大大地丰富了人们饮食的内容。时至殷商,即汉字创造之时,成龙配套的烹饪器具,已“独立”于世界民族之林,华夏民族的饮食文化,已很有一些“食不厌精”的味道。

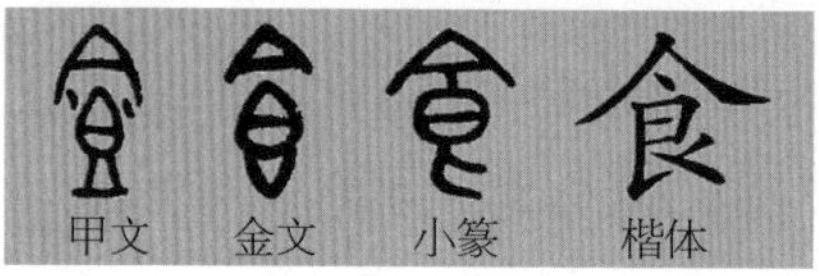

“食 shí”,这是一个会意字。甲骨文的“食”字,下部是一个食器(即豆)的外形勾描,食器上的锥尖和两侧的两个点儿,表示已盛满外溢;上部的三角形,乃是一个表示倒过来的“口”。两者会意,表示这是留给外出狩猎、采集,即将返回的男人们的食物。金文为了书写方便,将食器之形稍加简化,省略了上边的两个小点;小篆的“食”字,下部已不太像食器的模样,但形体上却更美观了。楷书则演化为单纯的文字符号,写作“食”。

史前时期的陶豆

甲骨文“食”字下面的“豆”，原本是古人盛“黍、稷、稻、粱”等主食的食器。“食”当名词讲时，专指主食，后来，才泛指其他食物。“食”字在殷商卜辞里，通常表示吃饭的时间。如卜辞里的“大食”，即上午八九点钟吃食之时，也叫“朝食”(大食，意味着吃饱了好干活)；“小食”是下午四五点钟吃，也叫“飧”(小食，意味着晚上还有祭祀后的饮食联欢)。这种饮食习惯乃是为了适应“大采”、“小采”这种劳作习惯，即清晨日出至八九点钟的劳作为“大采”，十点到下午三四点的劳作为“小采”而形成的。

“食”的本义为盛放已好，留给男子的食物，也表示男子们回来后的集体共餐。由此，引申为一般意义上的“食物”，又从名词引出动词“吃”的意义。如《诗·小雅·绵蛮》：“饮之食之，教之诲之。”这里的“食”即吃的意思，读作 sì。再如，太阳被月亮遮住称为“日食”，月亮被地球遮住则称为“月食”，这里的“食”字也有“吃”的意思。“食言”一词，则用吞吃自己说出的话语，比喻说话不算数。

“食”字是个部首字。汉字中，凡由“食”(偏旁作饣)所组字的字，大多都与“食物”或“吃”有关，如“饭、饮、饱、饼、飧”等字。

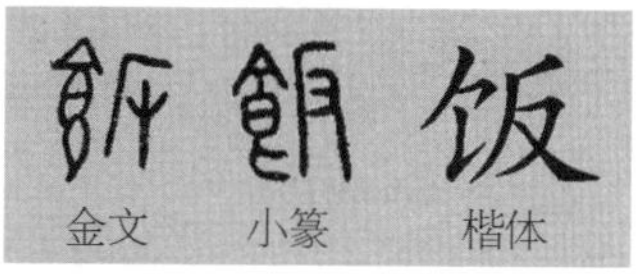

“饭 fàn”，这是一个形声字。金文的“饭”字为左右结构：左边是一个“食”字，表示食物；右边是一个“反”字，表示将手背在身后。两形结合，表示现在尚且不吃，留待以后才吃的意思。小篆的“饭”字承接金文，楷书缘此而写作“飯”，简化后写作“饭”。

“饭”的本义为外出时所吃的食物。由外出劳作完毕或告一阶段后的饮食，又引申为每天的定时进餐，如“早饭、午饭”。用作动词时，则表示“吃”的意思，如《论语·述而》：“饭疏食，饮水。”这是说：吃粗食，饮白水。用于使动语句中，则表示给饭吃，如《史记·淮阴侯列传》描述韩信不得志时:“有一漂母见信饥,饭信。”其中的“饭”,即表示给饭吃的意思。在现代汉语中,“饭”用作名词,指蒸熟或煮熟的谷类食品,又特指大米饭。

“即 jí”,这是一个会意字。甲骨文的“即”字,左边是盛满食物的食器,右边是跪坐着一个“人”,好似俯身低头正在进餐。金文的左边有所简化,不过还能看出食具(即豆)的样子,右边的“人”则变为半立形。小篆的“即”字,发生了讹变:线条流畅,构形美化,但却看不出人进食的样子了。楷书秉承小篆的形体,已完全没有俯身就食的形象了。

“即”的本义是“俯身就食”。要就食就必须靠近食物,所以又引申为“走近”、“靠近”之义。如柳宗元《童区寄传》:“以缚即炉火烧绝之。”就是说:把捆在手上的绳子靠近炉火而烧断它。现代汉语中的“若即若离”、“可望而不可即”等,其中的“即”都表示“靠近”的意思。

“即”,由此又引申为副词,当“马上”、“立刻”讲,如《三国志·蜀书·诸葛亮传》:“即遣兵三万以助备。”这是说:马上派三万兵帮助刘备。成语中的“一触即发”、“闻过即喜”等,其中的“即”,均可释为“马上”、“就”的意思。

“既 jì”,也是一个会意字。甲骨文的“既”字,右边是一个盛满食物的食器(即豆),尖尖的部分表示装满了食品;左边是一个背向食品而跪跽的人,张嘴侧头,表示已经吃饱了的意思。金文“既”字的食器部分有点变形,右边是半站着的人,面部仍然朝向背后,张着口,表示吃饱要离开的样子。小篆的“既”字,发生了讹变:左边的食器和右边张口之人都已无形，但文字的形体却更为美观。楷书承接小篆，写作“既”。

“既”字的本义是“吃完侧身而走”。由此义引申为一般意义上的“尽”、“完”。如孙樵《书褒城驿壁》：“语未既，有老甿(máng忙)笑于旁。”这是说：话还没有说完，有个老农就在一旁笑了。由“完”、“尽”之义又引申为时间副词“已经”，如《韩非子·外储说左下》：“三军既成陈，使士视死如归。”这是说：三军已经摆成阵后，促使战士们视死如归。又引申为连词，常组成“既……又……”、“既……且……”的格式。

“即”与“既”两字形体近似，很容易写错。但从本义上讲，“即”是靠近食物，“既”表示离开食物。现代汉语中，“即”主要用于“即使、即令、立即”等词语；“既”则主要用于“既然、既……又”。“即使”表示假设性让步，如：即使下雨，他们也会来的；“既然”则提出推论的前提：既然下雨，他们不会来了。

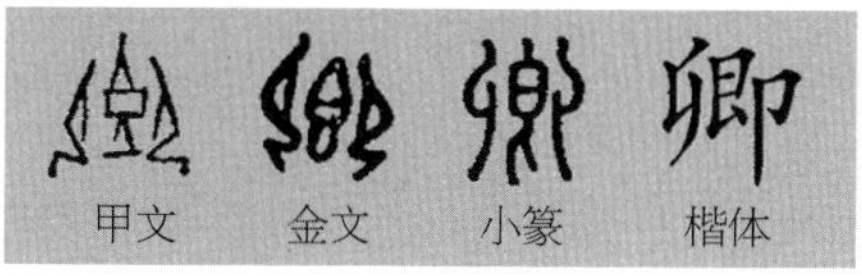

“卿 qīng”字是个会意字。甲骨文和金文的“卿”字与下文的“飨”字同源同构：两边是面对面跪跽着的两个“人”，中间放着一个食器，食器中装满了食品，两人正在享用。小篆中间的食器变得走了样，两边的“人”也都站起来，因此，已看不出共同聚餐的意味了。楷书将错就错，完全没有“相向就食”的模样了。

“卿”的本义为宴请、聚餐(即飨)，源出“两人对食”，含有“座上客”及“共食同事”的意思。因此，古代对其他诸侯国来本国做官的人称作“客卿”，如《史记·李斯列传》：“秦王拜斯为客卿。”这是说：秦王拜李斯为客卿。由此引申，“卿”字又被借为官名(位在“公”之下，“大夫”之上)，汉以前设有六卿，即“天官冢宰，地官司徒，春官宗伯，夏官司马，秋官司寇，冬官司

青铜器上的图徽

空”。后来，君王对大臣也尊称为“卿”。如《宋史·赵普传》：“吾意上如此，特试卿耳。”再后来，“卿”字成为一种表示亲昵的爱称，如古诗《孔雀东南飞》中：“我自不驱卿，逼迫有阿母。”其中的“卿”，乃是焦仲卿对其妻的称呼。

表示同一地区的人们（血缘上自然很近）共聚进餐之义，则由秦代篆文后造的“鄉”字来表示，即今日所称的“乡党”之义。因其涵义与城邑有关，所以左右两边都从“邑”。“鄉”字后来简化为“乡”。

“卿”字与“鄉”字的形体相似（二者本为同源分化字），但细加分析，它们的左、中、右三部分都不相同，不能相混淆。

“飨 xiǎng”，原本是一个会意字。甲骨文的“飨”字，中间是一个食器（即豆），似乎已装满美味佳肴，左右两个男人，正面对面地跪坐着在享用。金文与甲骨文的形体相似，只是“人”形立了起来；小篆则发生较大的变化，表示男人之形的“卩”讹变成了两个“邑”字（一正一反），整个字的下部，又加上了一个表意的“食”字，变成了一个上声（鄉）下形（食）的转注字。楷书繁体与小篆基本相同，写作“饗”，因笔画太繁琐，后来简化为“飨”字。

“飨”字的本义为“小食”，即下午四五点钟时，男子们劳作归来后的集体饮食。后来，又引申表示以酒食款待客人。如《诗·豳风·七月》：“朋酒斯飨，曰杀羔羊。”这里的“飨”即表示共同饮食，款待客人。“飨”字在汉语中可通“享”，引申为宴请他人或祭祀祖先神灵请其享用之义。如《礼记·月令》：“皇天上帝社稷之飨。”即祭祀享用之意。《公羊传·庄公四年》：“夫人姜氏飨齐侯于祝丘。”这是说：姜氏请齐侯在祝丘这个地方共同进餐的意思。

"肉 ròu",这是一个象形字。甲骨文的"肉"字乃是肉块的象形白描。金文和小篆的形体,也源自肉块,中间的斜横线,表示肉块上的肋骨。楷书的"肉"字,为了与"月"字区分,在隶化过程中发生变异,因而与小篆相去甚远,已丝毫没有肉块的形象了。

"肉",指动物身上可食的大块肌肉,如《汉书·樊哙传》:"拔剑切肉食之。"从动物的肌肉,又引申指蔬菜瓜果中间可食的部分,如"枣肉、笋肉、桂圆肉"等,又引申指蔬果不脆不酥的状态,如"肉瓤"一词。又引申指行动缓慢,如"他这人太肉了"。

汉画像

"肉"字是个部首字,汉字中,凡由"肉"字所组成的字,大都与肉有关。可是到了后世,从"肉"的字和从"月"的字混同一体,均写作"月"。因此,有了"月"和"肉月"旁之分。一般情况下,可以从词义上加以区分,如"朗、期、腊、胧"等与月亮有关的字,均由"月"组成;"肠、肚、肝、腋、脸"等字中的"月"都与肉有关,这些字的"月"旁本为"肉"字。

"有 yǒu",原本是个指事字。甲骨文的"有"字,上部是只平伸而出的手的象形,下边的一横乃指示符号,表示"给到我手中"的意思。你把东西给到我手中,我便持有东西,你把东西没有给到我手中,我便不持有此物。因此,"有"在甲骨卜辞中,也表示"到来"的意思。

金文的“有”字，在“又”的下部增加了一个“肉块”之形，以会意字的面目出现：以手中持肉为“有”。所以，“有”字又包含了“据有”的意义。小篆的“有”字秉承金文，楷书将手形左右对调后，写作“有”。

“有”的本义为“领有”，与“无、没”相对，如《老子》一书中的“故有无相生，难易相成”。又引申表示“存在”之义，如《诗·小雅·信南山》：“中田有庐，疆埸(yì)有瓜。”这里的“有”即表示“存在”。又引申用来表示“发生”或“出现”的意思，如“他有病，面有饥色”等等。

在文言文中，“有”字可用在整数和零数的中间，与“又”相通，如“吾十有五而志于学”。又用为名词词头，如“有明、有清一代”等，当作引词。“有”字用在某些动词之前，则表示客气，如“有劳、有请”等。

“肖 xiāo”。《说文》释为：“肖，骨肉相似也，从肉，小声。”实际上，金文的“肖”字是一个会意字：下边是一个十分夸张的“肉”字；上边的三个小点，则表示砍肉时分溅而出的零星碎肉。小篆的“肖”字，承接金文，变肉上三个小点为“小”。楷书缘此而来，写作“肖”。

零星碎肉与大的肉块本质上都是肉。因此，“肖”在表示“大化小”的同时(肖乃削的初字)，也含有“相像、相似”之义。如成语中的“惟妙惟肖”，即表示十分相像的意思。“不肖子孙”一词，原指儿孙与父辈在长相上的不相像，生活中，常用来比喻两代人在品德行为上的不相似。如《孟子·万章上》：“丹朱之不肖，舜之子亦不肖。”这是说：尧的儿子丹朱在品行上不如尧，舜的儿子在品行上也不如舜。后来，称“不孝之子”也为“不肖之子”。

“肖”字是一个偏旁字。汉字中，凡以“肖”为组字构件者，均与“大化小”或“相似”有关，如“消、宵、逍、赵”等字。

“多 duō”,这是一个会意字。甲骨文和金文的“多”字,均为上下两块肉。古时分肉,人各一块,分得两块,或者一大块肉须分为两块,则“多”义自见。小篆和楷书的“多”字,从甲、金文而来,形体基本相似。

“多”的本义为肉多,引申用来泛指一般意义上的数量大,与“少”相对,如“许许多多、多才多艺”等。又由多与少之间的相比,引申为“比……多”,即胜过、超出的意思,如“多余、多嘴”;又引申表示过分、不必要的意思,如“多心、多疑”等等。

“多”在现代汉语中,还表示相差程度大的意思,如“安全多了、差得太多了”等。“多”在疑问句中,则表示数量和程度的询问,如“多高、多少钱”等;用在感叹句中,则表示程度很高,如“多着急啊、多么巧哪”等。“多”用在数词后,表示不确定的零数,如“五百多人、八点多钟”等等。

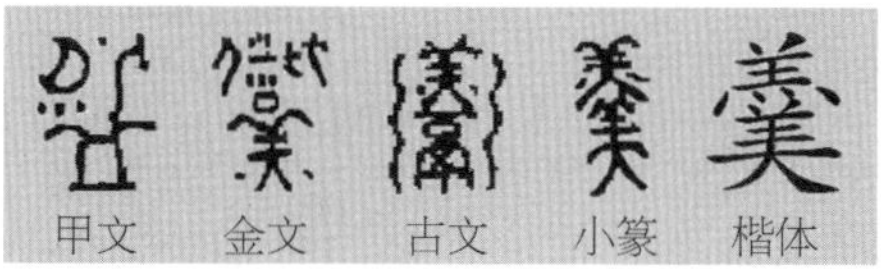

“羹 gēng”,这是一个会意字。甲骨文的“羹”字,上部靠左是一个肉块之形,小点表示汁液,靠右边是一个勺子的象形;两形之下,则是一个表示食器的“皿”。金文的“羹”字则为另一种形体,除了勺子增加为左右两把外,中间又增加一个“米”字,在表示碎肉块的圆圈之下,又增加了一个“羊”与“火”的合文,十分形象地把做“羹”的材料全部显现出来。小篆通过古文的“羹”字,再次发生演变。从字体的演化变异,不难看出,“羹”由肉汤变为米肉合煮,又增加“羊肉”以增加美味

汉画像:鼎烹图

的过程。造字意图的转化,正是饮食文化发展的确证。

“羹”是肉制的流质食物。用纯肉熬煮的汤,古代叫大(tài)羹。《左传》中有:“大羹不致,昭其俭也。”这是说:不煮食纯肉的羹,以表明生活俭朴。没有肉仅有菜的称为菜羹。《韩非子·五蠹》:“粝粢之食,藜藿之羹。”这里的“羹”,即指用菜和米豆合煮的菜羹。唐以后,“羹”也用来指称汤和粥类食品,如唐代王建的《新嫁娘》诗:“三日入厨下,洗手作羹汤。”

“盉 hé”,这是一个会意字。金文的“盉”字“从禾从皿”。“皿”在这里代表食具,“禾”则代表农作物籽实。两形会意,表示用五谷“中和”肉羹的味道或稀稠程度。小篆的“盉”字承接金文,楷书缘此写作“盉”。盉的古音读若 hǔ。

“盉”在古代有两重含义,一是指调味,《说文》释为:“盉,调味也,从皿禾声。”二是指用作调味的器皿,乃是一种敛口大腹,有长流和盖的青铜食具。

周代青铜盉

“盉”与“和”音同义近(金文的形体也十分相似,有可能二者本为同源),因此,人们假借“和”来表示“盉”的调味之义。如《左传·昭公二十年》中的晏子所言:“和,和羹焉,水火醯(xī醋)醢(nǎi酱)盐梅,以烹鲜肉。盉之以薪,宰夫和之;齐之以味,济其不及,以泄其过。”这里,将“盉”(和)的功能述说得清清楚楚。再如《周礼·天官》:“掌王及后、世子膳羞之割,烹煎和之事。”上文例句中的“和”字均表示“调味”之义。由调味又引申出“掺和”之义,表示在液体中添加粉状或固体物,如“和面、和泥、往里和点糖”等。“和”,在此时读音为 huò。

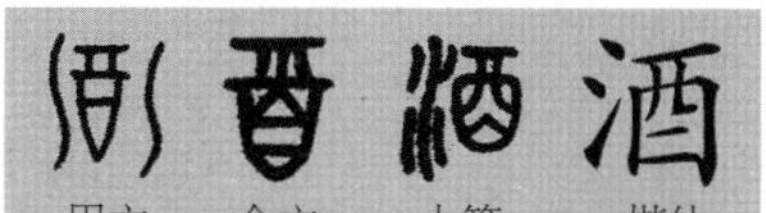

甲文　金文　小篆　楷体

“**酒 jiǔ**”，这是一个会意字。甲骨文的“酒”字，中间是一个“酉”字，即酒瓶的象形；两侧的曲线，则表示酒满溢出，也可理解为酒香四散。金文的“酒”字，则用一个盛满酒液的大酒坛代表酒。小篆的“酒”字，左边增加了一个“水”字，强调酒为液体，右边的“酉”则表示盛器。由此成为一个“从水酉声”的转注字。楷书承接小篆而来，写作酒。

仰韶文化尖底陶瓶，乃是酉的构形来源。

“酒”，用现在的话说，就是白酒、黄酒、啤酒、米酒、葡萄酒的泛称。酒的发明，在我国有极其悠久的历史。在人类以狩猎、采集为生的时期，先民们常常会把有发酵性糖分的野果、谷物的汤汁盛放在“酉”这种尖底陶瓶之中。一段时间的存放后，“酉”中的汤水，接触空气中的霉菌和酵母，便会发酵成酒。这种情况不断重复，先民便会有意识地将食物蒸煮后，连汤带水存放起来，酿成美酒。

酒的饮用及酒文化的兴盛，发轫于它有使人精神恍惚，想入非非的物质特性。在上古先民的意识中，酒能帮助人们进入虚幻的世界，具有一种沟通人神关系的灵性。因此，庆祝联欢、祭祀神灵甚至出征打仗都离不开酒，以至于有酒方有祭，有酒方有宴。宋玉《高唐赋》即说：“醮诸神。”上古时期，先民们还用酒充饥，用酒医病、疗伤，这就是“醫”字从“酉”的原因；《淮南子》释“酒”为“酉者，饱也”，可见酒也能充饥。

殷商时期，酒是商民族十分酷爱的东西，祭祀祖先、征伐出战、性爱联欢，须臾也离它不得。酒精，使殷商民族的“自尊”不切实际地夸大，征伐更为频繁残酷，甚至因酒精中毒而导致生育下降。所以，在周人看来，殷人之所以丢了江山，乃是因为“庶群自酒，腥闻于上，故天降丧于殷，罔爱于殷”。《尚书·微子》也说：“天毒降灾荒殷邦,方兴沈酗于酒。”

天可以因酒“降丧于殷”,当然也可以降丧于周。所以,周朝的统治者对其臣民的群聚滥饮决不宽容。“群饮,汝无佚,尽执拘以归于周,予其杀。”对群聚饮酒者施以如此严厉的惩罚,实源自周人对历史覆辙的畏惧之心。

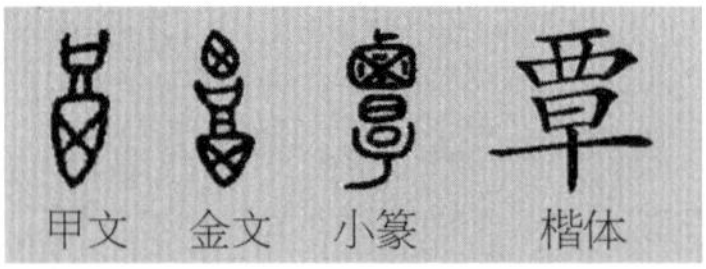

“覃 tán”是“罈”(坛)字的本字。甲骨文的“覃”字,与“酉”形体相近。在物象本源上,“覃”这种陶瓶乃是“酉”的分化发展。甲、金文的“覃”字,上部都有一个囊形的盖子。古代的这种盖子,偏僻酒店至今仍在使用:一般用数层布帛包上纯净的沙土,塞在瓶口之上。小篆的“覃”字从金文演变而来,不过已失去了象形的韵味,盖无盖形,瓶无瓶形了。楷书经过隶变之后,写作“从西从早”的覃。

汉画像:沥酒图

“覃”的本义为有塞盖的酿酒或盛酒器,这一意义,后来写作“醰”或“罈”。密闭是为了酿造时间更长,不被杂菌感染,也为了酒味更绵长,不使酒精挥发而酒味渐失。因此,《说文》中“覃”释为:“覃,长味也。”引申凡“长”可曰“覃”。如《诗·周南·葛覃》:“葛之覃兮,施于中谷。”由“长”义又引申为深、深入,如《后汉书·郑玄传》:“将闲居以安性,覃思以终身。”这里的“覃思”一词即深入思考的意思。

明代思想家洪应明写过一本非常有名的书《菜根谭》,其中的“谭”即“谈”的异体,意谓推心置腹地长谈。

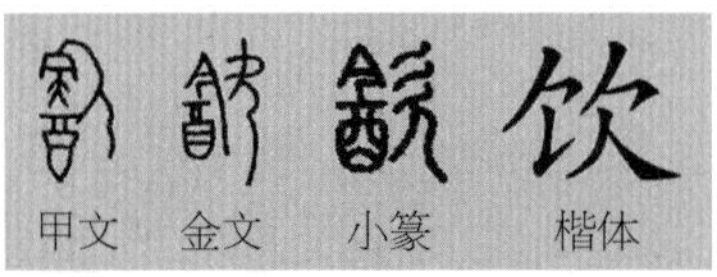

“饮 yǐn”,原本是一个会意字。甲骨文的“饮”字,下部是一个酒

坛(酉)之形,右上部像人俯首吐舌,就着酒坛尝酒之形。金文的"歓"字是一个"从酉、欠、今声"的形声字,声符"今"乃由口舌之形讹变而来,"欠"乃张口之人,整体字形仍表示人在饮酒。小篆的"饮"字与金文相似,形体上更为规范整齐一些。楷书发生讹变以"食"代"酓"写作"歓",简化后成为现今的"饮"字。

"饮",《说文》释为:"啜(chuò)也。"即喝的意思。如《孟子·告子上》:"冬日则饮汤,夏日则饮水。"由动词的"饮用"之义又引申指可喝的东西,如"饮料、冷饮"。又由"饮用"义引申表示"忍"或"吞"的意思,如江淹《恨赋》:"自古皆有死,莫不饮恨而吞声。""饮"字用于使动时读作yìn,表示给牲畜喂水。如三国诗人陈琳《饮马长城窟行》中的"饮马长城窟,水寒伤马骨"。

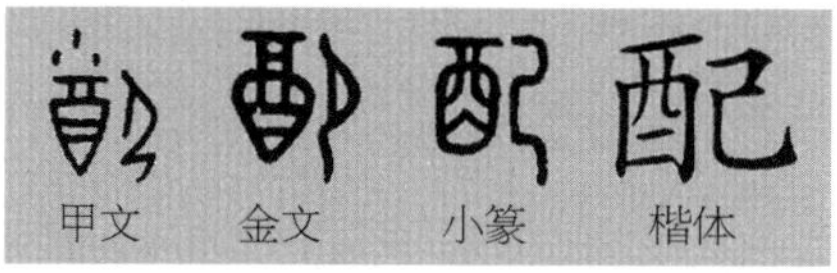

"配 pèi",这是一个会意字。甲骨文和金文"配"字的左边,均是一个表示酒瓶的"酉";右边则是一个跪跽着的男人。两形会意,表示将酒分派给其他人。小篆的"配"字,左边仍是一个"酉"字,但右边的人形有些变异,已无"人"形之样。楷书"配"字的构形,缘此而来,"人"形进一步讹变为"己",遂成为"从酉从己"的会意字了(己在此表示归己,文字学称之有理形变)。

"配"的原意为将酒分配于个人,因此,常用来表示给予一方的意思,如"分配、配合、配售"等。"配"在古语中的常用义是男女结合,如"婚配、配偶、匹配"等。由此,又引申为一方与另一方旗鼓相当,如"般配";又引申出将若干部分合在一起的意思,如"调配、搭配、配料";引申出补充使之完备之义,如"配备"一词,以及成语中的"成龙配套"等等。

"配"在古代又指"发配",即将人犯贬徙外

地，罚作军役、劳役。“配军”，即受到发配惩罚的罪犯。如《水浒传》中的林冲，于白虎堂受到陷害后，被发配到了河北沧州。

甲文　小篆　楷体

“醜 chǒu”，这是一个会意字。甲骨文的左边是个“酉”字，表示酒；右边是一个“鬼”字。两形会意，表示酒精上脸后的借酒生事。小篆和楷体的“醜”字一脉相承。汉字简化时，将“醜”归并与“丑”字之中。就是说，借“丑”为“醜”的简体字。

“丑”字的本义为形态可恶。如《诗·小雅·十月之交》：“日有食之，亦孔之丑。”“亦孔之丑”即也是一种非常可恶的事。用作动词时，“丑”表示被人厌恶，瞧不起。如《荀子·荣辱》：“我甚丑之。”这是说：我非常憎恶他。由面目、形态的令人憎恶，又引申为事物的“恶劣”或“不好”，如《汉书·项籍传》中所说的“丑地”，即为“不好之地”。由“不好”又引申为“耻辱”，如《庄子·外物》：“终身之丑。”又引申特指模样的丑陋，如《淮南子·说山》：“嫫母有所美，西施有所丑。”戏曲中的丑角原本写作“醜”。二者都与丑陋有关。

“丑类”一词，一般是指“恶人”或“坏人”而言。可是《礼记·学记》中“比物丑类”的“丑”字却当“比较”讲，是以同类事物相比况的意思。这是因为“美”与“丑”是一组相对概念，由比较而来。所以“丑”字引申出“比”的意思。不过，此义已经很少使用。

酒徒被骂作酒鬼，就有将醉酒之丑与鬼比的意思。鬼丑（醜），酒徒像鬼一样丑（醜）。醜字就是将酒徒比鬼。故醜字从酉从鬼，本含有比意。

甲文　小篆　楷体

“甘 gān”，这是一个依托象形字。甲骨文的甘字，是在“口”中添加一短横，表示口中含物。小篆的“甘”字与甲骨文相似，楷书则将中间的一横拉长，书写上更为匀称，却失去了“口”的象形。

“甘”的本义为口中含物，引申口中所含之物的甘美。古代，中国人的味感分类中，“甘” 表示不带任何刺激的正味。《春秋繁露》曰：“甘者，五味之本也。”《庄子·外物》则说：“口彻为甘。”这是说：甘是一种对口舌非常适应，因而通畅无阻的味感。由“甘”作为组字构件孳乳而出的“甜”字，已与“甘”的意思有很大变化，它与酸、苦、辣、咸并列为五味之一。但在方言中，“甜”仍保留了古代“甘”的意义：陕西、河南等方言仍把不放盐，也不放糖的面汤称做甜汤，“甜”在这里仍表示无味之称。

由“甘”的“可口”之义，又引申出了“美味”的意思。如《韩非子·外储说》：“甘肥周于堂。”意思是：美味佳肴摆满堂上。从味道的甘美，又能引申为语言上的“甜美”。如《左传·昭公十一年》：“今币重而言甘，诱我也。”这是说：用很多钱财和甜言蜜语来引诱我。由此，又引申出“甘心情愿”之义，用来表示内心世界的甜美舒畅。

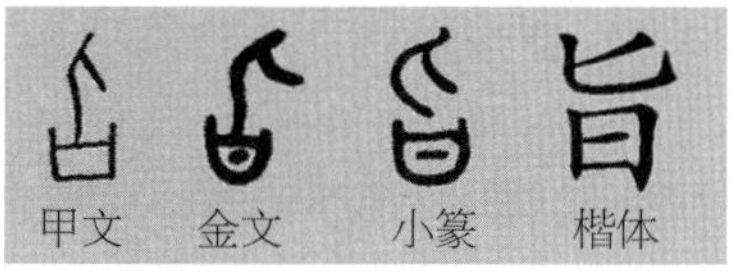

“**旨 zhǐ**”，这是一个会意字。甲骨文的“旨”字，下部是一个“口”，上部是一个“勺子”(匕)的象形，表示将甘美的食物送到口中的意思。金文的“旨”字，在“口”中增加一点，强调口中的甘美。小篆缘此而来，成为“上匕下甘”的会意字。楷书在隶化的过程中产生讹变，将下部的“甘”字写作了“曰”。

“旨”，《说文》释为：“旨，美也。”即滋味美好的意思。如汉代晁错的《论贵粟疏》：“夫寒之于衣，不待轻暖，饥之于食，不待甘旨。”这里的“甘旨”即可口美食之义。由美味在口，又引申出“甘”的包含之义。如《易·系辞下》：“其甘远，其辞文，其言曲而中。”此义后来写作“恉”。又由食物中包含的美味感觉，引申为一般意义上的

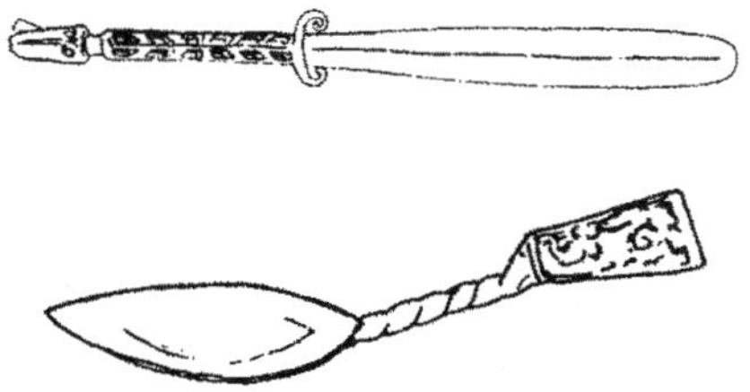
商代的铜匕勺与匕刀

要点、用意，如“主旨、要旨、宗旨”等。古代社会，又特指皇帝的命令，如“圣旨、传旨”等。

“甘”与“旨”形义相近。先秦时期，“甘”字通常用来表示味觉上的舒适正味，带有很大的主观性，而“旨”则代表一般的美味，即客观上有特殊刺激味的食品。后来，“甘”也可指称“美味食品”，“甘旨”连用则指非常美好的食品，如《韩诗外传》：“鼻欲嗅芳香，口欲嗜甘旨。”

“尝 cháng”是“嘗”的简化字。金文的“尝”字是一个会意字：其上部均为一个“尚”字，源自躺到在地的女人，在此用作男性的性伙伴或男性家中的女性亲属；下部为“旨”，在此表示用匕勺送到口中尝味。两形会意，表示男人将“高级、更好”食物让女性品尝。引申为分食物给人，请他人品尝。小篆承接金文，楷书一脉相承，写作“嘗”，汉字简化后写作“尝”。

“尝”的本义为辨别滋味而品尝食物。《说文》释为：“尝，口味之也。从旨尚声。”成语中的“卧薪尝胆”即用作其本义。由“品尝”之义又引申为试一试，如《孟子·梁惠王上》：“我虽不敏，请尝试之。”用于抽象意义，则表示“曾经经历或接触过”，如“未尝、何尝”等。

由辨别滋味义，又可引申出“吃”的意思，如《诗·唐风·鸨羽》：“不能艺稻粱，父母何尝?”这是说，不种植庄稼，父母又吃什么呢?

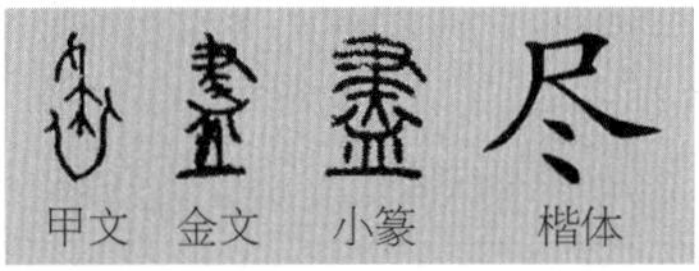

“尽 jìn”是“盡”的简化字。甲骨文的“尽”字，下面是一个食器的象形，上面是以手握持一把刷子的表意图像；合起来则表示饮食完毕，清洗食器。金文的“尽”字，仍为清洗器皿的意思，只是更为繁琐一些，将人手和毛刷描摹的更为清晰，也更为象形。小篆和楷书的“尽”字缘此而来。只是在演变的过程中，一步步将“刷毛”讹变成了四个小点。“盡”字简化后写作“尽”。

《说文》释“尽”为：“尽，器中空也。”即食尽刷洗器皿，空无一物。因此，可知，“尽”的原意为食尽，引申用来表示一般意义上的完毕、没有。如成语中的“无穷无尽、知无不言、言无不尽”等。“尽”在用作动词时，表示“极端”、“用尽”之义，如“尽心尽力”。在“这本书先尽你看、先尽客人吃”等句型中，则表示放在最先的意思。“尽”在用作副词时，表示一切、全部、没有剩余，如“应有尽有、尽数收回”等。“尽”用在形容词前，则表示达到或力求达到极限，如“尽善尽美、尽早、尽快”等等。

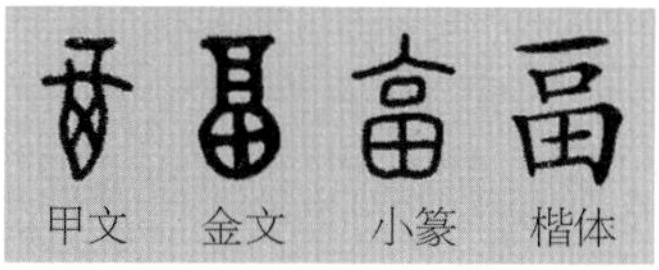

“畐 fú”，这是一个指事字。甲骨文的“畐”字，乃是在酒坛之形的中部添加一横，指示酒坛中酒的满溢之状。因此可知，“畐”所表示的意思是“酒满”。金文的“畐”字，对称美观，瓶颈位置上的两横，仍表示“满”。小篆将酒坛形体拆散，但中部的“口”源自酒满时的刻度，在此仍表示坛中有酒。

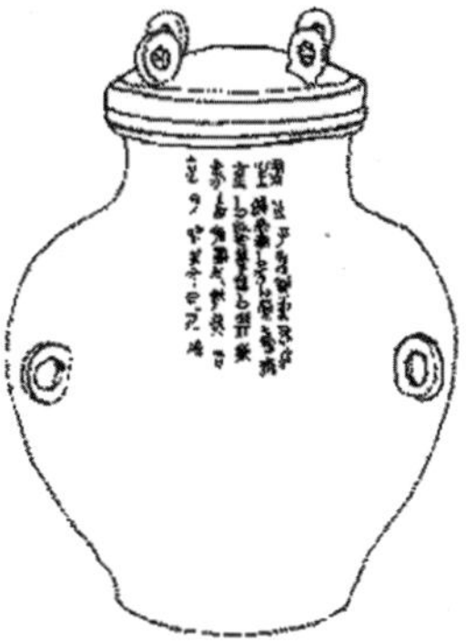
东周时期的青铜缶

“畐”的本义为酒满。古代社会，家中有余粮酿酒，并使酒坛常满，实在是殷富的象征。因此，富、福二字，都以“畐”为组字构件。偪、逼二字则表示强迫他人喝完满罐的酒。以“畐”为组字构件的汉字。如“幅、辐、蝠、匐”等，其意义均与“满”有关。

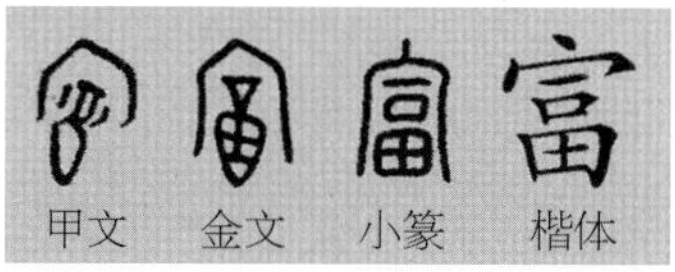

“富 fù”，这是一个会意字。甲骨文的“富”字，乃是屋中有一坛

美酒的意思。江统《酒诰》曰:“有饭不尽,委余空桑,郁积成味,久蓄气芳。”由此可证,酿酒的前提条件是先吃饱肚子,并“有饭不尽”。上古时代,日日都能填饱肚子已属不易,能有剩余食物酿酒,当然是相当的富有了。这就是屋内有酒为富的生活之源。金文的“富”字与甲骨文形体相近,小篆的“富”字将屋内的酒坛之形,分解为“畐”后,遂失去象形的韵味。

上古时代的彩陶罐

“富”的本义为“富足”,常用来表示财物多,与“贫”相对。如《论语·学而》中有“贫而无谄,富而无骄”的格言,《汉书·食货志》更有“富者田连阡陌,贫者无立锥之地”的社会写照。这里的“富”,都表示财物很多的意思。词义扩大后,“富”也泛指一般意义上的丰富,如“富饶、富于事业心”等;又特指年少、未来岁月很多,如“年富力强”一词中的“富”。

二、列鼎陈爵以为享

中国人,这是一个善吃敢吃的民族,自古便崇尚食不厌精。三千多年前的殷商时代,便已经有了成龙配套的食器、酒器和盛水器。高度发达的中国饮食文化,可以从古代烹食器皿的精致、周全,折射出了它的辉煌和豪奢。

吃什么?怎么吃?在中国人的祖先那里,不仅是社会等级和权力的标志,更是与祖先神灵沟通的手段。当烹食器皿用作祭祀用具后,古人将它们称作"礼器"。所谓礼器,只是请祖先或请他人吃喝的器具。在这一节中,文字中的鼎、爵、尊、斝、甗,不仅反映出古代烹饪文化的发达,反映出三千年前中国手工艺的水平,更是理解古代社会生活的一个窗口。

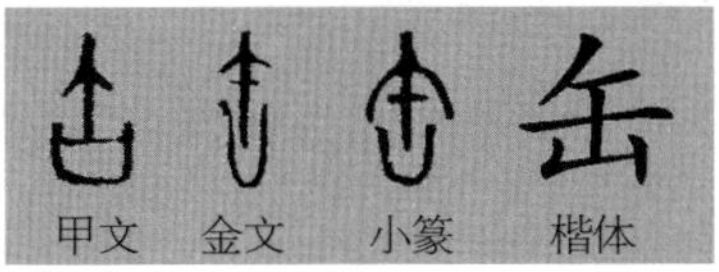

"**缶 fǒu**",这是一个象形字。甲骨文的"缶"字,像一件带盖的容器:下面的"U"(坎),乃是这种器皿的外形轮廓,上面的"土"形符号,则来自"可以提升"的器盖。"缶"是上古时期用于盛物、盛酒的器具,即有盖的陶罐。从金文到小篆的演变过程中,上部的盖子和提升符号逐步变形为"午"字。(有人附形会义将此释为:用杵在器皿中捣制黏土,制作陶器。实际上,"午"的构形源自脐带,也有提起胎盘的意义在内。)楷书的"缶"字从小篆而来,曲笔变成了直笔,写作"缶"。

“缶”，本为瓦制盛器，小口大腹有盖。《说文》释为：“缶，瓦器，所以盛酒浆，秦人鼓之以节歌。象形，凡缶之属皆从缶。”由此可知，“缶”有广狭二义，狭义者乃是这种陶器的专名，广义则泛指所有陶制器皿。作为专名之“缶”，其用途有二：一是盛酒盛水，如李商隐《行次西郊作》诗：“浊酒盈瓦缶。”《左传·襄公九年》：“具绠缶，备水器。”显然，前者用作酒器，后者则用作水器；其二“缶”还可以用作乐器，如《易·离卦》中：“不鼓缶而歌。”秦代李斯《谏逐客书》中：“击瓮叩缶。”这里的“缶”，指古代先人用作打击乐器的陶“缶”。

有盖的陶缶

商周时代的“缶”，也有青铜制作的。

“缶”字是个部首字。汉字中，凡由“缶”字所组成的字，大都与瓦制盛器有关，如“缸、钵、陶、罄”等等。

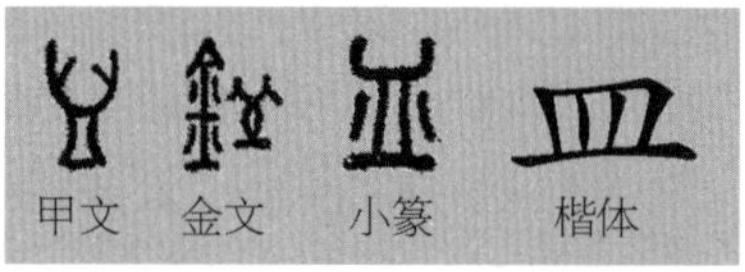

“**皿 mǐn**”，这是一个象形字。甲骨文的“皿”字正是上古“器皿”的象形，内里的两短横表示里边的盛物。金文的“皿”字，左边添加了一个“金”字旁，表示“皿”的材质，这就组合成了一个左形(金)右声(皿)的形声字。其实，添加这个“金”字旁乃是画蛇添足，因为古代的器皿并非都用金属所作。小篆的形体，因而又恢复到甲骨文，去掉了“金”字旁。楷书由此隶化后写作“皿”。

“皿”字的本义就是盛装东西(多为液体)的器具，也就是古文典籍中所说的“盘”或“簋”。也可视为“碗”、“碟”、“杯”、“盘”一类器具的总称。《说文》释为：“饮食之用器也，象形，与豆同义。凡皿之属皆从皿。”可见，皿是一种泛称，泛指一切盛物器皿。

商代青铜皿

“皿”字是个部首字。汉字中凡由“皿”字所组成的字，大都与“器皿”有关，如“盂”、“盈”、“盆”、“盥”、“益”、“盛”、“盏”等。“盔”字为什么也从“皿”呢？因为头盔实际上就是倒过来的“皿”形，陕西方言至今仍称“烙饼”为“锅盔”，这是因为秦汉时代的烙饼是从“头盔”中烙烤而出。

“鬲 lì”，这是一种具有浓厚民族色彩的炊具。“鬲”字是个象形字，甲骨文正是这种烹饪用具的白描图象：下部有三足，以袋状组成空腹，有的还带有双耳。金文的“鬲”字，大致与甲骨文相似，小篆则尽失象形了。

“鬲”源自古代的陶制炊具：圆口，有腹足不分的三足。因而，《汉书·郊祀志上》说：“空足曰鬲”。“鬲”是华夏民族在新石器时代的重要发明，距今已有六七千年的历史。它巧妙地解决了陶器尖底与容量不足这对矛盾，更解决了烧制陶器时，底部面积过大会与窑壁粘连而烧制失败这一难题。“鬲”的用途与鼎相似，是一种烹煮食物的炊器，上古社会多为陶制，也有少数依照陶鬲而制作的青铜鬲。

“鬲”字是个多音多义字。读作 gé 的时候，就是“隔开”的意思，其意源自这是一种内里分成隔挡的器皿。如《汉书·薛宣传》：“阴阳否(pǐ)鬲。”这句话的意思是：阴阳隔离不通。“鬲”读 è 的时候，它就是“轭”的假借字。所谓“轭”，就是古代车辕前端驾在牲口颈上的横木。《考工记·车人》中的“鬲长六尺”，就是说这条横木有六尺长。

史前时期的陶鬲

“鬲”字很容易错写成“鬲”，即下部多了一横，这是受“南”字的影响而写错的。“鬲”是个部首字。汉字中，凡由“鬲”所组成的字大都与炊器有关，如“融”、“鬻”、“隔”等字。

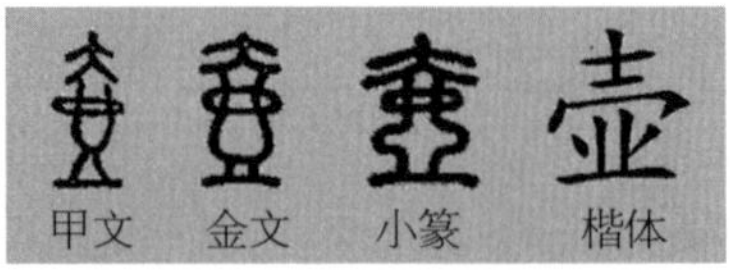

“壶 hú”字是个象形字。甲骨文的“壶”，取象于上古时代的酒壶：上部的“大”字表示壶盖，当中是葫芦形的壶腹，下部是壶的圈足。金文形体大致与甲骨文相似，小篆也大体上有点酒壶的模样儿。楷书的“壶”字，则失去了象形的韵味，完全线条化、符号化了。

西周陶质酒壶

“壶”，在古代主要用作盛酒器。如《诗·大雅·韩奕》：“清酒百壶。”说明了壶的用途。从古代文献看，壶当时亦用为水器，如《周礼·夏官·挈壶氏》：“掌挈壶以令军井。”这是说：挈壶氏职掌悬挂水壶，为军队指示有井水之处。可是，《诗·豳风·七月》中“七月食瓜，八月断壶”的“壶”字，乃是“瓠”(hù)的假借字。所谓“八月断壶”，就是指到了八月开始摘采瓠瓜(即葫芦)。

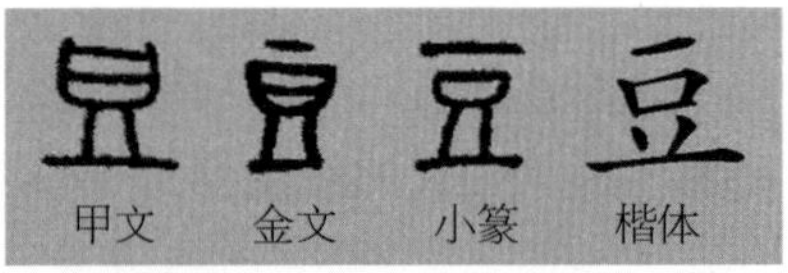

“豆 dòu”，这是一个象形字。从甲骨文的形体看，“豆”就像一只高脚盘的形状，里边的一横表示这个高脚盘中装有东西。金文与甲骨文相似，只不过其上部多了一横，表示这一时期的“豆”也用为油灯(其上一点表示灯焰)。小篆与金文相类似，只是中间表示食物的短横被取消，楷书缘此写作“豆”。

汉代铜灯

“陶豆”，始见于新石器时代。商周时代，这种盛主食的“器皿”，已是常见的日用陶器。《国语·吴语》有“觞酒豆肉箪食”的记载。这是说，一觞酒，一豆肉，一箪饭。

1987年在安阳殷墓出土的铜豆内也发现有鸡骨，可见“豆”也是盛肉的器皿。

周生豆及铭文

由于“豆”为日常食器，用作盛装黍稷主食。因而，由“器皿”又引申为“容量单位”。如《左传·昭公三年》：“齐旧四量：豆、区、釜、钟；四升为豆……”意思是说，齐国原来有四种容量单位；四升等于一豆。

至于豆类植物泛称为“豆”，则是一个词义引申的问题。实际上，古代的“豆”也指油灯，因为作为器皿的“豆”与作为油灯的“豆”，形制相同，只是大小和用途不同。上古的“豆类”称为“菽”，因为“豆”用作油灯，而油灯的灯焰恰似一粒黄豆，与豆子形状有几分相似。长此以往，人们将“豆子”俗称为“豆”，汉代以后“豆”字渐渐代替了“菽”。

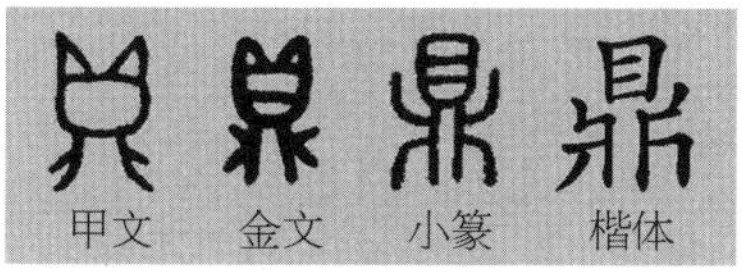

“**鼎 dǐng**”，《说文解字》释为：“鼎，三足两耳，和五味之宝器也。”这是说，鼎是一种什么都能烹煮的祭祀用具。

“鼎”字是个象形字。甲骨文“鼎”字的上端是鼎的双耳，中间为腹部，下面是三足。金文的形体稍有变化，腹内增添了两横，表示“鼎”外部的图案，也可视作烹煮的食物。小篆已经美化得不像鼎形了，上边的“目”表示鼎腹，下部为四足之形，这实际上已是方鼎的形象了。楷书的“鼎”字承接小篆，形体上基本一致。

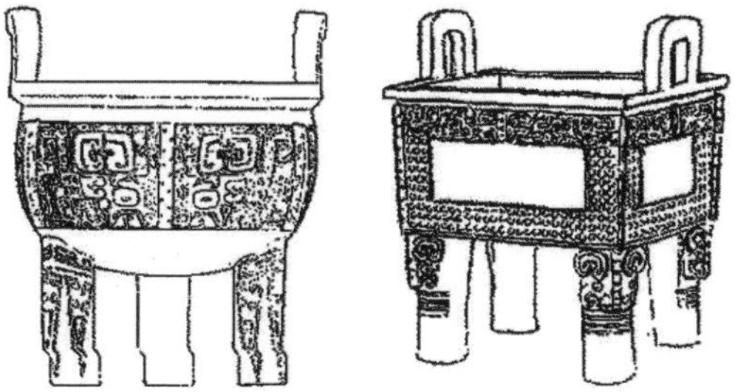

殷墟出土的圆鼎和方鼎

上古时期，“鼎”多用作烹煮的炊器，考古发掘出土的鼎，许多底部都有烟炱，可证鼎确是炊具。除煮食物外，鼎还用作祭祀时盛肉的器具。由此，又发展为氏族和贵族的庙堂礼器，所谓“钟鸣鼎食”。所以，鼎又是政权的象征，历史典故中的“楚子问鼎”(问周鼎之轻重)、“问鼎中原”，便暗示楚王有篡夺周天子政权的野心。

“鼎”为烹煮之器，因而引申出“鼎沸”之义，用来形容局势不安定。如《三国志·蜀书·谯周传》:“秦末鼎沸之时，实有六国并据之势。”现在，仍用“人声鼎沸”一语形容嘈杂。又因“圆鼎”是三足，所以三方并立则称为“鼎立”，如《三国志·吴书·吴主传》:“近者汉之衰末，三家鼎立。”又因两周时期，王所拥有的鼎最重、最大，配套数量最多，所以属下的重臣、大臣被称为“鼎臣”。由此，又引申出“鼎”的“盛大”之义，如成语中的“大名鼎鼎”。

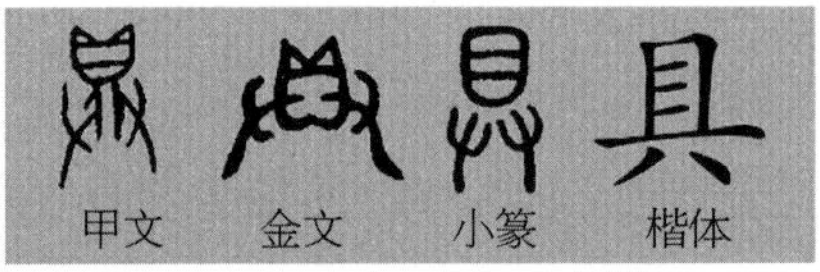

“**具 jù**”，这是一个会意字。甲骨文的“具”字，上部是“鼎”的象形线描，下边是两只手。“鼎”是煮食物的器具，将其搬来便表示备办齐整，准备烹煮饭食的意思。《说文》因此释为:“具，共置也。”共置即供置。金文的“具”字，上部讹变为“贝”，小篆又讹变为“目”，楷书缘此写作“具”。

“具”的本义为具备，如《左传·隐公元年》:“缮甲兵，具卒乘。”这是说:修整盔甲兵器，置备兵车。由备办又引申为全部具备，完备而没有遗漏。如《管子·明法》:“百官虽备，非以任国也。”现代汉语中，则有“具体而微、略具规模”等词语。“具”作副词用，指全部，如宋代文学家范仲淹《岳阳楼记》:“越明年，政通人和，百废具兴。”这一词义后来也写作“俱”。

“具”，又指所备办的器物、器具，如“文具、餐具、炊具、工具、农具”等等。又引申为量词，如“一具棺木、两具尸首”等。

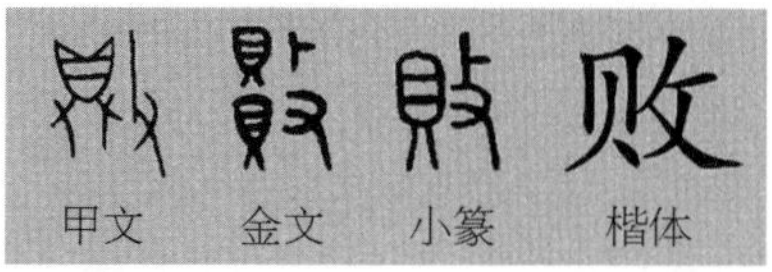

“**败 bài**”是“敗”的简体字。甲骨文的“败”字，也是一个会意字：左边为“鼎”的象形白描，右边像一只手拿着棍棒击打的样子。两形会意，表示毁坏炊食用具，如同今日俗语“敲碎你家饭碗”的意思。金文把“鼎”旁换成上下两个“贝”，以示贵重、值钱之义。小篆和楷书缘此而来。

“败”，《说文》释为：“败，毁也。”本义是毁坏、败坏。如《韩非子·难一》：“法败则国乱。”“法败”即纲常法律遭到毁坏的意思，由“毁坏”引申出衰落、凋残之义，如“花开败了、肉腐败了”等。由毁坏又引申为事情的失败，不能成功，如“败北、一败涂地、成败得失”等。“败”作动词，可表示自败和败他两种义项：有宾语时，表示打败别人，如“甲队打败乙队”；没有宾语时，是自己被打败，如“甲队败了”。

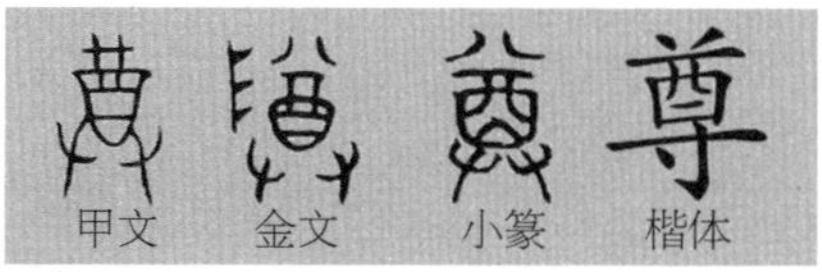

“**尊 zūn**”，这是一个会意字。甲骨文的“尊”字，下部是两只手，上部是一个盛酒器(或酒坛)。两者会意，表示很诚恳地向人敬献美酒的意思。金文与甲骨文的形体相似，只是酒器上增添了几道花纹。小篆的“尊”字在酒器(酉)之上又增加了两撇，示意向外倾倒，请人饮用的意思。楷书的“尊”字，将金文和小篆中的双手变为一个“寸”(此为因音形变)，隶化后写作“尊”。

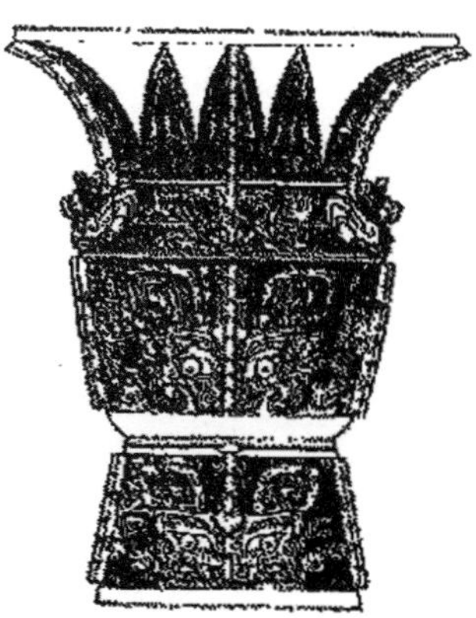
安阳出土的妇好尊

“尊”字的本义有二：一是“敬酒”，二是指一种盛酒的器皿。古代，向人双手敬酒表示敬重，因此“尊”字又引申为“尊重”义，如《史记·蒙恬列传》：“始皇尊宠蒙氏。”这是说：秦始皇非常尊重大将军蒙恬。凡饮酒必有“量”，因此“尊”字还可以作饮酒时的量词，如古词中的“一尊还酹江月”。又引申为一般意义上的单位量词，如“三尊开山炮、五百尊神像”等。

古籍中常见“尊公”一词，如《晋书·陈寿传》：“当为尊公作佳传。”这里的“尊公”是对他人父亲的敬称。“尊公康宁?”意思是说：你的父亲好吗?“尊公”有时也写作“令尊”。

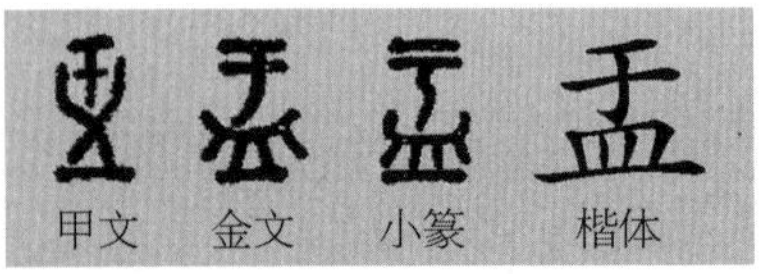

“盂 yú”，这是一个会意字。甲骨文的“盂”字，下部是个器皿的“皿”字，表示器具之义；其上是一个“于”字。“于”在甲骨文中表示大口吸气，在此用作“口径大”的意思。金文和小篆的形体从甲骨文演变而来的，构形相类似，只是逐步规整起来。

“盂”是古代较大型的器皿，高度大多在 40 厘米以上，其口径约在 55 厘米以上，可见口径之大。“盂”的功用主要是盛装清水，如《韩非子·外储说》引孔子的话说：“为人君者，犹盂也。民犹水也，盂方则水方，盂圜则水圜。”古代，“盂”也用来盛酒。如《史记·滑稽列传》：“操一豚蹄，酒一盂。”这是说：提着一个猪蹄和一盂酒。《左传·文公十一年》中有“宋公为右盂，郑伯为左盂”，这里的“盂”指打猎时摆的阵形，表示包抄、包围的意思。

西周早期盂

“盂”在古代是盛装液体的器皿，而今天的“盂”大都指“痰盂”而言。古代还有个“盂”(读干)字，与“盂”字极其相似，它是指古代的盘或大碗。这两个字的形、义不同，读音也不一样：“盂”字从“于”得声，“盂”字则从“干”得声。

“**簋 guǐ**”，是古代盛放黍稷主食的器皿。甲骨文的“簋”字是一个左右结构的会意字：左边是一个“豆”，乃豆形食器的象形白描，右边像人手持匕勺舀取食物之形。金文的构形与甲骨文相似，只是手中的匕勺不再象形；小篆的“簋”字缘此而来。后来，可能因百姓所用之“簋”已改为竹筒制成。所以，又出现“从竹𥂕声”的“簋”字。“簋”字出现后，商周时通用的“𣪘”字遂从文字中废除。

“簋”在古代，多与“鼎”相组合使用。“鼎”专用以烹煮或盛装肉食，而“簋”则专以盛放黍稷主食。《仪礼·公食大夫礼》：“宰夫设黍稷六簋于俎西。”可证其属于盛饭器。西周后期的“簋”大多都有盖，盖可以仰置，进食时从簋中取黍稷置盖内，然后分而食之。

“簋”在古代也是祭祀时的礼器。《周礼·地官·舍人》曰：“祭祀，共簠簋。”郑玄注曰：“方曰簠，圆曰簋。盛黍稷稻粱器。”

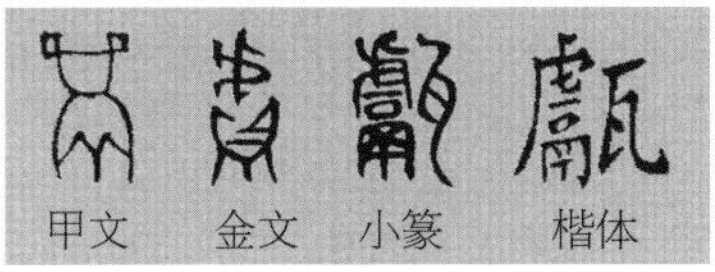

“**甗 yǎn**”，是古代的一种炊具。甲骨文的“甗”是一个象形字，恰似这种炊具的外形轮廓。金文的“甗”字，演变为会意字：下面是一个“鬲”字，上边是一个虎口的象形，表示这是一种敞着大口如鬲的炊具。小篆的“甗”字，在字形演变的同时，增添了一个“瓦”字，强调“甗”的材质，成为“从瓦鬳声”的转注字。

西周青铜合体甗

“甗”就是古代的蒸锅。鬲盛水、甑上置放食物，下边烧火煮水，作用同于现在的蒸锅。在出土的青铜甗中，中间常常有一圆形铜片，通称为“箅”，箅上有十字形孔或直线孔，以通蒸气。“甗”在古代有陶制和铜制两种，形制上有联体和分体两形。联体甗一般是鬲与甑合铸在一起；分体甗则为鬲、甑分体，日常使用时可分可合。

“甗”在上古时代的一大功能，便是用来蒸腾黍谷，然后酿酒。

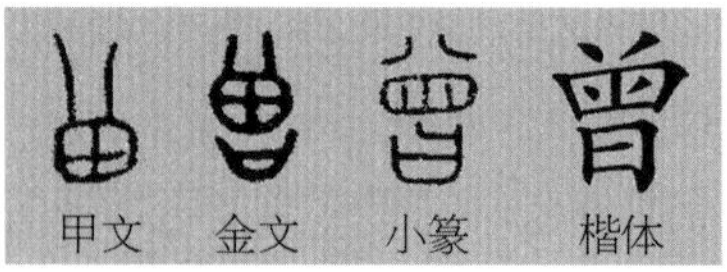

“曾 zēng”，这是一个象形字。甲骨文的“曾”字，下面的“田”字形乃蒸锅用的“箅子”，上面逸出的两笔恰似蒸汽，表示蒸气的上升。金文的“曾”字，在下边又增加一个“口”形，表示蒸锅下部为盛水的锅。小篆和楷书缘此而来，构形基本一致，只是下部的“口”中虚增一横，表示蒸锅中有水。

“曾”在古代乃是蒸熟食物的炊具，这一词义由后起的“甑”(zèng)字专一表示。“曾”字则虚化为副词，读为 céng，表示由一种状态(水)到另一种状态(气)的过渡。由此，又引申指从前有过某种情况或行为，如“曾经沧海、何曾相识”等；又如宋代词人晏殊《浣溪沙》：“无可奈何花落去，似曾相识燕归来。”“曾”，又指中间隔两代的亲属关系，如曾祖父、曾孙等。

古文中，“曾”字还有“增加”的意思，如《孟子·告子下》：“所以动心忍性，曾益其所不能。”为区分字义，“曾”字的这一意义，孳乳分化出了“增”字。

“曾”字是一个部首字，汉字中，凡由“曾”字组成的字，大都与“相隔、接触”等义有关，如“层、蹭、憎、缯、赠”等字。

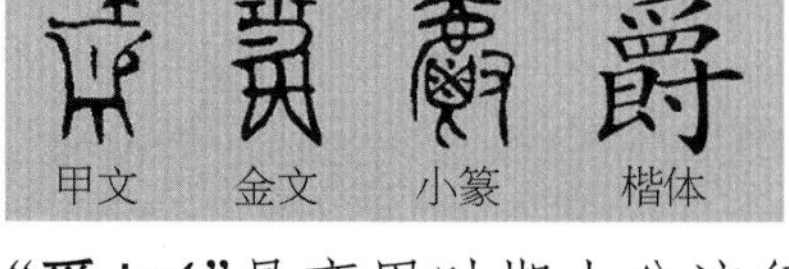

“爵 jué”是商周时期十分流行的一种饮酒器具。这种青铜制作

的饮酒器，三足两柱，有流(口接触饮用处)有鋬(添酒用)，形制上从鬲或鼎演化而来，也与鼎配套使用。

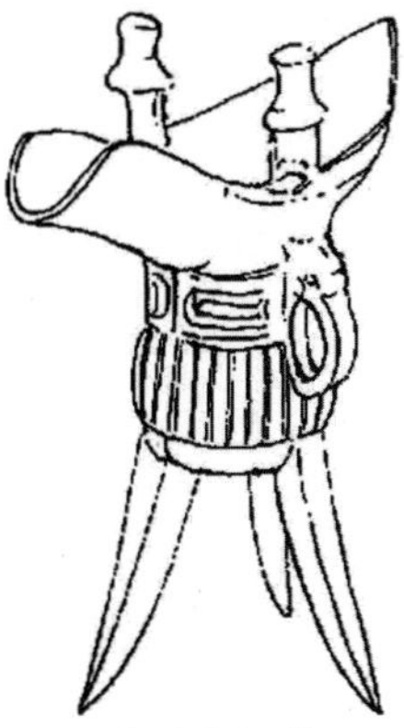

西周青铜爵

“爵”字是一个象形字。甲骨文的“爵”字，正是其象形轮廓；金文的“爵”字，更为逼真形象；小篆的爵字，则在下部增添了一个“鬯”(chàng)，表示香酒之义，又增添了一个手(寸)字，表示以手持爵(杯)的意思。由此，“爵”字演化成为一个会意字。楷书在隶化过程中，演变为“爵”。

“爵”，《说文》释为：“爵，礼器也，像爵之形。”爵为古代酒器，用以盛酒和温酒。古人认为爵形似雀，前有流咮、修颈、锐尾，雀爵故音同。

“爵”也是古代天子分封诸侯时，赐给受封者的一种赏赐物。因此，“爵”，后来就成了“爵位”的简称，如《礼记》：“王者之制禄爵，公、侯、伯、子、男，凡五等。”再如《左传·庄公二十三年》：“虢公诸器，王与之爵。”这里的“爵”，均指古代贵族爵位。在古汉语中，“爵禄”一词，表示爵位和俸禄，“封爵”，则表示受封而享有爵位。韩非子在《五蠹》中说：“官爵可买，则商工不卑也矣。”

“**匜 yí**”，是古代专用的洗手用器，盛水后从上向下浇，下边用盘承接洗过手的水，与盘组成一套盥洗用器。“匜”的形状似瓢，其腹部横截面近似于椭圆形，前有较尖的流，后边多有把手。学者认为，“匜”的造型可能是从上古时期的瓢演变而来。这种器具大约出现于西周时期。

西周青铜匜

“匜”字是一个会意字。金文的“匜”字：上部是一个“也”字，乃是“匜”

的俯视图形，下部是一个皿字，示意其乃器皿之类。小篆的“匜”字，演变为“从匚(fāng)也声”的形声字。从“匚”表示其为盛水器具，“也”表示其形状。《说文·匚部》释为：“匜，似羹魁，柄中有道，可以注水。”可证“匜”为盥洗用的器皿。《左传·僖公二十二年》中记载有：晋公子重耳流亡到秦国，秦穆公的女儿为其“奉匜沃盥”之事。即：捧着匜浇水用来盥洗双手。

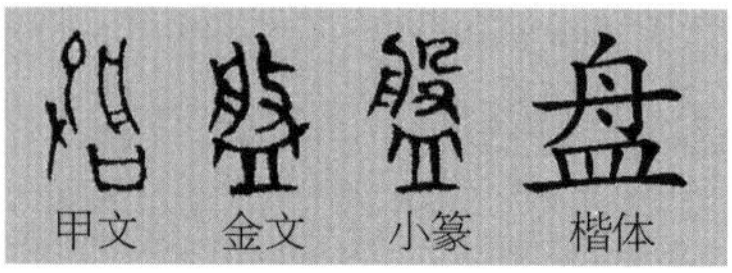

“盘 pán”乃“盤的简化字。甲骨文的“盘”字是一个会意字：右下部为“口”，用来示意“盘”是一种盛器。上部是一个“般”的合体，用来示意这种扁浅的盛器，如同舟船一样，可在水上漂浮；金文的“盘”字将下部的“口”演变成一个“皿”字，将“般”归于器皿之类；小篆又将“般”中的攴形变为“殳”字。楷书缘此而来，写作“盤”，简化后写作“盘”。

出土的西周虢季子白盘

“盘”是古代盛水、洗澡的浅底器皿，有圆形和方形两种。一类下部有圈足，另一类则无圈足。“盘”可用作食器，也可与“匜”配套，用作洗手盥器。先秦时代体形最大的青铜盘，是现藏中国历史博物馆的“虢季子白盘”，此盘为长方形，纵为130厘米，横为82厘米，可能是古代贵族用来洗澡的用具。

现代汉语中，如“盘”状的事物，可用“盘”组成双音词组，如“磨盘、方向盘”等。“盘”用为动词，可表示回旋、绕曲之义，如“盘曲、盘根错节、龙盘虎踞”等。也可表示转着圈垒砌，如“盘灶、盘炕”等。由盘绕之义又引申指来回反复，如“盘查、盘点、盘库”等。又用作量词，如“一盘棋、两盘炕”等等。

“匕 bǐ”是古代一种特殊的食具，兼有从鼎、鬲中切割熟肉，从鼎、鬲中叉取肉食的双重用途。出土的鼎和鬲中常配附有铜匕，可证其用途。在出土的古代“甗”中也发现附有铜匕，因此可知，匕也可用来抱取饭食。商代的铜匕，相当于今日西部少数民族的食刀，其形状为尖首有柄，当是为了便于切割和扎取食物。

商代铜匕

西周中期铜匕

表示食器的“匕”字是一个象形字。甲骨文写作“ ”，与“刀”字的构形基本相同，源自二者在用途上的共同性。在甲骨文中，匕勺之“匕”与表示母畜生殖器的“匕”字，形体相近(写作“ ”，指事字，二者来源不同)，后世两形合一，因此在辨析字形、字义时需认真分析。

金文和小篆的“匕”字从甲骨文中一步步演化而来，楷书在隶化时写作“匕”。

“匕”，《说文》释为：“匕，亦所以用比取饭。”清代文字学家段玉裁注曰：“匕，即今之饭匙也。”《三国演义》一书在描写曹操、刘备纵论天下谁是英雄时，刘备巧借雷声而“先主方食，失匕箸”。这里的“匕箸”即饭勺和筷子。“匕”字在古文中的另一常用义是“匕首”，如《战国策·燕策》中的“图穷匕首见”。由此可证，用作近身防护兵器的“匕首”，乃是从“匕匙”演变而过。

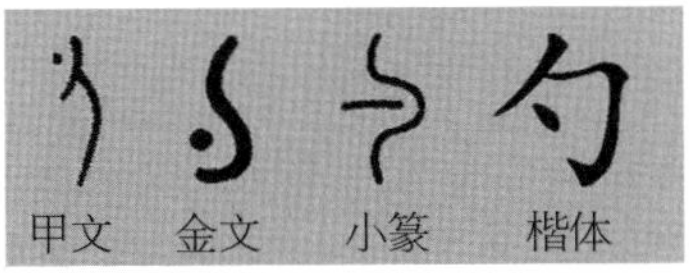

“勺 sháo”，这是一个依托象形字。甲骨文的“勺”字，乃是在其

白描图形中增加一个圆点，表示舀取的食物，也表示与“ㄋ”(久)的区别。金文的“勺”字更为逼真，勺柄、勺首作了上下调整，圆圈变为一个圆点。小篆缘此演变，却失去了象形的韵味。楷书的“勺”字与甲骨文相似，只是表示食物的那一点挪在了中间。

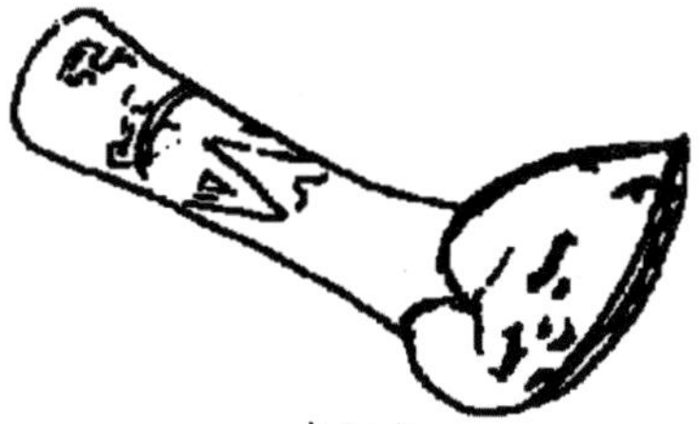

青铜勺

“勺”，《说文》释为：“外象其哆口有柄之形，中一象有所盛也。”“勺”为舀东西的器具，古代用它从樽中舀酒，从簋中勺食。“勺”与“斗”形体相近，区别之处在于勺柄与勺首相接的位置：“勺”的柄从勺首尾端直接相承，“斗”的柄则相承于斗首的中部。

“勺”除表示挹酒器外，又引申为容量单位。《孙子算经》曰：“量之所起，起于粟。六粟为一圭，十圭为一撮，十撮为一抄，十抄为一勺，十勺为一合。”一勺约相当于现在的百分之一升。

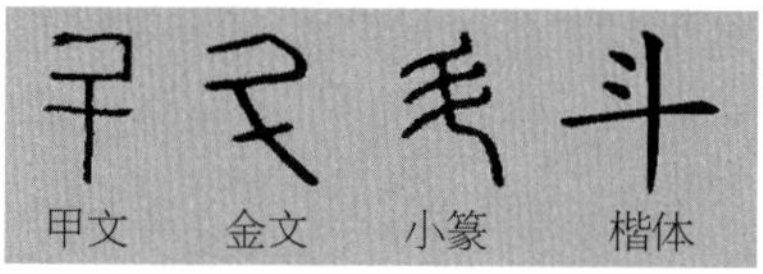

“斗 dǒu”，这是一个指事字。甲骨文的“斗”字就像一把长柄的大勺子，上部是勺头，下部是勺柄，只是在把柄处增添一横，指示手的握持。金文也是如此形象，只是勺柄向右倾斜。小篆形体则发生讹变，变得看不出勺子的形状了；楷书又缘此讹变，写作“斗”，已经没有丝毫象形的意味了。

“斗”字源出古代的一种大勺：前有杯状斗首，在斗首中部连接有斗柄。可见，它并不是后世所说的量粮食的升斗之“斗”，而是古代的一种舀酒之器。如《诗·大雅·行苇》：“酌以大斗，以祈黄耇。”“斗”字从舀东西的器具又引申为量具：十升为一斗，十斗为一石(dàn担)。也用来指称形状如斗的器物，如“墨斗、拖斗、烟斗”等等。又因为天上的北斗七星，很像一把大勺子的形状，因而将此星群称为“斗”，即北斗。如《诗·小雅·大东》：“维北有斗，不可以挹酒浆。”这是说：天上的北斗，不可以舀酒用。古书中经常见到“斗牛”一词，

如《晋书·张华传》中所说的“斗牛之间”,其意并不是两牛相斗,而是指天上二十八星宿中的“牛宿”和“斗宿”之间。“斗”是抖的初文,斗字晃动义来自手持大勺时的抖晃。

古代,“斗争”之“斗”写作“鬥”,现代汉语,将其简化归并入“斗”。在表达这一意义时,应读为 dòu,而不读为 dǒu。

“斗”字是个部首字。汉字中,凡由“斗”字所组成的字,大都与量器有关,如“料”、“斟”、“斛”等。

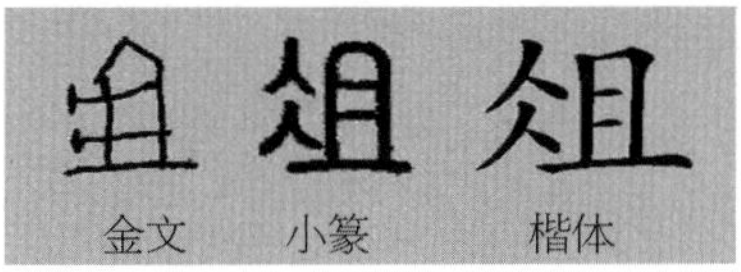

汉代刀俎俑

“俎 zǔ” 是古代切肉用的几案。金文的“俎”字是一个象形字:外形乃“几案”的白描轮廓,旁边伸出的是几案的腿足。小篆的形体,由金文演变而来,几案的“腿足”演变成两个“入”字。楷书写法,基本上与小篆相同。

“俎”原本是切肉的几案,也用来承放祭肉,当作祭祀的礼器。如《韩非子·难言》:“身执鼎俎为庖(páo 袍)宰。”大意是:厨师一天到晚与鼎俎(锅、砧板)打交道。又如《左传·隐公五年》:“鸟兽之肉不登于俎。”就是说:鸟兽之肉是不能放在“俎”上祭祀祖先的。

古书中的“俎上肉”一词,常用来比喻受人欺凌压迫,但又无法逃避,只好听天由命。如《晋书·孔坦传》:“今由(犹)俎上肉,任人脍截耳。”就是说:你我现在好比是砧板上的肉,只好任人宰割罢了。

三、垂衣裳以辨贵贱

衣服是用来护体和御寒的,这是它的物质功用。衣服还有精神作用的一面,比如遮羞,标识社会等级,体现世俗礼节等作用。事实上,在古代社会,衣服的文化意义非常重要,甚至在一定意义上已超过了它的物质功能。《易·系辞下》云:“黄帝、尧、舜垂衣裳而天下治。”这句话的意思是:让不同的人穿不同的衣裳,以明确贵贱等级,天下便会得到治理。《荀子·大略》:“天子山冕,诸侯玄冠,大夫裨冕,士韦弁,礼也。”可见仅仅一顶帽子,便有如此的繁文缛节……

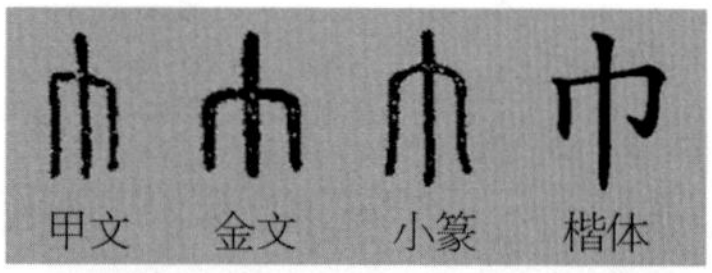

“**巾 jīn**”,这是一个象形字。甲骨文的“巾”字,恰似一块方布,系住一角吊挂下来的形状。“巾”的字形便源自这种生活物象。金文、小篆和楷书的构形基本上同于甲骨文。

“巾”字本指毛皮、布帛一类的方布。上古时期,先民把毛皮、布帛裁为块状,用作拭物或覆盖的帕巾。后来发展为随身携带的佩巾,从手巾又分化出头巾、领巾、衣巾等。《宋本玉篇·巾部》便有“巾,佩巾。本以拭物,后人著之于头”的记载。时至今日,陕西十大怪之一的“手帕头上戴”,在乡间仍有流行。实际上,古代社会贵族戴“冠”,只有平民戴“巾”。对于平民来说,巾也是礼仪制度的象征。如《释名》:“巾,谨也。二十成人,士冠庶人巾,当自谨修四教也。”可见巾也是不可疏略的。

东汉末年,农民起义风起云涌,有一支起义将士把黄巾裹在头上,称为“黄巾军”,这就是黄巾起义。传说诸葛亮常戴“纶巾”,又说是诸葛亮创制的,所以也叫“诸葛巾”。苏轼《念奴娇·赤壁怀古》:“羽扇纶巾,谈笑间,强虏灰飞烟灭。”说的就是头戴丝巾的诸葛亮。古代盛兴一时的还有“东坡巾、山谷巾、逍遥巾、云巾、软巾、华阳巾”等等,都指头上所裹的方布。古时,“巾”还用来表示“巾箱”,这是一种袖珍型的小箱子,用来存放头巾、小型书卷等物,后来把小型版本的书籍也称为“巾箱本”。

“巾”字是个部首字。汉字中,凡由“巾”字所组成的汉字,大都与“服饰”或“布”有关,如:“布、幅、常、帷、幕、幡”等。不过像“帚”、“帝”等字的下部,其实不是“巾”字。

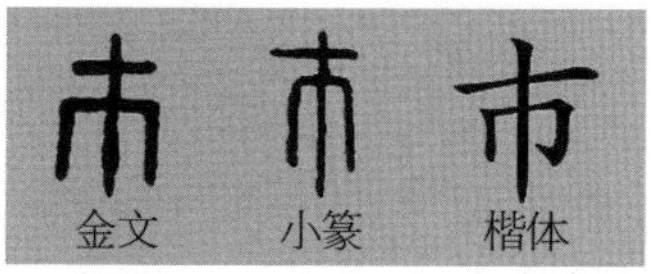

“市 fú”字,这是一个依托象形字。金文的“市”字上边“一”横象系巾的带子,“巾”,则表示方形的围布。《说文》释曰:“上古衣蔽前而已,市以象之。”《礼记·王藻》曰:“市,下广二尺,上广一尺,长三尺。”可知,市的大小形制与今日的围裙相类似。郑玄所注《礼仪》中有:“古者田(狩猎)渔而食之,衣其皮,先知蔽前,后知蔽后。后王易之以布帛。”显然,上古先民最早的服饰,便是这块遮蔽人体下身的“市”。由于“市”系于腰间而垂至膝部,“市”又被称作“蔽膝”。

在今人看来, 穿衣首先是为了防寒保暖,“而蔽前不蔽后”的“市”显然起不到这种作用。“市”以“蔽膝”为名,所蔽者以性器为主。人类文化学研究揭示,上古人类并不以性器裸露为耻,而且,“蔽前不蔽后”的“市”也很难真正起到遮羞的作用,到底是什么原因导致了“市”的产生呢?人类学专家希尔恩认为:“原始人创制多种多样掩盖其裸物的覆盖物,乃是为了吸引人的注意,以便在当时的观众中产生一种性的刺激。例如舞蹈中的腰饰,就是专门为了在那些煽情的舞蹈中使用的, 这些微不足道的遮掩竟是最具威力的性刺激物。”由此可知，上古先民创造出“市”来，非但不是为了遮羞，相反却是为了吸引和挑逗异性。当然，其中不乏对男性性器官加以保护的作用。

仰韶文化彩陶上的图案。舞者下部突出的一道斜线，有学者认为这是上古先民的“市”。

随着服饰的发展，“市”不仅没有被淘汰，甚至有所发展。古代社会中，“市”，乃是封建等级制度中礼服的一部分，起着十分重要的等级标帜作用，如“天子朱市，诸侯赤市。”便是由不同色彩的“市”来划分贵贱。古代文献中，这种由“市”发展而出的“礼服”，又称为“芾、韨、绂、韍、绋、茀”等。

“佩 pèi”，这是一个会意字。金文的“佩”字左边是一个人形，右边上部的“H”(即凡)形符号表示人的屁股，其下为一个“巾”字。三形会意，表示“佩”乃是遮蔽人体后部的方形布块。小篆的“佩”字，将其中的“H”演变为“凡”字，楷书缘此而来，写作“佩”。

“佩”乃上古时期的“蔽后”之物。当华夏民族的服饰快速发展后，“佩” 便失去了其“蔽后”的功用，成为如上图西周玉人身后的装饰物。随着“佩”的装饰等级作用，即礼俗功能的强化，“佩”保留了其动词之义。《说文》释为：“佩，大带佩也，从人、凡巾。佩必有巾，故从巾，巾谓之饰。”即所谓的“佩带”。如《论衡》：“有宝玉于是，俗人投之，卞和佩服。”这是说：有一块未凿的璞玉，世人将其当作石头而丢弃，卞和慧眼识玉，将其佩带在衣裳外面。这里的“佩”，即为“佩带”的意思。由“佩带”之义，又引申指古人系在

出土的西周玉人
前市后佩

衣带上的装饰品，如《诗·郑风·有女同车》：“将翱将翔，佩玉将将。”这个意义后来又写作“珮”。由此又引申出人见人爱的“羡慕”之义，现代汉语中的双音词有“敬佩、佩服”等。

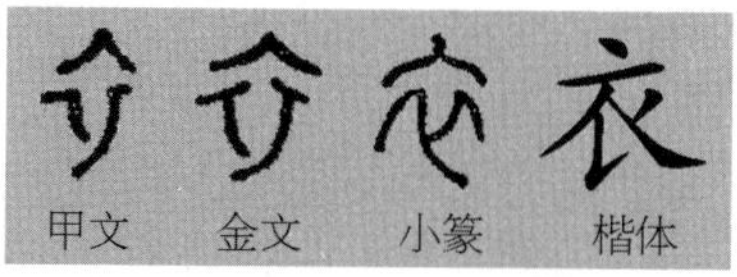

“**衣 yī**”，这是一个象形字。甲骨文、金文、小篆的字形基本相同，其上部的“人”字形部分表示衣领，两侧的开口处就是衣袖，下部则是衣襟，即古代的“左衽”或“右衽”。楷书形体在隶化的过程中，字形趋向美观，但失去了象形的韵味，已经没有衣服的样子。

“东方未明，颠倒衣常(同裳)……东方未晞，颠倒常衣。”这是《诗·齐风·东方未明》中的两句诗。是说天还没亮就起床，急急忙忙把上衣下裳穿倒了。现在的“衣裳”是一个词，但在古代却是两个词。《说文》释为：“上曰衣，下曰裳。”“衣”，字的本义乃指“上衣”。如《诗·邶风·绿衣》：“绿衣黄常(同裳)。”这是说：绿色的上衣，黄色的下衣(裙子)。

“衣”字，从“上衣”又引申为衣服的总称，如《诗·豳风·七月》：“无衣无食。”服装和食品是人们须臾离不开的东西，因此，人们把供给衣食的人称为“衣食父母”。衣服穿在人体外面，所以“衣”字又引申指覆盖在物体表面的一层东西，如书衣、花生衣、地衣、糖衣等等，其中的“衣”都指事物的外罩或表皮。蝉在蜕变为成虫时，有一个蜕去外壳的过程，蜕下的外壳称为“蝉衣”；蛇类蜕下的皮，则称为“蛇衣”。这里的“衣”均指动物蜕变下来的外皮。“衣”，是名词，也可以用作动词表示“穿”，如《庄子·盗跖》中的“不耕而食，不织而衣”。

“衣”字是个部首字。汉字中，凡由“衣”字所组成的字，大都与衣服或布匹有关，如“初、衬、衫、袄、裘”等字。

“常 cháng”，这是一个会意字。本义原指下衣，即人穿在下身的裙装。金文的“常”字，上部是一个“尚”字，原本指一个人躺倒地上的样子；下部则是一个“巾”字，用来表示布块。两形会意，十分形象地表达了裙装原本是一大块布，即可覆盖人体，也可缠裹在人体上，具有遮前亦蔽后的功用。

小篆的“常”字承接金文，构形基本相同。楷书缘此而来，写作“常”。

辛店彩陶上的上衣下裳(仰韶时期)

“常”的本义为古人下身的裙装，即“下衣”。《诗·邶风·绿衣》：“绿兮衣兮，绿衣黄常”。《毛传》注曰：“上曰衣，下曰常。”在已具羞耻之心的古人看来，夏季炎热，可以把“上衣”除去，但“下衣”却不能脱掉，因而从“常”字引申出恒久、经常之义。如《荀子·荣辱》：“仁义德行，常安之术也”。《诗·商颂·殷武》：“昔有成汤，自彼氐羌，莫敢不来享，莫敢不来王，曰商是常。”这里的“常”即作“恒久”讲。又如《列子·天瑞》：“常生常化者，无时不生，无时不化”。这里的“常”用作“经常”“常常”，也有“恒久经常”之义。又引申指永久不变的规律、准则，特指封建社会的法典及道德关系，如“伦常、纲常”等等。“寻常”一词则来源于“常”乃一块布，表示面积。

因“常”字被其引申义所占用，古人又造了一个“裳”字，专指下身的裙装。这是一个将“常”字下部的“巾”，变更字素为“衣”而造出的假借字。当“衣”和“裳”并举时，“衣”指上衣，“裳”为下衣。

“**裔 yì**”，这是一个会意字。金文的“裔”字，上部是一个“衣”()字，下部则是一个“同”()字。两形会意，表示这是一种遮盖过屁股的长衣。小篆的“裔”字，下部字形与“同”字渐远，楷书缘此讹变为“冏”(jǒng)，写作“裔”。

“裔”，《说文》释为：“衣裙也，从衣同声。”实际上，“裔”既不发同声，更不是形声字，“裔”是一个典型的会意字。“裔”的本义原为遮盖过屁股的长衣，引申为长衣的下摆。由长衣的下摆又引申为衣服的边缘，由衣服的边缘又引申指事物的边缘，如《楚辞·九歌·湘夫人》：“蛟何为兮水裔？”又用来特指边远的地方，如《左传·文公十八年》：“投诸四裔。”“四裔”即四方荒蛮之地的意思。

“裔”字下部的“冏(同)”字，源自女性生殖器和肛门，因此，“裔”也用来引申指后代子孙，表示世系延续的末尾。如《尚书·微子之命》中的“德垂后裔”，这里的“后裔”即后代的意思。

身穿袨襦衣，手持扫帚和箕的汉俑。

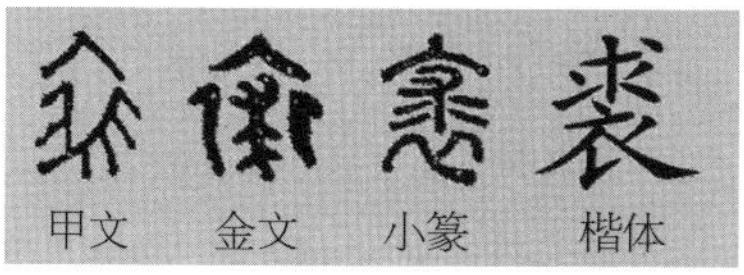

“**裘 qiú**”，原本是一个象形字。甲骨文的“裘”字就像一件皮衣，上部两侧的缺口处乃是衣袖，下部是皮衣朝外的兽毛，正像裘皮服装兽毛外露的形状。金文的“裘”字演变为会意字：外面是个“衣”形，衣内有一个“求”字，乃是在表示手的“又”字两边各增添两个小点，表示手从有毛的袖子里伸出来。小篆承接金文演变为外形(衣)内声(求)的形声字。楷书则把“求”字移到“衣”上，写为“裘”，这就是现在的标准写法。

“裘”的本义指有袖的“皮衣”。成语中有“集腋成裘”，这是说：狐狸腋下的皮虽然是很小一块，但把许多腋皮搜集起来，便能制成一件珍贵的皮衣。上古时期，动物繁盛，可以做“裘衣”的兽皮多种多样。最珍贵的是狐裘，最差的是羊裘和鹿裘。因此古有“锦衣狐裘，诸侯之服也。布衣掩形，鹿裘御寒”之说。与狐裘一样珍贵的还有貂裘、貉裘，古人常将此类裘皮服装作为财富的象征。然而，孔子认为，穿着破旧棉袍，与穿着名贵的狐貉之裘的人站在一起而不觉得羞耻，才是真正的君子。

杜甫《壮游》诗中有“裘马颇清狂”一句，你若理解为“裘马跑得很狂”，那就搞错了。其实“裘马”是“乘肥马，衣轻裘”的缩写语，诗句中用来形容生活的豪华。

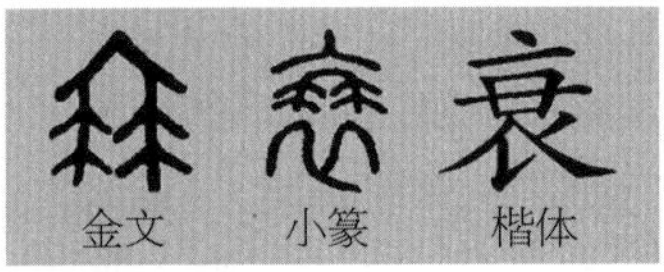

“衰 shuāi”，原本也是一个象形字。金文的“衰”字，正像一件用草或棕编织的蓑衣之形。古代社会，人们以此作为日常的雨衣。小篆的“衰”字，中间部分为“”，像编织之草参差不齐之状。字形的上、下部分，则为新增添的部分，乃是“衣”字的上下分体。楷书的“衰”字，从小篆讹变而来：中间部分的“编草”之形，在隶变过程中写作“”。

“衰”，《说文》称为：“衰，草雨衣，秦谓之萆。从衣，象形”。《国语·越语》中有：“譬如衰笠，时雨既至，必求之。”由此可知，“衰”的本义为草棕编织的雨衣。草编“衰衣”穿着时，会因为草的掉落而损坏，因而，衰字引申出“减少”之义。如《国语·齐语》：“相地而衰征，则民不移”。这是说：针对不同的田地减少征赋，老百姓便不会外逃迁走。现代汉语中的“衰弱、衰败，衰减、兴衰、衰亡”等双音词，均由此义沿袭而来。

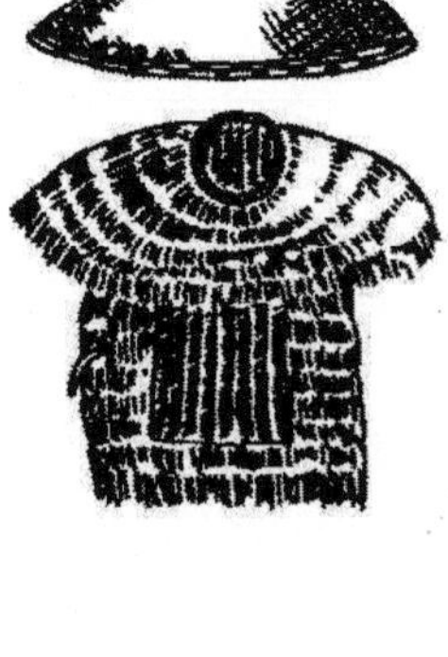

“衰”字被借用表示“衰败、衰减”等义后，古人在“衰”字上加“艹”字头，后造“蓑”字，专一表

示农牧时在野外劳作时的雨具。如《诗·小雅·无羊》:“尔牧来思,何蓑何笠”。柳宗元《江雪》诗:“孤舟蓑笠翁,独钓寒江雪。”这里的“蓑”,均指用草或用棕编织的雨衣。

“表 biǎo”,这是一个会意字。金文字形的上下部合起来是一个“衣”字,像领口、两袖和衣襟掩覆之形;字形中部则是一个“生”字,这是用自己生长出的“生”,表示野兽的皮毛。小篆字形将“生”形变为“毛”。楷书承继金文:中间的“生”与上部的“亠”合二为一,写作“表”。

兽皮为天生之衣,皮衣一般都穿在内衣的外面,因此,“表”字用衣、生会意,表示外衣。古人穿着皮衣,一般毛向内,皮板则在外面。因此,“表”又可表示外面、外表、外亲等意义。如“表层、表皮、表面、仪表堂堂”等词中的“表”字,都指外面、外表。表亲、表兄弟、表姐妹等因为是异姓,所以这些称谓中的“表”字,即是“外”的意思,意指父系血缘制中的外亲。

古代,立木为标记,用作测影、告示或指路,其形突出地表,如北京天安门前就有“华表”,这里的“表”就是古代立木以示的延续。“表”可以用来计时,根据木桩在地面投影的长短来测定时间。现在的手表、钟表、电表、温度表等词语中的“表”字就是由“立表”的意义沿袭而来。“表”可以用来标记,由此又引申出标准、显扬的意义,如“表率、表扬、表彰”。“表”还是古代一种文体的形式,作为下对上的奏章,如诸葛亮的《出师表》,李密的《陈情表》等。这是因为“表”有表明、标识的意义,所以把标明事实,从而明白地向上级奏报的文体形式称为“表”。“年表、历表、统计表、一览表”等词中的“表”字,即由这一意义沿用而来。

古代社会,富贵人家“衣裘以毛为表”。就是说,把兽毛露在外面,以示炫耀。刘向《新序·杂事二》记载:魏文侯出游,见有人反穿皮裘背着柴草,文侯问他为什么这样穿衣,他说怕裘皮上的毛磨掉。文侯问他:你不知道皮板子磨坏了毛就没有地方附着吗?成语“皮之不存,毛将焉附”就说的是这个典故。古人以“反裘负刍”(柴草)比喻人的愚昧。

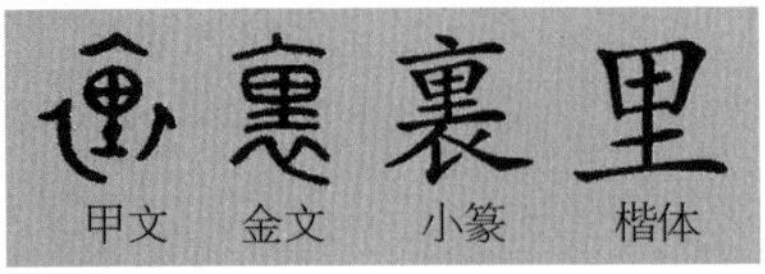

“**裏 lǐ**”与“里”原本是两个字,汉字简化时,因为“裏”字笔画太多,书写不便,被“里”所替代,合并为“里”。“裏”在金文和小篆中都是一个形声字。《说文》释为:“裏,衣内也,从衣里声。”这是说:“裏”的本义原指衣服的内层,即内里。

《汉书·贾谊传》有:“白縠(hú)之衣,薄纨之里。”文中的縠为有皱纹的绸纱,“里”即指衣服的衬里。由衣服的“里子”又引申泛指事物的内里。如《左传·僖公二十八年》:“若其不捷,表里山河,必无害也。”这是说:即便打不赢,晋国依托边界的大山和内里的汾河,也没有什么大的损害。由内里之义,又引申指一定的范围之内,如宋代诗人辛弃疾的《水龙吟》词:“落日楼头,断鸿声里。”现代汉语中的“这里、夜里、昨日里、话里”等词语,都表示一定范围之内。

“**皮 pí**”,这是一个会意字。金文“皮”字的左上部,乃是刻意突出的野兽头部和腹部,恰似正在剥下兽皮的动物。突出兽头,乃是因为剥皮当从头部开始,腹部则是兽皮的有用之处。“皮”字的右下侧则是一只手,表示剥制兽皮。小篆的“皮”字,形体发生了讹变,只是“手”的部分还仍然保留着,至于兽皮的头腹形状已看不出来了。楷书更是形似而神韵皆失,缘此而写作“皮”。

汉画像:剥皮图

"皮"的本义是兽皮。《说文》释为:"皮,剥取兽革者谓之皮。"从服装史来看,皮革乃是上古先民最早的服饰材料,《左传·襄公二十一年》有"食其肉而寝处其皮"一语,道出了先民以兽皮为衣的历史:皮毛乃是极好的御寒护体之物,猎获野兽之后,兽肉用以充饥,兽皮则用以护体。时至近代,处于渔猎经济状态的民族,如爱斯基摩人和我国东北的鄂伦春人,仍以兽皮,甚至鱼皮为衣饰的基本质料。"兽皮"乃动物的外皮,因此,又引申指物体的表面,如《史记·郦生陆贾列传》:"以目皮相,恐失天下之能士。"这里的"相"当"看"讲,这是说:只从表面看人,恐怕天下的能人皆会失掉。

皮、革二字在古代的词义是不同的。皮和革均指"兽皮":带毛的叫"皮",去掉毛的则叫"革"。

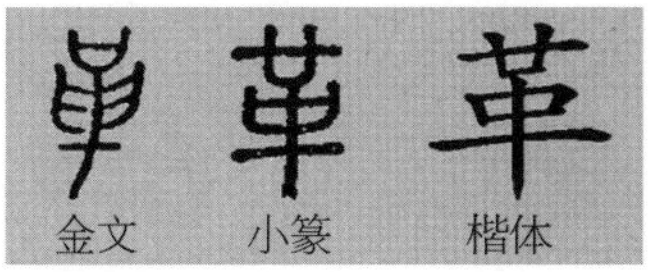

"**革 gé**",本义指正在揉制的兽皮。金文的"革"字,上部为头,下部为尾巴,中间是身和爪的简省形;旁边是两只手,示意正在将兽皮或撑或揉,加工处理。小篆的"革"字将手形讹变,已失去原本会意字中的象形韵味。楷书与小篆的形体一致。

"革",源自双手加工兽皮,脱去兽皮上的毛。所以"革"的本义为制作兽皮,又指去了毛的兽皮,如《诗·召南·羔羊》中的"羔羊之革",即"有毛曰皮,无毛曰革"中的"革"。因为上古时期,多用"革"制作武士护身的甲胄,遂产生"兵革"一词,表示"军队"的意思,如《战国策·秦策》:"兵革大强,诸侯畏惧。"把兽皮加工去毛,是一种大的变化,因而"革"字又有"改革"之义。《易·杂卦》:"革,去故也。"又说:"天地革,而四时成。"这个"革"即"改变"、"变革"的意思。晋代葛洪《抱朴子·用刑》:"洗心而革面者,必若清波之涤轻尘。"这里的"洗心革面"一词,也表示"改革"的意思。

"革"是个部首字。汉字中,凡由"革"字所组成的字大都与"皮革"有关,如"靴"、"鞋"、"靶"、"鞍"、"鞘"、"鞭"等字。

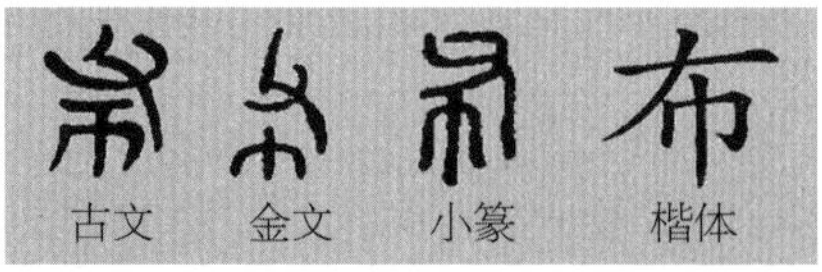

“**布 bù**”，这是一个会意字。金文的“布”字上为“父”，表示成年男子；下为“巾”(古文的下部则是一个“市”字)。两形会意，表示成年男子遮蔽身体下部的裙装。小篆的“布”字与金文构形基本相同，楷书的“布”在隶化演变时，上部的“父”字做了镜像调整，又省形为“𠂇”，因而写作“布”。

从字形的构成来看，“布”字的物象来源，本指成年男子蔽前的那块“吊布”，这里假借表达“麻布”之义。在父权制社会中，成年男子的社会地位要高于女性和孩子，因而，当麻布十分稀缺时，他们有权优先享用麻帛所做的“巾”，以显示他们的性别及社会等级，以区别用兽皮围身的其他氏族成员。随着麻帛这类物质产品的丰富，“布”不再是社会高等级优先享用的物品后，“布”则用来指称“麻布”。如《孟子·滕文公上》：“布帛长短同，而贾(jià，价)相若。”这是说：丝织品称帛，麻织品称布，长短相同，价钱也相差无几。“布衣”一词，即穿麻布衣的人，多为庶民百姓。“布”可以铺开，所以引申出展开之义，如“宣布、公布、开诚布公”等等。又引申为颁布、发布，这一引申义古文写作“佈”，汉字简化时，统一为“布”。

战国布币，构形源自古代的斧斤。

战国时期，有一种铲形金属货币，形制有些像人体下身的“吊布”，因而，“布”也指这种古代的铲形货币，如“泉布”一词。

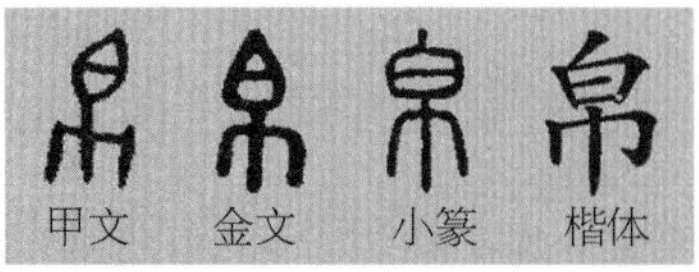

“**帛 bó**”，为丝织品的总称，如“布帛、丝帛、玉帛”等。其中的“帛”都指蚕丝织物。甲骨文的“帛”字是一个会意字，上部的“白”指丝织品的颜色，大概因为丝比麻染色要难，出现的也晚一些，而造字之初的丝织物还是本色的缘故；下部的“巾”字表示块状织物。《说文》释为：“帛，缯也。”缯帛，就是天然无色的白色丝织物。

上古社会，生产不发达，庶民、百姓是不可能穿上用“帛”缝制得衣服的，因而《孟子·梁惠王》中有“五亩之田，树之以桑，五十者可以衣帛矣”的理想社会。在孟子看来，如果实行仁政，百姓安居乐业，五十岁的人就都能穿上丝织的帛衣。值得反思的是，宋代的陆游在《岁暮感怀十首》中，仍有“富豪役千奴，贫老无寸帛”的感慨。这是说，劳动者到老都没有“寸帛”。

古代社会没有纸的时候，书籍文件也常写在“帛”上。汉代的苏武出使西域，被匈奴人扣押，苏武就把信写在帛上，系在雁脚上让其带回。《汉书·苏武传》：“天子射上林中，得雁，足有系帛书，言武等在某泽中。”说的就是此事。唐代章碣《焚书坑》：“竹帛烟销帝业虚，关河空锁祖龙居。”其中的“竹帛”即指竹简和帛书。

“**被 bèi**”，这是一个形声字。秦代杜虎符上的“被”字为左右结构，左边是一个“衣”，用作表义；右边是一个“皮”字，表义也表声。小篆由古文演变而来，右半部遵从“皮”字的演化过程。楷书缘此而写作“被”。

“被”，《说文》释为：“被，寝衣，长一身有半，从衣皮声。”这是说，“被”乃野兽皮毛做的小被子(大被叫衾)，用途为睡眠时加盖于身，长度为身体的一倍半，古代也称之为“寝衣”。《楚辞·招魂》中有“翡翠珠被”，其中的“被”即为“寝衣”。被子是加盖在身上的，所以，用做动词就有覆盖、施及之义，如《荀子·臣道》中的“泽被生民”。意谓恩泽施及(覆盖)天下民众。“被”，用在被动语句中，常介绍出施事的主体来。如《史记·屈原列传》：“信而见疑，忠而被谤。”再如现代汉语中的“草帽被风刮跑了”。

古文中，“被”常常用作“披”(pi)，如《论语·宪问》：“微管仲，吾其被发左衽矣。”这是说，如果没有管仲，我们现在已是披散头发穿左衽衣服的外族人了。汉代的《新郪虎符》上有“凡兴士被甲”一语。这里的“被甲”即兵士“披甲”，意谓战争将起。

甲文 小篆 楷体

“敝 bì”，这是一个左右结构的会意字。甲骨文“敝”字的右半部，乃手持木棍之形，表示一个人手持棍杖在敲打着什么；左边则是一个“巾”字，上下四散的四个点儿，为“巾”上的破洞或灰尘。小篆的形体与甲骨文基本相似。楷书的写法，秉承小篆而来。

“敝”字的物象，来自在人体或器物上蒙“巾”，手持棍杖敲打后出现的损坏。因此，“敝”的本义为“破败”。如陶潜《移居》：“敝庐何必广。”这是说：破旧的房屋何必一定要宽广呢？再如成语中的“敝帚自珍”，其中的“敝”，也有“破败”的意思。由“破败”之义又引申为“衰败”，如《左传·哀公元年》：“吴日敝于兵。”这句话的意思是：吴国因为连年作战而一天天衰败下去。

破败不堪的东西，不愿让人看见，就使“敝”字有了“掩藏”之义。如《墨子·经说下》：“首敝上光，故成景(影)于下。”其中的“敝”，即用作“遮挡”。又如《马王堆汉墓帛书·经法·六分》：“臣肃敬，不敢敝其主。”这里“敝”用作“欺瞒”。这一意义，后来则由孳乳而生的后起字“蔽”来承担。也正因为“敝”有“藏拙”义，所以古代对自己或自己一方也常用“敝”字表示谦称，如《左传·襄公八年》：“敝邑之众。”就是说：我们国家的老百姓。后世又有“敝人”、“敝舍”等谦词。

甲文 金文 小篆 楷体

“黹 zhǐ”，这是一个象形字。甲骨文的“黹”字，正是上古时代缝衣之形：把两片兽皮或布用针线缝连在一起。金文的“黹”字更为形象。由字形中可见，两片布或两片兽皮之间距离大，针脚也很疏。虽然形象夸张,却准确地表达了缝连的内涵。小篆和楷书秉承金文,逐步演变,但大体上的形象仍在。

“黹”的本义为缝缀衣服。《说文》释为:“黹,针缕(线)所紩(zhì)衣也。”因而,古代“针黹”一词表示缝纫,又引申指刺绣等针线活,如王实甫《西厢记》:“针黹女工,诗词书算,无不能者。”

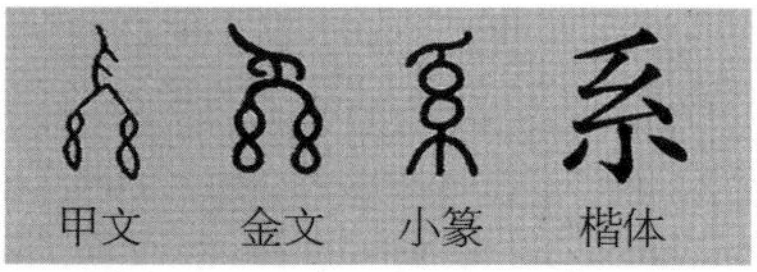

“**系 xì**”,这是一个会意字。甲骨文的“系”字,上为一只手的象形白描,下为扎结的绳线。整体字形,表示对絲绳的连结。金文的“系”字承接甲骨文,字形一致。小篆发生较大的变化,一是上部的手形发生简化;二是下边的絲绳省却为单数,但下边增添的一横,明确了由此扎结之意。楷书缘此写作“系”。

“系”,《说文》释为:“系,繫也。从系丿声。”籀文系从爪、丝。“系”字源出扎结脐带,基本义是拴缚、捆绑,如《淮南子·精神》:“系绊其足。”后来此义由孳乳而生的“係”专一承担。《说文》释为:“係,繫束也。”

“系”为两条絲绳编连一起。所以,“系”又有“接续、联属”之义。如《汉书·叙传上》:“系高项之玄胄兮。”又引申为一般意义上的“联系”,如现代汉语中的“维系、干系、名誉所系”等词语。由此,又引申出接续之义,如班固《东都赋》中的“系唐统,接汉续”。中国第一部字典,即东汉时期文字学家许慎编纂的《说文解字》,就是按照汉字的形体、部首,“据形系联”给予编排的。由此,又引申出“系统”之义,如“派系、山系、水系”,以及以血缘纽带而形成的家族“谱系”及“世系”。又指高等学校的系科,如“中文系、哲学系”等。

“系、係、繫”原本是三个不同的字,汉字简化时,统一归并为“系”。它们在拴缚、联结、带子的意义上可通

用。但在古汉语中,“系统”之义,只能写作“系”;用作关联之义时,一般作“係、繫”;用作“是”讲时,只能用“係”,而不能用“系、繫”。

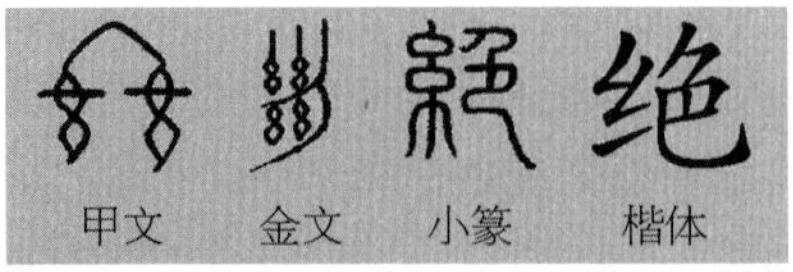

“绝 jué”,这是一个会意字。甲骨文的“绝”字,乃是两条联结在一起的丝绳,在两个脐带的中间都有一横。表示丝绳由此被切断;金文的“绝”字,则是一把刀把两条从中割断的样子,脐带之形更为图象化一些。小篆的“绝”字,讹变成为一个形声字:左半边是“糸 mì”字,右半边的上部是“刀”字,“糸、刀”都用作形符;右半边的下部是“卪(jié)”,用作声符。成为一个两形(糸、刀)一声(卪)的形声字。

“绝”的本义为断子绝孙,表示血缘延续的中断。又引申指一般意义上的“断绝、隔绝、穷尽”等义。如断绝外交关系称之为“绝交”,图书不再出版称为“绝版”。“断子绝孙、斩尽杀绝”等语句中的“绝”字,都有断绝和穷尽的意思。

“绝”字用作副词时,表示“最、极、独特”等义。如“绝唱、绝笔、绝代佳人”等。唐代诗人杜甫讴歌泰山的著名诗句:“会当凌绝顶,一览众山小。”诗中的“绝顶”,就是指山的巅顶。

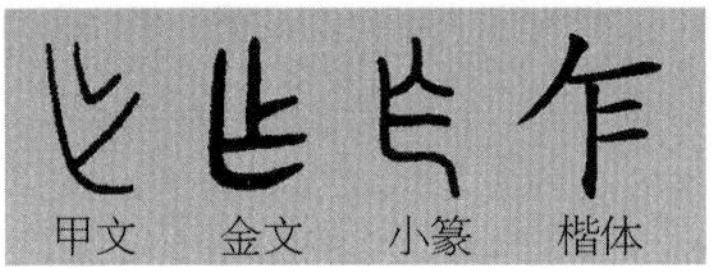

“乍 zhà”,这是一个象形字。甲骨文的“乍”字,乃是一件未完工的上衣之形:衣襟和领口已经完工,但尚未缝缀上袖子的半成品。因而,“乍”字的本义为“作衣”。从金文到楷书的演变,其形迹清晰可寻,但象形的韵味一步步失去。

“乍”的本义为制衣,引申为制作、建造。如甲骨卜辞中的“乍大邑于唐土”。即在唐土这个地方建造城邑。为区别词义,这一意义由后起的“作”字专一承担。

“乍”未完工,但只要缝上衣袖,便成为一件完整的衣服,因而,“乍”又有“突然、猝然”之义,如现代汉语中的“乍冷乍热”一词。装上袖子,形状上便会张开、伸起。因此,“乍”也用在“乍毛、乍翅”等词语中,表示“张开”之意。“乍”字引申,又可以表示初始、刚才,如李清照《声声慢》词:“乍暖还寒时候,最难将息。”

“乍”字是一个偏旁字。汉字中,凡以“乍”为组字构件者,都有“未完待作”之义,如“怍、胙、酢、祚、作”等等。

“**初 chū**”,乃是在“衣”的旁边,增加了一把刀。两形会意,表示衣服刚刚完工,裁刀尚未收拾起来。所以,“初”的本义为新衣初成。由新衣初成,又引申为一般事物的初始,如初恋、初学、初伏、初出茅庐等。《易·既济卦》:“初吉终乱。”这里的“初”也为初始。又指第一个,如农历每月的第一天叫“初一”,区别于“十一”、“二十一”。又指第一次,如唐代诗人杜甫《更题》:“只应踏初雪,骑马发荆州。”由初始又引申为最低的等级,如初级阶段、初级班等;又引申为当初或原来,如“和好如初”一词中的“初”。初乃人生历程的开始,如《三字经》中有“人之初,性本善,性相近,习相远”的教诲,这里的“人之初”即表示人的“初始”,人的“起初”。

有学者望“字”生义,认为“初”字乃用刀开始裁制衣服。显然,这是对“初”字的构形不加深思而犯的错误。

“**弁 biàn**”,这是一个会意字。甲骨文的“弁”字,下部是双手之形,上部形同项圈的方框,乃是古人束发用的一种头箍。另一款的“弁”字,为了与“共”相区别,在发箍之下刻意增添三撇,表示头发。古文则增添纵横交叉的线条,表示头顶之发。小篆的“弁”字,双手之形仍在，但束发的头箍已演变为帽顶之形。楷书的“弁”字从小篆演变而来，写作“弁”。

“弁”，《说文》释为“冕也”。可知“弁”原本指束发用的头箍，后世才引申指帽子。同“冕”相比，弁的质料和形制要简朴一些。因此，古代有“吉礼用冕，常礼用弁”的规定。古时，武官头上多戴皮弁（也称韦弁），因而又称武官为“弁”。如《儒林外史》第三十九回：“叫马弁在辕门听候。”这里的“马弁”一词指低级武官或军官的护兵，大概是说，“马弁”是一些可以像马一样驱使的兵士吧。“弁”是戴在头上的，因此，“弁言”一词又引申用来指放在文章前面的介绍或前言，如清代龚自珍《送徐铁孙序》中所说：“乃书是言，以弁君之诗之端。”

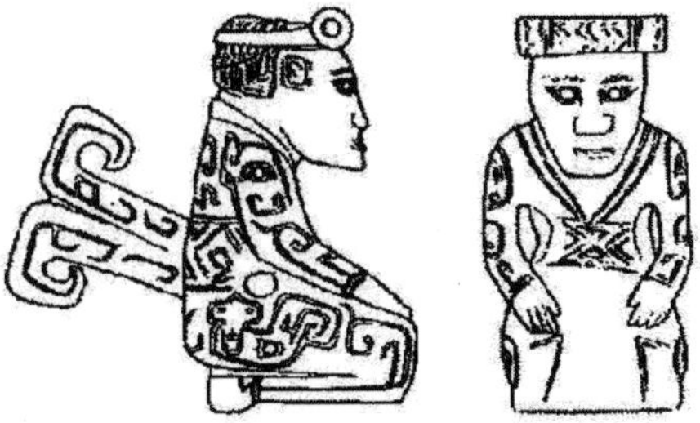

商代玉石人像（头上为弁）

“冒 mào”这是个会意字。古文字中的“冒”原本是“帽”的初文。金文的“冒”字，上部是一顶帽子的形象，帽下则是一只明亮的大眼睛，这是以“目”代表脸面。小篆形体，则将“目”上之“帽”两边拉长，已不太像帽子的形状。楷书上部写作“冃”，更没有帽子之形了。后世，因“冒”字被借作“冒烟”、“冒充”、“感冒”之“冒”。所以，当“帽子”用时，只好在“冒”字之左增加一个“巾”字，写作“帽”，把帽子归于头巾之类，这就形成了一个左形（巾）右声（冒）的转注字“帽”了。

汉画像中人物

“冒”字的本义是“帽子”，因为帽

子戴在头上，因而有“覆盖”之意，如曹植的《公宴》诗：“朱华冒绿池。”意思是说：红花覆盖在绿池之上。“帽子”是顶在头上的，所以“冒”字又引申为“顶着”，如《三国志·蜀书·王连传》：“不宜以一国之望冒险而行。”这是说：不应当以一个国家的威望而顶着危险去干。由“顶着”之义，又引申为“冒失”、“冒昧”等义，如王安石《上皇帝万言书》：“冒言天下之事。”就是说：冒昧地议论天下的事情。凡“冒昧”就有“不明”之义，因此，由“不明”又引申出“冒充”或“假冒”的意义，如《汉书·卫青传》：“故青冒姓为卫氏。”这是说：卫青原本并不姓卫，姓卫乃是冒充。

殷墟出土头戴高巾帽的玉人

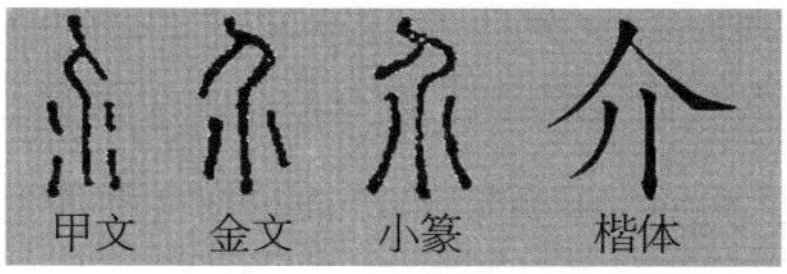

“介 jiè”，原本是一个依托象形字。甲骨文的“介”字，是一个面朝右侧站立的人形，腿部的前后四点腿从泥水中拔出后的水滴。金文的“介”字，将人形下部的四点，改为表示两分的“八”从而成为一个会意字。小篆的“介”字与金文基本相同，楷书构形在隶化过程中产生讹变，写作“介”。

绑腿的武士

腿足从泥水中拔出，必有跨出之姿。因此，“介”的本义为跨站两边。引申用作“媒介”，也可表示“界线”之义，汉字中的“界”字即由此孳乳而生。由介于二者之间又引申为特立、突出。如《水经注·庐江水》：“又有孤石，介立大湖中。”其中的“介”，即表示特立的意思。由特立之义，又引申作量词，如“一介书生”、“一介行李”等。

古代战争,是干戈相向的战争,介(护胸)胄(头盔)乃是兵士们必需的防护装备。《史记·韩非子列传》:“急则用介胄之士。”这里的“介胄”即护胸头盔,用来比喻兵士。《左传·成公二年》一书中,有齐侯“不介马而驰之”的描述。这是说:齐侯没有把马尾巴捆束起来。这里的“介”字,表示把马尾用布条或细绳缠裹起来。“介”字的词义也随着扩展,引申用来表示“铠甲”之义。

“介虫”一词乃古人对甲壳类虫子的分类称呼,源出《大戴礼记》:“介麟夏食冬蛰。”因为此类虫子的外壳形同绑腿,呈现一种硬邦邦的状态。

四、安得广厦庇寒士

人类以建筑为手段，改造自然之物使之适于自身生存，虽然与动物的筑巢构穴相去不远但意义重大：一方面，它标志着人类对自然界的适应；另一方面，则意味着人以自己创造的“人造环境”，将自身从自然界独立出来。

“昔者，先王未有宫室，冬则居营窟，夏则居橧巢。”这种原始的“营窟”和“橧巢”，便是华夏先民最初的“土木工程”。发展到殷商时期，已经出现了壮伟的宫室、宏大的陵墓、成片的作坊、长长的城墙。汉字的原生形态，真实地记载了上古建筑结构演变、形制发展的历程，可谓是古建筑的活化石。从中了解中国建筑的发展脉络，解读建筑类古汉字附属的人文意义，无论从哪一方面讲，都是十分有趣的。

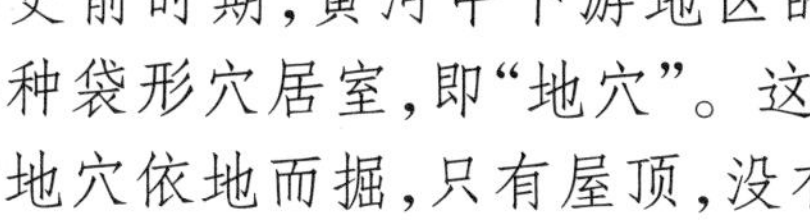

半坡遗址半地穴式房屋

“穴 xué”，这是一个象形字。乃上古先民所居洞穴的白描图象。大约在七千到一万年之间的史前时期，黄河中下游地区的先民，发明出一种袋形穴居室，即“地穴”。这种口小肚大式的地穴依地而掘，只有屋顶，没有墙体，其纵剖面为“”形。甲、金文的“穴”字颇像这种土室。小篆的“穴”字承接金文，其上添加了一点，以描述穴脊屋顶。楷书承接小篆,点划之间分体而书写作“穴”。

“穴”字的本义为“地穴”。如《易·系辞下》:“穴居而野处。”其中的“穴”即为地穴。由“穴洞”之义,又引申为墓圹、塞穴(葬死人的洞穴),如《诗·王风·大车》:“死则同穴。”即死后埋葬在一起。动物的巢穴亦可称为“穴”,如成语“不入虎穴,焉得虎子”。又转指人身上的穴位。《素问·气府论》:“太阳脉气所发者七十八穴。”

“穴”字是个部首字。凡由“穴”字所组成的字大都与屋室或洞窟有关,如“窖、窝、窗、窦”等字。

“容 róng”,这是一个会意字。甲骨文“容”字的物象本源,也来自上古社会的地穴建筑,即口小肚大可容物的地窖。其中的“冂”乃是地窖的纵剖门,下部内里的“口”,则表示地窖的窖口。远在新石器时期,人们已营建这种地穴式的建筑,用于储藏粮食和物品,豢养家畜、关押俘虏。甲骨文的“容”字,正是对这一生活原型的真实写照。金文的“容”字与甲骨文相比,形似但构形主旨大为变样,已失去明确的会意指向,小篆缘此而讹变为从门从谷的会意字(谷在其中表示物品的进出)。这是在金文字形上添加一个“宀”,将错就错而形成的。楷书由小篆演变而来,写作“容”。

“地窖”是用来盛放物品的,因而,“容”的本义为容纳、容受。如《诗·卫风·河广》:“谁谓河广?曾不容刀。”又如《史记·淮南衡山王列传》:“兄弟二人不能相容。”这里的“容”均用作其本义。由容的“容纳”之义又引申为“允许”,如“卧榻之侧,岂容他人鼾睡?”容器盛物后,会改变其内部形状,因而,“容”又引申指事物的样子,如《淮南子·说山训》:“泰山之容,巍巍然高。”由此,又引申指人的容貌或仪容,如“笑容、病容、容貌

袋形穴

姣好”等等。

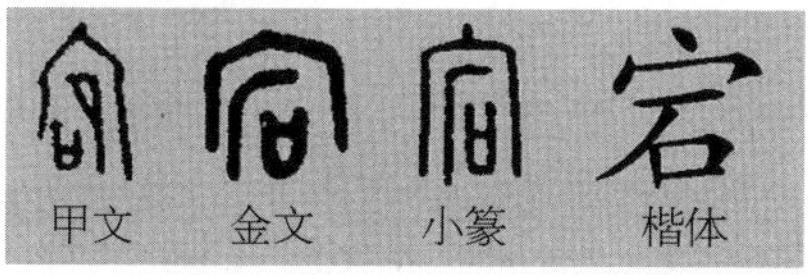

“**宕 dàng**”，这是一个会意字。甲骨文的“宕”字，上部是一个洞窟的外形，内里是一个殷商时期的“石”字。两形会意，表示石洞之义。金文的“宕”字调整石字的左右结构写作“宕”，小篆和楷书一脉相承，文字形体上没有大的变化。

远古时代的人们，例如北京周口店猿人还不会建造房屋，因此只能选择天然山洞栖身。洞窑居住方式与禽兽无异，自然不免猛兽蛇虫之患。“宕”正是这种自然洞穴的表述。

“宕”，《说文》释为：“宕，过也，一曰洞屋。”这是说：“宕”的物象源自崖壁上的石洞，因而有通过的意思。清·朱骏声《说文通训定声》因而注曰：“洞屋者四围无障壁之谓。”由于华夏民族早已不再居住石洞，此义在现代汉语中不再使用，仍在使用的是其引申义，即“拖延、延宕”之义。《中华大字典·宀部》：“悬事不速结，或展期而不践约，俗皆谓之宕。如云‘延宕、拖宕’之类。”如老舍《骆驼祥子》：“巡警过来干涉，他动嘴不动身子，能延宕一会儿便多停一会儿。”

“宕”与“穴”的区别，并不在于它们的舒适程度，而在于“穴”的人为营建，标志着华夏民族开始了自主迁徙，不再死守在一处地方。

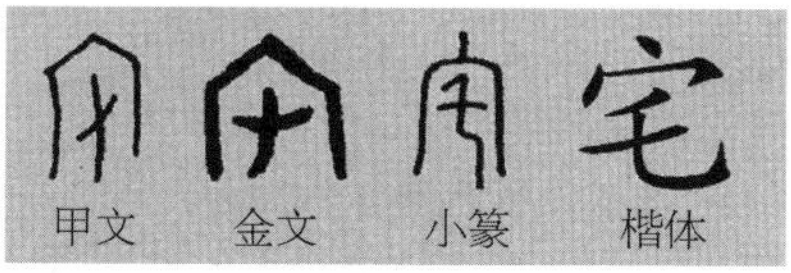

“**宅 zhái**”，这是一个会意字。甲骨文的“宅”字（从门从乇），门表屋室。乇为分半字根，即将一物从中两分，在此表示路途中间。《说文》因此释为：“宅，人所托居也。”即人在路途中间临时的寄托住所。楷书承接小篆，因而写作“宅”。

“宅”在古代原本表示路途中间的临时屋舍，随后便为“住所”

之义所替代。如《左传·昭公三年》:“初,景公欲更晏子之宅,曰:‘子之宅近市,湫隘(地势低洼狭小)嚣尘,不可以居。’”其中的“宅”即作“住所”讲。现代汉语中的“宅院、住宅、深宅大院”,均由此义延续而来。

“宅”字引申后,又指墓穴葬地。如《孝经》:“卜其宅兆而安厝之”。唐玄宗为之注曰:“宅,墓穴也;兆茔域也。”

甲骨文、金文、小篆以及楷书的“**宋 sòng**”字,形体相似,乃一脉相承。其上为“宀”,下为“木”,显然是一个“从宀从木”的会意字。

“宋”,《说文》释为:“宋,居也,从宀,从木。”实际上,这乃是上古先民们以木为梁柱,架设的地上居室之形。这种房屋在六千年前的仰韶时期已经出现:房屋高出地面,由柱子支撑屋顶,四周是用木桩、涂泥构成的墙壁。这种由木柱支撑屋顶的房子很容易使人想起草原上的蒙古包。

支撑屋顶的木柱当为直木,碗口粗,不生虫,容易砍伐使用。在黄河流域,松木乃是先民们的第一选择。实际上,宋、松同音是有源由的:在林曰“松”,在室曰“宋”,这也是商民族视松树为神木的原因之一。随着华夏民族居室建筑的发展,“宋”字的本义已经湮灭。在现代汉语中,“宋”,常用来表示国名、朝代名、姓名,也用来指汉字字体,即宋代用于雕版印刷的宋体或仿宋字体。

“堂 táng”,《说文》释为:“堂,殿也,从土尚声。”如图所示,金文中具有象形意味的“堂”字,写作“”,其上为两坡房的白描图形,中间的“”,乃“尚”字的简省形,下部的“”则表示向上的台阶,其建筑形制恰似古代的高台建筑。金文中的另一个“堂”字:上部是一个“尚”,表示躺倒在地的台基;下部是一个立(),在此表示设置、建立。由此可知,“堂”的物象本源,来自那种坐落在夯筑台基上的高大建筑。这种建筑与故宫的大殿形制上完全相同,乃是中国木构建筑的代表。小篆的“堂”字,源自金文中的后一字体,只是下部的“立”讹变为“土”,楷书缘此写作“堂”。

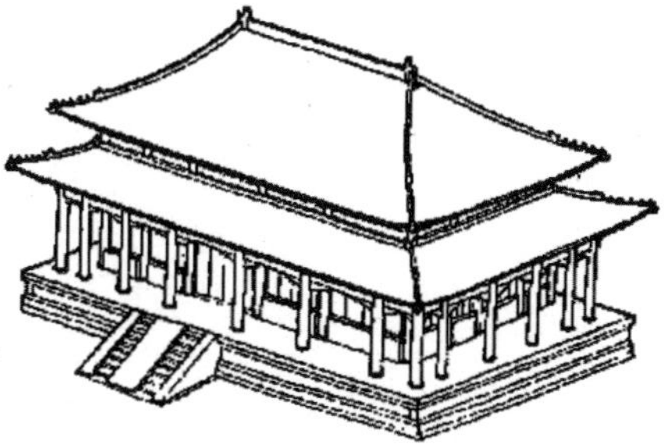

“堂”的本义为殿堂式大房,即宫殿式建筑。唐代的颜师古注曰:“凡正室之有基者谓之堂。”如《中山王墓宫殿图》:“王堂方二百尺。”其中的“堂”即指王的殿堂。“堂”,又专指宫殿高屋下面的土坛、台基,夯土台基在商代各地的宫室遗址均有发现,高者可达二至三米。旧时官府举行仪式、审理案件时所称的“退堂、大堂之上”等,也指此类台基。《论语·先进》:“由也升堂矣,未入室也。”这是说,仲由(孔子的学生)登上了室前台阶,却未进入屋室之中。由于“堂”乃一户或一族人家的正房,为长辈所居。所以,又引申用来表示同一祖父的亲属关系,如“堂房、堂弟”等。

现代汉语中,“堂”用来表示举行某种活动的大型房屋,如“礼堂、食堂、课堂”;也用于厅堂的名称或商店的牌号,如“怀柔堂、同仁堂”等。

“宣 xuān”，这是一个会意字。甲骨文的“宣”字，上部是一个表示房屋外形的“∩”，内里是一个表示回转的“ㄹ”。两形会意，表示这是一种可以让人在屋内转圈行走或声响迴旋的大房子。金文的“宣”字，外框与甲文相似，只是里边表示回转的符号更为美观对称，大有盘旋舒卷的样子；其下又增添了一点，似乎在表示屋室前的台阶，也可能表示“由此起步或进入”的意思。小篆的“宣”字缘此而来，楷书因此写作“宣”。

“宣”，《说文》释为：“宣，天子宣室也，从宀，亘声。”宣的本义为声音可在其中回旋的宽大之屋，引申指王所居住的宫室。《淮南子·本经训》记载：“武王甲卒三千，破纣牧野，杀之于宣室。”这里的“宣室”，即指纣王居住的宫室。由宣的“大屋”之义，又引申出“侈大”之义，如《诗·小雅·鸿雁》：“维彼愚人，谓我宣骄。”这里的“宣骄”一词，犹言“骄奢”。高大之屋，室内必然明亮通风，因而又引申出“顺畅、通达”之义，如晁错《举贤良对策》：“政之不宣，民之不宁。”由声向回旋又引申为使扩大、发布、传扬之义，如“宣扬、宣示、宣誓”等等。由此义又引申出公开、昭明之义，如“心照不宣、宣泄”等等。

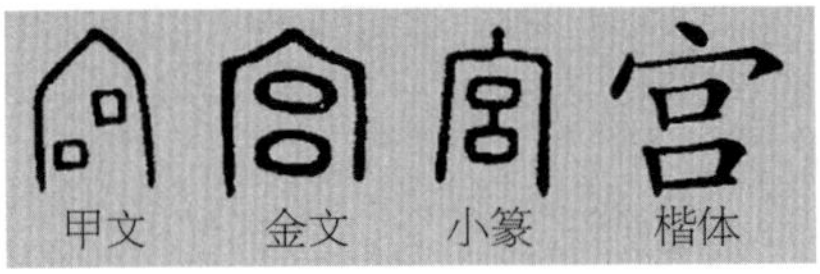

“宫 gōng”，这是一个会意字。甲骨文的“宫”字，其上是表示房屋外形的“∩”，内里是两个“口”字，表示这是一种可以形成回声的宽大房屋。考古工作者在对安阳殷墟的发掘中，发现一座长 28 米、宽 8 米的排房地基，它坐落在台阶相连高一米的平台上，屋顶由三十一根木柱支撑，分隔为两个大的使用区。宫，可能就是这种大房的真实写照。

金文的“宫”字秉承金文，只是双口排列变为上下组合。小篆的

“宫”字将下边的双口用短竖连接起来,似乎在表示声音的相通,其上部增添的一“点”,似乎在补充屋脊的形状。楷书缘此写作“宫”。

“宫”的物象本源为大型宫殿,在当时,这乃是一种比较讲究的大型建筑。如《左传·庄公十年》:“边伯之宫近于王宫,王取之。”这是说:周朝大夫边伯的居所靠近王宫,因而,王将这栋居所占为己有。秦以后,“宫”则专指封建帝王处理公事和居住的场所,如“阿房宫、乾清宫、故宫”等等。

因为古人为神所造的庙宇远比为人所造的居室宽大辉煌,其中又居住着神灵,因而,庙宇也称为“宫”,如“紫薇宫、雍和宫”等等。现代又称较大的公共文化娱乐场所为“宫”,如“少年宫、文化宫”等。

“宫刑”,乃古人为惩治淫乱或其他罪行的一种刑罚:将女子幽闭于宫室之中,永远不许见到男子;或将男子阉割掉生殖器,永不能亲近女性。西汉武帝时,为李陵说了两句好话的司马迁,就被汉武帝处了宫刑,他在《报任安书》中悲愤地写到:“诟莫大于宫刑。”

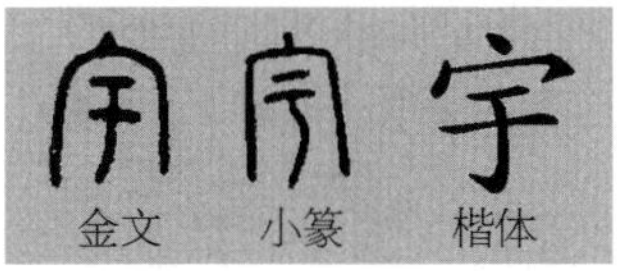

“宇 yǔ”,这是一个会意字。金文、小篆和楷书的“宇”字,外部为“宀”,表示房屋,内里是一个“于”,原为大口出气的意思。两形会意,表示这是一种间深很深的房屋(如边图殷墟长形房的中间),后来,又指前脸敞开有顶无墙的廊房。《诗·豳风·七月》:“七月在野,八月在宇,九月在户,十月蟋蟀入我床下。”这里所说的“八月在宇”,即八月回到廊房之下。宋代文豪苏轼的《水调歌头》:“又恐琼楼玉宇,高处不胜寒。”其中的“宇”也可释为如廊房一般的亭阁。

殷墟长形房子复原图

廊房有顶无墙，四周通透，因而引申指上下四方整个空间。词义扩大后，又引申指天下，如汉代贾谊《过秦论》："有席卷天下、包举宇内、囊括四海之意。"其中的"宇内"，即指寰宇。在古人的心目中，上下四方为"宇"，古往今来为"宙"（宙为很高的房屋）。引申后，"宇"又指空间，"宙"则指时间，"宇宙"一词则指物质的四维世界。如王羲之《兰亭集序》中："仰观宇宙之大，俯察品类之盛。""宇"有敞开之义，因而，古代文献中，"器宇"一词又指人的度量、胸怀，"神宇"一词，则指人的风度、仪表。

"寓 yù"，这是一个形声字。金文的"寓"字，外部是表示房屋的"宀"形；内里是一个古文的"禺"（禺）字，原本表示伸颈张口的蛇。小篆的"寓"字秉承该字繁化的通则，演变为"寓"。楷书承接而来，基本没有变化。

屋内有蛇，是因为无人居住之故；要居住入内，须驱蛇清扫。因此可知，"寓"乃日常闲置，专为客人或路人准备的临时住所，即"客寓"。从客人或路人的角度讲，住这样的房子，则表示寄居。《孟子·离娄下》："无寓人于我室。"其中的"寓人"一词，即表示"使人寄居"的意思。由"寄居"之义又引申为"寄托"，如欧阳修《醉翁亭记》："山水之乐，得之心而寓之酒也。"

"寓言"一词，原本指有所寄托的话，后来成为一种包容着生活哲理的文学体裁。

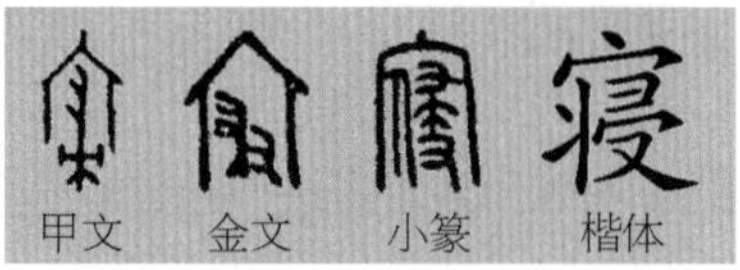

"寝 qǐn"字的本义为睡觉，也表示睡觉的房屋。在甲骨卜辞中，

便有“令多尹作王寝”的记载。这是说:命令众多执事工匠营造王所居住的寝室。

甲骨文的“寝”字是一个会意字,外部是表示房屋的“∩”形,内里是一把扫帚的象形。两形会意,表示专门用来睡觉的房屋。金文的“寝”字在甲骨文的基础上,又增添了一只“手”,以明确清扫之义。小篆在金文的形体上又增添了一个“人”,楷书缘此而写作“寑”,又将“人”形变化为“爿”,以示床铺之义,写作“寝”。

“寝”,《说文》释为:“卧也。”指躺着睡觉、休息。《论语·卫灵公》:“吾尝终日不食,终夜不寝。”俗语则有“寝食不安,寝不安席”等。“寝”作为名词,则指睡觉的地方,如“入寝、寝室”等。又特指帝王的陵墓,如“陵寝”。

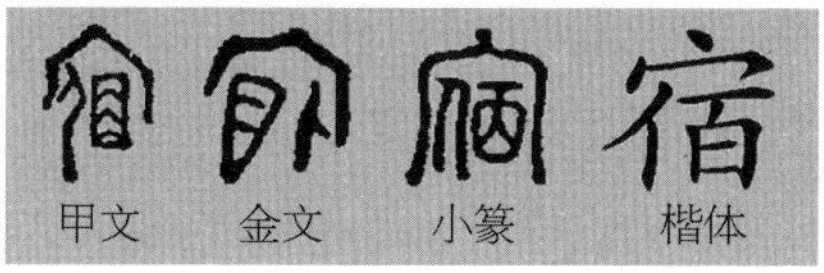

“宿 sù”,这是一个会意字。甲骨文的“宿”字,外面是一座房屋的形象线描;屋内的右边是一条席子,席子的上面仰面躺着一个。三形会意,表示在屋舍内住宿的意思。金文的构形同于甲骨文,只是席子变成了三角形,人与席子调换了位置。小篆的“宿”字在演变过程中,将席子之形讹变为一个“百”字,楷书缘此写作“宿”。

“宿”的本义就是住宿,如《荀子·儒效》:“暮宿于百泉。”现代汉语则有“宿营、风餐露宿”等词语。转为名词,则指住宿的地方,如《周礼·地官·遗人》:“十里有庐, 庐有饮食, 三十里有宿, 宿有路食。”由住宿过夜,又转指“夜”,如贾思勰《齐民要术·水稻》:“净淘种子,渍经三宿。”这就是说:把稻种淘净后,再泡三夜。由过夜,又引申为隔夜的,如《荀子·大略》:“无留善,无宿问。”“宿问”即隔夜再问的意思。由隔夜又引申为隔年,引申为旧的、素来就有的,如“宿麦、宿志”等。又称年长的,有经验者,如“宿将、宿耆”。“宿将”就是有经验的老将。

“宿”字是一个多音字。如果读“星宿、二十八宿”的“宿”字时,就应读 xiù。如果说“我住了一宿”时,则应读 xiǔ。

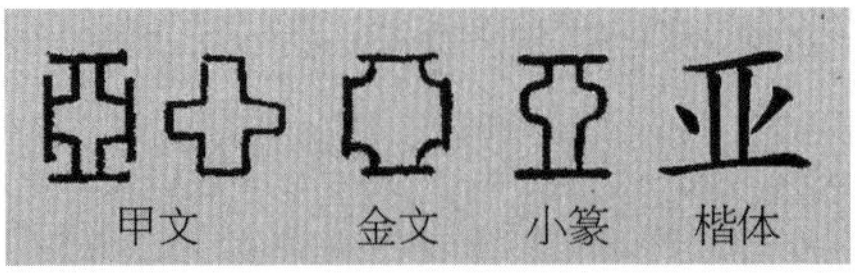

“亚 yà”，这是一个象形字，来源于殷商时期的丧葬习俗和祭祀。考古发掘安阳王室墓葬区时发现：这一时期的大墓均为南北向，分为两类，即带四个墓道的和带两个墓道者。带两个墓道的大墓呈长方形竖穴土坑墓，南北各有一个从墓坑通向地面的墓道；带四个墓道的为长方形或十字形，四壁各有一个墓道，形制上与亚字的两种构形“亞、✢”相吻合。考古工作者认为：四墓道的“亚”型大墓为王的墓葬。中字型大墓应当是诸侯的墓葬。

“亚”中的图形文字大都表示庙器和祖先称号，表示“另外一个世界”之物。

“亞”的本义指王在地下的陵寝。在殷商民族看来，祖宗死后，其灵魂当不灭，他们仍能自由来往于氏族住地。因此，殷商人又在地上为祖宗神灵修筑了“明堂”，即前后门相通的长方形神屋，使祖宗神灵能从后门回来，从前门离去。甲骨文的“亚”字正是对王的墓穴的轮廓描述。金文和小篆的“亚”字一脉相承，楷书繁体原本也写作“亞”，汉字简化方案中将其简化为“亚”。

“亚”字当“王墓”讲的本义，随着风俗礼仪的改变已完全消失。而“亚”字当“另外一个世界”的引申义，即“第二”或“次一级”讲的意义则得到保留。比如杜预在注《左传·襄公十九年》时说：“亚，次也。”《史记·项羽本纪》中有：“亚父者，范增也。”所谓“亚父”就是次于父亲的人，这是对人尊敬的称呼。古代儒家以孔子为至圣，又认为孟子仅

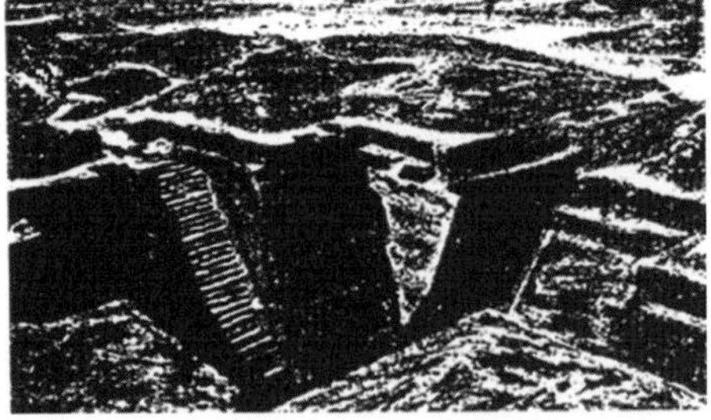
殷墟小屯亞字形大墓

次于孔子，所以就称孟轲为“亚圣”。

“亚”字当“第二”讲，现在还用，比如仅次于“冠军”者便称为“亚军”。

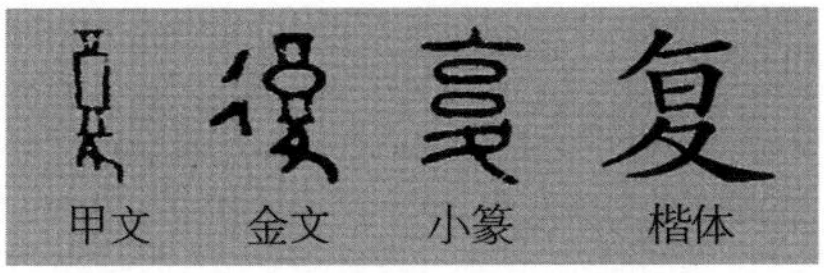

“**复 fù**”，这是一个会意字。甲骨文的“复”字，上半部是一个“亚”字，乃上古时期有中字型或亚字型墓穴；下半部乃是一个倒止之形的脚迹，表示从祖先神灵从另一个世界穿越而过，走了出来。金文加“彳”旁作“復”，其右半部与甲骨文构型相同，只是形体更为美观一些。小篆的“复”字发生形变，省去了金文缀加的“彳”，上部的“亚”字被割裂为三节，写作“”，楷书缘此演变为“复”。

“复”的本义，来源于祖宗神灵们的去而复来，引申为“循环往复”之义，即回来、回去的意思。如《左传·宣公二年》：“昭王南征而不复。”由此，又引申出“回复如旧”的意思，如“恢复、光复、复辟”等等；又引申出“回报”之义，如“答复、复仇、回复”等等；引申出“繁复、重复”之义，如陆游《游山西村》：“山重水复疑无路，柳暗花明又一村。”现代汉语中，表达这一义项的词语还有“复姓、复分数”等等。

“復”与“复”的音义基本相同，因而可以视作一个字的繁简二体，汉字简化时，统一写作“复”。

“复”用作虚词时，表示“再、又”的意思，如《左传·僖公五年》：“晋侯复假道于虞以伐虢。”这是说：晋侯又一次向虞国借道征伐虢国。“复”字是一个偏旁字，汉字中，凡由“复”所构成的字，大多都有“穿越而过”或“往返”的意思，如“複、腹、蝮、馥”等。

这是“戍守边邑”的“**邑 yì**”字。甲骨文和金文的上部，乃是一个代表城墙或壕沟的方框，而下部均为面朝左跪着的一个人。整个字形以会意的方式，表示上古先民聚居之地，即今人所说的村寨或城堡。小篆的“邑”字，将下部的人形演变成“㔾”，楷书讹变写作“邑”。

“邑”，本指人们聚居的地方，即城镇。《诗·大雅·文王有声》：“既伐于崇，作邑于丰。”“作邑”就是筑城。“邑”有大有小，所以文献中有“十室之邑，千室之邑”。《史记·五帝本纪》中有：“一年而所居成聚，二年成邑，三年成都。”“边邑”就是“边疆的城镇”，又从城镇转指“国都”，如《诗·商颂·殷武》：“商邑翼翼。”这是说：商国都城十分整齐。“邑”，旧时也为县城的别称，如宋朝苏洵的《六国论》：“小则获邑，大则得城。”“邑宰”一词，即旧时县令的别称。

“邑”字是个偏旁部首字。作为部首使用时，一般都写作“阝”。汉字中，凡由“阝”所组成的字，大都与城镇、地名有关，如“邦、都、郭、邻、郡、鄙”等字。

“都 dū”，这是一个会意字。金文的“都”字为左右结构，右边为“邑”，表示人所聚居的城镇；左边是一个“者”字，构形源自野火贴地蔓延，含有附着的意思。两形会意，特指由众多小城镇依附的大城。《左传·庄公二十八年》：“凡邑有宗庙先君之主曰都，无曰邑。”即今人所称的国都、首都，《释名·释州国》：“国城曰都， 言国君所居，人所都会也。”又引申指大城市。

“都市”乃百姓及物品汇聚之地，因而又引申为“聚集”之义，由聚集引申出“总汇”之义，读作 dōu，表示“全部、完全”，如杜甫《喜雨》一诗：“农事都已休，兵戎况骚屑。”这里的“都”即表示“总括”。“都”作副词时，还可起强调作用，例如：连里头的衣服“都”淋湿了。

“鄙 bǐ”，这是一个会意字。金文的“鄙”字为上下结构，上部是

一个“口”，表示人所聚集的城邑，下部则是一个古文的“廪”(亩)字，乃是古人储藏收获禾谷的仓廪。小篆的“鄙”字，右边又增添了一个“邑”，强调人口的聚居。”楷书的“鄙”字直接秉承小篆。

“鄙”，本义为城邑四周边远农田中的仓廪。一般情况下，这种仓廪都有人驻守，因而，也有居民点的意思在内。“鄙”内居住者主要从事农业生产，“鄙”也指都邑四周的田地，如甲骨卜辞中：“土方征(侵)我东鄙田。”又引申指“边邑”，即边远的城镇，如“边鄙”一词。边远的地方信息闭塞，文化落后，因而又引申出了“鄙陋”之义，表示见识短浅。见识短浅会遭人轻视，又由此引申出“轻蔑”之义，如“可鄙、鄙视”等。“鄙”在用于自称时，则表示谦词，如“鄙人、鄙见”等等。

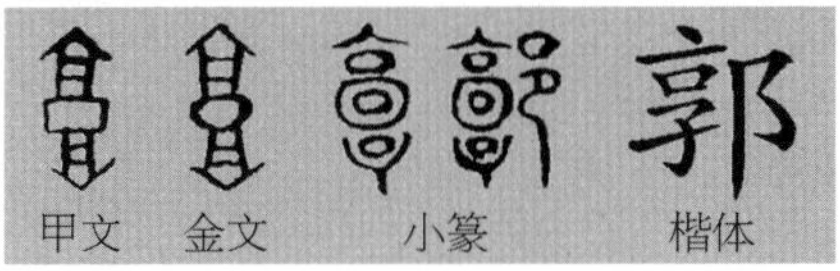

“**郭** guō”，原本是一个会意字。甲骨文和金文的“郭”字在造字方法上与“中、北、夜”等字相似，均来源于事物及其“影子”的合体。如图所示，这个“郭”乃是下午四五点钟时，城邑中高大之房与其影子的连体图形。因而，甲骨卜辞中的“中日至郭兮不雨”中的“郭兮”一词，即表示时辰。小篆的“郭”字为了美观和适应毛笔的书写，将连接部分截断，已完全失去象形之韵味。为了区别词义，右边又增添了一个“邑”，楷书缘此而写作“郭”。

“郭”的本义乃是表示时间的名词，源自高大建筑物的倒影。后来表示时间的词义逐渐消亡，转而表示城外之郭，即在城墙外围重复加筑的高大城墙。如《管子·度地》：“内为之城，城外为之郭。”由此，又引申指物体的四周或外壳，如《汉书·食货志下》：“卒铸大钱文曰‘宝货’，肉好皆有周郭。”这里的“好”，指古代钱币的孔，“肉”则指钱孔的边。“郭”用来表示钱币最外边突出的棱边。现今，“郭”多用为姓氏。

汉画像：城堡

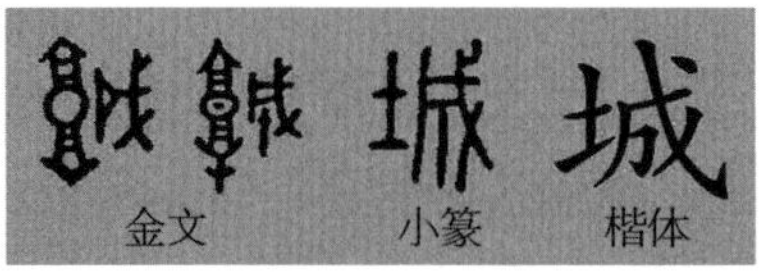

“**城 chéng**”，这是一个会意字。金文的“城”字，左边是一个“郭”字的古文，表示高大建筑，可视作城邑中用作瞭望和守护的角楼。右边是一个古文的“戌 xū”字，乃是长柄大斧的象形。两形会意，指称那些用作防御的城堡式建筑。金文中的另一款“城”字，右半部的下边则增添了一个“土”，在此强调守护用的高大土墙。小篆在演变过程中省去了角楼与其影子的合体图形，又将右半部下边的“土”移在左部，从而成为一个“从土从成”的会意字。

“城”以守护之义造字，土表土墙，成表斧钺砍下。意谓“城堡”之义。《说文》释为：“城，以盛民也。”《墨子》训为：“城者，所以自守也。”唐代李贺诗句：“黑云压城城欲摧。”其中的“城”即表示中国独特的防护城墙。由“城墙”之义又引申指城墙所守护之地，即“城市”。《史记·孙子吴起列传》：“魏文侯以(吴起)为将，击秦，拔五城。”

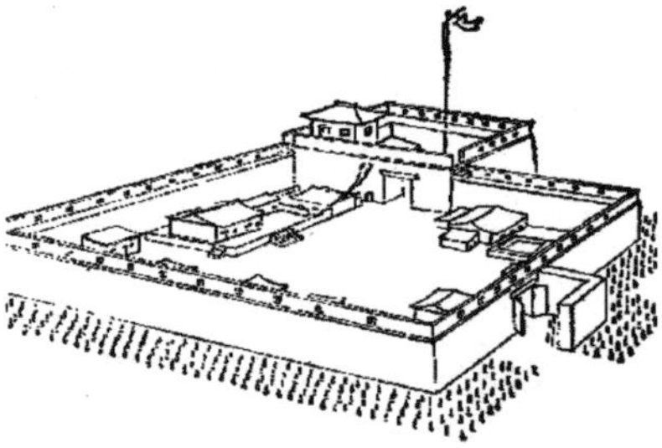

古文中，“城郭” 并举时，“城”指内城，“郭”则指外城。“城郭”连用时，泛指城市。如《孔雀东南飞》：“东家有贤女，窈窕艳城郭。”

“**垣 yuán**”，这是一个会意兼形声字。金文的“垣”字左下部是一个“土”字，右上部形如环绕的符号，则是“亘”的初文。两形会意，表示用土夯筑的围墙。小篆的“垣”字十分美观，以亘表示回旋之义；楷书在隶变的过程中，缘此而写作“垣”。

“垣”，《说文》释为：“垣，墙也。”《诗·卫风·氓》有“乘彼垝 guǐ

垣”的诗句。意思是：登上你家已毁坏的墙头。现代汉语则有“断垣残壁”一词与此义相近。“垣”在古籍文献中，还可引申表示“城”或“城墙”，如苏洵《张益州画像记》：“西人传言，有寇在垣。”“在垣”即在城中的意思。

“栅 zhà”，原是一个象形字。甲骨文和金文的“栅”字，均为上古时代的栅栏，即“篱笆”的白描图象。由于图形相似，两周时期，古文字中的“栅”被借用表示“简册”，即编串在一起书写文字的竹木简。为区分词义，小篆增添“木”字偏旁，专一用来表示栅栏之义，使之成为一个本义转注字。楷书缘此而写作“栅”。

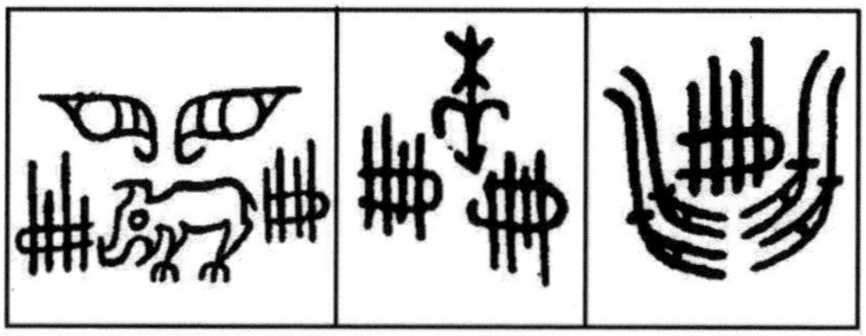
青铜器上的图形文字

“栅”，《说文》释为：“编竖木也，从木从册，册亦声。”即用竹木编扎而成的篱笆，古代多用为阻拦之物。商周时代的青铜器，留下许多绘有栅栏的图形文字。如图：第一个栅栏内养了猪，用双目表示有人看守；第二个栅栏内有牛和树木；第三个栅栏下是四把耒，表示在有栅栏围绕的土地上耕种。《后汉书·段颖传》中则有：“乃遣千人于西县结木为栅，广二十步，长四十里。”这是古人用栅栏标示边界的文献记载。

五、千门万户向南开

中国的古代建筑在世界上独树一帜，特别是木构建筑技术，可谓登峰造极。然而，相比于古希腊、罗马的巨石建筑，华夏大地上留存至今的数座木构建筑不过千余年历史，对商、周、秦时的建筑形制，人们只能从遗址考古中得知其基址，它们辉煌的地面形状只能依靠文献上的零星记载加以联想推算。但是，以“穴、门、户、邑、木、石、竹、土”等为偏旁的诸多汉字，往往与古代建筑形制、材料以及构件，有着更为深层的内在联系。解读这类汉字，实在是一件相得益彰的趣事。

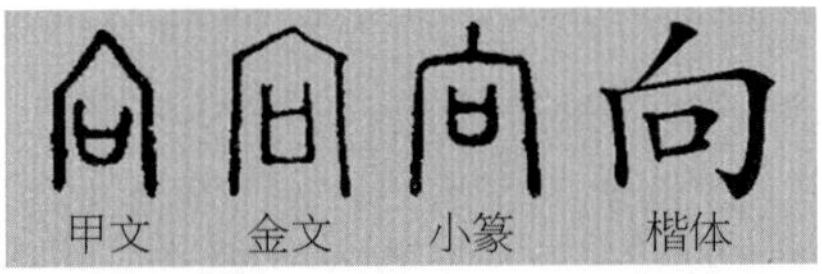

“向 xiàng”，这是一个会意字。甲骨文的“向”字，是在一座房屋的墙壁上开了一个“窗户”的形状：其上为尖顶茅屋的轮廓，内中是一个形似洞窗的“ㅂ”(不是口舌之口，乃是孔洞的象形)。金文和小篆的“向”与甲骨文构型相同，楷书将其中的“ㅂ”演变为“口”，这就是今日的“向”。

“向”的本义原指朝南的窗洞，《诗·豳风·七月》：“穹窒熏鼠，塞向墐户。”这是说：在屋室内熏灭老鼠，用草泥涂抹，堵住窗洞和门。窗洞要透风通光，则需有一定的朝向,因而,"向"又有面向之义,如"朝向、相向、向壁虚造、向壁思过"等词,其中的"向"均为"面向"。又引申为方向之义,如"志向、风向"等。由此,"向"字又虚化为介词,表示动作的方向或对象,如"向东走、向谁说"等。又引申用来表示"将近、趋向"之义,如古文中的"至日向暮、向晚天晴"等。

"向"字还有"从前、往昔、旧时"的意思,乃是由"趋向"之义引申而出,如陶渊明《桃花源记》:"得其船,便扶向路,处处志之。"其中的"向路"一词,作"旧时所来之路"讲。

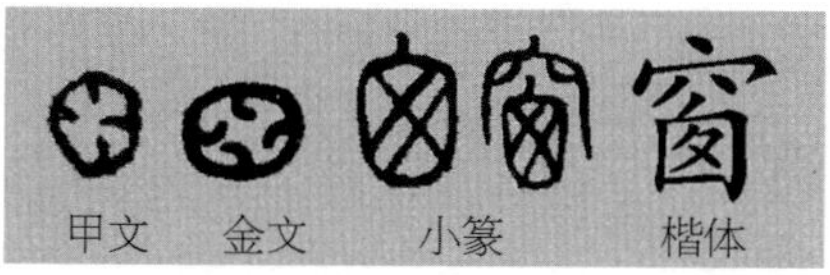

"窗 chuāng",原本是一个象形字,甲骨文的"窗"(即囧,读作jiǒng),乃上古时期"窗洞"的直观白描。《说文》释为:"囧,通孔也。""通、孔"二字即指形式也讲其功用。冬天,北风呼啸,只好将"窗孔"封起来,因此,《诗经》中有"塞向"之说。金文和小篆早期的"窗",已有窗棂格条。小篆后期的"窗"字,为了与"囱"(cōng)相区别,以转注(即"建类一首")的方式,在其上又增添了一个"穴";楷书缘此而来,演变成一个本义转注字。

"窗",即窗户,乃房屋墙壁上通气透光的装置。汉代王充《论衡·别通》曰:"凿窗启牖,以助户明也。"成语中的"窗明几净",都用作其本义。据考证,上古之窗多为"通孔"。可以开启的窗户,大概要到秦汉以后才出现。此前,即便有些窗子上装了窗棂,也都是固定的。能够开启活动的窗子,约在秦汉时代方出现。

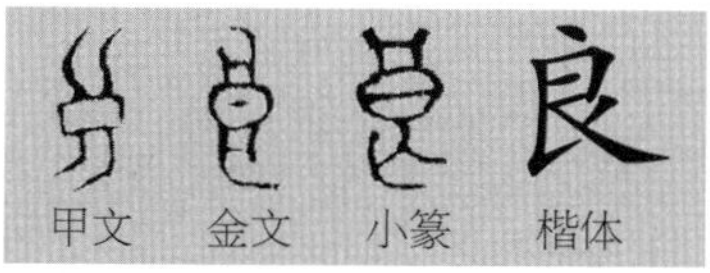

"良 liáng",这是一个依托象形字。甲骨文的"良"字,中间为"口",乃表示窗洞,上下两头的曲折线条,在此表示风或光的透入。金文的"良"字有所增笔,一是中间增加一点,明确穿透之义,二是

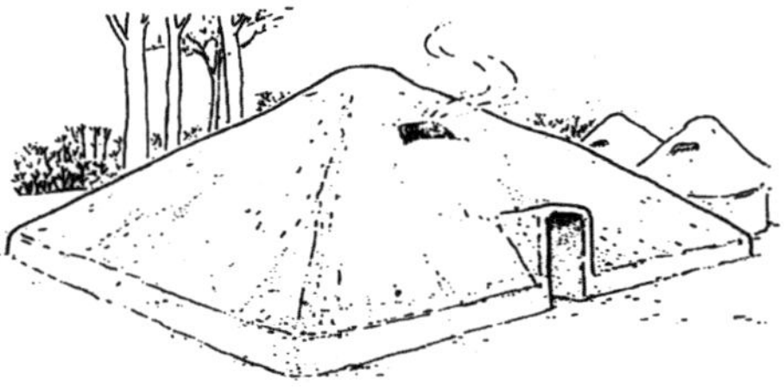

在上下曲线间增加一短横，用于强化一束光线或一股风进入室内时的形状。小篆承接金文，楷书缘此而写作“良”。

“良”的本义为风和光的通透。因而，上古先民用“犬”和“良”造字为“狼”，表示夜晚眼睛通亮似犬的动物。“良”，《说文》释为：“善也。”即“美好、优秀、可人”的意思。显然，这是“良”的引申义。用为此义的成语，则有“除暴安良、良辰美景、良师益友”等等。由优良、突出之义虚化，可以表示“特别、确实”的意思，用在动词、形容词前作修饰语，如李白《北风行》中的“倚门望行人，念君长城苦寒良可哀”，以及成语中的“用心良苦”等。

“良”字是一个构字符号，汉字中，凡以“良”为造字构件者，大都有“通透或优秀”之义，如“粮、踉、朗、廊”等。

“困 kùn”，这是一个既可视作象形字，又可当作会意字的特殊汉字。甲骨文的“困”字，乃是上古时代“陷阱或地穴”的象形描写。“口”表地穴，其中的“木”，则表示树枝或荆棘之类的东西，编扎成“✱”用于阻挡他人的进入，或盖在陷阱上以遮挡人眼的观察。古文中有一个“困”的异体字，写作“朱”，明确表示“困”乃“止木”，意谓阻止进入。小篆和楷书的“困”字承接甲骨文，基本没有什么变化。

上古先民最早创制的门，便是这个“困”。他们白天外出谋食充饥，夜晚回到穴室中睡觉，用“困”封住门洞，阻挡野兽的侵入，因而方言至今仍称睡觉为“困”。这种如“困”的柴门至今仍用于贫困地区的兽栏和穴洞之中。劳累疲倦之时想“困觉”，因而疲倦也称之为“困”。汉语中的“困顿、困乏”等词，用于人，也可用于动物，如《管子·宙合》：“夫鸟之飞也，必还山集谷，不还山则困，不集谷则死。”

“困”既可阻挡外人，也将自己封闭在内(或指掉入他人设制的陷阱)，因而又引申表示“被围困”之义。如《左传·宣公十二年》：“困兽犹斗，况国相乎?”又引申指处境艰难至极，如毛泽东的名言：“从困境中走脱，在逆境中坚持。”

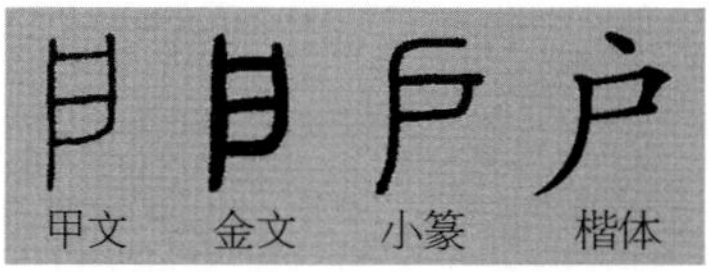

“户 hù”，这是一个象形字。甲骨文和金文的“户”字，恰似一副单扇门的形状，它的本义指门扇，即“单扇之门”。小篆的“户”字，逐渐失去门扇的象形韵味，楷书因而写作“户”。“户”字的演变，乃是一个因书写便利和美观从而向符号化发展的典型。

“户”，《说文》释为：“户，护也，半门曰户。”这是说，“户”乃单爿的门扇，其功用是为了防护。户为门扇，如“户枢不蠹”一词。这是说：门的转轴不会被虫蛀蚀，比喻经常运动的东西，才不会被腐蚀掉。户，也用来表示房屋的出入口，即“门”。如《论语·雍也》：“谁能出不由户?”又引申指人家、住户，一家人称之为一户。如《史记·秦始皇本纪》记载，秦始皇灭六国后，为防止六国贵族造反，“徙天下豪富于咸阳十二万户”。现代汉语中，则有“户口、户籍”等双音词的承续。

“户”字是一个偏旁字，汉字中，凡从“户”之字，大都与门、窗和房屋有关，如“扉、扇、扁、雇、房”等等。

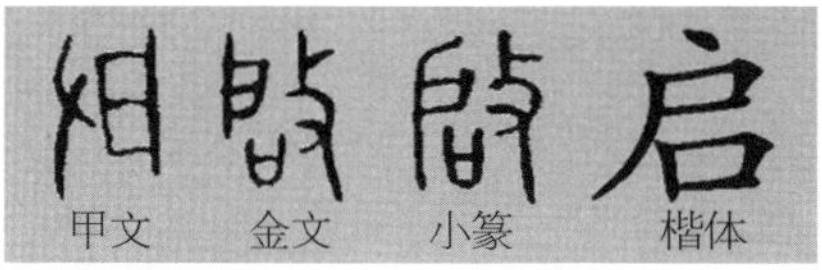

“启 qǐ”是啟的简体字。甲骨文的“启”字是一个会意字。右半部是一个“户”，表示一扇门，左半部是一只手(又)，像人用手打开一扇门(户)，表示开门的意思。金文的“启”字，结构左右调整，在“户”下又增加了一个“口”字，表示门户开启后的洞开；也可将此视作人口。所以，金文的“启”字除了开门之义外，又有“说话、陈述”之义。

汉画像上的门廊

金文将“又”变成了“攴”,“攴”有打的意思,因而词义未变。小篆和楷书的繁体,缘此而写作“啟”,现代汉语,以“启”为啟的简体字。

“启”,《说文》释为:“启,开也。”这是由“开门”之义引申而出的泛指,如信封上常书××启,即让人打开的意思。用于抽象意义,则有启动思维,即“开导”之义,如“启蒙、启发”等。又由“开启”之义引申为“开始”,如“启程、启用、启发”等。“启”在用于开口陈述之义时,则有“启齿、启禀”等。“启事”一词,除通告之意外,作名词时,又指一种文词简短、专一叙事的文体。

“门 mén”,乃“門”的简体,指房屋等建筑物的出入口。甲骨文的“门”字,有门框,有门楣,还有一对门扇,显然是一座完整的门形。这是中国古代建筑形制,从“困”到“户”,又由单扇门到双扇门的发展。金文的“门”字去掉了门楣,但仍保留着两扇门的原形。小篆和楷书缘此一脉相承。汉字简化时,因繁体字书写时起落笔过多,简化写作“门”。

“门”,本义为门扇,即“关门闭户掩柴扉”诗句中的“门”。又引申表示房屋的出入口,即“房门”。词义扩大后,泛指类似像门的东西,如“炉门、闸门”等。由门的通过之义,又引申为“途径”,如“门路、窍门”等。又由“家门”引申出了“家庭、门第”之义,如“双喜临门、门当户对、豪门大宅”等。中国古代为私家讲学授徒,传授技艺,“门”又指与老师有关的人和事,如《古诗十九首·明月皎夜光》:“昔我同门友,高举振六翮。”这是说:昔日同门之人,今日已飞黄腾达。又引申表示类别、流派,

汉代的阙

特指学术、宗教方面不同的学说和集团,如“门类、佛门、左道旁门、门户之见”等等。又引申为量词,如“两门功课,一门心思”等。

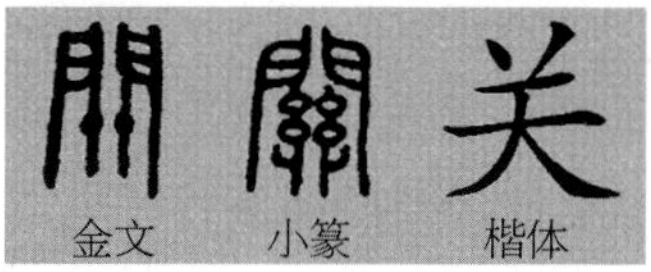

“关 guān”,乃“關”的简化字。古代没有门锁,而是在两扇门上各加一个环形之物,关门时,用一根竖木插入“环”中,把两扇门连接而后关闭(有如今日的插销)。如《墨子》一书中所说:“门植关必环锢。”

金文的“关”字为会意字,正像门上各加有一环和一竖木之形,十分形象地表现了插入门闩使门关闭的情景。小篆的“关”字将其繁化:两边的门环增为双数,门环之下又各增添一个向上弯曲的钩。这样,在门环中插入门闩后,还可以从上向下平放入一根横木,真有些关锁重重之义(𢇍也可视作“聯”的省形)。楷书在隶变后写作“關”。“关”本是“關”的异体字,汉字简化时借用为简体。

汉代“关字”瓦当

门环和门闩是用来关门的,所以,“关”字由门锁引申出了“关闭、闭合、封闭”之义。又引申指“关口、关隘、关卡”等,如“涵谷关、海关、年关、山海关”等。此外,“关”还可以引申指事物中起转折关联作用的部分,如“机关、关节、关键”等;又由门闩的贯穿义引申出牵连、联属之义,如“关心、关涉、毫不相关”等等。

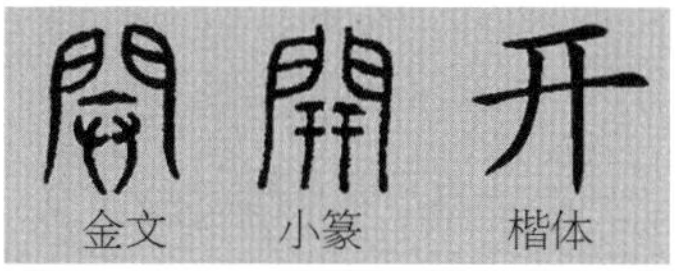

“开 kāi”,乃“開”的简体字。古文“开”的上部为两扇门,中间一横为示意符号,表示门栓;下面为两只手。三形会意,表示正用双手抬起门栓。小篆的“开”字将表示门栓的一横断开,表示门已打开,但门内下部的双手之形却发生讹变。楷书繁体缘此而作“開”,简化字去掉“門”形，写作“开”。

“开”的本义为开门。《说文》因此释为：“开，张也。”词义扩大，泛指“打开”，如成语中的“网开一面，开卷有益”等。由此引申为“开放”之义，即处于打开的状态，如成语中的“皮开肉绽，眉开眼笑”等；又引申指“开辟、扩展”，词语有“开天辟地、天工开物”等；又引申表示“初始”之义，如“开始、开展、开工”等；又引申表示“开阔”之义，如“豁然开朗”等；又引申表示“摆开、设置”之义，如“开工厂、开门面”等。

现代汉语中，又由“打开”引申出发动，操纵、举行的意思，如“开车、开机器、开会”；还可以放在动词后，表示结果，如“张开、传开”等词语。

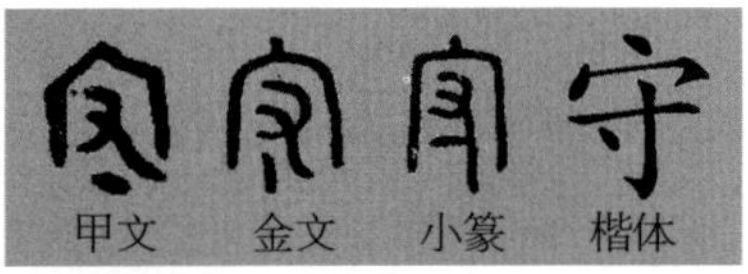

“守 shǒu”，甲骨文和金文的“守”字是一个会意字。其上为“宀”，乃房屋之形，下边是一个“寸”，表示肘臂。用肘臂挡在屋室之前，表示阻拦、守护之义。小篆和楷书的“守”字缘此而来，字形上基本没有变化。

“守”的本义为“守护、护卫”。如《墨子·公输》：“杀臣，宋莫能守。”这里的“守”即作“守护”讲。又特指“职守”，如《左传·隐公五年》：“官司之守，非君能及也。”

由守护之义又可引申出“保持”的意思，如《易·系辞下》：“何以守位?曰仁。”这里的“守”即作“保守”讲。由此，又引申为遵循、依照之义，如“守典奉法、守法遵纪”等。又引申为“等候”，表示不离开，如“守株待兔”。由守候之义又引申出“依傍”之义，表示靠近，如俗语所言：“守着摊子，不怕没买卖。”

“**定 dìng**”，这是一个会意字。甲骨文的“定”字，其上为房屋之象形，中间的“口”，则表示屋室的入口，与下面表示走向入口的脚迹合体为“正”。整个字形，以会意的方式表示走回家中的意思。金文的“定”字将其中的“口”演变为一横，大概与穴居建筑消失，代之以地面建筑有关。小篆和楷书的“定”字均由此承接而来。

人回家内，心情会安定、平静下来，因此，《说文》释为：“定，安也。”《易·家人卦》：“正家而天下定矣。”回家，目的明确而不移，心情急迫而不拖延，因而，“定”又有“确定、必定”的意思，如唐代诗人杜甫《寄高适》：“定知相见日，烂漫倒芳樽。”现代汉语中的“定理、定局、定论”等意义，均由此延续而来。由确定之义，又可引申为“规定”，如“定量、定期”，还可以表示“约定”，如“定单、定货”等等。

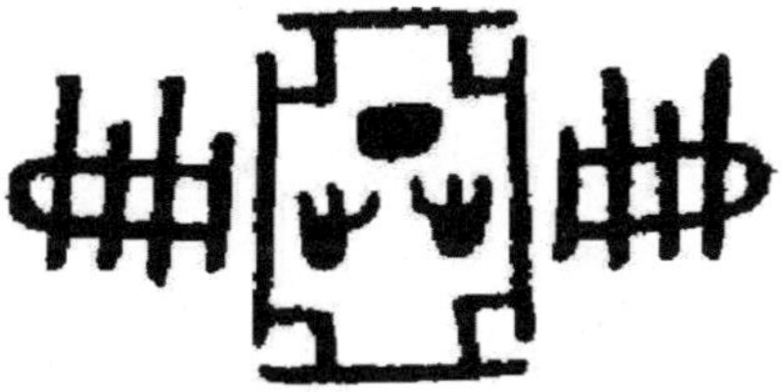
表示禁止走向宗庙或墓地的图形文字

“定”的语义重点在“安”和“确定不移”。“定”与“订”两字，中古不同音，现在只在“预定、约定”这个意义上可以互相通用，其他意义上则不能通用。例如，“订价”是述宾式，指经谈判而确定下的价格。“定价”是偏正式，指确定不移的价格。

“**宁 níng**”，这是一个会意字，乃是繁体“寧”的简化字。甲骨文的“宁”字，上面是屋室之形，里面是表示“食具”的器皿。两形会意，表示有“吃”有“住”，心有所安的意思。金文的“宁”字在甲文的基础上，添加了一个“心”字，强调了有吃有住而后“心安”之义。小篆又在其下增添一个表示呼喊的“丂”字(丂为号的初文，与丁字无关)。

楷书的繁体写作“寧”，简化为“宁”。

古籍文献中，“寍、寧”二字同音同义，差别只是有无“丂”。因而“寍”被视作“宁”的省形。《说文》释为：“寍(宁)，安也，从宀，心在皿上。皿，人之食饮器，所以安人。”由此可知，“宁”的本义为“安宁”，即宁静。如汉代诗人秦嘉《赠妇诗》：“一别怀万恨，起坐为不宁。”“宁”在古文中常被用作动词，表示“问安”的意思，如《诗·周南·葛覃》：“归宁父母。”即回家向父母问安的意思。“归宁”用作名词，又特指“回娘家”。“宁”作“宁(nìng)愿”讲时，表示主观上有所选择，这个意义又作“甯”，现今统一简化为“宁”。如成语中的“宁缺毋滥、宁死不屈”等等。

汉代屋院

“宁”作副词用，相当于“岂、难道”的意思，如《史记·陈涉世家》：“王侯将相宁有种乎?”

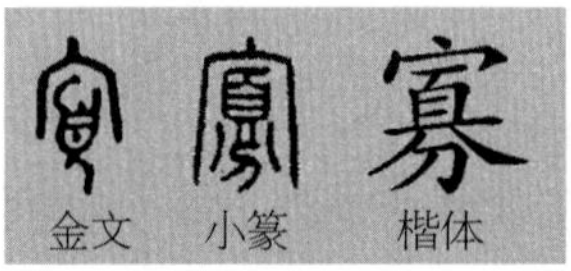

“寡 guǎ”，这是一个会意字。金文的“寡”字“从宀从页”，“页”为突出面部的人形。两形会意，表示一个人孤独地呆在屋室之内。小篆的“寡”字在页下又增添了一个“分”字，以转注的方式强调分离、分开之义，以强调“寡”的缘由。楷书秉承小篆，只是将“页”下的撇捺与“分”上的撇捺合并为一，写作“寡”。

“寡”的本义指分离孤居。古代社会，妇人丧夫，男子无妻或丧偶，都叫作“寡”。“寡人”一词也是帝王们的谦称，意为孤单而需相助之人。“寡”由单独之义，又引申为“人少”，与“众”相对。如《商君书·农战》：“农者寡，而游食者众，故其国贫危。”成语中则有“寡不敌众”及“阳春之曲、和者必寡”等等。从“人少”之义，又引申泛指一般意义上的“少”，如“少言寡语、孤陋寡闻”等等。

“**宽 kuān**”,这是一个会意字。三体石经中的古文“宽”字,乃是在表示屋室的“宀”内,有一位突出双眼和眉毛的人形,旁边是表示人影的一点,以人的孤单反衬屋室的宽大。小篆的“宽”字承接古文,只是眼睛和眉毛演变为一个“苜”字,下边的人形演变成一个“儿”字,使其成为一个“从宀莧 kuān 声”的形声字。楷书缘此写作“寬”,现今,又简化为“宽”。

“宽”,《说文》释为:“宽,屋宽大也。”即房屋宽敞,面积大。引申为一般意义上的“宽阔、广大”,与“窄”相对。如唐代杜甫《水会渡》:“大江动我前,惘若溟渤宽。”又特指事物的宽度,即横的距离大,如“路宽、河宽”等。由此,又用来表示长方形中短的一边,即长、宽、高中的“宽”。由“宽阔”之义又引申表示松缓,如“宽心、宽畅、宽松”等。又引申表示度量大、心底憨厚,如“宽厚、宽宏”等。

“宽”,用作动词,可表示“放松、放宽”,如“日子越过越宽、手头很宽裕”等。“宽衣”一词则表示脱去外衣。

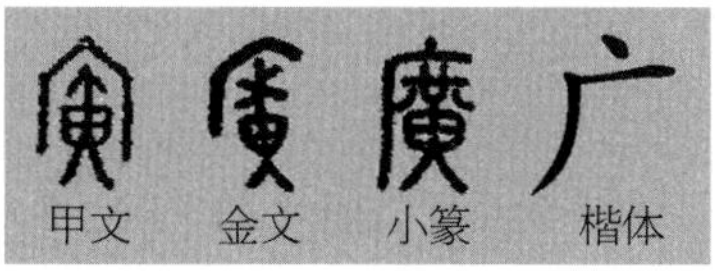

“**广 guǎng**”是“廣”的简体字。甲骨文的“广”字是一个会意字:其上为屋室之形,其下是一个“黄”字,本指由一个母亲生下许多黄皮肤的孩子,因而有“多”的意义。在此表示从一个大屋繁衍生育出许多人的意思。金文的“广”字承接金文,只是将表示屋室的“∩”形,演变为表示屋廊的“广”,表示众多儿孙的四处分布。小篆和楷书缘此而来,写作“廣”,成为一个“从广黄声”的会意字。汉字简化时,简省掉其中的“黄”,规范为“广”。

“广”的本义为儿孙后代的四处分布,由此引申表示一般意义上的“宽大”、“广大”及“很多”。如《诗·卫风·河广》:“谁谓河广,一苇杭之。”这是说:谁说黄河宽广,只要一束芦苇便可航渡而过。再如《荀子·修身》:“君子贫穷而志广。”“志广”即志气大的意思。再如“大庭广众”一词,其中的“广”则表示“多”的意思。又引申为“广泛、普遍”之义,如“广播、广告、广义、广开言路”等。“广”,用作动词,表示使之宏大、扩大的意思,如“推广、集思广益”等。

“广”也是古时广州的简称,取其三面背靠内地,一面向海的意义。“两广”一词,即“广西、广东”两省的简称。

“客 kè”,这是一个会意字。金文“客”字的上部为屋室之形,下部是一个“各”,乃是有人“到来”的意思。两形会意,表示“来到屋室”之义。如青铜器铭文《利鼎》:“王客于般宫。”句中的“客”即表示“至、到”的意思。小篆和楷书的“客”字,由金文一脉相承,延续而来。

“客”的本义为“到来”,引申为来宾、宾客。如李斯《谏逐客书》:“臣闻吏议逐客,窃以为过矣。”这是说:臣听说有官吏议论说要驱逐客卿,我私下以为这是不对的。又引申为旅居、客居他乡。如杜甫《去蜀》一诗:“五载客蜀郡,一年居梓州。”在现代汉语中,“客”则多指客人,词义与“主人”相对,如“顾客、游客、天外来客”等等。

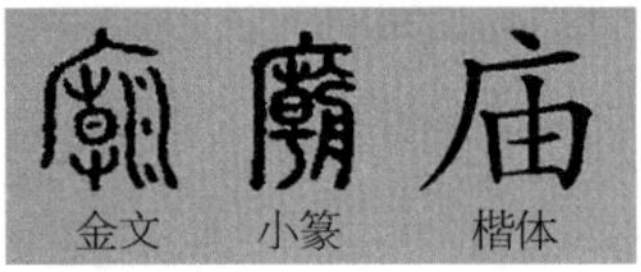

“庙 miào”是“廟”的简体字。金文的“庙”字上部是一个“广”形,乃上古三面有墙,一面敞开的房子;其下是一个“朝”字,在此表示早晨阳光的照射。两形会意,用来指称坐北朝南,南面无墙的大殿或屋室。

“庙”原本是“廟”字的俗体,汉字简化时借用为“廟”的简化字。古时,人们将贵族住房的前厅和王宫的前殿都称“庙”。因此,“庙”

又是朝廷的代称,如《商君书·战法》:"若其政出庙算者,将贤亦胜,将不如亦胜。"庙算",即在朝廷大殿上谋划设计的意思。

古代社会,人们还将供奉祖宗神位,以及供奉神、佛或历史人物的建筑称为"庙",如"宗庙、土地庙、孔庙、关帝庙"等等。大概因为此类建筑也是坐北朝南,前面敞开,可让清晨阳光射入吧。由此引申,人们又将设在寺庙里或寺庙门前的集市称之为"庙会"。"庙号"一词则是已死皇帝的代称。

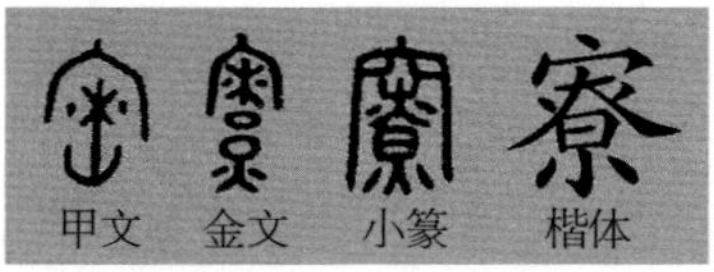

"寮 liáo",这是一个会意字。甲骨文的"寮"字,像屋室中燃火之形:上部表示尖顶茅屋,下部的"∪"表示火塘,中间则是木柴燃烧的形状,旁边的小点可视作迸蹦的火星。金文的"寮"字,上部构形与甲文相似,下部的火塘演变为两个圆圈,似乎在说明,上古之火塘已发展为火盆;其下部又添加了一个"火"字,以示强调用火之义。小篆的"寮"字缘此而来,只是将表示火盆的两个圆圈合并为"日",将屋顶之形讹变为"穴"。楷书则将"穴"回归为屋顶之形,写作"寮"。

"寮"字的物象源自"火塘之屋",现在,在南方少数民族处偶尔仍能见到。这种在室内"掘地为灶"的屋室,随着社会的发展,已从城市建筑形制中退役,只在"茅寮、茶寮"这些仍离不开"火"的简陋屋室中得以保留其词义。

"宴 yàn",这是一个会意字。金文的"宴"字,外为屋舍之形,内里下部是一个"女"字,内中有一个目标符号"曰",表示与女子交合。小篆承接金文,只是把曰移至"女"字上部。楷书缘此写作"宴"。

"宴"的本义为用女人款待来客,如《诗·邶风·谷风》:"宴尔新

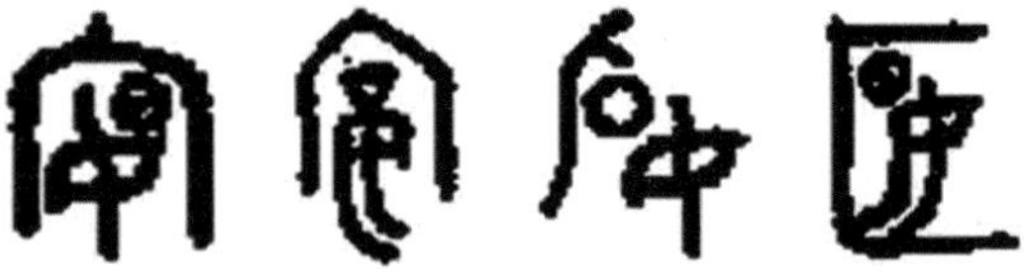

金文中不同的“宴”字,将以“女”享乐表现的淋漓尽致。

昏(婚),如兄如弟。”这是说:像上古时代的族外婚时期的兄弟一样,共用一个女人。“宴”在古代又有内室的意思,如《易·随卦》:“君子以向晦入宴息。”“宴息”即入内室休息的意思。实际上,这种在今天看来极端野蛮、淫荡的行为,源自上古时期,女俘虏属大家共有,并用之招待客人这一习俗。时至春秋战国时期,诸侯贵族、巨贾无不以蓄养女乐为荣,“妖童美妾、填乎绮室、倡讴伎乐、列乎深堂”。这些女子,不仅是达官贵人们发泄性欲的工具,也是他们招待客人的一种用品。据史书记载,北魏时期的高阳王元雍拥有“僮仆六千,家妓五百,隋珠照日,罗衣从风”。当然,这些家妓并非一人所用,而是与宾朋狎妓共欢。因此,“宴”又有宴请的意思,如《左传·成公二年》:“衡父不忍数年之不宴,以弃鲁国。”这位名叫衡父的人,不满鲁国君王的数年不宴请,只好一走了之。这里的“宴”大概已有“三陪”即陪吃、陪睡、陪乐的意思。

魏晋墓砖画上的乐妓

现代汉语中,“宴”多用作“宴会、酒宴、宴请”之义。

六、舟车之利济不通

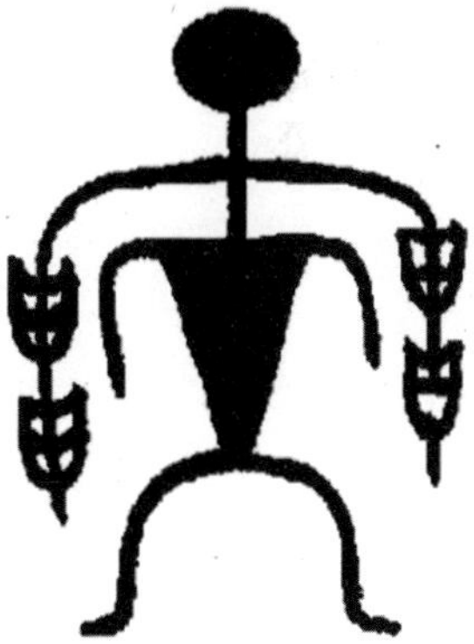

上古时代，是一个“部族林立，小国寡民”的社会，不同的血缘群团闭关自守在“鸡犬之声相闻，老死不相往来”的小天地中，天然的险阻加上人为的壁垒，阻隔着文化的传播。然而，当先民们不再满足渔猎和种植的疆域，萌生扩展版图的欲望，并与相邻的部族拼死争夺时，他们发现：不论征伐仇敌，还是交好邻邦；无论迁徙狩猎，还是运送物品，都与“交通”二字相连。于是，道路桥梁开始出现，舟船车马应运而生……

路、桥、车、船是物质文明的条件，也标志着权力的延伸。视野阔大，信息交流，才能给历史插上前进的双翼。

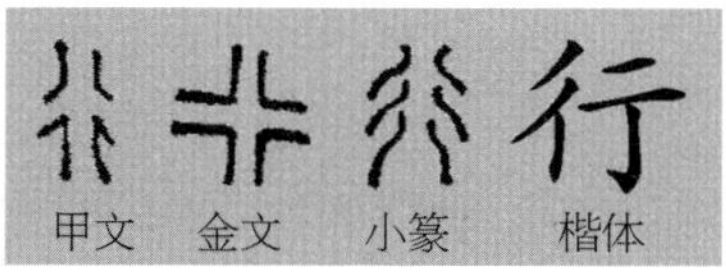

“行 xíng”，这是一个象形字。甲骨文的字形像横竖交叉的大路，以上下左右相通的形式，显示四达之衢。金文的形体与甲文相似，仍然表示能够通行东西南北的十字大路。小篆的形体多有改变，字形美观，但却看不出通行大道的样子，楷书缘此演变为“行”。

“行”字的本义就是“大路”。如《诗·小雅·小弁》：“行有死人，尚或墐之。”又《诗·豳风·七月》：“遵彼微行(háng)。”其中的“行”，均当道路讲。凡“路”皆可以行走，所以“行”又当“行走”讲，如李商隐《瑶池》：“八骏日行三万里。”诗句中的“行”字，已由当“路”讲的名词，变成了当“行走”讲的动词。从“行走”之义，又可以引申为“离开”。如《左传·襄公二十二年》：“子明杀之，以其妻行。”这是说：子明把他杀了以后，又带领他的妻子离开了。至于《兵车行》、《长干行》中的“行”字，乃是古诗中的一种体裁，也叫做“歌行体”。

《诗·小雅·大东》中有“行彼周行”的诗句。这里第一个“行”当行走讲，第二个“行”则指道路，但“行”并非一般道路，乃指能通行车马的大道。在先秦文献中：“行”与“径”有别，“行”指大道，“径”则指小路。

汉画像上的集市

“行”在现代汉语中，还可用作其他意义，如表示“从事、行为”之义的“举行、行医”等；表示道德品质的“品行、德行”等。由大道的直通、交叉，又引申出行(háng)列之义，如“行业、排行、银行”等等。“一行白鹭上青天”中的“行”，读作 háng，不能读作 xíng。

“徙 xǐ”，这是一个会意字。甲骨文的“徙”字，左边是表示道路的“彳”，右边是前后两只脚。两形会意，表示步行在道路上的意思。金文的“徙”字同甲骨文相似，只是脚形更为直观；小篆的“徙”字，将表示道路的“彳”演变为三条曲线，又将其中一只脚移至其下，从而成为“从辵从止”的会意字；楷书却将左边的“辵”重新回复为“彳”，将其下的“止”移回右边，写作“徙”。

“徙”，《说文》释为：“迻也。”即迁移、搬迁的意思。如《史记·商君列传》：“乃立三丈之木于国都市南门，募民有能徙置北门者，予十金。”这是说：商鞅立木于南门，招募能将其搬移到北门者，给予十金的奖赏。

除了“迁徙”之义外,“徙”在古文中还特指流放,表示被迫迁移。如《汉书·陈汤传》:“其免汤为庶人,徙也。”又引申为趋近,如《论语·述而》:“闻义不能徙,不善不能改,是吾忧也。”句中的“徙”,意谓接近、走到一起。

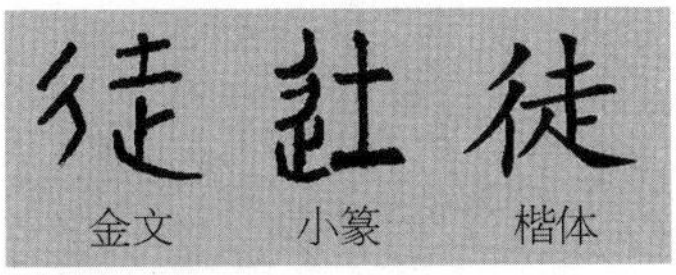

“**徒 tú**”,这是一个会意字。金文的“徒”字,左边是表示道路的“彳”,右边上部为“土”,下部是一只脚趾。三形会意,表示行走在黄土飞扬的大道上。小篆的“徒”字,将“土”下的脚,移到了左边,因而成为一个 “从辵从土” 的会意字。楷书将移走的一只脚重新归回“土”下,写作“徒”。

“徒”的本义为步行。《易·贲卦》:“舍车而徒。”其中的“徒”即作步行讲,意谓舍弃马车后徒步行走。由动词步行之义转作名词后,“徒”特指“步兵”,又泛指跟从之人,如《孟子·公孙丑上》:“仲尼之徒,无道桓文之事者。”“仲尼之徒”指那些跟从孔夫子的门徒。“徒”在古代还指因罪被判服劳役的人,如《史记·高祖本纪》:“高祖为亭长,送徒骊山,徒多道亡。”这里的“徒”即为“刑徒之人”。

徒步而行,没有可搭载的交通工具,由此,引申为“空”,意指做事没有凭借,行事没有结果,如“徒手、徒劳、徒自惊扰”等等。词义虚化,又引申表示“仅仅、只”之义,如《盐铁论·结和》:“用兵,非徒奋怒也。”成语中的“徒托空言”等,其中的“徒”都用作虚词。

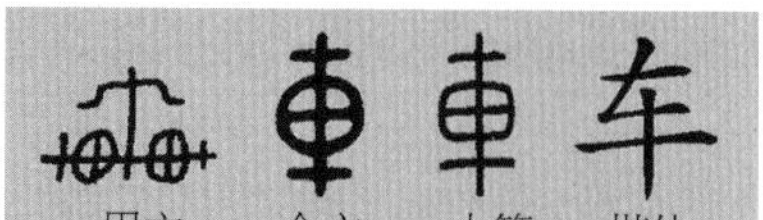

甲文　金文　小篆　楷体

“**车 chē**”乃“車”的简体，这是一个象形字。甲骨文的“车”字，源于古人对车的散点透视图形：车的整体来自俯视，车轮之形却来自侧视。金文的诸多“车”字都十分直观，构图简洁，漂亮匀称。小篆的“车”字来自金文中最简省的一款，具有十分强烈的符号特征。楷书缘此而来，简化后写作“车”。

安阳出土的商代战车

传说夏朝的掌车大夫奚仲发明创造了车。事实上，中国车的起源及其发展途径尚不清楚，可能与其他文化的交融有关。目前，考古发现最早的车是在安阳发现的商代独辕车。

由于形制不同，用途各异，古代的车分化、发展为许多种类，按照牵引动力来分，有马车、牛车和人力车。先秦时代，马车独辕，乘人，被称作“小车”；牛车双辕，载货，被称作“大车”。马车又分为“高车”和“安车”，高车立乘，兵车也属于高车。安车坐乘，卧车都属于安车。又按照人的等级限定车的装置：士乘栈车，乃是用竹木条编制车厢，形制比较简陋的车；“轩”则供大夫以上贵族乘坐……

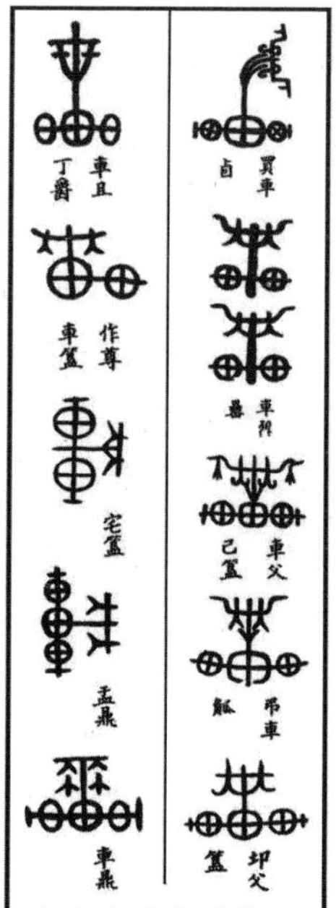

金文中的诸多“车”

“车”字是一个部首字。汉字中，凡以“车”为组字构件者，大都与车有关，如“辎、輼、轞、轺”等等。

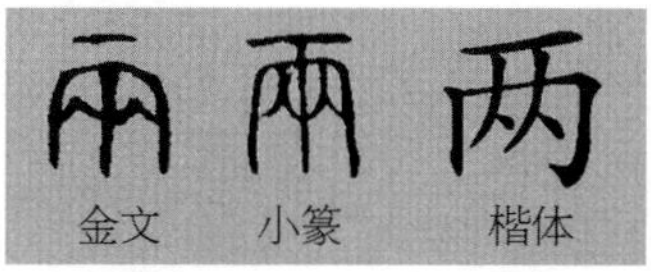

“**两 liǎng**”为“辆”的本字。上古时代的车为单辕，一架马车须用至少两匹马来拉，马车的“衡”上多配有双轭，供两马所用。金文的“两”字，正像马车前部衡上的双轭之形。所以，“两”字的本义为车辆。又用作数词，指一对、一双，专用于马匹等成双配对之物。小篆的“两”字与金文相似，楷书与之一脉相承。“辆”则是“两”的转注本义字。

商周战车复原图

“两”用作车辆时，读作 liàng，如《诗·大雅·韩奕》：“百两彭彭，八鸾锵锵。”这里的“鸾”指挂在马镳上的铃，是说百辆车声彭彭，八个铃儿锵锵，形容出行时的壮观场面。“两”作数词用，表示并列成对的两个，如《庄子·让王》：“两臂重于天也，身亦重于两臂。”当“两”放在动词前作修饰语时，指双方施行同一行为，如成语“两败俱伤、两全其美、两相情愿”等等。

“两”又借代用来泛指数目“二”，如古诗句“竹外桃花三两枝”。“两”作量词，主要表示重量，《说文》：“两，二十四铢为一两。”现今，一市斤为十两，旧制一市斤则为十六两。

在现代汉语中，“二”和“两”的用法不完全相同：读十以内数目字时只能用二不能用两；在一般量词前用两不用二；在多位数中个、十、百位用二不用两，但在百、千、万、亿的前面，两和二都可用；“半”前用两则不用二。

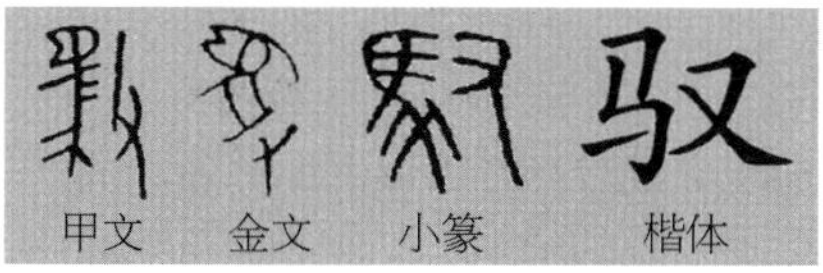

“**驭 yù**”，这是一个会意字。甲骨文的“驭”字为左右结构，左边

为马的白描象形，右边是一个“攴”，表示用鞭扑驱使马前行。金文的“驭”字与甲文相似，只是在“攴”上又增加了一个前行符号“∧”。古文的“驭”字“从马从又(手)”，与甲、金文构意相同。楷书写作“驭”。

汉墓浮雕中的马与车

“驭”的本义为驾驶车马。《说文》释为：“御，使驰。驭，古文御。”这是说，“驭”和“御”音同意近，相互假借，都表示驾驭车马之义。《周礼·夏官·大驭》：“驭夫掌驭贰车。”贰车即副车，指跟随在主车后的车辆。这是说，出行时，驾车的驭夫掌驭副车。现代汉语中，有“驭手、驭者、驾驭”等词，其中的“驭”均指驾驭。

“**载 zài**”，这是一个会意字。金文的“载”字，左下部为“车”，表示车辆之意，右上部是一个古文的“𢦏”字，“𢦏”字的物象，源自“戈”勾啄在人身之上，因而有施加之意，在这里表示将物品装载在车上，因而，载是一个从车𢦏声的形声字。小篆与金文相似，楷书缘此写作“载”。

“载”，《说文》释为：“载，乘也。”指人把自己或货物放在车上，即装载、乘载。《易·大有卦》：“大车以载。”其中的“载”即用为本义，现代汉语中，则有“载货、载波、载重”等。由承载之义又引申指充满，如“风雪载途、怨声载道”等。“载”作助词，放在动词前，表示同时做两个动作，如“载歌载舞”等。

书籍记录事情，犹如车辆装载货物，故又引申指记载，如“登载、转载、刊载”等词。年岁由日、月、四季构成，365 天完毕始成年岁，亦犹如运载货物。因此，“载”又引申表示“年、岁”，如“一年半载、千载难逢”等。

“**库 kù**”,《说文》释为:“库,兵车藏也,从车,在广下。”金文和小篆的“库”字,上部均为“广”。“广”在这里表示三面有墙,一面洞开的房子;下部为“车”,表示屋舍内停放的车辆。楷书的“库”字与小篆构型相同,繁体写作“庫”,后来简化为“库”。

“库”的本义为储藏车辆的车库。因古车多用为兵车,因而又引申指收藏兵器的处所,如《墨子·七患》:“库无备兵,虽有义不能征无义。”这是说:如果兵器库里没有武器,就是正义在手,也无法征伐无义之敌。词义扩大后,又引申泛指收藏钱、粮、物品的处所,如“仓库、库房、库存”等等。

“**辇 niǎn**”,这是一个象形字。金文的“辇”字,像车前有两个双手高举的人形,表示二人挽车,以人代马。小篆的“辇”字,舍弃金文复杂的象形构字方式,简省为“从车从二夫”的会意字(与“替”字上部构形相似)。楷书秉承小篆,写作“辇”。

“辇”的本义指人力所拉动的车。清代的段玉裁注曰:“负车者,人輓车而行,车在后如员也……犹辇从㚘,会意也。”中国古代社会的统治者,长期热衷于用“辇”,春秋战国之际,又出现“轿”这种具有浓厚传统色彩,中国独有的交通工具,古人称之为“步辇”。南宋以后,“轿”在统治者的出行中,竟然逐渐代替了车辆。《宋史·舆服志》:“中兴后,人臣无乘车之制,从祀则以马,常朝则以轿。”

辇代替车,轿取代辇,这种倒退是中国历史上的一种怪胎。有人认为:从文化上分析,轿子的形制最能体现封建统治者对平民百姓的奴役,最容易体现封建的等级差别;其次,轿之所以能够风行一时,主要是由于行走平稳,并且与当时社会生活的慢节奏相合。出行乘辇坐轿，与女子缠足一样，也是中国古代交通文化的一大特色。

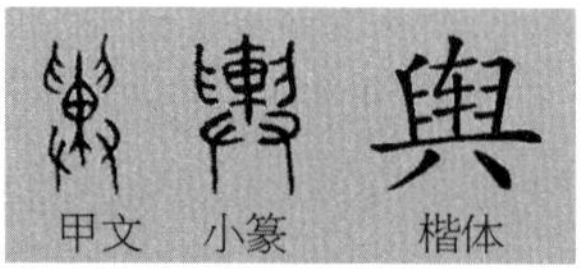

“舆 yú”，这是一个会意字，甲骨文和小篆的“舆”字，均像四只手抬着一辆车之形。实际上，“舆”的本义即指抬着车前行，这乃是车辆在路面无法行走，或者损坏时的权宜之策。楷书在隶化过程中产生形变，写作“輿”，简化字则写作“舆”。

“舆”的本义很早便已不用。古代文献中使用的多是其引申义。抬着走也是车，因而“舆”可作“车”讲，如古汉语中的“舆马、舍舆登岸”等，其中的“舆”都作车讲。车须抬着走，便只有车厢仍起着作用，所以，“舆”又指车厢，如《潜夫论·相列》：“材质曲者宜为轮，直者宜为舆。”大地负载万物，也如同“抬”着一样，因而，“舆”又引申为承载万物的大地、疆域。如司马贞《史记索隐》：“谓地为舆者，天地有覆载之行，故谓天为盖，地为舆。”古汉语中有“舆地、舆图”等词语。

汉代肩舆图

后世，又由车厢之义引申指“轿子”，古人称之为“肩舆”。“肩舆”本是翻山越岭的代步工具，可以济车马舟楫之穷。然而，“舆轿”一旦产生，便成为统治者享乐的工具。秦汉以后，统治者乘舆坐轿的风气愈演愈烈，甚至造出三十人乘坐以二百人肩扛的大舆。抬轿使之前行，需要很多人一起干，因而，“舆”又引申出“众人”之意，如“舆论、舆情”等等。

“舟 zhōu”字在甲骨文中作“[illegible]、[illegible]、[illegible]”等形。从字型上看，前一

款与木筏的形制相似，后两款已与今日所见的小木船相似：平底、方头、方尾，首尾略上翘，船的两端有甲板和出角，这已是比较先进的木板船，在形制上已跨过了“刳木为舟”的独木舟阶段。金文的“舟”与甲骨文相似，小篆缘此而发生演变：笔画圆润，型体美观，楷书隶变后写作“舟”。

“舟”，这是一个象形字。《说文》释为：“舟，船也。”大约在公元前 1300 年，殷商民族曾有一次将王宫和部族迁徙的大行动，他们乘船渡过洹河，由洹河南岸迁到北岸的殷墟。《尚书·般庚中》记载，商王般庚训导他的族民：“若乘舟，汝弗济，臭厥载。”这是说：迁徙就像乘舟一样，坐上船后却不愿渡过河去，就只会导致船身的朽烂。商王般庚以这种比喻来动员民族大迁徙，可见商代的舟船运输已十分发达。《诗经》中有“谁谓河广，一苇杭(航)之”的诗句，大概在两周时期，我们的祖先曾经用芦苇编扎过船只，用这种船飞渡过黄河。《荀子·劝学》有“假舟楫者，非能水也，而绝江河”的生活哲理，可见，古人心中明白，利用船和桨的人，即便不会游泳，也能渡过江河。

鸭绿江上的独木舟

“舟”字是一个偏旁字，汉字中，凡以“舟”为造字部件者，大都与船及其作用有关，如“航、舷、舰、艇、艘”等等。

“俞 yú”，这是一个会意字。甲骨文作“□”，下部为舟，乃是小船的象形；上部是一个三角形符号，在这里表示一促一促地前进。金文的“俞”字，左边仍为“舟”，但上部的三角形移至右边，并用竖长曲线强调向前航行(渡河到彼岸)之义。小篆的“俞”字，将表示前行的符号分裂为二；前行的三角形移在了上部，下部的竖长曲线则演变为“水行之貌”；楷书则将“水貌”讹变为“立刀”，缘此写作“俞”。

“俞”，源自撑篙使船前行。通行的词义则来源于上古时代船行渡河时的命令，相当于现今船长口中的“开船”、“前进”。古代文献中，“俞”字多用作应答词，表示“应允、肯定”之义，相当于古文中的“然”和现代汉语中的“是”或“对”。如《汉书·司马相如传》：“於是天子沛然改容曰：‘俞乎，朕其试哉！’”其中的“俞乎”即作“对啊”或“是啊”讲。

“俞”在现代汉语中除作姓氏外，乃是一个偏旁字。从俞得声的汉字，大都有“由此及彼”或“穿行、渡过”之义，如“逾、输、渝、愈、觎、偷、榆”等等。

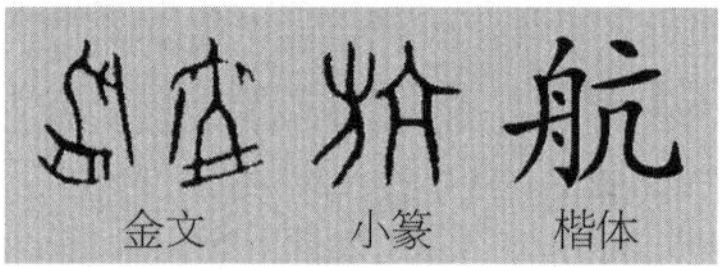

“航 háng”，原本是一个象形字。甲骨文的“航”，像人手持长篙撑船之形。它的本义当指“行船”，即由河岸的一边渡往另一边之义。小篆的“航”字演变为会意字，左边之“舟”表示船，右边的“亢”则表示对抗，即横渡江河，船行方向与水流相悖时，人、篙、舟、水之间的较量；楷书缘此而写作“航”。

“航”的本义为“航渡、行船”。如唐代韩愈《答张彻》：“叠雪走商岭，飞波航洞庭。”其中的“航”即表示航渡。由行船之义又引申指“渡船”，如张衡《思立赋》：“不抑操而苟容兮，辟临河而无航。”这里的“航”即作“渡船”讲。现代汉语中，空中飞行也称之为“航”，如“航线、导航、领航”等等。

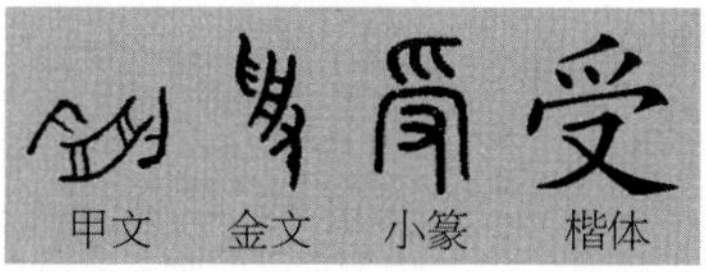

“**受 shòu**”，这是一个会意字。甲骨文和金文的“受”字，上下各为一只手，中间则是一只“舟”的象形。整体字形，以会意方式，表示一个人把“舟”交到另一个人的手里。这一形象，既表示“给予”同时也表示“接受”，因此，在较早的古文中，授、受两义均用“受”来表示。

从“受”的字形分析，殷商时代的船只，大概没有专人驾驶。航行前、航行后都有一个交接过程，也就是从一个人手里交到另一个人的手里。小篆的“受”字发生讹变，两手仍在，但中间的“舟”已无影无形，仅仅是一个区隔符号了(表示陷坑或其他阻挡之物)；楷书缘此而写作“受”。

“受”，《说文》释为：“受，相付也。”即交接。这个本义后来分化为“授”(给予)和“受”(接受)两字。如《孟子·离娄上》：“男女授受不亲，礼也。”这里的“授”表示给予，“受”则表示接受。意思是说，男女在交接物品时不能亲近。“受”由接受之义，又可引申出“遭受”，如“受灾、受难”；又引申出“忍受”的意思，如明代沈自徵《霸亭秋》：“受了这寒窗十载工夫，乃蹭蹬如此。”

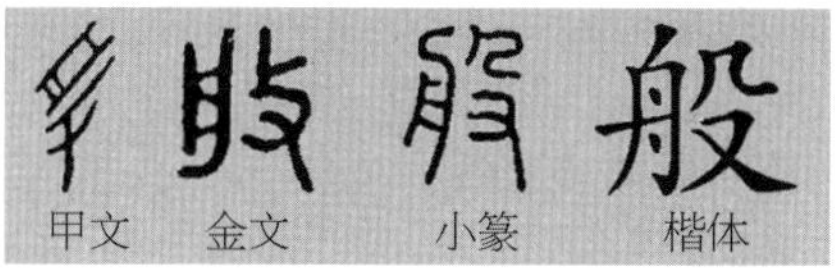

“**般 bān**”，这是一个会意字。甲骨文的“般”字，左上为一“舟”形，右下为一“手”形，中间的一斜竖乃是竹篙。金文的“般”字缘此演变为“从舟从攴”的会意字；小篆却由此发生了一点讹变，右边的“攴”讹变为“殳”；楷书缘此写作“般”。

“般”在甲骨卜辞中用作最多的是“般庚”之名，即率领商民族渡过洹河，北迁殷墟的商王般庚。商民族迁殷之前，般庚一定多次驾船，在浪涛滚滚的洹河中弄舟戏水，显然是一个驾船好手。“般庚”一词，大概可译为：像庚一样的掌船好手。

“般”的本义为掌篙戏水，此义现代不用。中古汉语中多用作代词，大概是像“庚”一样的撑船好手的缩略语，“这般”即“这种、这样”的意思，如“十八般武艺”、“暴风雨般的掌声。”《集韵·桓韵》因而释为：“般，亦数别之名。”“一般”现今多作“普通”讲，但在古文中，也可作“一样”解，如唐代王建《宫词》之三十五：“云驳花骢各试行，一般毛色一般缨。”

“朕 zhèn”，《说文》释为：“朕，我也。”古代汉语中，朕为第一人称代词，表示“我、我的”之义。自秦始皇起，又用做皇帝的自称。

甲骨文的“朕”字“从舟从廾，像双手持篙撑船之形。金文的“朕”与甲骨文相类似，只是“舟”由右边移至左边。小篆的“朕”字发生讹变：双手持“篙”变为双手奉“火”，从而成为“从舟从灷(zēng)声”的会意字。楷书在隶变过程中，又将其省形为“朕”。一步一步的形体讹变，使“朕”字的构形与词义逐渐演变。

“朕”的本义为“掌篙、撑船”。撑船者，掌握着“船”的进退及目标，甚至船上乘客的命运。上古时代，古人承担这一重任时，常常说：我来。久而久之，朕被假借为第一人称代词。如《离骚》中屈原自述家谱：“朕皇考曰伯庸。”这是说：我的父亲名字叫伯庸。《史记·秦始皇本纪》记载，自秦始皇起，“天子自称曰朕”。这大概与秦始皇自诩为国家的舵手有关。与这一意象有关的是所谓的“伟大的舵手”。

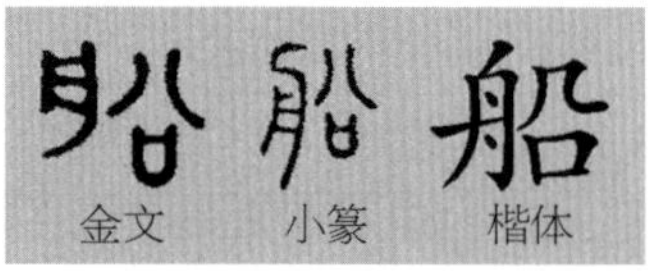

“船 chuán”，这是一个后起的会意字。金文和小篆的“船”字，均为左右结构：左半部为“舟”之象形，右半部是一个古文的“㕣yǎn”字；其上的“八”像河水流出山谷之形，其下的“𠙵”表示坎陷低下的

湖泊之地，可解读为沿江河湖泊航行之“舟”。楷书缘此而写作“船”。从造字角度讲，“船”是一个从“沿”借形、借音，置换偏旁的假借字。

汉代明器船

“船”的本义为沿水而行的水上交通工具。《说文》因此释为：“船，舟也。”《庄子·渔父》中有“有渔父者，下船而来”的例句。秦、晋、豫方言中的船，读若“拴、帆”，已经和拉纤、掌帆密切相联，其动力来源已超越掌篙划桨。

现代汉语中，“船”已代“舟”成为水上运输工具的统称，如“帆船、轮船、渔船、拖船、舰船”等。又指形似船的空间交通工具，如“太空船、宇宙飞船”等。

“**涉 shè**”，这是一个会意字。甲骨文的“涉”字，中间为水之象形，两边各有一足，会趟水而过之意。金文的“涉”字，因两足之间的水形发生简省，就在右边又增添了一个“水”形，明确无误表示渡水。小篆的“涉”字又去掉了两足之间的“水”，但仍保留了右边的水形，楷书缘此写作“涉”。

“涉”的本义为徒步趟水过河。《说文》释为：“涉，徒行厉水也。”词义扩大后，由徒步过河，泛指从水上渡过，如“跋山涉水，远涉重洋”等。“涉”由涉水之义又可引申为“进入、经历”，如“涉险、涉世不深、涉足”等等。又可引申为阅览，如《后汉书·仲长统传》中的“博涉书记”，意为阅览了很多书籍。人们常用的“涉猎群书”一词，也是此义。“涉”由经过、经历之义，还可以引申出关连、牵连之义，如现代汉语中的“牵涉、干涉、交涉、涉嫌、涉外”等。

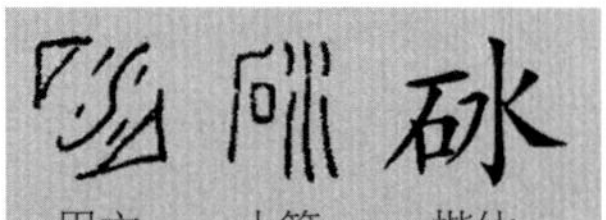
甲文 小篆 楷体

“**砅 lì**”，这是一个会意字。甲骨文的“砅”字，中间为水之象形，表示河水，两侧各有一“石”，表示在浅水中置放大石块或条石，踏石而过。小篆的“砅”字，演变为左右结构，《说文》释为：“砅，履石渡水也，从水从石。”

“砅”为水中踏脚石。今日山区溪流或浅河之中，仍可见到这种已使用数千年的渡河设施，俗语称之为“石步子”、“跳蹬子”。《竹书纪年》：“周穆王三十七年，东至于九江，比鼋鼍以为梁。”因为一块块石步子露出水面，有似鼋鼍，故有此称。“砅”现今只用于地名，凡以“砅”为地名者，是因该地有渡水之“砅”。

金文 小篆 楷体

“**梁 liáng**”，这是一个会意字。金文的“梁”字为左右结构：左边为“水”之形，表示河流，右边为“刅”，表示刀刃和刀背，在此表示将刀横置在石上蘸水研磨。因而“梁”与“亮”为同一音系。小篆的“梁”字在其下又增添表示交叉的“㐅”字，表示刀在石上来回磨礲。楷书缘此而写作“梁”。

“梁”，《说文》释为：“梁，水桥也，从木，从水，刅声，㴱，古文。”清代的段玉裁注曰：“水阔者必木与木相接。一，其际也。”最原始的桥应是独木桥，由于独木为桥有其缺陷，古人很早便知道把若干根原木排列在一起加宽桥面。当河道较宽，单跨不足，古人就在河道中间堆石为墩，架起多孔木梁桥。古文“梁”字的构意，即取自水中有墩的多孔

汉画像上的“梁”

木梁桥。

实际上，“梁”的本义为磨刀使之发亮。“梁”下的“木”原本为交叉符号，表示刀在石头上的来回磨礲。引申后，又指河流中的跳蹬子，即浅河中可以踏桥而过的石块。桥梁的梁原本写作“樑”，乃是一个从木梁声的形声字。后来人们把“梁、樑”二字混同，梁也表示桥樑之义。如三国时曹丕的《燕歌行》：“牵牛织女遥相望，尔独何辜限河梁。”其中的“梁”即为“桥”也。桥梁隆起而突出，因此，自然界隆起的长条形事物，也称之为“梁”，如“山梁、鼻梁”等。房梁横跨屋面，与凌空架设的桥梁形式上相似，因而也称之为梁，但在古文中多写作“樑”，汉字简化时，一并写作“梁”。成语中有“梁上君子”一词，其中的“梁”不是桥，而是屋梁，意为小偷的雅称。

“桥 qiáo”，这是一个形声字。小篆的“桥”字为左右结构：左边的“木”表示材质，右边的“乔”，则表示桥的曲拱形状。古文字中，“乔”字的构意来源于男人高高撒尿时的“尿道曲线”，因而有弯曲之义。“桥”以木、乔表意，乃表示圆弧形的“拱桥”，与平直的梁桥恰为对比。楷书繁体写作“橋”，汉字简化时，规范为“桥”。

“桥”的本义为拱桥、曲桥。《说文》释为：“水梁也。”拱形结构用于桥梁建筑，乃是华夏民族的一大发明。拱形结构的特点，是在垂直荷载作用下分散压力，最适用于抗拉强度较差，但抗压强度良好的材料建造，如砖、石等。因而，古已有之的石拱桥，坚固适用，传世久远。

千百年来，中国造出了数以万计的石拱桥，有单拱也有联拱，有坦拱也有陡拱，形态各异，但“曲拱”的桥身乃是基本特征。见于古籍记载的第一座石拱桥，是建成于晋太康三

汉画像石上的“桥”

年(公元 282 年),位于洛阳城东七里涧上的旅人桥。存留至今最古老的石拱桥,是建成于隋开皇大业年间(公元 581~605 年)的赵州桥。

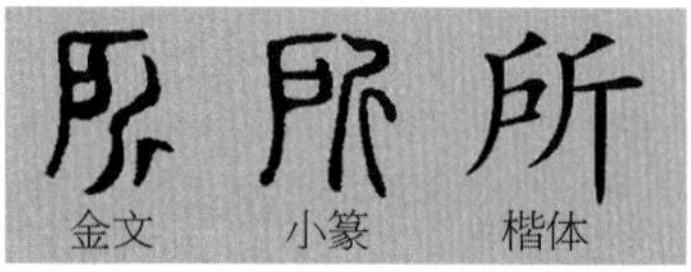

“**所 suǒ**”,这是一个会意字。金文的“所”字为左右结构:左上部为“匹”,表示一块石头断分为两半,右下部是一个“斤”,表示“斧子”。两形会意,表示将一块石头分为两半的意思。小篆和楷书的“所”字,由金文一脉相承。

“所”,《说文》释为:“所,伐木声也。”这是说,所的古音与“许”(hǔ)相近,即《诗·小雅·伐木》中的“伐木许许”。实际上,许慎未见过甲金文字,他的释义是错误的。上古先民从生活中感知,一块石头分成的两半,才能纹丝不差地合在一起。因此,先民用分为两半的石头做为陌生者接头的凭据(后来由此演化出“節”和“虎符”)。引申后,“所”又指道路上检查凭据的场所。又由此引申出“所”的常用义,即“住所”。如《诗·魏风·硕鼠》:“乐土乐土,爰(yuán)得我所。”现代汉语中,“所”,则用作机关或其他机构的名称,如“诊疗所、招待所、厕所”等。“所”又用作量词,用在与屋室有关的事物上,如汉代班固《西都赋》:“离宫别馆三十六所。”现代汉语中则有“一所学校、两所房子”等用法。

“所”,还可用作助词,与动词结合表示某事、某物,如“万民所望、各尽所能”等;或与介词结合,表示动作、行为的有关方面,如“所以自责者严,所以责人者宽”;也可以与“为”、“被”相配合,表示被动,如“为人所见笑、被人所骂”等等。这些词义的由来,都与一块石头断为两半后的纹丝相合有关。

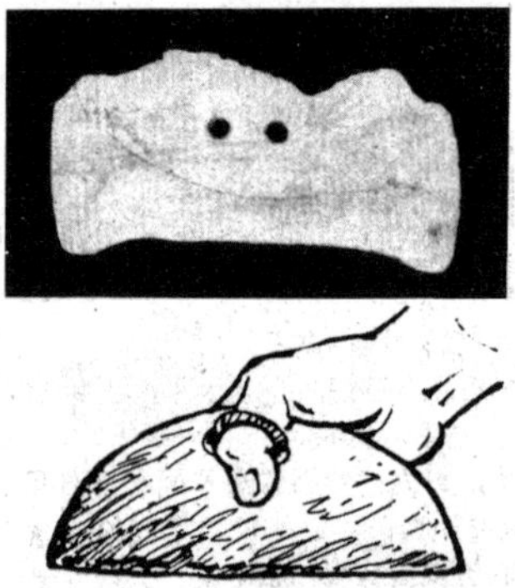

新石器时代的爪镰及使用方法

七、工欲善事先利器

缔造早期文明，史前先民所拥有的只是简单、粗糙的木石工具和不屈不挠的意志。随着“工欲善其事，必先利其器”这一意识的觉醒，各种各样，专一用途的工具和器具数量迅猛增加，其制作也越来越精美实用，华夏民族迎来了第二次社会大分工。

当手工业踌躇满志，大踏步从渔猎和农业中分离而出，成为独立的行业时，正是汉字开始形成的时期，不断新造的汉字身上，烙下了手工业发展的种种印迹……

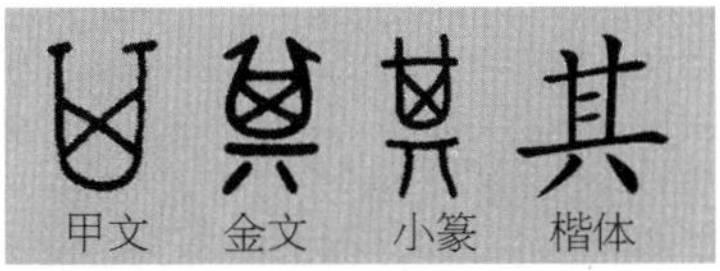

“其 qí”，原本是一个象形字。甲骨文的“其”字，源自对上古簸箕的象形白描。金文的“箕”字，增添了一个表示双手的符号：下部的“π”源自“𠬞”，乃是双手的象形。小篆和楷书缘此而来写作“其”，成为一个会意字。

甲文的“其”字形如簸箕，其本义也为簸箕，金文的“其”字增添双手，强调了扬箕之义。时至今日，山区的农民，仍有用柳条、槐树条、荆条、酸枣条、高粱秆等物品编制簸箕的习惯，形制与三千多年前没有什么差别，一直使用在粮食加工，诸如“簸壳扬糠、搓揉分离”之中。在古代汉语中，“其” 被借用作文言虚

殷墟妇好墓出土的铜箕

词，簸箕的意义则由孳乳后造的“箕”字承担。

源自糠皮之物从中而出，“其”在虚词中的作用有四：一是用作指示代词，相当于“那、那些”，如“其中、其人其事”等；二是作第三人称代词，表示领有，相当于“他(它)的、他(它)们的”，如“命其速归、人尽其才、各得其所”等；三是作文言助词，表示揣测、反问、祈使，如“欲加之罪，其无辞乎”等等；四是放在副词后面，用作词尾，如“尤其、极其”等等。

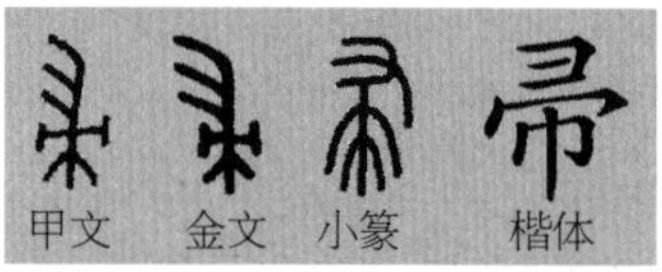

“帚 zhǒu”，这是一个会意字。甲骨文和金文的“帚”字，均像一把扫帚的形象白描，当然是那种用黍穗编扎而成，北方人称之为“笤帚”的东西。“帚”的上部乃扫帚的帚身，下为帚柄，中间的“ㄖ”形符号则表示加固物——用藤、麻之类的绳索绕圈捆扎。小篆的“帚”字圆润美观，却因圆润曲笔失去了象形神韵，讹变为“从又(手)从巿”的会意字。楷书缘此而写作“帚”。

“帚”，《说文》释为：“帚，所以粪也。”即用以清扫污秽垃圾的扫帚。如《吴越春秋·勾践外传》：“大王赦其深辜，裁加役臣，使执箕帚。”这是说，越国兵败后，越王勾践到吴国，为吴王“执箕帚”，作奴仆之事。

古代，“帚”被借用为“妇”，指称女性。后来，人们在帚旁加“女”，遂产生了后世的“妇”字。古文中，“帚”字的繁体也写作“箒”，今正字作“帚”。

汉画像石的门吏

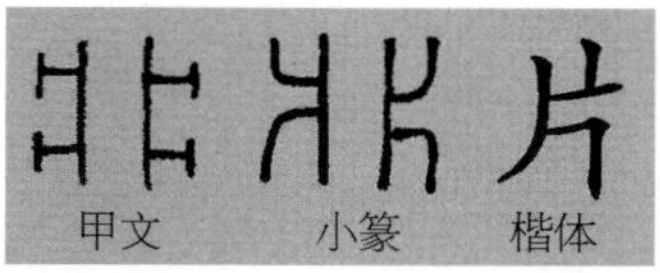

“**片 piàn**”，这是一个象形字。甲骨文作“[illegible]、[illegible]”，之形，将其横置过来，便是下有垫物（石或木）的木板。“片”的竖置之形，可能与古代夯筑土墙时的“夹版”有关。因而“爿”既可在甲骨文“[illegible]”（戕）、“[illegible]”（牆）之中表示“筑墙夹板”中的立木之义，又可在“[illegible]”（病），“[illegible]”（妝）之中表示“床”之义。小篆字形一分为二：一是用“爿”（读作墙）作为构字偏旁，用在“妆、壮、状、将”等汉字中；二是“反爿为片”，成为楷书“片”字的来源。

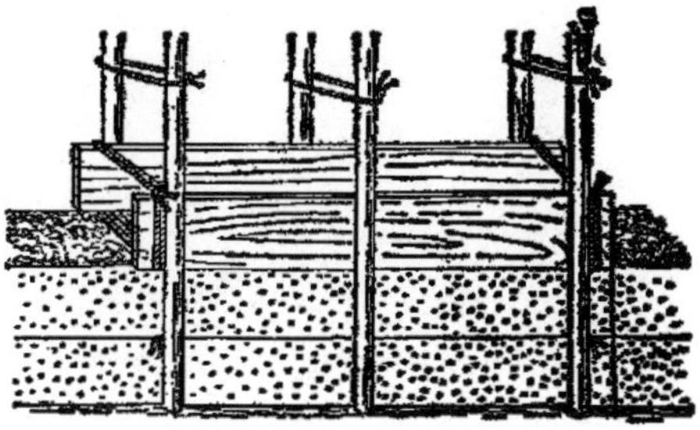
古代版筑图

“片”字由床和夹板获形得义，两者的形式都有面积而无厚度。所以，在现代汉语中，“片”指平而薄的东西，如“纸片、明信片”等物品。又指连成片的东西，或用来形容某种阔大的景象，如一片欢腾、一片大水等；“片”字用作动词，则指切成薄片状，如“片肉片、片柴”等；又引申用来指称不全的、分割后的事物，如“片面、片刻、只言片语”等。

“片”作量词，可用于成片状的事物，如李白《北风行》：“燕山雪花大如席，片片吹落轩辕台。”

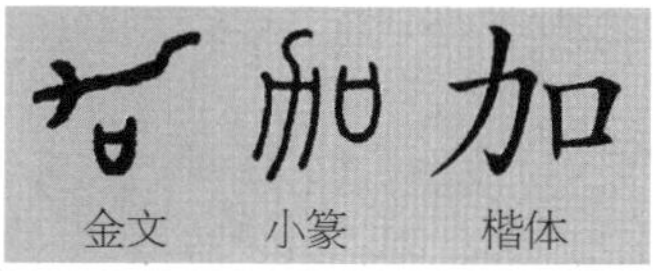

“**加 jiā**”，这是一个会意字。金文的“加”字上边是一个石楔的象形，即“[illegible]”（力），下边是表示裂口的“口”。整体字形源自裂木为板时，把石楔加在裂口之上。楷书缘此写作“加”。

“加”的本义为置于其上，引申表示一般意义上的增多、添加，如《荀子·劝学》：“登高而招，臂非加长也，而见者远。”现代汉语中则有“加快、加强、加急”等词语。又引申指“加上”，表示把一物放在另一物的上面，如“加按语、加标点”等等；又引申指施以某种动作，如“严加管束、多加小心”等等。

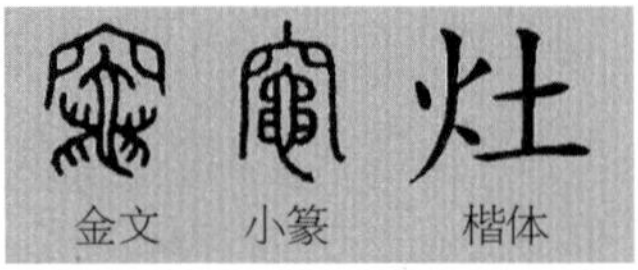

“**灶 zào**”乃“竈”的简化字。金文的“灶”字是一个会意字：其上部是一个“穴”，在这里表示地穴：下部则是一个古文的“蝇”字。灶，便是苍蝇最喜欢落脚的地方。小篆的“灶”字化繁为简，整理为“从穴从黾”的会意字。楷书秉承小篆，写作“竈”。汉字简化时改为“从火从土”的“灶”字，表示土坯所砌，用于烧火的设备。

“灶”，《说文》释为“灶，炊灶也”，即用砖，土坯等砌成的烧饭设备。《史记·孙子吴起列传》中有孙膑减灶诱敌的故事：“齐军入魏地为十万灶，明日为五万灶。”庞涓轻敌，认为灶的减少，乃齐军兵士畏战逃跑，便下令轻装急追。结果，进入齐军的埋伏圈之内，全军覆灭，庞涓身亡。

半坡遗址陶窑复原图

“**工 gōng**”，这是一个象形字。甲骨文的“工”字，乃是筑墙所用“杵”的象形：下部方框乃形似碓臼的杵头，竖画则是杵身，上部的短横则像杵柄，即古代“夯”的象形线描。金文的“工”字更为形象，下部的杵头已具备弧之状；演化到小篆，则简省为两横中间一竖，楷书缘此写作“工”。

“杵”用于夯筑。中国的夯筑技术出现于龙山文化时期，距今大约四千五百年左右。殷商时期，版筑墙和版筑房屋已经十分盛行。北方特有的黄土，与土坯、房屋、城墙结合，成为华夏建筑的一大特征。“工”字的取形获义，即来源于这一时期的夯筑实践。“工”字的发音也源自夯筑时的“空、空”之声。

“工”字的本义为“杵”，其发音也源自杵筑的“工、工”之声。引申后，泛指手工劳动的工具，也用来指称土木营建时的劳作。由手持工具之人，即手工劳动者，即“工匠”，又引申泛指手艺、工艺。商代卜辞中，已有“司工”一词，用来指称掌管手工劳动者的小官。“百工、多工”则指各类及众多手工劳动者。由“手工劳动”之义引申，可表示擅长，如“工书善画”；又引申出了精巧、精致之义，如“工整、工巧”等。

值得注意的是，古文字表示针和穿通的符号也写作“工”(后来形变为壬)。从词义上“壬”的词义为穿通，“工”的词义重点在击打。“工”字是一个偏旁字，汉字中，凡以“工”字为造字构件者，大都与劳作及行为有关，如“功、攻、巩、贡”等。

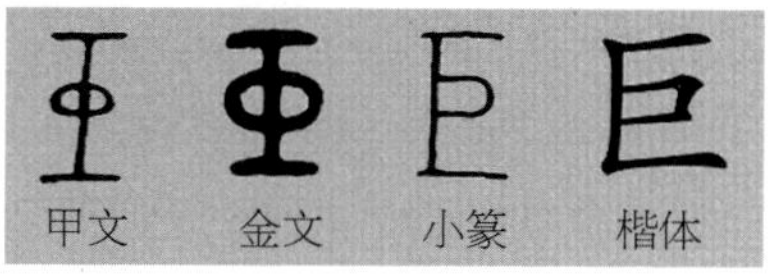

“**巨 jù**”，这个字源自古人用来测量长度的大尺。其中的“口”表示回旋，即将大尺转着圈往前丈量。乃是古代土木营建必不可少的工具之一。

金文有一款写作“[illegible]、[illegible]”，这是在工字尺的右边增添一个如大的“人”，像人手持矩尺之形。后来“人”旁讹变为“矢”字，写作“矩”，成为金文中表示工字尺的异体字。小篆省写作“巨”，其中的弧线乃是人手的残留。因为，“巨”被借作“巨大”的“巨”，古人又在第二款的“矩”下加木，写作“榘”。现今，以“矩”为规矩之矩的正体，以“榘”为其异体。这就是说，“巨、矩、榘”三字原本指的是一种东西。

“巨”，《说文·工部》释为：“巨，规巨也。”《正字通》注曰：“矩，为方之器。”古籍文献中，《韩非子·解老》一书中有：

手持规矩的伏羲女娲

“故欲成方圆而随其规矩。”熟语则有“不以规矩不能成方圆”的格言。《周髀算经》则说：“用榘之道，平榘以正绳，偃榘以望高，覆榘以测深，卧榘以知远，环榘以为圆，合榘以为方。”榘(巨)的作用如此之大，“直、高、深、远、圆、方”的测算画制都包罗在内了。因而，由“巨”字又引申出“大”义，这一意义后来写作“钜”，专一表示“巨大”之义。现今也简化作“巨”。

由于“矩”有限定、校正之义，因而又由此引申出法则、规则之义，如“循规蹈矩”一词。《颜氏家训》中则有“规行矩步，安辞定色”的教诲。

“**曲 qū**”，这是一个象形字。金文的“曲”字，恰似一把曲尺之形，曲尺上的斜线则为测量角度时的刻度标准。小篆的“曲”字演变为“曲”字型，乃是工字尺和曲尺的综合，其含义也从“曲尺”的实物所指，向抽象意义的弯曲发展。楷书在隶变过程中，将小篆“曲”字的横竖线延伸，遂成为封闭状的“曲”字。

“曲”，特指曲尺，乃木工测量角度画线的工具。因其形状为九十度弯角，由此引申出“弯曲”这一意义，与“直”相对。《玉篇》释为：“曲，不直也。”《庄子·逍遥游》：“其大本臃肿而不中绳墨，其小枝卷曲而不中规矩。”文中的“大本”即树干，这是庄子对不成材树木的描述，比喻无用之物反而能长寿。汉语语词中，“河曲”一词，通常指黄河弯曲处；“心曲”一词，则指内心深处的隐匿，其中的“曲”都有弯折的意思。不过前者是实指，后者是虚指。曲，还可以引申用来指不公正、不合理的事物，如“是非曲直、曲解”等词。如《韩非子·有度》：“故当今之时，能去私曲就公法者，民安而国治。”

“曲”字读作 qǔ 时，表示“歌曲、乐曲、曲谱”等义，这是由曲的“曲折”之义引申而来。如宋玉《对楚王问》：“是其曲弥高，曲和弥寡。”成语“曲高和寡”便由此而来。

“凿 záo”,这是一个会意字。甲骨文的“凿”字有两款形体,其一为“[illegible]”,象手持木锤敲击凿具之形。其二为凿子的象形轮廓,下边的四点表示敲击。战国时代的《侯马盟书》中有两个“凿”字,其一为“[illegible]”,右边的构件即甲骨文的稍变,左旁加“金”作形符;另一款为“[illegible]”,乃是将甲骨文的两类“凿”字合二为一,在其下又增加了一个“金”,表示凿具的材质;小篆和楷书缘此写作“鑿”。因字体过于繁杂,楷书简化时,取其一部分写作“凿”。

“凿”,《说文》释为:“凿,穿木也。”意指木工凿孔之工具。如《庄子·天道》:“轮扁斫轮于堂下,释椎凿而上。”文中的“椎凿”即铁锤和凿具。“凿”作动词则表示用凿打孔、掘洞,如《诗·豳风·七月》中的“二之日,凿冰冲冲”,以及“凿井、凿木”等。由“凿物必落实,穿凿必洞明”之义,引申出了“确凿、凿实”之义,表示确有其事,如“其言凿凿、穿凿附会”等。

汉画像中的凿孔图

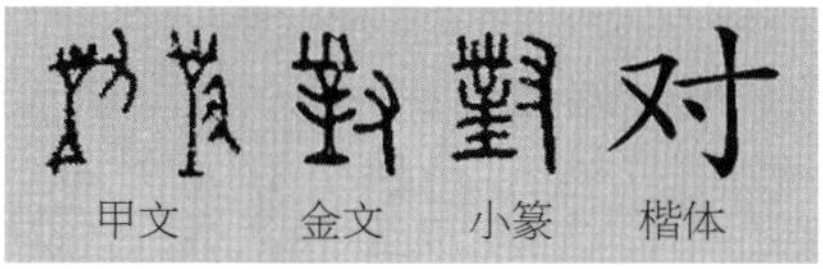

“对 duì”是“對”的简体。甲骨文的“对”字,乃是一个会意字:字体右边为“手”(又)之象形;左边的中间是一把“凿”([illegible])的象形描摹,在凿子的上方有三条短竖线,表示连续不断地锤击;凿子的下方或是一个三角孔,或是一条直线,则表示凿子所凿的位置。金文的“对”字与甲骨文形体相似,只是在凿子的下部有一个“V”形符号,用来表示凿子的向下施力。小篆秉承金文,楷书缘此写作“對”,简化为“对”。

木工凿孔,石匠凿岩,必须选对位置。因此,“对”的本义为找对凿孔的位置,即"对准"。由此,又引申出"朝向"之义,如曹操的《短歌行》中的"对酒当歌,人生几何",以及现代词语中的"对手、面对、对峙"等。又引申出"核对、查对、校对"等词语。"对"还可作应答语,表示认可、同意。木工所凿之孔,最终要与木榫相配。由应答双方和孔榫相配之义,又引申出"成双"、"成对"的意思。

"对"作介词,可用来指示动作的对象,如"他对文字很有研究";亦可用来表示对待关系,如老舍《骆驼祥子》:"对花钱是这样一把死拿,对挣钱祥子更不放松一步。"

"**斤 jīn**",原本是一个象形字。甲骨文的"斤"字,乃是上古时代斧子的示意白描图象。金文的"斤"字,右下部仍为"斧"的象形白描,然而左上部却增加了一个表示旋转的"**T**"形符号,在这里表示斧子的向下砍劈。由此可知,金文的"斤"字已演变为会意字。小篆为了使字形美观,改直为曲,但却丢弃了会意造字的神似,楷书缘此写作"斤"。

"斤"是人类史前社会最为重要的工具,从旧时期的"石斧"到夏商时期的木柄铜斤,然后是铁制斧子的出现,这种"曲柄斧",一直在华夏文明中扮演着重要角色。

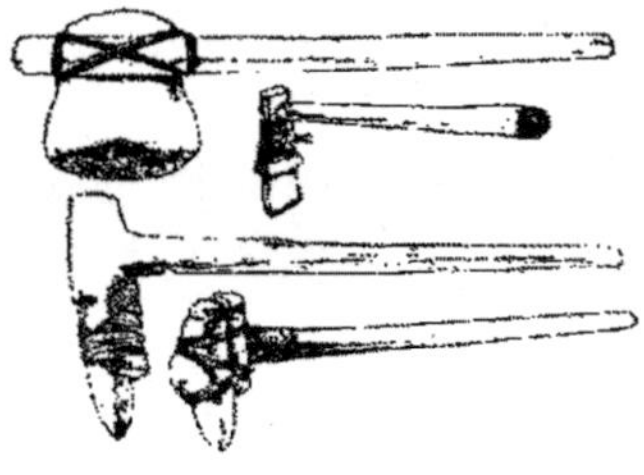
史前社会的"斤"

"斤"又是中国特有的木工工具"锛"的前身,也是中国特有的战争兵器"戈"的源头。因此工匠的"匠"字从斤,兵士的"兵"字也从斤。

古代社会,人们分配式交易时用斧斤分割物品,也会顺便用斧斤作称砣,当作计量单位。因而,斧斤的"斤"字被借用为"斤两"的斤。成语中的"斤斤计较"即源自于此,后人常用来比喻过分计较琐细的小事。

“契 qì”，这是一个会意字。甲骨文的“契”字，右边是一把“刀”，左边为一竖三横，表示在物品上刻下了三横一竖，形象地反映了上古时代以契刻记事的方式。《易·系辞下》记载有：“上古结绳而治，后世圣人易之以书契。”“书契”即以刀刻写甲骨文的意思。小篆在甲骨文的“契”下增添了一个源自双手的“大”，使之成为一个本义转注字，楷书缘此而写作“契”。

“契”，《释名》释为：“契，刻也。”这是说：“契”的本义为人的“镂刻”。《诗·大雅·緜》：“爰始爰谋，爰契我龟。”“契龟”便是在龟甲上刻字。上古无笔墨之时，契约、兵符、卜辞、文卷等，都是用刀刻写，因而，契约类的“合同、账目、案卷、具结”等都称为书契。为区别词义，后人又在契旁添加“金”而造字“锲”(qiè)，专一表示锲刻，“契”则专一表示书契。如《荀子·劝学》：“锲而舍之，朽木不折；锲而不舍，金石可镂。”

商代妇好墓出土的契刻用刀

古代社会，将兵符、地契等字据类文书，刻写后常常分成两半，由双方保存，验证时取出看是否相合。合则为真，不合为假。所以，“契”又引申出投合之义，如“契合、默契”等。

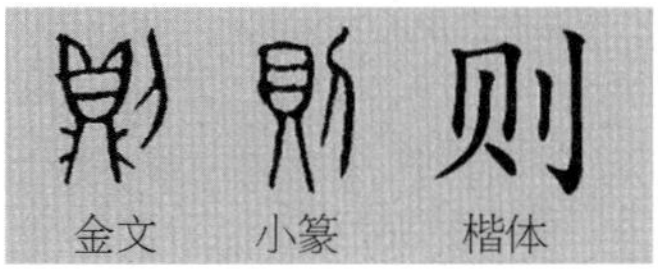

“则 zé”，这是一个会意字。金文的“则”字“从刀从鼎”，表示在鼎上契刻文字图案，即青铜铭文。上古社会，统治者常常把一些重要的文书或法律条文铸造或刻铭在钟、鼎一类的青铜器上，以警示属下和臣民。“则”正是对这一社会行为的反映。小篆的“则”字将“鼎”讹变为“贝”，楷书缘此写作“則”，简化后写作“则”。

“则”的本义为刻铭，此义已经很少使用。常用义为“则”的引申义，即由刻在鼎上的法律文书，引申而出的规范、律条之义，如“准则、原则、以身作则、法则、总则”等等。由规章、规程的分项分条又引申为量词，如“日记三则、寓言二则”等。“则”作动词，可表示效仿、遵守之义，如《孟子·滕文公上》：“唯天为大，唯尧则之。”其中的“则”意谓“效法”。

“则”作副词，用于判断句时，则表示肯定，如范仲淹的《岳阳楼记》：“此则岳阳楼之大观也。”用作连词，则表示在某种条件或前提下出现某种情况或结果，如“物体热则涨，冷则缩”，“今则不然”等等。用在“一、二、三”后面，则表示列举原因或理由。

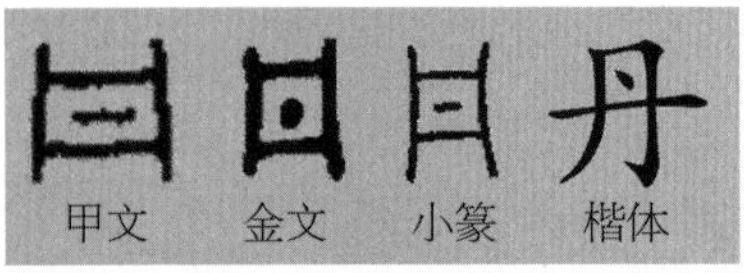

“丹 dān”，《说文》释曰：“丹，巴越之赤石也，象采丹井，象丹形。”由此可知，“丹”字有两重含义，一是表示铜矿石；二是表示采矿之井。显然，若两义兼备，“丹”字应是一个指事字。

从殷商到两周，铸造出的青铜器数量庞大，足够的铸铜原料是这一产业的基础。没有较大规模的矿石开采，不可能保证铜的供应。考古发掘曾发现多处古代的铜矿井，如湖北大冶铜绿山古矿井。铜绿山的铜矿为孔雀石矿脉，与黄铜矿相比，这种氧化铜矿石，不需焙烧，在较低的温度下能直接炼出铜来。孔雀石有非常漂亮的绿色，因而，“丹”字引申泛指“颜色石”。

春秋时代以后开采使用的黄铜矿，则是一种含硫的矿石，冶炼时须先粉碎成颗粒状，并加以焙烧，以除去其中的硫。这就是《说文》中所指的“巴越之赤石”。由黄铜矿的粉碎焙烧，“丹”字引申出“丹砂”之义，又引申指颗粒状的中药成品，如“丸散膏丹、灵丹妙药”等。黄铜矿的表面有一种浅红色，因而又引申出“红色”之义，如“丹心、丹枫”等语词。

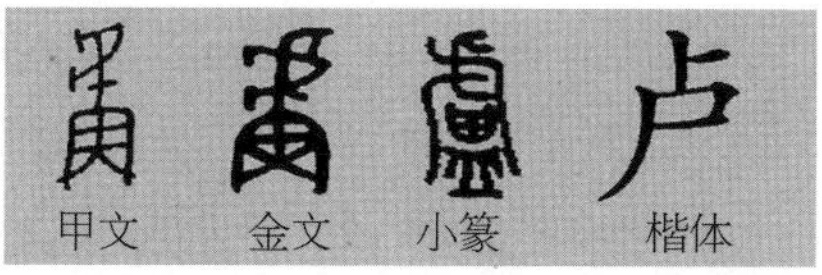

“**卢 lú**”乃“盧”的简体字。甲骨文的“卢”字为上下结构的会意字：下部为“□”，乃是由炉身、炉足组成的火炉象形白描，上部用“虎”字的简省之形，表示炉口的大张。事实上，“卢”字所表现的乃是上古时代冶炼青铜、烧陶制瓦的“高炉”。金文的“卢”字与甲文相似，笔画更流利，形体上更为美观；小篆的“卢”字在下部增添了一个“皿”，中间的炉形改为“田”（乃是一个由的简省，表示穿通而过），写作“盧”。实际上，这种演变来自生活，小篆的这一改动，乃是要兼顾到所有炉具，包括后起的“火盆”。

“卢”是炉的初文，来源于烧窑、冶铜所用的高炉，后期则泛指盛火的器具，包括取暖、烹饪、冶炼所用各种形式的炉具。如《后汉书·五行志》：“魏郡男子张博，送铁卢诸太官。”其中的“铁卢”即“铁炉”。后人为区别归类，在盧旁增“火”，写作“爐”，汉字简化时规范为“炉”。须得注意的是：简体字的右边作“户”，不作“卢”。

“卢”，现今作为姓氏，其祖先大概与烧窑、冶铜有关。

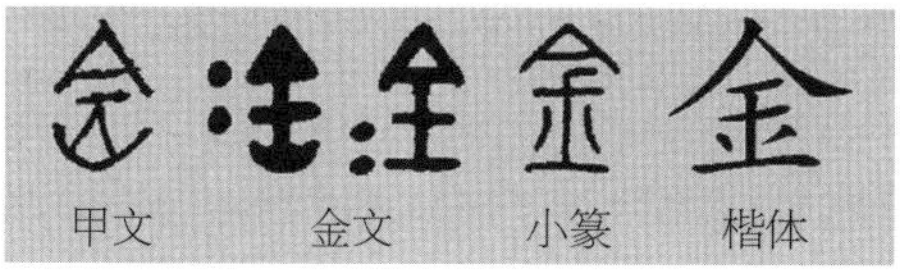

“**金 jīn**”在古代，乃是铜的专名，其后，又成为金属类的统称，最后，才又是黄金的专名。

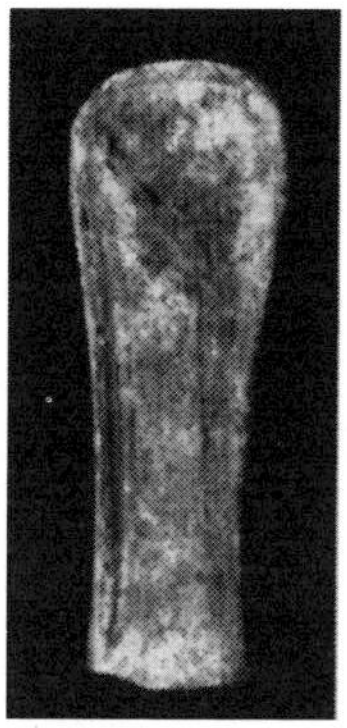
战国青铜锭

甲骨文的“金”字为上下结构：下边是一个“火”字，表示以火熔炼；上边是一个古文的“今”字，乃是用男子性行为中的射精，寓意铜液的流出，也隐约含有贵重之义。金文的“金”字有两款：一款仍承续甲骨文，下部从火；另一款的下部从土，表示“金”乃从土（意谓矿石）中冶炼而出，旁边的两个小点表示铜锭。小篆缘此成为“从今从土从两点”的会意字，楷书写作“金”。

“金”字的构形含义，源自上古时代以火炼铜。因而，“金”字的本义为“铜”，如青铜铭文中的“吉金、赤金、美金”等，其中的“金”，均指铜。《国语·楚语下》：“金足以御兵乱，则宝之。”句中的“金”即铸造兵器的“青铜”。铜在上古时期乃是金属中使用量最多且用途最为广泛者。因而，“金”又用来泛指金属。如“恶金”一词便指铁，“锡金”一词则指锡。《史记·平准书》：“金有三等，黄金为上，白金为中，赤金为下。”文句中的“金”，即泛指金属。

不论是铜，还是黄金，古代社会都曾经用作货币。所以，“金”又用来代指货币，如现金、基金、奖金等。黄金乃金属中最为贵重之物，“金”字被黄金所占有，人们只好另造“铜”来表示“Cu”，意谓与原本意义上的“金”相同之物，“金”，则成为造字构件中的“类符”。

“造 zào”，这是一个会意字。金文中的“造”字有多个，形符繁简不一，代表着不同的制造行业：从“宀”者表示房屋营建；从“舟”者表示造船；从“穴、火”者表示烧窑制陶；从“金”者表示青铜铸造业；从“贝”者则表示玉、贝加工；从“戈”则表示兵器制造。但在每个“造”字中不可或缺地都有一个“告”字。古代没有设计图纸这一说，要制造什么东西？造什么样？有哪些细节、改变？都是用语言详细、反复地告知。因而，在上述诸多金文的“造”字中，都有一个“告”字来表意。

大概缘于上述原因，小篆的“造”字“从辵告声”，承接“从彳从止从告”的金文，以“专程来到，特意告知”会意表字。其本义则表现为二：一是造访；二是制造。如《礼记·玉藻》：“大夫不得造车马。”其中的“造”即为制造。又如《周礼·地官·司门》：“凡四方之宾客造

金文中表示不同手工艺的“造”

焉。”其中的“造”即为造访、来到。

词义延伸后，由制造引申出“培养”之义，如“造诣、造就”等；又引申指庄稼成熟的次数，如我国南方稻一熟叫“一造”。由“告知”和制造之义，又引申出“瞎编谎言”的意思，如“造谣、捏造”等；又引申出诉讼的双方当事人，如“两造”一词。另外，由造访之义引申出“造次”一词，表示“仓促、轻率”，如《论语·里仁》：“造次必于是，颠沛必于是。”

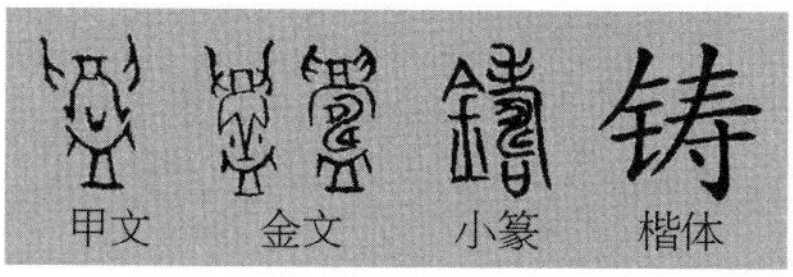

“铸 zhù”，原本是一个会意字。甲骨文的“铸”字，其上为双手，中间是一个“鬲”，在此表示古代的坩埚，下部乃是一个“皿”。三形会意，表示双手持坩埚向下面的一个器皿模子中浇灌铜液，即浇铸铜器。金文的“铸”字有二款：一是与甲文相似者；二是在中间增添一个“[illegible]”形，以象形的方式强调铸模的通道和空隙。小篆的“铸”字在金文基础上演变为“从金寿声”的形声字，楷书缘此而写作“鑄”。因字形过于复杂，简化为“铸”。

“铸”的本义为浇灌金属以成器。《说文》释为：“铸，销金也。”指熔化金属以铸器。《国语·齐语》：“美金以铸剑戟。”这是说：用最好的金属来铸造兵器。据古书记载，中国的铸造技术始于夏代，如《墨子·耕柱》中所云：“昔者夏后启使蜚廉折(采)金于山川，陶铸于昆吾。”现代考古已发现，夏朝确有铸青铜之事。

现代汉语中，由铸造的本义，又引申出“铸”的培育之义，如“热血铸就、陶铸性情”等。

“**段 duàn**”，这是一个会意字。金文“段”字的左上部是一个翻转符号“厂”，表示被捶击物体的翻动；右下部则是一个“殳”字，乃手持敲锤之形；中间的两个小点，则表示金属毛坯或多次敲打。小篆的“段”字发生讹变，将翻转符号和两个小点合并为一，成了一个无意的偏旁符号“丯”，楷书将错就错，写作“段”。

“段”的本义为“捶打、锻造”。源自古代先民对石块、自然铜以及铁坯的锻造。《说文》因此释为：“段，椎物也。”作为姓氏的“段”，其祖先大概曾经以锻造为职业，后来便以职业作为姓氏。在现代汉语中，“段”字的本义已由后起的“煅、锻”所替代，这是因为金属制造业的发展，已进入“以金入火，粹而椎之”的钢铁时代。

汉画像上的人物

俗语有“木匠不怕长，铁匠不怕短”之说，言外之意，是说铁匠的本领，便是把金属打成一段一段。因而，现今的“段”字，除用作姓氏外，多借用表示事物的一节，如“一段话、一段时间、段落”等。“段”，现今还指工矿企业中的一级行政单位，如“机务段、工段长”等。此义大概源出“铁路警察各管一段”的大工业生产方式。

“**叚 jiǎ**”是“假”的初字，“假”是“叚”的后出分化字。当“叚”字分化，仅做构字偏旁使用后，“叚”的本义，便“借助”后起的转注字“假”来表示。

“叚”是一个会意字。金文的“叚”字，其左上部为翻转符号“厂”和表示金属毛坯的两点，其右上部和下部均有一只手。整个字形，

汉代画像石：这是一幅包括冶炼、锻造、锻打的金属加工业全景图。

表示锻造时借助(假手)他人专一翻转火红的坯锭。小篆的“叚”字如同上文的“段”一样，发生了讹变，楷书经由转注增人旁，写作“假”。

“假”的本义为借助，即“假手于人”。如《左传·僖公五年》：“晋侯复假道于虞以伐虢。”这是说，晋侯向虞国借道去讨伐虢国。成语中的“假公济私”也用为此意。“假”亦可表示借出，如《左传·成公二年》：“唯器与名，不可以假人。”其中的“假”即表示借出。由借假之义又可以引申为不真实的、伪造的，如“假象、假冒、假造”等。又由此义泛指真假之“假”。

“假”字还可以表示“设定”之义，如假若、假设等；由“借用”之义还可以引申出请假、假期、休假等义，此时音读为 jià。

八、琢玉贮贝得财宝

在商代先民所拥有的贵重物品中,“贝”和“玉”有着十分特殊的地位。这不仅因为它们都被用作货币,发挥其交换和贮藏的功能,也因为它们均产自商王国的领土之外,本身就是显示华贵、表明地位的精美装饰品。20世纪70年代,人们发掘了殷商时代一位名叫妇好的女人的墓。在妇好墓中,出土了大约四千余枚贝壳、五百九十余件玉质雕刻品。无论从哪种角度看,她的确是一位非常富有的女人,代表着商人的财富以及价值文化观念。

商代玉雕人

对“玉、贝”的喜爱以及执著的占有欲,从殷商时代始,便是华夏民族一道独特的风景线……

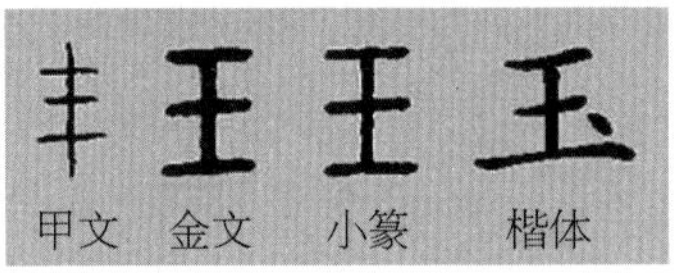

“**玉 yù**”,这是一个象形字。甲骨文的“玉”字,就像用一根绳子串起三块玉石的样子。当然,这种图形乃是一种线描示意图而已。金文和小篆的“玉”字作三横一竖,与现今的“王”字相似(古文的“王”字三横不等距)。为使字形明晰,不易混淆,隶变过程中,“玉”字增添了一点,楷书缘此写作“玉”。

“玉”,《说文》释为:“象三玉之连,其贯也。”玉的本义为玉石,

良渚文化的玉琮

也泛指各种玉石制品。如《诗·小雅·鹤鸣》:“它山之石,可以攻玉。”《老子》:“金玉满堂,莫之能守。”其中的“玉”均指玉石。

中国人对玉器制作和喜爱的历史久远，大概始自石器时代对石器的打琢利用。由于商代玉器的材料,近者取自河南南阳,陕西蓝田,远者来自新疆南部和辽宁的岫岩。对商王国的先民来讲,本身就是一种稀缺物品,玉器集艺术和财富于一体,因而它又是极具收藏和鉴赏价值的藏品。玉制品的凝重,玉佩饰的纯正,玉石材质的通灵,始终是人们审美追逐的对象。从一定角度讲,玉器甚至可以说是中华古代文明的一种象征物品。“君子比德于玉”几乎成为中国人修身养性的座右铭。所以,人们又用玉来比喻洁白美好的事物和人，如“玉颜、亭亭玉立、金玉其外”等等。

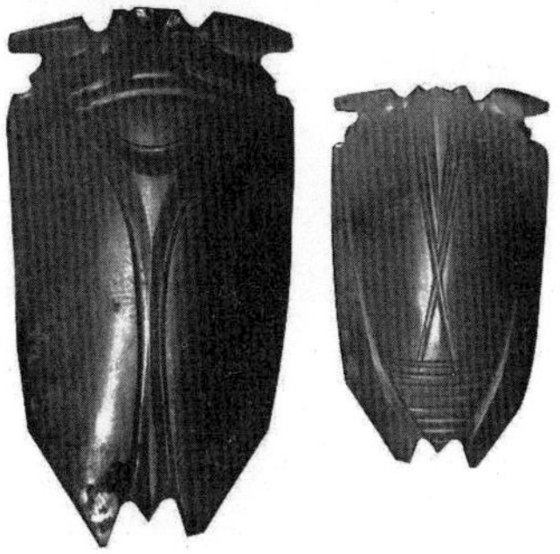
战国玉蝉

汉字中,凡以“玉”为部首偏旁的字,大多都与玉器及玉器的加工有关。

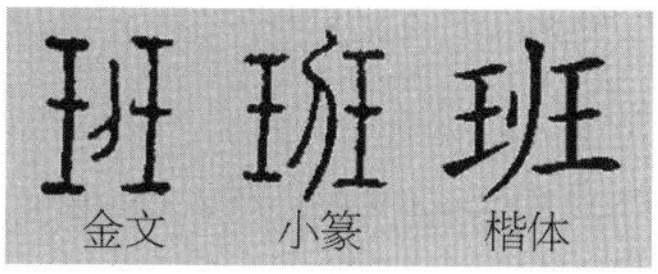

“**班 bān**”,这是一个会意字。金文的“班”字,像用一把刀将玉切分为两半的样子。小篆承接金文,刀形更为明晰。隶书在演变过程中,将其中的刀形演变为立刀,楷书据此讹变后写作“班”。

“班”,本义为以刀剖玉,进行初始加工。《说文》因此释为:“班,分瑞玉。”即分玉的意思。后来,由此引申为一般意义上的剖开分配。如《尚书·舜典》:“班瑞于群后。”即分玉赐给众诸侯的意思。由此引申,分开后的人群也称之为班。如宋代赵彦卫《云麓漫钞》:“金虏官制,有文班武班。”现今学校分班级,工厂分班组,军队分班排,剧团称为戏班等等,都源自于此。

将时间加以划分，则有“早班、晚班”等，由此，又引申出“值班、上班”之义。又引申指定时开行的，如“班车、班机”等。

“**琢 zhuó**”，这是一个形声字。小篆的“琢”字：右边是一个“豖”，原本指阉割公猪生殖器，在此表示小心翼翼雕琢的意思。“琢”的左边是一个“玉”，表示加工对象。楷书承接小篆，缘此写作“琢”。

“琢”的本义为加工玉石，《说文》释为：“琢，治玉也。”如《诗·卫风·淇奥》中：“如切如磋，如琢如磨。”《尔雅·释器》曰：“玉谓之琢，石谓之磨。”“琢磨”即加工玉石的后期精细工序。由此引申，后人常以“琢磨”一词，表示对文章的修改加工。如宋代文豪苏轼的《和致仕张郎中春书》：“浅斟杯酒红生颊，细琢歌词稳称声。”现代汉语中，“琢磨”一词，也有思索的意思，如“琢磨出一点意思了”。

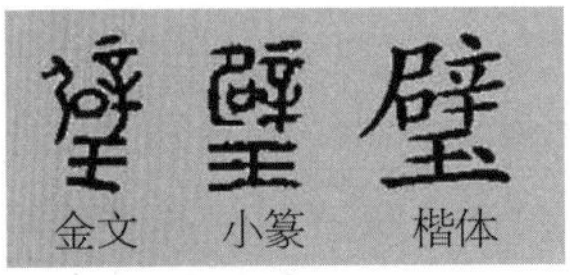

“**璧 bì**”，这是一个形声字。金文的“璧”字，上部是一个“辟”，原指躲避到凹陷的坑中，在此用作声符，也表示裂口之义。“璧”的下部是一个“玉”字，表示“璧”的材质。小篆承接金文，楷书一脉相承，写作“璧”。

“璧”，《说文》释为：“璧，瑞玉环也，从玉辟声。”古代的璧多为扁平圆形或不规则圆形，中间一定有一个圆孔。璧在古代是贵族们用作祭祀、朝聘、丧葬时的礼器，也用作装饰品。如《诗·卫风·淇奥》：“有匪君子，如金如锡，如圭如璧。”引申后又代指美玉。如《史记》一书所记载的“和氏

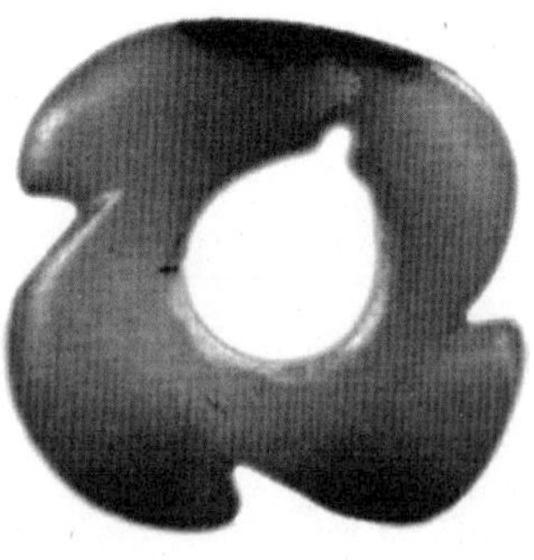
龙山文化白玉璧

璧”，以及“珠联璧合”这一成语。

“璧还”乃古代常用的敬词，表示辞谢赠品或归还原物。

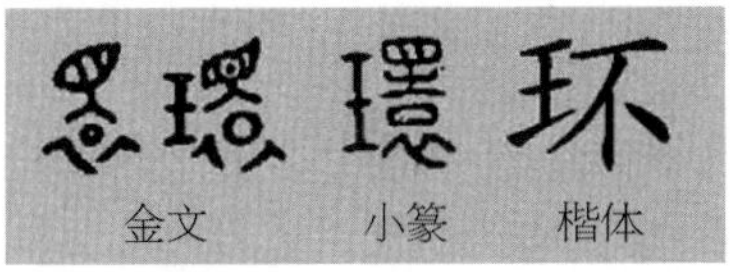

“**环 huán**”，是“環”的简体字。金文第一款的“环”字是一个会意字：上部是一个“目”，表示眼睛，下部外边是一个“衣”，在此表示肚子，内里是一个圆圈，示意心眼的转圈。三形会意，将心眼的转动表现的淋漓尽致。另一款的“环”字，右边增添了一个“玉”旁，专一表示“玉环”。小篆承接金文的第二款，楷书写作“環”，汉字简化时，规范为“环”。

“环”，《说文》释为：“环，璧也，肉好若一谓之环，从玉睘声。”这是说：“环”为有孔的玉璧(孔外叫肉，孔内叫好)，即孔的直径与周边的宽度相等的玉璧。实际上，上古时代的环和璧(包括上古时代的礼琮)，其孔径与外缘并不存在什么比例关系，倒是它们的孔径大多都在 4~6 厘米之间，与男性生殖器勃起后的直径相近。大约在商代晚期，此类玉器已多用为礼器和装饰品。如《左传·昭公十六年》：“宣子有环。”其中的“环”，便指佩饰所用的玉环。由此引申，又泛指各种环形物，如“铁环、耳环、门环”等。“环”作动词时，表示环绕，如“环视、环顾”等等。

商代青铜环

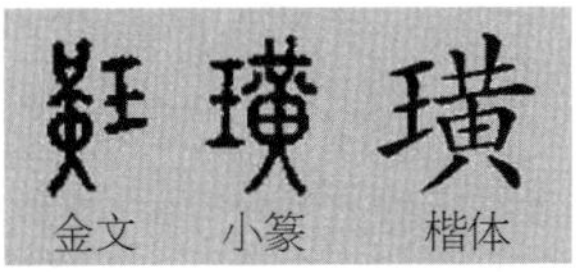

“**璜 huáng**”是“黄”的孳乳字。金文的“璜”字，从黄从玉。“黄”源自女性始祖生育繁衍，子孙后代环绕，也表示人体的肤色发“黄”。金文在“黄”旁增玉，专一表示

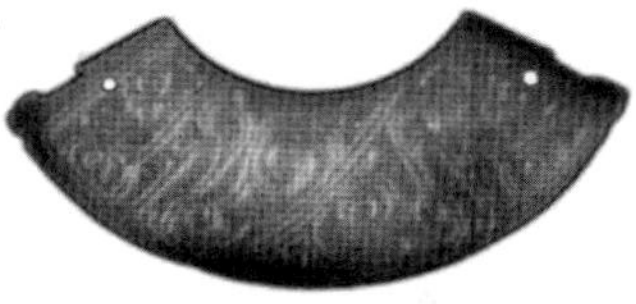
春秋白玉璜

佩玉成串中的横置或半环形玉。小篆的“璜”字承接金文，只是将玉旁归类为部首后，左右发生调换。楷书缘此写作“璜”。

“璜”，《说文》释为：“璜，半璧也。”这是说：璜是古代的一种玉器，形制为璧的半边。璜在古代用途同璧，用作朝聘、祭祀、丧葬时的礼器，也用作人们胸前的装饰品。如《周礼·春官》所记载的：“以玄璜礼北方。”这是将“璜”用作礼器；唐代诗人韩愈《城南联句》中有：“鹅肪裁佩璜。”“佩璜”即胸前所佩之玉璜。

“**玦 jué**”，乃古代环形有缺口的玉器，其有何用，至今仍众说纷纭、莫衷一是。

甲骨文的“玦”字是一个会意字：中间是个“口”，乃是射箭所用的搬指。下边是一只手，在此表示将手指套入搬指之中。“玦”在上古时代，也是一种实用工艺品，先民们将此物系在腰带一端，腰带打结后，将“玦”插入另一端的线扣之中，可达到对系结的装饰美化作用。小篆的“玦”字发生一些变化：一是增添“玉”旁，表明材质；二是上部的“玦”形和手形相互插入后，发生简省。楷书在隶化过程中，再次简省后写作“玦”。

《楚辞·九歌·湘君》中有“捐余玦兮江中，遗余佩兮醴浦”的诗句。王逸为之作注曰：“玦，玉佩也。”由此可知，此时的“玦”已由上古的实用品转化为装饰佩器。

商代碧玉龙玦

“玦”最早为系连皮带的插扣，后来发展成腰带系结的装饰，最后，才演变为一种佩饰。插入玦便意味着已系好皮带，因此，古代又用玦来象征裁决，决断权。如《左传·

闵公二年》:"公与石祁子玦,与宁庄子矢。"这是用给予玦和矢,表示已经决定使用武力讨伐的意思。

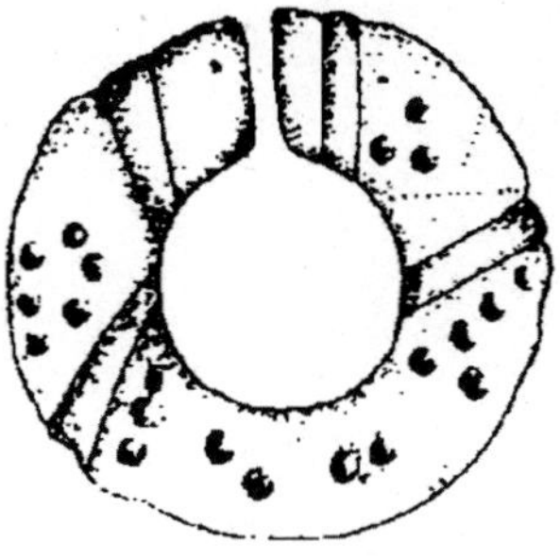
四川巫山大溪新石器玉玦

秦朝末年,义军蜂起,刘邦和项羽相约:先入关中者为王。后来,刘邦首先攻入关中,占据咸阳。项羽虽姗姗来迟,却因拥兵40万,而不肯实践前约。刘邦只有10万人,不敢与项羽抗衡,亲自到项羽驻扎地鸿门谢罪,表示服从项羽的领导。项羽设宴招待刘邦,席间谋士范增多次将身上所佩"玦"举起,示意项羽当机立断,乘机杀掉刘邦,但项羽不予理会。范增又招壮士项庄,筵前舞剑,意欲在席间杀死刘邦,最后刘邦借口上厕所,逃离鸿门。这就是司马迁在《史记·项羽列传》中描述的"鸿门宴"精彩场面,范增屡次举起玉器"玦",就是督促项羽早下决断。

《荀子·大略》:"绝人以玦,反绝以环。"这是说,"玦"也用作与人断绝关系的象征物品。古代,罪臣被贬逐外地后。皇帝每三年会派人传达对他们处置的结果:"得环乃还,得玦乃去。"

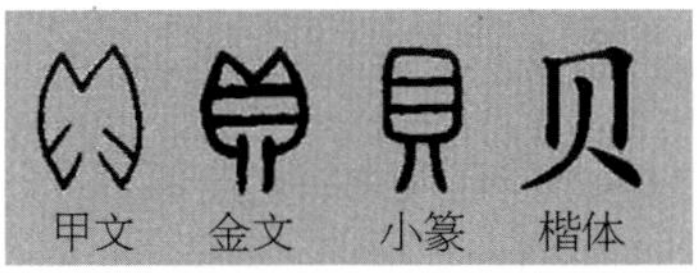

"贝 bèi",贝壳。特指一种海生软体动物的外壳。甲骨文的"贝"字,就像一个打开了壳并取掉肉质的"贝壳",壳间还有连接的韧带。金文的"贝"字照猫画虎,却已失象形的韵味,小篆与隶书一脉相承,遂有楷书繁体的"貝"。汉字简化时,写作"贝"。

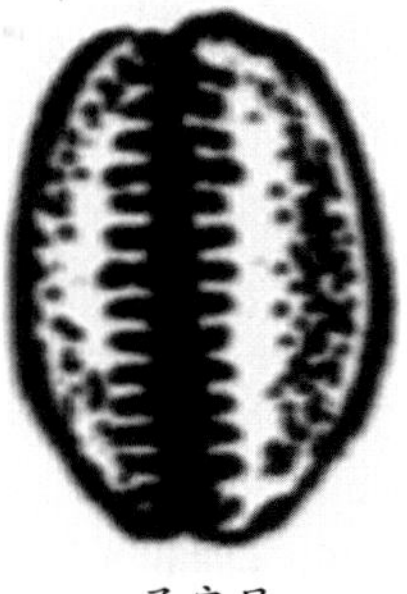
子安贝

"贝"在上古时代既是人体的装饰品,更用作货币。据专家考证,这些贝的专名为"子安贝",一种(c.annulus)在长江出海口的海滨仍有发现,一种(c.monete)在中国沿海已经绝迹。显然,商代的"贝"均为外地输入的物品。在商代先民所拥有的

殷墟妇好墓出土货贝

贵重物品中,“贝”的价值十分特殊。一串贝可能有五个或十个贝壳,这是商人最基本的货币单位。商代青铜器铭文上有把“贝”当作礼物赠送的记载。在殷墟妇好墓中,出土了大约四千枚贝壳,这些贝壳都是外地朝贡或商人掠夺的物品。据许慎在《说文》中的说法,中国到了秦朝才完全“废贝行钱”。

“贝”字是一个部首字,在汉字中,凡由“贝”所组成的字,大多都与钱财或贵重义有关,如“财、货、贯、贸、贺、贿、赃、资、赋”等等。

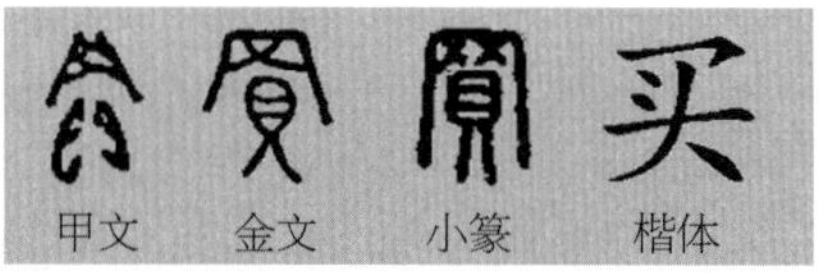

“买 mǎi”是“買”的简体字。甲骨文和金文的“买”字均为上下结构的会意字:上部为“网”的象形,下部为“贝”的象形。两形会意,表示以“网”捞“贝”的意思。小篆的“买”字承接金文,但楷书在演进过程中,将上部的“网”形讹变,写作“買”。汉字简化时,规范为“买”。

远古社会,先民们用网从水中捕捞贝壳。进入以物品交换为内容的商业社会后,古人只好用生意之网,从市场买卖中网罗钱财了。因而,《说文》释为:“买,市也。”在《韩非子·外储说左上》中,有一则“郑人买其椟而还其珠”的典故故事,其中的“买”与“卖”相对,即购买。

现代汉语中,由“购买”之义,引申出许多与之相近的词语,如“买名、买笑、买醉、买官买爵、买办”等等。

“得 dé”,这是一个会意字。甲骨文的“得”字,由“手”和“贝”构成。“贝”在古代乃是货币。因此,甲骨文用人手持“贝”来表示得到了钱财。金文的“得”字承接甲文,但增添一个表示道路的“彳”旁,强调了“得”是寻觅后的获得,是行有所得。小篆发生讹变:字形中的“贝”讹为“见”,表示手形的“又”下增添了一点讹为“寸”,楷书缘此而写作“得”。

青铜铭文:得

“得”的本义为有所得到。如《诗·周南·关雎》:“求之不得,寤寐思服。”成语中则有:“不入虎穴,焉得虎子。”获取钱财以后,人们心中会窃窃自喜,因而引申出得意之义,如“洋洋自得”。又由能够得到这一意义虚化为助动词,表示客观条件的可能、许可,如“不得随地吐痰”等。这种“得”的用法,后来移到动词后面,表示某种动作能做或可以做,如“拿得动、写得好、好得很”等。此时“得”字读作 de。

“得”作为助动词,还可以表示需要、应该、必须之义,如“这件事得你去、这事得跟大伙商量一下”。此时,“得”字读作 děi。

“贺 hè”,这是一个会意字。金文的“贺”字从贝从加:“贝”在这里表示钱财之物;“加” 原本指裂木为板时将石楔一个接一个添加在裂缝上,在此表示添加的意思。小篆的“贺”字改为上下结构,楷书缘此写作“贺”。

“贺”,《说文》释为:“贺,以礼相奉庆也。”即赠送钱财礼物表示庆祝。如《诗·大雅·下武》:“受天之佑,四方来贺。”现代汉语中则有“贺喜、庆贺、祝贺”等双音词。“贺”由庆贺之义,又引申出犒劳之义,如《晏子春秋·外篇七》:“景公迎而贺之,曰:‘甚善矣!’”这里的“贺”已含有犒劳的意思。

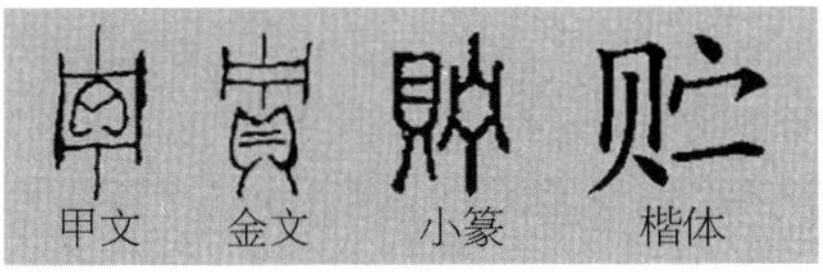

“贮 zhù”是“貯”的简体字。甲骨文的“贮”字,外框乃“亚”或中

字型大墓的象形白描，里边是一个“贝”。两形会意，表示将“贝”贮藏在地下或土坑中的意思。上古社会，先民们的居室内部陈设简陋，但道德品质十分淳朴，贵重之物只好收藏在屋内地下。“贮”正是对这一生活场景的真实反映。金文将“贝”移在土坑的下部，小篆又将“贝”移在左边，楷书缘此写作“貯”。汉字简化后规范为“贮”。

青铜铭文：下部为宁

“贮”字在古代词义较为单纯，《说文》释为：“贮，积也。”即贮藏、收藏的意思。如贾谊《积贮疏》：“夫积贮者，天下之大命也。”这是说：贮藏财物与粮食，是天下最重要的事情。清代诗人龚自珍《病梅馆记》：“辟病梅之馆以贮之。”其中的“贮”也当贮藏讲。现代汉语中的双音词则有“积贮、贮存、贮藏”等。

“赐 cì”，这是一个会意字。金文的“赐”字，左下部是一个“贝”，右上部是一个古文的“易”字。“易”的本义为候鸟在陆地、天空、水中的行为变易，在此表示“飞走”的意思。“赐”便是钱贝像鸟儿一样飞到他人手中。《说文》因此释为：“赐，予也。”即赏赐给予的意思。

小篆的“赐”字承接金文，楷书一脉相承写作“赐”。战国青铜器“虢季子白盘”中，便有“王赐乘马”的记载。又引申用作敬辞，表示对给予一方的尊敬，如“厚赐、赐教”等词语。

“赐”在古汉语的使用中，常与“锡”相互通用，这是因为“锡”的构形释义原为“赐金”。现代汉语中，“锡”已特指金属元素 Sn。但在某些人名店名中，仍保留有锡、赐互通的用例，如“盛锡福帽店”，即“盛赐福帽店”的意思。

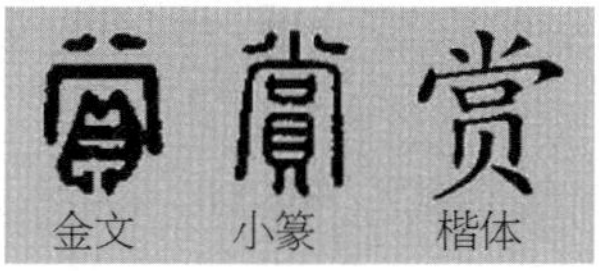

“**赏 shǎng**”，《说文》释为：“赏，赐有功也。从贝尚声。”实际上，“赏”是一个会意字。如图所示，金文的“赏”字，上部是“尚”的简省形(省掉了内里的“口”)，“尚”原本指女性躺倒，邀请男性伙伴，在此表示“给予”的对象，也示意财宝向两边的分流。下部的“贝”则表示分流(赏赐)之物。小篆的“赏”字承接金文、楷书缘此写作“賞”，简化时，按照部首类同的法则，写作“赏”。

“赏”的构意源自母系走婚时期，男子到女人那里赠送的货贝。引申为一般意义上的奖赏，如《荀子·王制》中的：“无功不赏。”又引申为赞扬、夸奖，如“赏识、赞赏”等词语；又引申为欣赏。如晋代诗人陶渊明的《移居》：“奇文共欣赏，疑义相与析。”现代汉语中，则有“鉴赏、孤芳自赏”等词语。

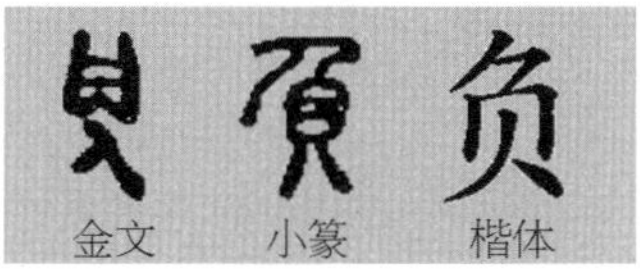

“**负 fù**”，《说文》释为：“负，恃也，从人守贝，有所恃也。”这是说，“负”是一个“从人从贝”的会意字，“负”的本义为有恃，即有所依仗、有所依靠的意思。如图所示，金文的“负”字为上下结构，上为贝，下为人，像一个人身背钱贝的样子。小篆的“负”字，将人、贝上下颠倒，楷书缘此写作“负”。

“负”的本义为背着、驮着，如《史记·廉颇蔺相如列传》中的“肉袒负荆”，便为背着荆鞭的意思。引申后，用于抽象意义，则表示担负，如“身负重任、负债在身”等词。又引申出凭仗、仗恃的意思，便很有些“有钱能使鬼推磨”的意味。如成语典故中的“负隅顽抗、负险固守”等。

"负"由背负之义，引申后可表示违背、辜负，如现代汉语中的"负约、忘恩负义"等，又引申为失败，与"胜"相对，如"胜负未分"一词。

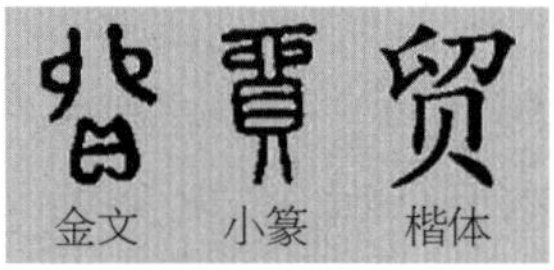

"贸 mào"，这是一个会意兼形声字。金文的"贸"字下部是一个"贝"，表示钱财；上部是一个"卯"字，因为"卯"有断分脐带将胎盘胎儿分离义，在此表示分出一半的意思。小篆承接金文，楷书一脉相承，写作"贸"。

"贸"，《说文》释为："贸，易财也，从贝卯声。"即分出货贝来购买财物的意思。如《诗·卫风·氓》："抱布贸丝。"这是说，用麻布交换蚕丝，以求利润的意思。又如《史记·货殖列传》："以物相贸易，腐败而食之货勿留，无敢居留。"其中的"贸易"即买卖货物的意思。现代汉语中则有"边贸、财贸"等词语。

"贸然"一词的意思为行事轻率，不加考虑便分开了。语出《礼记·檀弓下》："有饿者，蒙袂辑屦，贸贸然来。"这是说，有饥饿不堪者，笼着袖子，趿拉着鞋子，一跌一撞地走来，好像要把自己交出去的样子。

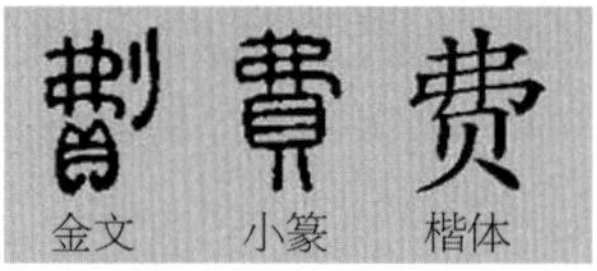

"费 fèi"，这是一个会意字。金文的"费"字，下为"贝"，表示财物，上部是一个"弗"和立刀(刂)的合体，表示将原本捆绑的绳索割断，使之散落之义。因而，《说文》释为："费，散财用也。"

小篆的"费"字在演变过程中，丢掉了立刀，遂使"费"的形义联系完全丧失。楷书以讹相传，写作"费"。

"费"的本义为耗散钱财，如《孙子·作战》："车甲之奉，日费千金。""日费千金"即一天就要花费千金。由此，又引申为一般意义上的消耗、耗费，如“费力、费心”等。“费”用作名词，又指费用，如“办公费、免费招待”等等。

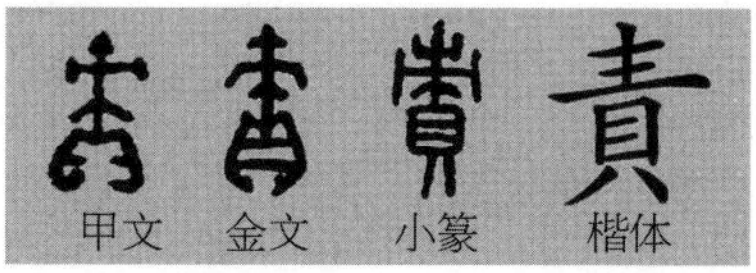

“责 zé”，这是一个会意字。甲骨文和金文的“责”字构形相似，下部均为一个“贝”，上部则是一个“刺”(朿)字，原本为荆棘上尖刺的象形白描，在此表示以针穿通之义。两形会意，这里用天然海贝必须打孔然后才能用作货币，表示必不可少的责任。小篆的“责”字承接金文，楷书在隶化过程中，上部的“朿”发生讹变而写作“责”。

“责”的本义为责任、职责。由货贝的穿系引申为积蓄，这一词由后造的“積”字承担。“责”还可表示由积蓄引申而来的求取义。如《左传·桓公十三年》：“宋多责赂于郑，郑不堪命。”“责赂”即要求贿赂的意思。现代汉语中，“求全责备、责成”等词语仍保留了这一词义。过高的索求就是一种谴责，因此又引申为质问，如“责问、诘责”等词语。词义加重，又引申为处罚，如“责罚、杖责”。

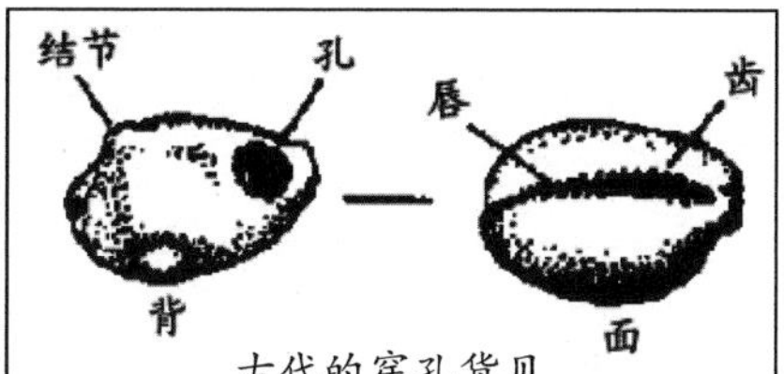

古代的穿孔货贝

“责”由索求之义引申为名词，指应当按要求做成的事，即责任，如“负责、尽责、责无旁贷”等词语。由此，又引申指被索取而应归还的财物，读作 zhài，这个意义后来孳乳出“债”字。

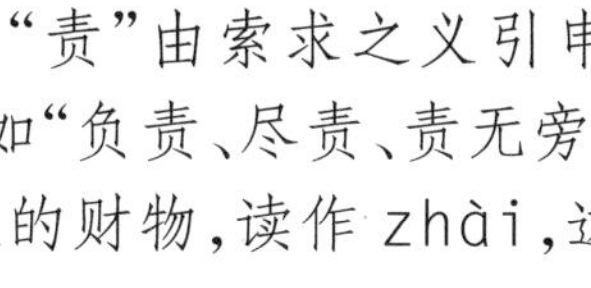

“赋 fù”，这是一个形声字。金文的“赋”字，上为“武”，下为“贝”，十分形象地说明了，“赋”乃凭借武力收取的苛捐杂税。小篆的“赋”字承接金文，只是变为左右结构，楷书缘此写作“赋”。

“赋”，《说文》释为：“赋，敛也。”即收取聚敛的人口和田地税收。如《盐铁论·非鞅》："是以征敌伐国，攘地斥境，不赋百姓而师以赡。"其中的"赋"即征税，"不赋"意谓不征税。因赋税是向全体大众所征收，因而，"赋"又有广泛敷布的意义。如"赋予"一词，其中的"赋"便用为敷布。

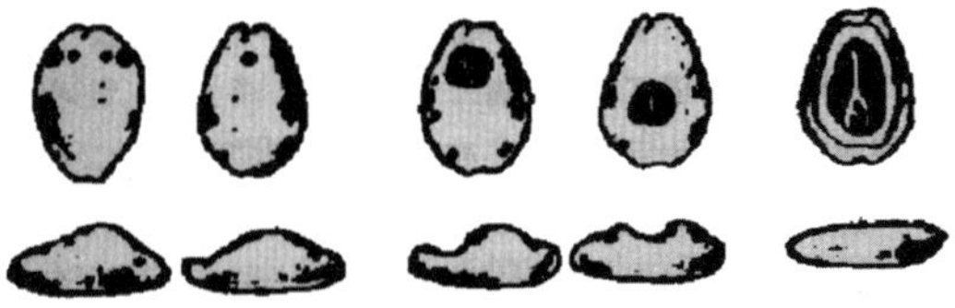

货贝发展的三个阶段

第一阶段：小孔式；

第二阶段：大孔式；

第三阶段：背磨式。

"赋"由敷布义，又假借为辞赋义，因辞赋重在广泛地铺陈词藻。如《文心雕龙·诠赋》便释为："赋者，铺也，铺采摛(chi)文，体物写志也。"

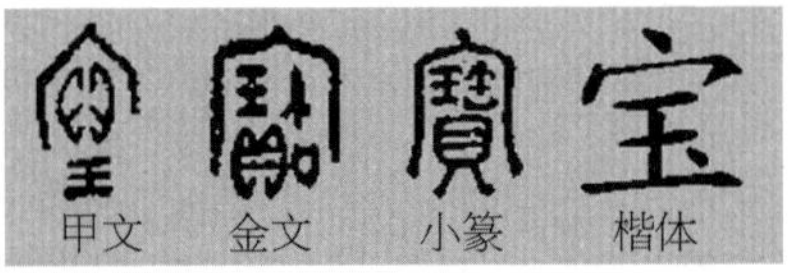

"**宝 bǎo**"是"寶"的简体字，意指珍贵之物。甲骨文的"宝"字，上部是一座屋舍之形，屋内有"贝"有"玉"，表示藏在屋室之中的财物。金文的"宝"字，在室中玉贝的右边又增添了一个"缶"，乃瓦罐的象形，表示将玉贝再藏之于缶罐之中。小篆承接金文，楷书缘此写作"寶"。汉字简化时，取其一半写作"宝"。

"宝"字的本义为玉和贝的珍藏，如《史记·龟策列传》："至周室之卜官，常宝藏蓍龟。"又引申为珍贵之物，即宝贝。如《史记·项羽本纪》："沛公欲王关中，使子婴为相，珍宝尽有之。"其中的"珍宝"即用为本义。现代汉语中，又用为修饰词，如"宝刀、宝剑、宝马、宝石"等等。

古代天子诸侯以圭璧为符，以玉石为印，泛称"宝"。秦代将帝后之印称为"玺"，唐代又改称为"宝"。至武则天当朝时，又将玺和印都称为"宝"。由此引申，"宝"又指与皇帝有关的事物，如"宝座、宝位、宝册"等。后来又引申为民间的敬称，指与对方有关的事物，如"宝卷、宝号、宝宅、宝地"等等。

第八章　汉字与文化

汉字是汉民族文化的一部分，汉字又是中华文化的忠实记录者、传载者。汉字同文化的双重接轨,使汉字成为文化解读最具权威的一员。这不仅因为每个汉字的产生和定型都是古人思维概念的外化投射,而是因为汉字的创设、演变,同时构成了历史文化登堂入室的阶梯。

古汉字,以其形象而生动的造字法则,“物化”记录了古人的观念、心态,堪称文化考古的活化石。从剖析汉字入手，透过表层呈静态的构形而进入生活，进入古人那动态的哲学、伦理内核,就会发现无与伦比、生动而奇妙的深层岩浆。从“乐舞”到“忠孝仁义”,从“祭祀”、“册典”到“天干地支”,都蕴藏着让人忍俊不禁的情趣。

探古人心理之幽，发传世典籍之微，以古汉字为透视历史文化的荧屏，将民族意识的深层积淀展现出来,这便是本章的旨意。

殷墟出土商代牛胛骨刻辞

一、乐舞钟鼓起翩跹

孤立地看，乐舞是一种娱乐活动，是个人或集体精神的宣泄。放置社会文化大环境之中，殷商时代的乐舞不仅与狩猎、农耕有着直接的渊源，而且与性育、饮食紧密扭结在一起；但是若从祭祀文化的角度来看，它就是祭祀的一个断面，是祭祀的载体。这种否定之否定的进程，恰恰证明了乐舞是一种个人或集体精神的宣泄，乐舞就是一种精神活动。

相比于后人，殷商民族是一个人格、人性及智力发育尚未受到压抑和扭曲的幸运少年。多姿多彩的舞蹈、奔放煽情的钟鼓节奏，与祭祀、饮食、性爱浑然一体，构成了华夏民族青春年代的艺术辉煌。

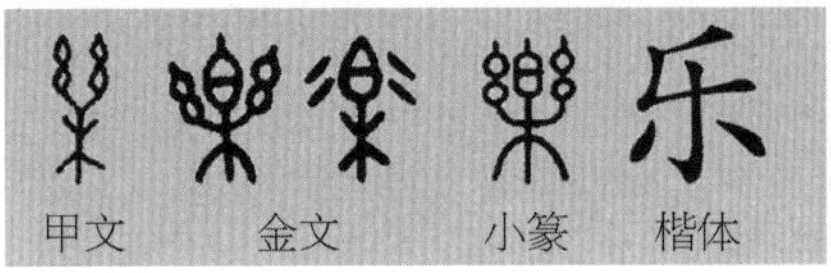

“乐 lè”是“樂”的简体。甲骨文的“乐”字是一个会意字：其下为木，表示树木；其上的双“幺”表松树流出的粘脂，整体形象表示松树。上古社会，每到晚间，先民常常会举行祭祀、饮食、性爱三位一体的乐舞活动。在这种乐舞活动中，不可或缺的是，场中央必有一堆由松柏燃烧而起的篝火。植物中，只有松树和柏树的枝叶富含油脂，不需干燥，砍下便能点燃。而且，松、柏的枝叶在燃烧

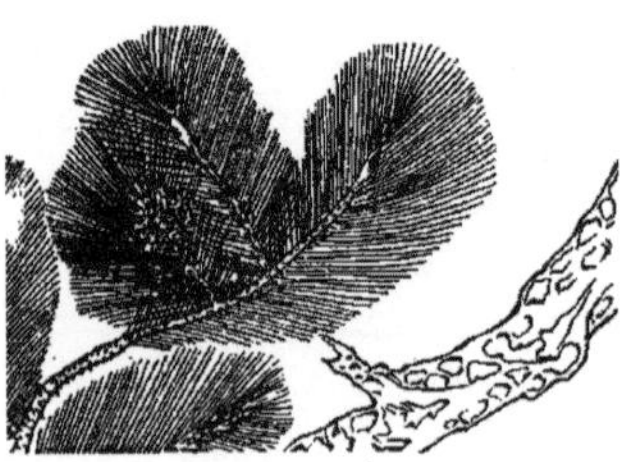
松

时，能够发出劈劈啪啪的响声，更增加乐舞的欢快场面，这就是中国喜庆爆竹的肇始；其浓烟厚重可直达天庭，并且有一种清香味(这就是中国祭祀文化中香蜡火烛的源头)。这就是“乐”字构形的生活之源。

金文从火的“乐”字

金文的“乐”字为弥补甲文构形上的不足，特意在其上增加了一个“白”字，表示柏树。小篆的“乐”字承金文，楷书在隶化过程中，写作“樂”；汉字简化时，规范为“乐”。

“乐”本指燃烧篝火时所用的松柏枝叶由篝火燃烧发出的劈劈啪啪声响，引申出了“欢乐”和“音乐”义。“乐”，《说文》释为：“乐，五声八音总和。”即音乐。由音乐之义又引申指乐器，《礼记·乐记》：“金石丝竹，乐之器也。”

柏

篝火和音乐使人愉悦，故又引申为快乐，如成语“乐极生悲、乐不思蜀、乐天知命”等。又引申为“乐意”，即以此为乐。如《汉书·货殖传》：“民安其居而乐其业，乐其食而美其服。”成语则有“喜闻乐见”等。“乐”字用作动词，一是表示喜好，如《论语·雍也》：“知(智)者乐水，仁者乐山。”此时旧读为yào；二是表示演奏，如《诗·周南·关雎》：“窈窕淑女，钟鼓乐之。”此时读音为yuè。“乐”在这里的两种发音可能与先民跳舞时的呼叫“哟、哟”之声有关。

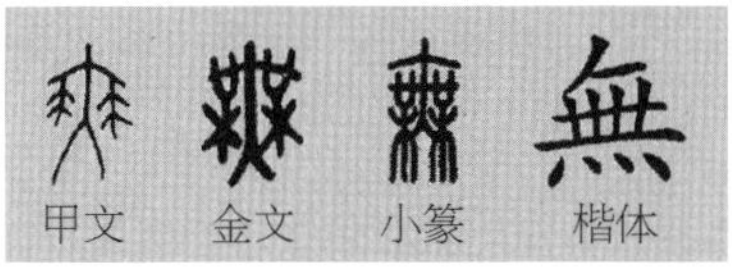

“**無** wú”是今日“无”的繁体字，也是“舞”字的初文。

甲骨文的“无”字，是一个象形字。在一个人形(大)的两侧，有状似树木枝叶的舞蹈道具，整个形象恰似双手持拿枝条而舞的人形。实际上，这乃是上古先民手持松柏，围绕篝火，边舞边往火堆上添加松柏枝叶的象形表述。金文的“无”字承接甲骨文，形体相似，只是枝叶的形状略有变化；小篆字体将表示人形的“大”字上移，隶变作“[illegible]”，楷书讹变为“無”，汉字简化时，以“無”的俗体草写“无”为简化字。

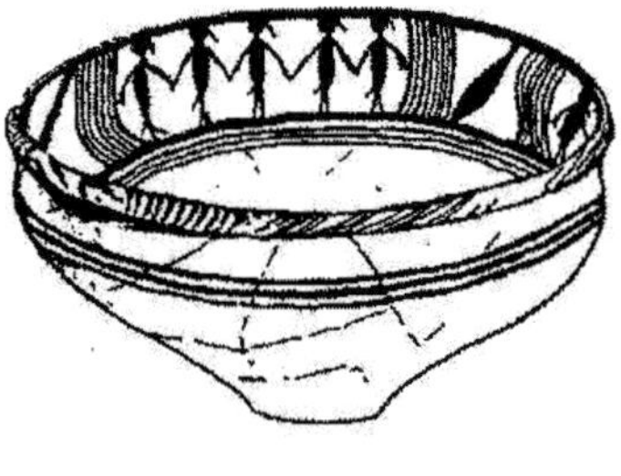

五千年前的舞蹈彩陶盆

“无”字来源于始前先民的舞蹈。手持松柏枝叶，围绕篝火边转边舞，最终要将手中的松柏枝叶投入火中；舞罢曲终，尽兴而手中空空，火熄而一切皆无。因而，舞蹈之“无”被引申表示有无之“无”。为区别词义，又另造“舞”字，表示跳舞。

“无”，《玉篇》释为：“无，不有也，虚无也。”《左传·宣公二年》：“人谁无过，过而能改，善莫大也。”其中的“无”即“有无”之无，表示没有的意思。“无”又可用作副词，表示不要，相当于“毋”。如《孟子·梁惠王上》：“鸡豚狗彘之畜，无失其时。”在现代汉语中“无”还用来表示一般的否定，意义相当于“不”，如“无记名投票，无妨试试”等。

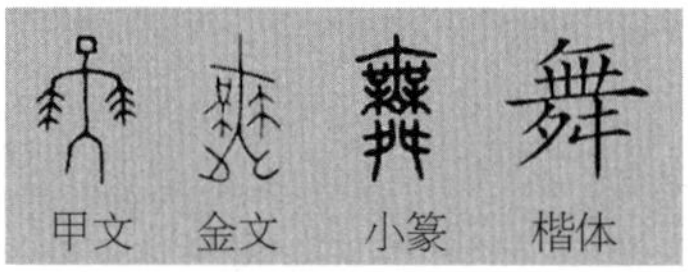

“**舞 wǔ**”意为舞蹈，即按一定节奏转动身体表情达意的人体动作，如“手舞足蹈、舞剑、舞秧歌”等。用作名词，则为舞蹈的专名，如“芭蕾舞、土风舞”等等。

“舞”和上文的“無”源出一字，因此，甲骨文的“舞”字，同被描述为双手持松柏枝条跳舞的人形，其发音也来自跳舞的集体呼叫，即“呜，呜”之声。金文时代，因“无”被借用表示“有无”之无。为了区别词义，便在“無”下增加意符“舛”(双趾之形)，专一表示“舞蹈”之舞。小篆的“舞”字承接金文，楷书缘此写作“舞”。

“舞”的本义为跳舞。《礼记·乐记》中有“嗟叹之不足，故不知手之舞之，足之蹈之也。”从发生学角度说明了舞蹈的起源。在上古先民心目中，通过歌舞表达内心的情感和祈愿，能够实现与“祖宗神灵”沟通的目的，歌舞狂欢在祭祀或巫术活动中，有着非常实际的交感作用。因而学者们认为:舞蹈是人们对世界看法的一种表现,它和宗教一样,对原始人来说,是一件十分严肃的事物,决不单纯是为了愉悦。

由跳舞时的手臂挥动又引申为"挥舞、舞动",如《史记·项羽本纪》:"今者项庄拔剑舞,其意常在沛公也。"其中的"舞"即用作"挥舞、舞动"之义。由"挥舞"之义又引申指抽象意义上的耍弄,如"舞文弄墨、舞文弄法、舞蔽"等。舞的发声也来自枝条在空中的发声,乃是一个拟声字。

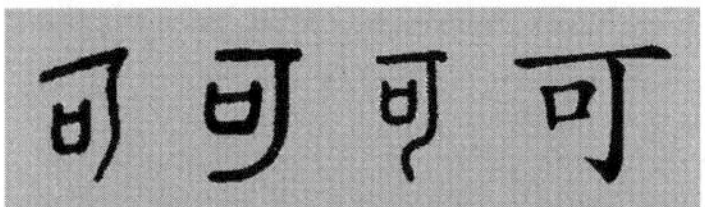
甲文 金文 小篆 楷体

"**可 kě**",这是一个会意字。甲骨文的"可"字,左下方是一个"口",在此表示口中发声;右上方的"丁"形符号,乃是手掌和右手的象形简写,出自人们在不得已的情况下,用右手捂在嘴上咳嗽或低声交谈的情景。金文、小篆以及楷书的字形与甲文相似,基本上没有变化。

"可"的取象源自在不允许有声响的地方,如伏击野兽时,用手捂在嘴上咳嗽或低声交谈,其发音也与此有关。因此,"可"的本义为许可、准许。如《史记·李斯列传》:"胡亥可其书。"意谓:秦二世胡亥准许其书写。由"许可"之义虚化为助动词时,则表示"可以、能够",如《荀子·劝学》:"锲而不舍,金石可镂。"由"许可"又引申为"值得、够得上",如"可爱、可恨、可为深戒"等。"可"作副词时,表示语意的转折,相当于"但、却",如李白《相逢》诗中的"相见情已深,未语可知心"。

在现代口语中,"可"常常用作强调语气的副词,表示"出乎意料、反问、劝导、感叹"等意义,如:这回可把他问住了。可怎么办呢?可要当心啊!你可回来了。

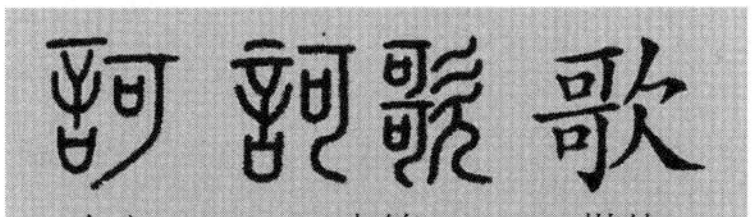
金文 小篆 楷体

"**歌 gē**",原本是一个会意字。金文的"歌"字"从言从可",用允许谈话,特指无拘无束、滔滔不绝地长谈,又引申指悠长缓慢的咏诵歌唱。小篆的第一款"歌"字承接金文,构形基本相似;第二款的"歌"字,则另起炉灶,与金文的师承关系绕了一个大弯。如图所示,这是一个"从欠哥声"的形声字。从"欠"表示张口发声,"哥"则以两"可"相叠,表示双重的许可。现代汉语以楷书的"歌"为正字,以"诃"为异体字。

古人认为"歌"是一种"长言",如《礼记·乐记》引古代音乐家师乙的话:"故歌之为言也,长言之也。说之,故言之,言之不足,故长言之。"所谓"长言",是说"歌"近似于号呼,是一种情不自禁,拖长音调的发声。

"歌",《说文》释曰:"歌,咏也。"指有节拍伴奏(如掌声、鼓点、音乐等等)的吟唱。如《诗·魏风·园有桃》:"心之忧矣,我歌且谣。"这里的"歌",即指按一定的曲谱、乐章所进行的歌唱;"谣",则是心有所感,随意唱出不配乐的徒歌。"歌",又引申指能配乐歌唱的诗,例如《诗经》即属于"歌诗"。后世泛称有韵脚的诗为"歌诗"或"诗歌"。

"歌"在现代汉语中,还可表示"歌曲"之义,如"一支歌、民歌"等;亦可表示"歌唱"之义,如"引吭高歌、歌咏大会"等。

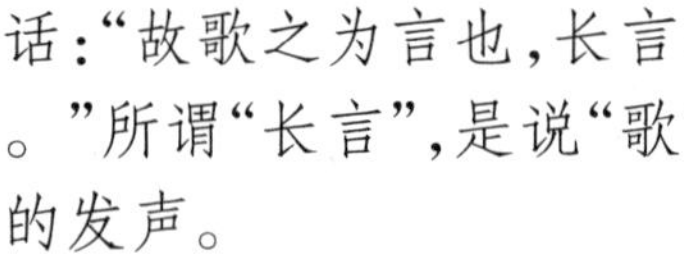

"磬 qìng",上古时代的一种敲击乐器,以石、玉为材质,形状如矩。甲骨文的"磬"字,像人手持棒槌敲打"磬"器之形:"磬"上的分叉,乃表示用绳子将其悬挂起来,下边乃手持棒槌的象形白描。小篆的"磬"字与甲骨文相似,除了文体随时代演变的必要外,下部增添了一个"石"字,强调磬器由玉石之类材质制作而成,楷书缘此写作"磬"。

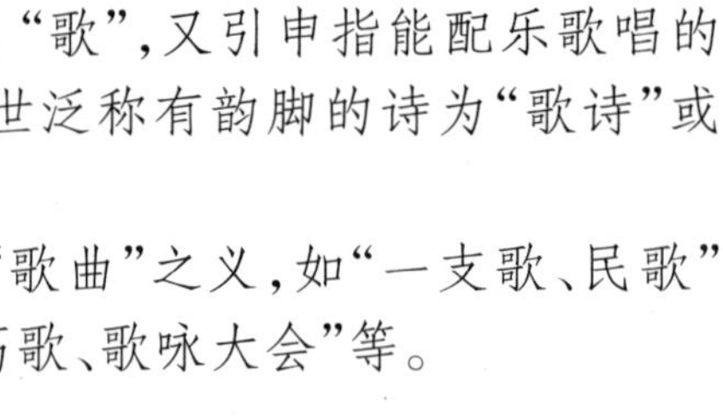
商代的石"磬",镂刻有虎纹。

迄今为止,考古发现最古老

的“石磬”，出自山西闻喜，时代为龙山文化晚期，距今已有四千多年。殷商时代，这种用于敲击奏乐的“磬”已经发展得十分“专业”。做工精细，饰有动物图像，形体为钝角三角形，因声调高低有大小不同的差异。此时的“磬”大多为三件一组，与编(钟)相配套，用来演奏乐曲。在湖北曾侯乙墓出土的古代乐器中，就有一套八件组成的战国时期的编磬，发音纯正、清脆，今日仍能用作演奏。

战国以后，随着青铜乐器以及丝竹乐器的发明和发展，这种从新石器时期就有的古老乐器，渐渐走上了消亡之路。

声 shēng”是“聲”字的简体字。甲骨文的“声”字是一个会意字，并且与“石磬”联系密切。如图所示，“声”字是在“磬”字中间，添加了一个“耳”和一个“口”。以悦耳的磬声，口中的呼喊直达耳际，表示“声音”这一概念。小篆的“声”字与甲文相似，只是省略了“口”字，大概因为用“磬、耳”会意，已足以表示声源和接收这一主客体，“口”在其中实在有些多余。楷书缘此写作“声”，汉字简化方案取其偏旁“声”为规范简体。

“声”，《说文》释曰：“声，音也。”清代的段玉裁注曰：“宫商角徵羽，声也，丝竹金石匏土革木，音也。”显然，“声”指不同音阶的乐音，从不同演奏乐器中抽象而出。词义扩大，也用来泛指各类事物发出的声音，如“鸡犬之声相闻，老死不相往来”。“声”作动词时，则表示“发声”，如“声明、不声不响”等。由声音的弥漫扩散，又引申指“名声、名望”，如司马迁《报任安书》：“声闻邻国。”现代汉语中，则有声誉、名声、声望等双音词。

汉画像中的钟磬演奏图

“鼓 gǔ”，这是一个会意字。甲骨文的“鼓”字，左边为古代“立鼓”的象形白描，右边是一只持有鼓槌的手，好似正在敲打。金文的“鼓”字与甲文相似，形体更为美观流畅。小篆和楷书一脉相承，只是鼓的整体形象割裂为分体文字后，象形的韵味一步步减弱。

“鼓”与“磬”一样古老。二十世纪八十年代，考古学家在山西襄汾的陶寺遗址，发现了两面鼓，一为木制，一为陶制，距近已有四千余年。与甲骨文的“鼓”字同时代的实物，是1977年在湖北出土的商代铜鼓，下有底座，上有马鞍形的仰角，与甲、金文字的“壴”字相比对，可见其惟妙惟肖。

青铜鼓

“鼓”在上古时代有三项用途：一是作为乐舞伴奏，如《诗·小雅·彤弓》中的“钟鼓既设，一朝飨之”，这是说，用音乐款待客人；二是远距离传递讯号(参见后文“艰”字)；三是在战争中用作指挥讯号，如成语中的“偃旗息鼓、一鼓作气”等，即来自军阵中击鼓冲锋这一事实。

“鼓”作名词，专指鼓类乐器，又引申指像鼓一样的东西，如耳鼓。“鼓”作动词，可用来表示弹奏敲击，如《诗·小雅·鹿鸣》：“我有嘉宾，鼓瑟鼓琴。”击鼓会使乐器受到振动，因而，又引申出振动、摇动之义，如《庄子·盗跖》：“摇唇鼓舌，擅生是非。”又引申为激励、振作，如成语中的“鼓足干劲，欢欣鼓舞”等。鼓形圆而中空，因而又引申为形容词，表示鼓胀、凸出，如“鼓着嘴、口袋鼓鼓囊囊”等。

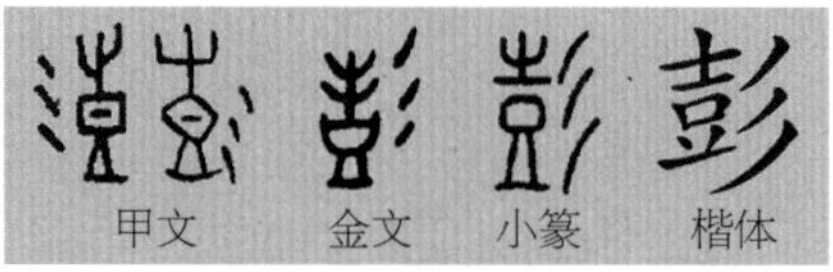

“彭 péng”，这是一个拟声字。甲骨文的“彭”字，左面像一面鼓，右面的三斜点，表示击鼓时不断发出的声音。《说文》释为：“彭，

鼓声也。”甲骨文时期,左右结构的会意字,其偏旁在左在右并不影响文字的意义。因而,甲文中也有鼓形在右者(如图所示)。金文和小篆的“彭”字与甲骨文相似,乃一脉相承,楷书缘此写作“彭”。

“彭”的本义为鼓声,也用来形容其他物品发出的声音,如甲骨卜辞中便有“彭龙”一词,用来指称鸣声如击鼓的鳄鱼。“彭”作为象声词,现今也可写作“嘭”,其意义与“彭”完全相同,但不能如“彭”用作姓氏。

“彭”是一个偏旁字,汉字中,凡以“彭”为组字构件者,大都与鼓之形状或鼓之发声有关,如“澎、膨、蟛”等。

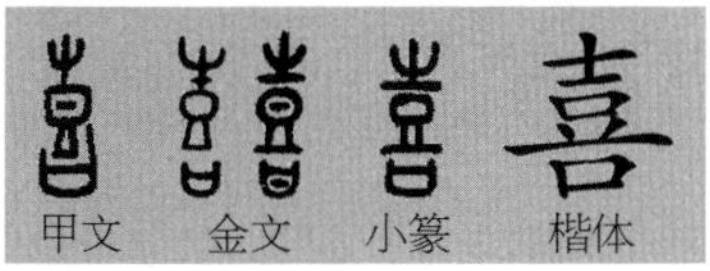

“喜 xǐ”,这是一个会意字。甲骨文的“喜”字,为上下结构:上为“壴”,乃“鼓”之象形,下为口,在这里表示用嘴模仿鼓声的发出。古代文献《礼记·乐记》说:“凡音之起,由人心生也,人心之动,物使之然也。感于物而动,故形于声。”上古先民在心中欢快之时,会不由自主地由口中发出鼓点之声,这与鲁迅笔下的阿Q,以及现今朴直农民因心喜而发之声一模一样。金文中第一款的“喜”字与甲骨文基本相似,另一款“喜”字,则以鼓面中的一“点”与口中的一点,强调了发声。小篆的“喜”字缘此而来,只是省去了鼓和口中的小点。楷书隶化后写作“喜”。

曾侯乙墓出土漆器图案

用象形文字表示抽象的欣喜之情,实在很难。然而,聪明的上古先民用十分贴近生活的场景,巧妙地表达了这一概念。如何释读“喜”字的造字构义?给那些没有当过农民,更不理解下层民众喜怒哀乐,只知“圣贤”之书的训诂学家,出了一个小小难题。

“喜”的本义为快乐，如《诗·郑风·风雨》：“既见君子，云胡不喜?”其中的“喜”便作心中快乐、欣喜讲。由此义又引申指让人快乐之事，如“喜报、喜酒、双喜临门”等。“有喜”一词则用来特指妇女怀孕。“喜”字用为动词，则表示爱好，如《诗·小雅·彤弓》：“我有嘉宾，中心喜之。”其中的“喜”字即用为“爱好”之义。现代汉语中，则有“好大喜功、喜欢吹牛”等用法。

结婚专用的“囍”字，作为汉字只能有一音，仍读作“喜”。

“艰 jiān”，这是一个会意字。甲骨文的“艰”字，右边是一个女人，左边是一个鼓形，恰似女人敲鼓之状。上古社会，男人们早晨便离开村邑部落，去远处狩猎生产，村邑中留下的多是女人、孩子和老人。倘若此时敌人突袭而来，女人便会击鼓报警，将敌人入侵的消息传送出去。“艰”，正是对这一生活原型的描摹。更为重要的是，古代部族之间的战争，常常以抢掠女人为目的。以“女”和“鼓”会意，将“艰”字的内涵表现的淋漓尽致。女人心灵手巧，用不同的鼓点表示不同的声音讯号，一个村邑一个村邑地传递下去，便成为殷商时代的“烽火”传递系统。因此，“艰”的本义为“祸患、厄难”。

金文的“艰”字，左边鼓形仍在，只是下面增添了一个口，用来强调声音的发出；右边的女人形，改为表示难产的“茣”，表示一个女人受难在身。小篆在“茣”下又增添一个“土”，并且移在左边，鼓形右移后讹变为一个“艮”字，这就是楷书繁体“艱”的由来。词义为女人难产而生不下来。

“艰”本义为“厄难”，即处境危险、艰苦卓绝的意思，如《诗·邶风·北门》：“终窭(jù)且贫，莫知我艰。”陆游的《书愤》：“早岁那知世事艰，中原北望气如山。”其中的“艰”，都用作“艰困”之处境，这是从“艰”的本义，即“厄难”引申而来。现代汉语中，则有“艰难、艰辛、艰困、艰苦、艰深”等众多双音词。

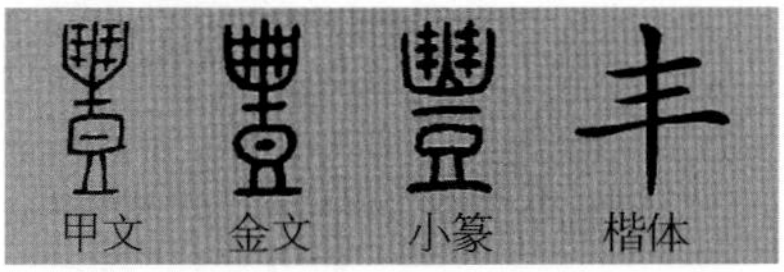

“**丰 fēng**”是“豐”的规范简体。然而，在古文字系统中，两字不仅起源不同，所指称的事物也不同：“丰”源自农作物蔓菁或移栽的树苗，“豐”则源自急促、欢快地击鼓，是一个从壴从双玉的会意字。但由于两者都有以“盛”、“多”为美，简化时借“丰”为“豐”之简体。

甲骨文和金文中的“豐”字，源自上古时代欢庆时快速地击鼓这一习俗，因而，“豐”有“丰盛、众多”之义。小篆的“丰”字为区别词义，专一表示鼓声像玉串一般盛多，与“豊”(礼)字有了十分细微的差别：在“玨”之间即两玉之间添加一个区隔符号。楷书缘此写作“豐”，简化方案规定借用“丰”为其简体字。

“丰”(豐)的本义为丰盛、众多。如成语“丰衣足食”，其中的“丰”即为丰盛；由丰盛之义，又引申为大，如“丰碑”一词，即指高大的石碑，“丰功伟绩”一词，则指伟大的功劳和业绩。“豊”与“豐”构形相似。“豊”的构形上部是两把失去刀尖的刀，表示一下一下地敲击，含有脚步和动作随鼓声一下一下地摆动，因而是“礼节”之义。

“**铃 líng**”的起源十分古老，并一直被后世所沿用。考古发现最早的铜铃，出土于山西襄汾的陶寺遗址，年代为龙山文化晚期，距今已有四千余年。作为其雏形的陶铃，则出土于仰韶文化遗址，距今已有六千余年。

“铃”在甲骨文中与“令”同字。其上部是一个类似三角形的倒口，下面是一个跪跽着的男人，表示发布命令。金文的“铃”由甲文“令”字孳乳而生，即在“令”旁加“金”，表示“铃”的材质。由此，“铃”

字是一个形声字。小篆和楷书缘此而来，形体基本相似。

商周青铜器中的铃

“铃”和“钟”的外形轮廓相似，与钟的区别在于铃的腔内有游动的铃舌，摇动铃体与铃舌撞击以发声则为“铃”，钟则需要从外边撞击来发声，铃的形体通常也比钟小的多。夏商时代的“铃”，多悬于车、马、旗首和人身，作为一种佩饰，还谈不上演奏音乐之用。如《诗·周颂·载见》：“龙旗阳阳，和铃央央。”其中的“和铃”即指车轼前的铃。然而，“铃”与一般靠色彩与形体优美而作为佩饰的器物不同，佩铃主要是为了振动，使其发出清脆悦耳的声响。铃的出现，已与乐器功能有相同之处。而且，正是“铃”的发明，启发人们进一步创制了钟类敲击乐器。

在现代汉语中，“铃”，除作为铃铛一类响器的名称外，也引申指像“铃”的东西，如“棉铃、杠铃、哑铃”等。

“钟 zhōng”是“鐘”的简体字。金文中的“钟”有两款：一类“从金从童”，“金”在这里表示钟的材质，“童”则表示钟发出的“咚咚”之声，也表示古代的敲钟者：一般都由年少手巧的童仆所演奏；另一类型的“钟”字“从金从重”。“重”在这里既表示“钟”是一种有重量的大家伙，也表示“钟”为中空似囊之物。后来词义分化，“鐘”用来表示响器，“锺”则表示容器。小篆的“钟”字，由金文的第一款而来，楷书缘此写作“鐘”。汉字简化时，规范为“钟”。

曾侯乙墓出土的编钟

“钟”在中外古代民族中，都是常见的乐器之一。两周时代，钟类乐器不仅用作宗庙礼器，也用于宴享时的奏乐助兴。如《左传·哀公十四年》记载左师向巢“每食、击钟。闻钟声,公曰:‘夫子将食’,即食,又奏”。即反映贵族“钟鸣鼎食”的奢侈生活。“钟”亦被用为军中乐器,如《左传·庄公三十三年》:“凡师,有钟鼓曰伐,无曰侵,轻曰袭。”这是说,征伐不义,必须大张旗鼓,以告天下之人。

商周时代的钟多是成套的,八个或者更多的钟,构成一定的音阶关系,按大小次第排列,悬挂起来敲击奏乐,文献称之为“编钟”。迄今为止,最壮观的“编钟”出土于湖北的曾侯乙墓。这套六十五件的编钟,最大的有200公斤重,整套编钟加起来有两吨半重。悬挂起来,则有近12米长,分为三层。每一个钟都能发出两个不同的音调,音域包括五个八度音以上。

“钟”,《说文》释为:“钟,乐钟也。”本义指乐器,如《诗·周南·关雎》:“窈窕淑女,钟鼓乐之。”古代,人们也用钟声报时,所以引申指钟表,如时钟、座钟;又引申出“时间”之义,如钟点、五点钟等。

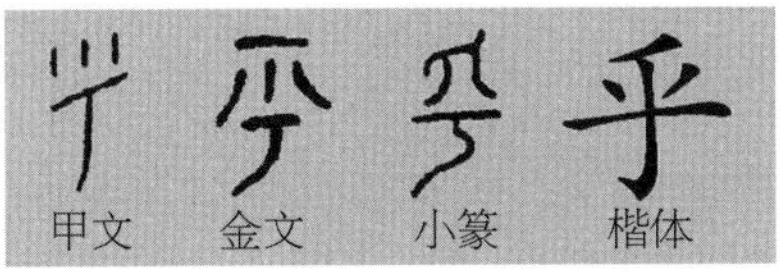

“乎 hū”,这是一个会意字。甲骨文的“乎”字,下部为史前时期陶号或牛角号的象形白描;上部为三竖画,表示号角声音的升扬。金文的“号”字与甲文构形相似,只是上部增添了一长横,用来表示声音的传递。小篆中的“乎”字,为适应篆书的圆润而发生讹变:一是表示声音到达的一横演变为斜撇;二是表示声音的三竖画成为两竖画。楷书则将中间的斜竖出头,写作“乎”。

“乎”,同史前社会的哨、笛、埙一样,原本是先民模仿鸟兽鸣叫,诱捕鸟兽的工具,后来演变为氏族成员互相联络的发声器具。“乎”的本义为呼唤,“乎”被借用为虚词后,古人又造了“呼”字,专一表示呼唤之义。

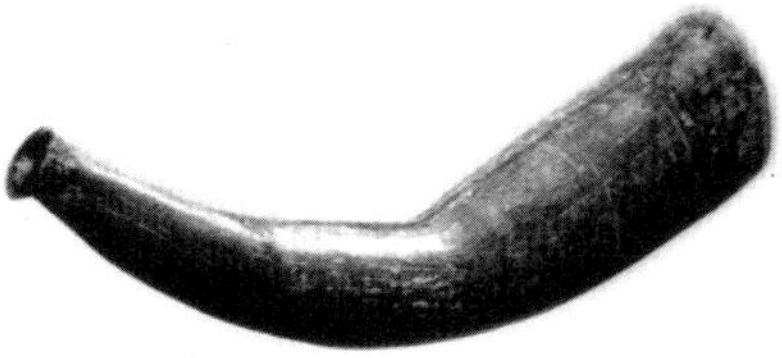
出自仰韶文化的陶号

在文言虚词中,“乎”作语气词,表示疑问、推测。如《孙膑兵法》中:

"以一击十,有道乎?"又表示反问,如《庄子·秋水》:"计中国之在海内,不似稊(tí)米之在太仓乎?""乎"作语气词,还可表示祈使和感叹。如《战国策·齐策》中冯谖的感叹:"长铗归来乎?出无车。"也可以放在形容词或副词后面,表示赞美或叹息,如成语中的"神乎其神、微乎其微"等。

"乎"作介词时,用法相当于"于",如成语中的"出乎意外、瞠乎其后"。在现代汉语中,"乎"还可叠用,构成形容词生动式,如胖乎乎、傻乎乎等。

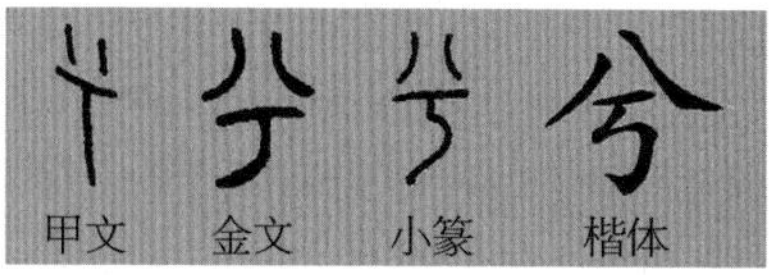

"兮 xī",这也是一个会意字。甲骨文的"兮"与"乎"构形相近,其下部均为"号"的象形白描,因而,它们是一组同源字,即出自同一生活场景。不过"兮"字的上部不是三竖画,而是两竖画。如果说三竖画的"乎",用声调的急促、越扬表示呼唤之义。那么,两竖画的"兮",则用声调的平顺和悠长,表示平安及我在这里等意义。同为号角之声,但因音调不同,传送的信号意义不同而离析为两个字。

金文和小篆的"兮"字,将其上部表示声音发出的两竖画,讹变为一个"八"字。《说文》因此释为:"从丂、八,像气越亏 yú。"楷书缘此而写作"兮"。

"兮"的本义为"应答之声",古汉语中常用作语助词,相当于现代的"啊"或"呀"。如汉代刘邦《大风歌》:"大风起兮云飞扬,安得猛士兮守四方。"再如《诗·魏风·伐檀》:"彼君子兮,不素餐兮?"其中的"兮"均用为语气助词。

"竽 yú",《说文》释为:"竽,管三十六,簧也。""竽"是古代一种簧管乐器,源自"于",形似"笙"而略大,管数也多。上古时期的

竽

"竽",用匏制作,在匏(一种小圆形葫芦)内装上竹管,在竹管的端头装上簧片,利用簧片和管中气柱的共振作用发音以奏乐。这与直接凭嘴舌发音的"号"、"埙"不同,此类乐器能奏出持续不断、音调丰富的乐曲。

"竽"在古代的器乐合奏中,既是主要的旋律乐器,又是诸乐的定音标准。古人演奏时,往往由竽先奏序曲,而后钟瑟随之;竽在独奏时,其他乐器则作和声。因而,《韩非子》一书中有:"竽也者,五声之长者也,故竽先,则钟瑟皆随,竽唱则诸乐皆和。"成语典故中的"滥竽充数",讲述的是南郭先生混在乐队中假作吹奏,但当齐威王让乐手们轮番独奏时,不会吹竽的南郭先生,只好溜之大吉。

"竽"字从竹于 yú 声,乃是"于"的后起孳乳字(本义为长长地大口出气)。"于"被假借用作虚词后,在其上增竹,专一表示这种乐器。竽是一种发声舒缓悠长,变声很多的吹奏乐器。

竹子,对古代文化的一大贡献便是制作各式乐器。汉字中的"竽、筝、笙、簧、箫、笛"等字都从"竹",它们都是用竹子制作的乐器。

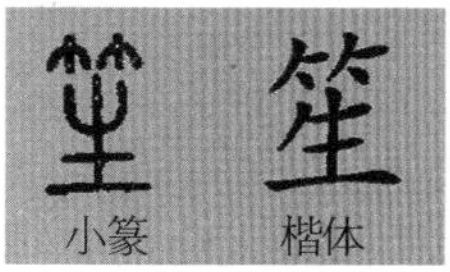

笙

"笙 shēng",也是一种吹奏乐器,至今仍为苗族人民所喜爱。《说文》释为:"笙,十三簧,象凤之身也。笙,正月之音,物生,故谓之笙。"《说文》中的这种解释有些混乱。其实,笙在古代便有大、小之分,"大者十九簧,小者十三簧"。说笙像凤凰,乃是正月之音,更有道德说教之味。"笙"何处像凤?"笙"又怎能是正月之音?实际上,"笙",从竹生声,源于笙的形状像草木的萌生,高高低低,参差不齐。从竹,则因其用竹管所制作。竽和笙本指一物;竽以于表示这是一种吹气而发声的乐器；笙则表示这是有许多长短不一竹管的乐器。

“笙”在古代被誉为“东方之乐”。《诗·小雅·鹿鸣》中有：“我有嘉宾，鼓瑟吹笙。”李白则有“两两白玉童，双吹紫鸾笙”的诗句。《红楼梦》第七十一回中描绘有：“笙箫鼓乐之音，通衢穿巷。”可见“笙”也是汉族人民喜爱的传统乐器。

汉代以后，“笙”的管数逐渐增加，“竽”的管数却逐渐减少，以致“竽”的地位最后为“笙”所取代。

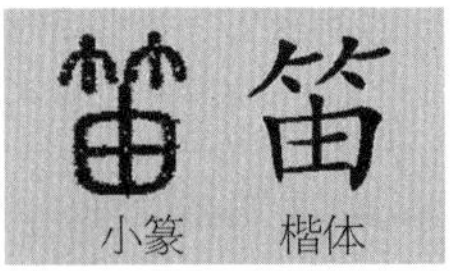

“**笛 dí**”，一种竹制的单管乐器，在中国的起源非常早。汉代以前的笛有两种：雅笛五孔，羌笛三孔。直吹，与今天的箫很相似。现今的七孔笛，则源自古代名曰“横吹”的乐器。这种“横吹”有一个吹孔，六个指孔，也有在吹孔、指孔之间另增一孔以蒙笛膜的竹笛。《说文》曰：“笛，七孔(即筒)也，羌笛三孔。”

“笛”，从竹由声，“由”，构形源自古代的漏斗，本指事物的流动和扩散。笛(箫)的吹奏，由吹孔开始，音调随指孔的顺序一个接一个地发出，恰恰表现了由此及彼的过程，也表示声音流出。所以，笛以“由”为自己的声符兼表义。

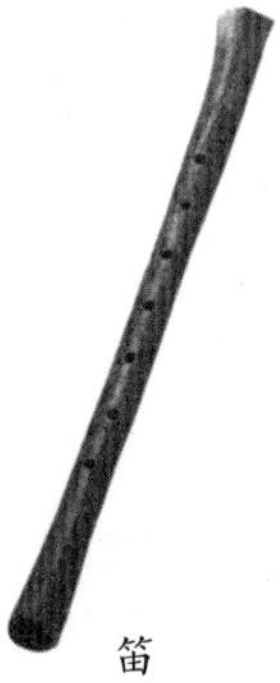
笛

“羌笛何须怨杨柳，春风不度玉门关”是脍炙人口的边塞诗，把羌笛的舒缓、低沉描写的淋漓尽致。唐代大诗人李白的《春夜洛城闻笛》一诗，则有“谁家玉笛暗飞声，散入春风满洛城”的名句，把笛声的悠扬、清越描绘的入木三分。

现今，“笛”也用来表达响声尖锐的发音器，如“汽笛、警笛”等。

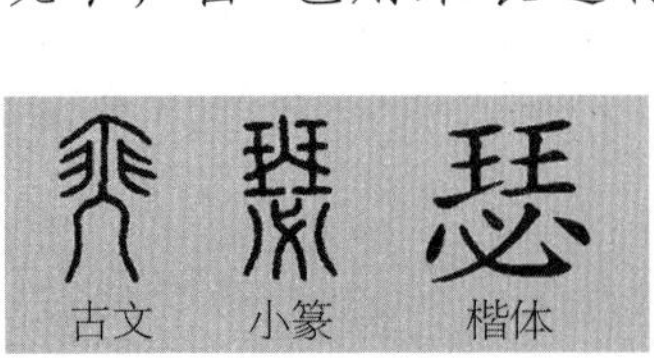

“**瑟 sè**”，属于较早创制的弦乐器，大约出现于春秋时代。长沙

马王堆一号汉墓出土的“瑟”,木制,除首尾两端刷以黑漆外,通体光素。其首尾之间张有25弦,每根弦由四股素丝左旋搓成。“瑟”在调弦后,由双手并弹,山东沂水汉代画像石上的乐工,跪跽于“瑟”前,左手勾曲,右手拨排,正作弹奏之势。《淮南子·齐俗训》说:奏瑟时“叩宫而宫应,弹角而角动”。可见其指法多为扣、弹等动作。所以,古人称奏瑟为“鼓瑟”。

鼓瑟图

古文的“瑟”字是一个会意字,其中的“亓”,乃是较原始“瑟”的象形白描,即只有一弦一音的初始瑟。这种瑟,乃是弹散音的乐器。小篆的“瑟”字,另起炉灶,是一个“从珡从必”的会意字,楷书缘此写作“瑟”。

“瑟”的发声为悠长的颤音,因而“瑟瑟”常用来形容抖颤,如“秋风瑟瑟、瑟瑟发抖”等。

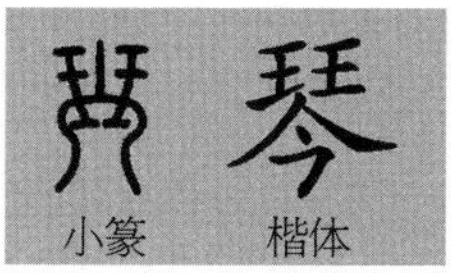

琴 qín”和“瑟”不同,它是利用按弦时变更弦的振动频率,而在一根弦上奏出不同的音,这是古代乐器及演奏技法的一大飞跃。湖北随县的曾侯乙墓,曾出土战国初期的十弦琴。但是,历代所传的大量琴谱,都是用于七弦琴的。因此,古文献中所谓“琴”,如不另加说明,就是指七弦琴。

汉代蔡邕的《琴赋》一文,在描写琴的演奏时,有“左手抑扬,右手徘徊”,“飞指驰骛”,“搂撬栎捋”,“间声错糅”,“骈驰翼驱”等词句。可见演奏时指法的复杂和音调的仰扬。因为琴音主要由按弦所决定,故多称奏琴为“抚琴”。

“琴”字在小篆中,乃是古琴的象形描写,上为琴弦,下为琴体。楷书在隶变过程中,形变为“从珡今声”的声转转注字。

抚琴图

“琴”在弦乐器中十分具有代表性，因而除专指古琴这种弦乐器外。现今，又可作某些发声乐器的统称。前者如司马迁《报任安书》：“盖钟子期死，伯牙终身不复鼓琴。”后者则有双音词“钢琴、口琴、小提琴”等等。

“筑 zhù”，乃是古代的一种击弦打击乐器，现已失传。筑，大体上形状如筝，颈细而肩圆。演奏时，以左手握持，右手以竹尺击弦发音。在“荆轲刺秦王”的历史故事中，有一段叙述荆轲出发前的文字：“高渐离击筑，荆轲和而歌，为变徵(zhǐ)之声。”唐代李白在《醉后赠甥高镇》的诗中也说：“欲邀击筑悲歌饮，正值倾家无酒钱。”这种古乐器，大概长于演奏悲愤、慷慨之调吧。

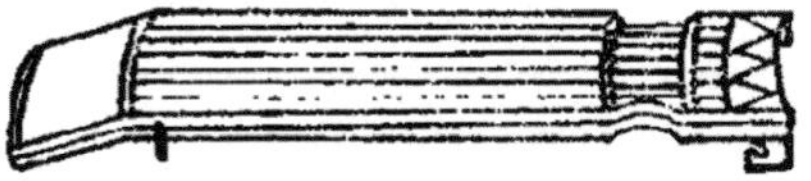
筑

“筑”字从竹巩声，乃是一个会意字。从小篆的字形上不难看出，“巩”字恰是一位跪跽之人双手执“工”敲击的形象。《说文》释曰：“筑，以竹曲五弦之乐也。”可见，“筑”正是这种乐器的专用字。魏晋以后，这种以竹尺敲击五根弦，仅能奏出散音的乐器逐渐消亡(现代的扬琴不知是否与筑有渊源)。

“筑”和“築”原本是两个同源但词义不同的字。汉字简化时，规定以“筑”为“築”的简化字，在其意义上，已不包括作为乐器的“筑”，而成为建筑之类事物的专用汉字。这也是现代汉语中“废字利用”的现象吧！

“筝 zhēng”与“筑”外形相近，均于竹胴上张弦而成，以奏出散音而形成曲调。《说文》释曰：“筝，鼓弦竹身，乐也，从竹争声。”“筝”

不同于筑，因为它是一种用手指弹拨的弦乐器。“筝”的音箱为竹或木制的长方形，

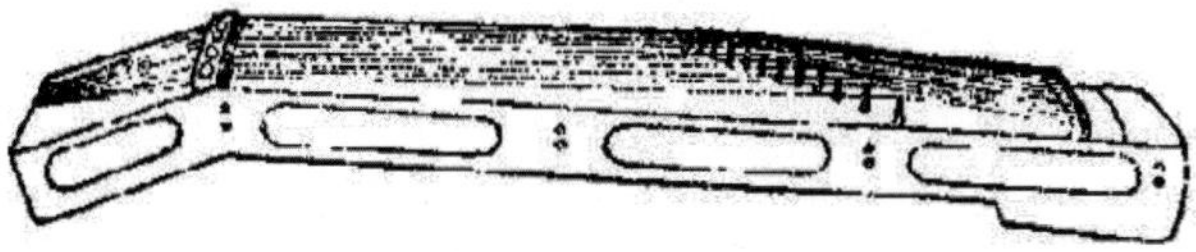

筝

面上张弦，可调节音高。战国时期，“筑”为关东六国所喜爱，而“筝”则在秦国十分流行，故又名“秦筝”。据说，秦国大将军蒙恬曾对筝做过改进，变五弦为十二弦，并且易竹以木。唐宋时教坊所用的“筝”增加为十三弦，近代增为十六弦，现今有增至十八弦、二十一弦、二十五弦的。“筝”的传统的演奏手法为右手弹拨，左手按弦，现已发展为双手弹拨。筝可用于独奏，伴奏和合奏，因其古风犹存，因而成为中华民族具有代表性的民族乐器。

“筝”，从竹争声。从小篆的文字构形上看，“争”的字形恰似双手在争夺一件器物。也许，古人演奏“筝”时，必须双手你来我往，互不相让，像争夺似的抚弦弹拨发出音调。所以，“筝”从“争”声，用“竹”表示自己的材质。

二、敬祖畏鬼说祭祀

“国之大事，在祀与戎。”(国家大事，就是祭祀和打仗。)这句出自《左传》一书的格言，反映了上古社会“政治”二字的实际内容：“祀”可使氏族内部同心同德、团结一致，因而排列在“戎”之前。

由出土的甲骨卜辞中，人们发现，殷商民族不仅对帝(女性始祖)祖(男性共祖)有着超乎寻常的祭祀，而且在他们的想像中，天地河岳，风雷雨电，都由死去的先王、先公管辖支配。正是这种祖先神高于自然神、神祖一体化的天命观，使殷商民族的“迷信”格外执著，全身心地投入。然而，他们频繁祭祀所诉求的直接动机又是什么呢?除精神慰藉外，祭祀所索求的“现实”目的又有哪些呢?

“祭 jì”，这是一个典型的会意字。甲骨文的“祭”字，右边是一只手(又)，左边是一块肉，中间的小点，则表示肉块上粘连的血滴。整体字形，意在表示上古先民用刚刚宰杀的鲜肉献祭于祖宗神灵。金文的“祭”字，省却了表示血滴的小点，但却增加了一个代表供桌或祖宗牌位的“示”字，强调了献祭的主体和方式。小篆的“祭”字秉承金文，形体美观，构形更为匀称，楷书缘此写作“祭”。

在殷商先民的观念中，先王、先公死后只是到了另一个世界(即“亚”世界)，他们在两个世界中来去自如(即“复”的构义)，并能主宰现实世界的一切(降福或作祟)，成为脑海中不断将祖先威灵夸张的结果。先民认为,祖先神有权利优先享受现实世界的物质文明。因此,将人间所用的各类物品,包括牛、羊、猪、鸡、犬等动物,米、谷、糈、黍等农作物,玉类、贝类以及女妾、男奴等等,通过焚烧、掩埋、沉河、供荐等方式,奉献给祖先神灵,乃是当仁不让之事。以此换取祖先神灵的乞福禳祸,这便是"祭"。

西汉王充在《论衡·祭意》中说:"凡祭祀之义有二:一曰报功;二曰修先。"所谓"报功"是指天地河岳提供了人类生存的条件,祖先神灵繁衍佑护人群有功,所以要用"祭"来报答。所谓"修先"是说:"先妣先考"是自己的亲人,生时有养育之恩,死后不可背弃,所以要"视死如生"让其死有所"享"。显然,这种解释已失去了上古社会"贿赂"的本义。

"祭",本义指以肉块贡献祖先神灵。大概因为这类献祭方式,事后仍由奉献者吃掉,或者因为他们从自身体验出发,认为神灵祖先最短缺的便是吃肉,因而,"祭"成为一种最为频繁的活动,"祭"更用来泛指一般意义上的祭祀活动。如针对不同对象的"祭天、祭地、祭祖、祭神、祭灵",运用不同方式、仪式的"燎祭、告祭、祭祀、祭扫、祭奠"等,均可以由"祭"字组成偏正词组。

"**祀 sì**",这是一个会意字。甲骨文的"祀"字,左边是一个表示供奉牌位的"示"字(亍),右边是一个表示母腹中胎儿(ℓ)的象形白描,在胎儿的两侧有两个小点,则为胎儿流产或出降时的血液。金文的"祀"字与甲文相似,不过把胎儿身旁表示血污的两个小点省略,在"亍"下增添了两个小点。小篆秉承金文,楷书在隶变过程中写作"祀"。

半坡瓮棺葬上的图案,来自对孩子囟门不跳,不再说话,耳朵听不见的描述,乃是"祀"的原始形态。

在上古先民的直观经验中,怀孕产子、添丁进口关乎氏族的生死存

大溪出土的石雕童面

亡。然而,难产和流产却不断发生,即便顺利产子,但子夭母亡的惨剧常常突如其来。是谁在主宰这一切呢?简单直接的因果联系,先民们深信这是胎儿作祟,幕后指挥者则是那些已死去的先祖先王,他们能够生养佑护我们,当然也可以决定我们的生养与否。所以,有必要将人间享用的物品奉献,以乞求祖先允许我们育儿产子,“祀”祭的主题和方式由此便产生了。

“祀”的本义为产育之祭,即祈求先祖不要让“巳”(胎儿)作祟,护佑母子平安、人丁繁盛的祭礼。因为这种祭祀的主体是祖宗,本义延伸后,又特指祭祖。如《世说新语》:“使子继父业,弟承家祀,有何不可?”《国语·鲁语上》:“夫祀,国之大节也。而节,政之所成也。故慎制祀,以为国典。”上文中的“祀”均指祭祖。大概由于从两性婚配到孩子出生满月这些时日中,“祀祖”的仪式不断举行,约历经十二个月的时间。因而,殷商时代又假借“祀”来指称“年岁”,如“十有三祀”,即十三年的意思(此义与轮番祭祀先祖并不矛盾,应视作一种补充)。

现代汉语中,“祭”比“祀”组词能力强,使用频率也高的多。“祭”可组成祭奠、奠扫、主祭、公祭、祭文等许多词语,“祀”只能组成“祭祀、奉祀”。

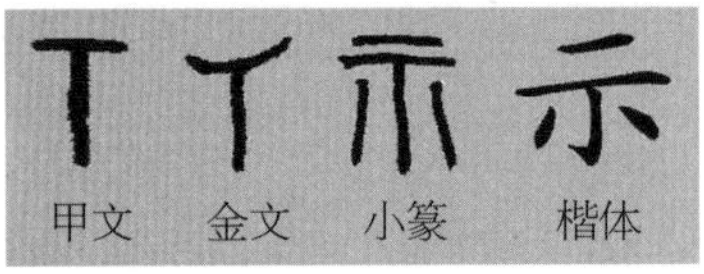

“示 shì”,甲骨文中有“[illegible]、[illegible]、[illegible]、亍、丅”等形体,既像上古时代的供桌,又像以木表或石柱为祖先神灵牌位之形;旁边和上边间或出现的小点,表示祭祀时供奉在上下左右的祭品。金文、小篆的“示”字与甲文相似,楷书一脉相承,写作“示”。

新石器时代的“示”(辽东海域)

“示”的物象出自将祭献摆在牌位跟前。也就是将物

甲骨文中形体各异的“示”字

品、人牲及动物肉体供奉给祖先神灵，请其享用。甲骨文卜辞中“示”用做牌位意义者极少，大多数均用其引申义，即指祭祀的对象，如先公、先王、天神、地等“神主”。古文字中，与祭祀有关的文字，如祖、妣、神、祭、祀、祝、祠、社、祈等等，都有一个“示”旁为义符，后人将其视为祭祀文字。增添“示”旁以归类的过程，大致完成于战国至秦汉之际。

“示”为祭献神祖，凡祭献之物必呈现出来，好让祖先神灵享用。因而，示有“显示”之义。如《老子》三十六章：“国之利器不可以示人。”这是说：国家的军队和武器，不可轻易让敌国的人窥看。现代汉语中的“表示、展示、启示、示众”等词语，都有把事物摆出来使人知道的意思。

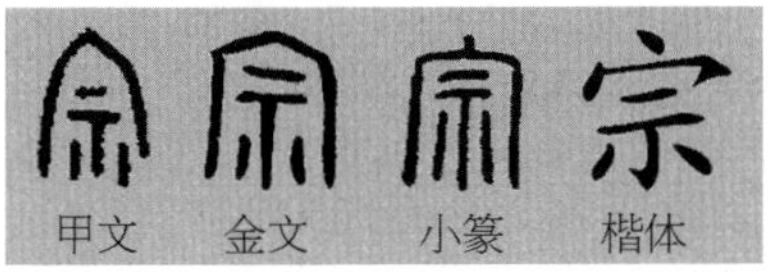

“**宗 zōng**”，《说文》释为：“宗，尊祖庙也，从宀，从示。”这是说：其中的“示”表示“神主”，“宀”则表示屋室，乃是依据宗庙建筑造出的一个字《晋书·礼志》记载：“古无墓祭之礼。”上古先民举凡祭祀祖先，都在特意修建的宗庙或享堂里进行的。这一建筑类型，源远流长，故宫东边的劳动人民文化宫，即清代皇族的宗庙。

甲骨文的两款“宗”字，意义相同，其上半部均表示屋室，屋室下的“⊥”乃是神主牌位，上边和两旁的小点表示供奉的物品。金文、小篆以及楷书的“宗”字，均缘此而来，形体上没有什么变化。

“宗”的本义为祖庙，即供奉祖宗、先人牌位的房子。供奉同一祖先者皆为其后人，因此，引申出“宗族”之义。由“宗族”又引申指同一祖师传下来的流派，如“宗派、禅宗”等等。祖先，为后人所尊奉、尊崇，由此又引申出归向之义，如“宗仰、朝宗”；祖宗是人身之根本，由此又引申为本源、主旨，如“宗旨、万变不离其宗”等等。祖宗的后人乃是一批人，因而，“宗”又引申为量词，指“件”或“批”，如“大宗物品、一宗事”等等。

"宗",也是一个偏旁字。汉字中,凡以"宗"为造字构件者,均有上下相通、一脉相承之义,如"综、棕、踪"等等。

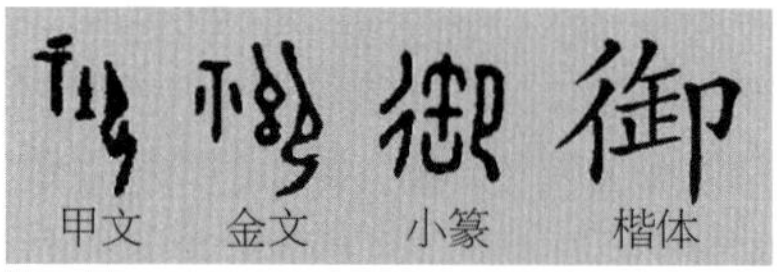

"御 yù"是"禦"的简体,这是一个会意字。甲骨文的"禦"字,右边为跪跽之男人,左边是一个"示"表示献祭,中间是一个表示脐带的"午"。以会意方式,特指祈求人丁兴旺的"育产"祭祀。金文的"禦"字,形象特指更为明晰。小篆的"禦"字形体发生整合,并且增添了一个"彳"旁表示通畅,楷书缘此写作"禦",汉字简化时,借"御"为"禦"的简体字。

"禦",《说文》释为:"禦,祀也。"即祈求人口繁衍的育产祭祀。上古时代,高出生率,高死亡率,极低的增长率乃是人口生产的基本特征。据统计,史前社会,婴儿的死亡率高达50%以上,旧石器时代世界人口百年增长率不超过15‰,新石器则不超过4‰。因此,依赖出生率和成活率来求得氏族和部落的生存延续,其意义格外不寻常。这种现实需要,导致史前人类产生了炽盛的生殖崇拜和育产祭祀。"禦",正是这一特定历史环境下的产物。

春秋以降,人口数量大增,血族"群团"被地域社会所替代,人口的多寡,不再是氏族、部族生存与否的首要条件,因而,祈求人口繁衍昌盛的"禦祭"逐渐消亡。因为这种祭祀久已消亡,汉字简化方案规定,以"御"承担"禦"的词义,宣布了"禦"字的消亡。

"福 fú",这是一个会意字。甲骨文的"福"字为左右结构;左边是一个表示神主牌位的"示",右边是一个表示酒器的"酉"。酒象征着生活的丰富完备,能给人迷狂状态下的一种"幸福"感觉,因而以酒祭祀祖先神灵,则有乞福和报神之福的双重意义。金文的"福"字与甲文相似，小篆将酒器之形割裂为“畐”，楷书缘此写作“福”。

“福”的本义为“赐福、报福”。《说文》因此释为：“福，佑也。”如《左传·庄公十年》：“小信未孚，神弗福也。”这是说：小诺言都不兑现，神不会赐福的。“福”用作名词时，由“有神佑福”之义，引申表示幸福、有福气，与“祸”相对。如《老子》五十八章：“祸兮福之所倚，福兮祸之所伏。”现代汉语中，则有“福分、福星高照、福贵临门”等词语。

“祸 huò”，原本是一个象形字。甲骨文的“祸”字是用一块有“凶兆”的卜骨表示祖先不佑、神灵降灾；第二款的“祸”字，干脆用狗叼走卜骨来会意祸患之到来。金文的“祸”字在第一款甲文的左边增添一个“示”旁，表示以祭祀的方式驱祸避祸；在卜骨下又增添了一个“口”，强调祸自神灵口中所出。因此，演变为一个会意兼形声字。小篆的“祸”字秉承金文，楷书与其一脉相承，写作“祸”。

在古人心目中，天灾人祸是有区别的：“祸”乃是人为造成，是违背祖先神灵意旨所造成的，是祖先神灵不再佑护的结果；“灾”是自然发生的，包括水、火、旱、荒等自然灾害。《说文》因而释为：“祸，害也，神不福也。”由此可知，“祸”的本义为神灵不佑而造成的祸事。词义扩大后，又引申为一般意义上的祸患灾难，与“福”相对。如《汉书·匈奴传》：“兵连祸结三十余年。”灾祸会给人造成危害，因而，“祸”又引申指危害、损害，如成语中的“包藏祸心、祸国殃民”等等。

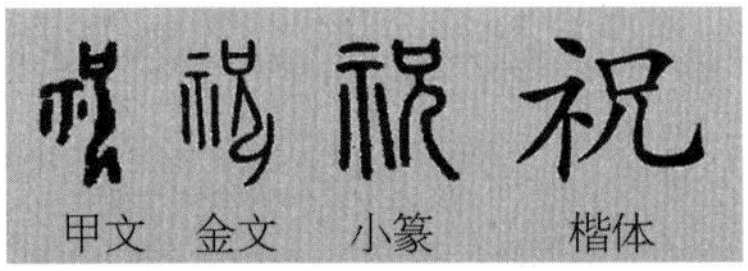

“**祝 zhù**”，这是一个会意字。甲骨文的“祝”字，右边是一个“兄”，本义为会说话的儿童；左边是一个“示”，乃祭祀时的神主牌位。这里，两形会意，表示面对供桌在神灵面前的祈祷，表示祭祀者跪于神主前念念有词。金文、小篆以及楷书的“祝”字，与甲骨文一脉相承，形体相似，仅仅书写笔式有所不同。

“祝”，《说文》释为：“祝，祭主祭词者。”意谓用言词告神求福的人，如“巫祝”一词，又引申指祭祀者口中的祷词，如《汉书·淳于髡传》：“见道旁有禳田者，操一豚蹄、酒一盂，祝曰：‘瓯窭满篝，污邪满车，五谷蕃熟，穰穰满家。’”这则寓言，讽刺用一只猪蹄，一杯酒便想贿赂神，达到五谷丰登，仓溢库满、满屋满室盛不下者的奢望。其中的“祝”即为祷词。由告神祈祷之义，又引申泛指对良好愿望祝福，如“祝寿、祝贺、祝酒”等。

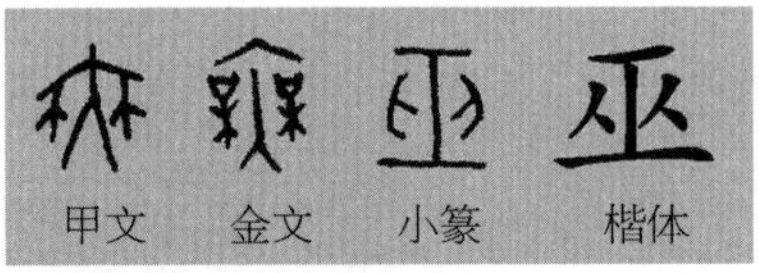

“**巫 wū**”，《说文》释曰：“巫，巫祝也，女能事无形以舞降神者也，象人两褎舞形，与工同意。古者，巫咸初作巫。”这是说：“巫”是祭祀时，口中嘟嘟囔囔领头唱念祷文的人；“巫”是祭祀时以舞蹈让神灵下凡的女人。

实际上“巫”字是一个会意字，由横竖交叉的两个穿通符号“工”组成。这一点上，“巫”与“工”字的词义引申方式相似，“工”，由工具引申为职业名称，“巫”则由行为特征引申为职业名称。“巫”即能够上下左右都贯通，打破时间和空间界线的人或其行为。古代的“巫咸”，最初就叫做“巫”。许慎的论述，可归结为两点：一，巫就是领头念祷文和跳舞的女人；二，“巫”和“舞”同源。因此可知，“巫”的本义，指那借用舞蹈和歌唱手段在迷狂状态中呼唤“神灵”的人。即后世所称之为"巫婆"的人。

小篆的"巫"字,将横置的穿通符号割裂演变为"[illegible]",楷书缘此而来,写作"巫"。

"巫"在古代不分男女,后世始以男巫为"觋",女巫为"巫"。大约在春秋战国时期,"巫"由祭祀中的主角分化而出,特指以借助神鬼附体,装神弄鬼,替人祈祷禳灾为职业的女人。如《后汉书·襄楷传》:"多巫觋杂语。""巫"亦为地名,如巫山。"巫",现今也是姓氏之一。

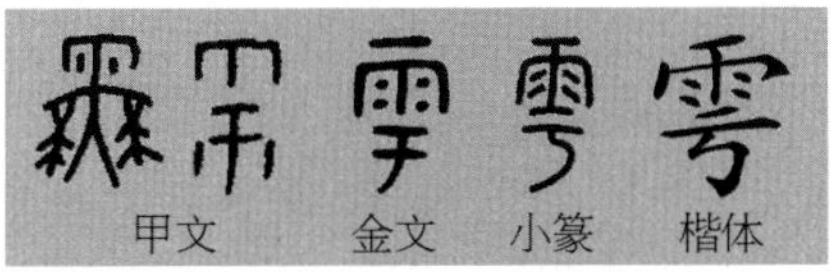

"雩 yú",这是一个会意字。甲骨文的"雩"字有两款,均为上下结构:其一,从雨从無(舞)写作"[illegible]",上为雨的象形,下边是一人手持松柏枝叶,正翩翩起舞;其二,从雨从于,上部仍为雨的象形构意,不过雨点已落在了下边,下部是一个"于"字,表示模仿风声的大声呼叫,以感应天地神灵。两字构形不同,但表示的都是以舞乐降神,祈雨弭旱之义。

金文的"雩"字,承接甲文的第二款,只是雨点上移,上边的"雨"字更为直观象形。小篆和楷书的"雩"字,与金文构形基本相同,只是下半部的"于"字演变为同音同义的"亏"(yú)。

"雩",乃是上古时代以舞乐求雨的一种祭祀活动。《说文》释为:"雩,夏祭乐于赤帝以祈甘雨也。"古代汉语中有"舞雩"一词,如《周礼·春官·女巫》:"旱暵则舞雩。"这是说:大旱来临,人们便会跳舞呼叫祭神祈雨。至于这种祭祀与下雨有什么关系,古代学者荀子在《天论》一文中说:"雩而雨,何也?曰:无何也。犹不雩而雨也。"

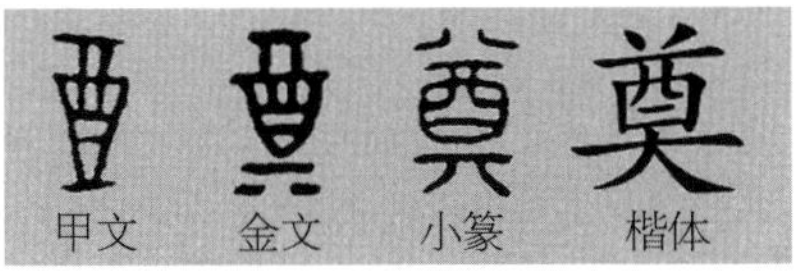

"奠 diàn",这是一个会意字。甲骨文的"奠"字,为"酉"在"一"

上。“酉”，表示酒尊；“一”在这里表示置放酒樽的台板，也表示高高置放的意思。金文的“奠”字，不仅把酒尊刻画的更为美观，下部增添的“π”，表示置放在案口之上。小篆缘此而来，楷书在隶变后写作“奠”，其构形与小篆完全相同。

“奠”的本义为陈设酒器，以酒祭祀祖先神灵。《说文》释为：“奠，置祭也。”“从酋。酋，酒也，兀，其下也。”在《仪礼·士丧礼》中则有：“奠脯醢醴酒。”这是说：用脯(肉)醢(酱)醴(淡酒)酒来祭奠。由陈设酒器之义，又引申为一般意义上的安放或置备。如《礼记·内则》中的“奠之而后取之”，以及“奠基、奠定”等词语，其中的“奠”均用作安置之义。

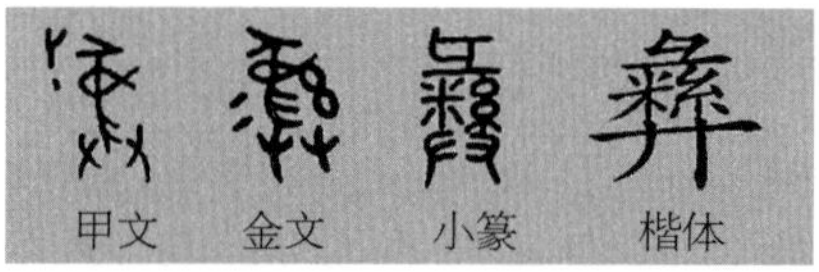

“彝 yí”，这是一个会意字。甲骨文的“彝”字，下部为两只手，上部为一只禽鸟的图形，双翅被折在背上，左边的“⺈”形符号，表示割断禽鸟脖子后，血液正在一滴滴下落。这一情景，乃是殷商祭祀活动中的常备节目。商民族源自黄河下游，原本是一个长于捕猎禽鸟，并且以猎食鸟类为生活来源之一的民族(这也是商民族对弓箭情有独钟的原因)。以鸟血献祭，既是祭祀习俗的继承，也是对先祖业绩的追溯。

金文的“彝”字更为形象。鸟背之上增“系”以为绳索之形，鸟腹下的血滴更为直观。小篆的“彝”字发生讹变，鸟的头翼变成了“彑”，血滴演变成“米”。楷书缘此写作“彝”。

鸟形彝器

“彝”的本义为以鸟血献祭。这种祭祀形式源远流长，与商民族的历史密切相关，因而，在殷商时期，出现了各种鸟形青铜祭器。又因这类祭器的特殊含义，进而成为青铜祭器的总名。《说文》因此释曰：“彝，宗庙常器也。”如《左传·襄公十九年》：“且夫大伐小，取其所得以为彝器。”这是说：大国征伐小国，获取小国的青铜来制造宗庙常器。“鸟祭”为祭祀之常有，“彝”为宗庙之常器，进而引申出了常理、法度之义，如古汉语中的“彝常”一词。

彝族，现为我国少数民族名，分布在云、贵、川之山地。

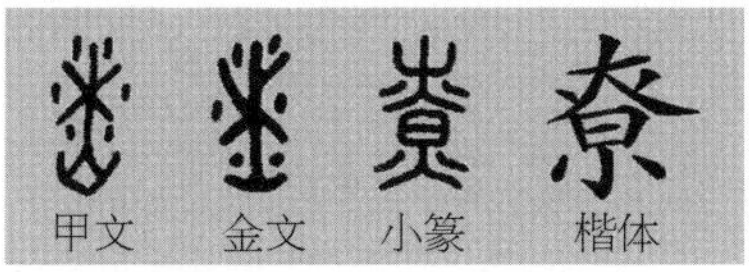

“**尞 liáo**”，是一个会意字。甲骨文的“尞”字，下为火，上为木，木上众多小点表示火星飞溅，也可视作柏枝燃烧时的“劈啪”响声。金文的“尞”字与甲文相似，只是下边的“火”有些形变。小篆的“尞”字，在演变过程中发生讹变，中间增添了一个“日”，表示火光通透、明亮；为形体美观，上边“木”字的一竖未能延伸下来。楷书承接小篆，在隶变过程中又将下部的“火”字省变为“小”，因而写作“尞”。

“尞”是殷商时期的一种祭祀方式，《说文》释为：“尞，柴(chái，同柴)祭天也。”上古先民在祭祀祖先神灵时，将松树、柏树的枝叶树干堆置后点燃，让含有清香的烟气升腾，贯达上天以致祭。有时，他们还会在火中放入人牲、牛羊、玉帛或其他祭品，借助火的焚烧，把祭品变作烟气升腾，请祖先神灵享用。《礼记·祭法》孔疏曰：“燔烧于坛者，谓积薪于坛上，而取玉及牲置柴上燔之，使气达于天也。”后来，人们在“尞”旁增“火”写作“燎”，既用来指称这种祭祀方式，也表示一般意义上的焚烧。

“尞”字是一个偏旁字。汉字中，以“尞”为组字构件者，大都与木柴燃烧及烟气升达有关，如“僚、缭、寮、嘹、撩、潦”等等。

“**卜 bǔ**”字的构形取义，源自古人用炭条烫灼甲骨。一竖表示甲骨片，右边斜横则表示炭条。卜的发音则源于烧灼甲骨时的爆裂声。金文、小篆和楷书的“卜”字与甲文相似。历经三千多年面目一致，可为象形文字经久不变的典型之一。

殷商时期，商民族几乎事无巨细，都要通过占卜来决定凶吉。诸如征战能否胜利？田猎有无收获？天气会不会降雨？农作物能否丰收？生男还是生女？疾病能不能好转？等等。都要反复在龟甲或牛肩胛骨上烧灼，观看由此产生的卜兆是吉是凶。一般来讲，兆枝向上斜出是吉，向下或歧出则为凶。最后，卜官再把“卜兆”的缘由，卜兆预示的结果，刻写在甲骨上，昭示给众人，这就是甲骨“卜辞”。

“卜”，《说文》释为：“卜，灼剥龟。”此处的“灼剥”即炙烧使其产生裂纹的意思，“龟”则指龟甲。由此可知，“卜”的本义是烧灼龟甲以占卜吉凶祸福。引申泛指各种占卜活动，如《史记·龟策列传》：“蛮夷氐羌虽无君臣之序，亦有决疑之卜，或以金石，或以草木。”占卜是为了预测吉凶，因此，又引申为预料、预测之义，如“吉凶未卜、预卜前程”等词。

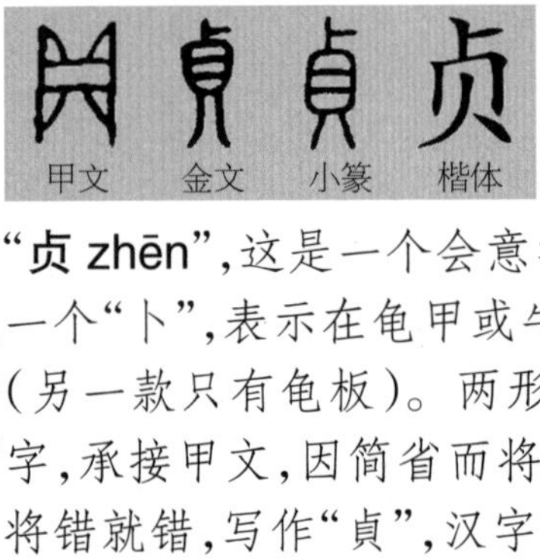

“贞 zhēn”，这是一个会意字。甲骨文的“贞”字为上下结构：上边是一个“卜”，表示在龟甲或牛骨上占卜；下边是一个龟壳的象形白描（另一款只有龟板）。两形会意，表示在龟壳上卜灼。金文的“贞”字，承接甲文，因简省而将下部的“鼎”形讹变为“贝”。小篆和楷书将错就错，写作“貞”，汉字简化时，简化为“贞”。

“贞”的本义为“确有此卜问。”《周礼·春官·天府》：“季冬陈玉，以贞来岁之媺（měi，美也）恶。”古人注曰：“问事之正曰贞。”“问事之正”即郑重其事地占卜询问未知之事。由此，又引申为一般意义上的“实事求是”。如《新书·道术》：“言行抱一为之贞。”由此，又引申出精诚不改之义，如“忠贞不贰、坚贞不屈”等等。

商代的卜甲

封建社会中，“贞”又特指女子不失身或从一夫而终的行为，如“贞节、贞女、贞妇、贞烈”等众多包含着封建礼教的词语。

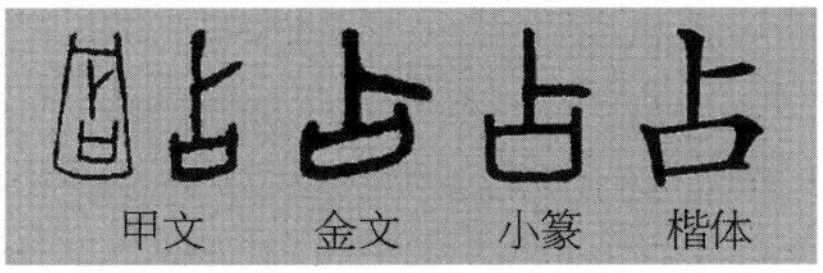

“**占 zhān**”，这是一个会意字。甲骨文的“占”字有两款，繁者多一卜骨之形；简者上边是一个“卜”，下边是一个“口”，两形会意，表示灼龟成卜后对兆纹的解说。金文和小篆的“占”字与甲文第二款相同，楷书一脉相承，写作“占”。

殷商时期，只有“王”才有与祖先神灵交通的绝对权力。因此，卜人在卜卦后，王常常会对兆纹和卜辞进行检验、校正，提出最后的“决断”。这就是甲骨卜辞中的范句：“王占曰”。“占”，《说文》释为：“占，视兆问也。”可见，“占”的本义为观看兆纹、卜辞，最终判断吉凶含义。词义扩大后，又泛指通过察视物象以推断吉凶，如“占卜、占卦、占梦、占星术”等。由此又引申为一般意义上的“测度、察视”，如《后汉书·虞诩传》：“占相地势。”即视察判断地理情况。

上有占语的卜骨

由王的最后决断，又引申为处在某种优先状态，如“占先、占优势、占上风”等等，又由此引申为领有之义，如《晋书·食货志》：“男子一人，占田七十亩。”再如日常语中的“赞成者占多数、成功率占百分之八十”等等。不过此时的读音为 zhàn。

“占”字是个偏旁字。汉字中，凡以占为组字构件者，大都与领有、拥有的意义相关，如“沾、帖、站、粘”等等。

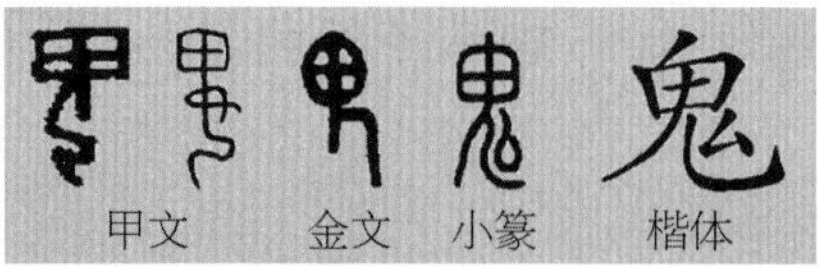

“**鬼 guǐ**”，会意字。《说文》释为：“人所归为鬼，从人，象鬼头。”从甲骨文的“鬼”字来看，这些“鬼”字都有一个男身或女身，有一个形状如“田”字形的大鬼头。在上古先民看来，人活着称为人，人死后为鬼。显然，这里的鬼头，取形于人(不包括王)死后化为白骨的骷髅头。

“鬼”字由人和其死后的头骨造形，既表示人的最后归宿，也表示人与鬼之间的联系。《尔雅》引《尸子》说：“古者谓死人为归。”“鬼”、“归”发音相同，鬼只是人的一种归宿。上古社会，也即造字之时，先民的人鬼观念还比较淳朴。在他们看来，人活在现实世界，人死后会活在另一个世界，只不过是挪了一个“窝”而已。因此，“鬼”字所表示的起初意义，远不是后世巫师戴了面具作神弄鬼的奇异形态，而是生活在另一个世界的人们。

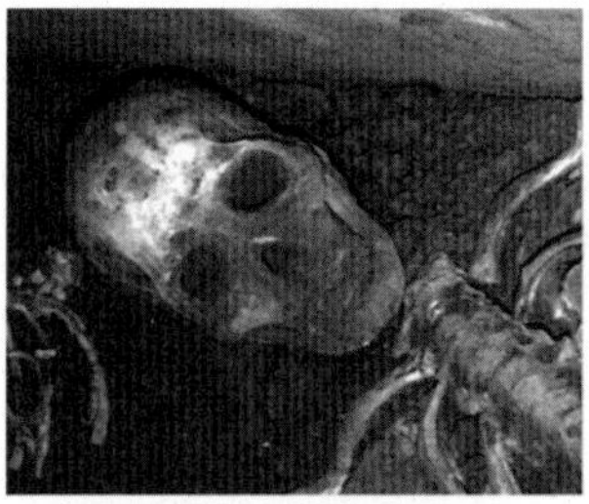
商代妇好墓殉葬人体

小篆的“鬼”字，在演变过程中，右方下侧增加了“厶”形，这是“私”字的初字。古人有阳公阴私的说法，人，活者在阳间，死后归于阴间，小篆增加“厶”形，乃是表示“鬼”们的居所。春秋时代之后，鬼和魂(可以来去自如的东西)才联手进入了人的主观世界之中。后来，“鬼”字又用来表示万物精灵。不过，这已与造字之初的含义相去甚远。

“鬼”是人虚构出来的，是人们赋予“鬼”以超凡的力量。由此，便产生了多种比喻义：如“神出鬼没”，表示隐秘莫测；“鬼鬼祟祟、鬼头鬼脑”则表示阴险，不光明磊落；“鬼天气、鬼地方”，表示恶劣、糟糕；“鬼斧神工、鬼设神施”，表示技艺的精巧；等等。

“鬼”字是一个部首字，凡由“鬼”所构成的汉字，大都与“鬼”或“超凡力量”有关，如“槐、畏、魅、魂、愧”等。

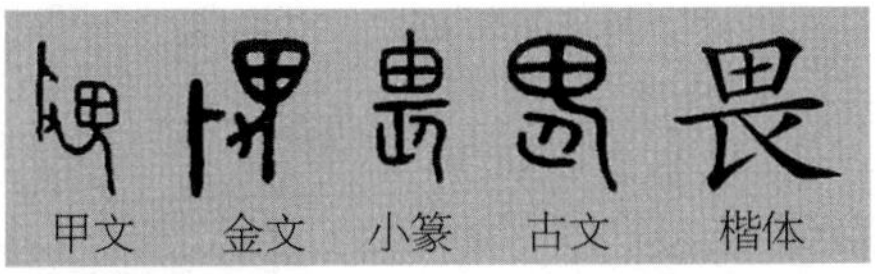

“畏 wèi”，这是一个会意字。甲骨文的“畏”字，像鬼持棍棒之形。殷商民族对人死后的白骨，尤其是骷髅头，有一种本能的惧怕心理，认为它们能作祟于人，令人生病或梦魇。白骨之鬼执杖而行，乃可畏之象。金文的“畏”字与甲文相似，只是棍棒之形稍稍偏下。小篆的“畏”字发生讹变，鬼头变成了“田”字，鬼身变成了左下部的“人”字，持杖之手则是亦非似。楷书缘此而写作“畏”。

战国漆画图案中的异样男女

“畏”的本义应为鬼作祟，不过此义早已消逝。人们常用的乃是“畏”的抽象之义，即畏惧、害怕。《老子》七十四章：“民不畏死，奈何以死惧之。”其中的“畏”即用作畏惧。《战国策》中描述“狐假虎威”这一寓言时，有“虎不知兽畏己而走也，以为畏狐也”。其中的“畏”也用作本义。由“畏惧”之义又引申为“敬服”。如《论语·子罕》：“后生可畏，焉知来者之不如今也。”这是说：年轻人让人敬服，怎能知道以后他们不超过今天呢？

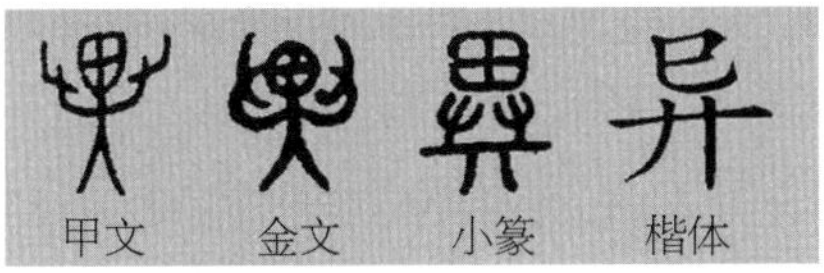

“异 yì”是“異”的简化字。甲金文字中的“異”字，像一个人双手向上，戴鬼头面具于头上的形状。小篆字形将金文分而化之，鬼头、人手和人身成为三截。楷书因袭小篆，遂与象形相去甚远，面目全非。

“異”字取象，源于上古时期先民们进行祭祀、舞蹈时的化妆：由某人戴上面具，代表祖先或死难亲人进行追悼祭祀。所以，“異”字有“戴”的意思，成为“戴”字的组字构件。由于面具非自身具有，戴上乃是暂时的,最终还要取下,因而,“異”字又有分离之义。《说文》释为:“異,分也。”指分开或各自相处。《史记》中有:“民有二男以上不分异者,倍其赋。”这是说,家中有两个以上男子,必须让他们分家另过,否则,征收双倍的贡赋。

商代的铜脸壳

“异”,为戴上面具,但人面和面具是截然不同的事物。因而,“异”又指各自的存在、区别或差异,如“大同小异、求同存异”等;又由差别引申为“奇特”之义,如“标新立异、异闻、异彩”等;又引申为惊奇之义,如“诧异、惊异”等。“异在、异乡、异族、异域”等词,则用来表示“另外”的意思,如唐代诗人王维在《送晁监还日本》一诗中,用“别离方异域,音信若为通”表达了中日友好往来之间的睦邻之情。

三、说三道四话学校

数,源自生产及生活中的计算。上古时代,人们曾以玉贝、竹木、果品等作为计数的工具。这一行为,从发生学的角度看,与今日儿童的计数没有本质性的差别;然而,向他人表示数量,除语言外,最直观而实用者,非手指计数莫属。正如郭沫若所说:“数生于手,古文一二三四作一二三亖,此手指之象形也。”实际上,五、六、七、八、九、十也源自手势语言。在下文中,将叙述人类的十个手指,连同十个足趾,如何在原始的计数以及数字表达中发挥重要作用。

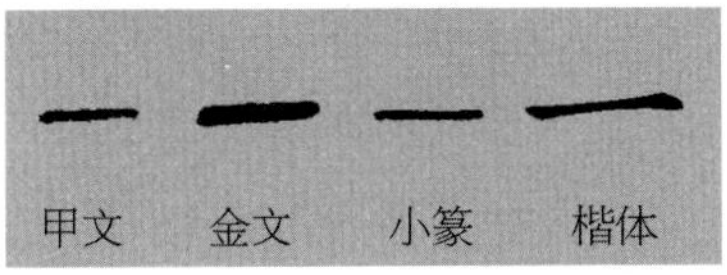

一画为“一 yī”,这是一个象形字。古文字中的“一”字,乃是一根手指伸出,即右手食指伸出的象形描述。现今楷书的“一”字,乃是古文字的一脉相承。

“一”,《玉篇》释为:“一者数之始也。”《说文》曰:“一,惟始太始,道立于一。造分天地,化成万物。”这是说,一是最小的整数,同时是万事万物的原始,是单纯的唯一,因而“一”又有同一、全体之义。古人又认为分开来有万事万物,合起来是一个整体。如《管子·形势》:“异趣而同归,古今一也。”因此,“一”又引申为归一、整体之义,如《礼记·杂记下》:“一国之人皆若狂。”

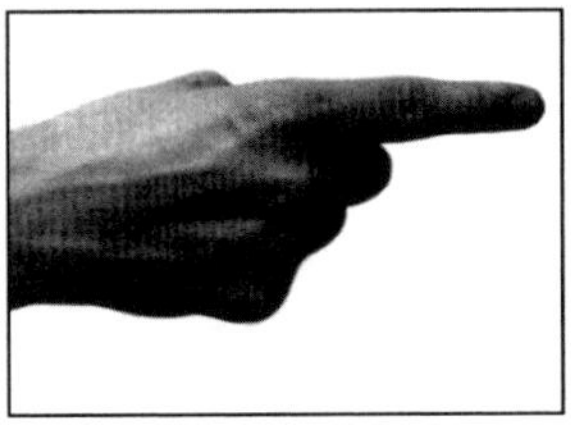

“一”是最小的整数，因而又有数量小、少许的意思，如《庄子·徐无鬼》：“一闻人之过，终身不忘。”其中的“一”即作“少许”讲。由此又引申指动作的短暂、两种状况的接续，如“歇一歇再走、一到春天就刮风”等等。

“一”的大写为“壹”。“壹”字“从壶吉声”，本义为专一不二。因音同意近而假借为“一”的大写。《通俗编·数目》曰：“今官府文书，凡其记数，皆取声同而点画多者改用之。于是壹贰叁肆之类，本皆非数，借以为用，贵其不可改换为奸耳。”

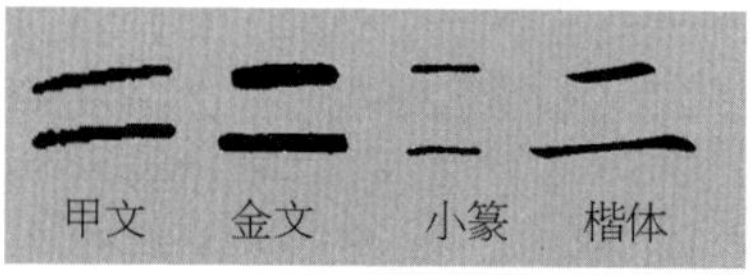

“二 èr”，这也是一个象形字。古文字中的“二”，乃是两根手指伸出，即右手食指和中指伸出，以手掌面对他人时的象形描述。从甲骨文始，金文、小篆、楷书均为上短下长以两横构形。

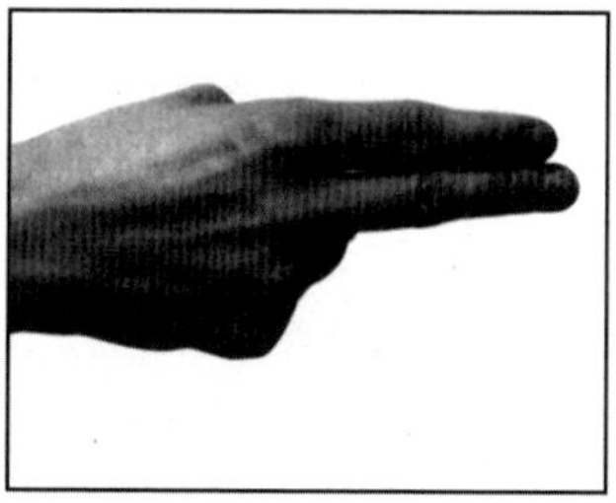

“二”的本义为数目字二，即两个，如成语典故中的“二桃杀三士、不二法门”等；又引申为第二，表示次一级的意思，如“二年级、二等货”等；又引申表示两样、两类，如“言无二价、二者必居其一”。

《西游记》中有一段故事，讲的是唐太宗李世民病危，奄奄一息，臣子魏徵知他已魂到阴间，便托阴间旧友判官崔珏设法营救。当崔判官翻阅生死簿时，见到唐太宗的死期是贞观一十三年时，大吃一惊，如不设法窜改，李世民之魂便回不了阳间。他急中生智，便在一十三年的“一”上添加二画。后来阎王见生死簿上唐太宗名下还有二十年阳寿，便让李世民返本还阳了。小故事包含一个道理：小写数目字容易窜改。为弥补这一缺陷，西汉开始流行大写数目，到唐代的武则天时，官方正式规定“壹、贰、叁、肆、伍、陆、柒、捌、玖、拾”这十个大写数字，后人称之为“会计体”。

“二”的大写为“贰”。现代汉语中，“贰”除用为“二”的大写外，还表示不专一，如“贰臣”，即指封建时代的前朝官员投降新朝又当了官的人。“二”与“两”义同，但用法有别。“两”除用在百、千、万、亿前，表示数目“二”以外，用在一般量词前，主要指成双配对的事物，如“两个黄鹂鸣翠柳”等，“二”则表示一般的数目字。

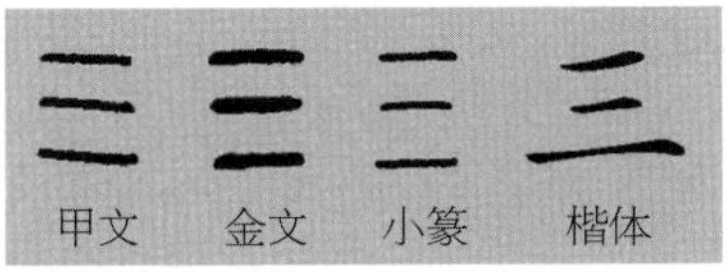

“三 sān”，介于二和四之间的整数。甲骨文的“三”字，来源于三个手指伸出，以手掌面对他人时的象形描述。金文、小篆和楷书体的“三”字，由甲文一脉相承而来。

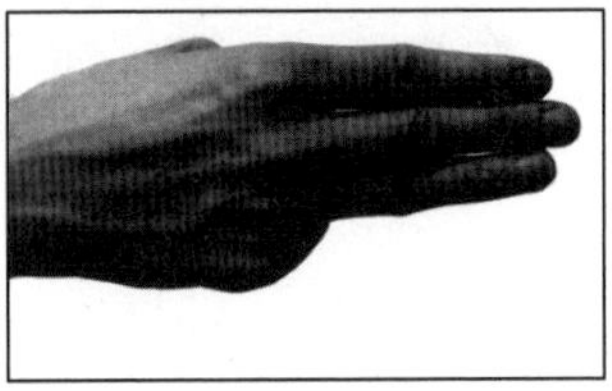

“三”的本义为数目字三。如《左传·庄公十年》：“一鼓作气，再而衰，三而竭。”成语典故中有“三顾茅庐、三纲五常、三榜定案、三人行必有我师”等。其中的“三”均为数目字“三”。在古人看来，凡事不过三，因此“三”又表示多数、多次。如《诗·魏风·硕鼠》：“三岁贯汝，莫我肯顾。”再如成语中的“三思而行、三人市虎、三盈三虚、三令五申”等等，其中的“三”均为虚指，表示多数、多次的意思。

“三”的大写为“叁”，这是把古文中的“参”字下部的三撇拉平后，再造的孳乳字。

“四 sì”，介于三和五之间的整数。甲骨文作“亖”，以四指并出，横立胸前的构形为物象本源。至春秋时期，金文的“四”字，重起炉灶。以五指卷曲，大拇指藏于四指之内，拳头伸出面对他人时的图像，为“四”字的构意：方框为拳头的外部轮廓，中间的两竖为中指和无名指。金文中另

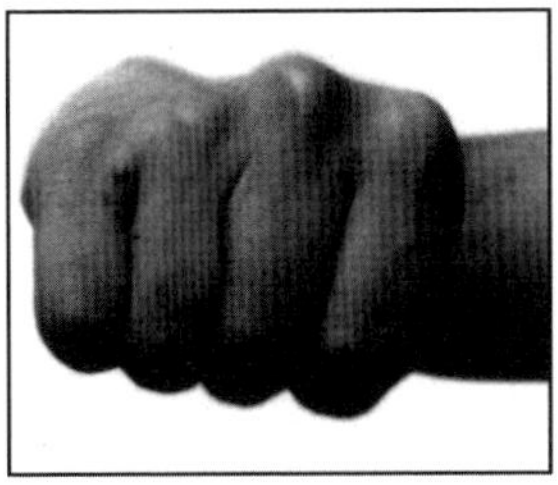

一款的“四”字,乃拳面向上时的图像,框内下部的横曲线为四指关节的写意表述。小篆和楷书的“四”字,秉承金文,构形上没有什么变化。

“四”的本义为数目字四,如成语典故中的“四分五裂、四面楚歌、四海为家、四体不勤”等等。又表示序数第四,如《尚书·洪范》:“一曰水,二曰火,三曰木,四曰金,五曰土。”

“四”的大写为“肆”。“肆”的本义为陈设,用作“四”的大写,乃是同音假借。清代朱骏声在《说文通训定声》中说:“今官书数目一二三四作壹贰叁肆,所以防奸易也。”

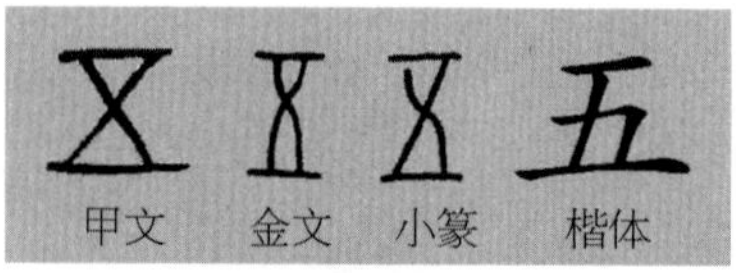

“五 wǔ”,也是一个象形字。甲金文字中的“五”字,源自手掌向上,面向他人时的一只手掌。五指为画过于繁琐,手掌描绘又容易与古文字中的手、有等字混淆。因此,聪明甚至有些早熟的殷商先民,以手掌作“五”的上下边框,把上部的四指和掌心分割为两半,且以交叉的“×”表示。即上部三角表示四指,下部三角为掌心和大拇指,上下相合即为手掌,手掌乃五指,因以表示“五”也。小篆的“五”字秉承金文,为形体美观,对称中有变化,将左边的斜竖变为曲线下延。楷书在隶变过程中,又将这条曲线演变为“横折竖”,这就是今日的“五”。

“五”的本义为数目字五。成语典故中有“五内俱焚、五世其昌、五体投地、五十步笑百步”等,其中的“五”均表示数字五。

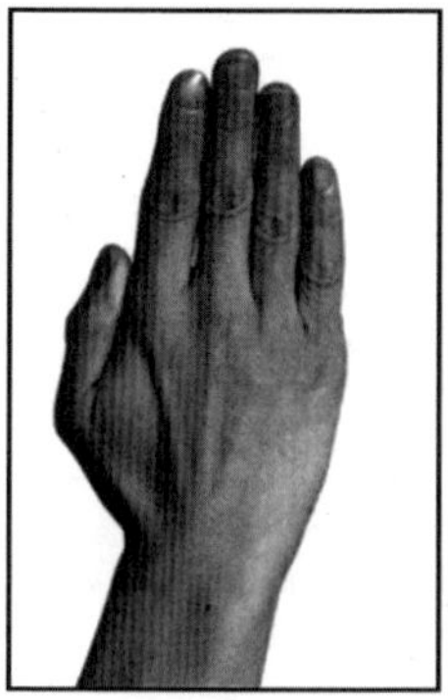

“五”的大写为“伍”,但“伍”的本义是一个表示团体的量词,即五人组成的集体,特指古代的一种兵民组织,如晁错《募民徙塞下疏》:“使五家为伍,伍有长。”“伍”用作五的大写,乃是音同义近的假借。

“五”是汉字中的重要造字构件。例如,“吾”

以手掌捂口时发出的“呜呜”强辩声表示自我。“语”以言、吾会意表示低声交谈等等。

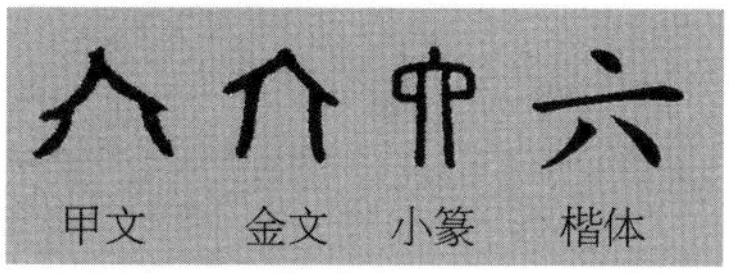

“**六 liù**”，数词，五加一的和。甲、金文中的“六”字也来自手势语言。如图所示，这是伸直拇指和小指，卷曲其余三指，手臂向下所表示出的手语。“六”乃是对这一手语作出的象形描绘：上部的三角形“∧”表示手腕和手背，下部的两撇表示分头伸出的拇指和小指。

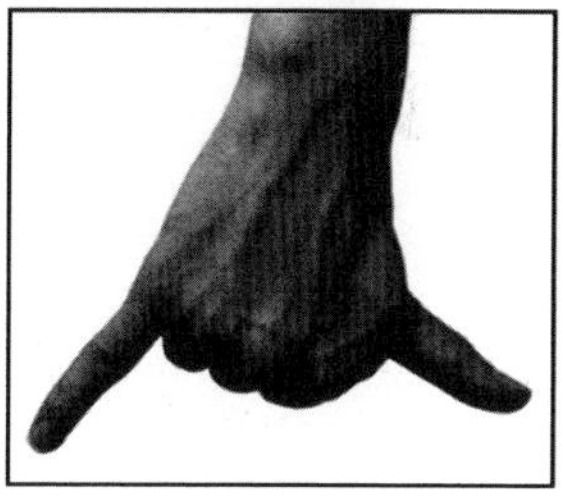

小篆的“六”字承接金文，但为了形体的美观圆润，失去了象形的韵味。楷书在隶变的过程中，又将手背讹变为一横，写作“六”。

“六”的本义为数目字六，即五加一。如“六畜兴旺”中的六畜，即马、牛、羊、猪、狗、鸡。“六书”则指古人归纳出来的六种造字方法，即象形、指事、会意、形声、转注、假借。“六亲”则指父子、兄弟、姑姊、甥舅、婚媾(妻的亲属)、娅亚(夫的亲属)所包含的亲属关系，也可解释为父、母、兄、弟、妻、子这六种亲属关系。“六根清净”来自佛家学说，认为修行佛法的人达到“眼、耳、鼻、舌、身、意”这六根于“色、声、香、味、触、法”六境不染时，即为“六根清净”。

“六”的大写为“陆”。“陆”的本义为高出水面而地势平坦的土地，这里是同音假借。

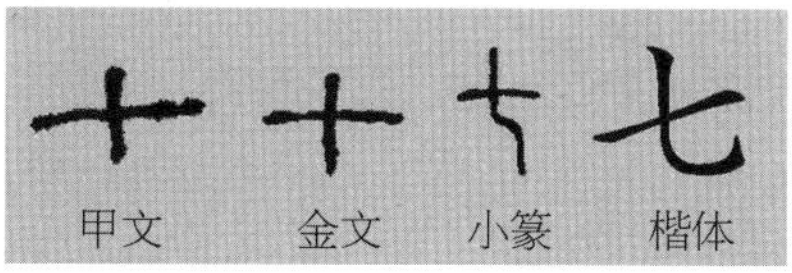

“**七 qī**”，介于六和八之间的整数。甲骨文的“七”字也源自手势语的象形描绘：三指卷曲，食指前伸，大拇指伸直后抱拳于胸前，即形成横长竖短的“**+**”字。金文的“七”字秉承甲文，横画为长，表示食指和手臂形成的直线；竖画为短，乃表示大拇指和手背跟部形成的

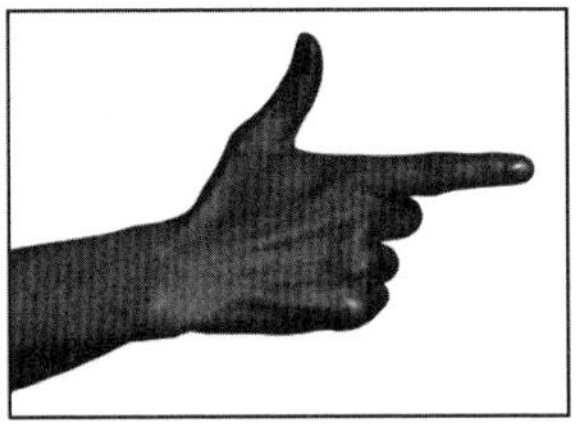

竖线。小篆为了美观圆润,也为了与“十”(古文的壹拾)相区别,将竖画弯曲延伸写作“七”,楷书在隶变过程中演变为“七”。

“七”的本义为数目字七,如“七窍流血、七上八落”等。又表示序数第七,即五加二。如白居易《长恨歌》:“七月七日长生殿,夜半无人私语时。”“七”的大写为柒,“柒”乃是“漆”字的异体字,“漆”本指漆树,也指漆树的胶汁,“柒”因音同而假借,遂成为“七”大写时的专字。

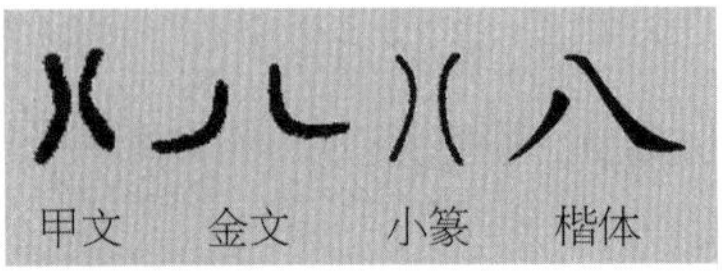

“**八 bā**”,《说文》释为:“八,别也,像分别相背之形。”实际上,甲、金文字中的“八”,也源自手势语言。把拇指和食指分开,便构成了“八”的撇捺相背之形。不过,古人表述“八”时,是手臂下伸,虎口向下或向着他人,不同于今人的虎口向上。小篆的“八”字秉承篆体的圆润通则,将撇和捺都表述为曲线;楷书将其校正,写作“八”,与手势语言更为接近。

成语中的“七上八下、七上八落”便源自七八两种手势的转换,而不是所谓的“十五个吊桶打水”。

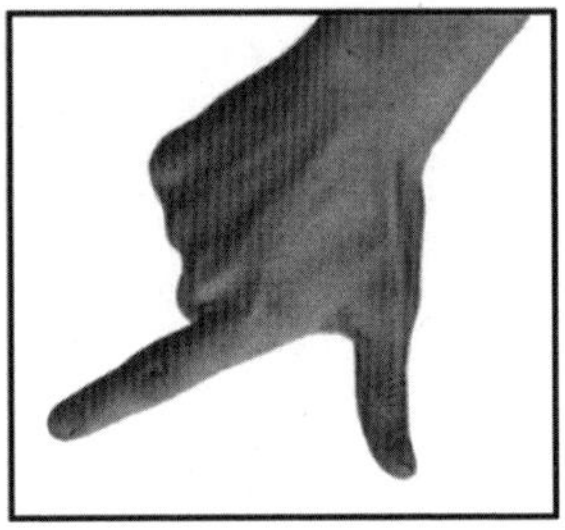

“八”的本义为数目字八,即十减二。如“八仙过海、八卦六爻、八国联军、八股文章”等等,其中的“八”均表示数目字八。“八”也可引申指各个方面,如“四面八方、四通八达、八方神圣”等;亦可泛指“很多”,如“离这儿有八丈远、八竿子打不着”等等。

“八”的大写为“捌”。“捌”字是一个再造字。古汉语中,八、别古音相近,而且“八”字的构形为撇捺分叉,像分别相背之形,世人用“别”为声旁,添加提手旁,新造“捌”为“八”的大写。

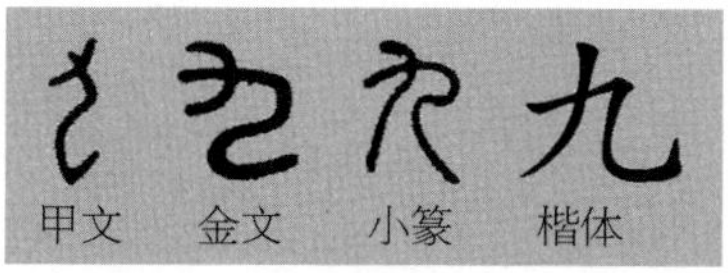

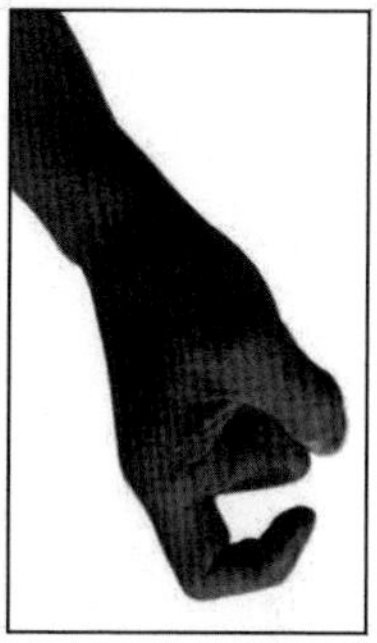

“九 jiǔ”，这是一个会意字。甲骨文的“九”字，看似一体，但实为两个字符组成：上部的“乂”乃手（又）的象形，与甲文的“手”字构形成全相同；下部则是食指弯曲如钩，其余四指卷曲的手形描写。与今日表示“九”的手势语言相似，区别只在于古人是手臂向下。金文的“九”字基本结构未变，只是下部的卷曲食指有所变形，这乃是为了适应汉字的方块形状所作出的变化。小篆和楷书缘此而写作“九”。

“九”的本义为数目字九，即十减一。《史记·驺衍列传》：“中国之外，有赤县神州者九。”成语典故中的“九儒十丐、九九归一”等等，其中的“九”均用作本义。在中国人的数字观念中，“九”为最大，“九”为最多。因此，诸如“九牛一毛、九死一生”中的“九”都泛指其“多”；诸如“九五之尊、九霄凌云、九重天”中的“九”，都指最大或事物的极致。

“九”的大写为“玖”。“玖”原本指次于玉的黑色美石，唐代武则天执政后，因音同而假借为“九”的大写。

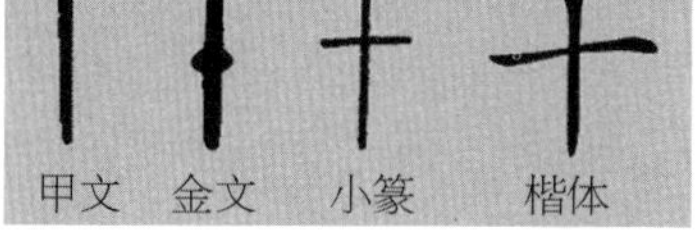

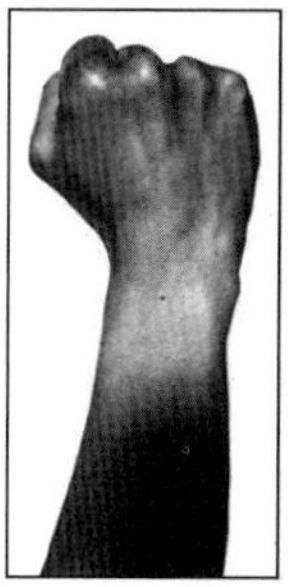

“十 shí”的本义为壹拾，乃比九大一的整数。甲骨文的“十”字为一竖画，这乃是拳头握紧，小臂向上，以拳头和小臂形成竖直线的象形描述。金文的“十”字仍为一竖画，只是在中间增加了一个圆点，强调壹拾之义。小篆的“十”字，为了演变成方块汉字，将金文的圆点讹变为一横，形成了竖长横短的“十”字。楷书缘此写作“十”。

“十”的本义为数目字十，如佛教中的“十戒”，封建王朝颁定的“十恶不赦”等。十代表着双手手指的全部，因而，又引申表示完满具足的意思，如“十足、十分、十全十美”等等。古代又指十倍，如《孙子·谋攻》：“用兵之法，十则围之，五则攻之，倍则分之。”

“十”的大写为“拾”。“拾”的本义为捡起来，因音同而假借为“十”的大写。“十”也是汉字中十分重要的造字构件，如“直、隼、氏、民”等，其中的“十”均表示直上或直下。

“百 bǎi”，这是一个会意字。甲骨文的“百”为“一白”二字的合文。上面的一横表示一个；下面的“白”来自人的嘴巴，构意为男人嘴上的胡须。如图所示，甲骨文的“百”字，乃是在“口”的内里再套加一个“口”，即“∧”或“△”形符号，表示胡须为一百根这一概念，同时，在其上方添加一横画表示一百。金文的“百”与甲文构形相似，只是下部的椭圆变为圆底方形。小篆和楷书一脉相承，写作“百”。

“百”本义为数目字一百。《说文》释为：“百，十十也。”“百”也用来形容事物的很多，如“百家争鸣、百废俱兴、百战不殆”等等。

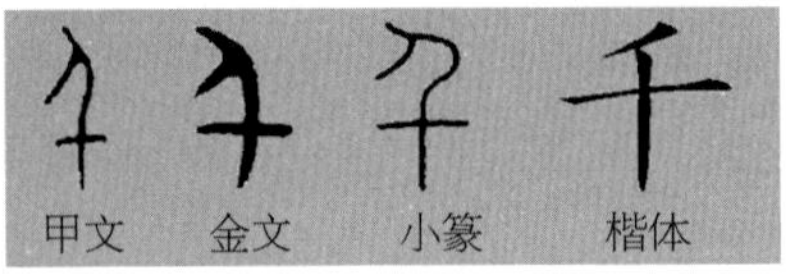

“千 qiān”，这是一个指事造字，假借表义的特殊字。甲骨文的“千”字，乃是在人形的腿上加一短画，强调人腿上的汗毛有千数之多，并以此假借表示数字“千”。在甲骨文中，一千写作“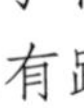”，三千写作“”，五千则写作“”。金文、小篆和楷书的“千”字与甲文构形基本相同，仅仅是“人”形逐渐演变，到楷书时，人形已是有踪无影。

“百”与“千”都源自人体上的毛发。它们是否就是正好一百根或一千根并不重要，重要的是由此形成了一个级差概念。

“千”，数词，假借表义为十个一百，如“一千零一夜、二千三百万人口”等。汉语中，常常引申用来表示“多”，如“千军万马、千言万语、千孔百疮”等，其中的“千”均为虚指，表示很多的意思。

“千”的大写为“仟”，这是在千的旁边另增“亻”旁，表示数字一千的大写。古文中，“仟”字又用来特指千人之长，如《史记·陈涉世家》：“蹑足行伍之间，俯仰仟佰之中。”其中的仟佰即千人之长，百人之长，原本用来指称军队中统兵的官员。

“万 wàn”是“萬”的简体，这是一个象形造字，假借表义的汉字。甲骨文的“万”字，像一只大螯曲尾的蝎子图像。金文的“万”字承接甲文，只是下部增加一个“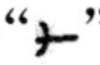”形符号（横置的又），表示蝎子尾巴针刺的突起。小篆的“万”字与金文构形相似，只是下部的木棍拨击之形发生讹变。楷书缘此写作“萬”，汉字简化时规范为“万”。

蝎子，一种喜欢群居的动物，尤其是在交尾时期，更是密密麻麻，成百上千地聚在一起。至今，在黄河沿岸的黄土缝隙中，仍能看到这种情景。大概正是由于这种量的群聚，加上质（毒性让人产生恐惧性夸大）的作用。上古先民假借“万”为数字单位，另造“虿”专指蝎子。《广韵》释为：“十千为万。”

计数是思维能力发展的重要标志，在世界范围内，古代社会只有印第安人和中国人达到以“万”为数的单位。甲骨文中所见的最大数为三万，写作“”。“万”在中国传统的数词中是最大的一个，如四万万同胞，“亿”则是后造的数词。因而，“万”在古代极言其多，如“万物、万言书、万象更新”等。“万”又用作副词，表示程度的高深或极至，如“万恶不赦、万全之策、万不得已”等等。“万岁”一词，原为祝颂、欢呼之语，初始时上下通用，自秦代起专称皇帝。

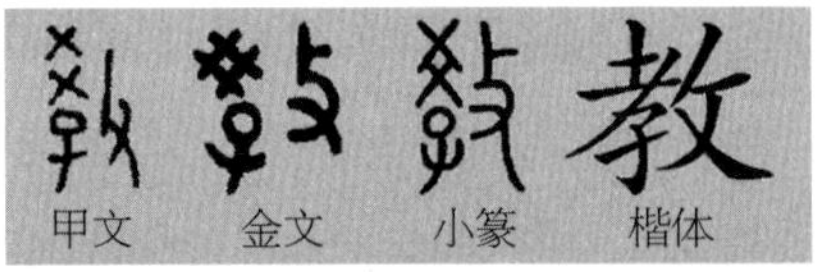

“**教 jiāo**”,这是一个会意字。甲骨文的“教”字“从爻从子从攴”:“爻”取意编札树木,因而有阻止的意思;“子”乃儿童的象形描述;“攴”则为手持鞭杖之义。三形会意,表示成年人手持鞭杖,教导、鞭策少儿学习哪些事不能做,哪些是不可去之处。金文的“教”字与甲文同构,上边的“爻”字相互交错。小篆秉承金文;楷书在隶化过程中,将“爻”字稍稍变异,写作“教”。

上古社会,生存环境极为恶劣。出门便有虎狼虫豹,上路便有陷阱沼泽,非本氏族者便是异类,随时有被捕获杀死的可能。知道什么不可做,什么不能为(教学中的“爻”,也可视作阻塞,不可行驶),在当时乃是经验和知识中的精华,因而,成人前的“教育”必不可少。《说文》释为:“教,上所施下所效也。”

《孟子·滕文公上》:“饱食暖衣,逸居而无教,则近于禽兽。”民间则有“养儿不教如养狗,养女不教如养猪”的俗语。其中的“教”,均表示教导、教育之义。由此,又引申为使令义,如唐代王昌龄《出塞》:“但使龙城飞将在,不教胡马度阴山。”此义有人读作 jiào,又可以写作“叫”。由教导、教育之义又引申指某种学说或宗教派别,如“佛教、道教、儒教、教徒”等等。

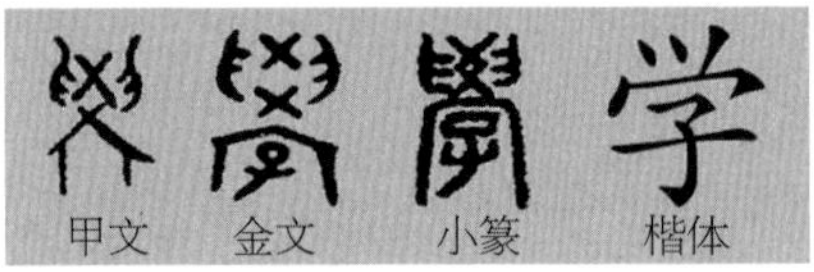

“**学 xué**”,这是一个会意字。甲骨文的“学”字“从爻从臼(双手之形)从宀”:“宀”乃屋室的象形;“爻”乃阻止符号;双手之形则表示用手编札。三形会意,表示在屋室学习生存之道。金文的“学”字在屋室下面增添了一个“子”,明确这是少儿接受教育的场所。小篆和楷书的“学”字与金文一脉相承,楷书缘此写作“學”,汉字简化后写作“学”。

汉代画像石:讲学博士官

《孟子》:“夏曰校,殷曰序,周曰庠;学则三代共之。”《左传·襄公十一年》陆德明《释文》云:“郑人谓学曰校。”《说文》对“校”字的诠释为:“校,木囚也。”可见“校”的本义就是栅栏。古人所谓的学校,就是搞个固定的场所强制儿童读书,如同以篱笆、栅栏限制自由一般。因而,读书的场所称之为“校”,也可称之为“学”。由读书的“场所”之义引申,“学”才有了学习之义。如《论语·为政》:“学而不思则罔,思而不学则殆。”其中的“学”,意谓后起的“学习”之义。

学习是一种仿效,因而引申出“模仿”之义,如“他学鸟叫学得很像”。学习的结果是获得知识,因而引申出“学问”之义,如治学、博学多能。由“学问”又引申表示“学科”,如“数学、文字学、天文学”等等。

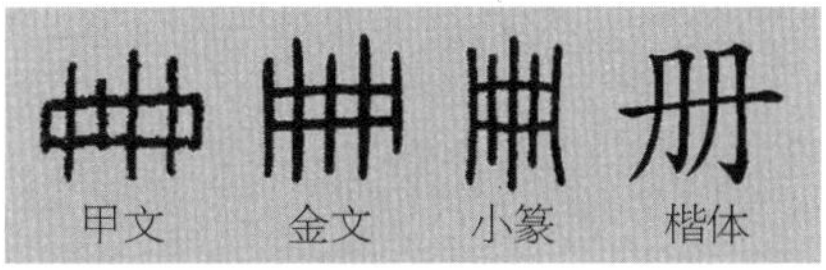

“**册 cè**”,即书简。古时文字多写在竹片或木片上,用皮绳编串起来成为文书、书籍,即“简册”。古文字中的“册”字,其竖画表示写字的竹、木片;封闭为一圈的横画,则表示串联用的皮绳。楷书缘此而来,在隶变的过程中简省为“册”。

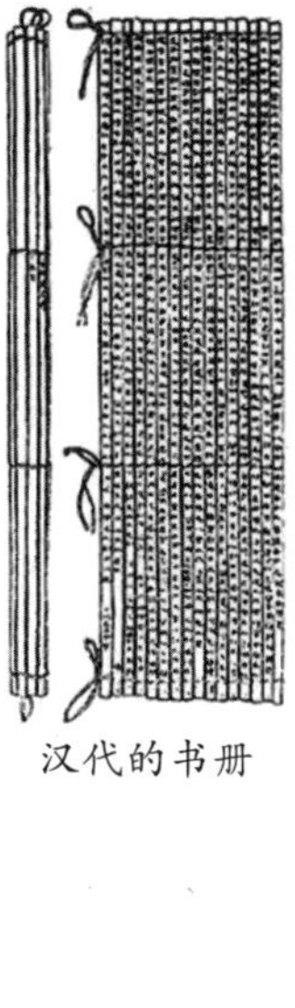

汉代的书册

“册”的本义为“简册”。然而,甲骨文中的“册”字与栅栏的“栅”同字。从甲文的构形上看,其竖有长有短,与战国时代及汉墓出土的简册形制不符:出土的简册由大小长短相同的竹、木片编扎而成,并非有长有短。从社会心理学来讲,殷商民族以刀锲刻骨甲,以陶范浇铸青铜铭文,乃把文字视作一种尊贵、神圣的事物，文字本身就透射着王权、天命。他们为什么要屈尊降格把文学写在毫不起眼的竹片和木片上呢？其次在现存的甲骨卜辞中尚无用作“简册”之义的实例。所以，甲骨文的“册”乃是“栅”的初字。然而，文献之一的《尚书·多士》中有“惟殷先人，有册有典”的记载。甲骨文的“册”字是否就是“简册”的册，只好存疑，但金文和小篆的“册”字，则绝对是“简册”的“册”。“栅”则是“册”的转注本义字。

“册”的词义是书简、简册。现代汉语还可用作书籍、文薄的量词，如“人手一册、第三册”等等。“册”在古代也特指帝王下发的诏书，如“册命、册封”等。

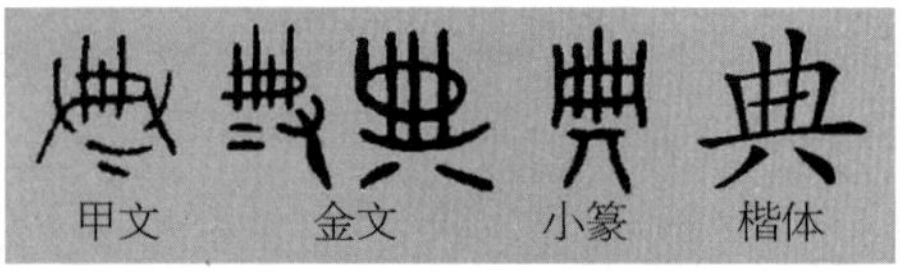

“典 diǎn”，这是一个会意字，甲骨文的“典”字，上部中间是正在编扎的篱笆或栅栏，下边有两根正待使用的木棍，左右两侧是两只手。因此可知，“典”字的本义就是“编制栅栏或篱笆”。由于栅栏与后世文化人的生活日益脱节，因此，“典”字的本义久已消亡，留存下来的只是“典”字的引申义，如质押物品时的“典当”之义，乃是从编栅栏时的阻拦留存义引申而来；“典试”一词中的“主持”义则从编栅栏时的操作义引申而来。

金文的“典”字一分为二：一款仍是甲骨文的承续，只是双手变成了单手；另一款则变“廾”(双手之形)为“丌”(ji荐垫)，分化成为“典册”的典。小篆承接金文的第二款，楷书缘此写作“典”。

“典”字，原指重要的文献、简册或书籍，如“经典、字典”等；由此又引申指前代的文物、制度、故事，如“典故、三坟五典”等；由文献“经典”之义，又引申为标准、法则，如“典范、典章”等；又由此引申出“典礼、仪式”之义，如“盛典、庆典”等。

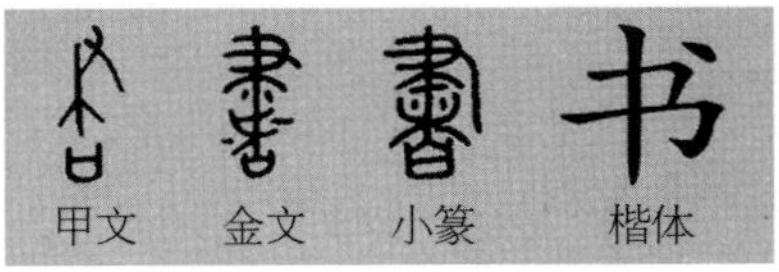

“**书 shū**”是“書”的简体。甲骨文的“书”字是一个会意字:上为人手持笔之形,下部是一个口,表示用笔记录语言。传说上古时代的先民,曾“以竹梃点漆而书”,这种情景大概缘于卜官记录王的占辞。甲骨文的“书”字即取自这一生活现实。金文的“书”字承接金文,只是在“持笔之手”和“口”之间增添了一些点画,演变为“从聿从者”的会意字。“者”的本义为以野火贴地漫延,这里用其“附著”、“涂刷”、“黑色”等之义,表示用笔墨记录语言。小篆的“书”字与金文构形相同,形体更为美观匀整,楷书缘此写作“書”,现今简化为“书”。

“书”的本义为书写、记载。如《礼记·玉藻》:“动则左史书之,言则右史书之。”由此又引申指书写完毕的著作,如“书籍、图书、书册”等。由“书写”之义又引申指文字,如《易·系辞下》:“上古结绳而治,后世圣人易之以书契。”由文字之义又引申出字体,如“篆书、楷书、鸟虫书”等;引申出“书法”之义,如琴棋书画;引申出“书信”之义,如杜甫诗句中的“烽火连三月,家书抵万金”;引申出“文件”之义,如《汉书·刑法志》:“昼断狱,夜理书。”

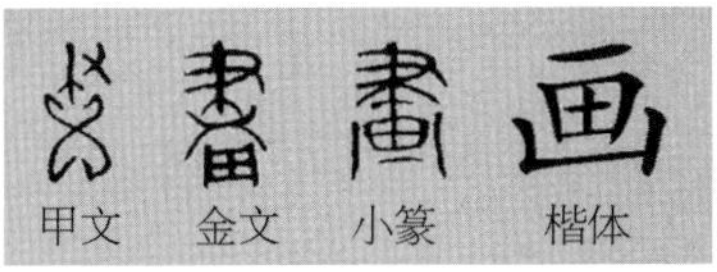

“**画 huà**”的繁体为“畫”。甲骨文的“画”字,为上下结构的会意字:上部是一个“聿”,乃人手持笔之形,下部是一个圆润如画的图案。两形会意,表示以手执笔描影绘画。金文的“画”字承接甲文,只是“聿”下表示描绘的图影颠倒九十度,下部又增添了一个“田”字,表示划分田界的意思。小篆则将描绘的图影框在“田”字四周,楷书缘此写作“畫”,汉字简化方案将其简省为“画”。

“画”,《说文》释为“画,界也”,即划分界线。如《孙子兵法·虚实》:“我不欲战,画地而守之。”由划分界线又引申为“绘画”,如成语中的“画虎类狗、诗情画意”等。由此又引申为名词,表示“图画”之义,如“年画、水粉画”等。书写汉字时,一笔也称之为一画。如唐代韩愈《石鼓歌》:“年深岂免有缺画,快剑斫断生蛟鼍(tuó)。”

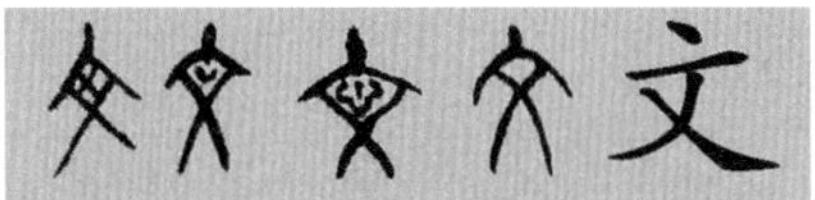
甲文 金文 小篆 楷体

“**文 wén**”,这是一个会意字。甲骨文的“文”字,外部是一个表示母畜生殖器的符号“夂”,内里或“×”或“❤”的交错符号(可视为指示符号),则表示母畜发情时,生殖器的变色及液体流出。金文的“文”字,内中则由一个“心”形符号构成,显示出母畜发情时的情绪骚动。小篆简省掉内里的“心”,楷书缘此写作“文”。

青铜器铭文

从两性交合的角度看,人与动物的不同之处,在于雌性动物有着固定的发情期,只有在“发情期”,动物才进行两性交合。在雌性家畜中,雌马的性欲最为旺盛,其次为雌牛,母猪对公猪也有着像母马一样的热情,狗也差不了多少。如果雌马在发情的时候看不到雄马,它就会离开马厩狂奔而去,一直奔驰直到疲惫不堪为止。在发情期,雌马频频摇动它的尾巴,嘶叫声异乎寻常,并从生殖器流出液体。这种液体和雄马的精液类似但比较稀薄,阴部的颜色也比往日重一些。雌马在发情时非常活跃,跳来跳去,而且多溺。但是过了发情期,雌马的性欲便会消退,要想使雌马怀孕受胎,只好等下一个发情期。

“文”与“闻”同一音系,源自动物发情时的嗅闻。

“文”字取像母畜的发情,其构造框架与甲、金文中的“产、吝、彦、紊”等字相同。在远古时期的先民眼中,观察和获知母畜是否发情,以便及时配种,关系到家养的猪、牛、羊以及马等家畜能否繁衍、发展,乃是生活中的头等大事。当然,

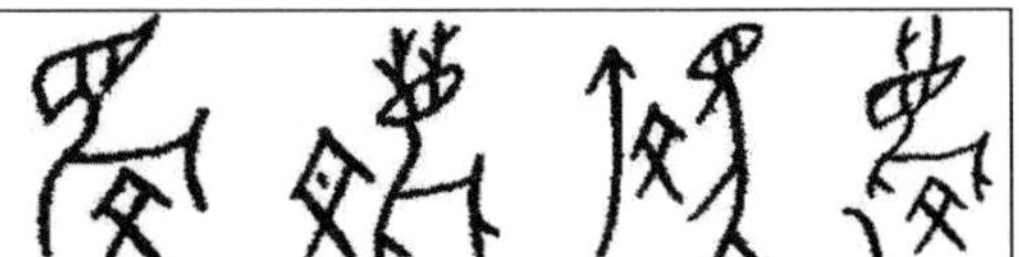
甲文中表示鹿、马发情和配种的文字

由观察母畜发情，到把“文”字冠在帝王的称号之前，是许慎这些士大夫学者无法理解，也无意理解的。

母畜发情，意味着母畜长大。如《国语·周语下》中的“小不从文”，便是小母畜还未发情的意思。由母畜的发情，引申开来，又指自然界或人类社会带有规律性的“现象”，如《易·贲卦》：“观乎天文，以察时变，观乎人文，以化成天下。”

母畜发情，意味着繁殖期的开始，因此，“文”又引申出了美、善之义，如《礼记·乐记》：“礼减而进，以进为文；乐盈而反，以反为文。”殷人将先王太丁追赠为文武帝丁，周人封武王之父为周文王，概因“文”有美、善之义，含有增殖、繁多的意思。冠于王名之上以为美称，用来表达繁荣昌盛，业绩伟大。

母畜发情的重要特征，便是生殖器上色彩的加重。由此引申出了“文”的华丽、纹理之义。如《易·系辞下》中的“物相杂，故曰文”，以及《说文》的“文，错画也，象交文”。由此，肇始了“文”字丰富多彩引申义的发端，如“文身、文化、文法、文辞、文采、文章、文言、文体、文科、文人、文官、文火”以及“文过饰非”等等。

“文”，在文字学中用来特指象形文字。这是说，汉字的笔画有点、横、竖、撇、捺，如同交错的纹路。《说文》释为：“仓颉之初作书，盖依类象形，故谓之文。”

“**化 huà**”，这是一个会意字。甲骨文“化”字的字形，像一正一倒两个人的形状。这是用正立和倒立的人的比较来表示变化。实际上，在上古先民的观念中，这里的一正一倒人形，表示的是一生一死两种状态：生为正立，死为倒立。人的一生中，由生到死恰恰是最大的变化和改变。高山族的图形文字，把“人”字写作“ℛ”，鬼字写作“♉”，可谓异曲同工。

"花"字从艹化声、便源自草木上的花是最快生死的部分。

陶渊明《自祭文》中有"余今斯化,可以无恨"的自白,其中的"化"即为由生到死之义。由人的生死变化,又引申泛指事物的变化、改变,如"化为乌有、化险为夷、化整为零、代干戈为玉帛"等诸多成语,其中的"化"都用的是化的引申义,即变化、改变的意思。"化"字又引申为感化、教化之义,如"化外顽徒"的化,就是表示教化。又引申指风俗民气的变化,如"败俗伤化"等。"化"在唐宋时期产生了求人布施之义,表示佛道出家人的募缘、化斋。

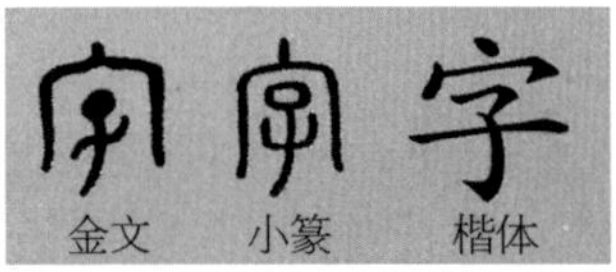

"字 zì",这是一个会意字。金文的"字",上部乃屋舍的象形白描,其内是一个婴儿的象形图画。两形会意,表示家中增添孩子,即俗语所言"添丁增口"。小篆和楷书承接金文,演变脉络十分清晰。

"字",《说文》释为:"字,乳也。"即繁育喂养孩子。如《山海经·中山经》:"山有苦木,服之不字。"典籍中常用的"不字",便是不能生育孩子的意思。引申开来, 古人又把依照事物形象所造的象形字、指事字、会意字称做"文",把在此基础上滋生出来的字叫做"字"。如许慎在《说文解字叙》中所言:"仓颉之初作书,盖依类象形,故谓之文;其后形声相益,即谓之字。字者,言孳乳而浸多也。"

现代汉语中,"字"有三义:其一为文字,如"汉字、常用字、字据"等;其二为"字音",如"字正腔圆"一词;其三为"表字",即根据人名中的字义另取的别名,如诸葛亮,字孔明。

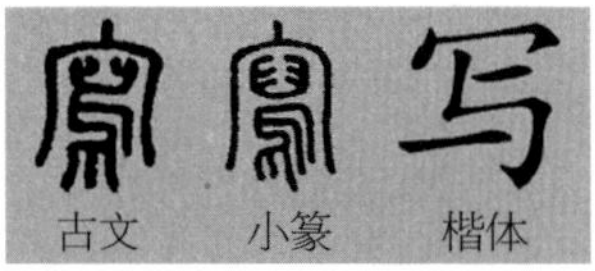

"写 xiě"是"寫"的简体字。古文中的"写"字,是一个会意字:其上为屋舍之形,内里是一个"舄 xì"。"舄"的本义为喜鹊造窝,这是一个以会意的方式,表示喜鹊是一种在树上造巢,喜爱把各种小玩意衔回巢中的鸟。这里,表示把东西搬回屋内。这也是“写”的古音与鹊相同的原因。

“寫”,《说文》释为:“写,置物也。”即放置。如《礼记》:“器之溉者不写,其余皆写。”这里的“溉”即洗涤,“不写”即不放置的意思。由放置又引申出倾注、倾泻之义,如《周礼》中的“以浍写水”,《诗经》中的“我心写矣”。后来,此义由后起的“泻”字专一承担。

“写”,由放置之义又引申为使用某种手段仿制物形、图像。如刘向《新序·杂事五》:“钩以写龙,凿以写龙,屋室雕文以写龙。”这里的“写”表示用铸造、雕刻的手段仿制龙形。又由此引申出描画和抄写义,如“写生、写景、写诗、写作、写字、复写”等等。

在表达书写的意义上,“书、写”二字字义相同,但使用中也有区别:唐代以前书写用“书”字,很少用“写”字。唐以后,“写”才逐步替代了“书”字,表示书写之义,“书”则多用来表示书籍、书信。

四、天干地支何处来

甲骨文中有一个独特、有趣的现象，殷商民族不仅用“甲、乙、丙、丁、戊、己、庚、辛、壬、癸”这十个汉字记日(后人称之为“十干”)。而且，自“上甲”开始，所有商代先王名字之后，均缀有一个“干名”，如“上甲、报乙、报丙、报丁、太戊、雍己、盘庚、帝辛、示壬、示癸”等。受到祭祀的商王母亲，如“妣庚、妣甲、妣壬、妣癸”等人，其后也冠有“干名”。人们要问，这些“干名”来自何处?缀在人名之后又表示什么意思呢?

商代青铜铭文：乙亥王易(赐)璺贝，用作祖乙尊，田告亚。

实际上，商朝，不论将其视作方国、古国或王国，它的基本构成，乃是十大部族构建成的联盟体即邦联制国家。“天干”中的甲、乙、丙、丁、戊、己、庚、辛、壬、癸，恰是十个部族的名称，每一个部族都由其擅长的技艺，或最为得意的工具来命名自己的氏族……

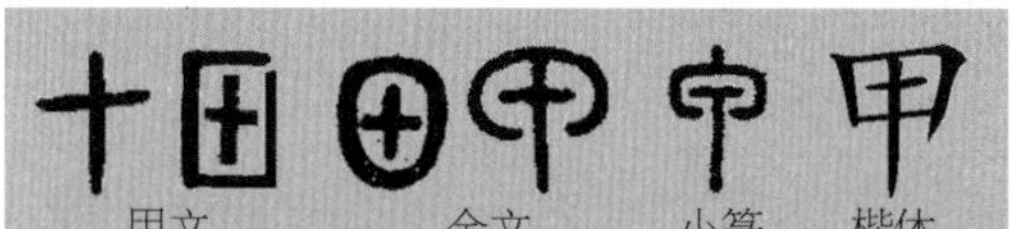

“**甲** jiǎ”，天干的第一位。甲骨文作“十”或增口写作“田”。此字与甲骨文中的田猎之“田”不同：“田”是一个依托象形字：外部的“口”框和内部的“十”是分离的，“十”与“口”四边不靠，不是一个整体，其字形来源于古代的简陋盾牌。

商代青铜铭文：
头上有甲的武士

如图所示，金文的“甲”字也有两款：其一承接甲文的第二款，形体基本相似；其二发生讹变，围框下部断裂，内里的“十”字下伸出头。小篆的字形，缘此又讹变为“𠀀”，楷书在隶变过程中写作“甲”。

“甲”是殷商民族中“甲部族”的专名。这个部族中，曾经产生了商代的第一位“先王”，即“上甲”。“上甲”之前，商民族尚处于神话传说时代，其先祖的历史语焉不详，“王”的名字、数字和承接表述混乱，整个历史，建立在殷人的口口相传之上。自“上甲”开始，王位的承传才成为有序可查的历史，即以“干支冠王之名”的历史。“上甲”因而被视为殷商部族联盟的第一位“先王”，“甲”也被排在了天干的第一位，表明十大部族联盟体的正式产生(盘庚迁殷后变成八个或六个部族的联盟体)。

这一时期，不同部族中的出类拔萃者，轮流出任部族联盟的首领，即“王”。“王”的职责，除了领导联盟全体成员共同征伐御敌、拓地殖民外，还须组织各个部族轮番祭祀部族的“祖宗”和联盟的“共祖”。“先王”死后，不仅王所出身的部族，整个部族联盟会理所当然地在这一日特祭自己的“先王”。正是从这种偶然性的祭祀顺序，甲部族祭祀成了“甲日祭祀”，排列成“甲日”；乙部族祭祀成了“乙日”……这便是“天干十日”的来源。

构形源自上古时期盾牌的“甲”，乃是甲部族的专名，“上甲”是第一位“先王”，因而，甲部族的主祭日成为“轮祭”之首，也就是“天干”的第一位(天干名卜辞中通常简省写作“十”)。由商代青铜器铭文的武士可知，“甲”也有“元、首”的含义，同时“甲”也指干戈兵器时代的铠甲。大概源于甲部族或因善战，或因善于制作铠甲而冠之以“甲”有关。

古汉语中，“甲介”一词，意指头盔和

绑腿。由“头盔”之义又引申指矛盾兵器时代的铠甲，如黄巢《不第后赋菊》：“满城尽带黄金甲。”又由“铠甲”之义，引申指动物身上的硬壳，如“龟甲、甲虫”等，又引申指手指或脚趾上的角质硬壳，如“指甲”。“甲”为“干天”之“首”，引申为动词，则表示居于首位，如“桂林山水甲天下”。

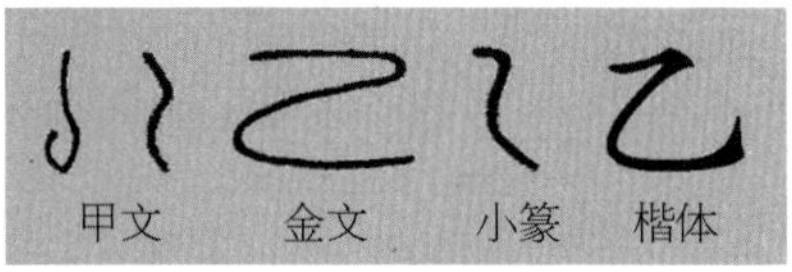

“乙 yǐ”，这是一个象形字。甲骨文“乙”字的形和义，源自上古先民猎捕禽兽的绳套（或搓制的大绳），发音则与“一、二、三、四”的“一”以及已经的“已”有关。如图所示，甲骨文中第一款的“乙”字，恰似已经编好的绳套的象形白描。大概由于“乙”字很早便假借为“天干”的第二位，在形体上与同源的“私”（）、“已”（）等字难以区分，因而又简省为第二款。金文、小篆和楷书的“乙”字虽已失去象形的韵味，成为单纯的汉字符号，但秉承甲文构形的脉迹，清晰可见，仍可视作一脉相承。

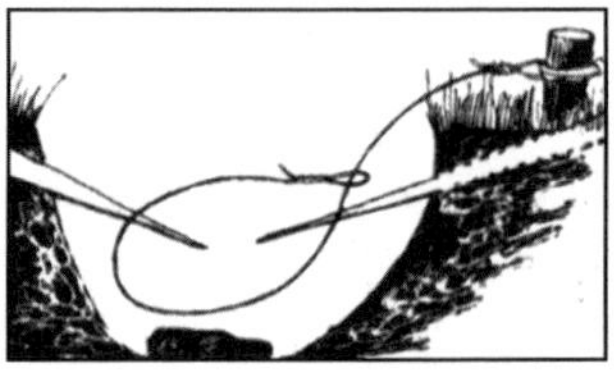

用以捕捉小型兽类的绳套

上古先民从狩猎实践中发现，对付大多数野生小动物，设置绳套、陷阱，要比追逐有效得多。即便弓箭已瞄上一只小动物，例如鸟、兔，可是由于体型过小，很难击中。布置绳套反而更容易一些，同时可省出时间从事其他。但是，设计、布置圈套，要花费大量精力，而且是对才智的考验：这是一个不断从失败中获取新经验的过程。上古先民给自己的部族冠以“乙”名，其中不乏自豪和喜爱。

“乙”部族中，曾经产生了一个显赫的人物，他便是自“上甲”之后的第六位先王“大乙”，传世文献称之为“成汤”、“商汤”。《史记·殷本纪》曰：“当是时，夏桀为虐政淫荒，而诸侯昆吾氏为乱，汤乃兴师率诸侯”，“以伐昆吾，遂伐桀”，“汤

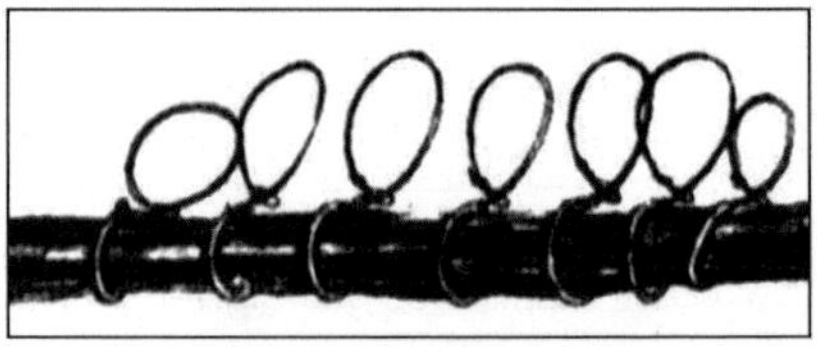

用马鬃毛制作绳套可以捕鸟

践天子位，平定海内”。史书记述了“大乙”率领商族消灭“夏桀”，推翻“夏王朝”的功绩，“大乙”也应此项丰功伟绩而被视作商代的开国之君。

“乙”，乃“天干”的第二位，但从“大乙”的功绩来讲，从殷商的开国历史讲，“乙”，理应是“天干”的首位。实际上，“乙”的发音为yǐ，与一二三四之“一”同音，二者之间的错综联系，绝非出自偶然。

现代汉语中，甲和乙都可以用来指称无须明说的人或事物，如“甲地距乙地两公里、甲比乙大三岁”等等。

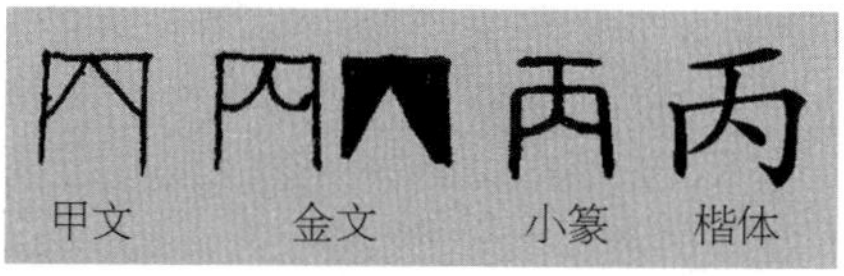

“丙 bǐng”，这是一个象形字。甲骨文的“丙”字，取象于钻木取火的软木片。金文的“丙”字与甲文相似，只是多了一款内部全部填实的“■”型，其空白处恰似“软木片上”的孔洞；小篆在向“方块文字”的演化过程中，上边增加一横，里边交叉斜线也出了头，形式上更为匀整美观；楷书缘此写作“丙”。

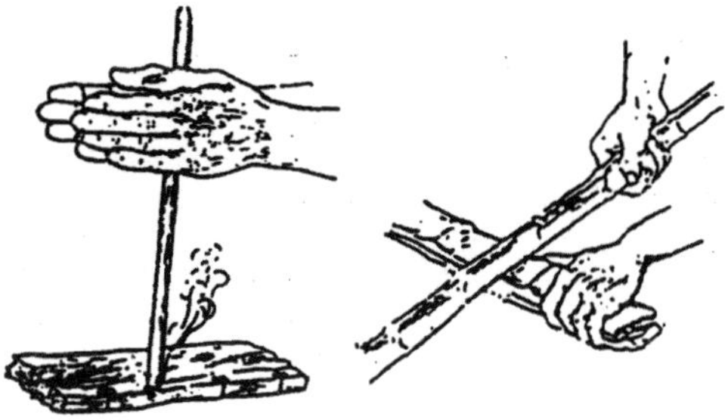

“丙”的本义为取火用的有孔木片，借用为“丙部族”的冠名。有可能的是，这个部族是一个善于使用火的部族，炼铜烧陶是他们喜爱的技艺。

“丙”是“天干”的第三位。缘自“丙”部族自“上甲”之后，出现了一位名叫“报丙”的先王，在商部族联盟的轮番祭祀中，排在了第三位。实际上，“丙部族”是联盟中势力弱小的一个部族，除了在联盟体初建之时，有过这位名叫“报丙”的先王外，自上甲以后的29位“先王”中，仅有一位名叫“卜丙”的王，且被视作“来自旁系”的先王。这种不均衡有两种原因，一是早期的十

部族轮流制，很快便被基于“势力”的部分轮流制所代替；二是这一时期仍是一种两合氏族组织，甲乙是一组、丙丁是一组。各组之间因人口、势力的消长，形成了大宗和小宗之分。“乙、丁、庚、辛、甲”是大宗，“丙”是一个势单力薄的小宗。因而，在“卜丙”以后的26次王位更替中，丙部族中再未出现过“王”。

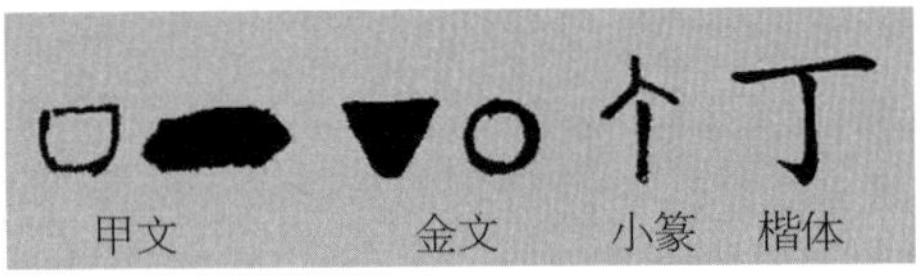

“丁 dīng”，甲骨文写作“口”或“●”，其构形来自上古时代粗铜铜锭的象形白描。金文的“丁”字与甲文相似，形体有异，但仍源于铜锭的不规则之形；自战国后期，金文的“丁”字随着铜锭形制的变化而变化，变为“▽、Y”等形，小篆缘此写作了“个”；楷书一脉相承，隶变后写作“丁”。

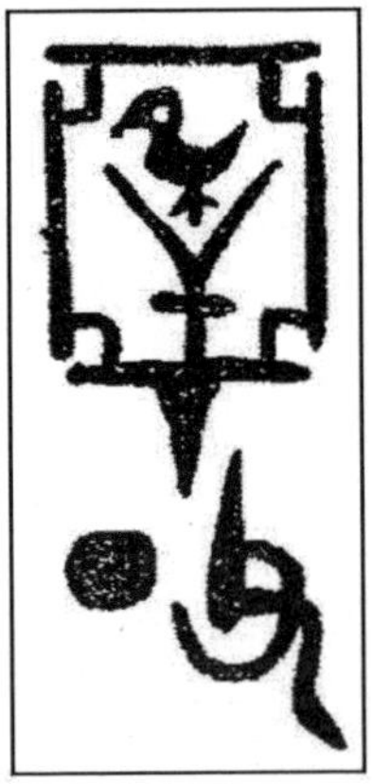

商代青铜铭文

考古学家从商代铜遗址发现：铜的冶炼与铸造，即从铜矿石冶炼出粗铜的过程，与铜器的铸造往往并不在同一地方。冶炼铜锭多在矿石所在地，铸造青铜器则用已冶炼好的铜锭二次熔化后，进行注模铸造，其地点多在王都或城邑。“丁部族”大概是一个长于冶炼粗铜的部族，也可能在早期的部族分工中，冶炼铜矿石常由这个部族承担，因而冠名为“丁”。

甲骨文时代，“丁”字的铜块义已失，假借表示“天干”的第四位，或者用为“王”的冠名，如“报丁、大丁、中丁、祖丁、武丁、康丁、文武丁”等。有这么多以“丁”冠名的

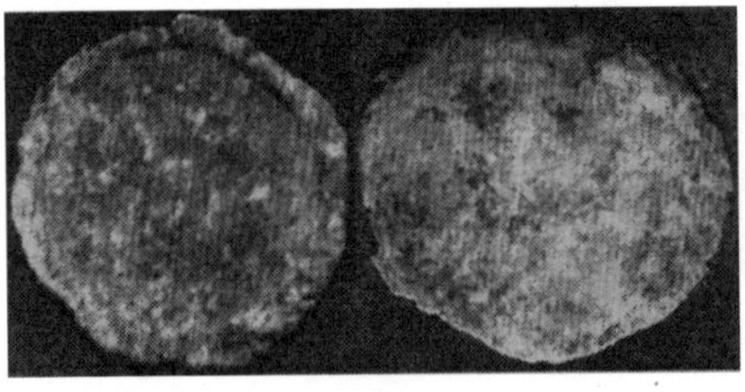
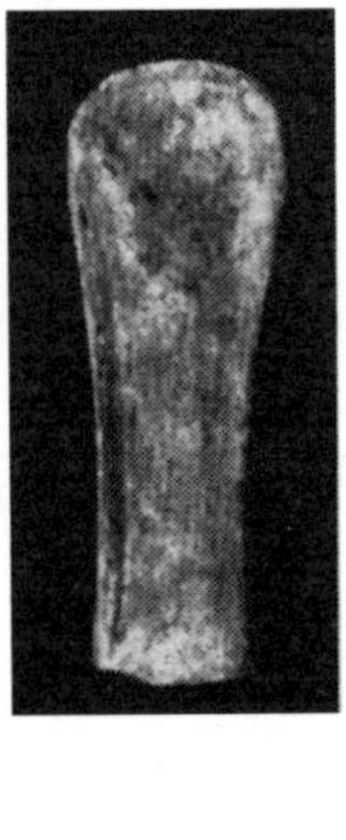

西周时期的铜锭及春秋时的铜锭

先王，显然，“丁部族”是一个“大宗”部族。实际上，“丁部族”不仅势力雄厚，而且出了一位非常有名的先王，即“武丁”。武丁在位59年，不断地对周边部落和国家用兵，大大拓展了商王朝的疆土，确立并奠定了殷商民族在中原的霸主地位。其中一次与西北接壤的鬼方作战，经过三年时间，才取得胜利。征服的结果，武丁被描述为统治庞大国家的君王。正如《诗经》中所写：“邦畿千里，维民所止，肇域彼四海，四海来假。”

“目不识丁”这个成语，一向令人费解。宋人孔平仲在《续世说》中说：“丁”原是“个”字的传讹，即小篆“丁”字的传讹。另外，古汉语中的“丁壮、丁忧”，其义为“当壮、当忧”，这里的“丁”乃是“当”的音借。

“戊 wù”，原本是一个象形字。甲骨文的“戊”字，像一把长柄宽刃的大斧，刃部朝左，同“戈”一样有着长长的木柄。金文的形体，将整个字体矮化，但构形仍是一把大斧，同时在下部增加一撇，表示手的执拿。小篆的形体，在演变过程，逐渐失去斧头的模样，楷书在隶变后写作“戊”。

“戊”字的本义就是斧头。实际上，这是一种源出石斧，型制上与青铜斧头完全相似的早期兵器。只是由于“戊”字很早就被假借为“天干”的第五位，又常用为序数“第五”的代称。人们只好另造“钺”、“斧”等字，来指称这类兵器。

“戊”部族是一个“小宗”，在殷商王朝的29位先王中，仅有一名冠有“戊”(即大戊)名的先王。但是，这个部族中却产生了几位“妣戊”，即先王的母亲。重量达875公斤的“后母戊”大方鼎，就与“妣戊”有关。

商代铜斧

从现存的有限资料推测,殷商王朝的宗法制度,乃是建立在对偶婚的基础之上:“先王”的性伙伴来自不断的部族。然而,只有当自己被推举为“王”之后,“王”才有权利将自己的母亲追封为“先妣”——先王的正宗配偶。而不管事实上,自己的母亲与先王是否有过性的关系。这一做法的目的,是否如后人所理解的那样,是在为王位承继的“正宗”制造借口,仍需证据。但传世文献中给“帝喾”配妻,寻找一个神圣父亲的“历史”,则开创了中国人“冥婚”的先河。

古书中有“戊夜”一词,它与“午夜”是完全不同的两个概念。“戊夜”是指五更天而言,是天快要亮了的时候,而“午夜”是指“夜深”或“半夜”而言。《南史·梁武帝纪》中的“常至戊夜”,就是常到五更天的意思。

“戊”与“戌”、“戉”形体相似,三者都由上古的斧头中脱胎而出,在书写或认读时不可混淆。

“己 jǐ”,这是一个象形字。甲骨文、金文和小篆的“己”字,恰似一条绳索的象形;楷书与之一脉相承,缘此而写作“己”。

在史前文明的发展过程中,上古先民,从使用藤条、树皮、兽皮条这些长度和拉力都有限的东西捆扎物品,一步步探索、发明出编织绳索的技艺。这些毫不起眼的玩意,给生产、生活带来的方便,今天的人们是难以想像的;编扎围栏,制作网套和重力陷阱,捆扎木筏,系在标枪和箭矢的尾端……正是基于绳索的多种功用,大大促进了生产和生活的质量,这个长于编织或爱戴绳索的部族,用“己”来给自己冠名。

“己”的本义为用绳索捆扎物品。凡绳之以索的物品,不论其自然状态如何,已有了归属的意义。因而,“己”由此引申为“自己”。《玉篇》释为:“己,己身也。”《论语·学而》:“不患人之不己知, 患不知人也。”《孙子·谋攻》:“知己知彼,百战不殆。”其中的“己”都用来表示自身。

“己”是“天干”中的第六位。源自“己部族”在殷商“祀谱”中的排序。己部族也是一个“小宗”,其部族仅出过一位“王”(即雍己)。

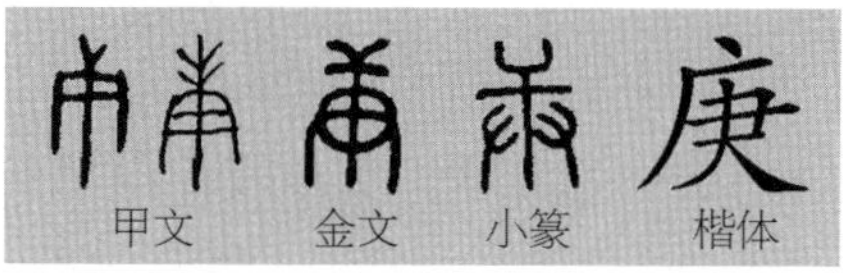

“**庚 gēng**”,这是一个会意字。甲骨文中的“庚”字,源自上古先民用弓钻打眼。其中的“冃”乃是玉块的象形白描,中间的“丫”则表示钻杆。如图所示:甲金文中的“庚”字,不论形体繁简,下部均为玉块及其孔洞的白描图象,中间部分则表示旋转的钻杆。小篆的“庚”字缘自“金文”,但却把玉块孔洞讹变为两只手。楷书在隶变过程中,出现了再次讹变:右边的“手”和中间的“一竖”合并,左边的“手”则与小篆的上部合并为“广”,写作“庚”。

在殷商人的部族联盟中,“庚部族”是一个强势“大宗”,这个部族产生了“大庚、南庚、盘庚、祖庚”四位“先王”。其中的“盘庚”更是做了一件大事,即率领殷商部族由洹河南岸的王城,迁徙到北岸的小屯,史称“盘庚迁殷”。基于狩猎和殖民的生活方式,商民族曾多次迁涉,但“盘庚迁殷”有着不同寻常的意义:一,“盘庚迁殷”是在商部族因事实上的“王位传承”,与部族之间默契的继统法不合(史称九王之乱)而作出的一种分裂之举;二,“盘庚迁殷”后,直到商代结束前的武乙时代,在这两百年间,殷商民族再未迁徙,殷墟小屯成为商代后期的活动中心;三,盘庚之后,王位的继承总在“庚、辛、

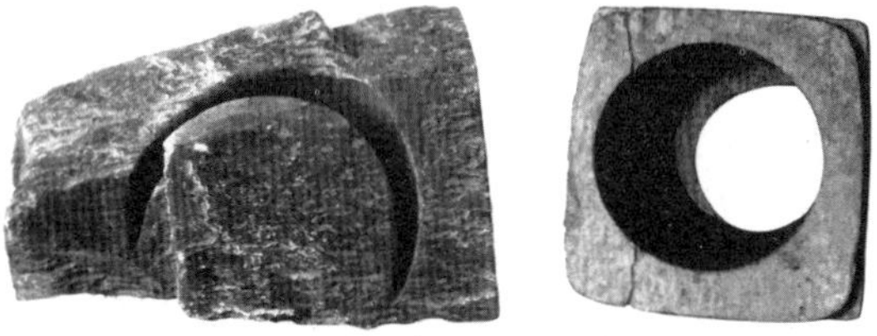

在玉器上打孔,是一件非常艰难的工作。上古先民用管钻法打孔,通常在一边打眼到一定深度后,在另一边再打眼,使两边的孔眼贯通。这便是“南”字的物象来源,图为史前时期,留有管钻钻眼痕迹的玉器。

乙、丁、甲”之间循环，有理由认为，“盘庚迁殷”实际上是这五个部族率领其他三个部族的一次出走和重整。

“庚”是“天干”的第七位。大概因为“自古人生七十稀”，活到七十岁，乃人生一大福气。因而，宋、元以后常用“庚”代指年龄，表示一种祝福和客气的询问，如“贵庚几何”即年龄多大的意思。

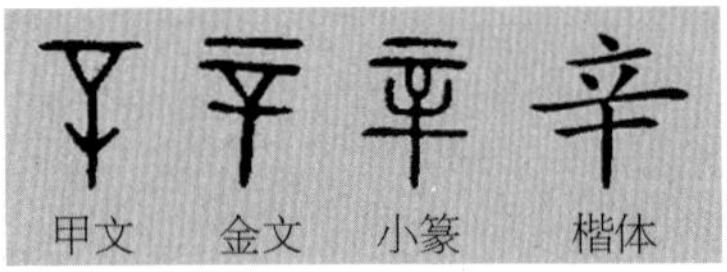

“辛 xīn”，这是上古时代凿子的象形描摹，下边刻意强调了凿子的向下功能。金文的“辛”字，在其上部又增加了一短横，表示凿子由上部敲击。正是在这一阶段，表示凿木工具的“辛”与表示女性生育的“辛”混同为一。辛也由此开始由剁切功能而显示的刑具义，如“辠、毅、音、章、妾”等。小篆和楷书的“辛”字，由此一脉相承。

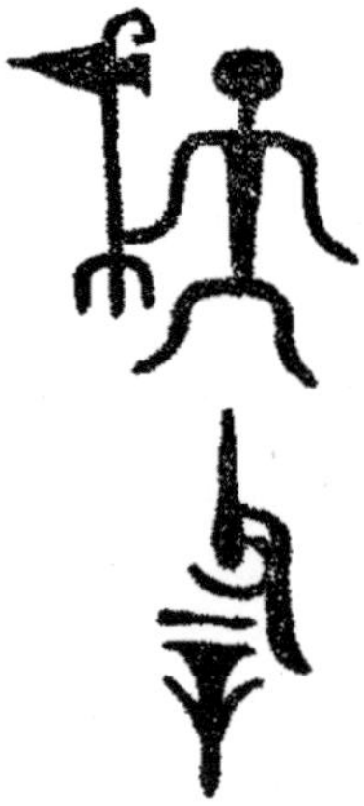

“辛”字很早便被借用作“干支”名，乃是干支的第八位。“辛部族”是一个“大宗”部族，殷代称“辛”的先王有四位，即“祖辛、小辛、廪辛、帝辛”，其中名“帝辛”者即“纣王”。《史记·殷本纪》谓纣“重刑辟，有炮烙之法”，“怒而杀九侯之女”，“剖比干，观其心”。历代史家言暴君必举殷纣王，“帝辛”成了暴君的别称。实际上，“纣”为暴君的事实有许多可疑之处，大多都出自“胜者王侯败者贼”的推断。“殷”亡“周”兴，有着更为深刻的社会原因，如攻伐过度和酗酒带来的人口锐减；女性俘虏对两性交往方式的破坏；因征战而树敌过多，以及内讧而导致的部族之间凝聚力的丧失等等。殷商的灭亡，标志着旧的武装殖民经济的结束，新的农耕经济的勃兴，标志着“王权母系制”社会落下了最后的帷幕。可以说：战也商兴，战也殷亡，并不单纯是纣王暴虐的问题。

庚氏族和辛氏族是一对两合氏族。前有盘庚迁殷，后有帝辛将王都迁到淇县鹿台。庚辛集团与甲乙、丙丁两大集团的矛盾以及分裂（微子、箕子等人的叛逃只是一种表面现象），应该是商被周灭的主要原因。

“辛”的本义为史前社会的一种工具，当这种工具用于人的肉体时，便引申出“辛辣、辛苦、辛酸”等义，均由表示内心的酸楚感受而起。

“壬 rén”，这是一个象形字。实际上，“壬”的物象取源于“针”，乃是上古时代“骨针”的象形描写。甲骨文的“壬”字本当作“I”，为了同“十”(甲骨文中的拾)区别，遂封其两端作“Ⅰ”。金文秉承甲文，为区别于“工”，遂在“壬”字中间增加一点；小篆将中间的一点拉长为一横，楷书缘此而写作“壬”。

出土的新石器时期骨针

“壬”为针之象形，因而，有“贯穿通过”及“织缝工作”之义。以“壬”为组字构件者，如“纴、妊、衽、饪”等汉字，都隐含有“通透”之义。“壬”在写作“Ⅰ”时，也是古文字中的一个抽象符号，仍表示穿通之义，如“鸿、帝”等字中的“⊢”或“Ⅰ”。

“壬”为“天干”的第九位，源自“冠壬之王”的轮番祭祀被排在了第九天。“壬部族”也是一个“小宗”。自“商汤”开国，这个部族仅有一位先王，即“卜壬”。《史记·殷本纪》:“帝中丁崩，弟外壬立，是为帝外壬……帝外壬崩，弟河亶甲立。”在“文献史学家”的眼里，“兄终弟继”，与后世嫡子继承法相悖，是一种不合法度的王位更替。然而，殷商时代的“兄终弟继”，建立在“王权母系”及“族外婚”的基础之上，是把“王位”传给了与先王有着同一血缘关系，事实上更为亲密的部族。从一定意义上讲，“兄弟部族”之间的关系，要比“父子部族”之间的关系更为紧密，他们有着可见可知的母系同宗关系，在价值和利益取向上，常常归并为“一组”。在谁也说不清“子”是谁的血脉的“母系”时代，传位于“子”便意味着“杂种”继承，意味着“王位”及其权力离自己部族的远去。这也是周公之所以摄政，西周初期仍分昭、穆两大互婚集团的原因。

“壬”部族是一个在盘庚迁殷后，出走或合并于其他部族之内的一个部族，但天干十日仍延续下来，大概是因为十是一个整数，与十指相配吧。

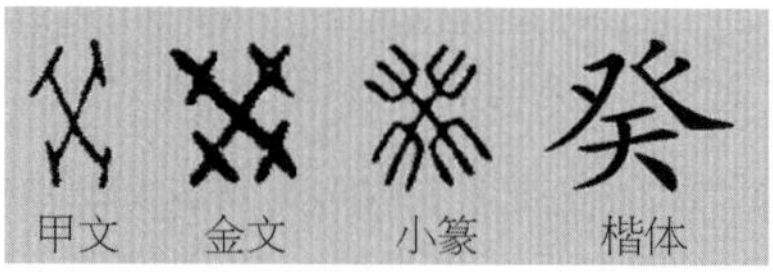

“**癸** guǐ”乃“天干”的第十位。甲骨文的“癸”字写作“乂”，这是上古社会一种“纺砖”的示意性白描。为了表示“旋转”之义，故增笔画封其四端。金文和小篆的“癸”字，由甲文一脉相传，只是形体上更趋美观匀称；楷书在隶变过程中，将其中间断裂，讹变后写作“癸”。

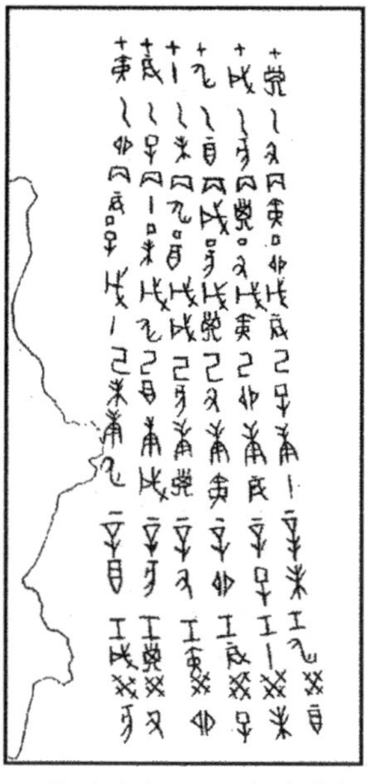
甲骨刻辞中的“干支年表”

癸氏族是商代邦联制王国的最后一个氏族，癸与壬互为两合集团。癸壬集团何时脱离殷商是一个饶有兴趣的问题，希望今后的史学家能找出故事的答案。

“癸”字是一个部首字，汉字中，凡以“癸”为组字构件者，均与纺砖的使用或“旋转”有关。如“葵”，花叶向日旋转之植物；“揆”，手持癸而揣度何时抛出；“暌”，日如癸转而入地；“睽”，目转之貌等等。

“子、丑、寅、卯、辰、巳、午、未、申、酉、戌、亥”为“地支”十二字，殷商时代已与“天干”相配合，用来记日。

安阳殷墟小屯发现的“甲子年表”甲骨刻辞，大约是中国已知的最早日历排序。出土的商代甲骨卜辞，多数都有“干支”记日，商代已通行“干支记日”的方法。

然而,“地支”十二字的形和义,至今众说纷纭,未有共识。人们要问:上古先民为什么要造这些汉字?他们又是凭据什么事实,来造这些汉字呢?

科学证明,个体发生学与人类发生学有相似性的一面。殷商民族恰似人类的孩提时期。在“孩提”的目光中,凡事皆以现象为依据,造字也不例外。也许,“孩提们”对事物的认识缺乏深度,对因果关系的认识主次混淆,但他们不会凭空捏造,更不会抽象杜撰。这就是说,不仅“天干”中的十个字,“地支”中的“十二”个汉字,也来自他们活生生的生活现实。

“子 zǐ”,这是一个象形字。甲骨文的“子”写为“兒、凵”两款。第一款乃胎儿正从母体中降生而出时的象形描绘:同成人相比,头部比例要大,头顶乃刻意绘出的胎发;胎儿降生时,一般正常情况下,都是头从产道中首先产出,随后是身体的产出,因而,又刻意描绘了初生幼儿即将降生的身体。甲骨文第二款的“子”字,乃是一个会意字,其中的“凵”,在甲骨文中本为肛门之象形,这里借用表示“产门”,上边的一短竖,则表示胎儿的产出。金文的“子”字也有两款:一款秉承甲骨文,乃初生胎儿的象形;另一款则用胎儿挥舞的“双手”和一颗大大的“脑袋”,来表示已经包裹的婴儿之形。金文的构“形”犹在,但“降生”之义却已失去,乃后人不明上古先民造字意图的一种临摹。小篆的“子”承接甲骨文的第二款,楷书缘此写为“子”。

据说,各种动物包括人类的胚胎,在母体中都是头朝上的,但是生长到快要出世时,头就开始向下移动。动物和人的分娩,胎儿都是头先产出来,反常的例子也有,这类情况属于难产。据《左传》记载,以布置圈套,然后名正言顺杀掉弟弟的郑庄公,便因“寤生”,即双腿先伸出来使母亲险些丧命,因而不讨母亲的欢喜。

金文中的"子"和"孽",初生婴儿的胎发被刻意描绘。

"子"的本义为"产子",即婴儿从产门的出生。上古先民,对生孩子这一场景观察十分仔细,源自当时的育产习俗,不分男女均可参与协助,不像今日有许多避讳。胎儿出生,乃人之初始,假借用为"地支"的第一位,不仅显示了上古先民对"育产生殖"的崇拜,也足见"育产"这一过程在上古先民心灵上的投射,其中不乏敬畏之义和企盼之情。

"子"引申后也表示初生婴儿,如《隋书·琉球国传》:"妇人产乳,必食子衣。"其中的"子衣"即婴儿的胎盘胞衣。又引申指孩子,如"独生子、子女"等;又引申泛指人,如"男子、女子"等。后来,由"男子"之义引申为特指有学问的男性,成为男人的美称,如"夫子、诸子百家"等。又引申用来指称对方,如"以子之矛,攻子之盾"。

由婴儿的"弱小"和"后代"之义,又引申出"种子、鱼子、子猪、子姜"以及"铜子、枪子、棋子"等义。又引申为量词,用于细长成束的东西,如"一子线、一子儿挂面"等等。

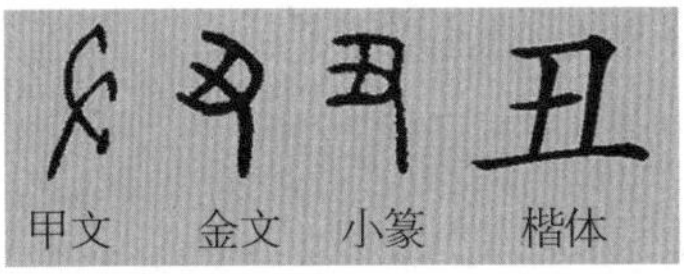

"丑 chǒu",这是一个象形字,源自对初生胎儿小手的描摹。胎儿出生后的一大特征,便是五指紧握,小拳头攥得倍紧,分也分不开,与人死时的撒手归西成为鲜明对照。甲骨文中的"丑"字在手指上添加短竖,正是对这一现象的刻意描绘。金文中的"丑"字在承接过程中,将手指的弯折变成了一斜竖。小篆和楷书在经历汉字线条化、方块化的演变后,成为今日的"丑"。

据《产科大全》一书说:胎头产出后,婴儿的两手顺着垂在身体两侧而出降,当婴儿发出"哇哇"的哭声时,便会把紧握着的小拳头举向嘴边。

"丑"的本义为初生胎儿的小拳头,借用表示"地支"的第二位。

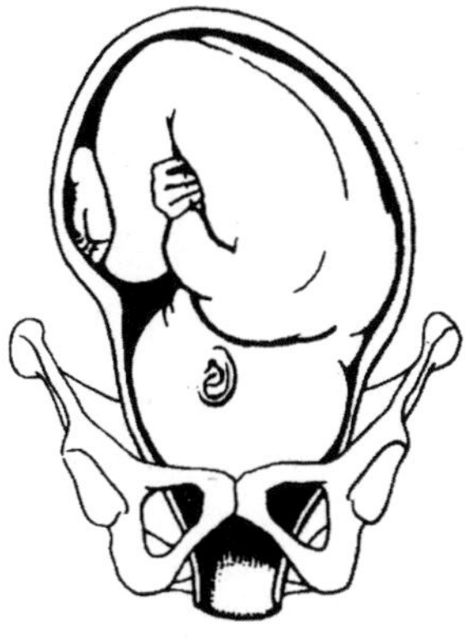

从“子”到“丑”,与胎儿从露头到手脚并出的顺序,以及由胎儿整体到手部细节的视觉位移,同今日人们观察胎儿降生时的心理完全相同,真实地表现了上古先民观察胎儿出生时的思维感觉,所以排序为二。

“丑”在金文文句中,有被假借为“爪”者,如《顺克盨》铭文中的“干害王身作丑牙”,其中的“丑牙”即爪牙,指王的得力助手、武臣。这一意义,大概出自人们对只“得”不“舍”的贬斥。

汉字简化时,“丑”被假借为“醜”的简化字。“丑”和“醜”本为两字,意义不同。“丑”为名词,乃婴儿紧攥的小拳头;“醜”是动词和形容词。“醜”乃表示喝醉如鬼之状,本义为“恶”;引申为“厌恶”,用为“被人厌恶、瞧不起”;又特指“样子难看、丑陋”,如《淮南子·说山》:“嫫母有所美,西施有所丑。”其中的“丑”本应为繁体的“醜”。戏曲中的“丑角”一词,意思与“醜”有关,却与“丑”无涉。

“**寅 yín**”位列地支的第三位,这是一个会意字。

甲骨文的“寅”字有繁简两款:其一,上部如同箭矢之形的符号,表示脐带连接的方向,下部的符号“文”(父)则表示母亲产门,中间的“口”表示产门的内外。三形会意用来表示胎儿产出后,胎盘尚未产出,仍依赖脐带牵连着的情景;其二,上部的“三角”乃是胎盘,中间两边各有一手,表示小心翼翼接引胎盘的下落。因而可知,“寅”的本义为“导引”胎盘出降。金文也有繁简两款:一款刻意绘出了胎盘的形状;另一款秉承甲骨文,却将两手合并,但仔细观察,甲骨文的形义在此仍很明晰。小篆承接金文,上部讹变后,演变为“寅”。楷书承接

甲骨文中更为形象的“寅”

小篆，双手之形发生讹变，写为“寅”。

所有的胎生动物，或者说一切有脐带的动物，其胚胎都依赖脐带与胎盘相连。分娩时，包在胎儿外面的膜先破裂，羊水流出，接着胎儿出世，但一般约需数分钟到三十分钟，由脐带连接的胎盘才会产出。

“寅”的构形表义，隐晦难识，导致众人解说不一。如郭沫若认为寅乃双手奉矢，康殷认为寅是燕形的变形，朱俊声认为寅像人在屋里双手叉腰。但这只是在人类进入“男女之大防”时代后，“儒”者不知“生产”，无法正视“生孩子”而产生的曲解。在上古先民那里，对接生及生产过程的认识，应该是感触鲜明而深刻的。《诗·大雅·绵》开头有“绵绵瓜瓞，民之初生”之句，将瓜瓞与民之初生联系在一起，即源于瓜瓞乃是脐带的象征。今人解读，还须结合“地支”全体，方能明白此字的形义来源。

由脐带引导胎盘的出降，“寅”字引申出恭敬迎接之义。如《尚书·尧典》中的“寅宾出日”，即上古先民恭敬肃穆迎接太阳的升起；“寅饯纳日”，则表示恭敬地送太阳西沉。引申后，“寅”又有向前运动的意思，但此义已由后起的“演”字承担。

“卯 mǎo”，这是一个象形表意字。甲骨文的“卯”字写为“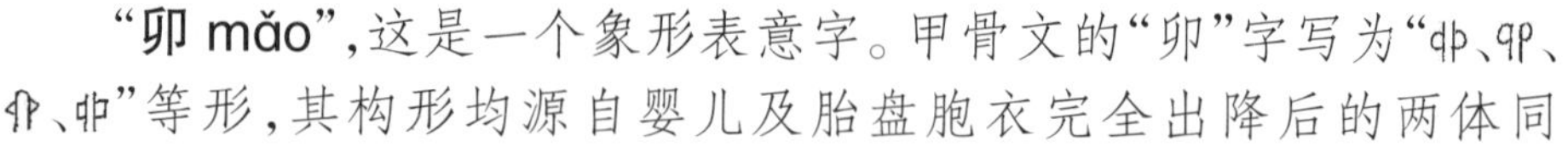”等形，其构形均源自婴儿及胎盘胞衣完全出降后的两体同在，也可视为母婴之间的分离、分体。“卯”字，体现了“育产”这一痛苦而伟大过程的完成，标志着一个个体新生命的诞生。金文的“卯”字与甲骨文相同，小篆为了使字形美观圆润，在其上增加两弯横，楷书就简去繁，或者说照猫画虎写成了“卯”。

人类的胎盘大约重四百到五百克，为婴儿体重的六分之一。

“卯”的本义源自“胎儿与胎盘的分体”，因而有“分”和“产”的意义，这就是“卯”字的物象之源。“卯”更是“卵”字的形义基础，不识“卯”就无法识别何谓“卵”。“分体”意味着产子的完成，因而引申为脐带与胎盘、胎儿的系连相通之义，乃是“留”字的形义来源；由胎儿与胎盘的割断，引申出“杀”义，则成为“刘”字繁体字的形义来源。

“卯”乃生育过程的第四阶段，因而假借表示“地支”的第四位。殷商时代用为记日，后来，人们又用“地支”记时。如“卯时”一词，便指早晨五点到七点这一时段；“点卯”则源于旧时署衙吏役或奴仆，需于卯时到职，也称为“应卯”。长官或主事人依花名册呼名，则称为“点卯”。

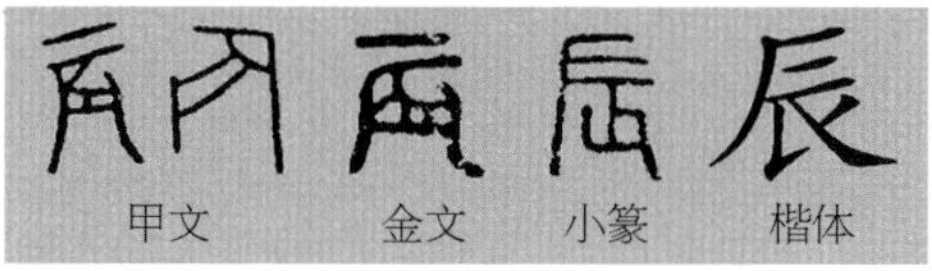

“辰 chén”，这是一个会意字。甲骨文的“辰”字也有两款，均源自上古先民“用刀割断脐带”这一生活事实。第一款的上部为一横，在此用为指示符号，表示割开、分离之义；下部为一人双手执石刀的象形描绘。“⺄”则像两手前推。其中的“ㄏ”为“石刀”的象形线描，作直笔三角折形，乃是由于甲骨文用刀契刻，适宜直线而无法刻画圆曲。整体字形以图解的方式，表示用边缘锋利的石刀割断脐带，使胎儿与胎盘分离。第二款的“辰”字，则为第一款的简省形。金文的“辰”字由甲骨文一脉相承，小篆为了使字形美观、笔顺匀整，将字形调整，但却失去了象形的韵味，楷书缘此写为“辰”。

据今日已十分稀少的农村助产士(传统上称为“接生婆”)讲，剪断脐带需要一定的技术，必须小心谨慎地操作，最好使用羊毛绒线把脐带结扎起来，随后立即剪断。如果结扎不紧，婴儿就会失血死亡。如果胎盘迟迟未能出降，应该先把脐带扎好，然后把它剪断。如果婴儿十分虚弱，血液流集于脐带，这时，刚刚出生的婴儿看起来像是一个死胎，这种情形是很常见的，但有经验的助产士会迅速地把脐带内的血液挤入婴儿身体，使失血的婴儿立刻复活。

胎盘产出后，脐带仍有脉搏跳动，须等跳动消失，方能结扎后再割断脐带，然后，盘绕包扎于胎儿的腹部。据说，婴儿的脐带长约三十至七十厘米。

龙山文化爪镰

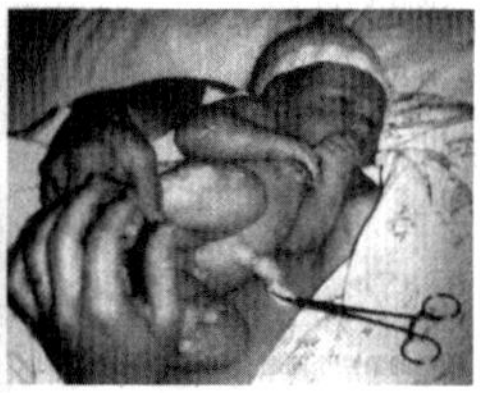

“辰”的本义为割断脐带，乃“育产”过程的第五阶段。因而，假借表示“地支”的第五位。最初用途为“记日”，古文典籍中常见。如《左传·隐公二年》：“秋，八月，庚辰，公乃戎盟于唐。”后来用为“记时”：古人把一昼夜分为十二辰，用地支十二字表示时段，“辰时”指早上七点到九点。因这一时段常有“人已起，星还在”的现象，故而又引申为“星名”，如“北辰”即北极星；又特指二十八宿中的“心宿”，即“大辰”；又引申泛指日、月、星的总称，如“星辰”一词；因“一日之计在于晨”，因而，又引申指日子、时光，如“吉日良辰、诞辰”等等。

“辰”字也是一个部首字。例如，汉字中的“晨、蜃、振、震、娠”等，均用“辰”为声义偏旁，都含有分开、剧动的意思。

“**巳 sì**”，这是一个会意字。甲骨文有“、”两款。如上图所示，这两款甲文均虚化其身，显现头部，其实是婴儿裹在襁褓中的象形白描，区别只在于是否将婴儿手臂包裹在内。将胎儿包裹起来，是“育产”过程的第六阶段，也标志着“生育”过程的全部终结。金文的“”秉承甲文，更像婴儿包裹后，两手在外挥动之形。但由于这一形体与金文中“子”的构形相似而极易混淆，所以，小篆承接甲骨文的第一款，写为“巳”，将本属自己的形体让给了地支第一位的“子”。楷书缘此而

“巳”的构形
来自襁褓中的胎儿

来，方块化后写为“巳”。

“巳”的构形以及在甲骨文、金文、小篆之间的变化，让许多文字学家大跌眼镜。例如，许慎在《说文解字》释曰：“巳，已也，四月阳气已出，阴气已藏，万物见成文章，故巳为蛇，象形。”郭沫若则认为：“古十二辰中有二子也，此乃重要之关键，且于解决十二辰之本质上为不可忽略之关键。巳既作子，则许书之释全属子虚……骨文巳字实象人形……古十二辰之第六为子，与第一位之‘𡿺’合而为二子。”实际上，郭沫若并不理解“子、巳”两字的生活本源，错把两字当一字，其失误之处乃是因为他尚未认识到，地支十二字是一个不可分割的整体，识别的关键是其内在联系。

“巳”的本义为裹在襁褓之中的婴儿，假借为“地支”的第六位，与“天干”相配，用以记日。“巳”用于记“时”时，“巳时”则指上午九点到十一点这一时段。

地支的“巳”与天干的“己”形体相近，十分容易混淆。然其构形来源，全然不同：“巳”为婴儿，上部封口表示头；“己”为绳索，上部不封口，乃绳索的盘曲状态。

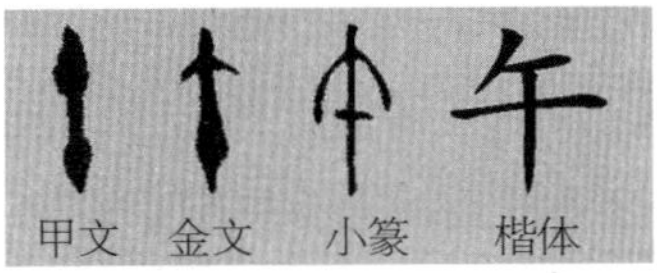

“午 wǔ”，这是一个象形字。甲骨文“午”字的两款形体，均取象于婴儿身上脱落下来的脐带。从金文到小篆，虽然字形外貌变化很大，但演变的轨迹却清晰可辨，在汉字方块化、对称化的进程中，楷书写为“午”。

“午”的构形是脐带，其物象来自婴儿身上经过一段时间后，脱落下来的脐带。从字形上分辨，结扎处与剪断的刀口尚有一段距离。这是因为古代的医药消毒条件比今日差得太远，所以，婴儿身上留出的脐带要比现今的长得多，以防病菌感染。据说，脐带从婴儿身上脱落，大约需七至十五天（因首都医科大学的数位教授及生育过多胎的母亲，就脐带脱落的时间，各执一词，这里只是一个约数），这时，婴儿已度过最初的夭折期，是一件值得庆贺的喜事。

"午",按婴儿产出、养育的顺序,排列为"地支"第七位。用以记时,"午"则表示白天十一点到十三点之间的时段,如"午时、午休、午饭"等;又特指日中的时候,如"正午、中午、午时三刻"等。又因日中为一天之半,引申表示时辰的一半,如唐代李贺的《秦宫》诗:"飞窗复道传筹饮,午夜铜盘腻烛黄。"其中的"午",即一半的意思。"午"由日晷影子的方向,又引申用来表示方位,"子"指正北,"午"指正南,所以从陕西关中到汉中,穿越秦岭的南北通道被称之为"子午道";又将通过地面上某点的南北经线称为"子午线"。

"午",乃甲骨文中的一个基本构字符号,在古汉字中构成独特的"脐带文化"。如後、幼、孙等数十个汉字,均与"脐带"有关。然而,古今文字学家大多都将其与"丝"相混淆。实际上,只要根据文字的实际表义,就能分辨清楚。

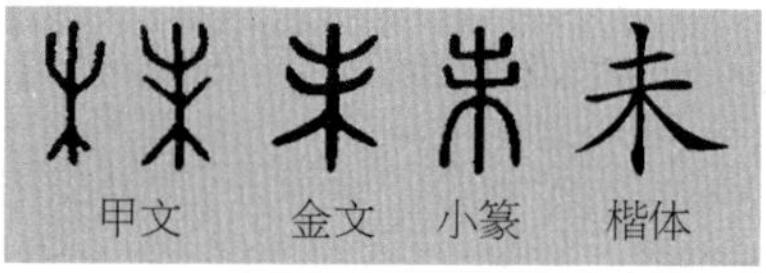

"未 wèi",这是一个会意字。许慎认为,甲骨文的"未"字"象木重枝叶也",即用树木枝叶的多叉歧出来表示"畅茂"之状,草木之形上的增笔即为此义。

实际上,"未"字的取像来自四肢蹬踏挥舞的婴儿,上边的增笔,表示婴儿双臂的挥动;下边的一竖两撇捺,则来自婴儿双足的合并和分踢。金文的"未"字秉承甲文,小篆亦一脉相承,楷书隶化后写为"未"。

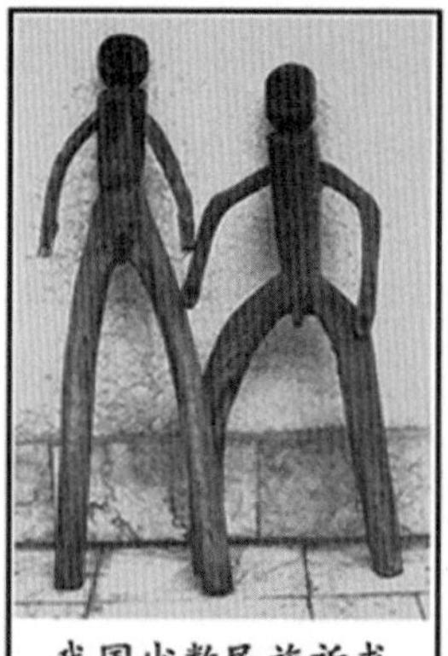
我国少数民族祈求婴儿平安百岁的木雕

"未"字是源自婴儿的四肢挥动,含有希望子女健康成长的殷切企盼。所以,"未"的本义为"未然",即不知婴儿是男是女?今后能否存活、长大,也有"否定"之义,即到现在还没有夭折的意思。"未"字的构形以及内涵,反映了上古先民实事求是的生活态度。企盼归企盼,事实归事实,他们还没有鲁迅笔下那些恭贺婴儿满月者的虚伪。青海马家窑出土的彩绘“人蛙纹”，实际上便是“未”字图案。

确切讲，“未”是一种对“或然”状态的判断。“未”有昏暗不明之义，“未”就是“昧”的初文。“未”是一种或然，“味”只能在尝后才能得知，“味道”又有多样和极度不同的性质，因此，“未”又是“味”的初文。

“未”在现代汉语中可表示“将来”之意，如“未来”一词；又可用为对“已然”的否定，表示“没有、不曾”等义，如“未知数、未婚、未知死活”等。又引申表示“否定”之义，词义相当于“不”，如“未敢苟同、未可厚非”等。

马家窑文化彩陶上的“未”字纹

“未”在地支中被排列为第八位。用以记时，“未时”则指午后一点至三点这一时段。

值得注意的是，在“地支”中的十二个字中，“子、丑、寅、卯、辰、巳”表示的是一种“已然状态”，而“午、未、申、酉、戌、亥”则表示出一种“或然状况”，从中一分为二：前者，表示育产现实；后者，则包含有对婴儿成活、长大、繁衍的殷切期望。

“申 shēn”，这是一个指事字。“申”字的构形表义，来自生下女婴后的期许。甲骨文的“申”字右半部是一个“ʃ”（匕），乃是源自母畜生殖器的指事造字（“ʃ”为尾巴，右上的“∨”为指示符号），在此借用表示女婴的性别；在“匕”的左下部仍然有一个“∧”形符号，用来指示女婴长大后的生育繁衍。因而，“申”字有“女婴”之义，也有女生女、代代延续之义。

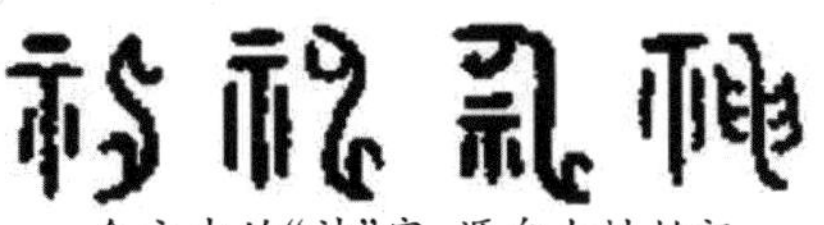

金文中的“神”字，源自女性始祖。

由于“申”字很早便借用为

"地支"之名,人们久已不知其形义的深层含意。金文的"申"字在形体美化的同时,也失去了其内容。小篆又将上下两个指示符号讹变为"两手";楷书错上加错,又将两手合并,写为"申"。

"申"的本义源自一种期望,即按母系血缘呈示的代代延续。从一定角度真实地反映了"王权母系制"社会中血缘按母系承接推算这一历史事实。

"申"的词义扩大,则表示一般意义上的延续,如《楚辞·九章·抽思》:"道卓远而日亡兮,愿自申而不得。"这是说,前方道路仍很遥远,但太阳已落下去了,本想延续走下去而不能啊。由此,又引申为"伸直、展开"之义,如《战国策·魏策》:"衣焦不申,头尘不去。"为区别词义,后来另造"伸"字,专门承担此义。由"申"的期许之义,又引申出陈述、表白之义,如"申报、申诉、三令五申"等。

"申"字,源自上古社会的生殖崇拜。在"王权母系制"社会中,向上极度延伸,"申"则代表氏族的女性始祖。向这位女性祖先献祭祈福,便演化出"神"字的初始内涵。这就是说,"神"的构形表义,出自女性生殖崇拜,而不是现今大多数文字学家所说的闪电。大地是繁育万物的本源,因而"土、申"合体,构成了"坤"字。

"申"在地支中排第九位。"申时"一词,则指下午三点到五点这一时段。"申"也是常用姓氏之一。

"酉 yǒu",这是一个象形字。甲骨文的"酉"字,与半坡遗址中出土的尖底陶瓶十分相像。实际上,"酉"的生活构形源自生下女孩(申)后的喝酒庆祝。

金文的"酉"字,已经完全是一个酒瓶的形状了,这是因为此时的制陶技术已大为发展,“酉”瓶已成为酿酒、盛酒的专用器具,原本写为“[illegible]”、“[illegible]”的“酒”字简省掉水形后,写为了“酉”。小篆从金文蜕变而来,楷书缘此写为“酉”。

新疆岩画

“酉”的本义为装酒的尖底陶瓶。这个形象代表了两个意义:用为器皿,“酉”就是“尊”的初文,表示盛酒之器;用为指事,则用来表示“酒”,“酉”就是“酒”的初文。

仰韶文化陶瓶

“酉”被假借为“地支”之名,表示“地支”的第十位。源自上古先民以酒庆祝女婴降临乞求婴儿成活长大,子子孙孙繁衍不绝。用于表达时间时,“酉时”指下午的五点到七点。

“酉”字是一个部首字。汉字中,以“酉”为组字构件的字,大多与“酒”有关,如“酝、酿、醉、醒”等等。

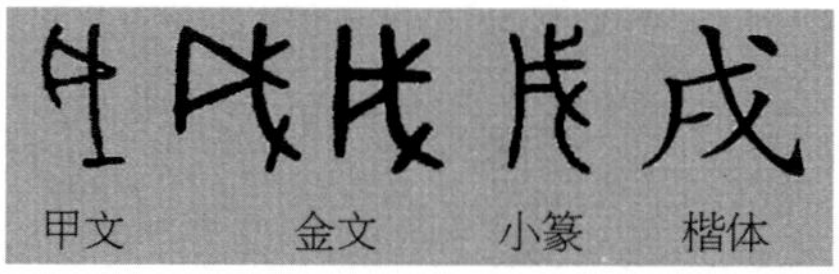

“**戌 xū**”的构形,源自一种圆刃而斧身宽阔的短柄战斧,古代也称之为“钺”。“戌”,在甲骨文中乃是一个象形字:突出的半圆形刃部,乃是“钺”的典型特征。金文的“戌”字,同其他兵器类文字的演变相同:右边的木柄形变为“戈”旁,左边的半圆形刃部,线条化后形变为“柲”。小篆从金文而来,楷书则承接小篆,可以说“戌”字的演变过程十分明晰。

金文中执钺杀人图像

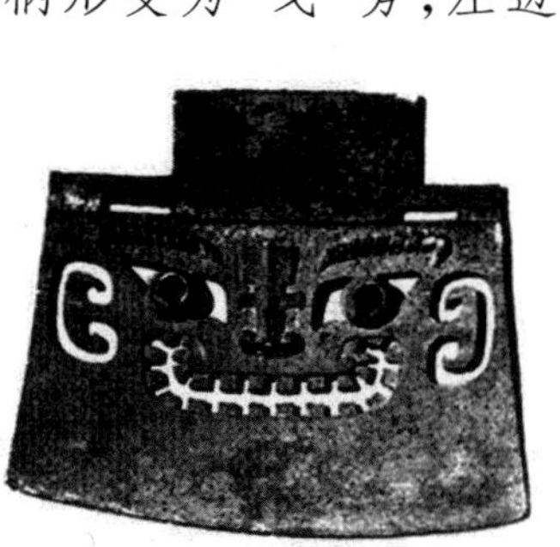
商代的人面铜钺

“戌” 为兵器之象形。然而,“戌”为“地支”之一,并不直接源自“兵器”,而是源自生下男孩后的舞蹈欢庆, 喻意这位男婴长大后四处征伐,保卫家园,也是在陈述,谁来保卫我们的家园。答案是,生下一个男孩,让他长大后保卫家园。这便有了地支第十二位的“亥”。

由此,“戌”被借用为“地支”的第十一位。

“亥 hài”,这是一个象形字。甲骨文的两款“亥”字,均为一个裸体男孩的侧面形象,并且特意强调了生殖器的存在。只是要将这一图案放倒,便是一个躺倒男婴的象形白描。这一图形,与仰韶时期彩陶图案中的男性形象,有异曲同工之妙。金文的“亥”字承接甲骨文,尽管构形相似,但已失去象形的韵味;小篆在演化过程中,右下部画蛇添足,增添了一个“人”字,楷书在隶变过程中,将其讹变写为“亥”。

在商代的甲骨卜辞中,常常出现一位名叫“亥”的先公,商人称其为“高祖”,即最早的男性祖先。作为“先公”,他的母亲享有一项特殊的待遇,即与“亥”一起被殷商先民所祭祀,如卜辞“燎于王亥母豚”中的“亥母”。有学者认为,这位名“亥”的先公,便是殷人的始祖“契”,其母亲便是吞“玄鸟之卵”,从而生育、繁衍出整个殷人的“简狄”。不论是否如此,“亥”的本义源自生下男孩后,向“王亥”和“亥母”进行祭献,以保佑婴儿的成活,祈求氏族人口的兴旺繁盛。

“亥”是“地支”的第十二位。用以记时,“亥时”指晚上九点到十一点;用以记年,“亥年”即十二生肖中的猪年。“亥”字也是个偏旁字。除了添加“子”旁转注为“孩”外,“亥”还是“核、咳、骸、劾、该、赅、刻”等字的声义偏旁。同时,“亥”又是“奥、方”等字的构字字根。

各地出土的“石祖”

综上所述,地支的十二个字,即“子、丑、寅、卯、辰、巳、午、未、申、酉、戌、亥”的取象和表义已大体清楚,但新的疑问又会产生:地支为什么是“十二”字,而不是十个?殷人将这十二个字排列的目的是什么?

合乎逻辑的解释是:地支十二字来自“祀”,即祈求人丁兴旺的“祭仪”。这种“祈子禳解”的祭仪,自始至终,连续不断贯穿于怀孕到婴儿度过危险期这一时段,因而成为记月的表征。又因为与阴历的十二个月相数字重叠而用于记月。大概因为月亮的十二次圆缺并非整年,一月一次不同类型和目的的“祀”渐渐跟不上太阳的步伐,“地支”记月的功能便渐渐模糊起来。现在我们看到的,只是上古先民不再记月、转而用来记日的残余。

五、忠孝仁义道礼法

汉字是华夏始祖智慧的结晶，是民族无意识的集体创造。一方面，由于它在构形上尽力捕捉“形象”的特点，另一方面，则由于词义的外延和内涵呈现为一种“历史链条”，将不同时代的“意识形态”，通过字形的嬗变固化下来。作为千秋万代之后的炎黄子孙，我们可以借助字形词义，对古代的“人间胜景”多一些更为“真实”，甚至更为“本质”的了解，透视、解剖那些已经演变成为道德范畴以及伦理说教的汉字……

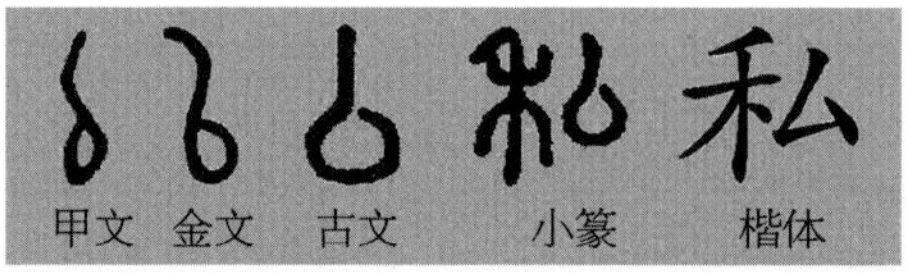

“私 sī”，原本是一个象形字。甲骨文的“私”字，源自上古时代先民的狩猎活动，乃是猎捕禽兽所用绳套的象形白描。从字形上看，“公私”的私与“已经”的已(ꝋ)同构同源：只是一个套圈在上，表示设置完毕；一个套圈在下，指示其归属。金文和古文的“私”字与甲文构形相同。小篆的“私”字，在左边增添了一个“禾”，演变为“从禾从厶”的会意字，楷书缘此写作“私”。

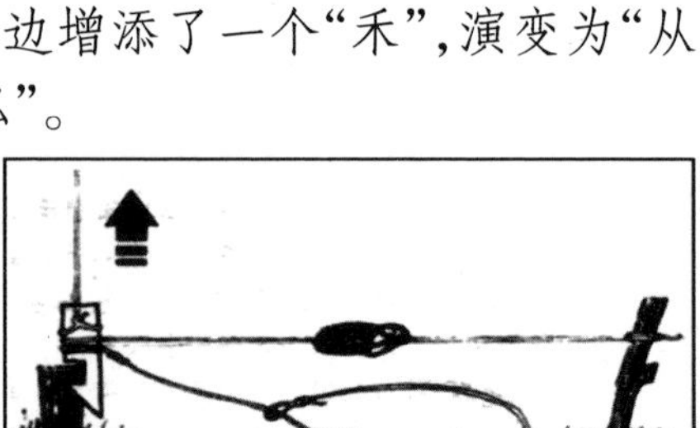
吞吃诱饵，野兽中了圈套会被弹离地面。

“私”，来自猎捕禽兽的绳套。猎人将“绳套”设置后，便会离开，当绳套套住动物后，其所有权当归属布置绳套的氏族或个人，其他人则必须认可这种“领属”权利。由此，引申出"归属"的意义，即"私"。当华夏民族步入农业经济后，人们则在"绳套"的旁边增添表示庄稼的"禾"，以此明确谁种归谁的"归属"之义。《诗经》中"雨我公田，遂及我私"的"私"，便指自己所种的庄稼。"私"在字形上的演变，标志着华夏民族从狩猎经济迈步进入了农耕经济，乃是不同社会发展阶段的道德诉求。

作为一个历史性概念，"私"，源出个体生命的自我保存意识，甚至是一种下意识行为。"私"字的构形，包含着对"劳动"的承认，一种"秩序"的建立。因而对"私"的批驳，有时并不是出于"公理"和"爱"，而是出自集团和阶级利益的驱动。如果这种批判基于上层社会的既得利益，它就是一种反历史的谎言。

"私"，《说文》释曰："厶，奸邪也。"段玉裁注曰："公私字本如此，今字'私'行而'厶'废矣。"现代汉语中，"私"有两重意义：一是表明个人的、自己的，与"公"相对，如"私事、私利、私有制"等；二是表示暗地里、不公开的，如"隐私、私下、窃窃私语"等等。

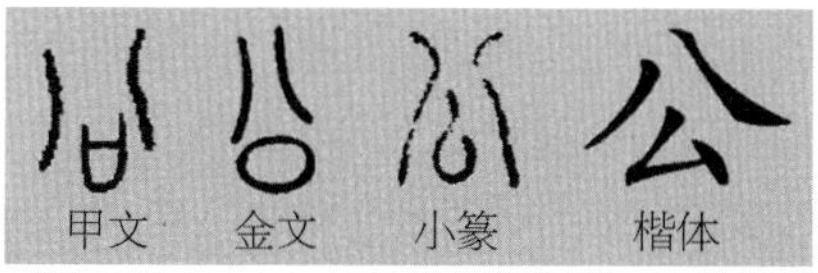

"**公 gōng**"，这是一个会意字。甲骨文的"公"字，其上的"八"表示物之两分，下边的"ᗨ"乃铜锭的形状。金文和小篆的"公"字与甲文相同，楷书在隶变过程中，将下部表示铜锭的"口"讹变为"厶"，缘此写作"公"。

"公"的发音，可能与剁铲剁分铜锭有关，乃是一个拟声音。公的本义为剁分铜锭，由此引申出"公开、公平"等义。由执掌"剁分"的首领又引申为古代的爵位，即"公、侯、伯、子、男"中的第一等。春秋以后，又特指诸侯国的国君，如"齐桓公、晋文公"等。汉代以后，又引申为朝廷最高官位的通称，如《汉书·百官公卿表》："太师、太傅、太保，是为三公。"由此，又引申用来表示对男子的尊称，如"唐公、李公、蒋公"等等。由对老年男子的尊称，"公"又发展为称谓词，特指"祖父"。又用于指称丈夫的父亲，即"公爹"。

现代汉语中，"公"，则指国家的、集体的、政府的"财、物、人"，与“私”相对，如“大公无私、化公为私、公私合营”等。集体居住，便无隐私可言，因而“公”又有“公开”之义，由“公开”又引申出“公平”之义，如“办事公道、公买公卖”等等。

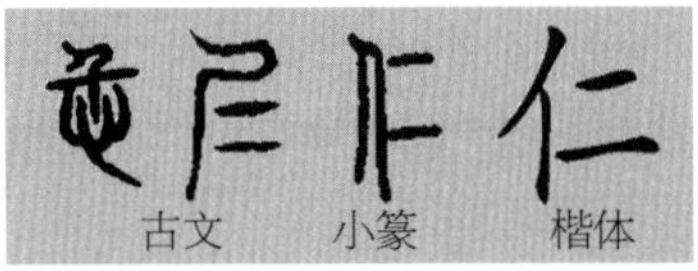

“**仁 rén**”，乃孔子儒学的核心概念，一部《论语》，五十八章共有105个“仁”字。东汉学者许慎在《说文》中录下了两款古文和一个小篆的“仁”字。

如图所示，最初的“仁”字是一个会意字。上为“千”，乃人腿下部有一横；下为“心”的象形。两形会意，“仁”，乃是有一千个心眼，或一千种心思的聪明“人”，即用智慧治理他人的人。另一款的“仁”字与甲骨文的“仁”相似，右上部是一个“人”的象形白描，在其左下部，则是一个古文的“上”(⊥)字。两形会意，表示“仁”乃“上人”，即上等阶层的“人”。楷书在隶变过程中，照猫画虎写作“仁”。

“仁”的本义指那些心眼多、心思密，因而“劳心者治人”的上等人，即那些与“小人”、“下民”相对而言的“上人”、“大人”。古人称之为“君子”，孔夫子则说：“仁者，人也。”“仁者爱人”的道德诉求，源自春秋战国时代的战争和杀戮。正是兽性勃发，权势者不把“下等人”视作人，视作禽兽不如时，孔子发出了“仁者爱人”的呼喊。并且，在对古代帝王的敬慕美化中来构筑儒家的“仁”学。仅《论语》中，孔子提到古帝王之处便有九处。孔子说到尧：“大哉尧之为君!唯天为大，唯尧则之，荡荡乎民无能名焉。”说到舜：“舜有臣五人而天下治。”说到禹稷：禹稷躬稼而有天下。说到文王：“文王既没，文不在兹乎。”此外，被孔子所赞叹者还有周公等人。到了孟子手里，古帝王的美化已形成了系统，仅《孟子》一书七篇提到古帝王的地方有33处之多。

孔子像

当然，仅仅出身上流社会，或者说，有权有势能指挥“下人”者，并非都是“仁者”，他们还须具备一种品德，即“仁者爱人”的操行方能“成仁”。刻薄寡恩之士，巧言令色之徒，可以是劳心者，但不是“仁者”。按照儒家的论述，“仁者”需要具备“在位可畏，施舍可爱，进退有度，周旋可则，容止可观，作事可法，德行可象，声气可乐，动作有文，言语有章”这么一长串的品行。这便是孔子心目中封建社会中“上人”(古代帝王)们所应具有的德行。显然，引车贩浆之徒，躬耕田野之辈，以及残暴如虐待狂者，是不可能具备这些“德行”的。

“仁”乃“上人”，他们称自己是治国、治民、治文化的士大夫，将自己视作人类之精华。由此，果实之心乃果木的精华，故称“果仁”；瞳孔乃人目之精华，故称“瞳仁”。清人段玉裁曰：“‘果人’之字自宋元以前，自明成化重刊《本草》，乃尽改为‘仁’字。”另外，中国的中医将因风寒麻痹而失去感觉的病症，也称之为“不仁”。如《本草纲目》：“白皮，治中风，皮肤不仁。”

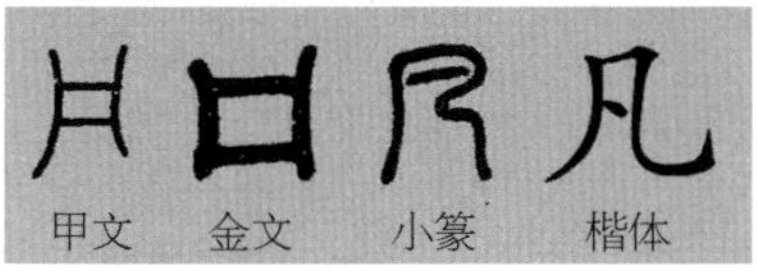

“**凡 fán**”，这是一个很久以前便失去本义的象形字。甲骨文的“凡”字作“H”，乃是人的肛门的象形白描。在此则用来表示肛门之气，即“屁”。尽管有些夸张，有些拙劣，但这一符号在甲骨文的“风”([illegible])、“用”([illegible])等字中，有着不可或缺的意义。金文的“凡”承接甲文，小篆为美观起见，做了一些扭曲变形，楷书缘此写作“凡”。

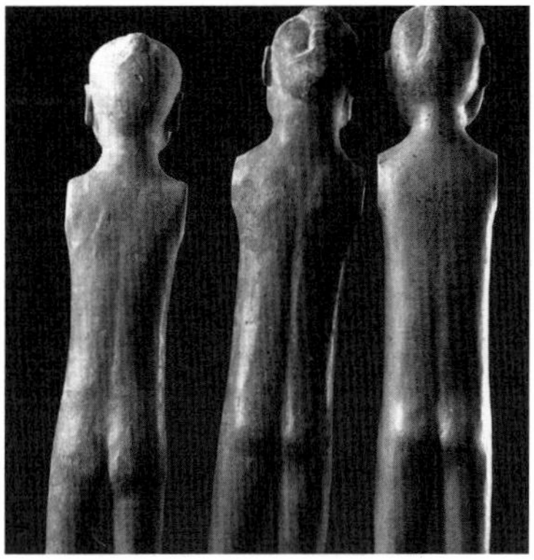

“凡”的本义为“屁”。所有的人，不论姓别、尊卑、老幼都得放屁。上古先民的饮食结构较今日粗糙，“屁”大概要比今日的人们多许多倍。因而，由“屁”引申出“凡是”之义，如《诗·小雅·常棣》：“凡今之人，莫如兄弟。”其中的“凡”即表示“所有”、“总计”之义。又由“放屁”引申出了“大概、要略”之义，如《汉书·扬雄传下》：“仆尝倦谈，不能一二其详，请略举凡，而客自览其切焉。”其中的“举凡”即“举例”、“发凡”，乃表示“说明要旨”的意思。

“凥”乃人身之气，因而，“凡”又有平常、不足为奇的意思，如“凡人、凡间、平凡”等等。

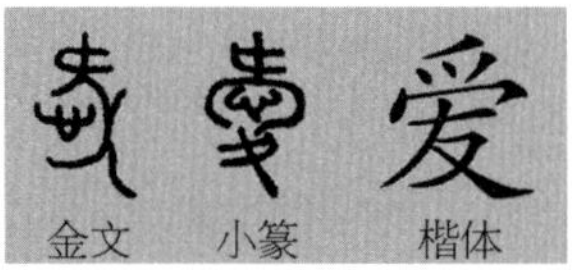

“**爱 ài**”，这是一个会意字。对金文的“爱”字有两种解释。一种解释是：整个字形像一个人双手捧“心”，扭头张嘴在诉说心中的爱意；另一种解释，认为此乃在“犬”形中画有一颗“心”，表示狗对主人的喜爱之情。小篆的“爱”字承接金文，下部增添一个“夂”(倒足)，将一边离开一边频频回头，心有所系的怜惜之情表现的淋漓尽致。小篆字形形体美观，却失去象形的韵味。楷书在隶变后写作“愛”。汉字简化时，简省掉其中的“心”，规范为无心之“爱”。

“爱”，源自分离时的心有所系，乃是对人或事物所具有的一种情感，如唐代白居易《对火玩雪》诗：“平生所心爱，爱火兼怜雪。”“爱”又特指男女两性的情爱或爱慕，如“性爱、爱欲、欢爱”等词；在现代口语中，“爱”还可表示“容易”“经常”的意思，如“铁爱生锈、他家小孩爱生病”等。

“爱”在古汉语中，常用来表示“吝惜、舍不得”之义。如《论语·八佾》：“尔爱其羊，我爱其礼。”其中的“爱”即作“吝惜”讲。用哲学家的语言讲，即“爱是一种自私”，“爱他人”实质上乃是“爱己”的一种外化投射。如《战国策·赵策》：“父母之爱子，则为之计深远。”这是说：父母爱孩子，则应该为孩子谋划和做得长远一些，以便在不远的将来，自己能从孩子的成就中得到实惠，而不是灾祸。

“**德 dé**”，这是一个会意字。甲骨文“德”字中的“彳”形符号，表

示道路,“ㄓ”则表示用眼睛直视前望。两形会意,表示目不斜视,双脚不偏离道路,直达目标。金文的“德”字在“直”下又添加了一个“心”的象形图案,强调了不仅要按目光直视,走通行大路的准则去“行”,而且必须这样去“想”。小篆秉承金文,楷书缘此写作“德”。

“德”,本是北方汉人赶马车的命令语:通常以“驾”表示起行,用“驭”或“御”表示停止,用“阿”表示拐弯,用“德”表示直行前进。“德”的古音读作 dèi。“德”的字面中,含有正直、公开以及去行、去想四层意义。《易·乾卦》曰:“君子进德修业。”唐代的孔颖达注曰:“德,谓德行;业,谓功业。”由此可知,“德” 的本义就是恪守道德规范者的“操守”、“品行”,如“公德、品德、德才兼备、德行”等。从“德”字的构形来分析, 这里已包含有禁忌:不去想、不去做那些走小路、抄近路的投机行为。

“德”用作动词,则指恩惠,如《左传·成公三年》:“然则德我乎?”现代汉语中,则有“感恩戴德”、“德被四海”等。

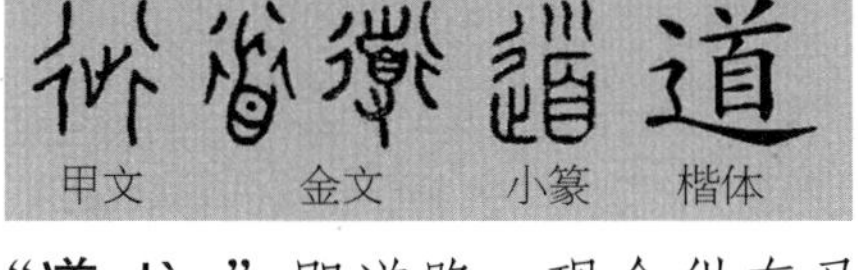

“道 dào”,即道路。现今供车马通行之路都可以称为道路。然而,古代的“道”则指有别于小路的大道。甲骨文的“道”字“从行从止”,用十字大路和一只脚来表示行走之路。金文的“道”字,演变为“从行从首”。这是说,“道”在此时已指那种直通大路,即很远之处可以看清楚人的面目的宽广大路。小篆的“道”字,承接第二款的金文,成为一个“从辶从首”的会意字;楷书缘此而写作“道”。

《诗·商颂·玄鸟》:“邦畿千里,维民所止。肇域彼四海,四海来假。”记载了商周时期交通大发展,远在千里之外的诸方国,已经融并在以商周王国为中心的文化共同体之中的情景。《尚书·酒诰》中所谓的“肇牵车牛,远服贾”,则说明当时的陆路运输,已进入四通八达的阶段。西周时期，为了使各地封建诸侯与王室保持密切联系，更为了适应兵车战争的特点，在全国修筑了“其平如砥，其直如矢”的“道”，即称之为“周行”、“周道”者。这就是“道”字构形发生演变的缘由。

“道”的本义为大路，即“康庄大道”。其词义，由道路的通达，又引申为方向、途径，如“志同道合”一词。由循行、通达之义，又引申为“道理”，即探究事理的原则、标准。又由道理、标准引申出“道德”之义，如《孟子·公孙丑下》：“得道者多助，失道者寡助。”又引申指主张及方法，如“门道、医道、道行”等；又转指述说，如“道谢、一语道破”等。

“道”又指“道家”，乃先秦诸子百家之一。又指“道教”，乃东汉末张道陵所立，奉老聃(dān)为教祖。

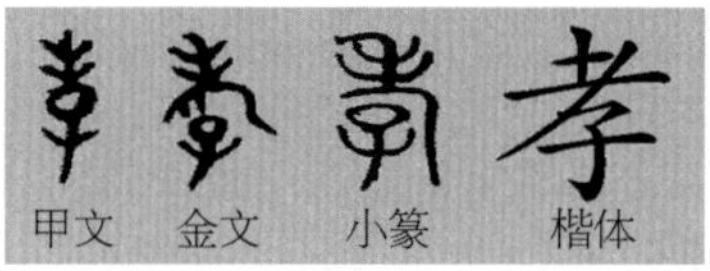

“孝 xiào”，乃是中国封建社会所崇奉的基本道德，与“忠”一起构成了封建社会伦理马车的双轮。

甲骨文的“孝”字，像一个孩子头顶采集来的植物枝叶，似乎在表示孩童从小便喜欢劳作的意思。有人解释这是小孩子头顶草叶，伪装游戏让大人欢娱的意思(如同二十四孝中的老莱子娱亲)。金文中的“孝”字，上半部是一个弯腰驼背，手拄拐杖，白发飘飘的老人形；下边的“子”则代表小孩子，乃是一幅孩子搀扶老人的图画。也有人认为，“孝”的构形释义应是“老而有子”。楷书承接小篆，缘此写作“孝”。

汉画像“郭巨埋儿”：晋朝的郭巨因儿子与爷爷争食，欲将儿子活埋，感动上天，埋子挖坑反而得到黄金。这类违背亲情的行为，被后世儒家奉为孝的楷模。

《说文》释“孝”为：“从老省，从子，子承老也。”可见，许慎从字面构形破解，将孝的本义释为“子承父业”。要想继承家业，其首要条件便是“驯服”。倘若老子心中不痛快，将家财挥霍一空，或者交给“政府”，便没“子承老”一说。《论语·为政》中有：“孟懿子问孝。子曰：‘无违。’”“无违”，即不要违背父母的任何愿望。后世的儒家更将“无违”二字发挥到“父叫子亡，子不敢不亡”的荒谬地步。至于“双亲”的忠奸良莠，则不在它所划界的范畴之内。例如《韩非子·五蠹》中讲到一则故事：楚地有一个品性梗直的人叫躬，其父盗窃别人的羊只，躬大义灭亲，报告给地方官。然而地方官却判决将躬处以死刑。因为躬忠于国君，但却不孝于父。

在《孟子·离娄上》中则有“不孝有三，无后为大”的教条。后世儒家解释说：“惟先祖无以承，后世无以继，为不孝之大者。”这乃是对金文“孝”字“老而有子”构形的直接注释。

“孝”是农业社会中的一种种族需求：土地和劳动力结合，才能生产出生命必需的物质产品。然而，每一个个体的劳动力都有生成、使用、无用的三个阶段。大人养孩子的根本目的，就是为了不能劳作时有人养活自己，即“养儿防老”，以便“苟延残喘”地活着。这与养牛马以代力，存钱然后雇人伺候，并无本质上的差别。倘若儿女不孝，封建社会的农民求助于政府官员。当官的会说：我没法养活你，因为我还要你们养活，我只能用政府的名义，以“忤逆不孝”的罪名，砍掉他们的脑袋。在“孝”与“掉头”之间，儿女们做出了“两害相权取其轻”的选择，然后，又让自己的儿孙重演这一幕戏。史载：孔子的后世子孙孔融曾经大力反对孝道，认为父母在生养孩子的最初，乃是为了个人的一时快感，儿女没有责任尽孝道。以奸臣面目著世的曹操以“不孝”的罪名，杀掉了四岁便知道让梨的孔融，这便是孝道文化的悖论。社会发展到今天，物质财富已极大涌现，社会养老保险已逐步完善，相信这顶“孝”帽很快便会消失得无影无踪。

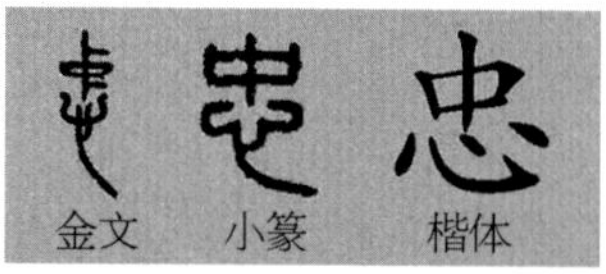

“**忠 zhōng**”，这是一个形声字。金文的“忠”字，上部是一个“中”，源自氏族住地中央的旗帜；下部为“心”的象形描写。两形表意，用心田内有一面“守正持中”的旗帜，表示心中牢记氏族所在，即“忠诚”之义。小篆和楷书的“忠”字，缘此而来，形体上一脉相承。

“忠”，《说文》释为：“忠，敬也，尽心曰忠。”《孝经》一书释为：“忠，直也……忠，德之正也。”显然，“忠”的本义，乃是一个道德伦理概念，即“忠诚待人，忠于职守”。如《论语·学而》：“为人谋而不忠乎？”其中的“忠”即含有尽心作事和以诚待人两层意义。在传统道德中，抽象的伦理范畴，会因施于对象不同而性质不同。上古社会，忠于“氏族”，中古以后，只有忠于“君王、皇帝”，才能视作“大忠”。因此，“忠”又特指忠君之行为或忠君之人，如《史记·屈原贾生列传》：“人君无愚、智、贤、不肖，莫不欲求忠以自为，举贤以自佐。”这是说：对君王来讲，是不存在愚笨或聪明，贤明和奸邪的。所以，君王要臣下忠诚于自己以便为所欲为，也需贤良之辈来辅佐自己。倘若如此，人们要问，中华民族为什么要把“愚忠”当作伦理准则呢？

中华民族约四千年的文明史，是一部以统一为主导的历史。《诗·小雅·北山》：“普天之下，莫非王土，率土之滨，莫非王臣。”这种天下一统于王的思想意识，深深植根于民族心理之中。在《孟子·万章上》则有“孔子曰：‘天无二日，民无二王”的教导。实际上，“忠”源自于“民无二王”，一统于王则基于“保命”。这是因为，分裂必然导致战争，战争只能带来流离失所、杀戮征伐。要避免横尸遍野、生灵涂炭，只能维护一统，哪怕一统天下的君王昏聩至极，哪怕一统天下的专制让人窒息，也比因分裂而导致“血流漂杵”好过一些。正是在“好死不如歹活”意识支配下，在氏族、部族、诸侯、王国之间血腥灭绝现实中，“忠”寻找到了世俗的土壤。

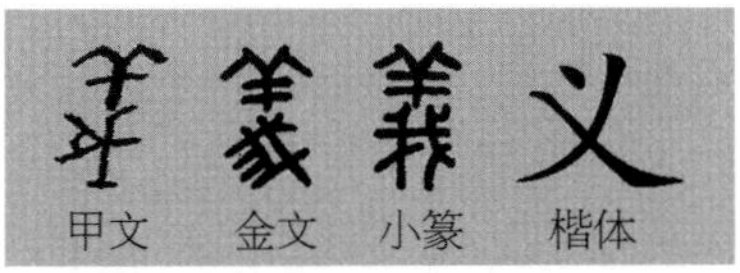

“义 yì”，繁体字写作“義”。甲骨文的“义”字，上部是一个羊字，下部是一个“我”字。金文和小篆的“义”字，秉承甲文，沿文字发展的主路演变为“从羊从我”的会意字，楷书缘此写作“義”，汉字简化时，规范为“义”。

青铜铭文

此处的“羊”是那种头上有盘曲大角，常常为捍卫领导权和交配优先权而殊死相抵的公羊；“我”是古代一种长柄的兵器，形制美观，但不适宜搏斗，讨伐敌对者常用来作为军队行动冲锋的标志，其发音则来自两军对阵时的“我、我”呼叫。因此，“义”的本义原指“头羊”为捍卫自我或群体权力而实施的搏斗，也指搏斗前摆出的威仪。引申为“合乎情理，正义而师出有名”的征伐，又引申指“公正合宜的言行”。《孟子》一书解释为：“义，人之正路也。”然而，正是在《孟子》一书中，有“春秋无义战”的历史判语。

“义”，由公正合宜又引申为道理，如《孟子·梁惠王上》：“申之以孝悌之义。”文句中的“义”即作“道理”讲。由此又引申指对事物或文句作合理恰当的解释，如“含义、文义、意义”等。又引申为“名义上的，外加之上”的，如“义肢(假肢)、义父、义子”等。

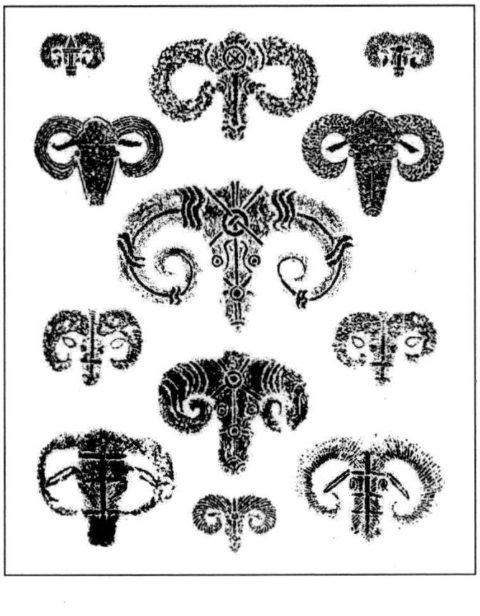

在中国传统的“忠孝节义”道德规范中，“忠”是臣对君的道德规范，“孝”是子对父的伦理规范，节是妻对夫的伦理要求。只有“义”才是同辈朋友之间的行为规范，只有“义”才是唯一公平对等的。这便是中国人之间，“你敬我半斤，我还你八两”，“你掘我家坟，我挖你家墓”，“针锋相对，以德报德，以怨报怨”的“义”。《水浒传》中，梁山好汉们聚会的大厅，便名之为“聚义厅”。言外之意便是：你待我好，把我当“人”，我便替你打方腊。你若待我不好，把我不当人，我便扰乱朝纲……

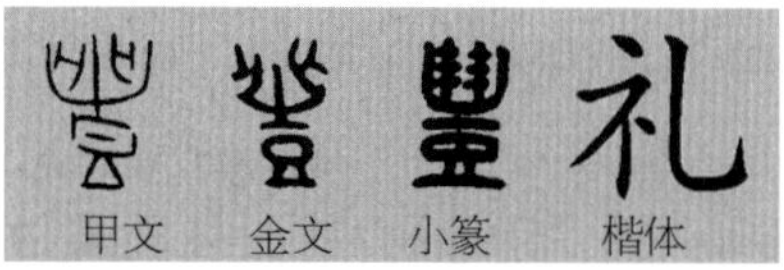

“豊lǐ”是“禮”的初字。甲骨文的“豊”字，其下为“壴”，乃是“鼓”之象形，其上为两柄无刃之刀，在此表示像挥刀一样，一下一下地敲击。金文的“豊”字与甲骨文相似，小篆的“豊”字，按照形体演变的通则，将鼓形割裂，下部讹变为一个“豆”字，楷书在隶变过程中，将上部的短横延长，写作“豊”。

“豊”的本义指一下一下有节奏地敲鼓，也指随着鼓声而迈步或摆动身体，即有节奏地集体行为。后来，事神之豊加“示”写作“禮”，简化时规范为“礼”(礼原来是礼的异体字)，事人之“豊”仍为原字。现今，不论事神还是事人都一并用“礼”。

中国人素以礼尚往来而自诩，又以礼多人不怪而自嘲。实际上，这种规范行为动作的习俗，源远流长。后来，由祭祀的供品引申，又指给达官贵人权热者的贡品。奉献贡品本身就有结交权势、俯首称臣、结党互助的内涵，一旦超越便成贿赂之举，如《晋书·陆纳传》：“及受礼，唯酒十斗，鹿肉一柈(同盘)。”礼品为生活用品，价值也不高，但对方意在让你“投桃报李”，高抬贵手开启方便之门。礼你已收，干还是不干！

在上古时期，送礼是一种公开之举。因而，送礼的击鼓喧腾，以及送礼、回礼及其他规矩，又引申出了“礼仪、礼节”之义，如《书·说命中》：“礼烦则乱，事神则难。”由此，又指包含当时的等级制度以及行为准则、道德规范在内的社会礼俗，如《礼记·曲礼上》：“夫礼者，所以定亲疏，决嫌疑，别同异，明是非也。”又如

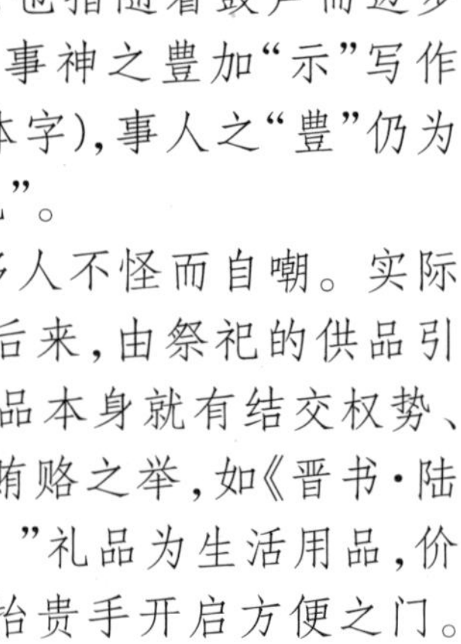
击鼓送没刃之刀表示双方休战和好。

《左传·成公三年》:“其竭力致死,无有贰心,以尽臣礼。”这些所谓的“礼”,均为封建社会之“礼”,并且有“礼不下庶人,刑不上大夫”的不公平法则作为注脚,今人已嗤之以鼻。

由“礼仪”的意思,又引申指以礼待人,敬重对方,如《礼记·月令》:“聘名士,礼贤者。”现今的双音词则有“礼貌、礼遇、敬礼、有礼”等等。

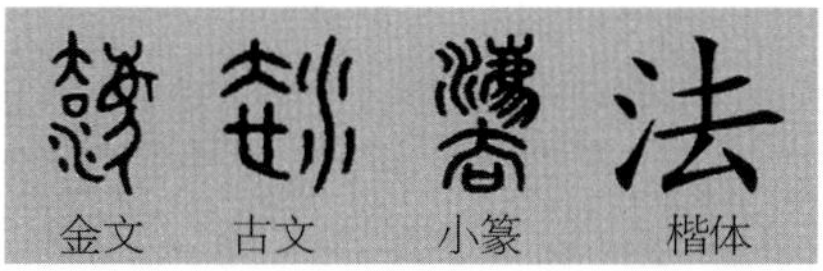

“法 fǎ”的繁体字写作“灋”。《说文解字》释为:“灋,解廌兽也,似牛,一角,古者决讼,令触不直者。”在许慎(包括众多古人)看来,“灋”字的造字构意,源出一个历史传说:春秋时期,齐庄公有个叫壬里国的臣子,与另一位叫中里缴的臣子打了三年官司。因为案情难以判断,齐庄公就让“灋”,即神兽獬豸,来听他们二人自读诉状。结果壬里国的诉状读完,獬豸没有什么表示,而中里缴的诉状还没有读到一半,獬豸就用角顶翻了他。于是,齐庄公判决壬里国胜诉。这种以神兽之角触判断罪与非罪的方法,被古人用“会意”的方法,挤进了“灋”字的构形之中。

实际上,金文中的“法”字,是一个来自古代现实生活的会意字:右边是一头“驾车之马”的象形,左边的上部是一个由“大”(表示人)和“口”(表示地穴)构成的“去”字,下部则是“水”的象形描写。三根会意,表示一匹马效法另一匹马而渡河涉水。如图所示,古文中的“法”字便省略掉了这头从上俯视的马,即所谓的“神兽獬豸”。小篆的“法”字承接金文,只是做了构形上的调整——“去”字挪在了“水、廌”之下。在现代简化字中,楷书的“法”字,则省去了“廌”形,写作“法”。

马为草原动物,恐惧水是它们的天性。但马十分聪明,一匹渡河而去其他马匹便会效仿。因此,“法”的本义为效法、仿效。如《商君书·更法》:“治世不一道,便国不必法古。”这是说:治理国家并没有一成不变的规则,只要有利于国家,用不着去仿效古人。汉代文

景之治时的“无为而治”，意谓不要效仿秦代的苛法，不是什么都不做。“法”由“仿效”之义，又引申为效法的“途径、方法”，又引申为“榜样、标准”。如《孙子兵法》：“故用兵之法，无恃其不来，恃吾有以待也。”这里的“法”即作“途径、方法”讲。再如《左传·成公十二年》：“今吾子之言，乱之道也，不可以为法。”这里的“法”，即作“榜样、标准”讲。

“法”由标准、榜样之义，又引申出了“法律、法令”之义，即由社会权力机构制订的强制性标准，以及对人们的行为所做强制性匡正，如《慎子》一书中所说：“治国无其法则乱，守法而不变则衰。”至于“法平如水”一词，则是古人由“法”字的偏旁构形，派生出的一种愿望。

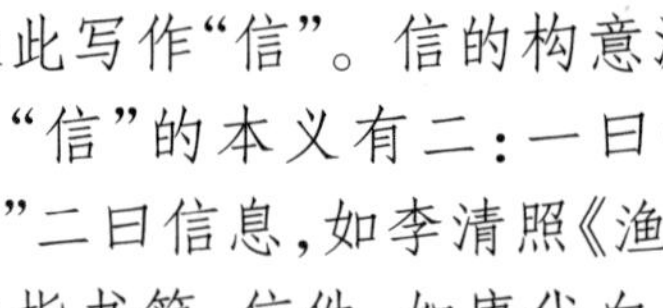

“信 xìn”，这是一个会意字。金文的“信”字“从人从口”；小篆为明确强调字义，“口”上增“舌”，遂演变为“从人从言”的会意字；楷书缘此写作“信”。信的构意源自让一个人捎话给其他人。

“信”的本义有二：一曰信使，《字汇補》曰：“信，古谓使者为信。”二曰信息，如李清照《渔家傲》词：“雪里已知春信至。”由此又引申指书简、信件，如唐代白居易的《谢李六郎中寄新蜀茶》：“红纸一封书后信，绿芽十片火前春。”“信”，又可用来表示“凭证”，如“印信、信号、符信、信物”等等；由此又引申表示“知晓”，如宋代陆游的《蝶恋花》词：“早信此生终不遇，当年悔草长杨赋。”

当“信”字进入“道德”领域，便被赋予了“说到做到、言而有信”

的准则。如《论语·公冶长》中的“听其言而信其行”，以及“信而有征、信史、守信、威信”等词语，都表示有“实做”之义。又引申指“信仰、信奉”之义，如“信教、信佛”。《广雅》释为：“信，敬也。”《论语》则有：“述而不作，信而好古。”

在儒家的道德范畴内，“信”字没有“诚实”之义，更不具备“说真话”这种被西方人视之为“摩西十戒”之一的道德标准。因为在实用主义道德范畴中，“忠、孝”是不敢也不能言之“真实”的。“为尊者讳，为亲者讳”，演变到林彪那里，便是“不说假话办不成大事”，若出自市场小贩之口，便是“不说假话连小事也办不成”。近二十年“改革开放”的成功，有目共睹，但这一切始自“实践是检验真理的唯一标准”这一理论上的突破。中华民族要“自尊、自信、自立”于世界民族之林，就必须将“凡人必说真话”列为道德的第一要义。

“引信”一词，则用来特指爆炸物中的导火索或雷管。

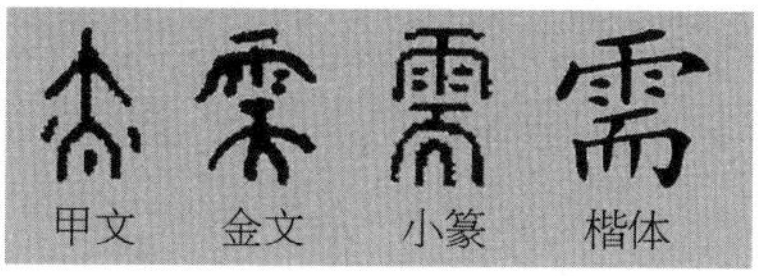

“需 xū”，原本是一个会意字。甲骨文的“需”字，乃是在“人”(大)字下部，增加几个小点，或在腋下或在腿上，表示人身因水而湿。金文的“需”字承接甲文，也有两款。然而，后一款因中间断裂，演变为“从雨从大(人)”的会意字。小篆承接金文，但下部的“大”字又讹变为“而”，成为“从雨从而”的会意字；楷书缘此写作“需”。

“需”的本义为“身上被弄湿了”。甲骨卜辞中有“需病”一词，意谓因病而导致大汗淋漓；也有用作“需人”者，意谓氏族成员，以及王和首领们在祭祀或两性联欢之前的沐浴。人在发汗后，会变得虚弱，故引申出“柔软”之义，后世增“竖心”旁，写作“懦”，专一表示“懦弱”之义。人在沐浴后，会变得干

汉画像石上的读书人

净起来，后世遂增“立人”旁，写作“儒”，用来表示“儒者”(没有毛病的干净者，也有柔弱的意思)之义。“需”的本义，即被雨淋湿，则由后起的“濡”字承担。“需”乃是“濡”、“儒”、“懦”的初字。

遇雨难行，必须等待雨停。所以，需又引申为等待某种境况到来之义。在“濡”字出现后，等待则成为需的基本义。如《易·需卦》：“云上于天，需，君子以饮食宴乐。”这里的“需”，即为浓云蔽日前的等待。凡等待，必有所求，因此，引申为“需要、需求”之义。

现代汉语中，“需”用作动词时，表示“需要”或“需求”；用作名词时，则指所需的东西，如“军需”一词。古文中有：“国之需贤，譬车之恃轮，犹舟之倚楫也。”这里的“需”也作“需要”讲。

“**亲 qīn**”是“親”的简体字。金文的“亲”字是一个会意字：左边是一个“辛”，表示女性生育；右边是一个“见”，表示眼睛。整个图形，以会意的方式，对亲生儿女，或同一血缘者的相爱相惜。小篆在演变过程中，在“辛”下增添了一个“木”字，强调了在砍伐过的树桩周围由大树根系所孳生的小树。楷书缘此写作“親”，汉字简化时，取其一半写作“亲”。

“亲”的本义为血缘的相近，引申后也表示中间没有间隔，相互距离最近。如《孟子·离娄上》：“男女授受不亲，礼也。”这是说：男女之间非经媒妁、婚娉这些程序，不可以相互亲近接触。现代汉语中，处理事情由本人动手，中间没有他人相隔，也谓之“亲”，如“亲自、亲手、亲笔信”等。

“亲”由“近”引申，又指关系、感情上的亲近、亲密，如《礼记·曲礼上》：“夫礼者，所以定亲疏，决嫌疑。”作名词，则指有血缘关系，或在感情方面亲密的人，如“双亲、姑表亲、亲戚”等，又特指婚姻，把原本生疏之人扭结在一起，如“结亲、亲事、娶亲”等。“亲家”一词中的“亲”，发音为qìng，特指两家儿女结为夫妇后形成的亲戚关系。

“**仇 chóu**”字，原本写作“戟”，即“仇”在古代的写法。这是一个会意字：左旁为“求”，原本是一只手从毛皮袖筒中伸出来的形象；右旁为“戈”，乃是兵器之一。根据构字字形理解，“戟”，就是你想伸手用武器干掉的人。

小篆的“仇”字重起炉灶，成为一个“从人九声”的形声字。《尔雅·释祜》训为：“仇，匹也。”即配偶、伴侣的意思。如《诗·周南·兔罝》：“赳赳武夫，公侯好仇。”其中的“仇”便用作“匹偶、同伴”的意思。因为同伴之间才有友情和爱怜，然而，物极必反，爱的深才会恨得刻骨铭心，所以，“仇”由匹偶的亲近引申后又特指仇敌。这就是“九”为汉语数字最大，“仇”字由“人九”构成的原因吧。如《诗·秦风·无衣》：“与子同仇。”其中的“仇”便为仇敌之义。

现代汉语中，“仇”的词义有两重：如“疾恶如仇、同仇敌忾”等词语中的“仇”，释作仇敌；“血海深仇、怨仇”等词语中的“仇”，则释为仇恨。

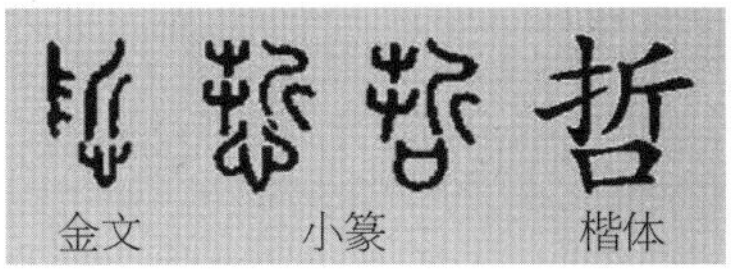

“**哲 zhé**”字，是一个会意字。金文的“哲”字，左上部是一个梯子的象形线描，右上部是一个“斤”，乃斧子的象形；下部则是一个心的象形。三形会意，表示能够执斧登梯砍伐高处树枝的有心之人，借以表达具有非凡智慧者或颇有心计之人。

小篆的“哲”字有两款，一款承接金文，只是把梯子和斧子合并，改为“折”，意谓心明有所决断。另一款又将下部的“心”形，改为“口”，从而成为一个“从口折声”的形声字。当然，其中也含有以言语折服他人的意思,像战国时代的说客,便有苏秦张仪的合纵连横;三国时的诸葛亮;则有舌战群儒的经历。再如“述而不作”的孔子,他们都是特定时代的哲人。楷书承接金文后一款,写作“哲”。

“哲”,《说文》释为:“知也。”段玉裁注曰:“释言曰:哲,智也,方言曰哲也,古智知通用。”这是说,“知”即“智也”。只不过一个是方言,一个是雅言,如《书·皋陶谟》一书中的“知人则哲”。现代汉语中,“哲”可表示智慧,如“哲人、哲学”等;又用来表示有智慧的人,如“先哲、贤哲、明哲”等。

“**敏 mǐn**”字是一个会意字。金文的“敏”字,左边是一个“每”,在此表示已经生育过儿女的女人;右下是一个“又”,在此表示用手梳理头发的意思。两形会意,大概是说,老年女人可以十分敏捷地将头发梳理好,借以表示敏捷、快速之义。小篆一脉相承,只是将“又”改写为“攴”,楷书缘此写作“敏”。

“敏”,《说文》释为:“敏、疾也。”即机敏、迅速的意思。《论语》一书中有“君子欲讷(nè)于言而敏于行”,这是说,所谓君子,应是说的慢,做起事来却非常迅速的人。少说多做,“敏捷于事”之人才是孔子心目中的“君子”。现代汉语中,则有“机敏、灵敏”等词语延续而来。由此义引申,“敏”又用来指称脑子反应快、灵敏,如“聪敏、敏锐”等等。

“**贤 xián**”,原本是一个会意字。甲骨文和金文“贤”字的构形,乃是一只向上的眼睛(参见前文“臣”字)和一只要抓拿东西的手,两形会意,表示用手摘取高处的东西。小篆的“贤”字,在其下又增加了一个表示钱财之物的“贝”,表示能够赚取很多货贝的人。此时

(秦汉时期),“贤”的标准已经升格,不仅要恭顺、能干,而且必须有“钱”。用《易·系辞上》的话来说即:“富有之谓大业。”楷书缘此而写作“賢”。汉字简化时,将表示驯服恭敬的“立目”(臣)改为两竖,写作“贤”。

“贤”的本义原指能干之人,即后世称之为“德才兼备”者,如《尚书·大禹谟》:“野无遗贤,万邦咸宁。”其中的“贤”,即指眼明手快、道艺超越普通人者,如孔子的弟子便被称为“七十二贤”。因“贤”下有“贝”,所以,“贤”也表示“钱财”之多。《说文》释为:“贤,多财也。”《礼记·投壶》一文中则有:“某贤于某若干纯。”其中的“纯”为古代的计数单位,“贤”则表示“多财”的意思。

“贤”在后世,又引申为一种常用敬语,用来表示对人的尊称,如“贤弟、贤甥、贤侄”等等。

音序索引

红旗出版社
RED FLAG PRESS
推动进步的力量

图书在版编目（CIP）数据

图说字源 / 唐汉著.
— 北京：红旗出版社，2014.11（2018.9重印）
ISBN 978-7-5051-3200-9
Ⅰ. ①图… Ⅱ. ①唐… Ⅲ. ①汉字—字源—图解 Ⅳ. ①H12-64
中国版本图书馆CIP数据核字(2014)第231206号

书　　名　图说字源
著　　者　唐汉
出 品 人　唐中祥　　责任编辑　赵智熙
总 监 制　李仁国　　封面设计　刘淑媛
出版发行　红旗出版社　　地　　址　北京市沙滩北街2号
邮政编码　100727　　编 辑 部　010-57274504
E-mail　hongqi1608@126.com
发 行 部　010-57270296
印　　刷　北京联兴盛业印刷股份有限公司
开　　本　787毫米×1092毫米　1/16
字　　数　520千字　　印张　53
版　　次　2015年7月北京第1版　2018年9月北京第2次印刷
ISBN 978-7-5051-3200-9　　定价　198.00元

欢迎品牌畅销图书项目合作　联系电话：010-57274627
凡购本书，如有缺页、倒页、脱页，本社发行部负责调换。